TCHAU, QUERIDA
O DIÁRIO DO IMPEACHMENT

EDUARDO CUNHA
COM DANIELLE CUNHA

TCHAU, QUERIDA
O DIÁRIO DO IMPEACHMENT

© 2021 - Eduardo Cunha e Danielle Cunha
Direitos em língua portuguesa para o Brasil:
Matrix Editora
www.matrixeditora.com.br

Diretor editorial
Paulo Tadeu

Capa, projeto gráfico e diagramação
Allan Martini Colombo

Foto da capa
Pedro Ladeira/Folhapress

Revisão
Cida Medeiros
Adriana Wrege
Silvia Parollo

CIP-BRASIL - CATALOGAÇÃO NA PUBLICAÇÃO
SINDICATO NACIONAL DOS EDITORES DE LIVROS, RJ

Cunha, Eduardo
Tchau, querida: o diário do impeachment / Eduardo Cunha, Danielle Cunha.
1. ed. - São Paulo: Matrix, 2021.
808 p.; 23 cm.

ISBN 978-65-5616-076-4

1. Rousseff, Dilma, 1947- Impedimentos. 2. Presidentes - Brasil.
3. Impedimentos - Brasil. 4. Brasil - Política e governo, 2011-2016. I. Cunha, Danielle. II. Título.

21-69192
CDD: 320.981
CDU: 32(81)

Meri Gleice Rodrigues de Souza - Bibliotecária - CRB-7/6439

SUMÁRIO

PARTE I
ANTES DA DERROCADA DE DILMA
Introdução 11

CAPÍTULO 1
A história das eleições presidenciais, a interrupção da ditadura
Vargas e a ditadura de 1964. 22

CAPÍTULO 2
Ditadura de 1964, eleições de presidentes e alteração do mandato
presidencial para seis anos 29

CAPÍTULO 3
Constituinte, parlamentarismo e presidencialismo, o mandato de
Sarney e o descasamento das eleições 35

CAPÍTULO 4
A eleição de Collor, suas causas e consequências 39

CAPÍTULO 5
Impeachment de Collor: quem com golpe fere, com golpe será ferido . . 49

CAPÍTULO 6
Depois do impeachment: a eleição de FHC casada com a
do Congresso. 63

CAPÍTULO 7
O golpe da reeleição de FHC, as consequências e a eleição de Lula . 71

CAPÍTULO 8
As dificuldades de Lula para governar, o Mensalão, a ameaça
de impeachment e a reeleição 86

CAPÍTULO 9
A eleição de Dilma e sua tentativa de se afastar da herança de Lula. . 107

PARTE II
O COMEÇO DA DERROCADA DE DILMA

CAPÍTULO 10
Manifestações de 2013, um divisor de águas **125**

CAPÍTULO 11
A reeleição de Dilma e o início da demanda pelo impeachment **131**

CAPÍTULO 12
Minha eleição para a presidência da Câmara................... **158**

CAPÍTULO 13
Início da minha presidência, investigações da Lava Jato
e manifestações de rua contra Dilma **182**

CAPÍTULO 14
Michel Temer e a articulação política de Dilma **210**

CAPÍTULO 15
Desgastes e derrotas de Dilma na Câmara, atritos com a base
e aprovação da PEC da Bengala................................ **228**

CAPÍTULO 16
A sabotagem do PT e a articulação política de Temer............ **248**

CAPÍTULO 17
A fraude de Janot na delação de um lobista contra mim e meu
rompimento com o governo.................................... **272**

CAPÍTULO 18
A proposta de mudar a meta fiscal de 2015 e a edição dos decretos
que causariam o impeachment **307**

CAPÍTULO 19
Novas manifestações de rua e a primeira denúncia da PGR
contra mim... **318**

CAPÍTULO 20
A saída de Temer da articulação e minha combinação da questão
de ordem sobre o rito do impeachment **344**

CAPÍTULO 21
A divulgação por Janot das contas no exterior atribuídas a mim.... **373**

PARTE III
O IMPEACHMENT

CAPÍTULO 22
A vitória que foi a derrota: interferência do STF no rito do impeachment, que acabou tendo como consequência o próprio impeachment.... **389**

CAPÍTULO 23
O pedido de abertura do processo de impeachment: assinado e guardado no cofre **406**

CAPÍTULO 24
A comprovação de que eu não era o titular da conta na Suíça **427**

CAPÍTULO 25
A aceitação do pedido de impeachment........................ **436**

CAPÍTULO 26
Anulada a primeira eleição da Comissão Especial: mais uma interferência do STF **460**

CAPÍTULO 27
A briga e a nova eleição para a liderança do PMDB **490**

CAPÍTULO 28
A prisão do marqueteiro de Dilma e a queda de Cardozo do Ministério da Justiça **519**

CAPÍTULO 29
A abertura de processo no Conselho de Ética, a aceitação pelo STF da denúncia, a delação de Delcídio e a condução coercitiva de Lula .. **532**

CAPÍTULO 30
A segunda denúncia da PGR contra mim, a convenção do PMDB em 12 de março e a maior manifestação de rua do país contra Dilma .. **543**

CAPÍTULO 31
A nomeação de Lula para a Casa Civil e a divulgação das gravações com Dilma **555**

CAPÍTULO 32
A decisão final do STF, a articulação, eleição e instalação da Comissão Especial do Impeachment **561**

CAPÍTULO 33
Articulação para quórum e diminuir o tempo da Comissão Especial e encontro com Lula planejado por Joesley..................... **572**

CAPÍTULO 34
Minha conversa decisiva com Temer, a saída do PMDB do governo
e a apresentação da defesa de Dilma na Comissão Especial........... 587

CAPÍTULO 35
A decisão da Comissão Especial do Impeachment.................... 600

CAPÍTULO 36
As sessões para o julgamento, articulações para a garantia da
aprovação e a primeira definição da ordem de votação 613

CAPÍTULO 37
A decisão final da ordem de votação e a confirmação pelo STF
do rito do impeachment 625

CAPÍTULO 38
O início do julgamento, sessões com debates contínuos e a minha
decisão que definiu o impeachment 634

CAPÍTULO 39
A votação final na Câmara na sessão de 17 de abril de 2016 647

CAPÍTULO 40
Fim da sessão. Tchau, querida.................................... 659

CAPÍTULO 41
A entrega do processo ao Senado e o desespero de Dilma........... 665

CAPÍTULO 42
A vingança: o meu afastamento da presidência da Câmara........... 679

CAPÍTULO 43
As consequências do meu afastamento e a tentativa de anular o
impeachment.. 699

CAPÍTULO 44
O fim da tentativa de golpe, a votação no Senado do afastamento de
Dilma e a posse de Michel Temer 713

PARTE IV
CONSIDERAÇÕES FINAIS

CAPÍTULO 45
Propostas para soluções dos conflitos políticos 733

CONCLUSÃO.. 742

RELATO DAS ACUSAÇÕES E AÇÕES PENAIS CONTRA MIM, CONSIDERAÇÕES
SOBRE A MINHA DEFESA E SOBRE AS FRAUDES DA OPERAÇÃO LAVA JATO 747

AGRADECIMENTOS 793

REFERÊNCIAS 796

IMAGENS E DOCUMENTOS 798

PARTE I
ANTES DA DERROCADA DE DILMA

Introdução

Este livro começa com a história cujo final todos conhecem. No dia 17 de abril de 2016, um domingo, por volta das 23 horas, o então deputado Bruno Araújo (PSDB-PE) deu o voto decisivo, de número 342, a favor da abertura do processo de impeachment de Dilma Rousseff, em uma votação que terminaria com 367 votos favoráveis, 137 contrários e sete abstenções – o que, na prática, eram também votos contrários à abertura –, além de duas ausências – que também contabilizo como votos contra.

Essas duas únicas ausências foram as do então deputado do PMDB do Ceará Aníbal Gomes – que, para justificar a sua negociação com o governo, se internou para uma cirurgia –, e a da deputada Clarissa Garotinho, do Rio de Janeiro – que, em função de uma negociação de benesses para a prefeitura de Campos, feita por seu pai, antecipou para 15 de abril a licença-maternidade referente a um filho que nasceria em 20 de maio, 35 dias depois.

O que se pretende com esta obra não é contar a história cujo desfecho já é sabido, mas levar ao leitor todos os fatos que ocorreram para que se chegasse a esse resultado, com informações inéditas, relatados em ordem cronológica, e análise das condições históricas que culminaram nesse processo de impeachment.

O relato será fiel aos fatos, descrevendo o papel de cada um nessa trajetória de impeachment e as atuações que alavancaram ou prejudicaram o processo. Apresento também a participação do então vice-presidente Michel Temer, com detalhes minuciosos e nunca antes revelados, para demonstrar que o principal beneficiário desse processo foi, sim, seu militante mais atuante e importante. Sem a atuação dele, não teria havido o afastamento de Dilma.

Recentemente, Michel Temer lançou um livro denominado *A escolha*. Além de produzir uma obra que parece feita para presentear os amigos, para que a coloquem na mesa de suas salas de visitas, fala sobre o impeachment.

O livro, realizado por meio de entrevistas a um amigo dele, o professor de filosofia Denis Rosenfield, peca pela bajulação, sendo que as perguntas já garantem a defesa de Temer, com mais ênfase do que ele mesmo daria. Entretanto, o mais importante é querer passar a informação de que Michel Temer apenas se beneficiou do destino da previsão constitucional, de que o vice sucede o titular da Presidência.

A verdade é que essa obviedade – que, aliás, deveria ser alterada na Constituição, de forma que houvesse novas eleições, no caso da vacância do cargo de presidente em função de morte ou impedimento – não se deu exatamente como ele descreveu.

Não foi apenas o destino, ou simplesmente a previsão constitucional, que fez de Michel Temer o 37º presidente da República. Ele quis e disputou a Presidência de forma indireta. Ele "fez a escolha".

Em função do protagonismo assumido nos últimos tempos, detalharei também a participação de Rodrigo Maia no impeachment. Ele era um dos principais militantes e articuladores do caso e buscava os holofotes dessa participação.

Foi no apartamento de Rodrigo Maia, em São Conrado, no Rio de Janeiro, em 10 de outubro de 2015, em uma reunião articulada por ele com o então líder do PSDB Carlos Sampaio e o então líder da minoria Bruno Araújo, que se decidiu a mudança exigida por mim no pedido de impeachment, que tinha sido apresentado na Câmara.

Sampaio foi o encarregado da redação, junto com os juristas Hélio Bicudo e Miguel Reale Jr. Foi essa mudança que levou à minha decisão de aceitar o impeachment, já que foi nesse momento que se incluíram os decretos orçamentários, editados em agosto de 2015, no segundo mandato de Dilma, sem autorização do Congresso.

Nesse momento, praticamente selou-se a decisão do afastamento. O combinado era que eu despacharia esse pedido e, com a mudança solicitada, o rejeitaria, mas acolheria um recurso do PSDB e o levaria à votação em plenário. Nesse caso, a decisão da minha prerrogativa de aceitação ou não da abertura do processo de impeachment iria caber ao plenário da Câmara. E tal fato só não ocorreu dessa forma pela intervenção do Supremo Tribunal Federal (STF).

Vou mostrar também que Rodrigo Maia não tinha limites para sua ambição e vaidade. Na busca do protagonismo, ele quis se impor como relator da Comissão Especial do Impeachment. Eu tive de vetar tal pretensão, preferindo indicar o então líder do PTB, Jovair Arantes. Não venceríamos na Comissão Especial se a relatoria ficasse com Maia.

Depois, já com o impeachment aprovado na Câmara, Rodrigo Maia quis de qualquer forma ser o líder do governo Michel Temer na própria Câmara. Ele já estava oficialmente convidado para isso pelo novo governo quando, atendendo à pressão dos líderes dos partidos de centro, que ajudaram no impeachment, eu interferi junto a Michel Temer demovendo-o dessa decisão.

Entre os líderes dos partidos PP, PSD, PR, Solidariedade, PTB, PSC, PHS e PTN, estava Agnaldo Ribeiro, do PP. Eles exigiram que Rodrigo Maia fosse desconvidado e indicaram o então líder do PSC, André Moura. Coube a mim levar a Temer a demanda, para evitar uma crise política, logo no início da presidência dele, e alterar a decisão. Agnaldo Ribeiro depois viria a ser o grande aliado de Maia.

Essas duas ambições de Rodrigo Maia, frustradas por mim, o levaram ao rompimento comigo. Por consequência, quando ele conseguiu ascender à presidência da Câmara, por vingança, facilitou a cassação do meu mandato, fazendo uma sessão às vésperas das eleições municipais – além de impedir que pudesse haver a votação de uma punição alternativa.

E, já que falo de protagonismo, não posso deixar de tratar também do deputado Baleia Rossi, que acabou virando o herdeiro de Rodrigo Maia, na tentativa de monopolizar o controle político da Câmara, sem sucesso.

Baleia Rossi é filho de Wagner Rossi, ex-deputado e principal parceiro político de Michel Temer. Wagner ocupou vários cargos por indicação de Temer, entre eles a presidência da Companhia Docas de Santos, a presidência da Companhia Nacional do Abastecimento (Conab) e o Ministério da Agricultura, nos governos de Lula e Dilma. Ele acabou demitido por Dilma, debaixo de suspeitas de irregularidades, chegando até a ser preso no inquérito dos portos, que envolve Michel Temer.

Para quem não sabe, coube a Wagner Rossi a aproximação entre Michel Temer e Joesley Batista. Isso está refletido nas delações de Joesley e de Lúcio Funaro. Entre as denúncias, consta que a empresa A Ilha Produção Ltda., pertencente ao irmão de Baleia e sua mulher, recebeu nas campanhas eleitorais de 2010, 2012 e 2014, milhões de reais em pagamentos oficiais e caixa 2, inclusive da Odebrecht – conforme outra delação, desta vez do marqueteiro Duda Mendonça.

Há relatos também nas delações de que Joesley Batista teria supostamente pago uma mesada a Wagner Rossi, depois de demitido do Ministério da Agricultura a pedido de Michel Temer. Não posso afirmar que os conteúdos das denúncias são verdadeiros. O que posso dizer é que há uma proximidade entre Rossi e Temer.

Baleia foi vereador em Ribeirão Preto, deputado estadual em São Paulo e sempre votava em Michel Temer para deputado federal. Acabou ascendendo à presidência do PMDB em São Paulo e a deputado federal em 2014 com o apoio de Temer.

Com o impeachment em andamento, contrariando o que Baleia havia dito – que era um personagem irrelevante no impeachment –, Michel Temer nomeia o então líder do PMDB Leonardo Picciani como ministro dos Esportes, para que o cargo de líder do partido ficasse vago e Baleia pudesse assumir a liderança com o apoio de Temer.

Na verdade, Michel Temer queria Baleia como ministro para se desforrar da demissão de Wagner Rossi, feita por Dilma. Mas Baleia respondia, naquele momento, pela investigação de fraudes na compra de merenda escolar de São Paulo. Era preferível, portanto, permanecer na posição de líder a se arriscar como ministro.

A força de Baleia Rossi junto a Michel Temer é de tal ordem que mais tarde, em 2019, Temer patrocinou sua candidatura e o elegeu presidente do PMDB nacional, deixando-o acumular o poder de líder da bancada e de presidente do partido. A possibilidade de alcançar a presidência da Câmara faria Baleia se igualar ao próprio Michel Temer e a Ulysses Guimarães no acúmulo de funções importantes.

No começo de 2021, quando, na disputa pela presidência da Câmara, viu-se o PT apoiar Rodrigo Maia e Baleia Rossi, como se eles não tivessem tido protagonismo no impeachment, não posso deixar de registrar essa posição – que chega a ser hilária, para quem viveu aquele processo. Esse apoio do PT nos levou à sensação de que estavam sofrendo da síndrome de Estocolmo.

Essa, aliás, é uma das razões que explicam o fato de a situação do PT ter chegado aonde chegou. Seus erros políticos e de avaliação são tão grandes que será muito difícil para o Partido dos Trabalhadores se levantar, se não houver uma grande mudança de ventos.

Baleia Rossi, já como líder do PMDB, protagonizou um acordo comigo – que depois não cumpriu. Eu acabaria renunciando à presidência da Câmara em 7 de julho de 2016, em função desse acordo promovido por ele, que envolvia Michel Temer e o então presidente da Comissão de Constituição e Justiça da Câmara, Osmar Serraglio.

A proposta que foi aceita por mim era a minha renúncia, para que, mediante petição elaborada pelo próprio Osmar Serraglio, meu processo de cassação retornasse ao Conselho de Ética, para nova apreciação. Essa proposta havia sido acertada no gabinete do já presidente Michel Temer e levada a mim por Baleia.

A ideia incluiria também que o nome que eu escolhesse como o meu candidato à presidência da Câmara seria apoiado por eles. Depois de debater com os líderes, incluindo o próprio Baleia, escolhi o líder do PSD Rogério Rosso para ser meu sucessor, com a concordância de todos. Antes, até cheguei a oferecer a candidatura à presidência ao próprio Baleia, que a recusou por receio de a investigação envolvendo seu nome estar em andamento.

Como se sabe, eu renunciei à presidência e assinei a petição preparada por eles, mas de nada adiantou. Eles não cumpriram a parte deles no acordo.

Com a minha renúncia, a nova eleição na Câmara foi feita em seguida. Michel Temer, de maneira velada, traiu o compromisso e apoiou a candidatura de Rodrigo Maia, elegendo-o em detrimento da candidatura de Rogério Rosso, combinada por mim. Temer se fingiu de neutro, mas delegou a articulação a Moreira Franco, sogro de Maia, que reverteu a posição do PR e de grande parte do PMDB, incluindo Baleia.

Com isso, Rodrigo Maia, já como meu adversário ferrenho, acabou eleito presidente, em uma disputa de segundo turno contra Rogério Rosso. E tratou logo de combinar a votação da minha cassação, imediatamente após, no Senado, ocorrer a votação do afastamento definitivo de Dilma – mas antes das eleições municipais. Isso, aliás, foi moeda de troca para que Maia obtivesse votos da esquerda no segundo turno dessa eleição.

O livro faz também um breve relato da história das eleições presidenciais e do Congresso, desde a proclamação da República até a eleição de Dilma Rousseff em seu segundo mandato, interrompido pelo processo de impeachment.

Não pretendo expor todos os detalhes das eleições anteriores, mas tão somente fazer o relato das condições políticas, razões e consequências dos respectivos processos eleitorais, para que o leitor possa se situar e compará-las com as dos tempos atuais.

Da eleição de Fernando Collor, trago um pouco de fatos inéditos vividos por mim, já que trabalhei na campanha eleitoral. Essa eleição, aliás, teve relevância para entendermos o processo que levaria a seu impeachment, já que houve uma participação ativa do Partido dos Trabalhadores – vítima, depois, do mesmo processo que impôs a Collor. O afastamento de Collor em 1992 não foi golpe, mas quando o PT foi vítima passou a ser golpe — ou seja, quem com golpe fere, com golpe será ferido.

A origem do título *Tchau, querida* vem de um grampo ilegalmente divulgado pelo então juiz da Lava Jato, e depois ministro da Justiça, Sergio Moro, no qual um diálogo entre Dilma e Lula gravado com autorização dele, como juiz, porém realizado fora do período autorizado e divulgado sem base legal, apontava que Dilma queria que Lula assinasse um termo de posse como ministro imediatamente, o que evitaria qualquer risco de uma atitude de Moro contra Lula, que já tinha sido alvo de busca e apreensão e condução coercitiva, autorizada pelo então juiz dez dias antes.

Nesse diálogo, Lula se despede de Dilma com a frase que ficou notabilizada pelo deboche, tornou-se *meme* e virou a expressão mais usada nos passos seguintes do processo de impeachment, o "tchau, querida". Adotamos a frase como título, não com intuito de deboche, mas apenas para chamar a atenção de que houve, sim, um ato ilegal de um juiz que, hoje se sabe, foi líder e chefe de uma organização política – que poderia, se usados os mesmos critérios das acusações e sentenças da Lava Jato, ser considerada uma organização criminosa. Claro que para comprovar isso deveríamos submetê-lo ao devido processo legal, com o apropriado contraditório, e ter a sentença de acordo com as provas produzidas, procedimento que não costumava ocorrer em sua jurisdição e na sua atividade jurídica e política de comandante-em-chefe da organização Lava Jato.

É verdade que conhecemos parte desses fatos pela atuação do site jornalístico The Intercept Brasil, com idêntico viés político. A publicação divulgou a conta-gotas as informações que obteve, visando obter a soltura de Lula. Logo após o ex-presidente ter sido solto, cessaram ou minguaram as divulgações, certamente guardadas para o momento eleitoral de 2022.

Além disso, The Intercept escolheu a dedo os que poderiam se beneficiar dessa divulgação e, certamente, causou prejuízos a muitos que não tiveram vazados os fatos que lhes atingiriam, por óbvia opção política. Para o que ficou conhecido como Vaza Jato, o importante era Lula. Jamais iriam beneficiar os adversários do PT, como era o meu caso. O que acabou saindo sobre mim foram fatos que The Intercept não queria trazer à tona, mas acabaram divulgados pela revista *Veja*.

Cheguei até a receber relatos de que a parceria com a revista seria cancelada caso fossem divulgadas informações que pudessem me beneficiar. Ou seja, passei esses anos todos com Moro me usando em seu discurso de que ele não era adversário do PT porque havia condenado o maior adversário do PT, que era eu, mas The Intercept não quis fingir a mesma isenção, que não era braço do PT e também divulgaria fatos do maior adversário do PT. Eles preferiram o meu fígado a demonstrar alguma imparcialidade.

O livro vai além da análise das razões do processo de impeachment e fala das dificuldades de termos uma constituição parlamentarista e um regime presidencialista, pois busca analisar o dia a dia dos erros de Dilma e seus aliados, que culminaram com seu processo de impeachment.

Trato também das decisões do STF, provocadas pelo PT e seus aliados, sobre o processo de impeachment – dois desses entendimentos tiveram especial relevância para todo o processo.

O primeiro se deu quando suspenderam uma decisão minha, na presidência da Câmara dos Deputados, na questão de ordem número 105, de autoria do então líder do DEM, Mendonça Filho. No caso, impediram que eventual recusa minha a pedido de abertura do processo de impeachment pudesse ter recurso ao plenário.

Esse era o entendimento vigente na Câmara, prática que ocorreu em 1999, quando o PT ingressou com pedido de abertura de processo de impeachment contra o então presidente Fernando Henrique Cardoso, rejeitado pelo então presidente da Câmara Michel Temer e com recurso ao plenário do deputado do PT e ex-presidente da Câmara, Arlindo Chinaglia, levado à votação em plenário e derrotado.

Essa decisão equivocada acabou deixando o poder absoluto sem contestação nas minhas mãos, um poder quase imperial de aceitar ou recusar o pedido de abertura do processo de impeachment, sem nenhuma possibilidade de recurso ao plenário, o que de fato acabou ocorrendo.

Isso sem contar que foi exatamente o que impediu que Dilma evitasse a abertura do processo de impeachment. Caso eu rejeitasse o pedido e houvesse um recurso ao plenário contra a minha rejeição, bastaria a ela ter a maioria simples para evitar essa rejeição. Naquele momento ela ainda teria tido condições para obter essa maioria simples.

A atitude de Dilma e do PT foi simplesmente impedir que houvesse recurso contra a minha decisão de rejeitar o impeachment. Eles queriam que eu decidisse aceitar ou rejeitar, sem nenhuma possibilidade de recurso. Era realmente um contrassenso, que custou a eles a aceitação da minha parte ao impeachment.

É evidente que se torna necessário corrigir essa distorção. Não me parece razoável que o presidente da Câmara, mero representante de uma das casas do Congresso e coordenador dos seus trabalhos, tenha um poder monocrático imperial, de aceitar ou rejeitar um pedido de impeachment – sem que caiba recurso ao plenário, onde a maioria pode decidir de acordo com sua vontade real.

O segundo entendimento relevante veio após eu abrir o processo de impeachment, em 2 de dezembro de 2015, quando o PT e seus aliados ingressaram com uma ação de descumprimento de preceito fundamental. A ADPF 378 visava impedir o processo de impeachment e servir contra o rito do processo de tramitação adotado por mim – que havia levado para apreciação do plenário a criação da Comissão Especial, em voto secreto, admitindo candidaturas avulsas, na qual o governo havia sido fragorosamente derrotado. Acabou sendo eleita uma comissão opositora ao governo.

O livro *Os onze*, dos jornalistas Felipe Recondo e Luiz Weber, sobre os bastidores do STF, faz relatos sobre essa decisão, não contestados por ninguém. A obra relata que o então ministro da Justiça José Eduardo Cardozo teria viajado em avião da FAB a Curitiba, de madrugada, para encontrar o relator dessas ações, o ministro Luiz Edson Fachin, recém-nomeado por Dilma para a vaga que fora de Joaquim Barbosa. Cardoso queria que Fachin suspendesse o processo de impeachment.

Todos ficaram apavorados com a relatoria de Fachin, visto que, como militante da campanha de Dilma que foi, havia a suspeita de parcialidade da sua decisão. Mas o que ocorreu é que, apesar de ter atendido Cardozo e dado inicialmente uma liminar suspendendo o processo, marcou imediatamente o julgamento e, nele, seu voto, que confirmava todos os atos por mim praticados e as decisões que a Câmara tinha tomado, para surpresa de todos.

Esse mesmo livro diz que o voto de Fachin teria uma sutileza que, depois, seria usada para anulação de todo o processo de impeachment. A sutileza consistiria em que o processo de impeachment seria um processo jurídico-político, e não somente um processo político. E que isso poderia levar à apreciação futura de que não haveria condição jurídica para o impeachment, e com isso se poderia anular todo o processo.

Não se sabe se essa era a real intenção de Fachin, ou se foi a desculpa utilizada para justificar o seu voto a quem lhe cobrasse a infidelidade a Dilma. Mas o fato é que Fachin estava certo, já que o processo de impeachment era tanto jurídico quanto político.

Para corroborar isso, basta ler a minha decisão de aceitação de abertura de processo de impeachment. Ela consistia em fatos que eu entendi cabíveis juridicamente. Além disso, quando do julgamento do impeachment no Senado Federal, que, por disposição constitucional, é presidido pelo presidente do STF, todo o debate lá ocorrido foi feito sobre o cabimento ou não das acusações contra Dilma, e não sobre a sua pífia presidência.

Evidentemente, o caso do impeachment de Collor não teve nenhuma base jurídica e foi totalmente político, já que os fatos tratados no relatório da CPMI do Congresso Nacional poderiam ser enquadrados como crimes comuns e não de responsabilidade.

Tanto isso é verdade que, depois, a Procuradoria-Geral da República apresentou denúncia contra Collor ao STF, e ele acabou absolvido pelo STF na ação penal de número 307, dois anos após o processo de impeachment. Naquele momento, Collor foi julgado pelo STF, mesmo depois da perda do mandato, pela jurisprudência da época, modificada hoje, na qual não se perdia o foro após o término do mandato.

Se a denúncia tivesse sido apresentada antes da abertura do processo de impeachment, a Câmara dos Deputados poderia ter autorizado ou não a abertura do processo penal, implicando o afastamento por 180 dias do presidente, após a denúncia ser aceita pelo STF e o julgamento ficando a cargo deste, e não do Senado Federal.

Recentemente, isso aconteceu duas vezes com Michel Temer, que, denunciado pela Procuradoria-Geral da República em duas oportunidades, em ambas a Câmara dos Deputados rejeitou a autorização para abertura da ação penal, sustando o processo até o fim de seu mandato.

A parte política do processo de impeachment está na atuação tanto dos deputados que autorizaram a abertura do processo quanto dos senadores que o julgaram. Eles o fizeram por motivações políticas, e, além disso, os senadores não são julgadores que têm de fundamentar o seu voto como os magistrados, e são soberanos na sua decisão, não se subordinando a eventual correção do STF.

Fachin estava certo no argumento, e, se verdadeira a sua motivação divulgada, haveria um erro, e me parece que essa alegação foi ter realmente a desculpa de um novato no STF, confrontado com a primeira grande oportunidade de fazer a sua biografia – fato muito comum no STF atual, em que as nomeações ficaram abaixo do nível esperado e com ministros que, sem currículo anterior, necessitam da sua atuação no STF para construí-lo.

O fato é que Dilma tinha outro centroavante no STF, o ministro Luís Roberto Barroso. Primeiro a votar depois de Fachin, fez um voto divergente, criando condições para a salvação de Dilma, confirmando que para o afastamento dela não bastaria a votação de dois terços da Câmara, mas teria de haver confirmação por maioria simples do Senado da admissão ou não do processo de impeachment. Ou seja, absurdamente o Senado, por maioria simples, poderia tornar sem efeito uma decisão de dois terços da Câmara.

Nesse ponto, a Constituição é muito clara: cabe à Câmara abrir o processo de impeachment e ao Senado, o seu julgamento, não sendo de sua alçada um duplo papel de autorizar o que a Câmara já autorizou e depois também julgar.

Isso seria colocar o Senado em um papel superior ao da Câmara, não admitido na nossa Constituição, em que o texto do artigo 86 fala diretamente:

"Admitida a acusação contra o Presidente da República por dois terços da Câmara dos Deputados, será ele submetido a julgamento perante o Supremo Tribunal Federal nas infrações penais comuns ou perante o Senado Federal nos crimes de responsabilidade". É um texto bem claro, no qual a decisão de Barroso teve um viés de fidelidade a quem fez sua nomeação ao STF.

Além disso, Barroso legislou, interveio no regimento interno da Câmara e teve uma passagem célebre muito ironizada na imprensa, quando leu um artigo do regimento da Câmara, artigo 188, inciso III, e parou a leitura no ponto que iria contradizer o seu argumento. Nesse trecho, o texto diz que a eleição secreta se aplicaria às demais eleições não descritas naquele artigo, o que era exatamente o caso da eleição para a Comissão Especial do Impeachment.

Barroso, baseado na ausência do dispositivo do regimento interno, que existia e que havia omitido em sua leitura, anulou a eleição da Comissão Especial, que tinha sido por voto secreto, determinando que a votação fosse aberta.

Ele determinou também, sem nenhum respaldo no regimento da Câmara ou na Lei nº 1.079, de 1950 – a lei do impeachment –, que só fossem submetidos a votos do plenário da Câmara os indicados pelas lideranças dos partidos, não admitindo candidatura avulsa, fato normal no Parlamento, previsto no regimento interno e consolidado nas jurisprudências da Câmara.

Em resumo, Barroso interveio, paralisou o processo de impeachment e, naquele momento, deu sobrevida a Dilma, já que seria bastante fácil para ela obter maioria simples no Senado para não ser afastada. Sabendo disso, eu resolvi esperar o fim do recesso do Congresso, que iria começar naquele momento, para continuar com o processo, já que a derrota era uma hipótese provável.

Barroso foi acompanhado pela maioria do plenário do STF, vencendo o voto de Fachin, mostrando a todos nós que Dilma estava com a maioria do Supremo, e isso tornava mais difícil o processo. Sabíamos que, além da dificuldade no Senado, ainda poderíamos ter outras disputas no STF acerca das decisões.

Dilma, aliás, em momento anterior, já tinha me dito que tinha cinco ministros no STF – a conta dela incluía Fachin, que, nesse caso, não a ajudou. Mas eu sabia que ela iria jogar nessas duas frentes: a do STF e também com Renan Calheiros, no Senado. E, com isso, tentar parar ou impedir o impeachment. Além disso, a então presidente contava com a serventia e a atuação do procurador-geral da República, Rodrigo Janot.

Todos esses detalhes – reuniões, jantares, articulações, conversas, a obtenção dos votos necessários para a abertura do processo de impeachment – serão aqui contados de forma minuciosa. O relato termina no dia do afastamento de Dilma e da posse de Michel Temer, em 12 de maio de 2016.

Eu também mostrarei alguns detalhes do processo de cassação do meu mandato de deputado, incluindo as tentativas de extorsão que sofri. Como a maior parte dessa história está em período posterior, deixarei para contar esses fatos em outro livro, abrangendo o período de Michel Temer a

Bolsonaro no pós-impeachment. Com isso, pretendo compartilhar todos os fatos que vivi, protagonizei ou tomei conhecimento ao longo do processo de impeachment, além de todas as consequências que esse período marcante acabou gerando.

Aproveitei e formulei uma série de propostas de alteração do sistema político, com sugestões de mudanças na Constituição, na legislação eleitoral e até no Regimento Interno da Câmara. As propostas podem, ao menos em parte, alterar profundamente o sistema político e ajudar na estabilidade política. Elas abrangem o parlamentarismo, a extinção ou alteração dos poderes do vice-presidente da República, a vacância da Presidência, a mudança do processo eleitoral, entre outras.

Este livro era para ter sido escrito inicialmente em 2016, logo após a cassação do meu mandato de deputado federal. Mas a minha prisão impediu isso. O fato de ter sido escrito em 2020, contudo, me permitiu abordar alguns fatos ocorridos nesse período, que influenciam a compreensão de todo o processo, bem como pude escrever sobre outras consequências, relatando inclusive alguns fatos mais recentes.

O livro acabou ficando maior do que eu esperava, justamente pela riqueza de detalhes que preferi expor. Muitos desses detalhes foram testemunhados por mim ou trazidos por terceiros – até mesmo apresento fatos importantes que foram noticiados na imprensa, porém esquecidos depois.

Se o seu intuito for apenas saber os detalhes do impeachment de Dilma, você terá isso a partir do capítulo 21. Mas, se quiser conhecer as raízes desse processo, não deixe de ler tudo.

Não pretendo fazer desta obra um memorial de defesa das acusações injustas que sofri e ainda sofro, mas citarei alguns pontos das fraquezas de alguns fatos denunciados, bem como de incoerências que ocorreram comigo em relação a outras pessoas. Eu vou rebater alguns pontos denunciados no período abrangido pelo livro e, além disso, mostrar o preço que paguei pela abertura desse processo de impeachment.

Mostrarei também uma parte das falhas da chamada Operação Lava Jato, com as parcialidades do então juiz Sergio Moro, incluindo os processos com relação a mim. Eu também trarei a prova de algumas injustiças cometidas contra mim, inclusive a de me atribuir a titularidade de contas no exterior – sendo que o próprio Ministério Público Federal do Brasil e o da Suíça reconheceram, depois da minha condenação, que eu era delas apenas mero usufrutuário, conforme eu já declarava na época. Isso de nada adiantou, pois fui cassado do meu mandato de deputado justamente sob a alegação de ter mentido ao dizer que não era titular dessas contas – e ainda fui condenado por isso, embora esteja em fase de apelação, com a juntada dessa nova prova, nos recursos aos tribunais superiores.

É possível que a publicação desta obra me traga mais consequências. Muitos atores não ficarão satisfeitos com a realidade aqui apresentada. Sofrerei muitas críticas daqueles que gostariam de ter o seu verdadeiro papel escondido. Além disso, muitos que foram aqui criticados reagirão. Talvez sofra com novos processos ou sofra ainda mais com o peso do meu nome nas capas dos processos. Mesmo sabendo disso, a minha intenção não mudou.

Independentemente de gostar ou não de mim, concordar ou não comigo, a leitura é indispensável. Pois, queira ou não, o responsável por todo esse processo de impeachment de Dilma fui eu. Muitos buscaram herdar essa glória, mas ou de quase nada participaram ou foram meros coadjuvantes, inclusive os próprios autores do pedido de abertura do processo feito à Câmara dos Deputados e aceito por mim.

Aliás, devemos registrar que o primeiro pedido de impeachment de Dilma no seu segundo mandato coube ao então deputado Jair Bolsonaro, em 13 de março de 2015, em função das denúncias de corrupção na Petrobras. Eu rejeitei seu pedido, sendo que, de todos aqueles que tiveram seu pedido de impeachment por mim rejeitado, Bolsonaro foi o único que recorreu contra a minha decisão ao plenário. Em função da decisão do STF em relação à questão de ordem número 105, não pude colocar seu recurso em votação no plenário. Isso pode explicar um pouco as razões do crescimento dele, pois Bolsonaro foi realmente precursor no processo de impeachment.

Preferi não ser omisso nem infiel aos fatos. Foi muito difícil todo esse processo, além das consequências que afetaram toda a minha vida e a da minha família. Mas não me arrependo da maior parte das decisões que tomei, embora também reconheça que tenha cometido alguns erros durante o processo. Como está na Bíblia, na segunda carta de Paulo aos Timóteos, no capítulo 4, versículo 7: "Combati o bom combate, acabei a carreira, guardei a fé".

Tenha uma boa leitura.

1 A história das eleições presidenciais, a interrupção da ditadura Vargas e a ditadura de 1964

A precondição para se compreender a história política do nosso país e o que acontece hoje em dia é o conhecimento dos fatos pretéritos. No caso específico do tema deste livro, o conhecimento das eleições ocorridas após a proclamação da República, em 15 de novembro de 1889. A monarquia e seu imperador foram derrubados por aquilo que poderíamos chamar de golpe militar, executado com orientação política, com o anseio de acabar com aquela forma de governo e estabelecer o que é o conceito da República, ou seja, a *res publica*.

É óbvio que havia outras nuances nesse processo, em que a escravidão havia sido abolida sem indenização aos grandes proprietários de terra, que, por vingança, apoiaram o golpe. Além disso, existia o fato de o então imperador, dom Pedro II, não ter filhos homens e a herdeira do trono vir a ser sua filha, a princesa Isabel – casada com um francês, o conde d'Eu. Isso assustava muita gente, que pensava na possibilidade de o país ser governado por um estrangeiro, o que acabou se traduzindo em apoio ao golpe.

Desde a Proclamação da República, foram eleitos 31 presidentes, 23 de forma direta e 8 de forma indireta – havendo uma eleição extraordinária em 1919. A eleição que teve o maior número de votantes até 2014 foi a do primeiro turno desse ano, com 115.122.611 eleitores. A que teve o menor número foi a de 1906, com 306.030 eleitores.

No caso da escolha dos vice-presidentes, foram 32 as eleições, sendo 19 delas separadas das eleições de presidente (13 diretas e 6 indiretas). Ou seja, podia-se votar para o presidente de uma chapa e o vice de outra, dificultando em muito a manutenção da harmonia. Houve outras 13 em que a eleição do presidente e seu vice foram feitas conjuntamente (oito diretas e cinco indiretas).

Por duas vezes foram eleitos presidente e vice de chapas diferentes: em 1891, quando o presidente era de situação e o vice-presidente de oposição; e em 1960, em que o presidente era de oposição e o vice de situação – essa eleição teve como consequência o golpe de 1964.

Houve três eleições extraordinárias de vice-presidente – em 1903, 1920 e 1922 –, além da eleição extraordinária de 1919 para presidente. A eleição de 1934 ocorreu somente para presidente, já que a ditadura de Vargas havia acabado com o cargo de vice-presidente.

Somente quatro eleições tiveram a vitória do que se chamava oposição naquele momento: as de 1960, 1985, 1989 e 2002 – sendo a de 1985 indireta, por meio do colégio eleitoral que pôs fim à ditadura de 1964.

A de 1989 foi a primeira eleição direta após a ditadura, cem anos depois da proclamação da República. Elegeu Fernando Collor, aquele que viria a sofrer o processo de impeachment. A eleição de 2002 marcou a vitória de Lula e a chegada do PT ao poder, que terminaria com o impeachment de Dilma, sucessora de Lula.

Os modelos de eleição sofreram mudanças durante o período republicano, decorrentes de novas constituições no país. A primeira Constituição, de 1891, adotou o modelo presidencialista pelo sufrágio direto. Na prática, havia muitas restrições de voto, além de manipulações e fraudes, o que levava a pouca representatividade dos eleitos.

Nessa Constituição havia inclusive a previsão de que, caso o candidato a presidente não obtivesse a maioria absoluta dos votos, caberia ao Congresso Nacional escolher o governante, entre os dois mais votados. Isso não chegou a ocorrer, pois todos os eleitos na vigência dessa carta obtiveram a maioria absoluta.

A carta de 1934 não contemplava eleições presidenciais, a não ser a eleição extraordinária de 1934, que elegeu Getúlio Vargas. Já a carta de 1937, sob a ditadura de Vargas, previa eleições presidenciais que nunca foram realizadas.

Após a queda de Vargas, a nova carta de 1946 mudou a situação: previu as eleições presidenciais diretas, aumentou o número do eleitorado e instituiu o voto secreto.

Já durante a ditadura de 1964, os atos institucionais de números 1 a 4, e depois a proclamada carta de 1967, alteraram as eleições presidenciais de diretas para indiretas, por um modelo de colégio eleitoral. Isso seguiu até a Constituição de 1988, que voltou a prever as eleições diretas para presidente, com voto secreto e universal, e ainda ampliando a participação popular nas eleições.

Desde 1966, o presidente e o vice-presidente concorrem na mesma chapa, e, desde 1989, a eleição passou a ocorrer em dois turnos, caso não se alcance a maioria absoluta em primeiro turno.

Somente a partir da eleição de 1955 adotou-se a cédula eleitoral oficial, que resguardava a liberdade e o sigilo do voto. Antes disso, os próprios partidos políticos é que distribuíam as cédulas eleitorais. Desde 1998, usa-se a urna eletrônica, ainda hoje contestada, embora nenhuma fraude tenha sido comprovada. Existe uma grande discussão sobre a necessidade de impressão do voto.

Após a proclamação da República, o marechal Deodoro da Fonseca assumiu provisoriamente a chefia do governo. A promulgação da Constituição de 1891 previa o sufrágio universal, mas ressalvava nas suas disposições transitórias que, no primeiro período presidencial, o presidente seria eleito pelo Congresso Constituinte. Esse poder já tinha sido estabelecido na eleição do

Congresso Constituinte em 1890, o que seria a primeira eleição do Congresso após a queda da monarquia – a 21ª legislatura do Congresso Nacional duraria de 15 de novembro de 1889 a 14 de novembro de 1891.

Deodoro da Fonseca, na chefia do governo provisório, convocou a eleição do Congresso Constituinte, que elaborou a primeira Constituição da República, entre 15 de novembro de 1890 e 24 de fevereiro de 1891. O Congresso, depois de eleger Deodoro, seria dissolvido por ele em novembro de 1891, ao contrário do que previa a Constituição promulgada. A previsão era de que, ao fim dos trabalhos constituintes, o Congresso se separaria em Câmara dos Deputados e Senado Federal, para os trabalhos ordinários.

A nova Constituição previa mandatos de quatro anos para presidente, de três anos para deputados e de nove anos para senadores, renovando-se um terço dos senadores a cada eleição. Estabelecia a denominação Congresso Nacional para o conjunto de Câmara dos Deputados e Senado Federal.

O período já marca a primeira grande crise política, com a dissolução do Congresso, a renúncia do presidente Deodoro da Fonseca em 23 de novembro de 1891 e a ascensão do vice-presidente Floriano Peixoto. Isso contrariava a Constituição aprovada, que mencionava a necessidade de convocação de novas eleições, o que não foi feito por Floriano Peixoto, em mais um golpe, dessa vez contra a própria nova Constituição vigente.

O novo Congresso foi empossado para o período de 15 de novembro de 1891 até 14 de novembro de 1894, na 22ª legislatura.

A segunda eleição presidencial se deu em 1º de março de 1894 e elegeu Prudente de Morais para o período de 15 de novembro de 1894 até 14 de novembro de 1898, e, em 1894, elegeu-se a 23ª legislatura do Congresso, para o período de 15 de novembro de 1894 até 31 de janeiro de 1897.

A 24ª legislatura atravessou o mandato de Campos Sales, presidente que seria eleito em seguida. Foi de 1º de fevereiro de 1897 até 31 de janeiro de 1900.

A terceira eleição presidencial se deu em 1º de março de 1898 e elegeu Campos Sales para o período de 15 de novembro de 1898 a 14 de novembro de 1902. O Congresso foi eleito para a sua 25ª legislatura, para o período de 1º de fevereiro de 1900 a 14 de novembro de 1902.

A quarta eleição presidencial foi realizada em 1º de março de 1902, e o eleito foi Rodrigues Alves, para o período de 15 de novembro de 1902 a 14 de novembro de 1906, sendo eleita a 26ª legislatura do Congresso para o mesmo período.

A quinta eleição presidencial ocorreu em 1º de março de 1906 e elegeu Afonso Pena, para o período de 15 de novembro de 1906 a 14 de novembro de 1910, tendo sido eleita a 27ª legislatura do Congresso – que foi do período de 15 de novembro de 1906 a 31 de janeiro de 1909.

Afonso Pena morreu um ano antes do fim do mandato e foi sucedido pelo vice-presidente Nilo Peçanha, que concluiu o mandato. A 28ª legislatura do Congresso foi eleita e cumpriu o período de 1º de fevereiro de 1909 até 31 de janeiro de 1912.

A sexta eleição presidencial se deu em 1º de março de 1910. Hermes da Fonseca foi escolhido para o período de 15 de novembro de 1910 até 14 de novembro de 1914, tendo a 29ª legislatura do Congresso sido eleita para o período de 1º de fevereiro de 1912 a 31 de janeiro de 1915.

A sétima eleição presidencial ocorreu em 1º de março de 1914 e elegeu Venceslau Brás, então vice-presidente da República, para o período de 15 de novembro de 1914 a 14 de novembro de 1918, tendo sido eleita a 30ª legislatura do Congresso para o período de 1º de fevereiro de 1915 até 31 de janeiro de 1918.

A 31ª legislatura foi eleita para o período de 1º de fevereiro de 1918 a 31 de janeiro de 1921. Em 1º de março de 1918, ocorreu a oitava eleição presidencial, e Rodrigues Alves foi escolhido para o período de 15 de novembro de 1918 a 14 de novembro de 1922. Mas Alves não tomou posse: vitimado pela pandemia da gripe espanhola, acabou por falecer em 1919.

O vice-presidente eleito Delfim Moreira foi quem assumiu. Foi realizada eleição extraordinária para a Presidência da República, no dia 13 de abril de 1919, a nona eleição presidencial. Acabou escolhido Epitácio Pessoa para complementar o mandato de Rodrigues Alves.

Em 1920, morreu o vice-presidente Delfim Moreira, o que levou a uma eleição extraordinária para o cargo de vice-presidente em 6 de setembro de 1920. Foi escolhido Bueno de Paiva para complementar o mandato.

A 32ª legislatura do Congresso foi eleita para o período de 1º de fevereiro de 1921 a 31 de janeiro de 1924. A décima eleição presidencial ocorreu em 1º de março de 1922. Artur da Silva Bernardes foi o escolhido das urnas para o período de 15 de novembro de 1922 até 14 de novembro de 1926.

Logo após essa eleição, morreu antes da posse o vice-presidente eleito Urbano Santos, o que levou a uma eleição extraordinária para vice-presidente, ocorrida em 7 de maio de 1922. Foi eleito Estácio Coimbra.

A 33ª legislatura do Congresso foi eleita para o período de 1º de fevereiro de 1924 até 31 de janeiro de 1927. A 11ª eleição presidencial ocorreu em 1º de março de 1926. Foi eleito Washington Luís para o período que deveria estender-se de 15 de novembro de 1926 a 14 de novembro de 1930.

A 34ª legislatura do Congresso assumiu em 1º de fevereiro de 1927 e terminou em 24 de outubro de 1930, junto com o governo de Washington Luís, com o golpe militar que levou ao início da ditadura de Vargas.

A 12ª eleição presidencial ocorreu em 1º de março de 1930, na qual foi eleito Júlio Prestes para o mandato de 15 de novembro de 1930 até 14 de novembro de 1934. Foi o único presidente eleito a não tomar posse, por conta do golpe de 1930.

Prestes havia derrotado Getúlio Vargas nas urnas. Após a eleição, junto com os seus aliados, Vargas iniciou um levante. Antes de Vargas chegar à capital, no Rio de Janeiro, houve um golpe militar que depôs Washington Luís, em 24 de outubro de 1930, poucos dias antes do fim do seu mandato e da data prevista para a posse de Júlio Prestes, que acabaria não assumindo.

Com o golpe militar, assumiu o governo uma junta militar, que geriu o país por poucos dias. O comando foi passado para Getúlio Vargas. A era Vargas começou em 3 de novembro de 1930 e se estenderia até 1945.

A Constituição de 1891 foi revogada. Getúlio governou por decretos. A 35ª legislatura do Congresso Nacional durou de 25 de outubro até 31 de dezembro de 1930. Vargas editou o ato de dissolução do Congresso em 11 de novembro de 1930.

Em 14 de maio de 1932, Vargas convocou eleições para um congresso constituinte para 3 de maio de 1933. Foi criada uma comissão para elaborar o anteprojeto da Constituição.

Dessa forma, a 36ª legislatura do Congresso Nacional, eleito como Constituinte, elaboraria a Carta de 1934, cujos trabalhos duraram de 15 de novembro de 1933 a 20 de julho de 1934.

Essa Constituição previa em suas disposições transitórias que a eleição presidencial de 1934 se daria de forma indireta pelo Congresso, o que ocorreu em 17 de julho de 1934, com a escolha de Getúlio Vargas. Foi a 13ª eleição presidencial. E sem vice-presidente, cargo que havia sido extinto pela Constituição de 1934 então aprovada.

O Congresso, após a proclamação da Constituição de 1934, se transformaria em Câmara dos Deputados, exercendo cumulativamente as funções do Senado Federal, até que ambas as casas se organizassem, o que durou até 27 de abril de 1935.

A 37ª legislatura do Congresso teve início em 28 de abril de 1935 e durou até 10 de novembro de 1937, quando Getúlio Vargas outorgou a Constituição daquele ano, que deveria ser submetida a plebiscito – nunca ocorrido. Ainda suspendia as atividades do Legislativo, dissolvendo o Congresso, estabelecendo o mandato presidencial de seis anos e prorrogando o mandato de Getúlio até a realização do plebiscito. Também acabava com o Senado Federal, extinguindo o bicameralismo, entre outras deliberações.

A eleição de 1938 estava prevista para acontecer em 3 de janeiro de 1938 de forma direta. Mas, com o golpe de Getúlio Vargas, em 10 de novembro de 1937, que introduziu o Estado Novo, a eleição não aconteceu. Vargas impôs a sua nova Constituição de forma autoritária e prorrogou seu mandato indefinidamente.

Em 1945, Getúlio Vargas convocou eleições para a Presidência da República e o Congresso Nacional Constituinte para o dia 2 de dezembro de 1945. Mas, em 29 de outubro de 1945, Vargas foi deposto por um golpe militar, assumindo a Presidência da República o então presidente do Supremo Tribunal Federal, José Linhares.

Vargas foi deposto em função do movimento que se iniciava e ganhava força para adiar as eleições presidenciais e só fazê-las após a nova Constituição, o chamado queremismo[1]. Isso acabou fazendo com que os militares, que antes lhe eram fiéis, participassem da sua deposição, visto que os candidatos à eleição presidencial marcada eram dois líderes militares à época.

Dessa forma, a 14ª eleição presidencial ocorreu em 2 de dezembro de 1945 e elegeu Eurico Gaspar Dutra para o período de 31 de janeiro de 1946 a 31 de janeiro de 1951, mandato de cinco anos estabelecido pela Constituição de 1946. Ela também recriou o cargo de vice-presidente. Após sua promulgação, foi feita eleição indireta pelo Congresso Nacional, em 19 de setembro de 1946, elegendo Nereu Ramos para o cargo, com término previsto do mandato de forma a coincidir com o fim da gestão do presidente.

A Constituição também determinou que as eleições de presidente e vice-presidente fossem separadas. A 38ª legislatura do Congresso cumpriu o mandato de 23 de setembro de 1946 a 9 de março de 1951, depois de aprovada a Constituição de 1946.

Em 10 de abril de 1950, Dutra sancionou a Lei nº 1.079, de 1950, a Lei do Impeachment. Apesar de defasada nos dias atuais, foi com base nessa lei que se deram os processos de impeachment de Fernando Collor e Dilma Rousseff.

A 15ª eleição presidencial ocorreu em 3 de outubro de 1950 e elegeu, agora por voto direto, Getúlio Vargas para o mandato de 31 de janeiro de 1951 a 31 de janeiro de 1956. A 39ª legislatura do Congresso Nacional foi eleita para o período de 10 de março de 1951 até 31 de janeiro de 1955.

Na verdade, o primeiro processo de impeachment, baseado na Lei nº 1.079, de 1950, foi aberto contra Getúlio Vargas. Os motivos alegados eram o benefício ao jornal *Última Hora* e a tentativa de implantar uma república sindicalista. A autorização para a abertura do processo de impeachment foi rejeitada na Câmara dos Deputados, em 16 de junho de 1954, por 135 votos a 35, tendo tido 40 abstenções.

Getúlio Vargas, em meio à crise política que estava vivendo, logo em seguida se suicidou, em 24 de agosto de 1954, assumindo o vice-presidente Café Filho para completar o mandato. Mas isso acabaria não ocorrendo: em 8 de novembro de 1955, Café Filho sofreu um ataque cardíaco, foi afastado da Presidência e, em seu lugar, assumiu o então presidente da Câmara dos Deputados, Carlos Luz. Ele ficou apenas três dias no cargo e acabou impedido pelo Congresso Nacional, por supostamente fazer parte de uma conspiração contra a posse do presidente eleito Juscelino Kubitschek. Foi designado, então, o presidente do Senado Federal, Nereu Ramos, para cumprir o restante do mandato de Getúlio Vargas, até 31 de janeiro de 1956.

A 40ª legislatura do Congresso Nacional foi eleita para o período de 1º de fevereiro de 1955 até 31 de janeiro de 1959.

A 16ª eleição presidencial ocorreu em 3 de outubro de 1955, e das urnas saíram vencedores Juscelino Kubitschek como presidente e João Goulart

---

[1] A expressão se originou do *slogan* utilizado pelo movimento "Queremos Getúlio". N. do E.

como vice, para o mandato de 31 de janeiro de 1956 até 31 de janeiro de 1961. JK viveu debaixo da confusão da alternância de presidentes, nesse período anterior à sua posse, além das tentativas de impedir seu mandato, que foram malsucedidas.

Ele foi o presidente desenvolvimentista, que transferiu a capital do Rio de Janeiro para Brasília, com uma obra mirabolante, mudando o cenário político do país. Também foi o responsável pelo estabelecimento da indústria automobilística em São Paulo.

A política no país tinha sido dominada pelo famoso café com leite, uma aliança de alternância de poder firmada entre paulistas e mineiros. Tal hegemonia foi quebrada com a ascensão de Getúlio Vargas. Juscelino quis fortalecer a aliança com a industrialização de São Paulo, que mudaria para sempre o destino da economia do país.

A dupla atitude de Juscelino, com a transferência da capital federal e a implantação da indústria automobilística em São Paulo, determinou a mudança de patamar do Rio de Janeiro. As consequências são vistas até os dias de hoje. Foram decisões políticas vitais para a história do país, com benefícios a uns e prejuízos a outros.

A 41ª legislatura do Congresso Nacional foi eleita para o período de 1º de fevereiro de 1959 a 31 de janeiro de 1963.

A 17ª eleição presidencial ocorreu em 3 de outubro de 1960 e viu Jânio Quadros tornar-se vitorioso, para governar no período entre 31 de janeiro de 1961 e 31 de janeiro de 1966. João Goulart havia sido reeleito vice-presidente para o mesmo período.

A 42ª legislatura foi eleita para o período de 1º de fevereiro de 1963 a 31 de janeiro de 1967.

Jânio Quadros renunciou em 25 de agosto de 1961, dando início à crise que culminaria no golpe de 1964. Após sua renúncia, assumiu a presidência o presidente da Câmara dos Deputados Ranieri Mazzilli, que chefiou um governo provisório por 13 dias, comandado de fato pelos ministros militares que não aceitavam a posse do vice-presidente. A crise acabou resolvida com a adoção do parlamentarismo, permitindo a posse de João Goulart, sob um gabinete com um primeiro-ministro que governava de fato. O escolhido para esse cargo foi o mineiro Tancredo Neves.

Em 6 de janeiro de 1963, um plebiscito revogou o parlamentarismo, que já estava em seu terceiro primeiro-ministro. Depois de Tancredo, haviam governado Brochado da Rocha e Hermes Lima. João Goulart então assumiu o governo.

Jango governou até ser deposto pelo golpe militar, em 31 de março de 1964, tendo o cargo sido declarado vago pelo Congresso Nacional em 2 de abril de 1964. Foi eleito, de forma indireta, nove dias depois, o marechal Humberto de Alencar Castelo Branco. Assim, em 11 de abril de 1964, ele se tornaria o primeiro presidente militar da ditadura, que duraria até 1985.

Ditadura de 1964, eleições de presidentes e alteração do mandato presidencial para seis anos

Com a eleição indireta de 11 de abril de 1964, o 18ª pleito presidencial, o eleito deveria cumprir mandato até o fim do período remanescente de João Goulart.

Após a deposição de João Goulart e a declaração de vacância do cargo, assumiu o presidente da Câmara dos Deputados Ranieri Mazzilli, que estava submetido a uma junta militar que editou o Ato Institucional número 1. Este, entre outras determinações, transformou o Congresso Nacional em colégio eleitoral para a eleição de um novo presidente para complementar o mandato.

O Ato Institucional número 1 não revogou a Constituição de 1946, mas alterou a Carta, dando inclusive poderes para a cassação de mandatos eletivos e a suspensão de direitos políticos.

O regime militar sofreu uma derrota nas eleições dos governos estaduais da antiga Guanabara e de Minas Gerais, levando a uma crise. A 19ª eleição presidencial estava prevista para acontecer em 3 de outubro de 1965, mas Castelo Branco editou os atos institucionais números 2 e 3, determinando, entre outras coisas, o adiamento das eleições por um ano, para 3 de outubro de 1966.

Determinou também que a eleição para presidente e vice fosse indireta, via Congresso Nacional (presidente e vice de forma conjunta), assim como as eleições para os governos estaduais, via assembleias legislativas estaduais.

As eleições só poderiam ter, no máximo, dois candidatos, já que os partidos políticos anteriores haviam sido extintos. Introduziu-se o bipartidarismo – foram criados dois partidos: a Arena, de sustentação do governo militar, e o MDB, de oposição. Além disso, foi prorrogado o mandato de Castelo Branco até 15 de março de 1967.

Promulgou-se uma nova Constituição, em 1967, na qual os atos institucionais de números 1 a 4 foram extintos e incorporados à nova Carta. O Congresso Nacional foi transformado em Assembleia Constituinte, para legalizar, por meio da nova Constituição, o autoritarismo do regime militar.

Assim, a 19ª eleição presidencial, ocorrida em 3 de outubro de 1966, elegeu de forma indireta o marechal Artur da Costa e Silva para o mandato de 15 de março de 1967 a 15 de março de 1972, assumindo já com a Constituição de 1967 em vigor.

A 43ª legislatura do Congresso Nacional foi eleita já debaixo do bipartidarismo implantado à força pela ditadura, para o período de 1º de fevereiro de 1967 a 31 de janeiro de 1971.

Diante das resistências ao governo militar, inclusive com o surgimento de uma guerrilha armada, Costa e Silva editou o Ato Institucional número 5, o famoso AI-5. Este endureceria ainda mais o regime.

Editado em 13 de dezembro de 1968, o AI-5 fechou o Congresso Nacional até 21 de outubro de 1969 e determinou a cassação de vários mandatos de parlamentares contrários ao regime militar.

Costa e Silva foi vítima de um acidente vascular cerebral, em 31 de agosto de 1969. O vice-presidente Pedro Aleixo foi impedido de ser empossado em seu lugar, em mais um golpe dentro do golpe. Assim, uma junta militar assumiu o governo provisoriamente, reabrindo o Congresso para debaixo do AI-5 encerrar o mandato de Costa e Silva e eleger o sucessor para um novo mandato, um pouco menor do que cinco anos.

Dessa forma, em 25 de outubro de 1969, foi eleito o general Emílio Garrastazu Médici, também de forma indireta, pelo Congresso Nacional, na 20ª eleição presidencial. Ele foi empossado cinco dias depois, para um mandato que iria até 15 de março de 1974.

A 44ª legislatura do Congresso Nacional foi eleita em 1970, para o mandato de 1º de fevereiro de 1971 a 31 de janeiro de 1975, sendo essa legislatura a responsável pela 21ª eleição presidencial, ocorrida em 15 de janeiro de 1974. Nesta, foi escolhido o general Ernesto Geisel, para o mandato de 15 de março de 1974 a 15 de março de 1979.

Na ocasião, houve uma novidade: o chamado Colégio Eleitoral, que tinha na sua composição, além dos deputados e senadores, representantes das assembleias legislativas dos estados.

A 45ª legislatura do Congresso Nacional foi eleita em 1974, para o mandato de 1º de fevereiro de 1975 até 31 de janeiro de 1979, com ampla vitória da oposição nos grandes centros – e grande vitória nas cadeiras do Senado Federal, o que começou a incomodar a ditadura.

Logo depois de uma proposta de reforma do Judiciário ser rejeitada pelo Senado Federal, Geisel usou o AI-5, ainda em vigor: fechou o Congresso por 14 dias e editou o chamado Pacote de Abril em 1977. Nesse pacote, além de transformar a escolha de um terço das cadeiras de senador em eleição indireta, tornava novamente indiretas as eleições de governadores, que deveriam ocorrer no ano seguinte.

Geisel ainda aumentou o mandato de seu sucessor de cinco para seis anos, iniciando aí um desequilíbrio que futuramente iria impactar o sistema político e que levaria à ingovernabilidade de outros presidentes – precipitando processos de impeachment, assunto que será tratado nos próximos capítulos.

A 22ª eleição presidencial ocorreu de forma indireta pelo Colégio Eleitoral, em 15 de outubro de 1978, tendo sido escolhido o general João Baptista Figueiredo para o mandato de 15 de março de 1979 a 15 de março de 1985. Seis anos, portanto, conforme a determinação do Pacote de Abril de 1977.

A 46ª legislatura do Congresso Nacional, por meio de eleições indiretas, conforme também determinava o Pacote de Abril, foi sufragada em 15 de novembro de 1978, para o mandato de 1º de fevereiro de 1979 a 31 de janeiro de 1983. No pleito, foram eleitos de forma indireta, conforme a determinação do Pacote de Abril de 1977, os ocupantes de um terço do Senado e os governadores dos estados.

Geisel extinguiu o AI-5 antes de passar o cargo, por meio de uma emenda à Constituição aprovada em 1978. Ele começou um processo de abertura lenta, que deveria ser seguida por Figueiredo. Este, por sua vez, promoveu uma anistia irrestrita – que acabou permitindo o retorno dos exilados pela ditadura –, restabeleceu as eleições diretas para os governadores de estado previstas para 1982 e terminou com a eleição indireta de um terço do Senado. Também extinguiu o bipartidarismo, permitindo a criação de novos partidos políticos.

Todos os partidos existentes teriam de ter o nome começando pela palavra "partido", e assim a Arena virou o PDS (atual Progressistas) e o MDB foi renomeado PMDB (atual MDB). Outros novos partidos foram criados, como o PT.

A 47ª legislatura do Congresso Nacional foi eleita em 15 de novembro de 1982. Nessa ocasião, a oposição obteve uma ligeira maioria no Congresso Nacional, tornando cada vez mais difícil a manutenção da situação política do regime militar.

As eleições de 1982 elegeram de forma direta os governadores. Os maiores estados trouxeram vitórias importantes para a oposição. Isso acabou pressionando para que as eleições presidenciais para a sucessão de Figueiredo também fossem diretas, e não mais pelo Colégio Eleitoral – que continuava com a maioria da ditadura, apesar das derrotas naquela eleição.

A partir da derrocada do regime militar e das dificuldades econômicas vividas pelo país, iniciou-se a tramitação de uma emenda constitucional, de autoria do então deputado Dante de Oliveira, visando as eleições diretas para a Presidência da República.

Vieram então diversas manifestações de rua, em uma campanha que ficou conhecida como "Diretas Já". Comícios com a participação de milhares de pessoas passaram a ocorrer nas principais capitais do país. Entretanto, quando a emenda foi votada na Câmara dos Deputados, ela não foi aprovada – até porque, para aprovar uma emenda constitucional, era necessária maioria qualificada, que a oposição não tinha como conseguir: dois terços de cada casa do Congresso.

Para a emenda passar na Câmara e ir à votação no Senado, eram necessários 320 votos de deputados dos 479 ocupantes das cadeiras à época. Para frustração do país, o placar mostrou 298 votos. Faltavam 22, portanto, naquela votação ocorrida em 25 de abril de 1984. Nesse dia, a maioria dos deputados contrários se ausentou, para evitar o desgaste popular com a rejeição da emenda – que tinha 84% de aprovação popular, segundo pesquisas realizadas no período.

Com o fim da possibilidade de as eleições serem através do voto direto, a oposição se preparou para disputar e vencer no Colégio Eleitoral para, assim, fazer o sucessor de Figueiredo utilizando as regras existentes. Para isso, precisava se aliar à dissidência do regime militar.

A situação, representada pelo PDS, teve uma acirrada disputa para escolher seu candidato. Os favoritos eram Paulo Maluf e o coronel Mário Andreazza, ministro de Figueiredo. Maluf venceu a convenção do PDS e se tornou o candidato oficial do regime militar à sucessão presidencial.

Do outro lado, a oposição escolheu Tancredo Neves, então governador de Minas Gerais, como candidato do PMDB. Aproveitando-se de um racha no PDS, o PMDB filiou o então senador José Sarney, oriundo do partido governista, tornando-o candidato a vice-presidente. Sarney representava o grupo dissidente do PDS, justamente o que daria a vitória da chapa peemedebista no Colégio Eleitoral.

A 23ª eleição presidencial ocorreu em 15 de janeiro de 1985. Foi eleita a chapa de Tancredo Neves e José Sarney, com ampla vitória no Colégio Eleitoral – 480 votos contra 180 favoráveis a Maluf.

Era o fim do regime militar e a inauguração daquilo que se denominou Nova República.

A composição do Colégio Eleitoral tinha a maioria absoluta do PDS, com 361 votos. Mas a dissidência que se formou, denominada Frente Liberal, constituiu a Aliança Democrática e invalidou essa maioria governista. Tal movimento foi legitimado pela decisão do Tribunal Superior Eleitoral (TSE), que concedeu aos parlamentares liberdade de voto, sem cobrança da fidelidade partidária. Foi o que sepultou as chances de vitória de Paulo Maluf.

A Frente Liberal viria a se tornar o PFL (hoje DEM). Era majoritariamente composta de ex-membros do PDS e apoiadores do regime militar que se insurgiram contra a candidatura de Paulo Maluf.

Logo após a eleição e pouco antes da data de sua posse, Tancredo adoeceu, foi submetido a diversas cirurgias e acabou impedido de assumir o cargo, o que gerou uma instabilidade naquele momento.

Ulysses Guimarães, presidente do PMDB, e naquele momento já eleito presidente da Câmara dos Deputados para o biênio de 1985 a 1987, seria o sucessor imediato da Presidência da República, caso Tancredo Neves não tomasse posse.

Foi um período de muita tensão. Houve a intervenção do já designado ministro do Exército Leônidas Pires Gonçalves, que impôs a posse do vice-presidente eleito José Sarney – situação dúbia na Constituição vigente, mas que acabou aceita por todos. Assim, no dia 15 de março de 1985, José Sarney foi empossado vice-presidente e assumiu a Presidência de forma provisória.

Tancredo Neves morreu em 21 de abril de 1985. Dessa forma, Sarney tornou-se o sucessor da Presidência. Ele assumiu para complementar o mandato de Tancredo, que deveria durar até 15 de março de 1991.

A ditadura de 1964 teve fim no momento da posse de José Sarney, em 15 de março de 1985, encerrando um ciclo de 21 anos, com cinco presidentes militares, uma Constituição autoritária e várias histórias de perseguições políticas, torturas, violações de direitos humanos e abusos das mais variadas formas.

O ciclo da ditadura nos mostra alguns ensinamentos que precisam ser reforçados, para que no futuro tais fatos não se repitam. Para começar, a maioria dos líderes do golpe de 1964 tinha em seu histórico a participação em levantes militares, em uma geração militar que fazia o chamado movimento tenentista, que tanto influenciou vários fatos na história política do país.

Esse grupo, após vários eventos em que foram coadjuvantes em golpes e tentativas de golpes, passou a ser protagonista. Só que dessa vez optou por não delegar a nenhum agente político o benefício das suas ações, preferindo exercer a totalidade do poder.

A ditadura nos mostra também que o sucesso de políticas econômicas tem a capacidade de desviar o foco de outros problemas, dando popularidade momentânea a ditadores cujo governo alcance prosperidade. Mostra também como a derrocada econômica pode derrubar qualquer regime ou governo, visto que a ditadura começou a ruir quando a economia foi ladeira abaixo. Isso foi decisivo para a mudança do rumo da história.

Também não se pode deixar de realçar a importância do domínio dos meios de comunicação pela ditadura, seja por meio da censura, seja pela utilização dos meios disponíveis para que fossem submissos ao regime, o que acabou sendo fundamental para a sobrevivência do regime militar.

O maior papel foi exercido pela Rede Globo, que nasceu na ditadura, em 1965, cresceu de forma exponencial sob a proteção e os benefícios do regime militar, sustentou o regime até não poder mais e o abandonou ao fim, quando o movimento das "Diretas Já" estava nas ruas e tinha apoio maciço da população.

A Rede Globo deve à ditadura o seu tamanho atual e a conquista de um mercado em que se tornou monopolista de audiência – e muitos são os exemplos que poderiam ser listados aqui, mas esse não é o objeto desta obra.

Não adianta, depois de usufruir de tudo o que a ditadura lhe proporcionou e ter apoiado tudo que o regime militar fez contra o país e sua população, achar que basta um editorial pedindo desculpas por ter se posicionado ao lado dessa forma de poder e reconhecer o erro – isso não vai mudar a história nem o papel vergonhoso da emissora durante aquele período.

Afirmo isso porque a Globo também teve seu protagonismo nos processos de impeachment, como será relatado adiante. Atualmente assistimos, no governo

Bolsonaro, a oposição ferrenha da emissora, tornando todos os seus telejornais, principalmente o *Jornal Nacional*, quase um programa político eleitoral, dentro da máxima de que um presidente pode até se eleger sem o apoio da Globo, mas governar sem ela seria quase um ato de suicídio político.

José Sarney, após assumir de vez a Presidência, pôs em prática os compromissos da Aliança Democrática e convocou a Assembleia Constituinte, eleita em 15 de novembro de 1986, junto com as eleições de governadores. Estava dado o início do processo de redemocratização do país.

Imediatamente foi aprovada a emenda constitucional, em 8 de maio de 1985, que restabelecia a eleição direta para presidente da República e prefeitos de capitais. Essas eleições municipais foram marcadas para 15 de novembro de 1985. Além de dar direito de voto aos analfabetos, ela trouxe outra novidade: a legalização dos partidos comunistas.

A 48ª legislatura do Congresso Nacional foi eleita em 15 de novembro de 1986, com função conjunta de Assembleia Nacional Constituinte e mandato para o período de 1º de fevereiro de 1987 a 31 de janeiro de 1991.

Constituinte, parlamentarismo e presidencialismo, o mandato de Sarney e o descasamento das eleições

O governo da chamada Nova República passava por muitas dificuldades com a edição das medidas econômicas do Plano Cruzado, que teve grande influência nas eleições de 1986 – mas que, já no início dos trabalhos da Constituinte, em 1987, apresentava consequências danosas para a economia, levando inclusive a uma decretação de moratória da dívida externa e afetando a popularidade do governo.

E assim andavam os trabalhos da Assembleia Constituinte, concomitantes com as atividades ordinárias do Congresso Nacional. A maioria dos seus membros era da situação, mas a discussão política era intensa.

Ulysses Guimarães presidia tanto a Câmara dos Deputados quanto a Assembleia Nacional Constituinte e comandava o processo legislativo e político. Sarney, tanto pelas condições em que tinha assumido a Presidência quanto pelo seu próprio temperamento conciliador, acabava tendo o seu governo tutelado pela presença forte de Ulysses. Ele teria sido o candidato a presidente da República e provavelmente eleito caso a emenda das "Diretas Já" tivesse sido aprovada.

Durante a Constituinte, houve um racha no PMDB. Uma parte do partido fundou o PSDB, sob a liderança de Mário Covas, Franco Montoro, Fernando Henrique Cardoso, José Serra, José Richa, Tasso Jereissati, entre outros, em movimento que poderia implodir as chances do PMDB e de Ulysses Guimarães vencerem a primeira eleição direta para a Presidência da República depois do fim da ditadura.

Na verdade, essa dissidência do PMDB que criou o PSDB era mais um movimento paulista contra a hegemonia do então governador de São Paulo, Orestes Quércia, que se apresentava também como forte candidato à Presidência. O grupo criou condições para a adesão de outros dissidentes, de outros estados, já incomodados com o desgaste do governo e com a crise econômica.

Os trabalhos da Constituinte foram avançando e a base parlamentarista do Congresso, liderada pelos fundadores do PSDB, conseguia transformar a Constituição em um modelo parlamentarista. Ainda faltaria, contudo, definir se o sistema de governo penderia para o parlamentarismo ou o presidencialismo.

A Constituição de 1988 teria, além da previsão de eleições diretas, o restabelecimento de todas as liberdades e direitos individuais, permissão para livre formação de partidos políticos, entre muitas outras decisões que removeram o entulho autoritário da Constituição de 1967. Foram estabelecidas as garantias e direitos fundamentais que a transformariam, conforme enfatizou Ulysses Guimarães em sua promulgação, em "Constituição Cidadã".

O mandato de seis anos que Sarney cumpria era o determinado pela Constituição anterior. A nova Carta iria inicialmente prever um mandato de quatro anos para o presidente da República – e havia uma discussão se isso já deveria ser aplicado ao governo corrente.

Tal definição passava pelos interesses daqueles que queriam entrar no páreo o mais rápido possível, sem esperar por seis longos anos.

A nova Constituição a ser promulgada não poderia ferir um direito líquido e certo de Sarney, ou seja, de governar pelos seis anos estabelecidos. Entretanto, as pressões, aliadas às dificuldades do governo, deixavam o presidente com receio de que seu mandato fosse abreviado.

Aqueles que queriam os quatro anos tinham o argumento de que se tratava de uma nova Constituinte, e não da discussão de uma emenda constitucional. Logo, poderiam alterar qualquer coisa, inclusive abreviar o mandato presidencial, o que acabaram fazendo.

Dessa forma, duas importantes decisões precisavam ser tomadas pela Constituinte, com enorme reflexo no futuro da política no país. Elas repercutiriam também, por consequência, nos processos de impeachment de Fernando Collor e de Dilma Rousseff.

Ambas as decisões foram tomadas no mesmo dia, em junho de 1988. Sarney já havia feito um pronunciamento público, abrindo mão de um ano, dos seis anos a que teria direito. Com isso, a disputa passou a ser sobre os mandatos de quatro ou cinco anos, sendo que a decisão valeria tanto para os futuros presidentes quanto para Sarney.

A primeira decisão era se o sistema de governo seria parlamentarista ou presidencialista. O texto já aprovado da Constituição, relatada em grande parte por Mário Covas, era de uma constituição feita para suportar um sistema de governo parlamentarista. Nesse sistema, caso aprovado, existiria o presidente como chefe de Estado e haveria um gabinete comandado por um primeiro-ministro, que seria o chefe de governo, com atribuições específicas.

Mário Covas, assim como o seu novo partido, o PSDB, defendiam o parlamentarismo, e a Constituição foi sendo escrita puxando a brasa para essa sardinha. Mas, na votação do sistema de governo que vigoraria, acabou vencendo o presidencialismo, até porque os interesses dos candidatos a presidente falaram mais alto. Além disso, o apoio do governo de Sarney também influenciou muito a decisão.

Para compensar a derrota do parlamentarismo, a Constituição previu um plebiscito a ser realizado cinco anos depois, em 1993, quando a população decidiria pelo regime republicano ou monárquico e pelo sistema de governo, se presidencialista ou parlamentarista. Esse plebiscito estava previsto para ocorrer em 7 de setembro de 1993, mas, por alteração da Emenda Constitucional número 2 de 25 de agosto de 1992, foi antecipada para 21 de abril de 1993, com a vitória do regime republicano e do sistema de governo presidencialista.

A segunda decisão era quanto à duração do mandato do presidente da República – e, evidentemente, também o tempo de duração do governo em curso. Sarney conseguiu articular para que o mandato fosse de cinco anos, trabalhando para vencer no plenário da Constituinte.

Essa decisão pelos cinco anos atendia em parte ao desejo de alguns dos candidatos à sucessão e que ocupavam cargos de governadores. Dessa forma, eles teriam mais um ano de exercício dos mandatos, sem precisar renunciar para a disputa presidencial.

Os governadores eleitos em 1986, concomitantemente à eleição do Congresso Constituinte, eram todos do PMDB, com exceção do governador de Sergipe, João Alves. Ou seja, o interesse deles tinha enorme peso.

Dentre os governadores do PMDB, apenas um se manifestou contrário ao mandato de cinco anos. Era o então governador de Alagoas, Fernando Collor, que viria a ser eleito presidente em 1989, não pelo PMDB, e sim pelo PRN, partido até então sem expressão, mas que abrigou a candidatura.

Com o apoio dos governadores, com a máquina pública nas mãos e tendo apoio do bloco majoritário de centro, o chamado "centrão da Constituinte", Sarney conseguiu a aprovação dos cinco anos, inclusive para o seu mandato, conforme o disposto no artigo 4º das Disposições Transitórias da Constituição de 1988.

Ficou estabelecido que a primeira eleição presidencial após a ditadura ocorreria em 15 de novembro de 1989, em uma votação isolada, sem nenhuma vinculação com outras eleições, com esse novo mandato de cinco anos, a partir de 15 de março de 1990.

A Constituição de 1988 estabeleceu a posse dos presidentes no dia 1º de janeiro do ano seguinte à eleição. Mas, nas disposições transitórias, foi determinado que o fim do mandato de Sarney seria em 15 de março de 1990.

Com isso, excepcionalmente, o mandato de Collor, o vencedor da primeira eleição presidencial direta pós-ditadura, seria de 15 de março de 1990 até 31 de dezembro de 1994, totalizando 4 anos, 9 meses e 15 dias.

A Constituição promulgada também previa uma revisão da própria Carta após cinco anos. Durante essa revisão pelo Congresso Nacional, em 1994, foi aprovada a emenda de revisão número 5, que reduziu o mandato de presidente de cinco para quatro anos, a partir das eleições de 1994, estabelecendo a partir daí a coincidência das votações para presidente com as de outros cargos eletivos. Essa decisão foi influenciada pela derrota no plebiscito do sistema parlamentarista.

Como se vê, as disputas em torno do mandato e do sistema de governo causaram alterações no cenário político futuro, que influenciaram na governabilidade e no próprio resultado da eleição.

Estávamos diante de uma eleição isolada, praticamente ao término do período de mandato do Congresso eleito, autor da Constituição de 1988, escolhido por causa de outro objetivo, sob situações políticas diferentes.

Esse Congresso em fim de mandato teria de conviver com o presidente eleito em um pleito singular, que deveria restabelecer os anseios de uma população que desde a escolha de Jânio Quadros não votava para presidente da República. Muitos dos que foram às urnas naquela data nunca tinham votado em uma eleição presidencial.

A eleição de Collor, suas causas e consequências

O primeiro turno da 24ª eleição presidencial ocorreu em 15 de novembro de 1989. Em 17 de dezembro de 1989, o povo foi às urnas para o segundo turno. Fernando Collor foi o escolhido para o tal mandato de quase cinco anos.

Como comentado anteriormente, a Constituição de 1988 foi promulgada em 5 de outubro desse ano, sob a euforia dos ventos da redemocratização e com as eleições municipais em todo o país sendo debatidas – elas ocorreriam em 15 de novembro de 1988. Além delas, haveria também eleições gerais no Tocantins, estado recém-criado. Ali seriam eleitos o governador, três senadores, oito deputados federais e 24 deputados estaduais.

Apesar de a nova Constituição prever o segundo turno das eleições nos estados e em municípios com mais de 200 mil eleitores, a regra não foi aplicada em 1988, já que o processo havia sido deflagrado antes da sua promulgação, sendo obedecido o determinado no artigo 16 da Carta Magna, ou seja, uma lei que altere o processo eleitoral não entra em vigor na eleição que ocorra antes de um ano da sua vigência.

O governo não ia bem. Perdia apoio popular em função das dificuldades econômicas e políticas. Havia ainda os problemas da administração do consórcio que patrocinou a eleição no Colégio Eleitoral, da chapa herdada por Sarney com a morte de Tancredo. Também havia as disputas da Constituinte, pelo mandato de Sarney e pelo sistema de governo.

A lista não parava aí. Outros contratempos importantes eram a divisão do maior partido de então, o PMDB — que resultou na criação do PSDB —, e as disputas eleitorais municipais que teriam efeitos na sucessão presidencial. Além disso, existia a própria disputa da eleição presidencial de 1989, que iria ocorrer pouco mais de um ano após a promulgação da Constituição.

Essas eleições municipais tiveram a marca de um episódio que envolveu a então estatal CSN, onde uma greve por reposição salarial levou à tomada da empresa pelos trabalhadores. A companhia obteve reintegração de posse na Justiça, no dia 9 de novembro de 1988, e a polícia militar e o exército atuaram para a retomada, em uma ação que acabou com a morte de três operários.

Tal ação mudou o resultado das eleições, já praticamente definidas pelas pesquisas divulgadas. Ela promoveu a vitória da esquerda em vários municípios – a mais relevante delas em São Paulo, com o PT.

As disputas municipais também consolidaram a perda de poder do PMDB e a estreia do PSDB, com a vitória na prefeitura da capital de Minas Gerais, Belo Horizonte.

Ao fim desse processo eleitoral, a campanha presidencial já estava na rua, com a esquerda fortalecida e o governo vendo a crise econômica piorar com o descontrole da inflação – situação que se agravaria no ano de 1989, levando a um processo de hiperinflação. Isso provocava um sentimento na população de que as eleições deveriam ocorrer logo, pois seria a única forma de resolver o quadro agudo que se apresentava.

Com isso, o debate eleitoral foi bastante antecipado. A campanha acabou sendo muito longa. Fernando Collor renunciou ao governo de Alagoas para ser candidato, filiou-se ao PRN e passou a crescer nas pesquisas com um discurso de oposição a Sarney, postura de contestação da classe política e *slogans* como da caça aos marajás, entre outros.

O desejo de Collor era ter sido candidato a vice-presidente do peessedebista Mário Covas. Diante da negativa de Covas, o alagoano passou a vislumbrar a possibilidade de se candidatar à Presidência. Só quando definiu isso trocou o PMDB pelo PRN.

Nas fatias do horário dos programas partidários gratuitos, Collor apareceu em três programas de uma hora cada– do seu PRN e também do PST e do PTR, partidos que viriam a compor a sua coligação. Essas participações televisivas, em horário nobre de rede nacional, alavancaram sua candidatura.

O prazo de desincompatibilização terminava em 15 de maio, para que governadores interessados em disputar a eleição renunciassem aos cargos. Governadores de estados maiores, como Orestes Quércia, em São Paulo, optaram por não renunciar, com receio de uma derrota.

Além de Collor, somente o então governador da Bahia, Waldir Pires, decidiu se desincompatibilizar. Pires planejava compor a chapa com Ulysses Guimarães, alçado a candidato do PMDB e fortalecido pela desistência de Quércia.

Estávamos diante de um cenário de uma eleição solteira, sem a escolha conjunta de políticos para o Congresso Nacional ou de governadores, com um governo enfraquecido e envelhecido, sob um cenário econômico de hiperinflação. Também havia denúncias de corrupção, que desencadearam uma CPI polêmica e impopularidade para o governo. Este, por sua vez, apresentava o saldo de ter promovido a redemocratização do país. Entretanto, devido às dificuldades enfrentadas, não tinha realizações fortes para deixar como legado a ser defendido, exceto por uma série de programas sociais, que serviam para tentar compensar as dificuldades econômicas.

Nesse cenário, partiu-se para uma campanha eleitoral longa, com muitos debates e 22 candidatos. E, por ser uma eleição isolada, ninguém tinha nada a perder ao disputá-la – bastava um partido para apadrinhar a candidatura.

A proliferação de siglas havia sido enorme com as novas regras criadas para a formação de partidos e o livre exercício da atividade partidária.

Ulysses Guimarães, comandante do PMDB, tinha o maior tempo de TV. Ele era o candidato natural de seu partido, mas, ao mesmo tempo, enfrentava o peso de representar a situação, ou seja, passar a imagem de continuidade ao governo Sarney. Assim, sua campanha não conseguia empolgar a população, mesmo que o próprio Ulysses tenha procurado se desvincular do governo e até mesmo atacar Sarney.

Compondo o grande leque de postulantes à Presidência, víamos as candidaturas de Paulo Maluf, derrotado por Tancredo Neves no Colégio Eleitoral de 1985, de Aureliano Chaves, vice-presidente de João Figueiredo e líder da dissidência do PDS contra Paulo Maluf, além de Mário Covas, pelo PSDB, como alternativa aos desiludidos com o PMDB. Pela esquerda, havia as candidaturas de Leonel Brizola e Lula.

Ou seja, à disposição do eleitor, o espectro era amplo, para todos os gostos. Mas a maioria dos presidenciáveis não contava com nenhuma condição de assumir a Presidência da República construindo maioria no Congresso Nacional e, assim, tendo condições para governar.

Collor queria um vice de Minas Gerais e preferia a filha de JK, a então deputada Márcia Kubitschek. Como ela demorou muito a aceitar o convite, o ex-governador alagoano decidiu-se pelo então senador Itamar Franco, que tinha sido vice-presidente da CPI no Congresso Nacional que buscava responsabilizar Sarney por supostos atos de corrupção. Itamar havia deixado o PMDB e se filiado ao PRN a tempo da convenção do partido para o lançamento da chapa completa.

A candidatura de Collor foi crescendo com um duro discurso e, apesar do número elevado de oponentes, chegou à reta final com chances reais de levar a eleição em primeiro turno.

A campanha era longa demais. Quando os programas eleitorais na TV começaram, dois meses antes da data da eleição, era como se a disputa já estivesse velha. Em um tempo de protagonismo da televisão sobre os outros meios de comunicação, as inserções diárias alteraram um pouco esse quadro.

Collor evitava bater em Sarney nos programas eleitorais. O candidato do PMDB Ulysses Guimarães detonava o então presidente, mas gozava de pouca credibilidade para isso, pois era difícil convencer o eleitor de que o governo de Sarney não era o governo de Ulysses Guimarães.

A eleição caminhava para a realização de um segundo turno entre Collor e um candidato ainda indefinido, por conta das muitas oscilações de preferência do eleitorado naquele período. Mário Covas chegou a crescer, Guilherme Afif também, mas a decisão de quem seria o adversário de Collor ficaria entre Brizola e Lula – com o petista um pouco atrás nas pesquisas.

O crescimento de Mário Covas se deu com forte apoio da Globo, que dessa forma tentava escalar os dois candidatos do segundo turno, tentando não correr o risco de que Brizola ou Lula estivessem lá. Para conquistar o apreço da emissora, Covas defendeu, em sua "Carta aos Brasileiros", um choque de capitalismo no país.

O texto tinha sido escrito por Jorge Serpa, guru político das Organizações Globo, à época. Foi lido pelo tucano em discurso no Senado, reverberado pelas Organizações Globo de forma veemente. Isso levou Covas a um crescimento nas pesquisas e deu a impressão de que ele poderia ir ao segundo turno. Logo em seguida, contudo, o candidato voltou a um patamar de intenção de votos inferior ao dos esquerdistas Brizola e Lula.

Quando já parecia que a situação não iria mais se alterar, uma surpresa: entrou em cena uma articulação para a candidatura do apresentador e dono do SBT Silvio Santos, com Sarney sendo apontado como o mentor por trás da tentativa. Silvio Santos se filiou a um partido pequeno, o PMB, que tinha um candidato a presidente – o pastor Armando Corrêa, que renunciou para que a comissão executiva do partido indicasse o apresentador como seu substituto.

Naquela época não existia prazo determinado para filiação partidária a fim de concorrer às eleições. Bastava se filiar e qualquer um poderia se candidatar e se lançar a qualquer momento — estratagema impossível pela legislação atual.

Silvio Santos primeiro tentou se filiar ao PFL, contando que Aureliano Chaves estava disposto a renunciar para apoiá-lo. Mas ali encontrou forte oposição de Antônio Carlos Magalhães – então ministro das Comunicações de Sarney, ele impediu a concretização dessa ideia em virtude de suas ligações com a Rede Globo, concorrente de Silvio.

De acordo com as regras vigentes à época, assim como agora, existe um prazo de convenção partidária, que escolhe os candidatos. Só que a renúncia do candidato durante a disputa permite sua substituição, a ser aprovada pela comissão executiva do partido, bastando, para isso, uma simples ata da executiva, protocolada no Tribunal Superior Eleitoral.

Como não conseguiu o apoio do PFL, Silvio buscou uma legenda pequena. No PMB, facilmente obteve a renúncia de Armando Corrêa. A articulação para a candidatura do dono do SBT foi comandada por um trio de senadores do PFL, Edison Lobão, Marcondes Gadelha e Hugo Napoleão, todos próximos a Sarney. Na época ficaram conhecidos pelo apelido de "os três porquinhos".

Isso levou à certeza da participação de Sarney nesse processo. Gadelha chegou a sair do PFL e também se filiou ao PMB – transformou-se no candidato a vice do apresentador de TV.

A Globo já demonstrou preferência a Collor ao longo de todo o processo. A tentativa de colocar na disputa o dono de uma emissora concorrente levou a empresa líder de audiência a apoiar ainda mais fortemente a campanha do ex-governador de Alagoas. A partir de então, a Globo passou a fazer oposição ao já combalido governo Sarney. Apesar de comandar um ministério no governo Sarney, Antônio Carlos Magalhães também apoiou Collor, colocando toda a sua estrutura na Bahia para trabalhar pela campanha.

A entrada de Silvio Santos a poucos dias do primeiro turno bagunçou o quadro eleitoral e provocou uma enxurrada de pedidos de impugnação na Justiça Eleitoral, visando impedir e cassar a inusitada candidatura. O argumento era o fato de ele não ter se desincompatibilizado da direção do SBT nem do seu programa de televisão no tempo previsto pela legislação, ou seja, três meses antes do pleito.

Na eleição de 1989, as cédulas eram impressas. Quando Silvio Santos entrou na disputa, elas já estavam prontas, com o nome do pastor Armando Corrêa. Ou seja, quem quisesse votar em Silvio Santos teria de assinalar a opção Corrêa.

O dono do SBT começou a ocupar o horário eleitoral ensinando que quem quisesse votar nele teria de escolher o pastor Armando Corrêa na cédula, com o número 26. Essa situação era um grande empecilho para que o candidato transformasse sua gigantesca popularidade em votos.

A primeira pesquisa eleitoral com o nome de Silvio Santos já o colocava em ascensão, com chances de ir para o segundo turno. E ele derrubava os índices de Collor, dando a impressão clara de que poderia vencer a eleição, caso alcançasse o segundo turno.

As pesquisas do Ibope eram divulgadas de duas formas: a primeira com a cédula eleitoral e o nome do pastor Armando Corrêa – em franco crescimento, já chegava a 7%. Quando a pesquisa estimulada indicava nominalmente Silvio Santos, ele já despontava com 18% e saltava para o segundo lugar, em prejuízo dos números de Collor.

A pesquisa do Instituto Gallup, bastante forte à época, trazia Silvio Santos em primeiro lugar absoluto nas intenções de voto.

Nessa época, eu trabalhava na campanha de Collor, juntamente com o presidente do PRN, Daniel Tourinho. Defendíamos a impugnação da candidatura de Silvio Santos, mas nosso candidato não concordava. Collor achava que o eleitor de Silvio Santos era o mesmo eleitor dele, e o pedido de impugnação soaria como uma agressão, que acabaria prejudicando sua própria campanha.

A estratégia de Collor naquele momento foi passar a atacar duramente Sarney, que ele considerava o responsável pela candidatura de Silvio Santos, gerando inclusive uma animosidade que viria mais tarde a impactar seu processo de impeachment.

Tourinho e eu avaliávamos, entretanto, que Silvio Santos poderia ir para o segundo turno contra Collor, chegando próximo a ele ou até em primeiro lugar no primeiro turno. E o dono do SBT teria condições de vencer no segundo turno, pois a imagem de Collor já estava em um processo de fadiga. A própria campanha do ex-governador de Alagoas havia sido concebida para não ter a participação de políticos, mas, àquela altura, o candidato aparecia rodeado dos mais variados apoiadores políticos, desgastando seu discurso. Além disso, o enorme tempo de campanha, que envelheceu a candidatura, fazia com que ele deixasse de ser a novidade do processo eleitoral. Essa novidade passava a ser Silvio Santos.

O lance decisivo se deu por acaso, quando encontramos, no Aeroporto Santos Dumont, um personagem político conhecido à época no Rio de Janeiro: Nelson Merru. Ele nos informou que o partido do pastor Armando Corrêa não tinha cumprido a legislação, realizando convenções em nove estados, no prazo de um ano da obtenção do registro provisório, a fim de se habilitar ao registro definitivo.

Como a convenção que escolheu o pastor Armando Corrêa havia sido feita antes de vencido o prazo de um ano, ela não poderia ser contestada. Porém, com sua renúncia, o ato da comissão executiva nacional do PMB que escolheu Silvio Santos candidato não poderia ser considerado válido. O partido teria perdido o direito à sua manutenção, após um ano de registro provisório, sem realizar as nove convenções mínimas. Esse prazo já havia passado, o partido não existiria mais e, portanto, também não haveria mais a Comissão Executiva Nacional.

Com essa informação, Tourinho e eu montamos uma estrutura rápida para tirar certidões em todos os estados da federação da existência ou não de realizações das convenções do PMB. Nós mobilizamos gente do país inteiro e mandamos emissários a todos os estados. Num prazo muito rápido, pela grande estrutura que a campanha tinha, conseguimos a comprovação de que não existiam as tais nove convenções necessárias para obtenção do registro definitivo do partido.

O advogado da campanha de Collor era Célio Silva, ex-ministro do TSE, que, de posse da documentação, preparou a ação de impugnação do registro de Silvio Santos. Ele argumentou com o fato de Silvio não ter se desincompatibilizado da direção do SBT e da apresentação de programas de TV, mas colocou, como preliminar, que o partido não existia mais, quando do ato da comissão executiva nacional que escolheu Silvio Santos para substituir Corrêa. Por isso, aquele ato não era válido, não deveria ser aceito, e o partido tinha que ser declarado extinto.

Collor não queria patrocinar nenhuma ação impugnando Silvio Santos, mas quem poderia impugnar seria o PRN, cujo presidente era Daniel Tourinho. Assim, Tourinho decidiu, à revelia de Collor, entrar com a ação, com a concordância do advogado Célio Silva. Ele achava que a ação era certeira e não teria como não ser acolhida.

Pode ser que Collor tenha orientado o advogado a entrar com a ação e deixado o ônus na conta de Daniel Tourinho, para evitar o desgaste com o eleitor de Silvio Santos. Mas o fato é que a decisão foi tomada por Tourinho, e, se Célio Silva não topasse, certamente outro advogado proporia a ação em nome do PRN.

Com a ação pronta para ser protocolada, fomos à sede do TSE. Lá, Célio Silva esteve com o então presidente do TSE, o ex-ministro Francisco Rezek, e comunicou sobre o pedido. Rezek, ao ver a ação, teria dito que aquilo seria definitivo e não haveria como o tribunal não acatar. O ex-ministro antecipou seu juízo de valor ao se deparar com os fatos narrados e as certidões anexadas. Segundo Célio Silva narrou depois, Rezek lhe disse que aquele material resolveria o problema.

O Tribunal Superior Eleitoral julgou o caso rapidamente e, por unanimidade, acolheu a preliminar do PRN e cassou o registro de Silvio Santos. O PMB foi extinto no dia 9 de novembro de 1989, a menos de seis dias da eleição.

Com essa decisão, a situação voltou ao normal e consolidou-se que o segundo turno teria Collor contra Brizola ou Lula. Essa passou a ser a única dúvida que restava. Não parecia haver tempo para mais nada.

Em 15 de novembro de 1989, na 24ª eleição presidencial, Collor venceu o primeiro turno. E, por uma margem apertada, Lula derrotou Brizola e foi para o segundo turno, que se realizaria em 17 de dezembro.

Collor ainda tentou uma cartada, logo no início do segundo turno. Negociava o apoio do PSDB e quis fazer Itamar Franco renunciar, para que Fernando Henrique Cardoso assumisse a candidatura a vice-presidente. A legislação à época não exigia tempo de filiação para uma candidatura e previa que a renúncia de qualquer candidato permitiria à comissão executiva nacional do partido escolher o substituto, exatamente como tinha acontecido com Silvio Santos, mesmo que fosse em segundo turno.

Itamar Franco era temperamental, já tinha protagonizado escândalos internos na campanha e por várias vezes havia ameaçado renunciar ainda no primeiro turno. Uma vez, ele chegou a abandonar compromissos de campanha e viajar para o Rio de Janeiro, sendo posteriormente demovido da ideia de renúncia.

Por conta disso, já se preparava uma substituição de Itamar, caso em uma dessas ameaças de renúncia ele não voltasse atrás. Nesse caso, o substituto deveria ser o então deputado Hélio Costa, que era de Minas Gerais, ex-repórter da Globo e já filiado ao PRN – o que diminuiria o impacto de uma substituição assim, embora essa situação não fosse desejável.

Itamar, sabendo que Hélio Costa poderia substituí-lo, ficava ainda mais irritado. Em uma de suas crises, ao deixar o comitê da campanha, deparou-se com o provável substituto e afirmou, na frente de muitas pessoas, que ele, Costa, é que deveria ser mesmo o candidato a vice.

Essa ciumeira que Itamar despertou contra Hélio Costa acabou mais tarde prejudicando as campanhas do ex-repórter ao governo de Minas Gerais. Itamar era rancoroso e tratava o seu potencial substituto como alguém que queria puxar seu tapete, o que não era verdade; Hélio Costa estava pronto para assumir em caso de desistência do primeiro, mas não forçaria um movimento pela renúncia dele.

Quando começou a vazar a possibilidade da substituição de Itamar Franco por Fernando Henrique Cardoso, Tourinho e eu fomos ao apartamento de Itamar em Brasília. Nós dissemos a ele que isso só aconteceria se ele renunciasse. E que bastava ele bater o pé e permanecer na chapa.

Itamar estava muito exaltado. Sentia que estava sendo traído por Collor. Ficou ainda mais irritado quando eu lhe disse que ninguém acreditaria na renúncia de alguém praticamente eleito vice-presidente da República, a menos que fosse por algum interesse muito forte. Se renunciasse àquela altura, todos iriam pensar que estaria havendo algum tipo de compensação a ele, Itamar.

Foi quando ele disse que não iria abandonar o barco. Temia manchar sua biografia. Nesse momento, combinamos uma ação que acabou com o assunto rapidamente. Como caberia à comissão executiva nacional do PRN escolher o substituto, caso Itamar renunciasse, e essa comissão era controlada inteiramente por Daniel Tourinho, ele foi a público declarar que, se Itamar renunciasse, ele próprio, Daniel, iria ser o escolhido para a substituição.

O cenário estava montado. Collor não tinha poder algum no partido, Tourinho poderia lhe causar constrangimento indicando-se candidato a vice-presidente – o que certamente teria impacto na eleição – e não era possível colocar Fernando Henrique Cardoso como seu vice, o que traria ao pleito o PSDB. Assim, desistiu-se da ideia de renúncia de Itamar.

A campanha no segundo turno foi bastante acirrada, inclusive com acusações de cunho pessoal com relação a uma filha de Lula. A mãe da menina apareceu no programa de Collor declarando que Lula havia desejado que ela abortasse a criança. Os embates foram muito duros, e a perspectiva, que no início era de uma vitória tranquila de Collor, passou a ser de uma possível vitória de Lula.

O então presidente da Federação das Indústrias do Estado de São Paulo (Fiesp), Mário Amato, ameaçava com a saída maciça de empresários do país em caso de vitória de Lula.

Outro fato marcante para a campanha foi o sequestro do empresário Abilio Diniz, em 11 de dezembro de 1989, pelo MIR, movimento da esquerda revolucionária do Chile. Diniz foi solto na véspera da eleição, resgatado pela polícia. No momento do resgate, apareceu material de campanha do PT junto aos sequestradores, incluindo camisetas de Lula. Em imóveis usados pelos bandidos foram encontradas agendas com nomes de petistas.

A divulgação desses materiais e o desfecho do sequestro, com a notícia de que o valor pedido como resgate serviria para financiamento de guerrilhas no exterior, assustou a classe média. Esse fato, aliado ao desempenho dos candidatos no último debate da eleição presidencial, ajudou a eleição de Collor. O debate havia sido feito em *pool* de TVs em 14 de dezembro. A edição das imagens pela TV Globo, apresentada em seus telejornais, no dia seguinte, provocou muita polêmica.

É certo que a Globo queria ajudar o ex-governador alagoano e o apoiava, mas o debate tinha realmente sido favorável a Collor. Seria difícil a edição jornalística não expressar a superioridade ocorrida no debate.

Daniel Tourinho esteve na sede da Globo na tarde do dia 15 de dezembro, no momento da edição das imagens do debate, com o então diretor de telejornais da emissora, Alberico de Souza Cruz. Este era um grande apoiador de Collor. Quando saiu de lá, Tourinho me informou que o *Jornal Nacional* seria favorável a Collor.

Alberico estava descontente com a edição do vespertino *Jornal Hoje*, que não tinha refletido a vitória de Collor no debate. Ele teria pedido ao jornalista Ronald de Carvalho, à época seu adjunto na chefia do telejornalismo, que fizesse uma edição com o objetivo de demonstrar a performance do alagoano, já que o próprio dono da emissora, Roberto Marinho, havia dado ordens expressas para que o *Jornal Nacional* tivesse esse encaminhamento.

Nesse debate, Collor apresentaria eventuais denúncias contra Lula que poderiam ser usadas – a história de um suposto relacionamento do petista com uma médica desconhecida. O ex-governador teria levado uma série de pastas que assustaram Lula. Além disso, houve uma pergunta sobre um aparelho de som 3 em 1 – Collor carregava cópia da nota fiscal da compra do aparelho, feita por Lula, o que comprovaria o suposto romance.

Essa era a lenda que circulava: de que Lula, inibido pela possibilidade de ser atacado por Collor, teria tido o seu desempenho afetado. E esse jogo psicológico teria feito com que o ex-governador vencesse o debate com folga, alterando o curso da eleição, que naquele momento caminhava para a vitória do petista.

Outra história que se espalhou era de que Collor, na realidade, tinha as pastas vazias – apenas para assustar Lula, o que de fato parece ter ocorrido. Isso era o marketing político que estava se iniciando naquela eleição e que, no futuro, assumiria papel fundamental em todas as outras eleições.

Estou tratando desses detalhes pois eles terão relevância na atuação do PT no impeachment de Collor. Ele obteve uma grande vitória eleitoral e se elegeu presidente da República, sendo o primeiro presidente eleito pelo voto direto depois da ditadura de 1964. Collor era jovem e fora escolhido por uma população ávida por ter seus anseios atendidos. Havia uma grave crise econômica a ser enfrentada.

Ocorre que a vitória eleitoral obtida com os ataques, a forma do desfecho do sequestro, a edição do debate realizada pela Globo e o enfrentamento feito para obtê-la deixaram sequelas que iriam se refletir na governabilidade e no processo que culminou no afastamento do presidente.

Além disso, a eleição avulsa, no fim de mandato de um Congresso eleito para elaborar a Constituinte e dentro da realidade do fim da ditadura, já era elemento que atestava a dificuldade que Collor teria pela frente.

Após os cinco anos de governo da Nova República, esse Congresso se deparava com a situação deteriorada, com a hiperinflação à porta e tendo de buscar sua própria reeleição em 1990. Isso mostrava de maneira clara a dificuldade que Collor teria para governar, apesar da ampla vitória eleitoral.

Tudo isso foi consequência do processo da Constituinte. O mandato de cinco anos acarretou essa eleição solteira. Além disso, o sistema de governo parlamentarista, vencido na votação da Constituinte, estava na realidade do dia a dia do nosso país, pela Constituição promulgada por meio do Congresso.

Impeachment de Collor: quem com golpe fere, com golpe será ferido

Fernando Collor tomou posse em 15 de março de 1990, junto com Itamar Franco, tendo José Sarney lhe passado a faixa. Isso apesar de todas as agressões que existiram durante a campanha, com ameaças e processos judiciais, além da animosidade entre eles.

Collor teve de procurar Sarney antes de tomar posse, com o objetivo de antecipar a nomeação de Ibrahim Eris como presidente do Banco Central. Ele fez isso porque precisava que a sabatina e a aprovação do nome pelo Senado fossem realizadas logo. Para o presidente eleito, era importante assumir já com a sua equipe econômica completa, visando um plano ainda não conhecido pela população.

Sarney atendeu ao pedido e encaminhou a nomeação do novo presidente do Banco Central. Eris teve o nome aprovado e tomou posse no mesmo dia que Collor.

Durante esse período, circularam muitas especulações sobre o que Collor faria para debelar a hiperinflação. As hipóteses levantadas eram muitas, inclusive com a decretação de um longo feriado bancário.

Essas especulações aumentaram depois que o eleito pediu ao ainda presidente essa nomeação antecipada. E continuaram, uma vez definida a composição da equipe econômica, quando Collor escolheu como ministra da Fazenda uma assessora de campanha, Zélia Cardoso de Mello, ainda com pensamentos desconhecidos da sociedade em geral.

No dia seguinte à posse, estourou a bomba. Nem os mais próximos da campanha de Collor souberam antecipadamente: foi decretado um feriado bancário de três dias, a mudança da moeda de cruzado novo para cruzeiro e o bloqueio das poupanças, investimentos e contas bancárias acima de 50 mil cruzados novos – o chamado confisco. Além disso, houve o congelamento de preços e salários, e outras medidas que deixaram o país em polvorosa.

O interessante é que, durante a campanha do segundo turno, Collor dizia que seria o petista Lula que, caso eleito, decretaria o confisco.

Collor, provocado antes da posse a falar dos seus planos, resumiu que deixaria a direita indignada e a esquerda perplexa. Entretanto, ninguém interpretaria isso como algo semelhante ao que viria a seguir. O dinheiro bloqueado seria devolvido após 18 meses, em 12 parcelas mensais, com uma correção expurgada e juros de 6% ao ano. Esse foi o chamado Plano Collor. E, provavelmente, o maior erro de Collor. Certamente contribuiu em muito para o seu impeachment.

Dentro do conjunto de medidas, Collor também abria o país às importações e acabava com algumas reservas de mercado da indústria brasileira, como prometido na campanha. Ele passou a submeter a indústria nacional à competição dos produtos de fora, visando beneficiar a sociedade com produtos de qualidade superior e preços menores. Mas, enquanto isso não acontecia, por ser algo que leva algum tempo, o resultado imediato foi a desestruturação na linha de produção de uma parte das indústrias, que perderam muito dinheiro, fazendo com que o presidente arranjasse adversários poderosos no início de seu governo.

Ficou bastante conhecida na época a frase de Collor de que o Brasil fabricava carroças como automóveis. Após a abertura, o país conheceu a oportunidade de ter carros de todas as nacionalidades, o que trouxe mais montadoras para se instalarem por aqui.

Apesar de ter sido eleito com grande financiamento empresarial, de todos os setores da economia, Collor achava que nada devia a eles. Pelo seu raciocínio, ele já teria pago a fatura, livrando a elite empresarial de um eventual governo de Lula – o que, certamente, naquele momento, implicaria mais perdas para essa elite.

Francisco Rezek, que havia sido o presidente do TSE na eleição, tornou-se o ministro das Relações Exteriores. Isso abriu uma vaga no STF, para a qual o presidente nomeou Marco Aurélio Mello, seu primo. No ano de 2020, ele se transformou no decano do STF, ou seja, o ministro que por mais tempo ocupa a corte, depois da aposentadoria de Celso de Mello – que tinha sido nomeado por Sarney.

Collor iniciou o governo sem uma base parlamentar para enfrentar os embates que teria, inclusive para aprovar o Plano Collor – editado por Medida Provisória, a MP 168. Apesar dos entraves enfrentados, ele consegue aprová-la. A MP se tornou a Lei nº 8024, de 12 de abril de 1990.

As medidas provisórias tinham sido a solução da Constituinte para a substituição dos decretos-lei. Uma MP, depois de editada, passava a vigorar imediatamente como lei, por um determinado prazo, até a sua deliberação pelo Congresso Nacional. Elas foram inspiradas na constituição italiana, que funciona com modelo semelhante.

Depois da posse de Collor, me tornei grande amigo e interlocutor frequente de Jorge Serpa, guru político das Organizações Globo. Ele acabou me passando a decisão da cúpula da emissora de nomear Alberico de Souza e Cruz, o grande defensor de Collor, como diretor da Central Globo de Jornalismo. O objetivo era apoiar o governo e lhe dar sustentação na cobertura jornalística diária.

Alberico substituía o renomado Armando Nogueira, profissional muito querido no meio e que foi aposentado pela Globo em um movimento que também provocou desgaste de Collor perante os profissionais de imprensa.

A alçada de Alberico ajudou o presidente a enfrentar a impopularidade das medidas adotadas e não perder o capital político obtido com as eleições. Na época, a oposição da Globo seria devastadora.

Collor também teve um duro embate com a *Folha de S.Paulo*, por conta da invasão do jornal por fiscais da Receita Federal e agentes da Polícia Federal, instituições comandadas por Romeu Tuma. Uma invasão como essa era um fato que não havia ocorrido nem durante a ditadura. Isso não só prejudicou a imagem de Collor como aumentou a disposição do maior jornal do país em se manter bastante crítico ao governo.

Apesar da perda de uma parte de sua popularidade com essas medidas, o presidente ainda mantinha grande índice de aprovação, constatada por uma pesquisa do Datafolha divulgada à época – que aferiu 66% de apoio às medidas do Plano Collor.

Essa foi uma das razões que levaram o presidente a conseguir o apoio do Congresso Nacional para aprová-las. Além disso, havia o fato de a eleição ser ainda recente, com propostas ousadas de tentativa de combate à hiperinflação. Além disso, as eleições legislativas iriam ocorrer em outubro.

Collor, apesar de não ter maioria, conseguiu aprovar as medidas necessárias de forma rápida. Fora isso, contou com a ajuda do tempo: a partir de junho daquele ano o Congresso entraria no modo eleição para a escolha dos novos representantes da Casa. Com isso, o quórum foi ficando cada dia mais baixo, com menos presença de deputados e senadores. Isso diminuía a chance de rejeição de suas primeiras medidas.

Assim, ele foi levando a situação até a eleição do novo Congresso. Collor buscou interferir para eleger aliados na Câmara, no Senado e também nos estados – ao mesmo tempo, ocorriam eleições para governadores.

O PMDB tinha a maior bancada da Câmara dos Deputados e do Senado Federal, com Paes de Andrade na presidência da Câmara e Nelson Carneiro na presidência do Senado.

Ibsen Pinheiro, líder do PMDB na Câmara, conduziu o partido, que tinha 235 deputados, para votar contra o Plano Collor. Mas cerca de cem desses parlamentares não o acompanharam e deram a maioria necessária para a vitória governista.

A hiperinflação tinha sido debelada, mas a crise econômica era enorme. O mercado operava sem liquidez, e sem liquidez não havia recursos para investimentos. Isso sem contar a situação recessiva causada pela dura medida de bloqueio das poupanças e saldos de contas bancárias e de investimentos.

Mesmo com um índice de popularidade forte, essa força não era capaz de se transmutar em apoio nas urnas. O confisco cobrava seu preço. Não a ponto ainda de tornar Collor fora do jogo político, mas o suficiente para fazê-lo um ator sem influência nas eleições que seriam realizadas em primeiro turno em 3 de outubro e em segundo turno em 15 de novembro de 1990.

Abertas as urnas, os resultados mostravam um Collor derrotado em números absolutos: Leonel Brizola, do PDT, elegeu-se governador do Rio de Janeiro; Luiz Antônio Fleury, do PMDB, apoiado por Orestes Quércia, tornou-se governador de São Paulo; além de derrotas em vários estados importantes. O apoio de Collor havia sido discreto nas campanhas.

A vitória de opositores, que debateram na corrida eleitoral as medidas de bloqueio dos ativos da população, teve também por consequência a não eleição de um Congresso alinhado ao governo. Era o início de mais dificuldades que desaguariam no processo de impeachment.

Em número de governadores aliados, Collor até teve maioria – 15 eleitos. No Senado, que renovava um terço de suas cadeiras, o PRN, partido de Collor, fez apenas duas cadeiras. Na Câmara, o partido do presidente elegeu somente 40 deputados, cerca de 8% do total da Casa. A maior bancada ficou com o PMDB, mesmo assim, reduzida de 235 deputados, da legislatura anterior, para 108, ou cerca de 22% da composição total.

Aliado de Collor, o PFL fez a segunda bancada com 83 deputados, cerca de 17% da Câmara. Na contagem total, o presidente não conseguiu maioria nem na Câmara, nem no Senado. Seria necessário fazer composições políticas para governar.

As eleições trouxeram ainda uma enorme dor de cabeça para Collor, em função da disputa em seu estado, Alagoas. O então deputado Renan Calheiros, líder do governo na Câmara, disputava o governo contra o então deputado Geraldo Bulhões, que acabou se elegendo com apoio ostensivo de aliados de Collor.

Calheiros, inconformado com a derrota e achando que Collor o havia traído e apoiado Bulhões, fez denúncias públicas contra Paulo César Farias – o famoso PC Farias –, aliado de Collor na campanha. Somadas a outras denúncias contra o mesmo PC, vindas do então presidente da Petrobras, os estragos à imagem do governo se ampliavam, com enorme repercussão na mídia.

As desavenças com Renan Calheiros eram anteriores àquela eleição.

Na época em que Collor havia sido governador de Alagoas, Renan tinha sido candidato a prefeito de Maceió e perdido a eleição. Depois, quando Collor se filiou ao PRN e pediu a Renan que o acompanhasse, este se recusou inicialmente e só o fez depois que o ex-governador disparou nas pesquisas eleitorais, mostrando que poderia vencer a disputa.

Rezava a lenda, à época, que Renan havia pedido muitos benefícios para essa filiação, já que teria de deixar o PMDB – e considerava que o risco precisava ser compensado. Collor achava que Renan deveria ir sem pedir nada, pois tinha contado com todo o seu apoio na eleição para a prefeitura de Maceió.

Mesmo com a filiação espontânea de Renan, Collor não teria perdoado a hesitação e, por essa razão, havia preferido a eleição de Geraldo Bulhões, mais leal a ele. Contudo, faltou calcular que a derrota de Renan ao governo alagoano poderia causar um rompimento ruidoso, como de fato ocorreu.

A animosidade de Renan Calheiros para comigo vem desde essa época, porque eu era aliado de Collor, e Renan creditava a mim algumas atuações na citada disputa eleitoral, embora eu nunca tivesse participado do processo eleitoral de Alagoas nem ostentasse, nessa fase da vida, o peso político que passei a ter anos mais tarde.

Sarney, depois de um embate jurídico, conseguiu se candidatar nessa eleição ao Senado pelo Amapá. Acabou se elegendo. Era mais um a engrossar a fileira dos críticos a Collor no Congresso.

Assim, a 49ª legislatura do Congresso Nacional foi eleita, para o período de 1º de fevereiro de 1991 a 31 de janeiro de 1995, sendo que, na Câmara e no Senado, foram eleitos presidentes, respectivamente, o deputado Ibsen Pinheiro, líder do PMDB e adversário de Collor, e o senador Mauro Benevides, também do PMDB, que detinha as maiores bancadas das duas casas. Nenhum dos dois era alinhado ao governo federal.

Logo em seguida à posse do novo Congresso, fui nomeado presidente da Telerj – à época, a estatal de telefonia do Rio de Janeiro, de bastante relevância no cenário do Estado. Apesar das críticas públicas de falta de experiência no setor, realizei um trabalho de gestão bastante elogiado, inclusive com o pioneirismo da telefonia celular no país por essa empresa.

Nesse momento, o Plano Collor dava sinais de fadiga. Collor lançou o Plano Collor 2, com novas medidas que precisavam de aprovação do Congresso, e enfrentava o desgaste que a situação econômica causava na popularidade de seu governo.

As dificuldades com o Congresso eram enormes, já que este era composto por uma oposição forte do PT, que nunca tinha esquecido o resultado das eleições, além de nomes de peso como Mário Covas, outro derrotado por Collor nas eleições, e José Sarney, que por razões óbvias fazia oposição ao governo, por ter sido vítima de agressões na campanha eleitoral.

O PMDB era contrário a Collor e tinha muitas divisões, mas Orestes Quércia ditava os rumos do partido. Ulysses Guimarães, embora ainda uma liderança forte, tinha perdido o comando real da sigla para Quércia.

Collor passou o ano de 1991 envolvido com as dificuldades da economia. Trocou o comando da Fazenda, colocando Marcílio Marques Moreira no lugar de Zélia Cardoso de Mello e, antes, já havia colocado o então senador Jarbas Passarinho no Ministério da Justiça, no lugar de Bernardo Cabral, encarregando-o da articulação política.

Sem muita paciência para o jogo político, algo que ele mesmo hoje reconhece, Collor se descuidou da eleição desse novo Congresso e não lhe deu a atenção devida, gerando um distanciamento que cobraria seu preço no auge da crise.

Com PRN e PFL à frente, Collor ia aos trancos e barrancos enfrentando as votações do Congresso e tentava uma aliança para que o PSDB se tornasse um aliado. Para isso, pretendia entregar o Ministério da Fazenda para José Serra e o das Relações Exteriores para Fernando Henrique Cardoso. Com isso, pretendia dar equilíbrio ao governo.

O então presidente tinha admiração pelo PSDB. Tanto que, como já mencionei, quis compor chapa com Covas e depois se movimentou para Fernando Henrique Cardoso substituir Itamar como vice-presidente. Collor encontrava ressonância em parte do PSDB, principalmente com Fernando Henrique, que queria fazer parte do governo.

Quando o PSDB levou para votação interna a decisão de entrar para o governo, o grupo liderado por Fernando Henrique Cardoso perdeu por um voto, justamente o de Mário Covas, ressentido com as derrotas da eleição presidencial e ao governo de São Paulo em 1990 para o grupo de Quércia.

O PSDB já tinha uma série de outros cargos escolhidos para lhe serem entregues por Collor. Entre eles estava a presidência da Telesp, a estatal de telefonia de São Paulo, reservada para Sérgio Motta, conhecido operador financeiro das campanhas tucanas. Mais tarde, Motta viria a ser o ministro das Comunicações do governo de Fernando Henrique Cardoso.

Com o fracasso da ideia de trazer o PSDB para o seu lado, Collor fez uma reforma ministerial e colocou no governo nomes como Jorge Bornhausen e Célio Borja, entre outros, para passar a imagem de que trazia um grupo de notáveis. Ele iria usar parte dos cargos do governo para composições políticas, na tentativa de ter uma maioria estável no parlamento.

Dentre os ministros retirados por Collor estava Francisco Rezek. Para compensar sua demissão, o presidente o reconduziu ao STF. Durante seu mandato, foram nomeados quatro ministros do Supremo: Marco Aurélio Mello, Ilmar Galvão, Carlos Velloso e Francisco Rezek.

A fatura dessas mudanças Collor veria tempos depois: tanto Marco Aurélio quanto Rezek se declararam impedidos em todas as votações que envolviam o presidente, incluindo o rito do impeachment e da ação penal da qual ele foi vítima depois.

Logo em seguida, surgiu uma bomba: a briga com o irmão, Pedro Collor, administrador dos negócios da família e que, em entrevista à revista *Veja*, fez graves denúncias contra o presidente e seu governo.

As razões da repentina aparição de Pedro passavam por um suposto apoio de Collor à montagem de um jornal em Alagoas, conduzido pelo grupo político de PC Farias. Essa publicação seria concorrente do próprio jornal da família Collor, administrado por Pedro.

Em função das denúncias, foi instalada uma CPMI mista no Congresso Nacional. O PFL colocou o então deputado Benito Gama na presidência da comissão, e o PMDB alçou o então senador Amir Lando à relatoria. Isso já indicava as dificuldades que Collor teria pela frente, sem contar a forte atuação do PT.

O presidente perdia ainda mais apoio nas ruas. E a CPMI avançava, com vazamentos de informações para a imprensa, em uma operação feita pelo PT, ainda sedento de vingança pela derrota de Lula nas eleições presidenciais. A CPMI contava também com a articulação de Mário Covas, com o mesmo sentimento.

Sem entrar no mérito das denúncias e do detalhamento do processo, a CPMI repassava fatos inéditos para diversos veículos jornalísticos, e tudo levava a uma deterioração da situação política. PMDB, PT e PSDB tinham se juntado com o mesmo objetivo.

Collor começou a perder autoridade em função das mudanças feitas para criar uma base que nem sempre obedecia às orientações de governo.

O grande exemplo disso, que poderia até ter evitado o impeachment, foi a tentativa de acordo com o PMDB, por meio de Orestes Quércia. Este pediu ao governo federal um financiamento elevado para evitar a quebra do Banespa, usado por ele para eleger Fleury, seu sucessor em São Paulo.

Collor quis atender, mas foi impedido pela equipe econômica, sob o comando de Marcílio Marques Moreira, que não quis socorrê-lo ou entendeu que não poderia fazê-lo. Essa situação deixou Collor praticamente à beira da derrocada. Naquele momento, o apoio do PMDB seria fundamental para que ele se mantivesse na Presidência.

Um grupo de notáveis, comandado por Jorge Bornhausen, queria que Collor renunciasse. O presidente, contudo, descartava a ideia. Dizia preferir enfrentar o processo todo.

Em 13 de agosto de 1992, Collor cometeu um erro estratégico. Ele convocou a população para ir às ruas no domingo seguinte, dia 16, vestida de verde e amarelo – pretendia mostrar que a maioria dos brasileiros era contra o seu afastamento.

Só que a oposição também fez sua convocação. No caso, pedindo que aqueles que fossem às ruas usassem o preto, demonstrando contrariedade ao presidente. Houve mais gente contra Collor do que a favor.

Collor usava a rede nacional de TV para se defender das acusações e tentar reverter o desgaste, mas não obteve sucesso. A essa altura, os meios de comunicação estavam em forte campanha contra ele, inclusive a Rede Globo, que o havia apoiado no passado. A coincidência de exibição da minissérie *Anos Rebeldes*, sobre o movimento estudantil de resistência à ditadura de 1964, insuflou os estudantes a protestarem contra Collor – os chamados caras-pintadas. Parecia que a Globo procurava se redimir por ter apoiado a ditadura e a eleição de Collor, querendo mostrar alguma isenção, atacando bastante o presidente. A falta de imparcialidade agora era contra Collor. Enquanto isso, um modelo de negócios feito pelo SBT, a Tele Sena, e viabilizado pela Empresa Brasileira de Correios e Telégrafos – os Correios –, estava dando um forte lucro para a TV de Silvio Santos, irritando a Globo. Ao mesmo tempo, a emissora líder de audiência estava tendo sérios problemas com as parcelas de um empréstimo elevado, obtido na Caixa Econômica Federal para a construção do Projac. Esse empréstimo estava sendo contestado, mas a Globo foi obrigada a antecipar o pagamento do que devia. Além disso, havia a revolta da direção da Globo, com a divulgação de que recursos de Paulo César Farias teriam sido usados para financiar a compra da rede de televisão CNT, por meio do ex-deputado José Carlos Martinez, aliado de Collor.

Os registros jornalísticos do jornal *O Globo* do dia 12 de setembro de 1992 mostram que Lula, em companhia de Aloizio Mercadante, foi visitar Roberto Marinho para pedir apoio para o impeachment de Collor. Para mim, trata-se de um exemplo de contradição histórica do PT e do erro de ter conduzido aquele processo de impeachment, ao mesmo tempo que demonstrava como as Organizações Globo tinham papel político fundamental no processo.

Surgiram então as denúncias de um ex-motorista, de uma secretária de Collor e da compra de um veículo Fiat Elba, acusações desproporcionais para o contexto, mas que se tornariam escandalosas e merecedoras da aprovação do relatório da CPMI, que viria a motivar o pedido de abertura do processo de impeachment.

Em duas tentativas, atuei junto a Jorge Serpa para alterar o posicionamento da Globo em relação a Collor. Na primeira, consegui que Roberto Marinho fosse almoçar com o presidente em um domingo, na sua residência em Brasília. Mais tarde, encontrei o *doutor* Roberto no hangar da empresa Líder, no Aeroporto Santos Dumont, junto de Jorge Serpa. O dono da Globo nos relatou a conversa e disse que, se Collor fizesse o que lhe prometera, teria uma sobrevida.

O que o presidente prometeu e não conseguiu cumprir era o fim da operação da Tele Sena do SBT com os Correios. Mas, naquele momento, ele já não conseguia mais mandar no governo e era sabotado pelos subordinados.

O não cumprimento dessa promessa fez Roberto Marinho deixar o rio seguir seu curso. Ele não alterou a orientação da Globo sobre a cobertura da crise, o que inviabilizava cada vez mais a sustentação de Collor, apesar de Alberico de Souza Cruz ter sido colocado na direção de jornalismo para ajudar o presidente.

A segunda tentativa foi com Roberto Irineu Marinho, com quem eu mantinha diálogo na época, por causa do interesse das Organizações Globo em entrar no setor de telefonia celular. Também contribuía para esse diálogo o fato de a Telerj, que eu presidia, ter como maior fornecedor a Nec, que pertencia ao grupo da família Marinho.

Roberto Irineu estava comandando a cobertura do *Jornal Nacional* e propus a ele uma conversa com Collor para aparar as arestas. Ele aceitou, desde que fosse convidado pelo presidente, já que a relação entre ambos não era como a cultivada entre o pai dele e Collor.

Solicitei ao embaixador Marcos Coimbra, então secretário-geral da Presidência, que pedisse a Collor que convidasse Roberto Irineu. O embaixador respondeu que o presidente conversaria, desde que a solicitação partisse do empresário.

Propus ao embaixador que, em nome da necessidade desse diálogo, importante para tentar salvar Collor, driblasse a situação. Ele simplesmente poderia telefonar a Roberto Irineu e convidá-lo em nome do presidente. E poderia dizer a Collor que o empresário havia pedido o encontro.

Isso superaria o impasse, já que ninguém iria contestar quem convidou quem e o encontro aconteceria. Com receio, o embaixador não quis ir em frente. Nesse momento, senti que seria difícil reverter a situação, já que não havia humildade suficiente para a superação das divergências.

Em 26 de agosto de 1992, a CPMI aprovou o relatório final, e no dia 1º de setembro foi protocolado o pedido de abertura do processo de impeachment, assinado pelos presidentes da OAB, ABI, CUT e UNE e prontamente aceito pelo então presidente da Câmara, Ibsen Pinheiro, do PMDB. Ibsen era adversário de Collor.

Collor teve 29 pedidos de impeachment apresentados durante o curso de seu mandato até essa data, mas o único a ser aceito foi esse.

O pedido era de conteúdo meramente político, sem nenhuma acusação que pudesse ser considerada crime de responsabilidade – o que não se aplicava a Collor naquela situação, já que se tratava de supostos crimes comuns ou eleitorais, alguns praticados antes da posse.

A Constituição é clara quando diz que o presidente, além de não responder por atos praticados antes da assunção ao cargo, nos crimes comuns praticados no exercício da Presidência, responde mediante a denúncia, que deve ser apresentada pela Procuradoria-Geral da República ao STF e levada à Câmara para autorização. Se autorizada, ela é aceita ou não pelo STF. Caso aceita, o presidente é afastado por 180 dias, e cabe ao STF, e não ao Senado, seu julgamento.

No caso recente de Michel Temer, por duas vezes a Procuradoria-Geral da República apresentou denúncia de crimes contra ele ao STF, denúncia que foi enviada à Câmara dos Deputados para avaliação da autorização ou não. A Câmara, em ambas as oportunidades, negou a autorização, sobrestando o processo até o fim do mandato de Temer – passando a denúncia, já com ele na condição de ex-presidente, a tramitar nas instâncias inferiores, devido à perda do foro privilegiado.

No caso de Collor, à época estava em vigor a jurisprudência que determinava que o ocupante do cargo não perdia o foro após sua saída. A Procuradoria-Geral da República apresentou, depois do afastamento de Collor, denúncia ao STF pelos supostos crimes, relatados na CPMI e objetos do pedido de abertura do processo de impeachment. Isso atesta que as acusações contra Collor não eram por crimes de responsabilidade, e sim crimes comuns. Eles não poderiam ter sido objeto de impeachment.

A denúncia tornou-se a ação penal número 307 no STF. Collor, em dezembro de 1994, em julgamento que levou quatro dias, acabou absolvido de todas as acusações, mesmo com Marco Aurélio Mello e Francisco Rezek se dando por impedidos.

Depois, em 2007, quinze anos após o impeachment, a Procuradoria-Geral da República apresentou nova denúncia sobre outros fatos do governo Collor – a ação penal 465. Em 24 de abril de 2014, o ex-presidente também foi absolvido, quase 22 anos depois de ter deixado o governo.

As entrevistas públicas de Ibsen Pinheiro, já falecido, veiculadas em 2015 e 2016, quando do processo de impeachment de Dilma, trouxeram declarações dele considerando o processo de Collor como político.

Ele disse que aceitou o pedido de abertura do processo com o objetivo de, segundo ele, evitar uma crise institucional, com uma arbitragem política e não uma arbitragem militar. Era um argumento absolutamente sem sentido, pois não havia sinal de nenhum tipo de intervenção militar. Isso parece mais uma justificativa do seu ato, em função da inexistência de crime de responsabilidade.

Naquele momento, não havia previsão legal para o impeachment, já que a lei que o regulava era de 1950, a Lei nº 1.079. Durante o governo Sarney, um pedido de impeachment foi rejeitado pelo vice-presidente da Câmara dos Deputados, no exercício da presidência, Inocêncio de Oliveira, por falta de previsão legal. Houve à época recurso ao STF, que manteve a decisão de Inocêncio.

Collor entrou com mandado de segurança no STF contra os atos de Ibsen Pinheiro, mas perdeu. Foi mantida a decisão sobre o processo de impeachment, sobre o rito adotado por Ibsen Pinheiro, que não tinha previsão legal, mas foi considerada matéria *interna corporis*. Collor só venceu no aumento dado ao prazo de defesa – de cinco para dez sessões, conforme determinado pelo STF.

Na decisão do STF, foram utilizados trechos de um livro de Paulo Brossard sobre o tema do impeachment. A decisão foi tomada com quórum reduzido, já que Marco Aurélio Mello e Francisco Rezek deram-se por impedidos.

Com essa decisão do STF, Collor perdeu todas as chances de uma reviravolta no processo. Mesmo a decisão de que o Senado iria ter de confirmar a autorização da Câmara não era levada em conta, pois a certeza da aprovação do pedido de abertura do processo e do impeachment era tão grande que ninguém queria discutir nada, tão somente apressar o processo e votar logo, antes das eleições municipais.

Ibsen Pinheiro relatava nas suas entrevistas que Collor não tinha mais nenhum apoio, e o desfecho era inevitável. Com isso, ele justificava os seus atos, que foram contestados no STF, mas mantidos pela decisão do plenário da corte, inclusive o da votação aberta em plenário.

Itamar Franco, o vice-presidente já afastado de Collor, começava a articular publicamente seu futuro governo, recebendo governadores e deputados que iam lhe dar apoio e com isso se cacifarem para ocupar espaços na esfera federal – dentro da máxima de que não se tira presidente, mas, sim, se coloca presidente.

À frente do processo, PT, PSDB e PMDB preferiram tirar Collor para o desconhecido a manter Collor fraco e depois ter mais chances de sucedê-lo. Quem mais errou foi o próprio PT, que tinha a eleição certa para que Lula sucedesse a Collor e embarcou numa vingança que acabou criando condições para que uma alternativa a ele fosse construída – o que acabaria ocorrendo, e Lula veria sua derrota nas duas eleições seguintes.

Para a contagem dos votos favoráveis à abertura do processo de impeachment na Câmara dos Deputados, instalou-se na coordenação Roseana Sarney, então deputada e filha de José Sarney. Ela era quem mapeava todos os votos, exercendo um papel relevante, reafirmando ainda mais o caráter político desse processo de impeachment.

Em um andamento muito rápido, em 29 de setembro de 1992, dia do meu aniversário, houve a votação na Câmara, onde Ibsen havia decidido, sem nenhuma previsão regimental, a votação aberta e chamada em ordem alfabética dos deputados.

Collor, com isso, após a primeira traição na chamada dos deputados de letra A, viu seus apoiadores, nas chamadas seguintes, mudarem o voto. Eles já anteviam o resultado. Em um processo dessa natureza, ninguém quer ficar ao lado da derrota.

Isso sem contar que vários deputados deixaram para votar na segunda chamada e, com a derrota de Collor já confirmada, manifestaram-se contra o presidente, numa tentativa de sobrevivência política, e para não sofrer ataques da mídia. O conhecimento histórico desse fato foi determinante para a decisão que eu tomei, quando da votação do impeachment de Dilma.

Na votação da abertura do processo de Dilma, não fiz uma segunda chamada, como havia feito Ibsen. Chamei uma segunda vez apenas quando terminada a votação de todos os deputados de um estado. Isso, como explicarei adiante, foi fundamental para evitar as manobras de Dilma.

Não é verdade que Collor não tinha mais nenhum apoio no Congresso e, portanto, não conseguiria evitar a abertura do processo de impeachment. Poucos dias antes, ele tinha participado de um famoso jantar, com a presença de deputados em número suficiente para evitar a aprovação da abertura do processo de impeachment, o que equivaleria a um terço das cadeiras.

O problema era o patrulhamento da mídia, o voto aberto, as eleições municipais, a pressão dos partidos e a dificuldade de Collor mostrar que poderia ter governabilidade, caso evitasse a abertura do processo de impeachment.

Houve deputado que, para se esconder, viajou com a família para a Disney. Na hora da votação, ficou nervoso com a pressão e quis voltar, mas não teve mais jeito. Collor teve 441 votos favoráveis à abertura do processo de impeachment e apenas 38 votos contrários, além das ausências, que são equivalentes a votar contra a abertura, pois cabe o quórum de dois terços para aprovar, não importando o número de votantes.

O fato de a votação ter sido feita à véspera das eleições municipais de 1992 fez do evento um espetáculo teatral. Muitos deputados eram candidatos a prefeito e fizeram do seu voto um palanque eleitoral. A Globo e outras emissoras transmitiram ao vivo toda a sessão: todos os votos, em chamadas nominais, com direito a declarações de votos longas de cada deputado que comparecia ao microfone para explicitar sua escolha.

O líder do governo na Câmara era o filho de Antônio Carlos Magalhães, o deputado Luís Eduardo Magalhães, que depois viria a ser presidente da Câmara. Ele viu o seu liderado Benito Gama, presidente da CPMI, votar contra Collor e desabafou: disse que Benito trocou a relação de anos por um destaque na mídia.

Por causa do episódio, Benito teve dificuldades no seu estado, chegando a perder eleições pela falta de apoio eleitoral do grupo de Antônio Carlos Magalhães. Curiosamente, retornou à Câmara em 2014, votando também contra Dilma.

Em menos de dois dias Collor foi afastado – diferentemente de Dilma, que levou 25 dias. Iniciou-se o processo no Senado, com a posse provisória de Itamar Franco. Ele montou um governo de coalizão, com franca maioria – quem fez o impeachment não poderia deixar o país sem governabilidade.

A composição do governo de Itamar Franco foi difícil no início, pois teria de agradar a todos que haviam votado contra Collor. Itamar queria colocar José Serra como ministro da Fazenda e Fernando Henrique Cardoso como ministro das Relações Exteriores, repetindo o que Collor havia aventado anos antes.

Quércia vetou o nome de Serra como ministro da Fazenda. Itamar aceitou e acabou nomeando Gustavo Krause para o posto. O tucano Fernando Henrique Cardoso, contudo, foi feito ministro – conseguia, assim, o seu objetivo de ser chanceler do país, não importando em qual governo fosse.

Eu tinha excelentes relações com Itamar Franco, desde a campanha eleitoral, quando ajudei a demovê-lo da idea de renunciar à candidatura. Cultivava o hábito de visitá-lo, no gabinete da Vice-Presidência, todas as vezes que ia a Brasília.

Com o acirramento da crise com Collor, me mantive leal ao presidente – e isso fez com que me distanciasse de Itamar. Ele atribuiu a mim um grampo telefônico, ocorrido no Rio de Janeiro, quando ele estava hospedado no hotel Glória e conversava com uma jornalista. O episódio ficou famoso, porque ele estaria supostamente cantando a profissional da imprensa.

Não tive nada a ver com isso, mas Itamar era teimoso e vivia cercado de assessores de Juiz de Fora que lhe enchiam a cabeça com intrigas de fatos inverídicos. Ele costumava acreditar e, a partir daí, mesmo antes da votação de abertura do processo de impeachment, passou a me considerar inimigo.

O processo do impeachment de Collor foi julgado no Senado em 29 de dezembro de 1992, mesmo depois de Collor ter renunciado ao mandato, o que deveria ter paralisado o trâmite. No entanto, o instinto de perseguição era de tal ordem que não bastava tê-lo tirado da Presidência. Era preciso torná-lo inelegível para as eleições futuras.

Collor esteve muito perto de obter os votos para impedir a derrota no Senado. Ali, uma articulação estava sendo feita pelo então senador Ney Maranhão, do PRN, que buscava acertar com um senador de cada estado para, assim, ter o número de um terço dos votos necessários para impedir a condenação do presidente.

Houve quebra de acordo por parte de alguns senadores que já tinham se comprometido com a estratégia – que envolvia a nomeação de alguns deles para o futuro ministério. Também estava acertado o controle de cargos federais nos seus estados, o que naquele momento poderia fortalecer muitos desses políticos.

Collor, que acompanhava a articulação, quando viu que havia risco de não dar certo, optou pela renúncia. Ele pretendia salvar seus direitos políticos e, com isso, poder se candidatar em 1994. No entanto, o presidente do STF à época, Sidney Sanches, que ocupava a presidência do Senado para o julgamento do impeachment, optou por submeter ao plenário do Senado a continuidade ou não do julgamento. Por óbvio, venceu a continuidade, tendo o Senado levado adiante o processo de impeachment de um ex-presidente – fato absurdo e impensável.

Collor não teve a mesma sorte de Dilma, que contou, na votação do julgamento do seu impeachment, com uma ajuda do presidente do STF, Ricardo Lewandowski – que presidia aquela sessão e permitiu a separação da punição, tirando a inelegibilidade dela. Ou seja, o Senado julgou Collor ex-presidente e o tornou inelegível; e julgou Dilma presidente, mas permitiu sua elegibilidade. Dois pesos e duas medidas.

Participei ativamente da luta para evitar o impeachment de Collor, assisti a todas as traições sofridas por ele, vi os absurdos das decisões antirregimentais de Ibsen Pinheiro para controlar os procedimentos. Acompanhei também a forma totalmente acelerada do processo, em que se pretendia concluir a votação antes do dia das eleições municipais, a fim de que não houvesse nenhum risco de alteração.

Fernando Henrique Cardoso fez a intermediação do diálogo com a Globo, pois tinha ótimas relações ali, e, a partir de então, seria o interlocutor constante com a empresa durante o futuro governo Itamar Franco.

Com certeza, o aprendizado de todo esse processo do impeachment de Collor foi fundamental para que eu, no exercício da presidência da Câmara, sem desrespeitar o regimento da Casa, como fez Ibsen Pinheiro, pudesse encaminhar os trâmites sem nenhuma chance de ser derrotado por Dilma na abertura do seu impeachment. Isso poderá ser visto nos detalhes que serão apresentados nos capítulos seguintes.

O PT comemorou a vitória da queda de Collor como se fosse a sua vitória nas eleições. Só que isso acabou por jogar fora a potencial eleição de Lula em 1994, pois permitiu que as forças contrárias ao PT se reagrupassem sob a nova situação debaixo de um novo plano econômico. O PT acabou saindo menor, em 1994, do que tinha saído em 1989.

Mais tarde, durante o processo eleitoral, já antevendo a derrota nas eleições de 1994, quis usar o mesmo método que tirou Collor, tentando ainda o impeachment de Itamar Franco. O pedido, assinado pelo então deputado e hoje senador Jaques Wagner, não prosperou.

Isso sem contar que, mesmo após essa derrota em 1994, continuou usando o mesmo método com os pedidos de impeachment contra Fernando Henrique Cardoso. Mais tarde, o PT viria a sofrer o mesmo processo que impôs a Collor e tentou impor a Itamar Franco e Fernando Henrique Cardoso. E, no caso, chamou isso de golpe, de onde se conclui que quem com golpe fere, com golpe será ferido.

Depois do impeachment: a eleição de FHC casada com a do Congresso

Com a abertura do processo de impeachment e o afastamento de Collor, Itamar Franco tomou posse como presidente em exercício e nomeou seu ministério, debaixo de disputas e vetos – como o de Quércia ao nome de José Serra. Mas gozava de apoio majoritário no Congresso, que, tendo tirado Collor, não poderia deixar o país à deriva, sem governabilidade.

Os primeiros passos de Itamar foram de cautela, pois sabia que teria ainda de confirmar o processo de impeachment no Senado para assumir definitivamente a Presidência da República. Ele acabou fazendo com que seu governo, nesse início, fosse na tentativa de agradar aos senadores, dando poder a eles para evitar qualquer reviravolta e, assim, poder consolidar sua gestão.

Itamar preferiu adiar mudanças nos escalões inferiores do governo, a fim de não contrariar nenhum senador. Com isso, permaneci mais um pouco na Telerj – apesar do ódio que estava nutrindo por mim, Itamar preferiu esperar o julgamento do processo de impeachment antes de mexer nessas nomeações. Ele também sabia que a minha presença na estatal tinha o total apoio da Globo naquele momento. O próprio Roberto Marinho havia solicitado, por meio de seu interlocutor junto ao presidente, Fernando Henrique Cardoso, que eu permanecesse ali.

Collor, como já dito, articulava sua defesa e tentava ao mesmo tempo angariar votos no Senado, onde o senador Ney Maranhão, do PRN, conduzia uma articulação visando obter um terço dos senadores – número suficiente para impedir a condenação e restituir o poder a Collor.

Toda essa movimentação eu acompanhava por meio do então senador Hydekel de Freitas, do PFL, meu amigo pessoal, que buscava o retorno de Collor e sentia que estava próximo de consegui-lo. Se voltasse ao poder, Collor teria um novo ministério para nomear e o faria, na sua maioria, com nomes de senadores – além de distribuir os cargos federais nos estados a cada senador que o apoiasse.

Isso sem dúvida seria um atrativo para um terço da bancada. Além disso, uma parte deles já estaria desgostosa com o início do governo de Itamar: os senadores estavam vendo que o consórcio político que ocupava o poder naquele momento era tão grande que seria difícil um parlamentar ter mais poder com Itamar do que teria com Collor.

Itamar tinha colocado Gustavo Krause na Fazenda, que depois foi substituído por Eliseu Resende – que teve de sair devido a denúncias envolvendo a famosa Odebrecht. Nesse momento, Fernando Henrique Cardoso foi para o Ministério da Fazenda, em que acabou lançando o Plano Real. Em breve, ele acabaria se tornando presidente da República, sucedendo Itamar.

A economia não ia bem, e o processo corria aceleradamente no Senado para acabar logo com o julgamento de Collor. Ele foi marcado para 29 de dezembro de 1992, exatos três meses após a votação na Câmara do pedido de abertura do processo. No caso de Dilma, o tempo foi de quatro meses e meio entre a votação da Câmara e o julgamento no Senado Federal.

Antes da abertura da sessão de julgamento, Collor não tinha segurança se havia obtido um terço dos votos necessários. Essa foi a condição dos que aceitaram apoiá-lo: de que fossem mostrados os apoiadores reais para que não entrassem em um desgaste, sem resultado favorável, já que apoiar Collor e perder naquele momento seria fatal para algumas carreiras políticas.

Sem essa segurança, não tendo os nomes de todos os que o apoiariam confirmados para que fizessem um bloco, Collor percebeu que não teria chance. Optou pela renúncia, única forma de preservar seus direitos políticos.

Com a renúncia de Collor, comunicada no início da sessão de julgamento, esta foi suspensa. Foi convocada uma sessão extraordinária do Congresso Nacional na mesma hora, para a leitura da carta de renúncia e a declaração de vacância do cargo de presidente da República. Chamaram Itamar Franco para tomar posse como sucessor de Collor na Presidência, logo em seguida, em sessão solene.

Após a posse de Itamar Franco para complementar o mandato de Collor, até 1º de janeiro de 1995, foi reaberta a sessão de julgamento do agora ex-presidente. Na presidência dessa sessão, o então presidente do STF, Sydney Sanches, submeteu a votos do plenário do Senado a continuidade do julgamento. O plenário então aprovou a absurda continuidade do julgamento de um ex-presidente – que não poderia ser submetido a um julgamento de impeachment, próprio dos ocupantes do cargo, e não de ex-ocupantes.

Ao final do julgamento, a própria pergunta submetida a voto do plenário do Senado comprova a diferença em relação ao processo de Dilma. Naquela ocasião, perguntava-se se o ex-presidente Collor deveria ser submetido à pena de inabilitação por oito anos para o desempenho de qualquer outra função pública, tendo por consequência a sua inelegibilidade.

No caso de Dilma, o então presidente do STF, Ricardo Lewandowski, no exercício da presidência do julgamento no Senado, admitiu a divisão e exclusão da punição de inabilitação por oito anos e, por consequência, da inelegibilidade dela. Ele submeteu a votos, de forma isolada, as duas punições, levando a absurda diferença entre os dois casos.

Collor foi julgado como um ex-presidente e condenado a inabilitação, enquanto Dilma foi julgada como presidente e manteve a sua habilitação – pena conjunta à perda do cargo, conforme dispõe a Constituição.

Itamar Franco, oficialmente como titular no cargo, continuou tentando colocar o governo para andar. Teve muitos atritos, já que era contrário ao processo de privatizações. Mesmo assim avançou, e a CSN acabou desestatizada.

Foram realizadas eleições para os comandos da Câmara, em 2 de fevereiro de 1993 – acabou escolhido o deputado Inocêncio de Oliveira –, e, em 28 de agosto de 1993, do Senado – que elegeu Humberto Lucena.

Itamar Franco, já empossado definitivamente, acelerou a troca de todos os cargos de escalões inferiores. Em abril de 1993, pedi demissão da Telerj – preferi sair antes, já antevendo que haveria uma demissão.

Eu deveria ter feito isso no momento da renúncia de Collor. Mas, atendendo a pedidos de vários deputados da bancada do Rio de Janeiro, do senador Hydekel de Freitas e de outras pessoas, fiquei mais um tempo – e disso me arrependo até hoje, pois participei por um período de um governo que era fruto daquele impeachment.

Itamar Franco nomeou para o meu lugar seu fiel escudeiro e, naquele momento, consultor-geral da República, José de Castro Ferreira, que morava no Rio de Janeiro e queria ficar próximo da família. Ele era um dos que me pediam para permanecer no cargo da Telerj. Ou seja, queria era guardar o cargo para ele, evitando que fosse preenchido por alguma composição política e acabasse indisponível.

Em 21 de abril de 1993 foi realizado – de forma antecipada, já que originalmente a ideia era que ocorresse em 7 de setembro desse ano – o plebiscito, previsto em Constituição, para decidir o regime de governo, se republicano ou monárquico, e o sistema, se presidencialista ou parlamentarista. Com folga, venceram republicano e presidencialista.

Caso houvesse vencido o modelo parlamentarista, o destino político do país seria outro. Afinal, essa era a luta da Constituinte. Com a queda de Collor, esperava-se que houvesse uma conscientização de que o sistema de governo estava equivocado, e o parlamentarismo seria a solução para se evitar uma ruptura abrupta, como a que havia acabado de ocorrer.

Entretanto, continuavam, os candidatos a presidente, preocupados mais com seu espaço, com a manutenção de seu possível futuro poder. Assim, todos os potenciais fortes candidatos daquele momento, como Lula e Brizola, além dos principais partidos, como PMDB e PFL, defenderam o presidencialismo. Ao lado do parlamentarismo restou PSDB, que não teve forças para conseguir aprová-lo.

Collor era parlamentarista e, se não tivesse sido derrubado pelo processo de impeachment, teria apoiado a escolha do parlamentarismo no plebiscito, o que Itamar não fez. Caso contrário, certamente poderia ter influenciado o resultado, se sua popularidade estivesse em situação melhor.

Em seguida, estourou a crise com o já segundo ministro da Fazenda, Eliseu Resende – denunciado por ter as despesas de uma viagem ao exterior pagas pela Odebrecht. Ele acabou renunciando e Itamar nomeou Fernando Henrique Cardoso para o cargo.

Fernando Henrique reuniu uma equipe para criar um plano econômico. Nascia o Plano Real, lançado em 28 de fevereiro de 1994. Antes, em julho de 1993, havia sido feita a troca da moeda para cruzeiro real e o corte de três zeros, medida insuficiente para conter a inflação.

O plano da equipe econômica comandada por Fernando Henrique consistia em, primeiro, criar uma URV, ou seja, uma unidade real de valor que teria paridade com o dólar. Depois, essa unidade se transformaria em real, a nova moeda, no dia 1º de julho de 1994. Haveria a desindexação da economia, realimentadora da inflação. Com isso, os preços e salários não teriam aumento automático de acordo com a inflação pretérita.

O plano era focado também na redução de gastos públicos e na privatização de estatais, para gerar investimentos e diminuir o tamanho do Estado. A ideia era que um real valeria uma URV e, por consequência, um dólar na data de sua conversão, em 1º de julho de 1994.

O Plano Real foi importante para conter a espiral inflacionária do país. Fez com que o Brasil tivesse uma moeda forte e, por consequência, aumentou o poder de compra das pessoas, potencializando crescimento econômico e o desenvolvimento.

Com o Real, Fernando Henrique virou uma espécie de primeiro-ministro. Ele comandava o governo de fato. Ao mesmo tempo, ia pavimentando uma candidatura à Presidência, mesmo que Itamar não o apoiasse.

Não era um governo sem crises a gestão Itamar. Houve até o afastamento provisório do então chefe da Casa Civil, Henrique Hargreaves, devido a denúncias. Como elas não foram comprovadas, ele retornou ao cargo.

Fernando Henrique Cardoso lançou o IPMF em 13 de julho de 1993. A sigla significava Imposto Provisório de Movimentação Financeira, contribuição que vigorou de 1º de janeiro de 1994 a 31 de dezembro de 1994, com uma alíquota de 0,25%. A arrecadação desse novo imposto ajudou a consolidar o Plano Real. Depois o tributo voltaria, quando Fernando Henrique foi presidente, chamado então de CPMF.

Além das crises do governo Itamar, tivemos uma grande crise no Congresso Nacional, que alteraria todo o quadro político, após denúncias de fraudes da comissão de orçamento da Casa – foi instaurada uma CPMI.

Nessa investigação ficaram conhecidos os denominados Anões do Orçamento, parlamentares, coincidentemente de pequena estatura, que dominavam a comissão de orçamento e recebiam propinas de empreiteiras para alocação de recursos.

Esse escândalo produziu consequências. Seis parlamentares foram cassados e perderam o mandato, inclusive o ex-presidente da Câmara Ibsen Pinheiro, responsável pelo processo de impeachment de Collor. Além disso, quatro parlamentares renunciaram a seus mandatos para não serem cassados. Outra consequência do escândalo foi a mudança ocorrida na relação do Congresso dentro da comissão de orçamento.

A CPMI atingiu o PMDB, já que o maior número de deputados acusados era do partido. Naquele momento, o presidente da CPMI, senador Jarbas Passarinho, transformou-se em candidato à Presidência da República. O caso mostrou as mazelas da confecção do orçamento no país, com a atuação das famosas empreiteiras.

Relator da CPMI, o então deputado Roberto Magalhães havia pedido a cassação de 18 deputados, mas parte acabou absolvida. Além da denúncia da roubalheira com o orçamento, as investigações trouxeram à tona até a história do assassinato da esposa de um assessor da comissão.

A partir do caso, foram alteradas as regras do Congresso para a comissão do orçamento. Seu poder foi reduzido. O escândalo escancarou uma situação política: parte do Congresso, independentemente de apoiar ou não o governo, mandava no orçamento e, com isso, tinha independência em relação aos governos.

Os parlamentares que comandavam a comissão de orçamento influenciavam bastante grande parte do Congresso pelo seu poder. Coincidentemente, eram na sua maioria do PMDB. E a maioria deles estava entre os responsáveis por parte importante no processo de impeachment de Collor.

Ao mesmo tempo que a CPMI avançava e as punições iam acontecendo, Itamar ganhava popularidade com a perspectiva de sucesso da economia. Contudo, houve um entrevero no Carnaval de 1994. Itamar resolveu comparecer ao desfile das escolas de samba do Rio, com uma modelo ao seu lado. Ela foi fotografada sem calcinha, o que gerou um escândalo nacional. Itamar quase renunciou à Presidência, para poder se candidatar nas eleições de 1994 e não ficar sem mandato, tamanho era o receio do escândalo em que tinha se metido.

Com o início da fase principal da edição do Plano Real, a partir de 28 de fevereiro de 1994, a popularidade de Itamar aumentou ainda mais. Todos os seus problemas pareciam superados, e ele se transformaria em ator importante no vindouro processo eleitoral.

Havia sido feita a revisão prevista na Constituinte para cinco anos após a promulgação da Carta. As mudanças ficaram restritas a poucos temas. Um ponto importante: o mandato presidencial foi alterado de cinco para quatro anos, para coincidir o pleito presidencial com as demais eleições. Com isso, buscava-se evitar a instabilidade criada com a eleição de presidente solteira, como foi a de Collor. Essa tese foi fortalecida depois da vitória do sistema de governo presidencialista, no plebiscito de 21 de abril de 1993.

É fato que também a perspectiva de vitória de Lula nas eleições de 1994 contribuiu para a aprovação da redução do mandato de cinco para quatro anos nessa revisão. Naquele momento, Lula estava em primeiro lugar nas pesquisas, disparado, o que preocupava os que temiam sua vitória.

Fernando Henrique Cardoso renunciou ao Ministério da Fazenda, a fim de se desincompatibilizar para as eleições. Começou a costurar a candidatura, mas seu sucesso dependia da continuidade do Plano Real. Ele indicou o embaixador Rubens Ricupero como seu substituto.

Depois de muitas idas e vindas, Fernando Henrique conseguiu o apoio de Itamar à sua sucessão. Ele montou uma aliança do PSDB com o PFL e o PTB, visando ter maioria no Congresso caso vencesse a disputa eleitoral.

O PMDB lançou o ex-governador Orestes Quércia à Presidência. Vários candidatos se apresentaram. O PT apostou novamente em Lula, já crítico combatente do governo Itamar e também do Real. O petista compreendeu que o impeachment de Collor fez com que se aglutinassem forças capazes de derrotá-lo nas urnas.

Lula liderava as pesquisas, mas todos tinham o sentimento de que a alavancagem do Real desempenharia o mesmo papel que o Plano Cruzado havia tido nas eleições de 1986. O PT atacava as premissas do plano justamente relembrando o exemplo do Cruzado – que depois daquela eleição acabou sucumbindo e se transformando em estelionato eleitoral, segundo as avaliações posteriores.

O candidato petista insistiu nesse discurso. Mas viu Fernando Henrique crescer nas pesquisas, na mesma época do lançamento da nova moeda, sinalizando uma virada com a qual Lula não contava. O seu discurso foi ficando ultrapassado, visto que passou a ser oposição à estabilidade econômica, e não mais oposição ao governo.

O apoio das Organizações Globo foi vital para Fernando Henrique Cardoso. Tanto na transmissão da Copa do Mundo quanto em seus telejornais, a emissora não cansava de mostrar a novidade da nova moeda, o real. Naquele momento, era um ato de governo. Mas iria refletir diretamente na campanha de Fernando Henrique – todos sabiam que ele era o autor do plano e, em seguida, com o início da propaganda eleitoral, seria fácil consolidar isso tudo.

Por outro lado, a população, cansada de tantas instabilidades – a política, por causa do impeachment; e a econômica, depois de tantos planos econômicos, bloqueios de ativos e por causa da inflação –, viu em Fernando Henrique o potencial de dias mais calmos, controle da inflação e estabilidade política. Tudo isso em um calendário de eleição geral, já que passariam a coincidir as votações para presidente, governadores e Congresso.

Fora do governo, mas ainda comandando a economia, Fernando Henrique recebeu, do então chefe da Casa Civil, a minuta da medida provisória da criação do real. Isso provocou a ira do PT, vendo a máquina trabalhando para a eleição do seu principal adversário.

Em represália, o PT voltou a usar o instrumento do impeachment e apresentou um pedido de abertura de processo, por meio do então deputado e hoje senador Jaques Wagner, contra Itamar Franco – rejeitado pelo então presidente da Câmara, Inocêncio de Oliveira.

Ao longo do mandato, Itamar sofreu quatro pedidos de impeachment – nenhum teve aceitação e andamento.

Essa eleição foi marcada pela crise dos candidatos a vice. Tanto Fernando Henrique Cardoso quanto Lula tiveram de substituir os seus companheiros de chapa, respectivamente os então senadores Guilherme Palmeira e José Paulo Bisol – pesavam denúncias contra ambos. Acabaram substituídos pelo então senador Marco Maciel e pelo então deputado Aloizio Mercadante.

Em setembro de 1994, outra crise quase abalou a campanha de Fernando Henrique. Foi quando o então ministro Rubens Ricupero foi gravar uma entrevista para a Globo, com o repórter Carlos Monforte. O áudio de uma conversa preliminar à entrevista vazou. Ricupero dizia: "No fundo, é isso mesmo. Eu não tenho escrúpulos. Eu acho que é isso mesmo. O que é bom a gente fatura, e o que é ruim a gente esconde".

O incidente obrigou Ricupero a deixar o governo, substituído pelo então governador do Ceará, Ciro Gomes – o quinto ministro da Fazenda de Itamar em dois anos de governo.

Em 3 de outubro de 1994 foram realizadas as eleições. E a 25ª eleição presidencial brasileira terminaria com a escolha de Fernando Henrique Cardoso, com maioria absoluta dos votos em primeiro turno.

O presidente eleito ainda conseguiu maioria parlamentar no Congresso Nacional para aquela que seria a 50ª legislatura, com mandato de 1º de fevereiro de 1995 a 31 de janeiro de 1999.

O PMDB manteve a maior bancada da Câmara dos Deputados, com praticamente o mesmo número de 1990, 107 deputados, apesar do baixo rendimento da candidatura de Orestes Quércia. O partido também elegeu oito governadores.

A chapa formada por PSDB, PFL e PTB elegeu 184 deputados, 22 senadores e 9 governadores. Com a vitória nos maiores centros e de partidos que iriam compor sua futura base parlamentar, Fernando Henrique conquistou uma maioria confortável, tanto no Congresso quanto entre os governadores. Restaram ao PT apenas 2 governadores, 4 senadores e 50 deputados.

O segundo turno das eleições consolidou a vitória de Fernando Henrique Cardoso, em termos absolutos de votos – já que seus aliados venceram as disputas nos estados principais, de maior número de eleitores, como São Paulo, Rio de Janeiro e Minas Gerais.

Com esse quadro amplamente favorável, a situação de Fernando Henrique era bastante diferente da de Collor, que havia sido eleito em uma eleição solteira, nunca tivera maioria congressual e, na disputa eleitoral seguinte, viu seus aliados perderem em número absoluto de votos no país.

Fernando Henrique reunia todas as condições favoráveis. Ele jamais estaria em risco de sofrer um processo de impeachment e ainda teria maioria confortável para realizar grandes reformas que dependessem de emendas constitucionais, cuja aprovação exigiria quórum qualificado de três quintos em cada casa do Congresso Nacional.

Mas Fernando Henrique deturpou o processo em seu primeiro mandato. Em vez de consolidar a estabilidade política do país, usou a maioria conquistada para o confronto dessa estabilidade, ao patrocinar a emenda constitucional que permitiria sua reeleição, assunto do próximo capítulo. Essa mudança teve implicações, como veremos, no processo político futuro.

O golpe da reeleição de FHC, as consequências e a eleição de Lula

Sem entrar no mérito de detalhes do governo de Fernando Henrique Cardoso, o objetivo deste capítulo é relatar eventos políticos que impactaram a análise do processo de impeachment de Dilma, objeto deste livro.

Se não visitarmos toda a cronologia histórica, a análise será falha, pois as circunstâncias de um acontecimento político de um mandato resultam em efeitos nos mandatos futuros.

Estávamos vindo de um processo em que a Constituinte provocou uma eleição solteira e a decisão do sistema de governo presidencialista, o que gerou um presidente sem Congresso, situação corrigida, em parte, pela redução do mandato presidencial de cinco para quatro anos, levando novamente à coincidência das eleições, que elegeram Fernando Henrique Cardoso.

Embora o sistema de governo tenha continuado presidencialista mesmo após o plebiscito de 1993, Fernando Henrique Cardoso era parlamentarista, entendia o sistema e sabia agir acumulando as funções de chefe de Estado com a de chefe de governo, implantando na prática, em seu governo, um parlamentarismo de fato, travestido do nome usado até hoje: presidencialismo de coalizão.

Com isso, montou o governo distribuindo cargos a seus aliados, consolidou a base e, embora houvesse disputas naturais de espaço entre os partidos, a maioria estava confirmada e, assim, poderia continuar a consolidação do Plano Real, que já havia contido a inflação.

Fernando Henrique escolheu para ministro da Fazenda Pedro Malan, remanescente de sua equipe econômica quando era ministro. Para isso, teve de desalojar Ciro Gomes, ex-governador do Ceará, que tinha assumido o cargo com a crise da divulgação das falas de Ricupero.

Fernando Henrique não quis Ciro Gomes na Fazenda – ali acabou havendo uma ruptura, que culminou em Ciro deixando o PSDB e acabando depois candidato a presidente contra FHC, por pura vingança.

Ciro ainda teria atribuído a FHC o vazamento de uma situação de natureza pessoal – o romance dele com a atriz Patricia Pillar, tornado público, acabaria provocando a separação do político de sua primeira mulher.

Não se sabe se a história é verdadeira ou não. E também não existe interesse na situação de âmbito pessoal, mas o fato é que houve uma ruptura e, com isso, Ciro se tornou adversário de FHC. Ele se tornou candidato a presidente em três oportunidades, sem êxito, chegando a apoiar Lula e a ser seu ministro. A partir daí, passou a compor parte da esquerda, embora tenha tido origem no PDS da ditadura e passado por vários partidos nesse período, não necessariamente do espectro da esquerda.

Fernando Henrique, após a eleição, reforçou a aliança da base eleita – PSDB, PFL e PTB –, angariando o apoio do PMDB. Ele assegurou maioria confortável nas duas casas do Congresso, ampliada depois pelo então PPB – hoje PP, PR e legendas menores –, tendo número suficiente para a discussão de emendas constitucionais, necessárias para as reformas por ele pretendidas.

Em 1º de fevereiro de 1995, tomou posse o Congresso Nacional. No dia 2 de fevereiro, foram eleitos para presidir a Câmara dos Deputados e o Senado Federal, respectivamente, Luís Eduardo Magalhães e José Sarney.

Fernando Henrique arranjou uma maneira de se livrar de Itamar Franco. Colocou-o em embaixadas no exterior – ocupou posto em Portugal e na Organização dos Estados Americanos (OEA). Mais tarde, Itamar acabaria rompendo com FHC, após a aprovação da emenda da reeleição, já que ele pretendia se candidatar à sucessão do tucano. Ainda assim, após a aprovação de tal emenda, Itamar acabaria se filiando ao PMDB e tentou disputar a convenção do partido para ser candidato a presidente em 1998, sem sucesso.

O governo FHC teve muitos sobressaltos, enfrentou crises internacionais e avançou nas privatizações. Ele aprovou importantes emendas constitucionais, do fim do monopólio das telecomunicações e do petróleo, dando margem para as licitações de exploração privada de campos de petróleo do país, além de permitir a privatização da Telebrás.

Entre outras empresas, a Vale do Rio Doce foi privatizada, depois de muita confusão. Isso foi um marco de seu mandato.

A Globo, que havia apoiado a eleição de Fernando Henrique, era fortemente favorável ao governo, defendendo as propostas de reformas. Houve até um episódio curioso: o diretor de jornalismo nomeado para agradar a Collor, Alberico de Souza Cruz, foi demitido para agradar a Fernando Henrique Cardoso. O que desencadeou a saída do diretor de jornalismo foi o fato de que o *Jornal Nacional* noticiou, em 1995, período de início do governo, um pedido de impeachment protocolado na Câmara, sem expressão, originado fora dos partidos políticos. No lugar de Alberico foi alçado ao cargo o jornalista Evandro Carlos de Andrade, então diretor de redação do jornal *O Globo*.

Em seus dois mandatos, Fernando Henrique teve 24 pedidos de impeachment. Nenhum deles teve aceitação e prosseguimento.

O Plano Real se sustentava, mas a manutenção da paridade cambial com o dólar, por meio de um sistema de bandas cambiais, levou a um aumento desenfreado da dívida interna. Ela quadruplicou em seu governo, em dólares, em razão da supervalorização da moeda nacional em relação à americana, e da elevada taxa de juros, além de não gerar saldos da balança comercial superavitários, como passou a ocorrer após o seu governo.

As eleições municipais de 1996 desencadearam uma divisão da base de FHC em disputas municipais. O PSDB perdeu a eleição nas maiores capitais, vencendo apenas em quatro menores: Cuiabá, Goiânia, Teresina e Vitória.

Terminado o período eleitoral, Fernando Henrique acelerou a tramitação de uma proposta de emenda constitucional, a PEC 1, de 1995, de autoria do deputado Mendonça Filho, do então PFL, hoje DEM. O texto estabelecia a possibilidade de reeleição para presidente, governadores e prefeitos.

Essa proposta, transformada na emenda constitucional número 16 de 4 de junho de 1997, mudou radicalmente a política no país. Imediatamente, todos os eleitos antes dessa emenda teriam direito à reeleição, inclusive aqueles prefeitos recém-eleitos. O mal que essa emenda fez ao país está presente até os dias de hoje.

Em primeiro lugar, Fernando Henrique usou a estabilidade política obtida para deformar o sistema, utilizando essa maioria em benefício próprio. Para fazer isso, criou uma distorção com enormes reflexos em todos os municípios brasileiros, em que daí por diante a renovação foi prejudicada. Isso sem contar que o primeiro mandato de um governante passou a servir somente como continuidade de campanha, visando sua reeleição, prejudicando a administração pública e as políticas públicas.

Muito assistimos nos dias de hoje à discussão e à luta pela democracia, mas essa emenda feita no meio do jogo para beneficiar o principal jogador foi um verdadeiro golpe – que era, sim, antidemocrático e possivelmente inconstitucional. Nós assistimos a isso sem que ninguém contestasse, até porque Fernando Henrique Cardoso tinha os meios de comunicação, notadamente as Organizações Globo, a seu lado.

Existiram movimentos no segundo governo de Lula para aprovar uma nova emenda constitucional para um terceiro mandato, que até teria chances de ser aprovada, pois Lula estava bem, tinha maioria no Congresso. Mas Lula teve o mérito de impedir essa discussão. Ele não lutou por isso, dando nesse caso um exemplo de respeito à regra do jogo, que Fernando Henrique não teve.

Em segundo lugar, a aprovação da emenda não teve uma votação tão simples. Diversas denúncias de compra de votos surgiram. A mais conhecida, divulgada pela *Folha de S.Paulo* em 13 de maio de 1997, foi uma gravação do então deputado Ronivon Santiago, confirmando que ele tinha recebido 200 mil reais, à época correspondendo a 200 mil dólares. Ele dizia também que outros parlamentares também teriam recebido, citando na gravação os nomes de quatro deputados.

O episódio culminou na renúncia dos deputados Ronivon Santiago e João Maia, ambos do PFL, para não serem cassados. Os outros três deputados acabaram absolvidos, sendo que essas gravações teriam sido feitas por um ex-deputado, Narciso Mendes, que seria supostamente o Mister X, apontado pela *Folha* como autor das gravações.

Não foi um episódio isolado. É verdade também que, recém-saído da prefeitura de São Paulo e tendo acabado de eleger seu sucessor, Paulo Maluf articulou para que a emenda não fosse aprovada. Conheço duas histórias de deputados do Rio de Janeiro que receberam pelos seus votos nessa emenda – um, de Paulo Maluf, para votar contra; outro, de Sérgio Motta, para votar a favor da reeleição. Ambos os relatos citavam o mesmo valor declarado por Ronivon Santiago. Um desses políticos já é falecido; o outro não é mais deputado desde 2002.

Paulo Maluf queria que tal emenda tivesse sido aprovada antes das eleições municipais, para que ele pudesse tentar a reeleição em São Paulo. Mas, passada a eleição, agora ele era candidato a presidente ou a governador de São Paulo – ou seja, a autorização de disputar a reeleição iria favorecer justamente os que ocupavam os cargos, Fernando Henrique Cardoso e Mário Covas.

Sobre os dois deputados que eu citei anteriormente, o que recebeu dinheiro de Maluf contou que o pagamento foi feito diretamente por ele. Já o que apoiou FHC relatou que não foi pago pelo próprio articulador, Sérgio Motta, mas sim por meio de Sampaio Dória, na época presidente da Telesp – estatal de telefonia de São Paulo, subordinada ao ministério comandado por Motta, que, aliás, antes de ser ministro de FHC era conhecido operador financeiro do PSDB.

Todas as investigações sobre os episódios da compra de votos para a reeleição de FHC foram enterradas, inclusive na Procuradoria-Geral da República, à qual Fernando Henrique nomeou para os seus anos de mandato o mesmo procurador, Geraldo Brindeiro, sem nenhuma observância à lista. Ele ficou conhecido como engavetador-geral da República, apesar de hoje o seu partido ter feito coro, mesmo que de forma discreta, contra a nomeação, sem respeito à lista, do procurador-geral pelo atual presidente da República.

Dessa forma, em 25 de janeiro de 1997, a Câmara dos Deputados aprovou a reeleição por 336 votos, 28 votos a mais do que o mínimo exigido para aprovação de uma emenda constitucional, em primeiro turno. Depois foi aprovada em segundo turno na Câmara e em dois turnos no Senado Federal, sendo promulgada em 4 de junho de 1997.

Fernando Henrique Cardoso, em artigo publicado pelo jornal *O Estado de S. Paulo* no dia 6 de setembro de 2020, fez um mea-culpa em relação ao episódio, assumindo ter sido um erro a aprovação da reeleição – ele disse ter permitido e aceitado a tramitação. O tucano não reconheceu, entretanto, ter sido ele o responsável pela discussão e aprovação, colocando toda a máquina do governo para obter êxito, além das denúncias das compras de votos divulgadas.

Fernando Henrique é inteligente para saber que, ao agir em benefício próprio, causou um mal irreversível ao sistema político brasileiro, com consequências nefastas até a data de hoje. Ele apenas não quis morrer sem reconhecer, ao menos parcialmente, o maior erro legislativo do nosso país desde a proclamação da República.

Com o histórico de ter criado o IPMF durante seu período como ministro da Fazenda de Itamar Franco, Fernando Henrique aprovou, pela Lei nº 9.311, de 24 de outubro de 1996, a CPMF, tributo que passou a ter sua destinação para o Fundo Nacional de Saúde (FNS), vigorando a partir de 23 de janeiro de 1997, por dois anos, até 23 de janeiro de 1999.

Em seguida, em 2 de fevereiro de 1997, foram eleitos com apoio de Fernando Henrique Cardoso os presidentes da Câmara dos Deputados e do Senado Federal, respectivamente Michel Temer e Antônio Carlos Magalhães.

Nesse período, Fernando Henrique enfrentou crises econômicas internacionais, assistiu à saída de Itamar Franco da embaixada e começou a articulação da sua reeleição.

Fernando Henrique construiu sua nova campanha eleitoral praticamente sem adversários, fazendo uma coligação que, além de PSDB, PFL e PTB, agora contaria também com o PMDB e o PPB, atual PP.

Para conseguir isso, FHC neutralizou Paulo Maluf, que sairia candidato a governador. Para isso, houve um investimento dos fundos de pensão estatais para salvar a empresa familiar de Maluf, a Eucatex, que passava por dificuldades.

Itamar Franco filiou-se ao PMDB, retornando para o partido do qual fez parte antes de se transferir para o PRN e sair candidato a vice de Collor. Ele vislumbrou a candidatura a presidente pelo partido, apresentando seu nome à convenção. Lá, uma enorme confusão foi formada pelos apoiadores de FHC, fazendo com que Itamar acabasse desistindo de concorrer. Ele saiu, então, candidato a governador de Minas Gerais – para conseguir a legenda, teve de compor com o antigo adversário Newton Cardoso, que acabaria em sua chapa como candidato a vice; venceram a eleição.

Lula, sem saída e sabendo que seria derrotado mais uma vez, saiu candidato. Conseguiu que Brizola fosse seu vice. Ciro Gomes se lançou por uma coligação de partidos menores, exercitando a vingança por ter sido escanteado por FHC após a sua eleição em 1994.

Houve ainda outros candidatos sem expressão. Fernando Henrique venceu em primeiro turno com facilidade o processo eleitoral ocorrido em 4 de outubro de 1998, a 26ª eleição presidencial.

A Globo continuava apoiando fortemente Fernando Henrique. Além disso, diante da ausência de opções que empolgassem, a maioria da mídia passou a tratar como certa a reeleição dele. A sociedade não debateu o suficiente sobre o que o governo de FHC realmente produziu, pois a discussão se restringia à necessidade da reeleição para a manutenção da estabilidade econômica e do Plano Real.

As eleições eram gerais, e os partidos que participaram da coligação de FHC fizeram 378 dos 513 deputados, ficando o PT com 59 deputados – vitória esmagadora, que daria maioria confortável para o governo.

A coligação de FHC elegeu 21 governadores, parte em segundo turno ocorrido em 25 de outubro de 1998. O PT conseguiu apenas três. No Senado, onde se renovou um terço das cadeiras, a coligação elegeu 23 senadores, contra somente três petistas. Ou seja, a vitória foi retumbante e construída pela articulação política. Passou-se a saber que um candidato à reeleição ocupando cargo do Executivo estaria já no segundo turno – e teria muitas chances de vitória.

Foram raros os casos de candidatos a reeleição que não foram para o segundo turno entre governadores e prefeitos das cidades com mais de 200 mil eleitores. Também foram bem menores os casos em que o candidato a reeleição perdeu em segundo turno.

Essa eleição também foi a primeira que eu disputei, concorrendo a deputado estadual pelo PPB, atual PP, no Rio de Janeiro. Não me elegi diretamente – fiquei como suplente, mas assumi em março de 2001 o mandato até o fim, em 31 de janeiro de 2003.

Apesar da estabilidade da moeda, a situação econômica não favorecia FHC. Além de sofrer consequências da crise internacional, o Brasil, após as eleições, teve de recorrer ao FMI e obter um empréstimo recorde para a nossa história, de mais de 40 bilhões de dólares. Esse empréstimo era para dar liquidez às reservas internacionais do país, que estavam em nível baixo.

Pelo *timing* – logo após a vitória confirmada nas urnas –, esse procedimento foi muito criticado por todos. Soou como uma atitude semelhante ao Plano Cruzado. Fernando Henrique começava muito mal seu segundo mandato.

A privatização das empresas do sistema Telebrás, de forma fatiada, havia ocorrido já durante o processo eleitoral e rendido recursos importantes naquele momento, mas gerou um escândalo.

Em seguida à eleição, foram divulgados grampos do Banco Nacional de Desenvolvimento Econômico e Social (BNDES) ocorridos durante o processo de privatização das teles. Em decorrência disso, o então ministro das Comunicações, Luiz Carlos Mendonça de Barros, e o então presidente do BNDES, André Lara Resende, foram obrigados a se demitir.

O segundo mandato de Fernando Henrique Cardoso foi muito dificultoso e nos mostrou quanto a reeleição era danosa para o país. Logo ao fim da eleição, houve o acordo com o FMI, mostrando as nossas dificuldades, escondidas na campanha. Esse fato lembra muito o que Dilma faria em 2014 para se reeleger.

É possível estabelecer um paralelo nas condições de reeleição de Fernando Henrique Cardoso e Dilma Rousseff. Ambos enganaram sobre a situação econômica real e ambos necessitaram fazer ajustes na economia, de maneira que não foi discutida na campanha eleitoral.

Os dois optaram por se reeleger a qualquer custo, em vez de fazer a coisa certa e ter transparência com a situação econômica. Existem duas grandes diferenças, somente. A primeira é que Fernando Henrique foi quem aprovou a emenda da reeleição, gerando esse caos. A segunda é que, mesmo fragilizado e com baixa popularidade no segundo mandato, Fernando Henrique ainda manteve base sólida no Congresso, o que evitou que tivesse destino semelhante ao de Dilma, com o impeachment.

Mais uma coisa eles têm em comum: ambos preferiram nutrir suas ambições de continuar no poder à possibilidade de construir uma biografia agindo de forma correta e transparente. Essa opção deles teve um preço para o Brasil. Mas a culpa maior pode ser atribuída ao fato de se ter no país esse modelo de reeleição, nefasto, que deve ser responsabilizado pelos grandes problemas que temos até hoje.

Logo ao tomar posse no segundo mandato, Fernando Henrique trocou o presidente do Banco Central, Gustavo Franco, por Francisco Lopes. O país entrou em uma crise cambial e terminou com o sistema de bandas cambiais. Foi feita uma enorme desvalorização da moeda, surgindo denúncias que geraram os famosos escândalos dos bancos Marka e Fonte Cindam – que iriam quebrar com essa desvalorização, mas foram salvos por interferência de Francisco Lopes. Ele acabou caindo por causa do episódio, e um terceiro presidente assumiu o Banco Central: Armínio Fraga.

A operação de socorro desses bancos teria provocado perdas de 1,5 bilhão de reais ao Banco Central, em valores da época. Esses recursos nunca foram reavidos.

Em seguida ao escândalo que teria envolvido suposto pagamento de propinas a Francisco Lopes, foi promovida uma nova política cambial, com câmbio livre. O mercado se estabilizou em patamar mais alto. Chegava ao fim a política de manutenção de um câmbio artificial, que consumiu bilhões de dólares de reservas do país, além de ter aumentado exponencialmente a nossa dívida interna, para sustentar esse modelo.

A 51ª legislatura do Congresso Nacional, eleita com Fernando Henrique Cardoso, tomou posse em 1º de fevereiro de 1999, para o período até 31 de janeiro de 2003. Em 2 de fevereiro foram reeleitos Michel Temer e Antônio Carlos Magalhães, respectivamente, como presidentes da Câmara dos Deputados e do Senado Federal. Nesse momento se obteve uma interpretação no STF de que eles poderiam ser reeleitos, por ser em uma legislatura diferente – a reeleição de presidentes da Câmara e do Senado é vedada pela Constituição.

Em 18 de março de 1999, o Congresso Nacional promulgou a emenda constitucional número 21, prorrogando a CPMF por mais três anos, constitucionalizando a lei e mostrando que a base do governo estava bem forte e dava os mecanismos necessários à governabilidade.

A CPMF agora financiaria não somente a saúde, mas a Previdência Social e o Fundo de Combate e Erradicação da Pobreza. Depois de idas e vindas, a alíquota da contribuição passou a ser de 0,38%, chegando a ser reduzida a 0,30% em 17 de junho de 2000. Mais tarde foi restabelecida a alíquota de 0,38%, a partir de 19 de março de 2001.

Após o escândalo dos bancos Marka e Fonte Cindam, foi instalada uma CPMI no Congresso Nacional para investigar o ocorrido, que acabou gerando a prisão e condenação do então banqueiro Salvatore Cacciola, libertado depois e beneficiado por um indulto.

Ainda sob a repercussão do episódio, em 25 de maio de 1999, a *Folha de S. Paulo* trouxe mais detalhes do caso dos grampos do BNDES, com reprodução de um vasto material, muito mais completo do que o divulgado anteriormente e que mostrava a atuação direta do próprio Fernando Henrique Cardoso na tentativa de favorecer um grupo privado na privatização das teles.

Somente o PT apresentou, nos meses iniciais do segundo mandato de Fernando Henrique Cardoso, quatro pedidos de impeachment, sendo um deles sobre os grampos do BNDES, de autoria do então deputado José Genoino. O primeiro pedido havia sido apresentado em 29 de abril de 1999, pelo então deputado Milton Temer. Ele requeria o impeachment em função do programa de reestruturação dos bancos, o Proer.

Então presidente da Câmara, Michel Temer rejeitou todos eles. Houve recurso ao plenário. Michel Temer levou então a plenário para deliberar o recurso do primeiro pedido do então deputado Milton Temer.

O plenário apreciou o recurso em 18 de maio de 1999. Foi rejeitado. Ou seja, foi mantida a decisão do presidente da Câmara, por 342 votos a 100. Isso foi uma semana antes de estourar a denúncia da *Folha* sobre os grampos do BNDES.

Em setembro de 1999, o índice de aprovação de Fernando Henrique Cardoso era de apenas 13%, chegando ao mais baixo nível desde a sua posse. Ficava claro o erro da reeleição. Para se reeleger, a crise econômica foi escondida e, em seguida, os escândalos apareceram com muita força, desgastando a imagem do governo.

É importante esclarecer pontos do livro de Fernando Henrique *Diários da Presidência*, em que ele faz duas referências a mim, de forma equivocada, e em uma delas descreve uma acusação infundada.

Na primeira referência, o tucano afirma que eu estava querendo ocupar cargo na Petrobras no seu governo – fato equivocado. Eu jamais fiz pleito para qualquer cargo em seu governo.

O único caso que pode ser semelhante refere-se a quando o ex-ministro Francisco Dornelles assumiu o cargo de ministro da Indústria e Comércio do governo de FHC e quis me levar para trabalhar com ele em alguma função. Ele chegou a me sondar, mas meu nome teria sido vetado, segundo ele, por Eduardo Jorge Caldas

Pereira, então secretário-geral da Presidência, por constar no levantamento dos meus antecedentes uma denúncia do MPF do Rio de Janeiro, de 1996.

Ocorre que depois, em 1997, a denúncia foi considerada inepta e eu fui inocentado naquela ação, não tendo sido nem instaurada a ação penal. Após ter me livrado da acusação, já não tive interesse em atender ao gentil convite de Dornelles, pois estava me preparando para a campanha eleitoral de 1998.

Na segunda referência – essa, sim, de maior gravidade, pois se trata de acusação de prática de ilícito –, de maneira irresponsável Fernando Henrique se baseia no "ouvir dizer" do empreiteiro Sergio Andrade, da Andrade Gutierrez, delator da Lava Jato. A acusação era de que eu teria sido o responsável pelos grampos do BNDES, que justamente mostraram interferência do então presidente no processo de privatização das teles.

Sergio Andrade era justamente o empresário beneficiário dessa privatização. Fernando Henrique não queria que ele tivesse ganhado, preferindo o outro grupo, do banqueiro Daniel Dantas. Depois, Dantas acabou se associando ao grupo de Sergio Andrade, na Telemar, hoje Oi, com ajuda do próprio governo de FHC.

O inquérito policial sobre o tema mostrou que o grampo foi feito dentro do BNDES, e não na extinta Telerj, como falou Fernando Henrique. Mesmo que tivesse sido na Telerj, o fato de eu ter sido presidente do órgão de 1991 a 1993 não significava que tinha acesso à empresa e fazia grampos por meio dela cinco anos depois.

A acusação de quem quer que seja não tem a menor lógica, até porque eu não tinha nenhum interesse no assunto. Eu não trabalhava mais no setor de telecomunicações nem estava envolvido na privatização das teles.

Além disso, mais do que tentar culpar alguém pela autoria do grampo, FHC deveria explicar, de forma clara para a sociedade, por que razão e atendendo a qual interesse ele interferiu, como presidente da República, no processo de privatização das teles.

É impressionante que a gente constate que Fernando Henrique Cardoso tinha íntimas relações com as empreiteiras denunciadas na Lava Jato. Isso só mostra que não havia tanta transparência nas agendas do presidente com o empresariado, que buscava e necessitava de ajuda dos governos e, ao que parece, tinha as portas abertas para obter essa ajuda em seu governo.

As empreiteiras, após o escândalo dos Anões do Orçamento, mudaram bastante sua forma de atuar. Passaram a buscar investimentos em infraestrutura, com financiamento oficial, em vez de simples obras públicas. Elas também se direcionaram para outros grandes investimentos do setor elétrico e de petróleo, que acabou virando, lá na frente, o braço da Lava Jato.

As eleições municipais de 2000 trouxeram uma fragorosa derrota para Fernando Henrique Cardoso, que assistiu ao PSDB vencer em apenas quatro capitais menores: Cuiabá, Boa Vista, Teresina e Vitória. Ao mesmo tempo, o PT elegeu prefeitos em seis capitais, incluindo São Paulo, com Marta Suplicy.

O candidato tucano em São Paulo, Geraldo Alckmin, não conseguiu nem ir para o segundo turno.

Depois dos escândalos e da crise econômica e cambial, Fernando Henrique se deparou com os apagões, quando precisou racionar a disponibilidade de energia e aumentar as tarifas de forma acentuada no horário de pico.

A principal motivação da crise era o modelo de gestão. Faltou planejamento na administração do sistema elétrico. O consumo havia aumentado e não tínhamos o sistema nacional, com linhas de transmissão, que permite transferir a energia gerada em uma região para outra, onde estivesse faltando.

As razões desse apagão foram várias, sendo que houve queda no nível das chuvas de forma acentuada, esvaziando reservatórios. Também houve ausência de investimentos em geração e transmissão de energia durante o período do mandato de Fernando Henrique. Ele tinha por objetivo privatizar o sistema elétrico nacional, por isso não investiu. Ao fim, não conseguiu privatizar e ficou com a crise.

Para administrar a questão, foi feito um racionamento de 20% do consumo de cada cidadão e um sobrepreço das tarifas para consumos mais elevados, além de acionamento e contratação de usinas termoelétricas, que poluem mais e são mais onerosas.

O Tribunal de Contas da União calculou o prejuízo decorrente do apagão, que teria atingido, em valores da época, 52,4 bilhões de reais. Esse prejuízo não teve nenhuma consequência e ninguém foi responsabilizado. O montante jamais foi reposto aos cofres públicos. O prejuízo era decorrente de má gestão e erro de planejamento – logo, seria difícil apontar os responsáveis, salvo a responsabilidade política, que ficou na conta de Fernando Henrique Cardoso.

O presidente passou o resto do seu mandato sofrendo pelo apagão, criado por sua própria gestão. Isso deixava praticamente nula a sua chance de eleger um sucessor, devido à sua impopularidade naquele momento, além da crise econômica.

Em 14 de fevereiro de 2001, foram eleitos respectivamente presidentes da Câmara dos Deputados e do Senado Federal Aécio Neves e Jader Barbalho, sendo nesse caso uma eleição conflituosa. Aécio tinha derrotado Inocêncio de Oliveira, do PFL, em disputa acirrada. E Jader Barbalho, do PMDB, havia sido eleito em guerra com Antônio Carlos Magalhães, o ACM, do PFL, provocando um racha na base congressual de Fernando Henrique.

Desde o início do governo existia uma clara divisão de poder, em que o PSDB tinha o comando do Executivo, e os dois principais aliados legislativos, PMDB e PFL, donos das maiores bancadas, se alternavam no comando das casas. A disputa e eleição de Aécio Neves na Câmara rompeu esse acordo de divisão.

Já no Senado, ACM e Jader vinham em embates desde o ano 2000. E era intenção de ACM evitar a eleição de Jader. Ele apoiou outro nome, o do senador Arlindo Porto, mas foi derrotado por Jader, que teve o apoio do PSDB e de Fernando Henrique. Dentro do PSDB, houve algumas dissidências, como Tasso Jereissati, que ficou ao lado de ACM. Esse resultado da eleição das mesas acabou debilitando as relações entre Fernando Henrique e ACM.

Esse racha levou à continuidade dos atritos, de natureza pessoal, entre Antônio Carlos Magalhães e Jader Barbalho. Ambos perderam. Antônio Carlos, em maio de 2001, foi obrigado a renunciar ao mandato de senador para não ser cassado, após a divulgação de violação do painel do Senado no processo de cassação do ex-senador Luiz Estevão.

Jader Barbalho renunciou logo depois, em outubro, devido a escândalos que também iriam levar à sua cassação, saindo da presidência do Senado e do mandato de senador. Ele acabou inclusive sendo preso depois, mas solto em seguida. Ao fim, acabaram os dois morrendo abraçados, mas acabariam ressuscitando mais tarde.

Fernando Henrique se enfraqueceu com esse racha, tanto na Câmara quanto no Senado. Tornava-se cada vez mais difícil repetir a coligação na sua sucessão. Ainda assim, conseguiu manter a base para governar – base essa que impediu as investigações dos escândalos do seu governo, além de ter evitado qualquer possibilidade de impeachment.

Assumi como deputado estadual pelo atual PP em 8 de março de 2001, após as eleições municipais de 2000, quando dois titulares de mandato na minha chapa se elegeram em prefeituras.

Nesse mesmo momento, Evandro Carlos de Andrade, então diretor de jornalismo da Globo, demitiu minha mulher, Cláudia Cruz, apresentadora de telejornais da emissora, em função dos meus atritos políticos e sua vinculação comigo – que, segundo ele, prejudicavam a emissora.

Estava à época aliado ao então governador do Rio de Janeiro, Anthony Garotinho, de quem a Globo tinha verdadeiro pavor, fazendo-lhe forte oposição. Minha mulher apresentava, naquele momento, os telejornais do Rio de Janeiro, o que incomodava Evandro, que via nisso um constrangimento.

Demitida, ela ingressou com uma ação trabalhista contra a Globo, reivindicando os seus direitos, já que a emissora obrigava à época que todos os profissionais trabalhassem sob o regime de pessoas jurídicas, as chamadas PJs. O objetivo era diminuir o pagamento de impostos e contribuições, entre elas a contribuição da Previdência.

Cláudia venceu a ação na Justiça e, depois de transitada em julgado, executou a dívida e recebeu uma indenização milionária, que é a origem do patrimônio dela. Isso depois viria a ser contestado absurdamente, como parte do meu patrimônio, objeto de discussão judicial nos dias de hoje, decorrentes de ação de improbidade administrativa da Operação Lava Jato. Cláudia nunca foi agente pública e nada do seu patrimônio tem outra origem que não seja a Globo.

A emissora sofreu um revés, não só financeiro, mas de contestação de seu modelo de contratação de profissionais. Ela atuou junto aos governos e no

Congresso para alterar a legislação, tendo êxito. Atualmente mudou a forma de contratar sua mão de obra, registrando-os como funcionários da emissora.

A Globo viu o risco da proliferação de ações desse tipo se multiplicarem, já que o caso da Cláudia foi o único a ter trânsito em julgado de uma decisão condenatória. Os demais casos semelhantes anteriores foram objeto de acordo – que minha mulher optou por não fazer.

Estou relatando isso porque esse fato teve influência no comportamento das Organizações Globo para comigo. A partir dessa ação e seu julgamento, a emissora passou a me tratar como verdadeiro inimigo. Isso em muito contribuiu para o desfecho da minha situação, apesar de eu ter feito movimentos para atenuar esse atrito em vários momentos.

O *doutor* Roberto Marinho ainda estava vivo nesse período – ele morreu em 2003 –, mas não tinha poder decisório. Jorge Serpa perderia a influência totalmente, pois os filhos do *doutor* Roberto não o aceitavam como interlocutor político do grupo. Eles praticamente passaram a descartar todos aqueles que tiveram relações com as organizações por meio de Serpa, que era o meu caso.

Em 18 de junho de 2002, foi promulgada a emenda constitucional de número 37, que prorrogava a CPMF até 31 de dezembro de 2004. Foi mantida a mesma alíquota de 0,38% somente até 31 de dezembro de 2003, com redução no ano de 2004 para 0,08%, mostrando que a base de Fernando Henrique ainda correspondia. Mesmo assim, já estava mais difícil a aprovação de matérias sensíveis.

As eleições se aproximavam e o desgaste de FHC tornava Lula favorito novamente para se eleger. Fernando Henrique tentou lançar à sucessão o então ministro da Fazenda, Pedro Malan. Diante da negativa deste, o presidente se viu praticamente sem opção. Acabou apoiando a candidatura de José Serra, mas dessa vez sem o condomínio que o elegeu, perdendo o PFL e o PTB.

O senador Tasso Jereissati tentou viabilizar sua candidatura e tinha o aval da Globo à época. Ele poderia ter tido o apoio do PFL, já que havia ficado ao lado de ACM na briga com Jader – mas Fernando Henrique não aceitava, pois Tasso tinha sido muito crítico ao governo em alguns momentos.

Além disso, a outra candidatura que poderia ter-se viabilizado dentro do PSDB seria a do então governador de São Paulo, Mário Covas. Infelizmente, sua condição de saúde o levou a morrer, ficando o caminho livre para José Serra. Havia um domínio da ala paulista no partido.

O PFL ensaiou a candidatura de Roseana Sarney, que chegou a crescer nas pesquisas, mas desistiu depois de uma operação policial feita na empresa do seu marido – ali foram fotografados recursos em espécie. Essa imagem foi devastadora para sua campanha.

Em ascensão nas pesquisas, Roseana culpou Fernando Henrique e José Serra pela operação policial, que teria objetivos políticos. Isso fez com que a família Sarney passasse a apoiar Lula – com o PFL ficando fora de qualquer coligação na eleição de 2002.

O PTB decidiu apoiar a segunda candidatura de Ciro Gomes à Presidência da República, restando ao PSDB apenas a coligação com o PMDB – que compôs a chapa com a então deputada Rita Camata como candidata a vice. Foi uma escolha de José Serra e não do partido, já que a relação entre ambos era muito próxima.

Lula saiu novamente candidato. Fez uma aliança com o PL e colocou o então senador José Alencar, empresário, como candidato a vice, sinalizando sua opção, indicando que não haveria radicalização em seu governo.

Ciro Gomes chegou a crescer em alguns momentos da campanha, depois da queda de Roseana Sarney. Sua esposa na época, a atriz Patrícia Pillar, protagonizou programas eleitorais partidários, antes do início do horário eleitoral, e contribuiu para alavancar a candidatura dele. Logo depois, contudo, Ciro caiu em função de declarações desastradas, voltando a seu patamar normal da campanha de 1998 – na qual, ao fim, chegou em quarto lugar no primeiro turno.

O então governador do Rio de Janeiro, Anthony Garotinho, saiu candidato pelo PSB, depois de não ter aceitado disputar como vice de Lula. Fez uma campanha com pouco tempo de TV e se aproveitou da rejeição à candidatura de Serra, catalisando apoios de várias lideranças descontentes, além dos evangélicos. Terminou em terceiro lugar.

Lula, antes da eleição em primeiro turno, lançou a Carta aos Brasileiros, no mesmo estilo do discurso do choque de capitalismo de Covas na eleição de 1989. Com isso, esperava diminuir sua rejeição, principalmente entre a classe média.

No documento, Lula elencou diretrizes e compromissos, como o de respeito aos contratos. Com isso deu um passo enorme para avançar em parte do eleitorado que apoiara Fernando Henrique Cardoso por medo de um governo do PT – como a classe média já traumatizada pelos bloqueios de ativos do Plano Collor.

A cotação do dólar subiu bastante no período eleitoral, chegando aos maiores níveis até aquela época, pelas incertezas que ainda pairavam no ar. Entretanto, assim que Lula foi eleito e se conheceu o que iria fazer, o dólar recuou ao mesmo nível anterior à eleição.

A Globo apoiou Serra, mas já não com o mesmo ímpeto. Após a Carta aos Brasileiros de Lula, havia alternativa de governo que não violasse as regras existentes – isso deixou a emissora numa posição mais discreta. A partir dessa eleição, a emissora passou a tentar se mostrar mais isenta no período eleitoral, dedicando cobertura igual a todos os candidatos.

Claro que sempre valeria a máxima: pode-se ganhar a eleição sem a Globo, mas governar sem ela é quase impossível, sem pagar um alto preço de desgaste político. Além disso, como Fernando Henrique estava mal, seria difícil que ele fizesse o sucessor.

Pairavam dúvidas até sobre se Fernando Henrique queria mesmo ver Serra eleito – afinal, se este vencesse e ficasse oito anos no poder, acabaria com a carreira do pai do Plano Real. Por outro lado, Fernando Henrique poderia apostar que Lula venceria, meteria os pés pelas mãos e deixaria pavimentada a possibilidade de ele, FHC, retornar ao poder em 2006, com relativa facilidade e pose de salvador da pátria.

Se foi mesmo essa a avaliação, a história mostra que o ex-presidente errou feio. Sua herança de governo acabou considerada e alardeada como maldita durante os dois mandatos de Lula. Nenhum dos candidatos do PSDB à Presidência em todas as eleições seguintes ousou defender seu governo, com receio de perder os votos.

Em 6 de outubro de 2002 ocorreu o primeiro turno das eleições para presidente e governadores, além do Congresso Nacional. Lula quase encerrou a disputa ali, abocanhando 46,44% dos votos, naquela que seria a 27ª eleição presidencial. José Serra ficou em segundo lugar. Eles disputariam o segundo turno em 27 de outubro. Lula, com apoio de Garotinho e de Ciro Gomes, venceu com ampla maioria – 61,27% dos votos.

A 52ª legislatura do Congresso Nacional foi eleita para o período de 1º de fevereiro de 2003 até 31 de janeiro de 2007. Eu me elegi deputado federal pelo atual PP, com uma votação expressiva de 101.495 votos.

A vitória de Lula, na sua quarta tentativa de concorrer, mostrou a resistência do seu nome a todo esse período. Vitória que poderia ter acontecido antes, caso Lula e o PT não tivessem preferido o impeachment de Fernando Collor, que levou a que Fernando Henrique não só se elegesse como aprovasse a emenda constitucional da reeleição.

Nesse período, o PT foi diminuído. Mas acabou se revigorando no segundo mandato de FHC, pelos seus escândalos, pela crise econômica e cambial, além do apagão de energia, que tornaram o seu modelo de gestão superado e deixaram enorme seu desgaste.

Apesar da grande vitória de Lula, o PT elegeu apenas três governadores, 10 senadores e 91 deputados, ficando longe de obter a maioria no Congresso. Considerando os eleitos pelos seus aliados, seriam apenas mais 3 senadores e 38 deputados, o que já ilustrava as dificuldades que Lula teria para governar.

Fernando Henrique entregou para Lula um montante de reservas de cerca de 37 bilhões de dólares. Mas deixou também a dívida com o FMI, de mais de 40 bilhões de dólares, contraída em 1998 e que ainda não havia sido paga. Ou seja, as reservas praticamente só existiam devido a esse empréstimo.

Se não tivesse instituído a reeleição, FHC teria encerrado o seu mandato no auge e provavelmente voltaria à Presidência da República. Sua biografia seria muito mais bem escrita em seu favor. A lição que fica é que a ambição do exercício do poder acaba cegando os seus ocupantes e projetos políticos pessoais se sobrepõem aos interesses do país. Isso sem contar o custo econômico e político dessas opções.

A reeleição foi o maior erro do período pós-ditadura e jogou fora toda a estabilidade obtida por Fernando Henrique em seu primeiro mandato.

Por ter essa visão, quando estava na presidência da Câmara, em 2015, aprovei uma proposta de emenda constitucional com o fim da reeleição para os ocupantes dos cargos no Executivo, ressalvando a garantia para a disputa daqueles que tivessem ainda o direito à reeleição. Ou seja, a proposta só valeria para aqueles que fossem eleitos para o mandato seguinte. A proposta foi aprovada por ampla maioria em dois turnos, inclusive com vedação de reeleição de presidentes da Câmara dos Deputados e do Senado Federal – com apoio do PT e do PSDB, este talvez por arrependimento.

Infelizmente a proposta, enviada ao Senado Federal, foi engavetada por Renan Calheiros, talvez por ter receio de que afetasse a reeleição de seu filho ao governo de Alagoas ou dele próprio à presidência do Senado.

Perdemos uma oportunidade de terminar esse ciclo tão nefasto da política brasileira.

As dificuldades de Lula para governar, o Mensalão, a ameaça de impeachment e a reeleição

Quando tomou posse, Lula montou um ministério que trazia Ciro Gomes, um representante de Anthony Garotinho – que não quis ser ministro –, além de muitos petistas. De cara, ele não parecia se preocupar em fazer um governo de coalizão para ter maioria no Congresso Nacional.

Muitas lideranças haviam apoiado Lula na eleição, entre elas Sarney e ACM. Lula, contudo, apesar da possibilidade, optou por não ter uma base em maioria – inclusive com o PMDB – representada no governo. Ao contrário, buscou apoio de partidos menores e passou a negociar no varejo para a sua sustentação.

Em sinalização clara de que não pretendia mudar os rumos do Plano Real, o presidente colocou na presidência do Banco Central o ex-banqueiro Henrique Meirelles – que havia sido eleito deputado federal pelo PSDB em Goiás e acabou precisando renunciar ao mandato no Legislativo para assumir o Banco Central.

Para ministro da Fazenda, o petista nomeou o médico Antonio Palocci, ex-prefeito de Ribeirão Preto. Ambos, Meirelles e Palocci, fizeram uma dobradinha comprometida em seguir à risca a cartilha do Plano Real, conduzindo com firmeza a manutenção da estabilidade e a recuperação da economia.

Em 1º de fevereiro de 2003, tomou posse o novo Congresso Nacional. No dia seguinte, foram eleitos presidentes da Câmara dos Deputados e do Senado Federal, respectivamente, João Paulo Cunha e José Sarney, com apoio de Lula.

Depois de ajustes realizados no primeiro ano de mandato, houve o início da retomada do crescimento. Nos dois governos Lula, a média anual foi superior a 4% ao ano – quase o dobro da média da era Fernando Henrique.

A taxa de desemprego também começou a cair. No fim de 2003, era de 10,9% da população economicamente ativa. E esses números seguiriam melhorando: 8,6% em 2006 e, ao fim do período Lula, 5,3%, o menor índice da série histórica.

Logo no início do seu governo, Lula submeteu ao Congresso projetos ousados de reformas: Previdência Social, reforma tributária com a prorrogação da CPMF, reforma do Judiciário... Apesar de não ter a maioria formal constituída no Legislativo, conseguiu a aprovação da maior parte dos pontos propostos.

O governo federal iniciou o programa Fome Zero, que depois se transformaria no Bolsa Família, por meio da Lei nº 10.836, de 9 de janeiro de 2004 – importante programa social que dura até hoje. Foi o que permitiu sua consolidação popular nas classes mais baixas, principalmente no Nordeste – em municípios do interior, muitos passaram a sobreviver graças a esse auxílio financeiro do Estado.

Desde o início do governo Lula, os preços das *commodities* subiram no mundo. Com isso, o país se beneficiou, aumentando as exportações e gerando saldos superavitários históricos na balança comercial. Esse contexto fez crescer as reservas, que atingiram nível recorde na era Lula, dando segurança para a política econômica.

O petista conseguiu aprovar a prorrogação da CPMF, na alíquota de 0,38%, até 31 de dezembro de 2007. Mas, pela regra vigente, herdada do governo FHC, ela só perderia validade em 31 de dezembro de 2004 – sendo que, nesse último ano, a alíquota seria de 0,08%. Lula demonstrou força política – e ao mesmo tempo expôs contradição com o histórico discurso do PT, contrário ao tributo – e conseguiu restabelecer a mesma alíquota para 2004, mantendo a arrecadação.

De minha parte, estava no primeiro mandato como deputado federal e fazia oposição ao governo Lula. Em setembro de 2003, me filiei ao PMDB, juntamente com o ex-governador Anthony Garotinho e outros deputados que, oriundos de outras legendas, eram do grupo político dele.

Atendendo a pedido do governo, em negociação com a então governadora do Rio de Janeiro, Rosinha Garotinho, apoiei, juntamente com os outros parlamentares, as votações relevantes da prorrogação da CPMF e outras como a reforma da Previdência. Foi firmado, então, um compromisso de Lula de antecipar o vencimento de títulos públicos que estavam no Rioprevidência, fundo de previdência do estado do Rio de Janeiro. O montante era de 1,5 bilhão de reais.

Lula conseguiu aprovar a reforma, que atingiu o setor público. Isso mostrou que, naquele momento, o governo estava seguindo à risca a cartilha para manter a estabilidade da economia. O mercado reagia positivamente. Lula foi ganhando a confiança de quem não havia votado nele, demonstrando também que, mesmo sem uma base majoritária definida no Congresso Nacional, era capaz de obter vitórias importantes – mais tarde, o escândalo do chamado Mensalão mostraria parte das razões.

Ao fim do primeiro ano da gestão, o governo não cumpriu totalmente o combinado com o governo do Rio. Foi liberado somente 1 bilhão de reais, ou seja, 500 milhões a menos do que o combinado. Isso precipitou uma revolta de Garotinho e dos deputados que o apoiavam. Eles passaram a cobrar a falta de cumprimento de promessas.

No início de 2004, Lula promoveu uma reforma ministerial, colocando o PMDB no governo. O deputado Eunício Oliveira e o senador Amir Lando foram nomeados, respectivamente, ministros das Comunicações e da Previdência. Ao então deputado Aldo Rebelo coube o papel da articulação política, antes incumbência da Casa Civil. Na reforma ministerial, a pasta que cabia a Anthony

Garotinho, pelo apoio no segundo turno da eleição de 2002, foi dada ao então deputado Eduardo Campos.

Nessa época, estourou o primeiro escândalo do governo Lula: o dos bingos. Um contraventor, Carlinhos Cachoeira, havia gravado um alto funcionário da Casa Civil, Waldomiro Diniz, responsável por parte da articulação política do governo, negociando propinas enquanto trabalhava no governo do Rio de Janeiro – na Loterj, as loterias do estado. A destinação seria para campanhas políticas do PT, associando a atividade dos bingos a propinas.

Embora tenha assumido uma dimensão grande, o caso não respingou muito em Lula, mas acabou gerando uma CPMI dos bingos. Na realidade, não se tratava de ato do governo Lula, mas sim do funcionário em outro local, em outro momento. Com isso, era difícil colar a crise no governo federal, embora a utilização declarada das propinas fosse para campanhas do PT.

Lula se contrapôs editando uma medida provisória que proibiu a atividade de bingos no país. Era um recado: ele sinalizava que não tinha nenhum interesse nessa atividade, que estava na época muito forte – e que acabou da noite para o dia.

Nas eleições municipais de 2004, o PT foi o partido mais votado em primeiro e segundo turnos. Venceu em nove capitais, tendo mais que dobrado o número de prefeituras. Ainda assim, amargou derrotas importantes, como a prefeitura de São Paulo – onde Marta Suplicy perdeu a eleição para o tucano José Serra, justamente o candidato derrotado por Lula em 2002. Além disso, perdeu em outras três capitais que administrava: Porto Alegre, Belém e Goiânia.

O deputado Miro Teixeira, que foi o primeiro ministro das Comunicações do governo Lula, foi citado no *Jornal do Brasil* de 24 de setembro de 2004 como denunciante de que haveria pagamentos a deputados para votarem com o governo. Era a antevisão do escândalo que viria.

Passei todo o ano de 2004 cobrando o cumprimento do acordo com o Rio de Janeiro. Ao fim, obstruí a votação do orçamento, adiei a votação e o governo precisou ceder, fazendo um acordo comigo para liberar os recursos que faltavam, ainda no início do ano de 2005. Isso foi negociado por meio de Palocci.

O então presidente da Câmara, João Paulo Cunha, colocou para votar uma proposta de emenda constitucional que permitiria a reeleição na mesma legislatura dos presidentes da Câmara e do Senado. A previsão constitucional vedava a reeleição no período subsequente. Depois, por decisão do STF, em 1999, a legislatura seguinte deixou de ser considerada período subsequente – ou seja, o ocupante do cargo pode se reeleger, desde que seja em outro mandato, e não no mesmo.

Uma legislatura é composta dos quatro anos de mandato de um período. O mandato da Presidência, tanto da Câmara quanto do Senado, é de dois anos. O objetivo, e até mesmo a decisão do STF, era de que em cada legislatura deveria haver dois presidentes alternados em cada casa do Congresso Nacional.

Embora não houvesse uma orientação clara, o governo estava por trás daquela emenda constitucional. Reeleger João Paulo Cunha e José Sarney seria um movimento favorável ao governo – mas contrariava os eventuais candidatos à sucessão deles.

Nesse momento, Renan Calheiros era o líder do PMDB no Senado e virtual candidato à sucessão de Sarney. Coube a ele o movimento que evitou a aprovação na Câmara dessa emenda, quando pediu e obteve apoio de Garotinho para votar contra. Isso significava 14 votos. Na votação, a emenda obteve 303 votos, cinco a menos do que o necessário para sua aprovação.

Garotinho agiu assim porque era um momento em que ele via com reservas a ala governista, devido ao não cumprimento do acordo com o governo fluminense. Além disso, ele vislumbrava uma possível aliança com Renan, em seu intuito de ser candidato à Presidência da República pelo PMDB.

Esse apoio jamais viria. Além do que, Garotinho não conhecia Renan – ou saberia que Sarney era muito mais confiável para se fazer um acordo, dado o histórico.

Começou o ano de 2005 e, com Palocci em férias, o governo federal estabeleceu como exigência para liberar os recursos acertados para o governo do Rio de Janeiro que se repassasse um quarto desse valor para a prefeitura de Nova Iguaçu – onde o PT tinha vencido as eleições. Ainda exigiu que o governo do Rio pagasse uma dívida da Cedae (Companhia de Águas e Esgotos do Rio de Janeiro) ao Banco do Brasil – havia decisão judicial favorável à Cedae, em contestação do montante da dívida, a qual vinha sendo paga por meio de depósito judicial, no valor considerado como devido na Justiça.

Obviamente, a então governadora, Rosinha, não aceitou a tentativa de mudar o combinado. Preferimos não receber nada, continuando a tensão com o governo, o que acabaria custando caro a Lula.

No dia 20 de janeiro de 2005, feriado no Rio de Janeiro, Michel Temer, então presidente do PMDB, veio ao Rio juntamente com Eliseu Padilha e Moreira Franco. Em encontro agendado por mim, almoçamos com Garotinho, com o objetivo de discutir a situação política.

Ali decidimos partir para o enfrentamento com o governo. O primeiro passo seria a troca do líder do PMDB, à época o então deputado José Borba. Nós escolhemos o deputado Saraiva Felipe, de Minas Gerais, para que pudéssemos ter um bloco forte e conseguir vencer.

Pelo regimento da Câmara, basta uma lista assinada pela metade mais um dos deputados da bancada para que algum parlamentar seja reconhecido como líder – eventuais disputas por eleições dentro da bancada precisam depois ser oficializadas em tal lista para terem validade.

Para que conseguíssemos número, Garotinho filiou quatro deputados ao PMDB. Com isso, foi formulada a lista e Saraiva Felipe se tornou líder – por breve período, até que José Borba, em seguida, retomasse a liderança em outra lista com apoio forte do governo.

Com Garotinho tentando trazer mais deputados para o PMDB, acabou sendo marcada uma eleição para a liderança. As filiações novas feitas por Garotinho foram canceladas pelo presidente da Câmara à época, a quem cabe reconhecer e estabelecer a bancada de cada partido a cada momento.

Foi marcada eleição para a liderança em 24 de fevereiro de 2005. Saraiva Felipe venceu. Em seguida, José Borba articulou nova lista e retornou à liderança, mesmo tendo sido aprovado no regimento da bancada que não valeriam mais listas para liderança, mas sim eleições secretas, desrespeitadas pela nova lista.

De acordo com o regimento da Câmara, não existe outra forma de reconhecer a liderança que não seja por meio de uma lista com a maioria dos deputados da bancada. De nada adiantava prever no partido uma eleição se o regimento da Câmara não mudasse.

Sem as filiações de Garotinho, com nova lista e debaixo de fortes críticas públicas a Renan Calheiros, José Borba conseguiu retornar à liderança do partido, com forte apoio do governo e de Renan Calheiros. Garotinho, nesse momento, conheceu a gratidão de Renan – que evitou a aprovação da emenda de reeleição das mesas das casas.

Garotinho e Michel Temer não desistiram da tentativa de troca, até que Renan Calheiros e o governo, vendo que poderiam ser derrotados, articularam e acabaram nomeando Saraiva Felipe como ministro da Saúde – com isso, desmontando naquele momento o movimento.

No dia 2 de fevereiro de 2005, Renan Calheiros foi eleito presidente do Senado Federal. Em 14 de fevereiro de 2005, Severino Cavalcanti se tornou presidente da Câmara, em uma disputa acirrada contra o governo.

Houve, na ocasião, uma disputa interna no PT – da qual acabaram se lançando dois candidatos, os então deputados Virgílio Guimarães e Luiz Eduardo Greenhalgh. Na disputa com Cavalcanti, Greenhalgh foi para o segundo turno, mas perdeu fragorosamente.

Eu votei em Virgílio Guimarães, que só não foi para o segundo turno devido à estratégia errada do governo, que colocou deputados para votarem em Severino Cavalcanti a fim de tirar Guimarães do segundo turno. O que de fato ocorreu – e por uma diferença pequena.

O governo quis o meu apoio e do grupo de Garotinho para a eleição de Greenhalgh. Coloquei minha condição: que o governo cumprisse o compromisso da liberação de recursos. Greenhalgh não teve força para conseguir isso e, portanto, ficamos com Virgílio Guimarães.

Nessa eleição aconteceu um fenômeno em que um candidato teve menos votos no segundo turno do que no primeiro. Sim, foi o caso de Greenhalgh.

Lula trocou o ministro da Previdência. Saiu o senador Amir Lando, do PMDB, para a entrada de Romero Jucá, também senador do PMDB.

Em 2005 estourou aquele que foi o maior escândalo do governo Lula, o caso conhecido como Mensalão. A divulgação foi causada por briga política, que levou grupos insatisfeitos a gravar em vídeo e áudio um funcionário de baixo escalão da Empresa de Correios e Telégrafos, Maurício Marinho, e repassar as fitas para publicação na *Veja*, na edição que foi às bancas em 14 de maio de 2005.

As gravações implicavam um funcionário que cobrava propinas, recebia do interlocutor uma parte da propina e ainda dizia que estaria a serviço do partido de Roberto Jefferson – insinuando que a propina era compartilhada com a legenda.

O PT ocupava a quase totalidade dos cargos públicos, e os partidos que votavam no Congresso acabaram sendo contemplados com uns poucos cargos e debaixo de muita disputa. A partir da reforma ministerial de 2004, Lula começava a dar uma forma política ao governo no primeiro escalão, mas ainda com a preponderância do PT, que ocupava quase todos os ministérios.

Roberto Jefferson, como deputado e presidente do PTB, era quem negociava pelo seu partido. Já contava com a direção dos Correios e estava para obter outros cargos no governo.

Uma das posições que estavam destinadas ao grupo de Roberto Jefferson era uma diretoria de Furnas, em que o indicado dele iria substituir um quadro do PSDB – nomeado ainda por Fernando Henrique Cardoso, mas mantido por Lula, atendendo a pedido de Aécio Neves, então governador de Minas Gerais.

A assembleia para a substituição estava marcada. Foi cancelada por causa da matéria publicada pela *Veja*. Ficou parecendo que quem fez essa gravação tinha justamente tal intenção.

Com a divulgação e repercussão do caso, Roberto Jefferson veio a público e denunciou o Mensalão, instrumento que consistia no repasse de dinheiro para pagamentos mensais a deputados de alguns partidos a fim de que votassem a favor do governo.

Segundo a denúncia de Roberto Jefferson, o dinheiro saía prioritariamente de uma agência de publicidade que operava algumas contas publicitárias do governo e tinha como principal operador do suposto esquema o publicitário Marcos Valério.

Não estamos aqui para detalhar o escândalo que por si só daria um livro, mas, assim como fizemos em outros casos, precisamos relatar dentro da linha do tempo os acontecimentos que tiveram repercussão no processo político e no impeachment de Dilma de maneira geral.

Era sabido que o governo Lula não tinha maioria consolidada, representada no governo. Mesmo assim, obteve grandes vitórias em votações importantes e sabia-se de disputas por cargos menores. Ocorre que, como também era de conhecimento, a quase totalidade dos cargos tinha sido distribuída aos diversos grupos do PT, inclusive os derrotados nas eleições de 2002. Isso não seria normal para um partido que detinha cerca de 18% da Câmara dos Deputados e não conseguiria, sozinho, vencer as votações.

Essa composição do governo começou a se reverter na reforma ministerial de 2004. Contudo, as principais votações de interesse do governo Lula se deram ainda em 2003, incluindo a da prorrogação da CPMF e a da reforma da Previdência.

Com as denúncias públicas de Roberto Jefferson, começava a coleta de assinaturas para a constituição de uma CPMI no Congresso para investigar os Correios. Eu assinei, assim como todos os deputados do grupo de Garotinho, esse pedido de abertura da investigação.

Dentro do regimento do Congresso, o requerimento de criação de CPMI precisa ser lido em sessão e, até a meia-noite do dia da apresentação, deputados e senadores podem retirar as assinaturas. Se após a retirada dessas assinaturas não persistir o número mínimo, o requerimento acaba arquivado.

O então deputado Sandro Mabel me procurou. Ele queria que eu e os deputados que estavam alinhados ao grupo de Garotinho retirássemos as assinaturas. Eu contra-argumentei: não ajudaria um governo sem palavra, que não cumpria acordo.

Levei o assunto a Garotinho, que, a princípio, queria a CPMI com o intuito de atacar o presidente Lula. A necessidade de recursos para o governo estadual, entretanto, o convenceu a mudar de ideia. Ele pediu apenas que só fossem retiradas as assinaturas quando o dinheiro acordado para o governo fluminense estivesse liberado. Garotinho deixou a meu critério a condução da negociação.

Sandro Mabel quis saber qual era o problema. Eu relatei o descumprimento do acordo, e ele, juntamente com o então ex-presidente da Câmara João Paulo Cunha, acertou o cumprimento do combinado com o governo. Eles me comunicaram o fato, pedindo que fosse conversar no Ministério da Fazenda, em encontro marcado por eles.

Avisei que somente a palavra daquele governo não valia mais para mim. Aceitaria conversar no Ministério da Fazenda, mas só mudaria a posição depois que os recursos fossem liberados – sem nenhuma outra exigência.

No dia da leitura do requerimento da CPMI no Congresso, em 25 de maio de 2005, Lula e Palocci estavam em viagem ao Japão. À época, o secretário executivo do Ministério, Bernard Appy, fazia a função de ministro em exercício da Fazenda. Ele me chamou para a tal reunião e, então, pedi que o então secretário estadual de Finanças do Rio de Janeiro, Henrique Belúcio, fosse urgentemente para Brasília. Queria que ele participasse do encontro. O governo do Rio precisou alugar um avião para que desse tempo.

O governo federal estava em ofensiva. Era preciso correr para conseguir retirar um grande número de assinaturas, que montavam a 85. O processo de retirada estava alcançando êxito, mas ainda dependia da minha decisão e de outros 13 deputados do grupo de Garotinho, que tinham assinado o requerimento.

A semana no Congresso havia se encerrado. Os parlamentares já estavam saindo de Brasília. Os outros 13 deputados do grupo de Garotinho me repassaram um requerimento de retirada das assinaturas, para que eu utilizasse se fosse necessário.

A reunião no Ministério da Fazenda foi marcada para acontecer por volta das 19 horas. Eu sabia que não daria tempo de eles resolverem, mas fui assim mesmo. Ouvi Bernard Appy me prometer que liberaria em 15 dias os recursos, mas que eu deveria retirar as assinaturas – o que não aceitei. Eu lhe disse que aquele governo não tinha palavra, que eu não confiava no governo e não iria retirar as assinaturas sem o assunto resolvido.

Bernard Appy me respondeu que ele pediria demissão se o governo não cumprisse. Respondi que ele era um bom profissional e eu não queria que o país perdesse um quadro técnico de sua estatura, além do que, de nada adiantaria ele pedir demissão. Eu só aceitaria retirar as assinaturas se ele liberasse naquela hora o montante total, assinando um termo de compromisso – o que ele não quis ou não pôde fazer, pela orientação do governo.

Saí do ministério e aproveitei a carona do avião fretado pelo governo do Rio. Deixei os requerimentos de retirada das assinaturas, assinados, com a minha chefe de gabinete, que poderia entregá-los ou não até a meia-noite, de acordo com minha orientação. Eu poderia fazer isso por telefone, não necessitando estar mais em Brasília.

Chegamos ao Rio de Janeiro antes das 23 horas, hora de fechamento do Aeroporto Santos Dumont. Assim que pousamos, recebi um telefonema do vice-presidente José Alencar, que estava no exercício da Presidência. Ele me fez um apelo desesperado para retirar as assinaturas. Disse-me que, a partir dali, seria ele o responsável por resolver a pendência.

Mais uma vez, disse que não acreditava no governo. E, para me ver livre da pressão, optei por dizer a ele que os requerimentos de retirada das assinaturas estavam em um cofre no meu gabinete – e que só eu poderia abri-lo, o que não seria possível, considerando que eu estava no Rio de Janeiro. Isso o fez cessar a pressão e terminar o diálogo. Se eu tentasse despistá-lo, dizendo que estava com as assinaturas no Rio de Janeiro, ele me pediria que enviasse por fax à secretaria do Congresso, o que eu não poderia fazer.

Comuniquei a minha decisão a Garotinho imediatamente. Ele concordou. A essa altura já se sabia que haveria a CPMI, pois logo em seguida, estando ainda no aeroporto, recebi uma ligação do deputado Rodrigo Maia, me perguntando se eu iria retirar as assinaturas. Respondi que não. Maia disse que então seria aberta a CPMI, pois o governo não teria conseguido o número necessário sem o meu apoio.

Vencido o prazo da meia-noite, foi comunicado que a CPMI ocorreria pelos meios de comunicação, sendo que, segundo as informações, o governo nem havia protocolado os requerimentos de retirada que tinha conseguido, dada a insuficiência de assinaturas para impedir a instalação da comissão. Teriam faltado nove assinaturas, número inferior às 14 que eu poderia ter retirado.

No governo do PT, não havia respeito ao compromisso e ao cumprimento da palavra. E isso foi fundamental para que o governo sofresse alguns reveses, como a criação dessa CPMI.

Instalada a CPMI, o governo conseguiu escolher a dedo, como presidente, o senador Delcídio do Amaral, do PT, e o então deputado Osmar Serraglio, do PMDB, como relator – tudo para tentar manter o controle da situação.

Logo em seguida, José Dirceu renunciou à chefia da Casa Civil. Dilma Rousseff assumiu o posto. Lula promoveu trocas de ministros, dando mais posições ao PMDB – que já contava com o Ministério da Saúde, sob o comando de Saraiva Felipe, fruto da composição de Renan Calheiros para controlar a liderança do PMDB na Câmara.

Além disso, o PMDB nomeou Silas Rondeau como substituto de Dilma no Ministério das Minas e Energia. Também foi trocado, por influência da legenda, o comando do Ministério das Comunicações – o senador Hélio Costa assumiu o lugar do deputado Eunício Oliveira. Com a saída do senador Romero Jucá, o PMDB passou a acumular o controle de três ministérios.

Foi também instalada outra CPMI para investigar a compra de votos, o que seria chamado de Mensalão. Mas a CPMI dos Correios acabou engolindo essa – e tratou não só da denúncia original como também do Mensalão, até entrando em muitas outras investigações, como a influência nos fundos de pensão.

No início dessa crise, com a divulgação dos fatos e a forte repercussão na mídia, começou a se falar de impeachment de Lula. Fernando Henrique Cardoso imaginava que, se o PT acabasse o mandato aos trancos e barrancos, ele teria a viabilidade de voltar a disputar a Presidência, mesmo com a lembrança ruim do seu período de governo.

FHC sabia da experiência do impeachment de Collor, quando o PT acabou, por fim, perdendo a chance de governar porque permitiu a recomposição das forças políticas que se juntaram e evitaram naquele momento a vitória da esquerda. Ele estava certo na sua lógica. E avaliava que seria realmente muito difícil para Lula se recuperar daquele escândalo, em condições de ser uma candidatura viável para a reeleição em 2006.

O então ministro da Fazenda Antonio Palocci e o então ministro da Justiça Márcio Thomaz Bastos estavam supostamente em diálogo com Fernando Henrique, e havia um compromisso tácito: não se aprovaria o impeachment, desde que Lula abrisse mão de disputar a reeleição.

Não se sabe se esse acordo foi realmente costurado. O certo é que Lula nunca assumiu esse compromisso e o PSDB nunca defendeu o impeachment – mesmo quando a CPMI teve uma confissão espontânea do marqueteiro da campanha de Lula, Duda Mendonça, de que tinha recebido parte dos seus serviços por meio de pagamento de caixa 2 no exterior. Aliás, essa mesma acusação seria feita na campanha de Dilma em 2014, nesse caso com o marqueteiro João Santana, que havia trabalhado com Duda Mendonça nessa eleição.

Duda Mendonça também faria uma delação sobre a campanha de 2014 que envolveria Paulo Skaf, candidato do PMDB ao governo de São Paulo, e a produtora da família do deputado Baleia Rossi. Eles teriam recebido recursos em caixa 2 oriundos da Odebrecht.

Fernando Henrique também sabia que Lula, mesmo em situação delicada, tinha mais força popular e ainda contava com uma base parlamentar em condições de resistir ao processo de impeachment.

Essa CPMI teve ainda uma curiosidade que depois me foi relatada por Eduardo Paes, à época deputado, membro ativo do PSDB na CPMI. Ele, junto com o então deputado ACM Neto, do DEM, recebia informações contra o governo para serem denunciadas, por meio do então deputado José Eduardo Cardozo. Tudo para que Cardozo, membro do PT na CPMI, pudesse defender o governo dos ataques deles, mostrando bem quem era leal ou não ao governo. Mostrava também o caráter – ou a falta dele – de José Eduardo Cardozo.

Nesse tempo, em setembro de 2005, estourou uma denúncia contra o então presidente da Câmara, Severino Cavalcanti. Referia-se à suposta propina que ele estaria recebendo de um concessionário de restaurantes da Câmara. Isso acabou precipitando sua renúncia ao cargo de presidente e ao mandato de deputado – para evitar um processo de cassação.

Com a renúncia, houve eleição extraordinária. Disputaram o então vice-presidente José Thomaz Nonô, do então PFL, hoje DEM, e o líder do governo na Câmara e ex-ministro da Articulação Política, Aldo Rebelo, do PC do B, além de outras candidaturas. Era uma disputa de vida e morte, pois, caso o governo perdesse, ficaria fragilizado e dependente da oposição em um eventual pedido de impeachment.

Então presidente do PMDB, Michel Temer lançou-se candidato. Ele teria um suposto apoio do então presidente do Senado, Renan Calheiros, apesar das disputas da liderança na legenda. Mas Temer acabou desistindo depois que Renan traiu o suposto entendimento e atuou de maneira forte para que Aldo Rebelo fosse eleito. Temer, vendo a situação, fez um duro discurso na Câmara e renunciou à candidatura.

A eleição foi para um segundo turno. Disputaram Aldo Rebelo e Thomaz Nonô. Aldo venceu por apenas 15 votos de diferença – o que na prática significava oito deputados de diferença, pois eram apenas dois candidatos. Se um deputado que votou em Aldo votasse em Nonô, seria um voto a menos para um e um voto a mais para o outro. Votei em Nonô, juntamente com a oposição. Foi uma vitória importantíssima, que salvou o governo da aceitação de um pedido de abertura de processo de impeachment. O governo jogou todo o peso político nesse momento.

No meu entender, dificultou o fato de o candidato da oposição ser considerado um ferrenho adversário. Caso tivesse sido dada uma alternativa não tão carimbada como oposicionista, talvez o resultado fosse outro. Se Ciro Nogueira, por exemplo, tivesse tido apoio para avançar ao segundo turno, acredito que venceria Aldo Rebelo. Ciro acabou perdendo força por ser do mesmo partido de Severino Cavalcanti. Mas coube a Aldo Rebelo complementar o mandato de Severino, até 31 de janeiro de 2007.

Estouraram denúncias contra Antonio Palocci. Fragilizado, ele compareceu à Câmara, atendendo à convocação. Debaixo de muito fogo, pediu que eu e o nosso grupo o ajudássemos.

Nesse momento, Murilo Portugal, já como secretário executivo do Ministério da Fazenda, me procurou. Estava resolvido: o governo cumpriria o compromisso com o Rio de Janeiro, sem pedir nada em troca. Em pouco tempo, antes do fim do ano, os recursos foram liberados, mostrando o custo político da teimosia em ter uma forma de conduzir as coisas sem cumprimento da palavra.

Lula recebeu, no curso de seus dois mandatos, 37 pedidos de impeachment. Vários deles decorrentes do escândalo do Mensalão. Mas nenhum teve peso político real e, também, apesar da queda de popularidade, o petista ainda mantinha um índice de aprovação que lhe permitia resistir. A eleição estaria próxima, e levantar a discussão do impeachment em época eleitoral poderia até fortalecer o discurso de Lula – e polarizar ainda mais.

O instituto da reeleição iria mostrar, nas eleições de 2006, que em uma disputa de segundo mandato ninguém conseguiria tirar o ocupante da cadeira presidencial de uma das vagas do segundo turno. Só restava aos outros disputarem a outra cadeira – e o pleito se transformaria em um plebiscito: apoio ou rejeição ao governo.

Lula anunciou o pagamento antecipado da dívida do país com o FMI, contraída por Fernando Henrique em 1998, após a sua reeleição – quando pegou um empréstimo de mais de 40 bilhões de dólares para segurar as reservas.

Com esse gesto, o petista criou um discurso para enfrentar o PSDB na campanha, mostrando que ele pagou a dívida feita por eles. Além disso, tirava as amarras que o FMI impunha à economia, como contrapartida ao empréstimo.

Logo no início de 2006, veio a público outro escândalo envolvendo Antonio Palocci – desta vez com ingredientes de quebra de sigilo bancário de um caseiro de forma ilegal, pela Caixa Econômica Federal, o que acabou levando à demissão de Palocci.

Ele estava se saindo bem na condução da economia, junto com Henrique Meirelles. Apesar de ser médico, conquistou a confiança do meio empresarial e diminuiu a grande resistência a um governo do PT, pelo medo das incertezas em relação à economia.

Palocci foi substituído por Guido Mantega, então presidente do BNDES. A ele cabia dar continuidade à política econômica e, principalmente, conduzir a economia para a disputa da reeleição.

Garotinho tentou de novo a troca de líder do PMDB. Conseguiu obter maioria em uma lista, colocando o então deputado Waldemir Moka como líder, que, depois, foi retirado por uma nova lista. Foi firmado um acordo e o então grupo de Michel Temer recebeu o controle da Comissão de Finanças da Câmara, para onde foi designado o então deputado Moreira Franco. Isso cessou o movimento de troca de líderes.

A essa altura, apesar do desgaste pelos escândalos, Lula mantinha uma base forte, capaz de resistir a qualquer confusão política. O impeachment estava descartado. O presidente se organizava para a reeleição, enquanto a oposição começava a discutir a candidatura mais competitiva.

Em 23 de outubro de 2005, com a CPMI em andamento, foi realizado o referendo popular previsto no estatuto do desarmamento – Lei nº 10.826, de 22 de dezembro de 2003 –, para referendar ou não o artigo 35 do estatuto, que proibia a comercialização de armas de fogo no país. A pergunta do plebiscito era: "O comércio de armas de fogo deve ser proibido no Brasil?". Um total de 63,4% dos eleitores votaram contra a proibição das armas no país, em um resultado que surpreendeu.

A Procuradoria-Geral da República apresentou uma denúncia sobre o Mensalão antes da conclusão da CPMI, mostrando que a atitude da procuradoria independia da investigação parlamentar, cujas conclusões servem para remessa ao Ministério Público, titular da ação penal.

Com essa atitude, passou a ser irrelevante a decisão da CPMI, restrita a um episódio político, embora o então procurador-geral da República tenha dito que a apresentação da denúncia, antes da conclusão da comissão, tinha o efeito de evitar a contaminação da CPMI – mas que nada impediria que as conclusões da comissão fossem usadas na ação penal.

A PGR não denunciou Lula, mas denunciou 40 pessoas, incluindo as principais figuras do PT, que depois, em 2012, acabariam condenadas pelo STF no julgamento mais longo da sua história e que até hoje encontra críticos pelo seu desfecho, já que existiam dúvidas sobre as provas para a condenação.

O relatório da CPMI aprovado em abril de 2006 trouxe, entre outros, o indiciamento de 18 deputados, sendo que 14 deles sofreram processo de cassação, aprovado pelo Conselho de Ética da Câmara. Eles foram votados em plenário, 11 deles absolvidos e 3 tiveram os seus mandatos cassados – José Dirceu, Roberto Jefferson e Pedro Corrêa.

Ao mesmo tempo da votação do relatório da CPMI, havia uma guerra dentro do PMDB para ter uma candidatura própria à Presidência da República, tendo sido realizada uma prévia entre o então governador do Rio Grande do Sul, Germano Rigotto, e o ex-governador do Rio, Anthony Garotinho. Houve a vitória de Garotinho, mas debaixo de muito atrito. Então ele acabou desistindo e passou a apoiar o então senador Pedro Simon.

Foi feita uma convenção nacional, antes do tempo previsto na legislação, para definir se o PMDB teria ou não candidato à Presidência. Venceu não ter candidatura à Presidência, em função da verticalização[2] das eleições, decidida pelo STF naquela eleição.

Antes havia sido aprovada a emenda constitucional número 52, de 8 de março de 2006, em sentido contrário. Mas o STF, após julgamento de uma ação direta de inconstitucionalidade da Ordem dos Advogados do Brasil (OAB), considerou que só valeria o fim da verticalização a partir de um ano após a sua promulgação, o que excluiria aquela eleição.

Garotinho, mesmo tendo desistido da candidatura, queria disputar como vice-presidente na chapa encabeçada por Pedro Simon. Contudo, enfrentava uma série de denúncias – o que inclusive o levou a uma ridícula greve de fome, um tanto simulada, que acabou com a imagem dele. Desde então, nunca mais se levantou no cenário político. Seu grupo político se desfez. Eu segui outro caminho, tendo rompido relações com ele. Em seguida, nos tornamos inimigos políticos.

Pedro Simon queria ser candidato, mas também não aprovava a ideia de ter Garotinho como vice, com receio de contaminar a candidatura com as denúncias que recaíam sobre ele. Como a convenção não tratava de vice, mas, sim, de ter candidatura ou não, optou-se por adiar essa discussão para o pós-convenção, caso a tese da candidatura própria fosse vitoriosa.

Lula atuou fortemente para o resultado da convenção que deixou o PMDB sem candidatura a presidente. O estratagema repetia o que fora feito em situação anterior por Fernando Henrique Cardoso – o objetivo era diminuir os candidatos adversários e tentar vencer em primeiro turno, apesar dos escândalos, desgastes e denúncias.

Lula sempre foi um excelente comunicador. Resistia a toda a campanha dos escândalos. Ele e seu partido apanhavam muito – e não só da Globo, mas de forma generalizada dos meios de comunicação.

A definição do adversário de Lula se deu sob tensão. A disputa no PSDB era entre o então prefeito de São Paulo, José Serra, e o então governador Geraldo Alckmin. Por resultado, Serra acabou indo concorrer ao governo de São Paulo, e coube a Alckmin, apoiado pelo PFL, hoje DEM, a missão de tentar derrotar Lula.

Também saíram candidatos o então senador Cristóvão Buarque e a então senadora Heloísa Helena, além de outros candidatos menores.

Lula começou bem a campanha eleitoral. Crescia, mas quando as pesquisas indicavam que ele estava perto de vencer no primeiro turno, estourou o escândalo dos aloprados – com o candidato do PT ao governo paulista, o então senador Aloizio Mercadante. O escândalo consistia na apreensão de dinheiro

---

[2] Significa que a mesma coligação definida em âmbito nacional deveria ser respeitada nas esferas estaduais e municipais. N. do E.

vivo, que estaria sendo usado para compra de um dossiê para ataques ao candidato do PSDB ao governo de São Paulo, José Serra.

Para evitar confronto, Lula tinha adotado a estratégia de não comparecer aos debates eleitorais no primeiro turno. Ele não foi, portanto, ao último debate, o da Globo, de maior audiência. E o escândalo dos aloprados, aliado à ausência de Lula, muito criticada no debate, acabaram provocando uma onda que levou à realização do segundo turno entre o petista e o peessedebista, na 28ª eleição presidencial.

O segundo turno foi marcado por uma campanha dura de acusação contra Alckmin, com o PT dizendo que ele pretendia privatizar o Banco do Brasil e a Petrobras. Com apoio de candidaturas fortes nos estados, Lula venceu com ampla margem, com 60,83% dos votos. Alckmin conseguiu o fenômeno de ter tido menos votos no segundo turno do que no primeiro – fato inédito até os dias de hoje.

O tucano recebeu o apoio de Garotinho, que, desgastado naquele momento e com a forte oposição que a Globo lhe fazia, acabou atrapalhando a sua votação.

Apesar da vitória de Lula, as eleições gerais não foram tão vitoriosas para o PT. A legenda elegeu 5 governadores, apenas 2 senadores, além de 83 deputados federais – 16% da representação da Câmara.

A 53ª legislatura do Congresso foi eleita para o período de 1º de fevereiro de 2007 a 31 de janeiro de 2011. Fui reeleito pelo PMDB, que elegeu a maior bancada, com 89 deputados. Obtive 130.773 votos nessa eleição.

Reeleito, Lula passou a buscar garantir apoio para o segundo mandato. Ele compôs o governo de forma diferente. Depois de tomar posse, aguardou a eleição das mesas da Câmara e do Senado para fechar a composição do seu governo. Em seguida, promoveu uma reforma ministerial, com a qual buscaria ter a maioria sólida para governar e evitar repetir os erros do primeiro mandato.

Com condições favoráveis na economia, sem dívida externa, com crescimento econômico elevado em 2006 e previsão de crescimento ainda maior para 2007, Lula teria todas as condições para constituir uma base para governar, sem utilizar os instrumentos dos quais o PT fora acusado, referentes ao escândalo do Mensalão.

Em 1º de fevereiro de 2007, tomou posse o Congresso Nacional. Foram eleitos, respectivamente, Arlindo Chinaglia, do PT, como presidente da Câmara e Renan Calheiros como presidente do Senado.

A disputa na Câmara foi acirrada e, mesmo sem Garotinho comandando o nosso bloco, resolvemos nos manter unidos e apoiar em bloco a candidatura de Chinaglia, que foi para o segundo turno contra Aldo Rebelo, candidato à reeleição. Chinaglia venceu por 9 votos de diferença, sendo que o grupo do qual eu fazia parte deu 14 votos para ele – o que foi decisivo.

Nesse momento havia um alinhamento com Michel Temer. Houve um compromisso feito com Chinaglia – de que ele apoiaria a eleição de Temer no segundo biênio, até porque o PMDB tinha a maior bancada da Câmara. Tal acordo fez com que a quase totalidade do PMDB tivesse escolhido Chinaglia.

Enquanto isso, a oposição votava em Aldo Rebelo, que era o candidato de Lula. Rebelo havia derrotado a oposição em 2005, mas, nesse momento, o PFL, hoje DEM, partido do candidato derrotado em 2005, comandado por Rodrigo Maia, resolveu apoiá-lo.

A candidatura de Chinaglia era um erro do PT. Não contava com o apoio do Planalto. Aldo Rebelo era leal ao governo e enfrentou a crise do Mensalão, ajudando Lula – que queria a sua reeleição, mas não podia combater a ambição de hegemonia do PT. Por outro lado, era uma vitória para o PMDB restabelecer o princípio de que os maiores partidos presidiriam a casa. Rebelo era do PC do B, partido pequeno. Não teria sentido legitimar essa situação.

Além do compromisso de apoiar Temer na próxima eleição à Presidência, Chinaglia se prontificou a ajudar o PMDB a ocupar os espaços de governo. Naquele momento, comprometeu-se a interceder para que Geddel Vieira Lima ocupasse o Ministério da Integração Nacional.

Também concordou que a bancada do Rio de Janeiro do PMDB ocuparia a presidência de Furnas, com o ex-prefeito da cidade do Rio de Janeiro, Luiz Paulo Conde – com uma ressalva: ele indicaria diretores para a empresa.

O PMDB enxergava em Chinaglia a possibilidade de ter uma relação harmônica de divisão de espaços com o PT. Também vislumbrava que, usando a força do cargo, ele equilibrasse o jogo para que o partido ficasse bem representado no governo e pudesse ter condições de ajudar na sustentação política de Lula.

Na reforma ministerial, Lula reservou espaço relevante para o PMDB, incluindo a nomeação de Geddel Vieira Lima, apoiado por Chinaglia. Isso fez com que o partido passasse a apoiar o seu governo na quase totalidade. A partir daí, passei a votar com o governo.

A entrega a Geddel do Ministério da Integração significou retirar a pasta de Ciro Gomes – que, ministro no primeiro mandato de Lula, tinha deixado no cargo seu secretário executivo, Marcio Lacerda, que depois viria a ser prefeito de Belo Horizonte, enquanto Ciro tinha ido disputar e se eleger deputado federal.

Essa perda de influência de Ciro no governo coincidiu com o início das agressões dele ao PMDB, inclusive a mim. Ciro não se conformava em perder um instrumento de poder que tinha – e isso iria se refletir, lá na frente, nos atritos que tive com ele e sua família.

Lula rifou também os ministérios da Agricultura e da Saúde. Michel Temer conseguiu emplacar o amigo Wagner Rossi, pai do deputado Baleia Rossi, como presidente da Conab. Depois, mais à frente, Rossi assumiria o próprio ministério, continuando no governo Dilma – até ser demitido sob denúncias.

Michel Temer, para institucionalizar o apoio do PMDB, como presidente da legenda, fez uma reunião formal do conselho político do partido, de composição bem ampla. Obteve maioria confortável para um apoio formal ao governo. Isso levaria o PMDB a ser formalmente um aliado político do governo, e não simplesmente com apoio de grupos do partido em troca de cargos, como já vinha ocorrendo antes.

Mesmo com a base forte, Lula sofreu uma grande derrota no Senado Federal. Aprovada pela Câmara, a prorrogação da CPMF não conseguiu número mínimo de apoiadores no Senado. Isso implicou uma grande perda de arrecadação a partir do ano seguinte.

Lula tinha gasto um grande cacife político para aprovar essa prorrogação. Enfrentou dificuldades na Câmara, mas acabou conseguindo. No entanto, no Senado, com a bancada governista menor, o petista não alcançou o mesmo êxito.

Contribuiu para isso o escândalo que envolveu Renan Calheiros. Divulgou-se que ele supostamente teria as despesas pagas de uma amante, que teria tido uma filha dele, por uma empreiteira. Esse fato o levou a renunciar à presidência do Senado e a tentarem cassar o seu mandato.

Foi eleito o senador Garibaldi Alves para complementar o mandato, até 31 de janeiro de 2009. Esse fato atrapalhou a tramitação da CPMF no Senado, já que os esforços maiores foram para tentar salvar o mandato de Renan e eleger um sucessor que se alinhasse ao governo.

Muito se divulgou que eu, na Câmara, teria atrasado a votação, já que era relator da admissibilidade da emenda constitucional na Comissão de Constituição e Justiça (CCJ), mas o fato não é verdadeiro. A demora na aprovação na CCJ deveu-se a uma obstrução feroz da oposição.

Houve inclusive um dia em que estava programada uma sessão para se tentar votar a emenda na CCJ e eu saí de Brasília para acompanhar o enterro de um sobrinho falecido no Rio. Voltei em seguida, a tempo de estar na sessão – que acabou obstruída, sem a votação. Isso mostra a injustiça da acusação e o meu comprometimento em tentar resolver.

Além disso, tinha estourado a crise do setor aéreo. Dois aviões haviam caído e eu era o vice-presidente da CPI instalada para investigar o tema. Marcelo Castro, que presidia a comissão, adoeceu, e eu precisei assumir seu lugar. Não podia descuidar desse trabalho, pois a segunda vice-presidente era ferrenha opositora do governo – caso ela assumisse, ainda que momentaneamente, o governo sofreria reveses. Era um tema emblemático naquele momento. A crise já havia derrubado o então ministro da Defesa, Waldir Pires – que acabou sendo substituído por Nelson Jobim, do quadro histórico do PMDB.

As críticas a mim deviam-se, na realidade, à nomeação do ex-prefeito da cidade do Rio, Luiz Paulo Conde, para a presidência de Furnas. À época secretário do governo do Rio de Janeiro, ele tinha sido indicado pela bancada de deputados do PMDB fluminense, mas a nomeação teria sido retardada pela oposição da então chefe da Casa Civil, Dilma, que queria manter o controle do setor elétrico e via em Conde um potencial obstáculo.

Esse fato, contudo, não teve nenhum impacto no meu comportamento. Inclusive a nomeação ocorreu depois que aprovei o meu relatório na CCJ – e não antes, como insinuaram. Não é verdade que eu só tenha votado o relatório depois de confirmada a nomeação.

Além disso, a parte da proposta que estava sob minha relatoria era apenas a inicial, de admissibilidade. Faltaria a instalação e a votação em uma comissão especial, além da votação em plenário, aí sim o momento mais importante. Não faria sentido atrasar no início a tramitação.

Conde, em menos de 30 dias no cargo, adoeceu, teve diagnosticado um câncer de bexiga, se submeteu a cirurgia e praticamente não voltou mais a Furnas. Isso foi antes da votação no plenário. O governo não perdeu nenhum voto por isso nem substituiu Conde por outro nome naquele momento. Furnas ficou um ano sob direção interina, comandada por gente não indicada pelo PMDB, mas sim pelo PT. O PMDB na prática não havia consumado a assunção em Furnas, sendo o seu suposto poder uma das muitas mentiras espalhadas pelo PT, que realmente lá mandava.

Conde acabaria afastado completamente de Furnas em 2008, pois não tinha condições nem de comparecer à empresa – ele sobreviveria, de forma bem precária, até 2015. Na estatal, foi substituído oficialmente em outubro de 2008, por um técnico de carreira apoiado pelo PMDB.

O governo lançou também um programa de investimentos em infraestrutura. Era o PAC, o Programa de Aceleração do Crescimento. Já então chefe da Casa Civil, coube a Dilma Rousseff o comando do programa, que tinha boas iniciativas. A ideia era buscar coordenar várias ações, incluindo aquelas decorrentes de concessões e leilões, além dos investimentos nos estados.

Na prática, acabou se prestando a criar um palco político para Dilma, que viria a ser candidata à sucessão de Lula, como gestora eficiente. Como "mãe do PAC", ela se cacifava para a disputa eleitoral.

Em 2008, veio à tona outro escândalo: o dos chamados cartões corporativos – que também teve uma CPI aberta. Houve ministro demitido, e ficou famoso, pela chacota, o caso do então ministro dos Esportes, Orlando Silva, que usou o cartão para a compra de tapioca.

A base governista dominou a CPI, que acabou isentando a todos – em investigações que retrocederam até o governo FHC.

Edison Lobão foi nomeado ministro das Minas e Energia por Lula. O cargo vinha sendo ocupado interinamente por antigos assessores de Dilma, que era a anterior ministra. Ela queria continuar mandando no ministério a partir da Casa Civil e não aceitava que Lobão fosse ministro – mas acabou perdendo o embate político.

Como conhecia o ministro Luiz Fux, oriundo do Rio de Janeiro, à época no Superior Tribunal de Justiça (STJ), apresentei-o a Michel Temer, já que Fux era candidato a uma vaga no STF. Ele havia tentado, sem sucesso, a cadeira, que acabou sendo ocupada pelo falecido ex-ministro Carlos Alberto Direito.

Fux era o relator de uma ação de Temer, como advogado. Este queria que o julgamento fosse marcado. Depois da conversa, isso acabou acontecendo e eles estabeleceram uma relação.

Em setembro de 2008 estourou a crise internacional, a partir dos créditos imobiliários dos Estados Unidos. Houve reflexos em todo o mundo, incluindo o Brasil. Foi desencadeada pelos chamados *subprimes*, ou seja, devido à enorme valorização dos imóveis, cidadãos americanos eram estimulados a contrair empréstimos dando a garantia hipotecária, mesmo já tendo hipoteca dos seus imóveis. Isso criou uma bolha. O volume de créditos dessa natureza chegava a 12 trilhões de dólares.

Os financiadores de dívidas imobiliárias emitiam títulos referentes a esses créditos e negociavam no mercado financeiro. Ali, tornavam-se créditos com elevado risco. Quem acabou detendo esses títulos passou a ter problemas de liquidez, com perdas enormes. Como os imóveis caíam de preço e os cidadãos não conseguiam arcar com os custos das hipotecas, preferiam deixar de pagar e perdê-los, desencadeando uma quebradeira e causando desconfiança na capacidade de resistência do sistema.

Na crise, houve contenção de créditos, aumento de juros e inflação nos Estados Unidos, levando à diminuição da liquidez no mundo, reduzindo a oferta de crédito, os investimentos e gerando bastante desemprego. Houve intervenção do governo americano no sistema financeiro, com a colocação de dinheiro nos bancos, com a quebra do Lehman Brothers.

A crise acaba obrigando bancos a serem vendidos, como foi o caso do Banco Merryl Linch, vendido ao Bank of America. Os reflexos atingiram o mundo todo. A crise teve repercussão forte no Brasil. Medidas foram adotadas para evitar que se repetissem aqui as mesmas consequências dos Estados Unidos. O governo colocou dinheiro em bancos, chegando a comprar participações minoritárias deles para evitar a falta de liquidez e a quebradeira.

Esse sistema de créditos por hipotecas não era tão expressivo no Brasil, mas a falta de liquidez do mundo, a redução drástica dos investimentos e o aumento de juros nos colocaram no centro da crise, naquilo que foi considerado como um verdadeiro *tsunami*.

Lula, como bom comunicador, disse que a crise era uma "marolinha" e não um *tsunami*, como previam alguns analistas. Ele conseguiu sair da crise e manter o crescimento elevado da economia naquele momento. Diminuiu em razão da crise, mas logo em seguida retornou a seu curso. Em 2010, último ano de Lula na Presidência, o crescimento da economia foi de 7,5%.

Foi um momento crucial, o mais difícil do governo Lula, que enfrentava a mais grave crise internacional da economia de seu período, mas demonstrando que a crise saiu menor do que quando entrou, graças à atuação do governo no seu enfrentamento, ajudada pela sólida base que detinha no Congresso, capaz de aprovar as medidas legislativas necessárias para a situação.

As eleições municipais daquele ano, sob o impacto da crise, tiveram resultados mais ou menos estáveis para Lula. Diretamente, o PT elegeu cinco capitais, enquanto o PSDB fez quatro e o PMDB, já aliado de Lula, conseguiu seis capitais e o maior número de prefeitos.

Embora não estivesse crescendo, ao menos o PT não perdeu para o PSDB. Além disso, a legenda viu aliados se elegerem. Considerando todos os aliados, Lula venceu, embora o PT não. Mas vigorava a máxima de que Lula era maior do que o PT, o que é verdade – já que o PT, sem Lula, jamais teria chegado à Presidência.

Em 2 de fevereiro de 2009, houve eleições para a presidência da Câmara e do Senado. Foram eleitos Michel Temer e José Sarney, respectivamente, tendo o PT cumprido o acordo. Aldo Rebelo disputou novamente a eleição, além de outros candidatos, mas Temer venceu em primeiro turno.

Aldo Rebelo teve apoio de Eduardo Campos e até de alguns setores da oposição, mas sua votação foi muito mais baixa do que na disputa anterior. Lula apoiou Michel Temer.

Houve muita confusão. O PT queria ter o Senado Federal, para que o PMDB não ficasse com as duas casas. Mas foi convencido de que as dinâmicas das duas casas são diferentes. Vincular uma coisa a outra não seria possível. E, se disputasse o PT sem o PMDB, perderia ambas.

Lula queria a eleição de Sarney. Seria uma forma de reparar o nome do ex-presidente, depois do desgaste de um escândalo com casos de nomeações secretas no Senado. Sarney havia sofrido, a exemplo de Renan Calheiros, o mesmo processo de cassação pelo Conselho de Ética do Senado. Acabou se livrando com a ajuda de Lula. Havia um sentimento de solidariedade a ele.

A articulação para a eleição de Michel Temer foi fundamental para a coligação que se fez depois, visando à sucessão de Lula. O PMDB comporia a chapa e Temer seria o candidato a vice.

No ano de 2009, com boa popularidade, mantendo bom nível de crescimento econômico e tendo enfrentado a crise de 2008, Lula aproveitou a descoberta do pré-sal da Petrobras e fez da exploração do petróleo um movimento político. O Brasil se tornava autossuficiente em petróleo, e a exploração dos novos campos do pré-sal sinalizava um potencial para transformar o país – além de ilustrar o êxito das políticas do governo.

A Petrobras sempre foi utilizada de forma política pelo governo Lula. Havia desde a tentativa da nacionalização das suas compras até o controle dos preços dos combustíveis para o controle da inflação, com prejuízo de bilhões de reais. Mesmo com as denúncias de corrupção, a maior parte delas concentrada em políticas equivocadas colocadas na companhia e no domínio ideológico do PT. Mesmo com os erros graves de gestão e interferência na empresa, que tinha virado uma autarquia do governo – e não somente um braço de alavancagem de investimentos.

A descoberta do pré-sal e a sua propagação tinham o objetivo político de pavimentar a sucessão de Lula. Foi quando o Congresso Nacional, controlado por Lula, errou ao aprovar as mudanças da regra do jogo. As concessões sairiam e entraria em seu lugar o regime de partilha, que, além de colocar a União como sócia de todo o resultado da exploração, transformava a Petrobras em sócia obrigatória de todas as explorações do regime de partilha.

Como o PMDB tinha o ministro das Minas e Energia, Edison Lobão, isso implicava ter de apoiar as medidas, já que ele teria tido papel na formulação. Não apoiá-lo significava retirar o apoio a ele e ao governo, o que não era a vontade do partido.

As alterações foram aprovadas, e uma polêmica se instalou no país por conta da distribuição dos *royalties* e participação especial do petróleo. Com a propaganda de que o país iria virar uma "Arábia Saudita", a disputa dos supostos bilionários recursos dos *royalties* se tornou um centro de insatisfações, com muita gente reclamando dos supostos benefícios aos estados produtores de petróleo, como era o caso do meu Rio de Janeiro.

Isso acabou levando à aprovação de alteração da distribuição dos *royalties* e participação especial para os campos do pré-sal, em vários momentos, havendo sanção e vetos por parte do governo, além de derrubada de vetos pelo Congresso e judicialização do tema no STF, sem decisão definitiva até o momento da publicação deste livro.

O tema da discussão política acabou levando a uma briga federativa pelos *royalties* e participação especial do petróleo. Governadores que apoiavam Lula e Dilma brigaram por esse direito. Essa ferida ainda não cicatrizou.

Os *royalties* e a participação especial são a compensação e a indenização pela exploração do petróleo. Mesmo em alto-mar, não significa que o estado confrontante não seja afetado. Atividades de exploração atraem muita gente e se torna necessário o investimento para disponibilização de serviços públicos, que necessitam desses recursos para serem cobertos.

Como deputado do Rio de Janeiro, lutei muito contra a alteração que prejudicou o estado, que tinha a oportunidade de se recuperar com a atividade crescente de petróleo. Preferiu-se ratear recursos que caberiam aos estados produtores e seriam relevantes. Optou-se por socializar entre aqueles que não têm nenhum papel na indústria do petróleo.

De toda forma, Lula conseguiu o seu objetivo. Teve a propaganda desejada para preparar a sucessão, já alavancada pela ausência de adversário e pelo crescimento econômico que o país alcançava.

Não é o meu intuito avaliar o governo e a gestão de Lula, que teve bons e maus momentos, erros e acertos. Mas, sim, apresentar os fatos que influenciariam toda a história que futuramente culminaria no processo de impeachment.

Existiram muitas lutas políticas e ideológicas nos governos de Lula e do PT, com impacto na política, incluindo a discussão sindical, dos movimentos sociais e outros objetos de discussão política.

Em resumo, Lula tentava se equilibrar entre o discurso de esquerda do PT e as ações de governo, mesmo da economia, mais liberais, embora a crise de 2008 tenha dado um passo para trás, pelo intervencionismo ocorrido para conter a crise.

Lula deu ênfase ao gigantismo da atuação estatal para estimular os investimentos, notadamente a Petrobras. Com isso, gerou a possibilidade de favorecimento a grupos privados, que acabaram participando das ações de Estado, com financiamento público, notadamente do BNDES, inclusive aumentando a concentração da economia.

Esse favorecimento está na raiz dos problemas recentes que levaram a condenações criminais, embora se ressalte o movimento político que está por trás disso tudo, com direcionismo da punição e da absoluta falta de respeito ao direito de defesa e presunção da inocência, além das fraudes acusatórias e direcionamento de decisões, que tanto Lula quanto eu sofremos.

A eleição de Dilma e sua tentativa de afastar da herança de Lula

Todo o segundo mandato de Lula visava ter estabilidade política e bons resultados na economia, para que fosse viabilizada uma candidatura à sua sucessão, mantendo a hegemonia do PT.

José Dirceu e Antonio Palocci, os dois principais petistas que poderiam suceder o governo Lula, tinham sido abatidos no primeiro mandato. O presidente não enxergava um nome forte dentro do partido, que lhe agradasse e que não fosse, lá adiante, fazer frente a ele.

Havia a proposta de emenda constitucional que poderia legitimar um terceiro mandato. Lula estimulava essa tramitação, embora negasse publicamente. Essa emenda teria chances de ser aprovada, pois a base governista estava sólida e ele sabia tratar bem o parlamento, com boa conversa. Seria difícil, dentro do PT, uma alternativa melhor.

Além disso, na oposição a Lula não havia nenhuma novidade, a não ser os mesmos tucanos paulistas de sempre, que se revezavam nas disputas – sem apelo popular, principalmente no Nordeste.

Além da alta popularidade, Lula ostentava crescimento econômico e a distribuição de renda feita por meio do Bolsa Família. Tinha carisma, boa comunicação, havia amealhado uma liderança política bastante fortalecida. Superados os escândalos do Mensalão, venceria uma segunda reeleição muito facilmente.

Lula conseguiu trazer a Copa do Mundo de 2014 para o Brasil e as Olimpíadas de 2016 para o Rio – participou ativa e pessoalmente dessas campanhas mundiais.

Contudo, naquele momento, Lula teve a sabedoria de não permitir que a iniciativa de um terceiro mandato fosse adiante. Ele acabou impedindo a discussão e a votação da proposta, passando a ter de resolver quem seria seu candidato à sucessão.

O presidente ensaiava a candidatura de Dilma, que, segundo seu critério, teria facilidade, por ser mulher e boa gestora – embora esse predicado tenha sido desmentido pelos fatos posteriores. Dilma também comandava o programa de investimentos do governo federal, o PAC, e não estava dentro das divisões dos grupos políticos do PT, o que facilitaria sua aceitação dentro da legenda.

Em determinado momento, seu projeto se abalou com a descoberta de que Dilma estava sofrendo de um câncer – combatido com sucesso, a tempo de não deixar dúvidas de que ela teria condições de saúde para governar, caso vencesse as eleições.

Lula partiu para a composição política. Ele quis o PMDB compondo a chapa com o PT, indicando o vice-presidente. Preparou uma armadilha, filiando o então presidente do Banco Central, Henrique Meirelles, no PMDB – queria que fosse ele o candidato a vice, mas tal proposta não obteve apoio do partido.

Participei de uma reunião sobre o assunto na residência oficial da Câmara – ocupada por Michel Temer, então presidente da casa. Ali, Henrique Meirelles, já filiado, foi alertado de que não haveria condições para que ele fosse o vice. Ele poderia disputar a eleição a uma cadeira no Senado, ser deputado ou, mediante alguma composição com o partido no seu estado, Goiás, até sair candidato a governador.

Dessa forma, Henrique Meirelles, vendo que não teria chance de ser o vice, preferiu continuar no Banco Central e não se desincompatibilizou. Sem adversários, Michel Temer foi referendado na convenção do PMDB como candidato a vice.

Na verdade, a consolidação de Temer se deu um pouco antes, quando houve a eleição para sua recondução à presidência do partido. Na véspera, o grupo dissidente, que queria apoiar o PSDB na eleição – divisão comandada pelo ex-governador de Santa Catarina Luiz Henrique –, obteve uma liminar na Justiça para suspender a convenção. Tal decisão foi cassada à noite pelo ex-presidente do STJ, Cesar Asfor Rocha. Restabelecida a convenção, foi assegurada a vitória de Temer.

Como presidente da Câmara, ele mantinha boas relações com o Judiciário. Cesar Asfor Rocha também era candidato ao STF, assim como Fux. Depois que estabeleci a relação entre Temer e Fux, participei com eles de jantares na residência oficial da Câmara.

O PSDB acabou lançando a candidatura do então governador de São Paulo, José Serra. Alckmin seria de novo postulante ao governo de São Paulo, provando que a grande dificuldade do PSDB era ser um conglomerado paulista. Aécio Neves pleiteava a candidatura, mas o PSDB iria sempre ter um candidato paulista e, além disso, promovia um revezamento do governo de São Paulo. Eles apresentariam as mesmas dificuldades de penetrar no Norte e no Nordeste, onde Lula reinava absoluto.

Serra costurou uma aliança menor, com o sempre disponível PFL, hoje DEM, que atuava como linha auxiliar nas eleições do PSDB. Enquanto isso, Lula formava uma forte aliança que tinha, além do PMDB, os partidos de esquerda, o PR e legendas menores.

Atuei diretamente para mudar a decisão de dois partidos nessas composições: o PSC e o PTC. O primeiro já havia até feito a sua convenção nacional e anunciado apoio ao tucano. Foi possível reverter tal oficialização, porque a dita convenção havia delegado à Comissão Executiva Nacional do partido a decisão para as coligações e alianças. Assim, na ata dessa comissão entregue ao TSE foi colocado o apoio à coligação de Dilma.

O PTC, antigo PRN, tinha candidato a presidente e, em situação idêntica, consegui que retirassem a candidatura e apoiassem a coligação de Dilma, aumentando o tempo de TV, não só pela adesão, mas pela redistribuição do horário dividido igualmente entre os candidatos.

Pela legislação eleitoral, a divisão do horário de TV obedece à proporção do número de deputados dos partidos coligados, mas uma parte menor do tempo é dividida igualmente entre os candidatos. Assim, a retirada de um candidato implica a redistribuição do tempo dele entre os remanescentes.

Com isso, dei uma grande contribuição à campanha de Dilma, aumentando seu espaço e diminuindo o de Serra. Naquele momento, tempo de TV era vital. Como iria disputar sua primeira eleição, Dilma precisaria colar a imagem de Lula à dela.

Apesar disso tudo, ela não gostava de mim. E esse fato era, a todo momento, lembrado em notinhas plantadas por colunistas, sempre tentando me constranger. A razão atribuída para isso seria a nomeação do ex-prefeito Luiz Paulo Conde para Furnas em 2007 – algo que ela nunca teria engolido.

Durante o segundo turno das eleições, existiam muitos boatos e ataques a Dilma sobre a sua posição em favor do aborto. Para combater isso, elaboramos, junto com lideranças evangélicas que estavam em sua campanha, uma carta--compromisso dela de que seu futuro governo não tomaria nenhuma iniciativa dessa natureza, e que isso era tema do Congresso Nacional.

Isso estancou a sangria que estava ocorrendo na campanha, já que Serra se utilizava de mecanismos de divulgação pela internet dessas posições. Dilma, apesar de sabermos hoje que é favorável à legalização do aborto, nunca tinha se posicionado na campanha sobre isso – e, de fato, ela respeitou essa carta--compromisso durante seu mandato.

Os principais assessores da campanha e do PT ficaram bem irritados comigo por causa da obtenção desse compromisso, já que isso ia de encontro a uma posição ideológica deles e, certamente, contribuiu para aumentar a animosidade de Dilma contra mim.

Outros candidatos também disputaram as eleições, sendo a ex-senadora Marina Silva a mais relevante. Ela chegou a quase 20% dos votos, tendo uma votação muito semelhante à de Garotinho em 2002. Evangélica, acabou atraindo votos do segmento.

Ciro Gomes tinha se filiado ao PSB e esperava ser o candidato do partido, mas foi retirado da disputa pelo então governador Eduardo Campos, que era candidato à reeleição ao governo. Ele preferia ter Lula a seu lado e embarcou na coligação de Dilma, deixando Ciro na estrada.

No meio da campanha eleitoral surgiu o escândalo com a sucessora de Dilma na Casa Civil, seu braço-direito, Erenice Guerra, de supostas cobranças de propina envolvendo membros da sua família. Mas o caso não chegou a influenciar na eleição. Atingiu somente a própria Erenice, que deixou a Casa Civil e também acabou ficando de fora do governo de Dilma, encerrando a carreira pública.

A campanha foi acirrada. Com Lula conduzindo a campanha, Dilma quase liquidou a fatura no primeiro turno. Na 28ª eleição presidencial, ela fez 46,91% dos votos no primeiro turno, e, no segundo, sacramentou a vitória sobre Serra com 56,05%. A sexta eleição depois da Constituição de 1988 foi também a primeira sem Lula entre os candidatos a presidente.

A 54ª legislatura foi eleita para o período de 1º de fevereiro de 2011 até 31 de janeiro de 2015. Fui reeleito com 150.616 votos. O PMDB elegeu 78 deputados, ficando com a segunda bancada, tendo o PT feito 88 deputados, e o PSDB, 53.

Nas eleições para governadores, o PT fez cinco governadores e o PSDB elegeu oito, vencendo o confronto direto. Mas, considerando os partidos que fizeram parte da coligação de Dilma, a vitória foi dela.

No Senado houve um movimento muito forte de Lula, que, inconformado com a derrota no Senado da prorrogação da CPMF, investiu bastante, não só para eleger senadores como para que não se reelegessem aqueles que impediram a prorrogação. Assim, o PT elegeu 11 senadores, enquanto o PSDB ficou com 6. Os aliados da coligação do PT conseguiram a maioria das cadeiras na renovação de dois terços das vagas.

A eleição de 2010 consolidou uma constatação da nossa realidade política, em que a polarização se dá em duas frentes: o PT e o anti-PT. Inicialmente era a polarização de esquerda e de antiesquerda, com Collor sendo o antiesquerda, e Lula se consolidando como a esquerda, ao derrotar Brizola.

Depois Fernando Henrique, em 1994, apesar de estar em uma legenda dita socialista, consegue ser o candidato antiesquerda contra Lula. Em 1998, o quadro se repete, se consolidando o antiesquerda como o anti-PT. Os demais candidatos se perderam nessa polarização.

Em 2002, os candidatos alternativos eram Ciro Gomes e Garotinho, que tiveram o mesmo desfecho diante da polarização de Serra como o anti-PT e Lula. Nesse caso, os eleitores dos alternativos decidiram os seus votos no segundo turno em favor do PT, elegendo Lula.

Em 2006, os alternativos eram ainda mais fracos, com a mesma polarização de Lula e o anti-PT, que foi Alckmin. Este chegou no segundo turno a ter menos votos do que teve no primeiro. Em 2010, Marina Silva era a alternativa, cujo desfecho e polarização não se alteraram, ficando o PT e o anti-PT na decisão final do eleitor.

O quadro em 2014 não se altera. Em 2018, mudou apenas com a substituição do anti-PT, com o PSDB perdendo o posto para Bolsonaro. Este assumiu o antipetismo e impôs uma fragorosa derrota ao PT. O PSDB consegue chegar ao fundo do poço eleitoral, com um desempenho medíocre, apesar de ter tido o maior tempo de televisão da eleição.

Decretada a vitória nas urnas, Dilma começou a compor um governo de coalizão para obter maioria no Congresso Nacional e atender à sua aliança. Deu espaço ao PMDB, reservando à legenda quatro ministérios – sendo dois para a Câmara e dois para o Senado Federal –, e iniciou o governo com alto índice de aprovação, aproveitando-se do legado de Lula, que encerrou o mandato com aprovação histórica e um crescimento econômico, no último ano, de 7,5%.

Palocci, que atuou como coordenador da campanha de Dilma, assumiu a Casa Civil, regenerado depois do escândalo que o havia tirado do governo Lula em 2006. Ele não disputou nenhum cargo na eleição de 2010 – dedicou-se a coordenar a campanha de Dilma, juntamente com José Eduardo Cardozo e o então presidente do PT, José Eduardo Dutra. Os três compuseram a nova versão do que ficou conhecido como "os três porquinhos".

José Eduardo Cardozo, a quem Lula tinha muitas restrições, assumiu o Ministério da Justiça. Dilma nomeou uma equipe não tão próxima de Lula, à exceção de Palocci e de Gilberto Carvalho, que faziam a ponte entre ambos em todos os assuntos. Palocci era o elemento de estabilidade na relação e no governo.

Dilma manteve Guido Mantega no Ministério da Fazenda, mas, para surpresa do mercado, trocou o comando do Banco Central, tirando Henrique Meirelles. Além disso, compôs o governo distribuindo cargos para os partidos aliados. Manteve o número de ministérios do PMDB, só trocando pastas, e tudo levava a crer que teria uma base sólida no Congresso Nacional, a exemplo do ocorrido com Lula.

Michel Temer interferiu para ter o antigo aliado Wagner Rossi como um dos representantes do PMDB da Câmara no Ministério. Ele já tinha ascendido da presidência da Conab ao Ministério da Agricultura, no fim do governo Lula. Temer conseguiu a manutenção de Rossi, tendo para isso que preterir seu velho aliado Moreira Franco, que acabou em uma secretaria de Assuntos Estratégicos, sem nenhuma relevância no governo.

Wagner Rossi já tinha sido, por indicação de Michel Temer, presidente da Companhia Docas de Santos, administradora do famoso porto de Santos. Ali existiram denúncias de operações de propinas, tendo inclusive Wagner Rossi chegado a ser preso por ordem do STF, no inquérito que tramitava lá, contra Michel Temer, no período da sua presidência.

Wagner Rossi, pai do deputado Baleia Rossi, foi quem apresentou Joesley Batista a Michel Temer, sendo que, em delação, Joesley fala que, depois da saída de Wagner do ministério, passou a pagar mesada a ele a pedido de Michel Temer – fato que não podemos afirmar ser verdadeiro ou não.

Baleia Rossi também estaria presente em várias delações, de Joesley Batista, Lúcio Funaro e Duda Mendonça, todas com o mesmo tipo de denúncia. Ele se utilizava da posição de comando da legenda em São Paulo para impor a produtora da sua família, a Ilha Produção Ltda., que recebeu milhões nas campanhas de 2010, 2012 e 2014, seja por meio de caixa 2, seja por doação do próprio partido. A produtora supostamente trabalhava nas campanhas, mas os preços eram superfaturados. Além disso, a qualidade dos serviços era contestada.

Com a eleição de Michel Temer para a Vice-Presidência, havia um compromisso de manter um rodízio entre o PMDB e o PT no comando da Câmara. Como seria a reeleição de Temer, caso ele continuasse na Câmara, o normal seria o primeiro biênio ficar com o PMDB. Mas o PT tinha eleito uma bancada maior e exigiu a primazia. Michel assentiu. Acabou-se acordando o apoio ao PT na eleição de 2011 a 2013 e de Henrique Alves, do PMDB, para o período de 2013 a 2015.

Em 1º de fevereiro de 2011, tomou posse a 54ª legislatura do Congresso. Câmara e Senado, respectivamente, passaram a ser presididos pelo deputado Marco Maia e por José Sarney, reeleito.

Poucos dias antes da eleição da Câmara, petistas que tinham cargos em Furnas haviam deslanchado uma série de denúncias, por meio de um repórter que é meu desafeto, o qual recentemente editou um livro de coletâneas de suas reportagens contra mim, objeto de várias ações judiciais da minha parte.

Essas matérias tinham um só objetivo: extirpar qualquer influência do PMDB na empresa. Esses petistas, apesar de contestados pelo então articulador político da legenda, o deputado Luiz Sérgio, encontravam ressonância no partido.

Imediatamente após a eleição de Marco Maia, Dilma demitiu o presidente de Furnas, indicado pelo PMDB. Ela espalhou a notícia da demissão, como se o intuito fosse me afastar de tudo no governo. Um governo que eu tinha ajudado a eleger.

Dilma, como se vê, não havia perdoado que em 2007 eu tivesse ousado apoiar um ex-prefeito da cidade do Rio de Janeiro, de extrema competência técnica, para ocupar um cargo em um setor do qual ela, naquele momento, se achava dona. Agora, eleita presidente, ela era realmente a dona de tudo.

Essa é a origem de toda a raiva de Dilma contra mim. Ela, pela falta de traquejo político, me transformou em seu maior inimigo, e, no curso dos anos seguintes, isso ficaria bem claro. Certamente o fato de ela me transformar em inimigo acabou por me valorizar e me fazer crescer – pois em política é mais importante você escolher os adversários do que os aliados, já que os aliados se apoiam enfrentando os mesmos adversários.

E, também em política, não se briga para baixo. Dilma, presidente da República, estava fazendo isso e não teria nada a ganhar, só a perder. Ela já era a presidente da República, e eu, um simples deputado.

Dilma chegou nesse primeiro ano a trocar os líderes do governo na Câmara e no Senado, respectivamente Cândido Vaccarezza, do PT, e Romero Jucá, do PMDB – só porque eles teriam ligação comigo, e ela não queria líderes do governo de meu círculo.

A presidente, contudo, colocou Arlindo Chinaglia, do PT, como líder na Câmara. Eu o havia ajudado, em 2007, a se eleger presidente da Câmara. E Eduardo Braga, do PMDB, se tornou líder do Senado. Ele também tinha ótima relação comigo. Isso acabava mostrando que não seria tão fácil para ela me isolar, como alardeava pelas notas plantadas na imprensa. Esse comportamento dela não impediu que eu continuasse na base do governo e votasse as medidas governistas, apesar de alguns entreveros, todos acordados na época com Henrique Alves, então líder do PMDB, e Michel Temer.

Surgiu então a primeira vaga do STF no seu governo, e Dilma acabaria escolhendo o então ministro do STJ, Luiz Fux. Antes da escolha, Michel Temer me chamou a seu gabinete e me confidenciou que Dilma o teria consultado sobre o nome de Fux, se haveria algum veto dele a Fux. Temer teria então avalizado a escolha. Ele me pediu que transmitisse esse fato a ele, o que eu fiz em seguida.

Esse gesto de Dilma não se repetiria nas demais escolhas feitas por ela, ao longo dos seus dois mandatos, quando Temer acabaria sendo mero figurante. No caso da escolha de Teori Zavascki, em 2012, estávamos juntos em viagem oficial à Itália e foi pela imprensa que Temer soube da escolha dela. Ele chegou a reclamar, naquele momento, do descaso dela em não avisá-lo.

Começam então os escândalos do governo Dilma, sem envolvimento direto dela. Ela passou a tentar construir a imagem de faxineira, afastando ministros objetos de denúncias e deixando seus partidos indicarem os substitutos. Os dois ministros do PMDB da Câmara, entre eles o indicado por Michel Temer, Wagner Rossi, foram abatidos nesse processo.

Dilma tinha como principal conselheiro o marqueteiro da sua campanha, João Santana. Seguia todas as orientações dele. Foi Santana quem conduziu a construção dessa imagem de faxineira, se contrapondo a Lula, de perfil bem diferente.

Dilma, diferentemente de Lula, tinha um estilo centralizador. Ela atuava diretamente em tudo, controlando todos os passos do governo. E esse excesso de controle prejudicava muito o papel dela na Presidência, já que o tempo para se dedicar à política era quase nenhum. Dilma adotou um perfil mais intervencionista e de aumento da participação do Estado nos investimentos públicos.

Em uma votação na Câmara do projeto do Código Florestal, sobre o qual a bancada do PMDB tinha uma posição não tão afinada com a vontade governista, Dilma encarregou Palocci de ligar para Michel Temer, com o telefone em viva-voz. Ele ameaçou a demissão do seu indicado, o ministro da Agricultura do PMDB, Wagner Rossi. Isso desencadeou a revolta de Temer, que entregou o cargo do ministro, o qual acabou não demitido naquele momento. As denúncias contra ele surgiriam depois.

Esse episódio marcou muito Michel Temer. Posso confirmar, pois estava a seu lado no Palácio do Jaburu, junto de Moreira Franco, quando aconteceu o telefonema. O resultado disso foi Temer me pedir para voltar para o plenário e não abrir mão de nenhuma vírgula do texto que o PMDB defendia.

Em seguida estourou a crise com Palocci, sobre supostas receitas de consultoria da empresa dele que foram divulgadas por vazamento na imprensa, vazamento esse atribuído à fiscalização da prefeitura de São Paulo. Palocci, desgastado e encurralado, pediu demissão. Dilma colocou em seu lugar a então recém-eleita senadora Gleisi Hoffmann, do PT.

Essa alteração foi crucial para entender o movimento do governo de Dilma. Ela tirava o elo de interlocução com Lula e colocava alguém que naquele momento não era afinada com o ex-presidente nem representava a ala do PT que estava se enfraquecendo com a queda de Palocci.

Com a queda dos ministros que eram alvos de denúncia, Dilma ia se fortalecendo na opinião pública, e seus índices de aprovação eram altos e até maiores que os de Lula no mesmo período, começando, dentro do PT, a guerra de grupos.

Nessas quedas, acabaram saindo os dois do PMDB: Wagner Rossi e o então deputado Pedro Novais. Alfredo Nascimento, do PR, também foi demitido. Caiu ainda Orlando Silva, do PC do B, aquele do caso da tapioca dos cartões corporativos, denunciado dessa vez por esquemas em programas do seu Ministério dos Esportes, além de Carlos Lupi, do PDT, outro abatido por denúncias de corrupção.

Dilma não teve a mesma atitude com relação a Fernando Pimentel, do PT, também alvo de denúncias de corrupção. Ele foi poupado da faxina dela, em nome das relações pessoais que mantinham – o que mostra que seu rigor era seletivo.

Em seguida, Dilma trocou a diretoria da Petrobras, substituindo José Sergio Gabrielli, ligado a Lula, por Maria das Graças Foster, de sua total confiança, além de afastar os diretores ligados ao esquema de corrupção que seriam denunciados depois, colocando no lugar diretores afinados com ela.

A taxa de juros subia, o saldo da balança comercial diminuía, o crescimento do PIB era menor que nos mandatos de Lula, mas Dilma alcançava um nível recorde de aprovação popular, apesar disso tudo.

Depois da troca de ministros, superação da crise com os partidos que indicaram os ministros, mas que foram contemplados com os mesmos cargos que tinham, Dilma conseguiu empurrar a situação política e vencer a maioria das batalhas no Congresso. E, mesmo sem atuar diretamente na articulação política, conseguiu a manutenção da base.

No meio do caminho veio a eleição para o representante da Câmara no TCU. A então deputada Ana Arraes, mãe do governador de Pernambuco, Eduardo Campos, saiu candidata, além de Aldo Rebelo, entre outros.

Eduardo Campos fez uma forte campanha para ela. Procurou e obteve o apoio de Henrique Alves, que o colocou em contato comigo, para que eu pudesse ajudá-lo no PMDB e em outros partidos em que eu tinha trânsito.

Em julho de 2011, Campos veio ao Rio. Hospedado no hotel Sofitel, me chamou para conversar. Acabamos tomando um porre juntos. Ele contou várias histórias sobre o ex-governador Anthony Garotinho, com quem eu já estava rompido e por quem ele nutria verdadeira ojeriza.

Naquela noite, Campos me disse que foram atribuídas a mim muitas das atitudes de Garotinho – o que levou o PSB a expulsá-lo. Juntos, concluímos que as loucuras e traições de Garotinho pertenciam a seu caráter, ou à falta dele – não a terceiros.

Passada essa situação, construímos uma grande amizade. Ajudei bastante na eleição da mãe dele, que teve 222 votos contra os 149 votos de Aldo Rebelo. Campos não se conformava com a traição de Aldo, em se candidatar contra sua mãe, sendo que ele tinha apoiado Aldo nas três vezes em que disputou as eleições de presidente da Câmara.

A eleição foi em 21 de setembro. Eduardo Campos me levou para me homenagear em agradecimento, em 29 de setembro, na comemoração do meu aniversário. Ele me ofereceu um almoço no Palácio do Campo das Princesas, com todo o governo dele, para demonstrar a gratidão.

Em 2012, estourou um escândalo com o contraventor Carlinhos Cachoeira, com envolvimento de empreiteiras. Isso acabaria levando à criação de uma CPMI. O PT tentou aproveitar a investigação para atingir adversários políticos. O partido queria também atacar a *Veja*, pois o contraventor supostamente teria relação com um editor da revista.

Eu era vice-líder da bancada do PMDB e coordenava a atuação dos membros do partido na CPMI. Evitamos que a CPMI se concentrasse em questionar um órgão de imprensa, para ser um veículo de vingança política do PT.

A CPMI também tentou envolver governadores do PSDB e do PMDB, já que o então governador de Goiás, Marconi Perillo, teria relações com o contraventor. A denúncia envolvia também fatos do governo do Rio, à época comandado por Sérgio Cabral – mas não seria da competência do Congresso Nacional o seu exame.

O PMDB atuou para evitar o envolvimento de qualquer governador. Depois se descobriu que o então governador do Rio de Janeiro, Sérgio Cabral, teria sido vítima de extorsões de membros da CPMI para supostamente não o investigarem. Cabral denunciaria isso em acordo de colaboração premiada, informação obtida informalmente e sem confirmação, mas que certamente, se for verdadeira, em breve deverá ser conhecida da sociedade.

Nesse momento obtive a ajuda de Eduardo Campos, que colocou os representantes do PSB na CPMI para atuarem de forma a atender ao que o PMDB defendia. Para isso, fui visitá-lo em Recife.

Estava com interlocução frequente com Eduardo Campos. Já sabia que ele iria disputar de qualquer forma a sucessão de Dilma, a menos que o candidato fosse o Lula, por quem ele nutria respeito e admiração – e considerava que seria difícil derrotá-lo.

Eduardo Campos achava o que todos achavam – ninguém em volta do PT cresce; os que orbitam a legenda só servem para ficar de coadjuvantes. Jamais o PT abriria mão de disputar algo para apoiar algum partido aliado, isso estava no DNA do PT.

Cheguei a discutir com Eduardo Campos, autorizado por Michel Temer, a possibilidade de fusão entre o PMDB e o PSB, com Eduardo candidato a presidente, e, assim, teria uma estrutura forte para vencer. Mas ele não aceitou a ideia. Não confiava nos caciques do PMDB. Achava que não o deixariam ser candidato, apesar de concordar que nesse partido sua candidatura teria outro porte, seria mais viável.

Às vésperas da eleição municipal, Dilma cometeu um dos mais graves e grosseiros erros da sua gestão: mudou o regime tarifário do setor elétrico e das concessões, atingindo diretamente as empresas dos governos de São Paulo e Minas Gerais, editando uma medida provisória para essa finalidade, a MP 579.

A presidente fez um pronunciamento em rede nacional anunciando a medida, e, embalada pela orientação do seu marqueteiro, construiu o discurso com o suposto objetivo de queda do preço da energia para as famílias. Na prática, criava um novo Bolsa Família na energia, para ter uma marca sua de atendimento às classes mais pobres, já que o programa de distribuição de renda era legado de Lula.

As eleições municipais ocorreram em 7 de outubro de 2012, em primeiro turno, e 28 de outubro, o segundo. O PT elegeu cinco prefeitos de capitais – incluindo a maior, São Paulo. O PSDB elegeu quatro prefeituras, sendo que aliados do governo venceram na maior parte das prefeituras. O PMDB continuou com o maior número de prefeituras do país.

Em seguida às eleições municipais, começou a discussão no Congresso da Medida Provisória 579. A relatoria da MP ficou com o então líder do PMDB no Senado Federal, Renan Calheiros. A relatoria revisora coube a mim.

Como eu não concordava com a MP, já que tinha conhecimento técnico para compreender que isso seria um desastre – fato que ficou comprovado depois e foi revisado após a saída de Dilma do governo –, começaram os atritos dentro do PMDB, provocados por Renan Calheiros, com receio da minha posição.

Renan era o candidato, já acordado com o PT, para suceder José Sarney na presidência do Senado. O cargo era um objetivo que ele perseguia desde sua renúncia, em 2007, sob o escândalo do pagamento das despesas de uma suposta amante por uma empreiteira. Ele não queria nada que abalasse sua eleição.

Por outro lado, também Henrique Alves era o candidato à sucessão da Câmara, já acordada com o PT desde 2011 – e não queria marola também em sua campanha. Eu poderia atrapalhar a caminhada, com a oposição à aprovação da medida provisória.

Em almoço com Michel Temer no Palácio do Jaburu, Renan disse que a MP era a criação do novo Bolsa Família da luz, e, se ficássemos contra, seríamos bastante prejudicados. Dilma e Renan fizeram uma enorme pressão junto a Michel Temer, que convocou uma reunião da executiva nacional do PMDB para fechar questão a favor da votação da medida. Como eu me insurgia contra a medida e ameaçava ir à justiça, a reunião foi suspensa sem o fechamento da questão. Mas Henrique Alves me fez um apelo para que eu mudasse de posição, já que minha postura poderia atrapalhar a eleição dele, já acertada.

Cedi a Henrique Alves, porque a pressão que Dilma fazia era que não apoiaria os candidatos do PMDB, nem na Câmara, nem no Senado, se a medida não fosse aprovada pela minha atuação. Naquele momento, Dilma estava forte – e talvez tivesse condições de atrapalhar mesmo as eleições deles.

Isso acabou criando esse monstro decorrente da lei sancionada pela aprovação da MP 579, aprovada com o meu apoio a contragosto, e causando o mal que causou à economia do país. Eu me arrependo bastante desse apoio e talvez pudesse ter atrapalhado a votação, mas não conseguiria evitá-la, já que a maioria de Dilma era confortável. Mesmo Aécio Neves, membro da comissão mista que analisava a medida provisória, teve receio de se insurgir, apesar do prejuízo a seu estado – pois o mote da MP era a redução da conta de luz, que, depois se viu, era algo que não se sustentaria.

Aécio, como candidato à Presidência, não queria ter de enfrentar na campanha de 2014 a acusação de ter impedido que o brasileiro pagasse uma conta menor de luz. Dilma, como se achava especialista em energia – e, aliás, especialista em qualquer coisa –, cismou com o absurdo dessa MP sem debater corretamente nem ouvir a palavra de especialistas. As consequências eram previsíveis.

Novamente foram plantadas notas na imprensa em todo lado. Diziam que Dilma me odiava, me culpava pela discussão da MP e que iria me retaliar, tudo dentro do mesmo *script* de sempre.

Com a candidatura de Henrique Alves à presidência da Câmara, haveria a necessidade de eleição de um novo líder para a bancada do PMDB. Resolvi me candidatar, com a oposição de Henrique Alves e de Michel Temer, em função da pressão de Dilma, contrária a mim.

Como desafeto, ela já seria normalmente opositora à minha pretensão, mas a situação tinha se agravado ainda mais pela minha posição na MP 579, que era a menina dos olhos dela.

Sandro Mabel, que tinha sido expulso do PR pela candidatura à presidência da Câmara em 2011, filiou-se ao PMDB e lançou-se candidato também a líder. Ele tinha, naquele momento, o apoio do governo, de Michel Temer e de Henrique Alves, que, apesar da proximidade comigo, temia que a minha eleição pudesse atrapalhar a dele.

Havia também a candidatura de Osmar Terra, tornando a eleição dura e de difícil decisão. Eu então resolvi fazer uma campanha em todos os estados e buscar o apoio dos governadores do partido, obtendo apoio de quatro dos cinco governadores, incluindo o do meu estado, Sérgio Cabral. Apesar de não ter relações fortes com ele, Sérgio Cabral deu o seu apoio por eu ser do Rio de Janeiro e por ter atuado na CPMI de Cachoeira, ajudando a evitar que ele fosse arrolado.

A campanha pela liderança correu em paralelo à de Henrique Alves à presidência, já que uma escolha foi marcada para a véspera da outra. Isso dificultava a articulação de Henrique Alves e Michel Temer contra mim.

Para neutralizar Temer, obtive o apoio de Geddel Vieira Lima e de Moreira Franco, que assumiram a linha de frente da campanha e, com isso, passaram a limitar a ação do vice-presidente. Para isso, assumi um compromisso com Moreira Franco – uma vez líder, apoiaria a pretensão dele de ocupar um ministério, já que estava em uma secretaria sem nenhuma função, a de Assuntos Estratégicos.

Como a eleição teria três candidatos, poderia ir para o segundo turno. Combinamos as regras entre nós: venceria o que tivesse a maioria absoluta da bancada em primeiro ou segundo turno. Passamos o mês de janeiro de 2013 em campanha. Moreira Franco e Geddel trabalharam para neutralizar a pressão que Dilma fazia em Temer, a fim de evitar a minha eleição.

A presidente também foi pressionar Sérgio Cabral para que não me apoiasse. Ela fazia de tudo para evitar minha eleição, inclusive colocando o governo para sinalizar que com meu concorrente, Sandro Mabel, os deputados seriam mais facilmente atendidos.

Além de Dilma, Renan Calheiros também entrou contra mim. Seu filho, o então deputado e atual governador de Alagoas, Renan Filho, acabou apoiando Sandro Mabel. José Sarney também, com a bancada do Maranhão.

Consegui ajuda de outros partidos. Os deputados João Carlos Bacelar, do PR da Bahia, e Lázaro Botelho, do PP de Tocantins, se licenciaram do mandato por quatro meses – sem vencimentos –, para que assumissem suplentes do PMDB que tinham sido coligados desses partidos na eleição de 2010.

Assumiram, então, Marcelo Guimarães, ligado a Geddel, e Leomar Quintanilha, ligado ao deputado Júnior Coimbra, meu apoiador. Conquistei dois votos a mais e elevamos a bancada dos aptos a votar de 79 para 81 deputados.

Enfrentei todos, inclusive aqueles que eram os meus principais parceiros políticos naquele momento, Michel Temer e Henrique Alves. Venci a eleição. Tive 40 votos no primeiro turno, contra 26 de Sandro Mabel e 13 de Osmar Terra, além de uma abstenção, a de Henrique Alves. Nem deveria ter tido segundo turno, já que tive mais votos do que a soma dos outros dois candidatos.

Como Sandro Mabel exigiu o segundo turno, concordei. Não queria atritar mais a bancada. Aí foram 46 votos para mim contra 32 de Sandro Mabel, com duas abstenções, mesmo com Osmar Terra declarando apoio a Sandro Mabel.

A vitória foi contundente e deixou sequelas na eleição de Henrique Alves no dia seguinte. Ele se elegeu presidente da Câmara, mas com menos votos do que o esperado – a candidatura alternativa do PMDB, da então deputada Rose de Freitas, acabou amealhando os votos de uma parte da bancada do partido, insatisfeita com a omissão de Henrique Alves na minha campanha.

Inconformado com a derrota, Sandro Mabel entrou com um mandado de segurança no STF, visando a anular a eleição. Seu gesto, desesperado, irritou a todos, de Michel Temer aos deputados que o apoiaram. A iniciativa não teve sucesso e ele amargaria um longo período isolado na bancada. Com o tempo, recuperei a relação com ele – que acabou virando um apoiador da minha liderança.

Assim, em 4 de fevereiro de 2013, Henrique Alves foi eleito presidente da Câmara e Renan Calheiros conseguiu voltar à presidência do Senado, com o mandato de ambos até 31 de janeiro de 2015.

Renan deu a volta por cima, mas tinha alta rejeição da população. Na sessão de reabertura do Congresso, ele passou o constrangimento de ter manifestantes na porta, vaiando-o. Renan acabaria sendo um dos alvos das manifestações de junho de 2013 – sua renúncia era um dos pedidos dos manifestantes.

Apesar da oposição de Dilma, como líder eu não podia atuar contra o governo se essa não fosse a vontade da bancada. O líder tem de demonstrar respeito à vontade da maioria, sob pena de perder a liderança.

Além disso, precisava recompor a relação com Michel Temer e Henrique Alves, abalada pelo apoio deles a Sandro Mabel.

Foi o momento em que trabalhamos para consolidar um espaço maior da bancada do partido. Com o agravamento da situação da doença do deputado Mendes Ribeiro, que viria a falecer depois, Dilma pediu ao partido que o substituísse. Então, eu, Henrique Alves e Michel Temer, já novamente atuando em conjunto, aproveitamos para indicar para o lugar o então deputado Antônio Andrade, de Minas Gerais, que tinha me apoiado e representava a segunda bancada do partido.

Também conseguimos que se desse um *upgrade* na situação de Moreira Franco. Ele foi alçado à Secretaria de Aviação Civil, cargo de ministro de Estado. Com isso, eu cumpria meu compromisso firmado com ele durante a minha campanha para a liderança.

Mesmo com a ajuda, sabia que ele continuaria sendo meu adversário no partido. A aliança havia sido apenas circunstancial – Moreira queria trocar de cargo de qualquer maneira e não teria conseguido se o líder da bancada não o apoiasse.

Em menos de dois meses de liderança consegui ajudar a emplacar, junto com Henrique Alves e Michel Temer, dois nomes para o ministério de Dilma – embora Moreira Franco fosse bem próximo de Temer e Antônio Andrade tivesse a bancada do partido de Minas Gerais por trás.

Como líder, contudo, eu precisava ter o respaldo da bancada mineira. A favor de Antônio Andrade contava o fato de a bancada mineira ter perdido a diretoria da Petrobras. A mim foi atribuída a nomeação do diretor em 2008, fato absolutamente falso e delirante.

A partir desse momento, a própria bancada do PMDB já imaginava e defendia minha candidatura à presidência da Câmara. Alguns partidos da base do governo também. Eu tinha um perfil que agradava a eles. Fazia e cumpria os acordos. Era solidário. Mas não iria disputar contra Henrique Alves, que teria direito à reeleição – o que só não ocorreu porque ele acabou preferindo concorrer ao governo do seu estado, o Rio Grande do Norte.

Na escolha das comissões que caberiam a cada legenda, acabei organizando um acordo com os demais partidos. Abri mão de espaços do PMDB e aceitei ceder a comissão de transportes para o deputado Rodrigo Maia – atendendo a seu pedido, já que ele não conseguiria ter direito a essa comissão pelo DEM, que contava com uma bancada pequena. Depois disso tudo, acabei saindo da distribuição das comissões ainda mais fortalecido.

O STF aceitou em plenário uma denúncia do procurador-geral da República contra mim: de uso de documento falso, em função de uma certidão dada pelo Ministério Público do Rio de Janeiro, falsificada por um procurador de Justiça do Estado, sem a minha ciência, e que tinha sido utilizada por mim em petição junto ao Tribunal de Contas do Estado do Rio de Janeiro.

A denúncia foi aceita pelo plenário do STF, por maioria de seis votos a favor e três contrários, instaurando-se uma ação penal. Fui absolvido por unanimidade no julgamento, ocorrido em agosto de 2014. Meu advogado na causa foi o atual ministro do STF, Alexandre de Moraes.

A condução da liderança e de apoio ao governo caminhava sem atritos. O PMDB estava votando sem dificuldades as pautas e o governo ia bem, com alta aprovação de Dilma e uma base consolidada. Isso tudo tornava difícil o governo ser derrotado no Congresso.

Veio então a primeira grande confusão: a votação da Medida Provisória 595, a MP dos portos, que virou depois a Lei nº 12.815, de 2013. O governo mudava a regulamentação dos portos no país, e havia bons e maus conceitos. A exemplo do ocorrido na MP 579 do setor elétrico, eu tinha restrições de ordem técnica a alguns pontos. Autorizado pela bancada, resolvi lutar por eles.

A medida provisória continha uma aberração, em favorecimento da Odebrecht – depois confirmada pela delação de Palocci, que afirmou que a edição dessa medida teria sido para resolver uma disputa da empresa no Tribunal de Contas da União.

A necessidade de favorecimento à Odebrecht decorria do fato de que ela detinha o controle da empresa Embraport, que possuía, em regime de autorização, um terminal portuário no porto de Santos – sendo que o regime de autorização só permitia o transporte de carga própria, mas a Embraport estava comercializando e transportando carga de terceiros. Por isso estava enfrentando questionamentos judiciais e perante o Tribunal de Contas da União.

A Medida Provisória mudava o sistema de concessões e autorizações do sistema portuário do país, retirando o conceito de carga própria e carga de terceiros. Passou-se a considerar concessão toda a área dentro do chamado porto organizado e autorização toda a área fora do chamado porto organizado.

As áreas concedidas tinham a obrigação de utilizar a mão de obra organizada do porto, mais onerosa. O prazo de concessão era de 15 anos, prorrogáveis por mais 15 anos – direito obtido por licitação mediante pagamento de outorga.

As áreas fruto de autorização não eram sujeitas a licitação. Teriam prazo de 25 anos, prorrogáveis por mais 25 anos, e não estavam obrigadas a utilizar mão de obra organizada do porto. Também não tinham nenhum pagamento de outorga.

Aí vem o pulo do gato da MP: as autorizações existentes na data da medida, mesmo dentro do porto organizado, continuariam valendo por prazo de 25 anos, prorrogáveis por prazos iguais sucessivos – e poderiam transportar cargas de terceiros, legalizando o desrespeito da Odebrecht à lei anterior, acabando com a disputa com o TCU e ainda dando um prazo infinito de prorrogações. A MP tornava a área autorizada dentro do porto organizado uma propriedade da Odebrecht. Ou seja, era ou não era a MP da Odebrecht?

Sabedor disso, por entender o que estava sendo estabelecido e sem querer confrontar o governo e a Odebrecht, atuei para alterar alguns pontos técnicos da MP. Como o relator era o senador Eduardo Braga, do PMDB, líder do governo Dilma no Senado naquele momento, tive de acabar cedendo ao fim para não tumultuar a relação do partido com a presidente – embora tenha sido acusado pelo governo de atrapalhar aquela votação.

O governo cedeu em alguns pontos para diminuir a aberração da MP. Isso serviu de desculpa para que eu cedesse também. Com isso, o PMDB passou a ajudar na Câmara.

Dilma manifestava, através de notas e matérias plantadas, a extrema irritação comigo por causa dessa atuação. Eu estava prestes a ser fuzilado em praça pública, por ela, pessoalmente – se considerarmos que era verdadeiro o que saía na imprensa.

É estranho que até agora esse assunto, que não fez parte da delação da Odebrecht, não tenha sido objeto de investigação e responsabilização. Em toda a minha história no parlamento, nunca vi um ato de governo tão carimbado para beneficiar uma empresa como esse.

Em entrevista veiculada pelo jornal *Valor Econômico* em 10 de maio de 2013, denunciei os beneficiários da MP, sem mencionar a Odebrecht, mas citando o nome da empresa dela, a Embraport, além de outras três companhias que se beneficiariam.

Mesmo com a minha atuação favorável, a MP iria perder a validade. Varamos a madrugada inteira na Câmara, em uma sessão de obstrução da oposição na qual, pela primeira vez, vi obstruírem a redação final de uma proposta legislativa e levarem toda a noite discutindo isso.

A dificuldade maior era manter o número de parlamentares em plenário durante todo esse tempo, já que muitos, pela idade e condição de saúde, não aguentaram e acabaram saindo da sessão, deixando o número insuficiente para conseguir vencer.

Quando o então líder do governo na Câmara, Arlindo Chinaglia, já dava entrevista admitindo a derrota da MP – que iria perder a validade naquele dia e ainda precisava ser votada no Senado, sentei-me ao lado de Henrique Alves, às 7 horas da manhã, depois de toda a noite de embates. Disse a ele que devia fazer algo para que a queda da MP não caísse no nosso colo.

Henrique pediu sugestões. Disse a ele que encerrasse aquela sessão, convocasse outra sessão extraordinária em seguida – e chamássemos e acordássemos todos aqueles que tinham ido dormir nas suas casas para que viessem votar. Henrique acabou concordando. Isso feito, houve êxito, e, às 10h30 da manhã, a MP estava aprovada e enviada ao Senado, que acabou votando naquela tarde.

Paguei um preço por me opor à MP da Odebrecht sem dizer as razões – para não agravar o fato e gerar uma situação de rompimento com o governo e também com a companhia. No meio do caminho, a Odebrecht me procurou pedindo ajuda para a votação e dizendo que a MP resolvia um problema de uma empresa da qual o governo era sócio indireto, através do FGTS.

Logo em seguida a essa votação, iniciou-se o movimento das manifestações de junho de 2013. Foi um movimento que alterou e influenciou muita coisa daí em diante.

PARTE II
O COMEÇO DA DERROCADA DE DILMA

Manifestações de 2013, um divisor de águas

As manifestações de 2013 foram consequência de diversos fatores – como uma queda de avião, que geralmente resulta de um conjunto de falhas, e não de um fato isolado. E acabaram dando no que deu.

Vivíamos um período de calmaria, ainda em processo de recuperação econômica dos efeitos da crise internacional de 2008. Era alta a aprovação de Dilma e se tentava o controle da inflação, a recuperação econômica e a manutenção do nível de empregos, inclusive com a acentuação da política de desoneração da folha de pagamento das empresas.

Havia um grande esforço no cumprimento das exigências para a realização da Copa do Mundo de 2014, dentro de um chamado padrão Fifa de qualidade, inacessível para a maioria dos brasileiros. Também era empenhado, no Rio, esforço para as Olimpíadas.

A Copa das Confederações estava programada para iniciar e, naquele momento, seriam testados os estádios construídos para a Copa do Mundo – ao preço de bilhões de investimentos diretos e indiretos do governo federal.

Havia a clara noção de que esses investimentos seriam sem retorno, pois os estádios ficariam abandonados depois da Copa, em centros sem tradição no futebol no país. E foi o que realmente aconteceu.

Na ânsia de controlar a inflação, o então ministro da Fazenda, Guido Mantega, fez um acordo com os então prefeitos do Rio de Janeiro, Eduardo Paes, e de São Paulo, Fernando Haddad, para segurarem os aumentos das tarifas de ônibus. A previsão era de que o reajuste ocorresse em janeiro de 2013.

Tradicionalmente os aumentos de tarifas de ônibus são feitos em janeiro, no início do ano, em geral no fim de semana. É um período em que os estudantes estão em recesso escolar e grande parte da população economicamente ativa está em férias ou ainda nas folgas de fim de ano.

Assim, o momento é o ideal para evitar manifestações, que eram comuns no passado. Eu me lembro bem que um aumento de tarifas de ônibus, ocorrido no Rio de Janeiro no meio de uma semana, em mês de período escolar, levou a uma quebradeira na avenida Rio Branco, com consequências enormes. Isso no governo Sarney.

Contudo, naquele 2013, por conta do acordo firmado com Mantega, os prefeitos do Rio de Janeiro e de São Paulo acabaram tendo de promover o reajuste no meio do período escolar, o que levou à indignação dos estudantes e da população.

Havia também a tramitação de uma proposta de emenda constitucional de 2011, de número 37. De autoria do então deputado Lourival Mendes, o texto acrescia um parágrafo ao artigo 144 da Constituição, colocando a apuração das infrações penais na incumbência privativa da Polícia Federal e das polícias civis dos estados e do Distrito Federal.

Essa proposta de emenda constitucional veio depois do início de uma discussão do STF conferindo poderes de investigação ao Ministério Público, em julgamento que só seria concluído em 2015, mas com a maioria já obtida em 2012. Isso levou a um acirramento entre as polícias e o Ministério Público, que passou a ter poder de investigar, além de acusar – só faltando o de julgar. Ou seja, na linguagem do futebol, seria o mesmo que um jogador bater o escanteio, correr para cabecear a bola e defender o gol.

A PEC estava em discussão, prestes a ser votada, e enfrentava forte oposição do Ministério Público. Este divulgava de maneira ardilosa e incorreta que a proposta atrapalharia o combate à corrupção e seria a PEC da mordaça.

O julgamento do processo do Mensalão corria no STF. Condenações penais já haviam sido feitas e estavam na fase de julgamento dos embargos. Após isso, os condenados deveriam ser presos para o cumprimento das penas, pois haveria trânsito em julgado.

Com esse quadro, começava uma série de eventos, desencadeados com a autorização da prefeitura de São Paulo para o aumento da tarifa de ônibus em 20 centavos. Surgiu uma série de manifestações na capital paulista, em protesto contra o aumento. Os atos eram convocados por movimentos sociais, entre eles o Movimento Passe Livre.

Outras capitais também tiveram reajustes e protestos semelhantes, que começaram a ganhar corpo, intensidade e, em alguns casos, foram acompanhados de atos de violência.

O governo Dilma havia concedido uma desoneração do PIS e do Cofins para o transporte público. Isso deveria ter evitado o aumento – ou pelo menos diminuído seu percentual. Mas não foi o que ocorreu.

O movimento detonou uma série de protestos pelo país. As reivindicações iam variando a cada momento, mudando e ampliando as insatisfações. Quando Dilma compareceu ao jogo inaugural da Copa das Confederações em Brasília, em 15 de junho de 2013, foi vaiada. O impacto foi tanto que ela acabou preferindo não ir ao jogo final, vencido pelo Brasil – na programação original, caberia à presidente a honra de entregar a taça ao time campeão.

Nos dias seguintes à vaia, os protestos aumentaram de forma bem acentuada, chegando às principais capitais e culminando com multidões nas ruas do Rio de Janeiro, de São Paulo e Brasília, entre outras. A pauta começou a ser difusa, com ausência de lideranças políticas. Inclusive não eram permitidas bandeiras partidárias.

Juntos, estavam os que protestavam contra a PEC 37, os que pediam a renúncia de Renan Calheiros, os que clamavam pelo combate à corrupção, os que solicitavam melhoria de serviços públicos. Todos queriam o padrão Fifa de qualidade. Havia também, claro, os manifestantes pela tarifa zero nos transportes públicos, que incluía, por óbvio, a revogação dos aumentos das passagens.

Pressionados, os prefeitos do Rio e de São Paulo revogaram a autorização dos reajustes das tarifas de ônibus. Mas o fato em nada adiantou para a contenção das manifestações.

Lembro-me de um manifestante dizer, em entrevista à TV, que apoiava o protesto dos outros para que eles apoiassem o seu protesto. O cúmulo. Além de a pauta ser difusa, ela era anárquica.

Foi quando começou um movimento – organizado por militantes de apoio ao governo, segundo alguns, ou por anarquistas – em que manifestantes entravam nos protestos e saíam quebrando tudo o que viam pela frente. Eram os *black blocs*. E a violência impetrada por eles acabava com as manifestações, afastando as famílias que iam para as ruas de forma pacífica.

Com a atuação desses agressores, organizados ou não pelo governo – mas que certamente se beneficiou das agressões –, os protestos foram arrefecendo, acabando em seguida. O saldo, contudo, foi um *tsunami* em todos os sentidos. A aprovação de Dilma caiu 26% em uma semana, mostrando quanto a voz das ruas poderia afetar a eleição de 2014.

Os movimentos eram combinados pela internet e, à semelhança do ocorrido com a Primavera Árabe, mobilizavam os jovens, em primeiro lugar, e, em seguida, os demais setores da sociedade.

Nos dois mandatos de Lula houve um ganho de renda *per capita* da população, com a popularização de bens e serviços antes inacessíveis. Muitos viajaram de avião pela primeira vez e passaram a ter esse hábito, além de outras facilidades que levaram a uma melhoria de classe social, com a inclusão de uma parcela dos mais pobres.

No governo Dilma, em seguida à grande crise internacional de 2008 que afetou – e muito – o crescimento econômico do país, muitos que tinham tido melhoria de renda retrocederam parcialmente. Os jovens, filhos dessa nova classe média formada no período Lula, se revoltaram – eles não conseguiam mais obter os bens e serviços que haviam conquistado. Esse sentimento floresceu nas manifestações.

Foi mais ou menos o cidadão ter de sair do avião e voltar a andar de ônibus, o jovem perder a condição de estudar, comer, se vestir e se divertir. Tudo caía para degrau inferior ao que a população já tinha se acostumado. Enquanto isso, o povo assistia ao governo implantar, para a Copa do Mundo, o tal padrão Fifa de qualidade, inatingível para a maior parte dos brasileiros.

As forças do Ministério Público souberam usar muito bem as redes sociais e conseguiram colocar a questão da PEC 37, que ninguém sabia do que se tratava, na boca do povo. Com isso, impediram sua aprovação.

A propaganda feita dava a entender que barrar a PEC resolveria o problema da corrupção, sobrando mais dinheiro para a população. Foi emplacado o discurso de que, com a polícia investigando, em vez do Ministério Público, aumentaria a corrupção.

No dia em que Dilma foi vaiada, embarquei, junto de Henrique Alves, para uma viagem à Rússia, anteriormente programada. Seguíamos com uma comitiva de deputados, entre eles o então líder do governo, Arlindo Chinaglia, e também Ronaldo Caiado, Bruno Araújo, Fábio Ramalho, Rubens Bueno e Felipe Maia.

Estávamos em Moscou, na segunda-feira seguinte, dia 17 de junho, quando estourou a maior das manifestações. Na quarta, 19 de junho, quando estávamos em São Petersburgo, após o jantar – em função da diferença de fuso horário –, soubemos da manifestação programada para Brasília no dia seguinte, 20 de junho. Decidimos ali que tanto Henrique quanto Arlindo Chinaglia deveriam antecipar o retorno. Eles pegaram um voo que sairia em poucas horas, na quinta-feira.

Os presidentes da Câmara anteriores a mim, assim como eu, nunca utilizaram aviões da FAB para voos internacionais. Tal prática ficou comum com o deputado Rodrigo Maia. Gera um gasto exorbitante, desnecessário. Deveria ser coibida.

Henrique e Chinaglia voltaram e eu fiquei com o restante da delegação. Cumprimos o último dia de agenda e retornamos ao Brasil na sexta, dia 21. À noite, já no Rio, vi o clima de desordem na cidade, com as pessoas assustadas e com medo de circular.

Dilma fez um pronunciamento em cadeia de rádio e TV acenando para os movimentos, combatendo a violência ocorrida nas manifestações e anunciando que chamaria governadores e prefeitos de capitais para uma reunião – que acabou ocorrendo na segunda seguinte, dia 24.

Na reunião, a presidente anunciou uma série de pactos que gostaria de fazer com relação a mobilidade urbana, educação, saúde, combate à corrupção e reforma política, mediante convocação de plebiscito.

Dilma tentou passar a sua interpretação de que os movimentos seriam decorrentes de a população não se sentir representada pelos políticos – em sua visão, não por ela, mas pelo Congresso. A presidente foi oportunista e tentou ali emplacar as pautas do PT de reforma política, que implicavam financiamento público de campanha e votação por lista fechada para a Câmara dos Deputados.

Assim, Dilma encaminhou ao Congresso uma proposta de convocação de plebiscito que propunha a discussão de cinco pontos, a saber: o financiamento de campanhas, se público, privado ou misto; o sistema de votação, se por voto proporcional, por lista fechada e flexível, majoritário, distrital, distrital misto ou em dois turnos com lista fechada em primeiro turno e escolha dentro da lista em segundo turno; a manutenção ou não das coligações partidárias; o fim da suplência de senador; o fim do voto secreto no Congresso.

Ou seja, Dilma queria convencer a todos de que o voto em lista ou o financiamento público iriam resolver as demandas das manifestações. Ela achava que isso seria o suficiente para conter as manifestações, que já estavam naquele momento diminuindo pelo uso da violência dos *black blocs*.

Ela anunciou investimentos de mobilidade urbana, 50 bilhões de reais, e a mudança da destinação dos *royalties* do petróleo, que deveriam ser então investidos em educação. Anunciou também um programa para trazer médicos do exterior – o Mais Médicos, lançado em 8 de julho de 2013. Foi o programa que trouxe médicos cubanos ao Brasil, em meio a muita polêmica sobre a qualificação desses profissionais.

O acerto das propostas de Dilma pode ser medido pela sua acentuada queda nas pesquisas, de 26 pontos percentuais, causada pelas manifestações, sendo que esse índice iria se manter até o período eleitoral de 2014. Além disso, passou a haver um desrespeito à figura da presidente da República. Dilma passou a ter de aturar xingamentos em público, fato que aconteceu até mesmo depois de sua reeleição.

Sobre a ideia do plebiscito, Henrique Alves constituiu um grupo que, em 90 dias, deveria ter uma proposta de reforma política. Qualquer alteração que fosse feita no processo eleitoral teria de ser aprovada até um ano antes das eleições de 2014, conforme dispositivo constitucional.

Todos sabiam que seria impossível aprovar qualquer emenda constitucional em tão pouco tempo. O plebiscito só serviria para tirar a legitimidade do próximo Congresso, a ser eleito em 2014 – pois, se fosse escolhido outro sistema, os eleitos por um sistema velho estariam deslegitimados.

A proposta do plebiscito foi distribuída às comissões e foi inicialmente para a Comissão de Finanças e Tributação, em que o PMDB comandava a comissão. Como eu era membro, fui designado relator pelo presidente da comissão, em acordo com os líderes de PSDB, DEM, PPS, PP, PTB, PSC, PR, Solidariedade e Republicanos. Com isso, não dei seguimento à proposta e deixei vencer o prazo de um ano antes da eleição de 2014, sem relatar a matéria, que nunca chegou a ser analisada.

O grupo de deputados formado por Henrique Alves formulou uma proposta política. Sob a coordenação de um deputado do PT, Cândido Vaccarezza, elaboraram um projeto apresentado na forma de Proposta de Emenda Constitucional (PEC), junto à Comissão de Constituição e Justiça da Câmara, a CCJ.

A tramitação de uma PEC na Câmara implica primeiro ter a sua admissibilidade votada na CCJ e depois criada uma comissão especial, em que o mérito é analisado em um prazo de até 40 sessões de deliberação da Câmara, sendo que existe um prazo de dez sessões para apresentação de emendas. Só depois de vencido o prazo de emendas, a PEC pode ser votada na comissão especial.

A proposta não teve sua admissibilidade votada na CCJ, por obstrução do PT. Até que eu, assumindo a presidência da Câmara, avoquei a matéria para o plenário, para votar a admissibilidade da PEC, em substituição à CCJ. A partir daí, dei curso à reforma política que aprovei na Câmara, mas que foi engavetada depois no Senado por Renan Calheiros.

Além disso, outras medidas foram tomadas pelo Congresso, sendo que Henrique Alves levou a votação da PEC 37 ao plenário da Câmara, em acordo com todos os líderes para derrotá-la, concedendo vitória ao Ministério Público sobre as polícias, consolidando um poder absoluto nas mãos deles.

Outras propostas foram também votadas e têm consequências até hoje, como o projeto de lei que supostamente teria sido feito para o combate às organizações criminosas, que foi usado para incorporar as delações premiadas como método de destruição das quadrilhas.

Ocorre que todos foram enganados, achando que isso seria um instrumento de combate ao crime organizado. Todo o debate do projeto de lei – que começou com o PT no Senado, foi alterado na Câmara e retornou ao Senado – acabou sendo usado por Renan Calheiros como resposta às manifestações.

Embora estivesse clara a motivação do projeto, o instrumento foi desvirtuado e gerou as delações premiadas que nortearam a atuação do Ministério Público, especialmente no caso da investigação da Lava Jato, comandada pelo então juiz Sergio Moro – de forma politizada e direcionada politicamente.

Durante aquele período, todos atiraram a esmo, achando que estariam respondendo aos anseios das manifestações das ruas. Mas ninguém fez nada que efetivamente respondesse às ruas. E até hoje ninguém tem a verdadeira convicção do que realmente as ruas queriam – mas fica a certeza: basta um palito de fósforo para que uma explosão ocorra.

11 A reeleição de Dilma e o início da demanda pelo impeachment

Com as manifestações contidas pela violência, mas presentes como fogo remanescente de um incêndio, que necessita de rescaldo dos bombeiros, e sem a menor possibilidade de continuação da ideia de um plebiscito – que, além de não poder mudar nenhuma legislação a tempo de valer nas eleições de 2014, serviria somente de palanque antecipado para o PT –, Dilma mudou a forma de articulação política.

Com receio de sofrer derrotas no Congresso e tentando recuperar parte da popularidade perdida, sem saber como nem onde encontrá-la, a presidente passou ela mesma a concentrar o papel da articulação política. Ela começou a se reunir, quase que semanalmente, com os líderes dos partidos que compunham sua base, me incluindo, e dialogando de uma forma que não vinha ocorrendo nos dois anos e meio anteriores.

Dilma não tinha muita paciência para o jogo político. Como era a dona da verdade em tudo o que fazia, demonstrava muita dificuldade nesse tipo de encontro. Eram reuniões nas quais ela precisava agir com humildade, dialogar, ceder e às vezes ouvir o que não gostaria.

Depois do atrito na votação da MP dos portos, a imprensa continuou noticiando alguns outros desentendimentos. Tudo o que acontecia ferindo a vontade governista acabava ficando na minha conta, incluindo a sempre presente disputa de cargos, em que o governo atendia parcialmente ao PMDB, sempre tendo de lidar com o descontentamento do PT.

Mas os cargos do PMDB eram sempre tutelados por petistas colocados próximos. Um ministro peemedebista não tinha liberdade para quase nada. Em resumo, o PMDB tinha os ministros, mas não os ministérios.

Com a bancada insatisfeita, elaborei uma Proposta de Emenda Constitucional limitando o número de ministérios a 20. Coloquei isso como proposta de alteração do artigo 88 da Constituição. Tal proposta serviria também como uma resposta às manifestações.

Óbvio que a ideia não prosperaria. Os outros partidos da base não apoiariam, já que poderiam perder ministérios. Mas fiz isso para perturbar o governo e dar um recado: poderiam tirar os nossos ministérios, pois, daquele jeito que estava, isso não faria nenhuma diferença para nós.

Isso irritava ainda mais Dilma. As notas de jornais, a cada dia mais, me colocavam como seu adversário. Esse embate, longe de me prejudicar, acabava me dando notoriedade acima da média.

Como a situação política naquele momento não era mais a mesma, Dilma teve de dialogar, inclusive comigo. Até que se saiu bem nesse período. Talvez, se tivesse continuado assim, o seu destino tivesse sido outro. Foi um período em que ela conseguiu aprovar tudo o que quis, teve solidariedade dos partidos, convivência harmoniosa e até momentos de simpatia.

Entre outras vitórias de Dilma, estava um pacto que foi feito com os partidos aliados de que não aprovaríamos nada que implicasse aumento de despesas. Isso, por si só, já era um ganho enorme para o governo – basta ver o que ocorre nos dias de hoje, quando bilhões de reais de gastos são criados pelo parlamento, com a maior cara de pau do mundo, inviabilizando qualquer controle dos cofres públicos e qualquer governo.

Dilma, nesse período, tentava se mostrar simpática de toda maneira. Houve até uma foto dela comigo, que viralizou na internet – eu havia acabado de fazer uma sessão de transplante capilar, o vulgarmente chamado implante de cabelo, para diminuir a calvície, e tive de comparecer à reunião de boina, o que gerou muitas brincadeiras. Ela fez a foto comigo com o adereço, que acabou divulgada na imprensa.

A revista *Época*, em agosto de 2013, trouxe uma reportagem sobre supostas irregularidades na Petrobras, envolvendo operações na área internacional com suposta participação do PMDB – a bancada do partido de Minas Gerais havia nomeado o diretor da área internacional, que ficou de 2008 a 2012.

A denúncia envolveria um suposto operador de negócios que teria sido gravado pelo repórter e, em uma série de palavras soltas, acabou gerando uma denúncia de que o PMDB e o PT estariam operando negócios ilícitos nessa diretoria.

Imediatamente, como líder do partido, fiz requerimento para que o suposto operador fosse prestar esclarecimentos na Comissão de Fiscalização e Controle da Câmara, em que o requerimento foi aprovado. Como a presença não é obrigatória, como em convocações de uma CPI, ele acabou não comparecendo.

A denúncia da matéria não citava participação minha nos assuntos. Mas o chefe da Lava Jato, Sergio Moro, usou essa reportagem como prova de acusação contra mim e contra outros, apesar do desmentido do suposto operador e de não se ter feito nenhuma perícia na suposta gravação.

Moro usou como base da minha condenação por corrupção passiva, em sua vara de Curitiba, o fato de um delator, que nunca tinha me visto na vida, um ex-gerente corrupto da Petrobras, Eduardo Musa, ter dito que ouviu dizer que o ex-diretor da área internacional da Petrobras, Jorge Zelada, tinha sido nomeado pela bancada de Minas Gerais do PMDB, mas que a última palavra teria sido minha. Mas, na época da sua nomeação, não tive nenhuma influência.

Isso tudo apesar dos testemunhos que coloquei na ação, do líder do partido na época, Henrique Alves, de Michel Temer, de deputados mineiros do PMDB e do ex-presidente Lula. Nenhum desses depoimentos confirmou a tese do delator, tão absurda, mas que serviu como encomenda para Moro justificar a sentença.

Até o depoimento do delator era contraditório em relação a outros depoimentos dados em outras ações, mas o Ministério Público o induziu a falar o que falou, para dar a justificativa a Moro, que ignorava a lei das delações, na qual consta que ninguém pode ser condenado só com base na palavra de delator.

Moro usava reportagens e entrevistas dadas por mim como elementos de provas. Mas o fazia de forma completamente fora do contexto, visando dar suporte a suas acusações. Além disso, tinha a simpatia dos órgãos de imprensa para divulgar o que fazia.

Ele nunca respeitou o devido processo legal. Apresentava como surpresa, em interrogatório, entrevistas que a pessoa poderia ter dado ou não da forma publicada, visando encontrar meios de corroborar suas teses.

Em 17 de agosto, Dilma anunciou sua escolha para a Procuradoria-Geral da República: Rodrigo Janot sucederia Roberto Gurgel. A eleição interna havia ocorrido em abril, com Janot como primeiro colocado da lista tríplice, com 511 votos – seguido de Ela Wiecko, com 457 votos, e Deborah Duprat, com 445 votos.

Dilma não queria escolher Janot, preferindo uma das duas mulheres, mais ligadas ao PT. Contudo, no auge das repercussões das manifestações, avaliou ser melhor seguir a linha adotada por Lula em 2003, decidindo pelo mais bem votado da lista. Foi decisiva a interferência de José Eduardo Cardozo, se cacifando com isso como o principal interlocutor de Janot – o que teria grande influência em todo o processo de impeachment de Dilma.

Janot era sindicalista do Ministério Público, não tinha grandes apoios do PT e dificilmente seria nomeado, não fosse Cardozo. Além disso, sua diferença como primeiro da lista era pequena, demonstrando que não causaria desconforto na classe a nomeação de qualquer nome da lista.

Também favoreceu a nomeação de Janot o apoio do então procurador Eugênio Aragão, que viria a ser ministro da Justiça de Dilma em seus últimos dias. Ele era um dos candidatos à vaga do STF do PT – poderia ter sido nomeado, não fosse a aprovação da chamada PEC da Bengala.

Os acordos de Janot com Cardozo, que levaram à nomeação e, depois, à recondução dele, tiveram impacto em todos os processos contra mim. Analisando agora, diria que esse foi o grande alavancador de todo o processo de impeachment, pela sua falta de escrúpulos de servir aos que o nomearam.

O PSB anunciou o rompimento com Dilma em 18 de setembro de 2013. Com a saída do governo, a legenda lançou a candidatura de Eduardo Campos à Presidência.

Sem ter conseguido registrar seu partido, a Rede, a tempo de poder disputar as eleições, Marina Silva firmou acordo com Eduardo Campos: filiou-se ao PSB. Era uma vitória política para Eduardo Campos, que tirava, assim, da disputa presidencial aquela que tinha sido a terceira colocada no pleito de 2010.

O anúncio da candidatura do pessebista antecipou o movimento sucessório. Eduardo se comprometeu, para atender ao grupo de Marina, a não buscar apoio de forças conservadoras, ligadas ao agronegócio, citando nominalmente Ronaldo Caiado.

Era um movimento arriscado. Eduardo sabia que não seria por uma terceira via que chegaria ao segundo turno. Sabia também que nada tirava o PT do segundo turno. A lógica seria tentar desbancar o PSDB. Para isso, Eduardo precisava ser o anti-PT. Desprezando essas alianças, não seria fácil a tarefa.

Então presidente do Superior Tribunal de Justiça (STJ), o ministro Felix Fischer promoveu um almoço com os líderes partidários e o então presidente da Câmara, Henrique Alves. Ele pedia a votação da PEC da Bengala. Apesar de minha simpatia, inclusive considerando a iminência da aposentadoria do então ministro Gilson Dipp, alertamos que, naquele momento, seria quase impossível.

O governo era radicalmente contrário a essa PEC, que tinha sido aprovada pelo Senado. Além disso, havia uma revolta do governo e do PT contra o então presidente do STF, ministro Joaquim Barbosa, o relator do Mensalão. Votar uma proposta de dar mais cinco anos de tempo de STF para Joaquim Barbosa seria tarefa bastante difícil. Dissemos isso a ele.

O Senado aprovou uma minirreforma eleitoral que, enviada à Câmara, sofreu obstrução cerrada do PT. Isso levou-nos a um atrito com o partido governista. Até Dilma interferiu para que se cessasse a obstrução, já que o PMDB ameaçava não votar mais nada, nem mesmo a medida provisória do programa Mais Médicos.

Eu era relator de um projeto de lei complementar do governo que alterava o indexador das dívidas de estados e municípios para com a União. Havia chegado a um acordo com o Ministério da Fazenda visando a redução delas, retroagindo a mudança do indexador à data de assinatura do contrato, limitando a variação da taxa Selic – o que os ajudaria bastante.

Essa mudança era de interesse dos estados e prefeituras governados por petistas, em especial do governo gaúcho e da prefeitura paulistana. Mas o maior beneficiário era a prefeitura da cidade do Rio de Janeiro, que iria zerar sua dívida.

Com a obstrução petista na minirreforma eleitoral, resolvi não me posicionar nesse projeto até a minirreforma ser votada. Isso acabou acontecendo pelo interesse do PT na sua prefeitura de São Paulo – vencendo, com isso, a obstrução do partido.

Essa obstrução era mais uma demonstração de que o PT descumpria acordos. Em tratativa realizada na frente de Dilma, o PMDB havia cedido para aprovar as medidas provisórias. Isso levou a um duro embate em plenário, entre mim e o PT, obrigando-me inclusive a obstruir as comissões presididas pelo partido até que cessasse a obstrução deles.

Começam a surgir os atritos, por conta da discussão do projeto de lei governista que tratava do chamado Marco Civil da Internet. Para Dilma, o projeto era questão de honra. O argumento é que seria uma resposta ao grampo do governo americano que ela havia sofrido. Na verdade, era mais uma pauta ideológica, com pontos equivocados que precisavam ser corrigidos.

A discussão estava mais contra os pontos adotados pelo relator do projeto na Câmara do que da proposta enviada pelo governo – que não tinha qualquer oposição. Ocorre que o relator, ao incluir o conceito de neutralidade da rede – algo a que em tese eu também sou favorável, em relação ao conteúdo –, também obrigava o fornecimento de infraestrutura para todos, de forma igualitária. Na prática, era uma socialização da internet.

Como eu argumentava, comparando com a conta de luz, seria como um usuário com ar-condicionado ligado o dia inteiro pagar a mesma conta de quem só liga uma lâmpada de vez em quando.

Vivemos em um modelo em que quem vende acesso à internet já não entrega o contratado e mesmo assim não é punido. Imagine ter de entregar muito mais pelo mesmo preço? Isso obviamente acabaria levando a um aumento do custo para todos os usuários.

Naquela época, o STF concluiu o julgamento, iniciado no ano anterior, da ação penal do caso do escândalo do Mensalão. Acabaram sendo presos os condenados naquela ação, com o trânsito em julgado dos processos. Esperava-se a repercussão disso nas eleições em desfavor do PT em 2014 – o que não aconteceu.

Em 4 de dezembro de 2013, a bancada do PMDB da Câmara me reelegeu para mais um período, por aclamação unânime, inclusive com o apoio dos deputados que haviam disputado a eleição comigo no início do ano. Era a demonstração da força obtida com a condução da liderança, reconhecida pela bancada.

Ao fim daquele ano, Dilma, apesar das manifestações e da perda de parte da sua aprovação e da ação de enterro da sua proposta de plebiscito inoportuna, fora de hora, terminava o ano bem, de forma política. Ela tinha condições de articular uma coligação forte para tentar a reeleição.

Estranhei muito, mas tive de reconhecer que Dilma se saiu bem quando, no coquetel de fim de ano que ofereceu aos líderes, ministros, presidentes de poderes e presidentes de partidos, ela fez um agradecimento público a mim, por ter ajudado o seu governo naquele ano. E me pedia que continuasse ajudando.

Todos sabiam de sua indisposição comigo, que ela não me suportava. Por isso mesmo o gesto ganhou importância: mostrou que a política superava o ranço pessoal.

Iniciou-se 2014 e Dilma tinha uma grande dificuldade adicional: seu próprio partido. Seu padrinho político, Lula, almejava disputar a eleição. Internamente, portanto, petistas jamais queriam ver Dilma candidata à reeleição.

Lula a havia escolhido, quatro anos antes, por entender que ela não seria uma líder política e abriria mão de disputar a reeleição em favor dele. Mas o ex-presidente se esqueceu, como diria Garrincha, de combinar com os russos – no caso, com Dilma.

Lula tinha o controle absoluto do PT e, se quisesse se impor, teria sido o candidato. Mas ele não queria dessa forma, pois temia que transformar Dilma numa vítima dele poderia derrotá-lo na eleição – ainda mais pelo posicionamento que havia tido na campanha de 2010.

Instada por terceiros, inclusive por uma pessoa próxima dos dois, o médico Roberto Kalil, Dilma tinha afirmado que não abriria mão da reeleição. Ela enfatizou que Lula não havia combinado nada nesse sentido e, por isso, ela seria candidata de qualquer forma à reeleição.

Anos mais tarde, em entrevista ao programa *Roda Viva*, da TV Cultura, em 26 de outubro de 2020, o marqueteiro do PT João Santana – que chegou a ser preso e se transformou em delator da Operação Lava Jato – confirmou que Lula fez de tudo para enfraquecer Dilma nesse período.

Segundo Santana, o ex-presidente não demonstrava que queria sua candidatura e nunca teria falado com Dilma sobre essa pretensão. Já ela queria e demonstrava a intenção de se reeleger. Mas, de acordo com Santana, Lula ficava tentando desqualificá-la. O marqueteiro chega a culpá-lo pela desestabilização de Dilma, dada a situação política em que ficou, fruto, segundo ele, desses ataques que objetivavam tirá-la da disputa, só para que ele fosse o candidato.

Talvez Lula nunca tenha debatido com Dilma diretamente o assunto. Apenas tenha guardado a mágoa e chegado à conclusão de que havia errado na escolha dela – sem passar recibo, defendendo a reeleição dela, apesar dos conflitos internos do PT, em que a maioria queria Lula presidente, e não Dilma reeleita.

Se Lula tivesse sido candidato, não teria também existido a candidatura de Eduardo Campos. Seria uma eleição resolvida em primeiro turno, pois sem Eduardo Campos e Marina, que estava no PSB, só ficaria a candidatura do PSDB com competitividade.

Às vésperas da votação da abertura do processo de impeachment na Câmara, tive uma longa conversa com Lula, na residência de Joesley Batista, em São Paulo. Na ocasião, Lula tentou que eu revertesse a situação do impeachment.

Ele ouviu de mim que, naquele momento, isso seria impossível, mesmo que eu quisesse. Lula, em um acesso quase de desespero, com a voz embargada de um choro contido, me disse que o grande erro dele foi não tê-la impedido de disputar a reeleição e ter sido ele o candidato.

Respondi que sim, que ele deveria ter sido o candidato. Teria sido facilmente eleito e não haveria impeachment em um governo seu, porque ele era da política e jamais deixaria a situação chegar ao ponto em que chegou. Lula concordou comigo.

O governo, que tinha terminado o ano de 2013 de forma tranquila na articulação política, apesar das manifestações das ruas, a essa altura encerradas, teria tudo para iniciar o ano da eleição de forma igualmente tranquila e conseguir articular para ter grande base sólida para a coligação das eleições. Mas resolveu criar problemas com o PMDB e arriscar a mudança dos ventos que poderiam vir.

Havia a necessidade de substituir os ministros que seriam candidatos nas eleições de 2014 e não deveria haver disputas grandes por isso. Mas, ao contrário do que se imaginava, Dilma e o PT resolveram tentar diminuir a participação dos deputados do PMDB no governo e propuseram que o Ministério do Turismo fosse tirado da bancada de deputados e, em troca, se daria o Ministério da Integração Nacional, desde que fosse para o senador Eunício Oliveira, que era candidato ao governo do Ceará contra o grupo do PT e de Cid Gomes.

Alguns ministros tinham a objeção dos seus próprios partidos, como no caso do PP, que não aceitava que o seu ministro Agnaldo Ribeiro, das Cidades, indicasse o substituto – devido à sua atuação, se favorecendo das sobras orçamentárias de 2013, o que só beneficiou os seus interesses, em detrimento do seu partido.

Outros ministros tinham o apoio dos seus partidos, para que eles mesmos indicassem seus substitutos – que era o caso dos ministros do PMDB.

Dilma, então, para atender ao objetivo do PT de tentar desequilibrar o jogo contra o PMDB, convidou Eunício Oliveira, que rejeitou a oferta. A bancada do PMDB se enfureceu. Afinal, toda a lógica estava em enfraquecer o PMDB nas eleições, não só tentando tirar adversários da disputa, mas também tirando espaço dos deputados peemedebistas, visando prejudicá-los em suas reeleições.

Com a insatisfação da bancada, reuni os deputados. Eles decidiram não mais indicar qualquer substituto para os ministros do partido que deixariam seus cargos. Optaram por se declarar de forma independente em relação ao governo, além de aprovar uma moção de aplausos ao senador Eunício Oliveira por sua recusa ao ministério.

A insatisfação com o governo não era somente dos deputados do PMDB. Com a volta do recesso, quando os deputados costumam visitar suas bases, eles retornaram indignados com o avanço de deputados petistas sobre seus redutos, ofertando dinheiro e a máquina do governo federal dominada pelo PT, como saúde e educação, para as prefeituras, visando obter votos para eles.

Além disso, havia muitas promessas, feitas pelo governo aos partidos aliados, que não estavam sendo cumpridas. E repercutiam nos redutos eleitorais dos deputados desses partidos, pois cargos prometidos seguiam em poder do PT e não eram entregues.

Eis a síntese da situação: um deputado do PT levava um montante de verbas absurdo para prefeituras em detrimento de parlamentares de outros partidos –

que apoiavam o governo e se sentiam traídos por isso, além de ameaçados de perder sua reeleição.

Nesse momento, começaram a surgir denúncias contra o governo, por acusações contra a Petrobras. Isso acirrou o clima ainda mais e fez com que deputados que não eram do PT quisessem se aproveitar do momento, obrigando o governo a resolver suas demandas.

A primeira denúncia com relação à petroleira saiu em relatório publicado na internet por um ex-funcionário da SBM, empresa holandesa que alugava plataformas para a companhia brasileira. Esse ex-funcionário denunciou o esquema de pagamento de propinas por parte da empresa em todo o mundo. Só no Brasil, para funcionários da Petrobras, teriam sido pagos mais de 139 milhões de dólares.

Henrique Alves, presidente da Câmara, percebendo a revolta, não só do PMDB, mas também dos outros partidos, articulou uma reunião com os revoltosos. Ele já estava certo de que não disputaria a reeleição parlamentar, pois viria a ser candidato ao governo do Rio Grande do Norte.

Esse encontro ocorreu na casa do líder do PP, Dudu da Fonte, e levou a um acordo com esses partidos e outros que seriam atraídos, para que atuassem em conjunto, a fim de obrigar o governo a cumprir os acordos e evitar que os deputados petistas atrapalhassem a reeleição dos deputados desses partidos.

Em seguida, foi feito um jantar na casa de um deputado do PP, Luiz Fernando Faria, com a presença de Henrique Alves e de líderes de vários partidos em uma posição ampliada. Ali combinamos a forma de atuar. O acordo incluía a formação de um bloco informal, que ficou conhecido como blocão – hoje chamado de centrão. Buscamos também um acordo com os partidos de oposição, PSDB, DEM e PPS, já que o Solidariedade já fazia parte do blocão, para que votássemos juntos em algumas matérias, com eles cedendo e nos apoiando em alguns pontos e sendo apoiados em outros pontos, para ajudá-los a derrotar o governo.

Após a divulgação da formação desse bloco, o governo começou a pressionar alguns desses partidos para que deixassem o bloco. Em troca, prometia atender às suas demandas. Sensibilizaram apenas o PP, que saiu do blocão formalmente. Os deputados do partido acabaram seguindo a orientação desse blocão e o acompanhavam nas posições.

A oposição fez um escândalo com essa denúncia contra a Petrobras. Para isso, encaminhou um requerimento de criação de uma comissão externa para investigar o assunto, diretamente ao plenário da Câmara, cobrando o apoio do blocão em contrapartida ao apoio que daria nas votações de nosso interesse.

Todos nós achamos que seria a oportunidade de dar um recado claro: o governo não teria mais a mesma folga que teve antes, caso a situação não fosse revertida. Mas aguardamos o melhor momento para colocar em votação, em acordo com Henrique Alves, que é quem deveria pautar.

Na segunda, dia 24 de fevereiro, o governo fez uma reunião com os partidos, presidida por Michel Temer, com a minha presença. Reclamei, junto dos outros partidos, sobre o problema geral da insatisfação da base e recomendei que o governo resolvesse o problema naquela semana se quisesse evitar uma série de derrotas.

A nossa combinação do blocão era de que todas as terças-feiras faríamos uma reunião no almoço, na qual definiríamos o que apoiaríamos ou não da pauta e que posicionamento teríamos em relação aos temas mais importantes.

Na primeira reunião-almoço do blocão, no dia seguinte ao encontro com o governo, dia 25 de fevereiro, decidimos apoiar a investigação na Petrobras sobre a SBM e votar favoravelmente ao requerimento da oposição.

O requerimento foi colocado na pauta de quarta, dia 26, na semana logo antes do Carnaval. Quando ia atingir o quórum, Henrique Alves recebeu um telefonema de Temer, na mesa, fazendo um apelo para transferir essa votação para depois do Carnaval, dia 11 de março. Henrique acatou, mas eu o alertei de que não votaríamos nenhuma matéria antes de deliberarmos sobre aquele requerimento.

Em pouco mais de um mês, Dilma já tinha transformado o elogio e a gratidão de poucos dias atrás em nova investida contra mim, com a irritação e agressão costumeira. Ela me odiava, e isso levava a um sentimento de solidariedade dos outros partidos, que me davam a liderança desse bloco informal, quase que como um desagravo pela situação.

O projeto do governo do Marco Civil da Internet estava com urgência constitucional e trancava a pauta desde outubro de 2013. Isso irritava também a todos, pois se tratava de uma pauta ideológica que o governo quis impor. O trancamento inviabilizava qualquer votação de iniciativa dos parlamentares.

Dilma estava indignada com o fato de eu liderar a formação desse blocão, não me afinar com a tentativa dela de enfraquecer o PMDB nas eleições e agora desafiá-la com relação à investigação na Petrobras.

Na sexta-feira antes do Carnaval, quando estava saindo para uma viagem ao exterior por dez dias, recebi um telefonema de Michel Temer, já quase no aeroporto. Ele havia saído de uma reunião com Dilma. Ela não me perdoava por ter articulado esse bloco de contestação ao governo e votar pelo requerimento de investigação da Petrobras. O objetivo dela era me tirar de qualquer negociação que envolvesse o PMDB. Ela disse que comigo não se sentaria mais.

Respondi que isso não seria problema, pois também não via a menor necessidade de voltar a me sentar com ela. A bancada estaria atuando de forma independente e não teríamos nenhuma participação na escolha dos substitutos dos ministros. Na volta do Carnaval, a bancada seria novamente reunida e teríamos uma posição ainda mais contundente.

Este relato está sendo feito dessa forma para você, leitor, ir avaliando como eu poderia conseguir manter alguma relação com Dilma, considerando todos esses entreveros com ela. O ódio que ela nutria por mim era maior do que a razão de quem queria governar e se reeleger.

Sem o quadro ainda definido, veio o Carnaval. Estava em viagem fora do país e assisti ao presidente do PT, Rui Falcão, me atacar na imprensa, dentro de um desfile de escolas de samba no Rio de Janeiro. Ele disse que o meu movimento no PMDB e na formação do blocão era para chantagear o governo. Respondi, do exterior, atacando fortemente a ele, ao PT e ao governo. Afirmei que a bancada do PMDB já havia decidido que não indicaria nenhum ministro. Comentei também que o PMDB deveria repensar a aliança com o PT, e que, onde estivesse Rui Falcão, mais difícil ficaria uma aliança.

A situação entre o PT e o PMDB no Rio de Janeiro já estava tensa. O PT queria lançar candidatura a governador, não apoiando a continuidade do partido no comando do estado. O PT já havia deflagrado a crise, com a saída do governo do Rio. O presidente estadual do PMDB, Jorge Picciani, já estava defendendo que o PMDB apoiasse a candidatura de Aécio à Presidência da República.

Era terça-feira de Carnaval e eu estava iniciando um almoço, na Itália. Devido à diferença de fuso horário, foi nessa hora que recebi da minha assessoria as notícias da imprensa, a que eu não estava dando muita atenção, pois o noticiário nessa época costuma ser quase sem importância.

Deparei-me com uma nota do jornalista Fernando Molica, à época no jornal *O Dia,* em sua coluna "Informe do Dia". Eu poderia até ter ignorado, dada a pequena repercussão nacional que teria. Mas resolvi aproveitá-la e dar uma resposta à altura, depois do que Temer me havia transmitido da parte de Dilma.

A nota dava conta ainda da discussão entre Falcão, Pezão e Eduardo Paes, durante o desfile, além de ataques de Falcão a Picciani. Este, por sua vez, responde chamando-o de vagabundo.

Imediatamente, do próprio restaurante, coloquei no Twitter a dura resposta, que, a partir daí e devido à fraqueza de notícias em uma terça de Carnaval, tinha certeza de que se transformaria em manchete nos jornais on-line, o que de fato ocorreu, e teve grande repercussão.

Eu cheguei inclusive a dizer que iria propor uma convenção extraordinária do PMDB para discutir a aliança com o PT. Também disse que ele, Falcão, não nos comparasse a eles, do PT, que sempre tiveram as suas boquinhas no Rio.

A minha resposta gerou uma enorme crise. O PT fez reunião de emergência em plena Quarta-feira de Cinzas. Lula foi a Brasília para esse encontro, com o objetivo de me isolar no PMDB e tentar salvar a situação, me excluindo de tudo, aumentando ainda mais o clima de insatisfação da bancada do PMDB.

No sábado, véspera do meu retorno, recebi um telefonema de solidariedade do líder do PSDB, Antônio Imbassahy. Ele me propôs que votássemos, logo na semana seguinte, o requerimento da comissão externa para investigar a relação da SBM com a Petrobras. Essa era a combinação que tinha feito com Henrique Alves.

Cheguei da viagem no domingo à noite, no exato momento em que Dilma acabava de fazer uma reunião com Temer para discutir a crise criada com a minha briga com Rui Falcão. Ela marcou uma reunião para a segunda-feira, dia 10 de março, a fim de discutir a substituição dos ministros do PMDB, inclusive os da Câmara, sem a minha participação.

Como o ministro da Agricultura, Antônio Andrade, iria disputar como candidato a vice-governador na chapa de Fernando Pimentel, do PT, ao governo de Minas Gerais, ele indicaria o substituto do seu ministério, o que era de interesse eleitoral do PT.

Ou seja, embora concordássemos com essa substituição, ela só seria feita pela submissão ao PT em Minas Gerais, e não pela concordância da bancada de deputados do PMDB. Isso mostrava bem como eles se comportavam, defendendo apenas os interesses do PT.

Dilma realizou as reuniões na segunda-feira, 10 de março, com o PMDB junto de Michel Temer. Ela reuniu Renan Calheiros e Eunício Oliveira, pelo Senado, e em outro encontro tratou com Henrique Alves e Valdir Raupp, supostamente representando a Câmara. Nada ali foi definido, mas ela quis demonstrar que estava me isolando.

Dilma, que tinha oferecido o Ministério do Turismo – que era da Câmara – para o senador Vital do Rêgo, que recusou em solidariedade à Câmara, acabou dando a Renan Calheiros a prerrogativa de indicar o substituto da pasta. Renan se aproveitou da situação e, traiçoeiramente, indicou o ministro, ampliando seu espaço no governo Dilma.

Ela deixou vazar na imprensa que me enfrentar de forma pública era bom para a sua candidatura, tentando colar a imagem de fisiologismo a uma bancada que já tinha decidido não indicar nenhum ministro. Isso seria, segundo divulgado, obra do marqueteiro dela, João Santana. Ele queria o tempo de TV do PMDB e combater o fisiologismo, como se o PT não detivesse todos os cargos do governo.

Seja por obra do marqueteiro, seja pelo ódio dela contra mim, na verdade Dilma me dava musculatura política toda vez que me enfrentava e colava na minha imagem, de forma positiva, a sua rejeição. Ela acabou me deixando como uma liderança anti-PT, fato que acabou repercutindo nas pressões pela abertura do processo de impeachment.

No dia 10 de março, ainda no Rio de Janeiro, fiz uma palestra na Escola Superior de Guerra. As perguntas eram todas sobre a relação com Dilma. E a demonstração de desapreço ao governo dela e ao PT mostrava a enorme insatisfação latente dos militares com o governo.

Após a palestra, fui a Brasília e me reuni com Michel Temer e Henrique Alves. Fui comunicado das trocas do ministério e passei a dar continuidade ao que já estava fazendo, só que agora sem nenhum compromisso com o governo. Atuaria em cada votação de acordo com o blocão e com a bancada.

A reunião da bancada já estava convocada para o dia seguinte, 11 de março. Havia uma moção de apoio a mim sendo levada pelos deputados, sem combinarem comigo. Antes da reunião, fizemos outro almoço com os partidos do blocão – na ocasião eles não só me fizeram desagravo, como reafirmaram que votariam o requerimento de investigação da Petrobras, assim como iriam apoiar a convocação de ministros nas comissões da Câmara. Os líderes desses partidos iriam discursar em plenário para me desagravar das ofensas do PT e colocar mais lenha na fogueira.

Na reunião da bancada, ratificamos a posição de independência, e a bancada pediu uma reunião da executiva nacional para discutir a manutenção ou não da aliança com o PT, além de obter o apoio da bancada para votar logo o requerimento de criação da comissão externa para investigar a SBM, que estava com a votação prevista para aquele dia mesmo. Iríamos obstruir qualquer outra pauta se não fosse votada.

Entreguei a nota da bancada a Michel Temer e depois fui para o plenário. Comandei a primeira grande derrota de Dilma na Câmara, depois que assumi a liderança. Colocamos 267 votos a favor da aprovação do requerimento, curiosamente o mesmo número de votos que obtive na minha eleição para presidente da Câmara.

Aloizio Mercadante trabalhou duro, ofertando tudo para os partidos que faziam parte do blocão. De nada adiantou, pois os partidos votaram em desagravo a mim, sendo que a orientação do governo foi a de obstruir a votação. E não só conseguimos que a maioria absoluta votasse contra o governo como conseguimos que outros ajudassem dando o quórum, mesmo que votando a favor do governo.

Como para aprovar o requerimento era preciso apenas metade mais um dos votos dos presentes, sendo que o quórum exigido para concluir a votação seria metade mais um do total de deputados, levar deputados para dar presença era o mais importante, pois obter votos para vencer seria fácil.

Henrique Alves também estava muito irritado com o PT, pois iriam fazer parte de outra aliança contra a sua candidatura ao governo do Rio Grande do Norte. Dali em diante, o PT e o governo não teriam vida fácil, no que dependesse dele.

O governo partiu para pequenas retaliações contra deputados do PMDB e contra mim, mas isso já era previsto, e precisavam abrir o olho, pois corriam o risco de perder a convenção do PMDB, e a aliança ser desfeita.

A máquina petista de difamação pela imprensa, por meio de seus representantes pagos com verba oficial, passou a me atacar de forma violenta. E é engraçado que hoje acusam outros daquilo que sempre fizeram.

Chegaram ao absurdo de patrocinar uma capa da revista *IstoÉ* – que eu defini como "QuantoÉ" –, tentando me colocar como chantagista, simulando uma semelhança com o personagem da série *House of Cards*. Tudo para tentar me constranger.

Pouco tempo depois, o governo teve de ceder e atendeu a parte dos acordos com os partidos, evitando uma derrota em série. Mas isso não encerraria a atuação do blocão, que continuaria impondo de forma pontual algumas derrotas, até mesmo para enfraquecer o então líder do governo, Henrique Fontana, que todos queriam fora da posição de comando.

Eduardo Campos foi a Brasília para jantar comigo e com o ministro do TCU, José Múcio Monteiro, na casa do meu advogado Marcos Joaquim Gonçalves – para não chamar a atenção. Ele se solidarizou comigo. Fizemos um pacto: ele me apoiaria pelo seu partido em qualquer votação de que eu necessitasse contra o governo Dilma – o então líder da sua bancada, Beto Albuquerque, cumpriu o combinado e ajudava sempre que necessário.

Sua candidatura era irreversível, e a repulsa dele por Dilma era maior do que a minha naquele momento. Combinamos como poderíamos ajudá-lo na eleição, já que ele seria o candidato que eu naturalmente apoiaria. E ele acertou comigo que, caso fosse eleito, me apoiaria para a presidência da Câmara em 2015.

Apareceu uma segunda denúncia contra a Petrobras: o jornal *O Estado de S. Paulo* trouxe a informação de que a compra da refinaria de Pasadena teria contado com aprovação de Dilma, quando ela era presidente do Conselho de Administração da Petrobras.

Dilma reagiu com o fígado. Atacou o ex-diretor da área internacional da Petrobras, Nestor Cerveró, naquele momento ocupando a diretoria financeira da BR Distribuidora. A presidente alegou que ele a teria levado a erro, no resumo executivo enviado por ele ao conselho da Petrobras, no qual supostamente teria havido a supressão de duas cláusulas da negociação. Dilma dizia que não concordaria se soubesse da existência delas.

Sem alternativas, o governo demitiu Cerveró, em função dessa denúncia. Uma CPI da Petrobras acabou sendo instalada no Senado Federal, e a oposição repercutiu essa denúncia para desgastar Dilma.

Estourou a Operação Lava Jato. Um juiz de uma vara federal de Curitiba, por meio de artimanhas, vinculou uma investigação da Petrobras à sua vara. Para isso usou uma investigação antiga, envolvendo uma empresa do interior do Paraná em uma suposta lavagem do Mensalão, vinculando o fato a um doleiro, Alberto Youssef, delator envolvido no caso do Banestado.

Essa competência foi questionada, mas os tribunais superiores a mantiveram em Curitiba – em função da repercussão na imprensa. Se não fosse uma decisão do ministro Dias Toffoli tempos depois, tirando a investigação sobre o setor elétrico de Curitiba e levando-a ao Rio de Janeiro, o juízo de Curitiba iria se transformar na vara de combate à corrupção do Brasil – o que, aliás, era o objetivo deles.

No dia 17 de março de 2014, cinco dias depois da derrota de Dilma na votação do requerimento da SBM na Câmara, foi preso o doleiro Alberto

Youssef, velho conhecido do então juiz Sergio Moro, com quem já tinha feito delação premiada no caso Banestado.

Moro, comprovadamente idealizador e chefe da operação, de forma ilegal, sabendo das atividades de doleiro de Youssef e que ele atuava como operador também de esquemas políticos, usou a falsa prevenção dessa investigação e, com isso, acabaria levando para ele a investigação da Petrobras, que tem sede no Rio de Janeiro e que jamais teria o juízo de Curitiba com competência para investigá-la.

É público o artigo escrito antes por Moro, publicado pela *Folha de S. Paulo*, no qual ele fala de uma operação mãos limpas no Brasil, nos moldes da ocorrida na Itália. Ali, ele dava o roteiro de como fazê-la – e como evitar que o desfecho brasileiro fosse como o italiano.

Três dias depois, em 20 de março, foi preso o ex-diretor de abastecimento, Paulo Roberto Costa, aumentando a tensão no governo. Foram divulgados fatos envolvendo os dois, Youssef e Paulo Roberto. Operações financeiras de Youssef, na compra de um carro para Paulo Roberto, seriam a ponta que necessitavam para mostrar indícios de corrupção na Petrobras.

Com a divulgação de fatos da investigação, chegava-se à conclusão de que o juízo de Curitiba estava investigando deputados, detentores de foro privilegiado – André Vargas, do PT, e primeiro vice-presidente da Câmara, e Luiz Argôlo, do Solidariedade –, fato que hoje constatamos como prática então rotineira do Ministério Público do Paraná e de Moro, quando chefe da operação.

André Vargas renunciou à vice-presidência da Câmara e deixou o PT. Paulo Roberto Costa, por intermédio de seus advogados, conseguiu uma decisão para que a investigação fosse para o STF, em função da presença dos deputados. Ele acabou sendo solto.

O então juiz de Curitiba fez uma carta dando o tom de que o ministro do STF agia como se estivesse soltando bandidos perigosos com aquela decisão. Divulgou publicamente o texto, constrangendo o ministro Teori Zavascki – que acabou devolvendo a Curitiba tudo que não se relacionasse aos deputados, como se naquele estágio se pudesse separar a situação dos deputados da dos demais implicados. O ex-juiz, se sentindo fortalecido, aproveitou para decretar nova prisão de Paulo Roberto Costa, de onde ele só sairia após fazer delação premiada.

Era muito comum o ex-juiz decretar várias prisões preventivas da mesma pessoa, para evitar que houvesse uma soltura. Quando um preso estava perto de chegar ao STF para poder ser solto, Moro decretava nova prisão, forçando o início de um novo trâmite, de um novo *habeas corpus*.

No caso de Paulo Roberto Costa, Moro teve a cara de pau de fazer isso poucos dias depois da soltura determinada pelo ministro Zavascki. Ele não tinha limites. Esse estratagema só mudou a partir da soltura de José Dirceu, em 2017, quando a Segunda Turma do STF estendeu os efeitos do *habeas corpus* que estava concedendo às suas demais prisões, acabando com as malandragens de Moro – ao menos nesse ponto.

Como estive preso em Curitiba depois, por decisão do chefe da operação, o hoje ex-juiz Sergio Moro, fato que não pretendo tratar neste livro, pude tomar ciência dos absurdos praticados contra quem ele quisesse no âmbito daquela operação.

Pegaram Paulo Roberto e o colocaram em condições desumanas de encarceramento, em presídio inapropriado. E de lá só sairia caso delatasse. Essa era a norma.

Alberto Youssef, também preso, chegou a denunciar um grampo feito na sua cela, sem que qualquer responsabilização desse fato fosse feita pela Polícia Federal de Curitiba. Certamente, esse deve ter sido o fator decisivo para que ele fizesse a sua delação.

Denunciei, em artigo publicado pela *Folha de S. Paulo* quando estava preso em Curitiba, que a carceragem da Polícia Federal era o hotel da delação. Ali os delatores tudo podiam, e os demais, além de terem piores condições de encarceramento, eram transferidos para presídios em condições bem inferiores.

Em resumo, não havia voluntariedade nas delações. Elas foram feitas para que se atingissem os objetivos do chefe da operação, Sergio Moro, que inclusive disse recentemente em entrevista que "se quiséssemos proteger alguém, teríamos matado a delação da Odebrecht na origem". Como se coubesse a ele, enquanto juiz, "matar" uma delação que seria homologada no STF. Além do que, era delação com o Ministério Público Federal... Ou será verdadeira a acusação de que Moro comandava o Ministério Público Federal na operação?

Diante da gravidade da situação, o Congresso Nacional criou uma CPMI da Petrobras, deixando de lado a CPI do Senado Federal, que já estava instalada. A CPMI do Congresso Nacional passava, então, a ser o palco da discussão política.

A criação dessa CPMI foi obstruída por Renan Calheiros e pelas lideranças do governo – que tentaram instalar uma mesma CPMI, mas com pauta de investigação mais ampliada, a fim de atingir o PSDB. Não obtiveram sucesso.

O blocão conseguiu mais da metade das assinaturas necessárias na Câmara para a abertura da comissão parlamentar – junto com as assinaturas dos senadores de oposição, somaram mais do que o número necessário para a sua instalação.

Houve recurso ao STF. A ministra Rosa Weber determinou a imediata instalação da CPMI, restrita à apuração da Petrobras. Renan foi obrigado a cumprir, instalando também uma CPMI para investigar a Alstom – em contratos com o governo do PSDB em São Paulo, atendendo à vontade de Dilma, que, com isso, pretendia embaralhar o jogo.

O PMDB, por meio do senador Vital do Rêgo, presidia a CPMI. O PT, na pessoa do ex-presidente da Câmara, Marco Maia, controlava a relatoria da CPMI. Eu, como líder do PMDB, fazia parte da comissão. Houve muitos embates. Tive de atuar com muita cautela, pois a minha posição precisava ser de equilíbrio entre as correntes do PMDB, divididas.

Quando da decisão da instalação da CPMI, tive um bate-boca com Renan. Ele não aceitava que eu indicasse, para a CPMI, deputados do PMDB que não fossem aliados fiéis do governo. Disse a ele que eu indicaria quem a bancada quisesse. E que não era obrigado a seguir a opinião dele, pois ele não mandava em minha bancada.

Por isso mesmo eu me designei para a CPMI, para que as decisões fossem da bancada. E coloquei mais três membros da comissão, para que fossem respeitadas as decisões.

Paulo Roberto Costa firmou acordo de delação premiada. Foi convocado à CPMI, mas se calou sobre esse assunto. Sua presença lá se tornou um espetáculo deprimente.

Durante a confusão do acirramento contra o governo, uma parte do PT, mais palatável, procurou a mim e a Henrique Alves. A proposta era a troca da articuladora política, Ideli Salvatti, minha desafeta, por Ricardo Berzoini, que entraria para distensionar a relação e tentar promover acordos pontuais e fortalecer a aliança.

Tanto eu como Henrique comemoramos a saída de Ideli. Aceitamos de bom grado a substituição, até porque eu não estava mais comparecendo a nenhuma reunião comandada por ela. Essa troca acabaria permitindo que eu até voltasse a participar de reuniões com o governo.

Berzoini assumiu no fim de março. De fato, houve uma melhora inicial da relação. Mas, com o passar do tempo, quando da disputa da presidência da Câmara, a atuação de Berzoini foi tão ou mais irracional que a de Ideli.

Em abril de 2014, acompanhei Henrique Alves em uma viagem à China. Foram vários deputados, como Arlindo Chinaglia, líder do governo, Marco Maia, ex-presidente da Câmara, Antônio Imbassahy e Felipe Maia. Lá, com a notícia da renúncia de André Vargas divulgada, acordamos o apoio a Arlindo Chinaglia para ocupar seu lugar, em eleição que Henrique marcaria logo em seguida.

Com a ida de Chinaglia para a vice-presidência da Câmara, Dilma nomeou como líder do governo, em seu lugar, um deputado que é meu desafeto: Henrique Fontana, de difícil diálogo. Isso só iria aprofundar a crise com a base dela e acelerar a derrota do governo.

No dia 1º de maio, Dia do Trabalhador, fui convidado para o ato da Força Sindical, pelo deputado Paulinho da Força. Compareci, dividindo o palanque com Aécio Neves, também presente, e isso motivou bastante especulação na imprensa, irritando mais um pouco Dilma.

O blocão continuou atuando em conjunto nas votações seguintes. E impôs derrotas pontuais ao governo em votações de medidas provisórias. O estresse maior já estava na proximidade das eleições e nas alianças, intercaladas pela

Copa do Mundo no Brasil – aquela decepção da seleção. Dilma, na final da Copa no Maracanã, foi bastante vaiada, mesmo já no processo eleitoral e à frente das pesquisas, o que ilustrava a polarização.

O ano legislativo seria pequeno. Logo depois das convenções partidárias e do início da Copa do Mundo no Brasil, quase não haveria sessão de votação na Câmara. Todos os embates estariam momentaneamente adiados.

Dilma editou um decreto polêmico sobre os conselhos populares. A oposição entrou com um projeto de decreto legislativo para anulá-lo. Henrique Alves evitou pautar antes das eleições, para não aumentar o estresse – ficaria para depois do período eleitoral.

Havia uma medida provisória muito importante para o governo, cuja relatoria era minha, a MP 627. O documento alterava a legislação tributária, com a tributação dos lucros no exterior – o que tinha impacto no caixa. Eu vinha negociando com a equipe econômica do governo por dois meses.

Era uma MP bastante complexa e técnica, pois, além de alterar a tributação de lucros no exterior, tinha a mudança do modelo contábil do país, que era preciso adequar a normas internacionais. Pela minha experiência, podia debater o assunto e fazer alterações negociadas com o governo.

Em função da confusão política, o governo havia parado as tratativas. E eu iria conduzir para derrotar o governo em vários pontos, ou deixar a MP caducar. Até que Michel Temer assumiu a coordenação desse assunto e convocou o ministro da Fazenda Guido Mantega, juntamente com o senador Eduardo Braga, líder do governo no Senado. Ele promoveu um acordo, cumprido por mim e aprovado na Câmara.

Temer também conduziu uma negociação para evitar a derrota do Marco Civil da Internet, que acabou, com algumas modificações sugeridas por mim, aprovado com o nosso apoio – embora não tenha me convencido da utilidade do que foi aprovado e dos efeitos dessa lei.

O saldo dessa confusão do Marco Civil é que o relator desse projeto se tornou meu desafeto e coube a ele, por meio do seu partido, uma das duas representações ao Conselho de Ética contra mim, que resultaram na cassação do meu mandato em 2016.

A crise no PMDB persistia. Fruto do estresse de quem pedia a reunião da executiva para decidir a aliança ou convenção antecipada para resolver a situação, acordou-se que a convenção se daria no primeiro dia permitido pela legislação eleitoral, para que, se não fosse aprovada a aliança com o PT, houvesse tempo para, em nova convenção, ter uma alternativa.

O clima entre os partidos que iam se aliar a Dilma em sua reeleição, inclusive entre parte dos deputados do PT, era a campanha do "volta, Lula". Havia faixas e cartazes dentro da Câmara. O líder do PR, Bernardo Santana, chegou a pendurar o retrato de Lula no gabinete da liderança de seu partido.

A reação de Dilma foi muito ruim. Disse que se os aliados não queriam apoiá-la, porque preferiam a Lula, ela iria disputar a reeleição sem esses aliados, mas não abriria mão do seu direito de disputar a reeleição.

Se naquele momento Lula chegasse a sair candidato, iria modificar todo o quadro, pois podia simplesmente manter Michel Temer como vice e manteria o PMDB. Poderia atrair Eduardo Campos para ser seu vice e, com isso, o PMDB poderia ter ido para a chapa de Aécio tendo Temer como vice dele. Tudo poderia acontecer, mas Lula venceria a eleição com muito mais facilidade do que Dilma venceu. Talvez até em primeiro turno. E teria um apoio muito maior do que ela teve.

Temer propôs um acordo que acabou aceito pela maioria do partido: a convenção apoiaria a aliança, para que ele pudesse ser candidato à reeleição, mas todos os filiados estariam liberados para que apoiassem quem quisessem na eleição. Ou seja, entregaríamos o nosso tempo de TV para ter Temer candidato de novo.

Com esse acordo, em função do respeito ao direito de o vice-presidente concorrer novamente, votei na convenção pela aliança com Dilma. Pessoalmente, não iria apoiar a chapa, como havia feito em 2010. Assim como a maioria do partido também não apoiaria.

Havia muita briga nas alianças nos estados, principalmente no Rio de Janeiro, onde o PT insistia em ter candidatura a governador contra o PMDB, e no Ceará, onde o PT se aliou a Cid Gomes contra o peemedebista Eunício Oliveira.

Para confirmar o acordo, Temer organizou um jantar com Dilma no Palácio do Jaburu, com a presença de governadores do partido, deputados e senadores. Ele me pediu que comparecesse ao jantar. Atendi por educação.

Na ocasião, Dilma discursou e soltou uma pérola, no seu "dilmês", ao fazer os agradecimentos: "Mas quero reconhecer de público que, na maioria dos casos, quando digo que a roda aperta, quero agradecer ao apoio tanto do líder do Senado Eunício Oliveira, que tem tido uma relação absolutamente correta com o governo, e também ao Eduardo Cunha, que em muitas circunstâncias ajudou bastante o governo".

Nesse momento do discurso, Dilma foi aplaudidíssima. Isso mostrava a rendição dela à política. Tanto a fala quanto os aplausos até poderiam ser interpretados como irônicos, embora eu tenha ajudado o governo em muitos momentos. Mas ela cumpria o seu papel de tentar garantir os votos da convenção para a aliança.

O então governador do Mato Grosso do Sul, André Puccinelli, que não a apoiava, disse que daria os 16 votos do estado na convenção a favor da aliança. Acabou cumprindo a promessa. Mas não votou nela na eleição.

No dia da convenção, a delegação do Rio, com o maior número de votos da convenção, chegou ao local da votação composta pelo governador Pezão, pelo prefeito Eduardo Paes, Sérgio Cabral, Picciani, deputados e delegados. Eles me comunicaram que decidiram que iriam votar contra a aliança. E pediram que eu os acompanhasse, o que até seria uma obrigação política naquele momento.

Argumentei que eu não poderia acompanhar, pois inclusive já havia votado. E, além disso, também não os acompanharia por causa da minha palavra já dada. Havia urnas separadas por estados e, se os meus quatro votos pessoais na convenção, que eram múltiplos pelas posições partidárias que ocupava, não aparecessem, eu seria o traidor da palavra – coisa que jamais faria.

Eunício Oliveira, que tinha no seu estado um grande número de votos na convenção, disse que dividira os seus meio a meio. A Bahia votou contra a aliança, e vários deputados, além de votarem contra, faziam boca de urna na porta do local pedindo votos contrários.

Com isso, o resultado foi apertado. A aliança foi aprovada com 398 votos a favor, 275 votos contrários, 59% a 41% dos votos, mostrando que, se não houvesse o acordo anterior de Michel Temer, liberando os membros do partido para que apoiassem quem quisessem, o PMDB não teria aprovado a aliança.

Aécio Neves saiu candidato pelo PSDB, com uma chapa puro-sangue, tendo o senador Aloysio Nunes, por São Paulo, como candidato a vice. Antes, tinha havido a tentativa de José Serra sair novamente candidato – com sua desistência, ele acabou concorrendo ao Senado.

Aécio rompeu pela primeira vez na história do PSDB a hegemonia das candidaturas de São Paulo. Em todas as eleições presidenciais anteriores, o partido só havia tido candidatos paulistas: Mário Covas em 1989, Fernando Henrique Cardoso em 1994 e 1998, José Serra em 2002 e 2010 e Alckmin em 2006 – o que tornaria a ocorrer em 2018, novamente com Alckmin. Mesmo assim, Aécio precisou ter um tucano paulista como vice.

Eduardo Campos saiu candidato, tendo Marina Silva como candidata a vice-presidente. Era uma chapa que parecia ser muito forte para a disputa, mas que enfrentaria muitos percalços. Campos, para se cacifar no eleitorado de Marina, chegou a atacar o PMDB em razão de sua aliança com Dilma.

A então deputada Rose de Freitas, do PMDB do Espírito Santo, saiu candidata ao Senado. Mas havia um candidato do PSDB disputando. A pedido dela, eu negociei com Aécio a retirada da candidatura tucana em troca do apoio dela e do PMDB no estado a ele, Aécio. Esse acordo acabou elegendo Rose.

Dilma, apesar de todos os problemas, conseguiu formar uma aliança que lhe dava o maior tempo de televisão, trazendo, além dos partidos de esquerda e o PMDB, o PP e o PR. Aécio ficou com o segundo maior tempo, em uma aliança grande, mas inferior à de Dilma.

A campanha teve início com a presidente à frente nas pesquisas, seguida por Aécio. Quando Eduardo Campos começou a crescer, ocorreu o acidente que mudaria toda a história daquela campanha. O avião que o transportava do Rio de Janeiro para o litoral de São Paulo caiu. O candidato morreu.

Michel Temer, que estava licenciado da presidência do PMDB – posto então ocupado por Valdir Raupp –, tomou conhecimento de que o PT estava negociando repasses de doações de campanha para o PMDB por intermédio de Raupp. Ele se enfureceu com isso.

Temer temia perder o controle do partido se o repasse de doações de campanha ficasse nas mãos de Raupp, comandado por Renan Calheiros. Isso poderia enfraquecê-lo. Temer então reassumiu de surpresa a presidência do partido, rompendo o acordo da sua reeleição à presidência do PMDB em 2013 – do qual se licenciaria, deixando com os senadores o comando da legenda.

O vice-presidente havia sido alertado por Joesley Batista de que havia essa negociação de doações aos senadores por meio do PT. E foi para cima do PT e do governo para retomar o controle, o que acabou acontecendo. Até porque, como presidente do partido, caberia a Michel Temer o repasse das doações que entrassem no diretório nacional.

Eduardo Campos estava em um bom momento quando aconteceu o acidente que o matou. Na véspera tinha saído sua entrevista, como candidato, no *Jornal Nacional*. Ele havia se saído muito bem e era esperada sua subida nas pesquisas, mas não houve tempo para isso.

Com a morte de Eduardo Campos, Marina Silva assumiu a candidatura do PSB. Imediatamente apareceu nas pesquisas em segundo lugar, ultrapassando Aécio Neves. Logo em seguida, subiu ainda mais, deixando o tucano bem para trás. Na simulação da eleição em segundo turno, Marina já ultrapassava Dilma.

Com a aposentadoria de Joaquim Barbosa do STF, o ministro Ricardo Lewandowski assumiu interinamente a presidência. E, logo depois, seria eleito para um mandato até setembro de 2016. Antes da posse, ele me convidou para jantar em seu apartamento e, já tendo a convicção de que eu seria o próximo presidente da Câmara, começou ali uma interlocução para mantermos harmonia, quando da minha eleição.

Falamos sobre a PEC da Bengala. Mostrei simpatia por levá-la à votação, já que ele se aposentaria em 2018 e gostaria de permanecer mais tempo. Outros ministros também me procuraram com a mesma finalidade, como tinha sido o caso de Felix Fischer, quando presidente do STJ.

No dia 8 de agosto, durante o Congresso Nacional das Mulheres da Assembleia de Deus em São Paulo, que reuniu mais de 10 mil pessoas, fui convidado a, em nome da igreja, discursar para recepcionar Dilma, que faria um pronunciamento no encerramento do evento.

Evitando me posicionar a seu favor ou parecer contrário, fiz um pronunciamento em que agradeci a revogação da portaria 415 do Ministério da Saúde, editada para legalizar a prática do aborto no SUS, medida tomada pelo então ministro da Saúde, Arthur Chioro, após minha interferência.

Todos sabiam do posicionamento de Dilma a favor do aborto. Mas, em função da discussão eleitoral, considerando que esse era um tema reprovado pela maioria da população, assim como pela base dela no Congresso Nacional, a presidente nada fazia a respeito. Toda tentativa de legalizar o aborto, como essa portaria, era fortemente combatida pela bancada evangélica, com minha forte atuação.

Sem poder reclamar, só restou a Dilma aplaudir a minha fala e verificar que o tema aborto, mesmo com o seu pensamento favorável, não teria vida fácil no Congresso Nacional, repetindo o cenário da eleição de 2010, quando participei da confecção da carta-compromisso de Dilma contra a legalização do aborto.

Isso aumentava ainda mais a repulsa que ela tinha por mim. Mas, naquele momento eleitoral, só caberia a ela aproveitar a situação e ter o discurso de que o governo dela nada fazia para legalizar o aborto.

O STF, por meio da Segunda Turma, julgou a minha ação penal em 26 de agosto, decorrente da denúncia de utilização de documento falso, aceita em 2013 pelo plenário do STF. Fui absolvido por unanimidade, após a defesa do meu advogado à época, Alexandre de Moraes.

Dilma vinha de sucessivos desgastes, desde as manifestações de 2013: a crise econômica que impedia um crescimento elevado, a inflação em níveis altos se comparados aos patamares anteriores, sob denúncias da Petrobras, e ainda sofria pela sua natural falta de carisma, cercada por um marketing agressivo que tentava sustentar sua posição.

Aécio era muito atacado por Dilma, inclusive trazendo assuntos de natureza pessoal, como um aeroporto construído na cidade onde ele tinha uma fazenda. Com a entrada de Marina na campanha, Aécio perdia força e a condição de anti-PT estava se transferindo para Marina. A situação era tão avassaladora que se achava que Marina iria disparar nas pesquisas e chegaria na frente de Dilma ainda no primeiro turno.

Nesse período, participei de um jantar do PMDB em Brasília, na casa de Renan Calheiros, com Michel Temer presente e várias lideranças importantes de diversos estados. Renan dizia que não tinha dúvidas de que Marina venceria no primeiro turno e que a onda da eleição dela estava se formando, no que foi acompanhado por Eduardo Braga e Eunício Oliveira, candidatos a governador em seus estados.

A campanha de Dilma deve também ter constatado esse risco. Foi desencadeada uma campanha de desconstrução da imagem de Marina, de uma forma agressiva e nunca vista na história das eleições. Mais agressiva ainda do que os embates entre Collor e Lula no segundo turno de 1989.

Eram espalhados boatos, agressões, acusações de várias maneiras – pela internet, pela imprensa, pelos programas eleitorais, em campanhas de rua, de todas as formas possíveis. Essas coisas levaram a uma desidratação da imagem de Marina e à recuperação da campanha de Dilma. Mas, mesmo assim, a rejeição a Dilma aumentava, o que dificultaria o seu segundo turno.

Dilma tinha uma estrutura que trabalhava na internet, por meio de divulgação do que hoje se batizou de *fake news*. Essa equipe espalhava conteúdo, inclusive lançando mão de robôs, fazendo exatamente o que o PT e a mídia hoje acusam o grupo de Bolsonaro de fazer.

Assim como José Serra fez na campanha de 2010, Aécio também tinha seu esquema de divulgação pela internet. Dali, se disparavam mensagens de WhatsApp a todo momento. E eram combatidas as *fake news* lançadas pela campanha de Dilma. E, claro, também se faziam as próprias *fake news*.

A internet há muito tempo virou um terreno para o enfrentamento eleitoral, com baixarias e mentiras – que devem, sim, ser combatidas, mas que não foram iniciadas agora. O PT é um dos principais pioneiros nisso.

Combater *fake news* com cerceamento à liberdade de expressão não é a maneira correta de fazê-lo e se parece mais com a regulação da mídia que o PT defendia – o que propõem hoje nada mais é do que uma regulação da mídia na internet.

Além da internet, o PT, em todos os seus governos, utilizava publicidade oficial em sites e blogs afinados ideologicamente com eles, exatamente aquilo de que acusam o governo hoje de fazer. Isso consumiu grande parte da verba publicitária dos governos do PT, e esses sites e blogs atuavam na linha de frente das suas campanhas.

Marina não resistiu e começou a cair. Sua onda foi barrada, mas ainda aparecia à frente de Aécio, com quem disputou a segunda vaga do segundo turno. Os dois passaram a ter embates no fim da campanha, nos debates da TV.

Aécio conseguiu se recuperar da queda que havia tido, cresceu e chegou em segundo lugar, com boa diferença de votos sobre Marina – que terminou a eleição nos mesmos níveis obtidos por ela em 2010.

Na minha campanha, tive que usar a justiça para resolver um problema. Paguei de forma antecipada a compra de espaço em páginas determinadas para veicular anúncios em *O Globo*. Mas o jornal passou a não me dar o espaço combinado previamente, me causando prejuízos. Seria como eu ir ao supermercado e comprar um pão integral e, ao abrir a embalagem, me deparar com um pão comum.

Um amigo meu e de João Roberto Marinho, o empresário Álvaro Otero, marcou um encontro entre mim e João Roberto na casa dele, para que acabássemos com as brigas e resolvêssemos o assunto. Lá compareci, já no último mês da campanha.

Na conversa, acabamos discutindo a relação. Sabia que o principal problema estava na ação trabalhista milionária que minha esposa tinha ganhado e gerado tantos problemas para o grupo.

Após a discussão, João Roberto parece ter entendido os meus motivos, até porque a demissão da minha esposa tinha sido de ordem política, feita pelo ex-diretor de jornalismo, já falecido, Evandro Carlos de Andrade. Ele combinou de colocar um ponto final no assunto e sugeriu que a partir daquele momento começássemos vida nova, me tratando de forma normal.

Resolvemos a situação dos anúncios. Aceitei a sua proposição, apesar de desfavorável a mim, mas pelo simbolismo de mudança da relação. Eu não precisava desses anúncios para me eleger, já que sabia que seria um dos mais votados de qualquer forma nas eleições.

Combinamos também que não haveria oposição para a minha candidatura à presidência da Câmara, manteríamos o diálogo e eu seria sempre um defensor da liberdade de imprensa e rejeitaria e barraria qualquer projeto de regulação da mídia, se apresentado pelo governo ou pelo PT.

Antes da votação em primeiro turno, vazou, pela revista *Veja*, parte da delação de Paulo Roberto Costa, que atingia vários segmentos e, além disso, deixava claro que havia corrupção na Petrobras. Isso era palco para o palanque eleitoral. Costa foi convocado para a CPMI, a fim de esclarecer o assunto. Ele compareceu, mas ficou em silêncio, deixando no ar a confusão que ainda viria.

Então veio o primeiro turno. Dilma e Aécio chegaram na frente e foram para o segundo turno mais disputado desde a eleição de Collor. A diferença de Dilma sobre Aécio desapareceu logo na primeira pesquisa eleitoral do segundo turno, que mostrava Aécio largando à frente.

Os candidatos menores derrotados em primeiro turno, assim como Marina, passaram a apoiar Aécio. Dilma levava vantagem nas eleições de governadores em segundo turno nos estados. A presidente também levava vantagem em Minas Gerais, estado de Aécio. Lá, o petista Fernando Pimentel havia sido eleito em primeiro turno, derrotando o PSDB.

Aliás, a grande razão da derrota de Aécio nas eleições foi a derrota em Minas Gerais. Ele errou ao escolher um candidato a governador já fora da política havia bastante tempo, e acabou perdendo no primeiro turno. Além disso, achava que bastava ser mineiro para ter o apoio total de Minas – o que não ocorreu. Dilma também é mineira.

Se Aécio tivesse vencido em Minas pela mesma diferença com que perdeu no estado, ele teria sido eleito presidente. Parece que ele não aprendeu a máxima com o seu avô Tancredo Neves, que, quando decidiu se candidatar a presidente, mesmo em eleição indireta, antes unificou a política em Minas Gerais, atraindo todos os seus adversários. Com isso, sinalizava a capacidade de unir o país, já que havia unido Minas Gerais.

Se você não ganha em casa, como ganhar na casa dos outros? Aécio acabou quase ganhando as eleições, mas sua maior vitória foi em São Paulo, casa dos seus concorrentes do PSDB. E essa foi a principal razão de sua derrota.

No segundo turno, vazou parte da delação premiada de Alberto Youssef, inclusive em áudios de depoimentos. Ele também falaria que a corrupção na

Petrobras era do conhecimento do Palácio do Planalto, sinalizando que Lula e Dilma sabiam de tudo. Isso prejudicou a campanha da petista.

O último debate da eleição, realizado pela TV Globo, teve uma parte muito forte sobre a discussão de corrupção. Aécio, respondendo a Dilma, disse que para acabar com a corrupção bastava tirar o PT do governo. Ficou clara a polarização do assunto.

O meu posicionamento foi de neutralidade. Não pedi votos para nenhum candidato a presidente e liberei todos os que me apoiavam para votar em quem quisessem, apenas pedindo votos para a reeleição do então governador Pezão.

Eu quis manter essa neutralidade para facilitar minha futura candidatura à presidência da Câmara. No primeiro turno, eu pessoalmente votei no pastor Everaldo, candidato do PSC – que, na eleição de 2010, atendendo a meu pedido, mudou a coligação que apoiaria Serra para apoiar Dilma. Eu não podia negar esse voto.

No segundo turno, meu voto pessoal foi para Aécio Neves, por entender que o país não suportaria outro mandato de Dilma – como não suportou. Se Aécio tivesse sido eleito, a situação teria sido diferente.

Sendo assim, na 29ª eleição presidencial, em segundo turno, na sétima eleição após a Constituinte, Dilma foi reeleita com 51,64% dos votos válidos, na menor diferença de votos entre as eleições desde a redemocratização – sinalizando as dificuldades que se lhe apresentariam nesse segundo mandato.

A 55ª legislatura do Congresso foi eleita para o período de 1º de fevereiro de 2015 até 31 de janeiro de 2019. O PT elegeu apenas dois senadores, de um terço da composição que estava em disputa. O PSDB fez quatro cadeiras, e o PMDB, cinco. Na Câmara, o PT ficou com a maior bancada: 69 deputados. O PMDB ficou em segundo, com 66 cadeiras. Em terceiro, veio o PSDB, com 54 deputados. Fui reeleito com a maior votação do PMDB no país e a terceira do meu estado, o Rio de Janeiro – tive 232.708 votos. O mais bem votado tinha sido o fenômeno Jair Bolsonaro.

Meu acréscimo de votos muito se deve à postura de Dilma contra mim. Acabei ganhando apoio do eleitorado de opinião, por aprovar minha conduta em relação ao governo. Eu sentia isso nas ruas, durante a campanha, percebendo que a luta que Dilma fazia contra mim me trazia benefícios eleitorais também.

O PMDB elegeu sete governadores, enquanto PT e PSDB fizeram cinco governadores cada. Mas os principais postulantes do PMDB, Henrique Alves e Eunício Oliveira, foram derrotados – Eunício diretamente pelo PT e Henrique pelo apoio que o PT deu a seu adversário.

Dilma fez um discurso na campanha totalmente contrário à situação econômica que o país vivia. Pregou fazer aquilo que sabia não ter condições de fazer, marcando um contraponto em relação a Aécio, que tinha já um ministro da Fazenda anunciado, caso vencesse as eleições – Armínio Fraga, que defendia um ajuste fiscal, controle dos gastos públicos e austeridade, combatendo várias das políticas do governo petista que estavam sendo praticadas.

Dilma venceu a eleição. Mas sua vitória eleitoral não se transformou em vitória política, em função das medidas econômicas adotadas após a eleição. Ficou no ar uma resposta pouco convincente às acusações de que tinha praticado um estelionato eleitoral.

Embora o comportamento de Dilma não tenha sido diferente do praticado por Fernando Henrique Cardoso na sua reeleição em 1998, na prática a fama dela foi pior. Havia um grande número de novos eleitores, entre 1998 e 2014, que não participaram daquele processo eleitoral.

Michel Temer ficou bastante chateado comigo, entre o primeiro e segundo turnos, quando dei uma entrevista a Fernando Rodrigues, para a *Folha* e UOL, falando que o partido estava dividido na eleição. Pela imprensa, ele me respondeu que o PMDB estava unido em favor da chapa dele – fato irreal, já que a maioria do partido não votou em Dilma na eleição.

A petista estava usando, na propaganda eleitoral, o número total de deputados eleitos pela bancada como se fosse base de apoio à candidatura dela. Mas metade dos deputados do PMDB apoiava Aécio Neves.

A bancada me cobrou. Reclamei na entrevista que a propaganda de Dilma era inverossímil, e Temer chegou a dizer que, depois da eleição, deveria ser feita uma reunião do PMDB. E aqueles que não defendiam a chapa deveriam sair – ou seja, queria mais da metade do partido fora, inclusive eu.

Michel Temer, naquele momento, se esqueceu de que tinha feito um acordo para aprovar a chapa na convenção, liberando todos para votarem em quem quisessem. O PMDB, na verdade, tinha alugado o seu tempo de TV para, em troca, Temer poder se candidatar a vice-presidente de novo.

Declarei também que a bancada do PMDB não teria nenhuma dificuldade em apoiar o eventual governo de Aécio Neves, caso ele vencesse a eleição – o que era absolutamente verdadeiro, mas essa declaração irritou e prejudicava Temer.

Isso o incomodou. Ele era o presidente do PMDB e tinha receio de perder o comando do partido em caso de derrota de Dilma. Achou que eu estava querendo lhe tomar a presidência do partido com aquela declaração, o que não era verdadeiro.

Entre o primeiro e o segundo turno, não falei com Temer. Só voltamos a conversar depois da campanha eleitoral, quando, após uma discussão sobre essa posição, Temer logo retornou ao papel conciliador, evitando o atrito – mas passando a tentar me cercar para que eu não me candidatasse a presidente da Câmara sem combinar antes com o governo. Ele queria ser o interlocutor e negociar um acordo para um rodízio entre o PMDB e o PT.

Dilma, logo após a confirmação da sua vitória, fez um discurso fraco e pregou a união do país de forma tímida. No dia seguinte, concedeu entrevistas aos principais telejornais do país, ao vivo, incluindo o *Jornal Nacional*. A impressão que ficava, ao fim dessas entrevistas, era de que o novo governo de Dilma estava velho antes de começar.

Dilma insistia na defesa da reforma política por meio do plebiscito, o que já havia sido descartado pelo Congresso. Isso gerava novos atritos políticos, mostrando que tudo parecia estar como antes. Os enfrentamentos continuariam.

Parece meio sem lógica: Dilma acabava de vencer uma eleição e falava, como discurso de vitória, da necessidade de mudar a forma pela qual ela tinha sido eleita e reeleita, em vez de se pronunciar à nação sobre as soluções que seu governo daria à situação econômica ou sobre uma pacificação da polarização que estava ocorrendo.

A reforma política era uma bandeira para os partidos e para o Congresso Nacional. Ela deveria, sim, ser tratada e sempre foi urgente. Mas parece descabido a presidente da República reeleita usar isso como discurso de vitória.

Tanto Henrique Alves quanto Renan Calheiros descartaram o plebiscito proposto novamente por Dilma para a reforma política. Disseram que o Congresso é que teria de fazer essa reforma. Eles, no máximo, aceitariam submeter o texto, aprovado, a um referendo popular.

Aloizio Mercadante pediu uma reunião com o PMDB, que incluía Michel Temer, o presidente da Câmara Henrique Alves, o presidente do Senado Renan Calheiros, o líder no Senado Eunício Oliveira e o líder na Câmara, que era eu. O encontro ocorreu no dia 11 de novembro, já com minha candidatura à presidência da Câmara colocada.

Nessa reunião, ele expôs a situação dramática das contas públicas. Disse que precisava de ajuda e empenho para que aprovássemos um projeto de lei no Congresso, que seria enviado logo, visando mudar a meta fiscal do ano. O superávit iria virar déficit, e, se isso não fosse aprovado, Dilma poderia ser acusada de crime de responsabilidade. A situação mostrava que realmente Dilma tinha gastado o que não podia para se eleger, caracterizando como correta a acusação que viria – a de que teria havido um estelionato eleitoral.

Como candidato a presidente da Câmara, não iria queimar a largada comprando uma briga desnecessária. Disse que ajudaria e que a bancada do PMDB iria votar a favor. Eu me encarregaria de convencer os oposicionistas na bancada do partido a acompanharem.

Renan também se comprometeu a ajudar e mostramos para o governo que, apesar de tudo, seríamos solidários e não deixaríamos a presidente ter um constrangimento antes da sua posse no segundo mandato.

A proposta foi encaminhada, por meio do PLN 36, que, aprovado, se transformou na Lei nº 13.053, de 2014. A ideia era retirar do cálculo da meta fiscal a desoneração de tributos dada, além dos investimentos do PAC, Programa de Aceleração do Crescimento, para que se mantivesse o montante do superávit previsto – quando, na realidade, já existia um déficit bastante elevado.

O problema é que a discussão dessa mudança da meta fiscal foi muito desgastante para o governo, já que a oposição deitou e rolou com a situação. Apesar de termos aprovado a proposta em sessão do Congresso Nacional, a discussão de que isso era motivo de impeachment passou a ser pública.

Em seguida ao segundo turno da eleição, ocorreu uma nova operação comandada por Curitiba, chefiada pelo então juiz Sergio Moro, a Lava Jato. Foram presos diversos empreiteiros no país, virando o clima e colocando novamente o PT no foco das acusações da Petrobras.

A CPMI da Petrobras terminou suas atividades logo em seguida. A responsabilização dos presos por essa operação foi feita no relatório final, construindo-se um acordo para aprová-lo. A responsabilização de Dilma e do governo foi excluída, para não tumultuar ainda mais o ambiente, que já estava pesado.

O PSDB entrou com recurso no Tribunal Superior Eleitoral (TSE), visando cassar a chapa eleita. Tal ação iria perdurar por bastante tempo. Ela só foi julgada depois do impeachment de Dilma, e acabou rejeitada por quatro votos a três, quase levando à cassação de Michel Temer à época.

A polarização da eleição e a impressão de que o governo estava velho antes de começar, causada pela discussão da mudança da meta fiscal, levaram Dilma a ter de iniciar o mandato já com uma oposição muito forte do ponto de vista político. Por incrível que possa parecer, já se falava em impeachment de um presidente que ainda nem tinha assumido seu novo mandato.

12 Minha eleição para a presidência da Câmara

Ao terminar a eleição presidencial, a discussão no país passaria a ser a composição do segundo governo de Dilma, a mudança da meta fiscal e como Dilma iria conduzir a economia, depois que a crise foi desnudada pelo déficit das contas públicas que precisaria ser debatido.

Durante o segundo turno, eu estava já articulando os passos que seriam dados para a minha candidatura à presidência da Câmara. Debatia inclusive com a nova bancada do PMDB, que vinha bastante renovada.

Em 8 de outubro, fiz uma reunião da bancada, incluindo os novos deputados eleitos, para começar o debate. Evitei uma declaração de voto da bancada, em apoio a qualquer dos dois candidatos a presidente da República, pois parte dos parlamentares estava ausente e esse não era o objetivo da reunião.

Em 26 de outubro, após o segundo turno, convoquei uma reunião formal da bancada. Ocorreu três dias mais tarde, já com a presença de todos os deputados eleitos, os quais integrei na bancada. Eu coloquei para eles que, para disputar a eleição da presidência da Câmara, primeiro eu precisava de autorização e apoio da bancada do meu partido.

Também precisaria negociar com as outras legendas a formação dos blocos necessários e, para isso, teria de tratar como líder, ou seja, precisaria ser reconduzido à liderança pela nova bancada – o que ocorreu de forma unânime. Não iria incorrer no mesmo erro de Henrique Alves, que permitiu a discussão de um novo líder antes da sua eleição à presidência da Câmara.

Era importante sinalizar que, se eu fosse derrotado, estariam derrotando o líder do PMDB, que continuaria líder. E teriam de me enfrentar na liderança, o que acabaria afetando a governabilidade de Dilma.

Na véspera, havia oferecido um jantar de boas-vindas aos novos deputados. Ali mesmo foi acertada a posição que seria tomada, de forma unânime, pela bancada, transformando a reunião em mera homologação do que já estava decidido.

Foi uma demonstração de força da candidatura, com o apoio de líderes nos estados, que se encarregaram de trazer deputados que eu ainda não conhecia para me apoiarem, bem como os senadores José Sarney, Eduardo Braga, Romero Jucá e Eunício Oliveira, o que dava mais musculatura à candidatura. A parte do PMDB do Senado que enfrentou o PT nas eleições regionais queria a minha vitória para fazer um contraponto ao PT, mesmo que oficialmente não fizessem esse discurso.

Antes da reunião da bancada, almocei com os líderes do blocão. Recebi apoio para costurar um bloco formal para suportar uma candidatura à presidência. O líder do PSC à época, André Moura, foi à reunião da bancada do PMDB e declarou isso de forma pública.

As primeiras declarações dadas por mim e referendadas pela bancada eram de que o PMDB não aceitaria mais fazer rodízio com o PT pela presidência da Câmara. A situação era bem diferente da de 2010, já que a eleição foi bastante apertada, e ter o PT comandando o governo e o Congresso seria uma hegemonização de seu poder.

Também dei declarações de que a derrota de Henrique Alves ao governo do Rio Grande do Norte e de Eunício Oliveira ao governo do Ceará iriam deixar sequelas na bancada. Citei o exemplo de que Lula tinha ido à TV pedir votos para o concorrente de Henrique Alves, que ele nunca tinha visto na vida, enquanto Henrique tinha sido leal ao governo do PT durante anos.

O filho de Renan Calheiros, o então deputado Renan Filho, eleito governador de Alagoas, deu declaração também de que não deveria mais existir o rodízio entre o PT e o PMDB na presidência da Câmara.

Michel Temer, no dia anterior à reunião da bancada, foi ao encontro de Dilma e, logo após, posicionou-se defendendo o rodízio entre o PMDB e o PT na presidência da Câmara – ideia já descartada publicamente por mim.

Iniciava-se o retorno das votações. Henrique Alves decidiu pautar a proposta de decreto legislativo da oposição, feito antes das eleições, para derrubar o decreto de Dilma, número 8.243, de 2014 – chamado de decreto bolivariano dos conselhos populares, que muita polêmica estava causando.

A bancada do PMDB decidiu apoiar a votação desse decreto legislativo, assim como apoiar a votação da proposta de emenda constitucional do orçamento impositivo, bandeira da eleição de Henrique Alves. Eu encamparia, sendo que o governo era contrário.

Havia também outra pauta que o PMDB apoiaria com muita força: para o aumento do fundo de participação dos municípios, também em emenda constitucional e que o governo também não queria. O decreto legislativo foi aprovado naquele mesmo dia, revogando o absurdo decreto de Dilma que criava um sistema nacional de participação social, burlando a competência do Poder Legislativo, com apoio e voto da bancada do PMDB, mas que acabou barrado por Renan Calheiros no Senado.

Temer convocou uma reunião do PMDB em jantar no Palácio do Jaburu, ocorrido no dia 4 de novembro, em um movimento que seria para tratar da reforma política e tentar conter minha candidatura.

O movimento não teve sucesso. Já no mesmo dia, antes dessa reunião, anunciamos um bloco para a minha eleição, com parte dos partidos do blocão informal. Os líderes se encarregaram de consultar suas bancadas para declarar apoio à minha candidatura, sendo que os partidos acertados naquele momento representavam um total de 152 deputados – o que tornava irreversível a candidatura.

Houve a divulgação de parte da delação de Paulo Roberto Costa, que atingia Renan Calheiros e provocou a queda de Sérgio Machado da presidência da Transpetro, cargo de indicação de Renan.

No dia anterior, havia ido à residência do vice-governador eleito do Rio de Janeiro, Francisco Dornelles, do PP, meu velho aliado, com Aécio Neves. Discutimos o apoio à minha candidatura à presidência e obtive o compromisso de que Aécio iria lutar por ela dentro do PSDB.

Minha relação com Aécio era muito boa. Dornelles era seu tio e fiador da aliança, o que facilitava em muito o acordo. Por isso fiz a reunião por intermédio dele. Aécio queria se posicionar como o eleitor principal da eleição, o que de certa forma dificultaria minha caminhada.

Antes do jantar do Jaburu com o conselho político do PMDB, eu fiz uma reunião com Michel Temer. O vice-presidente queria que eu construísse a relação com o PT, retornando ao sistema de rodízio.

Respondi a ele que isso seria quase impossível, porque as bancadas do PT e do PMDB haviam diminuído muito. Os demais partidos não aceitavam essa divisão de comando. Nas eleições de 2010, PT e PMDB representavam um número muito maior de deputados e podiam se dar a esse luxo de rodízio – agora a situação não era a mesma.

O único pedido de Michel Temer era para que eu não me posicionasse como candidato de oposição. E que procurasse primeiro os partidos da base aliada ao governo. Respondi que não era candidato de oposição, e sim candidato do parlamento – e que a maioria dos partidos que estava me apoiando era da base aliada, mas que não podia jogar fora o apoio de oposicionistas.

Disse ainda que havia uma repulsa enorme à ideia de o PT comandar a casa. Se insistissem nisso, seria uma derrota certa para qualquer candidato de oposição.

Com essa reunião prévia com Temer, o jantar do conselho político ficaria restrito ao tema da reforma política. Foi emitida uma nota de que o PMDB queria discutir e apresentar uma proposta ao Congresso no início da próxima legislatura. O assunto eleição na Câmara não foi abordado.

Em um movimento articulado pelo governo, envolvendo Cid Gomes e Gilberto Kassab, buscou-se a formação de um novo partido. O PL seria recriado e depois haveria a fusão com o PSD de Kassab, visando atrair deputados das legendas aliadas cujos líderes o governo não controlava.

O movimento era para cooptar deputados do PMDB e de todas as legendas, inclusive as de oposição, que quisessem aderir ao governo. Porque a criação de um novo partido e também a fusão do partido novo com o PSD dava a possibilidade de filiação de qualquer deputado – sem quebrar a regra da fidelidade partidária, que tinha como consequência a perda do mandato.

Em 11 de novembro aconteceu a tal reunião, já relatada, para que Aloizio Mercadante pedisse ao PMDB o apoio para a votação da alteração da meta fiscal do ano. A reunião foi no gabinete de Michel Temer. Como já dito, eu ajudei a aprovar a mudança da meta.

As redes sociais apresentavam lista de pedidos de impeachment de Dilma, fato absolutamente anormal. Ela ainda nem havia começado o segundo mandato e essa alteração da meta fiscal iria acirrar isso.

Em 12 de novembro, o Solidariedade declarou apoio à minha candidatura e passou a participar do bloco da eleição. Anunciei que minha candidatura seria irremovível e que iria ao plenário de qualquer forma disputar, com apoio da bancada do PMDB. Ficou marcado o lançamento oficial para o dia 2 de dezembro.

Estourou a fase da Operação Lava Jato em 14 de novembro, prendendo empreiteiros e criando a necessidade do governo de mudar a Petrobras. Havia um clima de desconfiança, causado pelas denúncias que envolveriam o PT na estatal.

Comecei a circular pelos estados, nos dias fora de pauta do Congresso, visando obter apoio à candidatura. Nos dias de Brasília, mantinha reuniões com grupos e bancadas específicas e temáticas. A campanha avançava bastante, mesmo antes do lançamento oficial – a partir de quando faria viagens oficiais.

O deputado Paulinho da Força fez um movimento combinado com o ministro Gilmar Mendes, do STF, para que tentássemos votar a PEC da Bengala, levando líderes diversos até o ministro defensor da medida, assim como ao presidente do STF Ricardo Lewandowski. Tentei ajudar, mas, naquele momento, com o governo se posicionando contra, Henrique Alves não teve coragem de pautar.

Gilmar Mendes afirmava, com razão, que no segundo mandato de Dilma seriam nomeados cinco novos ministros de linha mais radical do PT, além da vaga já aberta com a saída de Joaquim Barbosa. Com isso seriam seis novos ministros, e os nomes mais falados eram de Eugênio Aragão, Rodrigo Janot e José Eduardo Cardozo, que tinham grande oposição dentro do STF.

Dilma começou a anunciar os nomes do ministério. Joaquim Levy foi apresentado para o Ministério da Fazenda, debaixo de críticas do próprio PT – depois de Lula ter tentado emplacar Henrique Meirelles, sem sucesso, pois a presidente também tinha cisma com ele.

A bancada evangélica anunciou apoio a mim em jantar em Brasília. Com isso, consolidei um importante apoio, que consiste em deputados de várias legendas, inclusive de oposição. Esse apoio seria fundamental, afinal esses deputados também interfeririam nos seus próprios partidos.

Denunciei uma tentativa de armação contra minha candidatura, impetrada por alguém que simulou ser deputado novo do Maranhão – falsamente. Conhecia o nome de todos os novos deputados e, na realidade, o falsário estava tentando me gravar pedindo benefícios, recusados no telefonema, no dia 27 de novembro, em golpe baixo típico de alguém desesperado com minha possível vitória.

Michel Temer declarou publicamente ser contra, em consonância com a minha opinião, que Cid Gomes, que estava atacando o partido o tempo inteiro, ocupasse o Ministério da Educação – fato que acabou ocorrendo, mas que, depois, como presidente da Câmara, acabei derrubando, em fato que contarei mais adiante.

Dilma, enfrentando dificuldades para aprovar a mudança da meta fiscal, o PLN 36, convidou todos os líderes da Câmara e do Senado, que faziam parte da base aliada, para uma reunião no Palácio do Planalto. Seria um apelo à aprovação.

Compareci. Declarei à imprensa que ela parecia estar querendo retomar o diálogo, como fez em 2013, e, além de dar apoio ao projeto, proponho, a exemplo do que havíamos feito da outra vez, que todos assinássemos um pacto para que não votássemos projetos que impactassem as contas públicas – isso foi aceito por ela e assinado por todos em forma de manifesto.

Meu objetivo, além de concordar com o mérito, era sinalizar que não era candidato de oposição. Quem mais propunha projetos ou emendas que afetavam as contas públicas eram aqueles que ela considerava aliados, e quem acabou colocando o assunto na mesa fui eu, que ela considerava inimigo.

Reuni-me com a bancada ruralista, fechando praticamente o seu apoio, que acabaria anunciado depois. O PSC também anunciou apoio e participação no bloco da minha candidatura.

No dia seguinte, 2 de dezembro, lancei a candidatura de forma oficial, já com a presença do Solidariedade, PSC e PTB no lançamento, com material de campanha sendo distribuído. A Casa começava a ter um grande número de deputados circulando com meu broche de campanha, incluindo Henrique Alves.

O registro fica na coincidência de ter lançado a campanha na mesma data em que, um ano depois, aceitaria o pedido de abertura de processo de impeachment. Era um dia especial para mim, pois é a data de aniversário da minha segunda filha, Camilla.

Em uma sessão longa do Congresso Nacional, que varou a madrugada em 3 de dezembro, foi aprovada a mudança da meta fiscal, o PLN 36, que retirava do cálculo do superávit a desoneração de tributos e os gastos com investimentos do PAC, Programa de Aceleração do Crescimento, que depois foi transformada na Lei nº 13.053, de 2014.

Essa votação teve meu apoio e o do PMDB. Evitamos a responsabilização de Dilma por crime de responsabilidade, já que ela já havia autorizado e realizado despesas, sem previsão legal e a respectiva autorização congressual – em resumo, ela já tinha gastado os recursos e a meta estava estourada.

Comecei as viagens de campanha de forma oficial, visitando cada estado de maneira programada, incluindo visitas aos governadores. Iniciei pelo Paraná, dia 4 de dezembro, onde visitei o governador tucano Beto Richa. À noite tive um jantar reservado com ele, a partir do qual ele passou a me apoiar, independentemente da posição do PSDB. Richa também começou a pedir votos para mim, tendo me dado quatro votos na eleição, do PSDB e do PSB – embora para a imprensa declarasse que iria aguardar o posicionamento de seu partido.

Ficava bastante clara a força e a irreversibilidade da minha candidatura. O PT não teria espaço para vencer e eu não estava me pondo como candidato de oposição, ajudando o governo. Eu era reconhecidamente um homem que cumpria acordos.

A partir daí, caso o governo fosse patrocinar um candidato para me derrotar, seria quase um suicídio. Porque, além de ter de dar cargos e mais cargos para obter votos, tirando os cargos do mesmo PT que queria disputar comigo, também não teria segurança de sucesso, pois o voto era secreto – e, como dizia o ditado do passado, voto secreto dá uma vontade danada de trair.

A Câmara aprovou o primeiro turno do orçamento impositivo e o Congresso também alterou a apreciação dos vetos presidenciais, que, a partir desse momento, trancariam a pauta do Congresso, 30 dias após a sua leitura, em dois movimentos bem fortes de valorização da Casa.

Na semana de 8 a 12 de dezembro, fiz uma verdadeira maratona. Estando em Goiás, Mato Grosso, Tocantins, Minas Gerais e Espírito Santo – além, é claro, de Brasília, onde comandei votações e fiz reuniões com a bancada feminina e com partidos.

O PT ensaiava lançar a candidatura de Arlindo Chinaglia, mas ao mesmo tempo dava sinais de que poderia tentar uma composição comigo. Temer vinha atuando nesse sentido, só que depois essa tentativa ficaria mais clara.

O governo, com a interferência de Lula para que tentassem me apoiar, queria que houvesse uma reunião de todos os partidos da base, comprometendo-se a esse apoio naquele momento e a também apoiar o PT no segundo biênio. Seria restabelecido o rodízio, começando por mim e depois com o PT, continuando o PT com a primeira vice-presidência da Câmara, e o PMDB depois ficaria com essa primeira vice-presidência no segundo biênio.

Embora aceitar a proposta pudesse significar o encerramento da disputa e a minha vitória antecipada, não tinha naquele momento essa certeza toda, pois o sentimento da Casa era anti-PT. E é óbvio que eu não seria candidato único. Apareceria um nome qualquer que, em cima do meu discurso, atacaria o acordo e desmoralizaria a todos nós – a exemplo da onda Severino Cavalcanti, poderia acabar me derrotando.

Respondi que não aceitaria dessa forma. Se o PT quisesse apoiar, teria a vice-presidência, até porque era a bancada de maior número de deputados e todos aceitariam isso. Eu também assumiria um compromisso público de que o

PMDB não teria candidato à minha sucessão, deixando a possibilidade de que qualquer partido construísse a minha sucessão.

Em privado, dava a minha palavra de que, se o PT conseguisse o apoio dos demais partidos da base para o segundo biênio, eu não criaria obstáculo e até apoiaria.

Dessa forma, não trairia o meu discurso, nem daria margem para uma terceira candidatura surgir e acabar sendo vencedora, até porque poderia contar com a traição dos petistas, já que o voto era secreto, e, se o PT visse uma outra candidatura crescer, não hesitaria em me trair.

O PT não tinha entendido ainda que o jogo tinha mudado, que o momento não era deles e que o sentimento de rejeição a eles era o fator que unia aqueles que estavam comprometidos com minha campanha.

O PSOL me acusava de silenciar sobre a confusão entre o então deputado Jair Bolsonaro e a deputada petista Maria do Rosário, sendo que depois declarei à imprensa que, se fosse eleito presidente, não daria curso a nenhum processo disciplinar ocorrido nessa legislatura, até porque entendia que não caberia, já que, encerrado o mandato, encerra-se tudo referente a ele.

A declaração eu dei quando fiz um evento da campanha no Rio de Janeiro, embora eu tivesse deixado claro que não concordava com agressão de nenhuma natureza, mas também não concordava em dar curso à representação de fato da legislatura anterior.

Quando assumi a presidência, encerrei não só o processo disciplinar de Bolsonaro como de outros na mesma situação, e, por coerência, também não aceitei abertura de processo de impeachment contra Dilma por fatos do primeiro mandato – que entendi encerrado e, na linguagem jurídica, precluso.

Arlindo Chinaglia lança a sua candidatura com apoio de PROS, PDT e PC do B, enquanto o PRB, o DEM e o PHS declaram apoio à minha candidatura. PSB e PSDB lançaram a candidatura de Júlio Delgado.

A entrada do DEM na minha campanha deveu-se a uma articulação que envolveu Rodrigo Maia, que estava me devendo pelo apoio à candidatura de seu pai, Cesar Maia, ao Senado, que acabou derrotado, assim como ao apoio que lhe dei em 2013 para que ele presidisse a Comissão de Transportes da Câmara, o que não conseguiria se o PMDB não tivesse lhe cedido.

Rodrigo Maia conseguiu evitar que a candidatura de Júlio Delgado tivesse o apoio integral da oposição. Com a vinda do DEM, eu além de tudo garanti a vitória em primeiro turno.

Júlio Delgado usou o fato de o PSB ter apoiado Aécio Neves no segundo turno da eleição presidencial e fez o partido cobrar reciprocidade. Aécio, em um cálculo errado de que a eleição fosse para o segundo turno, preferiu apoiar Júlio Delgado.

Aécio achava que seria o grande eleitor do segundo turno, impondo a derrota ao governo com minha eleição, já que ele não acreditava na viabilidade de Júlio nem queria que um deputado de Minas Gerais se elegesse e criasse uma nova liderança no estado.

Além disso, Aécio também achava que, com a credibilidade de ter apoiado Júlio, obrigaria o PSB a segui-lo na sua decisão para o segundo turno – afinal, jamais ele apoiaria o candidato do PT, por razões óbvias.

Chinaglia estava por trás da candidatura de Júlio Delgado. Havia um apoio mútuo ali acordado: quem fosse para o segundo turno ajudaria o outro. Só que Chinaglia achava que teria o PSDB apoiando o PT no segundo turno contra mim – uma situação absolutamente irreal.

O apoio de Delgado a Chinaglia não era gratuito. Havia a garantia de reciprocidade em benefícios no governo, acertados entre eles.

A ingenuidade do governo ou a má-fé de Chinaglia para viabilizar sua candidatura divulgaram a ideia de que o PSDB e Aécio, derrotados pelo PT na eleição presidencial, iriam apoiar um candidato do PT para presidir a Câmara. Coisa em que ninguém de bom senso acreditaria.

Por outro lado, Júlio Delgado era muito pouco popular na Câmara e dentro do PT, por causa da sua atuação no Conselho de Ética da Câmara, no sentido de tentar ser julgador e cassador de deputados. Ele foi o responsável pelo relatório que cassou José Dirceu e também era o responsável pelo relatório para a cassação de André Vargas – ambos tinham força no PT e verdadeiro pavor dele.

Durante o período das eleições, consegui impedir o quórum da maioria das sessões do Conselho de Ética, que estava analisando o processo de cassação de André Vargas. Cheguei até a me atritar com Júlio Delgado, que foi me procurar um dia na liderança e me pedir que desse o quórum. Respondi que não daria e que eu não queria a cassação de André Vargas.

Júlio Delgado chegou a buscar um suplente do PMDB no Conselho, o deputado Fábio Trad, para dar quórum. Eu tive de enfrentá-lo para que isso não ocorresse mais.

Estávamos no período eleitoral. Júlio queria usar, na sua campanha, a informação de que estava cassando um deputado. Isso irritava não só a mim como a maioria dos deputados – que viam nisso um oportunismo, digno de quem não tinha caráter.

Não foi à toa que foi derrotado três vezes na eleição para presidente da Câmara, e por ter sido vencido por mim, foi o grande articulador no Conselho de Ética contra mim – quando pôde exercer a sua mágoa e vingança.

Apesar das divergências com o PT, jamais trabalhei para cassar quem quer que fosse desse partido. Nem mesmo José Dirceu – votei contra sua cassação à época, sempre achando que é nas urnas que as coisas têm de se resolver.

A aliança de Chinaglia com Júlio Delgado foi fundamental para que eu tivesse 17 votos do PT a meu favor na eleição da presidência da Câmara. Esses votos inclusive me deram a vitória em primeiro turno, mostrando o equívoco de

Chinaglia e do PT, que agiram cegamente para me derrotar e se esqueceram de cuidar da própria casa.

Houve até o caso de um parlamentar do PT que fechou apoio a mim dizendo que a escolha não era por minha causa, mas somente para derrotar Chinaglia. Ele o chamava de moleque. A mim coube apenas agradecer.

Júlio Delgado também tinha sido candidato contra Henrique Alves – e derrotado em primeiro turno em 2013. Ele não teria condições de ter mais votos do que havia tido naquela candidatura, mas podia ter mais votos do que Chinaglia, cuja candidatura, apesar do esforço do governo, não empolgava.

Chinaglia também me devia sua eleição em 2007. Dei a ele 14 votos contra Aldo Rebelo, em uma vitória com diferença de nove votos. Isso demonstrava a alguns, que estavam naquela época e sabiam disso, que ele não seria confiável.

André Vargas acabou sendo julgado e cassado no plenário, no dia 10 de dezembro. A atuação de Júlio Delgado com Arlindo Chinaglia, então vice-presidente da Câmara, impediu a obstrução que os líderes haviam combinado fazer.

Henrique Alves não presidiu aquela sessão extraordinária com a pauta única de julgamento, tendo ido participar de reunião da bancada do PMDB. Coube a Chinaglia comandar a sessão como vice-presidente. Ele preferiu não fazê-lo. A sessão, então, acabou liderada pelo deputado petista Amauri Teixeira, que nem sequer era membro da mesa.

O então deputado Jair Bolsonaro, por ser o mais antigo deputado presente, reivindicou assumir a presidência da sessão. Ele conseguiu. Chinaglia, que estava escondido no fundo do plenário, foi obrigado, por deputados do PT, a assumir para tirar Bolsonaro da presidência.

Em seguida, Bolsonaro foi à tribuna discursar. Enquanto ele falava, Chinaglia saiu e passou a presidência para o também petista José Mentor. Este encerrou a sessão, por falta de quórum, e convocou uma nova em seguida, com a pauta de vários itens definida anteriormente.

Aberta a nova sessão, Chinaglia reassumiu a presidência e foi contestado por Júlio Delgado, que queria votar a cassação de André Vargas de qualquer maneira. Chinaglia chamou Henrique Alves, que precisou comparecer e assumir a presidência, porque se havia instaurado um caos no plenário – e aquilo poderia contaminar todas as outras votações.

Henrique Alves chegou e assumiu a presidência da nova sessão. Só que não mais poderia ser contemplada a pauta contra André Vargas, pois era necessário intimar a ele ou ao advogado, informando uma nova sessão, com respeito a um prazo regimental – e não em cima da hora. André Vargas nem estava na Câmara.

Debaixo do tumulto provocado pelos protestos de Júlio Delgado, aprovaram um requerimento de reinclusão de pauta e colocaram a representação, que não tinha nem o deputado André Vargas, nem o advogado para exercerem a defesa.

Com o impasse da ilegalidade que estava sendo praticada e temendo gerar uma nulidade óbvia, caso o deputado André Vargas fosse ao STF, o deputado Eurico Júnior se autonomeou advogado dativo de André Vargas. Com a concordância de Henrique Alves, amedrontado pelo escândalo de Júlio Delgado, fez a leitura da defesa de André Vargas no Conselho de Ética, sendo assim então aberto o painel. André Vargas acabou sendo cassado, inclusive com o voto do deputado autonomeado advogado dativo.

Depois que se atingiu o quórum, todos acabaram votando em uma decisão absurda. Isso deu ainda mais força para as derrotas que Chinaglia e Delgado iriam sofrer na eleição. O próprio André Vargas, irritado com Chinaglia, me procurou e intercedeu junto a deputados do PT para que votassem em mim.

Henrique Alves, que já estava escolhido como ministro do Turismo para o segundo mandato de Dilma, foi citado em vazamento da delação de Paulo Roberto Costa. Dilma resolveu esperar até solucionar isso para nomeá-lo.

Henrique Alves soltou uma nota pedindo que sua nomeação não ocorresse até que fosse esclarecida a sua situação sobre a delação de Paulo Roberto, o que acabaria ocorrendo depois – ele foi nomeado ministro em março de 2015.

Por outro lado, eu não queria que Henrique assumisse o ministério em 1º de janeiro, porque implicaria deixar Chinaglia como presidente da Câmara em exercício e, com isso, ele ganharia a força do cargo, além da estrutura para a campanha, inclusive o direito a uso de avião da FAB. Isso me prejudicaria, e talvez tenha sido essa a intenção de Dilma quando escolheu Henrique para ocupar o ministério.

Dilma escolheu para articulador político um deputado inexpressivo do Rio Grande do Sul, o petista Pepe Vargas. Ligado ao então líder do governo, Henrique Fontana, fazia a linha de frente da campanha de Chinaglia, deslocando Ricardo Berzoini para o Ministério das Comunicações.

Fiz um grande evento político no Rio de Janeiro, em prol da minha candidatura, em 19 de dezembro. Grande parte da bancada de deputados do Rio compareceu, além de Pezão e Eduardo Paes, mostrando a força no meu estado – ali tive 34 votos dentre os 46 deputados.

Em dezembro, concluí um giro em 14 estados, deixando os demais para o mês de janeiro. Também aproveitaria a posse de Dilma em Brasília, quando grande parte dos deputados lá estariam.

Entre o Natal e o Ano-Novo, telefonei a todos os deputados eleitos, de todos os partidos. Apresentei-me a quem não me conhecia e reafirmei meus compromissos a quem eu já conhecia. Isso servia como peça importante, porque quebrava o gelo e era sinal de simpatia para com os deputados. Eu inclusive os convidei para as reuniões que faria em seus estados.

Na véspera de viagem a cada estado, também telefonava para os deputados, convidando-os para o encontro. Quando ouvia alguma objeção ao comparecimento ou uma dificuldade por causa de outro compromisso, arranjava um tempo para visitá-los à parte. Fui a diversas residências de deputados e fiz acordos individuais de apoio.

Isso serviu para que aumentasse a presença nas reuniões que faria dali em diante. Nas viagens aos estados, os deputados compareciam, mesmo quem não me apoiava, por questão de gentileza. Sempre revertia algum voto com essas presenças.

Na noite da passagem do ano, o prefeito Eduardo Paes me convidou para cear com ele no Copacabana Palace, com sua família. Também estava presente o deputado Carlos Sampaio, líder do PSDB e seu grande amigo, com a família. Depois fomos para a queima de fogos no estande da prefeitura, na areia de Copacabana, onde estavam alguns deputados de outros estados presentes.

Aproveitei para fazer campanha. Carlos Sampaio estava engajado em tentar que o PSDB viesse logo no primeiro turno comigo. Aos deputados presentes na festa, Eduardo Paes se encarregou de pedir os votos, me dando uma excelente oportunidade de fazer campanha numa hora em que ninguém conseguiria.

No dia seguinte, 1º de janeiro, fui cedo para Brasília para assistir à posse de Dilma. Realizei um jantar nesse dia, com vários deputados presentes na posse. Antes, fui ao Jaburu, onde me reuni com Michel Temer, Henrique Alves, Eunício Oliveira e Renan Calheiros, para debater a apreensão de todos sobre os rumos dos espaços do PMDB no governo.

Michel Temer então telefonou para Aloizio Mercadante e pediu uma reunião sobre o assunto. Ficou combinada para o dia seguinte. Em 2 de janeiro, portanto, retornamos ao Jaburu. Mercadante chegou com Pepe Vargas e Ricardo Berzoini. Já estávamos Temer, Henrique, Eunício, Renan e eu. Logo no início da discussão, quando Temer colocou o assunto, Mercadante disse que faltava um ator do processo na mesa – o futuro presidente da Câmara.

A colocação de Mercadante sinalizava com clareza que ele não respeitava a candidatura do PMDB e que o governo não iria discutir os espaços do partido antes da eleição. Era quase como que condicionando a concessão dos espaços a um acordo sobre a Câmara, que obviamente não me incluiria. Além disso, foi de extrema deselegância sua colocação.

A reunião acabou logo e, quando eles saíram, abordamos o tema. Eu disse a Temer que, mais do que nunca, deveríamos ganhar a eleição e dar uma lição neles. E que ele, Temer, devia parar de tentar contemporizar com um governo que eles diziam que era do PMDB também, mas era o governo deles, do PT.

Coincidência ou não, poucas horas depois Arlindo Chinaglia organizou um almoço para promover sua campanha, com a presença praticamente só de petistas, incluindo ministros. Atacou-me de forma violenta, baixando o nível para o lado pessoal – isso vindo de um deputado que só foi presidente da Câmara com a minha ajuda.

Subi o tom, respondendo com muita força. Recebo os deputados ligados a mim, que foram como espiões ao encontro para me dar informações, assim como Chinaglia infiltrou o deputado Hugo Leal, do Rio de Janeiro, para ser seu espião na minha campanha, até que eu descobrisse e o afastasse. Analisei as presenças e concluí que, pelo sinal do comparecimento no almoço, eles não tinham apoio nem para avançar ao segundo turno.

No dia da posse de Dilma, fui para Brasília com o avião privado que estava usando, contratado pelo PMDB para a minha campanha. O deputado Hugo Leal, até aquele momento meu eleitor, pediu uma carona. No dia seguinte, era uma das presenças no almoço de Chinaglia. E, depois, foi um dos deputados que o acompanharam em todas as viagens.

Na minha resposta, acusei Chinaglia, que discursou como sendo um candidato independente, de acabar de nomear o filho dele como conselheiro do Cade (Conselho Administrativo de Defesa Econômica). Como ter independência dessa forma, se, além de ter saído da liderança do governo, tinha sido a favor do decreto dos conselhos populares e de defender a regulação da mídia?

Disse ainda que não confundissem a pauta da governabilidade que apoiamos com a pauta ideológica do PT, que não apoiaríamos nunca. Isso depois que o ministro das Comunicações defendeu a reabertura do debate sobre a regulação da mídia.

Os ataques de Chinaglia, somados à tentativa de isolar o PMDB nos cargos de segundo escalão, como se dependesse, para nomeá-los, de entregar a presidência da Câmara para eles, acabou gerando uma revolta não só nos deputados como também nos senadores do PMDB.

Compareci à posse de grande parte dos novos ministros nomeados e marquei posição com os ministros do PMDB e dos partidos que faziam parte do bloção, a fim de mostrar solidariedade e agradar aos deputados desses partidos.

Um fato engraçado ocorreu na posse do novo ministro dos Transportes, Antonio Carlos Rodrigues, do PR. Lá encontrei um deputado novo, que ainda não conhecia: o capitão Augusto, que estava com a farda da Polícia Militar de São Paulo. Ele me pediu que o deixasse frequentar o plenário da Câmara com esse uniforme, caso eu fosse eleito. Eu concordei na hora e, a partir disso, ganhei seu apoio.

Como o uniforme tinha gravata, não via qualquer problema nisso. Achei que ele teria direito. Não feriria o regimento e acabou sendo um voto ganho com muita facilidade por um gesto pequeno, mas para ele de muito simbolismo.

Em seguida, reiniciei as viagens de campanha pelo país. Em Recife, encontrei-me, antes de me reunir com a bancada de deputados de Pernambuco, com o senador Fernando Bezerra. Conversamos no apartamento do filho dele, o deputado Fernando Filho. Na época, ambos eram do PSB e confirmaram o apoio a mim.

Também se comprometeram a tentar trabalhar para tirar a candidatura de Júlio Delgado, a quem faziam oposição dentro do partido. Fernando, junto ao então deputado Márcio França, que tinha acabado de assumir como vice-governador em São Paulo e que era meu amigo, defendia minha candidatura.

Com o então vice-governador Raul Henry, do PMDB, fui ter com o governador de Pernambuco, Paulo Câmara. Também esteve conosco Geraldo Júlio, então prefeito de Recife – que eu havia conhecido por intermédio de Eduardo Campos. Almocei com a maior parte da bancada do estado, saindo com apoio declarado da maioria deles.

O deputado Dudu da Fonte, líder do PP, que havia ido ao almoço de Chinaglia em Brasília, declarou seu apoio a mim, dizendo que a bancada do partido iria se reunir em breve e também selaria um apoio.

Júlio Delgado iniciou conversas comigo para tentar uma aliança. Na verdade, ele queria valorizar seu acordo com Chinaglia. Pediu-me, como compensação para retirar a sua candidatura, a primeira vice-presidência da casa. Ofereci a possibilidade da primeira secretaria.

Mando um avião privado buscá-lo em Juiz de Fora. Ele veio ao Rio de Janeiro e fomos juntos, no mesmo avião, para Brasília. A ideia era fecharmos um acordo durante o voo. Júlio Delgado batia o pé, insistia na vice-presidência.

A situação dos cargos na mesa não dependia só da minha vontade. Faz-se um bloco e, de acordo com o número de deputados, cabe escolher os cargos referentes a esse bloco dentro da razão do coeficiente do número de postos na mesa. Os cargos que cabem a cada bloco são divididos pelos partidos desse bloco, de acordo com a ordem de tamanho das bancadas.

Ou seja, resolver o que poderia caber ao meu bloco dependeria de ter ou não o bloco no tamanho necessário para a escolha. O maior bloco teria direito à primeira vaga, escolheria o cargo e, mesmo assim, dentro do bloco, caberia ao partido com mais deputados, dentre os integrantes do bloco, esse primeiro cargo.

Não poderia prometer o cargo. Se o PT desistisse da candidatura e entrasse no bloco, ou mesmo com a sua candidatura fizesse um bloco maior que o meu, eles teriam direito à escolha.

O que eu poderia prometer era que a primeira escolha do nosso bloco coubesse a ele, desde que o maior partido do meu bloco concordasse – o que demandaria uma negociação que me dispunha a costurar.

Além disso, comprometer o cargo do PT seria uma agressão pública, essa atitude não deixaria espaço para a retirada da candidatura deles, sem que eu precisasse negociar nada. Ou seja, bastaria eles desistirem, não precisariam me apoiar e teriam o cargo deles na mesa.

Estava também de certa forma cumprindo o acordo com Temer de não fechar de todo a porta para a retirada da candidatura do PT. Ainda mais porque Júlio Delgado era da oposição ao governo.

Entregar a primeira vice-presidência para a oposição poderia sinalizar uma ruptura completa com o governo, pois era um cargo bem relevante, que substitui não só a presidência da Câmara, mas também fica como primeiro vice-presidente do Congresso, podendo criar muitos problemas nas votações de Congresso, onde geralmente é o primeiro vice-presidente que conduz as sessões.

Mas, mesmo assim, disse a ele que poderia atender se o PSB e o PSDB entrassem no meu bloco. E se o PSDB, que o estaria apoiando, abrisse mão da primeira escolha em favor dele. Dessa forma, nosso bloco seria o maior e o PSDB seria o segundo partido depois do PMDB, que não teria outro cargo na mesa além da presidência – cargo que disputaria de forma avulsa e não dependia de escolha, ficando esta para o PSDB, que seria a maior bancada e que precisaria ceder para ele, Júlio.

Pedi a ele que consultasse o PSDB sobre esse acordo. De minha parte, iria falar com os partidos que já estavam no meu bloco para obter a concordância deles, afinal, não poderia fazer acordo sem esse consentimento. Combinamos novo encontro em 48 horas.

Fui conversar com Temer para dizer a ele que tinha recebido essa proposta. Se fechasse, não haveria mais possibilidade de nenhum acordo para o PT ocupar um posto na mesa.

Temer pediu que eu esperasse 24 horas, porque ele ia tentar retirar o PT e fazer o acordo. Ele também não queria que eu cedesse para a oposição a primeira vice-presidência, pois sabia dos riscos que o governo correria.

Não precisei nem esperar duas horas. Júlio foi ao encontro de Chinaglia tão logo desembarcamos em Brasília, e acabou demovido por ele de fazer acordo comigo. Divulgaram que quem deles fosse para o segundo turno contra mim receberia o apoio do outro, mostrando o caráter de ambos.

Liguei para Júlio e perguntei a ele se tínhamos uma negociação. Afinal, se havíamos combinado de nos encontrar em 48 horas, por que ele teria feito aquilo? Ele respondeu que tinha me feito a oferta e, como eu não resolvi na hora, decidiu seguir seu caminho.

Fiquei me questionando sobre não ter cedido a vice-presidência à oposição, preocupado em não constranger mais o governo, enquanto esse mesmo governo dava a Chinaglia instrumentos fortes para o convencimento de um apoio dele, Delgado.

Os instrumentos, se fossem benefícios no governo, eles que teriam de dar. E se, por acaso, Júlio Delgado ultrapassasse Chinaglia e fosse para o segundo turno? Iria o governo, para me derrotar, optar por um candidato de oposição?

A resposta a essa questão mostra a insanidade de Dilma no seu ódio contra mim, pois eles realmente preferiam que um candidato de oposição fosse o presidente a terem de me ver no cargo.

A partir daí o meu discurso estava pronto. Simplesmente dizia que um candidato era submisso ao governo e o outro era oposição, sendo que eu era o único que podia ter independência.

Antes do Natal, havia recebido de um advogado a cópia do depoimento de um policial chamado Jaime Careca, que trabalhava com Alberto Youssef. O relato dizia que ele tinha entregue uma importância em dinheiro, em um condomínio na Barra da Tijuca, no Rio de Janeiro. Ele descreve o condomínio e a casa e fala que ouviu dizer que era a minha casa.

De posse do depoimento e das descrições, que não correspondiam com a minha casa nem com o condomínio onde resido, fiz uma busca em todos os condomínios da Barra da Tijuca, até que encontrasse o local descrito com exatidão pelo policial. Guardei a informação, já sabendo que isso iria estourar antes da eleição da Câmara.

Pois bem, no dia 7 de janeiro a *Folha de S. Paulo* publicou o depoimento, com bastante destaque. A partir daí, tive de responder com os detalhes que tinha apurado. Logo em seguida, o advogado de Youssef disse que esse assunto nada tinha a ver comigo. No dia 13, o jornal *O Globo* acabou desvendando o real destinatário da suposta remessa de dinheiro de Youssef: Francisco José Reis, conselheiro da agência reguladora de transportes do estado do Rio de Janeiro. Ponto-final no assunto.

O próprio advogado do policial também teria peticionado, no dia 5 de janeiro, antes da divulgação da *Folha de S. Paulo*, esclarecendo o endereço real da entrega – que nada tinha a ver comigo e situava-se a cerca de três quilômetros da minha casa –, tendo, inclusive, juntado fotos da residência – que não era a minha, nem ficava no meu condomínio.

A armação que estavam montando para constranger a minha candidatura foi por água abaixo.

Vários deputados que me apoiavam foram procurados por apoiadores de Chinaglia, avisando que iria estourar uma bomba contra mim e que a minha candidatura não permaneceria de pé, dentro dos métodos que o PT usava para desconstruir seus adversários.

Para deixar clara a situação, fiz petição à Procuradoria-Geral da República sobre o assunto, esclarecendo todos os fatos acerca do depoimento inicial do policial, sendo que esse fato nunca tinha sido objeto de nenhum inquérito, mas foi usado depois, em março, pelo procurador-geral, no seu pedido de inquérito contra mim ao STF – alegando que a mudança do depoimento do policial podia ter sido por pressão minha e que o conselheiro era ligado ao então presidente da Alerj (Assembleia Legislativa do Estado do Rio de Janeiro), Jorge Picciani, cujo filho tinha virado líder do PMDB e, por isso, eu poderia estar envolvido.

O depoimento tinha sido feito à Polícia Federal e a suspeita era de que o então ministro José Eduardo Cardozo teria sido o responsável pelo vazamento. O engraçado é que o PT, nos dias de hoje, denuncia a interferência do governo na Polícia Federal, método que eles praticavam quando estavam no poder.

Chinaglia subiu o tom. E eu fiz o mesmo, nas respostas. Citei a alopragem dos petistas nas denúncias contra mim, forma tradicional das campanhas petistas, que assassinaram muitas reputações, mas que depois reclamaram por ter suas reputações assassinadas.

Quem não se lembra do episódio dos aloprados em São Paulo, em 2006, quando petistas foram pegos comprando um dossiê falso contra José Serra, adversário na disputa do governo de São Paulo contra Aloizio Mercadante? Não à toa, Chinaglia é do PT de São Paulo.

Nesse mesmo dia 13, em meio à franca correria entre os estados, passei por Brasília e me reuni com Michel Temer, Renan Calheiros, Henrique Alves e Eduardo Braga. Temer resolveu convocar a executiva nacional para declarar apoio à minha candidatura e a de Renan Calheiros. Acabou de vez com a especulação de que minha campanha era contra o governo. A partir daí, passaria a ser PMDB contra PT, definindo a situação e acabando com o discurso governista – pois se consideravam o PMDB como governo, a candidatura peemedebista não poderia ser considerada de oposição.

No dia 17 de janeiro eu já havia visitado todos os estados do Brasil, concluindo um roteiro que nem Dilma na candidatura à reeleição tinha feito. O resultado era excelente e eu ainda iria revisitar ao menos uns seis estados, os maiores, para reforçar os contatos.

No dia anterior, um policial federal tinha procurado meu escritório do Rio para denunciar uma segunda armação que estaria sendo feita em sua corporação, e ele queria me alertar. Avisado, pedi a ele que retornasse no sábado. Eu estaria lá para ouvi-lo. Sendo ele delegado, me alertou de que a história envolveria uma fraude gravada, que seria vazada na última semana da campanha, para bombardear minha candidatura.

Ele me entregou a gravação: simulava um diálogo do suposto policial da alopragem anterior e daria a entender que eu estaria sujeito a remunerá-lo por serviços, mostrando uma chantagem. De posse do áudio, no dia 19, fui para Brasília. Jantei na casa de Renan Calheiros, com Michel Temer e outros senadores. Coloquei a gravação para todos ouvirem e deliberamos que eu deveria convocar a imprensa e denunciar o fato imediatamente – divulgando a fita.

Foi o que fizemos, no dia seguinte. Acusei a cúpula da Polícia Federal da armação, além de oficiar ao ministro da Justiça, José Eduardo Cardozo, que eu desconfiava de ter participado da alopragem anterior, pedindo abertura de inquérito policial para investigar o caso.

Com isso, abortei a nova alopragem do PT. O inquérito foi aberto, sendo que fui depor nele somente depois, já como presidente da Câmara, em 10 de fevereiro. Até hoje não fui comunicado sobre o destino dessa investigação.

Todos queriam que eu entregasse o nome do delegado, coisa que não fiz. Até porque não o conhecia e nem sei se o nome dado por ele era o real.

Os ânimos continuavam exacerbados. Deputados de estados governados por PT e PC do B denunciavam ofertas de cargos nos governos estaduais para votarem em Chinaglia, e outros deputados elencavam ofertas de cargos por parte de Pepe Vargas e Aloizio Mercadante no governo federal, também com a mesma finalidade.

Denunciei publicamente também isso. O desespero de Chinaglia e do PT com as frustradas alopragens acabava levando-os a errar de tal forma que só aumentava a força da minha campanha, pois o tom das baixarias revoltava os deputados.

A campanha presidencial viveu essas baixarias de Dilma contra Marina e, depois, no segundo turno contra Aécio também. Ele era apresentado como um drogado que batia em mulheres pelas redes de *fake news* do PT. Os mesmos métodos usados pelo partido se repetiam comigo, utilizando acusações falsas nas chamadas *fake news*.

A campanha seguia com os ataques de Chinaglia, reuniões de ministros para pedir apoio a ele e uma discussão de parte da bancada do PSDB sobre me apoiar já em primeiro turno, tendo em vista a fragilidade da candidatura de Delgado, que era considerado candidato auxiliar de Chinaglia.

Fechei apoio com um bloco do PTN, comandado pela deputada Renata Abreu, em uma viagem a São Paulo às escondidas, indo à sua casa diretamente para isso e convencendo-a a mudar de posição.

O Solidariedade, que estava em um bloco de oposição para o mandato todo, saiu e preferiu ficar diretamente no nosso bloco. A pressão do governo obrigou o PSD a compor o bloco do PT, mas boa parte da bancada votava em mim.

Gilberto Kassab estava no projeto de registrar o novo PL. Com a ajuda do governo, iria filiar deputados de outros partidos, inclusive do PMDB, nessa nova legenda. Dilma também havia retirado o Ministério das Cidades do PP e dado a Kassab, que estava com uma forte máquina política. Ele tinha de tentar seguir o governo – mas não controlava a bancada toda, que depositou boa parte dos votos em mim.

A pressão estava também em retirar o PRB do meu bloco. Pressionaram o ministro dos Esportes, nomeado pelo partido, com ameaças que me foram relatadas pelo presidente da legenda, Marcos Pereira, que se manteve firme e honrou até o fim o compromisso assumido comigo.

A reta final da campanha, feita toda em Brasília, trazia a briga pelo apoio do PP e do PR, que ainda não tinham anunciado sua posição oficialmente, sendo que com o PP já estava acertado o apoio. Somente me pediram que deixasse a decisão para a véspera da eleição, para não estar sujeito à pressão do governo.

Quanto ao PR, a maioria dos votos era certa, pois estava tudo combinado fazia bastante tempo – o líder do partido, Bernardo Santana, que não tinha disputado a eleição, era o secretário de Segurança de Minas Gerais, sofria pressão do então governador Fernando Pimentel e chegou a colocar o seu cargo à disposição.

Também contava com o apoio do principal comandante do partido, Valdemar Costa Neto, que já havia assumido compromisso comigo. Mas o governo pressionava o PR a participar do bloco do PT – e Valdemar tomou a posição de ceder na formação do bloco, mas liberar os votos para mim. Isso foi o que ocorreu. No fim, tive do PR ao menos 24 dos 34 votos.

Na sexta, dia 30 de janeiro, Michel Temer me telefonou. Disse que o governo queria fazer o acordo de novo. Insistiu que eu aceitasse o rodízio, ficando com o primeiro biênio, e o PT com o segundo.

O deputado Sandro Mabel foi chamado ao palácio e voltou com a mesma proposta, com uma lista por escrito dos termos do acordo, que incluiria, de novo, a reunião com todos os líderes da base para referendarem o trato de forma pública.

Repeti a mesma resposta de antes, quando houve essa proposta: que aceitaria o acordo de retirada de Chinaglia e o PT ficaria com a primeira vice-presidência. Comprometia-me a garantir que o PMDB não lançaria candidato à minha sucessão e que, depois, eles que se viabilizassem. Mas não iria me desmoralizar firmando uma aliança com o PT em cima da hora, sendo isso o contrário do discurso de toda a campanha.

Embora soubesse que esse acordo, naquele momento, garantiria a eleição e que, na véspera da eleição, não daria tempo para nenhuma outra candidatura se viabilizar no vácuo da incoerência do meu discurso com uma união com o PT, não quis aceitar para não ter, junto com a vitória eleitoral, uma derrota política. Porque eu teria batido no PT e feito um acordo para a minha conveniência pessoal. Isso iria tirar minha credibilidade na presidência. Eu me tornaria um presidente fraco, como haviam sido os anteriores com relação ao governo.

Montei equipes para recepcionar os novos deputados, no aeroporto e nos hotéis que estavam reservados para eles na Câmara. A Casa paga a hospedagem da posse dos novos deputados, até que consigam ocupar os apartamentos funcionais, que seriam entregues por aqueles que não se reelegeram – ou até que optem pelo recebimento do auxílio-moradia e busquem, por conta própria, a sua hospedagem ou moradia.

Aluguei espaço nos hotéis e disponibilizei uma equipe permanente para dar assistência e distribuir material publicitário da minha campanha, assim como preparei visitas e ia tomar café da manhã no sábado e no domingo, dia da eleição, para conversar com os novos deputados. Disponibilizei, também, equipes para recepcioná-los na Câmara e ajudar em tudo o que precisassem para facilitar a vida nova.

Aécio reuniu os deputados do PSDB em jantar e pediu votos para Júlio Delgado, dizendo que tinha de honrar o compromisso, mas havia deputados que não concordavam. Eu esperava uma boa parte desses votos.

Na sexta, dia 30, compareci a um jantar, durante o qual, estando os deputados mais chegados a mim fazendo contagem dos votos, recebi um telefonema de Eduardo Paes, que tinha sido procurado por Lula para que tentasse o acordo comigo.

Respondi da mesma forma, dizendo que faria o acordo sem problemas, deixando a vaga de primeiro vice-presidente para o PT e anunciaria que o PMDB não teria candidato à minha sucessão, sem nenhum outro condicionante.

Paes concordou comigo. Iria voltar a falar com Lula. Depois tornou a me ligar, dizendo que Lula iria conversar no PT tentando solucionar. Mas o ex-presidente acabou não tendo êxito.

Nesse momento, achava que estava na fronteira entre vencer no primeiro turno ou ficar por poucos votos e ter de enfrentar o segundo. Fiz uma programação exaustiva até a hora da eleição. Queria garantir mais uns 15 votos e ter a tranquilidade de garantir a vitória no primeiro turno.

Nas mãos, tinha o controle de avaliação dos votos. Sabia onde poderia ter traição ou deserção pela atuação ostensiva de última hora do governo, àquela altura já desesperado com a possibilidade da derrota.

Comecei o sábado em uma verdadeira maratona. Tomei café da manhã com os deputados novos em dois hotéis, fiz algumas reuniões entre o café da manhã e o almoço com deputados em separado, compareci a um grande churrasco organizado por um dos partidos que me apoiavam, fui a encontro com as deputadas mulheres, organizado pela mãe do senador Vital do Rêgo, Nilda Gondim, que deixava o mandato de deputada... E, no meio do caminho, tive de acertar os últimos ponteiros da formação do nosso bloco e definir que partido ficaria com qual cargo.

Houve palestras durante o dia na Câmara para os novos deputados e compareci, dispondo de um tempo de fala, oportunidade evidentemente aberta também aos demais candidatos.

A reunião do PP para referendar o apoio e escolher seu representante na mesa estava marcada para as 18 horas. Eu tinha de definir a posição deles na mesa antes, embora o PP nada exigisse para o apoio, apenas queria saber qual seria a sua vaga, a fim de anunciar à bancada.

Estava o tempo inteiro trocando telefonemas com Michel Temer, que tentava o acordo com o governo nos termos que eu aceitasse – sem sucesso até então. Então dei o telefonema derradeiro e disse para Temer que teria de definir o cargo do PP. Pelo nosso bloco, teríamos a primeira e a segunda escolha e logo iríamos escolher a primeira vice-presidência e a primeira secretaria. Os cargos iriam caber aos dois maiores partidos coligados, que seriam o PP e o PRB.

Antes da reunião do PP, compareci a um restaurante onde uma deputada estava confraternizando com sua família. Busquei e obtive o voto dela, apesar de suas condições já meio alcoolizadas naquele momento. Mas o voto foi garantido, mostrando que voto de bêbado não tem dono.

Na porta do restaurante, o líder do PSDB, Carlos Sampaio, foi ao meu encontro. Entrei em seu carro para conversarmos. Ele começou me dando os parabéns porque eu iria ser o próximo presidente da Câmara.

O roteiro não seria da forma que eu desejava. Ele me informou que Aécio tinha tomado a decisão de que o PSDB deveria votar em Júlio Delgado no primeiro turno. Depois, no segundo turno, o próprio Aécio iria para o plenário da Câmara para comandar a votação do partido em mim no segundo turno, me garantindo todos os votos do PSDB.

Lamentei a decisão de Aécio e parte do PSDB. Contudo, disse que ainda assim teria alguns votos do partido, mesmo com essa posição. E complementei que achava que nem seria necessário Aécio ir para a votação de segundo turno, porque estava confiante de que ganharia em primeiro turno. De qualquer forma, agradeci.

Aécio não queria a vitória de ninguém, e sim a dele. Havendo segundo turno, comandando ele a votação a meu favor, a manchete seria: Aécio derrota Dilma na eleição da Câmara. Isso ficou muito claro para mim.

Eu nem tirava a razão dele de tentar ser o grande vitorioso. Só o governo não via que era isso que ia acontecer, de tão cego que estava pelo ódio a mim e pela ambição de Chinaglia, que convencia o governo de que o PSDB o apoiaria no segundo turno.

Após sair da frente do restaurante e voltar à Câmara para a reunião do PP, liguei para Michel Temer, relatei o encontro de Carlos Sampaio e perguntei: "Qual será a manchete que o governo vai querer para amanhã?".

Eram três as respostas possíveis. A primeira, se a eleição fosse para o segundo turno, o destaque para a "vitória" de Aécio. A segunda, caso eu vencesse no primeiro turno, seria: "Eduardo Cunha derrota Dilma com vitória no primeiro turno". A terceira possibilidade seria caso o PT não disputasse: "Com a desistência do PT, Eduardo Cunha vence em primeiro turno".

Óbvio que Temer, concordando comigo, disse que se o PT perdesse qualquer manchete seria ruim para o governo. A reunião do PP iria começar. Enfatizei a Temer que, como o governo e o PT não haviam aceitado a proposta até aquele momento, ela não estaria mais na mesa, pois teria de anunciar a definição do PP para a primeira vice-presidência e o PRB na primeira secretaria. Não voltaria atrás.

Temer respondeu que eu estava certo. E que eles, do PT, além da derrota certa, ficariam sem espaço na mesa – o que seria uma enorme derrota para o governo, mas ele não podia fazer mais nada pelo assunto.

Muito se divulgou que o medo do PT e do governo era de que eventualmente eu acabasse aceitando um pedido de abertura de processo de impeachment contra Dilma e, por isso, tinham de evitar a minha vitória a qualquer custo, e o eventual acordo comigo precisava ser da forma deles, porque isso evitaria essa possibilidade.

Se o problema fosse esse, bastava ter colocado de forma clara, como condição para um acordo, que eu me comprometesse a não aceitar pedido de abertura de processo de impeachment. Eu concordaria e cumpriria, pois todos sabem que cumpro os meus acordos, e mesmo os partidos de oposição que me apoiaram jamais colocaram, como condição para o apoio, que eu teria de aceitar algum pedido de impeachment.

Logo após esse telefonema de Temer, liguei para Dudu da Fonte, o líder do PP, e disse: "Está encerrada a discussão, a primeira vice-presidência é de vocês. Veja se escolhem um bom quadro para não dar trabalho depois". Mas aí é outra história, pois Dudu escolheu Waldir Maranhão.

Telefonei então para Marcos Pereira, presidente do PRB. Disse que o partido iria ser bem aquinhoado, em função da teimosia do PT em disputar, e ficaria com a primeira secretaria. Ele comemorou. Disse que ser aliado de pessoas como eu só lhe dava motivo de satisfação e que eu estava confirmando que ele tinha feito a escolha certa.

A posição dada ao PRB teve a concordância do DEM e do PTB, partidos que estavam no bloco e poderiam reivindicar. Mas a situação da lealdade do PRB, resistindo a todas as ameaças feitas pelo governo, merecia uma atenção especial, e também daria o discurso para eles, pelo fato de não terem ido para o bloco do PT.

Além disso, se o PRB tivesse ido para o outro bloco, iríamos perder a segunda escolha e não teríamos ficado com a primeira secretaria. Com base nesse argumento, convenci os dois partidos a cederem para o PRB e ainda prometi ao PRB a entrega de um cargo novo a ser criado na Câmara, a Secretaria de Comunicação.

O PP fez a reunião simbólica. Tudo já estava decidido havia bastante tempo. Foi anunciado em público o apoio a mim. Eles decidiram em votação, na bancada, o representante do partido na mesa. Venceu o então deputado Waldir Maranhão.

Eu havia programado um jantar grandioso na residência de um empresário de Brasília, amigo do então deputado Julio Lopes, do PP – que arranjou o espaço enorme. Tinha convidado todos os deputados com suas famílias, ou seja, havia estrutura para receber 2 mil pessoas, se necessário. Estimávamos entre 800 e 1.000 pessoas, acertando quase na mosca o número de presentes.

Dos 513 deputados, compareceram cerca de 330, alguns com a família inteira, outros sozinhos, num entra e sai. Claro que tinha deputado presente que não iria votar em mim, mas era importante que eles vissem a adesão ao jantar para o conhecimento do Chinaglia, o que sinalizaria a vitória em primeiro turno.

Nenhum deputado gosta de perder eleição. A verificação de que a minha candidatura seria a vitoriosa pode ter levado alguns a mudarem o voto, principalmente os novos, que estavam chegando pela primeira vez na Câmara.

Quando eu cheguei ao jantar, totalmente lotado, levei duas horas tentando atravessar o salão para cumprimentar a todos, mas os pedidos de *selfies* dos deputados e familiares tornavam a caminhada longa e, nesse momento, senti que tinha ganhado a eleição.

Quando consegui fazer um pequeno discurso, era mais de comemoração do que de pedido de voto, sendo que, durante o jantar, tinha de atender a telefonemas de quem estava catando os deputados que não tinham ainda aparecido e de quem estava convencendo deputados a mudarem voto, como José Sarney, Eunício Oliveira, Romero Jucá, além de líderes de outros partidos.

O jantar acabou depois das duas da manhã e, com o balanço do dia, senti que havia conquistado mais do que os 15 votos que buscava ganhar nesse dia. Mas ainda tinha trabalho a fazer.

No domingo, dia 1º de fevereiro, pouco antes da posse dos deputados, na sessão que seria comandada pelo deputado mais antigo da Casa, no caso Miro Teixeira, a deputada Renata Abreu, junto com o deputado Luiz Carlos Ramos, trouxe os outros pequenos partidos para fecharem o acordo com o bloco combinado. E assim foi feito.

O PTN, que tinha quatro deputados, teve um problema no reconhecimento das assinaturas e acabou impugnado, mas terminei fechando o bloco com 14 partidos, que representavam 214 deputados. Com isso, tinha assegurado cinco cargos na mesa, além do de presidente, que seria por disputa avulsa.

Para compensar isso, o PDT, que havia se comprometido a fazer parte do bloco do PT e votar em Chinaglia, tinha quase a metade dos deputados votando comigo de forma escondida. Eles sabotaram a assinatura da lista para a formação do bloco, que acabou sendo entregue depois do prazo e, assim, ficaram fora do bloco do PT, em mais uma derrota do partido.

Nesse momento a minha conta dava vitória em primeiro turno: contava 12 votos para a dissidência do PT – que acabou em 17 votos –, 7 do PSDB, 3 do PSB, 3 do PV, 8 do PDT, 24 votos do PR e 16 votos do PSD, tendo só nessa conta 78 votos.

Era preciso descontar as dissidências do PP, PRB, PTB – e eventualmente do PMDB. Estimando essa dissidência total máxima de 20 votos, chegando a um saldo líquido de 58 votos a mais, somados aos 214 votos dos deputados do meu bloco, seriam 272 votos, suficientes para vencer no primeiro turno com folga, em caso de aumento de dissidência ou traição de última hora.

Após a posse dos deputados e encerrado o prazo de protocolo dos blocos, foi feita a reunião de líderes para escolha dos cargos da mesa, sendo que eu escolhia pelo meu bloco. Eu escolhi, além da primeira vice e primeira secretaria, a quarta secretaria que o PTB preferia e ainda dois cargos de suplentes.

O bloco do PT, que teve de ceder todos os cargos aos partidos do seu bloco, ficou com a segunda vice-presidência, a segunda secretaria e uma suplência. O bloco de Júlio Delgado, com a terceira secretaria e uma suplência.

O mais importante ainda era que o bloco formado valeria para as escolhas das comissões nos dois primeiros anos, não podendo ser desfeito. Isso deixava o PT completamente fora das principais comissões da Casa, que iriam caber ao meu bloco.

Ficaram no meu bloco PMDB, PP, PTB, PRB, DEM, SDD, PSC, PHS, PRP, PEN, PTC, PMN, PSDC e PRTB. No bloco do Chinaglia, PT, PROS, PR,

PSD e PC do B. E seguiram com Delgado PSDB, PSB, PPS e PV. Ficou clara a diferença das forças.

Depois disso, marcou-se o prazo para a inscrição dos candidatos. Além de me inscrever, acertamos para que se inscrevessem nos partidos que estavam no bloco do PT os nomes que votavam em mim.

Sendo assim, no PSD, foi eleito pela bancada para disputar a vaga que lhe cabia o deputado Felipe Bornier, do Rio de Janeiro, um dos coordenadores da minha eleição. No PR, um deputado que me apoiava e era da confiança de Bernardo Santana, Fernando Giacobo, se lançou candidato avulso no plenário contra o candidato oficial do PR, que era apoiador de Chinaglia.

Nas candidaturas do PSDB e do PSB, não quisemos nos meter. Queríamos evitar confronto desnecessário, que só iria atrapalhar um eventual segundo turno.

Feitas as articulações e faltando um tempo, fui para casa. Tomei um banho e me preparei para o discurso mais importante que teria de fazer em toda a minha vida. Eu seria o último entre os quatro candidatos – além de Chinaglia e Delgado, haveria uma candidatura do PSOL que, ao fim, acabou recebendo apenas oito votos, sendo quatro do total da sua bancada e quatro provavelmente do PT e do PSB.

Fiz um discurso muito forte. Denunciei a interferência do governo, disse aquilo que todos sabiam: que o PT não tinha adversários, tinha inimigos, pois todo adversário o PT transformava em inimigo. Ressaltei que não seria oposição, mas também não seria submisso. Destilei toda a raiva que o plenário tinha da arrogância do PT e falei ao coração de cada deputado, mostrando como eu iria conduzir a Casa.

Meu discurso, intenso e emocionado, serviu para consolidar os votos. Talvez ali eu não tenha conquistado nenhum voto a mais. Mas também não perdi nenhum, pois seu eleitor quer ver a força da sua representatividade – e eu mostrei que eles seriam mais bem representados por mim do que pelos meus adversários.

Toda a minha família estava presente, no plenário cheio. A ansiedade passou a ser grande. A eleição iria começar.

Terminado o discurso, iniciou-se a votação nas cabines instaladas no plenário. Votação demorada, pois os deputados tinham de votar em todos os cargos. Isso demandava até 11 votos por parlamentar.

Fui para a fila de votação cumprimentar cada deputado, um a um. E pedir votos, em uma verdadeira boca de urna. Conhecia bem cada parlamentar, sabia detalhes de cada um e explorava isso na conversa, com intimidade. Dois deputados do PSDB mudaram seu voto na fila por causa da abordagem. E disseram isso a quem estava na fila.

Votei quase no fim. Em seguida, o presidente da sessão votou, por último. Tendo todos os 513 deputados expressado a escolha, ele encerrou a votação.

Logo que se encerra, a apuração é automática: basta apertar um botão que sai o resultado.

Ele então anuncia que iria proceder à apuração, aperta o botão e imediatamente sai o resultado: venci em primeiro turno com 267 votos, 5 a menos da conta que tinha feito, contra 136 votos de Chinaglia, curiosamente quase os mesmos 137 que Dilma obteve contra a abertura do processo de impeachment. Delgado ficou com 100 votos, com a força do PSDB e da oposição fatiada. Oito votos teve o candidato do PSOL e ainda houve dois votos em branco.

Numa explosão de alegria, registrada em uma foto histórica, ergui os punhos, comemorando com os meus aliados que estavam a meu lado. Cumprimentei vários deputados e subi para assumir a cadeira de presidente da Câmara.

13 Início da minha presidência, investigações da Lava Jato e manifestações de rua contra Dilma

Quando assumi a presidência da Câmara, após agradecer a Deus, fiz um discurso conciliador, mas sem deixar de registrar a interferência do governo. Acenei, contudo, com a governabilidade e disse que a eleição era página virada – a partir daquele momento, havia me tornado presidente de todos os deputados. Dos que votaram em mim e dos que não votaram. E iria, já na semana seguinte, colocar em pauta o segundo turno da proposta de emenda constitucional do orçamento impositivo.

Em seguida, dei prosseguimento à apuração dos votos para os demais cargos da mesa. Candidato avulso do PR, o deputado Giacobo havia vencido com ampla margem de votos. No fim, a mesa ficou com ampla maioria de alinhados à minha candidatura.

O que eu faria se eu fosse presidente da República e tivesse acabado de se eleger um novo presidente da Câmara, gostasse ou não dele? Obviamente telefonaria em seguida, para dar os parabéns e convidá-lo para já estar comigo no dia seguinte, fosse para um café ou qualquer coisa do gênero.

Sabe quando Dilma foi me telefonar? No dia seguinte, na hora que cheguei ao Palácio do Jaburu, para encontrar Michel Temer para um almoço, ele me avisou que ela iria me ligar – o que fez alguns minutos depois. Ou seja, só telefonou depois que Temer sugeriu que ela fizesse isso.

E o pior: o telefonema foi tão sem jeito, tão sem assunto e sem empolgação que durou poucos segundos. Foi só um seco cumprimento pela eleição, dizendo que "em breve" deveríamos nos encontrar.

Esse "breve" levou três dias. E ocorreu por iniciativa de Temer, que ainda levou Renan Calheiros, reeleito presidente do Senado, junto. O encontro teve ainda a presença dos meus grandes admiradores, Aloizio Mercadante e Pepe Vargas. Deste, eu rejeitei as dezenas de tentativas de telefonemas de cumprimento. A sua atuação desleal na campanha de Chinaglia não merecia de minha parte nenhuma consideração.

Chinaglia até que foi mais elegante. Ligou logo após a eleição para me cumprimentar, quando saindo da Câmara fomos para o mesmo lugar do jantar de sábado, para comemorar com quem aparecesse – já que, na véspera, eu tinha avisado que haveria um novo jantar de comemoração, até para fazermos o enterro dos ossos dos que tinham sobrado.

No jantar, com a presença dessa vez da imprensa, recebi vários telefonemas de cumprimento de governadores, senadores, prefeitos, Sarney, amigos e deputados que não foram ao jantar nem tinham conseguido falar comigo.

Muitos deputados que tinham votado em mim, mas eram dos partidos e blocos contrários, fizeram questão de me mostrar a prova – embora eu nem quisesse ter visto. Eles tinham fotografado ou filmado a urna com o celular.

É claro que existe uma malandragem nessa história. A fotografia é feita no momento em que aparece o seu retrato na urna, antes da confirmação do voto. Isso ainda pode ser alterado depois da foto, bastando o deputado não confirmar o voto. Para quem filmasse, aí sim era até o fim do processo, com a informação da confirmação do voto. Eu desconfiava de quem me apresentava a foto.

Na manhã do dia seguinte, fui à abertura do ano judiciário no STF. Voltei para almoçar com Temer e depois me encontrei com Renan Calheiros em sua residência – para irmos juntos à abertura da sessão legislativa. Dilma não foi. Mercadante foi o portador de sua mensagem – que foi lida pelo novo primeiro-secretário da Câmara, deputado Beto Mansur, do PRB. Durante a sessão, Mercadante ficou ao meu lado. Conversamos e dei mostras de que não estava ali para fazer revanche da atuação do governo contra mim na eleição.

No dia seguinte, fiz a primeira reunião de líderes. Mostrei os pontos que colocaria em votação de forma imediata e afirmei que incluiria na semana seguinte o segundo turno da proposta de emenda constitucional do orçamento impositivo – além de imediatamente avocar para o plenário a admissibilidade da reforma política que estava debaixo de obstrução, pelo PT, na CCJ. O regimento me dava essa prerrogativa, e assim foi feito.

Teríamos também de combinar as eleições das comissões permanentes, que dependeriam de alguma articulação. Ficaria para depois do Carnaval.

Após avocar admissibilidade da reforma política para o plenário, aprovei-a logo na primeira sessão de votação. Isso irritou o PT. Eles viam a possibilidade de suas propostas serem enterradas, assim como o plebiscito proposto por Dilma.

Um dispositivo regimental determinava que as cinco primeiras CPIs protocoladas na legislatura seriam instaladas automaticamente, salvo se não existisse fato determinado ou estivessem ausentes requisitos regimentais. Pois bem, essas cinco já tinham sido recebidas, e a que deveria investigar a Petrobras estava entre elas – sem nenhuma possibilidade de alegar ausência de fato determinado, já que estava à tona o escândalo da Lava Jato.

Autorizei a instalação dessa CPI. Na campanha havia prometido isso, até em função das alopragens do PT durante o processo. Nada me faria mudar de ideia. Como iria encontrar Dilma no dia seguinte, queria chegar lá com a CPI já autorizada, para evitar ter de dizer não a eventual pedido para não instalá-la.

A liderança da bancada do PMDB entrou em disputa. Tentei no dia 4 de fevereiro obter um acordo, sem sucesso. Dessa forma, uma eleição foi marcada para a semana seguinte. Houve confusão, briga, disputa. Tive de ficar neutro, pois todos me apoiaram e não seria correto me meter. Qualquer deputado que ganhasse a eleição seria meu aliado.

No mesmo dia, recebi para jantar na residência oficial o presidente do STF, ministro Ricardo Lewandowski. Ele me pediu que votássemos a chamada PEC da Bengala, que aumentava a idade de aposentadoria dos ministros de tribunais superiores de 70 para 75 anos. Eu tinha intenção de apresentar a votação a PEC da Bengala, mas, antes, precisava construir maioria – o governo era contra, tinha de saber se a oposição apoiaria a medida. Eu já havia discutido isso, quando líder, com o ministro Gilmar Mendes.

Lewandowski também queria o projeto de terceirização da mão de obra, já que ele estava segurando a pauta de uma ação no STF sobre o tema para que o Congresso decidisse, mas não poderia segurar por muito tempo.

Falamos sobre a vaga já aberta para o STF. Ele demonstrou preferência por Heleno Torres ou Edson Fachin – que acabaria sendo nomeado por Dilma. Ele estava aguardando que Dilma o chamasse para discutir essa nomeação.

Dentro daquele mandato havia cinco vagas a serem preenchidas. Celso de Mello se aposentaria já em 2015, Marco Aurélio Mello, em 2016. Em 2018, seriam aposentados o próprio presidente do STF, Ricardo Lewandowski, Teori Zavascki e Rosa Weber – os dois últimos nomeados pela própria Dilma no primeiro mandato.

Lewandowski atuava para que ele mesmo não tivesse de se aposentar. Mas também porque, com cinco vagas abertas, haveria uma mudança brusca da composição do STF – o que implicaria rediscussão de muitas jurisprudências. Ele era considerado um ministro garantista e tinha muito apoio, em razão de sua atuação como revisor do processo do Mensalão.

Fui ao encontro com Dilma, no dia 5 de fevereiro, junto de Temer e Renan. Avisei logo que tinha autorizado a CPI da Petrobras. Precisava ser transparente. Falei, na frente dos articuladores políticos dela, que o governo deveria ter feito um esforço para propor cinco CPIs para ocupar o espaço, antes do protocolo da CPI da Petrobras.

Para a imprensa, fui mais duro, porque disse que se os articuladores políticos não estivessem ocupados tentando pedir votos para o Chinaglia e fizessem essa força-tarefa de preparar cinco CPIs, a da Petrobras não teria sido criada.

A diretoria da Petrobras pediu demissão. Ou foi demitida – isso tanto faz, já deveria ter acontecido antes, porque o desgaste era inevitável.

Marquei a instalação da comissão especial da reforma política para a terça seguinte, dia 10 de fevereiro. Entreguei a presidência da comissão para Rodrigo Maia, do DEM, e a relatoria para Marcelo Castro, do PMDB, que tinha desistido da disputa pela liderança do PMDB. Era uma forma de contemplá-lo.

O DEM tinha sido muito importante na eleição. Seus 21 votos foram decisivos para que eu vencesse no primeiro turno. Rodrigo tinha sido o grande interlocutor que levou o partido a me apoiar.

O presidente do PT, Rui Falcão, havia me telefonado várias vezes. Eu não o atendi e declarei para a imprensa que só o atenderia depois que ele me pedisse desculpas por ter dito que eu fiz chantagem com o governo em 2014.

Eu também não atendia aos telefonemas de Pepe Vargas. Henrique Fontana, líder do governo, foi substituído pelo deputado José Guimarães, pois não teria nenhum diálogo comigo. Dessa forma, isolei a parte do PT mais radical contra mim.

Ao fim da primeira semana, voltei para o Rio de Janeiro. Fui homenageado com um jantar pelo prefeito Eduardo Paes, juntamente com o governador Pezão e todas as lideranças do PMDB fluminense. Na pauta, a discussão sobre a disputa da liderança da bancada peemedebista.

Leonardo Picciani era candidato e queria o meu apoio. Disse que eu não poderia me meter, seria desleal. Então, me pediu que eu não me envolvesse a favor de Lúcio Viera Lima, mais chegado a mim. Naquele momento, a disputa estava entre os dois.

No domingo, fui à igreja Assembleia de Deus, para agradecer a Deus pela eleição. Participei do culto na companhia dos deputados evangélicos do estado. Naquele dia, foi divulgada uma pesquisa do Datafolha registrando acentuada queda na popularidade de Dilma, mostrando o início difícil do governo e os problemas que ainda viriam.

Na segunda-feira, 9 de fevereiro, fiz uma reunião com Renan Calheiros para discutirmos a pauta comum. Nós combinamos a derrubada do veto da correção da tabela do imposto de renda e aconselhamos o governo a mandar uma proposta antes, corrigindo a tabela pelo percentual que aceitava, para não ter uma despesa maior com a derrubada do veto.

Acertamos também com o relator do orçamento de 2015, senador Romero Jucá, que colocasse uma verba de emendas para os novos deputados e senadores, que não estavam na Casa no ano anterior, resolvendo um problema que tinha prometido na campanha. O governo não aumentaria os gastos, já que não iria liberar as emendas dos deputados e senadores que não se reelegeram.

Recebi o então ministro da Justiça José Eduardo Cardozo na residência oficial. Ele tentava se aproximar, trabalhar para que eu não levasse à frente a intenção de votar a PEC da Bengala. Combinamos também o depoimento que eu daria sobre a gravação fraudada que denunciei na campanha.

Cardozo me sondou sobre a nomeação para o STF. Disse que não tinha preferência, apenas que fosse alguém com qualidade técnica suficiente e que não precisasse do STF para construir biografia. Ele disse que nada estava definido, mas que Edson Fachin e Benedito Gonçalves estavam em vista.

Comentou também sobre o quadro de vagas do STJ, expondo a provável decisão do governo e me perguntando se eu tinha alguma objeção. Respondi que não, até porque não tinha a pretensão de fazer nomeações no Judiciário, apenas o interesse normal em que as vagas fossem preenchidas, até porque a Lava Jato estava sendo conduzida no STJ por juízes convocados, em função de vagas existentes e não preenchidas.

Como não confiava em José Eduardo, preferi me restringir na conversa ao que ele abordasse. Aliás, ele era um emissário de Dilma.

Marquei sessão de votação na segunda-feira. Por ser semana pré-Carnaval, o objetivo era terminar a semana antes. Votamos a Lei da Biodiversidade, que estava paralisada havia bastante tempo, trancando a pauta da Câmara. Nesse mesmo dia, no Senado, começava uma briga entre senadores do PT e da oposição em função de um discurso pedindo o impeachment de Dilma.

Recebo para uma conversa o grupo de deputados do PT que votara em mim. Combino que os espaços que coubessem ao PT eu iria, sempre que possível, direcionar para eles, de forma a ter interlocução. Através deles, sempre haveria diálogo. Além do que, atenderia a todos eles da mesma maneira que aos deputados que votaram em mim.

Na terça-feira, voltei à rotina que tinha com o blocão informal no ano anterior. Reuni-me com os líderes mais afinados comigo, em almoço prévio à reunião de líderes. Essa rotina foi fundamental para todo o processo que culminou no impeachment de Dilma.

Na reunião de líderes, coloquei a vontade de pautar a PEC da Bengala, mas que iria construir antes o apoio e que só a colocaria após ter esse apoio. Combinamos a votação da semana e de liberar todos na semana de Carnaval, para não ter o desgaste de foto de plenário vazio. Era melhor enfrentar a crítica pela dispensa do que justificar a ausência.

Comuniquei a adoção de um regime rígido para obrigar a presença dos deputados nas votações. Regulamentei o desconto salarial pela ausência em cada votação do dia, tornei mais duro o regime de justificativas de ausências, diminuí o número de deputados que são isentos de marcar presença em painel e ainda acabei com a facilidade que um partido tinha para mudar a orientação para obstrução e todas as ausências eram justificadas – agora o deputado era obrigado a votar "obstrução" no painel, para não receber faltas.

Essa decisão foi a mais importante para garantir a presença constante e ter quórum para as grandes votações, embora me tenha causado um desgaste com alguns faltantes, que tiveram relevantes descontos no salário e vinham reclamar que eu estava prejudicando a renda deles. Mantive firme essa decisão, obtendo grandes quóruns de votações por isso.

Combinei também de acabar com o problema de brigas nas comissões permanentes para convocação de ministros para debates das suas pastas, que aprovaríamos um convite global de todos os ministros pelo plenário e faríamos uma rotina em que, toda quinta-feira pela manhã, teríamos um ministro no plenário debatendo com os deputados. Assim foi feito.

Para desespero do PT, instalei a comissão especial da reforma política. Haveria 40 sessões de prazo para votarem um relatório e iríamos tentar fazer um grande debate, mas todas as propostas deveriam ser submetidas ao plenário, e não somente a proposta que vencesse em uma comissão reduzida, que poderia ter desvio da proporcionalidade do plenário.

Paralelamente a isso, estava construindo com os partidos a aprovação de um projeto criando uma quarentena, para impedir que novos partidos pudessem fazer fusões com outras legendas em tempo inferior a cinco anos após sua criação. Seria a lei anti-Kassab, para acabar com a confusão que o novo partido dele estava fazendo, visando tirar deputados de vários partidos, principalmente do PMDB.

O fato de Dilma estar operando contra o PMDB, visando enfraquecê-lo, era a grande insatisfação do partido, que sabia que tinha Kassab e Cid Gomes como mentores da manobra – e o objetivo era criar alternativa ao PMDB.

Certamente essa intenção foi um dos principais motivos da minha vitória na eleição, pois estavam tentando acabar com os partidos que eram aliados, e Kassab havia ficado com o Ministério das Cidades, desalojando o PP.

Dilma inclusive chegou a divulgar que tiraria o Ministério da Integração, que estava com o PP, para dá-lo ao PMDB, com a minha concordância. Só que era muita ingenuidade achar que eu iria trair um aliado por um ministério.

Aprovei o segundo turno da proposta de emenda constitucional do orçamento impositivo e mandei para o Senado. Assisto à disputa da liderança do PMDB. Temer atuou de forma discreta em favor de Lúcio. Combinei um café para tentar um acordo entre os dois concorrentes.

Propus que um fosse líder no primeiro ano, o outro, no ano seguinte. Ambos aceitaram a tese, mas nenhum abriu mão de ser o líder daquele ano. Inviabilizado o acordo, houve eleição. Leonardo Picciani venceu por um voto. Eu me abstive, presidindo a sessão.

Lúcio me culpou pela sua derrota, pelo fato de Picciani ser do meu estado. Mas, efetivamente, não pedi um voto para quem quer que seja, tendo o resultado sido sem minha interferência. Essa posição dele me entristeceu bastante. Lúcio, inclusive, era mais chegado a mim do que Picciani. Com a vitória por um voto, mas com dois deputados suplentes do PMDB do Rio de Janeiro tendo assumido – em virtude de nomeações nos governos fluminense e carioca –, ficou uma sensação de que o resultado teria sido injusto.

Isso, porém, fazia parte da regra, sendo que eu mesmo, na minha eleição da liderança, consegui que dois deputados suplentes do PMDB assumissem, embora não tenha sido por quatro dias, e sim por quatro meses. Além do que, minha diferença de votos não tinha sido de um, mas de 14.

Outras CPIs tinham sido protocoladas, e se eu deixasse que todas fossem abertas haveria um tiroteio no governo, sem medidas. Não queria que fosse interpretado dessa forma. Recusei duas CPIs, incluindo a do setor elétrico, por não ter fato determinado – o senador Eduardo Braga, ministro das Minas e Energia, me pediu para não instalá-la e resolvi atender para diminuir os conflitos.

Meu indeferimento de uma delas levou a recurso ao plenário e ação no STF pelo PSOL, sem sucesso. Eu segurei o desgaste, mostrando que tinha tido serenidade para não encurralar o governo, que já teria a CPI da Petrobras.

Dilma foi a São Paulo para estar com Lula e fazer uma avaliação política, depois da divulgação da pesquisa do Datafolha – e, segundo a imprensa, para discutir os rumos do governo e o impacto da minha eleição. Lula pede a ela que se componha comigo e diz a frase: "A gente faz acordo com quem a gente não gosta", sugerindo a ela que esquecesse de que não gosta de mim.

O ajuste fiscal proposto por Dilma estava incomodando o PT. Lula queria que o ministro da Fazenda, Joaquim Levy, saísse para a defesa das medidas. Aconselhava Dilma a falar mais e viajar para debater a situação no país. Ele estava preocupado com a queda de popularidade.

Antes do Carnaval, quando viajei com a minha mulher para Portugal e França, fui a São Paulo e palestrei em um evento com CEOs de um grande banco. Defendi as medidas de ajuste fiscal e da política econômica, a independência de poderes e sinalizei tranquilidade. A fala teve grande repercussão, com Aloísio Mercadante me telefonando para agradecer e me pedindo uma conversa, que agendei para depois do Carnaval.

Também visitei João Roberto Marinho na sede da Globo. Agradeço a mudança de tratamento, desde o nosso último encontro, e combino de manter um diálogo constante.

A jornalista Débora Bergamasco, ex-assessora de imprensa de José Eduardo Cardozo, soltou uma nota dizendo que o governo acreditava que a minha força minguaria depois que fosse divulgada a lista da Lava Jato. Estranhamente, a nota teria sido publicada no dia seguinte ao que o delator Alberto Youssef havia deposto, mudando a versão sobre mim.

Durante o recesso de Carnaval, quando estava em Portugal, fui convidado pelo primeiro-ministro Pedro Passos Coelho para uma conversa em sua residência, quando ele tomou conhecimento da minha presença por lá. Juntos, analisamos a situação mundial. Espantei-me com as críticas tecidas por ele a Dilma. Reclamou que, sempre que viajava à Europa, a presidente fazia escala em Portugal e o governo português gentilmente reabastecia a aeronave brasileira, por conta. Dilma nem lhe telefonava para agradecer. Também demonstrou ressentimento porque a presidente, quando esteve em visita oficial a Portugal, reuniu-se primeiro com a oposição, antes de ter com ele. Coelho chegou a dizer que seria como se ele, indo ao Brasil, fosse primeiro encontrar Aécio e só depois estivesse com ela. Completou dizendo que Dilma, quando deixasse o poder, não encontraria na Europa nenhum líder que topasse um jantar – denotando a dificuldade de diálogo que ela teria com os políticos da União Europeia.

Coelho, bem informado das dificuldades que Dilma tinha comigo, sentiu-se à vontade para criticá-la. Eu ri e disse que não era privilégio dele reclamar de Dilma, pois ela era reconhecida como avessa a gentilezas.

Ainda na viagem, nas ruas de Portugal e da França, fiquei impressionado com as abordagens de brasileiros. Eles me reconheciam. Invariavelmente vinham falar mal de Dilma. Alguns, pedindo o impeachment.

Nessa época, os jornais noticiavam que uma petição pública pelo impeachment de Dilma já tinha atingido a marca de 2 milhões de assinaturas. Isso me assustava muito: como uma presidente com menos de 45 dias no mandato, mesmo que fosse o segundo, poderia estar com a imagem tão deteriorada e passando a impressão de coisa já ultrapassada, como se as pessoas já estivessem contando os dias para ela ir embora?

Ainda na Europa, articulei por telefone a chapa para dirigir a CPI da Petrobras. Em sinal de distensionamento, deixei o PT ficar com a relatoria, mas escolhi o relator entre os deputados petistas. Combinei para que Picciani indicasse o presidente, tendo sugerido o nome de Lúcio Vieira Lima. Picciani concordou, porém Lúcio não aceitou. Ainda estava magoado pela derrota na eleição da liderança e dizia não querer prêmio de consolação. Alinhamos então o nome do deputado Hugo Motta.

O líder do PT, deputado Sibá Machado, me telefonou. Diante da decisão de dar a relatoria ao PT, quis me convencer a indicar um dos deputados que tinham atuado a favor de Chinaglia na eleição. Não concordei e sugeri o nome do deputado Luiz Sérgio, que era do meu estado e tinha mais trânsito na Câmara. O líder acabou aceitando.

No mesmo momento em que eu estava negociando com o líder petista, o partido estava promovendo, em alguns lugares do país, protestos contra minha eleição para a presidência da Câmara, mostrando que falar em trégua e me atacar de público era uma forma de, na prática, não ter sucesso em diálogo.

Para fazer contraponto a essas manifestações, eu cobro do governo uma posição sobre a situação da Venezuela. Opositores do regime tinham sido presos. Dilma declarava que era assunto interno deles.

Retornei ao Brasil e, na segunda, dia 23 de fevereiro, recebi Aloizio Mercadante para um almoço em Brasília. Na mesma data, haveria um jantar, a convite de Temer, com a equipe econômica do governo, Mercadante, os líderes do PMDB na Câmara e no Senado, Renan Calheiros, Sarney e diversos senadores e ministros do PMDB. A pauta era a discussão do ajuste fiscal.

Durante o jantar, os papéis se inverteram. Renan atacou fortemente o ajuste fiscal. Eu defendi, dizendo que se não tomássemos cuidado o país perderia o *investment grade* das agências de classificação de risco. Isso acabaria levando a uma fuga de capitais de fundos que têm obrigação expressa em seus regulamentos de só investirem em países que se enquadrem nessa categoria.

A imprensa registrou essa diferença de posições entre mim e Renan, mostrando que o governo teria problemas não só na Câmara, mas também no Senado. Mercadante viu-se obrigado a fazer um registro no jantar de que a minha posição era de grandeza, pois havia vencido a eleição e não estava com ressentimentos.

O governo tinha dificuldades em aprovar o ajuste fiscal, até porque o próprio PT estava contrário a ele e queria jogar a responsabilidade no PMDB – que não aceitava ser o responsável sem que o PT também apoiasse.

Renan saiu do jantar dando duras declarações contra o governo, falando que a articulação política era capenga.

Na terça, almocei com os líderes do blocão informal. Combinamos aprovar uma moção de repúdio à Venezuela pela prisão de opositores e, no mesmo dia, iria ao ar o programa partidário do PMDB, cujo tom não agradou aos petistas.

A votação da moção de repúdio à Venezuela levou os petistas à loucura, falando em golpismo dos que aprovaram a medida. Essa aprovação servia de recado ao governo de que as pautas ideológicas do PT seriam enfrentadas e que nada disso tinha a ver com a governabilidade. E também servia para agradar aos opositores do governo. Afinal, na véspera eu havia declarado apoio ao ajuste fiscal – e não poderia deixar o carimbo de que estava aderindo à situação.

Promovi um jantar com os líderes partidários e alguns ministros de tribunais superiores para debater a PEC da Bengala. Compareceram os presidentes do TST, do STM, ministros do STJ e, pelo STF, o ministro Gilmar Mendes. O debate foi importante. Serviu para consolidar a maioria para a votação da PEC, trazendo o apoio de partidos de oposição. O PT ficaria isolado nessa votação, assim como na candidatura de Chinaglia. Seria o mais duro golpe que se daria no governo de Dilma, que iria perder a chance de cinco novas indicações ao STF, em seu segundo mandato.

Nesse jantar, outras propostas também foram discutidas, sem o mesmo consenso. Entre elas, os futuros ministros de tribunais superiores terem mandato.

O líder do PSDB me alertou que eu não tinha convidado o procurador-geral da República, Rodrigo Janot. E que isso precisaria ser consertado, pois a decisão afetaria também o Ministério Público.

Estava já em debate público a divulgação, por parte de Janot, dos investigados em função das delações da Operação Lava Jato, daqueles detentores de foro privilegiado, como deputados e senadores. Isso ocupava o noticiário todos os dias.

Na manhã seguinte, telefonei a Janot e me desculpei por não tê-lo convidado para o jantar. Disse que havia preferido agir assim porque, como estava havendo muita especulação sobre o envolvimento de parlamentares em investigações, a presença dele em reunião de líderes poderia ser mal-interpretada. Mas perguntei a ele qual era sua opinião sobre a PEC e sobre o mandato de futuros ministros. Janot respondeu que aceitava o mandato para os futuros ministros, mas que era radicalmente contrário à PEC da Bengala. A forma incisiva como ele me respondeu me deixou com a certeza de que ele era candidato ao STF, em uma das cinco vagas que iriam se abrir, caso a PEC não fosse aprovada.

Talvez esteja aí a grande motivação para o ódio e perseguição que passou a imprimir contra mim logo depois disso, porque sabia que eu estava prestes a aprovar a proposta, que já tinha passado pelo Senado e, depois de aprovada pela Câmara, iria direto para a promulgação. Ele iria perder a sua chance de ir para o STF. Com cinco vagas disponíveis, seria muito difícil que ele e José Eduardo Cardozo não estivessem entre os escolhidos.

Nessa mesma quarta, consegui articular o texto do projeto que restringia a criação de novos partidos e o aprovei no plenário. Além do prazo da quarentena de cinco anos para fusão com outros partidos, foi colocado ainda que, para se criar um novo partido, as assinaturas de apoio não podiam ser de quem estivesse filiado a outra legenda. Nós também não permitimos a transferência de fundo partidário e tempo de TV de parlamentares que se filiassem ao novo partido.

Com a aprovação desse projeto, estávamos dando um duro golpe no planejamento aloprado do governo feito por Kassab e Cid Gomes, que tinha por finalidade não só atacar o PMDB, mas também os partidos de oposição, que por isso foram fundamentais nessa aprovação.

O plano era que Kassab concluiria a criação do PL, em seguida faria a fusão com o seu PSD e isso abriria as portas para que deputados de outras siglas se filiassem ao novo partido, sem riscos de perda de mandato por infidelidade partidária. E esse novo partido de Kassab seria o maior da casa.

Nesse mesmo dia, a primeira agência de classificação de risco rebaixou a nota de crédito do país, mostrando que não se podia brincar com as consequências da crise econômica. Até hoje temos sequelas, e o país ainda não recuperou o *investment grade*, que acabaria perdendo em 2015.

Cumpri meus compromissos de campanha e concedi os reajustes aos deputados e aos gabinetes, dentro do orçamento da Câmara e sem aumento da despesa. Foram também muitas as críticas, por ter permitido que, dentro do limite das verbas de passagens de cada deputado, o benefício poderia ser utilizado pelos cônjuges – medida que acabei revogando depois, cedendo às críticas.

Dois fatos acontecidos nesse dia iriam impactar a pauta futura e aumentar a disputa de Dilma contra mim. O primeiro foi que recebi as centrais sindicais na residência oficial, junto dos líderes partidários – e combinei que iria votar em um mês o projeto para regulamentar a terceirização da mão de obra, que o presidente do STF havia pedido, para evitar a decisão pela via judicial.

As centrais sindicais também pretendiam se opor às medidas de ajuste fiscal e queriam que elas nem fossem submetidas a voto. Não concordei, dizendo que eles tinham de brigar para ajustar o conteúdo, e não tentar impedir a votação.

Esse ponto é extremamente relevante e mostra que não impedimos Dilma de governar. Em nenhum momento impedi que um projeto do governo fosse votado ou que medidas provisórias não fossem votadas e perdessem a validade.

No momento em que o governo Bolsonaro sofre uma oposição da mídia, em especial da Globo, assistimos, durante a gestão de Rodrigo Maia, a medidas provisórias sendo caducadas, projetos do governo sendo derrotados e novas despesas de bilhões de reais serem aprovadas com muita facilidade, sem que a mídia cobre a responsabilidade fiscal.

É importante o leitor entender como se dá a apreciação de uma medida provisória pelo Congresso, que tem dispositivo constitucional de trancamento de pauta após o prazo de 45 dias da sua publicação, algo que não foi respeitado nos dias de Bolsonaro, sob o comando de Rodrigo Maia.

Até o ano de 2012, cada casa, Câmara e Senado, designava relator em substituição à comissão mista do Congresso Nacional, que quase nunca atuava. O relator levava o relatório diretamente ao plenário de cada casa, que era obrigado a respeitar o trancamento da pauta em ordem cronológica da chegada de cada MP.

Depois de 2012, após a decisão do STF, relatada pelo ministro Luiz Fux, tornou-se obrigatória a votação do relatório pela comissão mista. Esse relatório era levado à Câmara e ao Senado, passando a trancar a pauta, quando lido em cada plenário, e, se não votado na comissão mista, a MP perdia a validade.

Com a pandemia da covid-19, o PP ingressou com uma ação no STF para prorrogar o prazo de validade das medidas provisórias, sendo que o relator, ministro Alexandre de Moraes, não aceitou a prorrogação, mas autorizou a designação de relatores em substituição à comissão mista, na forma anterior, durante esse período.

Só que o então presidente da Câmara, Rodrigo Maia, resolveu ditar que a medida provisória tem que ser lida para que possa trancar a pauta. Porém, lia a medida na hora que queria, deixando caducar várias delas. Ele colocava na ordem que lhe interessasse. E o pior, votava de forma ilegal projetos de lei, quando a pauta estaria trancada por essas MPs.

Esse absurdo, se tivesse sido praticado por mim, teria tido uma imediata contestação judicial. O STF seria obrigado a barrar essa iniciativa, assim como a mídia faria um escândalo, acabando com isso rapidamente. Mas, como tudo vale para atrapalhar o governo de Bolsonaro, todos se calaram e se associaram com essa atitude desrespeitosa, e até mesmo criminosa, para com a Constituição.

O segundo fato tem relação com a visita que recebi do então governador de São Paulo, Geraldo Alckmin, acompanhado por seu secretário de Segurança, hoje ministro do STF, Alexandre Moraes – que tinha sido meu advogado. Eles me levaram a proposta para votar alterações no Estatuto da Criança e do Adolescente e na CPMF.

Alckmin tinha um conjunto de propostas que foram acolhidas e seriam levadas a debate em seguida. Envolviam aumento de penas e até alterações no Código de Processo Penal, sendo que uma delas trazia a discussão da maioridade penal, que viria a se tornar uma verdadeira guerra minha com o governo.

A proposta de Alckmin visava aumentar a punição para adolescentes infratores. Essa proposta levou a um debate, no qual em pouco tempo estávamos discutindo não a mudança desse estatuto, mas sim uma alteração constitucional para a redução da maioridade penal de 18 anos para 16 anos.

Na quinta, dia 26 de fevereiro, Temer me chamou no gabinete da Vice-Presidência da República. Junto de Eunício Oliveira, queria dizer que Janot o teria procurado para falar de citações minhas e de Renan na Operação Lava Jato.

Temer não falou explicitamente que ele iria abrir inquérito. Relatou que teria dito a ele que apenas tivesse o cuidado institucional com relação aos chefes de poderes e pediu para Eunício avisar Renan.

Os boatos na imprensa davam conta de que Janot estava mandando avisar diretamente cada um que fosse incluído no rol dos investigados. Eu não tinha entendido a situação com Temer, até porque o assunto da alopragem da campanha para a presidência da Câmara estava bem esclarecido e eu não via razão para nenhum outro movimento.

Fiquei meio sem saber o que aconteceria, pois Temer não era explícito, e o procedimento usual da PGR, desde que me tornei deputado, era de que, havendo fatos ou denúncia contra um parlamentar que devessem ser investigados, antes se mandava ao parlamentar a denúncia, para que ele, em um prazo de 20 dias, esclarecesse os fatos. Só depois disso a PGR propunha a instauração de inquérito ou arquivava o procedimento.

Assim foi feito comigo em três oportunidades. Em uma, foi proposto inquérito ao STF, arquivado de imediato. Em outra, foi arquivada diretamente pelo procurador, e a terceira virou a denúncia que, aceita pelo plenário do STF, tinha se tornado a ação penal, na qual fui absolvido por unanimidade em 2014.

Esperava que agora fosse dessa forma. E o fato de Janot ter mudado esse procedimento padrão do Ministério Público já denotava a politização do assunto.

O governo mandou uma nova medida provisória ao Congresso, dentro do ajuste fiscal, para rever a desoneração da folha de pagamento. Isso gerou uma polêmica enorme. Estava em São Paulo na sexta, dia 27, almoçando com um grupo de empresários capitaneados pelo ex-ministro Delfim Netto. Dei declarações à imprensa com críticas à medida.

No domingo, dia 1º de março, fui com minha esposa ao aniversário de 450 anos da cidade do Rio, no Palácio da Cidade, a convite do prefeito Eduardo Paes, com a presença de Pezão e Dilma. Conversei amistosamente com Dilma, que inclusive estabeleceu relação com minha esposa, dando sinais de que iria ter uma nova forma de lidar comigo.

Depois nós fomos para a parte pública do evento, onde a imprensa registrou erradamente que Dilma tinha me tratado com frieza – o que nesse caso não era verdadeiro.

A conversa privada tinha enveredado por assuntos de natureza pessoal e de regimes alimentares. Dilma demonstrou curiosidade para conhecer uma linha de alimentos sem glúten que a minha esposa, por ser alérgica, utilizava. Quando retornei do evento, mandei comprar uma cesta de todos os produtos que existiam da marca de que havíamos falado, levei para Brasília e mandei entregar de presente no Palácio da Alvorada, em um gesto de gentileza.

Na segunda, dia 2, a presidente havia convidado o PMDB para um jantar no Alvorada, que incluía Michel Temer, os líderes da Câmara e do Senado, os ministros do partido, além de Renan e eu.

Renan, pouco antes do jantar, resolveu fazer um gesto agressivo, devolver a medida provisória que tratava da desoneração da folha de pagamento e disse que declinaria do convite, pois tinha de preservar a instituição Senado. Ele, que era o defensor do governo, não foi. Eu, que era o inimigo do governo, compareci.

Muitos atribuíam as atitudes de Renan à provável divulgação de seu nome na lista dos investigados pela PGR na Operação Lava Jato.

São divulgadas notícias de que o então ministro da Justiça, José Eduardo Cardozo, teria se reunido com advogados de empreiteiras e, depois, com Janot. Isso provocou muita especulação.

Defendi que a CPI da Petrobras tinha um objeto e período definidos no seu requerimento de criação. E afirmei que não concordaria com a intenção do PT de levar a investigação para o período de Fernando Henrique Cardoso, dizendo que, se quisessem, que fizessem um novo requerimento de CPI e o protocolassem.

Renan Calheiros anunciou a devolução da medida provisória que tratava da desoneração da folha de pagamento, gerando uma grande crise no governo.

Nesse mesmo dia 3 de março, em função dessa crise gerada pela devolução da medida provisória por Renan Calheiros, Temer me pediu que jantasse no Jaburu com ele. Chamou também Mercadante e Berzoini, já que eu não me sentava com Pepe Vargas para discutir a solução do assunto. Orientei para que o governo mandasse um projeto de lei com urgência constitucional, que eu votaria de forma rápida.

De qualquer forma, só a devolução feita por Renan provocaria seis meses de atraso na vigência da medida, o que levaria a uma perda de receita de 6 bilhões de reais, 1 bilhão de reais a cada mês de atraso. Mas isso não era culpa minha. Renan realmente exagerou, pois não cabe ao presidente do Congresso a devolução de medida provisória ao Executivo, segundo o que consta da Constituição.

O governo não quis brigar com Renan e mandou o projeto de lei com urgência constitucional. Dei uma tramitação rápida, colocando o líder do

PMDB, Leonardo Picciani, como relator da matéria, que ainda assim levou, só na Câmara, mais de três meses para ser aprovada. As medidas provisórias estavam sempre trancando a pauta e era preciso ter uma janela para poder votar o projeto.

Na quarta-feira, dia 4, nós decidimos a instalação das comissões permanentes. Fiz uma grande composição e os partidos do meu bloco da eleição da presidência da Câmara ficaram com as comissões mais importantes. Meus aliados foram os indicados para presidi-las, tendo o PMDB cedido a sua ordem de escolha das comissões aos outros partidos, pelo apoio à minha eleição.

Nós já tínhamos acertado o Kassab com a votação das regras que dificultavam os novos partidos, mas ainda faltava acertar o outro mentor, Cid Gomes. E ele deu a chance para isso.

Em evento banal realizado pela Universidade Federal do Pará, Cid Gomes resolveu soltar sua verborragia e atacar a Câmara dos Deputados, ofendendo os deputados como achacadores. Isso foi suficiente para que eu pedisse que apresentassem um requerimento de convocação para que ele se explicasse no plenário da Câmara.

No almoço com os líderes do blocão, combinamos não só votar a PEC da Bengala naquele mesmo dia, 4 de março, como aprovar um requerimento para convocar Cid Gomes. Rodrigo Maia e Mendonça Filho se encarregaram de apresentar o requerimento de convocação, pelo DEM. Foi aprovado no mesmo dia – Cid Gomes teria, então, até 30 dias para comparecer. Ficou para 11 de março.

Nessa mesma sessão, aprovei o primeiro turno da PEC da Bengala, contra a vontade governista, para alterar a aposentadoria compulsória de ministros de tribunais superiores de 70 para 75 anos. A votação foi mais uma grande derrota do governo, embora aprovada com 318 votos favoráveis – uma diferença pequena, de dez votos, já que eram necessários 308.

Fiquei bastante preocupado com a obstrução à matéria feita pelo governo e temi não conseguir os votos necessários. Usei de um artifício: transformei a própria sessão em uma sessão de homenagens ao então secretário-geral da mesa, Mozart Vianna, que estava deixando a casa e era muito querido e respeitado por todos. Isso atraiu muitos deputados para irem à sessão e o número foi atingido.

Para o segundo turno, seria necessário construir a maioria de novo, levantando as ausências, chamando os líderes para que conversassem com esses deputados e tentando ter um pouco mais de folga – porque o governo iria fazer o mesmo, e dez votos poderiam ser facilmente revertidos.

Mozart deixou a casa porque, como estava já aposentado e sua remuneração da aposentadoria estava no limite do teto salarial, não podia receber nada pelo trabalho em cargo comissionado na Câmara. Era uma injustiça deixá-lo trabalhando de graça.

Com a saída dele, designei Silvio Avelino, que, além de ser o melhor regimentalista da Casa, estava o primeiro negro a ocupar o cargo de secretário-geral da mesa. Quis fazer essa homenagem, sendo que a atuação dele foi fundamental para todo o processo de impeachment de Dilma. Foi lamentável que, depois da minha saída, tenham, por questões políticas, retirado da posição o melhor quadro técnico da casa para a função. Eu espero que não tenha sido uma atitude motivada por preconceito.

A imprensa publicava nesse dia que o procurador-geral Rodrigo Janot teria protocolado 28 petições com 54 investigados no âmbito da Operação Lava Jato. Os articulistas petistas já começavam a escrever que a crise tinha saído deles e atravessado a rua para o Congresso, sendo bem emblemática a coincidência desse gesto de Janot com a votação da PEC da Bengala.

Os ocupantes do governo realmente achavam que, com o início das investigações contra membros do Congresso, enfraqueceriam a oposição a eles e, fragilizando a mim e a Renan, teriam mais facilidades para aprovar suas matérias. E mais, daria o discurso a Dilma de que a corrupção não estaria no governo, mas, sim, na política.

Uma manifestação contra Dilma estava programada e foi convocada para o dia 15 de março. O mote era o pedido de impeachment, sendo que a maior parte da convocação era feita pelas redes sociais – não se sabia qual seria o tamanho da adesão.

Na quinta, dia 5, foi instalada a CPI da Petrobras. Compareci e avisei que estaria à disposição para qualquer esclarecimento acerca de possível investigação sobre mim, já que a boataria e as notas de imprensa davam como certa minha presença no rol dos investigados.

Promovi um amplo acordo dentro da CPI. Foram criadas quatro sub-relatorias, com divisão de foco das investigações, divididas entre quatro partidos diferentes, sendo uma da oposição e as outras três de partidos da base do governo.

O deputado Paulinho da Força, do Solidariedade, anunciou que os advogados do partido estariam estudando um pedido de abertura de processo de impeachment de Dilma.

Duas brigas com deputados do PSOL acirraram minha relação com eles. A primeira quando rejeitei, por falta de fato determinado, um pedido de CPI deles sobre planos de saúde. Eles partiram para o confronto, no plenário, em tom acusatório contra mim. Respondi no mesmo estilo.

A segunda foi quando partiram para o confronto, na CPI, contra o presidente da CPI. Defendi o presidente e pedi punição disciplinar contra os deputados do PSOL.

Relatei esse episódio porque isso seria uma constante durante a minha presidência, tanto com o PSOL quanto com a Rede, partido do relator do Marco Civil da Internet. A relação entre eles era de total cumplicidade. E, mais tarde, foram justamente esses dois partidos, com os seus deputados do Rio de Janeiro, que fizeram a representação e lutaram até a morte para poder cassar meu mandato.

Com os boatos cada vez mais se confirmando, e depois do aviso dado por Michel Temer, contratei o ex-procurador-geral da República Antonio Fernando de Souza para exercer a minha defesa no suposto inquérito e cuidar das respostas técnicas que seriam necessárias após a divulgação das iniciativas do procurador-geral.

As relações entre Antonio Fernando de Souza e Rodrigo Janot não eram as melhores. Até por essa razão eu quis que ele atuasse, pois precisava fazer o enfrentamento.

Na sexta, dia 6, fui para São Paulo, depois de passar pelo Rio de Janeiro, para gravar o programa *Canal Livre*, da rede Bandeirantes, que iria ao ar no domingo seguinte. Pouco antes de entrar no estúdio para gravar, saiu a notícia de que o então ministro do STF, Teori Zavascki, tinha autorizado a abertura de inquéritos diversos, sendo um contra mim, três contra Renan Calheiros, além de outros contra políticos com foro, sendo que ainda declinou a competência de outros, que não eram mais detentores de mandato.

Entrei para gravar, ainda sem saber o conteúdo dessa questão. Dei rápida entrevista para o *Jornal da Band* e não tive a chance para aproveitar o programa e fazer uma defesa contundente.

Após a gravação, atendi ao convite para jantar na residência de Joesley Batista, com a minha família, já programado anteriormente. Só após o jantar, quando retornei ao hotel, recebi a íntegra do inquérito e vi que se tratava da história do policial, ocorrida durante a campanha da presidência da Câmara, colocada dentro de outro contexto para ser legitimada.

Tratava-se de uma citação na delação de Alberto Youssef sobre suposto pagamento feito por ele ao lobista Fernando Baiano, a mando do também lobista Júlio Camargo, sendo que Youssef dizia que teria ouvido que o suposto pagamento era em meu benefício.

Júlio Camargo era também delator, e no seu depoimento não tinha confirmado essa história, que estaria vinculada a um suposto requerimento de informações à Câmara, sobre investigação das empresas dele.

No pedido do inquérito, Janot misturou a situação do policial, vinculando esses supostos pagamentos a Fernando Baiano, tentando legitimar a alopragem da campanha. Ele também colocou no mesmo bolo doações oficiais realizadas por empreiteiras em 2010 para a minha campanha e para o PMDB do Rio de Janeiro. Era um emaranhado de situações sem pé nem cabeça.

Como os inquéritos e ações judiciais permeiam os fatos objeto deste livro, preciso abordá-los. Mas não quero tornar o texto um manifesto da minha defesa. Mesmo assim, não posso deixar isso passar batido, sem tecer algum comentário mostrando os absurdos e incoerências.

A intenção era ter escrito este livro logo após o impeachment. Como fui preso, fiquei sem condições para isso. Contudo, tão logo tive a possibilidade, iniciei o texto, com um distanciamento temporal que me permite até tirar conclusões sobre cada etapa do que passei. Tentarei trazer isso para mostrar o preço que eu paguei pelo impeachment. Além disso, é claro que o distanciamento temporal dos fatos nos permite analisá-los com mais precisão. E também fazer uma comparação com o tempo presente e suas consequências.

O delator Alberto Youssef, cujo advogado em 13 de janeiro tinha desmentido qualquer coisa em relação a mim, estranhamente, em 11 de fevereiro, dez dias após minha eleição, deu novo depoimento. Nesse momento, o que o seu advogado havia desmentido se transformou em acusação de um delator, sem nenhuma prova de corroboração do que estava dizendo. Ainda citou outro delator que não havia confirmado o que ele falou.

Após ler a íntegra do inquérito e suas motivações, preparei uma nota dura, rebatendo ponto a ponto. Pedi à minha assessoria que marcasse uma coletiva para o sábado de manhã, quando voltaria ao Rio. Combinei à porta do prédio do meu dentista, onde já tinha consulta programada.

Ao ver o conteúdo, me convenci do verdadeiro motivo daquele inquérito, que seria de natureza política. Antonio Fernando de Souza, ao ler, ficou estupefato com a fraqueza da peça e o absurdo das ilações. Ele me tranquilizou. Disse que não via a menor possibilidade de uma eventual denúncia, naqueles termos, ser acolhida.

Ainda mostrarei que, além de o procurador-geral ter alterado a forma existente anteriormente – de resposta prévia de defesa, antes da propositura de inquérito –, no curso ele iria buscar a alteração da delação de Júlio Camargo, obtendo a delação de Fernando Baiano.

Ele viria a promover a denúncia depois, alterando-a através de aditamento, para colocar o novo delator, Fernando Baiano. Nada existia nesse processo que não fosse fruto de delações alteradas por pressão de Janot, com o único intuito de me atingir. No tempo, isso ficará claro para todos.

Na mesma leva, Janot pediu arquivamento de inquérito contra Aécio Neves e contra Henrique Alves, que havia sido citado na delação de Paulo Roberto Costa.

Com a manutenção da falsa história atribuída ao policial, porém desmentida pela sua própria defesa, para parecer coerente a PGR teve de abrir inquérito contra o senador Antonio Anastasia, do PSDB, também citado na história. Esse fato, a exemplo do meu, também teria sido desmentido pelo advogado de Youssef.

Na minha nota e nas entrevistas, critiquei a mistura desses assuntos para tentar colocar todos no mesmo bolo das denúncias de corrupção da Petrobras, com as quais nada tenho a ver, assim como o PGR buscou criminalizar doações pretéritas ao PMDB do Rio de Janeiro como se fossem propinas para mim de forma indireta.

Alertei que então todas as doações das empreiteiras envolvidas na Operação Lava Jato deveriam, pelo mesmo princípio, ter sido alvo de inquéritos, incluindo as de Dilma e Aécio na campanha presidencial. E ainda que as doações citadas por Janot não eram para as minhas campanhas, mas sim para o PMDB do Rio de Janeiro – que tinha muitos beneficiários de peso e que eu não tinha nada com isso.

Em todas as minhas campanhas, só recebi uma única doação de empreiteiras – mesmo assim, sem ter conhecimento prévio. Foi na campanha de 2010, da construtora Camargo Corrêa, com a qual não tinha relação. Nunca fui alvo de nenhuma citação na delação dos executivos dessa construtora – realizadas depois dessa abertura de inquérito.

Janot confundia o lobista Júlio Camargo. Achava que era a Camargo Corrêa e, por isso, queria colocar como duvidosa a doação eleitoral da construtora, como se fosse oriunda de esquema do lobista. Pura má-fé.

O procurador também escolheu as citações de delatores para pedir abertura de inquérito, sendo que Youssef tinha acusado Dilma, na sua delação, de ter ciência do esquema de corrupção da Petrobras, fato que não mereceu pedido de abertura de inquérito por parte de Janot.

Mesmo que isso fosse considerado fato estranho ao mandato e não pudesse ser alvo de denúncia naquele momento, poderia ser feito o seguinte: abrir-se o inquérito sobre fatos anteriores ao mandato dela e a denúncia só ser formulada após o término do mandato – exatamente o que aconteceria com Michel Temer, mais tarde.

Mas eu sei qual talvez tenha sido o meu maior erro. Eu parti para o confronto aberto com Janot. Levantei dúvidas sobre o governo. Disse que Janot estava trabalhando sua recondução ao cargo, que dependia de Dilma. E isso seria a razão de tudo.

Eu estava revoltado e realmente tinha a convicção – e tenho até hoje – de que fui vítima da atuação do governo, materializada por José Eduardo Cardozo, a quem atribuo o vazamento, durante a campanha da eleição da presidência da Câmara, da história do policial. Cardozo estava provocando essa generalização das denúncias para desviar o foco de Dilma e colocar a pressão no colo do Congresso. Ele queria nos constranger para que dependêssemos do governo para sobreviver.

Vale ressaltar que a pesquisa Datafolha divulgada antes de o delator Youssef ter dado o novo depoimento para me incriminar mostrava que 77% da população acreditava que Dilma sabia da corrupção da Petrobras.

Em minha nota, escrevi que o procurador-geral "agiu como aparelho visando à imputação política de indícios como se todos fossem partícipes da mesma lama". Disse ainda que era "lamentável ver o procurador-geral da República, talvez para merecer a sua recondução, se prestar a esse papel". Tudo isso publiquei de madrugada, pelo Twitter. Não fui dormir sem antes responder a todas as vírgulas do que havia sido citado.

Renan tinha a mesma impressão. Estava tão revoltado quanto eu, só que reagia de forma diferente, e, em troca de telefonemas comigo, queria tomar duras atitudes. O problema é que não dava para confiar em Renan, pois em diversas vezes ele propunha ações, voltava atrás e deixava os outros na mão.

Renan queria confrontar Janot e abrir uma CPI do Ministério Público. Collor, também alvo de Janot, acabaria preparando um vasto dossiê sobre a vida passada do procurador. Além disso, entrou com pedido de impeachment de Janot – mas Renan jamais deu andamento.

Além disso, Renan planejava interferir na nomeação do ministro do STF para a vaga de Joaquim Barbosa, que tinha se aposentado em 2014. Ele ameaçava rejeitar o nome no Senado se a indicação não fosse de comum acordo.

Logo cedo, telefonei para Michel Temer, avisando que iria subir o tom e que, se antes eu já era independente, agora eu seguiria independente, mas babando de ódio.

Voltei ao Rio, concedi entrevistas a todos que pediram ou estiveram na minicoletiva montada à porta do consultório do meu dentista. Falei no mesmo tom da nota que tinha postado de madrugada. Passei o sábado em telefonemas com aliados, Renan e outros citados, buscando a melhor forma de reagir.

Renan concedeu entrevista a Fernando Rodrigues, do UOL. Acusou o governo da mesma forma e falou que "ela (Dilma) só soube que o Aécio estava fora na noite de terça-feira, quando o Janot entregou os nomes para o Supremo. Ficou p... da vida. Aí a lógica foi clara: vazar que estavam na lista Renan e Eduardo Cunha. Por quê? Porque querem sempre jogar o problema para o outro lado da rua [...] o Planalto deliberadamente direcionou a mídia para os dois nomes". Renan ainda acusou Janot de estar "em campanha aberta para se reeleger".

No domingo, dia 8 de março, o jornal *O Globo* trouxe a denúncia tentando corroborar que uma deputada do meu partido, Solange Almeida, teria sido a autora do requerimento, juntamente com o deputado Sérgio Brito, do PSD da Bahia, meu desafeto, de investigação das empresas de Júlio Camargo, como se fosse a prova da minha participação.

Não havia nenhum requerimento que fosse de minha autoria. Os deputados são responsáveis pelos seus mandatos, e colocar a Solange – que àquela altura já era prefeita da cidade de Rio Bonito, no Rio de Janeiro – como minha suposta intermediária, só pelo fato de ela ter me dado apoio em 2014 na eleição, era um verdadeiro acinte.

Respondi a *O Globo*, em nota, que o procurador-geral deveria então ter aberto inquérito contra os dois deputados, mostrando a comprovação da sua suposta escolha por quem queria investigar.

Citei também a incoerência, já que o inquérito do senador Delcídio do Amaral, que depois viraria delator e confirmaria o que Janot negou, acabou arquivado. Nesse inquérito ele desconsiderou a delação de Paulo Roberto Costa, que afirmou ter cabido a Delcídio a nomeação do ex-diretor da Petrobras Nestor Cerveró e inocentou Delcídio.

Se ele tivesse feito a mesma pesquisa sobre as doações que tinham sido recebidas por Delcídio, encontraria valores oriundos de Júlio Camargo e suas empresas, além da empreiteira UTC, envolvida no escândalo da Lava Jato. Mas Janot desconsiderou.

Além do mais, como justificativa de todos os inquéritos que envolviam o PMDB, incluindo a mim, Janot colocou que coube ao PMDB a nomeação e manutenção de Nestor Cerveró, também contrariando a própria delação de Paulo Roberto Costa. Ou seja, o procurador, além de escolher a quem investigar, também escolhia a delação que serviria a seus argumentos – e desprezava as que não serviam.

A essa altura, eu já tinha lido todos os inquéritos instaurados para ter uma ideia do que neles constava. Via muitas falhas e contradições entre os delatores. Isso parecia mesmo um conjunto político de indícios. Queriam transformar o Congresso em um prostíbulo.

Dilma iria fazer um pronunciamento naquele domingo, 8 de março, Dia Internacional da Mulher. Parecia um teatro que incluía a divulgação dos investigados da Lava Jato e um pronunciamento dela em seguida – no qual poderia fazer cara de paisagem, como se nada disso fosse com ela; era tudo cronologicamente programado.

Só que, infelizmente para ela, deu errado. Na hora do pronunciamento, um enorme panelaço aconteceu no país. Dilma era hostilizada das janelas dos edifícios das grandes cidades. Ela tentou defender o ajuste fiscal, pediu paciência à população e destacou a "coragem do Brasil" para investigar um esquema "lamentável". Realçou o que Janot estava fazendo contra o Congresso, como se o governo dela não fosse o governo que administrava a Petrobras.

Dilma também disse que "o Brasil tem aprendido a aplicar a justiça social em favor dos mais pobres, como também aplicar duramente a mão da justiça contra os corruptos", querendo mergulhar de cabeça no teatro de Janot.

O panelaço contra Dilma acabou chamando a população para uma maior adesão aos protestos que estavam programados para o dia 15 de março. Dilma estava esperando que se transformasse em um protesto contra o Congresso, contra mim e Renan – e, assim, sua participação seria atenuada. Mas não foi o que ocorreu.

Na segunda, dia 9, fui homenageado com um almoço na Associação Comercial do Rio de Janeiro, com a presença de Pezão e Eduardo Paes. Lá novamente me defendi e também disse que, ao contrário das notas que estavam saindo na imprensa, Dilma não precisava procurar Michel Temer para amansar a mim e a Renan. Enfatizei que aquilo não era necessário, porque não havia ninguém nervoso, ninguém estava precisando ser amansado.

Recebi a solidariedade de todos os presentes, incluindo Pezão e Paes, além dos cerca de 400 participantes. Falei que a aliança com o PT dificilmente se repetiria, lancei Paes à presidência, defendi o ajuste fiscal e descartei retaliações contra o governo.

Quando cheguei a Brasília, fui ao encontro de Michel Temer para debatermos a situação. Ele estava fazendo um movimento, junto de Moreira Franco, para uma fusão com o DEM. Haveria um jantar para debater – os deputados do DEM eram liderados por Rodrigo Maia, genro de Moreira Franco.

Preferi não ir ao jantar para não caracterizar um começo de retaliação. Na reunião com Temer, encontrei-me com alguns deputados do DEM, que discutiam as possibilidades de fazer a fusão com o PMDB ou com o PTB, sendo que nenhuma delas acabou vingando.

Na terça, dia 10 de março, eu participei do almoço da frente parlamentar da agropecuária. Recebi apoio e solidariedade dos membros. Debatemos a agenda do setor, e saí em seguida para participar do almoço do blocão na casa do deputado Paulinho da Força e discutir o que faríamos na semana, antes da reunião de líderes.

O então ministro da Fazenda, Joaquim Levy, foi ao Congresso e se reuniu com Renan e, depois, comigo, para debater a correção da tabela do imposto de renda – que tinha sido aprovada no fim de 2014, vetada por Dilma e cujo veto estaria na pauta para ser apreciado.

Temer foi também ao Congresso para conversar comigo e com Renan sobre a correção da tabela do imposto de renda. Ele aproveitou para me fazer um convite: queria que eu fosse ao Jaburu naquela noite para conversar com Cardozo sobre a suposta interferência do governo nas investigações de Janot.

O governo se comprometeu a enviar uma medida provisória com a correção da tabela do imposto de renda, em valores menores do que aqueles que estavam na proposta vetada. Isso evitaria a derrubada do veto, em uma derrota que o governo sofreria se não tivesse feito o acordo.

A crise política elevou a cotação do dólar a um patamar bem alto. O mercado começava a duvidar da capacidade de sucesso do ajuste fiscal e da capacidade política do governo, ainda mais depois do panelaço e com as manifestações a caminho.

Acertei com o presidente da CPI da Petrobras que compareceria na quinta, dia 12, de forma espontânea, para responder a qualquer coisa sobre o inquérito e dar minhas explicações.

A imprensa retratou a disputa pela presidência do Conselho de Ética, entre os deputados Marcos Rogério, Arnaldo Faria de Sá e José Carlos Araújo. Foi colocado que eu não apoiaria o deputado Marcos Rogério de forma nenhuma.

Tentei fazer um acordo entre Arnaldo e José Carlos, em que Arnaldo seria o vice e, no outro biênio, o presidente – o que, aparentemente, teria sido aceito. Só que, na hora, o acordo desandou. José Carlos Araújo tirou a vice de Arnaldo Faria de Sá, que acabou disputando a presidência em cima da hora e perdeu, no voto, por 13 a 8 – mostrando que eu começaria a ter problemas por essa disputa mal-resolvida. Os três candidatos ficaram com raiva da minha posição, pois esperavam meu apoio. Isso foi um erro meu, já que deveria ter escolhido um, para apoiá-lo e vencer – o que teria evitado tudo o que passei.

Depois da disputa, a imprensa registrou que o "meu aliado" Arnaldo Faria de Sá teria perdido a eleição. Isso serviria para, no futuro, eu ser retaliado por José Carlos Araújo, por Marcos Rogério e até pelo Arnaldo – que me via na obrigação de elegê-lo.

Contra a vontade do governo, votei o projeto de lei para manter a política de valorização do salário mínimo, que foi aprovado. Mas, um destaque de uma emenda do PTB, que estendia aos aposentados a mesma política de valorização, provocou polêmica. Acabei adiando a sessão para continuar a votação dos destaques na quarta-feira.

À noite, fui para o Palácio do Jaburu. José Eduardo Cardozo iria depois de um jantar com Dilma, Lula e toda a cúpula petista. Eu e Temer jantamos e ficamos à espera. Ele telefonou, disse que se atrasaria e pedia a Temer para mandar um carro buscá-lo em seu hotel, pois não queria que sua equipe de segurança da Polícia Federal soubesse do encontro.

Lula tinha ido a Brasília para se reunir com Dilma e a cúpula do PT. Conversou a sós com Dilma, antes do jantar. A reunião havia sido tensa, com cobranças a Dilma, que tinha sofrido um panelaço, além de vaias em outro evento público em seguida. Os ministros esperavam a conversa de fora, para só depois participarem do jantar.

O atraso foi tanto que eu quase desisti de esperar Cardozo. Temer mandou buscá-lo, já depois da meia-noite. Ele chegou e começou a dissertar que o governo não tinha nada com isso e que ele esteve com Janot, para que este instaurasse o inquérito contra Aécio Neves. Dilma queria, de toda forma, que Janot tivesse instaurado esse inquérito – sendo lógico para Cardozo que se Janot não teve força para incluir Aécio, o maior desafeto deles, como teria para colocar a mim ou a Renan?

Cardozo admitiu, com a maior cara de pau, que tentou, sim, interferir na investigação, a mando de Dilma – e não teve sucesso. Isso, por si só, comprova que, da mesma forma que interferiu para tentar colocar Aécio, poderia ter pressionado para colocar qualquer outro desafeto. E, naquele momento, eu era mais desafeto do que Aécio, que tinha sido já por ela derrotado.

O assunto não parou aí. Ele me falou que eu cometi um erro ao colocar o antigo procurador-geral da República, Antonio Fernando de Souza, como meu advogado, justamente porque ele seria desafeto de Janot. Disse ainda que Janot iria atuar com mais força contra mim, por causa do advogado. Sugeriu que eu o substituísse – claro que não concordei, pois não seria meu acusador que iria escolher minha defesa.

Na verdade, o PT, de maneira geral, tinha uma verdadeira bronca de Antonio Fernando de Souza, por ter sido ele o responsável pela denúncia do Mensalão. Entendi essa colocação de Cardozo mais como uma revolta por eu prestigiar um desafeto do PT do que pelas desavenças que Janot poderia ter com Antonio Fernando.

Um episódio me chamou ainda mais a atenção. Tive a convicção de que Cardozo estava atuando no processo, quando a conversa girou sobre a UTC, empreiteira com a qual eu não tinha qualquer relação, mas que contava, na sua direção, com o ex-ministro João Santana, que havia sido ministro quando eu era presidente da Telerj, estatal à época subordinada a ele. Santana estava me procurando de forma insistente, sem que eu retornasse às ligações.

Cardozo simplesmente pediu que eu não o atendesse, pois ele estaria sendo monitorado e, se eu falasse com ele, poderia me prejudicar. Fica a pergunta: de onde Cardozo sabia que ele estava sendo monitorado?

Essa conversa acabou às 2h30 da madrugada. Saí de lá convicto de que tinha sido o governo o autor da investigação contra mim e Renan. Resolvi me fingir de bobo, mas iria ter troco, e eu não daria sossego ao governo enquanto durasse esse absurdo montado por eles.

Na quarta-feira, dia 11, recebi para o café da manhã, na companhia de líderes partidários, os representantes das confederações patronais, que buscavam chegar a um acordo para que a Câmara votasse o projeto que regulamentava a terceirização da mão de obra. A exemplo do que estava acertado com as centrais sindicais, avisei que votaria, na semana seguinte à Semana Santa, e que esse assunto seria enfrentado pela Câmara, até em função do pedido do presidente do STF.

A crise dentro do governo, por causa dos atritos com a base aliada, levavam a um aumento dos rumores da troca da articulação política e da saída de Mercadante dessa articulação. Além disso, deveria haver a entrada do PMDB nela, já que o partido reclamava ser um aliado de segunda classe, sem nenhuma voz nas decisões de governo.

O então ministro Cid Gomes, para evitar ter de comparecer à convocação da Câmara, internou-se no hospital Sírio-Libanês, em São Paulo, alegando crise de sinusite. Como estávamos buscando o confronto com ele, em função das declarações por ele proferidas de que a Câmara tinha achacadores, resolvi constituir uma comissão com três deputados médicos, Manoel Junior, André Fufuca e Juscelino Filho, para que fossem ao hospital em São Paulo confirmar a história.

Roberto Kalil, médico da direção do hospital e também meu médico, me ligou preocupado com a divulgação do ato. Pediu-me que voltasse atrás, mas eu afirmei que não poderia. A atitude de Cid Gomes era de moleque, porque se realmente fosse um problema de saúde, bastaria ele ter comunicado a Casa pedindo a troca da data para a outra semana – e aceitaríamos. Mas não o fez, e eu iria representar por crime de responsabilidade contra ele, se ultrapassasse o prazo constitucional de 30 dias sem atender a convocação da Câmara.

Kalil, muito sem jeito, sem poder evitar o fato, pediu que ao menos mandasse os deputados sem confusão – que ele mesmo receberia. Cid não seria obrigado a recebê-los, mas Kalil se comprometeu a dar todas as explicações aos deputados. O deputado Fufuca, mais tarde, comentaria comigo sobre essa visita. Causaram um grande constrangimento. Cid não tinha nada, era mesmo fuga de um covarde para não ter de enfrentar os deputados.

O Congresso fez sessão para apreciar os vetos do governo, conseguindo contornar o veto da correção da tabela do imposto de renda, pela promessa feita de edição de uma medida provisória que restabeleceria uma correção menor. A sessão do Congresso levou o dia inteiro e impediu que a Câmara tivesse sessão para continuar a votação da política do salário mínimo.

O governo precisava da sessão para limpar a pauta e conseguir votar o orçamento. Para isso, enviou o senador Eduardo Braga, então ministro das Minas e Energia, para convencer Renan a convocar a sessão.

Renan aceitou, me pedindo para cancelar a sessão da Câmara marcada para a tarde, em que eu concordei. Renan queria impor uma derrota ao governo, derrubando algum veto relevante. E escolheu um veto sobre energia subsidiada para o Nordeste, por cuja aprovação ele tinha lutado. Procurou-me em meu gabinete, me pedindo que ajudasse a derrubar o veto na Câmara – e ele derrubaria no Senado.

Nas sessões do Congresso, na apreciação dos vetos, primeiro vota a Casa originadora do projeto – nesse caso, a Câmara. Caso o veto seja mantido, a segunda Casa não chega nem a apreciar. Mas se a primeira Casa derruba o veto, cabe então à segunda apreciar esse veto, podendo derrubá-lo ou não. Para a derrubada de um veto é necessário que as duas casas tenham a metade mais um dos votos dos seus membros a favor, ou seja, 257 deputados e 41 senadores.

Como o presidente da Câmara não participa da sessão de Congresso, apenas para votar como deputado, se assim o desejar, fui para o plenário na companhia de Renan, me sentei ao seu lado e chamei um a um os líderes, incluindo o do PMDB. Pedi que orientassem as suas bancadas pela derrubada do veto, o que ocorreu na Câmara com facilidade – tendo eu mesmo votado pela derrubada desse veto.

Eduardo Braga, desesperado com essa derrubada, foi ao plenário tentar impedir que o Senado acompanhasse a decisão, conseguindo isso por apenas dois votos. Seria uma derrota do governo, que teria impacto no preço da energia. Fiz o papel que Renan pediu, em solidariedade a ele – mas ele mesmo não teve força para vencer no Senado.

Eduardo Braga espalhou que Joaquim Levy pediria demissão caso o veto caísse e iríamos entrar numa crise. O governo, sem articulação política, não tinha feito o menor trabalho para explicar as causas do veto e as razões para mantê-lo, o que poderia até ter evitado que eu articulasse, a pedido de Renan, a derrubada na Câmara.

Na quinta-feira, 12 de março, compareci à CPI da Petrobras para dar explicações sobre o inquérito instaurado no STF. Fiz isso para me antecipar a um eventual requerimento de convocação, pois não queria o desgaste de ter de derrotar o requerimento na comissão e ficar dependente de articulação desse tipo.

Muitos me aconselharam a não fazer isso. E muitos atribuem minha queda a esse comparecimento, algo de que eu discordo. Existiam manifestações marcadas para o domingo, dia 15, e o governo contava ter de dividir o efeito negativo das manifestações comigo e com Renan – o que eu poderia evitar se fosse à CPI antes, explicar e ser convincente.

Tanto a TV Câmara como outras TVs transmitiram ao vivo grande parte de minha fala, o que serviria para divulgar com pleno sucesso meus argumentos. Pude fazer uma defesa clara e, naquele momento, do ponto de vista político, eficiente para estancar o desgaste da abertura do inquérito.

O episódio que gerou a representação no conselho de ética depois, dizendo que eu menti na CPI sobre as supostas contas no exterior, foi apenas a desculpa para entrarem com a representação. Eles usariam qualquer subterfúgio para representar contra mim, usando até mesmo a própria investigação para isso.

Com relação ao ponto específico das contas no exterior, preciso esclarecer que não houve mentira da minha parte. Eu possuía os direitos sobre um *trust*, e não uma conta bancária fora do Brasil – e a pergunta formulada era se eu tinha conta no exterior.

Ninguém me perguntou se eu tinha direitos ou ativos no exterior, contas em nome de terceiros no exterior, ou empresas no exterior, ou se era beneficiário de alguma coisa no exterior. Nem mesmo qualquer pergunta que demandasse uma resposta positiva. A pergunta era se eu tinha conta no exterior.

Depois de toda a confusão comigo, o conceito de *trust* até mudou, chegando o Banco Central a alterar a regulamentação, obrigando que se declarasse esse tipo de ferramenta. A própria nova resolução mostrava que eu estava certo, até porque, se a regulamentação obrigasse à declaração e ao reconhecimento de que *trust* seria propriedade do beneficiário, não se precisaria alterar essa regulamentação.

Além disso, ninguém é obrigado a produzir provas contra si mesmo, de acordo com a nossa Constituição. Eu estava depondo na CPI, sem compromisso formal de dizer a verdade, explicando minha citação em delação e inquérito no STF. Logo, eu era investigado, até no relatório final da CPI e houve a tentativa de inclusão do meu nome como indiciado, sem sucesso, comprovando que eu era investigado.

A história da criação do *trust* e os fatos relativos a ele, assim como a própria acusação do inquérito do STF, eram de legislatura anterior e, portanto, não poderiam ser motivo de processo do Conselho de Ética. Isso era uma jurisprudência da Casa.

Mais adiante, o leitor terá a oportunidade de verificar que, após eu ter tido meu mandato cassado, ser preso e condenado por essa situação, o próprio Ministério Público Federal reconheceu que eu não era o titular das supostas contas no exterior.

Minha resposta à pergunta feita sobre contas no exterior foi: todas as minhas contas são as declaradas no meu imposto de renda. Era uma resposta absolutamente verdadeira. Na época, um *trust* não necessitava de declaração.

É importante também esclarecer a origem dos recursos que estavam à disposição do *trust*: todos obtidos anteriormente ao meu ingresso na vida pública. O meu delito foi, na época, não ter declarado à Receita Federal os ganhos privados, delito esse totalmente prescrito, já que o prazo é de cinco anos. Esse havia sido meu erro. Na época da origem de tais recursos o país vivia em picos inflacionários, e eu fiz essa opção, assim como muitos brasileiros, que depois optaram pelos benefícios da lei de repatriação.

Quanto ao suposto depósito, ocorrido em 2011 mas divulgado depois, tratava-se de reembolso de empréstimo efetuado anteriormente – e não de nenhuma receita que eu tivesse obtido, ainda mais de forma ilícita.

Minha ida à CPI, do ponto de vista político, foi correta. Nela obtive apoio generalizado, inclusive da parte do PT que não queria ver o circo pegar fogo. Com isso, dei um passo para que, nas manifestações marcadas para o dia 15, eu não fosse o palco – deixando isso para Dilma.

Outra crítica que eu sofri: que minha presença ali obrigaria os demais parlamentares citados a comparecerem. Mas isso era decisão que caberia a eles, e não a mim. Questionado pela CPI se abriria mão do meu sigilo, respondi que se a comissão entendesse que fosse necessário, que então se aprovasse a quebra do sigilo. Eu nada faria para impedir. Mas também não faria proselitismo com isso. Se eu concordasse direto com a quebra do sigilo, iria obrigar os outros parlamentares citados a fazerem o mesmo – isso, sim, geraria um constrangimento que os colocaria como centro das atenções da CPI.

A briga com Janot já era irreversível. Vários requerimentos o convocando para a CPI e até quebra de seus sigilos tinham sido protocolados. Contudo, o relator da CPI, deputado Luiz Sérgio, recusava-se a convocá-lo.

Na sexta, dia 13 de março, Janot revidou meus ataques, rebatendo em evento de representantes dos ministérios públicos dos estados. No mesmo dia, centrais sindicais ligadas ao PT realizaram movimentos de rua de protestos. Temer foi a Belo Horizonte almoçar com o então governador Fernando Pimentel.

Foi quando o então deputado Jair Bolsonaro entrou com o primeiro pedido de abertura de processo de impeachment contra Dilma, nesse segundo mandato, antevendo o que o futuro reservaria para os dois. Bolsonaro tinha sido o deputado mais votado do meu estado, com números históricos. Ainda tinha conseguido eleger o filho deputado por São Paulo. Ele era um parlamentar polêmico, que não se alinhava a nenhum grupo político, fazia questão de marcar posição contra temas com os quais não concordava nas suas votações e já era considerado como futuro candidato a presidente, sendo colocado discretamente em pesquisas eleitorais por alguns institutos, e começava a pontuar nessas pesquisas.

O pedido de abertura de processo de impeachment de Bolsonaro foi rejeitado por mim, até porque tinha motivação na suposta participação de Dilma e seu governo na corrupção da Petrobras. Eram fatos do mandato anterior e eu entendi que não caracterizava crime de responsabilidade.

Além disso, se fosse aceito, o pedido não teria consequência, pois não conquistaria naquele momento um apoiamento que viabilizasse a sua aprovação. Mas Bolsonaro marcou posição e ainda fez o correto: entrou com recurso contra a minha rejeição ao plenário.

Dilma sofreu, no curso de seus dois mandatos, 68 pedidos de abertura de processo de impeachment, sendo a presidente com o maior número de pedidos de impeachment entre todos os presidentes, desde a redemocratização até o ano de 2020.

De todos os pedidos de impeachment que eu rejeitei, o de Bolsonaro foi o único que teve recurso ao plenário. Eu não tive a oportunidade de colocar em votação o seu recurso, porque o STF, no julgamento de uma ação contra a minha decisão da questão de ordem de número 105, impediu que se submetesse a votos no plenário o recurso contra a rejeição de pedido de impeachment. Mais adiante o leitor conhecerá os detalhes.

Defino um programa chamado Câmara itinerante. A cada semana, iria a um estado para debater os projetos e receber propostas. Era uma forma de levar a Câmara ao cidadão na ponta e voltar aos lugares onde havia feito a campanha na eleição da presidência, cumprindo promessa e fortalecendo os deputados nas suas bases. Eu estava também levando a reforma política para ser debatida nas respectivas assembleias legislativas, além de outros temas importantes. Essa medida foi vista como forma de fazer política contra o PT nos estados. E até especular sobre eventual candidatura minha futura, o que não era a intenção.

Na coluna "Radar" da revista *Veja* saiu um aviso: que eu me cuidasse, pois a Polícia Federal já teria convocado o lobista Júlio Camargo para que ele complementasse sua delação para contar histórias sobre mim. Fato estranho – divulgado 24 horas depois dos ataques que fiz a Janot na CPI da Petrobras.

No domingo, dia 15 de março, o país se surpreendeu com o tamanho das manifestações – em várias localidades, inclusive regiões que tradicionalmente apoiavam o PT, como o Nordeste. A pauta ficou quase toda concentrada contra Dilma, no combate à corrupção, com o impeachment na rua. Em São Paulo, eclodiram alguns fortes grupos, ainda desconhecidos da maioria dos brasileiros, como o Movimento Brasil Livre – o MBL – e o Vem Pra Rua. Ao contrário do que o governo esperava, o movimento não se virou contra mim nem contra Renan. Foram poucas as manifestações que nos citavam.

Após apenas 75 dias do segundo mandato, o governo estava nas cordas. O tiro dos inquéritos da Lava Jato, para desviar o seu foco, saiu pela culatra. O panelaço do domingo anterior foi multiplicado na presença nas ruas.

Ao fim das manifestações, os então ministros José Eduardo Cardozo e Miguel Rossetto concederam entrevista coletiva e defenderam diálogo com a sociedade. Frisaram que seria necessário fazer reforma política, acabar com o financiamento empresarial – e que o governo iria mandar ao Congresso medidas anticorrupção.

Mais uma vez, Dilma e seu governo, a exemplo das manifestações de 2013, não entenderam ou não quiseram entender o real motivo das manifestações – ou seja, que era um descontentamento contra eles mesmos. A população não estava aguentando o governo, estava desiludida com o início do segundo mandato, se sentia traída em razão do cavalo de pau dado em relação à campanha eleitoral e atribuía ao governo a responsabilidade pela corrupção da Petrobras.

Ou seja, o povo queria tudo – menos Dilma e seu governo. A partir daí, a luta seria para tirar o PT do comando do país, seja por impeachment, por renúncia, ou por qualquer forma que fosse possível. Dilma não entendia que era preciso mudar muita coisa para reverter essa situação.

14 Michel Temer e a articulação política de Dilma

No dia seguinte às manifestações, eu tinha uma agenda enorme em São Paulo, já prevista. Começaria em uma reunião na Fiesp, logo cedo. Ao chegar, senti a tensão que São Paulo vivia. Pela Avenida Paulista, ainda se viam traços das manifestações do dia anterior. Ao chegar ao edifício-sede da entidade, o clima entre os que me recebiam era de apreensão – mais tarde, eles iriam se reunir com o então ministro da Fazenda, Joaquim Levy, para debater a questão do ajuste fiscal.

Em seguida, concedi uma entrevista coletiva. As manifestações eram o ponto central. Ataquei fortemente o governo, rebatendo que eles precisavam entender o que as ruas falavam e que não ouvi ninguém na rua pedir reforma política ou o fim de financiamento empresarial. Enfatizei que a corrupção não estava no Congresso, e sim no Executivo. Falei inclusive que se alguém do Legislativo se beneficiou de irregularidades na Petrobras, dando suporte político em troca de benefícios indevidos, era porque não tinha havido uma governança do Poder Executivo para evitar isso.

As maiores críticas que fiz foram quanto à reação do governo. Repeti que o PT não queria aliados, queria servos, que o PT não tem adversários, tem inimigos, e que um dos ministros havia sido contraditório ao atribuir as manifestações a quem não tinha votado em Dilma. Como propor diálogo desqualificando quem está protestando?

A proposta governista de estabelecer diálogo estava mais para lorota. Visava passar uma imagem de humildade, pelo susto da presença recorde de manifestantes. Sabíamos que eles não gostavam de diálogo – nem com seus aliados, que dirá com seus adversários. Eles gostavam mesmo é de monólogos.

Também apontei que a corrupção na Petrobras começou ainda no governo de Fernando Henrique Cardoso, quando se promoveu uma mudança, por decreto presidencial, isentando a petroleira do cumprimento da lei de licitações – a Lei nº 8.666, de 1993. Passou-se a adotar um regime de convites de empresas cadastradas previamente. Esse fato permitiu a formação dos cartéis, do controle político dos convites para participação nas licitações e, sem nenhuma dúvida, deu poder aos dirigentes da Petrobras de uma forma que não se encontra em nenhuma outra estatal. Foi isso que gerou o esquema de corrupção que era denunciado.

Fernando Henrique soltou nota se defendendo, dizendo que o decreto visava dar agilidade à Petrobras e que não concordava que teria sido a razão da corrupção. Segundo ele, isso se deu por conta dos agentes públicos colocados pelo PT – e o governo poderia ter revogado o seu decreto, mas não o fez.

Em minha opinião, é óbvio que se não existisse esse decreto, o esquema de corrupção que foi montado não teria acontecido. O mais gritante é que tal decreto continua em vigor. Até hoje o poder dos dirigentes é total, para repetir o mesmo esquema, apesar de tudo que foi denunciado.

Esclareci que não estava acusando Fernando Henrique Cardoso de nada, mas, sim, mostrando que a mudança feita por ele, por decreto, se mostrou errada, deveria ser reformulada e foi a causadora do esquema de corrupção. O deputado Félix Mendonça Júnior, do PDT, ingressou com um projeto para revogar o decreto que isentava a Petrobras de cumprir a lei das licitações. Manifestei-me favoravelmente, mas não consegui colocar para votar. O PSDB estava contrário à revogação, pela posição de Fernando Henrique. Depois das minhas palavras, eles não queriam que caíssem no colo deles as suspeitas de corrupção da Petrobras.

Almocei na *Folha de S. Paulo*. Em seguida, dei entrevista ao mal-educado jornalista Mario Sergio Conti na GloboNews. Nunca havia comparecido a uma entrevista tão agressiva na minha vida. Acho normal enfrentar questionamentos, mas não no nível e na forma utilizada por esse jornalista. Ele também não tratou com outros personagens da política da mesma forma que tratou comigo. Parecia ser assunto pessoal.

Defendi que não via o impeachment como solução. Acreditava que Dilma tinha de mostrar ao país o que viria após o ajuste fiscal, na linha preconizada por Renan anteriormente. Defendi o parlamentarismo e disse uma coisa óbvia: se o Brasil licitasse suas obras somente com o projeto executivo, e não com projeto básico, como faz na maioria das vezes, não haveria necessidade de aditivos, e isso evitaria a corrupção.

Para que o leitor entenda, o projeto executivo é o projeto detalhado de execução da obra. Com ele licitado, não se permite a discussão de aditivos. O projeto básico, como o nome já diz, é restrito nos detalhes, sendo depois obrigatória a confecção do projeto executivo, que pode demandar alteração do escopo e dos preços. Por consequência, gera quase sempre a necessidade de aditivos contratuais, com aumento do custo. Isso é a porta da corrupção nas obras públicas.

Participei, ao vivo, do programa *Roda Viva*, da TV Cultura. Antes de entrar no ar, assisti aos panelaços ocorridos na hora do *Jornal Nacional*, em reação às falas do governo sobre as manifestações do dia anterior. O assunto iria render. Os manifestantes tinham anunciado novos protestos para o dia 12 de abril.

O governo havia respondido às minhas críticas. José Eduardo Cardozo dizia que cada um tira como entender as conclusões das manifestações. Dilma falava que a corrupção era uma "senhora idosa". Dentro desse clima, enfrentei o *Roda Viva*. Quase a metade do programa foi com questionamentos sobre impeachment, comigo rechaçando que não havia motivos para isso. Respondi a Dilma que a corrupção não era uma "senhora idosa", mas, sim, um câncer que precisava ser extirpado.

Vários jornalistas participaram do *Roda Viva*, além de João Doria – o mais incisivo sobre o impeachment de Dilma. Depois, eu participei de vários eventos promovidos por ele pelo seu grupo Lide.

Para exemplificar como o PT se comportava, usei a frase que "o PT faz tudo que pensava que nós fazíamos anteriormente" – ou seja, o PT praticava os métodos que achava que eram os métodos que os outros praticavam antes. Saí do programa com uma charge do Paulo Caruso. Ele desenhou a mim tocando bateria e escreveu "a pauta está definida: panelaço".

Na saída da Cultura, recebi um telefonema do líder do governo, José Guimarães, me perguntando se eu aceitaria me encontrar com Lula. Concordei, e combinamos de agendar para a semana seguinte, em São Paulo.

Na terça, dia 17, cheguei a Brasília e participei da promulgação da emenda constitucional do orçamento impositivo em sessão do Congresso. Recebi uma delegação do Canadá, reuni os líderes e votamos naquele dia a regulamentação da chamada PEC das Domésticas, para enviarmos ao Senado. À noite participei de evento da Fundação Ulysses Guimarães, do PMDB.

Antonio Fernando de Souza entrou com recurso no STF pedindo o arquivamento do meu inquérito por faltarem condições mínimas que demonstrassem ter o que investigar. Isso teve bastante repercussão.

O ministro da Justiça, José Eduardo Cardozo, foi ao Congresso para apresentar a mim e a Renan os pontos do pacote anticorrupção que deveria ser enviado ainda naquela semana. Vi coisas simples que não teriam impacto e discuti alguns detalhes com ele – mas com cuidado, pois não era confiável.

Na quarta, Joaquim Levy foi à Câmara negociar itens do ajuste fiscal, em audiência comigo. Ele tentou ajustar alguns pontos para que eu intercedesse para aprovar. Havia a preocupação com a conclusão da votação do projeto do salário mínimo, já que uma emenda do PDT pedia a extensão a todos os aposentados, o que causaria um impacto fiscal gigantesco.

Eu estava protelando essa votação, mas teria de colocar em algum momento. O governo teria de conter sua base, já que a emenda, sendo do PDT e não da oposição, tornava mais difícil convencer os deputados de que um partido fazia gracinha para a opinião pública e os outros teriam de segurar.

A pedido da oposição, suspendi o ato da mesa diretora da Câmara que impedia os presos de deporem nas instalações da casa, de forma provisória – para permitir o depoimento do ex-diretor da Petrobras Renato Duque na CPI da Petrobras. O argumento era de que ele tinha sido convocado pela CPI antes de ser preso.

O Instituto Datafolha havia divulgado uma pesquisa feita após as manifestações. O resultado era preocupante para o governo, tendo Dilma 62% de índice ruim e péssimo. Apenas 13% consideravam seu governo bom ou ótimo. Declarei à imprensa que o Datafolha apenas tinha constatado o que as ruas já estavam falando nas manifestações. O governo deveria se movimentar para recuperar a popularidade perdida. Elogiei a iniciativa de Levy de comparecer ao Congresso para negociar o ajuste fiscal.

Fiz uma reunião do blocão informal, em almoço na casa do líder do PTB, Jovair Arantes. Aquela quarta seria importante. Era a data da remarcação da sessão para que Cid Gomes atendesse à convocação da Câmara, que ele havia driblado na semana anterior. A ira dos deputados com ele era enorme. Combinamos como iríamos encurralar Cid, já sabendo que ele era destemperado e bastava provocar que ele não iria aguentar. Os deputados iriam para cima dele, sendo que eu me reservaria ao papel de magistrado e o deixaria arder no fogo.

Cid Gomes chegou ao plenário da Câmara para atender à convocação. Foi um show de vassalagem, com ele levando vereadores, deputados estaduais e até o governador do Ceará. Sua família substituiu os coronéis do passado e mantém um feudo – fazem o mesmo que criticaram nos coronéis anteriores, inclusive com a política familiar.

Seus acompanhantes invadiram o plenário. Mandei a segurança retirar todos que não tinham credenciais. Foram para as galerias, de onde continuavam a tumultuar a sessão. Acabei expulsando-os da galeria também.

Na sua chegada ao plenário, não permiti que ele subisse para ficar na mesa diretora, como é o normal de todo ministro que comparece ao plenário da Câmara. Determinei que ficasse embaixo, até ser chamado para responder da tribuna aos questionamentos dos deputados, depois de dar um tempo inicial para que ele falasse sobre os motivos da convocação.

Cid teria duas opções: ou se retratava dos ataques e aí poderia sair ileso, levando algumas espetadas, mas sairia maior do que entrou, ou então fazer o que prevíamos que iria fazer, reafirmando e aumentando os ataques.

Com seu tom destemperado, ele atirou para todos os lados, reafirmou que os deputados eram achacadores, me ofendeu. Deputados de diversos partidos se alternaram para me defender e bater nele, chamando no mínimo de palhaço. Ou seja, a situação estava melhor que a encomenda e eu evitando ter de responder a ele, para não dar motivos para personalizar a briga, deixando a disputa contra a Casa.

Quando ele ainda estava falando na tribuna da Câmara, Temer me telefonou. Disse que eu não precisava me preocupar – ele seria demitido ao sair da Câmara. Afirmou que eu receberia um telefonema com essa comunicação, de Aloizio Mercadante. Isso ocorreu logo após Cid deixar o plenário, quase escorraçado pelos deputados aos gritos de palhaço, em uma cena deplorável.

O deputado Sergio Zveiter, do PSD de Kassab, fazia um duro discurso contra ele, sugerindo que ele colocasse uma melancia no pescoço, quando tentou interromper o deputado numa cena que não é permitida numa casa legislativa – pela regra, você tem o direito de resposta, mas jamais pode interromper quem está com o direito da palavra.

Com a tentativa de interrupção, tive de cortar o som do microfone dele, que não era deputado e estava na condição de depoente, respondendo a uma convocação para explicar agressões ao parlamento. Ele não estava ali de igual para igual. E mesmo que fosse deputado, não poderia interromper quem estava falando.

Com o corte do som do seu microfone, ele deixou o plenário debaixo de gritos, xingamentos e vaias, abandonando a sessão. Só por esse gesto ele já seria responsabilizado, pois estava na condição de convocado e não atendendo a um mero convite. Ele não poderia deixar a sessão dessa forma.

Dilma assistiu à sessão pela TV com Mercadante, e determinou que ele me telefonasse comunicando a demissão. Perguntei se estava autorizado a comunicar ao plenário. A resposta foi positiva, sendo que os deputados souberam da demissão antes mesmo de Cid ter sido demitido por Dilma. A ideia era evitar a rebelião contra o governo que estava se formando. Isso poderia contaminar as votações do dia. Esse fato foi importante e evitou um problema maior para o governo naquele momento.

O nível de agressão de Cid a todos os deputados da casa não dava ao governo outra opção que não a demissão, sob pena de perda da base. Ao menos o PMDB romperia com o governo se ele continuasse ministro. Esse é o mesmo Cid que depois, como senador, tentou invadir um quartel da polícia em cima de uma retroescavadeira e acabou baleado.

Com a vitória da estratégia montada, conseguimos, em menos de dois meses, acabar com a tentativa de criação do partido de Kassab para enfrentar o PMDB e demitir o maior inimigo que o PMDB tinha: o destemperado membro do clã dos Gomes, que, não suportando a pressão, acabou soltando a franga no plenário e foi mandado de volta para o Ceará.

Autor do requerimento de convocação de Cid Gomes, o então deputado Mendonça Filho, líder do DEM, chegou a afirmar que o governo não precisava de oposição, pois ele mesmo se encarregava disso. Ele estava correto.

Com o anúncio da demissão de Cid, o governo conseguiu evitar que a emenda ao projeto do salário mínimo fosse votada naquele dia.

Cid e seu irmão Ciro Gomes começaram, a partir de uma campanha na internet contra mim, pedindo minha renúncia e me atacando constantemente. Pela lógica dessa família, todos os seus adversários e inimigos são bandidos. E eles, que, colecionam denúncias e estão ilesos até hoje, seriam os santos da política. É a velha história do punguista da praça que bate a carteira e grita "pega ladrão" para desviar as atenções.

Dilma anunciou o pacote anticorrupção, cuja repercussão foi abafada pela crise criada por Cid Gomes. O pacote consistia em propor a criminalização do caixa 2 eleitoral, a regulamentação da lei anticorrupção, a punição de agentes públicos por enriquecimento ilícito, a extensão da lei da ficha limpa para todos os servidores dos três poderes, o confisco de bens apreendidos e a venda antecipada de bens apreendidos.

Essas propostas foram enviadas ao Congresso, sendo que duas delas em projetos de lei com urgência constitucional. Depois seriam retiradas, quando da votação do ajuste fiscal, pois trancariam a pauta, impedindo a apreciação ao menos do projeto das desonerações da folha de pagamento, resultante da medida provisória devolvida por Renan ao governo.

O Congresso aprovou, finalmente, o orçamento de 2015. O governo teria de contingenciar imediatamente um grande valor, pois o orçamento já estava vencido pela realidade da economia, com queda de arrecadação e da atividade econômica.

Na quinta, dia 19, iniciei o projeto Câmara Itinerante. A primeira parada foi em Curitiba, onde aproveitei e fui ao culto na Assembleia de Deus, em ação de graças pelo aniversário do deputado Takayama.

Na sexta, participei de um debate sobre reforma política na Assembleia Legislativa do Paraná, com a presença do governador Beto Richa. O PT colocou um grupo para me hostilizar nas dependências da Casa, o que seria uma rotina em quase todas as capitais para onde eu levaria o projeto.

Participei de uma reunião com o governador no seu gabinete e fui conhecer um projeto de escola para crianças autistas, um projeto maravilhoso realizado na capital paranaense na Escola Alternativa. Nós recebemos sugestões para projetos de lei sobre o tema. Essa seria a tônica daqui para a frente: conhecer a realidade dos problemas do país em todas as áreas, visando trazer as necessidades da sociedade para o debate parlamentar.

Durante essa viagem e em todas as que eu faria dali em diante, as perguntas sobre o impeachment de Dilma seriam as principais em todas as entrevistas e nos questionamentos dos eventos locais, mostrando que o assunto tinha entrado no imaginário das pessoas como uma solução da crise que o país estava vivendo.

Por outro lado, minha posição sempre foi muito firme. Eu dizia que impeachment só poderia ocorrer se Dilma praticasse algum ato no presente mandato que implicasse em crime de responsabilidade. Não aceitaria como base fatos do mandato anterior nem sobre as denúncias de corrupção da Petrobras – afinal, se Dilma tivesse alguma responsabilidade ali, que fosse denunciada pelo procurador-geral, que teria de submeter o caso à Câmara, conforme previa a Constituição.

A quase totalidade dos pedidos de abertura de processo de impeachment contra Dilma se dava pela corrupção na Petrobras, sem nenhuma prova de vinculação dela ao esquema – e por supostas pedaladas fiscais ocorridas em 2014. Esses eram alguns dos motivos que eu não aceitava. Por isso iam sendo rejeitados, um a um, os pedidos de impeachment que entravam para a minha apreciação.

A bancada do PMDB começava a defender a proposta de emenda constitucional de minha autoria, para reduzir o número de ministérios para no máximo 20, como uma resposta à necessidade de ajuste fiscal. Era uma resposta: o PMDB não queria mais ministérios e, sim, reduzir os que tinha.

Saiu a divulgação da pesquisa CNT/MDA, indicando que 60% dos brasileiros eram favoráveis ao impeachment. Respondi que impeachment não é recurso eleitoral e não pode ser tratado dessa forma.

Enfim, foi combinada minha reunião com Lula. Seria na segunda-feira, em São Paulo, em um hotel próximo ao Aeroporto de Congonhas. Lula pediu que eu alugasse a suíte que ele usava habitualmente para reuniões. Além de pedir a conversa, ainda me deixou a conta do hotel.

Cheguei a São Paulo bem cedo naquele dia 23 de março. Minha única agenda oficial seria almoçar com a direção do SBT. Hospedei-me no hotel indicado. O ex-presidente havia marcado a conversa para as 10 horas. Antes recebi Joesley Batista, no mesmo local – sabendo que eu iria tratar com Lula, pediu-me para conversar antes, pois queria que eu sondasse sobre o nome que era defendido para a vaga no STF. Joesley me disse que tinha interesse na nomeação de Edson Fachin.

Pedi para Joesley se retirar antes da chegada de Lula, para evitar constrangimento. O ex-presidente veio com um segurança, que o deixou na porta e saiu. Conversamos por duas horas sobre a conjuntura política. O tom era de aproximação. Eu não privava da relação dele.

Lula, como sempre muito ponderado e com a exata dimensão da crise que existia, lamentou a postura de Dilma com relação a mim e julgou desnecessária a disputa havida pela presidência da Câmara. Ele falou sobre a falta de articulação política e, ainda, que queria que o PMDB participasse mais do processo, inclusive com mais papel no governo.

Falei a ele que não se tratava de cargos. Da minha parte, não queria nenhum. Tratava-se da forma de fazer política. O movimento de esvaziar o PMDB com a criação do novo partido de Kassab, com a sua fusão ao PSD, em articulação com Cid Gomes, tinha sido o grande erro do governo. Lula concordava, dizendo que era contrário a isso.

Por ele, Mercadante sairia da articulação política, Levy não teria sido ministro da Fazenda, Chinaglia não teria sido candidato contra mim, Kassab não teria sido ministro das Cidades, tirando o cargo do PP, Pepe Vargas e Miguel Rossetto jamais seriam ministros. Ou seja, sentia que o governo não era o governo dele, mas tinha que lutar por ele, para que ele, Lula, não sofresse as consequências políticas dos erros do governo.

Conversamos bastante sobre economia. Eu falei que estava assustado com as placas de "aluga-se" ou "vende-se" que via em todo lugar, nas janelas ou portas de imóveis por todo o Rio de Janeiro. Lula confirmou que essa imagem estava por todo lado em São Paulo também.

Ele pediu ajuda para o ajuste fiscal. Eu disse que já o estava defendendo. Falamos sobre a Lava Jato e as denúncias de Janot. Explicitei minha desconfiança com relação a José Eduardo Cardozo, de quem Lula tinha verdadeiro pavor como pessoa, referindo-se a ele de forma agressiva.

Tocamos no ponto da nomeação para o STF. E fiz a sondagem que Joesley havia me pedido. Lula respondeu que ainda não tinha discutido o assunto com Dilma, mas que defenderia alguns nomes, citando como exemplo o do ministro do STJ, Benedito Gonçalves, até por ser negro e que, como a vaga era de Joaquim Barbosa, negro, ele entendia que manteria a representação que tinha sido conquistada, quando ele nomeou o primeiro ministro negro no STF.

Eu perguntei sobre Fachin, para atender Joesley. Lula me disse que já tinha, quando era presidente, tentado sugerir o nome dele, mas que recusou porque jamais nomearia um sindicalista para ministro do STF. Isso iria certamente dar um enorme prejuízo aos cofres públicos em decisões judiciais, já que ele acabaria ficando contra o governo por essa condição de sindicalista.

Lula disse que, se a sua posição fosse ouvida, Fachin jamais seria nomeado. Ele afirmou que quem defendia o nome dele eram os sindicatos, dos quais Fachin era ou tinha sido advogado. Outro apoiador era o amigo dele Luiz Marinho, ex-prefeito e ex-ministro de Lula e também sindicalista. Ele tinha sido o responsável pela indicação, à época, do nome de Ricardo Lewandowski e estaria atuando junto com Lewandowski pela indicação de Fachin.

Para o ex-presidente, a articulação política deveria ser logo trocada. Eu sugeri que colocasse Michel Temer em papel de destaque, pois desprezar a experiência dele era burrice. E ainda que, além de experiente, Temer poderia trazer o PMDB para o papel de frente, com o que Lula concordava.

Combinamos que teríamos sigilo sobre o encontro, além de canal aberto de diálogo. Falaríamos sempre que necessário, como de fato falamos em outras oportunidades. Quando Lula saiu do apartamento, eu esperei um pouco mais. Não deveríamos ser vistos juntos em local público. Só o segurança de Lula e o meu segurança poderiam saber.

A conversa com Lula me deixou a impressão de que Dilma e Mercadante costuravam um processo de esvaziamento da influência dele no governo. Lula sabia disso e reagia como podia. Ele tinha consciência de que o fracasso do governo de Dilma iria atrapalhar os seus planos de voltar à Presidência em 2018.

No SBT, almocei com a sua direção e gravei entrevistas. De lá, segui para Brasília. Eu iria me reunir com o relator da comissão da reforma política, o então deputado Marcelo Castro, com o presidente da comissão especial, Rodrigo

Maia, e parte do colegiado, com os líderes partidários, onde começariam as divergências com Marcelo Castro.

Ele queria dividir a reforma em três propostas. Eu não concordava. Declarei, na saída do encontro, que a comissão tem 40 sessões para votar. Se não tivesse sucesso, iria avocar e levar diretamente ao plenário, como fiz com a admissibilidade da proposta.

Marcelo Castro era um grande companheiro. Eu devo a ele o apoio para a liderança do PMDB e para a presidência da Câmara. Também como ele havia retirado a candidatura a líder, eu quis contemplá-lo na reforma política, mas foi um grande erro meu, porque conhecia o pensamento dele. Embora achasse que ele faria o que o partido decidisse, ele parecia mais alinhado às teses do PT do que às da maioria. Isso iria dificultar a criação de um consenso.

Além disso, tínhamos uma diferença de ponto de vista. Eu preferia votar todos os temas em plenário, mesmo os que fossem derrotados na comissão. Enquanto isso, Marcelo queria construir uma maioria na comissão e votar o resultado dessa construção, o que podia ter a vitória na comissão, mas não resolveria a situação política. Esse tema precisava realmente ser debatido à exaustão e votadas todas as possibilidades, inclusive as do PT, embora eu não concordasse com elas.

Essa diferença me levaria, mais adiante, a ter de avocar para o plenário a votação da reforma política. Eu tive de tirar a relatoria de Marcelo Castro, dá-la a Rodrigo Maia e, com isso, perder um amigo e ganhar um adversário. Esse fato, que eu não queria ter feito, também me deixava mal, pois me sentia como largando um aliado na estrada, o que não era do meu feitio. Só o fiz para conseguir levar adiante a votação da reforma política.

Eu acho que devo minhas desculpas a Marcelo Castro, embora não concordasse com as suas posições sobre a reforma. A maneira como eu fui obrigado a fazer foi deselegante e ele tem razão em ter ficado magoado.

Na noite desse dia, em função da discussão do governo de não aplicar a lei de renegociação das dívidas entre estados e municípios com a União, de mudança do indexador da dívida, Michel Temer marcou um jantar no Palácio do Jaburu com Joaquim Levy, com o prefeito do Rio de Janeiro, Eduardo Paes, na companhia do inseparável deputado Pedro Paulo, e o líder Leonardo Picciani. Ele me chamou para discutir essa situação.

O Rio de Janeiro tinha ingressado na Justiça para suspender o pagamento da dívida para com a União, por entender que nada mais devia pela aplicação da nova lei. Eduardo Paes estava furioso com a atitude de Joaquim Levy, de quem tinha sido companheiro de secretariado no governo de Sérgio Cabral, no estado do Rio.

Eu tinha sido o relator na Câmara desse projeto, que mudava o indexador da dívida, recalculava a dívida e retroagia os seus efeitos para limitar a correção da dívida ao máximo da taxa Selic, até a data de sua alteração e alterar o índice para o futuro. Essa alteração acabava com a dívida do município do Rio de Janeiro, que já estaria dessa forma totalmente paga.

Após a aprovação da Câmara e do Senado e da sanção de Dilma, inventaram que precisava de uma regulamentação sobre essa mudança do indexador para ser aplicada, o que Joaquim Levy não fazia por causa do ajuste fiscal. Mas a lei previa apenas que fosse assinado o aditivo contratual de mudança do indexador, que Joaquim Levy dizia que não assinaria.

O governo não assinava os aditivos, porque alegava que era facultativo fazê-lo e não uma obrigação. O que eu não concordava. Quando se divulgou que o Rio de Janeiro havia ingressado na Justiça, declarei que todos deveriam buscar no Judiciário o seu direito.

Compareci ao jantar e assisti a uma cena impressionante: Levy, na maior cara de pau, não reconhecia a lei, não aceitava acordo. Eduardo Paes perdeu a paciência e aplicou um verdadeiro sabão em Levy, deixando todos desconcertados, inclusive Temer. Isso levou ao fim do jantar e provocou uma saída abrupta de Paes, por volta de 1 hora da manhã, para retornar ao Rio em avião privado. Temer e Levy ficaram em situação constrangedora.

Levy queria que Paes depositasse em juízo a integralidade da parcela da dívida, já que os depósitos judiciais servem para efeito do cálculo do superávit primário. Paes não concordava. Após a saída dele, comuniquei a Levy que iria imediatamente votar um projeto para determinar a obrigatoriedade de cumprimento da lei, sem precisar de regulamentação – uma coisa absurda que só o governo do PT era capaz de promover, pois acordava e, para não cumprir, inventava desculpas.

Naquela noite, cheguei à residência oficial já de madrugada. Às 2 da manhã, escrevi no computador o projeto de lei complementar que alterava a lei que Levy dizia precisar ser regulamentada, tornando obrigatória sua aplicação, independentemente de regulamentação, em um prazo de até 30 dias. Parecia até piada, mas eu estava fazendo uma lei para dizer que a lei anterior valia.

O novo texto permitiria, caso não houvesse a assinatura dos aditivos, que os estados e municípios pudessem efetuar o pagamento independentemente da regulamentação. E tornava-se autoaplicável, fechando todas as janelas que o governo poderia usar para não aplicá-la.

No dia seguinte, 24 de março, pedi que os líderes do PMDB, Leonardo Picciani, e do PSDB, Carlos Sampaio, assinassem a autoria do projeto. Solicitei ainda que fizessem um requerimento de urgência. À noite, atropelei e aprovei a urgência e o próprio projeto na Câmara, debaixo da tentativa do governo de evitar que isso ocorresse. Em menos de 24 horas, dei uma resposta a Levy acerca de sua tentativa de dar um golpe nos estados e municípios. Deixei-o atônito, em busca de uma solução.

Até o PT teve de votar a favor do projeto, já que Fernando Haddad, prefeito de São Paulo, era o maior beneficiário da medida. Ele também estava entrando na Justiça contra a União.

Enviei imediatamente o projeto ao Senado. Lá acabou sendo feito um acordo entre todos, incluindo Eduardo Paes, de que a obrigatoriedade seria a partir do ano seguinte de 2016. Paes manteria os pagamentos em forma de depósito judicial até lá e, depois, poderia levantar os depósitos, após a assinatura do aditivo contratual.

Durante a discussão, causou muita irritação em todos o fato de Levy usar o argumento de que a sanção do projeto era anterior à sua nomeação ao Ministério da Fazenda – e que o projeto era uma piada. Só que o projeto não tinha sido uma iniciativa do Congresso, mas do Poder Executivo. E tinha sido sancionado por Dilma, depois das eleições de 2014. Assim, não havia desculpas para tentar evitar o seu cumprimento, além do desrespeito ao Congresso que o aprovou. Ficou célebre a minha resposta a Joaquim Levy no jantar do Jaburu, quando ele disse que não estava no governo quando da sanção da lei. Perguntei se ele achava que tinha se casado com uma virgem.

O Senado acabou votando o projeto de forma alterada. Ele retornou à Câmara, onde também foi aprovado e sancionado por Dilma, depois de muita discussão. Tentaram colocar isso como pautas-bomba, quando na realidade o projeto apenas não permitia que a União cobrasse de estados e municípios uma taxa de juros maior do que a paga para financiar sua própria dívida.

Na mesma data, me reuni com Renan Calheiros para fazermos uma pauta expressa comum, escalando dois deputados e dois senadores para manterem permanentemente a discussão, já colocando a alteração do projeto das dívidas de estados e municípios na discussão.

Dilma anunciou o envio de uma medida provisória para prorrogar a política do salário mínimo. Com isso, me deixou o argumento para não votar mais o projeto de lei, já que sua medida entraria em vigor de forma imediata. A presidente retardou a sanção do projeto que dificultava a criação de partidos e Kassab conseguiu protocolar o pedido de registro antes, driblando um ponto importante de que as assinaturas de apoio teriam de ser de quem não era filiado a nenhum partido.

Além disso, poderia abrir uma brecha para discutir se o partido criado antes da vigência da lei estaria sujeito às regras da lei, para impedir a sua fusão durante os cinco primeiros anos da sua criação. Esse fato causa irritação nos partidos, principalmente no PMDB. Atribui-se a manobra a Mercadante, mostrando que ele continuava no propósito de enfrentar o PMDB.

Michel Temer chegou a telefonar para Mercadante, de forma irada. O petista negou, cinicamente, a sua interferência. Kassab, em seguida, ligou para Temer falando que a decisão havia sido do Planalto. Temer, fora do seu feitio e em função disso, combinou: daria o troco no governo de alguma forma, pois nada do que se tratava era cumprido.

Na sanção do projeto dos partidos, Dilma também fez um veto que atrapalhava as antigas legendas com mais de cinco anos de existência. Com isso, passaria a impedir a filiação de deputados a esses partidos, sem risco de perda de mandato, em caso de alguma fusão entre eles – visando interromper algumas possíveis fusões em discussão.

Renan encampou a tese da minha antiga proposta de emenda constitucional de redução de ministérios para o máximo de 20 pastas. Disse que o governo, assim como tinha o Programa Mais Médicos, deveria ter o Menos Ministérios.

Henrique Alves foi noticiado como o futuro ministro do Turismo, em movimento que visava supostamente me atender. Na realidade, Henrique era para ter sido ministro já em janeiro – a delação divulgada de Paulo Roberto Costa com citações a ele acabou atrapalhando a nomeação. Nesse momento, um novo ingrediente: sua nomeação tinha também o objetivo de criar confusão com Renan, que detinha o indicado do ministério.

Na realidade, o governo cometeu um grande erro quando não aproveitou a demissão de Cid Gomes para atender Lula trocando a articulação política – com a saída de Mercadante da Casa Civil e colocado Henrique Alves para pacificar a base, substituindo Pepe Vargas, que nada fazia. Mas optou por manter toda a estrutura e apenas indicar um substituto para Cid na Educação.

O secretário de Comunicação do governo, Thomas Traumann, pediu demissão. Dilma anunciou Edinho Silva, o tesoureiro da sua campanha, como substituto. A nomeação foi criticada, apesar de se tratar de um político que poderia ajudar na articulação.

Fui para São Paulo na quinta-feira, dia 26. Era a vez de levar para lá a Câmara Itinerante. Comecei participando, na Fiesp, de um evento da bancada feminina do Congresso pedindo maior representação das mulheres na política. Em seguida visitei a Rede Record, a exemplo do que já havia feito com todas as outras emissoras. No dia seguinte, tomei café da manhã com o então prefeito Fernando Haddad, que queria discutir o novo projeto sobre precatórios para ajudar a prefeitura, além da confusão da implementação da lei de renegociação das dívidas de estados e municípios.

O STF havia dado uma decisão sobre os precatórios, em função do julgamento de uma ação de declaração de inconstitucionalidade, considerando parcialmente inconstitucional uma emenda – da qual eu tinha sido o relator na Câmara em 2009 – que visava ajudar o município e o estado de São Paulo, detentores das maiores dívidas de precatórios do país. Haddad queria que eu fizesse outra emenda constitucional para solucionar o problema – eu me dispus a fazer.

Participei de vários eventos públicos em São Paulo, inclusive na Assembleia Legislativa, onde debatemos a reforma política com deputados estaduais e convidados. Também visitei a Rede de Reabilitação Lucy Montoro com o governador Geraldo Alckmin e o senador José Serra, além da União Internacional Protetora dos Animais (Unipa), o Instituto Chefs Especiais e a Associação Cruz Verde.

Ao lado de Alckmin, anunciei que a Câmara daria admissibilidade à proposta de emenda constitucional que reduziria a maioridade penal de 18 para 16 anos, que daria muitos conflitos com o governo e era uma versão mais dura da proposta inicial que Alckmin tinha levado. Também falei sobre a nova alteração constitucional para tratar dos precatórios, negociada por Haddad.

Na Assembleia Legislativa, grupos do PT e do PSOL organizaram manifestações contra mim, pedindo constituinte para a reforma política. Isso só servia para aumentar a tensão e me fazer virar o contraponto do PT.

Juntamente com o novo secretário da Comunicação, Edinho Silva, Dilma anunciou Renato Janine Ribeiro como o novo ministro da Educação. Acabava de vez a esperança de que ela mudasse o quadro dentro do palácio – ou seja, que Mercadante retornasse à Educação e deixasse a Casa Civil, onde ele parecia picado pela mosca azul. Ele achava que poderia ser o candidato à sucessão de Dilma, como se Lula não existisse.

A CPI da Petrobras contratou a empresa internacional Kroll para investigar, no exterior, ativos dos envolvidos. A mim, coube apenas liberar o orçamento para a CPI. Só que o procurador-geral Rodrigo Janot colocou na cabeça, não sei até hoje por qual razão, que a empresa estava contratada para investigá-lo.

Janot, depois, abriria procedimento para investigar a contratação da Kroll. Logo que deixei a Câmara, ele inclusive abriu um inquérito contra mim sobre isso, tentando vincular essa contratação como obstrução à Lava Jato. A contratação dessa empresa foi decidida pela CPI e votada pela comissão, não tendo eu nenhuma participação nisso. Em seguida, a Kroll queria mais dinheiro para continuar o trabalho. Como não cedi, os serviços dela cessaram sem resultado prático.

Causou muita estranheza o fato de a Petrobras nos Estados Unidos ter tentado também contratar a Kroll, o que colocaria a empresa conflitada para trabalhar na CPI. Até hoje não são conhecidas as razões de o trabalho dessa empresa ter sido o que foi, podendo se atribuir a situações estranhas que mereceriam ser investigadas.

Na segunda-feira, dia 30 de março, fui com o deputado Rodrigo Maia para Porto Alegre. Na Assembleia Legislativa do Rio Grande do Sul, debatemos a reforma política. Temer e o governador Ivo Sartori estiveram presentes e houve novamente manifestações do PT e do PSOL contra mim e contra o debate da reforma política.

Vendo as manifestações, o vice-presidente se convenceu das dificuldades de se lidar com o PT. Coincidência ou não, à tarde o palestrante seria o ministro Miguel Rossetto, que defenderia as teses do PT.

Eu não iria recuar do debate nem deixaria de ir aos estados, com ou sem manifestações. Essa militância constante do PT me dava a cada dia mais musculatura para enfrentá-los, em um erro de avaliação da cúpula do partido, que não percebia que eu estava me consolidando como anti-PT – sem que eu precisasse fazer nada para isso.

De Porto Alegre segui para Brasília. A semana seria curta, pois era Semana Santa. Na terça-feira, dia 31, foi aprovada a admissibilidade da emenda constitucional da redução da maioridade penal, de 18 para 16 anos, pela CCJ. Anunciei a criação da comissão especial.

Vínhamos em um ritmo louco de votações e tínhamos aprovado a pauta que Alckmin havia proposto. Já tínhamos feito votações de temas de segurança pública, com a aprovação da tipificação penal do feminicídio e do aumento de pena para quem atentasse contra a vida de policiais – a esquerda era contrária à pauta, mas ela acabou aprovada.

É importante registrar a aprovação da tipificação do feminicídio. Em um momento em que assistíamos a um crescente aumento desse tipo de crime, essa alteração servia não só como agravante de pena, mas para debate na sociedade da importância do combate. A partir disso, estávamos reconhecendo o quanto as mulheres são agredidas e demonstrávamos que podemos ter atitudes de mudança nesse quadro, seja pelo combate mais efetivo, seja pela conscientização que a repulsa acaba consolidando.

Na noite de terça, depois de liberar a Câmara para a Semana Santa, recebi na residência oficial o então ministro Cardozo. Ele havia pedido uma conversa. Trouxe uma proposta inusitada e até indecente, segundo ele, em nome de Dilma: me pediu que não votasse o segundo turno da PEC da Bengala naquele momento, mas somente após a aposentadoria dos ministros Celso de Mello e Marco Aurélio Mello.

Dilma teria o direito de substituir 5 ministros no seu segundo mandato. Cardozo, no entanto, dizia que Dilma não se importava com a prorrogação dos mandatos de Ricardo Lewandowski, que ela considerava aliado, e de Teori Zavascki e Rosa Weber, que tinham sido nomeados por ela no primeiro mandato. Ele propôs, então, que o governo indicasse o substituto de Celso de Mello e eu poderia indicar o substituto de Marco Aurélio Mello. Ele tinha especial aversão pelo ministro Celso de Mello. Ele achava que eu era idiota e iria fazer o jogo dele? Poderia acreditar e esperar um ano e meio para segurar uma PEC dessas, contando que eu iria indicar um ministro, como se o governo cumprisse algum acordo?

Além disso, nem se ele me oferecesse a vaga de Joaquim Barbosa, que ainda não havia sido anunciada, eu concordaria com uma indecência dessas. Eu estava respondendo a um inquérito no STF e iria ficar parecendo que estaria chantageando o STF para resolver minhas demandas.

Respondi que isso não seria possível atender, porque não iria ter como segurar a votação nem ter como explicar, caso segurasse. Gentilmente disse não, apesar da insistência em me convencer. No meio da conversa, chegou à residência oficial, sem ter marcado, Joaquim Levy. Queria falar do acordo que tinha feito, no Senado, sobre as alterações no projeto da redução das dívidas de estados e municípios, que teria tido a concordância de Eduardo Paes e

Fernando Haddad. Ele teria vindo buscar minha concordância, que, diante do amplo acordo por ele costurado, foi aceito por mim.

Levy também queria apoio para resolver logo algum ponto do ajuste fiscal, pois a situação de caixa era grave e temia não ter como evitar um novo e duro contingenciamento. Ele também queria negociar algum ajuste no projeto de regulamentação da terceirização da mão de obra.

Respondi a ele que estava ajudando, mas que isso dependia da articulação política e do PT, que era mais contrário às medidas dele do que a oposição. Quanto ao projeto de terceirização, me comprometi a fazer uma reunião dele com o relator, o deputado Arthur Maia, e líderes na terça, dia 7, na residência oficial, antes da votação, para ajustar as diferenças e chegar a um acordo.

Aproveitei para alertá-lo de que era preciso prorrogar a desvinculação das receitas da União, que valeria até 31 de dezembro de 2015, cuja prorrogação dependeria de aprovação de uma emenda constitucional – sendo que o governo ainda não tinha enviado a proposta e que não daria tempo de aprovar, caso ele demorasse.

A falta de articulação política do governo levava Joaquim Levy a tentar fazer o papel de articulador das matérias do ajuste fiscal, sendo ele um absoluto neófito em política. Ele acabava gerando conflitos, se expondo e se desgastando, piorando ainda mais a situação da economia. Alguma coisa dava certo, como o acordo que havia conseguido no Senado sobre a lei de renegociação das dívidas, mas isso não era a regra, e sim a exceção. O problema era que ele se achava capaz para essa tarefa, era determinado, mas não tinha os instrumentos de governo para isso.

Isso nem era por culpa dele, já que o seu objetivo era nobre. Mas, evidentemente, era despreparado para essa função, e o governo nada fazia e via Levy cambalear de um lado para o outro, talvez para desgastá-lo mesmo, visando a sua troca, o que acabaria ocorrendo mais tarde.

Cardozo assistia a todo o diálogo com Levy e não faltava uma ponta de sorriso irônico no seu rosto, como que vendo o desastre que era Levy articular. Cardozo nada comentava durante as intervenções de Levy.

Levy saiu e Cardozo continuou a debater a PEC da Bengala. Quando viu que não teria sucesso, alertou em tom meio de ameaça que o governo iria trabalhar para derrotar em segundo turno, pois eu sabia que a diferença tinha sido apertada no primeiro e, por isso, ele propunha o acordo, para que o governo apoiasse a votação nesse acordo, a ser realizada após a saída de Marco Aurélio.

Respondi que se o governo ganhasse, derrotando a PEC da Bengala em segundo turno na Câmara, ele teria todas as vagas para preencher e não precisava me dar nenhuma delas. Isso encerrou a conversa.

Aquele feriado seria marcado por uma tragédia: o acidente de helicóptero que matou Thomaz Alckmin, um dos filhos do então governador, Geraldo Alckmin. A notícia consternou o meio político. Geraldo sempre foi uma pessoa afável, de fácil trato. E perder um filho jovem nessas circunstâncias naturalmente deixa a todos que também são pais com um sentimento solidário.

Voltei a Brasília no dia 6. Estava programada para a semana a votação do projeto de regulamentação da terceirização da mão de obra. Dilma surpreendeu e demitiu Pepe Vargas – pela imprensa –, convidando o peemedebista Eliseu Padilha para seu lugar.

Almocei com Temer e Eliseu Padilha no Palácio do Jaburu. Manifestei minha preocupação com a nomeação dessa forma, pois iria parecer que o PMDB estava aumentando sua participação no governo. Nós teríamos novas manifestações marcadas para domingo, dia 12, e sabíamos que de nada adiantava Padilha ser o articulador político sem que o governo estivesse nessa pauta de boa vontade.

Não concordei em dar apoio expresso à nomeação, pois isso tiraria minha independência. Acertamos que declararia que isso seria uma opção de Dilma e não uma indicação do PMDB. Assumir o nome de Padilha como sendo uma indicação do partido significaria que teríamos de fazer a vontade do governo em todas as votações – e eu não conseguiria entregar isso naquele momento, até porque as demais legendas iriam reagir e talvez se revoltassem e impusessem derrotas a mim e ao governo, tirando todo o capital político que eu havia acumulado.

Era certo que o governo teria de trocar a articulação política como Lula concordava, mas, com a presença de Mercadante no comando, isso não seria factível. Padilha ou qualquer outro logo se transformaria em um ministro sem ter como cumprir os acordos e sabotado por Mercadante.

Na terça, dia 7, começo com reunião na residência oficial. Recebi Levy, o relator do projeto da terceirização, deputado Arthur Maia, e alguns líderes para acertarmos, do ponto de vista fiscal, o projeto – visando não ter nenhuma perda de arrecadação da União. O relator, então, procurou fazer alterações no texto para tentar atender ao governo.

As centrais sindicais ligadas ao PT fizeram manifestações contra o projeto e parlamentares do PT incitaram manifestantes a agredir deputados e a quebrar instalações da Câmara. A segurança agiu com rigor, mas o clima foi de confusão.

O deputado Lincoln Portela havia sido agredido na porta da Câmara, na presença de deputados do PT. Isso estava revoltando os outros parlamentares, que exigiam uma atitude minha.

Recebi o PT com a CUT para debatermos o projeto, mas eles não queriam votar. Eu não admitia, afinal o projeto havia sido anunciado com 45 dias de antecedência e era uma demanda do STF para evitar a decisão por meio judicial. A polêmica estava na autorização da terceirização da atividade-fim e a disputa pela sindicalização dos terceirizados, uma briga ideológica e econômica – que eu entendia que precisava ser resolvida no voto e não na briga. Eu iria enfrentar, de qualquer forma, não aceitando a manipulação que o PT tentava fazer.

Do ponto de vista do governo, era efeito zero, pois a medida não aumentaria nem diminuiria a arrecadação. Mas o governo se associava às pautas ideológicas do PT, como se fossem pautas deles. Tanto o setor empresarial queria a medida como os sindicatos ligados à Força Sindical também concordavam com a terceirização.

Debaixo de toda a confusão liderada pela CUT e pelo PT, levei o requerimento de urgência ao plenário e aprovei com 316 votos a 166, com quórum de emenda constitucional. Nós iríamos votar o mérito na quarta, passando o rolo compressor no PT, já que havia uma maioria confortável na casa e era um bom projeto para a economia do país.

Muito se atribuiu a resistência e as brigas do PT por esse projeto como uma tábua de salvação que eu teria dado para que eles voltassem às origens e pudessem entrar em embates em defesa dos trabalhadores. Só que isso inviabilizaria o apoio deles ao ajuste fiscal do governo.

Por outro lado, havia quem achasse que o PT estava me dando uma oportunidade para me afirmar como seu real opositor – e que isso traria benefícios eleitorais para mim. Na prática, todos estavam certos. O PT queria o embate, não se preocupava com o ajuste fiscal e realmente estava me dando a condição de me transformar no seu principal adversário.

Nessa terça-feira, Eliseu Padilha, sem um forte apoio partidário para assumir o pepino da articulação política, foi ao encontro de Dilma e recusou o convite feito, apesar da insistência dela. Com a recusa, Dilma percebeu que havia ficado sem saída. Pediu a Michel Temer que assumisse a articulação, para reverter a sensação de derrota. Temer não teve escolha: acabou aceitando.

Dilma tinha antes recusado o nome de Henrique Alves, pois na articulação política os contatos teriam de ser frequentes e parecia que a presidente não nutria por Henrique a simpatia necessária para essa rotina. Se ela tivesse aceitado Henrique Alves, que teria todas as condições de diálogo com a base, seria evitado o choque com Renan, quando da troca do Ministério do Turismo. Mais uma vez, as emoções pessoais de Dilma impactavam seu governo.

Temer, para aceitar a articulação, exigiu a extinção do ministério e a transferência da sua estrutura para a vice-presidência da República, já que não aceitava ser nomeado ministro. Dessa forma, Michel Temer vira articulador político do governo.

Esse arranjo poderia ter dado certo, se não fossem as sabotagens que sofreria de Mercadante e do PT, que não cumpriam os acordos feitos pelo vice nas votações importantes e com os partidos da base. Isso, aos poucos, foi corroendo sua autoridade no cargo, fazendo-o abandonar a articulação.

O instinto suicida e egoísta do PT permaneceria. E, como Lula bem sabia, não adiantaria nada mudar a articulação sem mudar o estilo do governo. Realmente, com Mercadante na Casa Civil comandando tudo, não haveria nenhuma mudança.

Isso sem contar que não se pode demitir um vice-presidente da República, pois ele conta com mandato igual ao da presidente. A regra em política é: nunca nomeie quem você não pode demitir.

A passagem de Temer na articulação política e a sabotagem que sofreu foram determinantes para a abertura do processo de impeachment. Quando saiu da articulação, Temer acabou se tornando o líder do processo de impeachment – mesmo que não quisesse ou dissesse.

Na realidade, ele quis – e muito – essa liderança e esse processo de impeachment.

Nos capítulos seguintes, a atuação de Michel Temer no processo de impeachment ficará clara, não por expressa opinião minha, mas pela sua real atuação, que será minuciosamente descrita.

15 Desgastes e derrotas de Dilma na Câmara, atritos com a base e aprovação da PEC da Bengala

Com Temer já no papel de articulador, fiz um acordo de procedimentos para votar na quarta, dia 8, o texto-base do projeto da terceirização. Os destaques ficariam para a semana seguinte.

No dia 7, reuni-me com a cúpula do PMDB no Palácio do Jaburu. Quando chegamos, Temer não estava; havia ido ter com Dilma no Alvorada e levado junto o senador Jader Barbalho. Percebi o incômodo de Renan, por estar perdendo o Ministério do Turismo para Henrique Alves e, ao mesmo tempo, ver a articulação cair no colo de Temer, com quem sempre vivia entre altos e baixos e conflitos constantes. Esse sentimento parece ter piorado pelo fato de o vice-presidente ter ido falar com Dilma na companhia de outro senador – parecia um escanteamento de Renan.

Temer retornou eufórico, mas seu tom não condizia com os semblantes dos demais presentes. Renan sabia que iria enfrentar o vice-presidente, mais cedo ou mais tarde. Eu tinha de apoiar Temer, mesmo reconhecendo que a solução não era satisfatória. O fato é que, com a provável presença de Henrique Alves no ministério, precisava agir com mais cautela, pois sabia que iria conviver com desavenças entre as demais legendas que me apoiavam, em decorrência do excesso de poder que o PMDB aparentava estar tendo. De quebra, a nomeação de Henrique seria atribuída a mim.

Mas meu compromisso com Temer e com o governo ficaria restrito às matérias de economia e do ajuste fiscal. Eu garantiria, como sempre, a possibilidade de que todas as matérias do governo fossem votadas. E caberia a Temer, agora como articulador, colocar a maioria dos votos no plenário, para dar a vitória ao governo.

Como eu já havia falado antes, nunca obstruí uma pauta governista, e todas as medidas provisórias e projetos de lei do governo foram votados. Só que eu não era responsável, nem seria de forma alguma, por conquistar as vitórias do governo. E Temer só conseguiria se fizesse o governo cumprir os acordos prometidos de cargos e verbas aos partidos da base.

Temer anunciou que iria conversar com Lula e com Fernando Henrique Cardoso sobre a reforma política, tentando conseguir apoio para a votação da proposta do PMDB de alteração do sistema proporcional de eleições de deputados para o chamado "distritão", que seria o voto majoritário dos deputados. Assim, os mais votados em cada estado seriam eleitos, independentemente da votação dos partidos.

Na quarta, dia 8 de abril, debaixo de muita confusão, com o líder do governo encaminhando contrário a votação da terceirização, o projeto foi aprovado por 334 votos a 137, mesmo número obtido por Dilma na votação do pedido de abertura do seu processo de impeachment.

O PT conseguiu jogar no colo do governo a derrota que era dele, já que a maioria dos partidos que estavam na base do governo encaminharam favoráveis ao projeto. Levy ainda me telefonou comemorando a votação, com os ajustes pedidos por ele. Ou seja, era um governo desgovernado na política.

Para que eu pudesse votar o projeto da terceirização, tive de interpretar que a medida provisória que saía da comissão mista só trancava a pauta depois que fosse lida em plenário, o que eu fiz após a votação do projeto. A Rede entrou no STF contra essa medida, mas sem sucesso.

Diferentemente do feito nos dias de Rodrigo Maia, a leitura da MP era feita até o dia seguinte ao seu encaminhamento pela comissão mista e não no momento em que eu quisesse, como ele fazia, sendo que ninguém ingressou no STF para contestar a ilegalidade praticada, de ler a medida provisória na hora que quer e na ordem que quer.

Isso sem contar que, não havendo comissão mista do Congresso, como ocorreu nos tempos da pandemia, não caberia nenhuma leitura, e a medida, quando ingressasse na Casa, teria o seu trancamento de pauta 45 dias após a edição, conforme a Constituição e na ordem cronológica da sua chegada.

Michel Temer conseguiu retirar assinaturas de senadores em um pedido de CPI no Senado Federal sobre o BNDES. Com isso, desmontou a CPI em uma vitória inicial. Instalei a comissão especial para discutir a redução da maioridade penal de 18 para 16 anos, e Dilma foi às redes sociais se declarar contra o projeto. Essa foi uma das pautas que mais geraram conflito entre mim e Dilma.

Com Temer de articulador e Henrique Alves no ministério, Renan mudaria o comportamento em relação a todos e começou a se distanciar de novo de mim. A partir daí, passamos a ter conflitos em abundância, até porque ele me via fortalecido com relação a ele e iria buscar um estresse maior com o governo, para se cacifar e retomar o poder aparentemente diminuído.

Na mesma quarta, Temer iniciou o trabalho como articulador e obteve um compromisso por escrito dos líderes da base de apoio ao ajuste fiscal. Partiu para tentar entregar os cargos dos partidos que haviam sido prometidos e não entregues.

Aécio Neves, meio que deslocado da oposição, que a essa altura estava terceirizada com parte da própria base aliada, deu declarações dizendo que Dilma havia adotado a renúncia branca, passando o governo a Michel Temer, com a economia tendo sido terceirizada a Joaquim Levy, marcando posição no tema.

Temer articulou para Dilma chamar Renan, que compareceu. O encontro era ainda para viabilizar a nomeação de Henrique Alves no Ministério do Turismo, que retiraria o ministro de Renan, em uma novela que parecia não ter fim e, mesmo anunciada várias vezes, ainda não tinha sido concretizada até aquele momento.

Estava em pauta a discussão sobre a indicação de Dilma para a vaga do STF de Joaquim Barbosa – Renan desejava influenciar. Ele teria importante papel na aprovação do nome no Senado e defendia nomes diferentes do que Dilma estava propensa a fazer.

Renan me visitou à noite, junto com o senador Romero Jucá, para debater esse assunto, entre outros. Ele falou que iria encontrar o presidente do STF, Ricardo Lewandowski, que tinha fechado questão na defesa de Edson Fachin. Dilma estaria propensa a atendê-lo, já que havia pressão de outros apoiadores ao nome dele.

Renan estava só aguardando o telefonema dele para ir encontrá-lo, o que ocorreu em seguida – o senador havia deixado a residência oficial da Câmara para se dirigir à base aérea, onde o presidente do STF iria desembarcar.

Na quinta-feira, dia 9, votei a MP que tinha passado a trancar a pauta, para poder em seguida votar os destaques da terceirização, na semana seguinte. A pedido de Levy, recebi uma missão de alto nível do Grupo de Ação Financeira Internacional (Gafi), que atua contra a lavagem de dinheiro e o financiamento ao terrorismo. A missão tinha vindo cobrar a votação da lei antiterrorismo, da qual eu era totalmente favorável, mas o governo se posicionava contra. Solicitei a eles que conseguissem o apoio do Executivo e não se preocupassem com o parlamento.

Na sessão da CPI programada para ouvir depoimentos, um funcionário da Câmara soltou ratos no plenário, causando confusão. Determinei a demissão do funcionário, que ocupava um cargo comissionado em gabinete da mesa diretora.

Como resultado da conversa de Renan com o presidente do STF, houve um encontro dele com Fachin, que buscava o seu apoio e teve bastante melindres – porque Renan sabia que caberia a esse futuro ministro a relatoria do inquérito anterior dele, que tratava da suposta utilização de empreiteiras para pagamento de pensão alimentícia de uma filha sua fora do casamento.

Assim, vetar um nome que pudesse vir a ser o escolhido poderia lhe causar problemas. Mas também não queria ficar contra o presidente do STF, que a essa altura era o principal avalista da indicação, independentemente de movimentos de outros interessados, como Joesley Batista e sindicatos.

Joesley depois pressionaria Renan e outros senadores para ajudar na aprovação do nome de Fachin, que acabou sendo o escolhido, embora Renan nunca tenha ficado satisfeito com o nome.

Parti para João Pessoa, na Paraíba, onde faria a Câmara itinerante. Em seguida iria a Natal, no Rio Grande do Norte. Em ambas as capitais debateríamos a reforma política nas Assembleias Legislativas.

No dia 10, em João Pessoa, sofri uma forte contestação orquestrada pelo PT e pelo governador Ricardo Coutinho, do PSB. Puseram manifestantes dentro da Assembleia e impediram a Polícia Militar de dar segurança ao evento, deixando vulnerável toda a delegação da Câmara. Ataquei fortemente o PT e o governador, sendo que a vice-governadora, que estava presente, ficou sem ter condições de segurança e foi desrespeitada pelo seu próprio governo.

Telefonei para Michel Temer de lá mesmo. Disse que daquele jeito não poderiam mais contar comigo, pois não adiantava me pedir trégua e ajuda e, em seguida, mandarem me atacar. Falei ainda que se o PT era adversário e o governo era do PT, estando por trás disso, eu trataria o governo como mais adversário ainda. Temer ficou muito preocupado com a repercussão, até porque ele estava no exercício da Presidência da República – Dilma tinha viajado –, e isso passaria a ser uma crise se não fosse contornada.

Em Natal, por outro lado, participei de um evento bem organizado, sem nenhuma manifestação. Isso permitiu o debate da reforma política e do pacto federativo com bastante participação de deputados, vereadores e prefeitos do Rio Grande do Norte, além de Henrique Alves e do senador Garibaldi Alves.

Naquela sexta, o segundo mandato de Dilma completava cem dias. A mídia trazia a análise dos dias de terror. O governo estava envelhecido, na corda bamba e com dificuldades na política, na economia e até para sair às ruas.

No mesmo dia houve mais uma etapa da Operação Lava Jato. Os ex-deputados André Vargas, do PT, Luz Argôlo, do Solidariedade, e Pedro Corrêa, do PP, foram presos pelo chefe da operação, o então juiz Sergio Moro, às vésperas das novas manifestações. O objetivo, claro, era turbiná-las.

André Vargas, inclusive, era acusado por fatos fora da Lava Jato, referentes à Caixa Econômica Federal, que não poderiam nunca ser da competência de um juiz de Curitiba – para o chefe da operação, isso parecia ser irrelevante.

No sábado, dia 11, fui a um evento político no município de Itaboraí, no Rio de Janeiro. Temer me telefonou: queria saber se eu não poderia jantar com ele em São Paulo, com minha esposa. Respondi que não teria transporte, pois, sendo um sábado, seria difícil acionar a FAB para isso. Como Temer estava no exercício da Presidência, foi fácil resolver: ele providenciou um avião para que eu fosse e voltasse de São Paulo logo após o jantar.

A *Veja* tinha vindo no fim de semana com uma capa bastante agressiva. A reportagem dizia que Temer, Renan e eu tínhamos tomado o governo, colocando Dilma quase como uma refém nossa. Essa imagem o estava incomodando. Ao mesmo tempo, as perseguições do PT a mim, pelas derrotas que estavam tendo em temas ideológicos, eram também motivo de preocupação de Temer, que queria discutir comigo como enfrentar a situação.

Durante o jantar, Temer disse que o que estava na *Veja* até poderia ser verdade, mas para isso precisávamos nos unir. Ele queria uma união entre mim, ele e Renan e, se isso fosse possível, a gente salvaria o governo e o transformaria em uma gestão do PMDB. Ele disse que, se eu quisesse, poderia ser o candidato à Presidência pelo nosso partido em 2018 – teria o apoio dele para isso, já que ele não seria candidato.

Respondi que não pretendia me candidatar a presidente e que isso não era o que deveria estar na mesa. Eu não teria nenhum problema em ajudá-lo na viabilização do governo, porque não era a minha intenção derrubar o governo, mas ele deveria se preocupar mais com Renan do que comigo.

Temer, então, revelou que Renan não o estava atendendo no telefone desde quinta-feira. Perguntou se eu sabia como fazer para falar com ele e como segurá-lo para que não criasse mais problemas e ajudasse a resolver a situação do governo. Disse que achava que Renan estava irritado com a provável perda do Ministério do Turismo, que ele havia tomado da gente na crise de 2014 com Dilma. Também achava que Renan precisava de ajuda para o governo do filho dele, fato que tinha ficado de lado pelas discussões até o momento, mas o governo de Alagoas passava por dificuldades.

Quanto ao ministério, Temer disse que iria dar um cargo relevante para o ministro de Renan e achava que isso resolveria – o que depois ficou claro que não resolveu. Quanto ao filho dele, a gente poderia fazer um gesto de imediato, transferindo verbas para o governo alagoano.

Temer quis que eu tentasse falar com Renan ali, naquela hora, pois achava que me atenderia ao telefone. Tentei e não consegui, pois ele não atendia a nenhum dos telefones que eu tinha dele, não sei se propositalmente ou por ter se desligado no fim de semana. O vice-presidente afirmou que tentaria falar de novo com ele, para ver se fechava um acordo para salvarmos o governo. Respondi que concordava, só não me submeteria às agressões perpetradas diariamente pelo PT; iria revidá-las, votando todas as pautas ideológicas e impondo derrotas constantes ao partido.

Temer disse que o governo não devia se meter nas pautas ideológicas do PT e que isso seria problema do parlamento, e não do governo. Respondi que seria ótimo se fosse assim, mas duvidava que o PT iria assistir a tudo isso quieto e sem bagunçar toda essa situação.

Segundo o vice-presidente, os petistas não teriam muita opção – ou o governo acabaria mais cedo, pois não dava para o PT, com poucos deputados, imprimir a pauta no Congresso contra a maioria.

Temer disse também que faria um trabalho para que Dilma se aproximasse de mim e me pediu para que concordasse e tentasse ter jogo de cintura para evitar conflito desnecessário. Ele realmente via nesses episódios a chance de o PMDB tomar o governo do PT. E isso poderia acontecer, se Renan também estivesse de acordo. Da minha parte, eu não queria tomar o governo, mas não impediria Temer de fazê-lo, pois era óbvio que o vice queria se viabilizar como candidato à sucessão de Dilma. Ao contrário do que pensavam, eu não me oporia.

O desgaste que eu estava proporcionando ao PT, e Temer sendo o salvador da pátria e ao mesmo tempo coordenando uma base grande, prometendo e cumprindo a distribuição dos cargos, iria deixar o PT à margem da construção de alianças lá na frente. Seria uma oportunidade para ele.

Eu não era bobo, sabia exatamente que Temer queria ser presidente. E o gesto de me oferecer a candidatura, que não era sincero, só serviu para que tivesse a convicção das suas reais intenções.

O Instituto Datafolha divulgou nova pesquisa de avaliação do governo Dilma, às vésperas das manifestações. O índice de aprovação ao seu impeachment era de 63%, número impressionante para um início de mandato, mesmo que fosse o segundo. Tudo levava a crer que a reversão seria difícil.

A mesma pesquisa mostrava uma melhora na avaliação do Congresso. O índice ruim e péssimo tinha caído de 50% para 44%, enquanto ótimo e bom tinham subido de 36% para 38%, e o regular, de 9% para 11%, no período de março para abril. Os números mostravam que, ao contrário do governo, o Congresso estava indo ao encontro da vontade da sociedade.

No domingo, dia 12, ocorreram as manifestações pelo país em número grande, mas inferior ao das de 15 de março – o governo se aproveitou disso para dizer que estavam arrefecendo as manifestações. Os protestos chegaram à porta do prédio em que Renan mora em Maceió. Não tiveram a presença dos líderes da oposição, como Aécio Neves, mas contaram com os deputados Paulinho da Força e Jair Bolsonaro. Este último cobrava a presença de Aécio, já que, segundo ele, o político tem de estar onde o povo está, sinalizando desde essa época as suas intenções futuras, que tiveram êxito.

Na segunda, dia 13 de abril, Michel Temer continuou o trabalho da articulação política e promoveu reuniões para tentar acordar os destaques do projeto de terceirização, cujo prazo para emendas seria até o dia seguinte. Ele, ao menos, precisava acertar ainda alguns pontos de natureza fiscal, o que tinha a minha concordância.

Na terça-feira, fiz uma sessão solene em homenagem aos 50 anos da Rede Globo. João Roberto Marinho participou. A sessão teve protestos de simpatizantes do PSOL, atacando a Globo pelo apoio à ditadura. Reprimi essa manifestação, retirando do plenário esses manifestantes.

Aproveitei o evento e defendi a liberdade de expressão. Defendi também que não se pode regular a mídia e que eu não votaria nenhum projeto nesse sentido. Nesse caso, a mídia não batia em mim da mesma forma como batia quando eu dizia que não votaria nenhum projeto sobre a legalização do aborto.

Nós iniciamos a votação das emendas ao projeto de regulamentação da terceirização, e o PSDB surpreendeu votando favoravelmente, para impedir as estatais de terem mão de obra terceirizada. O líder dos tucanos, Carlos Sampaio, me procurou, irritado com a posição externada no programa de Ana Maria

Braga, da Globo, contrário à terceirização, enquanto a Globo fazia pressão nos partidos para que votassem a terceirização.

Chamei o representante da Globo em Brasília, Paulo Tonet. Reclamei com ele. Não dava para pedir com uma mão e bater com a outra. Ele prometeu tomar providências, mas comecei a ficar com receio de que essa posição do PSDB contaminasse o plenário. Adiei a continuidade da votação.

Renan começou o processo de retaliação pela perda do Ministério do Turismo. Declarou que o projeto de terceirização que estava sendo votado na Câmara não teria o mesmo andamento no Senado. Essa seria a tônica que marcaria o afastamento dele, pois passou a achar que quem estava levando vantagem era eu. Ele perderia o ministério e eu teria supostamente ganhado dele, ou seja, ele estaria me apoiando e eu tomando os espaços dele.

Aécio Neves deu fortes declarações a favor do impeachment. Ele declarou que solicitou do jurista Miguel Reale Júnior um estudo jurídico sobre essa possibilidade. Eu rebati. Aécio me telefonou convidando-me para jantar no dia seguinte, para a gente debater o cenário.

A essa altura já eram 23 os pedidos de impeachment protocolados no segundo mandato de Dilma. E deveriam crescer, pois, além do pedido de Bolsonaro, os demais eram de cidadãos comuns. Faltavam ainda os mais representativos, que viriam depois.

Dilma anunciou Fachin para a vaga do STF, depois de ter estado com Renan para consultá-lo sobre a nomeação. O senador não teria posto obstáculo, embora Fachin não fosse o seu candidato e tivesse uma vinculação com a CUT e com o PT, o que dificultaria a tramitação do seu nome no Senado.

Na quarta-feira, dia 15, tomei o café da manhã no Palácio do Jaburu com Temer e a bancada do PMDB. Apelei à bancada para que apoiassem a articulação de Temer, pois, se ela não desse certo, seria um tiro em nosso próprio pé.

Nessa mesma data, devido ao descumprimento de acordo do PT na votação das emendas ao projeto de terceirização, a bancada do PMDB apresentou destaque para outra emenda, contrária à vontade do Ministério da Fazenda, que acabaria levando a um impasse. Adiei a votação para a quarta, 22 de abril.

O objetivo do adiamento era reconstruir forças para vencer o ponto principal, que era a terceirização da atividade-fim. Eu precisava trazer o apoio de Aécio Neves e reverter a posição do PSDB, que tinha se aliado ao PT e surpreendido a todos.

Aprovei em votação no plenário da Câmara a indicação do advogado do PMDB, Gustavo Rocha, para a vaga da Câmara no Conselho Nacional do Ministério Público. Ele seria o responsável pela elaboração do parecer da aceitação de abertura do processo de impeachment de Dilma.

Dilma, finalmente, anunciou de forma oficial a nomeação de Henrique Alves para o Ministério do Turismo, supostamente para atender ao meu pedido. Mas, na prática, foi Michel Temer quem quis a nomeação, para cumprir o combinado quando da formação do ministério – de que os ministérios do PMDB seriam divididos em representantes das duas casas.

A presidente enviou um convite para que eu fosse jantar, com minha esposa, no Palácio da Alvorada, em um gesto de aproximação que foi feito a mim pelo então ministro da Defesa, Jacques Wagner. Confirmei a presença.

Para rebater que o PMDB do Senado tinha três ministérios, Renan dizia que não se sentia contemplado com as nomeações. Ele atribuía a Dilma as escolhas, e não a ele. Era mais um jogo de cena para se vitimar e cobrar uma fatura depois, com outros cargos.

Jantei com Aécio no seu apartamento funcional, onde discutimos a conjuntura política. Debati com ele a mudança de posição do PSDB com relação ao projeto de terceirização. Pedi a ele que voltasse a apoiar o ponto principal, que era a terceirização da atividade-fim.

Aécio me falou que estava recebendo muitas pressões de setores empresariais e da Globo e por isso eu tinha feito bem em adiar, porque daria tempo para que ele revertesse a posição do partido. Ele disse que iria me apoiar na votação, dando declarações públicas já no dia seguinte, que iria tentar mudar a posição dos tucanos.

Declarou ainda que o PSDB deveria entrar com um pedido de impeachment, mas nem queria que eu aceitasse – somente que demorasse para rejeitá-lo, para que ele fizesse a exploração política do fato. Aécio disse que não queria o impeachment, porque isso seria dar o cargo para Michel Temer. Preferia que a chapa fosse cassada na sua ação no TSE. Eu ficaria como presidente interino por três meses e comandaria a nova eleição, que ele entendia que venceria com facilidade.

Ele me pediu ainda que eu não instalasse a CPI do setor elétrico, quando o avisei de que a comissão estava na fila para ser instalada e era de autoria do líder do partido dele, Carlos Sampaio. Aécio resumiu que o papel do Sampaio era esse mesmo – e que o meu era de aceitar ou não. Respondi que já havia decidido não instalar, já que, tendo a da Petrobras, adicionar outra CPI seria uma agressão. Eu não faria naquele momento – logo nos dias posteriores, rejeitei a abertura.

Estava claro o jogo de Aécio: o discurso de impeachment era só para desgastar Dilma e atender aos movimentos de rua que cobravam essa posição. O que ele queria mesmo é que houvesse nova eleição. Para isso, a chapa teria de ser cassada, o que, naquele momento, tinha grandes chances.

Além disso, Aécio não queria Temer. Achava-o dúbio, ainda mais agora que o vice-presidente tinha virado articulador político e estava, na visão de Aécio, agrupado com o PT e Dilma.

A chapa poderia realmente ter sido cassada. O impeachment de Dilma atrasou a tramitação dessa ação de Aécio, que acabou julgada em 2017, com Michel Temer já na Presidência da República – foi rejeitada por quatro votos a três, tendo o então presidente do TSE, ministro Gilmar Mendes, dado o voto de minerva que absolveu a chapa.

Na quinta, dia 16, compareci à cerimônia do Dia do Exército, quando fui condecorado por Dilma com a Ordem do Mérito Militar, em foto que estamparia sites e jornais.

Antes da cerimônia, compareci para um café da manhã no STJ, com um grupo de ministros e vários líderes. Foi pedido que a Câmara discutisse a alteração urgente do novo Código de Processo Civil (CPC), em função da incapacidade de o tribunal atender à demanda que ia ser gerada com os novos recursos. Prometi estudar e debater na casa.

Henrique Alves tomou posse no Ministério do Turismo. Optei por comparecer somente à transmissão do cargo, para não irritar ainda mais Renan Calheiros, que não aceitava a demissão do seu indicado.

À noite, compareci com minha esposa ao jantar com Dilma, que me recebeu na companhia de Jacques Wagner. Presenteei-a com um vinho. Bastante simpática, a presidente me deixou com Wagner e levou minha esposa para conhecer todo o palácio. Se Dilma se comportasse sempre dessa forma, certamente o destino seria outro. Jamais ela seria derrubada se demonstrasse a paciência para fazer política que demonstrou naquela noite, que poderia ter sido o marco de uma mudança de rumos e métodos.

Só que ela não tinha essa paciência toda para a conversa política, não gostava de mim e a impressão era de que aquilo tudo era um horror para ela. Além disso, Dilma mentia bastante. A cada encontro que tivemos, depois, ela mudava algum detalhe das histórias – o que, para quem tem a memória que eu tenho, além de perceptível é imperdoável.

Depois do tour pelo palácio, ela mandou servir o jantar. Wagner acabaria não participando, pois iria viajar muito cedo e não estava se sentindo muito bem, com suspeita de dengue. Ficamos apenas eu, a minha esposa e Dilma.

A conversa girou sobre tudo. Falamos de Temer, de Renan, de votações, da vida pessoal, de dietas, enfim, um bom e agradável diálogo. Dilma até me surpreendeu abordando o tema da terceirização. Quando achei que me pediria para não votar o projeto, ela, ao contrário do que todos falavam, veio me cobrar, pois tinham retirado a possibilidade de a Petrobras usar o mesmo expediente.

Respondi que eram o PSDB e o PT que tinham aprovado isso. Ela protestou, porque isso prejudicaria a estatal. Nesse momento, fiquei sem entender mais nada e perguntei se ela era contra o projeto. Ela disse que não.

Passamos muito tempo discutindo com os representantes do governo contrários ao projeto, com o líder do governo encaminhando de forma contrária e sendo derrotado, e a presidente da República era favorável ao projeto e ainda me cobrava uma derrota parcial que tinha sido imposta por PSDB e PT?

Dilma dizia que o PT era contrário ao projeto, mas ela não era. Só não queria se opor ao partido de forma pública, e por isso não se meteu, mas que seria bom eu aprovar, só se preocupando com a possível perda de arrecadação, que estava sendo evitada pelo entendimento que eu estava fazendo com Joaquim Levy. Ou seja, se eu entendi bem, Dilma não se importava que eu derrotasse o PT nesse tema, que era de conteúdo ideológico. Se pudesse, que revertesse a vitória do PT para não prejudicar a Petrobras.

Dilma tinha também muita preocupação com a situação do Rio de Janeiro, com relação ao destino dos *royalties* do petróleo, cuja decisão final caberia ao STF. Ela me dizia que estava ajudando com os ministros que achava que tinha no STF e me pediu para que eu fizesse esforços com os ministros do meu conhecimento.

Ela queria evitar que o Rio perdesse parte desses direitos. A presidente já havia feito a parte dela, quando vetou a alteração da lei que tirava do estado esse direito, veto derrubado pelo Congresso e judicializado pelo governo do Rio de Janeiro.

O jantar foi bem agradável. Dilma e minha esposa se deram bem. Ambas gostavam de andar de bicicleta e passaram até a trocar mensagens por WhatsApp e se falarem. Depois, minha esposa lhe mandou de presente um capacete, que passou a ser o que Dilma usava sempre que saía de bicicleta.

Por que desandou depois disso é a pergunta que você pode fazer. E a resposta é simples: porque não havia nem vontade nem verdade em manter a relação. Mas, se fosse mantida, talvez eu não tivesse condições políticas de ter aceito a abertura do processo de impeachment.

No dia seguinte, 17 de abril, voltei ao Rio de Janeiro. Dilma, em evento público, falou contra o impeachment. Assim, pela primeira vez, exatamente um ano antes da votação na Câmara, ela legitimou a discussão, que estava na boca dos outros, colocando-a na própria boca – um erro político enorme.

Telefonei para Temer a fim de relatar o jantar com Dilma. Ele pareceu satisfeito. Comentei sobre a posição dela no projeto de terceirização, o que deu a Temer a senha para que, em nome do governo, tentasse contornar as resistências e ajudar a provar. Lula tinha feito um duro discurso contra a terceirização, e Dilma certamente estava naquela posição dúbia para não confrontá-lo. Essa era a opinião de Temer – com o que acabei concordando, mas tornava as coisas mais difíceis.

Nesse dia foi publicada a promulgação da emenda constitucional do chamado comércio eletrônico, depois de votada na Câmara por mim e por Renan no Senado. Isso seria uma verdadeira minirreforma tributária, resolvendo a situação que prejudicava os estados menores, em função de o comércio eletrônico se concentrar na região Sudeste.

No sábado, dia 18, fui à Ilha de Comandatuba, na Bahia, para o evento da Lide empresarial, grupo do jornalista e empresário João Doria, que depois viria a entrar na política. Foi um evento bastante concorrido, com várias autoridades, incluindo o ex-presidente Fernando Henrique Cardoso.

A presença do ministro do TCU Augusto Nardes, relator das contas de Dilma do ano de 2014, e sua palestra denunciando as pedaladas e a possível rejeição das contas acabaram colocando o impeachment como consequência, transformando as discussões do evento.

Apesar de o PSDB ter nessa semana anunciado que estava encomendando um estudo jurídico para deliberar sobre o impeachment, Fernando Henrique Cardoso se declarou contrário ao processo, inclusive na presença de vários parlamentares tucanos, sendo alguns deles até deselegantes, falando que Fernando Henrique era inimputável.

Por outro lado, eu também me pronunciei totalmente contrário ao impeachment por pedaladas de 2014, dizendo que não trataria de mandato anterior – e que pedaladas foram feitas da mesma forma nos últimos 15 anos, o que atingia também o governo do PSDB, levando Fernando Henrique a negar que tenha feito pedaladas e brincar que nem sabia andar de bicicleta.

A postura de Augusto Nardes, que queria de toda forma ser o pai do impeachment, prejudicava muito, assim como tantos outros que se atribuíram parte desse processo, mas que em nada participaram realmente dos trâmites. Quando eu decidi pela abertura do processo, o fiz por atos de 2015, dentro do segundo mandato de Dilma – descartei todos os argumentos da continuidade do mandato, para utilizar fatos de 2014, como preconizavam alguns.

A Constituição brasileira, no parágrafo 4º do artigo 86, fala que o presidente da República não pode ser responsabilizado por atos anteriores a seu mandato, durante a vigência do seu mandato. Mesmo os que argumentam que esse dispositivo era anterior à aprovação da emenda constitucional da reeleição, o legislador não alterou esse artigo, estando em plena vigência.

Qualquer coisa além disso seria golpe, como, aliás, fizeram comigo no relatório do Conselho de Ética, onde, para supostamente me enquadrar, usaram fatos de legislaturas anteriores.

A discussão dentro desse evento ocupou as páginas de jornais do fim de semana todo, e a minha posição levou a muitas críticas, inclusive dos deputados do PSDB. Mas eles não se entendiam nem com Fernando Henrique, que, aliás, em um momento veio debater comigo qual a razão de os repórteres estarem tão assanhados com relação à posição dele contrária ao impeachment. Limitei-me a responder que era pela posição do partido dele, o PSDB, favorável à instauração do processo.

O pai de João Doria Jr., o ex-deputado João Doria, tinha sido cassado pela ditadura militar. O Congresso havia aprovado uma norma de restituição dos diplomas dos parlamentares cassados. Levei ao evento o diploma do pai dele, que ficou bastante emocionado e grato.

Saí de Comandatuba na segunda-feira, dia 20 de abril. Voltei ao Rio de Janeiro, e no dia seguinte retornei a Brasília. Recebi para jantar um grupo de oito ministros do STJ, que vinham pedir a votação do segundo turno da PEC da Bengala, e me comprometi a colocar em votação tão logo tivesse segurança do resultado favorável.

Diante do meu posicionamento em Comandatuba, contrário à abertura do processo de impeachment, deputados do PSDB declararam que iriam recorrer ao plenário da Câmara, caso eu rejeitasse o pedido, num ato regimental que depois viria a ser abolido por decisão do STF em outubro.

Vazou um depoimento do lobista Júlio Camargo, delator da Lava Jato, que teve a delação homologada pelo chefe da operação, Sergio Moro, que a revista *Veja* já havia destacado que estava sendo pressionado a mudar o depoimento sobre mim, sob pena de perda da delação.

Ainda não seria nesse momento que ele mudaria o depoimento. Mas, no inquérito que envolvia o então senador Edison Lobão, depôs dizendo que teve encontros comigo, sem me acusar de nenhum ilícito.

Na quarta, dia 22 de abril, eu coloquei em votação uma emenda aglutinativa ao projeto da terceirização, consolidando um texto de acordo, sem a aprovação do PT. Terminei a votação, prevalecendo a tese de que a terceirização se estenderia às atividades-fins. Renan comentou que demoraria a apreciar o projeto no Senado.

A vitória foi apertada, por 230 votos a 203, sendo que era no primeiro dia útil da semana, depois de um feriado prolongado – e o quórum não estava tão elevado.

Para evitar a exposição da discussão da terceirização da atividade-fim, que já estava no texto-base e tinha destaque do PT para limitá-la, me utilizei da regra regimental, depois da votação da emenda aglutinativa, e prejudiquei o destaque do PT, encerrando a discussão e evitando o acirramento do clima.

Antes da votação, tive uma grande discussão com Levy. Perdi a paciência, depois de exaustivamente tentar atendê-lo em tudo e não satisfazê-lo, porque ele queria aumentar a carga tributária por meio do projeto da terceirização. Como eu não concordava com qualquer aumento de carga tributária, acabei votando sem acordo com ele, gerando atritos, inclusive larguei-o sozinho na minha sala e saí para iniciar a votação.

Obviamente fui acusado de fazer manobra regimental, mas não tenho culpa se os deputados são, na sua maioria, leigos em regimento e acabavam perdendo a discussão comigo pelo desconhecimento do tema. Eu seguia regiamente o que dispunha o regimento.

Antes, havia tomado o café da manhã com Kassab, para acertar as situações referentes ao partido novo dele. Kassab recuou da posição, ao menos aparentemente. E, depois desse encontro, acertou a bancada do PSD para votar a terceirização, acompanhando meu posicionamento. Entendi como um gesto de aproximação.

O clima com Renan tinha ficado azedo depois da nomeação de Henrique Alves para o Ministério do Turismo. Renan, com isso, inviabilizou que a terceirização fosse regulamentada – o que só veio a acontecer durante a reforma trabalhista ocorrida em 2017, com Michel Temer na Presidência da República, relatada nesse momento pelo então deputado Rogério Marinho.

O PSDB fez uma reunião em Brasília, com Fernando Henrique Cardoso presente. O objetivo era afinar o discurso de defesa do impeachment de Dilma.

Aconteceu um fato na administração rotineira da Câmara: o deputado Marcelo Aro, à época líder do PHS, requisitou um servidor da área de informática para assumir a chefia de gabinete da sua liderança – o diretor de informática negou. Com a negativa, convoquei o diretor-geral, Sérgio Sampaio, e o diretor de informática, Luiz Antônio da Eira, para apresentarem as razões da negativa ao deputado Aro na minha presença. Tomei conhecimento da alegação de falta de pessoal, apesar do número exagerado de servidores lá alocados. Indaguei qual era a carga horária que estava sendo cumprida.

A resposta era que estavam cumprindo a carga horária menor do que o estipulado no edital de concurso público de admissão desses servidores, por mera liberalidade do diretor. Ao tomar conhecimento, determinei que fosse colocado cartão de ponto e todos fossem obrigados a cumprir a carga de oito horas por dia, conforme definida no edital do concurso público.

Com o número elevado de servidores e não cumprindo a carga horária, me pareceu que havia um acordo tácito de facilitar serviços extras de servidores qualificados e de altos salários. O diretor estava sendo leniente com isso e determinei sua exoneração do cargo, que seria consumada tão logo o diretor-geral escolhesse o substituto.

O número de analistas que o setor de informática da Câmara tinha não deixava nada a dever às maiores corporações do mundo. Isso incomodava qualquer um que entendesse de gestão e visse a desnecessidade desse elevado número, mesmo com a Câmara desenvolvendo os seus próprios sistemas.

Isso tem importância, pois em seguida o então diretor vazou para a imprensa os metadados de um requerimento da então deputada Solange Almeida, que tinha a ver com o meu inquérito no STF. Ele se transformou em testemunha de acusação contra mim, em função de eu ter acabado com a mordomia patrocinada por ele à custa do dinheiro público.

Esse fato é a principal "prova" usada contra mim, juntamente com a mudança da delação que o lobista Júlio Camargo faria depois, pelo procurador Rodrigo Janot. E está na ação penal que saiu do STF e tramita na Justiça Federal de Curitiba.

Fiz mais uma ação da Câmara itinerante. Nos dias 23 e 24 de abril estivemos em Campo Grande e Cuiabá, para debate da reforma política e do pacto federativo. Em ambas as cidades houve protestos da CUT, em razão do projeto de terceirização recém-aprovado na Câmara. Fui homenageado em Campo Grande pelo governador Reinaldo Azambuja, do PSDB, e seu antecessor André Puccinelli, do PMDB.

No dia 27, coloquei em votação o projeto da biodiversidade, que, aprovado em fevereiro pela Câmara, retornava depois de passar por muitas alterações no Senado. Irritados com a postura de Renan de engavetar a terceirização, os deputados mandam um recado derrotando todas as emendas do Senado e voltando ao texto aprovado na Câmara, que foi à sanção presidencial.

No nosso processo legislativo, os projetos oriundos do Poder Executivo têm início pela Câmara dos Deputados, vão à revisão do Senado Federal e, se alterados, retornam à Câmara, que tem a palavra final, podendo ou não acatar as emendas do Senado Federal, remetendo depois à sanção presidencial.

No caso de projetos de iniciativa de congressistas, a casa que inicia o projeto vota e remete à outra casa para revisão, e, caso alterado, retorna à casa iniciadora para a palavra final, remetendo depois à sanção presidencial.

Saiu na imprensa o vazamento feito pelo diretor de informática da Câmara acerca dos metadados dos requerimentos da então deputada Solange Almeida. Isso criou o clima de que eu era o autor dos requerimentos dela, fato falso e que, apesar de desmentido, integrou a acusação de Janot contra mim. Antecipei a consumação da demissão, decidida quando descobri que ele não cumpria a carga horária dos servidores.

Jantei com Temer para discutir a crise com Renan. No dia seguinte, o vice-presidente foi à Câmara para debater a reforma política. Na mesma data, fiz sessão solene para comemorar o Dia da Liberdade de Imprensa.

Dilma anunciou que não faria discurso no dia 1º de maio, em função dos panelaços ocorridos no seu último pronunciamento. Foi criticada – tanto pelo PT quanto por Renan. No mesmo dia, o senador havia conseguido da presidente a indicação de Fernando Mendes Garcia Neto para a diretoria da Agência Nacional de Vigilância Sanitária, a Anvisa. E ainda a nomeação do senador Delcídio do Amaral como líder do governo do Senado. Antes, havia conseguido também a nomeação de um afilhado para a importante Agência Nacional de Transportes Terrestres, a ANTT, onde colocou Jorge Bastos.

Renan era assim: reclamava de perda de espaço pela nomeação de Henrique Alves, conseguia novas nomeações, mas continuava reclamando para obter mais vantagens.

Renan declarou que o Brasil já tinha vivido um governo adolescente, com dom Pedro II, e agora estava vivendo isso de novo. E insistiu que era um erro não fazer um pronunciamento no Dia do Trabalhador – daria a impressão de que não haveria nada a dizer.

No mesmo dia, participei de um jantar de confraternização com a bancada do PMDB. Vazaram diálogos. Disse que era impressionante a rejeição do PT na Câmara. Afirmei que eles só ganhavam alguma coisa quando a gente ficava com pena e deixava. O vazamento soou indelicado. Pedi desculpas por isso, de público.

Renan fez uma dura crítica a Michel Temer, dizendo que a articulação política feita pelo PMDB não podia se transformar em coordenação de recursos humanos – sem falar que Renan perdeu os recursos humanos no Ministério do Turismo, a verdadeira razão da crítica. Ele só se esqueceu de falar dos outros recursos humanos que emplacou diretamente com a Dilma.

O PT queria transformar o 1º de maio em uma verdadeira polarização contra a terceirização. O partido cobrou posição de Dilma, que gravou um vídeo e divulgou, criticando a terceirização – em posição bem diferente da expressa a mim no jantar de 16 de abril, mostrando que ela não tinha posições, ou dava sua posição de acordo com o interlocutor.

Anunciei o ponto eletrônico na Câmara, a partir de maio, para todos os servidores, para combater o que estava acontecendo na área de informática. Houve revolta de servidores, que não estavam habituados a trabalhar as horas regulares.

Também criei o banco de horas, a compensação das horas extras. E limitei o número de horas extras. Coloquei limite também no número de servidores e comissionados que seriam autorizados a fazer hora extra, reduzindo uma grande despesa desnecessária na Câmara. Nos dias de sessão, normalmente às terças e quartas, necessitamos de mais horas de trabalho, mas, nos demais dias, eles poderiam compensar.

Na quinta, dia 30 de abril, Michel Temer promoveu um café da manhã comigo, Levy e Leonardo Picciani, a quem eu tinha designado para a relatoria do projeto das desonerações da folha de pagamento, substituto da medida provisória devolvida por Renan ao governo. O objetivo era tentar um acordo no texto.

No dia 1º de maio, fui ao evento da Força Sindical em São Paulo, onde discursei e lancei o projeto que alteraria a correção dos novos depósitos de FGTS dos trabalhadores, de TR mais juros de 3% ao ano, para equipará-los ao rendimento da poupança, que eram corrigidos pela TR mais juros de 6% ao ano. O anúncio teve bastante repercussão e seria mais um embate meu com o governo, que era contrário ao projeto, embora ele só afetasse os novos depósitos a partir de 2016.

Esse projeto acabou sendo o precursor da distribuição de lucros do FGTS ao trabalhador, que está em vigor – e só no ano de 2020 distribuiu mais de R$ 7 bilhões de lucro do FGTS aos trabalhadores.

Aécio Neves compareceu também ao evento da Força Sindical e criticou Dilma por não fazer o pronunciamento nesse dia, dizendo que ela não teria o que falar. Classificou como o dia da vergonha. Todos os discursos foram muito duros.

Em outro evento da CUT, em São Paulo, Lula discursou e um vídeo de Dilma foi exibido com posição contrária à terceirização. O público era bem menor, se comparado ao do evento da Força Sindical.

As manifestações de PT, Lula e Dilma criticando o projeto da terceirização, que aliás teve origem no pedido do presidente do STF, levava a uma revolta dos partidos da base de Dilma, que estavam sendo acusados de prejudicar os trabalhadores. Eles teriam de apoiar as medidas de ajuste fiscal – sendo que essas, sim, prejudicavam os trabalhadores.

Esse movimento poderia derrotar ou desfigurar parte do ajuste fiscal. Dilma errava quando assumia a pauta ideológica do PT – e eu declarei isso, pois não era pauta do governo. Ela nada teria a ganhar com a defesa, mas poderia perder, e muito, na sua base.

No dia 2 de maio fui a Uberaba para a Expozebu, com o líder Leonardo Picciani e o então deputado, hoje senador, Irajá Abreu, filho da então ministra da Agricultura, Kátia Abreu. Era um importante evento do setor agropecuário do país. Participei com o governador Geraldo Alckmin e diversos deputados, dando palestra e debatendo.

Antes de viajar para Uberaba, estive em um grande evento da Igreja Mundial, no estádio de São Januário, com o apóstolo Valdemiro. Fui bastante aplaudido pelo público – mais de 30 mil pessoas.

Na segunda, dia 4 de maio, Janot conseguiu convencer o então ministro do STF, Teori Zavascki, a realizar buscas na área de informática da Câmara, visando tentar me colocar como autor dos requerimentos de Solange Almeida, baseado no depoimento do ex-diretor de informática demitido por mim. Autorizei e facilitei a realização das buscas, determinando, ao então diretor-geral, que atendesse ao que foi solicitado. A certidão exaurida das buscas mostrava exatamente provas a meu favor, que estou usando na minha defesa da ação penal.

É praxe na Câmara os deputados delegarem a assessores sua senha de entrada no sistema, para que realizem trabalhos em nome dos parlamentares. Em todos os meus quatro mandatos de deputado, eu jamais soube qual era a minha senha. Isso acontecia com a quase totalidade dos deputados.

Em levantamento efetuado por mim, mediante autorização dos deputados pesquisados e que juntei na ação penal que corre em Curitiba sobre o assunto, pode-se comprovar que existiram vários acessos de senha de deputados, sem que eles estivessem presentes na Câmara – ou até mesmo fora de Brasília ou do país. E o mesmo comprovei que ocorria comigo.

Toda a discussão estava no fato de que os requerimentos teriam sido formulados por meio de acesso ao sistema com a minha senha – que foi porque uma servidora da liderança da legenda, lotada em comissão permanente presidida pelo partido, realizava trabalhos para vários deputados e, como era minha assessora também, utilizava minha senha, que lhe dava mais amplo acesso ao sistema do que a senha de funcionário.

Ela depôs na ação penal, confirmou o fato de que eu nem sabia a minha senha e confirmou também que realizava trabalhos para outros deputados do partido – e que poderia, sim, ter realizado a preparação dos requerimentos da deputada Solange Almeida.

Mesmo com o preparo dos requerimentos por assessores, sempre coube aos deputados assinarem. Solange Almeida assinou os requerimentos dela e ainda confirmou, em depoimento, que ela era a autora dos requerimentos – e que eu não tinha nada a ver com isso.

Em seguida a esse episódio, eu levei à mesa diretora da Câmara um ato para regulamentar a responsabilidade dos deputados por delegarem as senhas para os assessores, o ato de número 25 – normatizando toda essa utilização.

A busca tinha sido feita sem divulgação na hora. Ela só vazaria na terça-feira, quando eu reagiria atacando Janot e dizendo que ele estava desesperado atrás de provas inexistentes. Isso acirrava ainda mais a posição dele contra mim.

Irritado com a ação de Janot, desleal e com o propósito específico de me prejudicar, eu resolvi enterrar logo, como resposta, seu sonho de ser ministro do STF. Anunciei que iria tentar votar o segundo turno da PEC da Bengala na quarta, dia 6 de maio, sendo que estava tentando construir a segurança de que não perderia a votação – por isso a demora.

No dia 5 de maio, chamei os líderes do blocão para o almoço, antes da reunião de líderes. Combinei com eles: anunciaria para a quarta a votação da PEC da Bengala. Mas o objetivo seria dar um jeito na própria terça, quando estava programada a votação de uma das medidas provisórias do ajuste fiscal. Eu iria interromper essa votação e colocaria a PEC em sessão extraordinária, desde que nós tivéssemos um quórum elevado – o que deveria ocorrer, pois o governo estava mobilizando os deputados para a votação do ajuste fiscal.

Pedi ainda aos líderes que reunissem suas bancadas e tentassem obter o máximo de votos, verificando quem não tinha sido favorável no primeiro turno, para que mudassem o voto, pois não poderíamos perder. Pedi ainda que eles me informassem a projeção de cada bancada até as 18 horas, para que eu decidisse se votaria ou não a PEC.

Na reunião de líderes, anunciei essa votação para quarta. Após isso, começaram as mobilizações de grupos interessados em derrotar a proposta, como associações de juízes e membros do Ministério Público de diversos estados. Eles viriam a Brasília na quarta, para pressionar deputados a votar contrariamente.

Ciente dessa mobilização, eu sabia que correria o risco de perder votos. Em face disso, passei a pressionar os líderes para terem o mais rápido possível o levantamento das suas bancadas. Quando eles me trouxeram, eu contabilizei a expectativa de votos e tomei a decisão de correr o risco.

Os líderes haviam combinado comigo que só votariam a medida provisória do ajuste fiscal caso houvesse apoio expresso do PT, com fechamento de questão partidária. Como esse apoio não estava vindo, eu resolvi encerrar a sessão ordinária da Câmara.

A sessão ordinária começava às 14 horas e terminava às 19 horas. Normalmente se prorrogaria por mais uma hora, mas optei por não prorrogar e chamei uma sessão extraordinária com a pauta única da PEC da Bengala.

Eu havia autorizado que as galerias fossem ocupadas por sindicalistas para se contraporem ao PT, que acusava os deputados de irem contra os trabalhadores na votação da terceirização. Nesse momento até fui irônico, dizendo que esperava que o PT, arredio ao ajuste fiscal, que iria ser votado, voltasse para a base de apoio ao governo.

Quando anunciei a sessão extraordinária, com a pauta única da PEC da Bengala, foi uma surpresa no plenário. O governo enlouqueceu, mas nada podia fazer, pois o fato estava consumado.

Naquele momento, o programa partidário de TV do PT estava indo ao ar, e Lula estava criticando a terceirização e os deputados que votaram a favor dela. Isso turbinou ainda mais os parlamentares e facilitou a mobilização para aprovar a PEC, pois seria uma derrota histórica do governo.

Dilma passaria a perder a condição de indicar, no seu segundo mandato, cinco ministros do STF, com as aposentadorias até 2018 – que seriam adiadas por cinco anos. No caso, as aposentadorias dos ministros Celso de Mello, em 2015, Marco Aurélio de Mello, em 2016, e depois as de Ricardo Lewandowski, Teori Zavascki e Rosa Weber, até 2018.

O programa do PT na televisão foi recebido com um enorme panelaço. Para os espectadores, tudo soava absurdo: o fato de o PT ser governo, mas o seu governo colocar medidas impopulares para serem votadas por todos e ao mesmo tempo posar de defensor dos trabalhadores, com ataques aos deputados da base... Se fosse votada a medida provisória do ajuste fiscal nesse dia, o governo perderia.

Não dei bola para as reclamações do governo, do PT e de seus assemelhados. Abri o painel de votação e os líderes se encarregaram de buscar os deputados de suas bancadas e trazerem ao plenário. Eu mesmo, sentado na presidência, com a lista de votação do primeiro turno, buscava os ausentes que tinham votado favoráveis no primeiro turno. Eu só iria encerrar a votação quando tivesse a confirmação de ao menos 308 deputados, dos 318 que haviam votado favoravelmente no primeiro turno, terem comparecido e votassem nesse segundo turno.

O resultado foi melhor do que eu esperava. A PEC foi aprovada em segundo turno, com 333 votos favoráveis, tendo 144 votos contrários. Nós conseguimos mais 15 votos favoráveis do que no primeiro turno, em uma vitória que deixou o PT e o governo tontos.

Ao sair da Câmara, o primeiro telefonema que recebi, de agradecimento, foi do ministro do STJ, Felix Fischer, um dos que se aposentariam em 2017 e que também lutava desde 2013 para que a PEC fosse votada.

No dia seguinte, 6 de maio, ainda pela manhã, recebi um telefonema de Renan. Ele falou que achava que tinha dado a maior "porrada" no governo com a devolução da medida provisória das desonerações da folha de pagamento, mas que eu o superei, dando efetivamente a maior "porrada" que o governo poderia tomar. Ele me propôs marcar para o dia seguinte pela manhã a sessão do Congresso, para a promulgação da PEC. Eu aceitei.

A imprensa registrou com muita ênfase a grande derrota de Dilma, que perderia a condição de ter indicado praticamente em seus dois mandatos nove ministros dos 11 da composição do STF, restando como exceção Gilmar Mendes e Dias Toffoli.

Registrou também que Janot teve seu sonho de ser ministro do STF sepultado pela votação da PEC. Isso sempre foi a principal razão daquele que foi o meu algoz: perdeu sua cadeira de ministro do STF e terminou de forma melancólica os seus dias de glória.

Janot inventou um possível crime para ele mesmo, ao anunciar em livro que quase assassinou o ministro Gilmar Mendes, dando o dia em que ele comprovadamente estava fora de Brasília e não poderia ter praticado o crime que inventou.

A pergunta que não quer calar era: se Janot inventava crimes para ele mesmo, como não poderia inventar crimes para os outros?

Depois que a bancada do PT fechou questão a favor do ajuste fiscal, eu coloquei nesse dia a primeira medida provisória do ajuste, aprovando o texto-base por uma diferença pequena, de 252 votos a 227.

A sessão foi marcada por muito tumulto e eu fui obrigado a esvaziar a galeria, depois que os sindicalistas presentes jogaram no plenário notas falsas de PTrodólares com os retratos de petistas, incluindo Lula e Dilma.

A vitória do governo teve a minha ajuda. Eu havia enfrentado e superado a obstrução da oposição. À noite, após a votação, fui ao Palácio do Jaburu me encontrar com Temer, que estava ressentido por Dilma não ter lhe telefonado para agradecer, pois ele tinha obtido votos do DEM, em negociação com ACM Neto e Rodrigo Maia – e, com isso, conseguido compensar os votos da base, que ficaram contrários à MP.

Na quinta, dia 7 de maio, Renan realizou a sessão do Congresso e promulgou a emenda constitucional resultante da PEC da Bengala. Em seguida, ele quase transformou a vitória em derrota, declarando que os ministros do STF teriam de se submeter a nova sabatina e aprovação no Senado Federal.

Eu reagi a isso, declarando publicamente que essa exigência de nova sabatina era ilegal e que a emenda era autoaplicável. Telefonei ao presidente do STF, Ricardo Lewandowski, defensor da medida, pois se aposentaria em 2018 – ele reclama comigo que o Congresso estava dando com uma mão e retirando com a outra.

Ele disse que o STF não aceitaria essa posição e levaria isso para decisão da Corte; falei que achava que não seria necessário, pois essa posição externada por Renan não teria consequência prática.

Em seguida, associações de juízes ingressaram com uma ação direta de inconstitucionalidade no STF contra a sabatina, sendo que Renan recuou do assunto e o STF pacificou o tema por meio dessa ação, acabando com a absurda exigência.

A PEC da Bengala foi talvez a maior derrota que um presidente da República sofreu no Congresso Nacional, perdendo somente para as votações de processo de impeachment, ocorridas com Collor e Dilma.

16 A sabotagem do PT e a articulação política de Temer

Após a promulgação da emenda constitucional resultante da PEC da Bengala, eu tinha a obrigação de dar uma vitória ao governo para distensionar. O ajuste fiscal estava sendo votado e, à tarde, eu levei para votação os destaques da primeira medida provisória do ajuste fiscal. Todos eles foram rejeitados, com o governo, enfim, tendo sua primeira vitória.

O PDT, partido alinhado a Dilma, votou contrário e desdenhou da sua participação no governo. Isso irritou bastante a base, que pediu que se demitisse o ministro do Trabalho, do PDT.

Os demais partidos que faziam parte da base estavam aguardando as promessas de liberação dos cargos de segundo e terceiro escalões, que o governo havia se comprometido e ainda não haviam sido entregues. Se eles não fossem atendidos, isso comprometeria o restante das matérias do ajuste fiscal.

Na sexta-feira, dia 8 de maio, compareci ao programa ao vivo de estreia da jornalista Mariana Godoy, na RedeTV, em São Paulo, que tinha sido colega da minha esposa na Rede Globo. Além do grande destaque que a minha participação teve, acabei respondendo sobre o impeachment de Dilma, além de me defender sobre o inquérito no STF.

Mariana, conhecedora do fato de que eu tocava bateria, armou uma surpresa para mim, colocando uma banda ao vivo para tocar Led Zeppelin e me fez assumir a bateria – o que fiz. Isso viralizou nas redes sociais, além de ser parte da propaganda do programa dela pelo tempo que durou.

Eu aproveitei a estada em São Paulo para lá permanecer, pois haveria o casamento de Roberto Kalil Filho, médico de Lula, Dilma e meu também. Não poderia deixar de ir.

Renan Calheiros também iria para o casamento e, como se hospedou no mesmo hotel em que eu estava, acabamos marcando uma conversa para apararmos as arestas, o que fizemos no sábado, dia 9 de maio, à tarde. Nós combinamos uma forma de distensionar as disputas e tentar novamente levar a uma pauta comum, independente das divergências que estávamos tendo naquele momento.

No sábado à noite, fui ao casamento do Kalil. Houve uma presença multipartidária, desde Dilma e Lula até Renan e Alckmin, além do líder do PSDB, Carlos Sampaio, e a nata política e empresarial do país.

Dilma teria uma recepção, na porta do local do evento, de manifestantes barulhentos e com panelas contra ela e contra o PT, mobilizando a segurança para evitar confrontos. Eu me sentei à mesa principal – com Dilma, Lula, Renan e Alckmin, além de parte da minha família.

A conversa ali foi amena e serviria para quebrar um pouco o gelo, mostrando que Kalil juntava todos, independentemente de posição política. Dilma saiu antes do horário de fechamento do Aeroporto de Congonhas, para retornar a Brasília. Ficamos eu, Renan e Lula em conversa amistosa.

Houve até momentos em que Dilma posou para fotos com minha esposa e minhas filhas presentes. Uma jornalista, na frente de Dilma, sugeriu que a minha esposa me aconselhasse a tratar melhor a presidente. Dilma respondeu: "Ah, não estamos nessa, aqui hoje com a gente a conversa é outra!".

Começavam a sair na imprensa notícias de sabotagem de Aloizio Mercadante à articulação política de Michel Temer. Os cargos que deveriam ser distribuídos aos partidos aliados eram barrados por ação do petista. Ele alegava desculpas diversas – mas, na prática, era para preservar os petistas que ocupavam esses cargos. Com o passar do tempo, essa sabotagem provocaria a saída de Temer da articulação política e o consequente mergulho dele na aprovação da abertura do processo de impeachment de Dilma.

Na segunda-feira, dia 11 de maio, já em Brasília, participei de jantar com grupos de mídia acerca da conferência do Instituto Palavra Aberta, sobre liberdade de expressão, que ocorreria na TV Câmara no dia seguinte. Eu faria a abertura.

A CPI da Petrobras se deslocou para Curitiba, para ouvir todos os que estavam presos na Operação Lava Jato. Começava pelo doleiro Alberto Youssef, que não confirmou que enviou dinheiro para mim por meio do tal policial, Jaime Careca. Ele falava que somente entregou um dinheiro, em endereço fornecido pela empreiteira OAS, e que não sabia quem era o destinatário.

Conforme já relatei, o endereço onde foi supostamente entregue o dinheiro era de outra casa, que não a minha. Isso ficou provado por matérias de imprensa divulgadas na época.

Youssef também acusou Lula e Dilma de saberem do esquema de propina na Petrobras, nos moldes do já divulgado na véspera do segundo turno das eleições de 2014, pela revista *Veja*.

A Procuradoria-Geral da República havia constrangido a ex-deputada Solange Almeida, em depoimento que desrespeitava a Constituição, já que não poderia exigir a fonte da deputada para os requerimentos. O parágrafo 6º do artigo 53 da Constituição fala: "Os deputados e senadores não serão obrigados a testemunhar por informações recebidas ou prestadas em função do exercício do mandato, nem sobre as pessoas que lhe confiaram, ou deles receberam informações".

Na terça-feira, dia 12 de maio, aprovei outra medida provisória do ajuste fiscal, seguindo a ordem cronológica das medidas provisórias, respeitando a Constituição Federal. A partir daí, se iniciou a votação da mais difícil das medidas provisórias que ainda seriam votadas.

No mesmo dia, o senador e ex-presidente Fernando Collor ingressou com quatro representações no Senado contra o procurador-geral Rodrigo Janot. Uma dessas representações era sobre a invasão feita por Janot na Câmara dos Deputados, uma violação ao princípio da separação de poderes.

As outras três representações versavam sobre autopromoção dele, por meio do espetáculo de mídia da sua segurança pessoal, sobre os pagamentos ilegais de passagens e diárias a procuradores autorizados por ele e outra por ter escolhido a quem investigar, selecionando a quem bem entendia para responder e permanecendo inerte diante de acusações contra outros suspeitos.

Collor objetivava o impeachment de Janot e foi o único com coragem para enfrentá-lo de peito aberto. Por causa disso, foi também alvo das perseguições dele, além de denúncias às quais responde até hoje.

A questão da busca em gabinetes e instalações do Congresso é realmente muito duvidosa, e eu gostaria que tivesse ocorrido em minha gestão alguma busca que não fosse em cima de mim, para que eu pudesse reagir e até impedir sua realização, forçando uma discussão política para manifestação definitiva do plenário do STF. Como a primeira busca que veio na minha gestão era com relação a mim, eu fiquei sem condições políticas para fazer isso, pois pareceria estar agindo em causa própria.

Foi feita uma sabatina na CCJ do Senado do indicado de Dilma para o STF, Edson Fachin, debaixo de rumores de que Renan estaria trabalhando contra a indicação dele – coisa que não acreditei, até porque teve a atuação anterior de Ricardo Lewandowski. Havia ainda a atuação de Joesley Batista, que, interessado na nomeação, estava acionando os senadores conhecidos dele, pedindo apoio. Isso era materializado pelo seu representante institucional perante o Congresso, Ricardo Saud.

Renan não correria o risco de entrar em uma disputa dessas, pois se perdesse teria de enfrentar Fachin, relator do seu inquérito, sobre as despesas de uma filha fora do casamento terem sido supostamente pagas pela empreiteira Mendes Júnior.

A sabatina de Fachin na CCJ tinha sido a maior sabatina de candidatos a ministro do STF em toda a história do Senado. Foram 12 horas. Isso em razão da identificação de Fachin com o PT e sindicatos, inclusive com o apoio público à campanha de Dilma em 2010, representando um grupo de juristas a favor da candidatura dela, em comício de campanha.

O nome de Fachin acabou aprovado na CCJ. Mas Renan não levou imediatamente para o plenário. Ele marcou somente para a semana seguinte, dando razão aos boatos de que trabalhava contra a indicação de Fachin, embora pessoalmente eu não acreditasse.

Depois dos depoimentos de Youssef na CPI, do lobista Júlio Camargo e da ex-deputada Solange Almeida ao Ministério Público, minha defesa entrou com nova petição pedindo o arquivamento do inquérito, por não ter o mínimo de lastro probatório na peça. Antonio Fernando de Souza atacou Janot e a busca desnecessária efetuada na Câmara – para obter o que ele havia recolhido, bastava um ofício, pois os registros jamais poderiam ser apagados por qualquer ação de quem quer que fosse.

Estranhamente, 48 horas depois de depor na CPI me isentando, Youssef foi depor na Justiça Federal e lá, debaixo do chefe da Operação Lava Jato, Sergio Moro, mudou seu depoimento. Ele, estimulado por pergunta direta de seu advogado, disse que eu era o beneficiário final do dinheiro.

A manipulação era evidente. Um delator como Youssef respondia da forma que os meus acusadores queriam, numa reação ao meu pedido de arquivamento do inquérito e sem ter prova concreta contra mim. Eles precisavam esquentar o assunto e rebater o próprio Youssef na CPI.

Na votação da MP mais importante do ajuste fiscal, o governo acabava tendo uma grande derrota. O PTB, por meio do deputado Arnaldo Faria de Sá, havia apresentado destaque para alterar as regras de aplicação do fator previdenciário. O destaque venceu por 232 votos a 210, com nove deputados do PT votando contra o governo e cinco deputados do PT se ausentando do plenário.

O governo queria que eu não admitisse a emenda – e o destaque, por consequência –, em razão de ser matéria estranha à MP. Mas não o fiz simplesmente porque não era matéria estranha. Eu não iria dar um golpe com gol de mão para evitar a derrota do governo. Embora achasse errados a emenda e o destaque e fosse pessoalmente contrário a ele, tinha de agir conforme o regimento.

O próprio relator da medida, o deputado petista Carlos Zarattini, que também era vice-líder do governo, foi à tribuna e defendeu o destaque. Além disso, ele mesmo votou de maneira oportunista contra o governo – e muitos que traíram o governo usaram isso como argumento dos seus votos. Zarattini acabou renunciando à vice-liderança do governo. Ele havia incluído também uma emenda de matéria estranha à MP, que ia na contramão do ajuste fiscal. Eu vetei essa emenda, baseado no regimento, debaixo de protestos do próprio relator do projeto.

O engraçado é que se o PT votasse todo com o governo, ele não perderia. No PSDB, em cujo governo se criou o fator previdenciário, todos os deputados votaram a favor do destaque. No DEM, quatro deputados votaram com o governo, entre eles Rodrigo Maia.

A PGR entrou com pedido no STF para quebra dos sigilos de Renan Calheiros e Fernando Collor, mostrando que continuava escolhendo contra quem estavam sendo tomadas as medidas. Collor, depois dos pedidos de responsabilização de Janot, começava a sofrer novas retaliações.

Jantei com a bancada do PC do B para aparar arestas e tentar minimizar o desgaste provocado pelos conflitos com o PT. Apesar das diferenças, a conversa fluiu e, ao menos, reduzi os atritos com eles nas disputas da Câmara.

Lula foi a Brasília, almoçou com Renan, e ambos atribuíram a Mercadante a situação política do governo. Tinha saído na mídia que Mercadante estaria sabotando o trabalho de Michel Temer, evitando que os cargos acertados por Temer com os partidos fossem entregues.

O lobista Júlio Camargo foi depor na Justiça Federal, em sequência a Youssef, perante o chefe da Operação Lava Jato, Sergio Moro. Ele não confirmou as acusações de Youssef contra mim, de que tinha falado a ele que eu era o destinatário do dinheiro.

O relator da reforma política apresentou a versão do seu relatório final, no qual colocou muitas coisas difíceis de serem aprovadas. Embora ele tivesse cedido à pressão do PMDB para colocar a opção do voto distritão, ele era contrário a isso e registrou no seu relatório.

Em 14 de maio fui a Belém e depois a Macapá, em mais uma rodada da Câmara Itinerante. Participei de vários debates sobre reforma política e pacto federativo. Também iria enfrentar o PT nos seus habituais protestos. A contrapartida a essas manifestações era que eu estava distribuindo, de forma proporcional de cada partido, as vagas nas galerias para as sessões de votação do ajuste fiscal na Câmara. Eu cedia as vagas dos partidos do blocão, para que o deputado Paulinho da Força trouxesse os membros da Força Sindical, que vinham só para azucrinar o PT. Era um festival que me obrigava, em toda sessão, a esvaziar as galerias, pois acabavam passando do ponto. Mas era divertido ver as agruras que o PT passava no plenário. O PT respondia nas minhas viagens, colocando gente para me azucrinar – o que acabava me colocando na mídia como vítima dos enfrentamentos do partido, e isso me beneficiava.

Defendi a aprovação da reforma política, incluindo o financiamento privado, mas proibindo que empresas que tivessem contratos com o poder público fossem doadoras. Assim, limitava o campo de doações, mas evitava que se aprovasse o financiamento público das campanhas.

Já a caminho da viagem para Belém, onde pernoitaria na quinta-feira, recebi uma mensagem da administração do *trust* que detinha. Precisavam conversar urgentemente por telefone. Eu informei onde estaria na manhã de sexta, para que me telefonassem no hotel, pela manhã, devido à diferença de fuso horário.

Ao receber o telefonema com o aviso de que estava sendo gravada a conversa, fui informado da atuação do Ministério Público da Suíça, que teria bloqueado todos os ativos do *trust*. Eles não me explicaram a razão nem por qual instrumento estava sendo feito o bloqueio.

Como a ligação era gravada, eu optei por apenas ouvir e nada falar, para que pudesse verificar o que fazer depois. Eu teria a opção de fazer uma retificação do meu imposto de renda, já entregue no prazo de 30 de abril, onde declararia o patrimônio, pagando o imposto de ganho de capital, evitando assim qualquer problema.

Ocorre que, em primeiro lugar, como a declaração já havia sido entregue, essa retificação obrigatoriamente iria cair na chamada malha fina, gerando automaticamente uma fiscalização sobre o tema. Como a Receita era instrumento de aparelhamento do governo e do PT, isso seria de conhecimento deles, quase de imediato, me deixando nas mãos deles.

Em segundo lugar, eu não teria como pagar os tributos, que seriam elevados, sem utilizar o próprio ativo bloqueado naquele momento. Eu não poderia também pedir parcelamento dessa dívida, porque também faria a informação ser conhecida do governo, além de não ter como pagar nem mesmo com parcelamento. Eu fiquei sem saída e preferi tentar administrar, sendo esse um dos meus erros.

Para evitar pagar os tributos naquele momento, eu poderia ter declarado, em retificação do imposto de renda, a propriedade do *trust*, colocando direitos da empresa, ao valor do seu capital que era pequeno.

Ocorre que a empresa não era de minha propriedade. Essa declaração poderia ser usada como falsidade ideológica, além de não me livrar de autuação fiscal com multa majorada de 150%. Isso, além de ser um desastre financeiro, era arriscado do mesmo jeito, tendo logo descartado essa opção.

Em novembro de 2014, logo após as eleições, eu tinha tomado a decisão de encerrar o *trust* e distribuir o seu patrimônio entre os meus herdeiros, repatriando e recolhendo os tributos correspondentes. Já estava prestes a entrar em vigor uma norma nos bancos estrangeiros que tornaria mais rígido o controle de ativos no exterior, onde aqueles que eram personalidades politicamente expostas, os chamados PPEs, teriam mais restrições. Era desejo de todas as instituições financeiras não os manterem nelas.

Analisando, optei por deixar virar o ano, em janeiro de 2015, para que a declaração de imposto de renda só fosse necessária no ano seguinte, que venceria em 30 de abril de 2016.

Só que a campanha da presidência da Câmara me impediu de concretizar isso, pois seria necessário que eu viajasse para concluir a transação. Isso não foi possível em janeiro, no auge da campanha, pois eu tinha que correr o país inteiro.

Depois, como presidente da Câmara, cheguei até a pensar em fazer isso, aproveitando a viagem que fiz no Carnaval. Entretanto, o receio de ser reconhecido, pela minha alta exposição pública, me impediu de fazê-lo. Além disso, eu tive uma indisposição de saúde, no meio da viagem, que me deixou dois dias de cama no hotel, sob cuidados médicos, na França.

Dessa forma, eu não fiz, e depois da abertura de investigação no STF, achei que o gesto seria me expor demasiadamente, pois estaria dando um motivo, gerando um fato que certamente seria usado contra mim – pois o governo se encarregaria de fornecer as informações para Janot.

Depois do comunicado sobre o *trust*, optei então por nada fazer naquele momento. Eu iria buscar e contatar um advogado na Suíça. Aproveitaria uma viagem que faria a Portugal, já agendada para a semana seguinte, pedindo que ele me encontrasse lá, para me orientar.

O jornal O *Globo* trouxe uma matéria no sábado, dia 16, em que me atribuiu uma pressão feita a Mercadante para que Janot não fosse reconduzido à PGR, e que supostamente eu teria ameaçado o governo, de que Dilma viveria um "inferno" caso Janot fosse reconduzido.

Embora houvesse a negativa minha e de Mercadante, o jornalista bancou a matéria. Como ele era fonte da PGR, isso era uma espécie de vacina de Janot para impedir qualquer influência minha na sua recondução.

No mesmo jornal, saiu também matéria do encontro entre Lula e Renan, onde supostamente Renan teria reclamado a mesma coisa, que seria a recondução de Janot, dizendo que Dilma estaria afrontando-o e que a atuação de Janot era para atender ao Planalto.

Saiu também no mesmo jornal uma nota dizendo que Janot poderia ficar tranquilo, pois, enquanto eu estivesse pedindo a cabeça dele, a sua recondução estaria garantida.

Não resta a menor dúvida de que se Janot não estivesse atuando por orientação ou acordo com o Planalto, ele não poderia ser reconduzido, pois o atrito dele com a base de Dilma não permitiria a ela esse luxo.

Ela só o reconduziu por causa dessa atuação combinada, ao menos com José Eduardo Cardozo e, sem dúvida nenhuma, esse foi um dos principais fatores que levaram à abertura do processo de impeachment.

Houve tentativa, por meio de deputados, de se tramitar com celeridade uma proposta de emenda constitucional para acabar com a possibilidade de recondução do procurador-geral da República. Mas, como não haveria tempo hábil para a proposta ser concluída antes da data da possível recondução de Janot, optamos por não continuar nesse projeto. A divulgação disso só aumentava a minha briga com o procurador.

Sergio Moro começava a receber críticas de sua superexposição na imprensa, que prejudicaria a credibilidade da operação chefiada por ele. Isso só era o antecedente do que realmente era o fato: que esse chefe da operação era, na realidade, um agente político que buscava a carreira política usando a operação como trampolim.

Na segunda-feira, dia 18 de maio, fui a Brasília. O impasse da reforma política se agravava pelo relatório do deputado Marcelo Castro, que inviabilizava a votação em plenário. O principal erro dele era achar que aprovar na comissão especial seria o passo para aprovar em plenário – o que não aconteceria.

Minha preocupação era de que ele inviabilizasse a discussão em plenário, pois poderia engessar o texto de tal forma que não se permitiria votar as diferentes opções. Eu precisava construir a solução regimental para que isso ocorresse.

Reuni os líderes do blocão e decidimos que não deixaríamos votar o seu relatório na comissão especial. Nós levaríamos diretamente ao plenário a reforma, mas que seria necessária a troca do relator, porque com a disposição do Marcelo Castro seria impossível construir a solução de votação.

Nessa segunda-feira, à noite, recebi os ministros do TCU para jantar na residência oficial para combinarmos a atuação em muitos assuntos, incluindo a votação das contas do governo na Câmara.

A votação da reforma política estava marcada na comissão na terça, 19 de maio, e decidimos impedir essa votação, deixar expirar o prazo máximo das 40 sessões para apreciação da proposta e levarmos diretamente ao plenário. Para isso, eu daria a relatoria a Rodrigo Maia, que já era o presidente da comissão especial.

Nessa terça-feira, eu participei de um almoço no Itamaraty com o primeiro-ministro da China, Li Keqiang, que depois visitaria a Câmara, na mesma mesa de Dilma, Temer e Ricardo Lewandowski. A presidente discutia com Lewandowski a votação no plenário do Senado do nome de Fachin para o STF, que acabou aprovado por 52 votos a 27.

Levei à votação mais uma MP do ajuste fiscal. De cara, impugnei 15 artigos como matéria estranha à medida provisória. O texto-base foi aprovado e quatro destaques acabaram rejeitados, ficando os demais para o dia seguinte. O governo conseguiu 323 votos favoráveis, sendo 125 votos contrários – melhorando a sua situação.

Dentro dessa medida foi colocada uma emenda para regulamentar a possibilidade do Poder Legislativo realizar parceria público-privada, a fim de que se pudesse realizar a construção do novo anexo da Câmara, promessa da minha campanha à presidência.

O PSDB levou ao ar o seu programa partidário de TV, com duras críticas ao PT, a Lula e a Dilma, incluindo a participação de Fernando Henrique Cardoso.

Na quarta-feira, dia 20, Renan e eu reunimos todos os governadores para ouvirmos suas dificuldades, com o objetivo de prepararmos uma agenda em comum – gesto que seria repetido na semana seguinte com os prefeitos das capitais.

A discussão se daria por medidas do pacto federativo, em que obrigações eram repassadas aos entes sem que fossem acompanhadas das correspondentes receitas. Decidimos colocar uma comissão com dois deputados e dois senadores para selecionarmos matérias comuns, para levar a votação nas duas casas.

Nessa mesma quarta, eu coloquei em votação os demais destaques da MP do ajuste fiscal. O PSOL destacou o artigo sobre a PPP do Poder Legislativo com o objetivo de me enfrentar, mas como o partido não tinha mais número regimental na Câmara para propor destaques, acabei rejeitando.

Em função da discussão formada no plenário e atendendo a apelos de aliados para evitar mais confusão, resolvi submeter a votos o artigo da PPP, que acabou aprovado por 273 votos contra 184, reafirmando a minha liderança e o apoio que tinha no plenário. Foi uma votação até maior do que aquela obtida na minha eleição. O governo queria emendar, após a votação da MP, e votar logo o projeto das desonerações da folha de pagamento na semana seguinte, mas eu não concordei. Nós já havíamos decidido com os líderes votar primeiro a reforma política e só depois retomaríamos o ajuste fiscal.

Em função da contestação de que eu deveria evitar matérias estranhas às medidas provisórias, declarei que mudaria meu entendimento anterior, para não retirar mais aquelas colocadas nos relatórios das comissões mistas que analisavam essas medidas.

Minha decisão se dava em razão de ser matéria apreciada por deputados e senadores nessas comissões. E eu, como presidente de uma das casas, não teria essa prerrogativa de impugnar a votação de uma comissão do Congresso, na qual senadores também votavam.

Em reunião com os líderes partidários, fechei acordo para os procedimentos da votação da reforma política em plenário, na qual se votaria tema a tema. O primeiro foi o sistema eleitoral, o segundo, a forma de financiamento de campanha e, em seguida, a possibilidade ou não da reeleição.

Depois nós levaríamos a voto o tamanho dos mandatos, a coincidência das eleições, a cota feminina no Congresso, o fim das coligações partidárias e a cláusula de barreira, além de outros que seriam destacados pelos partidos, cobrindo todos os pontos do debate.

Na quinta-feira, dia 21 de maio, Renan, com um grupo de senadores, foi à Câmara se reunir comigo e com alguns deputados para acertar a pauta comum a ser votada pelas duas Casas.

Entreguei a ele a sugestão para que fizéssemos um anteprojeto da lei de responsabilidade das estatais, para que, após deliberação por uma comissão mista, se iniciasse a tramitação pelo Senado Federal, o que foi acordado. Em 10 dias eu entregaria uma base do texto.

Nessa mesma quinta fui a Portugal, para palestra no último dia de debates das Conferências de Estoril, onde participei da mesa de debates sobre a reforma política, cuja votação seria iniciada na semana seguinte.

Essas conferências são bastante famosas e feitas a cada dois anos. Em 2017 e 2019, seria o chefe da Operação Lava Jato, Sergio Moro, quem participaria pelo país. Ele não perderia essa oportunidade política.

Eu havia conseguido contatar um advogado da Suíça, que iria me encontrar na sexta à tarde, no hotel em que ele se hospedaria em Lisboa para uma reunião.

Nessa sexta-feira, dia 22 de maio, participei da mesa de debates. Havia um representante do "partido pirata", que buscava contestar aquilo que a democracia consagra de decisão pela maioria. Ele se justificava dizendo que "esse negócio de maioria são três lobos e uma ovelha decidindo quem vai ser o jantar". Respondi a ele que "nunca vi três ovelhas decidindo que o lobo é o jantar", rebatendo a absurda tese de que não temos de obedecer à maioria.

À tarde, me reuni com o advogado suíço, que não tinha como me orientar muito, salvo se eu lhe desse procuração para que ele entrasse no Ministério Público na Suíça, pudesse tomar ciência e partir para alguma contestação de natureza jurídica. Fiz dessa forma, constituindo-o como procurador. Ele esteve no Ministério Público da Suíça, solicitou que eu pudesse ter acesso ao procedimento para defesa, e me colocou à disposição para comparecimento, a fim de dar explicações pessoalmente. O órgão suíço ignorou todas as petições dele. Nós nunca tivemos acesso ao procedimento, até o envio para o Brasil depois.

No mesmo dia, aproveitei a estada rápida em Portugal e ainda participei, com o embaixador brasileiro, de eventos com o presidente da República, o primeiro-ministro e a presidente da Assembleia Nacional do país.

No sábado, o embaixador ofereceu um jantar em minha homenagem, na embaixada brasileira em Lisboa. Retornei ao Brasil no dia seguinte. A viagem foi em voo de carreira. Acho absurda a farra que se faz na utilização de aviões da FAB para verdadeiras caravanas turísticas, como foi feito nos dias de Rodrigo Maia, pela Câmara dos Deputados. Além disso, minha esposa viajou com a passagem paga por mim e eu não recebi nenhuma diária da Câmara.

Os partidos de oposição, em vez de protocolarem o pedido de abertura de processo de impeachment de Dilma, resolveram apresentar uma representação à Procuradoria-Geral da República para a abertura de ação penal pelas pedaladas fiscais de 2014. Era um gesto político, em função de não ver naquele momento nenhuma viabilidade de aceitação do processo de impeachment.

Na revista *Época*, saiu a nota de que o procurador-geral, Rodrigo Janot, estaria ameaçando cancelar o acordo de delação premiada do lobista Júlio Camargo, por achar que ele estava faltando com a verdade ao falar de mim. Ou seja, ele o estava ameaçando publicamente, que se não mudasse o depoimento para falar de mim o que ele queria, perderia o seu acordo.

Na segunda-feira, dia 25 de maio, já em Brasília, acionei o meu advogado, Antonio Fernando de Souza, para solicitar que qualquer novo depoimento de Júlio Camargo fosse feito na frente do ministro relator do meu inquérito, Teori Zavascki, inclusive com a presença dos meus advogados.

Minha defesa solicitou também que se determinasse a Janot que informasse as reuniões feitas com o lobista, o local e os participantes dessas reuniões, cujo objetivo era tentar evitar constrangimento e ameaças feitas por ele ao colaborador para fraudar uma suposta prova contra mim.

Nessa mesma segunda-feira, após reunião com os líderes partidários do bloco informal, eu tomei a decisão formal de avocar a reforma política para o plenário. Efetuei então a nomeação, como relator em plenário, do deputado

Rodrigo Maia, que havia reivindicado a relatoria. Esse gesto marcaria o rompimento do então deputado Marcelo Castro comigo.

Marcelo Castro deu duras declarações contra mim e disse que o novo relator era submisso. Ele foi apoiado pelos partidos de esquerda, que reclamaram de forma veemente e falavam que o próprio presidente da comissão, o novo relator Rodrigo Maia, teria assassinado a comissão.

Essa reclamação teria sido um gesto de quem sabia que o destino da reforma no plenário seria diferente da comissão, totalmente aparelhada para se ter um relatório que inviabilizaria a votação. Eu fui bastante criticado pela decisão de ter atropelado a comissão da reforma política e ter levado ao plenário diretamente a votação, mas não havia alternativa. O texto que sairia da comissão seria engessado de tal forma que inviabilizaria qualquer votação.

A opção que iria sobrar para o plenário era aprovar ou rejeitar – e o resultado seria a rejeição total. Depois, só se poderia votar o texto original da proposta de emenda constitucional ou emendas aglutinativas apresentadas em cima de destaques, ou seja, não haveria debate dos temas como a maioria dos deputados gostaria.

Avocar e votar o assunto por temas, ao contrário do que diziam os críticos, era a única forma de todas as opções serem submetidas a voto no plenário. Isso acabou com o discurso dos que pregavam a reforma política, mas, na prática, não queriam mudança. Grande exemplo disso é o fato de o PT sempre ter defendido a votação em lista fechada na eleição proporcional, contudo, quando submeti essa votação a plenário, nem o próprio PT votou nela, que foi fragorosamente derrotada.

O presidente da comissão especial, Rodrigo Maia, queria a relatoria e contribuiu para esvaziar a comissão, cancelando a sessão para a votação do relatório de Marcelo Castro, que, tendo ultrapassado as 40 sessões, me deu o argumento regimental para avocar a PEC para o plenário.

À noite, a Associação Brasileira de Emissoras de Rádio e Televisão me homenageou na casa do representante da Globo, Paulo Tonet. Claro, pediram que o setor não fosse atingido pelo fim das desonerações da folha de pagamento.

Na terça-feira, dia 27, iniciei a votação da reforma política, determinando que o relator apresentasse um relatório. Em seguida, aprovei requerimento para votar artigo por artigo da proposta. Eu também pedi aos líderes que colocassem requerimentos de destaques de emendas alternativas ao texto colocado no relatório por Rodrigo Maia.

Com isso, no sistema eleitoral, votamos primeiro o sistema do distritão – que eu defendia, e significava que os deputados mais votados no estado seriam os eleitos, acabando de vez com a situação de que o eleitor vota num deputado e acaba elegendo outro. A casa derrotou a proposta, que alcançou apenas 210 dos 308 votos necessários – tratava-se de emenda constitucional. O PSDB, que tinha feito acordo para apoiá-lo, na hora, por orientação de Aécio Neves, se associou ao PT para impedir sua aprovação.

Com a derrota do distritão, colocamos em votação os dois outros modelos. O da lista fechada, bandeira do PT, alcançou apenas 21 votos. O distrital misto, proposto pelo PSDB, alcançou apenas 99 votos. Ou seja, a casa não queria mudar nada. Iríamos continuar elegendo os deputados da forma como já se elegia, com todas as suas distorções. Mas, ao menos, caiu a máscara daqueles que pregavam todos os dias uma reforma política e não queriam reforma nenhuma.

Votamos também para colocar na Constituição o financiamento privado a candidatos e partidos – obteve 264 dos 308 votos necessários e também não foi aprovado. Ainda seriam votadas outras modalidades de financiamentos.

Na quarta, saiu nota na coluna "Radar", da *Veja*, dizendo que o MPF teria provas de que eu e o lobista Júlio Camargo teríamos falado ao telefone e essas provas embasariam a quebra do acordo do lobista, em mais um elemento de pressão contra ele, para obrigá-lo a mudar seu depoimento.

As referidas provas nunca apareceram, até porque nunca existiram. Se elas existissem, já estariam no inquérito. Como elas não existiam, eram apenas elementos de pressão e vazamentos visando me atingir.

Recebi uma delegação do parlamento italiano, chefiada pela presidente da Câmara dos Deputados, deputada Laura Boldrini. Debatemos a reforma política que estava sendo feita na Itália. O país saía do bicameralismo para o sistema unicameral, com o Senado italiano perdendo as prerrogativas anteriores, mudando o seu papel de legislador. Na Itália havia sido aprovado o financiamento privado das eleições – apesar das críticas, preferiram esse modelo ao do financiamento público.

Nós debatemos também sobre diversas legislações votadas pelo parlamento italiano, onde mudanças das relações trabalhistas tinham sido recentemente aprovadas, visando a modernização e abertura de novos empregos. Meu interesse especial era pelo fato de ter também cidadania italiana. Ou seja, sou eleitor lá também.

Sob protestos de contrários, anunciei que votaria o texto do relator sobre financiamento privado, sendo o de empresas diretamente aos partidos políticos e o de pessoas físicas diretamente aos candidatos. Essa proposta acabaria aprovada por 330 votos a 141, revertendo o clima dos que queriam me impor derrota com a reforma política. Eu coordenei a reação como resposta à interferência do governo, que atuou fortemente na rejeição do distritão e do financiamento privado aos candidatos. Quando encontrei as digitais dessa atuação, reuni os líderes e começamos a ofensiva para reverter a derrota do dia anterior.

A confusão tinha se dado quando respondi a uma questão de ordem na véspera, se teríamos outra votação de financiamento sobre o texto do relator. Respondi que o texto do relator ficaria prejudicado, caso aquela emenda fosse aprovada, o que não aconteceu.

Antes de votar esse destaque, coloquei em votação dois outros modelos de financiamento, sendo que o primeiro incluía financiamento público e doações privadas somente de pessoas físicas, que perdeu por 240 votos contra e 163 a favor. Por interferência do STF, esse é o modelo que está hoje em vigor.

O segundo modelo era o que previa exclusivamente financiamento público, que perdeu fragorosamente por 343 votos contrários a 56 favoráveis, mostrando mais uma vez que o discurso do PT, que apoiava o financiamento público, era retórica, sem apoio no parlamento.

Votei também o fim da reeleição, um dos maiores erros da nossa história, aprovada com 452 votos favoráveis contra apenas 19 votos contrários para permitir a reeleição de Fernando Henrique Cardoso. É impressionante como esse modelo que tanto mal fez ao país esteja ainda em vigor, apesar do grande apoio parlamentar para o seu fim.

Infelizmente o Senado barrou essa alteração depois. Se isso tivesse sido levado adiante pelo Senado, já teria valido a pena toda a movimentação da reforma política, pois a reeleição, depois da eleição presidencial solteira, talvez tenha sido a medida que mais prejudicou o processo político do país. Ela transformou os mandatos dos governantes em meros trampolins para o seu segundo mandato, dificultou a renovação política, assim como consolidou oligarquias políticas. Sem dúvida nenhuma, em minha opinião, a reeleição foi o maior mal realizado no processo político do país, com nefastas consequências até hoje, inclusive acarretando o aumento da corrupção política no país.

Essa proposta incluía inclusive o fim da minha reeleição, com a proibição de reeleição dos presidentes da Câmara dos Deputados e do Senado Federal, mesmo em legislaturas distintas – muito diferente dos dias atuais, quando tentam se reeleger até na mesma legislatura, sem previsão constitucional. Felizmente o STF barrou essa nova tentativa de golpe.

Nos tempos atuais, tentaram emplacar no Congresso o modelo de coronelismo político, que existe em algumas assembleias legislativas, de reeleições infinitas, que visam concentrar poder e corrupção política. Sempre se colocam que os que estão ocupando seus cargos são os melhores para continuarem, como se não existissem outros capazes para isso.

O STF chegou a permitir, por decisão monocrática do ministro Celso de Mello, não examinada em plenário, a reeleição de Rodrigo Maia em 2017, sem amparo constitucional. O parágrafo 4º do artigo 57 da Constituição veda a reeleição para o mandato subsequente. Celso de Mello, respondendo a um mandado de segurança do deputado André Figueiredo, do PDT, e baseado em dois pareceres, um do jurista Heleno Torres, contratado pelo DEM para essa finalidade, e outro de Luís Roberto Barroso, feito quando era advogado para uma eleição tampão do Senado, deu o direito de reeleição a Maia.

A decisão de Celso de Mello não teve recurso e por isso não foi levada a plenário. Rodrigo Maia havia sido eleito para complementar meu mandato, quando eu renunciei em 7 de julho de 2016. Ele não poderia ser reeleito na mesma legislatura.

Essa história de que o mandato tampão não valia como mandato contrariava toda a lógica de precedentes da Justiça brasileira, quando governantes que assumissem o complemento de mandato de prefeito, governador ou presidente só teriam direito a uma reeleição no cargo. Essa decisão monocrática de Celso de Mello equivaleria a que eles pudessem ter direito a duas reeleições, pois o mandato tampão não valeria.

Tal casuísmo beneficiou Rodrigo Maia e foi muito ruim para a democracia. Esperamos que o STF não patrocine novos casuísmos, pois, se não houvesse renovação dos quadros no exercício das funções do Legislativo, nem eu, nem o próprio Rodrigo Maia teríamos tido a oportunidade de presidir a Câmara.

A reeleição no Brasil foi tão nefasta que, em 2001, os juristas Fábio Konder Comparato, Dalmo Dallari e Celso Antônio Bandeira de Mello entraram com um pedido de abertura de processo de impeachment de Fernando Henrique Cardoso pela compra de votos da emenda da reeleição. Aécio Neves era, à época, deputado e presidente da Câmara dos Deputados, e rejeitou o pedido feito pelos juristas. Isso nos mostrou a diferença do lado em que ele estava a cada momento, sem contar o estrago feito ao nosso país pela própria emenda oportunista da reeleição, contestada depois pelas denúncias de compra de votos.

Duvido que, se Lula tivesse sido eleito em 1994 e propusesse sua reeleição, Fernando Henrique e o seu PSDB teriam apoiado. Da mesma forma que nem Lula, nem o PT apoiaram essa emenda, mostrando o oportunismo político que marca a atuação dos nossos políticos.

Naquela mesma quarta-feira, o MBL protocolou o pedido de abertura de processo de impeachment de Dilma, após a chegada, em Brasília, de uma caravana organizada por eles. Eu me comprometi a analisar tecnicamente o pedido.

Recepcionei o grupo em meu gabinete, para me entregarem o pedido. Eles vinham acompanhados de diversos deputados de oposição ao governo, se destacando, entre eles, o então deputado Jair Bolsonaro. Naquele momento, eu já havia rejeitado três pedidos de abertura de processo de impeachment, inclusive o feito por Bolsonaro.

Saiu na imprensa o registro de mais um encontro de José Eduardo Cardozo com Rodrigo Janot, no mesmo dia em que o então candidato a delator Ricardo Pessoa, da UTC Engenharia, esteve na PGR. Cada vez que Cardozo e Janot se encontravam, os motivos eram sempre para atender a algum interesse político do governo. Ou seja, interferir para que os inimigos fossem responsabilizados ou que os aliados fossem poupados.

No mesmo dia o STF decidiu que os mandatos de ocupantes de cargos majoritários pertenciam aos eleitos, e não aos partidos. Assim, quem se elegeu senador, presidente, governador ou prefeito poderia trocar de partido sem risco de perda de mandato, dando um duro golpe no instrumento da fidelidade partidária, referendado anteriormente pelo próprio STF. A fidelidade partidária passava a ficar restrita a deputados federais, estaduais e vereadores. Como tudo no Brasil, o jeitinho resolveu e acabou com a fidelidade partidária tão cantada por todos como exigência para o aperfeiçoamento do sistema político.

Na quinta, dia 28 de maio, nós aprovamos uma cláusula de barreira mais branda. A eleição de ao menos um deputado asseguraria a manutenção do partido. Essa cláusula obteve 369 votos favoráveis e 39 contrários, com o PSDB em obstrução. O fim das coligações proporcionais acabou rejeitado na votação com apenas 206 votos favoráveis e 236 contrários, sendo que o restante das votações teria que ficar para junho, pois eu teria uma viagem internacional na semana seguinte para Israel e Rússia, onde se daria a reunião parlamentar dos Brics. Além disso, haveria pelo meio o feriado de Corpus Christi, além do compromisso que tinha assumido para votação do projeto das desonerações da folha de pagamento, marcado já para 10 de junho.

Em evento no TSE para celebrar os 70 anos da Justiça Eleitoral, eu me sentei à mesa principal com Renan e Janot. O procurador não me cumprimentou. Isso se espalhou pelos noticiários.

O ministro Gilmar Mendes declarou que a aprovação da emenda constitucional pelo Congresso, que regulamenta as doações de empresas nas eleições, mudaria o rumo do julgamento sobre a constitucionalidade das doações privadas, o qual tinha sido interrompido por um pedido de vista dele em 2014.

Estourou o escândalo Fifa, com a prisão do ex-presidente da CBF José Maria Marin, na Suíça. Também haveria a instalação de uma CPI no Senado Federal. Nessa sexta, foi divulgada a reunião de Dilma com Cardozo sobre essas investigações, em que havia preocupação sobre investigação de estádios da Copa ou talvez outra investigação que mais adiante poderemos saber.

O Senado concluiu as votações das medidas provisórias do ajuste fiscal, apesar de Renan, da oposição e de parte da base aliada no Senado acabarem mantendo os textos aprovados na Câmara na íntegra, inclusive a alteração do fator previdenciário, que teria de ser vetada por Dilma.

Nesse momento, Michel Temer conseguiu, como responsável pela articulação política, a aprovação do ajuste fiscal, entregando parte dos cargos que haviam sido prometidos. Mas a fatura ainda não estava quitada e as outras entregas que faltavam teriam de ser realizadas, sob pena de a precária maioria obtida por ele não se sustentar lá na frente.

Temer havia concedido uma entrevista à *Folha de S. Paulo*, que sairia no domingo. Temer disse, com todas as letras, que sairia da articulação política se os acordos por ele feitos com os partidos da base não fossem cumpridos pelo governo.

A tramitação da redução da maioridade penal foi acelerada na Câmara, onde inclusive se propunha a possibilidade de consulta popular – que, no final, acabou não acontecendo. A comissão especial caminhava para terminar a votação até 15 de junho. Eu anunciei que votaria em plenário até o fim daquele mês.

Um dos fatores da aceleração era o fato de Dilma ter atacado fortemente a possibilidade da aprovação dessa redução, criticando o Congresso. Respondi que essa pauta não era de governo e, sim, da sociedade. E que a casa não iria ficar refém de uma minoria do PT, tentando impedir as pautas.

É claro que as declarações sucessivas e a atuação de Dilma contra pautas que não eram de governo, além de nos colocar em rota de colisão constante, colocava o parlamento como um todo contra ela. Isso facilitava a votação, pois aprovar a pauta era sinônimo de derrotá-la, sem que essa derrota implicasse em prejudicar o governo ou impor novas despesas.

Mas, sem dúvida, piorava e muito o clima dentro do Congresso contra ela, cada vez que tentava interditar o debate de matérias outras que não fossem as necessárias ao governo. Os deputados da base, em sua maioria, não aceitavam essa interferência. Eles não estavam apoiando o governo para defender essas pautas do PT, como se fossem as pautas da aliança da qual faziam parte.

No sábado, dia 30, participei de um grande evento no Rio, a Marcha para Jesus, com a presença de outros deputados. O destaque ficou por conta da presença do então deputado Jair Bolsonaro, bastante aplaudido.

Um grupo de deputados do PT e de partidos de esquerda anunciou que questionaria no STF a votação das doações privadas de campanha. O articulador do grupo era o mesmo deputado relator do marco civil da internet, Alessandro Molon, que estava sempre tentando me constranger e que, depois, viria a ser um dos responsáveis pelo processo do Conselho de Ética contra mim.

Em reação, disse que aquilo era choro dos derrotados e, para provocar, anunciei a votação da redução da maioridade penal, propondo um referendo para ser realizado com as eleições de 2016. Não por acaso, os mesmos deputados que estavam entrando no STF pelas doações privadas de campanha seriam os contrários a essa redução.

O objetivo do referendo seria deixar o PT constrangido, na eleição de 2016, em defender um tema contrário à grande maioria da população, favorável à redução da maioridade penal.

Na segunda, 1º de junho, depois de realizar sessão na Câmara para votar acordos internacionais, parti para uma viagem a Israel. Em seguida, participaria da reunião parlamentar dos Brics em Moscou, na Rússia – encontro que precedia ao dos chefes de Estado. Renan também participaria.

Dentro dos acordos internacionais votados havia um que estava na Câmara desde 1990, ou seja, 25 anos para ser apreciado, mostrando com isso a produtividade que estávamos impondo e que tanto irritava o PT e o governo.

Antes da sessão, eu me reuni com Michel Temer para debater a redução da maioridade penal. Temer, apesar de não concordar com a ideia, entendia que isso não deveria ser tema de governo, mas, sim, do parlamento.

Os petistas achavam, de forma equivocada, que Dilma tinha de se colocar para marcar posição com o eleitorado petista, esquecendo que a redução da maioridade, segundo a pesquisa Datafolha divulgada, tinha 87% de aprovação da sociedade.

Dilma, com 13% de índice de ótimo e bom nessa mesma pesquisa, quis manter o discurso para os mesmos 13%, esquecendo-se de que tinha sido eleita com a maioria dos votos da população e não por 13%. Era mais um erro que só iria prejudicar suas avaliações futuras, que seguiriam despencando.

Dessa forma, o governo anunciou a criação de um grupo de ministros para propor alternativas à redução da maioridade penal, visando alterar punições a aliciadores de jovens para o crime, entre outras coisas, para tentar desviar o foco dessa discussão. Respondi que a comissão era bem-vinda, embora tardia, mas que isso não implicaria a mudança da discussão. Discutiríamos tudo, começando pela redução da maioridade penal.

Na prática, o que acontecia era que os deputados e senadores do PT queriam esse enfrentamento porque entendiam que era uma forma de se conectarem com suas bases. Eles entendiam que podiam exercer a representação discutindo os temas que queriam e não ficarem discutindo o desgaste de medidas de ajuste fiscal, que os confrontavam com os seus eleitores.

Ganhar ou perder talvez nem fosse importante. Queriam mesmo era ter condição de brigar, tendo destaque de mídia nessa posição e, com isso, salvar a sua discussão. Esqueceram que uma coisa é a posição político-partidária, outra é mergulhar o governo dentro da ideologia partidária, pois o PT não ganhou a eleição de presidente sozinho. Logo, tinha de se adequar a todos que compunham a sua base.

Eu entreguei a Renan o anteprojeto da lei de responsabilidade das estatais. A partir disso, Renan criou uma comissão mista para o texto definitivo. Um dos itens polêmicos da proposta era dar ao Senado o poder de aprovar os nomes dos presidentes das estatais, nos moldes das agências reguladoras.

O então ministro Teori Zavascki, do STF, relator dos inquéritos da Lava Jato, rejeitou a petição dos meus advogados, para acompanhar um possível novo depoimento do lobista Júlio Camargo, no qual ele estaria sendo pressionado com ameaça de perda da sua colaboração a fim de que testemunhasse contra mim. Teori argumentou, na decisão, uma coisa que seria óbvia se tivesse depois sido cumprida no meu caso: somente a palavra de delator sem corroboração não seria causa de condenação, segundo previa a Lei nº 12.850, de 2013.

O fato era que, na vara do chefe da Operação Lava Jato, isso não era o problema. Bastava a palavra do delator para que houvesse condenação. Isso era mantido pela sua segunda instância, o Tribunal Regional Federal da 4ª região, sendo que depois restaria ao condenado ingressar no STJ com recurso especial e no STF com recurso extraordinário.

Só que, quando o STJ analisava o argumento de que o sujeito foi condenado apenas na palavra de delator, eles decidiam que, para comprovar isso, necessitaria reexaminar provas, o que seria proibido pela súmula 7 do STJ.

Por isso os tribunais superiores confirmavam as sentenças do chefe da Lava Jato, o que era uma prática falaciosa, pois, de fato, elas não eram revistas.

Dilma reagiu fortemente à proposta da lei de responsabilidade das estatais, dizendo que nomear ministros e presidentes era prerrogativa do Executivo. Só que ninguém queria tirar sua prerrogativa, mas, sim, colocar condições de aptidão para os cargos, sabatina do Senado e regras de governança nas estatais.

Na madrugada do dia 3 cheguei a Tel Aviv e, de lá, fui de carro para Jerusalém. A comitiva incluía os líderes Jovair Arantes, do PTB, Leonardo Picciani, do PMDB, Mendonça Filho, do DEM, André Moura, do PSC, Maurício Quintella, do PR, Rubens Bueno, do PPS, além dos deputados Rodrigo Maia, Gilberto Nascimento, Bruno Araújo, Átila Lins e Beto Mansur.

Participamos de reunião no parlamento de Israel, onde fomos recebidos com honras de chefe de Estado pelo presidente da casa, Yuli-Yoel Edelstein, e pelo líder da oposição, Isaac Herzog. Nós nos reunimos primeiro separadamente com eles e, depois, em conjunto com deputados do grupo de amizade Brasil-Israel. Também assistimos a uma parte da sessão de debates. Cumprimos ainda uma agenda de atividades protocolares, com visita ao Museu do Holocausto.

Em seguida, a comitiva foi recebida pelo primeiro-ministro Benjamin Netanyahu – conversamos bastante sobre o acordo da Palestina. Ele disse que a dificuldade maior para o acordo era que o governo palestino não tinha controle da situação em função das divisões lá existentes. Assim, não adiantava negociar sem saber o que seria cumprido depois.

Netanyahu pediu que nós ajudássemos para que Israel pudesse continuar no quadro de países associados da Fifa, a fim de que a seleção de futebol deles estivesse apta a disputar as competições internacionais.

O primeiro-ministro me chamou à parte e me conduziu ao seu pequeno gabinete. Dispensou o segurança, fechou a porta e, por quase uma hora, conversando em inglês, quis saber de tudo o que se passava no Brasil, dando ênfase sobre o movimento dos evangélicos e relatando dificuldades em alguns pontos diplomáticos com o Brasil. Demonstrando muito carinho e respeito com o nosso país, e ciente da importância do turismo religioso praticado pelos brasileiros em Israel, ele me mostrou fragmentos antigos que supostamente poderiam ter estado no túmulo de Jesus – ele guardava em sua prateleira –, além de peças com o brasão da sua família.

Quando ele me mostrou o livro escrito pelo seu pai, sobre a inquisição da Igreja Católica na Espanha, me interessei bastante. Pedi um exemplar do livro para eu ler. Ele me respondeu que iria providenciar um em língua espanhola e me enviaria via embaixada. Recebi o livro um mês depois, na minha residência, com uma dedicatória amigável.

À noite, a chanceler de Israel Tzipi Hopovely ofereceu um jantar em homenagem ao Brasil, no hotel King David. Quando eu estava chegando ao local, recebi a ligação do governador do Distrito Federal, Rodrigo Rollemberg, que me fez um apelo para que eu cedesse o então diretor-geral da Câmara, Sérgio Sampaio, para que fosse o seu novo chefe da Casa Civil. Ele estava numa crise política em Brasília e precisava disso para tentar resolver a situação. Apesar da ideia ser ruim para a Câmara, cedi, em função do pedido do governador e da concordância do próprio diretor, pois não se consegue manter alguém insatisfeito com uma oportunidade perdida.

No dia seguinte, dia 4, fomos à Palestina. Em Ramala, visitamos o improvisado parlamento deles, em uma pequena casa, com uma sala e poucos parlamentares. Eles estavam praticamente sem função política, dado o Estado estar ainda desorganizado. Depois, fomos nos reunir com o presidente da Autoridade Nacional da Palestina, Mahmoud Abbas.

Abbas é uma pessoa bem carismática, sincera, de diálogo fácil, e não teve dúvidas em expor a fragmentação que impedia o acordo com Israel. Ele dizia mesmo que, com as divisões no seu país, a situação só iria se reverter se ele conseguisse superar seus próprios problemas, embora sempre pedisse auxílio a todos que interferissem pela manutenção do diálogo. Óbvio que ele criticou o aumento dos assentamentos israelenses na área da Palestina. Ele sabia que isso era uma forma de consolidar a impossibilidade cada vez maior de terem fim os conflitos existentes.

A visita aos dois lados e o diálogo sobre o assunto consolidou, e muito, minha posição, de que o acordo definitivo é hoje quase uma utopia e dificilmente sairá, porque mesmo entre os políticos de oposição em Israel se sente que esse problema tem raízes no pensamento comum de todos os lados de Israel.

Quem conhece a história do povo judeu, descrita no Velho Testamento e visita as áreas religiosas de Jerusalém, entende que a disputa tem origem em pontos inegociáveis para os judeus – e que dificilmente serão revertidos. Israel jamais irá abandonar e consentir a entrega definitiva de parte de Jerusalém, como hoje está entabulado. Esse talvez seja o maior entrave a qualquer tipo de negociação.

O maior problema é, e continuará sendo, o fato de Israel não ter o controle de Jerusalém – e o não reconhecimento como a sua capital, que na prática já é, pois todos os seus poderes estão lá instalados. Quem quer tratar qualquer assunto com o governo de Israel tem de ir a Jerusalém. Em Tel Aviv ficam apenas as representações estrangeiras, que, para estarem com alguém do governo, têm de viajar a Jerusalém – ou ficam isolados em uma bela cidade, como ela é, mas sem nenhuma importância política em Israel.

Renan recuou da ideia de submeter ao Senado a sabatina dos indicados para as estatais, em função da imagem que estava passando de querer tutelar o governo, o que não era o caso. Com isso iria facilitar a tramitação do projeto da lei de responsabilidade das estatais. Quando fui consultado, não me opus.

Começaram a ser divulgadas notícias dizendo que petistas queriam retomar a articulação política de Temer, para que fosse conduzida por alguém do PT, na mesma e insana vontade de hegemonia em tudo. Para isso contavam com a sabotagem de Aloizio Mercadante nas nomeações tratadas com os partidos da base e ainda não entregues.

Janot anunciou que iria se candidatar a um novo mandato na Procuradoria-Geral da República. Nesse momento saíram notas dizendo que Dilma iria nomear o mais votado da lista tríplice – e que torcia para Janot ser o mais votado.

O governador de São Paulo, Geraldo Alckmin, deu entrevista defendendo sua proposta de mudança do Estatuto da Criança e do Adolescente, aumentando de três para oito anos o tempo máximo de internação do menor infrator, em substituição à redução da maioridade penal. Alckmin deu essa entrevista depois que Dilma anunciou que iria trabalhar propostas alternativas à redução da maioridade penal, sugerindo uma aliança com o PSDB para evitar aprovar a proposta que eu defendia.

Respondi que as duas propostas não eram incompatíveis e que poderíamos votar ambas, sem qualquer prejuízo. Dilma fez gesto de aproximação do PSDB por uma bandeira ideológica, mas não tinha se empenhado em nenhuma aproximação com a oposição para votar as medidas do ajuste fiscal.

Em Israel, visitamos pontos turísticos e históricos e participamos de uma homenagem ao ministro da Defesa israelense, Moshe Ya'alon, em um jantar de Shabat – o dia de sábado, quando tudo para em Israel.

No dia seguinte, sábado, dia 6, fomos para Moscou, para a reunião parlamentar dos Brics. Lá juntaram-se a nós os líderes André Figueiredo, do PDT, e Arthur Maia, do Solidariedade. Na capital russa, já em companhia de Renan e três senadores, participei do almoço dos presidentes dos parlamentos dos Brics. Em seguida, assistimos a uma exibição do balé Bolshoi.

O evento principal da reunião dos Brics ocorreria na segunda, dia 8. Era um encontro privado entre os presidentes, com posterior reunião geral, culminando na assinatura de uma nota pública. No documento, defendemos reformas de organismos internacionais multilaterais, como o Fundo Monetário Internacional, o FMI, e o Conselho de Segurança da Organização das Nações Unidas, a ONU, além da criação da assembleia parlamentar dos Brics. E também de uma comissão mista para fiscalizar a criação e a implementação do banco dos Brics, cuja participação do Brasil foi aprovada no Congresso Nacional, por mim e por Renan, antes da nossa viagem.

Durante a viagem, com a presença da maioria dos líderes dos partidos na comitiva, do relator do projeto das desonerações da folha de pagamento e do relator da reforma política, pudemos construir consenso sobre as pautas e detalhes que poderiam ou não ser votados. Isso foi fundamental para manter uma posição uniforme desses partidos nas votações que se seguiriam.

No caso da reforma política, além das votações dos temas acordados, ainda teríamos que votar a alteração da lei eleitoral – os pontos foram também acordados com os líderes e o relator, Rodrigo Maia.

O jornal *O Estado de S. Paulo* publicou matéria registrando que o número de votações na Câmara no início dessa legislatura, 121, era o recorde em duas décadas, considerando igual período. Era mais do que o dobro do recorde anterior, de 2007, quando o presidente era o meu opositor derrotado, Arlindo Chinaglia. Isso demonstrava nossa produtividade.

Dilma colocou José Eduardo Cardozo para se reunir com Geraldo Alckmin, a fim de tentar fechar acordo sobre redução da maioridade penal. Ela queria me derrotar na votação da PEC.

Eu retornei da Rússia para Brasília, chegando na terça-feira à noite, quando o caos estava instalado. O vice-presidente da Câmara, Waldir Maranhão, não havia conseguido dar conta de nenhuma votação, tendo encerrado a sessão debaixo de tumulto.

Na quarta, dia 10, fui cedo ao Palácio do Jaburu – reunião com Temer, Picciani, Mercadante e Levy. A data era a combinada para a votação do projeto das desonerações. Havia muitas pendências de acordos não cumpridos, o que levou a decidirmos adiar a votação do contrário, ou o governo iria perder, ou o projeto iria ser desfigurado. A irritação geral era com Mercadante, que estava sabotando Temer para que ele fosse derrotado e, com isso, acabasse tendo de entregar a articulação, gerando um rompimento do PMDB. Só as ambições dos petistas não entendiam isso.

Descobriu-se o óbvio: os cargos iriam ser trocados, pois estavam ocupados pelo PT, que não queria largar o osso. Essa era a razão de não cumprirem os acordos. Eles achavam que poderiam ganhar tempo, com os deputados votando, na promessa da entrega dos cargos, e depois tornando a não cumprir, sem que isso tivesse qualquer consequência.

Além disso, a intransigência de Levy na discussão também irritava a todos. Certamente, nas condições que ele queria, o projeto seria derrotado. Além disso, havia sugestões de vetos nas medidas provisórias já votadas e pendentes de sanção, em desacordo com o combinado nas votações.

Com o adiamento da votação das desonerações da folha de pagamento e com a pauta trancada pelos projetos anticorrupção, com urgência constitucional – que seriam retiradas pelo governo para que se votassem as desonerações –, resolvi continuar as votações da proposta de emenda constitucional da reforma política. Minha ideia era tentar concluir naquela semana, se possível.

A CPI da Petrobras aprovou a convocação, para depor, de Paulo Okamotto, presidente do Instituto Lula e nome bastante ligado ao ex-presidente, com o objetivo de envolver Lula na CPI. Isso provocou outra crise. Michel Temer me telefonou, preocupado, pedindo que eu interferisse para reverter isso. Temer me pediu para estar em São Paulo na sexta, dia 12, quando ele receberia Lula em sua casa. Gostaria que conversássemos sobre isso. A impressão que estava se dando era de que eu seria o articulador dessa convocação, o que não era verdade. Eu concordei com o encontro, iria a São Paulo.

Apesar das minhas disputas e brigas com o PT, nunca usei de instrumento baixo para constranger quem quer que fosse – ainda mais Lula, que não havia me feito nada. Até tinha simpatia pessoal por ele, talvez por achar que de petista ele não tinha nada, já que estava muito acima do PT.

O clima estava ficando mais quente por causa do congresso do PT, que seria realizado naqueles dias. A repercussão dessa convocação, as brigas do PT com todos, a terceirização, a redução da maioridade penal, a articulação política com o PMDB, o ajuste fiscal de Dilma que desagradava ao PT, além de uma série de outras disputas, acabariam sendo o palco desse encontro.

O presidente da CPI, o deputado Hugo Motta, do PMDB, tinha se ausentado da comissão e não havia conduzido a votação de requerimentos. Comandando nesse dia os trabalhos, o vice-presidente da CPI, Antônio Imbassahy, do PSDB, acabou aprovando todos os 140 requerimentos colocados na pauta, votando em bloco todos eles, sem permitir a discussão caso a caso. Essa tinha sido a razão da aprovação da convocação do amigo de Lula.

Com o mandado de segurança ingressado pelos deputados do PT contra a votação do financiamento privado de campanha, cuja relatoria estava com a ministra Rosa Weber, que tinha pedido informações à Câmara, pedi uma audiência a ela, junto com alguns líderes. Compareci para entregar a resposta e debater o tema, tendo ela depois rejeitado a ação, validando a votação – utilizando-se do correto argumento de que não cabia interferência nesse assunto, que era do Congresso.

Nas votações daquela quarta-feira, acabou aprovado o aumento dos mandatos de todos os eleitos de quatro para cinco anos, incluindo presidente, governadores, deputados e senadores, com vigência a partir de 2022. Eu não gostaria de ter legislado sobre os senadores, pois esse era o compromisso: deputados cuidariam de deputados, senadores cuidariam de senadores, sendo infelizmente vencido nesse ponto, pois defendia o mandato de quatro anos. Foram votados também os pontos de coincidência de todas as eleições e voto facultativo. Ambas as teses foram derrotadas, acabando com duas polêmicas que eram debatidas a toda hora.

Uma polêmica tinha sido instalada. No fim de semana anterior, durante a parada gay em São Paulo, foi feita uma simulação da crucificação de Jesus Cristo, com um transexual fazendo o papel de Cristo. O líder do PSD, Rogério Rosso, apresentou um projeto para tornar crime hediondo a profanação de símbolos religiosos. Em função disso, as votações na Câmara foram momentaneamente interrompidas, em protesto pelo acontecido e reivindicada a votação do projeto de Rosso.

Recebi o governador Geraldo Alckmin. Discutimos a redução da maioridade penal e a nova proposta de emenda constitucional para equilibrar a situação dos precatórios. O prefeito de São Paulo, Fernando Haddad, vinha trocando e-mails comigo para debater o texto, agora em acordo com Alckmin.

Com a atuação do governo tentando fazer acordo com o PSDB, eu acabaria tratando também com o partido para que a proposta de redução fosse apenas para crimes hediondos e de violência, sem a necessidade do referendo.

Alckmin concordou com o acordo, que estava em cima de uma proposta do então senador Aloysio Nunes Ferreira. Isso sem prejuízo da posição defendida por ele, de alterar o Estatuto da Criança e do Adolescente. Os partidos da base não iam aceitar um acordo entre PT e PSDB para dar vitória a Dilma – tampouco o PSDB queria dar a ela essa vitória.

A sabotagem de Mercadante tinha ficado mais explícita. Em função de uma matéria da *Folha de S. Paulo*, ele mandou nota ao jornal confirmando que defendia a nomeação de um ministro para a Secretaria de Relações Institucionais, que era a que cuidava da articulação política. Depois, foi tentar se explicar com Temer sobre isso.

A CPI da Petrobras também tinha aprovado requerimentos do então deputado Celso Pansera, que acabaria sendo ministro de Ciência e Tecnologia, de familiares de Alberto Youssef, fato que faria depois Janot incluir o deputado em uma ação cautelar de busca e apreensão que me envolveu, como retaliação. Janot o acusou de me favorecer com os requerimentos sobre Youssef, inventando desculpas para constrangê-lo só por isso.

Na quinta, dia 11 de junho, votamos mais pontos da reforma política. Aprovou-se a alteração da data das posses de governadores e do presidente da República, além de alterar a idade mínima para se candidatar aos cargos de deputado, senador e governador.

A pedido de Joesley Batista, eu ofereci jantar para o presidente da Assembleia Nacional Venezuelana, Diosdado Cabello, que tinha vindo ao Brasil a convite do empresário, para conhecer as suas indústrias. Ele iria estar com Lula, também por iniciativa de Joesley.

Para o jantar, coube ao próprio Joesley a iniciativa de convidar os senadores Renan Calheiros, Eunício Oliveira e Romero Jucá. De minha parte, tive de chamar deputados que ainda estivessem em Brasília – consegui "convocar" alguns, meio a contragosto. Antes do jantar, Joesley tinha levado Cabello ao Palácio do Jaburu, para encontrar Michel Temer. No dia seguinte, conduziu-o ao Palácio da Alvorada para encontrar Dilma. Só ficamos sabendo dessa agenda pela divulgação da foto de Dilma com ele, publicada na Venezuela. Joesley ainda o levaria a Lula, em São Paulo.

Estava programada para a semana seguinte a ida de senadores, incluindo Aécio, à Venezuela, para verificar a situação dos presos políticos. Pedi ao presidente que essa visita fosse bem recebida, apesar das divergências, já que isso iria repercutir bastante no país.

Na sexta-feira eu fui para São Paulo à tarde, onde encontrei Lula na casa de Michel Temer, para falar da convocação da CPI que tanto tinha irritado o ex-presidente. Disse a ele que não tinha nada com isso e que a comissão havia votado por um cochilo da base do governo, que poderia ter evitado. Eu não interferia. Mas iria conversar com o presidente da CPI e pedir que não marcasse essa oitiva. Também conversaria com a oposição, para que não cobrasse a marcação do depoimento. E, assim, o assunto acabaria no esquecimento.

Lula se convenceu de que eu não tive nada a ver com isso e agradeceu, até porque não teria alternativa. Não se poderia desconvocar o convocado. O melhor era deixar rolar. E a gente evitaria o desgaste do depoimento, que seria o mais importante.

Aquela conversa, articulada por Temer, deu ao vice-presidente uma demonstração de força. Só por isso compareci e me dispus a fazer o que falei.

Mas isso não evitou que discutíssemos a situação como um todo e que eu criticasse Mercadante e Dilma. Falei que algo precisaria ser feito porque, da mesma forma que o PT estava reclamando, o PMDB iria começar a reclamar também.

No sábado, dia 13 de junho, saiu na imprensa a ofensiva que Joaquim Levy começava a fazer em defesa de uma nova CPMF, que supostamente teria o apoio de governadores, interessados em mais uma forma de gerar novas receitas, em meio à crise atravessada.

Também nesse sábado, atendi ao convite de Rodrigo Maia, que promoveu na casa de um amigo empresário um jantar pelo seu aniversário. Estavam presentes o prefeito Eduardo Paes, o líder Carlos Sampaio e o seu sogro Moreira Franco.

Saiu no domingo uma entrevista minha ao jornal *O Estado de S. Paulo*. Denunciei o óbvio: que Michel Temer estava sendo sabotado na articulação política e, se ele deixasse esse papel, seria a ruptura do PMDB com o governo. Falei ainda várias coisas, como o erro de Dilma em encampar as pautas do PT e partir para confrontar sua base, além de rebater várias colocações dos que achavam que desgastar Temer naquele momento representaria benefício para mim. Respondi que podia ter minhas rusgas com o vice, mas éramos aliados e nunca agi com deslealdade. Ressaltei, contudo, que a aliança do PT com o PMDB era um modelo esgotado, que não se repetiria em 2018. Também afirmei que Dilma estava contaminada com a impopularidade do PT – que era maior do que a dela. Cobrei a adesão do PT ao governo. Na prática, até defendi Dilma. Ataquei mesmo o PT, o nosso real adversário.

Temer estava sendo assado em fogo brando pelo PT. E essa sabotagem, que só iria se ampliar até que ele deixasse a articulação política, serviria para que a ruptura acontecesse e levasse ao processo de impeachment de Dilma.

17 A fraude de Janot na delação de um lobista contra mim e meu rompimento com o governo

A luta política do PT com o PMDB não iria parar, mas o congresso do PT rejeitou uma proposta de rompimento da aliança com o PMDB. Nem precisava, pois na prática não havia mais aliança, mas, sim, um sindicato para administrar a massa falida até a hora das eleições. Não restava nenhum ânimo entre as partes. Era um casal com separação de corpos ainda vivendo sob o mesmo teto.

Eu não tive igual sorte. No congresso do PT, os gritos de "fora, Cunha" eram maiores do que a capacidade deles de gritar – e olha que o PT sempre gostou de gritar.

Respondi pelo Twitter com a seguinte frase: "Quero agradecer as manifestações de hostilidade do congresso do PT. Isso é sinal de que estou no caminho certo. Ficaria preocupado se fosse aplaudido lá".

Também publiquei no Twitter que "o melhor seria que o PT tivesse aprovado no seu congresso o rompimento do PT com o PMDB", e que não sabia se em um "congresso do PMDB eles teriam a mesma sorte".

O deputado Carlos Zarattini, ao discursar no evento, falou que eu era "oportunista de plantão". Eu respondi que o deputado era o relator da MP alvo da polêmica emenda da extinção do fator previdenciário, e como relator e vice-líder do governo votou a favor da emenda e contra o governo. E aí perguntei: "Quem é o oportunista de plantão?"

O Tribunal de Contas da União estava para decidir sobre as chamadas pedaladas fiscais de Dilma no ano de 2014. Saiu na imprensa que a senadora Rose de Freitas, do PMDB, anunciava que não iria mais acontecer, que as contas do governo ficassem sem ser apreciadas pelo Congresso, como estavam havia 25 anos. A senadora era a presidente da Comissão de Orçamento do Congresso e votar as contas dos governos poderia ser um desastre para Dilma. Eles iriam fazer de tudo para evitar.

Na segunda, dia 15 de junho, fui a um debate, em São Paulo, com os representantes de diversos movimentos responsáveis pelas manifestações contra Dilma e pelo pedido de abertura do processo de impeachment, apresentado à Câmara. Também participei de um debate no Instituto de Desenvolvimento do Varejo (IDV) e almocei no jornal *O Estado de S. Paulo*.

A reunião com os movimentos era uma resposta perfeita para as agressões do PT do fim de semana. Isso mostraria que toda ação teria uma reação, deixando no ar que os embates continuariam. Eu estava fazendo questão de divulgar pelo Twitter – e ainda posei para fotos com os líderes dos movimentos.

Michel Temer havia saído em minha defesa com relação às agressões do PT, e o secretário de Comunicação Social do governo, Edinho Silva, chegou a dar entrevista tentando pôr panos quentes na situação – embora sua fala soasse irônica.

Quando retornei a Brasília, me reuni com Michel Temer, Levy, Mercadante e Leonardo Picciani para tentar resolver as desonerações da folha de pagamento, debaixo do clima das agressões do PT e com a entrevista do *Estadão* repercutindo. Talvez até por isso mesmo eles ficaram mais afáveis e propensos a um acordo – o que, para mim, seria ótimo, pois não queria que caísse no meu colo uma derrota do ajuste fiscal.

Na terça seguinte, depois de uma rápida visita a Goiânia, para um evento partidário do PTB, do líder Jovair Arantes, almocei com os líderes do bloco. Fechamos um acordo com o PSDB para a votação da redução da maioridade penal de 18 anos para 16 anos – somente para os crimes hediondos, tráfico de drogas, homicídios, lesão corporal grave e roubo qualificado.

O governo, que queria o acordo com o PSDB mas tinha sido atropelado por mim, anunciou que apoiaria um projeto de José Serra para aumentar o tempo de internação do menor infrator de três para dez anos. Mas o próprio Serra dizia que o seu projeto e a proposta de emenda constitucional da redução da maioridade penal eram complementares e ele apoiava ambos.

Após o almoço, fui à posse de Edson Fachin no STF, em evento que contou com a presença de todo o mundo político e jurídico. Estive ao lado de Michel Temer e Renan Calheiros.

Em seguida, na sessão da Câmara, continuei a votação da reforma política. Votamos regras de fidelidade partidária, mesmo nos casos de cargos majoritários, liberados pela decisão recente do STF. Aprovamos a impressão dos votos das urnas eletrônicas, a adequação dos mandatos da mesa diretora em compatibilidade ao mandato de cinco anos e a redução do número de assinaturas para emendas de iniciativa popular. O voto impresso é uma polêmica até hoje, sendo desnecessário cobrar que o assunto seja debatido na Câmara. Basta colocar o Senado para votar, pois Renan acabou engavetando o assunto.

Também foram aprovadas as propostas de que as resoluções do TSE só valeriam um ano e meio depois de publicadas, para evitar que o tribunal continuasse legislando em substituição ao Congresso. Além disso, aprovou-se a permissão para que policiais militares e bombeiros pudessem continuar nas suas carreiras após o fim do cumprimento dos seus mandatos eletivos. Foram rejeitadas as propostas para o voto em trânsito, para a criação do cargo de senador vitalício para os ex-presidentes da República, para perda de mandato de parlamentar que assumisse ministério ou secretaria de Estado.

A proposta de cotas de vagas para as mulheres na composição da Câmara acabou não aprovada – alcançou 293 votos favoráveis, faltando 15 para o quórum constitucional de 308 necessários. Lamentei isso.

Na votação da criação do senador vitalício, a piada ficou por conta do deputado Paulinho da Força. Ele disse que não poderia ser dado um mandato vitalício para Dilma, o que realmente ajudou na derrubada dessa proposta. Também foi rejeitada uma proposta de criação das federações partidárias, que obrigariam os partidos que se coligassem nas eleições proporcionais a permanecer juntos em um bloco partidário nos quatro anos seguintes após a eleição.

O relator do projeto das desonerações da folha de pagamento, Leonardo Picciani, fechou um acordo com o governo e diminuiu o impacto em alguns setores, como cesta básica, transporte coletivo, call centers e comunicação social – este para atender às empresas jornalísticas que brigavam para não serem atingidas.

Temer promoveu um jantar no Palácio do Jaburu com a presença de diversos ministros de tribunais superiores. Compareci e fiquei ao lado de José Eduardo Cardozo na mesa principal. Ele tentou se desculpar comigo, argumentando que o governo não teria outra saída a não ser reconduzir Janot para mais um mandato na PGR, já que iria obedecer à lista tríplice.

Fiz minha contestação: o governo ao menos poderia escolher um dos três da lista e não necessariamente Janot. Falei que ele deveria entrevistar todos os candidatos e ouvir suas posições. Eu havia ouvido do meu advogado, Antonio Fernando de Souza, que um dos postulantes era excelente quadro. Cardozo, astutamente, me perguntou se eu poderia apresentá-lo a ele, para que avaliasse o candidato. Respondi que eu não o conhecia e que bastava ele convidá-lo – qualquer candidato iria.

Bastou acabar o jantar e, no outro dia cedo, li no site da *Época* uma nota com o seguinte título: "Amigo de advogado de Cunha quer o lugar de Janot na PGR". Ou Cardozo passou essa nota ou saiu do jantar e avisou Janot – que plantaria a informação. Com isso, tinha o objetivo de carimbar o candidato como a minha escolha e, assim, inviabilizar a candidatura de quem eu nem conhecia. No mesmo dia, a informação também saiu no site da *Veja*.

Eu não tinha interesse nem nessa candidatura, e nem em qualquer outra, mas o teste com Cardozo serviu para tirar duas conclusões: que Janot seria reconduzido de qualquer forma; e que Cardozo era o responsável por tudo contra mim, oriundo de Janot. Como bem pontuou Lula certa vez, em conversa comigo: Cardozo era um mau-caráter.

Na quarta-feira, dia 17 de junho, Renan Calheiros promoveu com os prefeitos a mesma reunião feita com os governadores sobre o pacto federativo, para reforçar a necessidade de votação de medidas que beneficiariam os entes federados.

Os prefeitos queriam a manutenção da desoneração da folha de pagamento do setor de transportes coletivos, além da solução para a crise com os precatórios, em função do julgamento do STF, além de outras medidas que foram debatidas. Prometi levar para a pauta a proposta de emenda constitucional, de autoria do deputado Mendonça Filho, que vedava a criação de despesas para os entes federados pelo Legislativo sem apontar a receita para financiá-las – proposta que teria evitado muitas despesas para estados e municípios.

O Tribunal de Contas da União (TCU) concedeu 30 dias de prazo para que Dilma se explicasse sobre o relatório das suas contas de 2014. Dei declarações de que o Congresso deveria votar as contas pendentes dos governos. E passei a articular com Renan o modo de fazermos isso.

Os 13 pontos levantados pelo TCU eram as pedaladas, que consistiam em pagamento de despesas do Bolsa Família pela Caixa Econômica Federal, pagamentos do programa Minha Casa Minha Vida com adiantamentos do FGTS, adiantamentos do BNDES ao Tesouro, falta de uma lista de prioridades do governo na Lei de Diretrizes Orçamentárias, pagamento de dívida do FGTS sem autorização orçamentária, gastos além do valor aprovado de oito estatais e pagamentos, em três estatais, de despesas sem autorização orçamentária.

Também entre as 13 irregularidades apontadas estavam o decreto de novembro de 2014, que concedeu crédito adicional de R$ 10,1 bilhões sem previsão orçamentária, a utilização desse decreto para influenciar a aprovação da mudança do superávit primário em 2014, lançamento irregular de restos a pagar do programa Minha Casa Minha Vida, falta de previsão das dívidas do governo com o Banco do Brasil, BNDES e FGTS no cálculo da meta fiscal e distorções do plano de metas plurianual.

Quase todos esses pontos seriam, por si só, motivo de abertura de processo de impeachment, na minha opinião, caso tivessem ocorrido dentro do segundo mandato de Dilma. Eles eram fruto de uma política de irresponsabilidade fiscal, praticada em todo o governo dela.

O mais estranho é que, dentro dessa polêmica, a presidente tenha insistido em repetir em 2015 os erros que vinham sendo cometidos durante o seu mandato, principalmente em 2014, quando, para se reeleger, valeu todo tipo de absurdo.

O relatório do TCU desnudava a condução da economia e do país sob a gestão de Dilma, além de levar a um aumento do descrédito dela perante a sociedade. Com isso, só aumentaria a pressão pela abertura do processo de impeachment.

Dilma vetou a emenda do fator previdenciário na medida provisória do ajuste fiscal – emenda polêmica, que provocaria um baque nas contas públicas. Eu fui avisado previamente por Levy e Eliseu Padilha do veto. Também fui comunicado que estaria sendo editada uma nova MP, alterando as regras desse cálculo da aposentadoria pelo fator previdenciário, de forma progressiva, para se evitar a derrubada do veto pelo Congresso. De qualquer forma, o que o PT acabaria provocando com sua rebelião naquela votação foi obrigar o governo a aumentar a despesa da Previdência, embora de forma menor do que o que tinha sido aprovado.

Joaquim Levy desmentiu o acordo para a votação das desonerações da folha de pagamento, apesar de o governo ter confirmado. Resolvi, em função disso, não colocar em votação na quarta-feira, deixando para o outro dia, para que o governo resolvesse sua confusão.

A comissão especial da redução da maioridade penal aprovou o acordo que eu tinha feito com o PSDB, alterando o conteúdo para o texto combinado, depois de quatro horas e meia de tumulto. Foi preciso que eu não iniciasse a ordem do dia no plenário até que a comissão acabasse a votação – sendo aprovado por 21 votos a 6, sinalizando que passaria em plenário.

Pelo regimento interno, uma sessão de qualquer comissão tem de ser interrompida quando o plenário inicia a ordem do dia, sendo que isso sempre foi um fator de obstrução praticada pelos presidentes da Câmara, evitando votações polêmicas, quando eram do seu desejo. Como eu queria que a votação na comissão especial fosse concluída, resolvi simplesmente não iniciar a ordem do dia, que tinha matérias de interesse do governo. Só o faria após o fim da votação da comissão especial, mesmo que acabasse por não ter ordem do dia naquela data.

O PT estava em uma obstrução feroz na comissão, me obrigando a paralisar o plenário, que tinha pauta de interesse do governo. Michel Temer chegou a me ligar e pedir para votar a MP que estava na pauta. Mas eu disse a ele que só o faria quando o PT parasse a obstrução e deixasse a comissão votar. Temer escalou o ministro Eliseu Padilha para ir até lá e encerrar a obstrução.

O plenário votou o restante do que tinha de reforma política, encerrando o primeiro turno, aprovando uma janela partidária de 30 dias para troca de partidos, para que se rearrumassem os partidos dentro das novas regras. Elas passariam a ter uma fidelidade partidária mais rígida. Também foi rejeitada a ideia de que se poderia ter candidatura a dois cargos na mesma eleição, sendo um proporcional e outro majoritário.

Essa proposta era muito boa, mas não teve a compreensão dos partidos. Muitas vezes se perde um grande quadro ou liderança porque, ao disputar um cargo majoritário, acaba fora da atividade política durante um longo período. Ao poder se candidatar a dois cargos, um candidato a presidente pode ser derrotado mas se eleger deputado, ajudando seu partido e o Congresso como um todo. Isso seria bom para o país.

O encerramento do primeiro turno da reforma política mostrou que a casa não queria mudança no sistema eleitoral e em quase nada. Os deputados, em sua maioria, tinham o discurso da reforma política e acabavam na hora impedindo a votação. Eu coloquei na marra o tema para ser debatido, tirando a máscara dos que fingiam querer uma reforma política.

Na quinta-feira, dia 17, morre o ex-deputado e ex-presidente da Câmara Paes de Andrade, que foi velado no salão negro da casa. Ele era sogro do senador Eunício Oliveira, que iria casar a filha no sábado, dia 20.

Um grupo de senadores, liderado por Aécio Neves, viajou à Venezuela para verificar a situação dos presos políticos e visitá-los onde estavam detidos. Sofreram agressões de grupos de apoio da ditadura venezuelana. O tumulto repercutiu forte no Brasil.

Eu estava conduzindo a votação no plenário da Câmara, já que, para votar o projeto das desonerações da folha de pagamento, precisava votar matérias que trancavam a pauta antes, como uma medida provisória, quando a oposição denunciou a agressão à comitiva brasileira. Foi imediatamente colocada por mim, em votação, uma moção de repúdio ao país vizinho. Da mesa, contatei o chanceler Mauro Silveira, para que recebesse uma comissão de deputados. O Brasil precisava dar uma resposta.

A sessão ficou de tal forma tumultuada que, apesar de não querer atender à solicitação da oposição para seu encerramento, foi o que acabei fazendo. Estava muito difícil conseguir votar qualquer coisa. Se votasse, seria com a derrota do governo.

Renan também agiu com firmeza, até porque eram senadores que estavam lá. Ele ligou diretamente para Dilma, pedindo providências, gerando uma confusão que daria ainda muito desgaste pela posição do governo do PT, de apoiar a ditadura venezuelana.

Pouco tempo antes, as esposas dos presos políticos tinham vindo ao Brasil. Eu as recebi em plenário, no exercício da presidência. Houve um enorme tumulto na sessão, com os dois lados, que apoiavam e criticavam o regime venezuelano, aos gritos, em defesa de suas posições. Foram essas visitas que geraram a disposição de parlamentares irem à Venezuela, com a finalidade de verificar as condições desses presos. Aécio capitalizou esse processo, liderando a comitiva de senadores.

Anunciei a flexibilização da presença dos deputados, nas sessões da semana seguinte, pelo feriado de São João, muito popular no Nordeste. Esse evento tiraria o quórum de qualquer forma da Casa, já que para os deputados do Nordeste a presença nessas festividades é quase obrigatória.

Na quinta-feira, ao fim do dia, recebi na residência oficial a visita de Joesley Batista, que me relatou que estava em Brasília para realizar uma confraternização com Renan Calheiros e o novo ministro do STF Edson Fachin, na sua casa de Brasília, em agradecimento pela aprovação do nome dele no Senado.

Joesley disse que Renan levaria quem ele quisesse e que ele não me convidava para não constrangê-lo pela minha presença. Eu agradeci e dispensei o convite. No dia seguinte, antes de ele voltar a São Paulo, esteve de novo comigo. Contou que a festa varou a madrugada, até o sol raiar – e que a turma tinha bebido bem, havia sido grande a degustação de vinho que ele tinha oferecido. Ele parecia muito feliz pelo desfecho, com sucesso, da nomeação de Fachin. Muito tempo depois, o evento me foi confirmado por outro senador que esteve presente. Ele me disse que se espantou com a qualidade dos vinhos oferecidos, porque nunca tinha tomado tantos vinhos de tão alto nível. Isso seria normal, já que Joesley, milionário, não costumava oferecer nada diferente.

Na sexta-feira, dia 19 de junho, teria de permanecer em Brasília pelo casamento da filha de Eunício Oliveira, que seria no sábado. Como era aniversário da minha esposa, fomos comemorar com um grupo de parlamentares amigos, cujas esposas conviviam com ela e que também permaneceram em Brasília para essa finalidade; entre eles, Henrique Alves, Ronaldo Caiado, Felipe Maia e Arthur Maia.

A situação estava borbulhante, pois havia sido deflagrada uma nova fase da Operação Lava Jato, com a prisão de empreiteiros; entre eles, Marcelo Odebrecht, cuja repercussão estava muito forte.

O candidato à lista do cargo de procurador-geral da República, vinculado a mim por armadilha de José Eduardo Cardozo, soltou uma nota pública dizendo que não me conhecia e que nunca esteve comigo – fato absolutamente verdadeiro. Ele denunciou a trama real de tentarem atrapalhar a candidatura dele com a fofoca lançada nas notas publicadas pela imprensa, onde o fato de ser amigo do meu advogado, Antônio Fernando, com quem trabalhou, não significava que ele era meu candidato.

A baixaria de Cardozo e Janot havia atingido o objetivo, que era contaminar a candidatura de quem eu nem conhecia. Isso ainda serviria para aumentar minha confusão com Janot.

Henrique Alves havia tentado uma aproximação para diminuir as brigas com Janot. Uma vez ele me chamou em seu apartamento em Brasília, para estar com o procurador Peterson Pereira, que cuidava da assessoria institucional da PGR. Na conversa, aventou-se tentar uma diminuição dos atritos realizando um encontro dele, Janot, comigo, para que a gente aparasse as arestas e interrompesse as agressões públicas. Eu até tinha concordado com o encontro. Só que Janot queria que eu fosse formalmente até a PGR, pedindo audiência para isso. Vislumbrei como sendo mais uma armadilha e não concordei. Só aceitaria encontrá-lo em local neutro, que até poderia ser onde ele desejasse, mas que não fosse uma conversa para ser divulgada depois.

Com a falta desse acordo, a conversa acabou não acontecendo. Mas meu advogado, Antonio Fernando de Souza, me pediu para cessar os ataques – porque era tudo o que ele queria naquele momento de disputa para a lista: o confronto público comigo o tornaria mais forte.

No dia 20 de junho saiu uma pesquisa do Datafolha: Dilma atingia seu nível recorde de rejeição, com 65%, e somente 10% de aprovação, chegando a um poço sem fundo que sugeria as dificuldades que teria pela frente.

No mesmo dia, fomos ao casamento da filha de Eunício Oliveira. Dilma e Temer compareceram, além de diversas outras autoridades, como o presidente do STF, Ricardo Lewandowski, e Renan Calheiros. Foi uma bonita festa, apesar do falecimento do avô da noiva 48 horas antes. Eunício não teria como adiar um evento daqueles, programado com tanta antecedência e com tantos detalhes – que levaram a obras na sua residência, palco da festa. Dilma foi acompanhada de Cardozo e Temer – eles assistiram apenas à cerimônia religiosa. Os três não participaram da festa.

No domingo, dia 21, retornei ao Rio. No dia seguinte fui a São Paulo. Tive um almoço com a diretoria do banco Itaú e participei de um evento no Centro de Debates de Políticas Públicas, intermediado por Fábio Barbosa – à época, presidente do Grupo Abril.

Com a presença dos mais ilustres empresários, economistas e executivos de grandes empresas de São Paulo, entre eles Henrique Meirelles, o debate foi muito duro. Era grande a preocupação de todos com o ajuste fiscal, a pesquisa do Datafolha e a possibilidade de abertura do processo de impeachment, que havia sido turbinada pelo relatório do TCU, com a provável rejeição das contas de Dilma. Apesar de rechaçar a possibilidade do impeachment e tentar passar tranquilidade, falando que não haveria ruptura para preservar a estabilidade da economia, a preocupação era muito grande. O peso dos presentes no debate, por si só, demonstrava a gravidade do momento.

Critiquei o chefe da Operação Lava Jato, o então juiz Sergio Moro, pelas prisões ocorridas na sexta-feira anterior. Disse que a Lava Jato era um filme de terror e que ninguém saberia naquele momento o seu final – mas hoje, pela Vaza Jato, sabemos comprovadamente seus objetivos políticos.

Em almoço anterior com Michel Temer e Renan Calheiros, as críticas ao chefe da Operação Lava Jato foram bem acentuadas. Renan se lembrou de um artigo antigo publicado por Moro na *Folha de S. Paulo* em 2004. Ali ele dava o roteiro: fazer no Brasil uma operação nos moldes da Mãos Limpas, realizada na Itália. Esse artigo já mostrava a intenção do que ele iria fazer e da falta de escrúpulo que ele teria, em nome do combate à corrupção, para conseguir seu intento político. Ele acabou alcançando esse intento, embora sua máscara já esteja caindo.

Moro defendia as prisões sem julgamento, os vazamentos seletivos para obter apoio da opinião pública, o constrangimento aos presos para obter delações premiadas e, enfim, tudo o que ele praticou na chefia da Operação Lava Jato. Os fatos mostraram que ele fez um planejamento de longo prazo, com um golpe criminoso lenta e minuciosamente planejado.

Retornei a Brasília na mesma noite, a tempo ainda de receber alguns líderes para jantar e discutirmos os acontecimentos da semana. O objetivo seria votar as desonerações da folha de pagamento.

Na terça-feira, dia 23, recebi um telefonema da ministra Cármen Lúcia, do STF, para gentilmente me comunicar que estava concedendo uma liminar para que a União Nacional dos Estudantes (UNE) e a União Brasileira dos Estudantes Secundaristas (Ubes) pudessem ingressar na Câmara para participarem da sessão de votação da redução da maioridade penal. Argumentei somente que tinha número de lugares determinados pela capacidade limitada de espaço nas galerias – e que havia outras demandas de presença. Mas que cumpriria a decisão a partir de um critério objetivo para a ocupação das galerias, dentro da manutenção das regras de disciplina.

Levy declarou que ainda era cedo para reavaliar a meta fiscal, dizendo que o cenário não estava claro para uma mudança realista. Um mês depois ele iria propor uma mudança radical. Como o buraco das contas públicas já estava claramente constatado nos números que o seu ministério detinha, a conclusão é que Levy escondeu até onde não deu mais a real situação da meta fiscal. O governo continuava gastando como se não houvesse amanhã.

Começava já a discussão da mudança do regime de partilha do pré-sal, que tinha sido uma alteração ruim feita para turbinar a primeira eleição de Dilma e que não tinha produzido bons resultados. O regime obrigava a Petrobras a ser sócia de todos os novos campos de petróleo, com no mínimo 30% de participação. A empresa estava sem condições financeiras para esses investimentos.

A crise da Lava Jato prejudicava ainda mais essa situação. Não só a Petrobras estava no foco, mas também as empresas do setor que operavam no Brasil, sendo esse um dos efeitos da Operação Lava Jato. Estava muito claro que parte dos objetivos da operação era contestar o sistema político e beneficiar outros interesses econômicos que não eram os nacionais. Não foi à toa que não se viram as empresas estrangeiras, pagadoras de propinas a agentes públicos, serem responsabilizadas em nada no Brasil.

O próprio inquérito a que eu estava respondendo no STF referia-se a uma multinacional, a Samsung, cujo dono acabou preso e condenado em Singapura por corrupção, envolvendo a chefe de Estado da Coreia do Sul. A Samsung também havia pago propina ao lobista Júlio Camargo para obtenção de contratos na Petrobras, sendo que a empresa nunca foi acusada no Brasil. Qual a razão de tal omissão?

Cheguei a questionar isso em depoimento ao chefe da Operação Lava Jato, Sergio Moro, sem obter uma resposta convincente. Mas o registro está feito nesse processo, onde uma empresa multinacional paga propina a um lobista e ninguém dessa empresa é acusado de nada.

O senador José Serra havia apresentado um projeto de lei alterando as regras do pré-sal e estava em campanha para discuti-lo, conseguindo que os governadores do Rio de Janeiro e do Espírito Santo, respectivamente Pezão e Paulo Hartung, apoiassem e fechassem questão sobre a proposta. Isso seria um novo cavalo de batalha meu com Dilma.

Saiu na imprensa uma matéria onde o interlocutor do governo, falando em *off*, diz que "já no segundo semestre é possível a fragilização de alguns que parecem fortes e o fortalecimento de outros que parecem fracos", antevendo o que estaria por vir em atos do governo contra mim. Também repercutiam bastante os vazamentos da fala de Lula a religiosos na semana anterior, com críticas a Dilma e ao governo, dizendo que ele e a presidente estariam no "volume morto" e o PT abaixo do "volume morto" – em uma referência à crise hídrica que o estado de São Paulo estava atravessando. Volume morto era, de maneira simplificada, o nome dado ao estágio das reservas de água de São Paulo naquele momento.

Enquanto isso, Michel Temer tentava azeitar a máquina para impedir derrotas do governo nas desonerações da folha de pagamento. Liberar as emendas parlamentares, incluindo a dos novos deputados eleitos para essa legislatura, era tão importante quanto nomear os cargos prometidos.

Havia uma discussão sobre a necessidade de se colocarem mais recursos públicos no fundo de saúde dos funcionários da Câmara. Verifiquei que o fundo tinha uma reserva acumulada de R$ 383 milhões, que daria para muitos anos de cobertura das despesas do plano. O fundo ainda arrecadava R$ 18 milhões por ano dos próprios funcionários e custaria ainda R$ 95 milhões ao ano aos cofres públicos, sem contar a remuneração das reservas, que por si só cobria mais do que o dobro das despesas previstas no ano.

Como eu constatei isso e mandei fazer um estudo para diminuir as contribuições tanto de funcionários quanto da União, os contrários a mim, preferencialmente os ligados ao PT e ao PSOL, começaram uma campanha com protestos e até material de propaganda. Eles contestavam um ato ainda não praticado, como se eu fosse acabar com o plano de saúde – mostrando a politização, os interesses e zonas de sombra que privilegiam uma classe que se acha acima de todos os brasileiros e que custa muito ao país.

A história acabou com a redução dos repasses tanto de funcionários quanto da União, economizando milhões aos cofres públicos, mas não sei como ficou depois da minha saída. Mas, com certeza, o volume dessas reservas corrigido ainda seria suficiente para suportar muitos anos da despesa do plano de saúde.

O fundo de saúde não tem a função de fundo de pensão, mas sim de uma associação da Câmara com os seus funcionários para custear seu plano de saúde – e não para formar poupança. A manutenção de reservas nesse fundo seria uma remuneração indireta para eles no futuro. Nunca questionei nem pretendi acabar ou mudar o plano de saúde, tendo sido essa mais uma das mentiras colocadas para me constranger. Quis apenas que a União gastasse o necessário para financiar as despesas de saúde dos funcionários, e não para aumentar o salário deles de forma indireta.

Recebi, na Câmara, a visita dos ministros do STF Dias Toffoli e Gilmar Mendes, que também eram, na época, respectivamente presidente e vice do TSE. Eles vieram me pedir para colocar um projeto de lei para adiar a vigência do novo Código de Processo Civil, o CPC. O pedido era para alterar a parte de admissibilidade dos recursos. A mudança efetuada pelo novo CPC obrigava a todos os recursos subirem sem juízo de admissibilidade das instâncias inferiores.

O presidente do STJ, Francisco Falcão, havia feito o mesmo pedido e chegado a promover um café da manhã, no dia 16 de abril, com o colegiado do STJ. Os ministros, em tom unânime, criticavam essa proposta aprovada no novo CPC e me pediam mudanças, já que a vigência do código estava para começar.

Depois eu coloquei em pauta a proposta de alterar o novo CPC, assinado pelo deputado Paulo Teixeira, que tinha sido relator desse código na Câmara. No dia marcado para a votação, o ministro do STF Luiz Fux apareceu na Câmara para reclamar e tentar impedir a aprovação. Fux tinha sido o pai do novo CPC e estava furioso pela tentativa de alterá-lo sem que ele tivesse participado da discussão.

Relatei a ele todas as reclamações dos seus colegas do STF e dos ministros do STJ, que diziam que os seus respectivos tribunais não teriam condições de implementar essa mudança do novo código. O juízo de admissibilidade dos recursos especial e extraordinário deixaria de ser feito pelos tribunais de origem e passaria a ser feito pelos tribunais superiores.

Fux, insatisfeito com a solução, não aceitava a alteração e reclamava que eu não poderia fazer isso com ele. Indaguei sobre o que ele gostaria que eu fizesse.

Fux pediu para eu retirar de pauta e dar um prazo para ele negociar com os demais ministros do STF, com o que concordei e dei a ele o prazo solicitado. Depois desse prazo, colocaria de qualquer forma em votação, pois era uma tramitação lenta e havia data para que as alterações do novo CPC entrassem em vigor.

Não sei se Fux ficou satisfeito ou não com o resultado nem se isso afetou ou não a relação que eu tinha com ele anteriormente. Mas o fato é que ele jamais voltou a estar comigo depois.

Os ministros Toffoli e Gilmar também pediram que fosse aprovado o projeto do registro nacional único, que estava tramitando. Ele usaria a base do sistema de biometria da Justiça Eleitoral – e realmente era um bom projeto. Eu inclusive tinha conhecido esse sistema, em companhia de um grupo de líderes, a convite de Toffoli.

A dificuldade nesse caso estava no relator que eu indiquei, o então deputado Júlio Lopes, que tentava fazer uma confusão no projeto. Além de irritar o ministro, ele inviabilizava a votação. Eu não queria ter uma situação semelhante à de Marcelo Castro, que tinha se transformado em meu inimigo porque eu o havia retirado da reforma política e colocado Rodrigo Maia.

Os ministros também me informaram a contrariedade da Justiça Eleitoral ao voto impresso. Além de encarecer a eleição, haveria dificuldades técnicas para a sua implementação. Essa era uma briga política que continua até hoje.

Em paralelo, meu advogado me enviava os depoimentos colhidos no meu inquérito no STF, onde todos, sem exceção, negavam qualquer ato ilícito, incluindo o policial que supostamente teria entregue dinheiro para Youssef.

Consegui ainda realizar sessão de votação, apesar da ausência da bancada do Nordeste, dispensada por mim. Votamos 66 recursos, uma medida provisória que trancava a pauta e dois acordos internacionais.

Renan patrocinou um jantar para debater com senadores e os ministros do STF que estavam no TSE, Dias Toffoli, Gilmar Mendes e Luiz Fux, a reforma política. Fui convidado e levei Rodrigo Maia, relator da reforma política. Óbvio que esse jantar foi antes da conversa de Fux comigo. Estavam claras as diversas divergências. Parte delas poderia ser resolvida no Senado. Entretanto, a principal, o fim das coligações proporcionais, não poderia mais ser aprovada pela Câmara naquela legislatura, pois já havia sido derrotada em votação.

Na quarta-feira participei de um almoço, a convite de Aécio Neves, no seu apartamento. Estavam lá os senadores Aloysio Nunes Ferreira e Tasso Jereissati, para discutir a conjuntura, a redução da maioridade penal e outros assuntos políticos. Segundo Aécio, o objetivo era que eu me aproximasse dos senadores tucanos mais afinados com ele, visando uma aliança sobre pontos comuns e também para aproximar o PMDB deles. Foram discutidas também as dubiedades da relação de Renan, palco de muitas reclamações dos senadores, sendo que nesse caso não eram da minha alçada.

Realizei reunião da mesa diretora da Câmara, na qual anunciei a extensão do ponto eletrônico para os funcionários comissionados e também que dois deputados da mesa fariam parte do conselho do plano de saúde dos funcionários, com o objetivo de abrir a caixa-preta das despesas do plano, além de avaliar o valor correto para a manutenção nos níveis atuais, sem nenhuma alteração.

Na noite de quarta comecei as principais votações da semana, para chegar às desonerações da folha de pagamento, que iríamos votar de qualquer forma. Antes teria de ser votada a medida provisória da política do salário mínimo, que envolvia a polêmica emenda de igualar a correção do salário mínimo à das aposentadorias. Isso tramitava desde o início do ano, quando a votação de um projeto sobre o assunto foi interrompida pela edição dessa MP pelo governo. Agora não teria como evitá-la.

Infelizmente a história terminou de maneira errada, com a aprovação da emenda por 206 a 179 votos, talvez pela ausência de muitos deputados. De qualquer forma, tinha sido feita uma avaliação antes da votação, concluindo que os ausentes eram na sua maioria favoráveis à emenda e, por isso, correu-se o risco. Registrei uma veemente reprovação pública a essa aprovação, até para que não pairasse nenhuma dúvida de que eu não tinha nada a ver com ela e que isso era falha do governo, que realmente ainda não tinha costurado a base para evitar derrotas dessa natureza.

O pior de tudo era que essa emenda não poderia ser vetada sem que se vetasse também a correção do salário mínimo – foi redigida no mesmo artigo, o que impedia o veto. Para evitar descontextualizações ou até mesmo inversões, não é permitido o veto de partes de texto ou de frases, mas tão somente do artigo inteiro.

Como exemplo, pega-se uma frase em um artigo onde se diz "não é permitido", veta-se o "não" e passa a ser permitido o que o legislador previu ser proibido.

Aconselhei e tentei deixar a medida provisória perder a validade, caso o Senado não conseguisse reverter a posição, mas mesmo que o Senado revertesse, a Câmara teria que confirmar, o que seria difícil.

Em seguida, começamos a votar o projeto das desonerações da folha de pagamento. O governo, depois dessa derrota, ficou com receio de perder novamente e cedeu em mais um ponto, excluindo também o setor calçadista do aumento da contribuição. Com essa exclusão, o texto-base acabou aprovado, com 253 votos favoráveis e 144 contrários, mostrando que era correta a análise de que os ausentes eram, na maioria, contrários ao governo. Com o mesmo número de presenças, o governo teve 47 votos favoráveis a mais do que obtivera na emenda da correção dos aposentados.

Deixamos os destaques para votação na quinta, dia 25 de junho, já que, além da hora avançada, a presença seria maior. Como havia muitos destaques, era necessário que se organizasse a votação.

Embora eu tivesse construído um acordo com a oposição, dentro de todo o ajuste fiscal, de que não houvesse obstrução – com a contrapartida de que levaria tudo a votação nominal, já que sempre votávamos rápido –, era preciso que o governo verificasse os riscos de derrota em algum dos destaques.

Concedi uma entrevista em que fiz a comparação entre o chefe da Operação Lava Jato, Sergio Moro, e o ex-ministro do STF Joaquim Barbosa, relator do Mensalão. Apesar do rigor do ex-ministro, ele rejeitou qualquer prisão dos réus antes do trânsito em julgado da ação, respeitando o princípio constitucional da presunção da inocência. Moro, ao contrário, sempre se pautou pela presunção da culpa.

Na quinta-feira, os destaques são votados em uma longa sessão, sendo quase todos rejeitados. Foi aprovado apenas o que permitia a manutenção da desoneração para o setor têxtil – deveria ser vetado pelo governo, pois estava fora do acordo.

Na sexta, no Rio, recebi correspondentes estrangeiros para uma coletiva em um hotel. Anunciei meu apoio à mudança de regras do pré-sal, para desobrigar a Petrobras de participar de todos os investimentos, o que faz as ações da empresa subirem na Bolsa imediatamente. Falei também que havia sido um erro a aprovação da mudança do regime de concessão para o regime de partilha do pré-sal, sendo favorável ao retorno ao modelo anterior. Mas ainda não sabia se essa alteração passaria na Câmara – mas enfatizei que o fim da participação obrigatória da Petrobras, que já estava sendo apreciada no Senado, eu iria colocar na Câmara imediatamente.

Saiu também na mídia a declaração sobre um vídeo que eu tinha recebido de um deputado, contestando a legalização das drogas. A fala do vídeo diz que a pessoa começa na maconha, passa para a cocaína e depois acaba votando no PT. Eu uso essa frase, citando o autor, quando respondo à questão sobre apoiar uma possível legalização das drogas.

Anunciei a votação, em plenário, da proposta de emenda constitucional da redução da maioridade penal para terça-feira, dia 30 de junho. A partir daí deu-se início à movimentação dos partidos de esquerda, junto com a UNE, para promoverem tumultos na sessão.

No dia 27 de junho, internei-me no Hospital Sírio-Libanês para fazer um *check-up*. No dia seguinte, domingo, fui para Manaus, próxima etapa da Câmara Itinerante, passando antes para assistir a uma parte do festival de Parintins.

No meu *check-up*, realizado sob a coordenação do doutor Roberto Kalil, foi detectado um aneurisma cerebral de tamanho limite para se efetuar ou não uma cirurgia – indecisão que carrego até hoje, já que a cirurgia tem um risco maior do que uma ruptura. Após consulta com vários especialistas, decidi não operar. Entre os especialistas consultados houve divergências. O neurocirurgião Paulo Niemeyer defendeu operar. Outros três cirurgiões, um do Sírio-Libanês e dois americanos, me recomendaram que não operasse. Mas que monitorasse a cada seis meses. Como sofro de hipertensão, a manutenção do controle da pressão arterial se torna uma necessidade de sobrevivência, pois a consequência pode ser a ruptura do aneurisma.

Em entrevista à *Folha de S. Paulo*, introduzi a discussão do parlamentarismo, para aplicação a partir do próximo presidente eleito.

Três notas foram publicadas na coluna de Mônica Bergamo, na *Folha de S. Paulo*, todas enigmáticas, sendo a primeira com o título "A bola da vez", dizendo: "Procuradores e advogados esperam uma reviravolta nas investigações que o procurador-geral Rodrigo Janot comanda e que envolvem o presidente da Câmara, Eduardo Cunha (PMDB-RJ), na Operação Lava Jato. Até o mês passado, delatores que poderiam apresentar elementos contra o parlamentar se mantinham calados, a ponto de sofrerem ameaças dos investigadores de terem os benefícios da colaboração anulados caso omitissem informações".

A segunda nota, com o título "Corda", falava: "Janot, no limite, até pensaria em apresentar medida cautelar pedindo o afastamento de Cunha da presidência da Câmara".

A terceira nota, com o título "Alvo certo", dizia: "A defesa do parlamentar tem repetido que Janot tenta coagir testemunha. Cunha diz que as motivações do procurador-geral são políticas e que ele escolhe a quem investigar".

Essas notas eram mais uma comprovação da armação que estavam tentando fazer comigo, patrocinada pelo procurador Rodrigo Janot, provavelmente para atender às demandas do governo, cujo representante nesses assuntos era José Eduardo Cardozo.

Ao mesmo tempo, Janot solicitou ao STF o desarquivamento de um inquérito arquivado 11 anos atrás. Estava valendo tudo para tentar conseguir alguma coisa para poder me denunciar.

Programei fazer um pronunciamento em rede nacional, depois do início do recesso legislativo, marcando para o dia 17 de julho – seria uma oportunidade de apresentar um balanço dos trabalhos.

Dilma tinha ido para a viagem oficial aos Estados Unidos, e a expectativa sobre essa visita era grande.

Em Brasília, a confusão estava formada pelo vazamento da delação do empreiteiro da UTC, Ricardo Pessoa, que acusava ter dado contribuições de campanha a Dilma, derivadas de negócios da Petrobras.

Iniciei os preparativos para a sessão de votação da redução da maioridade penal. Restabeleci a fórmula de dar senha aos partidos para as galerias, na proporção das suas bancadas, dentro dos blocos partidários. Fiz a mobilização para que favoráveis à redução da maioridade estivessem também na galeria, para se contrapor aos petistas na guerra.

Na terça, dia 30, Michel Temer ofereceu um almoço para os novos deputados da legislatura e os líderes partidários. Eu estava presente. O objetivo era realçar o cumprimento do acordo, para que eles tivessem o direito já acordado no orçamento de receberem as emendas parlamentares, da mesma forma que os antigos deputados.

Lula desembarcou em Brasília, com Dilma fora do país, para fazer reuniões com o PT e também com Renan e senadores do PMDB – ele não esteve comigo, nem com Temer.

Antes da votação da redução da maioridade penal, eu votei o requerimento de urgência para o projeto de correção do FGTS pelo índice da poupança, com 313 votos favoráveis e 132 votos contrários. Em seguida, votei o acordo do Senado com Joaquim Levy, o qual já tinha sinalizado a concordância, do projeto de lei complementar que regulamentava a redução das dívidas de estados e municípios, acrescido de um artigo colocado pelo Senado, sem acordo com Levy, no qual 70% dos depósitos judiciais seriam liberados para eles.

A aprovação da lei complementar, que regulamentava a redução das dívidas de estados e municípios e a mudança do indexador das dívidas, válida a partir de 2016, mas com efeitos retroativos, marcou uma vitória pessoal. Eu fui o relator do projeto original, ainda em 2013, e o responsável pela sua aprovação.

Também fui o responsável pela elaboração desse novo projeto, que foi originado dentro do confronto de Eduardo Paes com Joaquim Levy, que não queria cumprir a lei em vigor, gerando toda essa confusão, que estaria sendo finalizada.

Em seguida começou a discussão sobre a redução da maioridade penal. Manifestantes do PT e dos partidos de esquerda tentaram tumultuar de toda forma, chegando inclusive a agredir deputados na entrada do plenário. Tive de intervir em vários momentos, para não descumprir a decisão da ministra Cármen Lúcia, do STF – mesmo assim chegou uma hora em que foi preciso retirar o público das galerias.

Imaginem só, para efeito de comparação, o plenário do STF decidindo um tema relevante e manifestantes no plenário agredindo os ministros, tentando impedi-los de votar. O que será que faria quem estivesse comandando a sessão? É muito fácil, em nome de garantia de direitos individuais, permitir a bagunça e as agressões na casa dos outros, quando na sua casa a ordem tem de ser preservada.

O governo montou uma força-tarefa, conduzida por José Eduardo Cardozo, à revelia da articulação política de Michel Temer, chamando os líderes e pressionando para tentar derrotar a proposta de qualquer forma. A toda hora chegavam aos meus ouvidos as pressões e os abusos que estavam sendo cometidos.

Com toda a pressão, a primeira proposta levada a voto, que era o substitutivo da comissão especial da redução da maioridade penal, obteve 303 votos favoráveis, cinco a menos do quórum necessário para a aprovação, que era de 308 votos. Foram 184 votos contrários.

Apesar da primeira derrota, o tamanho do governo puro era de no máximo 184 votos, pois Dilma determinou que se assumisse a pauta ideológica do PT. Eu reclamei publicamente sobre isso.

A derrota não era definitiva. E eu ainda poderia submeter o texto original, ou alguma emenda aglutinativa, que contemplasse um texto diferente, sendo que essa confusão poderia durar bastante. Para construir maioria, iria paralisar até o dia seguinte, já sabendo quem eram os contrários à proposta votada.

No mesmo dia em que o governo fazia uma luta de vida ou morte contra a redução da maioridade penal, o Senado aprovou o reajuste dos servidores do Judiciário, em uma pauta-bomba que comprometia o esforço do ajuste fiscal. Renan havia pautado a matéria e não concordou com a retirada, solicitada pelo governo, sem que houvesse um pedido formal de Dilma, que estava fora do país, ou do presidente do STF, Ricardo Lewandowski, que não quis pedir. A aprovação acabou sendo unânime, inclusive com o voto do líder do governo, senador Delcídio do Amaral – o que obrigaria Dilma a vetar o projeto depois.

Os cálculos indicavam que a medida implicaria um custo de mais de R$ 25 bilhões ao governo, no momento em que se esperava que o Senado votasse naquela noite as desonerações da folha de pagamento, para se obter R$ 10 bilhões a mais de receita. Renan não estava querendo pautar as desonerações da folha de pagamento, no projeto aprovado por mim na Câmara, decorrente da medida provisória que ele tinha devolvido ao governo.

Enquanto a gente votava, parte do PMDB se reunia com Michel Temer no Jaburu. Defendiam o afastamento do partido do governo e a saída de Temer da articulação política, pelas sabotagens que estava sofrendo para cumprir os acordos e que estavam se refletindo nas votações contrárias ao governo.

Na quarta, dia 1º de julho, antes de levar a plenário a nova alternativa construída com os líderes, ataquei o então ministro José Eduardo Cardozo. Ele havia inventado argumentos mentirosos para defender sua posição. E esses argumentos tinham sido replicados pelos petistas em seus discursos. Era o hábito dele – depois agiria da mesma forma no processo de impeachment.

Haveria sessão do Congresso para a votação de vetos. O governo precisava mantê-los para dar um sinal positivo, depois da lambança do aumento do Judiciário e da confusão da redução da maioridade penal.

Comecei o dia chamando os líderes para verificarem a votação dos partidos e como poderíamos reverter algum voto, a fim de apresentar uma nova emenda. Votar o texto original estaria fora de propósito nesse dia, pois se não ganhamos com uma emenda menos restritiva, uma mais radical não passaria, com certeza – mas poderíamos fazer uma emenda aglutinativa, que vem a ser uma emenda que contém partes de outras, conforme tenham sido destacadas do texto principal ou do texto do relator.

Muitos continuavam reclamando, a exemplo das votações da terceirização e do financiamento privado de campanhas. Mas não conheciam o processo legislativo. Sempre se vota do mais abrangente para o menos abrangente, do maior para o menor conteúdo dos destaques.

Sendo assim, existindo emendas objeto de destaques que não tenham sido rejeitadas pela votação de plenário, sempre se poderá votá-las, desde que o conteúdo não seja o mesmo já votado. O relatório da comissão especial também era uma emenda aglutinativa, acolhida pelo relator.

O movimento começou logo após a derrota, ainda de madrugada. Continuou pela manhã. O primeiro que eu chamei foi o líder do PSDB, deputado Carlos Sampaio, com quem tínhamos feito um acordo que, se cumprido por toda a bancada do PSDB, teria se traduzido em vitória.

Carlos Sampaio logo contatou os que votaram contra e identificou a razão, que seria a inclusão dos crimes de tráfico de drogas e roubo qualificado, fato que se ele tivesse levantado antes, teria sido resolvido. Em cima dessa posição, construímos uma emenda aglutinativa, excluindo esses crimes, que acabou apresentada pelo PSD, PHS e PSC. Com isso, já tinha a garantia dos cinco votos necessários para mudar o resultado.

Mas eu não poderia ficar restrito ao número correto. Chamei o líder do PMDB, que imediatamente constatou que três deputados não estavam na votação de terça, e um, que tinha votado abstenção, mudaria o voto na quarta-feira, acrescendo mais quatro votos.

Já com nove votos a mais, passei a ligar para cada deputado que achava que tinha chance de mudar o voto, pedindo aos líderes que fizessem o mesmo com suas bancadas, o que foi feito. No início da sessão de votação, quarta-feira, já tinha a certeza de que venceria com margem de 15 a 20 votos; além do que, as redes sociais estavam também repercutindo uma pressão sobre os que votaram contrários.

A rejeição de Dilma estava em 68% – com apenas 9% de aprovação. Era o que mostrava uma pesquisa de opinião da Confederação Nacional da Indústria, feita pelo Ibope.

Michel Temer, no exercício da Presidência, compareceu ao Congresso, e comigo e com Renan participou da posse da nova presidente do PC do B, a então deputada Luciana Santos – o partido estava na briga contra a redução da maioridade penal e tinha o controle da UNE.

Comecei a sessão sob reclamação do PT. Meu desafeto, responsável pela representação contra mim no Conselho de Ética, Alessandro Molon – o ex-relator do marco civil da internet, o autor das ações no STF das votações anteriores e contestador de tudo o que eu fazia –, chegou a reclamar no microfone que eu virava as costas para seu discurso.

Mantive as galerias vazias para evitar mais confusão, até porque a decisão do STF, por meio da ministra Cármen Lúcia, era para ingresso na casa – isso continuou permitido, só que os que compareceram na noite anterior acharam que tinha acabado a votação e não vieram nessa noite.

Ao fim de tudo a emenda aglutinativa foi aprovada por 323 votos favoráveis a 155 votos contrários, com duas abstenções – tendo conseguido 20 votos a mais do que no dia anterior e vencido com 15 votos a mais do que o mínimo necessário de 308.

Entre as críticas, ameaças de ações no STF e outros impropérios, o *Valor Econômico* trouxe matéria mostrando que o instrumento das emendas aglutinativas era exaustivamente utilizado por Ulysses Guimarães na Constituinte de 1988. A matéria também falava que coube a esse instrumento a alavancagem da carreira do então deputado Michel Temer.

Quando da votação da reforma da Previdência no governo de Fernando Henrique, em situação semelhante a essa, o texto substituto do relator havia sido derrotado. Naquele momento, o então presidente da Câmara, Luís Eduardo Magalhães, designou Michel Temer para relatar em plenário uma emenda aglutinativa que acabou aprovada.

Os partidos de esquerda foram ao STF à época e perderam. A relatoria coube ao ministro Marco Aurélio, que ficou vencido no seu voto contrário à emenda aglutinativa. Por essa razão, ele estava dando declarações públicas contra a emenda aglutinativa, coerente com a sua posição, mas minoritário no colegiado.

No dia 2 de julho defendi que Temer deixasse a articulação política, em função da sabotagem que estava sofrendo. Fiz isso como forma de colocar o

PT e o governo na parede, depois de atuar para tentar impedir a votação da redução da maioridade penal.

Dilma estava retornando da viagem aos Estados Unidos e a minha fala desencadeou uma crise. Assim que ela desembarcou, chamou Temer para uma reunião em conjunto com Mercadante. Em seguida, tanto Mercadante quanto Edinho Silva saíram a público para defender a permanência do vice na articulação.

No dia seguinte, a *Folha de S. Paulo* publicou que advogados da Odebrecht atribuíam a Sergio Moro uma ação coordenada com o Ministério Público Federal para divulgar novos documentos, retidos propositalmente, às vésperas de julgamento de *habeas corpus* dos presos. Os advogados disseram que a divulgação a conta-gotas servia para influenciar a decisão do Tribunal Regional Federal. Eles acusaram ainda a tentativa de abafar o depoimento de policiais federais, que comprovaram que havia escuta na cela do doleiro Alberto Youssef, na carceragem da Polícia Federal em Curitiba, em denúncia feita por ele, antes de fechar o seu acordo de delação premiada.

O noticiário de fim de semana deu conta do crescente aumento da indisposição do PMDB com Dilma e da repercussão das minhas declarações defendendo a saída de Temer da articulação, além do evento da convenção nacional do PSDB, que estava para ocorrer.

Começava a se voltar a falar de impeachment e da defesa do julgamento para a possível cassação da chapa. O delator da UTC, Ricardo Pessoa, iria depor no dia 14 de julho sobre doações à campanha de Dilma, em ação movida pelo PSDB. Parte do PMDB começou a defender que a prestação de contas de Michel Temer na campanha tinha sido separada da de Dilma. A ideia era sustentar a tese de que Dilma poderia ser cassada sem que fosse preciso cassar a chapa. Para isso, o PMDB pôs um advogado à parte de Dilma, para defender Temer na ação junto ao TSE.

Foram publicadas declarações minhas, dizendo que o governo tinha de se cuidar para não entrar no cheque especial da popularidade – uma ironia para a queda continuada da avaliação de Dilma, agora com apenas 9% de aprovação.

A convenção do PSDB, que reconduziria Aécio Neves para mais um mandato na presidência do partido, marcou a retomada da discussão de impeachment e da cassação da chapa de Dilma, tendo Fernando Henrique Cardoso falado abertamente que o PSDB estava à espera – e que sabia governar. Aécio, por sua vez, dizia que o fim do governo Dilma poderia ser mais rápido do que se imaginava. E que tinha perdido a eleição para uma organização criminosa, e não para um partido político.

Na semana anterior, um levantamento do Instituto Paraná Pesquisas havia apontado meu nome despontando com 5% da preferência em uma eventual candidatura à Presidência da República. Isso alimentava que eu tinha intenção de me candidatar. A verdade é que nunca discuti isso nem tinha essa intenção, mas o comportamento do PT e de Dilma em me consolidar como o maior anti-PT do país, aliado à queda contínua de sua popularidade, fazia as análises políticas admitirem tal possibilidade.

Claro que, para a imprensa, tudo que se referisse a mim passaria antes por eu ser inocentado no inquérito do STF, aberto por Janot. O que, por si só, demonstra que ele estava em condições de colocar fim a uma pretensão presidencial que eu não tinha, mas que certamente já deveria fazer parte do imaginário petista.

Na segunda, dia 6, dia do aniversário da minha filha mais nova, recebi um convite de Michel Temer para termos um encontro com Dilma, que iria partir para nova viagem internacional para a reunião dos Brics, em Moscou.

Fui obrigado a transformar o jantar de aniversário de minha filha em almoço e seguir do Rio para Brasília a tempo de me encontrar com a presidente. Cheguei ao Alvorada com Temer já me esperando. Antes, Dilma tinha feito uma reunião com ele e os líderes partidários.

As reuniões de Dilma nesse dia e as declarações públicas de Temer tentavam mostrar uma reação à convenção tucana e ao discurso de Aécio, que afirmava que Dilma não concluiria o mandato. Toda a imprensa estava na pressão de que a posição do PSDB era uma nova tentativa de impeachment. As notícias de conversas de quadros do PMDB com o PSDB sobre um possível governo Temer estavam nas páginas de jornais, sem identificar quem seriam os interlocutores do PMDB. E isso precisava ser desmentido por Temer.

Na conversa comigo e Temer, a presidente parecia uma outra Dilma, ciente da crise e dos riscos que corria, querendo acertar tudo de qualquer forma. Ela começou discutindo a possibilidade de fazermos um pacto dos poderes, se eu topasse.

Já no recesso do STF, o presidente Ricardo Lewandowski participava de um evento em Coimbra, Portugal. Dilma falou que iria viajar às 7 horas da manhã do dia seguinte para Moscou, fazendo escala na cidade do Porto, em Portugal, onde jantaria com ele na terça para discutir a mesma pauta.

Disse a ela que eu não seria obstáculo a nada. Eu não tinha a intenção de desgastá-la. Apenas não concordava que o governo adotasse as pautas do PT, fizesse disso cavalo de batalha e, nesse caso, cada derrota do PT viraria uma crise de governo. Isso poderia ser evitado. Afirmei ainda que a desconfiança de que o governo estaria por trás das investigações contra nós na Lava Jato precisava ser esclarecida, porque isso era um ponto que gerava atritos.

Dilma negou que o governo estivesse por trás. Ela argumentava que a prisão de ex-diretores da Petrobras que fizeram parte do seu governo era ruim para ela e que isso levaria a um estresse para tentar culpar o governo pelos erros deles. Respondi que o problema estava na ação ilegal de prisões preventivas para levar a delações, e que se isso não fosse revertido iria ser uma delação atrás da outra, incriminando falsamente todo mundo, inclusive o governo dela. A crise não teria fim, ficando insustentável para todos.

Ela afirmava que iria agir, que já estava providenciando a escolha do novo ministro do STJ, que viria a ser o relator da Lava Jato no STJ. Iria também conversar com o relator no STF, ministro Teori Zavascki, para dar um freio aos abusos que estavam sendo cometidos em Curitiba pelo chefe da operação, Sergio Moro. Aconselhei-a a fazer isso rapidamente, pois o país e o governo não iriam aguentar uma delação em série. A crise que isso iria desencadear sairia de qualquer controle e, com ou sem razão, o governo seria alvejado de maneira forte.

Ela me disse que, no jantar em Portugal, deveria também ter a presença do ministro Teori Zavascki, que estava em Coimbra, e isso seria abordado. Mas gostaria de firmar o pacto para os poderes andarem em harmonia, preservarem as contas públicas e diminuir a intensidade dos desgastes que estavam sendo fabricados desde Curitiba. Eu disse que esse processo, do jeito que estava sendo conduzido, estava quebrando as empresas envolvidas, gerando desemprego, agravando a crise econômica do país. E que não fazer nada seria permitir o desmonte das empresas brasileiras. Ela concordou.

Seu objetivo principal era convencer Lewandowski e Renan, para que nos sentássemos todos juntos e fizéssemos um pacto para a governabilidade. Respondi que aceitaria participar, se todos participassem. Dilma queria reverter a sensação de ingovernabilidade que estava sendo consolidada, preocupada com as atitudes do PSDB. Queria também evitar novas votações que causassem rombo nas contas públicas, como feito por Renan no projeto de aumento do Judiciário, que ela teria de vetar.

Dilma pediu para eu adiar a votação da alteração da correção do FGTS, o que acabei concordando, mas falando que os argumentos usados para desqualificar o projeto não eram verdadeiros. Eu daria um tempo para se negociar um acordo com o governo.

Ela acompanhou a mim e a Temer até a garagem, onde estavam nossos carros. E ainda brincou, mostrando a bicicleta com o capacete que tinha sido dado de presente pela minha esposa – ou seja, o clima perfeito para uma trégua, que seria boa se fosse verdade.

O problema era que, ao mesmo tempo que tentava negociar uma trégua, José Eduardo Cardozo e Rodrigo Janot agiam contra mim nas sombras, de onde logo viriam os petardos.

Dilma não havia conseguido estar com Renan, que provavelmente estava fora do país. O seu encontro com Lewandowski, no Porto, foi vazado por José Eduardo Cardozo e acabou publicado no blog do jornalista Gerson Camarotti. A situação ficava difícil, pois foi divulgado como um encontro para tentar interferir na Lava Jato. Também saiu que o ministro Teori Zavascki teria preferido não comparecer. Para justificar o encontro vazado por Cardozo, disseram que o assunto do jantar seria a discussão do aumento do Judiciário – ninguém acreditou.

Renan, por sua vez, continuava sem pautar as desonerações da folha de pagamento, e o prejuízo era de mais de R$ 30 milhões por dia de atraso.

A tal reunião para o pacto pensado por Dilma acabaria não acontecendo. Desconheço os resultados da sua conversa com Renan e com Lewandowski, até porque, logo em seguida, dez dias depois, eu anunciaria um rompimento com o governo.

Quando saímos de lá, Temer e eu fomos para o Palácio do Jaburu, onde estavam já Eliseu Padilha e Moreira Franco, aguardando o resultado da conversa. Antes, dei uma passada na Câmara, onde concedi uma rápida entrevista coletiva – para saciar a ansiedade da imprensa pela minha ida ao Alvorada. Afirmei, respondendo a perguntas, que até a quinta anterior Temer estava sendo sabotado e parecia que isso estava sendo revertido.

Disse também que se essa sabotagem retornasse, a crise também acabaria voltando. E coloquei panos quentes no resto, para distensionar publicamente após a conversa com Dilma, sem revelar o real teor da conversa.

Para agravar a situação com o PMDB, o MST, ligado ao PT, havia invadido uma fazenda do senador Eunício Oliveira, líder do PMDB no Senado. O governo, que estava negociando a restituição da posse com o movimento, sem sucesso, havia desistido dessa negociação.

Na terça-feira, dia 7, coloquei em votação o segundo turno da reforma política do texto consolidado do primeiro turno, sendo aprovado o texto-base por 420 votos favoráveis e 30 votos contrários, faltando os destaques que seriam votados na semana seguinte. Na quarta, votaríamos a parte da reforma política, que não alterava a Constituição, incluindo as alterações na legislação eleitoral.

Michel Temer conseguiu produzir uma nota de 11 partidos, incluindo o PMDB e o PT, de apoio a Dilma, para responder aos ataques na convenção do PSDB.

Na quarta, finalmente o governo enviou, tardiamente, a proposta de emenda constitucional de prorrogação da desvinculação das receitas da União, que terminaria em 31 de dezembro – mesmo assim, em um percentual de 30% de desvinculação, superior aos 20% vigentes. Em 31 de março, eu havia cobrado de Joaquim Levy o envio dessa proposta, alertando que não daria tempo. Com a chegada da proposta mais de três meses depois, tanto eu quanto o senador Romero Jucá alertamos que não daria tempo de votar nas duas casas até 31 de dezembro, o que seria mais uma crise desnecessária, pela desídia do governo.

Realizei sessão para homenagear o ex-presidente da Câmara Paes de Andrade, falecido em 17 de junho. Temer compareceu, no exercício da Presidência da República, além de grande parte do PMDB. Paes era sogro do senador Eunício Oliveira.

Na mesma data, o relator da reforma política, Rodrigo Maia, apresentou seu relatório, mas como necessitava de algumas alterações para construir um consenso para aprovação, resolvi ceder e adiar a votação para o dia seguinte.

A sessão do Congresso que estava marcada para apreciação dos vetos, necessária para limpar a pauta e permitir a votação da lei de diretrizes orçamentárias, foi obstruída pelo próprio governo, com medo de ver algum veto derrubado. Com isso, inviabilizou-se a votação necessária para que o Congresso entrasse formalmente em recesso.

Afirmei, então, que a Câmara entraria em recesso branco, ou seja, não teria sessões por duas semanas, mesmo sem a votação da referida lei, porque seria inócuo tentar manter o quórum em período já conhecido de férias – os deputados já tinham viagens programadas.

A CPI da Petrobras tinha sofrido outro revés, com a decisão do STF impedindo uma acareação entre o delator Pedro Barusco e o ex-diretor da Petrobras Renato Duque. A advogada de Barusco e também de outros delatores, Beatriz Catta Preta, autora da ação no STF, acaba sendo convocada pela CPI, para explicar a origem dos seus altos honorários recebidos dos delatores.

A advogada era considerada uma especialista na relação com a Operação Lava Jato em Curitiba. Sua característica era advogar para um delator, depois advogar para os delatados por esse delator – para que também se tornassem delatores. Além dela, outro advogado também agia da mesma forma, Antônio Figueiredo Bastos, que defendia Alberto Youssef e depois virou advogado de delatados por ele.

Isso nunca foi contestado na Operação Lava Jato nem nos tribunais ou ainda pela OAB. Afinal, não seria ético um advogado de delator virar advogado do delatado, para que esse também virasse delator. Coisas que só podiam acontecer na jurisdição do chefe da operação, Sergio Moro, responsável pela maior parte das homologações das delações. Mesmo as delações homologadas pelo STF eram conduzidas pela força-tarefa de Curitiba, subordinada a Moro.

Era evidente que o objetivo disso eram as versões combinadas entre os delatores, ou mutuamente corroboradas, chegando a algumas sentenças do chefe da operação a realçar a delação reforçada por outra, ambas conduzidas pelo mesmo advogado. Uma verdadeira vergonha o que foi feito.

A CPI também convocou José Eduardo Cardozo, para que ele explicasse o grampo na cela de Youssef, na carceragem da Polícia Federal em Curitiba.

Estive por um breve período nessa carceragem, que tinha divisões entre delatores e não delatores. Evidente que havia suspeita de grampo de todos, sendo que quando se desejava falar algo que não pudesse ser grampeado, se usavam de artifícios para despiste. Em artigo publicado pela *Folha de S. Paulo* em 9 de fevereiro de 2017, escrevi que essa carceragem era o hotel da delação, onde quem delatasse teria um monte de privilégios e quem não delatasse logo era levado para o presídio. Tudo era feito para criar um ambiente para delação

– os agentes que transportavam os custodiados, ou os guardavam, sempre insinuavam uma possibilidade de delação para poder sair da cadeia.

Isso dentro de uma pressão psicológica enorme sobre todos os presos, estendendo essa pressão aos familiares, que eram gentilmente tratados – mas sempre com insinuações de que, para acabar com esse sofrimento, só dependeria de o preso colaborar.

A convocação de Cardozo se deu em acordo na CPI, para evitar as de José Dirceu e Edinho Silva, cujos requerimentos seriam aprovados, mesmo contra a vontade do governo, e o desgastaria ainda mais.

O Senado estava também discutindo a parte da reforma política, que não dependia de emenda constitucional, com a relatoria de Romero Jucá. Houve uma combinação entre mim e Renan para que tanto Jucá quanto Rodrigo Maia tentassem um texto comum às duas casas, para evitar mudanças, fora do prazo de um ano antes das próximas eleições de 2016.

A Constituição determina que alterações que influenciem as eleições só sejam válidas para a eleição imediatamente subsequente após pelo menos um ano da aprovação.

No mesmo dia, o Senado aprovou a MP da política do salário mínimo, mantendo a alteração feita na Câmara, ou seja, pela aprovação da emenda que estendeu a correção a todos os aposentados, jogando a solução no colo de Dilma, que seria obrigada a vetar a medida.

A manchete de *O Globo* do dia 9 de julho continha afirmação de Michel Temer, falando que não vale a pena manter debate sobre golpismo – ou seja, Temer declarava que o processo que lá na frente o tornaria presidente era um golpe.

A CPI da Petrobras tinha quebrado os sigilos fiscal, bancário e telemático da família do delator Alberto Youssef, mas seus advogados ingressaram no STF, dentro do plantão do recesso, obtendo a suspensão dessa quebra, prejudicando as apurações da CPI.

Uma comissão especial, criada por mim, aprovou o orçamento impositivo para as emendas de bancada, que somado ao já aprovado orçamento impositivo para as emendas individuais acabaria com o poder do governo de tentar constranger os deputados na liberação das suas emendas, condicionando-as a votações favoráveis ao governo.

Na mesma quinta, tomei o café da manhã com o deputado Paulinho da Força, que compareceu com o ministro do STF Gilmar Mendes, para discutirmos o Código de Processo Civil e a votação da reforma política. Depois, quando se vazou a notícia desse encontro, houve insinuações de que Gilmar tinha ido tratar do impeachment comigo – fato absolutamente falso, mas sempre explorado pelos petistas nesse período antes da abertura do processo de impeachment.

Era natural que em qualquer conversa política naquele momento se tratasse da situação do governo, mas colocar a reunião como tratativa de impeachment foi uma divulgação maldosa, com o objetivo de criar constrangimento.

Nessa data, conseguimos votar o texto-base da parte infraconstitucional da reforma política, com vários pontos de novidades, incluindo a redução do tempo das campanhas, o limite de valores para doações de empresas, o limite dos valores que poderiam ser recebidos pelos candidatos, mudança das regras das eleições, proibição de que empresas que tivessem contratos com a administração pública pudessem doar, entre outras.

A votação iria continuar na terça seguinte. Antes faríamos um esforço para acordar as divergências ainda existentes entre os partidos que queriam alterar a lei.

Renan Calheiros tinha se tornado réu em ação de improbidade do Ministério Público Federal, sobre o pagamento de despesas da sua filha fora do casamento, pela empreiteira Mendes Júnior, situação que deveria estar deixando-o mais irritado com o governo. Ainda não havia sido apreciada a denúncia ao STF do mesmo tema, que viraria depois a ação penal.

Nessa quinta-feira à noite compareci ao circuito Aprosoja, em Cuiabá, ao lado do governador do Mato Grosso, Pedro Taques. Além de um discurso forte a favor do setor, mostrava o distanciamento entre o PMDB e o PT. Eu dizia que nós não defendíamos os mesmos pontos, embora todos tivéssemos a responsabilidade da governabilidade.

O grupo de deputados do PT e assemelhados, liderado pelo meu desafeto de sempre, Alessandro Molon, entrou mais uma vez no STF, pedindo a anulação da votação da maioridade penal, tentando que o ministro de plantão, no início do recesso, Celso de Mello, despachasse a favor deles – sendo que de novo tentaram iludir com litigância de má-fé os reais fatos ocorridos. Reclamei publicamente.

No dia 10 eu visitei, com a bancada do PMDB, as instalações que estavam sendo construídas para os Jogos Olímpicos no Rio de Janeiro, na companhia do prefeito Eduardo Paes e do ministro do Turismo, Henrique Alves.

Paes ofereceu um jantar para a bancada, com a presença de Michel Temer e de Pezão. Todos saíram satisfeitos com o que viram nas obras e o que ouviram no jantar. O objetivo era que todos vissem uma administração do partido com as realizações que estavam sendo feitas.

Anunciei que iria em agosto pôr em votação as contas dos governos pendentes de aprovação, quando colocaria em ordem cronológica as contas pendentes de análise, desde Collor.

No sábado, depois de participar da reinauguração da Catedral da Assembleia de Deus de Brasília, fui almoçar com Aécio, que havia me pedido uma conversa com urgência. Encontramo-nos na casa de um amigo dele. Ele tinha uma informação bombástica: Janot já teria conseguido que o lobista Júlio Camargo alterasse sua delação para me acusar – e os depoimentos seriam divulgados na semana seguinte.

Aécio soube do fato por meio de suas fontes na Procuradoria-Geral da República, provavelmente pelo vice-procurador de Janot, José Bonifácio

Borges de Andrada, que tinha sido advogado-geral da União no fim do governo de Fernando Henrique Cardoso e é de família política tradicional de Minas Gerais, aliada de Aécio.

Não havia o que eu pudesse fazer, a não ser contestar os novos depoimentos e a delação do lobista quando tivesse conhecimento. Mas como estava no processo eleitoral do Ministério Público, não tinha dúvidas de que Janot armaria algo.

No próprio sábado saiu a decisão do ministro Celso de Mello, do STF, rejeitando interromper a votação da redução da maioridade penal, levando em conta os argumentos que eu apresentei na sexta, esclarecendo a votação, em mais uma derrota do PT.

No domingo, dia 12, já no Rio, gravei o pronunciamento que seria veiculado na sexta, dia 17 de julho, quando o PT já estava mobilizando uma convocação virtual para que eu sofresse um panelaço.

O *Valor Econômico* trouxe, na segunda, uma extensa matéria sobre a temperatura política. Dizia o texto que deputados já faziam as contas para o impeachment de Dilma, só no aguardo da reprovação das contas pelo TCU.

Também abordava o erro de Dilma em colocar o assunto impeachment na roda. E que bastaria ao Congresso rejeitar as contas depois do TCU para estar configurado o impeachment – diferentemente do que eu sempre declarava, de que não seriam os atos do mandato anterior de Dilma a causa do seu impeachment. O jornal dizia que em dez conversas políticas em Brasília, nove eram sobre impeachment, mostrando que o assunto não parava, só crescia e que iria dominar todo o segundo semestre – e meu anúncio de que votaria as contas de governo pendentes acabou sendo mais um alimentador da confusão.

Enquanto isso eu circulava em São Paulo, onde almocei com a redação da revista *Época*, participei do programa de Reinaldo Azevedo na Jovem Pan e fui homenageado na Sociedade Rural Brasileira.

Necessitando de espaço físico na Câmara, decidi retirar as salas ocupadas por vários órgãos que faziam lobby ali dentro, entre eles o Ministério Público Federal, o Tribunal de Justiça do Distrito Federal e diversos ministérios, todos usando de graça as instalações da casa. A pergunta que fiz era: a Câmara tem salas de graça dentro desses órgãos? Foi óbvia a irritação de Janot, com a retirada dos seus assessores das nossas instalações da Câmara.

Na terça-feira, o blog do jornalista petista Kennedy Alencar trazia a seguinte notícia: "O governo espera contar com uma ajuda indireta do procurador-geral da República, Rodrigo Janot, para enfraquecer uma eventual tentativa de um processo de impeachment". O texto continuava: "Na avaliação do Palácio do Planalto, Janot deverá oferecer uma denúncia ao STF contra o presidente da Câmara, Eduardo Cunha (PMDB-RJ) no âmbito das investigações da Lava Jato". E seguia dizendo: "O governo crê que seria difícil o peemedebista dar seguimento a um processo de impeachment se for denunciado por Janot", argumentando ainda que "a lista tríplice com os três procuradores mais votados da categoria deverá ser divulgada no início de agosto. Janot deverá ser o primeiro colocado e, portanto, isso facilitará a decisão já tomada de indicá-lo novamente para um segundo mandato".

Ao fim, a notícia trazia: "Se deputados e senadores importantes se fragilizarem mais por causa das acusações, isso poderia tirar gás de uma tentativa de impeachment de Dilma. Assim pensa o governo".

Essa notícia, vinda de quem veio, não deixava dúvidas sobre o governo estar mandando recado, antecipando o que viria a acontecer e que tanto eu como Renan estávamos certos na nossa avaliação da atuação deles.

Paralelamente a isso, a Receita Federal, sob a desculpa da Lava Jato, havia colocado uma força-tarefa para fazer uma verdadeira devassa fiscal sobre mim e minha família. Nós já tínhamos sido notificados para prestar esclarecimentos a esse grupo da Receita, que não era do Rio de Janeiro nem de Brasília, sedes do nosso domicílio fiscal.

Em função do que me foi narrado por Aécio Neves, além dessa notícia do jornalista petista, que já tinha sido assessor de imprensa de Lula, eu resolvi promover um almoço com os líderes partidários, avisando que estava esperando uma covardia do governo contra mim.

Eu avisei que seria muito provável uma denúncia contra mim, necessitando do apoio deles, para que isso não contaminasse a autoridade de condução da Câmara. A minha derrocada seria a vitória de Dilma e tínhamos que evitar isso.

Além disso, Rodrigo Janot tinha feito nesse dia uma operação, autorizada pelo então ministro Teori Zavascki, de buscas contra três senadores, Fernando Collor, Fernando Bezerra e Ciro Nogueira, além do deputado Dudu da Fonte. Isso foi interpretado como uma vingança em cima de Collor, disfarçada pela inclusão de outros nomes, tentando constranger o Senado para que não impedisse sua recondução. As buscas também foram em cima do filho do ministro do Tribunal de Contas da União, Aroldo Cedraz, o que aumentava a impressão de que era uma operação para atingir quem pudesse julgar Dilma, TCU e Congresso.

Janot teria apreendido inclusive os carros de Collor, que depois seriam liberados pelo STF, demonstrando que ele estava em busca de vingança pelas representações que Collor tinha protocolado contra ele.

Com os dados do dia, as intimações da Receita Federal à minha família e a informação de Aécio, avisei a Temer que não ficaria de braços cruzados com essa atuação do governo. Iria reagir da mesma forma e poderiam esperar que as CPIs que estivessem na fila seriam instaladas, como a do BNDES e a dos fundos de pensão.

Temer, preocupado, chamou Mercadante, que obviamente negou a atuação do governo e quis me convencer de que essa declaração dele merecia alguma credibilidade, o que eu não aceitei.

Lula voltou a Brasília para conversar com Dilma e ministros sobre a crise, vazando na imprensa muitas cobranças e a falta de ação para que o governo saísse das cordas, agora ainda mais prejudicado pela operação contra os senadores.

Renan teria se encontrado com Dilma e recusado o apelo para votar naquela semana as desonerações da folha de pagamento, até porque, com as invasões de Janot nas casas de senadores, não haveria clima para isso.

Renan teria reagido de forma dura e acusado o Ministério Público Federal de intimidação, dizendo que caberia à polícia legislativa do Senado a execução de medidas em imóveis do Senado. Ele também estava irritado com o depoimento de Paulo Roberto Costa ao chefe da Operação Lava Jato, Moro. Paulo Roberto estava sendo investigado pelo então juiz sem competência, da mesma forma que ele faria em seguida comigo.

Levy tentou, em reunião no Senado, convencer os líderes a votarem as desonerações, mas sem sucesso. Concordou que o Senado votasse um projeto do senador Randolfe Rodrigues, de repatriação de ativos no exterior – eu avisei na hora que não votaria o projeto na Câmara.

O governo estava tão desconcertado em sua atuação que havia editado uma MP de reforma de ICMS, contendo a constituição de um fundo que teria em sua composição os recursos oriundos de um projeto de repatriação, de autoria de um senador ainda não apreciado. O critério constitucional de edição de uma MP é a relevância e urgência da matéria, e como poderia ser relevante e urgente essa matéria vinculada a algo que não tinha acontecido e ainda poderia até não acontecer?

Rejeitei de público a apreciação dessa medida provisória e disse também que se o governo quisesse aprovar um projeto para a repatriação de ativos no exterior, que enviasse um projeto de autoria do executivo – só assim eu votaria, caso contrário, mesmo que o Senado aprovasse, iria para a gaveta.

Na sessão dessa terça, concluímos com 20 votações de destaques o projeto infraconstitucional da reforma política, sendo aprovados destaques para dificultar as coligações, retirando número de vagas nas candidaturas e até mesmo impedindo partidos com menos de dez deputados a terem direito a participação em debates eleitorais.

Todo o texto final foi conduzido por Rodrigo Maia, que, agindo em acordo com o PSDB, conseguiu colocar o que queria. Quando o questionei sobre qual a razão de colocar o número de dez deputados no partido que disputaria eleição majoritária, para poder participar de debates, ele respondeu que era para tirar o Marcelo Freixo dos debates da eleição da prefeitura do Rio de Janeiro em 2016.

Com tantos casuísmos de Rodrigo Maia, as críticas foram muitas e, embora tivessem medidas pedidas por mim, como o encurtamento da campanha, a redução dos custos e normas que facilitassem a vida dos candidatos, o texto final seria uma colcha de retalhos bastante criticada.

Um ponto positivo foi a diminuição do tempo da propaganda eleitoral, tendo como contrapartida o aumento das inserções na televisão, que tem mais efeito e prejudica menos as programações das TVs.

Na quarta, dia 15 de julho, a *Folha de S. Paulo* já trazia em matéria a informação de Aécio, de que o lobista Júlio Camargo teria feito um novo depoimento que levaria a uma denúncia de Rodrigo Janot contra mim. Trazia também, na coluna da conhecida jornalista petista Mônica Bergamo, notas sobre a posição do meu advogado e uma nota que dizia: "O procurador-geral Rodrigo Janot estuda até mesmo pedir o afastamento de Cunha da presidência da Câmara".

Ou seja, o circo, em todas as fontes, conhecidamente petistas, estava sendo armado, publicando os fatos orquestrados pelo governo e por Janot.

José Eduardo Cardozo foi depor na CPI da Petrobras para explicar o grampo encontrado na cela do delator Alberto Youssef, na carceragem da Polícia Federal em Curitiba. Mas, como foi deputado e era experiente, enrolou bem a comissão – e não foi apertado como deveria, se livrando da CPI.

Eu realizei uma sessão solene em homenagem aos 90 anos do jornal *O Globo*. Renan instalou o Conselho de Comunicação Social do Congresso, para o qual eu indiquei como representantes da Câmara os ex-presidentes Henrique Alves e Aldo Rebelo, ambos ministros de Dilma.

Debaixo de um clima beligerante, participei do evento da Fundação Ulysses Guimarães, de lançamento da plataforma digital do PMDB, em companhia de toda a cúpula partidária, incluindo Temer, Renan, Sarney, Padilha, entre outros.

Na sessão dessa quarta-feira, levei à votação os destaques da emenda constitucional da reforma política. Houve duas alterações, caindo o mandato de cinco anos, permanecendo o de quatro anos e também a alteração da data de posse de governadores e presidente da República, que continuaria sendo no dia 1º de janeiro.

O fim da reeleição foi mantido, mas por quórum reduzido. Preferi deixar os demais destaques para a volta do recesso branco, em agosto. Enquanto isso, o Senado votava itens infraconstitucionais da reforma política, mas com resultados diferentes da Câmara em alguns pontos, sinalizando a dificuldade de mudança no sistema político.

O Senado aprovou o projeto de José Serra, de alteração do tempo de internação do menor infrator de três para dez anos, tentando dar um tratamento diferente do dado pela Câmara na redução da maioridade penal – sendo que as duas propostas não eram conflitantes.

Questionado pela imprensa se eu não temia ter uma operação semelhante à dos senadores, respondi que a porta da minha casa estava aberta e que eu me levanto às 6 horas e só pedia para não chegarem antes, para não me acordarem.

No dia 16 fiz um café da manhã com jornalistas para balanço do semestre da Câmara, sendo cobrado pela decisão do pedido de abertura do processo de impeachment feito pelo Movimento Brasil Livre, o MBL. A conversa girou ainda sobre outros temas, como parlamentarismo, a saída de Temer da articulação, o fim da aliança com o PT, o julgamento das contas de Dilma e até o desmentido de que pretendia me reeleger.

Sobre isso, argumentei que a emenda constitucional da reforma política tornou até mais rigorosa a proibição de reeleição dos presidentes da Câmara e do Senado, porque se aprovou uma emenda que vedava a reeleição, mesmo em legislaturas diferentes. Hoje, depois de um golpe dado pelo meu sucessor, Rodrigo Maia, que conseguiu o direito à sua primeira reeleição, com uma tese estapafúrdia de que cumpria um mandato tampão após minha renúncia, ainda tentaram criar condições de se eternizarem no poder com sucessivas reeleições, que só fazem mal à democracia e tentam transformar o Congresso em uma assembleia legislativa ou em um congresso venezuelano.

A renovação política e o surgimento de bons quadros só se dão pela alternância de poder, e a Câmara tem boas alternativas; caso contrário, como teríamos a possibilidade de chegar lá, tanto eu como o Rodrigo Maia? O cemitério está cheio de insubstituíveis.

Denunciei também que o PT estava organizando um panelaço para a minha fala na TV, de balanço do semestre, chamando a manifestação de "ptzaço".

Recebi informações de deputados que estavam em um almoço no Itamaraty. Diziam que meu adversário derrotado na eleição da presidência da Câmara, o petista Arlindo Chinaglia, alardeava que o procurador-geral da República iria pedir o meu afastamento na segunda-feira, dia 20.

Chinaglia respondeu em janeiro de 2021, quando finalizei este texto, em função da delação de executivos da Odebrecht, à acusação de supostamente ter recebido propina de R$ 10 milhões da Odebrecht, fruto de atuação nas obras das usinas do rio Madeira.

Então aconteceu o que todos estavam aguardando: o lobista Júlio Camargo foi reinquirido pelo chefe da Operação Lava Jato, Moro, na ação penal de outro lobista, Fernando Baiano. E me acusou de participar do assunto das sondas, mudando os seus depoimentos em relação ao conteúdo da sua delação e do conteúdo do depoimento anterior ao juízo.

O mais engraçado de tudo é que o chefe da operação, sem competência para me investigar, pelo meu foro do STF, simplesmente o interrogou sobre mim, fazendo diferente de quase todos os casos, em que quando os depoentes falavam sobre detentores de foro, ele impedia e não deixava o depoimento prosseguir nessa parte.

Três dias antes, também em depoimento a Sergio Moro, o delator e ex-diretor da Petrobras Paulo Roberto Costa declarou que Renan tinha recebido propina dele, por meio do deputado Aníbal Gomes, do PMDB do Ceará, não sendo também interrompido pelo chefe da operação, como fazia em todos os casos que envolviam detentores de foro privilegiado. Primeiro Renan, depois de três dias seria eu: os únicos sobre os quais o então juiz aceitou que depoentes falassem sem interrupção, mesmo diante do foro que detínhamos.

Além disso, em seguida o delator Alberto Youssef depôs perante o mesmo juiz e disse que estava sendo intimidado pela CPI da Petrobras por um "deputado pau-mandado do deputado Eduardo Cunha", em mais um ato ilegal do chefe da Operação Lava Jato.

Para completar as coincidências, o advogado de Youssef, Figueiredo Basto, o mesmo que em janeiro havia soltado nota me defendendo da acusação de ter recebido dinheiro de seu cliente, agora não só mudava a versão como também teria passado a ser advogado do lobista Júlio Camargo – que tinha alterado o depoimento no momento seguinte a essa mudança.

As versões agora, entre Youssef e Camargo, não teriam qualquer divergência, chegando o advogado a comemorar, inclusive em nota, o novo depoimento do lobista.

A que nível tínhamos chegado... Um juiz incompetente toma depoimentos de maneira ilegal com os depoentes que antes se contradisseram, combinando novas versões, orientados pelo mesmo advogado, todos passando a ser contrários a mim...

Eu, que estive preso em Curitiba depois, assisti a várias cenas da presença desse advogado e da sua fama de ter influência sobre Sergio Moro, bem como também ter influência sobre a força-tarefa de Curitiba. Seus serviços eram oferecidos a vários presos na operação, para que virassem delatores pelas suas mãos.

O ex-senador Delcídio do Amaral, assim como o doleiro Lúcio Funaro, também mais tarde virariam delatores da operação, por meio desse mesmo advogado – mostrando sua força e influência na operação.

O doleiro Dario Messer, na sua delação premiada no segundo semestre de 2020, acusou esse advogado de cobrar propinas, supostamente em nome de um procurador da força-tarefa da Lava Jato, para que não fosse incriminado na operação do Banestado, também conduzida pelo mesmo grupo e sob a mesma chefia, a de Sergio Moro.

Qual a razão para o chefe da operação fazer comigo de forma diferente, resolvendo interrogar o lobista sobre mim? Ainda chegou a perguntar se eu era uma pessoa agressiva, entre outros detalhes. O lobista inventou encontros e diálogos inexistentes, fazendo com que o ato fosse perfeitamente nulo, pela incompetência do então juiz para tratar de detentor de foro.

E como permitir que o outro delator depusesse sobre intimidação na CPI? Qual a razão de alguns órgãos de imprensa terem sido previamente avisados do depoimento, a ponto de mandarem enviados especiais a Curitiba para assistir? Qual a razão de o chefe da operação divulgar o depoimento logo em seguida?

O chefe da operação chegou a emitir nota em resposta a mim, dizendo que não caberia ao juízo o silenciamento de testemunhas, só que ele perguntava diretamente sobre mim e não era só inciativa das próprias testemunhas. Quem tinha de ser silenciado antes do lobista seria ele.

Moro ficou incomodado com a minha declaração de que ele achava que o Supremo Tribunal Federal tinha se mudado para Curitiba e que ele se achava o dono do mundo. Nesse momento ficaria caracterizada a desavença dele comigo, que se refletiria nas divulgações do site The Intercept Brasil e nas suas decisões sobre mim, após a perda do meu mandato.

O deputado que Youssef acusava era Celso Pansera, que sofreria de Janot uma absurda busca e apreensão, sem ter nada a ver com o assunto nem ter sido acusado de qualquer coisa.

Àquela altura, estava claro que a informação de Aécio estava correta. Janot tinha fraudado uma mudança de uma delação, que inclusive tinha sido homologada por Sergio Moro, na primeira instância, e nem poderia tratar de detentor de foro, o que teria a implicação de ser homologada pelo STF e não por um juiz de primeiro grau.

Soltei uma dura nota contra o procurador-geral. Acusei-o, lembrando as ameaças públicas de cancelamento da delação do lobista, caso não alterasse o seu depoimento sobre mim, estranhando esse ato ocorrer às vésperas da eleição do procurador-geral e do meu pronunciamento em rede nacional, planejado para o dia seguinte, quando faria um balanço do semestre.

Pedi uma reunião de emergência com Temer, juntamente com Renan. O vice-presidente já estava na base aérea para viagem a São Paulo, mas resolveu adiar. Encontramo-nos lá. Naquele momento eu estava com Renan em seu gabinete debatendo esses absurdos, quando acionei Temer para essa reunião. Saímos imediatamente para a base.

Renan concordava na íntegra comigo e atribuía ao governo toda a iniciativa de nos atingir com esses depoimentos na primeira instância, que teriam sido armados por Janot para nos desmoralizar no momento em que o governo fraquejava e nós não nos curvávamos a ele.

Eu disse a Temer que iria romper com o governo, porque era fato previsto e anunciado, alertado por Aécio. E que, se eu não reagisse, seria atropelado por fatos mentirosos, sendo esse o objetivo do governo. Citei como fato que comprovava a interferência do governo o que Arlindo Chinaglia estava espalhando no almoço do Itamaraty. Falei a Temer que essa propagação de Chinaglia não era à toa. Eu tinha o testemunho dos deputados que o assistiram falar e depois vieram me contar.

Renan repetia para Temer tudo o que já havia concordado comigo, mas, no seu estilo, não assumia a forma de reagir, dando a falsa impressão de solidariedade. Renan inclusive cancelou uma entrevista para realizar o balanço do semestre do Senado.

Como eu falei da ilegalidade do chefe da Operação Lava Jato em me investigar e que tomaria providências jurídicas, Temer telefonou na hora para o presidente do STF, Ricardo Lewandowski, falando que precisava ter uma conversa urgente.

A pedido de Temer, que iria viajar, Lewandowski concordou em encontrá-lo também lá na base aérea, para debater essa situação. Eu e Renan preferimos sair, para deixar o vice-presidente à vontade – depois ele nos contaria por telefone o resultado da conversa.

Temer explanou a ele a situação absurda de eu ser investigado por um juiz de primeiro grau, o que teria tido a concordância de Lewandowski, que recomendou que eu entrasse com uma reclamação no STF, que seria apreciada imediatamente.

Ao me orientar a fazê-lo, eu lembrei que o STF me daria uma resposta jurídica, mas não política. Ele, então, apelou para que eu não me precipitasse em anunciar o rompimento, o que só agravaria a crise política.

Disse a ele que a minha posição era irreversível. Anunciaria na sexta pela manhã: a partir de então, eu seria inimigo do governo e daria realmente o trabalho que eles imaginavam que eu estava dando.

Também disse a ele que não descartasse a sua inclusão nesse processo da Operação Lava Jato, pois seria também uma forma de acabar com o fantasma do impeachment, que vinha assombrando Dilma.

Alguns sites já vazavam que eu iria romper com o governo, em resposta a essa situação. A Procuradoria-Geral da República chegou a soltar nota dizendo que não tinha nada a ver com o ocorrido.

Apesar de vários conselhos para alterar meu pronunciamento e me defender em rede nacional, não concordei porque o direito de usar a rede nacional de TV era para a instituição e não para fatos de natureza pessoal. Para isso, teria a forma de me defender diretamente em entrevistas, mantendo o teor já gravado, embora soubesse que o impacto seria pequeno pela repercussão do depoimento do lobista.

Janot e o governo já tinham sido bem-sucedidos na estratégia de tornar o meu pronunciamento um evento morto de repercussão. Haveria até a possibilidade de protestos, pois a população estaria sob o impacto da denúncia do lobista.

Na sexta, dia 17 de julho, anunciei meu rompimento com o governo. Declarei: "Estou oficialmente rompido com o governo a partir de hoje" e "teremos a seriedade que o cargo ocupa", "porém, o presidente da Câmara é oposição ao governo". Também disse que não aceitaria estar junto a "esta lama em que está envolvida a corrupção da Petrobras, cujos tesoureiros do PT estão presos".

Denunciei também a ação do governo na devassa da Receita Federal iniciada na minha família, para mostrar algo que tinha atuação direta e funcional de um órgão do governo, que deveria ser uma instituição de Estado.

Desde o início da operação de Janot, sempre foi muito estranho o fato de achar que a corrupção na Petrobras, com a participação de agentes públicos nomeados pelo governo, não tinha qualquer responsabilidade do governo.

Ninguém de bom senso iria achar que alguns partidos, que não o PT, eram os beneficiários da corrupção de uma estatal, controlada pela mão de ferro de Dilma. Ela tinha inclusive sido a presidente do Conselho de Administração da Petrobras.

O próprio delator Alberto Youssef havia acusado tanto Lula como Dilma de terem ciência da roubalheira na Petrobras. Mas Janot pediu o arquivamento em relação a Dilma, por considerar que ela teria imunidade por fatos anteriores ao exercício da Presidência, enquanto fosse presidente.

Esse entendimento de Janot é parcialmente correto, pois quando Michel Temer ocupava a Presidência da República, a então procuradora-geral da República Raquel Dodge pediu abertura de inquérito para investigar Temer por fatos anteriores ao seu exercício na Presidência – com relação a supostas propinas por ele recebidas em função da administração do porto de Santos.

Nesse momento, o ministro do STF Luís Roberto Barroso autorizou a abertura do inquérito, concordando com a tese de que Temer poderia ser investigado – ficando, porém, a eventual denúncia criminal para quando terminasse o mandato. Temer foi investigado durante o exercício da Presidência e, ao fim, foi denunciado criminalmente, em instância de primeiro grau, devido à perda do foro do STF.

Dilma, de forma diferente, não foi investigada no caso da Petrobras durante o exercício da Presidência nem depois. Ela não respondeu pelo ato de corrupção na Petrobras em nenhum momento, sendo incluída tão somente em uma denúncia de organização criminosa que, descendo ao primeiro grau, restou absolvida sumariamente, com o parecer favorável do próprio Ministério Público Federal, junto com todos os demais denunciados. Ela nada sofreu com relação à corrupção da Petrobras, graças à atuação de Janot.

O mais engraçado de tudo é que o lobista que mudou seu depoimento para me acusar teve seus aviões utilizados pelo PT, inclusive por Dilma, na sua campanha à Presidência – e isso não era objeto de nenhuma investigação.

O PMDB soltou uma nota falando que o meu rompimento era de natureza pessoal – o que eu também havia falado na minha entrevista coletiva. Esse fato do anúncio do meu rompimento com o governo talvez tenha sido o maior erro que eu tenha cometido no exercício da presidência da Câmara. Não precisava ter feito esse anúncio. Podia agir como oposição sem, no entanto, me declarar opositor.

Minha declaração explícita me jogava na vitrine de uma forma a ser contestada por todos, sendo que nas votações, em seguida, onde o governo fosse prejudicado, a culpa sempre recairia na minha atitude de oposicionista. Isso sem contar que eu não tinha combinado isso com meus apoiadores, que se viam agora no meio de uma disputa, que mesmo que já existisse antes, não tinha até aquele momento o condão de inviabilizar a atuação deles, de apoio ao governo, embora eu não tivesse pedido a ninguém que me acompanhasse nessa iniciativa.

O gesto foi uma reação extremada, de quem estava engolindo o sapo das armações de um governo ruim, que acobertava a corrupção da Petrobras praticada pelos seus quadros, que me odiava e buscava me destruir de forma covarde.

Mas, mesmo assim, essa reação não era a melhor. Logo eu vi o erro que tinha cometido, tendo que administrar as consequências disso. Isso sem contar que, de uma certa forma, dava uma desculpa para que o governo agisse ainda mais contra mim, pensando ser uma questão de sobrevivência, pois a abertura do processo de impeachment seria a consequência mais lógica na frente.

Ainda teria de conviver com o governo plantando, na imprensa, daí em diante, que todas as pautas que ele não concordasse eram pautas-bomba. Isso contaminaria minha atuação, já que qualquer coisa votada seria uma pauta contra o país, fato absolutamente falso.

O blog de Reinaldo Azevedo, na *Veja*, publicou naquela sexta a seguinte observação: "Houve uma explosão de alegria nesta quinta no PT e no Palácio do Planalto. Finalmente 'pegaram o homem'. Há quem diga que, agora, Dilma está salva. Até que alguém, um pouco mais realista, lembrou que tudo pode terminar como em 'Cães de Aluguel', de Tarantino: todo mundo atira, e todo mundo morre".

Na prática, ele tinha razão. Todo mundo ia atirar. E todo mundo iria morrer.

18. A proposta de mudar a meta fiscal de 2015 e a edição dos decretos que causariam o impeachment

Como primeira reação ao rompimento com o governo, autorizei a criação de duas CPIs que estavam na fila: a do BNDES e a dos fundos de pensão. O governo iria sofrer, tendo que se desdobrar a partir daí em três frentes de investigação.

Nesse momento, já havia 11 pedidos de abertura de processo de impeachment contra Dilma. Determinei a notificação dos autores para cumprirem requisitos de natureza procedimental, para que eu pudesse decidir, inclusive rejeitando-os, se fosse o caso.

Na noite de 17 de julho, voltei para o Rio de Janeiro. Assisti na base aérea do Santos Dumont ao meu pronunciamento em rede nacional. Eu havia feito o balanço das atividades da Câmara, sendo que o anunciado panelaço do PT, ou ptzaço, foi bastante tímido. Eles ficaram restritos a poucos lugares e mais concentrados na capital do Rio, meu estado, onde os adversários locais eram mais numerosos.

Os registros de imprensa mostraram a modéstia das manifestações, inclusive comparando a sua grande inferioridade com as ocorridas contra Dilma em seu último pronunciamento.

Depois do cancelamento da entrevista coletiva, Renan divulgou um pronunciamento pela TV Senado, em que afirmou que o país viveria "meses nebulosos". Fez acenos positivos a mim, com elogios à minha atuação.

No sábado, fui conversar com o presidente do PMDB do Rio de Janeiro, Jorge Picciani, juntamente com o seu filho, o líder do PMDB Leonardo Picciani. Ouvi a crítica: eu não deveria ter anunciado o rompimento, mesmo que quisesse estar rompido. Disse que não fiz o gesto para que fosse seguido, mas sim como reação – mas já começava a ver que o gesto realmente tinha sido precipitado.

Aécio Neves soltou uma nota, em nome do PSDB, relatando a preocupação com o quadro político do país, defendendo que todas as denúncias tinham que ser investigadas, respeitando o amplo direito de defesa. Essa nota era, na prática, o muro do PSDB.

Ex-líder do governo e meu desafeto, o deputado petista Henrique Fontana deu declarações que iria solicitar, na CPI da Petrobras, minha acareação com o lobista que havia mudado o seu depoimento. Respondi que ele devia aproveitar e requerer também a acareação dos ministros Aloizio Mercadante e Edinho

Silva com o delator da UTC, Ricardo Pessoa. E de Dilma, com o doleiro e delator Alberto Youssef.

Em seguida, recebi um telefonema do prefeito Eduardo Paes, que pedia para me visitar. Em minha casa, tentou pôr panos quentes, querendo que eu voltasse atrás na minha posição. Relatei a ele as minhas razões para acreditar que o governo estava por trás de tudo isso, ressaltando que meu gesto era pessoal e que não estava pedindo para que ninguém me acompanhasse.

Paes me pediu autorização para conversar com Dilma e discutir a situação naquele fim de semana, querendo saber se eu estava disposto a ter algum diálogo. Eu autorizei porque não quis parecer radical, já que o anúncio do meu rompimento estava tendo uma reação como se fosse uma crise institucional.

Apenas pedi a ele que evitasse José Eduardo Cardozo, até porque tinha sido o próprio Paes que havia me relatado o episódio da CPI dos Correios. Cardozo passava para ele, então deputado Paes, e também para o então deputado ACM Neto, as denúncias contra o governo, para depois fingir defender – mostrando o quanto Lula tinha razão quando o definia como mau-caráter.

Quando Paes chegou na minha casa, encontrou na porta do meu condomínio um grupo de manifestantes do MBL, pedindo que eu aceitasse a abertura do processo de impeachment. Eu não os recebi, mas eles permaneceram à minha porta mesmo assim, o dia inteiro, com faixas de reivindicações.

Temer viajou para os Estados Unidos. Teria encontro com investidores e emendaria com uma semana de férias, saindo da confusão.

Lula passou a ser investigado pelo Ministério Público Federal de Brasília sobre suposta ajuda à Odebrecht em obras no exterior. Isso fazia com que muitos falassem que a perseguição sobre mim era fantasiosa, porque o PT estava também sob o foco da investigação. Lembravam que a investigação em Curitiba era também contra o PT, que havia inclusive dois ex-tesoureiros presos, além de José Dirceu na mira para ser novamente preso.

Ocorre que havia algumas diferenças básicas nisso tudo: a primeira, que havia um esquema de corrupção na Petrobras e o governo do PT era o responsável por esse fato. Não poderia haver investigação sem a inclusão do PT, mas Dilma tinha sido retirada por Rodrigo Janot. A parte do PT que sofria com essa investigação era a ligada a Lula.

A segunda diferença é que Janot não controlava a investigação como um todo. Esta acontecia a cargo da força-tarefa de Curitiba, chefiada por Moro. Mas os objetivos eram comuns, o de destruir a classe política brasileira. Janot era o responsável pelos detentores de foro no STF, o que era o meu caso e o de Dilma.

A terceira diferença era que Janot dependia de Dilma para sua recondução, atendia Dilma e era, até sua recondução, totalmente controlado por Cardozo. Este, inclusive, tinha me relatado a tentativa de inclusão de Aécio Neves na primeira leva de inquéritos, da qual só foi excluído pela atuação do vice-procurador-geral da República, José Bonifácio Borges de Andrada.

A quarta diferença era que eu passei a ser considerado, desde minha eleição, como uma ameaça a Dilma. Minha desestabilização se tornou sua prioridade, na relação com Janot.

A quinta diferença é que agreguei, a tudo isso, uma disputa pessoal que Janot passou a travar contra mim, depois dos ataques públicos que fiz, denunciando-o. O meu assunto se tornou pessoal para ele. Além disso, ainda foi agravado pela presença de meu advogado, Antonio Fernando de Souza, um desafeto dele.

Ainda assim, vão me perguntar: como Janot, sem controlar a força-tarefa de Curitiba, iria conseguir atuar para que justamente em Curitiba saísse a história do lobista contra mim? A resposta é que a delação do lobista tinha sido feita pela força-tarefa de Curitiba, homologada pelo chefe da operação, Sergio Moro, mas foi Janot quem chamou o lobista, o ameaçando de anular sua delação caso não falasse de mim.

Como a força-tarefa não queria perder a delação do lobista e comungava dos mesmos objetivos de destruir a classe política, não oporia nenhuma resistência à minha inclusão. Ao contrário, isso seria um forte instrumento para eles conseguirem esse objetivo. Os diálogos da Vaza Jato comprovam isso.

Como o lobista delator cedeu e mudou o seu depoimento, Janot, em vez de submeter ao STF esse complemento de delação, que passaria a atingir detentor de foro, o enviou para a própria força-tarefa de Curitiba para apresentar ao juízo local. Como Moro também queria a destruição de toda a classe política e não somente do PT, usou do depoimento já marcado para tornar pública a nova delação desse lobista.

É simples assim. Eu nunca disse que Dilma e o governo controlavam a operação, mas sim que controlavam a atuação do procurador-geral da República contra os seus opositores, principalmente contra mim.

Na segunda-feira, dia 20 de julho, ainda sem saber se Eduardo Paes havia estado ou não com Dilma, Paes me telefonou cedo, quando eu estava saindo de casa em direção ao centro da cidade. Ele me perguntou se no caminho eu poderia passar na residência da Gávea Pequena, onde ele morava. Eu concordei.

Antes de entrar na casa dele, vi nota no site da *Veja* sobre a conversa que teria ocorrido na véspera entre o prefeito e a presidente. Entro já mostrando a notícia. E pergunto logo se Cardozo tinha participado da conversa. Paes confirma que sim.

Ele também tinha chamado Jorge Picciani para nosso encontro. Comecei dizendo que Cardozo vazou de propósito para desmoralizar a conversa dele. Reclamei bastante, havia pedido que não o pusesse nessa conversa.

Eduardo Paes rebateu. Disse que já tinha encontrado Cardozo com Dilma, e não teria condição de vetar a presença dele na frente dela – que o tinha chamado. Resumo da conversa: Dilma negava a participação do governo contra mim e queria um armistício comigo.

Dilma relatou a Paes a conversa do dia 6 de julho, quando ela demonstrou que queria se aproximar de mim. Mas, sinceramente, nada me convencia. E a própria presença de Cardozo ali me mostrava que eu estava correto.

Agradeci a ele o gesto e a consideração de tentar uma reaproximação, mas não acreditava em Dilma e muito menos em Cardozo. Apenas disse a ele que nós iríamos conversando e vendo a evolução dos fatos.

Em seguida, participei de um almoço de homenagem da Associação Brasileira de Emissoras de Rádio e Televisão (Abert) ao líder Leonardo Picciani, por causa da relatoria da desoneração da folha de pagamento. O setor acabou sendo beneficiado com uma alíquota menor, com a minha ajuda. Depois embarquei para Brasília.

Meu advogado tinha ingressado com uma reclamação no STF, sugerida por Michel Temer, para suspender a ação penal envolvendo o lobista que tinha ido depor em Curitiba. O pedido era para que fosse remetida à competência do STF, já que eu era investigado por um juiz de primeiro grau. Foi um gesto público de ataque ao chefe da operação, Sergio Moro, que teria sequelas lá na frente, quando eu estivesse debaixo da sua jurisdição.

De Nova York, Temer disse que meu rompimento causaria no máximo uma "crisezinha política", tentando minimizar o fato. Mas Temer falou também que, se fosse presidente da República, manteria Joaquim Levy no Ministério da Fazenda – tal declaração causou desconfiança aos petistas no Brasil.

Na reclamação ingressada pelos meus advogados, o presidente do STF, Ricardo Lewandowski, havia dado dez dias para que o juízo de primeiro grau fornecesse as informações, determinando o envio de maneira postal. Como ele só decidiria a liminar após o recebimento dessas informações, solicitei uma audiência com ele.

Na terça, dia 21, saiu uma nova pesquisa, feita pela Confederação Nacional do Transporte com o Instituto MDA. Dilma aparecia com 7,7% de aprovação, contra 70,9% de reprovação, mostrando a queda livre de seus índices. Declarei que algo tinha de ser mudado. Não podíamos ficar sócios de 7% – isso justificaria o rompimento do PMDB com o governo.

O deputado Celso Pansera respondeu às insinuações de que teria feito requerimento para solicitar os nomes dos investigadores da Polícia Federal na Lava Jato para constrangê-los. Ele disse que não tinha feito nenhum requerimento, mas, sim, solicitado diretamente ao ministro da Justiça, José Eduardo Cardozo, que tratou de espalhar essa versão para me constranger, como se Pansera fosse o "pau-mandado" citado por Youssef.

O presidente do STF marcou a audiência que eu havia solicitado. Compareci com o meu advogado, Antonio Fernando de Souza. Pedimos que ele antecipasse o prazo de resposta do juízo de Curitiba ao pedido de informações e o fizesse por meio eletrônico – e não por via postal. Lewandowski falou que atenderia ao pedido.

Ele aproveitou para, antes, reclamar bastante, na presença de Antonio Fernando, da posição do Ministério Público em relação à ação que deu a prerrogativa de investigação ao MPF, alcançada por decisão do plenário do STF, da qual ele foi contrário.

Dilma vetou o aumento do Poder Judiciário, aprovado pelo Senado, na maior derrota que o governo tinha tido no Congresso, com impacto fiscal de R$ 25 bilhões.

Na quarta-feira, dia 22 de julho, o *Valor Econômico* publicou matéria, assinada pela jornalista Raquel Ulhôa, dizendo que "para governistas empenhados em aproximar Dilma e Renan, poderia haver uma articulação do Planalto com o STF para poupá-lo de eventual denúncia na Lava Jato. A tese é que apenas o presidente de uma casa do Congresso pode morrer; o outro tem de ser preservado".

A matéria falava o que outras notas soltas já diziam: que Dilma iria tentar se aliar a Renan para me neutralizar e também para se contrapor ao próprio Michel Temer.

No mesmo dia, havia o velório do ex-prefeito do Rio de Janeiro Luiz Paulo Conde. Retornei ao Rio para participar. E aproveitei para novamente me reunir com Eduardo Paes, que voltou a falar da tentativa de acalmar os ânimos, inclusive com o governador Pezão participando desse movimento.

Eu tornei a falar para ele que a minha decisão era pessoal, que tinha até dado declarações atenuando a relevância da minha atitude, mas que não voltaria atrás. Cobrei também as notas plantadas na imprensa, de que ele e Pezão estariam em movimento contra mim.

Após minha saída do velório de Conde, Paes e Pezão mandaram mensagens pelo WhatsApp se solidarizando comigo. Paes escreveu: "Querido presidente, nessas horas de desafios, a fofoca é a arma dos fracos. Não há por parte dos seus companheiros aqui qualquer tipo de ação tolhedora na sua conduta na defesa de sua honra e dignidade. Grande abraço. Eduardo Paes. Em tempo: as notas plantadas também não me incluem".

Pezão disse: "Amigo Eduardo, lute pela sua honra como estou lutando pela minha e sei o que você está passando. Em nenhum momento questiono a sua atuação na Câmara, não estou aí para conhecer a temperatura da casa, só defendo a ajuda ao país por atravessarmos esse momento difícil que eu sei que você também está preocupado. Não participei em nenhum momento de reunião de líderes do PMDB para tirar uma posição contra você. Um grande abraço".

Joaquim Levy me telefonou para comunicar que haveria o anúncio da mudança da meta fiscal daquele ano para um superávit de apenas 0,15% do PIB, em uma mudança radical, saindo de R$ 66,3 bilhões para apenas R$ 8,7 bilhões. Eu perguntei a ele qual a razão dessa mudança tão radical e por que não havia sido anunciada antes, pois esse número não podia ser só constatado ao fim do sétimo mês do ano.

Levy vinha, em declarações públicas, dizendo que ainda era cedo para propor a mudança da meta, pois não teria ainda números confortáveis para que se dimensionasse a real necessidade. Ao me responder, Levy disse que as frustrações de receitas tinham sido muito maiores do que o previsto, sendo que muitas empresas simplesmente não estavam recolhendo os impostos – e ele não sabia a razão.

Por que anunciar então a proposta de mudança da meta, em um momento que o Congresso estava em recesso e não iria apreciar? A resposta é que o governo precisava gastar e aí iria começar a incorrer no crime de responsabilidade, que levaria ao impeachment de Dilma.

A proposta que seria anunciada em entrevista coletiva ao fim da tarde, além da grande redução do superávit, continha receitas que não seriam realizadas, como as referentes ao programa de repatriação de ativos no exterior, que não deveria ser votado por mim, as referentes às concessões, além das receitas de um programa de solução de litígios, de difícil previsão.

Cobrei, depois do anúncio oficial, que o governo já sabia que a meta fiscal não seria cumprida. Uma mudança dessa envergadura já deveria ter sido constatada. Dilma, de novo, se colocava nas minhas mãos pelos erros da economia. A solução dessa mudança não seria nada fácil para o governo. Declarei também que, se a proposta de mudança da meta fiscal ocorresse dentro de uma previsão, demonstrando o cenário futuro no contexto certo, o mercado poderia entender, caso sentisse segurança com o relato da equipe econômica.

O governo envia, então, o projeto de lei ao Congresso para a mudança da meta fiscal – projeto que seria o PLN 5 de 2015, e do qual muito ouviríamos falar, até a conclusão do processo de impeachment de Dilma.

Beatriz Catta Preta, advogada da delação do lobista Júlio Camargo, que depois mudou o seu depoimento para me acusar, deixou os seus clientes. O lobista já havia colocado, em substituição a ela como seu advogado, Antônio Figueiredo Basto, o mesmo advogado de Alberto Youssef – para terem as versões combinadas.

Ela havia sido convocada a depor na CPI da Petrobras para explicar como teria recebido os honorários altíssimos pagos pelos seus clientes delatores, quando acontece uma defesa estranha do chefe da Operação Lava Jato, Sergio Moro, contestando essa convocação. Por que será? Qual a razão para um juiz de primeiro grau criticar uma convocação de uma CPI do Congresso?

O presidente do STF profere nova decisão na minha reclamação. Manda que a intimação seja feita por meio eletrônico. Ele também determina ao juiz de primeiro grau que não profira nenhuma sentença nessa ação penal antes de a reclamação ser apreciada pelo STF, para que não venha a perder o objeto. Na prática, ele suspendeu a ação até que o STF julgasse minha reclamação. Isso seria uma derrota para o juiz chefe da operação.

Na quinta, dia 23 de julho, o ministro do TCU Augusto Nardes, relator das contas de Dilma, pediu para que eu o recebesse com urgência. Preferi que ele viesse até a residência oficial, para evitar que me atribuíssem articulação para rejeição das contas de Dilma. Só que antes de estar comigo, Nardes foi à residência de Renan, que é ao lado da residência da Câmara. Ele avisou a imprensa e saiu a pé da residência de Renan, escoltado até minha casa pelos jornalistas.

Quando vejo a armadilha que tentava me fazer, reagi irritado. Ele estava indo me pedir para votar as contas atrasadas de Dilma, para limpar a pauta, a fim de estar em condições de votar as contas dela de 2014 – que seriam rejeitadas pelo tribunal, segundo ele já me antecipava. Só que eu já havia anunciado que votaria em agosto as contas atrasadas de todos os governos.

Augusto Nardes queria ser o pai do impeachment, como se eu não tivesse já declarado que não aceitaria pedido de abertura de processo de impeachment por fatos anteriores ao mandato atual de Dilma.

Quando ele começou a discorrer sobre a sua atuação e me pediu para abreviar o julgamento das contas anteriores de Dilma, disse a ele que já havia anunciado isso, mas que não haveria qualquer hipótese de aceitar a abertura de processo de impeachment com base nessas contas que ele estava relatando.

Ele saiu da residência com a imprensa na porta, querendo que eu fosse dar uma entrevista junto com ele. Recusei. Disse a ele que não iria falar sobre contas de Dilma na imprensa. Eu soltaria alguma nota depois, se fosse o caso.

No site da *Veja*, uma nota da coluna "Radar" dizia que "O Palácio do Planalto começou a semana menos pessimista. E o motivo é Eduardo Cunha. Para o Planalto, a bomba que atingiu Cunha ajuda a desviar o foco da mídia sobre o governo e a pressão sobre o impeachment".

A força-tarefa da Lava Jato em Curitiba, nas alegações finais na ação penal em que o lobista depôs perante o chefe da operação, pediu a condenação dos réus, com acusação direta a mim, sem ela ter competência para isso – corroborando a manobra feita por Janot para me envolver no tema. Apesar das minhas divergências com a OAB, seu presidente soltou uma nota me defendendo, realçando inclusive nossas diferenças, mas cumpriu um papel institucional de colocar as coisas no seu devido lugar.

Na sexta, dia 24, o líder do PMDB, Leonardo Picciani, soltou nota em minha defesa, repudiando os ataques pela minha posição de rompimento com o governo e realçando a minha condução na presidência da Câmara. Temer também, pelo Twitter, saiu em minha defesa, dizendo que não participava de nenhum movimento contra mim, complementando a nota do líder do PMDB.

No fim de semana, um evento do PT em Belo Horizonte pregava a minha saída da presidência da Câmara. Respondi que eles, por coerência, deveriam pedir a saída dos ministros do PT citados nas delações e até de Dilma, aderindo à tese do impeachment.

Na segunda-feira, dia 27, estive em São Paulo participando de almoço da Lide Empresarial, organizado por João Doria. Esse almoço teve o recorde de adesões a eventos do gênero, feitos pelo grupo, com a participação de mais de 500 empresários.

Ao chegar à porta do hotel onde aconteceria o evento, um grupo pequeno de meia dúzia de petistas estava presente para se manifestar, fato comum em todos os lugares em que eu comparecia nos estados, agravado pelo meu rompimento com o governo. No evento, discursei e respondi às perguntas dos empresários, com ataques duros ao PT, repetindo que esse partido estava abaixo do volume morto e com uma impopularidade maior que a de Dilma.

Disse também que foi o PT que arrastou Dilma para sua impopularidade. Critiquei o ajuste fiscal e a falta de realismo na proposta de mudança da meta fiscal, além de falar que não iria fazer o papel de incendiário, e sim de bombeiro.

O clima entre os empresários presentes era notoriamente antipetista e contra o governo, devido à situação econômica. Fui bastante aplaudido quando falei do meu arrependimento de ter votado favorável à aliança do PMDB com o PT. Também contei com reações positivas quando falei da criação da CPI do BNDES. Afirmei ainda que o governo, para esconder seu próprio envolvimento nas apurações de corrupção, colocava terceiros nessas investigações, inclusive aliados da base, para que desviassem a mídia de sua participação.

Respondendo à pergunta de Luiz Flávio d'Urso, advogado do ex-tesoureiro do PT, João Vaccari Neto, preso naquele momento, sobre uma proposta para proibir as delações premiadas de quem estivesse preso, a fim de evitar a coação de investigados para obrigá-los a se transformar em delatores, disse que seria favorável. É realmente um absurdo se permitir que pessoas sejam presas para serem obrigadas a virar delatores e, assim, saírem da prisão.

Depois do evento, fui na companhia de João Doria Jr. visitar o governador Geraldo Alckmin no Palácio dos Bandeirantes.

Na disputa pelas eleições internas para a lista de candidatos ao cargo de procurador-geral da República, um dos candidatos, Carlos Frederico, falou que "o MP não deve provocar o desequilíbrio das instituições. Muito menos se não tiver uma bala de grosso calibre a seu alcance. Se tiver, que a use de forma não midiática e rápida. Deve ser buscado com rapidez o cumprimento de seu dever constitucional".

Disse ainda que "o presidente da República hoje é o Moro. Sempre municiado pelo MP. Qual será o fim com a destruição do equilíbrio dos poderes e das empresas que serão levadas ao abismo da Lava Jato? Quanto custará ao povo e ao Tesouro torpedear em conjunto atores indispensáveis da economia brasileira? A incompetência do executivo contaminou o MP". A Vaza Jato lhe daria total razão.

É óbvio que ele não seria o mais votado e, mesmo que fosse, Dilma não o nomearia. Mas sem dúvida nenhuma era uma voz de sensatez, no universo de

Janot, que fazia o que o governo quisesse para se manter no cargo. Certamente, depois, com a bancarrota de Dilma, Janot iria também atirar neles, pela natureza do seu caráter ou até a ausência dele.

Na terça, dia 28 de julho, repercutiram as declarações de Dilma de que os ministros do governo deveriam pressionar as bancadas dos seus partidos para que barrassem o pedido de abertura de processo de impeachment.

Os movimentos que realizaram os protestos anteriores contra a presidente estavam convocando uma grande manifestação a favor do impeachment dela para o dia 16 de agosto. Dilma temia que eu aceitasse o pedido de abertura do processo de impeachment antes dessas manifestações, coisa absolutamente fora de propósito naquele momento.

A presidente deu uma declaração sobre o prejuízo da Operação Lava Jato ao país – a perda de 1% do PIB em 2015. Embora eu discordasse publicamente, dessa vez ela estava certa. Ela só se esqueceu de que o seu próprio governo, para desviar o foco do Executivo, usou essa operação para atingir seus adversários, contribuindo para tal queda da economia, agora criticada por ela.

O MBL iniciou um acampamento na porta da residência oficial da Câmara, a fim de me pressionar pela aceitação do pedido deles de abertura do processo de impeachment. Levava na boa a pressão do acampamento, parando às vezes que entrava e saía da residência para cumprimentá-los. Também tirava *selfies*, além de mandar servir lanches – ou café para esquentar nos dias mais frios. Eles ficaram lá bastante tempo, sempre de forma pacífica e ordeira.

O PSDB começou a usar seu tempo de inserções partidárias para convocar a população a comparecer nas manifestações do dia 16 de agosto contra Dilma e a favor do seu impeachment.

Joaquim Levy, em declarações veiculadas pelo jornal *O Estado de S. Paulo*, culpou o Congresso pelo resultado tímido do ajuste fiscal. Respondi que o governo havia proposto um ajuste de R$ 25 bilhões, mas o buraco reconhecido pelo governo era de R$ 122 bilhões na proposta de mudança da meta fiscal. Disse ainda que Levy talvez não soubesse lidar com a economia ou não soubesse lidar com o Congresso, pois todas as medidas do chamado ajuste fiscal dele foram aprovadas pela Câmara.

O anúncio da Standard & Poor's, a S&P, de que estava mudando a revisão da perspectiva da nota do Brasil repercutia bastante. A S&P era uma das três agências de classificação de risco que balizavam o grau de investimento da economia do país.

O então ministro do Planejamento, Nelson Barbosa, me pediu audiência e foi à Câmara para explicar o projeto da mudança da meta fiscal que seria enviado ao Congresso. Mostrei a ele que as premissas do projeto não se concretizariam. Barbosa concordou com a minha posição, que só votaria o projeto de repatriação de ativos no exterior se o governo enviasse um projeto de sua autoria à casa.

O governo não poderia terceirizar sua atividade legislativa para um parlamentar do PSOL. Além disso, eu queria que eles carimbassem o seu interesse em aprovar a repatriação, para não cair na conta do Congresso a anistia de crimes de evasão de divisas e de outros. As premissas para atingir a meta fiscal passavam pelas receitas estimadas nesse projeto, além de outras derivadas de concessões e de um programa de litígios – todas inalcançáveis e criticadas por mim.

Ocorria uma nova fase da Operação Lava Jato, direcionada ao setor elétrico, investigando a Eletronuclear e prendendo pessoas. Essa operação, depois pela atuação do STF, sairia da competência de Moro e iria para o Rio de Janeiro, onde surge o juiz Marcelo Bretas, da Vara Federal do Rio de Janeiro – que se tornaria o homem da Lava Jato no Rio.

Se o STF não retirasse a competência do chefe da operação de Curitiba, ele teria conseguido o seu intento na íntegra – de se tornar o chefe da operação anticorrupção de todo o país. Ele teria certamente partido para investigar todas as áreas do governo.

A própria denúncia contra o ex-deputado André Vargas tratava de um suposto ilícito na Caixa Econômica Federal – mas, no entanto, foi processada e julgada pelo chefe da operação, numa usurpação de competência de outro juízo competente, fato comum em Curitiba.

Com o envio do PLN 5 de 2015 ao Congresso, Dilma iria editar seis decretos sem número, de abertura de créditos suplementares. Um total de R$ 2,522 bilhões, no qual estava, conscientemente, a exemplo do que já havia feito no ano de 2014, destinando recursos em cima de um superávit financeiro e um excesso de arrecadação inexistentes.

Seis saíram publicados ainda no fim de julho. E os dois restantes foram editados em 20 de agosto. Dos R$ 2,522 bilhões, R$ 1,658 bilhão era de superávit financeiro e R$ 863,652 milhões eram de excesso de arrecadação.

Dilma, com a assinatura desses decretos, produzidos pelos ministérios da Fazenda e do Planejamento, estava descumprindo o artigo 4º da Lei nº 13.115, de 2015, a lei orçamentária anual – que determinou que a abertura de créditos suplementares ou adicionais estava condicionada ao alcance de meta de resultado primário estabelecida. O artigo diz exatamente o seguinte: "Fica autorizada a abertura de créditos suplementares ou adicionais, restritos aos valores constantes dessa lei, excluídas as alterações decorrentes de créditos adicionais, desde que as alterações promovidas na programação orçamentária sejam compatíveis com a obtenção de meta de resultado primário estabelecida para o exercício de 2015".

Nesse momento, Dilma cruzava a barreira da ilegalidade dentro do seu novo mandato. Já havia motivo para a aceitação do pedido de abertura do processo de impeachment contra ela. Sem que eu fizesse nada para isso, a presidente descumpriu todos os argumentos de defesa que eu tinha dado para ela – de que não aceitaria nada que fosse do mandato anterior. Dilma repetia em 2015 exatamente o que tinha feito em 2014.

Ela errou, conscientemente ou levada a erro pelos ministros da Fazenda e do Planejamento. Ela errou, mas a motivação era irrelevante. A partir daí, a presidente estaria na mira de um processo de impeachment.

19 Novas manifestações de rua e a primeira denúncia da PGR contra mim

A publicação dos decretos de créditos suplementares passou despercebida pela imprensa. Na quarta, dia 29 de julho, Dilma vetou a extensão da correção do salário mínimo aos aposentados, fruto de emenda à MP que tinha sido aprovada contra a minha vontade.

No dia seguinte ela iria reunir os governadores, que buscavam soluções para os seus problemas econômicos. A presidente buscava apoio político para evitar o impeachment. Nessa reunião, Dilma procurava minimizar a possível rejeição de suas contas pelo TCU, pelas chamadas pedaladas fiscais. Ela achava que, supostamente, a medida poderia atingir também os governadores, que poderiam ter praticado irregularidades semelhantes. Só que era bem diferente. Dilma, em vez de corrigir os seus erros, buscava a companhia de quem supostamente tivesse errado como ela.

Dilma pediu um pacto de governabilidade. Solicitou ajuda contra as chamadas pautas-bomba do Congresso. Os governadores, no entanto, saíram decepcionados, pois esperavam propostas concretas.

Respondi que o governo deveria evitar medidas que causassem prejuízos a estados e municípios, tais como a redução do Imposto de Produtos Industrializados (IPI), que afetava o Fundo de Participação dos Estados (FPE) e o Fundo de Participação dos Municípios (FPM). Afirmei também que o aumento dos salários dos professores, por meio de ato do governo federal, implicava em aumento de despesas de estados e municípios, sem que as receitas para esses pagamentos fossem transferidas, prejudicando principalmente os pequenos municípios.

O presidente do STF, Ricardo Lewandowski, concedeu liminar para que a advogada dos delatores da Lava Jato, Beatriz Catta Preta, não fosse depor na CPI da Petrobras. O *Jornal Nacional* trazia, na mesma noite, uma entrevista com essa advogada, que sustentava que estaria abandonando a advocacia com medo de represálias e deixando seus clientes. A imprensa passa a ideia de que a atitude fora tomada em decorrência da convocação feita a ela pela CPI da Petrobras.

A história dessa advogada estava muito mal explicada, sendo que era estranho ela largar os clientes, dos quais já tinha recebido seus honorários. Sua situação pessoal, de sair do país, parecia muito mais uma fuga para não explicar suas relações privilegiadas com o chefe da Operação da Lava Jato e com os procuradores.

Catta Preta era indicada aos delatores pelo próprio Ministério Público Federal. As delações tratadas por ela tinham a sua aceitação por eles em condições altamente favoráveis para os delatores. Seus honorários eram vultosos, mas a origem da forma de pagamento dos delatores nunca foi explicada nem cobrada por ninguém.

Com a saída de Catta Preta, seu papel passou a ser exercido pelo outro advogado, Antônio Figueiredo Basto, que, não por mera coincidência, assumiu parte dos antigos clientes dela. Basto teria conquistado ainda outros delatores para a operação, em atuação que teria sido combinada com a força-tarefa da Lava Jato em Curitiba.

Eu havia marcado um jantar para segunda-feira, dia de reabertura dos trabalhos no Congresso, ao fim do recesso branco. Mas Dilma resolveu agendar um jantar no mesmo dia com os líderes dos partidos nas duas casas, além dos presidentes dos partidos, passando a impressão de disputa pública entre mim e ela.

Na noite de quinta-feira, atendendo a pedido do pastor Samuel Ferreira, recebi Giles Azevedo, secretário particular de Dilma, para falar sobre meu rompimento. Giles tentava atuar para acabar com o conflito, chegando a me oferecer, em nome dela, um ministério para que eu indicasse – e com isso cessássemos as brigas.

Disse a ele que não estava nas minhas pretensões indicar qualquer ministro no governo e não seria dessa forma que nós resolveríamos a situação. Mas ataquei bastante José Eduardo Cardozo, pela sua atuação com Janot para me envolver na Lava Jato – crítica com a qual, para minha surpresa, ele concordou. Afirmei que preferia ficar na institucionalidade, pois achava que a situação de Dilma estava a cada dia se tornando mais difícil, chegando a um ponto que seria quase impossível ajudá-la – mas que não seria eu o ponto de incêndio do país.

Na sexta, dia 31 de julho, determinei que a procuradoria da Câmara entrasse com uma interpelação judicial contra a advogada Beatriz Catta Preta, para que ela esclarecesse sobre as ameaças que dizia ter recebido. Ou, caso não o fizesse, que fosse responsabilizada por isso.

Em função da prisão de Marcelo Odebrecht, aumentava bastante a boataria de que a empresa teria pago o marqueteiro da campanha de Dilma na sua reeleição, João Santana, por meio de depósitos no exterior nas contas dele. Não havia uma alma política no país que, ao debater, não falasse sobre esse assunto.

Todos esperavam esse tiro, que poderia ser um tiro de misericórdia na ação do PSDB no TSE, para cassar a chapa de Dilma. Eu mesmo já havia escutado isso de diversas fontes diferentes.

Em uma reunião anterior com Temer e Mercadante, para discussão do ajuste fiscal, Mercadante rebatia tais boatos, dizendo que a Odebrecht teria pago a

João Santana por campanhas efetuadas no exterior, em Angola e na Venezuela, não tendo nada a ver com os pagamentos relacionados a Dilma.

Naquele mês de julho, segundo consta no depoimento prestado ao Ministério Público Federal por Mônica Moura, Dilma a estava informando sobre todos os passos da Lava Jato. Trata-se da esposa de João Santana, marqueteiro de Dilma e administradora de suas finanças. Ela se tornaria delatora da Lava Jato junto com o seu marido, após terem sido presos pelo chefe da operação, o então juiz Sergio Moro.

Mônica Moura e João Santana estavam de férias em Nova York, após a eleição de 2014. Mônica, atendendo à convocação de Dilma, veio de forma urgente a Brasília, chegando em 22 de novembro de 2014 e retornando de volta para os Estados Unidos no mesmo dia. Na conversa, Dilma teria lhe perguntado sobre os cuidados da conta deles no exterior, que tinha recebido os pagamentos feitos pela sua campanha em caixa 2, por meio de depósitos da Odebrecht. Dilma teria pedido a Mônica para tomar providências para que esse assunto não estourasse, já que as transferências da Odebrecht na Suíça para os beneficiários, inclusive ela, poderiam ser divulgadas.

Na petição nº 6.983 do STF está anexado o depoimento de Mônica Moura, apresentado em vídeo, com a seguinte declaração: "Foi nessa época que ela (Dilma) me falou do Eduardo Cunha. Eles tinham uma briga grave". Disse ainda "que ela (Dilma) tava muito preocupada que as coisas estavam avançando tanto que ela (Dilma) inclusive soube que já iam pegar o Cunha, o Eduardo Cunha, que já tinham descoberto a conta dele na Suíça. E que por isso ela (Dilma) tava muito preocupada que não descobrissem a nossa, a de João, que óbvio, numa ligação com ela (Dilma), tinha o pagamento das campanhas, da campanha que a Odebrecht fazia na nossa conta". Acrescentou: "Aí conversamos sobre isso, eu disse a ela (Dilma) que segurança, segurança, ninguém tinha. E que enfim..."

Em seguida, a procuradora do Ministério Público fez a seguinte pergunta: "Como ela (Dilma) tinha essas informações?". A resposta de Mônica não deixava dúvida: "pelo ministro José Eduardo Cardozo, segundo ela (Dilma). Ela (Dilma) falava: 'José Eduardo tá me informando que logo... há pouco... que já estão com a conta do Eduardo Cunha, já está com a conta...'"

A procuradora voltou a perguntar: "Nessa época já tinha aparecido na imprensa?". A resposta de Mônica, com sorriso no rosto, como que revelando *insight*: "Não! Aí logo depois apareceu. Logo depois assim, um mês ou dois depois apareceu a conta do Eduardo Cunha, a famosa conta que ele negou que era dele e tal". Mônica continuou: "ela (Dilma) falou ó, já pegaram a conta dele. Tô muito preocupada com isso. Como é que vocês tão?".

A procuradora voltou a perguntar a Mônica: "A senhora sabe como Eduardo Cunha... ou José Eduardo Cardozo sabia disso?". Mônica respondeu: "Não, não, ela (Dilma) nunca me disse". A procuradora perguntou: "Quem que informava isso a ele?". Mônica voltou a responder com a frase fatal para se entender tudo o que se passava – e eu tinha a completa certeza de que isso se dava dessa forma. A resposta foi simplesmente: "Mas ela (Dilma) sempre me disse que o José Eduardo sabia dos passos da Operação Lava Jato..."

Simplesmente, Dilma e José Eduardo Cardozo eram cúmplices e nunca foram responsabilizados por isso.

E como José Eduardo Cardozo sabia dos passos da Operação Lava Jato? Só poderia ser por meio de Rodrigo Janot, que era a fonte de informação da verdadeira quadrilha que estava comandando o país.

Aí vem o inusitado. Dilma, em novembro de 2014, ou talvez um ou dois meses antes de ser divulgado oficialmente, em setembro de 2015, conforme o depoimento de Mônica Moura, sabia antecipadamente que existiriam contas vinculadas a mim na Suíça, que seriam divulgadas – e ela temia que ocorresse o mesmo com a dupla João Santana e Mônica Moura.

A prova de que Mônica falou a verdade está na divulgação dos trechos de diálogos da Vaza Jato, ocorridos em 27 de julho de 2015, nos quais ficou claro que a força-tarefa de Curitiba e Janot sabiam das supostas contas antes de eu me eleger presidente da Câmara, pela transmissão de forma ilegal por meio de e-mail direto do então procurador suíço Stefan Lenz.

Os depósitos da Odebrecht para pagamento das despesas do marqueteiro de Dilma na sua campanha de reeleição foram depois delatados pelo próprio casal beneficiário, assim como pelos executivos da empreiteira, cujas delações só ocorreram após o impeachment de Dilma.

Mônica Moura, inclusive, declarou na sua delação que constituiu um e-mail, feito em conjunto com a Dilma, dentro do Palácio da Alvorada, usando o próprio computador da presidente da República – o e-mail: iolanda2606@gmail.com.

Esse número 2606 provavelmente deve ter sido a data em que o e-mail foi criado, 26 de junho de 2015. Nesse e-mail, ambas se comunicariam dentro da pasta de rascunhos, para que Dilma pudesse avisar a Mônica todos os passos da Lava Jato, informados a ela por José Eduardo Cardozo.

A sofisticação era de tal forma que Mônica recebia uma mensagem de Giles Azevedo ou de Anderson Ferreira, assessores de Dilma, com uma senha de alerta simulando sobre filmes ou vinhos. Era o aviso para que Mônica abrisse o e-mail, olhasse a pasta de rascunhos e respondesse para Dilma.

Mas a pergunta que não quer calar é: como Dilma sabia de supostas contas vinculadas a mim, ao menos dois meses antes da divulgação pública desses fatos, ou até mesmo quase um ano antes?

A resposta é bem simples: só de duas formas e ambas não eram republicanas, mostrando que eu tinha razão quando denunciava a manipulação da investigação que o governo fazia para atingir os seus adversários. A primeira possibilidade era por meio de Rodrigo Janot, que já declarou em seu livro – *Nada menos que tudo* – que tinha uma colaboração informal com o Ministério Público da Suíça, de forma ilegal, e graças a essa informação obtida, ter repassado a Dilma ou a José Eduardo Cardozo. A segunda possibilidade era via Departamento de Recuperação de Ativos e Cooperação Jurídica Internacional, o DRCI, órgão que transitava a cooperação internacional – subordinado ao Ministério da Justiça, cujo titular era José Eduardo Cardozo.

Façam as suas apostas: qual dos dois foi o responsável pela informação passada por Dilma a Mônica Moura, presente em um depoimento público e jamais desmentido por Dilma?

Inevitavelmente se volta a pergunta: se Dilma tinha as informações sobre as contas dos outros e possivelmente teria sobre as contas do seu casal de marqueteiros, por que não conseguiu evitar sua responsabilização e dos marqueteiros? Na verdade, Dilma nunca foi responsabilizada por nada, tendo sido poupada de todas as investigações até hoje. A própria Mônica Moura não deixa dúvidas de que Dilma sabia de tudo que ocorreu na sua campanha. Mas Janot a protegeu em tudo, em nível pessoal, inclusive na obstrução de Justiça com os vazamentos para Mônica.

Qual ação penal que Dilma responde hoje com relação à Lava Jato? A resposta é: nenhuma, sendo que a única denúncia que foi ofertada contra ela foi a do chamado "quadrilhão" do PT, em que todos foram absolvidos de forma sumária pela Justiça Federal do Distrito Federal, tendo o Ministério Público Federal dado parecer pela absolvição. Eles nem tiveram de recorrer contra a decisão do juiz de primeiro grau dessa absolvição.

Qual foi a responsabilização de José Eduardo Cardozo em toda a sua participação não republicana? Ele responde a alguma ação penal? A resposta é que não responde a nenhuma ação nem houve ao menos um inquérito no qual ele fosse investigado.

O mesmo não ocorre com o PP e o PMDB do Senado, cujas ações do chamado "quadrilhão" estão na esfera do STF em andamento, embora a do PP tenha tido a denúncia rejeitada no dia 2 de março de 2021, em julgamento de embargos de declaração na Segunda Turma. Também a ação do chamado "quadrilhão" do PMDB da Câmara que está na Justiça Federal do Distrito Federal, no mesmo juízo em que estava a do PT, mas sem ter o mesmo destino da ação petista – porque até o momento está sem decisão, não tendo, como na ação do PT, o parecer favorável do Ministério Público à absolvição, acatado pelo juízo.

Já a situação de João Santana e Mônica Moura era diferente, pois não poderiam esconder os recebimentos da Odebrecht nas suas contas. A desculpa utilizada até as delações deles era de que tinham recebido por trabalhos em outros países – os quais teriam sido pagos pela empreiteira.

Daí vinha o interesse de Dilma em aprovar rapidamente a repatriação de ativos, para que João Santana pudesse legalizar a situação – e sendo o projeto de autoria de um parlamentar, tiraria a sua impressão digital do assunto. A presidente só não contava que eu tivesse a informação de que seu objetivo era esse, não concordando com isso. Eu queria justamente carimbar nela essa iniciativa – e não no Congresso.

O governo montou uma série de atos para mostrar que a repatriação era vital para o ajuste fiscal, colocando sua possível receita na estimativa das receitas na mudança da meta fiscal.

Antes, eles tinham até colocado em uma MP de alteração de legislação de ICMS a receita desse projeto de repatriação. O momento de entrada em vigor daquela medida seria, de acordo com esse entendimento, um fato sem precedentes na história de todas as medidas provisórias enviadas por todos os governos.

O governo e o PT queriam acobertar o crime da sua campanha, de utilização de recursos da Odebrecht no exterior para o pagamento das despesas do seu marqueteiro, usando inclusive um projeto de lei de um senador do PSOL. Além disso, o governo estava manipulando para a divulgação das minhas supostas contas no exterior – Dilma queria primeiro que se aprovasse a repatriação, achando que eu também iria me beneficiar, sendo que depois que eu supostamente tentasse me beneficiar, minha participação seria por eles divulgada.

A divulgação das minhas supostas contas por Janot se deu depois que o governo foi obrigado por mim a enviar um projeto de lei sobre a repatriação, em setembro, no qual Dilma, já tendo colocado as suas impressões digitais no projeto, não queria que eu me beneficiasse, me constrangendo.

As contas, que pertenciam a um *trust* constituído por mim, já haviam sido bloqueadas pelas autoridades suíças. Eu havia constituído um advogado na Suíça para fazer a defesa da investigação aberta pelo Ministério Público suíço, que tinha avisado ao Ministério Público brasileiro.

Como Janot relata em seu livro, ele recebia e solicitava informações de maneira informal ao Ministério Público da Suíça, só formalizando quando fosse necessário para regularizar alguma atividade. Ou seja, o procurador soube bem antes do envio ao Brasil de forma oficial. Na minha opinião, ele foi a fonte de informação para Dilma, seja diretamente, seja por meio do seu interlocutor, José Eduardo Cardozo.

Também nesse período, após a prisão do ex-presidente da CBF José Maria Marin, na Suíça, que seria deportado para os Estados Unidos, começava a especulação sobre possível envolvimento da Globo no pagamento de propinas para a compra dos direitos de transmissão de jogos da Copa do Mundo.

O então vice-presidente de esportes da emissora, Marcelo Campos Pinto, executivo que havia feito a negociação da compra dos direitos por parte da Globo, também havia participado simultaneamente do comitê de imprensa da Fifa na Copa de 2014. O nome do executivo da Globo surgiu com bastante força durante os depoimentos do escândalo da Fifa nos Estados Unidos, onde a empresa foi acusada de ter pago propina não só a José Maria Marin, mas também ao vice-presidente da Fifa à época, Julio Grondona, no montante de US$ 15 milhões, conforme declarado.

As informações davam conta de que os direitos de transmissão teriam sido comprados por intermédio de uma empresa no Uruguai – para que a propina pudesse ser repassada, conforme decisão atribuída a Marcelo Campos Pinto, em nome das Organizações Globo.

Como as investigações desse assunto estavam concentradas nos Estados Unidos, se houvesse responsabilidade da Globo seria cobrada por meio de cooperação internacional, através do DRCI.

Notas plantadas na imprensa davam conta de uma visita de José Eduardo Cardozo à sede da Globo no Rio de Janeiro, sem objetivo declarado e sem que Cardozo tivesse qualquer papel nas contas publicitárias do governo ou atuasse em alguma área que fosse de interlocução normal com a administração da empresa. Coincidência ou não, nunca houve nenhum pedido de cooperação internacional conhecido que envolvesse a Globo – ou, se houve esse pedido, ele pode ter sido recusado.

O poder do Ministério da Justiça, nesse caso, é enorme. O próprio Janot fala, em seu livro, que o Departamento de Recuperação de Ativos e Cooperação Jurídica Internacional (DRCI), na gestão de Michel Temer, não teria efetivado uma cooperação internacional que envolvesse investigações sobre o senador José Serra.

Mas o início de agosto marcou uma mudança abrupta no tratamento da Globo, não só com relação a Dilma de forma favorável, mas também com relação a mim, que se tornou de uma oposição feroz, do mesmo tamanho do exercido nos dias atuais contra Bolsonaro.

No domingo, dia 2, a *Folha de S. Paulo* divulgou uma pesquisa feita com deputados. A grande maioria era totalmente contrária ao meu afastamento, mesmo que existisse eventual denúncia de Rodrigo Janot contra mim.

No dia seguinte foi deflagrada nova operação da Lava Jato de Curitiba. Foi preso o ex-ministro José Dirceu, esquentando a situação e colocando o PT na defensiva. Isso aumentou o debate sobre o favorecimento ao PT na Petrobras.

Para Dilma, o PT de José Dirceu não era o PT dela e de José Eduardo Cardozo. Ela achava que, por isso, essa situação não a atingiria. Certamente atingiu, porque embora ela não concordasse, para a população só havia um PT – e ela fazia parte dele.

Nesse mesmo dia, o líder do PSDB, deputado Carlos Sampaio, deu uma longa entrevista ao jornal *O Estado de S. Paulo*. Defendeu o impeachment de Dilma e minimizou minha situação, em função da mudança da delação do lobista.

Veio o fim do período de recesso branco. Confesso que estava apreensivo com a situação como um todo, temendo o acirramento contra mim no plenário da Câmara. Mas a pesquisa da *Folha*, a prisão de José Dirceu e a entrevista do líder do PSDB defendendo a minha posição mudaram as perspectivas, permitindo que eu recomeçasse os trabalhos com a mesma força que tinha antes – para desespero de Dilma e do PT.

Eu contava também com o período em que os deputados visitam suas bases e voltam influenciados pelo sentimento das ruas – que só piorava para Dilma. Havia o aumento do desemprego, além das dificuldades dos pequenos municípios, base da maioria dos deputados.

Antes de retornar a Brasília, participei de um almoço na redação do jornal *O Globo*. Entre os grandes veículos de imprensa, era o único que faltava para esse tipo de visita. Justamente em um momento em que a posição crítica com relação a mim estava retornando.

Expliquei minhas razões para o rompimento com o governo Dilma, debati a agenda do ajuste fiscal, as desonerações da folha de pagamento – de enorme interesse das empresas de comunicação – e rebati alguns pontos de ataques editoriais contra mim. Causou-me estranheza a forçação de barra na conversa com os editores do jornal, na tentativa de vinculação de religião e política, antevendo o mote para pancadas que ainda estariam por vir – mas, àquela altura, já planejadas.

Dilma finalmente divulgou que estaria estudando uma redução do número de ministérios, para evitar que se aprovasse minha proposta de emenda constitucional de redução para o número máximo de 20 pastas. Ela anunciou que faria uma redução de dez dos 39 ministérios existentes. Respondo que ainda ficaria devendo nove, para alcançar o número da minha proposta.

O chefe da Operação Lava Jato prestou informações ao STF sobre minha reclamação, tendo a ousadia de dizer que preferiu esperar o fim do recesso para se reportar diretamente ao ministro Teori Zavascki, em vez de responder ao presidente do STF no plantão, que havia encerrado na sexta-feira anterior. O então juiz Sergio Moro alegou que não poderia calar testemunhas – e que eu não seria prejudicado. Ele estava adaptando os argumentos à sua conveniência, como era da sua natureza. Mas, na realidade, estava respondendo exatamente no dia da prisão de José Dirceu, passando a imagem de um super-herói sendo contestado injustamente. Antonio Fernando de Souza prontamente peticionou, rebatendo os argumentos do chefe da operação, mostrando o absurdo de usurpação da competência do STF.

Em novo movimento, Janot mandou para São Paulo seu chefe de gabinete, Eduardo Pelella, para tomar o depoimento da advogada dos delatores, Beatriz Catta Preta, visando conseguir alguma declaração dela contra mim, pelo suposto constrangimento de ter sido convocada pela CPI da Petrobras. Janot queria usar isso para um pedido de meu afastamento.

No depoimento, ela até reclamou de terem divulgado o seu endereço de Miami, que nem sua família tinha conhecimento. O depoimento e as pressões da PGR para ajudá-la eram de um verdadeiro absurdo. Ela não explica nesse depoimento a origem dos seus milionários honorários, recebidos das delações conduzidas por ela.

Em seguida, essa advogada enviaria um e-mail para a PGR, denunciando a motivação de terem requerido cópia do processo de seu marido na Justiça de São Paulo. Ele era um condenado em ação penal, tendo cumprido pena. Ela o havia conhecido quando o assistia como advogada em seu processo. E usou isso, como se decorresse das pressões que ela estaria sofrendo.

Os movimentos ligados ao PT anunciaram manifestações de rua, convocadas para o dia 20 de agosto, para depois dos protestos contra Dilma e a favor do impeachment, marcados para o dia 16. O mote dessas manifestações do PT, além de combater o ajuste fiscal, seria o "fora Cunha", chamando ainda mais para a briga comigo.

Cheguei a Brasília e avisei aos líderes que não iria fazer competição de jantares com Dilma. Transformei meu jantar de segunda-feira em um almoço de terça-feira. Mas mantive o jantar com os líderes da oposição que, por óbvio, não estavam entre os convidados da presidente.

Terminado o jantar de Dilma com os líderes e presidentes de partidos, a maioria deles – sem o PT, obviamente – foi para a residência oficial. Não só para relatar como havia sido o encontro com a presidente, como também para se juntar aos líderes da oposição. O objetivo era que combinássemos as estratégias de votação da semana, tornando desnecessário o almoço que tinha marcado para terça.

Nessa reunião informal, não combinada por mim, acertei a divisão dos cargos das CPIs que seriam instaladas, excluindo o PT de qualquer posição. Coloquei a oposição para presidir a CPI dos fundos de pensão, com relatoria do PMDB, e o PMDB presidindo a CPI do BNDES, com o PR na relatoria. Além disso, teria mais duas outras CPIs que seriam instaladas, das quais o PT também seria excluído, ficando com o PSDB, PMDB, PSD e PP a divisão dos cargos.

A exclusão do PT se dava porque o partido fazia parte do bloco do PSD e PR, que seriam atendidos. Assim, era possível excluir os petistas, respeitando os blocos partidários – compostos na eleição da mesa diretora da Câmara.

Vazaria na imprensa uma estratégia que teria sido tratada nessa reunião: de que eu teria iniciado a combinação de rejeição dos pedidos de impeachment para que, havendo recurso, o plenário apreciasse. Essa seria a estratégia para se tentar levar a votação da abertura do processo de impeachment sem que fosse necessário eu ter de aceitar o pedido. Mas ainda não foi nesse dia que a estratégia teria sido combinada. Isso ocorreria mais à frente, em uma combinação na casa de Rodrigo Maia.

Na terça, dia 4, véspera da eleição para a Procuradoria-Geral da República, Janot enviou manifestação ao STF, embora não tivesse sido intimado para isso, a pretexto de se posicionar quanto a minha reclamação ajuizada. Ele peticionou dizendo que eram falsas as insinuações de que estava preparando um absurdo pedido meu de afastamento, segundo as suas palavras.

Mais uma vez Antonio Fernando rebateu seus argumentos em nova petição. E ficou a impressão de que a manipulação de depoimentos, com vistas a sustentar um pedido de meu afastamento, colocado até mesmo por Janot como um absurdo, poderia prejudicá-lo na sua votação – daí a razão para essa manifestação, sem ter sido solicitada pelo STF.

Na reunião de líderes ocorrida na terça, o líder do governo pediu a retirada da pauta de uma proposta de emenda constitucional que equiparava os advogados da Advocacia Geral da União aos procuradores. Essa proposta esteve na pauta antes e acabou adiada em acordo para o mês de agosto, a pedido do governo. Ocorre que o governo não queria de jeito nenhum essa apreciação, tendo pedido prazo somente para ganhar tempo. Mas eu não estava disposto a me submeter às mentiras em tratativas com o governo. Ou o governo fazia o acordo e o cumpria, ou a Câmara o faria cumprir de qualquer forma.

O líder do governo, José Guimarães, apelou para que ao menos a matéria ficasse para o fim do mês de agosto. Concordei, mas como já estava na pauta, precisava ser retirada pelo plenário e não por mim. Sugeri então ao governo que apresentasse um requerimento de retirada de pauta e o plenário decidiria – o que teve apoio dos demais líderes, pois não se votaria uma PEC sem o apoio necessário. Na verdade, eu não estava trabalhando para aprová-la. Eu não tinha nenhum interesse nessa pauta, salvo o cumprimento dos acordos.

O governo apresentou a proposta de retirada de pauta, só que perdeu fragorosamente por 278 votos a 179, apesar da orientação da maioria dos líderes pela aprovação da retirada. Isso causou surpresa geral a todos, inclusive a mim. Com a derrota, tive de intervir, propor o adiamento para o dia seguinte e chamar uma nova reunião de líderes para quarta, antes da votação, para tentar evitar uma nova derrota governista, em um ponto em que eu mesmo concordava com o governo.

O episódio, de rara gravidade, mostrou que, além dos problemas que Dilma tinha com a base, os líderes não conseguiam mais dominar os deputados insatisfeitos com o governo e com Dilma. Esse fato podia ser atribuído ao recesso, quando todos os deputados sentiram nas suas bases a rejeição a Dilma, sendo isso um dificultador para que se resolvesse o problema.

Limpei a pauta, votando os projetos de urgência constitucional, para que na quarta-feira pudéssemos votar o projeto de correção do saldo do FGTS dos trabalhadores, com a oposição do governo. Depois acabei cedendo aos apelos do governo, que pediu uma semana para apresentar uma proposta de acordo. Votei ainda dois destaques do segundo turno da emenda constitucional da reforma política, sobre a janela partidária e a mudança da idade para a disputa dos cargos, que acabaram rejeitados, mantido o texto de primeiro turno.

Aprovei ainda a urgência para quatro decretos legislativos de aprovação das contas de governos anteriores, para votar no dia seguinte uma prestação de contas de Itamar Franco, uma prestação de contas de Fernando Henrique

Cardoso e duas de Lula, pendentes na Câmara. O critério existente na época era que cada ano, em sistema de rodízio, uma conta começava pela Câmara e a outra pelo Senado. Havia uma discussão se deveria ser pelo Congresso em sessão conjunta, mas o que prevalecia era esse rodízio, sendo que a previsão para o ano de 2014 seria de as contas começarem pelo Senado e não pela Câmara.

O desespero do governo era tamanho que espalhava que eu estava fazendo isso para limpar a pauta a fim de apreciar as contas de Dilma de 2014, que seriam rejeitadas pelo TCU. Só que isso não tinha a menor procedência, já que as de 2014 começariam pelo Senado. Além disso, se fosse o caso, eu não precisaria apreciar nada, pois poderia colocar em votação qualquer uma das contas, sem respeitar a ordem cronológica – bastava um requerimento de inversão.

Só pautei as contas que tinham parecer pela aprovação do TCU. Como havia uma de Collor com parecer pela rejeição, eu preferi não colocar para não rejeitar as contas dele. A presidente da Comissão de Orçamento, senadora Rose de Freitas, declarou que entraria no STF, atendendo ao governo, para brecar essas votações – que ela entendia que deveriam ser pelo Congresso em reunião conjunta.

Enquanto isso, no Senado, Renan não colocou em pauta o projeto das desonerações da folha de pagamento, apesar dos apelos de Levy.

Na quarta, foi realizada a eleição entre os procuradores. Rodrigo Janot ficou em primeiro lugar, faltando a confirmação de Dilma para que ele pudesse renovar o seu mandato, após a aprovação do Senado.

Na sessão, a Câmara votou o texto-base em primeiro turno da proposta de emenda constitucional que tratava da equiparação dos advogados da AGU, com uma outra fragorosa derrota do governo: foi aprovada com 445 votos a 16, incluindo os votos do PT. Durante a votação, destaques foram apresentados, com apoio do PT e do governo, para estender o benefício a outras categorias, criando uma expectativa de explosão das contas públicas, inclusive de estados e municípios. Como eu pressenti o jogo do governo e do PT para criar o clima de confronto e caos no país pela sua derrota, atuei para que os destaques não fossem aprovados – evitando o aumento do problema futuro, que não foi provocado por mim.

Após a votação, eu declarei que não colocaria a votação do segundo turno dessa PEC até que o Congresso aprovasse a proposta de emenda constitucional do pacto federativo, pois não se poderia atribuir despesas aos entes federados sem a contrapartida das transferências de recursos para a cobertura dessas despesas.

Olhando pelo tempo, talvez eu devesse ter bancado o desgaste, retirando de ofício a votação dessa proposta de emenda constitucional. Não o fiz para não quebrar o princípio da coletividade com os líderes na definição das pautas, assim como não desrespeitar a vontade da maioria do plenário, que tinha rejeitado a retirada de pauta.

O grande diferencial que eu tinha era o compartilhamento das decisões, não deliberando de forma autoritária o que incluía ou não nas pautas, fato que me dava muita força para influenciar nos resultados dessas votações. Como os líderes tinham em sua maioria colocado na pauta – e o pedido de adiamento era também de concordância deles –, jamais poderia prever que perderiam num plenário conturbado.

O fato é que essa votação, de forma injusta, ficou na minha conta – tornando-se base das notas e artigos que me desqualificaram, afirmando até que eu teria perdido o apoio empresarial por votar pautas-bomba.

O PDT e o PTB anunciaram a saída da base do governo. A barata tonta que se transformou essa base levaria o governo a ter chances de perder qualquer votação que fosse feita dali em diante.

Na noite daquela quarta-feira, Renan Calheiros, acompanhado de outros senadores do PMDB, participou de um jantar na casa do senador Tasso Jereissati, com o PSDB. A discussão do impeachment tinha sido o prato principal. Segundo o que se vazou na imprensa, Renan dava o impeachment como inevitável.

Nessa mesma noite tiveram início os jantares de grupo de deputados do PMDB para articular o impeachment. Contavam já com o apoio de 20 parlamentares, quase um terço da bancada.

No dia 6 de agosto saiu nova pesquisa do Datafolha. A reprovação de Dilma bateu novo recorde: 71%. Sua aprovação era de meros 8%. Após a divulgação, declarei que Dilma teria de recomeçar o governo do zero, para assumir de fato seu segundo mandato.

Temer disse que era preciso alguém que reunificasse o país. Para os petistas, foi considerado um indício de traição. Como resposta à declaração de Temer, o PSDB passou a defender novas eleições. Em razão da repercussão e das críticas pela sua declaração, o vice-presidente chegou a colocar a função de articulador político à disposição de Dilma – mas ela rejeitou.

A *Folha de S. Paulo* publicou um forte editorial contra mim, sob o título "Desconcerto", onde me tratou como se eu fosse o causador das pautas-bomba. Também dizia que a Câmara era a "minha Câmara". Respondi com um artigo duro, colocando as coisas no seu devido lugar, publicado pelo jornal no dia 7 de agosto. Perguntei como eu poderia fazer 445 deputados, incluindo os do PT, votarem contra o governo. E mostrei também que tentei evitar a votação, em conjunto com os líderes, cujas bancadas simplesmente não concordaram. Ataquei as corporações que se beneficiariam com a medida, rejeitei o publicado pela *Folha* de que fiz reunião para combinar o impeachment, além de enfatizar que achar que eu controlava 445 deputados, incluindo 59 do PT e 13 do PC do B, era argumentação que beirava o ridículo.

O procurador da República Marcelo Miller, designado por Janot para forçar delações premiadas que me envolvessem, foi ao presídio onde estava custodiado o lobista Fernando Baiano, para cooptá-lo para uma delação.

Seu argumento principal era de que isso evitaria que fossem responsabilizados outros membros da família do lobista. A informação me foi passada pelo próprio advogado de Fernando Baiano, após deixar a defesa dele – protocolando petição no juízo de Curitiba.

Nelio Machado já tinha sido, no passado, meu advogado. Seu filho era casado com a filha de um dos meus advogados à época, Reginaldo Castro. Foi por meio dele que fui avisado sobre o que estaria acontecendo. Durante uma oitiva de Fernando Baiano, no meu inquérito do STF, Marcelo Miller ofereceu delação a Baiano. Bastava que, para isso, ele falasse sobre mim. Apesar da oposição de Nelio Machado, Baiano estabeleceu conversas com o procurador, que lhe indicou um advogado que tinha sido seu colega de faculdade e também havia estagiado no escritório de Nelio.

Ou seja, o advogado Sérgio Riera foi contratado por Baiano por indicação de Marcelo Miller. Sob protesto, Nelio deixou a defesa de Baiano e avisou Reginaldo Castro do ocorrido. A pergunta que se deve fazer é: como um procurador que trata de uma delação indica o advogado do delator?

Quando estive preso no mesmo local que Fernando Baiano, confirmei que o procurador esteve no presídio – onde teria acertado a delação de Baiano que, inclusive, usou informações que tentava obter ali, colocando-as como se fossem dele.

Ao mesmo tempo, com a ação penal suspensa pela decisão do presidente do STF, Ricardo Lewandowski, na minha reclamação, Nelio Machado não apresentou as alegações finais no processo. O chefe da Operação Lava Jato proferiu uma decisão, divulgada na imprensa, que desrespeitava a decisão do STF, que dava prazo de cinco dias para que Baiano constituísse novo advogado e, assim, apresentasse as alegações finais em substituição a Nelio.

Saiu na imprensa a primeira reunião de Fernando Baiano com os procuradores em Curitiba, na sede da Polícia Federal, junto do novo advogado indicado pelo procurador Marcelo Miller, o seu colega de faculdade, Sérgio Riera.

Marcelo Miller ficou famoso depois, tendo sido inclusive denunciado em ação penal por supostamente favorecer a delação dos irmãos Joesley e Wesley Batista, no famoso caso da JBS. Ali ele teria feito jogo duplo, ajudando a delação, quando ainda era membro do Ministério Público – de onde renunciou à carreira para ingressar em um escritório de advocacia contratado pelas empresas de Joesley.

Eu arquivei quatro dos pedidos de impeachment que estavam na Câmara, iniciando o exame de todos eles, a fim de rejeitá-los. Na sessão de quinta-feira, aprovei as prestações de contas de Itamar Franco, Fernando Henrique Cardoso e duas de Lula.

Dilma, apreensiva com o jantar de Renan com o PSDB para discussão do impeachment, se reuniu com ele na quinta-feira à noite. Depois começaram a vazar que ela iria iniciar uma reforma ministerial. Renan declarou que era preciso refundar o governo.

A presidente teria conseguido firmar acordo com Renan, para fazer frente à minha atuação, combinando inclusive uma ação no STF contra a votação das contas pela Câmara, que teria a senadora Rose de Freitas como autora.

A CPI do BNDES foi instalada e cumprimos o acordo de deixar o PT de fora da direção das novas comissões. Foi também já marcada a CPI dos Fundos de Pensão que, a pedido do deputado Rodrigo Maia, designei a presidência ao deputado Efraim Filho, do DEM.

O líder do PMDB, Leonardo Picciani, deu declarações admitindo a possibilidade de rompimento do PMDB com o governo, colocando mais lenha na fogueira do ambiente.

O governador de São Paulo, Geraldo Alckmin, homenageou Michel Temer no Palácio dos Bandeirantes, aumentando a especulação sobre as reais intenções de Temer, muito criticado pelo PT pela frase de que era preciso alguém para reunificar o país.

A situação estava muito delicada, com um ambiente político ruim. Quando voltaram do recesso, os deputados encontraram a rejeição a Dilma bastante aumentada, com compromissos do governo não cumpridos. Começava a se passar a sensação de ingovernabilidade.

Apesar de ter anunciado o rompimento com o governo, eu não queria passar a imagem de estímulo ao aumento de gastos públicos, para que não colasse a imagem de ser o causador das pautas-bomba. Porque, naquele momento, qualquer coisa que fosse votada sem o acordo do governo era considerado pauta-bomba. Até mesmo a votação das contas dos governos anteriores. Nos casos das contas, a de Itamar tinha sido iniciada no Senado e votada agora na Câmara; as demais iriam para o Senado deliberar.

A senadora Rose de Freitas, então no PMDB e presidente da Comissão de Orçamento, entrou no STF para impedir que eu continuasse julgando as contas. Ela dizia que isso devia ser atribuição de sessão do Congresso – e não das casas em separado.

Rose de Freitas teria entrado com a ação em combinação com Renan e com o governo, utilizando a AGU para o ingresso dessa ação, em um movimento que carimbava estar o governo por trás dela.

Na sexta, dia 7, atendi a um convite do então comandante do Exército, general Eduardo Villas Bôas, para uma viagem à Amazônia a fim de conhecer as instalações do Exército na região, incluindo visita à área de fronteira. Viajamos em companhia das esposas. De cara, o general me avisou que tinha sido solicitado a cancelar a viagem comigo pelo palácio, em função da minha condição de opositor ao governo. Mas ele teria se recusado a atender a essa ordem.

Na viagem, pude conhecer o belo trabalho realizado pelo Exército no controle das nossas fronteiras. Também pude constatar a necessidade de mais recursos orçamentários para essa importante tarefa.

O general, que permaneceu no posto até a posse do governo Bolsonaro, só saindo devido a uma doença, conversava muito. Pude perceber sua revolta com muitas coisas que aconteciam no país. Ele se preocupava bastante com a confusão política e os distúrbios de rua que ainda poderiam acontecer. Em certo momento da viagem, saiu uma notícia, em forma de boato, de que Lula poderia assumir o Ministério da Defesa. Ele se revoltou com essa possibilidade, deixando claro que não haveria simpatia por isso.

Demonstrou uma coisa que nem a Dilma, na sua condição de ex-militante de luta armada, soube prever que poderia acontecer. Era que os militares que a cercavam, como ajudantes de ordem no dia a dia dela, servissem de fonte de informações para os comandantes.

O general parecia conhecer a rotina do palácio com uma desenvoltura que não seria possível sem fontes internas, demonstrando que informação era poder, sendo o general um dos mais qualificados na carreira que eu tinha conhecido.

A conclusão a que eu cheguei era que Dilma não sabia, mas era vigiada o tempo todo dentro do palácio. Até as visitas que recebia, os telefonemas a que atendia, tudo era do conhecimento dos militares.

É óbvio que o general não era simpático ao PT e muito menos a Dilma, achando até que a minha relação conflituosa com ela era motivo de simpatia dele por mim, independentemente da opinião que tenha tido sobre mim.

Na noite de sexta-feira, após o dia de visitas a unidades, que iria continuar no sábado, chamou a atenção do general – e até a minha – a cobertura do *Jornal Nacional*, da Globo, sobre a ação da senadora Rose de Freitas no STF contra mim, pelo julgamento das contas dos governos. Estava realmente muito estranho. Deputados do PT apareceram em grande número, me batendo na matéria, que teve o cunho de proteger o governo e ajudar Dilma.

Naquela semana, saíram notícias de que João Roberto Marinho teria tido uma reunião com senadores do PT, além das notícias da visita de José Eduardo Cardozo à Globo, no Rio de Janeiro. Comecei a verificar a mudança de tratamento da Globo, com Dilma para o bem e comigo para o mal. O general criticou bastante o apoio da Globo a Dilma, chamando a atenção para os detalhes da matéria e da cobertura, realmente fora de propósito, para os fatos relatados. A partir desse dia, tive a certeza da mudança de comportamento deles e ia tentar esclarecer isso.

Durante o período de curto contato com o general, ele relatou que iria ter um jantar com Michel Temer para estreitar relações e, ao mesmo tempo, conhecer suas ideias. O general também me questionou bastante sobre o andamento da situação política e eventual acirramento dos conflitos. O receio dele era a perda de controle da ordem, com a necessidade de qualquer tipo de intervenção para conter as disputas nas ruas, a fim de restabelecer a normalidade.

Não era intervenção militar, mas sim a atuação dentro da manutenção da garantia da lei e da ordem, em função da incapacidade das forças policiais para conter os movimentos de rua em ataques de violência.

Temer depois viria a relatar em seu livro *A escolha* as diversas reuniões que teve não só com o comandante do Exército, mas com muitos outros membros da cúpula militar. Temer acabaria mantendo o general durante o seu governo.

No sábado, ao mesmo tempo que continuei a visita com o general, Dilma recebia no Palácio do Alvorada, juntamente com José Eduardo Cardozo, Rodrigo Janot. Ela confirmou a indicação dele para o segundo mandato na Procuradoria-Geral da República, consolidando a aliança que eles tinham e que iria ser reproduzida nas atitudes que Janot ainda tomaria contra mim.

Antonio Fernando de Souza entrou com uma petição no STF para que Janot colocasse no inquérito todas as informações, depoimentos e provas supostamente produzidas pelo lobista delator Júlio Camargo – que estariam sendo a mim sonegadas. A AGU, que tinha convênio com a Câmara para representá-la em ações na Justiça, ingressou com uma ação no STF para anular as buscas que Janot teria realizado em maio – teria sido feita uma devassa em todos os deputados, violando a imunidade parlamentar.

Embora o recolhido na busca tenham sido os registros envolvendo a minha atividade parlamentar, para se chegar a isso todos os registros de todos os deputados foram vasculhados, sem previsão legal.

A atitude provocou um enorme bate-boca meu com o ministro-chefe da AGU. Eu me revoltei pelo fato de a AGU fazer uma ação dessas três meses depois, sem me consultar antes do seu ingresso.

Além disso, eu teria que conviver com o jogo duplo da AGU de fazer a ação da senadora Rose de Freitas e defender, ao mesmo tempo, pela Câmara – denotando um conflito de interesses, de defesa do governo e não do Estado. Anunciei o rompimento do convênio com a AGU para representar a Câmara – sendo mais estranho ainda o fato de que o Senado tinha advocacia própria, mas a senadora usou a AGU. Não dava para aceitar esse jogo, feito para atender à vontade do governo.

Para justificar, a senadora havia entrado na condição de presidente da comissão – só que não tinha submetido à sua comissão essa decisão, que não estava nas prerrogativas regimentais do Congresso. Assim, ela só poderia fazer a ação em nome próprio, do seu mandato de senadora. Só que, para isso, deveria recorrer a advogado próprio, nunca da AGU. Ou a AGU perderia o papel de advocacia de Estado e se tornaria advogada do governo. Como tal, não podia mais representar o Poder Legislativo, na minha concepção.

Nesse mesmo dia, saía a notícia, no site O Antagonista – porta-voz do chefe da Operação Lava Jato, o então juiz Sergio Moro –, de que o lobista Fernando

Baiano estaria prestes a concluir sua delação. A fonte do site, ou seja, Moro, assegurava que ele teria me entregado. Foi publicado também um artigo, no grupo RBS, sob o título "Gre-nal de Brasília", em que o jornalista Marcelo Rech dizia: "O Planalto aguarda ansiosamente a denúncia de Rodrigo Janot contra Cunha numa aposta do seu esvaziamento e, por tabela, do processo de impeachment. Um membro do governo muito próximo da presidente resume a tática para esse gre-nal político: torcer para Cunha sair do jogo e para a economia dar sinais de recuperação lá pelo fim do ano".

Nem o articulista, nem o artigo tiveram grande repercussão. A mim chamava a atenção de que, além da perseguição pelo ódio de Dilma contra mim, agregava-se aquilo que passaram a entender como necessidade de sobrevivência, ou seja, era um ou outro na minúscula visão deles. A partir daí estava claro: se já estava valendo tudo para me atingir, agora seria muito mais do que tudo. Não foi à toa que o título do livro de Janot foi *Nada menos que tudo*, referindo-se a mim.

No domingo, dia 9, rebati com muita força pelo Twitter a tentativa de me colocarem como vilão das contas públicas. Afirmei que faltava ao governo ter uma base sólida. Em resumo, faltavam votos.

O blog de Reinaldo Azevedo, no site da *Veja*, vinha com uma pérola que resumia bem a situação: "Poucos se dão conta de que Cunha hoje, como no poema 'À espera dos bárbaros', de Konstantinos Kaváfis, é, para Dilma, uma espécie de solução. Quando a presidente precisa justificar a própria incompetência, aponta o dedo para o seu inimigo de estimação".

Na segunda-feira, dia 10, almocei com a direção da revista *Veja* em São Paulo e participei de encontro com empresários da comunidade judaica. A pauta era somente o impeachment.

Enquanto isso, Dilma fazia dois movimentos para tentar me neutralizar, envolvendo Renan Calheiros e o Senado, para onde enviou ministros a fim de discutir uma agenda Brasil para o país, além de também promover um jantar nesse mesmo dia para os senadores que fossem governistas. Dilma divulgou que estava pedindo apoio para enfrentar as pautas-bomba da Câmara. Reagi. Disse que o sistema é bicameral, não existe só o Senado.

Renan, ao receber os ministros e discutir uma agenda Brasil, feita por ele, saiu em defesa de Dilma, condenando um possível impeachment e negando também que o Senado viria a apreciar as prestações de contas dos governos.

Na terça-feira, almocei com os líderes do bloção informal e os da oposição. Era muito grande a revolta contra Renan. Combinamos uma reação, não só a ele, como também para tentar evitar que continuassem a cair no meu colo as acusações de pautas-bomba.

Na sessão daquele dia, concluí a votação da PEC da AGU e tive de ajudar derrotando o próprio governo, que continuava atuando para aprovar destaques que aumentavam a despesa, só para acirrar o discurso contra mim. Após evitar que se estendesse o aumento das carreiras, em um trem da alegria patrocinado pelo governo, eu reafirmei que não votaria o segundo turno dessa PEC até que se votasse a PEC do pacto federativo – pelo qual não se poderiam atribuir despesas a entes federados sem definir as receitas respectivas.

A partir desse momento, estava claro que Renan havia tomado a decisão de se alinhar a Dilma – tentando salvar o governo, concordando em aprovar o nome de Janot para um segundo mandato na PGR e, com isso, se salvar de possível denúncia da PGR contra ele no âmbito da Lava Jato.

Cobrei que foi o Senado que devolveu a medida provisória das desonerações da folha de pagamento, obrigando o governo a enviar um projeto de lei que estava havia 60 dias parado para deliberação – e já teria causado R$ 6 bilhões de prejuízo aos cofres públicos.

Lula foi a Brasília. Participou, junto de Dilma, da Marcha das Margaridas, movimento ligado ao MST. O público era formado por petistas, com aplausos a eles e manifestações contra mim. Esse movimento era patrocinado com verbas de empresas estatais. Ou seja, foi um protesto contra mim às custas do erário público.

João Roberto Marinho visitou Michel Temer para saber dos planos do PMDB para o país, o que chamava atenção pelos movimentos estranhos de João Roberto naqueles dias.

Dilma ofereceu um jantar aos ministros do STF e advogados no Palácio da Alvorada – nem todos compareceram. Ela queria passar a impressão de governabilidade ou se preparar para uma guerra jurídica no STF, em função de um possível processo de impeachment. Após o jantar, foi anunciado um acordo para novo aumento dos salários do Poder Judiciário, em montante menor do que o aumento aprovado por Renan no Senado e vetado por Dilma. Não deixava de ser incoerente me acusar de votar algo que aumentasse despesa, tendo Dilma concordado em aumentar os salários de quem já ganhava tão acima da média dos brasileiros, em montantes que chegavam a 41,47% de aumento.

No dia 12 de agosto, Lula tomou o café da manhã no Palácio do Jaburu com Temer, Renan e senadores do PMDB. No mesmo dia, Temer participou de almoço da bancada do PMDB na Câmara. Ali, me pediu para que conversássemos com Renan, a fim de diminuir as tensões. Respondi que não me opunha a conversar com quem quer que fosse.

Eu havia sido convidado por Temer para o evento com Lula, mas preferi não comparecer. Era um evento de quem apoiava o governo, com Renan agora como líder. Logo, não teria o que fazer – e a minha presença os inibiria a falar mal de mim.

Antes do almoço, fui com alguns líderes partidários ao STF. Tivemos uma audiência com o ministro Luís Roberto Barroso, relator no STF da ação da senadora Rose de Freitas sobre a votação das contas de governos. Entreguei a manifestação da Câmara – feita pela própria Câmara e não pela AGU.

Ao me deparar com o livro *Os onze*, dos jornalistas Felipe Recondo e Luiz Weber, li sobre um ódio incontrolável do ministro Luís Roberto Barroso contra mim, sem nenhuma razão aparente que fosse do meu conhecimento. Barroso atribuiu a mim uma suposta investigação sobre ele – o que só pode ter sido por intriga de Janot, pois não tinha motivo nem meios para investigá-lo. Ele não era relator de matérias sobre mim na Operação Lava Jato nem de qualquer outra coisa.

A única explicação que encontrei foi a sua relação de proximidade com o meu desafeto, o deputado Alessandro Molon – que movia as ações contra mim no STF, usando o antigo escritório de advocacia de Barroso. Outra hipótese era o fato que ocorreria em seguida, com relação à discussão no STF do processo de impeachment de Dilma. Barroso atuou para ajudar Dilma, confrontando a minha atuação no seu voto.

Seja qual for a razão, a verdade é que Barroso foi o responsável pelo meu afastamento da presidência da Câmara e, mesmo com esse ódio, nunca se deu por impedido de participar de julgamentos que me envolviam.

Sua nomeação ao STF se deveu a dois fatores: o primeiro, ele ter sido o advogado do terrorista italiano Cesare Battisti, atuando em defesa da esquerda. O segundo, era pela ajuda que obteve do ex-governador Sérgio Cabral. Barroso, à época, trabalhava na Procuradoria-Geral do Estado em Brasília, obtendo o apoio de Cabral. Recentemente, quando estive custodiado no mesmo local que Cabral, ele se dizia bastante arrependido desse episódio.

Voltando ao assunto principal, Renan sempre pautou sua atuação política pelo morde e assopra, ora de um lado, ora de outro, ora ataca, ora defende e nunca era possível confiar em um acordo com ele – pois não cumpria. Como já relatei nas páginas anteriores, era possível concluir que de nada adiantava conversar ou combinar com ele. Ele só iria atuar para resolver o seu interesse pessoal, nunca o interesse dos outros.

Renan, naquele momento, estava pautado por dois objetivos: ter uma tábua de salvação para o governo de Alagoas, administrado pelo filho, e se salvar de qualquer denúncia da Lava Jato, já que ele sabia, tanto quanto eu, que tudo referente à atuação de Janot era controlado por Dilma e José Eduardo Cardozo.

Dilma também queria uma tábua de salvação que pudesse conter a rejeição das suas contas e um possível processo de impeachment. Renan poderia ajudar no TCU, pois tinha influência sobre três ministros. Renan poderia também segurar o andamento de um processo de impeachment, caso a Câmara aprovasse a abertura – mas aí iria depender das ruas. Uma grande manifestação ocorreria no domingo seguinte.

O acordão de Dilma e Renan aumentou o clima de insatisfação. O MBL marcou um panelaço na porta da casa de Renan para aquela noite de quarta-feira.

A proposta de emenda constitucional da reforma política foi concluída, com a manutenção do financiamento privado das campanhas diretamente aos partidos, e enviada ao Senado.

Na quinta, dia 13, concedi longa entrevista ao *Valor Econômico*, que seria publicada no dia seguinte. Coloquei as coisas no seu devido lugar com relação às pautas-bomba, sobre a agenda Brasil de Renan e a sua tentativa de achar que a Câmara não existia.

O presidente da CUT, tradicional aliado do PT, compareceu a um evento no Palácio do Planalto. Ameaçou pegar em armas, constrangendo o país. Classificou os defensores do impeachment de golpistas.

O líder Leonardo Picciani e seu pai, o presidente do PMDB do Rio de Janeiro, Jorge Picciani, se encontraram com Dilma para fechar um acordo com ela – sem que Michel Temer fosse avisado. Esse fato iria levar em pouco tempo à saída de Temer da articulação política, pois ficou entendida a jogada de Dilma como uma operação contra ele.

O encontro e o acordo foram intermediados pelo governador Pezão, que sempre foi próximo de Dilma. Ele tentava atuar como articulador informal do governo. Na prática, Dilma estava começando ela mesma a sua articulação política, por desconfiar que Temer estaria aguardando o desfecho ruim dela para assumir a Presidência.

Janot contestou a ação da AGU, em nome da Câmara, que pedia a anulação da busca e apreensão na Câmara, me acusando de usar a casa em meu proveito. Na realidade, eu briguei com a AGU por ter ingressado com essa ação sem a minha autorização. Parecia um jogo combinado – a AGU, do governo, entra, e Janot, atuando em acordo com o governo, bate.

O ministro Luís Roberto Barroso me telefonou, avisando que estava concedendo, de forma parcial, uma liminar a favor da senadora Rose de Freitas, obrigando que as próximas contas fossem votadas em sessão conjunta do Congresso – mas mantendo a validade das votações já efetuadas. Pedi desculpas a ele, mas avisei que iria recorrer ao plenário da decisão, que obviamente só interessava ao governo – pois suas contas agora ficariam somente na dependência de Renan, por ser presidente do Congresso, e não mais das duas casas em separado.

Renan, apesar de estar aliado a Dilma, marcou só para a semana seguinte a votação das desonerações da folha de pagamento e tentou um golpe para colocar uma emenda de redação, a fim de que Dilma pudesse vetar parte dos setores excluídos no acordo da Câmara. Reagi, avisando que qualquer alteração teria de ser votada novamente e, caso contrário, iria ao STF contestar a manobra.

Com a dúvida dos movimentos de João Roberto Marinho, solicitei uma audiência a ele. Fui recebido na sexta-feira, dia 14, na companhia de Paulo Tonet, o vice-presidente de Relações Institucionais da Globo. Fui direto. Indaguei se havia alguma mudança das organizações em função do encontro com os senadores do PT e com o governo, acerca da visão editorial sobre o governo e sobre mim. João Roberto falou que não, mas me criticou pelo rompimento com o governo – achou equivocado; e concordei com ele.

Disse a ele que a boataria era de que a Globo teria feito um acordo com o governo contra o impeachment. Ele novamente negou. Também comentei sobre os boatos que estavam circulando, de que muitas coisas ainda aconteceriam, que iriam vazar os pagamentos da Odebrecht ao marqueteiro da campanha de Dilma em contas no exterior, na Suíça. Ele respondeu que, se acontecesse isso, cobriria com total isenção.

Na prática, tive a certeza de que eles estavam contra o impeachment ou com medo de se associarem a algo que pudesse ser considerado um golpe.

Alertado por mim de que havia uma medida provisória relatada pela senadora do PT Gleisi Hoffmann, na qual ela havia colocado a tributação da distribuição de dividendos no relatório, João Roberto mandou preparar um editorial criticando isso.

Ficou claro para mim, com esse episódio, que a despeito das negativas de interferência dos donos na linha editorial das organizações, nada saía que não fosse aprovado por eles.

Começaram a ser publicadas notícias de que Dilma teria utilizado na sua campanha eleitoral o jatinho do lobista delator Júlio Camargo – responsável pela mudança da sua delação, me acusando. Para quem entende o jogo, as coisas ficavam mais claras, ou seja, a relação desse lobista com o PT e a atuação de Janot. Ele não tinha sido instado pelo Ministério Público Federal para falar sobre a utilização de seus jatinhos por Dilma, mas tinha sido instado a falar sobre mim.

No sábado, a coluna de meu desafeto Lauro Jardim publicou nota sobre a delação de Fernando Baiano, detalhando algumas revelações dele, incluindo um parente do senador José Serra. Ao fim, escreveu: "Apesar disso até agora não tocou no capítulo mais explosivo – Eduardo Cunha. Será, no entanto, instado a fazê-lo". Apesar de discordar do conteúdo das opiniões da colunista Miriam Leitão, ela publicou naquele dia um artigo defendendo a mudança da correção dos saldos do FGTS – projeto que eu levaria à pauta naquela semana.

Dia 16 de agosto foi marcado pelas novas manifestações populares contra Dilma, a favor do impeachment. Por tabela, atacavam também Renan, pelo seu movimento em defesa da presidente. Os protestos foram muito fortes, maiores do que os de abril – porém ainda menores do que os de março. Foram no tamanho para a oposição comemorar. E para o governo se fingir de morto, cantando vitória. O governo creditava a Renan a melhoria do ambiente político – com menor adesão do que se esperava. Mas isso colocou Renan no fogo das manifestações, junto de Dilma.

O Datafolha fez uma pesquisa durante as manifestações sobre a avaliação de Dilma, Temer, Renan e minha. A melhor avaliação e a menor rejeição eram as minhas, com 25% de ótimo e bom, 25% de regular e 43% de ruim e péssimo.

Na segunda-feira compareci ao Palácio Guanabara, para um encontro de Pezão com a bancada federal, no qual discutiríamos os problemas do estado. Antes da reunião, tomei o café da manhã com ele, que tentou mudar o meu posicionamento. Ilustrou com a situação de Renan, pedindo para que desse uma boia para Dilma. Delicadamente rejeitei. Mas me comprometi a não dar curso a nenhum ato que prejudicasse o governo em matéria fiscal.

Em Brasília, Renan Calheiros recebia no Senado a visita de Rodrigo Janot. Era o encaminhamento da sua recondução ao cargo, para mais um mandato.

O chefe da Operação Lava Jato proferiu sentença no processo do qual eu tinha ingressado com a reclamação no plantão de julho. Com o fim do recesso, o relator do caso, ministro Teori Zavascki, alterou a decisão do presidente do STF, Ricardo Lewandowski, depois de provocação de Moro. Com isso, deu curso à sua atuação e sentenciou Fernando Baiano, abrindo o caminho para a conclusão da sua delação.

Teori não manteve a decisão que impedia que Moro proferisse sentença – o que ocorreu rapidamente, como era o hábito do chefe da operação. Na referida sentença, Moro resolveu me citar, dizendo que era natural meu nome na operação, dando mais razão à minha reclamação – que ainda seria julgada no plenário do STF.

Moro também respondeu ao STF sobre outra reclamação, desta feita do anterior advogado do lobista Fernando Baiano. Ele reconheceu que o lobista delator Júlio Camargo tinha omitido informações na sua delação, mas que isso não invalidava o acordo, pela revelação posterior. O então juiz disse ainda o maior absurdo – que mostrava a manipulação do processo – de que, quando a delação tinha sido por ele homologada, ele não sabia que eu era citado. Porque, caso contrário, ele não seria competente para essa homologação.

Depois do vazamento dos diálogos da Vaza Jato, assistimos aos próprios procuradores da força-tarefa de Curitiba debocharem de que Moro tinha um código de processo penal próprio, que eles denominavam de CPP do russo, alcunha que davam a Moro nas mensagens.

Dilma indicou para o cargo vago de ministro no STJ o então desembargador Marcelo Ribeiro Dantas, que viria a ser o relator da Lava Jato no STJ, cuja indicação provocaria polêmica depois, com a delação do então senador Delcídio do Amaral.

Nesse dia, aconteceu o fato mais determinante para a condução da situação política com relação a mim, pela atuação do governo em cima de Janot, para que a minha denúncia fosse feita imediatamente pela PGR. O meu inquérito no STF estava na Polícia Federal, em andamento e com oitivas marcadas. Minha chefe de gabinete tinha sido intimada para depor em 24 de agosto, ou seja, uma semana depois.

Também havia a notícia de que, por pressão da PGR, o lobista Fernando Baiano estava com sua delação em andamento, o que levaria a ter interferência no meu inquérito, pois ele era parte da delação do lobista Júlio Camargo. Ou seja, tecnicamente o inquérito não estava na PGR, mas sim na PF, onde diligências com prazo estavam sendo realizadas. E só ao fim delas poderia se ter um relatório da Polícia Federal para, em seguida, a Procuradoria-Geral da República decidir por eventual oferecimento de denúncia.

Isso não poderia ocorrer em menos de 30 dias, pois uma eventual denúncia iria deixar de cumprir as diligências pedidas pela PGR ou pela PF – e ainda não haveria o relatório da PF.

Não existiu nenhum caso de denúncia, ofertada pela PGR ao STF contra detentor de foro, respondendo a inquérito, sem a conclusão desse inquérito por parte da Polícia Federal. O que já ocorreu era que a PGR, em vez de pedir inquérito ao STF, apresentou de imediato uma denúncia – o que não era o meu caso, pois havia o pedido de instauração do inquérito pela PGR, aceito pelo STF.

Na noite do dia 17, por volta das 21 horas, o ministro da Justiça José Eduardo Cardozo foi, em um carro descaracterizado, até a sede da Procuradoria-Geral da República. Entrou e saiu pelo elevador privativo, com Janot o acompanhando até a garagem, na saída. Isso só chegou ao meu conhecimento porque, quando Janot descia no elevador privativo para levá-lo à garagem, o elevador parou em outro andar. E entrou um subprocurador que tinha o direito ao uso desse elevador, flagrando Janot e Cardozo.

Na garagem, depois de constatar que Cardozo estava em carro descaracterizado, o subprocurador telefonou para o deputado peemedebista Manoel Junior, relatando a situação. Na manhã do dia seguinte, ele me procurou para contar o episódio. Janot, logo que Cardozo saiu de seu gabinete, requisitou o inquérito à Polícia Federal. Esse fato foi apurado pelo meu advogado, Antonio Fernando de Souza, e confirmado também depois pelo mesmo subprocurador.

Com o inquérito nas mãos, Janot mandou preparar imediatamente a denúncia contra mim, para ser apresentada tão logo fosse concluída. Ele começaria já na própria terça-feira os vazamentos à imprensa.

Cardozo tinha ido a Janot para solicitar que essa denúncia fosse apresentada imediatamente, a fim de tirar minhas condições políticas, segundo ele achava, de continuar na Câmara ou de poder aceitar a abertura de um processo de impeachment. Ele queria se aproveitar de que as manifestações já tinham ocorrido, além do que Renan já tinha aderido a eles. Como haveria protestos da CUT e aliados do PT marcados para sexta, dia 20, o governo achava que com a denúncia explorada na mídia antes dessas manifestações seria o ideal para turbiná-las contra mim.

Enfim, eles achavam que eu não iria resistir com a denúncia sendo abreviada, conseguindo me tirar do caminho e acabando com qualquer possibilidade de impeachment.

Naquela terça, participei de um debate no Instituto Brasiliense de Direito Público, a convite do ministro do STF Gilmar Mendes. Dividi o evento com Joaquim Levy e Renan Calheiros. Era a primeira vez que o encontrava depois de sua adesão a Dilma. O evento era sobre a proposta de alteração de PIS e Cofins. Era óbvio que o interesse da imprensa estava em meu encontro com Renan. Fui educado, como sempre, mas me mantendo distante.

Em seguida, fui à abertura de um evento de empresários da região Centro-Oeste, a 3ª edição da Visão Capital. Palestrei, falando sobre a crise e a reforma tributária. E ironizei a presidente, repetindo uma frase dela, no seu melhor idioma, o dilmês, que tinha gerado muita polêmica: "Primeiro a gente atinge a meta, depois a gente dobra a meta".

No retorno à residência oficial, reuni os líderes do blocão informal e da oposição para combinar a reação, as votações e já avisar sobre a reunião ocorrida entre Cardozo e Janot, a partir de onde poderia vir uma denúncia.

Estava presente também o deputado Rodrigo Maia, que eu tinha nomeado relator do projeto de correção do saldo do FGTS dos trabalhadores. Decidimos manter o projeto na pauta e aprovar na sessão desse dia uma proposta que Rodrigo teria apresentado como alternativa à proposta de acordo do governo. O PSDB debateu a situação de Dilma e do impeachment, tendo Fernando Henrique Cardoso pregado a renúncia dela.

O Globo publicou na quarta, dia 19, uma matéria cheia de detalhes sobre a denúncia que viria contra mim, feita pela PGR. O texto era assinado pelo jornalista Jailton de Carvalho, que viria depois a ser o coautor do livro de Rodrigo Janot. Essa era uma tática usada pelo procurador-geral para aumentar o desgaste das vítimas de suas atitudes. Ele vazava a notícia na véspera de acontecer – com detalhes que não deixavam dúvidas da veracidade de suas intenções. E isso acabaria repercutindo como se fosse já a notícia. Janot, a pretexto de responder à carta de um deputado que o indagava sobre as buscas na Câmara, ainda afirmou que eu usava a Câmara como escudo. Isso ampliou a repercussão.

A oposição lançou a frente suprapartidária do impeachment, para começar a angariar o apoio necessário para sua aprovação, caso eu viesse a aceitar o pedido de abertura do processo.

Havia a reunião do Parlatino, o Parlamento da América Latina. Ofereci um coquetel no salão nobre da Câmara e compareci, com a minha esposa, sob a tensão da iminente denúncia da PGR e a pressão da votação da redução da maioridade penal.

Na sessão dessa quarta, aprovei em segundo turno a proposta de emenda constitucional da redução da maioridade penal. Apesar da forte pressão do governo, a proposta passa por 320 votos favoráveis e 152 contrários, sendo três a menos para cada lado em relação ao primeiro turno. A vitória, no dia em que o governo patrocinava a denúncia de Janot contra mim, mostrava que nada adiantaria para reverter a rejeição ao governo e ao PT na casa.

Renan finalmente levava à votação as desonerações da folha de pagamento, sem alterar o aprovado pela Câmara, encerrando assim o ciclo das matérias do chamado ajuste fiscal.

Na quinta, toda a imprensa manchetava a denúncia que deveria ser protocolada, mas também trazia deputados me defendendo, sendo que Arnaldo

Faria de Sá falava: "É o acordão: se esta semana sair a denúncia contra Cunha e não sair nada contra Renan, vai ficar evidente um acordão de Dilma, Janot e Renan contra Cunha".

O blog do jornalista petista Kennedy Alencar trouxe a seguinte notícia: "Nos bastidores, os investigadores da Operação Lava Jato avaliam que dificilmente Eduardo Cunha (PMDB-RJ) conseguirá se manter no comando da Câmara dos Deputados após a apresentação da denúncia do procurador-geral da República, Rodrigo Janot". Disse mais: "O principal deles (efeitos políticos da denúncia) é o enfraquecimento político para levar adiante a possibilidade de abertura de um processo de impeachment contra a presidente Dilma. Outro efeito deverá ser a perda de força das chamadas pautas-bomba na Câmara". Para finalizar seu comentário chapa-branca, afirmou: "No Palácio do Planalto, uma pessoa importante fez a seguinte avaliação: 'a chapa vai esquentar'".

Naquele dia, promovi um café da manhã com jornalistas. No fim da tarde, Janot protocolou a denúncia no STF, sendo que, para disfarçar que não atuava só contra mim, também apresentou denúncia contra o senador Fernando Collor, seu maior desafeto no Senado – já tinha, inclusive, entrado com representação contra ele pedindo seu impeachment.

Eu estava no meu gabinete esperando receber o texto, para ler com os deputados que estavam comigo aguardando, como Lúcio Vieira Lima, Carlos Marun, Mendonça Filho, Sóstenes Cavalcante e Rodrigo Maia. Quando recebi, mandei fazer cópias para que os deputados também pudessem ler. Fizemos uma análise rapidamente da parte principal do conteúdo. Naquela altura, começava a cobrança da imprensa por uma posição minha, que seria expressada em nota.

A denúncia era um apanhado de partes de conteúdos de delatores, que mudaram os seus depoimentos por pressão da PGR, debaixo de uma história que não tinha nada a ver comigo. Mas, para o leigo que pudesse ler, dava a impressão de que era um esquema grandioso. Segundo a denúncia, eu teria, no ano de 2006, patrocinado um ato de corrupção na Petrobras.

Além de eu ter sido, nesse período, oposição ao governo Lula, o ato de corrupção teria sido praticado por um ex-diretor da área internacional da Petrobras, Nestor Cerveró, colocado no cargo pelo PT, por meio do então senador Delcídio do Amaral, e depois apoiado por, pasmem, Renan Calheiros.

Além disso tudo, juntaram um relatório de doações eleitorais do lobista Júlio Camargo, em que os beneficiários das doações eram o PT e Delcídio, sem haver qualquer ato meu em favor de quem quer que fosse. A denúncia era tão fraca e feita tão açodadamente para atender ao governo que depois tiveram de fazer um aditamento com a delação de Fernando Baiano, para tentar trazer mais um delator corroborando outro delator.

Soltei então uma nota, já escrita antes, porque não tinha sido surpreendido, tentando evitar ter de responder de forma errática, como quando anunciei o meu rompimento com o governo.

Minha declaração estava sendo preparada desde o dia anterior. Os líderes do DEM, Mendonça Filho, do PSDB, Carlos Sampaio, e Rodrigo Maia foram os cabeças do texto, me impedindo de atacar Janot ainda mais. Concentrando os ataques no PT e no governo, eles se sentiam à vontade para me apoiar.

Pude ser frio, falando que não participava de nenhum acordão, sem dizer que me referia a Renan – e cobrando também: "Cadê o PT: por que eu era o escolhido?". Óbvio que ataquei Janot, o PT, Dilma e o governo, mas em tom sereno, realçando que não dava para eles colocarem no colo dos outros a corrupção deles.

Será que Dilma e o PT achavam mesmo que a população iria comprar a história de que a corrupção na Petrobras era uma obra dos opositores do PT? E que Dilma e o PT eram os santos dessa história de uma nababesca corrupção da maior empresa do Brasil?

O governo achava que tinha ganhado o jogo, me atirado na lama e vencido a guerra imaginária naquele momento pelo impeachment. Só que, somente a partir dessa denúncia, o impeachment passou a ser uma alternativa de resposta ao governo – e não seria de forma atabalhoada.

Muitas vezes se ataca o inimigo para tentar sobreviver. Dilma atacou o inimigo para acabar morrendo. Nesse mesmo dia, Dilma editava os outros dois decretos de abertura de créditos suplementares, que somados aos quatro editados em 27 de julho, completavam o quadro que motivou a abertura do processo de impeachment.

20 A saída de Temer da articulação e minha combinação da questão de ordem sobre o rito do impeachment

A denúncia tinha sido apresentada na hora em que os movimentos ligados à CUT e ao PT estavam nas ruas, para causar uma ebulição nos protestos e para que as notícias desses protestos demonstrassem que eles eram contra mim.

Mas na realidade não havia tantos manifestantes assim. E os que havia eram recrutados desses movimentos. No Rio de Janeiro, chegaram a tentar invadir o prédio em que eu tinha escritório, no centro da cidade.

Ao mesmo tempo, um grupo de deputados desafetos de sempre, entre eles Alessandro Molon, o mesmo de todas as ações contra mim, e Júlio Delgado, aquele que derrotei na eleição da presidência, davam uma coletiva em que pediam a minha saída da presidência da Câmara.

Será que acreditavam mesmo que eu iria renunciar? Quanta ingenuidade. Enquanto isso, líderes da oposição eram cautelosos. Alguns me defendiam, e eu sabia que teria de ser mais contundente daí em diante.

A bancada do PMDB soltou nota em solidariedade a mim. O mesmo fez o governador Pezão. Isso demonstrava que as coisas seriam um pouco diferentes do que o governo imaginava. A imprensa divulgou notas sobre comemoração, no palácio, da denúncia de Janot contra mim. Dizia-se que as denúncias dele estariam só no início e, com certeza, viriam mais.

Nesse momento é importante fazer um paralelo com a informação contida no depoimento de Mônica Moura, que mostrava que minhas supostas contas no exterior eram de conhecimento de Dilma, ao menos dois meses antes de serem divulgadas. Ou seja, quando Janot fez essa denúncia, ele já tinha conhecimento das supostas contas – que guardaria para usar um pouco mais à frente, caso o primeiro tiro dado não fosse suficiente para me derrubar.

Ao mesmo tempo em que senadores do PMDB abanavam Renan, eles tratavam do impeachment com desfaçatez. Romero Jucá fazia um jantar na sua casa entre Temer e Aécio, para discussão do impeachment – eu só fiquei sabendo muito tempo depois.

Aécio, nesse jantar, teria colocado como condição para apoiar um eventual impeachment a saída de Temer da articulação política. Não teria sentido ele apoiar a continuidade de Dilma de forma transversa, pois seria um erro achar que ficaria até o último dia se desgastando, defendendo e ajudando o governo.

Sua saída da articulação seria um passaporte para ter apoio da oposição, pois caracterizaria que apoiar o impeachment não seria a continuidade de Dilma com apenas a troca do nome.

Caso Temer não abandonasse a articulação política, o PSDB iria desistir definitivamente do impeachment – passando a se concentrar na ação de cassação da chapa no TSE, para haver novas eleições.

Temer, vendo que seria a última oportunidade para ter um consenso com a oposição e poder chegar ao impeachment, concordou em deixar imediatamente a articulação política. E isso seria anunciado na semana seguinte.

O deputado Paulinho da Força, sabedor de que a denúncia ocorreria na quinta, organizou um grande evento da Força Sindical em São Paulo para me apoiar. Compareci, na sexta, dia 21 – e fui ovacionado no encontro, com um público de comício. Todos os discursos eram sobre o impeachment de Dilma, fato que, a partir desse momento, passaria a ser uma realidade nas discussões. E que eu não mais evitaria, embora mantivesse a mesma cautela dos princípios colocados antes.

Para a imprensa, respondendo a perguntas, eu dizia que Renan estava denunciado desde 2013 ao STF pela PGR acerca do suposto pagamento das despesas da sua filha fora do casamento por uma empreiteira. E nem por isso teria perdido a condição de continuar presidente do Senado. Ninguém cobrava isso dele.

Eu saí do encontro da Força Sindical e fui ao escritório de Temer em São Paulo. Narrei a ele toda a movimentação de José Eduardo Cardozo na semana, a denúncia incompleta, o inquérito inacabado, a minha chefe de gabinete com oitiva marcada para a segunda-feira seguinte, além das inconsistências das acusações.

Temer estava também convencido da atuação do governo para me denunciar, agindo em conjunto com Janot. Também estranhou a ausência de Renan, poupado por Janot, em um acordão do qual ele garantiu não ter participado.

Ele estava desgostoso com Dilma. Achava um absurdo Dilma tentar dividir o PMDB, criticava por ela ter recebido o líder Leonardo Picciani com o pai sem ele estar presente, assim como criticava o acordo de Dilma com Renan.

Por fim, Temer deixou claro que sairia da articulação política na semana seguinte, já que não tinha mais a pauta do ajuste fiscal para ser votada. Iria aproveitar isso para sair de campo. Ele não me narrou o jantar e a combinação com Aécio, pois tinha medo que eu vazasse.

Ele tinha a certeza de que, com a denúncia promovida pelo governo contra mim, a articulação política ficaria mais difícil, pois na Câmara não haveria mais maioria. No Senado, Dilma já tinha se entendido com Renan e ele seria desnecessário.

Dilma e o PT não tinham engolido a declaração de Temer de que era preciso alguém para reunificar o país. A partir de então, passaram a ocorrer os movimentos de Dilma, como cooptar Renan e o líder do PMDB na Câmara, Picciani. Ela já tinha decidido que tomaria a articulação, para não correr o risco de ficar nas mãos do seu provável sucessor. Só que tinha acordado tarde demais para isso.

Temer, nesse momento, partiu para se desvincular de Dilma e ficar de plantão para receber um governo que poderia cair no seu colo. Para isso, precisava se distanciar, pois senão seria varrido junto.

A guerra da sobrevivência para Dilma e a expectativa de poder de Temer estavam se conflitando. E Temer continuava sendo sabotado pelo PT na articulação, porque os petistas o queriam de fora para não terem de entregar os seus cargos para os partidos da base, perdendo parte das suas boquinhas.

O vice tinha feito a sua opção pelo impeachment, sabendo que eu acabaria abrindo o processo em questão de tempo, já que a denúncia também me faria estar propenso a rediscutir a questão – desde que encontrasse os motivos no atual mandato de Dilma.

O PMDB havia marcado um congresso para o dia 15 de novembro, para decidir se ficaria ou não na base do governo Dilma. Com a confusão, solicitei a Temer que abreviasse o congresso – o que ele ficou de avaliar.

No sábado, os jornais já traziam a provável saída de Temer da articulação política, além de registrarem o nosso encontro. No jornal *O Globo*, o jornalista Alan Gripp publicou um artigo que atentava para o fato de que a minha denúncia não tinha provas contra mim, somente contra o lobista Fernando Baiano. E que só uma delação desse lobista poderia realmente trazer alguma prova contra mim, caso ele a tivesse. O título do artigo era "A Chave é o Baiano". Ou seja, O *Globo* estava mudando de lado para sustentar a permanência de Dilma, reconhecendo mesmo assim que a denúncia contra mim não tinha nenhuma prova.

Já no domingo, dia 23, o mesmo jornal veio com tom mais crítico, tentando associar política e religião, explorando os meus aliados e os constrangendo para justificarem que continuariam do meu lado. À noite, encontrei, junto de um de meus advogados, Reginaldo Castro, o ex-advogado de Baiano, Nelio Machado. Ele quis me relatar diretamente o que já tinha alertado a Reginaldo.

Disse que tinha assistido a toda a pressão do procurador Marcelo Miller, durante um depoimento de Baiano. E estava deixando a causa por não concordar com a posição de Baiano. Nelio teria sido ainda mais constrangido pela indicação, por parte do procurador, de um colega de faculdade dele como novo advogado de Baiano – Sérgio Riera, que por acaso já tinha trabalhado em seu escritório. Dessa forma, Nelio me avisou que a condição colocada para delação era Baiano corroborar os depoimentos do lobista Júlio Camargo – o que ele, Nelio, não concordava.

Ocorre que Baiano, seduzido pela oferta do procurador de que o autorizaria, após algum tempo, a residir fora do país para que ele fosse estar com sua mulher, que já havia se mudado para os Estados Unidos, concordou com os termos para virar delator.

O advogado contou ainda mais. Disse que Baiano havia simulado um divórcio para repassar patrimônio livre de bloqueio para a mulher, mostrando que ele tinha feito a opção de se render às exigências do inescrupuloso procurador, assessor de Janot, para que pudessem ter mais substância na denúncia contra mim. E disse mais: que pressionaram pela pressa, para já incluir na denúncia contra mim a delação de Baiano, não entendendo por que anteciparam – que, sabemos, foi por exigência do governo.

Na segunda, dia 24 de agosto, a jornalista Vera Magalhães publicou, na coluna "Painel", da *Folha de S. Paulo*, uma nota sobre a tal visita de José Eduardo Cardozo a Janot. Eu havia passado a informação para ela confrontar Cardozo, que acabou confirmando o encontro, mordendo a isca, dizendo que havia sido para tratar do fundo penitenciário. Não era necessária uma reunião secreta, com carro descaracterizado, às 21 horas, para tratar de fundo penitenciário.

Saiu também na imprensa, nesse dia, uma cobrança do presidente do PPS, deputado Roberto Freire, sobre como Rodrigo Janot, com base somente numa delação, podia ter apresentado uma denúncia contra mim. E, tendo uma delação que envolve Dilma e sua campanha, nem sequer abria uma investigação para apurar o ilícito nas contas eleitorais dela, podendo levar à cassação da chapa.

O ministro Gilmar Mendes, do STF, à época no TSE, havia solicitado ao Ministério Público a investigação sobre as contas eleitorais e eventual contaminação pelas doações eleitorais, denunciadas pelos delatores Ricardo Pessoa, da UTC, e Alberto Youssef.

Janot, dentro do seu compromisso com Dilma, não tinha nem aberto qualquer investigação contra ela. Mas, para investigar seus adversários, bastava a simples delação, sem nenhuma prova, para motivar uma denúncia.

Nessa segunda-feira fui a São Paulo, onde participei de debate na Assembleia Legislativa sobre o pacto federativo, junto dos presidentes de todas as assembleias legislativas do país. O PT colocou manifestantes para me recepcionar e tumultuar o evento, fato já previsto por mim – ainda mais em São Paulo, onde eles têm uma base de militantes empregados em gabinetes de deputados estaduais do partido.

A coluna "Expresso", da *Época*, publicou uma nota citando que investigadores da Polícia Federal estariam irritados pela pressa do procurador-geral na apresentação da denúncia contra mim. O inquérito tinha sido prorrogado até 31 de agosto por decisão do STF. A polícia estava cumprindo diligências solicitadas pelo próprio Ministério Público. Assim, não haveria sentido essa denúncia nesse momento, à revelia da conclusão do inquérito pela PF.

O governo anunciou a redução de dez ministérios, implicando no corte de mil cargos comissionados. Aproveitei para pedir que o PMDB abrisse mão dos seus ministérios para ajudar na reforma.

Temer seguiu o roteiro exigido pelo PSDB, anunciando a saída da articulação nessa segunda-feira. Isso colocou gasolina na situação política. A saída dele acabou associada à minha denúncia.

Dilma chamou os grandes jornais para dar entrevista, dizendo que cometeu erros na avaliação da crise econômica, tentando fazer um *mea culpa*. A repercussão foi pequena.

Em Brasília, reuni os líderes da oposição e os líderes do blocão informal para jantar, sem a presença do líder do PMDB, Leonardo Picciani. Eu teria uma conversa em separado com ele no dia seguinte. Na reunião, coloquei os pontos da minha defesa, avaliamos a saída de Temer da articulação e também avisei que Fernando Baiano concluiria a delação corroborando a delação do outro lobista, Júlio Camargo, sem provas.

Baiano iria também citar Renan Calheiros, Antonio Palocci e outros senadores como participantes de apoio ao ex-diretor da área internacional da Petrobras, Nestor Cerveró.

Muito tempo depois, quando estive custodiado no Complexo Médico Penal de Pinhais, no Paraná, onde Baiano também esteve até fazer sua delação e poder sair, ouvi, de pessoas que conviveram com ele, sobre a forma como sua delação teria sido obtida – o que confirmava o que o seu ex-advogado Nelio Machado tinha descrito. O mais grave era que Baiano tentava obter informações com o ex-tesoureiro do PT, João Vaccari Neto, para incluir nessa delação – um gesto covarde, que irritou a todos que estavam com ele no presídio. A fama era que Baiano, após começar a fazer sua delação, havia conseguido até podólogo para atendimento pessoal na custódia – fato que ficou famoso no presídio e acabou gerando inquérito administrativo contra funcionários do sistema penal.

Relatei na reunião aos líderes a conversa com o advogado de Fernando Baiano, fato que levou esses líderes a se revoltarem, resolvendo manter o apoio a mim em qualquer circunstância com relação a essa denúncia.

A partir desse momento, com a minha decisão interna de apoiar um provável impeachment, instalamos um comitê informal para avaliação das possibilidades de sua aprovação, com reuniões periódicas e nomeando coordenadores informais.

Trabalhar um futuro processo de impeachment sem ter os votos necessários para aprovação do pedido de abertura no plenário, que necessitava de dois terços dos votos, seria para mim um tiro na água – não o faria. Para a oposição, mesmo que não houvesse a aprovação, só o desgaste de Dilma com o processo já seria suficiente – sendo que, dessa forma, os objetivos seriam diferentes.

Discutimos que a ideia não seria eu aceitar o pedido de abertura de processo de impeachment. Mas, sim, rejeitar o pedido, haver o recurso, submeter esse recurso a voto no plenário, onde por maioria simples se aprovaria. Eu estava avaliando essa alternativa.

Então, o objetivo inicial era ter a metade mais um dos deputados e não os dois terços, pois a avaliação era de que se o desgaste de Dilma levasse à perda de mais da metade em um recurso, depois seria mais fácil atingir os dois terços. Além do que, eu não precisaria me desgastar tendo de aceitar o pedido.

Mas faltava ainda ter algo do mandato – sem isso não teria minha concordância –, mas nesse dia mesmo, antes do jantar, encontrou-se o fato: o deputado Pauderney Avelino foi ao meu gabinete e disse que haviam descoberto os decretos de Dilma, sem previsão orçamentária, editados naquele mês.

Em outras palavras, eu já havia chegado ao jantar sabendo que Dilma tinha cometido, no mandato, crime de responsabilidade. A partir daí o impeachment deixaria de ser uma ficção.

O deputado Rubens Bueno, líder do PPS, começou me pedindo para diminuir as votações de plenário, para dar tempo dos deputados se reunirem depois das sessões, a fim de terem o pulso dos colegas. Combinamos que, às terças-feiras, passaríamos a encerrar mais cedo, até as 20 horas, para permitir as articulações.

Alguns grupos à parte se formaram a partir daí, com coordenações sendo instaladas, ficando o PSDB com o líder Carlos Sampaio e Bruno Araújo, o DEM com o líder Mendonça Filho e Rodrigo Maia, o Solidariedade com Paulinho da Força e Arthur Maia, o PPS com o líder Rubens Bueno. No PMDB, a coordenação coube a Lúcio Vieira Lima, no PSC, a André Moura, no PSB, a Fernando Filho. Com relação aos demais partidos do blocão, apoiadores do governo, caberia a mim a missão de tratar com os seus líderes, como Jovair Arantes, do PTB, Rogério Rosso, do PSD, Maurício Quintella, do PR, Dudu da Fonte, do PP, além dos líderes dos pequenos partidos.

Combinamos um encontro semanal na residência oficial, com os coordenadores, para fazermos avaliações. Alguns delegaram movimentos para deputados dos seus partidos. Rodrigo Maia, por exemplo, encarregou Heráclito Fortes – embora naquele momento estivesse no PSB, tinha sido seu aliado no DEM – a promover jantares às terças e quartas, levando deputados de vários partidos para ouvir e conspirar. Eu mesmo participei de alguns desses jantares.

Estava assim instalada a tropa de choque para o impeachment. Não havia mais esperança de salvação para o governo Dilma, a cada dia mais perdido e enveredado na falta de articulação, na queda da economia, na ganância de parte do PT por cargos e de outra parte do PT por vontade de me confrontar até o limite do vai ou racha.

Na terça, dia 25 de agosto, a CPI da Petrobras promoveu uma acareação entre o doleiro Alberto Youssef e o ex-diretor da Petrobras Paulo Roberto Costa, ambos delatores. Surpreendentemente, Youssef, ao responder a perguntas de deputados, disse que um novo delator iria esclarecer.

Chegamos ao cúmulo de um bandido anunciar a próxima delação – que Youssef só poderia saber ou pelo seu advogado, de confiança do chefe da Operação Lava Jato, Sergio Moro, ou pelas autoridades que ditavam os depoimentos de Youssef. Tive a oportunidade de estar na carceragem da Polícia Federal de Curitiba ao mesmo tempo que Youssef, onde verificava o poder que o doleiro, assim como outros delatores, tinha perante as autoridades que o detiam.

Youssef era simplesmente o chefe da cadeia, com privilégios dados pelos agentes, que não podem ser descritos em uma custódia normal. Chegava a ser vergonhoso o quanto ele dava ordens em todos lá dentro. Era o verdadeiro chefe da quadrilha – sabia demais e, embora separado do lado em que eu estava, sempre encontrava um jeito através do banheiro para contatar quem estava do meu lado.

Mas chegar ao ponto de, em uma comissão parlamentar de inquérito, anunciar o próximo delator que iria esclarecer a dúvida do deputado que o questionou era demais para quem ouvia.

Nesse dia eu recebi uma delegação do Chile, comandada pelo presidente da Câmara dos Deputados. Realizei um almoço com deputados dos dois países. Até para os chilenos o assunto impeachment era a pauta.

À noite, chamei o líder Leonardo Picciani para um jantar a sós, para discutirmos a situação, desde o impeachment até o suposto acordo que ele teria feito com Dilma. Tinham me soprado que a presidente estava articulando para que ele me substituísse na presidência da Câmara – achando que eu cairia, porque ela tinha a informação das supostas contas que iriam estourar, tendo certeza de que eu não aguentaria.

Na conversa, comecei dizendo que ele não devia se assanhar em querer tomar o meu lugar, porque ele poderia ser o meu sucessor com o apoio de todos, uma coisa natural. Eu não poderia me reeleger e ele era o líder do meu partido. Mas, para isso, ele não poderia dar vazão à conspiração do governo contra mim. Deveria manter uma posição de neutralidade, para que fosse o candidato que contasse com a oposição, evitando qualquer chance de ter adversário.

Ele disse que gostaria de ser candidato, mas somente se eu não pudesse me reeleger – o que ele preferiria. Não sei se essa sinceridade era verdadeira ou não. Disse a ele que um dos motivos da saída de Temer da articulação teria sido o encontro dele e do seu pai com Dilma, à revelia do vice-presidente, o que teria provocado uma desconfiança em todos.

Leonardo me respondeu que o motivo do encontro não era contra ninguém, mas, sim, a articulação do pai para obter a nomeação, para uma vaga de ministro do STJ, do desembargador Antonio Saldanha Palheiro, que teria tido a concordância de Dilma. A nomeação de Antonio Saldanha era apoiada pelo ministro do STF Luiz Fux. E que, para isso, estaria atendendo ao governo no STF, fato que acabou não acontecendo quando o governo quis adiar o julgamento das contas no TCU. Saldanha também teria o apoio de Sérgio Cabral e de Pezão.

Não tinha nada contra essa nomeação. Disse a ele que até a apoiaria, como a apoiei. Mas a versão do encontro era outra, e ele precisava aclarar para todos, a fim de manter sua credibilidade. A versão que estava circulando era de que ele tinha negociado um apoio direto, alterando a interlocução de Dilma com o PMDB da Câmara em detrimento de Temer.

Leonardo disse que não precisava disso, porque não queria fazer esse movimento na frente de Temer. Mas que não teria tratado nada diferente dessa nomeação para o STJ, que acabaria ocorrendo depois. Frisei que a situação de Dilma estava piorando, que isso poderia acabar em impeachment. E pedi a ele que não atuasse contrariamente, mas que se fizesse de morto e deixasse o barco andar sem interferir.

Ele viu que a minha decisão pelo impeachment era provável. Preocupou-se. Saiu de lá e passou a ser um cão de guarda de Dilma, contrário ao impeachment, embora mantendo o diálogo comigo. Estava claro para mim que ele tinha, sim, feito um trato com Dilma para sua sustentação, sendo a nomeação do ministro do STJ apenas um ingrediente desse combinado.

Pouco tempo depois do jantar com Leonardo Picciani, o então desembargador Antonio Saldanha Palheiro foi me visitar para agradecer o apoio que eu tinha manifestado e me solicitar que continuasse apoiando a sua demanda, o que foi feito por mim.

É bem verdade que esses apoios acabam nos prejudicando. Porque você apoia e depois, ele no cargo, na ânsia de demonstrar independência, acaba ou julgando contra você, para parecer isento, ou, o que é pior, acaba não julgando. No momento em que escrevo, tenho casos com esse ministro que estão para ser julgados, por mais de dois anos. O ideal era que ele se declarasse logo impedido, mas não me obstruísse a prestação jurisdicional a que tenho direito como qualquer cidadão.

Na quarta-feira, dia 26, a Câmara votou duas propostas de emendas constitucionais, a do infanticídio para proteger as crianças indígenas e a dos cartórios.

Rodrigo Janot passou por sabatina no Senado, na CCJ. Foram dez horas de questionamentos, mas somente Fernando Collor o confrontou – por ter sido denunciado por Janot de forma covarde, o ex-presidente acabou falando sozinho. Janot foi aprovado por 26 votos a 1, e depois, no plenário, por 59 votos a 12, ganhando o direito à recondução, pela qual ele teria pago a Dilma com minha denúncia e a preservação dela.

Certamente esse foi um dos grandes erros de Dilma e do PT, com a nomeação de um procurador rotulado por um ministro do STF como sindicalista e alcoólatra, além de ambicioso, sem qualquer escrúpulo e caráter, que viria mais tarde a se voltar até contra quem o nomeou, embora a tivesse preservado. Uma pessoa que, como já disse antes, não tem escrúpulos para inventar crimes para ele mesmo não pode ter credibilidade para pôr acusação de crimes nos outros.

Janot fez muito mal ao país, ajudou a quebrar muitas empresas e foi um dos responsáveis pela queda de Dilma, a quem achava que estava servindo.

O PT e o PC do B, apoiados por outros partidos, lançaram uma agenda para se contrapor à agenda Brasil de Renan Calheiros, chamada por eles de "pauta da virada" – só que muitos nem se deram conta do que estavam assinando. Entre as propostas da suposta nova agenda Brasil estava a regulação da mídia, que não tinha apoio nenhum no Congresso. Eu reagi dizendo que votamos projetos, e não agendas. Se quisessem, que propusessem projetos, obtivessem apoio para requerer urgência, que eu colocaria para votação.

Naquela noite, Dilma fez um jantar no Palácio do Alvorada com grandes empresários, entre eles, Joesley Batista. Ele saiu do jantar e foi direto à residência oficial da Câmara me relatar a conversa. Eu estava em reunião sobre o impeachment com vários deputados, entre eles, Mendonça Filho, Fernando Filho, Rubens Bueno, Bruno Araújo e Rodrigo Maia.

Antes da reunião com os deputados sobre o impeachment, recebi o então presidente do BNDES, que estava convocado para depor na CPI do BNDES no dia seguinte, e me comprometi a ajudá-lo perante os partidos para que a CPI não atrapalhasse a atuação do banco. Embora fosse difícil lhe garantir como acabaria a CPI, tentaria ajudar.

Na própria reunião sobre o impeachment, pedi aos partidos de oposição um pouco de cautela com a CPI do BNDES, para evitar que se atingisse o setor produtivo e causasse o mesmo estrago que a Operação Lava Jato estava causando.

A chegada de Joesley Batista, por acaso um dos empresários mais beneficiados com créditos do BNDES, atrapalhou a reunião. Ele sentiu que se tratava de impeachment, ficando de propósito para escutar algo, até que teve de sair para voltar para São Paulo, não sem antes relatar a íntegra do jantar, se divertindo com o estado de Dilma, perdida na administração da crise.

Após sua saída, retomamos a articulação. Já estava sendo organizado o mapa de todos os deputados, escalando quem iria ser responsável por cada abordagem. Também a presença de Joesley serviu para que alguns associassem o meu pedido sobre a CPI do BNDES à atuação do próprio empresário, o que, nesse caso, não seria verdade.

Quando eu estava para decidir a instalação dessa CPI, perguntei a Joesley Batista se ele tinha algum receio, para que eu tivesse ciência antes. Ele respondeu que não tinha nenhum receio, e me pergunto até hoje, depois de sua delação, na qual acusou membros do PT e do governo de terem recebido propinas referentes aos empréstimos do BNDES: por qual razão ele não tentou evitar a CPI?

Conhecendo hoje suas ramificações, ele talvez tivesse impedido a instalação da CPI, bastando para isso ter envolvido o PSDB, com Aécio Neves, que, se atuasse junto a mim, seria provável que a CPI não fosse instalada.

Esse mistério só reforça as muitas mentiras por ele contadas, a exemplo de vários delatores. Ninguém com culpa numa situação dessas brincaria em deixar andar, sem nenhuma preocupação, uma CPI que envolveria de qualquer maneira a empresa dele, pelo volume de crédito obtido no BNDES. Joesley, seu sucesso e suas mentiras são fatos que merecem uma enorme reflexão de como a sociedade brasileira permite a formação de um conglomerado desses, debaixo de tanta história obscura e muito mal contada.

Continuando a história do impeachment, como eu iria para uma viagem internacional no dia seguinte levando os líderes Maurício Quintella e Dudu da Fonte, caberia a mim a parte mais difícil: cooptar esses dois partidos decisivos para o sucesso da empreitada.

Saiu na imprensa que o governo queria discutir a volta da famosa e odiada CPMF, sendo que Temer se declarou contrário a ela. A iniciativa do governo anunciada conseguiu unir todos os contrários, inclusive Renan e eu, além de grande parte da classe política e empresarial, tendo sido carinhosamente batizada de projeto impeachment – tal era a repercussão negativa.

A minha posição em relação à CPMF foi muito diferente do estilo autoritário dos tempos de Rodrigo Maia. Quando me perguntaram a minha posição, eu me manifestei pessoalmente contrário, dizendo achar pouco provável que passasse, mas se o governo mandasse o projeto, ele iria tramitar.

No mesmo dia, Temer, em São Paulo, aceitou participar de uma discussão com os grupos favoráveis ao impeachment de Dilma, em um movimento que mostrava a real intenção dele em deixar a articulação política.

O vice-presidente participou também de um jantar com grandes empresários na Fiesp. A insatisfação desses empresários com o governo era enorme. Temer, com esse gesto, iniciava uma caminhada para se consolidar como uma opção confiável.

Depois de tanta confusão, os deputados Alessandro Molon, Chico Alencar, Henrique Fontana e Júlio Delgado, meus desafetos, conseguiram um total de 35 assinaturas de parlamentares pedindo minha saída. Isso mostrava que o barulho aumentava, mas o número que aceitava pôr a sua assinatura era menor que nos mandados de segurança que eles ingressavam, a cada votação, me acusando de manobra – todos sem sucesso até então.

Uma pesquisa entre os senadores, então divulgada, indicava que a maioria seria contra a redução da maioridade penal, aprovada na Câmara e enviada ao Senado, que já tinha aceitado uma mudança no Estatuto da Criança e do Adolescente, aumentando o tempo de recolhimento do menor infrator. Em reação, avisei que só votaria a mudança do estatuto depois que o Senado votasse a proposta de emenda constitucional da Câmara – se eles fossem contrários, então que assumissem o ônus de votarem contra a opinião da sociedade.

Embarquei para Nova York em voo de carreira, na noite de quinta-feira, para participar de um evento na ONU – a 4ª Conferência dos Presidentes de Parlamentos. Discursaria na segunda-feira, dia 31 de agosto. Já dentro do avião, antes de decolar, tomei conhecimento da entrevista de Aécio Neves ao blogueiro petista Kennedy Alencar. O tucano disse que, se a denúncia contra mim for aceita pelo STF, eu teria de sair da presidência da Câmara.

Liguei, ainda do avião, para o líder do PSDB, Carlos Sampaio. Cobrei essa posição, que ia de encontro com o nosso combinado. Ele se desculpou dizendo que iria tentar consertar. Mais uma vez, as contradições de Aécio eram claras para mim: ele não queria o impeachment, queria somente a cassação da chapa pela Justiça Eleitoral, para que tivesse novas eleições e ele pudesse concorrer.

Além de tudo, ele sabia que em 2018 não iria conseguir ser o candidato do PSDB à Presidência, pois o partido dificilmente deixaria de apoiar a candidatura de Geraldo Alckmin. Aécio havia perdido a eleição em seu estado, Minas Gerais, enquanto Alckmin obtivera uma grande vitória em São Paulo.

Por tudo isso, como questão de sobrevivência, para Aécio só uma nova eleição no meio do mandato o salvaria de perder a disputa interna do partido. Alckmin não teria condições de disputar a eleição em um prazo de 90 dias, pois não estaria desincompatibilizado do cargo de governador no prazo exigido pela legislação.

Aécio faria de tudo para evitar o impeachment, mas não podia se posicionar contra – sendo essa estocada em mim a fórmula que ele encontrou, porque sabia que não existiria impeachment sem mim.

Em Nova York, fui me consultar com o melhor médico dos Estados Unidos na especialidade para discutir a situação do meu aneurisma e ter a opinião definitiva sobre a possibilidade de cirurgia. O médico, cujo consultório estava dentro da Universidade Columbia, ao analisar todos os exames levados, desaconselhou a cirurgia, recomendando o acompanhamento da evolução do aneurisma, sendo essa a opinião levada por mim como definitiva.

Nesse dia, Janot, na condição de procurador-geral eleitoral, arquivou a investigação solicitada pelo ministro Gilmar Mendes sobre gráfica fantasma ligada ao PT, que teria recebido R$ 16 milhões da campanha de Dilma na eleição de 2014. A investigação era só para os adversários. A peça de Janot pedindo o arquivamento teve deboche dirigido ao ministro Gilmar Mendes. Janot dizia: "Em homenagem à sua excelência (Gilmar Mendes), é portanto que aduzimos outro fundamento para o arquivamento: a inconveniência de serem Justiça Eleitoral e Ministério Público Eleitoral, protagonistas-exagerados – exagerados do espetáculo da democracia, para os quais a Constituição Federal, trouxe como atores principais, os candidatos e eleitores".

A retórica de Janot só se aplicava a Dilma, pois, do outro lado, os atos do Ministério Público não eram em busca de um protagonismo exagerado?

Nesse mesmo dia, já eram 16 o número de pedidos de impeachment apresentados contra Dilma na Câmara. Cinco deles já haviam sido rejeitados por mim.

O embaixador do Brasil na ONU e ex-chanceler de Dilma ofereceu um jantar, na sua residência, para a delegação brasileira. Ele havia sido demitido por Dilma devido a um incidente envolvendo a fuga do regime de Evo Morales de um senador boliviano para o país com o apoio de um diplomata brasileiro.

Com a imprensa na porta, critiquei Dilma, a proposta de recriação da CPMF e o governo de maneira geral. Falei que Dilma pode conseguir o que poderia ser considerado impossível antes: unir o PMDB contra a CPMF.

O PMDB começava a veiculação de inserções na televisão, do espaço partidário no semestre. O tom dessas inserções pregava mudanças e era nitidamente de oposição ao governo.

No sábado, dia 29, o governo aparentava ter desistido de propor a recriação da CPMF, depois da repercussão negativa da ideia. O governo teria de enviar na segunda, dia 31 de agosto, a proposta orçamentária para o ano de 2016 – a suposta receita da CPMF faria parte da proposta. Decidiram então não colocar essa possível receita na proposta orçamentária, pois só iria tumultuar ainda mais o ambiente político de Dilma, já que não houve quem apoiasse isso – salvo alguns governadores desejosos de novas receitas.

Dessa forma, o governo anunciou o orçamento de 2016 prevendo um déficit nas contas públicas de R$ 30,5 bilhões. Eu respondi que era melhor o governo mostrar a realidade com déficit do que ficar pedalando depois. Além disso, falei que o governo corria o risco de perder o grau de investimento.

O anúncio desse déficit causou muito impacto, pelo reconhecimento dos erros da política econômica. Mas o governo queria mostrar isso para a sociedade, para, na frente, ter condição de retomar a discussão da recriação da CPMF ou de um novo imposto – tese que eu rechacei de imediato.

O grande problema era que a proposta da lei de diretrizes orçamentárias – enviada anteriormente pelo governo, mas ainda não votada – previa um superávit de 0,7% do PIB. Agora, o governo teria de explicar tamanha mudança do quadro, apesar do ajuste fiscal aprovado pelo Congresso.

O principal objetivo era colocar no colo do Congresso a responsabilidade de ter de arranjar uma solução para acabar com o déficit – o que, na ingênua avaliação de Dilma, acabaria levando a um apoio para a recriação da CPMF.

Em Nova York, saí para jantar com os deputados Átila Lins, Júlio Lopes, Maurício Quintella, Dudu da Fonte e o senador Ciro Nogueira. Fomos ao famoso restaurante Daniel. Esse jantar ficou marcado pelo início da grande reviravolta no processo de impeachment por parte do PP e do PR, cujas atribuições de cooptação para a tese estavam a meu cargo.

Maurício Quintella era o líder do PR, Dudu da Fonte, o líder do PP, e Ciro Nogueira, o presidente do PP. Sem o apoio deles não haveria possibilidade de aprovação da abertura do processo. Com o debate no jantar sobre essa possibilidade, fui começando aos poucos a quebrar a resistência deles, sendo que Maurício era o mais favorável ao impeachment, e Dudu, o mais contrário. Até que Ciro Nogueira, do alto da sua sabedoria política, usou uma frase que iria sintetizar a senha para a aprovação do impeachment: "Não se tira presidente, se coloca presidente". Enquanto a discussão ficasse em tirar a Dilma, não passaria; mas se a discussão fosse a substituição de Dilma por Temer, dependendo da articulação dele, poderia passar.

Lembrei do ocorrido com Collor, quando Itamar Franco, vendo a possibilidade de impeachment, teria começado a articular para se apresentar em condições de governar e atender às demandas de todos.

Ciro disse que teria de ocorrer exatamente o que tinha ocorrido mais de 20 anos atrás, senão o impeachment não passaria. Ou seja, o processo não tratava de uma ação para retirar um presidente ruim ou que tinha cometido crime de responsabilidade. Mas, sim, como se fosse um voto de desconfiança do parlamentarismo, onde o governo cai e um novo gabinete é formado para atender às condições políticas daquele momento.

Ciro disse, sem contestação dos demais, que poderia, sim, apoiar o impeachment, caso Temer quisesse ser presidente e assumisse os custos dessa composição política. Do contrário, não teria o impeachment. A partir daí, eu me convenci de que o impeachment só passaria se Temer saísse da posição de espectador, esperando na fila, para a posição de quem queria assumir a Presidência.

No domingo, dia 30, quando eu estava saindo do hotel para jantar com outros deputados no restaurante Il Mulino, recebi um telefonema de Giles Azevedo, em nome de Dilma. Ela estava me convidando para uma conversa no dia seguinte. Expliquei que não poderia, pois estava em Nova York. Só chegaria a Brasília a partir de 12 horas de terça-feira. Ele então me perguntou se poderia ser na terça. Concordei. Combinamos o horário de 14 horas, no gabinete dela, no Palácio do Planalto. Achei que Dilma queria falar sobre a peça orçamentária com a previsão do déficit.

No jantar, avisei aos deputados que Dilma estava me convidando para conversar. Eu iria e os informaria depois.

Na segunda, dia 31, fui ao evento da ONU. Renan, também convidado, não compareceu – foi representado pelo senador Ciro Nogueira. Fui o quinto a discursar, logo após o presidente do parlamento chinês.

Meu pronunciamento foi na medida para me contrapor ao PT, defendendo a democracia, a liberdade de imprensa e contestando qualquer regulação da mídia, mesmo a econômica. Coloquei esse tema para me posicionar quanto à "pauta da virada", lançada pelo PT e outros partidos na semana anterior, para fazer frente à agenda Brasil, de Renan.

Usei uma frase: "Uma democracia sem povo é como um jardim sem flores, não tem o que se regar, o que se manter". Falei ainda que a consolidação da independência dos poderes da democracia tem sido o principal foco da atuação da Câmara no Brasil. Disse também a frase: "Os governos são provisórios, mas a democracia é permanente". Falei ainda: "Os parlamentos são o foco de resistência que devem zelar pelo combate à censura, a despeito de governos autoritários. Os parlamentos têm sido fortalecidos cada vez mais. O povo vem escolhendo os seus líderes". Continuando, afirmei: "Quem achar que a democracia se sustenta apenas com arranjos momentâneos acabará vencido pela história". E completei: "O fortalecimento da democracia é o caminho mais efetivo para a paz".

No discurso, com tempo limitado pela necessidade de 140 presidentes de parlamento terem seu espaço, tive de expressar de forma sintetizada um pouco da nossa visão da democracia, por isso disse: "O senso comum tenta reduzir a democracia ao simples exercício do voto, da eleição, mas notem que a democracia é muito mais do que isso. A democracia é o respeito às diferenças, a promoção pelo diálogo e a busca pacífica pela solução dos conflitos".

Foi bastante emocionante ter a oportunidade de discursar no plenário das Nações Unidas, onde pude ainda afirmar: "Nós, líderes de parlamentos, temos um papel muito importante nessa construção, o papel de aproximar a população das decisões, o papel de debater, o papel de representar os mais diferentes pontos de vista". Fui bastante aplaudido pelo discurso.

Ao acabar a fala, saí para dar entrevista à rádio ONU. Participei de encontros bilaterais com presidentes de alguns parlamentos, agendados pelo embaixador do Brasil na ONU, Antonio Patriota. Almocei com a nossa delegação na própria ONU.

No mesmo dia, *O Globo* publicou uma matéria sobre a suposta negociação de delação do lobista Fernando Baiano, onde constava uma pérola que comprova a atuação de Moro. O texto deu detalhes da discussão do acordo e dos possíveis benefícios do delator. E trouxe um trecho da sentença, no ponto em que o então juiz tinha acabado de condenar Baiano a 16 anos de prisão. Dizia: "Tem este juízo notícia que Nestor Cerveró e Fernando Soares (Baiano) estariam negociando um acordo com o Ministério Público Federal". Na sequência, afirmou: "Esclareço que a presente sentença condenatória não impede essas negociações e a concessão de eventuais benefícios legais aos condenados, caso de fato se ultime algum acordo de colaboração [...]. As normas legais são flexíveis o suficiente para permitir benefícios até amplos mesmo após uma condenação criminal".

Ou seja, um acordo de colaboração premiada, que envolveria a homologação pelo STF e não pelo juízo de primeiro grau, era de total conhecimento do chefe da operação. Além disso, Moro dava sinais por escrito na sentença para estimular o acordo, dizendo que a sentença não valia nada. Bastava fazer acordo, e toda aquela pena a que tinha condenado Baiano teria muita flexibilidade de ser alterada. Desde que ele delatasse.

Era uma chantagem explícita para que o futuro delator, preso, tendo já uma condenação de 16 anos, com outros processos que levariam a outras condenações, incluindo a de seus familiares, não tivesse alternativa a não ser concordar com tudo que se quisesse dele.

O caráter e a força das pessoas não são iguais. É muito difícil enfrentar uma chuva de ações, uma atrás da outra, muitas vezes pelos mesmos fatos, com a sentença de condenação sempre igual à peça de acusação, não adiantando qualquer defesa, absolutamente ignorada.

Virar delator para poder sair do inferno criado pela operação era a única alternativa para se livrar das prisões preventivas ilegais. Preso, ninguém conseguia se defender, pois acabava ficando sem acesso a qualquer coisa – além dos bloqueios financeiros, que impediam o pagamento dos advogados e a sobrevivência da família. Sobreviver nessa situação é muito difícil para qualquer um.

Eu passei pela mesma situação que eles passaram. Você não consegue se defender, não consegue ter uma reunião com o seu advogado fora de um parlatório – onde todas as conversas são grampeadas sem amparo legal, apesar das negativas de todos. Bloqueiam os seus bens e a sua família fica sem condições de pagar as contas de sobrevivência, tendo de se humilhar em empréstimos com amigos e parentes, que não sabem quando poderão ser pagos. Além disso, a deterioração da sua própria família, vítima de segregação social e perseguição, a impede de trabalhar, ter acesso a crédito e poder levar sua vida.

São inúmeras as histórias que eu poderia contar sobre o sofrimento da minha família e as consequências da minha absurda prisão ilegal. Tratava-se de fatos que não eram contemporâneos, mas que o chefe da Operação Lava Jato preferiu ignorar, pois queria ter a mim como troféu da sua atuação.

Foram várias as vezes em que Moro, para rebater que não escolhia a quem investigar, dizia que investigava tanto o PT, com Lula, quanto o maior adversário do PT, que seria eu. Poderia haver isenção em um juiz que comandava a operação, manipulava a mídia de acordo com o seu interesse e ainda tinha sido flagrado nas suas combinações através dos vazamentos do site The Intercept Brasil, da Vaza Jato?

A CPI da Petrobras iniciou a semana em Curitiba para tomar depoimento de delatores e de presos na Operação Lava Jato, incluindo o ex-ministro José Dirceu. A maioria preferiu optar pelo direito ao silêncio.

Tomei conhecimento depois que a Polícia Federal teria feito buscas em notas fiscais de prestação de contas da minha verba indenizatória de deputado. Com a denúncia apresentada por Janot, não havia nenhuma razão para novas diligências, para as quais a polícia não teria mais competência.

Foi mais um ato de intervenção do ministro José Eduardo Cardozo e de Rodrigo Janot, mostrando que não parariam de me perseguir.

O governo entregou a proposta de orçamento ao Congresso, colocando a previsão do déficit anunciado de R$ 30,5 bilhões, com Dilma apelando a empresários e à sociedade para encontrarem uma solução junto ao Congresso, para resolver esse déficit.

Os sinais de Dilma eram muito conflitantes. Ela buscava diálogo com o Congresso me chamando para conversar, mas, ao mesmo tempo, pedia que pressionassem o mesmo Congresso.

Havia dúvidas de que o governo poderia propor um orçamento com déficit, sendo que Dilma queria que o Congresso encontrasse uma solução para que o saldo fosse ao menos de zero, sem déficit ou superávit. Mas, como ninguém queria criar um novo imposto e não tinha despesa para cortar, a tarefa era ingrata.

Na terça-feira, dia 1º de setembro, cheguei a Brasília no fim da manhã. Troquei-me na residência oficial e fui almoçar com Temer, antes do encontro com Dilma. Foi quando recebi um telefonema de Pezão, que acabava de sair de uma reunião com ela.

Ele queria falar comigo antes do meu encontro com Dilma. Pelo pouco tempo que tínhamos, pedi a ele que fosse ao Palácio do Jaburu, onde iria para o almoço com Temer – e lá poderíamos nos falar rapidamente. Cheguei ao Jaburu antes de Temer. Pezão veio em seguida. Logo depois, chegaram Temer e Eliseu Padilha. Pedi licença a Temer para usar o escritório dele – precisava tratar a sós com Pezão.

Pezão veio com a seguinte conversa: Dilma queria acertar comigo e poria os seus cinco ministros do STF para me ajudar. Pedia, em troca, que eu ajudasse a aprovar as matérias e não desse curso a um pedido de impeachment. Naquele dia, tinha acabado de ser protocolado na Câmara o pedido de abertura do processo de impeachment, assinado por Hélio Bicudo – e isso assustou bastante Dilma. Pezão me perguntou, então, o que eu queria de sinal dela para comprovar que estaria me ajudando.

Optei por dar corda, para saber até que ponto ela teria influência real junto ao STF, como bradava. Para tanto, disse a Pezão que eu tinha duas coisas para serem decididas no STF rapidamente para testá-la.

A primeira era a reclamação que eu tinha ingressado no plantão de julho contra o chefe da Operação Lava Jato, Sergio Moro. Teori Zavascki havia modificado a decisão do presidente Ricardo Lewandowski a meu favor, sendo que tinha recorrido ao plenário, onde gostaria que fosse julgado rapidamente. A segunda era que a minha defesa havia entrado com um pedido para dobrar o tempo para apresentação da minha defesa prévia, e gostaria que fosse aceito.

Nenhuma dessas duas coisas afetaria minha situação, tanto que ganhar ou perder não mudaria em nada a minha defesa. Mas quis testar. Se não resolvessem uma coisa simples, não iriam resolver a mais complexa.

Pezão saiu do Jaburu e iria voltar a Dilma antes que eu lá chegasse para o encontro, enquanto eu almoçava com Temer para avaliar a conversa que teria. Eu não contei ao vice-presidente o motivo da reunião com Pezão.

Temer quis saber a razão do encontro com Dilma, debateu a saída dele da articulação e começou a fazer críticas à presidente, dizendo que seria difícil manter a situação com os erros enormes que ela continuava cometendo.

Analisamos a situação do líder Leonardo Picciani, com Temer bastante revoltado com a atitude dele, dizendo que Picciani tinha feito acordo com Dilma. Picciani, na visão de Temer, iria daí para a frente contestar a autoridade dele no PMDB, além de centralizar os cargos do partido, buscando cooptar a maioria.

Temer também achava que Pezão estava por trás de Picciani, tanto que não teve muito gosto em vê-lo ali comigo sozinho, imaginando que ele estaria dando recado de Dilma – o que não confirmei. Contei a ele sobre a conversa com o senador Ciro Nogueira, em Nova York. Queria que Temer entendesse que só haveria impeachment se ele se colocasse como o presidente que vai entrar.

Cheguei para a conversa com Dilma. Ela me recebeu sozinha, sem nenhuma testemunha, ficando claro que queria realmente estabelecer algum tipo de acordo comigo. Começou me relatando a situação do orçamento, pedindo apoio para ajudar na situação econômica. Fiz uma série de ponderações e coloquei um monte de sugestões que, a princípio, a impressionaram. Ela me perguntou se poderia colocar isso em um *paper*, para que discutisse com a equipe econômica os pontos por mim levantados. Respondi que sim. E, realmente, coloquei em um *paper*, sem fazer alarde, de agenda disso ou agenda daquilo, sem colocar nada na imprensa, somente tentando contribuir para a solução dos problemas do país.

Trabalhei nisso ao longo da madrugada daquele dia e enviei na manhã seguinte para o seu gabinete, entregando nas mãos da ajudante de ordens que estava no dia. Confirmei por telefone o recebimento – mas estou até hoje aguardando uma resposta, ou ao menos um obrigado, pelas sugestões que nunca foram discutidas.

Depois de falar de orçamento, Dilma veio com o pedido para que eu votasse o projeto do senador do PSOL, Randolfe Rodrigues, acerca da repatriação de ativos no exterior. Eu argumentei que só o faria se ela enviasse o projeto. Dilma quis saber as razões. Respondi que não votaria um tema dessa sensibilidade se não fosse com a paternidade do governo. Mas que se ela enviasse o projeto, não se preocupasse: teria a minha palavra de que aprovaria rapidamente.

Além disso, argumentei que essa matéria, de autoria do Congresso, estaria incorrendo em vício de iniciativa. Isso depois poderia ser contestado judicialmente, levando a que se gerasse receio na adesão dos interessados na repatriação. Também argumentei que a Câmara não seria casa revisora do Senado – pois se votássemos proposta do Senado, caberia ao Senado a última palavra, podendo com isso se inviabilizar a aprovação.

Dilma disse, então, que enviaria uma MP, pois precisava resolver rápido por causa da mudança da meta fiscal de 2015, através do PLN 5 de 2015 – as receitas dessa proposta de repatriação estavam previstas. Respondi que não poderia ser por medida provisória, pois como a proposta também tratava de anistia penal, a matéria só poderia ser tratada por projeto de lei – ela não concordava, discutindo que poderia, sim. Para não discutir, disse que se ela achava isso, então que enviasse a MP, que eu votaria rapidamente.

A presidente falou também sobre outras fontes de receita, como a CPMF – que rejeitei. Ela pediu a minha opinião sobre a legalização do jogo, que poderia gerar uma receita grande. Respondi que isso, talvez, pudesse ser votado, embora eu pessoalmente fosse contrário. Mas não impediria a votação. Eu não acreditava, entretanto, que essa receita fosse suficiente para fazer diferença com relação ao déficit – já que seria de mais longo prazo.

Alertei a ela que a aprovação da Proposta de Emenda Constitucional que prorrogaria a Desvinculação das Receitas da União estava atrasada, por culpa do governo – o que era desconhecido dela.

Depois, sem que eu perguntasse nada, Dilma falou sobre o absurdo de acharem que ela tinha pago o marqueteiro da campanha com caixa 2, por meio da Odebrecht, sendo que a sua prestação de contas oficial registrava, segundo ela, R$ 70 milhões de pagamentos a João Santana – valor que era mais do que suficiente para uma campanha de TV. Ouvi calado, preferindo nada comentar sobre isso, apenas balançando a cabeça como se concordasse com a balela – vendo que ela estava mentindo descaradamente, como se estivesse fazendo uma vacina para algo que iria sair em forma de denúncia.

Depois, Dilma enfatizou que queria manter o diálogo comigo, para que a gente evitasse curto-circuito. Eu disse que estaria às ordens e que não me furtaria a ajudar o país em qualquer circunstância.

Ela falou sobre a Lava Jato, disse que com Janot nada poderia fazer para me auxiliar, porque eu havia me indisposto com ele pessoalmente. Mas, na linha do dito por Pezão, afirmou que no STF eu poderia ter ajuda, já que teria cinco ministros lá. Talvez ela tenha se esquecido de que eu sabia da interferência de José Eduardo Cardozo na apresentação da denúncia – mas não estava querendo discutir, estava preferindo ouvir o que ela tinha a dizer.

Eu perguntei a ela por que tinha reconduzido Janot. A resposta foi a mais cínica possível: que havia recebido essa herança do Lula, de ter de nomear o primeiro colocado da lista. Comentou até que isso a fez nomear o pior de todos, que tinha sido o procurador-geral anterior, Roberto Gurgel. E o desancou para mim, falando poucas e boas dele.

Respondi que Janot era mau-caráter e que ela veria isso com o tempo. Agora ele não iria precisar mais dela, pois já havia sido reconduzido e nem teria vaga no STF para ele reivindicar. Ela me olhou com espanto e perguntou: "Você tem certeza de que ele é mau-caráter?". Respondi: "Certeza absoluta".

Saí da conversa e mal chegando à Câmara ela me telefonou pedindo desculpas, dizendo que eu estava certo e não poderia a proposta de repatriação de ativos ser por medida provisória, mas somente por projeto de lei. Disse que enviaria então o projeto imediatamente, com urgência constitucional – ao que respondi que, por mim, era o certo.

O relator do orçamento na comissão mista de orçamento do Congresso, deputado Ricardo Barros, alertou que a peça orçamentária enviada pelo governo tinha vários erros, que levariam o déficit a ser bem maior, podendo passar de R$ 70 bilhões. Além disso, dependeria da aprovação da emenda constitucional de prorrogação da Desvinculação das Receitas da União, cuja tramitação estava atrasada por culpa do próprio governo, como eu tinha alertado a Dilma.

Nessa terça-feira começamos a votar a alteração da lei do supersimples, com objeção de Joaquim Levy. Janot enviou ao STF parecer favorável à ação da senadora Rose de Freitas, para que o julgamento das contas fosse pelo Congresso, em conjunto.

Jantei com os líderes do blocão e da oposição, para esclarecer o encontro com a Dilma e combinarmos a atuação. Mais cedo, antes do jantar, mantive a rotina com relação à reunião de avaliação do impeachment, falando dos progressos com o PR e PP obtidos na viagem.

Atuei, com apoio da oposição, também para evitar convocações desnecessárias na CPI do BNDES, para não criar mais turbulência no ambiente político.

Na quarta, Dilma chamou Temer para o almoço. Ofereceu a ele, de novo, a articulação política – rejeitada por ele, já candidato a ocupar o lugar dela. Dilma tentava desfazer o mal-estar de reuniões com o PMDB sem a presença dele. O encontro foi muito ruim, com Temer se queixando da sabotagem de Mercadante, do fato de Dilma se reunir com o líder do PMDB sem avisá-lo, além de mostrar contrariedade com várias decisões do governo. Temer já estava na oposição, só Dilma não sabia.

Estava marcada uma sessão do Congresso para analisar vetos importantes do governo, que aumentariam a despesa pública, tendo então se retirado o quórum para não deliberar. A oposição, por sua vez, queria entrar com um requerimento para criar uma comissão externa, para visitar a gráfica que tinha recebido recursos da campanha de Dilma, mas cuja investigação Janot teria barrado. Rejeitei, alegando que achava que esticar a corda na semana em que estive com Dilma iria criar um clima de confronto maior, de forma desnecessária.

O empreiteiro delator Ricardo Pessoa depôs perante o chefe da operação, Sergio Moro. Quando perguntado se ele havia citado políticos na sua delação, respondeu que sim. Mas, em seguida, foi calado por Moro. Instado a dizer os nomes dos políticos, Moro o interrompeu e disse que ele não poderia tratar de detentores de prerrogativa de foro. Causou estranheza a todos o comportamento diferente de Moro no depoimento do lobista delator Júlio Camargo, quando me citou. Além disso, contrariava sua própria petição ao STF, dizendo que não poderia calar depoentes.

Moro usava o peso que queria na sua atuação, conduzindo a operação do jeito que melhor conviesse a seus interesses. Comigo, o tratamento sempre foi diferenciado e continuaria a ser durante todo o tempo, mostrando sua suspeição para me julgar.

Na sessão daquela quarta-feira, terminamos a votação da alteração da lei do supersimples, além de votarmos o primeiro turno da proposta de emenda constitucional do pacto federativo, que impede a União de impor encargos a estados e municípios sem a respectiva contrapartida financeira.

No plenário, nesse dia, o líder Leonardo Picciani me falou que meus dois pedidos, feitos a Pezão para testar a força de Dilma no STF, seriam atendidos.

Na quinta, dia 3 de setembro, o Senado votou na apreciação da reforma política, na parte infraconstitucional, a proibição de doações de empresas nas eleições, o que levaria ao retorno do projeto à Câmara. Avisei que seria derrubada essa aprovação.

E o plenário do STF realmente julgou o meu pedido de prazo dobrado para apresentação de defesa, me concedendo o prazo. Estranhamente, o relator Teori Zavascki votou contrário, sendo derrotado por seis votos a quatro. Fiquei com dúvidas sobre se houve ou não atuação do STF para atender a Dilma nisso, preferindo aguardar a apreciação da reclamação que era uma tese mais difícil, depois do despacho de Teori negando. Mas como ele foi derrotado na prorrogação do prazo de defesa, podia ser derrotado na outra também.

Além disso, dos cinco ministros do STF que Dilma alardeava como sendo ligados a ela, quatro tinham votado contrariamente. Ou seja, a aprovação se deu pelos ministros que supostamente não a seguiriam. Qual a participação dela, então?

A Segunda Turma do STF tinha dado decisão idêntica a essa, atendendo a pedido do senador Fernando Collor, na mesma semana, contra a posição do mesmo relator Teori Zavascki. Era difícil que ele mudasse de posição, mesmo no plenário, com relação a um assunto menos relevante.

Também nessa quinta o plenário do STF julgou o recurso da Câmara contra a decisão do ministro Luís Roberto Barroso, atendendo à ação da senadora Rose de Freitas.

O plenário decidiu que a Câmara poderia continuar seguindo o critério existente, de votação das contas em cada casa alternadamente, conforme eu tinha feito, derrotando a posição de Barroso, até que se julgasse o mérito da ação.

Essa decisão foi uma vitória nossa contra o governo e Renan, patrocinadores da ação da senadora Rose de Freitas. Os cinco ministros que Dilma alardeava ter não atuaram para que ela vencesse.

Michel Temer participou de um debate em São Paulo com os movimentos que apoiavam o impeachment de Dilma. Ele proferiu uma frase que chamou a atenção: "Fica difícil um presidente se sustentar por três anos e meio se o índice de popularidade estiver tão baixo, como o de Dilma".

Tanto na sexta quanto no sábado, toda a mídia repercutiu a fala de Temer, colocando-a como senha para um descolamento dele com relação a ela e início de um processo de impeachment. É claro que Temer, quando deixou a articulação, fez isso para ficar de plantão para um eventual processo de impeachment, atendendo à oposição e se descolando da imagem do governo – ficando livre para transitar sem ter de dar explicações.

Aliado a isso havia a irritação com a sabotagem comandada por Aloizio Mercadante. Ele não só impedia Temer de cumprir os acordos firmados com os partidos da base, como também colocava na cabeça de Dilma que o vice-presidente estava usando a articulação política do governo para dominar os grupos políticos, se cacifando para o impeachment.

Dilma tanto comprou essa ideia que, sentindo-se ameaçada, partiu ela mesma para ser a articuladora política. Ela deixou seu ódio por mim momentaneamente de lado, chegando até a me chamar para tentar um acordo, colocando Pezão para um armistício que evitasse minha adesão ao impeachment.

O problema seria que ela não era do ramo e não era sincera. No fundo, não queria acordo. E, sim, enrolar, sendo que ela tinha a informação sobre as minhas supostas contas, que imaginava serem capazes de me destruir.

Saiu na imprensa, algum tempo depois da data do ocorrido, que naquele sábado, dia 5 de setembro, teria havido um encontro entre Lula e Temer, em São Paulo. Nunca fui informado disso por Temer, desconhecendo o conteúdo. Pelo que foi relatado pela imprensa, Lula teria apelado a Temer para que evitasse a saída do PMDB do governo. O vice teria dito que se o congresso do partido fosse nessa data, e não em novembro, a saída era certa. Temer teria reclamado de Mercadante e de Dilma, que, pelas suas desconfianças, agiam como se a atuação dele fosse de conspiração, sabotando tudo que ele fazia. Essa conversa talvez tenha sido definitiva para a saída de Mercadante da Casa Civil, o que ocorreria em seguida.

No domingo, o jornal *Correio Braziliense* publicou uma entrevista do presidente da Associação dos Delegados da Polícia Federal, Marcos Leôncio Ribeiro, dizendo que houve uma escolha seletiva dos alvos de investigação pelo Ministério Público Federal, com dez nomes classificados como prioritários.

A escolha, pedida pelo Ministério Público Federal, teria se dirigido também à Receita Federal. A Polícia Federal teria se oposto a essa escolha dos dez nomes. Leôncio relatou, na entrevista: "Nós, da PF, não trabalhamos dessa forma". Disse ainda: "As denúncias contra o presidente da Câmara, Eduardo Cunha (PMDB-RJ), e contra o ex-presidente da República e senador Fernando Collor (PTB-AL), foram feitas antes mesmo da PF concluir o seu trabalho". Ainda na entrevista, Leôncio disse: "A denúncia do Eduardo Cunha e a do Collor demonstram que houve um esforço para conclusão desses procedimentos apuratórios".

Disse muito mais: que os relatórios das investigações, minha e de Collor, ainda seriam concluídos, pois dependiam de investigações que seriam realizadas, mostrando que as denúncias contra nós foram decisões políticas da Procuradoria-Geral da República. Nada que eu já não soubesse.

No mesmo dia, a *Folha* trouxe uma matéria grande sobre a articulação do impeachment, por meio de um grupo parlamentar pró-impeachment, que teria o meu conhecimento. Já teriam 280 dos 342 votos necessários para aprovação da abertura do processo.

A matéria falava ainda que tinham exigido de Temer um sinal, que entenderam ter sido dado pela fala do vice na quinta anterior. E citava a estratégia de eu recusar o pedido de abertura do processo de impeachment, para receber e colocar no plenário um recurso em votação.

Também nesse domingo Temer soltou uma nota para diminuir o barulho das suas palavras. Falou em prol da união e do trabalho, pregando o respeito à institucionalidade. Ele quis consertar, em palavras escritas, aquilo que disse ao vivo, mas sem sucesso. O caldo já estava entornado.

No dia seguinte, 7 de setembro, Temer ficou ao lado de Dilma no desfile do Dia da Independência. O clima era ruim. Eles quase não se falaram. Apenas um dos sete ministros do PMDB compareceu, mostrando a falta de entrosamento que estava ocorrendo.

Vejam como são as coisas: *O Estado de S. Paulo* veio com um duro editorial contra mim, afirmando que um projeto do então deputado Heráclito Fortes, propondo mudanças na lei das delações premiadas, seria de meu interesse, justificando por isso minha atuação na distribuição a comissões em caráter conclusivo. Ocorre que isso não passava pelo presidente da Câmara. Determinados tipos de projeto, pela definição regimental, são distribuídos para serem conclusivos nas comissões ou para deliberação em plenário.

O presidente não tem o poder de escolher a tramitação de qualquer projeto, sendo que a distribuição é feita pela secretaria-geral da mesa, que usa a delegação da presidência. Ou seja, não conhecia o projeto, não tinha assinado nada e ainda estava apanhando como se fosse seu autor ou o responsável pela destinação da tramitação. Essa crítica foi maldosa, ou de quem ignora a realidade do parlamento.

Esse é um dos exemplos de críticas que o corpo editorial de muitos órgãos de imprensa fazia a mim sem razão, ajudando a consolidar uma imagem ruim em todos os sentidos.

O blog do jornalista Josias de Souza trouxe alguns detalhes da minha conversa com Dilma – coisa que eu não tinha relatado a ninguém. Com certeza, o vazamento não teria saído de mim. Também não acredito que tenha sido Dilma diretamente. O provável era que Mercadante tivesse tido conhecimento por intermédio dela e vazado.

Embora convidado a participar do desfile de Sete de Setembro, optei por não comparecer. Preferi ir a São Paulo participar de um evento evangélico promovido pelo missionário RR Soares. Eu fui e voltei de São Paulo sem utilizar transporte oficial.

Retornei de São Paulo, me encontrei com Eduardo Paes no Rio, na residência dele, onde me ofereceu um bom vinho, com a conversa aberta pela primeira vez sobre o impeachment. Paes chegou a assumir que, se isso fosse a solução, que se fizesse. Rodrigo Maia participou de parte da conversa e, depois, como fazia frequentemente, aproveitou a carona do avião da FAB para Brasília. Vem desse tempo o gosto que tomou por voar nas asas da FAB. Ele deve ter sido o presidente da Câmara que mais usou esse tipo de transporte em toda a história.

Dilma fez um pronunciamento nesse dia. Havia perdido o medo do panelaço, dizendo que o governo teria de usar remédios amargos, como corte nos gastos sociais. Comentei como sendo uma solução normal, pois ou se aumentava a receita, ou se diminuía a despesa. Como aumentar a receita implicava em aumento de impostos, que não seria aceito pela sociedade, só caberia cortar despesas.

Na terça, dia 8, Dilma resolveu chamar Temer de novo e colocá-lo na missão de ajudar a convencer os líderes a firmarem um compromisso de não votarem projetos que aumentassem despesas. Temer acabou ajudando – e ainda se comprometeu a tentar convencer a mim e a Renan a aprovar um aumento da Cide.

A Cide é uma contribuição de intervenção de domínio econômico, cobrada na gasolina. Naquele momento estava em R$ 0,10 por litro da gasolina, sendo a proposta de passar para R$ 0,60 por litro.

No Congresso, foi lançada a frente pró-impeachment, formada por deputados de vários partidos, com grande destaque na mídia. Também houve o lançamento de uma plataforma para recebimento de petição virtual a favor do impeachment.

Saiu uma matéria, na *Folha de S. Paulo*, em que o ex-ministro Edison Lobão desmentia o lobista delator Júlio Camargo sobre um suposto encontro entre eles, objeto da delação, que fazia parte da denúncia de Janot contra mim.

O líder do governo no Senado, Delcídio do Amaral, me encontrou na residência oficial. Já estava se tornando um hábito: ao menos uma vez por semana, estabelecíamos diálogo para debater as situações. Delcídio realmente tentava ajudar, intermediando soluções. Falava sobre a Lava Jato e a situação que envolvia Nestor Cerveró, ex-diretor da área internacional da Petrobras, nomeado por ele. Disse que Dilma estava interferindo junto a Janot para que não se fizesse acordo de delação com qualquer outro ex-diretor da Petrobras, pois ela achava que isso poderia atingi-la.

Delcídio também tinha relação com Janot, tratava de alguns assuntos com ele – mas não todos. Ele queria uma solução para a situação de Cerveró. Também demonstrava preocupação com a situação da delação de Baiano, que só teria sido feita por Janot para que pudesse me incriminar. O senador, além de ter feito algumas combinações de votação comigo, passou a ser uma importante fonte de informações, tendo inclusive atuado na nomeação do ministro do STJ Marcelo Ribeiro Dantas – ele seria o relator da Lava Jato no STJ.

Apesar da boa relação com Dilma, Delcídio fazia críticas a ela e concordava com muita firmeza que a minha denúncia tinha a atuação de Cardozo, a quem queria ver fora do governo.

Michel Temer promoveu um jantar com os oito governadores do PMDB, os ministros do PMDB, os líderes na Câmara e no Senado do PMDB, além de Renan e eu. O encontro foi para discutir soluções para o orçamento. A então ministra da Agricultura, Kátia Abreu, propôs o aumento da Cide, ideia de Dilma, para financiar o déficit, com a concordância dos governadores. Tanto eu como Renan nos posicionamos contrários a qualquer aumento de impostos, fazendo com que a solução planejada pelo governo, com o apoio dos governadores, morresse ali mesmo. A reunião foi marcada pela tentativa dos governadores para que apoiássemos a recriação da CPMF, além do aumento da Cide – ambas as ideias foram rejeitadas por mim e Renan. Nós dois mostramos que o PMDB não poderia ser o pai do aumento de impostos perante a sociedade.

Na quarta, a Câmara derrubou a maioria das emendas do Senado ao projeto de lei da reforma política, com respeito às alterações de natureza infraconstitucional, inclusive a emenda que impedia o financiamento privado das campanhas eleitorais, com doações aos partidos pelas empresas.

A emenda do Senado contra o financiamento privado foi derrotada por 285 a 180 votos, mostrando que, pela quarta vez naquele ano, a Câmara afirmava a sua vontade de ter financiamento privado das campanhas eleitorais.

A agência de risco Standard & Poor's retirou o grau de investimento do país, iniciando um período de aumento de desgaste da economia brasileira, de saída de investimentos feitos por fundos que tinham a obrigação estatutária de só investirem em países com grau de investimento.

A bancada do PMDB me ofereceu um almoço de apoio e solidariedade à minha defesa, com a presença de todos, com exceção de apenas um deputado.

Saiu a notícia de que Fernando Baiano havia assinado a delação com a Procuradoria-Geral da República, o que levaria Janot a aditar a denúncia contra mim, para incluir essa nova delação. Esse fato só comprovava que Janot só fez a denúncia naquele dia para atender ao governo, sendo óbvio que ele preferia ter esperado concluir essa delação, arranjada por orientação dele, por meio do ex-procurador Marcelo Miller.

Dilma finalmente mandou para a Câmara o projeto de lei de repatriação de ativos no exterior, em regime de urgência constitucional, cedendo à minha ponderação de que não votaria o projeto de autoria de um senador do PSOL. Com essa atitude, ela se vinculava à situação de permitir a regularização de contas no exterior. Queria que isso tivesse sido feito pelo Congresso – para que seus marqueteiros resolvessem a situação do dinheiro da Odebrecht que tinham recebido por meio de caixa 2 da campanha dela.

Como veremos em seguida, Dilma deixou de ter interesse em segurar a informação que detinha sobre minhas supostas contas. Ela não ia querer vincular a atuação dela, ao enviar o projeto, para supostamente me beneficiar. Além disso, eu não queria – nem passava pela minha cabeça – me beneficiar de qualquer coisa dessa natureza, pois seria uma operação arriscada, facilmente impugnada depois, com um desgaste político que iria provavelmente fazer com que eu perdesse todo o capital político.

Para que alguém se beneficiasse, teria de peticionar na Receita Federal, controlada pelo governo, que teria condições de saber exatamente quem eram os beneficiários, podendo vazar ou orientar a impugnação. Conhecendo como o governo operava, jamais iria tentar obter qualquer benefício disso, até porque as contas não me pertenciam de fato, e, sim, a um *trust*, cujo patrimônio não compunha o meu patrimônio.

Para que eu me beneficiasse, teria de dissolver o *trust*, reincorporar o patrimônio, gerando uma situação de descumprimento da legislação – que teria consequências, caso o governo quisesse. Eu iria ficar nas mãos de Dilma. Não queria isso.

Na quinta almocei com Temer, com a presença de Moreira Franco. Conversamos abertamente sobre o processo de impeachment. Temer começava a defender, para mim, o impeachment.

Ele seguia arredio, nesse momento, a avançar de forma mais contundente. Tinha receio dos boatos de que o governo, por meio de Rodrigo Janot, estivesse tentando colocar seu nome nas delações premiadas – para inviabilizá-lo como substituto de Dilma. Temer sabia como ninguém do que eles eram capazes. E estava ouvindo dizer que a delação de Fernando Baiano poderia atingi-lo – embora Temer nem o conhecesse pessoalmente.

Discutimos a estratégia de elaborar uma questão de ordem para definir o rito do processo de impeachment, antecipando a briga judicial que certamente o PT poderia fazer. Temer concordou com essa iniciativa, a mesma que eu estava combinando com os líderes da oposição.

Foi Temer quem primeiro me falou sobre o estratagema de rejeitar o pedido de abertura de impeachment e, depois, diante de recurso, submeter ao plenário. Foi o que ele fez quando era presidente da Câmara e precisou lidar com o pedido de impeachment feito pelo PT contra o então presidente Fernando Henrique Cardoso. Pesquisei tudo o que se referia a isso para sustentar uma posição idêntica à usada por ele.

Paralelamente, os deputados Paulinho da Força e Rodrigo Maia, além do ex-deputado Sandro Mabel, que tinham bastante trânsito com os deputados, com Temer e comigo, estavam me pressionando para que aceitasse o pedido de abertura do processo de impeachment, diferentemente do proposto pela oposição na frente deles.

Eles achavam que eu não deveria ter dúvidas e aceitar imediatamente o pedido, tentando articular diretamente com Temer, para que ele também me pressionasse a essa decisão.

Paulinho chegou a me procurar em nome de Temer, me perguntando o que eu desejava para aceitar o pedido de abertura do processo. Ele ofereceu inclusive o ministério que eu quisesse no futuro governo, após a minha saída da presidência da Câmara – além de indicar imediatamente um nome para o ministério que eu escolhesse.

Eu respondi a Paulinho que seria óbvio que, se Temer assumisse o governo, eu teria influência. Talvez até pudesse, no futuro, vir a ser ministro – mas os termos da situação não iriam depender de nenhum acordo prévio, pois já estava favorável ao impeachment. Além, é claro, de eu já atuar para isso.

Temer não queria propor diretamente nenhuma negociação a mim, com receio da reação. Mas não desestimulava a iniciativa de Paulinho. Ele já estava começando a admitir negociar para assumir a cadeira de presidente, o que faria com mais intensidade a partir da minha decisão de aceitar o pedido de abertura do processo.

Anunciei um brutal corte de gastos em horas extras na Câmara, com uma economia de R$ 30 milhões por ano, criando ainda o banco de horas para compensação e limitando o número de servidores que poderiam fazer hora extra – uma verdadeira revolução.

Michel Temer partiu para uma viagem à Rússia, acompanhado dos ministros do PMDB, praticamente deixando o governo ausente do partido. Sinalizava ao meio político uma desunião que poderia preceder uma ruptura.

Dilma passou o fim de semana dos dias 12 e 13 de setembro preparando, com a equipe econômica, os ajustes na proposta orçamentária, visando apresentar uma solução para o déficit proposto ao Congresso, que seria divulgado na segunda.

Então o governo anunciou o pacote de medidas para tentar acabar com o déficit orçamentário. Dilma me telefonou antes do anúncio, para me avisar das medidas que seriam propostas.

O tratamento dado a Renan foi diferente. Antes do anúncio, Mercadante foi até sua casa para detalhar o pacote e, logo em seguida, Renan compareceu ao encontro de Dilma, no Palácio do Planalto.

Apesar dessa diferença, o telefonema foi amistoso, revelando as linhas do que seria divulgado e pedindo o meu apoio. E cobrando também uma celeridade no projeto de repatriação de ativos enviado na semana anterior. Eu respondi que iria dar a celeridade, só registrando que algumas alterações seriam feitas, fruto do debate parlamentar.

Dilma, nesse conjunto de propostas, pedia a recriação da CPMF. Ela ressalvava que sabia que eu era contrário, mas estava propondo o debate. Respondi que não acreditava que ela conseguisse os 308 votos no plenário para que passasse, mas não obstaria a análise da proposta, por entender que seria um direito dela ver apreciadas suas pautas, independentemente da minha opinião. No período de Rodrigo Maia, não se atuou dessa forma: só se votou a vontade do presidente da Câmara.

Depois do anúncio das medidas, dei uma coletiva de imprensa criticando a proposta da CPMF. Também falei que se Lula, quando estava forte, perdeu a votação no Congresso, não seria nesse momento de fraqueza desse governo que iria ser factível a aprovação de um aumento de impostos. Também classifiquei o pacote de cortes de gastos de "pseudocorte", já que na prática o governo decidiu fazer ajuste na "conta dos outros". Ele propunha alocar as emendas parlamentares do orçamento impositivo nos programas do governo. Óbvio que medidas como essa não passariam no Congresso.

As medidas propostas foram sendo criticadas e esvaziadas pouco a pouco, sem contar que a insistência da recriação da CPMF, rejeitada por todos, aumentava desnecessariamente o desgaste do governo.

A impressão que dava era de que estávamos pregando para pessoas que fingiam não ouvir nada, seguindo adiante para o precipício político que daria lá na frente, no impeachment de Dilma.

O governo anunciou a reforma ministerial para o dia 28 de setembro. Seriam cortados ministérios e se faria um rearranjo na base, alterando posições em busca de uma maioria confortável, para se evitar a aprovação da abertura de um processo de impeachment.

Dilma chamou os governadores aliados para um jantar no Palácio da Alvorada. Ela queria o apoio deles para a votação das medidas propostas, e a principal seria a recriação da CPMF.

A proposta de Dilma, que ainda seria enviada ao Congresso, teria uma alíquota de 0,20%, sem que estados e municípios participassem da arrecadação. Dilma, na verdade, queria que a alíquota fosse de 0,38%, como no passado, distribuindo ao menos aos estados essa diferença de alíquota de 0,18%. Ela propôs o debate de um número mentiroso, visando encampar os governadores para que eles pressionassem pela aprovação e lutassem por uma alíquota maior, a fim de que fossem beneficiados. O problema era que os governadores não tinham votos no Congresso para isso.

Na terça-feira, dia 15, Levy mais uma vez deu declarações culpando o Congresso pela situação da economia. Eu reagi dizendo que ele não devia culpar o Congresso pela incapacidade deles de resolver o problema, já que todas as medidas enviadas pelo governo do ajuste fiscal foram aprovadas.

Alguns governadores me procuraram para pedir apoio para a recriação da CPMF, inclusive Pezão. Digo que isso não passava e que eles deviam lutar para obter recursos no projeto de repatriação de ativos, que eu votaria em breve, dando a eles uma parte do valor a ser arrecadado.

Nessa mesma terça, compareci a almoço da bancada ruralista. Recebi apoio diante da denúncia de Janot contra mim. Na ocasião, o então deputado Osmar Serraglio, do PMDB, integrante dessa bancada, fez uma análise técnica sobre o conteúdo da denúncia, mostrando a total fragilidade dela. Em seguida, me reuni com os líderes da oposição, além dos representantes das bancadas que estavam trabalhando pelo impeachment. Além de avaliarmos a situação, coloquei a questão de ordem que entendia ser necessário apresentar, visando esclarecer o rito de um processo de impeachment.

Ficou combinado que o líder do DEM, Mendonça Filho, apresentaria a questão de ordem no plenário, fazendo um teatro de pressão em cima de mim, para me forçar a decidir rápido. Ele o fez na sessão desse mesmo dia, para desespero dos petistas e do governo. A resposta à questão de ordem já estava pronta, mesmo antes de formulada. Era óbvia: tudo estava previsto no regimento, na lei e na Constituição. Mas antecipar isso era importante, para sabermos a reação que o PT teria, se iria judicializar ou não.

A razão de eu haver combinado com os líderes do movimento do impeachment era para pacificar os entendimentos do rito. Eu havia redigido essa questão de ordem com o secretário-geral da Câmara, Silvio Avelino; como já dito por mim, o maior especialista em regimento que a Câmara já teve, para ser arguida em plenário. Ela, que levou o número 105, foi apresentada pelo líder do DEM, Mendonça Filho, em plenário, com o apoio de todos os líderes de partidos de oposição. O combinado era que eu a recolhesse e, por escrito, respondesse colocando o rito de todo o processo de impeachment.

O objetivo, como já dito, não era criar qualquer regra, mas consolidar o entendimento da casa sobre o assunto, para evitar a confusão que poderia dar quando se discutisse o tema em plenário. A propositura da questão de ordem criou uma confusão com o PT e o governo. Eles passaram a falar que havia uma tentativa de colocar regras que não eram as previstas – o que não era verdadeiro.

A ideia do recurso ao plenário de eventual indeferimento do pedido de abertura de processo de impeachment não era invenção minha. Isso tem previsão expressa no artigo 218, parágrafo 3º, do regimento interno da Câmara. Como já dito, usado em 1999 por Michel Temer, como presidente da Câmara – quando, após rejeitar um pedido de impeachment do PT contra Fernando Henrique Cardoso, levou à votação em plenário um recurso do deputado do PT Arlindo Chinaglia.

Diz o regimento no artigo 218, parágrafo 3º: "do despacho do presidente que indeferir o recebimento da denúncia, caberá recurso ao plenário" – sendo clara a disposição de que, caso o presidente rejeite o pedido de abertura do processo de impeachment, cabia recurso ao plenário.

Mendonça Filho leu a questão de ordem no plenário, que foi recolhida por mim, para ser respondida depois. Isso provocou uma verdadeira confusão, com atritos entre deputados do PT e do PC do B contra os deputados da oposição. Eles compararam a situação com o golpe de 1964, levando ao deputado Roberto Freire, presidente do PPS, a dizer a seguinte frase: "O PT quer fazer uma releitura da história, lembrando o golpe, mas a comparação aqui é com o impeachment do Collor que eles ajudaram a defender".

Foram vários os confrontos, destacando-se o bate-boca entre o então deputado Jair Bolsonaro e o deputado do PC do B Orlando Silva.

A oposição me fez cobranças, conforme o teatro combinado, de responder rápido. Eu me recusei, dizendo que eles levaram um mês para preparar a questão de ordem. Queriam a minha resposta na hora, mas só a daria após o tempo necessário. Era tudo jogo de cena. A resposta à questão de ordem já estava pronta, mas só poderia ser divulgada no momento oportuno para o impeachment ganhar pernas.

A própria discussão dessa questão era um combustível para o impeachment e seria o passo inicial da estratégia montada, que já naquele momento era irreversível.

A divulgação por Janot das contas no exterior atribuídas a mim

No mesmo dia em que a oposição apresentava a questão de ordem sobre o rito do impeachment, os aliados de Dilma publicavam uma moção de apoio a ela, contra o impeachment. Era um dos movimentos errados deles, que buscavam um protagonismo desnecessário – o que só aumentava a repercussão da tentativa de impeachment.

Na noite de terça, dia 15 de setembro, o advogado Marcos Joaquim Gonçalves Alves conduziu até a residência oficial duas lideranças do movimento de impeachment, Danilo Amaral e Luiz Philippe de Orléans e Bragança, que depois se elegeria deputado por São Paulo. Levei a conversa na boa, dizendo que estávamos atuando, tínhamos uma estratégia e que o tempo da política tinha o seu ritmo próprio – mas que, naquele momento, a decisão estava praticamente tomada.

Avisei que eu seria ainda muito massacrado por Janot em outras delações, visando atingir minha autoridade. Eles responderam que os movimentos iriam me defender, ignorando qualquer denúncia contra mim, para que isso não contaminasse o processo de impeachment.

O pedido de abertura do processo de impeachment do jurista Hélio Bicudo era o mais aceitável por todos, tendo o PSDB colocado o jurista Miguel Reale Júnior para produzir um parecer ou até mesmo fazer um aditamento a esse pedido. Porém, para o princípio por mim defendido, esse pedido não estava satisfatório, pois continuava se tratando do mandato passado de Dilma e não dos atos do mandato de 2015 – naquela altura já conhecidos de todos nós.

Alertei para a oposição que só daria curso na estratégia caso houvesse o aditivo para incluir os fatos do mandato atual dela. Caso se insistisse na manutenção desse pedido nos termos existentes, eu não colocaria em pauta o recurso contra o indeferimento – ou talvez nem despachasse o pedido.

Carlos Sampaio estava encarregado de dar uma solução. Para facilitar isso, eu havia notificado Bicudo e dado dez dias para que respondesse à citação. Janaína Paschoal, a advogada que assinou como coautora do pedido de Hélio Bicudo, era desconhecida, nunca tinha participado de nenhum ato comigo, nunca esteve em nenhuma discussão sobre a formulação do pedido que acabou sendo aceito depois. Só apareceu quando participou das audiências públicas de julgamento no Senado.

Ela conseguiu se aproveitar bem da situação e acabou se beneficiando com um capital eleitoral que não corresponde à sua real participação coadjuvante nesse processo – sendo isso um dos fatos lamentáveis de eu ter optado por escolher a autoria de um ex-militante petista, da qualidade de Hélio Bicudo, para dar curso ao pedido de impeachment. Eu queria uma autoria institucional, não carimbada como partidária, mas a alternativa da OAB, que depois viria a entrar, não agradava à Câmara nem a mim, pois vivia em atrito com eles pela minha luta pelo fim do exame da Ordem para acesso à carreira de advogado.

Como não apareceu outra opção, preferi usar o simbolismo do nome de Bicudo, como um militante petista arrependido, do que lançar mão do pedido de um aventureiro qualquer. Mas isso teve seu contrapeso e suas consequências.

A justiça de Brasília condenou o ex-ministro Cid Gomes a me indenizar por danos morais em R$ 50 mil, em ação que tinha movido em função das agressões na sessão em que ele acabou demitido por Dilma do Ministério da Educação.

Na quinta, o STF concluiu o julgamento sobre a inconstitucionalidade das doações privadas para eleições, com a devolução da vista do ministro Gilmar Mendes, em julgamento interrompido antes das eleições de 2014. Com a decisão, essa situação somente seria revertida com a proposta de emenda constitucional aprovada na Câmara, mas ainda não apreciada pelo Senado. Como o Senado não iria apreciar a emenda no período de um ano antes da próxima eleição, já estaria definido por esse julgamento que a eleição de 2016 seria feita sem financiamento privado.

A filha do jurista Hélio Bicudo, Maria Lúcia Bicudo, acompanhada do jurista do PSDB Miguel Reale Júnior, além de representantes dos movimentos a favor do impeachment, compareceram à Câmara, junto de líderes partidários da oposição e de vários deputados, para me entregar o cumprimento da notificação feita acerca do pedido deles de impeachment.

Ao que parece, poderiam ter sido incluídos os decretos de Dilma de 2015. Caso não tivessem, eu não daria curso a esse pedido. A entrega virou um ato político. Recebi a petição pessoalmente, a pedido de líderes da oposição.

Enquanto isso, o governo começava a sondar os deputados para um projeto sobre a legalização dos jogos de azar, que Dilma já havia me falado na conversa de 1º de setembro. Quando isso saiu na imprensa, ironizei: o governo não podia ir para o cassino para arranjar dinheiro para pagar as suas contas.

No mesmo dia, o líder do governo, José Guimarães, me procurou dizendo que Lula estaria em Brasília me convidando para um café da manhã no hotel em que ele estaria hospedado, o antigo Blue Tree. Seria reservada uma entrada em separado, longe dos olhos da imprensa. O líder do governo no Senado, Delcídio do Amaral, também me procurou para falar desse encontro com Lula. Ele me pediu que falasse ao ex-presidente sobre todas as mudanças que eu achava que deviam ocorrer no governo. Ele não aguentava mais a situação com Mercadante e Cardozo, e me pedia ajuda para interferir na saída deles dos cargos.

Inicialmente, eu voltaria ao Rio naquela noite, depois de assistir, com deputados flamenguistas, ao jogo do Flamengo contra o Coritiba, no Estádio Mané Garrincha. O Flamengo perdeu, mas fui bastante aplaudido no estádio – com gritos de impeachment. Na saída, encontrei na garagem o ministro do STF Edson Fachin, torcedor do Coritiba, que veio brincar com a minha camisa do Flamengo. Nas redes sociais, muitos disseram que eu era pé-frio pela derrota do meu time. Óbvio que a brincadeira deve ter sido criada pelos petistas rubro-negros – sim, eles também existem.

Na sexta, fui ao hotel conforme combinado com Lula. Entrei pela área de carga, longe dos holofotes, e subi direto ao andar onde ele estava. Ao chegar, encontrei junto de Lula o seu assessor e presidente do Instituto Lula, Paulo Okamotto – que, depois, seria o responsável por vazar o encontro para a imprensa. Isso me obrigou a desmentir a reunião, mesmo sabendo que estava fazendo errado. Mas como tinha combinado com Lula manter o sigilo, optei por manter a minha linha de cumpridor de compromissos.

Naquele momento, Lula estava bastante preocupado com a situação do impeachment. Abordou-me diretamente e respondi que tinha a intenção de rejeitar qualquer pedido de abertura de processo de impeachment que fosse baseado no mandato anterior ou sobre denúncia de crime comum, como na situação da Petrobras. Disse que, se tivesse alguma denúncia no mandato atual, poderia até rejeitar, mas aí, se houvesse recurso ao plenário, levaria à votação. Ressaltando que um governo que não consegue ter uma maioria simples para rejeitar um pedido desses está perto do fim.

Lula concordava comigo em que seria mais fácil votar um recurso e derrotá-lo do que abrir o processo de impeachment e se safar dele. Lula apenas disse que, primeiro, teria de se reorganizar a base para enfrentar essa votação. Disse a ele que o tempo era favorável para se reorganizar a base, já que nada iria ocorrer nos próximos dias. Também relatei que poderíamos administrar o tempo conveniente para submeter a votos esse recurso. Destaquei a Lula que, na minha visão, só havia uma solução para mudar a situação política do governo: ele assumir a Casa Civil e se tornar o presidente de fato, deixando Dilma tocar a administração com os seus detalhes que nada interessavam à política.

Falamos que Dilma, quando permitiu que Temer assumisse a articulação política, sabia que não se demite um vice-presidente da República. E essa é uma regra clássica da política: nunca se nomeia quem você não possa demitir.

Depois da demissão de Temer, só sobraria para ele, Lula, como ex-presidente da República, assumir o que era missão de Temer, acabando com a crise política. Também falamos que Dilma deveria contemporizar a situação com o vice, nomeando-o ministro da Justiça. Isso teria duas finalidades: acalmaria a situação de Temer e nos deixaria livres de Cardozo.

Lula concordou: tinha de se trocar a Casa Civil. Ele iria conversar com Mercadante depois de mim, achando que ele deveria voltar ao Ministério da

Educação. Mas descartou ele mesmo ocupar o cargo, dizendo que deveria ser Jaques Wagner. E disse mais: que o interlocutor comigo agora já seria Wagner, independentemente de ele assumir a Casa Civil, sendo que ele passaria a me procurar imediatamente. Concordou também que José Eduardo Cardozo teria de sair do governo, achando excelente a ideia de Temer ser o ministro da Justiça.

Lula me pediu para não vazar o encontro. Disse também que, além de tratar tudo com Wagner, ligasse diretamente a ele quando quisesse, para discutir qualquer coisa.

A conversa foi boa. Sinalizava que haveria mudanças. Mas não sabia se seriam suficientes para reverter o quadro em que Dilma estava. Se Lula entrasse naquela hora no governo, com o carisma dele e sua capacidade de articulação, o governo se salvaria e evitaria o impeachment. E não seria debaixo da confusão ocorrida, quando ele resolveu entrar depois, em março de 2016.

Se Lula tivesse assumido a Casa Civil naquela época e colocado Temer como ministro da Justiça – que ele talvez aceitasse pela presença de Lula como o presidente de fato –, acredito que as articulações do impeachment morreriam, Dilma se salvaria e a economia se descolaria da crise política.

Ao chegar ao Rio de Janeiro, deparei com as informações do vazamento do encontro com Lula, feitas por Okamotto. Neguei o encontro para manter minha palavra.

Atendendo ao pedido de Rodrigo Maia, concordei em dar entrevista a um programa do maior desafeto que tinha na imprensa, o jornalista Jorge Bastos Moreno, já falecido. Os embates que tivemos chegaram a um nível pessoal insuportável. A pressão de Rodrigo Maia foi de tal forma que atendi para me ver livre dela, fazendo com que tivesse que ser bem-educado com quem só me hostilizava e mentia sobre mim. Tinha ficado famosa uma postagem desse jornalista, quando me encontrou em um voo de Brasília para o Rio, afirmando que eu o tinha humilhado – quando, na verdade, não tinha nem me dirigido a ele.

Concedi a entrevista de forma normal e, a partir disso, ele diminuiu as agressões contra mim, mas longe de mudar seu comportamento. Eu sabia que Rodrigo Maia e o seu sogro Moreira Franco eram fontes dele, sendo que muitas das notas que ele dava eram da lavra do Moreira Franco – uma pessoa sem caráter, com quem eu já estava acostumado a tourear.

No sábado, dia 19, Joesley Batista passou pelo Rio. Ele iria encontrar Aécio e me pediu que eu o encontrasse perto da minha casa, no Aeroporto de Jacarepaguá, onde ele desceria com seu helicóptero. Fui encontrá-lo no hangar da Líder, nesse aeroporto. Em uma sala de reunião, Joesley queria saber sobre a articulação do impeachment, certamente preocupado com os grandes volumes de alavancagem das suas empresas em dólar.

Nesse momento, assistiu a uma ligação minha para Lula. Eu tinha pedido que a minha secretária o localizasse, para ver como ficaria a situação do vazamento do nosso encontro, já que a mídia desse sábado o dava como certo. Lula, no telefonema, me disse que não confirmaria o encontro se eu também não confirmasse, o que combinamos de fazer. Eu fiz isso, apesar da bronca de alguns jornalistas que me procuraram e queriam uma confissão minha.

Joesley queria saber minha real posição antes do encontro com Aécio, para que ele fizesse os seus arranjos. Mas, hoje, tenho a convicção de que a verdadeira razão era a especulação que ele fazia no mercado de câmbio graças a essas informações políticas. Nessa brincadeira, Joesley ganhou verdadeiras fortunas na especulação cambial. Basta verificar suas posições à época para se comprovar isso.

Na segunda-feira, Dilma me telefonou convidando para a reunião com o PMDB para discutir a posição do partido nos ministérios. Dilma havia chamado o líder Leonardo Picciani e Michel Temer para essa discussão, a fim de acertar os cargos do PMDB da Câmara, no ministério que seria reformulado.

Agradeci a ela o convite, mas disse que não compareceria, em função da minha posição de ruptura com o governo, feita em julho. Não teria lógica eu ter rompido e em seguida sentar para discutir ministério. A conversa e a recusa se deram no tom mais cordial possível e, aparentemente, foram compreendidas por ela. Dilma aproveitou o contato para me pedir ajuda para transferir a sessão do Congresso, marcada para o dia seguinte, quando vetos poderiam ser derrubados.

Concordei em ajudar, podendo marcar sessões extraordinárias da Câmara, o que impediria a sessão do Congresso. Entendia que realmente qualquer derrubada de veto naquele momento teria grande repercussão nos mercados. Dilma agradeceu a minha disposição.

Aproveitei a ligação e pedi a ela que não vetasse nenhum ponto da legislação infraconstitucional da reforma política. O objetivo era evitar o veto ao financiamento privado, apesar da decisão do STF. Como existia a possibilidade de o Senado aprovar a proposta de emenda constitucional, já aceita na Câmara, não haveria o risco de ficarmos sem a regulamentação.

Fui encontrar Temer, que voltava de uma viagem à Rússia. Ele me disse que iria até Dilma para comunicar que não participaria da discussão da reforma ministerial. Temer disse que, como ela optou por negociar com o líder Leonardo Picciani, que fizesse com ele a discussão. Temer estava nesse momento cruzando os braços, não querendo se desmoralizar perante a oposição em meio ao seu trabalho pelo impeachment.

Debatemos bem essa posição. Relatei o telefonema de Dilma e a minha recusa em participar, dentro da estratégia de manter o debate do impeachment em alta. Para Temer, sua situação não teria mais volta. Contei também a conversa com Lula, quando falamos sobre ele ocupar o lugar de Cardozo. Temer rejeitou, dizendo que assumir um ministério nesse momento seria enterrar qualquer processo de impeachment.

Dilma se reuniu somente com Leonardo Picciani para discutir a posição na reforma ministerial. Ficou acertada a troca de ministérios, com o PMDB da Câmara indicando dois nomes, que acabariam depois sendo os ministros da Ciência e Tecnologia e o da Saúde, escolhidos entre os deputados peemedebistas.

Na terça, quando ainda estava em almoço com os líderes do blocão e da oposição, Dilma me telefonou, mudando sua estratégia e pedindo que eu ajudasse a ter a sessão do Congresso – e a manter os vetos dela. Perguntei qual a razão da mudança. Ela me respondeu que a alta expressiva do dólar estava afetando os mercados, sendo melhor enfrentar o problema, mantendo os vetos para acalmar o cenário. Disse a ela que ajudaria, sem problema, cancelando as sessões extraordinárias e pedindo aos deputados que mantivessem o veto.

Dessa forma o Congresso realizou a sessão e manteve os vetos de Dilma, incluindo o veto à mudança do fator previdenciário. Não tive nenhum problema em ajudar nesse ponto, até porque concordava com o veto, além de ajudar a combater a ideia plantada pelo governo e pelo PT de que estava estimulando as pautas-bomba.

Na quarta, enquanto eu ajudava o governo, Janot continuava na sua escalada divulgando mais uma delação arranjada para falar de mim. Sem pé nem cabeça, mas que era usada para construir o ambiente de que eu tinha influência na Petrobras. Nessa delação, um ex-gerente da Petrobras, de nome Eduardo Musa, afirmava ter "ouvido dizer" que a última palavra na nomeação da diretoria internacional da Petrobras era minha. Ora, eu nunca tinha visto aquele sujeito na minha vida, além do que era um testemunho de delator de que "ouviu dizer", sem qualquer prova.

O assunto foi divulgado como escândalo. Sergio Moro usou isso como a principal prova para me condenar em 2017, pelo crime de corrupção passiva, como eu tendo sido o responsável pela nomeação do diretor internacional da Petrobras, Jorge Zelada, e, por consequência, ter recebido dinheiro por isso. Tudo apesar dos testemunhos que juntei, incluindo o de Lula, Michel Temer e dos deputados da bancada do PMDB de Minas Gerais – os verdadeiros responsáveis pela nomeação –, contestando o depoimento do delator.

De nada adianta o STF dizer que só a palavra do delator não vale. Para o chefe da operação e o TRF, isso é o que vale. Quando chega a hora de recorrer ao STJ ou ao STF, eles alegam que, para verificar se as sentenças são amparadas somente nas palavras de delatores, torna-se necessário rever provas, o que é vedado pela jurisprudência. Ou seja, de nada adianta eles terem esse entendimento, que só valerá para quem tem foro privilegiado e não para as vítimas comuns. Esse é um dos absurdos que o chefe da operação criou. Uma armadilha que só a boa vontade de uma parte dos tribunais superiores pode, eventualmente, corrigir.

Na quarta, o STF começou a colocar um limite ao chefe da Operação Lava Jato. Por sete votos a três, alterou a decisão de remessa a Curitiba da investigação de pessoas não detentoras de foro privilegiado, citadas em uma investigação contra a senadora Gleisi Hoffmann, que não tinha nada a ver com a Petrobras.

Um grupo de deputados do PT fez uma reunião comigo tentando melhorar o clima, sendo que alguns deles eram até ligados a mim e tinham me apoiado na eleição da Câmara – o que me obrigava a dar atenção. O problema era a falta de confiança, pois vários tentavam um armistício, mas ao mesmo tempo a PGR de Janot organizava uma caça a delatores para me envolver em alguma delação.

O deputado José Mentor, já falecido, era em quem eu tinha maior confiança e mantínhamos diálogo. Mas ele mesmo reconhecia que a atuação de Cardozo era voltada contra mim e, por isso, trabalhava pela queda dele do governo. Se a cabeça de Cardozo rolasse, talvez o clima de desconfiança mudasse e não teria chegado ao ponto em que chegou. Também respondi à questão de ordem número 105, combinada com a oposição. Eu esclareci todas as dúvidas sobre o rito do impeachment. O ponto principal era de que existiria um prazo de cinco sessões para recurso ao plenário. O PC do B anunciou que iria questionar a questão de ordem no STF – foi o grande tiro no pé, que acabou gerando o impeachment.

Dilma, apesar do meu pedido, anunciou o veto ao financiamento privado das campanhas eleitorais no projeto de lei que alterava a legislação infraconstitucional. Ela preferiu atender ao PT, usando a desculpa de que o presidente do STF, Ricardo Lewandowski, teria pedido a ela para que vetasse. O veto ainda seria publicado até a segunda seguinte. Solicitei a Renan que pautasse imediatamente, após a publicação, o veto de Dilma às doações privadas para as campanhas, de modo que a decisão pudesse ser apreciada a tempo de respeitar o calendário eleitoral.

Foi ao ar o programa partidário do PMDB. O tom era de descolamento do governo, apesar das negociações envolvendo a redistribuição dos ministérios de Dilma ao PMDB.

À noite, viajei para Goiânia para jantar com o governador e a bancada de deputados do estado. No dia seguinte, teria evento do grupo Lide do empresário João Doria, com um debate sobre segurança pública. Participei do evento e também fiz a edição da Câmara Itinerante, com debates na Assembleia Legislativa de Goiás.

Na sexta, mais dois passos decisivos foram dados contra mim. O primeiro foi o envio pelo chefe da Operação Lava Jato ao STF de um depoimento para que se investigasse a minha situação com relação a um suposto recebimento oriundo de um investigado, que, embora não me acusasse de nada, acabou sendo o motivo para gerar a investigação.

Segundo o ex-juiz, tratava-se de João Augusto Rezende, que teria dito que transferiu recursos para agente político, detentor de foro privilegiado e já acusado em outra ação penal no STF – que indicou ser eu, apesar de ter apenas uma denúncia e não uma ação penal. Na verdade, tratava-se do cerne que virou a ação penal a que eu respondi depois perante o chefe da Operação Lava Jato, onde João Augusto teria sido o responsável, sem eu saber, por ter feito uma transferência para o *trust* que eu detinha em 2011. O motivo era ressarcir um empréstimo que tinha feito ao ex-deputado Fernando Diniz, pago por seu filho, Felipe Diniz – pois Fernando já havia falecido.

O segundo passo seria também nessa sexta, quando se vazaria a delação do lobista Fernando Baiano à Procuradoria-Geral da República, onde Janot, por meio de Marcelo Miller, teria lhe dado vantagens para que eu fosse incriminado por ele. Ou seja, em apenas 48 horas eram três fatos de repercussão contra mim, incluindo um movimento do chefe da operação e vazamentos de duas delações contra mim.

Fui de Goiânia para São Paulo. Eu teria uma agenda de jantar na Fiesp com um grupo de empresários, os maiores do país, que tinham recebido Temer na semana anterior. O tema era tratar do impeachment de Dilma e das condições de governabilidade. Logo após o jantar, estava diante da divulgação da delação do lobista. Questionado pela imprensa, respondi que, se a PGR achava importante essa delação para me incriminar, então por que tinha se apressado em apresentar uma denúncia contra mim?

No dia seguinte, sábado, participei da filiação da senadora Marta Suplicy ao PMDB. Fiz um duro discurso, aplaudido pela militância, conclamando o PMDB a fazer como a senadora: "Largar o PT".

No domingo e na segunda saíram várias matérias sobre o depoimento de João Augusto Rezende. A tônica das matérias era de que ele teria pago propina a mim, quando o próprio depoimento dele que foi divulgado negava isso. O depoimento dizia que ele teria pago, conforme orientação de Felipe Diniz, filho de Fernando Diniz, sem que ele soubesse quem seria o beneficiário do pagamento, nominando claramente o Felipe Diniz.

Isso seria a senha para que Janot completasse a festa durante a semana, com a divulgação das supostas contas atribuídas a mim, que Dilma já havia avisado Mônica Moura, esposa do marqueteiro João Santana, havia pelo menos dois meses, segundo o depoimento de Mônica.

Na segunda-feira, dia 28, antes de voltar para Brasília, participei na Assembleia Legislativa do Rio de Janeiro do lançamento da rede legislativa de rádio e TV digital do interior do Brasil.

O líder do PSD, Rogério Rosso, ofereceu um jantar em homenagem ao meu aniversário, que seria no dia seguinte. Temer, no exercício da Presidência da República, e o governador de Brasília, Rodrigo Rollemberg, estavam presentes.

Na terça, 29 de setembro, dia do meu aniversário, reuni os líderes do bloco e da oposição para um almoço, onde combinamos de obstruir a sessão do Congresso para apreciação dos vetos, em função do veto de Dilma ao financiamento privado das campanhas. A sessão iria ocorrer na quarta de manhã.

A obstrução se daria com a convocação de sessões extraordinárias, em sequência na Câmara, evitando a abertura da sessão do Congresso. Eu havia pedido a Renan a inclusão na pauta, o que não foi atendido por ele. Havia uma discussão de que a proposta de emenda constitucional, aprovada pela Câmara e que estava no Senado, caso fosse aprovada por lá, supriria essa necessidade de se derrubar o veto imediatamente, pois não se sujeitaria ao princípio de se votar até um ano antes das eleições.

Ocorre que o texto da proposta de emenda constitucional fazia referência a uma regulamentação por lei, que não poderia ser mais editada com vistas às eleições de 2016, tornando inócua, ao menos para aquela eleição, a aprovação da PEC. Com a obstrução da Câmara, a sessão do Congresso acabou não sendo realizada.

Temer fez uma reunião com os líderes da oposição na Câmara. Ele articulou para que Renan marcasse uma data para votar a proposta de emenda constitucional do financiamento privado, para distensionar o ambiente entre a Câmara e o Senado. Nesse mesmo dia eu arquivei três pedidos de abertura de processo de impeachment. Restavam, portanto, dez para serem analisados.

A saída de Mercadante da Casa Civil foi definida por Dilma e anunciada nesse dia. Ele seria deslocado para o Ministério da Educação. Jaques Wagner, conforme Lula já tinha me adiantado, seria o substituto dele.

A bancada do PMDB promoveu um jantar pelo meu aniversário, debaixo do clima das denúncias das supostas contas que estavam sendo divulgadas. Antes do jantar da bancada, fui ao Palácio do Jaburu para ter uma reunião com Temer e Renan, a fim de discutir a confusão dos vetos de Dilma com relação ao prazo da legislação eleitoral. Era preciso apreciar o veto ao financiamento privado das eleições.

Nessa ocasião, havia um acordo com Renan para que ele apressasse a votação da proposta de emenda constitucional do financiamento privado das eleições, enquanto se tentava pautar o veto no Congresso. Naquele momento ainda não havia sido publicado o veto de Dilma, que sairia em edição extraordinária do *Diário Oficial da União* naquela noite. Após a publicação, Renan não quis pautar, por achar que poderia ofender o STF por essa decisão.

Renan queria que a publicação não tivesse ocorrido, pois com isso não seria obrigado a pautar o veto. Mas como ela ocorreu, preferiu não me atender, gerando o atrito que levou à obstrução da Câmara, à sessão do Congresso marcada para o dia seguinte.

A confusão acabou levando a uma troca de palavras duras entre mim e Renan, em público. Renan disse que eu estava usando de caprichos, prejudicando os interesses nacionais. A minha resposta foi que capricho tinha sido a aprovação pelo Senado do aumento de 78% dos salários do Poder Judiciário, vetado por Dilma – agora se necessitava da manutenção do veto, para dar sinais aos mercados do controle das contas públicas.

Na quarta, dia 30, depois de vários pequenos vazamentos, o jornalista Jailton de Carvalho, coautor do livro de Rodrigo Janot, divulgou a transferência de investigação da Suíça para o Brasil, atendendo a pedido do procurador-geral ao Ministério Público suíço. A transferência se daria por cooperação internacional, por meio do DRCI, órgão do Ministério da Justiça, comandado por Cardozo.

Foi quando se materializavam as contas no exterior supostamente pertencentes a mim, faladas por Dilma, ao menos dois meses antes a Mônica Moura, esposa do marqueteiro do PT, João Santana, conforme consta do seu depoimento ao Ministério Público Federal. Janot concluiu seu movimento, visando me inviabilizar, juntando as delações de Fernando Baiano, de um ex-gerente da Petrobras, Eduardo Musa, além de um depoimento que, apesar de não me acusar, me atingia, de João Augusto Rezende. Ele terminava o golpe com a solicitação, combinada com o procurador suíço, Michael Lauber, hoje afastado por denúncias – porém exaltado por Janot na página 108 do seu livro.

Confessa Janot, em trecho do livro intitulado *Presentes não caem do céu*, o seguinte: "Devemos reconhecer mais uma vez o papel do Ministério Público da Suíça, especialmente do ex-procurador-geral Michael Lauber. Os procuradores não só mandaram as provas das contas de Cunha, como, num gesto de boa vontade, autorizaram que fizéssemos as investigações necessárias aqui no Brasil com vistas a um processo contra o deputado pelos mesmos crimes descobertos na Suíça, sem nenhuma restrição. Não impediram nem mesmo a investigação sobre crimes tributários, uma praxe em casos similares".

Disse mais ainda: "Toda vez que tínhamos uma suspeita sobre determinado investigado e fazíamos uma consulta, eles prontamente nos respondiam. Os documentos oficiais, que dariam lastro às investigações, passavam pelos canais formais, como o departamento de recuperação de ativos, do Ministério da Justiça. Mas alguns dados, que serviriam para confirmar as hipóteses levantadas pela inteligência, eram transmitidos em troca de mensagens pelo celular".

Ou seja, eles pediam e recebiam tudo à margem da lei, e depois iam tentar legalizar. Lembremos do caso que envolveu o senador José Serra, relatado no mesmo livro de Janot. A cooperação não foi repassada pelo Ministério da Justiça para a Procuradoria-Geral da República, segundo o próprio Janot denuncia no seu livro.

Isso explica por que Dilma sabia com tanta antecedência das supostas contas, a ponto de avisar a Mônica Moura, esposa do seu marqueteiro João Santana, que, em depoimento, afirmou que a origem da informação para a Dilma era de José Eduardo Cardozo, chefe do DRCI.

Imediatamente depois de Jailton de Carvalho ter publicado o vazamento de Janot no site de *O Globo*, outros órgãos também replicaram a informação. Janot já tinha uma nota oficial pronta, confirmando tudo em detalhes. O procurador, contudo, não teria parado por aí. Na surdina, havia feito um acordo para dois novos delatores, os empresários Ricardo Pernambuco, pai e filho, da empresa

Carioca Engenharia, que supostamente estavam me delatando sobre operações na Caixa Econômica Federal, envolvendo o FI-FGTS. A delação deles viria a gerar uma ação penal, da chamada Operação Sépsis, a que respondo hoje, além de desdobrarem na Operação Cui Bono, que originou quatro ações penais em curso hoje.

Todas envolvem um ex-vice-presidente da Caixa Econômica Federal, Fábio Cleto, indicado pelo PMDB, que Janot também transformaria em delator em seguida. Nenhuma das delações, tanto as de Ricardo Pernambuco, pai e filho, como as de Fábio Cleto, tiveram qualquer prova que não fosse a palavra deles e planilhas feitas por Fábio Cleto, em sequência à tragicomédia dos absurdos originados pela Operação Lava Jato.

Esses delatores foram envolvidos na Operação Lava Jato pela atuação da Carioca Engenharia, no esquema de corrupção da Petrobras. Assim, estranhamente acabam se safando de tudo, bastando uma delação que falasse de mim.

Havia sido encontrada uma conta no exterior de Ricardo Pernambuco pai, que tinha feito diversas transferências para pagamentos de propina da empresa. Não havia nenhuma transferência dessa conta para mim, mas os delatores colocaram que existiam transferências para contas que teriam sido supostamente indicadas por mim – sem nenhuma prova dessa acusação.

A única prova fornecida por eles eram depósitos na conta de Fábio Cleto. Ele, para se safar, resolveu aceitar um acordo com Janot, se transformando em delator, fazendo acusações a mim sem qualquer prova. Janot conduziu mais uma delação livrando a cara dos corruptos, bastando que me acusassem de alguma coisa. Depois de Alberto Youssef, Júlio Camargo e Fernando Baiano, agora vinham Ricardo Pernambuco, pai e filho. Em seguida viria Fábio Cleto. Era a indústria da delação dirigida aos inimigos do procurador-geral.

Nesse dia e nos seguintes, os delatores estavam dando depoimento na PGR, conduzidos pelos mesmos procuradores colocados para me investigar, comandados pelo principal assessor de Janot, Marcelo Miller.

Na quinta, dia 1º, a Procuradoria-Geral da Suíça também divulgou uma nota, em conformidade com a nota de Janot, que foi publicada de forma ampla na mídia, aumentando o desgaste. Era a estratégia, sempre usada por Janot, de fazer o mesmo fato por duas vezes seguidas ter a mesma repercussão. Janot, com esse ato, achou que tinha me dado *game over* – mas quem iria se acabar com esse ato era a própria Dilma. Era óbvio demais que não houvesse a mão do governo em tudo.

Você, leitor, pode perguntar: se as contas existiam mesmo, qual a culpa do governo? A resposta é muito simples: em primeiro lugar, é bom voltar a explicar a origem das contas e do dinheiro existente.

As contas existiam havia mais de 30 anos, sendo inicialmente conta de empresa *offshore* que pertencia a mim, que, como muitos brasileiros, tiveram poupança no exterior à época da hiperinflação – sendo que todos os recursos existentes eram anteriores ao meu ingresso na vida pública. Em segundo lugar, minha atividade no passado foi trabalhar em comércio exterior, onde revendia produtos em países africanos, recebendo o valor das vendas em conta no exterior.

Quando cessei essa atividade, depois de muito tempo, constituí um *trust*, transferindo não só a disponibilidade financeira da conta para o *trust*, bem como os investimentos de minha propriedade no exterior – passando a ser, a partir dessa transferência, apenas detentor de direitos definidos na regra de criação do *trust*. Eu jamais fui o proprietário dos recursos do *trust*. Os recursos deixaram de pertencer a mim quando os transferi para o *trust*.

O *trust* obedece a uma regulamentação própria, inexistente no Brasil, onde só mereceu alguma regulamentação após o escândalo com minha situação, desprezando o entendimento mundial sobre o tema.

Por ocasião da discussão da denúncia contra mim, o ex-ministro do STF e ex-juiz do Tribunal de Haia, Francisco Rezek, ofereceu parecer sobre o tema *trust*, onde reafirmou exatamente isso: o *trust* detinha o patrimônio e não era de minha propriedade.

Como o patrimônio legalmente não era meu, eu não era obrigado a declará-lo no Brasil, embora o escândalo provocado com minha denúncia tenha desprezado toda a argumentação técnica sobre isso, ficando apenas na análise política. Tentei, durante a instrução probatória, com o chefe da Operação Lava Jato, Sergio Moro, fazer prova da origem dos meus recursos antigos. Mas todos os meus pedidos em juízo que permitiriam esclarecer isso foram indeferidos por ele, que só tinha o objetivo de me condenar rapidamente, sem nenhum tipo de análise de prova.

Em resumo, as contas não me pertenciam, e sim a um *trust*. O meu erro teria sido cometido no passado, antes de constituir o *trust*. Naquele momento, eu teria a obrigação de declarar e não o havia feito.

O próprio Ministério Público Federal reconheceu, em petição de 26 de outubro de 2020, na 12ª Vara Federal de Curitiba, que eu não era o titular da conta – mas apenas mero usufrutuário. Esse reconhecimento ocorreu tardiamente, mas ainda será palco mais à frente de discussão neste livro.

Quanto à minha família, citada por Janot, o que existia era uma conta de simples cartão de crédito internacional, cujas faturas eram pagas por transferências do *trust* – figurando a minha esposa como detentora de cartão de crédito.

Essa conta de cartão de crédito não tinha valores superiores a US$ 100 mil, valor pelo qual seria obrigatória, à época, a declaração ao Banco Central do Brasil. Além disso, a conta foi declarada depois pela minha esposa, antes de iniciado qualquer processo judicial.

Moro absolveu, no processo, minha esposa de qualquer crime com relação a isso, tendo o Tribunal Regional Federal da 4ª Região apenas reformado a decisão com relação à suposta evasão de divisas, condenando a pena restritiva de direitos. Isso ainda não foi analisado pelos tribunais superiores, onde deve ser reformulada em favor dela, visto que houve prova objetiva de que não existiu evasão de divisas da parte dela.

Isso sem contar que, como Janot disse, a Suíça transferiu sem restrição, desprezando o fato de que lá a evasão de divisas não é crime, logo não podendo ninguém ser condenado em transferência de processo, por algo que não é crime no país original da transferência. Esse fato, aliás, não aconteceu com outros investigados em situações semelhantes.

Para resumir, minha esposa não poderia ser processada por evasão de divisas. Ela também declarou a conta antes de a denúncia ser apresentada. Ela não teve valores superiores a US$ 100 mil. Além disso, a própria norma mudou, para que só considerasse valores acima de US$ 1 milhão, em vez dos US$ 100 mil. Esses argumentos tornam impossível a manutenção de qualquer condenação.

A outra pergunta que você pode fazer, que já foi respondida por mim, é sobre o depósito no *trust* feito por João Augusto Rezende. A resposta é que eu tinha um empréstimo efetuado ao ex-deputado Fernando Diniz, que passou em um momento por dificuldades financeiras, em função de aplicações que detinha.

Fernando Diniz tinha também conta no exterior de muitos anos atrás, quando concentrou todas as suas aplicações em um conhecido golpe mundial, do fundo Madoff, no qual todos perderam – era a chamada pirâmide financeira.

Quando Fernando Diniz perdeu tudo e necessitava brigar para tentar receber de volta o seu dinheiro, eu emprestei a ele o valor para custear a sua briga judicial – que era extremamente cara nos Estados Unidos.

Com a morte de Fernando Diniz, seu filho herdou todas as situações dele, inclusive os ativos no exterior. Até a casa que tinha em Brasília era de propriedade de uma *offshore* de Fernando Diniz. O filho dele, em determinado momento, me procurou para pagar a dívida do pai, da qual ele tinha pleno conhecimento. Eu então indiquei o *trust* para que ele me ressarcisse, já que os recursos usados pelo pai saíram dessa conta. Ele providenciou o pagamento sem me avisar de quem seria a transferência.

Essa é a história real desse assunto. É muito mais fácil encampar as teses acusatórias de Janot, seguidas por Moro. Para ele, não adiantava se defender, pois quando a denúncia era aceita, a condenação era certa – sendo que toda denúncia era aceita.

Evidentemente que eu tive os meus erros em relação a não ter declarado no passado esses recursos, o que teria sido muito mais fácil para mim. Entretanto, não cometi crime, sendo absolutamente inverídica a acusação feita contra mim. Para justificar a minha condenação, o chefe da Operação Lava Jato usou o depoimento do delator Eduardo Musa, que "ouviu dizer" que a última palavra na nomeação do diretor da Petrobras teria sido a minha, apesar de todos os desmentidos nos depoimentos de testemunhas, incluindo Lula, quem o nomeou, como presidente da República, e Michel Temer.

Com a divulgação das contas por Janot, combinada com o governo, eles acharam que o impeachment teria acabado. E que, provavelmente, eu não resistiria mais no comando da Câmara. Ou, no mínimo, teria perdido a credibilidade para qualquer decisão.

Nesse ponto, eles se enganaram. Ainda teriam de promover muitas outras batalhas com a mesma finalidade. Ou seja, iriam continuar atirando.

PARTE III
O IMPEACHMENT

A vitória que foi a derrota: interferência do STF no rito do impeachment, que acabou tendo como consequência o próprio impeachment

A confusão pela repercussão da divulgação provocada por Janot, com referência às supostas contas na Suíça, provocou muitos sobressaltos, como era de se esperar.

No dia 1º de outubro, sob essa repercussão, compareci à reunião da bancada do esporte. Recebi apoio, apesar de tudo – mas, obviamente, a situação não era boa. Naquele momento eu optei, por orientação do meu advogado, por não responder a qualquer pergunta sobre essa denúncia, até para não provocar alguma reação que considerasse que eu tivesse mentido e não ter uma acusação de quebra de decoro.

A minha recusa em responder sobre esse tema causava também grande repercussão – além de me incomodar bastante, pois a não resposta era quase como uma confissão de culpa, o que afetava a minha credibilidade. Eu tinha programado uma viagem ao parlamento da Itália, que me era muito prazerosa, visto que também possuo a cidadania italiana. Mas optei por cancelar, já que seria inevitável o assunto ser destaque na imprensa mundial, quando fosse questionado, durante a visita, pela imprensa italiana.

Fui conversar com Temer para debater a situação das novas denúncias, ao fim do dia, depois da saída do senador Jader Barbalho do Palácio do Jaburu. Eu não gostaria de encontrá-lo.

Na sexta, dia 2, Dilma anunciou a composição do novo ministério. O PMDB ganhou sete pastas, ficando o líder Leonardo Picciani responsável pela indicação dos deputados Celso Pansera e Marcelo Castro, respectivamente para os ministérios da Ciência e Tecnologia e Saúde. O deputado Manoel Junior, indicado inicialmente por Picciani, havia sido vetado pelo seu adversário político, o governador da Paraíba, Ricardo Coutinho – cabendo o cargo a Marcelo Castro.

Leonardo foi nesse momento até correto comigo. Consultou-me previamente para saber se eu vetaria o nome de Marcelo Castro, em função da briga ocorrida quando o retirei da relatoria da reforma política. Respondi que de maneira nenhuma o vetaria, até porque era grato a ele pelo apoio. Sentia que ele precisava de recuperação do meu gesto, apesar das críticas que passou a me fazer.

Isso fez com que Marcelo Castro me procurasse para fazer as pazes comigo, agradecido. Também entendia que, mesmo que eu não quisesse, seria o conjunto da bancada que deveria deliberar – e não eu, até porque não quis participar da escolha ofertada por Dilma. De toda maneira, fiquei feliz em terminar a confusão com Marcelo Castro, embora da parte dele não tivesse sido bem assim – já que lá na frente ele atuou contra mim, mas isso é da vida. Quem bate esquece; quem apanha nunca esquece.

Com a reforma ministerial de Dilma, cortando oito dos dez ministérios prometidos, Lula ficava mais forte dentro do palácio, com a saída de Mercadante da Casa Civil. Mas a permanência de José Eduardo Cardozo era penosa para todos, confirmando que Dilma protegeu o seu agente da Lava Jato.

Na sexta-feira, soltei uma nota para tentar responder a parte das críticas, reafirmando que eu não tinha contas no exterior – até porque eram, como eu relatei, contas de um *trust* que não me pertenciam.

Na nota, denunciei a investigação seletiva contra mim, estranhando que ninguém do PT ou do governo tenha sido denunciado, mostrando essa seletividade. Falei ainda que desconhecia o conteúdo do que vinha da Suíça, o que responderei quando tiver conhecimento. Também disse que não se pode colocar no meu colo a corrupção da Petrobras (sempre fui desafeto do PT). Essas acusações cabiam no colo do PT e do governo.

Também nessa sexta, a Receita Federal anunciou um acordo com a Suíça para intercâmbio de informações tributárias, inclusive para fins penais, causando estranheza esse fato um dia depois do anúncio da transferência para o Brasil de informações sobre mim. A máquina continuava atuando contra mim.

Permaneci em Brasília para comparecer ao casamento do senador Romero Jucá, no sábado, dia 3. Foi um evento grandioso, sem a presença de Dilma, Temer e Aécio, mas com muitos políticos e empresários, entre eles, Joesley Batista e Luiz Carlos Trabuco. As conversas giravam sobre as mudanças ministeriais de Dilma, impeachment, Lava Jato, entre outras, mas percebia-se que o clima dos favoráveis ao impeachment não havia mudado.

Reuni meus advogados em Brasília e solicitei que entrassem em contato com o advogado suíço que tinha colocado para acompanhar a situação. Pretendia ingressar com alguma medida judicial naquele país.

No fim de semana, uma matéria jornalística foi publicada mostrando que o governo não queria que eu decidisse os pedidos de abertura do processo de impeachment, para que não tivesse de votar um eventual recurso ao plenário. Na realidade, o governo gostaria que eu engavetasse o pedido, para não se expor. Mas esse gesto significaria o governo ficar na minha mão – mas eles não confiavam, pois achavam que eu iria tensionar constantemente. Ou seja, se correr o bicho pega, se ficar o bicho come.

Respondi que minha função era de despachante, ou seja, despachar, aceitar ou rejeitar os pedidos de abertura de processo de impeachment. Não era minha função engavetar qualquer coisa. Isso não ocorreria. Eu disse também que achava engraçado verem conspiração em tudo que eu faço.

Outra matéria falava da articulação do governo para apoiar o líder do PMDB, Leonardo Picciani, para o meu lugar na presidência da Câmara. Achavam que eu não iria aguentar a situação.

Estava clara a nova estratégia: o governo não queria correr risco em uma votação de maioria simples, para decidir eventual recurso ao plenário, de rejeição de pedido de abertura de processo de impeachment de Dilma. Para isso, a operação seria bancar o nome de Picciani. Sem o apoio do meu próprio partido, a situação poderia me fragilizar. Eles continuavam os mesmos, errando em tudo que deveriam fazer, mesmo após uma reforma ministerial que atendia ainda mais ao PMDB. Para eles, essa reforma era para me diminuir, com a cooptação de deputados ligados a mim.

Ciente dessa estratégia, resolvi reagir. Os demais partidos nunca aceitariam o nome de Picciani para me suceder, salvo se fosse por meio de uma articulação comandada por mim mesmo – o que eu não faria. Procurei os demais partidos ainda no fim de semana e organizei a confusão para a semana seguinte. Eu, em reação, iria separar os partidos que estavam em bloco com o PMDB para isolar Picciani ao tamanho do que ele mesmo representava.

O TCU marcou para a quarta-feira seguinte o julgamento das contas de Dilma do ano de 2014. Antes, vazou o relatório do relator Augusto Nardes, pela rejeição das contas.

Isso acabou fazendo com que o governo entrasse no STF para retirar Nardes da relatoria, debaixo de críticas de ministros do TCU e da oposição. Eles viam nesse gesto uma tentativa de ganhar tempo, esperando o aumento do meu enfraquecimento.

O problema era que o governo e alguns setores da mídia seguiam dando importância à análise das contas de 2014, quando, reiteradas vezes, eu falava que não aceitaria um pedido de abertura de processo de impeachment por atos do mandato anterior. Rejeitar as contas de Dilma de 2014 não daria direito ao impeachment. Isso não faria eu aceitar o pedido e, também, na minha avaliação, não caberia o impeachment sob essas circunstâncias. Lembrando mais uma vez: o impeachment de Dilma se deu por decretos de execução orçamentária do ano de 2015, sem autorização legislativa.

O pai de Leonardo, Jorge Picciani, deu uma longa entrevista ao jornal *Valor Econômico*, publicada na segunda-feira, dia 5 de outubro. Ele teceu algumas críticas até justas a mim, pela minha decisão de rompimento com o governo sem discutir previamente no partido. Por esse fato, eu já tinha reconhecido o erro. Mas, dentro das linhas da entrevista, estava clara uma articulação contra mim, buscando se aproveitar do meu enfraquecimento, visando que seu filho me substituísse na presidência da Câmara.

Depois da leitura da entrevista do pai de Picciani e de posse de informações de articulações visando me substituir, me concentrei em chamar os líderes aliados ao PMDB no bloco. A ideia era articular a saída do bloco do PMDB ou a retirada de Leonardo como líder do bloco.

Na terça, dia 6, fui chamado por Rodrigo Maia para participar de uma reunião da oposição que iria discutir a minha situação. Ela ocorreria no apartamento do líder do DEM, Mendonça Filho. Cheguei à reunião, onde encontrei um clima ruim, com o líder do PSDB, Carlos Sampaio, me propondo uma solução: eu renunciaria, seria blindado de qualquer processo no Conselho de Ética e escolheria o meu sucessor, com o apoio de todos.

Expliquei que não poderia aceitar. Além disso, não teríamos a garantia de que controlaríamos uma sucessão em um momento em que Leonardo Picciani seria candidato com apoio do PT e do governo, à minha revelia. Isso poderia fazer com que eu não conseguisse ter a bancada do PMDB inteira apoiando um nome meu.

Disse ainda que não teria um nome do partido que pudesse utilizar, como carta na manga, para disputar com força contra Picciani. Além do que, não haveria ninguém com coragem para fazer o que eu estava disposto a fazer. Estavam presentes Carlos Sampaio, Arthur Maia, Paulinho da Força, Mendonça Filho, Rubens Bueno e Rodrigo Maia.

Olhando para trás, a proposta não era contra mim. Ela visava preservar meu mandato e ainda me oferecia apoio na eleição. Isso talvez não fosse suficiente nem para eleger o meu sucessor, nem para me preservar, já que o histórico deles não era de cumprir compromissos. Eu nada poderia fazer se, depois, os deputados do PSDB e do DEM, no Conselho de Ética, não cumprissem o acordo.

Além disso, era certo o fim do impeachment. Eu não entendia a posição deles de quererem ser o bastião do controle da moralidade e, ao mesmo tempo, buscarem o impeachment. Ainda assim, mesmo depois dessa conversa, pedi aos líderes que não dessem quórum na sessão do Congresso. Eu iria tentar derrubar a sessão.

Saí do encontro e fui para a Câmara. Queria acertar com os líderes do bloco aliados ao PMDB para que tirassem o quórum da sessão do Congresso, que começaria às 11h30. Também passei a colher assinaturas dos deputados para saírem do bloco, com o objetivo de isolar Leonardo Picciani.

A missão foi bastante ajudada pelo fato de os líderes estarem revoltados com ele, não só por ter obtido um aumento do espaço do PMDB no governo, desprezando os demais partidos na negociação, mas também por causa das notícias de que ele estaria tentando tomar o meu lugar.

Outro problema era a insatisfação com Renan, por não ter definido quando se votaria a proposta de emenda constitucional do financiamento privado das campanhas eleitorais.

Com esse movimento, a sessão do Congresso acabou derrubada, remarcada para o dia seguinte. O bloco liderado por Picciani acabaria desmontado, deixando-o líder apenas da bancada do PMDB, apesar dos apelos feitos por ele aos demais líderes. Picciani cometeu um erro clássico para quem queria liderar um grupo de partidos e ser candidato a presidente da Câmara: tratou somente com a bancada do seu partido, deixando os outros desconfiados para se submeterem à sua liderança.

Por outro lado, esses mesmos líderes sabiam que eu não agiria dessa forma. Isso propiciou que eu desse um tiro mortal na sua pretensão de me suceder fora do período normal. O que fiz foi autodefesa, trabalhando para manter o controle de uma base correta comigo.

Depois de iniciada a confusão, reuni os líderes desse bloco, combinando que o PMDB sairia, deixando o bloco remanescente sem ele e dando um discurso, fingindo que a iniciativa seria do próprio Leonardo Picciani – para não passar publicamente a imagem de humilhação. O episódio deveria servir de exemplo para ele.

O TSE, em votação no plenário por cinco votos a dois, aceitou a ação para impugnar a chapa de Dilma e Temer nas eleições de 2014. Iniciava aí aquilo que poderia alterar o quadro, sem a necessidade do impeachment – mas com prazo de término indefinido.

Jaques Wagner tomou posse na Casa Civil. Ele me procurou, em seguida, para me fazer uma visita à noite, comparecendo à residência oficial e jantando comigo. Nesse momento, sinalizou o diálogo, colocando Lula ao telefone para conversarmos. Lula disse que, a partir daquele momento, eu deveria confiar em Wagner – para que as coisas funcionassem melhor, combinando os passos com ele. Até achei, por algum instante, que algo poderia melhorar, pelo jeito meio de malandro dele, parecendo ser da política. Mas ao fim isso não daria certo, pois chegaríamos à conclusão de que ele foi dissimulado, fazendo jogo duplo, sem que se pudesse confiar nele.

Na quarta, saiu publicada na maioria dos jornais mais uma manifestação do Ministério Público da Suíça, dizendo que eu tinha conhecimento do ocorrido, pois teria sido notificado. Esse fato aumentava a especulação sobre mim. Na verdade, não tinha sido notificado pelo Ministério Público suíço, e, sim, comunicado pelo *trust* por telefone, em maio, sem qualquer documento para que conhecesse as razões e pudesse efetivar alguma contestação.

Os deputados que eram meus desafetos haviam protocolado um pedido de informação à Procuradoria-Geral da República sobre minha situação. Rodrigo Janot respondeu, de maneira incomum e célere, com uma peça absolutamente em tom de acusação, jamais vista nesse tipo de abordagem. De forma política, ele sustentou a acusação, visando subsidiar uma abertura de processo contra mim por quebra de decoro no Conselho de Ética da casa.

Os líderes de oposição declararam que iriam esperar a chegada dos documentos contra mim para se posicionarem. Eles afirmavam que, se efetivamente viessem esses documentos, a minha situação seria insustentável.

Isso para Janot era a senha para que ele apressasse a situação, visando me inviabilizar. Bastaria ele divulgar detalhes para que esses partidos passassem a cobrar a minha saída da presidência da Câmara.

Compareci ao painel de radiodifusão na Câmara dos Deputados, promovido pela Associação Brasileira das Emissoras de Rádio e Televisão (Abert). Palestrei, intermediado pelo jornalista petista Kennedy Alencar. Declarei que a reforma ministerial não agregou um voto a mais no Congresso do que Dilma já tinha. Quem era a favor continuou a favor e quem era contra continuou contra. Essa era a síntese. Falei também que não iria renunciar à presidência da Câmara em hipótese nenhuma, respondendo às pressões da mídia presente. Rebati a ideia do PT de regulação da mídia usando a frase: "Para má imprensa, mais imprensa".

A área técnica da Câmara emitiu um parecer pela rejeição do pedido de abertura do processo de impeachment de Hélio Bicudo e outros, sem qualquer orientação ou pressão minha, confirmando meu entendimento. Por absoluta teimosia, os autores não tinham incluído os decretos de Dilma do ano de 2015.

A sessão do Congresso foi adiada mais uma vez, por falta de quórum. Nesse dia já estava consumada a retirada dos partidos PTB, PP, PSC e PHS do bloco do PMDB. Com isso, Picciani passou a se preocupar em não perder a própria liderança do partido. Ele resolveu, então, buscar uma lista de apoio para continuar como líder, criando agora outro tipo de confusão – desta vez internamente, na bancada peemedebista.

Todos nós já estávamos traumatizados com esse negócio de listas no PMDB para líder. Nós já havíamos pacificado que a bancada elegeria o líder por votação secreta ou, se fosse o caso, por aclamação. Jamais por lista, que só deveria ser feita após o partido escolher, apenas para cumprir o requisito regimental.

Picciani agora começava a quebrar uma regra interna.

A obstrução da sessão do Congresso acendeu a luz vermelha no governo, que viu que de nada adiantou uma reforma feita às pressas e de forma equivocada, conduzida para beneficiar um único líder – que, se comprovou, não liderava tanto assim.

A foto que sairia nos jornais refletindo o que ocorreu mostraria Picciani sozinho, sentado no plenário vazio, ao telefone, tentando levar deputados para darem quórum, sem sucesso.

Nesse dia, o plenário do STF levou a julgamento o meu recurso contra a decisão de Teori Zavascki, quando revogou a decisão do presidente do STF, Ricardo Lewandowski, no plantão do recesso de julho. O recurso visava questionar a atuação do chefe da Operação Lava Jato na ação penal com o lobista delator Júlio Camargo. Meu recurso foi rejeitado por unanimidade pelo plenário – ou seja, a proposta de Dilma feita por intermédio de Pezão de que tinha cinco ministros no STF para me ajudar comprovou-se uma balela, o que eu já sabia.

Foi muito boa essa decisão, porque me deu o discurso perante Pezão e Leonardo Picciani, para dizer que não adiantava qualquer acordo com ela, porque não seria cumprido. Além de tirar a pressão deles de cima de mim. A desculpa que me deram foi que eu havia pedido para pautar os casos, e não para vencer – desculpa digna de farsantes.

Nesse mesmo dia, o TCU julgaria as contas de Dilma do ano de 2014. O governo havia tentado uma ação, no STF, para impedir a votação, com um pedido de liminar não atendido pelo relator, o ministro Luiz Fux.

Com a decisão do STF, as contas foram julgadas pelo TCU e rejeitadas por unanimidade, provocando uma verdadeira avalanche em cima do governo. A derrota no TCU se tornou humilhante, pelo fato de o governo esticar a corda, contestando o relator, entrando no STF e amplificando uma situação que seria perfeitamente reversível.

Todas as minhas declarações eram de que não importava a votação do TCU das contas do mandato anterior – que não teria nenhum reflexo em pedidos de impeachment. Mas o governo quis colocar na mesa essa decisão do TCU, ampliando seu desgaste. Ao fim do dia de cão do governo, derrotado no TCU e sem votar os vetos, além da decisão do TSE, eu me reuni com os líderes e representantes dos partidos a favor do impeachment, na residência oficial, para avaliarmos o quadro.

O saldo era que a reforma ministerial de Dilma tinha fracassado no primeiro dia. O governo estava mais nas cordas do que antes, e o líder Leonardo Picciani tinha sido levado ao tamanho de parte da bancada do PMDB. Só faltava dar o bote final no andamento do processo de impeachment.

O combinado era que na semana seguinte eu rejeitaria o pedido de Hélio Bicudo – mas ainda não estava confortável com o conteúdo desse pedido, que via com fragilidade por só tratar de fatos do mandato anterior. Dar curso a esse pedido, mesmo em fase de recurso, iria significar, na minha opinião, dar um substancial argumento para que Dilma conseguisse derrubar o pedido no STF. Nós iríamos todos morrer na praia, pela absoluta teimosia dos autores, que insistiam com as suas teses.

Na quinta, dia 8, graças ao vazamento orquestrado por Janot, foram divulgados os dados das contas do *trust*, indicando valores, dados e outros detalhes. Outros vazamentos iriam acontecer a cada dia, a conta-gotas, dentro da estratégia dele de me inviabilizar, para evitar que eu abrisse o processo de impeachment.

O ministro Edinho Silva veio tomar o café da manhã comigo. Ele iria depor na CPI e fiz questão de convidá-lo antes, para evitar a especulação de que eu teria algo a ver com o depoimento dele. Edinho falou sobre os erros da reforma ministerial e desancou José Eduardo Cardozo para mim, colocando-o como responsável por boa parte da crise.

Na sexta, dia 9, o mesmo jornalista coautor do livro de Janot, Jailton de Carvalho, publicou uma série de informações sobre as contas do *trust*, indicando seu acesso privilegiado a dados que deveriam estar sob a guarda do Estado. Ao mesmo tempo, o PSOL vazou um documento enviado por Janot, absolutamente fora de qualquer padrão de investigação no país até então, declarando que eu teria contas no exterior. O partido avisou que entraria com uma representação contra mim no Conselho de Ética da Câmara.

Essa divulgação explosiva iria contaminar ainda mais o ambiente contra mim. No mesmo dia, foi divulgada uma entrevista minha à *Folha de S. Paulo* para a colunista petista Mônica Bergamo. Ela queria que eu não decidisse nada sobre o impeachment, engavetando os pedidos existentes.

Respondi que não houve na história anterior nenhum presidente da Câmara que engavetasse pedidos de abertura de processo de impeachment – e eu não seria o primeiro. Achava engraçadas as versões que diziam que se eu rejeitasse o pedido era conspiração, mas, se aceitasse, era por ser de oposição – afinal, o que queriam?

Rodrigo Maia, como presidente da Câmara, agiu de forma exatamente oposta. Ele engavetou os pedidos de impeachment contra Michel Temer e contra Jair Bolsonaro. Deveria ter julgado, aceitando ou rejeitando caso entendesse dessa forma, mas jamais os engavetando. Foram atos de covardia, de quem não tem coragem para assumir suas posições.

Soltei uma nota para responder às matérias plantadas por Janot. Mas com cautela, porque senão ficaria todo dia tendo de desmentir algum detalhe.

Anunciei para terça-feira, dia 13, a decisão sobre sete pedidos de abertura de processo de impeachment, incluindo aquela de Hélio Bicudo. Deixei vazar que a tendência era rejeitá-lo. Aécio declarou apoio ao impeachment, depois da decisão do TCU de rejeição das contas de Dilma de 2014. Tal anúncio ocorreu no momento em que eu estava discutindo detalhes dos pareceres com a assessoria, via troca de e-mails.

Toda vez que anunciava alguma coisa com relação ao impeachment, sempre vinha um troco de Janot como resposta. Dessa vez, não seria diferente. Na mesma sexta-feira, o *Jornal Nacional* exibiu uma gigantesca matéria com dados de todas as movimentações das contas, incluindo detalhes dos quais nem eu tinha a menor ideia. Colocaram fatos não verdadeiros no meio. A matéria foi antecipada meia hora antes pelo site de *O Globo* pelo mesmo jornalista, Jailton de Carvalho.

As descrições eram para me desmoralizar. Colocavam volumes de movimentações, entradas e saídas de meras aplicações financeiras, como se fossem recebimentos de dinheiro e transferências não identificadas. Misturavam pagamentos de escolas como gastos de luxo, enfim, uma salada. A Globo, de forma antiética, queria desmoralizar também minha mulher – como forma de vingança pela ação trabalhista ganha por ela contra a emissora no passado.

Essa ação trabalhista da minha mulher contra a Globo realmente os incomodou bastante, apesar do suposto armistício feito em 2014. Pesava, como já havia falado, que a emissora foi obrigada a registrar todos os seus profissionais, acabando com o vínculo através de pessoas jurídicas. Isso aumentava o custo de cada profissional.

Como já falei antes, ficou totalmente comprovada – na ação que a minha mulher respondeu perante Sergio Moro – a origem das transferências para o pagamento dos cartões de crédito. Tanto que ela foi absolvida. Mas a Globo entraria, a partir desse dia, num verdadeiro massacre – que só pararia depois da minha cassação. Essa cobertura fez a diferença para contaminar toda a imagem que eu tinha construído.

Rodrigo Maia me ligou convidando-me para uma reunião no seu apartamento, no Rio de Janeiro, no sábado pela manhã. O líder do PSDB, Carlos Sampaio, viria de São Paulo, e o deputado Bruno Araújo, líder da minoria, viria de Pernambuco, só para essa reunião. Concordei e marcamos para as 10 horas da manhã.

Em seguida, saiu a notícia de que o ministro do STF Teori Zavascki teria homologado a delação do lobista Fernando Baiano, para completar o quadro de ataques de Janot contra mim. Meus advogados soltaram nota, estranhando que um processo sigiloso ao qual eu ainda não tinha tido acesso, oriundo de cooperação internacional, tenha dados sendo vazados, incluindo pessoas que não eram objeto de investigação, como a minha família. Na nota, acusou-se Janot de promover o vazamento de forma ilegal.

No sábado, dia 10, todos os jornais repercutiam o vazamento dessas informações, me colocando como derrotado, prestes a cair, e mencionando que a oposição iria se reunir durante o fim de semana, prolongado por um feriado, para tirar uma posição contra mim.

Do outro lado, meu anúncio – de que decidiria os pedidos de abertura de processo de impeachment contra Dilma na terça-feira – deixava o governo em polvorosa. Dilma convocou uma reunião sobre isso para o sábado, no Palácio da Alvorada.

Cheguei ao apartamento de Rodrigo Maia, em São Conrado, e já encontrei ali Carlos Sampaio. Bruno Araújo chegaria um pouco depois. Fiz um relato totalmente transparente sobre as contas, o *trust*, explicando tudo que foi divulgado e mostrando que não tinha mentido no depoimento da CPI da Petrobras, pois as contas não eram minhas, e sim de um *trust*. Expliquei também toda a situação dos gastos divulgados, nos quais maldosamente colocaram como academia de tênis uma escola onde meu filho estudou no primeiro ano do segundo grau, nos Estados Unidos.

Mostrei a nota de resposta divulgada na noite de sexta, e outra que iria ainda divulgar no sábado, respondendo às matérias. Carlos Sampaio e Bruno

Araújo se comprometeram a tentar segurar a situação, para que déssemos andamento ao combinado.

Com relação ao pedido de impeachment de Hélio Bicudo, mostrei a eles o parecer da equipe técnica da Câmara pela inépcia do pedido. Eu o achava muito fraco para se levar adiante, sendo isso uma teimosia dos autores em insistir em uma tese que seria derrubada com facilidade no STF.

Sampaio me indagou sobre qual seria a solução. Respondi que se deveria apresentar um novo pedido com relação aos decretos de 2015, facilmente comprováveis, que seriam muito mais fortes para a continuidade do processo. Eu o rejeitaria e em seguida colocaria o recurso em plenário. Esse recurso tramitaria com muito mais vigor.

Carlos Sampaio e Bruno Araújo concordaram comigo, mas, em vez de novo pedido, iriam aditar o pedido existente – ficando Carlos encarregado de redigir a peça, submetendo a Bicudo e Miguel Reale Jr. Para isso, mudou sua programação, deslocando-se imediatamente para Brasília para construir o novo texto com sua assessoria.

Dessa forma, eu não despacharia mais na terça o pedido de Bicudo. Aguardaria o aditamento ao pedido e o despacharia tão logo fosse protocolado. Terminada a conversa, saímos, eu de volta para meus compromissos, Sampaio para Brasília e Bruno para Recife.

A decisão sobre o impeachment estava combinada nessa reunião. Eu havia decidido de forma definitiva que rejeitaria o pedido que seria corrigido, levando o recurso que seria apresentado pelo PSDB contra a rejeição para ser votado em plenário. Esse foi o marco temporal da efetiva decisão do que seria feito.

Ainda na portaria do prédio de Rodrigo Maia, um morador do mesmo condomínio nos abordou, perguntando sobre o impeachment. Em seguida, Rodrigo falou que nem ele, nem ninguém estava preocupado com minha denúncia – somente em tirar a Dilma, anseio dele e de todos.

Quando assistimos ao PT bajulando Rodrigo Maia, eu me pergunto: eles não sabiam do verdadeiro papel que ele teve no impeachment?

Saí da casa de Rodrigo e fui para o Aeroporto de Jacarepaguá, onde Joesley Batista havia me pedido uma conversa, vindo de helicóptero e descendo na sala da Líder Táxi Aéreo. Joesley vinha de São Paulo para Angra dos Reis e desviou o caminho para me encontrar. Queria saber do impeachment. Não sabia se ele obtinha informação para o PT ou por interesse de se posicionar no mercado para especular com dólar, sua atividade preferida.

Falei a ele que a ideia era rejeitar os pedidos de impeachment, para depois levar um eventual recurso ao plenário. Mas isso não iria ocorrer na próxima semana, pois ainda iriam complementar o pedido.

Voltei para casa. Intermediado pelo pastor Samuel Ferreira, recebi o telefonema de Giles Azevedo, que estava na reunião de Dilma no Alvorada. Ele queria saber do impeachment, considerando os boatos existentes.

A presidente tinha acabado de voltar de uma viagem à Colômbia. Mônica Bergamo havia publicado, em sua coluna, que eu aceitaria o pedido de abertura do processo. Giles queria saber se era verdadeira a informação publicada, e eu desmenti.

Afirmei a ele que havia anunciado a decisão sobre os pedidos existentes para terça, com a intenção de rejeitá-los. Mas não saberia precisar se todos estariam com o parecer pronto para a data, contudo a ideia seria essa, para acabar com a pressão em cima de mim. Certamente a minha posição não era a que eles gostariam, mas Giles se contentou com a minha resposta e desligou.

No próprio sábado foram protocoladas ações no STF para tentar impedir o impeachment, questionando a questão de ordem do rito do processo. Soava estranho terem sido protocoladas em dia sem expediente, serem imediatamente distribuídas a relatores e estarem concluídas para despacho. Para que ocorresse dessa forma, alguma gestão deve ter havido.

No fim do dia, mesmo depois do acordado na casa de Rodrigo Maia, os líderes da oposição soltaram uma nota pedindo o meu afastamento da presidência da Câmara. A nota foi assinada por parte deles, já que nem todos concordaram. Procurei Rodrigo Maia para saber qual era a razão da deslealdade deles. Ouvi como resposta uma crítica dele ao PSDB, se eximindo de qualquer responsabilidade. Ele ainda comentou que eles falavam uma coisa e faziam outra.

Muito se divulgou na época que essa nota teria sido combinada comigo, o que não é verdade. Na reunião que tive na casa de Rodrigo Maia, tinha ficado claro que eu não renunciaria nem me licenciaria. Os passos foram combinados. Não dava para achar que iriam acertar comigo de manhã e me esculhambar em nota à tarde. Jamais poderia concordar com essa indignidade, que só mostrava que não adiantava fazer qualquer acordo com eles, porque não cumpririam.

Soltei uma dura e longa nota, na qual afirmei que jamais recebi de quem quer que fosse qualquer vantagem indevida. Avisei que os meus advogados iriam ingressar no STF para pedir acesso. Questionei Janot, por um criminoso vazamento de forma fatiada de dados sigilosos a conta-gotas, às vésperas de um feriado prolongado. Questionei também o fato de ele estar dividindo as informações com vários órgãos de imprensa, o que não me dava a menor possibilidade de contestação.

Critiquei ainda a atuação seletiva dele. Perguntei: onde estão as outras denúncias? Como estão os outros inquéritos? Por que essa obstinação do procurador-geral da República contra o presidente da Câmara? Alguma vez na história do Ministério Público o procurador-geral respondeu a um ofício de um partido político da forma como foi respondido com relação ao presidente da Câmara? A quem interessa essa atuação parcial do procurador-geral?

Disse ainda que essas eram algumas das perguntas que gostaríamos de ver respondidas, pois estávamos saindo de um passado em que se acusava um procurador-geral de ser o engavetador-geral da República, para um que se torna o acusador do governo-geral da República.

No domingo, recebi dois telefonemas – um do já falecido deputado José Mentor, do PT, e outro do deputado Orlando Silva, do PC do B. Ambos me pediam a mesma coisa: uma conversa urgente com Jaques Wagner. Eu disse que não seria problema, bastando combinar.

Wagner ligou em seguida e combinamos de nos encontrar na segunda, dia 12, à noite, tão logo chegasse a Brasília. Ele me buscaria na residência oficial e me levaria até Dilma, para conversarmos. Concordei.

O deputado Paulinho da Força, do Solidariedade, me telefonou revoltado com a nota da oposição – que ele havia concordado em assinar, pela informação passada pelo PSDB de que eu estaria de acordo com ela. Depois que viu a minha reação, ele articulou uma reunião das oposições para a noite de segunda, onde iria se insurgir contra essa posição. Combinei de encontrá-lo, antes da reunião, na base aérea, tão logo chegasse à capital federal.

A *Folha de S. Paulo* daquela segunda trouxe uma matéria com toda a estratégia combinada com Carlos Sampaio na casa de Rodrigo Maia, minuciosamente descrita – embora com a negativa de Carlos Sampaio. Aquilo me irritou. Só havia quatro pessoas na reunião: eu, Rodrigo Maia, Carlos Sampaio e Bruno Araújo. Quem teria dado? Eu não fui, Rodrigo dizia que não tinha sido ele, faltavam os dois do PSDB. Caso Maia tenha falado a verdade, um dos dois então teria entregado a estratégia e, depois, assinado a nota contra mim, em deslealdade com os compromissos firmados.

Rodrigo Maia embarcou comigo para Brasília no avião da FAB. Chegando, encontramos Paulinho, que já nos aguardava na base aérea. Eles iriam ao encontro os líderes da oposição.

Disse a Paulinho e Rodrigo que não sabia ainda qual seria a minha reação – mas que certamente não iria ficar dando discurso para quem estava me agredindo e que, a partir desse momento, eu teria de me agrupar debaixo dos que me elegeram, e não da oposição.

Era certo que o DEM e o Solidariedade tinham me apoiado. Mas, no momento que firmavam posição contra mim, teria de ter um agrupamento que me sustentasse, garantindo a governabilidade da casa e número para vencer as disputas.

Agora, teria de agir com a minha base da eleição, e não com quem não tinha votado em mim mas que acabou usufruindo da minha vitória. Não poderia agir diferente, pois PSDB, PSB, PPS e até o PT não votaram em mim – era hora de atender os meus eleitores.

Embora eu desejasse o impeachment, isso só iria ter curso na estratégia combinada caso obtivesse o apoio explícito dos partidos que me elegeram. Essa era a guinada que a posição da oposição acabou dando. Por isso me sentia à vontade para conversar com o governo e ver o que queriam.

Paulinho e Rodrigo foram preocupados encontrar os líderes dos partidos de oposição. Enquanto isso, tendo a informação de que a imprensa estava de plantão na porta da residência oficial, liguei para Wagner pedindo que me encontrasse na própria base aérea para evitar a exposição.

Ele chegou à base e sentamo-nos na sala reservada. Ele começou falando do impeachment, me pedindo que não decidisse, que engavetasse – com o que, de pronto, não concordei. Nesse momento, em uma insinuação de chantagem, Wagner falou da representação do Conselho de Ética contra mim, que ainda não tinha nem sido dada entrada. Propôs o apoio do PT para evitar a tramitação. Isso me irritou bastante. Rebati dizendo que não dava para se ter aliança onde a ameaça era a tônica.

Depois dessa posição, para encurtar a conversa, disse que preferia conversar com Dilma junto. Wagner afirmou, então, que iria estar com ela primeiro e depois me procuraria para que eu fosse ao encontro deles. Ficou claro que estavam aguardando algo, que deveria ser uma decisão do STF nas ações que tinham ingressado no sábado.

Wagner também perguntou se eu queria a nomeação de Temer para o Ministério da Justiça, em lugar de José Eduardo Cardozo. Respondi que isso tinha sido uma sugestão minha para o Lula, um mês atrás, que não era o meu interesse e sim um ato de inteligência de quem estava sendo contestado em um pedido de impeachment.

Disse que era óbvio que se Temer fosse o ministro da Justiça, o impeachment morreria, mas que eu não acreditava que ele aceitasse o cargo naquele momento. Isso nem era o meu pedido – embora a saída de Cardozo fosse aspiração de todos, inclusive de Lula.

Após a conversa com Wagner, fui para a residência oficial. Ele não me procurou mais naquele dia, talvez por já ter a informação da decisão que seria anunciada na terça-feira pelo STF. Paulinho e Rodrigo me ligaram da reunião da oposição, me pedindo um encontro no dia seguinte cedo, com todos eles. Aceitei e marquei um café da manhã.

Na terça, saiu na imprensa que o PT estava me ameaçando de apoiar o processo da minha cassação caso eu abrisse o processo de impeachment. Essa era a estratégia que teria sido combinada na noite anterior, entre a bancada do PT e o então ministro Ricardo Berzoini. Essa reunião ocorreu após eu estar com Wagner.

O presidente do PT, Rui Falcão, publicou um artigo no site do PT falando que eu não teria credibilidade para abrir um processo de impeachment.

De maneira geral, as notícias davam conta de que a oferta do governo para mim era para eu não abrir o processo de impeachment em troca de ser blindado pelo PT no Conselho de Ética da Câmara. Também saíram mais notícias da reunião de sábado na casa de Rodrigo Maia. Ele desmentia com veemência a reunião, demonstrando aparentemente irritação com o vazamento.

Recebi os líderes da oposição para o café da manhã. A pauta era como ficaria a situação depois da nota deles. Paulinho era o que mais atuava para mudar essa posição, se reiniciando o diálogo, onde eles estavam dispostos a voltar atrás.

Respondi que estávamos debaixo de uma crise de confiança. Não dava para combinar de manhã e mudar à tarde, fazendo referência ao ocorrido no sábado anterior na casa de Rodrigo Maia, também presente no café da manhã. Falei para eles que se eu aceitasse o pedido de abertura do processo de impeachment, no dia seguinte eles estariam pedindo a minha destituição do cargo. Afirmei ainda que não dava para apanhar dos dois lados, deles e do governo. Disse que era inadmissível combinar uma estratégia e ler sobre ela no dia seguinte nos jornais, dando chances de o governo se armar contra a gente. Isso era amadorismo e busca de holofote, e não um plano para obter o resultado do impeachment.

Disse a eles que poderia manter a estratégia, mas que, para isso, iria conversar com os líderes que apoiaram a minha eleição à presidência da Câmara, porque eles, da oposição, poderiam mudar a cada momento suas posições – mas quem ajudou a me eleger não mudaria. Ressaltei que só estava mantendo a estratégia por causa do DEM e do Solidariedade, que votaram em mim na eleição. Nesse momento havia chegado a notícia de que o ministro do STF, Teori Zavascki, havia concedido uma liminar suspendendo o rito estabelecido do impeachment na questão de ordem número 105.

A liminar concedida, na prática, impedia o rito estabelecido na interpretação da questão de ordem. Foi dito que era prerrogativa do presidente da Câmara aceitar ou rejeitar o pedido de impeachment, mas se questionou a possibilidade de recurso contra a rejeição ao pedido. Pela decisão, também se questionava a possibilidade de aditamentos ao pedido de impeachment. Era decisão liminar, que deveria ser levada ao plenário da corte.

Logo em seguida chegou a notícia de uma segunda liminar, desta vez pela ministra do STF Rosa Weber, em termos idênticos à do ministro Teori Zavascki. Chegava também a notícia de que o PT iria entrar no STF contra o aditamento que seria feito pelos autores do pedido de Bicudo, embora a própria decisão liminar do STF já impedisse o aditamento, a pedidos.

A base para as ações era de que minha decisão naquela questão de ordem deveria ter sido suspensa por um recurso ingressado pelo PT. Como esse recurso havia sido interposto fora de prazo, eu tinha acolhido como uma nova questão de ordem – já que não poderia recebê-lo como recurso. O PT pleiteava que isso tivesse efeito suspensivo sobre minha decisão.

Também questionava que eu não deveria ter permitido a questão de ordem sobre o tema – pois não era a pauta da ordem do dia, quando foi interposta essa questão. Com isso, pediam a suspensão dos seus efeitos, que continha delimitação do prazo para o ingresso de recurso ao plenário da decisão de rejeição ao pedido de impeachment.

Questionavam também que, havendo recurso ao plenário contra a rejeição ao pedido de impeachment, o seu resultado pela rejeição só poderia ser mudado por dois terços, mesmo quórum para aprovar a abertura do processo.

Nada do que eles pediam era previsto no regimento da Câmara, na lei ou na Constituição, sendo a decisão das liminares eminentemente política, o que caracterizava interferência no Poder Legislativo, atacando *norma interna corporis*.

As questões de ordem podem ser interpostas a qualquer momento nas sessões, sendo que, se feitas fora da ordem do dia, podem versar sobre qualquer tema. Sua limitação à pauta da ordem do dia só seria aplicada se feita dentro desse período. Para isso, o regimento prevê até mecanismos de efeito suspensivo contra uma decisão do presidente. Os recursos contra a decisão do presidente têm o seu prazo estipulado no regimento. Também não existia nenhuma disposição regimental ou legal que dissesse que o quórum teria de ser de dois terços para se reverter uma decisão do presidente.

Ocorre que a situação era política, com Dilma sempre alardeando ter cinco ministros no STF, sendo que dois desses cinco estavam dando liminares políticas, logo no início do processo – ficando óbvio que ela poderia obter mais vitórias no STF.

Em uma análise preliminar, a situação nos levava a apenas três alternativas. A primeira: um novo pedido de impeachment, em vez do aditamento que iriam fazer, para evitar mais um contratempo. A segunda alternativa seria eu revogar a questão de ordem, em vez de contestar a liminar, pois o tempo que eles levariam para o plenário do STF deliberar seria o fim do processo de impeachment. A terceira era, por consequência, para evitar qualquer contestação: eu aceitaria o pedido de abertura do processo de impeachment, em vez de recusá-lo, para que fosse apreciado um recurso, conforme havia combinado com a oposição.

As duas liminares deixavam claro que era minha a atribuição de aceitar ou rejeitar o pedido de abertura de processo de impeachment. O que restou contestado era a forma do recurso ao plenário da rejeição do pedido.

A decisão do STF era tão absurda que afrontava o texto do regimento interno da Câmara. Esse texto era de uma clareza insofismável. Estava expresso no capítulo VII, intitulado "Do processo nos crimes de responsabilidade do presidente e vice-presidente da República e de ministro de Estado", no parágrafo 3º do artigo 218 do regimento da Câmara, o seguinte: "do despacho do presidente que indeferir o recebimento de denúncia, caberá recurso ao plenário".

Além dessa clareza, o próprio PT já havia se utilizado desse instrumento, quando do seu pedido de impeachment feito contra Fernando Henrique Cardoso, em 1999. Na época, com Michel Temer presidente da Câmara, foi votado um recurso do deputado petista Arlindo Chinaglia contra o indeferimento ao pedido de impeachment.

O governo comemorou a decisão. Mas aquilo que considerava uma grande vitória, na realidade foi a grande derrota que um governo com estratégia errática achava que era triunfo. Nesse instante, o governo tinha condições de obter uma maioria simples para derrotar um recurso na Câmara.

Um governo que não tivesse maioria simples para evitar a rejeição de um simples requerimento, por óbvio, não teria mais condição de governabilidade. No entanto, uma vez aberto o processo de impeachment, seria muito mais fácil obter os dois terços para aprovar a abertura desse processo.

O resumo era que, se o governo perdesse o recurso contra a rejeição do pedido, já estaria com grandes chances de ver o impeachment aprovado, mas teria uma etapa anterior para lutar – que seria a votação desse recurso. Era muito mais fácil obter naquele momento a maioria simples.

Mesmo assim, caso o governo perdesse esse recurso e fosse instaurado o processo de impeachment, isso não significaria uma derrota total. Ele ainda teria a alternativa de, conhecendo o resultado daquela votação, ter como atuar para reverter alguns poucos votos, para impedir a autorização da Câmara ao impeachment. O número de deputados que o governo precisaria era de um terço.

Além disso, qual a razão para brigar na Justiça para ter, como resultado, a garantia do meu poder absoluto para determinar a abertura do processo de impeachment, no momento que eu quisesse? Sendo eu o grande adversário dela, era uma solução inteligente? Por óbvio que a resposta é não.

O governo, mais uma vez, com as inteligências do porte de José Eduardo Cardozo, achava que iria conseguir me tirar do cargo antes de eu aceitar o pedido de impeachment. Ou que eu iria me render fazendo acordo para ser blindado pelo PT no Conselho de Ética.

Enganaram-se redondamente. Simplesmente não faria acordo por dois motivos: primeiro, porque não confiava neles; segundo, porque não queria fazer acordo. Eu tão somente queria ter a condição de ver o impeachment aprovado, mesmo que tivesse de ser o responsável sozinho pela abertura do processo.

A diferença era que iria administrar o tempo de acordo com a situação que estava posta sobre mim, porque, com a oposição pedindo minha cabeça, não poderia agregar naquele momento a bancada do governo aderindo a esse movimento.

Além disso, precisava alinhar com uma base sólida para me sustentar. Pois, caso abrisse o processo contra a vontade dos partidos que restassem a meu lado, sem antes ter autorização deles para isso, certamente estaria dando um tiro no pé.

Mas tudo isso seria questão de tempo e circunstância. Ficaria claro que o governo errou ao estimular os "inteligentes petistas" a entrarem na Justiça, obterem uma decisão favorável em liminar – que, na prática, jogou nas minhas mãos o controle de todo o processo.

A vitória foi, na realidade, a maior derrota obtida por Dilma naquele processo. Bastou uma simples decisão minha de revogar a questão de ordem para tornar a ação sem objeto. Com isso, nem os ministros de Dilma ficaram preventos para outras ações futuras do impeachment. Além disso, eles me retornaram o poder único e absoluto do processo.

Essa talvez tenha sido, na minha opinião, a principal razão da abertura do processo de impeachment de Dilma. Ela, com essa decisão do STF, obteve uma vitória de Pirro – para amargar a derrota depois.

23 O pedido de abertura do processo de impeachment: assinado e guardado no cofre

Logo após a notícia das decisões do STF suspendendo o rito do impeachment, os líderes da oposição saíram da reunião sem que se tivesse amarrado algum acordo sobre o procedimento. Atordoados, queriam refletir melhor.

Chamei os líderes aliados, sem a presença de Leonardo Picciani e da oposição, para termos uma estratégia de atuação. A partir de então, mais do que nunca, eles seriam meu suporte. Combinamos que fariam um movimento de apoio a mim pelos seus partidos.

Acertei que minha decisão definitiva sobre o processo de impeachment seria de comum acordo com eles, para que eu não ficasse nem na mão da oposição, nem na mão do governo – ambos minoritários. Eu não tinha espaço para errar.

Os partidos aliados estavam em tal posição que não se incomodariam muito com qualquer atitude que eu viesse a tomar. A princípio, eles sabiam que se fosse aberto o processo de impeachment, todos seriam valorizados pelos dois lados, podendo negociar para decidirem o que fazer. No fundo, mesmo os que eram contrários ao impeachment tinham interesse na confusão.

Para eles, o fato de eu abrir o processo não significava o compromisso de votarem a favor do impeachment. Eles entendiam que eu poderia acabar chegando a essa situação. Diante dessa posição, fiquei mais tranquilo para tomar a decisão que entendesse melhor. De qualquer forma, não faria sem prévio aviso a eles.

Nenhum deles me pediu para decidir desta ou daquela forma, para aceitar ou rejeitar o pedido de abertura do processo de impeachment. Deixaram-me à vontade. E isso era muito bom: aumentava minha força para decidir.

Os mercados reagiram mal à divulgação da decisão do STF em liminar. A forte queda confirmava: a expectativa de possível impeachment era positiva para eles.

PSOL e Rede entraram com representação no Conselho de Ética pedindo que meu mandato fosse cassado. Ambos os partidos eram coordenados pelos meus desafetos: respectivamente Chico Alencar e Alessandro Molon. Alguns deputados aderiram ao pedido, subscrevendo a título político. Eram 34 deputados do PT, mais da metade da bancada deles – apesar de o partido oficialmente não ter declarado apoio.

Essa maioria petista me convencia de que o partido não iria cumprir nenhum trato que fizesse comigo, mostrando a dificuldade que teria. Ou seja, não se podia confiar na oposição, muito menos no PT. Como o governo queria me propor um acordo envolvendo uma bancada, se mais da metade dos seus membros estava assinando o pedido da minha cassação?

A motivação desse pedido era de que eu teria supostamente mentido na CPI da Petrobras quando afirmei que todas as minhas contas constavam da minha declaração de imposto de renda.

A história remete à decisão de ter deposto espontaneamente à CPI da Petrobras, conforme já abordei. Eu tinha a convicção de que havia feito o correto e de não ter mentido. Além disso, seguia não tendo contas de minha propriedade no exterior. E o fato era de mandato anterior. Por fim, a Constituição não me obriga a produzir provas contra mim, e eu depus na CPI sem o compromisso de dizer a verdade – embora tenha dito.

Se não fosse pela CPI, iriam buscar outra forma de representar, dizendo que havia omitido a declaração de renda que todo parlamentar apresenta quando toma posse no mandato. Isso seria por eles também considerado motivo de quebra de decoro. A motivação era política, assim como a oposição achava que deveria ser política a decisão do impeachment. Só que eu tentava dar suporte técnico a uma decisão política para o andamento do processo.

Nessa noite, em evento de movimentos ligados ao PT em São Paulo, com a presença do seu presidente, Rui Falcão, ecoou o grito: "Fora Cunha!". Ao mesmo tempo, eu recebia convidados na residência oficial, em homenagem aos vencedores do Prêmio Lúcio Costa – estavam presentes diversas autoridades, inclusive o governador paulista Geraldo Alckmin.

Na quarta-feira, dia 14 de outubro, recebi o presidente do PRB, Marcos Pereira. Ele sinalizou apoio ao impeachment e me pediu o Ministério da Agricultura na composição do novo governo de Temer. Respondi que garantiria isso a ele. Ele me autorizou a contar com seu partido para abrir o processo contra Dilma – só o avisando antes para que retirasse a legenda de apoiar o governo.

Foi o primeiro acordo explícito de apoio ao impeachment realizado. E foi cumprido depois por Temer, apenas trocando o ministério, em comum acordo – em vez da Agricultura, o PRB ficou com o da Indústria e Comércio, além da Secretaria da Pesca.

Fiquei assustado positivamente. Vi que estava mais fácil do que eu pensava acertar com os partidos aliados a mim a adesão ao impeachment, sem depender da oposição, que viria de graça de qualquer maneira.

Os jornais publicavam que eu estava no dilema entre aceitar acordo com o governo, para engavetar o pedido, ou fazer o acordo com a oposição, para aceitar o pedido. E ambas hipóteses estariam condicionadas a me salvar no Conselho de Ética.

Michel me convidou para um almoço com Renan, para acertarmos as arestas mais uma vez. Cheguei antes ao Jaburu. Paulinho da Força foi até lá para fazer uma proposta na frente de Temer: se eu abrisse o processo de impeachment, teria o apoio integral e todos os votos da oposição no Conselho de Ética. Respondi que iria refletir com calma sobre isso – mas qual a garantia que eu teria de quem combina algo comigo de manhã e trai à tarde, como tinha ocorrido no sábado anterior?

Almoçamos com Renan, evitando falar sobre o impeachment e nos restringindo à situação dos vetos e da pauta. Só com a saída dele iniciamos a verdadeira conversa. Embora a mídia dissesse que Temer estava ajudando para que eu fizesse um acordo com o governo para evitar o impeachment, a verdade era exatamente o contrário.

Relatei a Temer todos os encontros do fim de semana, incluindo o da casa de Rodrigo Maia sobre o impeachment – além do encontro com Jaques Wagner na base aérea. Contei inclusive que se falou sobre ele assumir o Ministério da Justiça – o vice-presidente enfatizou que não aceitaria nenhuma pasta no governo de Dilma.

Quando falamos da decisão das liminares do STF, Temer sugeriu que eu deveria aceitar a abertura do processo de impeachment de imediato, para rebater a posição do STF, que ele entendia como errada, mas que não me impedia de praticar o ato de aceitar.

Ele não gostou da resposta que eu dei, de que a oposição fazia jogo duplo, assim como o PT. Precisava ver o cenário como um todo, além de ter um pedido defensável para aceitar – pois o de Bicudo, como estava, seria derrubado no STF. Insisto: eram fatos do mandato anterior e isso ensejaria uma disputa judicial desnecessária, com resultados imprevisíveis.

Afirmei que tinha combinado com Carlos Sampaio a apresentação de um novo pedido, com os decretos de 2015, em desrespeito à lei orçamentária. Temer disse que teria um encontro com Aécio naquela semana e debateria isso. Relatei também o café da manhã com Marcos Pereira. Ali, acertei a adesão deles ao impeachment, com o compromisso do ministério, o que foi imediatamente aceito por Temer. Ele, inclusive, estimulou que eu acertasse outras demandas que me fossem feitas para garantir o impeachment.

Mas Temer, por estratégia dele, divulgou para a imprensa a sua versão do almoço, segundo a qual ele não veria condição para o impeachment. Temer esperava que eu dissesse com clareza que iria aceitar o pedido – como não o fiz, preferiu se posicionar como se fosse contra. Negou ainda, de público, a possibilidade de ser nomeado ministro da Justiça.

Era o jeito de Temer de levar o processo. Ele estava atuante, querendo o impeachment, me pedindo isso. Mas, ao mesmo tempo, dissimulando. Só que o governo já não estava acreditando mais tanto assim nele.

Ficará claro para você, leitor, que Temer não só desejava o impeachment como lutou por ele de todas as maneiras – ao contrário do que ele quer ver divulgado sobre o assunto.

Jamais esse processo de impeachment teria sido aprovado sem que Temer negociasse cada espaço a ser dado a cada partido ou deputado que iria votar a favor da abertura dos trâmites. Sem isso, nunca teria acontecido o impeachment.

A postura de Temer, depois de ter deixado a Presidência, beira ao cinismo. Ele acha que os outros são idiotas para acreditar na história da carochinha, de que não desejava o impeachment nem teria feito nada para isso. Assisti a algumas entrevistas dele colocando no meu colo toda a decisão que resultou na queda de Dilma. Evidentemente que, se não fosse por mim, Dilma não teria caído. Mas se não fosse também pela atuação dele, articulando o resultado da votação, teria sido impossível aprová-lo.

É bom, nesse momento, lembrarmos a frase do senador Ciro Nogueira, presidente do PP: "Não se tira presidente, se coloca presidente". Temer se colocou como presidente, fazendo campanha para uma eleição congressual, em que todos sabiam o que ganhariam antes de votar. Nada foi de graça. Temer buscou a queda de Dilma. Temer tramou sua ascensão.

Carlos Sampaio foi a São Paulo para se reunir com Hélio Bicudo e Miguel Reale Júnior, a fim de tentar convencê-los a fazer um novo pedido de impeachment. Estava claro que eu não concordava com aquele. Ou faziam outro, ou era certo que não haveria impeachment. O simples aditamento ao pedido anterior, depois da liminar do STF, não resolveria.

Nesse dia, rejeitei cinco pedidos de impeachment, seguindo o parecer técnico da assessoria da casa, com a supervisão do advogado do PMDB, Gustavo Rocha. Ele era um advogado colocado por mim no partido e acabou depois conquistando também a confiança de Temer – foi eleito por mim como membro do Conselho Nacional do Ministério Público, ocupando a vaga da Câmara. Todas as decisões sobre o impeachment de Dilma – os arquivamentos e a aceitação do pedido – foram produzidas por ele, com a assessoria da secretaria-geral da mesa. Rocha, depois, viria a fazer parte do governo Temer, por minha indicação em retribuição ao seu trabalho. Chegou a ser ministro de Estado.

Saiu mais um rebaixamento da nota de crédito do Brasil, dessa vez da agência Fitch. Isso causou mais temor nos mercados e aumentou o desgaste do governo.

Joaquim Levy foi a uma audiência pública no plenário da Câmara. Envolveu-se em bate-boca com Rodrigo Maia, que falava que, se não fosse por ele já teriam caído Levy e Temer. Rodrigo Maia teria ajudado com parte dos deputados do seu partido em votações do ajuste fiscal. Ele havia ajudado, em conjunto com o prefeito de Salvador, ACM Neto, votando com o governo em troca de recursos para a prefeitura.

O governo e Jaques Wagner começaram a usar a influência que tinham sobre o presidente do Conselho de Ética da Câmara, José Carlos Araújo.

Ele era deputado do estado de Wagner e dependente da máquina governamental na sua eleição. Estavam inclusive nomeando cargos federais, atendendo a Araújo. O objetivo era usar essa influência para me pressionar a não aceitar o pedido de impeachment.

Na noite dessa quarta-feira fui ao aniversário do deputado Guilherme Mussi, onde encontrei vários parlamentares, inclusive Fausto Pinato, membro do Conselho de Ética, que poderia ser o escolhido para relatar meu processo de cassação.

Pinato me abordou dizendo que eu poderia ficar tranquilo. Se ele fosse o relator resolveria rapidamente o assunto, para que eu não me desgastasse. Estava preocupado pelo fato de ele ser deputado de primeiro mandato, sem muita experiência – e alguém que eu pouco conhecia, embora tivesse me apoiado na eleição da presidência da Câmara.

Com a conversa, me senti mais tranquilo, já que a disposição dele era arquivar tudo de imediato.

O presidente do Conselho de Ética havia chamado o ex-deputado Sandro Mabel para negociar a relatoria comigo, me pedindo R$ 3 milhões para o financiamento da sua campanha de reeleição mais o apoio para a vaga na mesa do partido dele, na eleição seguinte, em 2017. Respondi a Sandro que dinheiro não daria nem tinha para dar, mandando enrolá-lo, falando que, na época da eleição, pediria a empresários que o ajudassem. Mas ele poderia contar com meu apoio para a vaga da mesa do partido dele na eleição seguinte. Com isso, se dispôs a escolher o relator que eu quisesse entre os possíveis pelo regimento. Ele faria um sorteio, sairiam três nomes e, dos três, ele escolheria quem quisesse.

Combinamos os três que sairiam do sorteio. Saiu um do PT, o deputado Zé Geraldo, um do PR, o deputado Vinícius Gurgel, e Fausto Pinato, do PRB. Ao fim, ele diria que não escolheria do PT, por ser meu desafeto; não escolheria Gurgel, por ser muito ligado a mim; restando Fausto Pinato, o que acabou ocorrendo.

José Carlos Araújo era experiente no conselho. Sandro Mabel, que tinha se livrado no passado de um processo de cassação, conhecia o caminho das pedras. Araújo manipulava o sorteio, fraudava, seja com bolas de pesos diferentes ou papéis de texturas diferentes. Sempre saía quem ele queria e negociava.

Era rotina ter negócios no Conselho de Ética. Mas como se tratava do presidente da Câmara, eles achavam que o céu era o limite para suas demandas, tentando se aproveitar da situação.

É bom registrar que todos os que no final votaram a meu favor no conselho o fizeram sem ter tido qualquer vantagem. Todos os votos foram ou por orientação partidária, ou por convicção, ou ainda por terem relações políticas comigo. O problema nunca esteve nos que votaram em mim ao fim, mas sim nos que votaram contrariamente. Como acabei não acertando nada com ninguém, fui derrotado.

Dessa forma combinada, José Carlos Araújo cumpriu a escolha do relator. Mas, como viu a forte repercussão do meu assunto, pretendia ficar na mídia e não aceitava terminar em arquivamento sumário, querendo levar o processo adiante.

Além disso, como não tinha sido votada no Senado a PEC do financiamento privado das eleições, ele sabia que não haveria empresários que pudessem financiar a sua campanha a meu pedido. Logo, sua opção era obter vantagens do governo e notoriedade na mídia. Ele iria atuar contra mim todo o tempo.

O relator escolhido, Fausto Pinato, por sua vez, foi pressionado pelo líder do seu partido, o PRB, deputado Celso Russomanno. Ele não queria que fosse arquivado de pronto o meu processo, para que não atrapalhasse sua eterna pretensão de ser prefeito de São Paulo. Ele achava que o voto favorável a mim, de um integrante do seu partido, poderia prejudicá-lo.

Mesmo assim, Fausto Pinato estava disposto a arquivar, segundo o que me trazia o deputado André Moura, que se tornou o meu interlocutor com ele. Só que, oportunista, pediu, por intermédio de Moura, R$ 5 milhões. Isso me revoltou. E me levou, além de negar o pagamento – até porque não tinha esse dinheiro –, a enfrentá-lo de público.

Não posso afirmar se ele pediu ou não o dinheiro, se o valor pedido era esse ou diferente – Moura poderia estar se aproveitando da situação. Mas, como ele era um dos deputados mais ligados a mim, eu estava, a princípio, acreditando no que ele falava. Hoje tenho dúvidas se André Moura não estava participando da tentativa de extorsão de Pinato...

Mas José Carlos Araújo cometeu um erro regimental, que eu preferi não contestar no início, pois estaria favorável a mim. Pinato, por pertencer a um partido que estava no bloco do meu partido na eleição da presidência da Câmara, jamais poderia ser escolhido relator – o regimento e o regulamento do conselho proibiam isso.

Com o comportamento de Pinato, primeiro tentando supostamente me extorquir, depois inventando ameaças que ele teria sofrido, recorri para retirá-lo da relatoria. Isso acabou acontecendo depois, por decisão do vice-presidente da Câmara, o deputado Waldir Maranhão.

Com a retirada de Pinato, José Carlos Araújo escolheu o relator que quis, sem nenhuma combinação comigo, mas talvez combinado com o governo para tentar cassar meu mandato. Ele fez o sorteio do jeito que estava acostumado, escolhendo o então deputado Marcos Rogério.

Eu tinha retirado no início do ano o Marcos Rogério da disputa da presidência do conselho, justamente para beneficiar o próprio José Carlos Araújo. Ele também era conhecido por atuar no Conselho de Ética mediante recebimento de vantagens, sendo conhecida uma suposta história referente a um avião que ele teria comprado com recursos de um processo.

Marcos Rogério havia trocado o PDT pelo DEM na janela partidária. Por meio do deputado do DEM da Bahia Elmar Nascimento, tentou também me extorquir. Não quis nem conversar sobre isso. Mas Elmar também atuou em meu benefício, tentando retirar o deputado Paulo Azi do conselho, sem me pedir qualquer vantagem, para que ele fosse ser secretário da prefeitura de Salvador.

Sofri com o deputado Wladimir Costa, do Solidariedade, que tinha sido colocado pelo Paulinho da Força com o compromisso de me ajudar. Paulinho me disse que não me preocupasse, pois já tinha acertado com ele a transferência de R$ 700 mil de fundo partidário para o diretório do Solidariedade do Pará, que ele comandava. Ocorre que Wladimir, conhecido na casa pela sua ganância por dinheiro, não se conformou só com isso e foi diretamente me pedir R$ 2 milhões. Neguei. Como alternativa, me pediu para nomear um diretor do Banco da Amazônia, quando Michel Temer já tinha assumido a Presidência da República, depois da abertura do processo de impeachment de Dilma.

Eu já estava afastado da presidência da Câmara por decisão do STF, mas procurei Temer no domingo anterior à votação no Conselho de Ética. Fiz o pedido, entreguei o currículo do indicado e Temer aceitou fazer a nomeação. Só que, não sei se porque não conseguiu ou porque não quis, não o fez a tempo do dia da sessão da votação. Isso levou a que, vergonhosamente, Wladimir – depois de toda a defesa pública que tinha feito a meu favor – votasse por minha cassação.

Também tive problemas com um velho aliado, o então deputado Arnaldo Faria de Sá. Ele me procurou no início do processo e levou a mim um personagem de São Paulo que eu não conhecia. Era Fernando Fantauzzi. Ele veio com uma história de que tinha como segurar o processo na Suíça, processo esse que inclusive já estava no Brasil. Para isso, necessitava viajar para lá e fazer contato com seus amigos. Ele, então, me pediu para custear as despesas de viagem, com o que concordei somente para agradar Arnaldo, já que a história era meio mirabolante. De volta da suposta viagem, Arnaldo me levou Fantauzzi de novo, que veio com uma proposta de honorários de um escritório de advocacia suíço – mais de € 800 mil. Achei aquilo tão absurdo e tão inexequível que agradeci e dispensei o amigo do Arnaldo.

Depois desse fato, Arnaldo Faria de Sá deixou de ser meu aliado, passando a votar contra mim no Conselho de Ética. Ele só parou quando o líder do seu partido, Jovair Arantes, conseguiu que ele renunciasse à vaga do conselho mediante a oferta da presidência de uma comissão permanente na Casa, em 2016.

Dessa forma, foram muitas as minhas agruras no Conselho de Ética – e elas não terminarão neste livro. Isso só se concluiria em 12 de setembro de 2016, com a votação da minha cassação no plenário da Câmara, ocorrida depois do período aqui compreendido.

No Conselho de Ética tinha de tudo, menos ética da parte dos seus ocupantes à época. Sempre desconfie de deputado que quer estar sempre nesse conselho – pois é uma máquina de triturar colegas deputados e também de extorsão. Ali se lida com o desespero de deputados em via de serem punidos.

José Carlos Araújo é inescrupuloso. Queria me tomar dinheiro pela relatoria, depois iria tentar tomar mais dinheiro para me salvar. Se eu tivesse cedido à extorsão e tivesse condições para isso, não teria sido cassado – assim como muitos que se livraram do processo de cassação e pagaram para isso, como o próprio Sandro Mabel.

Além disso tudo, ele tinha como seu mais fiel companheiro na Câmara o meu adversário na eleição, Júlio Delgado. Tinham armado muitas coisas em conjunto, na comissão de defesa do consumidor da Câmara. Isso sem contar o gosto que o holofote estava lhe dando, além da óbvia sede de vingança pela derrota, para mim, na eleição da Câmara.

O problema era que, como se tratava do presidente da Câmara, eles queriam cobrar um preço pela extorsão à altura do cargo, achando que eu tinha de gastar para isso. Na cabeça deles, eu, nesse cargo, teria como arranjar o dinheiro para eles.

Lá na frente, antes da votação da minha cassação, o novo partido para o qual Fausto Pinato se mudou, o PP, conseguiu sua renúncia do conselho. Ele não tinha mais condição de votar em mim, pois havia simulado uma ameaça inexistente – depois que viu frustrada a sua tentativa de extorsão. O PP o pressionou para que saísse do conselho, pois com a mudança dele de partido, estava na prática ocupando no conselho a vaga que pertenceria ao PRB. Com a renúncia, coube ao PRB a escolha do substituto – me deram a oportunidade de escolher, e eu optei pela deputada Tia Eron.

Eu a escolhi após conversa prévia em que ela assumiu o compromisso de votar em mim. Mas esse foi um dos maiores erros da minha vida. Ela traiu o compromisso e acabou sendo a responsável pelo voto decisivo para que o conselho aprovasse minha cassação.

Tanto José Carlos Araújo quanto Tia Eron, além de outros deputados que me combateram no Conselho de Ética, acabaram não se reelegendo. Os que me apoiaram e disputaram a eleição se reelegeram, quebrando essa história de que precisavam me cassar para que pudessem se reeleger.

Na quinta, dia 15, o jornalista Jailton de Carvalho, coautor do livro de Janot, publicou em *O Globo* que a PGR iria abrir outro inquérito contra mim sobre as supostas contas no exterior. O fato ocorreu naquele mesmo dia, sem nenhum sigilo dos dados fiscais. A estratégia parecia ser o vazamento da íntegra dos documentos, desencadeando matérias sobre isso a fim de me desgastar.

Hélio Bicudo e Miguel Reale Júnior, depois de convencidos por Carlos Sampaio, concluíram o novo pedido de impeachment. Foram ao cartório fazer o registro, antes de protocolá-lo na Câmara. Esse seria o pedido combinado na reunião da casa de Rodrigo Maia, em 10 de outubro. O pedido que acabaria aceito por mim. O pedido que levaria ao impeachment de Dilma.

Janot entrou no STF com um aditamento à denúncia que tinha apresentado contra mim em agosto, em função da delação do lobista Fernando Baiano, no mesmo dia em que havia pedido também a abertura do novo inquérito sobre as supostas contas no exterior.

Ele juntava na denúncia a nova delação, confirmando, com esse aditamento, o que eu estava falando antes: que a denúncia apresentada em agosto por ele tinha sido feita por decisão política, atendendo ao governo. Se ele precisaria aditar, por que apresentou a denúncia naquele dia?

Além disso tudo, o acréscimo – a delação de Baiano – trouxe apenas mais um delator para corroborar outro delator, sem nenhuma prova que não fosse o seu próprio ato de confissão. Uma das declarações que serviram para Janot de prova contra mim era uma suposta reunião em que eu teria participado com Baiano e o lobista Júlio Camargo. Ocorre que não havia nenhuma prova da minha participação nesse encontro. Foi juntado um cupom do estacionamento do carro de Baiano no prédio da reunião, que só provava a participação dele, e não a minha.

Requeri a quebra do sigilo dos meus telefones celulares, para comprovar minha localização nesse dia pelas antenas, já que moro na Barra da Tijuca e a suposta reunião teria ocorrido no Leblon. Nos meus celulares não foi encontrada nenhuma chamada que não fosse na Barra da Tijuca no dia mencionado, sendo que o juiz, para corroborar minha condenação, colocou na sentença que, na hora da suposta reunião, das 19 às 21 horas, não havia nenhuma chamada – logo o meu álibi não seria válido.

Depois da cassação do meu mandato, esse processo saiu do STF e foi para o Tribunal Regional Federal (TRF) da 2ª Região, já que a ex-deputada Solange Almeida estava no exercício do mandato de prefeita de Rio Bonito, no Rio de Janeiro. Quando terminou sua gestão, o processo acabou indo para as mãos do chefe da Operação Lava Jato, Sergio Moro, que conduziu a instrução probatória. Após seu espetáculo feito no meu interrogatório, em seu último ato como juiz, em 31 de outubro de 2018, o processo acabou sentenciado em 9 de setembro de 2020 pelo substituto de Moro, o juiz Luiz Bonat.

Voltando à decisão do juiz, não sou eu quem precisa ter álibi, eles é que precisam provar se houve minha participação. Além disso, levaria quase uma hora de carro do local onde resido até a reunião, e vice-versa. Logo, o universo de chamadas não poderia ser de 19 às 21 horas, mas das 18 às 22 horas, tempo que eu tive chamadas realizadas na Barra da Tijuca.

Na instrução probatória, requeri o testemunho dos meus seguranças que estavam nesse dia a serviço para testemunharem que eu não havia saído de casa. O juiz negou, cerceando minha defesa. Em resumo: me condenou, considerando que eu tinha feito os requerimentos sobre o lobista Júlio Camargo, apesar das provas que apresentei comprovando qual assessora tinha elaborado esse requerimento, dentro de uma comissão da Câmara, a Comissão de Viação e Transportes, onde trabalhava, e não no meu gabinete.

O juiz considerou que participei da reunião, sem provar isso. Disse também ser verdadeira a afirmação do lobista Júlio Camargo de que teve uma reunião com o ex-ministro Edison Lobão – e nesse encontro Lobão teria me telefonado.

Requeri a quebra de sigilo do ministro para comprovar que não houve a afirmada ligação, mas isso foi negado pelo juiz. E essa ligação foi também negada pelo próprio Lobão em depoimento.

Ele me condenou também por lavagem, considerando supostos voos nos quais eu teria viajado, sem comprovar minha presença neles. Foram citados por documentos produzidos pelo próprio delator, apesar de eu ter requerido que se diligenciasse a Polícia Federal nos aeroportos para confirmar o embarque, o que foi negado pelo juiz. Condenou-me ainda por uma suposta doação a uma igreja – sendo que o responsável pela igreja negou e o juiz não acolheu meu pedido de quebra de sigilo para ver o destino dessa doação.

Ou seja, fui condenado pelas palavras dos delatores e supostas provas produzidas pelos próprios delatores, sem que houvesse qualquer comprovação documental produzida por quem não fosse delator. Além disso, não houve qualquer prova testemunhal que não fosse a de um delator corroborando com o outro. Um verdadeiro escândalo. Estou recorrendo dessa sentença, ainda na segunda instância.

Lembrando que a autora real dos requerimentos, a então deputada Solange Almeida, foi absolvida, com razão. Mas, se ela foi absolvida, como eu posso ser culpado? O problema é somente comigo.

Na sexta, dia 16, ocorreram mais vazamentos de Janot. Ele tinha solicitado abertura de inquérito propositalmente, sem resguardo de sigilo de dados bancários, sabedor de que todos os detalhes seriam vazados à mídia. Com isso, são publicados inúmeros detalhes e ilações das contas e suas movimentações, aumentando meu desgaste. Isso visava me colocar como o vilão que Janot tentava construir. Soltei mais uma dura nota batendo nele – mas de nada adiantava, pois a mídia estava se deliciando com as notícias vazadas.

Janot escolhia o que e onde divulgar. Ele dividia os beneficiários da divulgação, dando os dados mais profundos para aqueles que repercutiriam mais – no caso, a Globo, que a essa altura estava promovendo um verdadeiro massacre contra mim.

Ao mesmo tempo, Janot também vazava depoimentos de delatores. Parecia um ataque de todos os lados, misturando um assunto com o outro, não dando tempo de fazer nenhuma defesa. Por isso declarei que era uma estratégia ardilosa dele essa forma criminosa de vazamentos de fatos que eu não conhecia, e, principalmente, dos depoimentos forjados de delatores. Janot vazava também dados da Receita Federal sobre o meu patrimônio legítimo declarado. Ele colocava de um jeito que passava a impressão de que todo o meu patrimônio era fruto de atividades ilícitas.

A coluna de Sonia Racy, em *O Estado de S. Paulo*, publicou nesse dia uma nota que refletia a ilegalidade praticada por Janot, com referência à cooperação internacional. Dizia: "Dentro da cooperação entre os ministérios públicos brasileiro e suíço, consta que Rodrigo Janot, procurador-geral da República, teria enviado às autoridades suíças, na busca de contas em bancos por lá, 120 nomes envolvidos na Operação Lava Jato". E completava: "de volta, o procurador teria recebido nada menos que uma lista com mais de 2 mil pessoas e empresas. Por que a multiplicação? É que no material suíço está incluído também quem participou da movimentação financeira, mas não é, necessariamente, parte de esquema ilegal". A nota afirmava que "procurada, a PGR não confirma as informações".

Ficava claro o esquema ilegal combinado entre Janot e o ex-procurador suíço Michael Lauber, hoje contestado e processado na Suíça por atos ilegais no exercício do cargo. O próprio Janot confirma, em seu livro, que havia um arranjo ilegal e clandestino entre eles, do qual eu também fui vítima.

No mesmo dia também foi vazado um depoimento de Fernando Baiano, em que ele dizia ter um e-mail que falava comigo. Segundo ele, a mensagem continha uma planilha de divisão da suposta propina – e que ele iria entregar. Só que esse e-mail nunca apareceu em nenhum lugar, só servindo para a matéria de jornal plantada por Janot. Onde estão o e-mail e a planilha?

No domingo, Dilma desembarcou na Suécia, para compromissos internacionais, e começou me atacando. Ela lamentava ser de um brasileiro o escândalo das contas. E deu declarações negando qualquer acordo comigo. Imediatamente telefonei para Jaques Wagner e avisei que iria responder de forma bem dura, que ela não perderia por esperar. Wagner pediu que eu me contivesse, mas preferi bater nela.

Então, quando cheguei a Brasília no dia seguinte, declarei que lamentava ser brasileiro o maior escândalo de corrupção do mundo, na maior empresa do governo dela. Fiz isso já no fim do dia, em entrevista coletiva, para que ela não tivesse mais tempo de replicar em razão da diferença de fuso horário da Suécia.

A coletiva havia sido convocada por mim, para anunciar o recurso contra as liminares dadas pelo STF contra o rito do impeachment. A revogação da questão de ordem 105, geradora das ações, só seria feita mais adiante. Estava preparando o terreno para a aceitação da abertura do processo. Ainda me interessava adiar um pouco. Assim estaria cumprindo o acordo feito inicialmente com a oposição, de que rejeitaria o pedido, para que ela recorresse ao plenário. Mas, para isso, precisava julgar o recurso no STF, que eu estava apresentando.

Quando eu revoguei a questão de ordem em seguida, já havia tomado a decisão de despachar, aceitando o pedido de abertura do processo de impeachment. A revogação foi o ato preparatório.

Dilma viria respondendo que não tinha corrupção no governo dela. Trepliquei dizendo que eu não sabia que a Petrobras não era do governo dela. Era muita cara de pau me atacar nesse momento. No mesmo dia, aliás, foi anunciado o relatório da CPI da Petrobras, que deveria ser votado pelo plenário da comissão naquela semana.

À noite fui ao Jaburu falar com Temer. Ele, que estava no exercício da Presidência em razão da viagem de Dilma, me perguntou se eu aceitava me encontrar de novo com Wagner. O clima, depois do bate-boca com Dilma, era ruim, e Wagner estava com medo até de me telefonar. Pediu que Temer intermediasse. Ele transmitiu o recado e ficou combinado que Wagner iria até o Jaburu.

Como sabia que a conversa seria contra o impeachment, Temer claramente não queria participar. Antes mesmo da chegada do petista, ele saiu. Não queria nem encontrá-lo. Alegou que já tinha marcado um jantar fora, sem falar com quem seria – algo pouco habitual da parte dele. Era desculpa de quem se constrangeria em estar nessa reunião; afinal, a essa altura, Temer já trabalhava a favor do impeachment.

Wagner chegou se desculpando pelas declarações de Dilma, tentando pôr panos quentes, dizendo que eu já tinha respondido de forma inteligente. O jogo estava empatado e, segundo ele, não precisava ter vencedor. Então foi direto: pediu-me para que eu engavetasse o impeachment. Em troca, teria os votos do PT no Conselho de Ética e proteção à minha família – mantendo no STF a investigação sobre eles, decorrente do novo inquérito aberto por Janot. Reagi forte e grosseiramente, falando que não podia aceitar que ele colocasse minha família na história. Isso era chantagem. Eu não estava habituado a parcerias desse tipo.

Na prática, essa era a estratégia deles: fazer com que eu me curvasse, abrindo novo inquérito sobre as contas que Dilma já conhecia ao menos dois meses antes. E ele ameaçava retirar a minha mulher, por não ser detentora de foro, para que tramitasse sob o chefe da Operação Lava Jato, Sergio Moro, colocando-a em uma exposição.

O pior disso tudo era que, quando Lula colocou Jaques Wagner para ser o ministro da Casa Civil e cuidar da articulação, eu me enganei. Achava que teria uma interlocução de outro nível, fora das armações de Dilma e Cardozo. No entanto, constatei que eram todos farinha do mesmo saco. Wagner era só a troca da mosca; a merda continuava a mesma. Tanto fazia quem falava comigo. Os métodos do governo e do PT seguiam iguais: chantagens, ameaças e submissões, as quais eu jamais aceitaria.

Em função disso, comuniquei que não falaria mais diretamente com ele para tratar disso. Pedi que escolhesse alguém para intermediar, pois acabaríamos brigando de vez se uma nova tentativa de chantagem ocorresse. Wagner, então, sugere o deputado André Moura, líder do PSC, ligado a mim. Concordei. Mas só o fato de ele perder a interlocução já era uma derrota junto a mim.

Saí com nojo da conversa, convencido de que o governo tentaria me manipular em função do Conselho de Ética. Foi a partir daí que passei a desconfiar da atuação do presidente do conselho, aquele que tinha me pedido dinheiro. Ele atuava em conjunto com Wagner também.

Também me assustou o oferecimento de interferência junto ao relator no STF, Teori Zavascki, o mesmo que havia concedido a liminar para interromper o rito do impeachment, que fazia parte, segundo Dilma, da lista dos cinco ministros dela no STF.

Na terça-feira, almocei com os líderes aliados para definir a estratégia e defesa. Alguns deputados da oposição fizeram ato defendendo minha saída, sem a presença dos líderes do PSDB, Carlos Sampaio, e do Solidariedade, Arthur Maia.

Nesse dia, Renan concedeu prazo de 45 dias para Dilma se defender das pedaladas de 2014, em relação ao parecer do TCU, pela rejeição das contas. Era um fato inédito no Congresso, tentando passar uma imagem de tranquilidade para o governo, já que isso empurraria para o ano seguinte qualquer análise no Congresso sobre o tema.

Em seguida, a presidente da Comissão de Orçamento, senadora Rose de Freitas, desconsiderou o prazo dado por Renan. Estranho, já que antes agia de acordo com ele. Ela falou que Dilma poderia se defender dentro do prazo da comissão, sem necessidade de interromper o curso, com um prazo exclusivo para ela.

A Câmara votou o projeto de lei para regulamentar o direito de resposta. Lula, logo após a aprovação, me telefonou para me cumprimentar e agradecer por essa aprovação. Paulinho da Força, após reunião da oposição, me procurou com urgência e me encontrou no Palácio do Jaburu, onde eu estava em conversa com Temer. Ele me fez a proposta: tudo sobre mim seria esquecido pela oposição e qualquer denúncia que aparecesse eles passariam por cima. A condição: que eu aceitasse o pedido de abertura do processo de impeachment.

Paulinho disse que "podiam até encontrar um caminhão de drogas, que iam fingir que era outra coisa". Eu respondi que não tinha denúncia a ser apresentada – que não fosse por invenção de delatores para se safarem dos seus crimes. Alertei a ele que não confiava na oposição. Cada vez que dava um passo a favor dela, recebia como troco do governo, por meio de Janot, denúncias contra mim. A oposição não iria me defender dos ataques que eu recebia de Janot, embarcando nos seus argumentos. Essa era a pura realidade.

Toda essa conversa foi testemunhada por Temer, que nada falou. Ele apenas alertou Paulinho de que era preciso ter atitudes reais em minha defesa – e não somente promessas vagas, que depois não se sustentariam.

Temer agia com preocupação sobre a minha situação. Ele queria que eu aceitasse o pedido de impeachment, mas entendia que eu deveria ter em mente que precisava me resguardar, para ter uma solução que evitasse um desfecho ruim no Conselho de Ética.

O Globo publicou um duro editorial na quarta, dia 21 de outubro, pedindo minha saída da presidência da Câmara. Um texto virulento, com muitas agressões, que mostrava a face editorial da mudança de lado.

Quase uma semana depois de registrarem em cartório, a filha do jurista Hélio Bicudo, na companhia dos líderes da oposição e representantes do MBL, protocolam o novo pedido de impeachment combinado por mim e Carlos Sampaio – com a inclusão dos decretos editados por Dilma em 2015. Esse seria o pedido aceito depois por mim. Quando foi submetido, sob discursos fortes de acusação de corrupção a Dilma e ao seu governo, eu prometi que daria uma decisão definitiva até 15 de novembro.

O objetivo de ter dado esse prazo era, em princípio, dar tempo ao STF de apreciar o recurso que havia feito contra as liminares concedidas que suspendiam o rito de impeachment. Eu também tinha me reunido com os líderes da oposição e definido que, se houvesse demora do STF na decisão dos recursos das liminares, revogaria a questão de ordem. Ouvi deles que aguardavam porque membros da oposição estariam entrando no foco da Lava Jato – graças à interferência do governo, por meio de José Eduardo Cardozo.

Como sabia que isso era verdade, por causa do que estava acontecendo comigo, dei total razão a eles. Essa nova perspectiva ajudava a contemporizar a situação com relação a mim. Não dava para achar que a perseguição poderia ocorrer com eles – e não ocorreria comigo.

O prazo acertado também servia para que eu amadurecesse a decisão de aceitar o pedido – conforme minha intenção –, caso o STF mantivesse o entendimento das liminares ou demorasse mais do que esse tempo para levar a julgamento do plenário. Uma das formas de impedir o processo de impeachment era o STF empurrar com a barriga, para ajudar Dilma.

Reforçando que não dava para confiar na oposição, durante a votação do relatório da CPI da Petrobras o PSDB apresentou um voto em separado – que, além de atingir Dilma e o governo, também me atingia. Mas a tentativa foi em vão. Talvez, se atingisse só a Dilma e o governo, tivessem sucesso – contudo, ao me atingir, me obrigou a ajudar a derrubar a proposta deles.

O relator no STF da Lava Jato, Teori Zavascki, negou o meu pedido de sigilo para a tramitação do inquérito sobre as contas. Com isso, ele permitia que Janot usasse o vazamento que quisesse, continuando a exposição na mídia para me desgastar. Essa decisão também pode ser atribuída à interferência do governo.

Na quinta, declarei à imprensa que pode ter havido pedaladas, mas, para o impeachment, era necessário configurar a responsabilidade de Dilma nos atos. Sem isso, não se poderia, em tese, ter a aceitação do impeachment.

Janot vazou mais documentos, desta vez para o site da revista *Veja*. Mais um escândalo, mantendo a rotina. Além de vazar, escolhendo o órgão de imprensa, Janot costumava fazer isso sempre às quintas-feiras, para que repercutisse no fim de semana. Teori Zavascki determinou o bloqueio dos ativos das contas do *trust*, já bloqueados na Suíça – mais um desgaste na mídia.

Os grupos pró-impeachment acamparam em frente ao Congresso com a minha autorização. Algo que havia sido negado por Renan, o que obrigou os manifestantes a ficarem do lado da Câmara, no gramado do Congresso.

O deputado Paulinho da Força e o ex-deputado Sandro Mabel intensificaram os diálogos com Temer, intermediando apoios com vários personagens para aderirem ao impeachment. Eles tentaram costurar um acordo para que eu aceitasse a abertura do processo. Voltaram com a história de me propor cargos no futuro governo Michel Temer. Paulinho disse para eu escolher o ministério que desejaria ocupar, quando saísse da presidência da Câmara. Eu descartava. Repetia que, se fosse o caso, trataria direto com Temer.

Naquele momento, o vice-presidente já assumia uma posição pró-articulação do impeachment, recebendo grupos de deputados para conversas e articulando com a oposição para cooptar votos. Paulinho e Sandro, além de Rodrigo Maia, eram os que mais me pressionavam para aceitar o pedido de impeachment, em uma marcação cerrada sobre mim. A pressão deles era insuportável. Eu respondia que era natural que interferisse em um governo de Temer, podendo eventualmente compor o governo após o fim do meu mandato na Câmara. Não precisava de acordo prévio para isso. Não seria a possibilidade de um cargo que me faria aceitar o impeachment.

Sobre quando aceitar ou não o pedido, eu ainda estava em processo de decisão. Tinha de ver o momento e a minha situação no processo do Conselho de Ética. Estava propenso a aceitar. E os estimulava na articulação com Temer.

Ao mesmo tempo, o governo soltava notícias de Temer na articulação a favor deles – sonho de uma noite de verão. Temer, na realidade, estava realmente trabalhando para angariar apoios para assumir a cadeira de Dilma.

Na sexta-feira, dia 23, a manchete na *Folha de S. Paulo* dizia que Janot já havia reunido provas para pedir meu afastamento da presidência da Câmara. Esse era o plano dele e do governo, criando condições para me afastar e acabar com o risco do impeachment.

Naquele fim de semana, constatando o desgaste de minha imagem – depois de 15 semanas seguidas de Janot produzindo fatos contra mim –, resolvi partir para enfrentar o assunto das contas. Estava bastante chateado porque não era o meu estilo ficar fugindo dos temas, e só estava agindo assim por orientação dos advogados. Mas o tempo da política não era o tempo do processo. Ao avaliar, cheguei à conclusão de que tinha de cessar as acusações de que eu não respondia, com condenações prévias. Em um estalo resolvi agir: talvez tenha sido o maior erro que eu cometi em todo o processo que vivi.

Não fui aconselhado por ninguém nem pedi conselho. Não discuti antes com ninguém. Foi uma decisão isolada, igual à do rompimento público com o governo. Talvez minha autoconfiança tenha me levado a concluir que iria conquistar credibilidade com esse ato. De qualquer maneira, iria chegar a hora de ter de dar explicações ao Conselho de Ética. Eu não iria conseguir ficar todo o tempo mais sem dar explicações, em função dos vazamentos de Janot, que não iriam parar.

No domingo, liguei para meus assessores de imprensa, comunicando que eu faria isso dentro de um plano. Isso implicaria uma conversa prévia nas redações, para explicar tudo, seguida na semana seguinte de uma entrevista a esses órgãos, para ser divulgada em conjunto.

Eles aprovaram a ideia. Em seguida, telefonei para Paulo Tonet, o vice-presidente de relações institucionais da Globo, falando da minha intenção. Ele concordou imediatamente.

Tonet era uma boa pessoa. Pessoalmente, até acredito que teria evitado muitas das agressões que eu vivi nas organizações Globo. O problema era que ele não mandava de fato, ficando subordinado às decisões da família Marinho. Marquei com ele um café da manhã na semana seguinte, em conjunto com editores da TV Globo e de *O Globo*, para explicar e combinar a entrevista. Pedi também reunião em São Paulo com a direção da *Folha de S. Paulo* e de *O Estado de S. Paulo*, além do editor da *Veja*.

No sábado, dia 24 de outubro, o jornalista Jailton de Carvalho publicou em *O Globo* uma matéria sobre a minha contestação, por meio de advogado na Suíça, da transferência do processo para o país. Renan Calheiros iniciava um movimento no Senado para tentar tirar Temer da presidência do PMDB nas eleições que iriam ocorrer no início do ano seguinte. Era uma articulação que visava abalar a estrutura dele, para evitar o impeachment.

Ele estava também articulando para que o congresso nacional do PMDB, onde seria debatida a saída do partido do governo, acabasse não tratando dessa pauta. Ele queria que esse assunto fosse adiado para o ano seguinte, o que seria uma vitória do grupo que defendia a continuidade do PMDB no governo. Renan conseguiu ainda atropelar a presidente da Comissão de Orçamento, senadora Rose de Freitas. Ele impôs o prazo de 45 dias para que Dilma oferecesse defesa sobre a rejeição das contas pelo TCU.

Recebi na segunda, atendendo a pedido de audiência com urgência, os senhores Paul Hondius e Raffaele Russo, representantes da Organização para a Cooperação e Desenvolvimento Econômico (OCDE). Vieram me pedir a votação e aprovação do projeto de repatriação de ativos do exterior, que já estava trancando a pauta da Câmara.

O líder do PSDB, Carlos Sampaio, me convidou para um jantar com Aécio, a fim de firmarmos posição sobre o impeachment. Também debateríamos a posição do PSDB com relação à minha situação. Enquanto isso, Renan foi ao Palácio do Planalto para conversar com Dilma e lhe dar apoio.

No jantar, na casa de Aécio, ele me comunicou sua decisão de apoiar o impeachment, apesar de eu sempre achar que ele fosse contrário, preferindo a cassação da chapa. Aécio estava convencido de que a situação do TSE iria demorar um tempo maior do que o previsto – dificilmente se resolveria em menos de um ano.

Ele queria que eu aceitasse o pedido de impeachment, caso não fosse revertida a decisão liminar do STF – que tinha suspendido o rito do impeachment. A manutenção do rito implicaria na minha rejeição ao pedido e recurso contra essa decisão, para ser deliberado em plenário. Aécio se comprometeu a aliviar a pressão sobre mim pelo seu partido, apesar de dizer que não controlaria todas as variáveis. Eu expliquei ali tudo o que já havia explicado a Sampaio anteriormente – mas nada adiantava, pois ele estava mais preocupado com a repercussão do que com os fatos.

Aécio me disse que, com a minha concordância, iria acertar definitivamente com o Temer as regras de convivência com ele assumindo a presidência. O PSDB participaria do governo, apoiando-o. Para isso, teria de se deixar claro que não haveria postulação de reeleição por parte de Michel Temer. Ele me relatou que já vinha conversando com o vice-presidente. Foi quando me confirmou o jantar na casa de Romero Jucá, que selou a saída de Temer da articulação política de Dilma, a fim de qualificá-lo para herdar o governo.

Ficou claro para mim que, como Aécio vislumbrava uma longa e incerta decisão do TSE, preferiu ser a tábua de salvação para Temer, a fim de se tornar, depois, o candidato de consenso do próprio Temer à sua sucessão. Gabaritava-se para enfrentar Alckmin internamente no PSDB – o governador paulista era contrário ao impeachment.

Ele era muito esperto e oportunista. Sabendo que não iria conseguir ser novamente o candidato do PSDB, necessitava de um fato novo a seu favor. Como não vislumbrava mais a possibilidade de uma decisão rápida do TSE, que provocaria a nova eleição, passou a vislumbrar um futuro governo Temer que retirasse o país do buraco. Participar disso o transformaria em um candidato de fora para dentro do PSDB, sendo o mais capaz de dar curso a uma consolidação dessa mudança.

Além do que, Aécio anularia o movimento de parte do PMDB, notadamente do Senado, de levar José Serra para o partido para fazer dele o candidato em 2018 – fato que dividiria o eleitorado do PSDB em São Paulo, o maior colégio eleitoral do país.

Também pesava uma possibilidade, mesmo que remota, de Dilma se recuperar e fortalecer a candidatura de Lula em 2018. Foi todo esse contexto que fez com que Aécio optasse pelo impeachment.

Mas vale ressaltar que, mesmo consumado, o impeachment de Dilma não interromperia o processo no TSE. A chapa poderia vir a ser cassada, retirando a Presidência de Temer. Isso quase ocorreu em 2017, aliás. Temer permaneceu no cargo pelo voto de minerva do então presidente do TSE, ministro Gilmar Mendes, depois de um empate no julgamento.

Aécio sabia que teria alguma influência ainda nesse julgamento, que poderia manter Temer acuado e submisso ou simplesmente retirá-lo da Presidência.

O peemedebista, além de tudo, necessitaria do apoio congressual do PSDB e das oposições para a sua sustentabilidade.

Para corroborar o debate, todos conheciam a falta de carisma de Temer – que teria, de qualquer forma, muitas dificuldades de disputar uma eleição majoritária. Não assustaria a ninguém sua presença como postulante.

Aécio tinha adversários dentro do PSDB – Alckmin e Serra – e depois, na eleição, Lula. Só que, após o impeachment de Dilma, a situação de Lula estaria mais enfraquecida, até porque a rejeição ao PT estava em nível máximo.

Aécio tinha me falado de uma pesquisa feita pelo PSDB sobre as eleições. Ele estaria à frente de Lula, em um eventual segundo turno, com 46% a 33%. Isso dava a ele a convicção de que o PT não seria adversário à altura depois do impeachment. Respondi a Aécio que estava propenso a fazer o impeachment. Comuniquei que iria revogar a questão de ordem, não esperando a decisão do plenário do STF, e preparar tudo para fazê-lo no momento que entendesse oportuno, de acordo com a minha conveniência.

Saí do jantar convencido de que Aécio realmente estava decidido a apoiar o impeachment. Mas faltava eu ter a decisão de fazê-lo. Faltava também o principal: o momento certo para fazê-lo.

Eu sabia que ainda viriam mais mísseis contra mim, depois da manchete da *Folha de S. Paulo* anunciando que Janot poderia pedir meu afastamento. Seria a única forma de me impedir de aceitar a abertura do processo. Enquanto isso, ao mesmo tempo, Fernando Henrique Cardoso estava pedindo a renúncia de Dilma, em gesto conflitante com Aécio, mas que, ao final, buscava o mesmo: Michel Temer presidente. Mas Dilma jamais renunciaria – e renúncia não é o que se deve pedir a ninguém.

Na terça, dia 27, pedi que a secretaria-geral da mesa concluísse o parecer do segundo pedido de abertura do processo de impeachment de Hélio Bicudo e Miguel Reale Júnior, utilizando o parecer do advogado do PMDB, Gustavo Rocha, já em poder deles.

Almocei com os líderes aliados e com os da oposição. Convenci o relator do projeto da repatriação de ativos no exterior, deputado Manoel Junior, a obter com eles o consenso do texto para a votação. Mais uma vez, minha atitude, de anunciar antes que só votaria um projeto dessa natureza se fosse por iniciativa do governo, se mostrou acertada. As críticas eram muito fortes e certamente o anúncio de Janot sobre a situação das supostas contas no exterior iria levar a falarem que eu estava votando em causa própria.

De qualquer forma, Dilma ainda poderia ajudar o seu marqueteiro João Santana a legalizar o dinheiro de caixa 2 da campanha, pago pela Odebrecht no exterior. Mas eu já tinha carimbado seu discurso, por sua iniciativa de envio do projeto – em vez de votar um projeto de autoria de um senador do PSOL.

Vazou pela imprensa que a área técnica da Câmara já teria o parecer pela aceitação do pedido de impeachment formulado por Hélio Bicudo e Miguel Reale Júnior. Desmenti.

No almoço com os líderes, avisei que, se fosse verdade a manchete da *Folha de S. Paulo* de que Janot iria entrar com meu pedido de afastamento, eu iria imediatamente aceitar o pedido de impeachment. Não daria para acreditar. Janot não faria isso sem acordo com o governo. Podiam pedir o meu afastamento, mas teriam de volta a imediata aceitação do impeachment. Isso obviamente vazaria e era o que eu queria – para que o governo soubesse o risco que estava correndo com as manobras com Janot. Falei que os pareceres para aceitar ou rejeitar o pedido estariam prontos, bastando só eu decidir o que faria, ou seja, escolher o parecer que se ajustasse – ao contrário do vazado pela imprensa.

Nas galerias do plenário da Câmara, na sessão daquela terça-feira, manifestantes do Movimento Brasil Livre atacaram Dilma. O líder do PT, deputado Sibá Machado, agrediu os revoltosos, chamando-os de vagabundos. Ao mesmo tempo, uma pesquisa de opinião feita pela Confederação Nacional do Comércio indicava que a presidente tinha 8,8% de aprovação da população. A mesma pesquisa rejeitava a recriação da CPMF, dando mais munição aos contrários.

A Polícia Federal, por ordem de um juiz de primeiro grau, fez uma operação de busca e apreensão na casa do filho de Lula, provocando sua irritação e o aumento da pressão contra o ministro da Justiça, José Eduardo Cardozo.

Muitos devem estar se perguntando: se eu achava que estava sendo perseguido pelo governo com a investigação, como poderia o governo perseguir Lula? Bom, em primeiro lugar, quem estava atrás de mim por orientação do governo era o então procurador-geral, Rodrigo Janot, e não o Ministério Público Federal em primeira instância, que o governo não tinha como controlar. Em segundo lugar, Lula era crítico de Cardozo e pedia a sua cabeça. Logo, essa ofensiva podia dar uma estabilidade no cargo para o ministro. Demiti-lo por causa disso só iria aumentar seu cacife. Em terceiro lugar, Dilma não se preocupava tanto assim com Lula, com quem já tinha se desentendido. Lula já havia tomado conta da parte principal do governo. Essa operação seria uma mão na roda para ela diminuir a força de Lula.

Ou alguém tinha a ilusão de que Dilma não quis ceder o seu direito à reeleição para que Lula se candidatasse? Alguém duvida que havia uma competição surda entre eles? Alguém também duvida que os mais chegados a ela, Mercadante, Cardozo e outros, que caíram, não queriam ver Lula em maus lençóis?

Na minha opinião, como a operação era de primeiro grau do Ministério Público, também não deve ter havido condição de interferir. Mas, se interferência tivesse havido, seria para constranger Lula, jamais para poupá-lo.

Como era aniversário de Lula, telefonei para cumprimentá-lo. Ele me pediu para que voltássemos a nos encontrar.

Na quarta, a representação contra mim, pedindo a minha cassação, foi enviada ao Conselho de Ética da casa, iniciando a partir daí sua tramitação. Nesse dia, tomei café da manhã com membros da oposição para tratar da revogação da decisão da questão de ordem, objeto da decisão liminar no STF impedindo o rito do impeachment. O jantar com Aécio não havia vazado, mostrando que não era Carlos Sampaio o vazador das conversas.

Com a previsão de votação do projeto de repatriação de ativos do exterior, um requerimento de retirada de pauta foi apresentado, sendo aprovado por 193 contra 175 votos, derrotando o governo. Isso mostrava que o governo continuava sem base para votar seus projetos.

A *Folha de S. Paulo* publicou uma matéria dizendo que o Planalto me acusava de desvirtuar o projeto, para supostamente me beneficiar. Continuava o jogo sujo do governo. Isso acabou me levando a ajudar a aprovar o requerimento de adiamento, para dar uma resposta.

A confusão estava instalada na Câmara. O governo colocou movimentos para atacar o grupo pró-impeachment no gramado do Congresso, sob o comando da CUT. Isso acabou irritando os deputados, que se revoltaram com as agressões físicas ocorridas. Os movimentos ligados ao PT acamparam também em frente à Câmara, em contraponto àqueles a favor do impeachment. Isso levava a uma conflagração entre os grupos, ameaçando as vidas das pessoas. Um grupo de manifestantes se algemou no salão verde da Câmara. Eles só sairiam depois que eu aceitasse o pedido de impeachment.

Na quinta, Temer lançou, pelo PMDB, o programa "A ponte para o futuro". Essa foi a forma de Temer sinalizar para todos que seu partido teria um programa para governar o país, caso ele assumisse a Presidência. Para efeito externo, ele declarava que seria um programa para as eleições de 2018. Mas todos perceberam que era um programa para já, inclusive os defensores do impeachment. Para mim era a sinalização definitiva dele.

O presidente do Conselho de Ética, José Carlos Araújo, declarou que só escolheria um relator comprometido em dar o parecer pela admissibilidade da representação contra mim. Isso por si só mostrava a falta de imparcialidade do processo – passível de anulação somente por essa afirmação dele.

Todas as notícias davam conta de que eu estava atrasando o processo contra mim no Conselho de Ética. Pelo regimento, a mesa deve enviar a representação ao conselho em até três sessões – o que tinha sido rigorosamente cumprido.

Havia duas outras representações do PC do B contra os deputados Alberto Fraga e Roberto Freire, fruto de uma discussão em plenário, que estavam na mesa desde maio – mas ninguém tinha reclamado.

Ou seja, só reclamavam com relação a mim. Estava dentro do prazo regimental. A importância desse registro era que isso seria a tônica de todo o processo. Essa acusação, inclusive, serviria de base para o pedido de afastamento feito por Janot contra mim em dezembro.

O Solidariedade, do deputado Paulinho da Força, anunciou que iria ingressar com uma representação no Conselho de Ética contra o deputado Chico Alencar, um dos meus algozes – em função de denúncias formuladas por uma procuradora contra ele, por uso indevido da verba parlamentar, que haviam sido arquivadas sem investigação.

Nesse instante a Globo já estava em campanha absoluta contra mim, a favor da cassação do meu mandato, dando espaço para todos que me criticavam, reverberando qualquer situação que me acusasse.

Mas eu havia combinado para aquela quinta reuniões em Brasília com as Organizações Globo e com a revista *Veja*. Compareci, com um de meus advogados, Reginaldo Castro. Expliquei aos editores todo o processo das contas. Mostrei os documentos, expliquei a origem do dinheiro, combinando a entrevista com cada órgão em separado para a semana seguinte. A divulgação seria de forma simultânea, na sexta-feira, dia 6 de novembro.

Em seguida eu embarcaria para São Paulo, levando o advogado Reginaldo Castro junto. Visitaria as redações de *O Estado de S. Paulo* e da *Folha de S. Paulo*, onde daria as mesmas explicações. E solicitei a mesma coisa: o embargo para que a divulgação ocorresse em conjunto.

Fiz ainda dois movimentos de extrema relevância para todo o processo, ainda antes de sair de Brasília. O primeiro foi assinar a revogação da questão de ordem 105, cuja decisão era palco da disputa judicial do PT – com a concessão da liminar pelo STF, divulgando imediatamente esse ato da revogação publicamente.

O segundo movimento foi secreto e faria toda a diferença no processo de impeachment. Chamei o secretário-geral da Câmara, Silvio Avelino, e pedi que ele aprontasse o despacho para que eu assinasse a aceitação do pedido de abertura do processo de impeachment. "Qualquer coisa que me acontecer, qualquer coisa mesmo, morte, mesmo que seja natural, afastamento, ou qualquer outra coisa que me impeça de estar aqui no outro dia, você tem o compromisso comigo de datar o documento e publicar imediatamente, determinando a leitura na primeira sessão. Essa é a minha vontade" – foi o que disse a ele.

Silvio não só concordou comigo como disse que eu já deveria ter feito isso há bastante tempo, considerando todas as maldades que estavam fazendo contra mim. Ele esperava que outras pudessem vir. Com a anuência dele e a certeza de sua correção, assinei a aceitação do pedido de abertura do processo de impeachment de Dilma naquela quinta-feira, dia 29 de outubro de 2015. E pedi a ele que guardasse a documentação no cofre da secretaria-geral da mesa da Câmara.

A decisão estava definitivamente tomada – só faltava decidir o momento da divulgação, que poderia ser precipitado por alguma atitude de Janot contra mim.

24 A comprovação de que eu não era o titular da conta na Suíça

Cheguei a São Paulo e me reuni com o corpo editorial do jornal *O Estado de S. Paulo*. Eles concordaram com meu pedido de divulgação de entrevista de forma simultânea, para a semana seguinte. Contudo, logo de cara, senti que o clima não era dos mais receptivos – sinalizando que eu apanharia deles de qualquer forma. Em seguida, na *Folha de S.Paulo*, fui duramente questionado, inclusive sobre o impeachment. Mas também concordaram com a minha solicitação.

A sorte estava lançada. Marquei com todos os veículos escolhidos as entrevistas para quinta e sexta-feira da semana seguinte. De minha parte, só me restava concluir esse processo e aguentar a repercussão.

No dia 30 de outubro, os jornais repercutiram minha decisão de revogar a questão de ordem número 105, palco das liminares dadas pelo STF. Em *O Estado de S. Paulo*, o professor Rubens Glezer fez uma análise perfeita, dizendo que eu tinha reconquistado minha liberdade de ação. Para ele, os aliados do governo, ao contestarem a questão de ordem, provocaram um limbo desnecessário.

Glezer inclusive alertou que a ação tinha sido equivocada até no pedido, pois, em vez de contestarem a questão de ordem na forma, tinham de questionar os pontos específicos que poderiam ser objeto de revisão pelo STF. Afirmou, ainda, que a minha atitude foi uma resposta estratégica e que todos perderam com essa ação do STF.

Na sexta-feira, o chefe da Operação Lava Jato, Sergio Moro, ao interrogar João Augusto Rezende em uma ação penal que não tinha nada a ver com o assunto da transferência para a conta do *trust*, perguntou expressamente a ele: "O que é essa história de transferência para o sr. Eduardo Cunha?".

Ou seja, estava novamente agindo com relação a mim, diferente do que fazia com os outros, desprezando minha prerrogativa de foro e me investigando diretamente, sem que esse tema fizesse parte da ação penal que ele estava conduzindo.

Como o STF não tinha acatado a minha reclamação, no caso do lobista delator Fernando Baiano, ele se sentiu à vontade para continuar as suas ilegalidades. Além disso, estava provocando o fato da semana com relação a mim, comum nas 15 semanas anteriores. Isso foi iniciado quando ele tinha feito o primeiro movimento, com o depoimento do lobista delator Júlio Camargo.

Na terça, dia 3, foi instaurado o processo contra mim no Conselho de Ética – decorrente da representação do PSOL e da Rede, feita pelos meus desafetos. Cumprindo o combinado inicial com Sandro Mabel, o presidente do conselho, José Carlos Araújo "sorteou" três nomes para a relatoria – exatamente os previamente acertados: José Geraldo, do PT, Vinícius Gurgel, do PR, e Fausto Pinato, do PRB.

No dia seguinte, o pai do líder Leonardo Picciani, Jorge Picciani, foi para Brasília. O pretexto era comparecer a um almoço na casa do deputado Fábio Ramalho, pelo aniversário de seu filho.

Só que sua movimentação foi além disso. Ele esteve com Dilma e procurou outros líderes partidários, inclusive o ex-deputado Waldemar Costa Neto, o maior líder do PR. Costurava apoios para que o filho assumisse meu lugar na presidência da Câmara.

Eu estava na residência oficial recebendo líderes e a frente dos prefeitos, quando atendi a uma ligação do ex-líder do PR Bernardo Santana, secretário de segurança de Minas Gerais. Ele pediu para me ver urgentemente. Pedi que ele fosse me encontrar. Em conversa reservada, ele relatou a reunião de Jorge Picciani com Waldemar. Bernardo falou que Waldemar tinha mandado que ele me procurasse para me alertar dessa movimentação.

O discurso era que eu não resistiria a essa situação. A opinião pública não aceitaria minha permanência e pedia o apoio ao filho. Jorge Picciani teria ido a Waldemar na companhia do deputado Altineu Côrtes, problemático, com quem eu já tive muitos atritos.

Waldemar teria respondido a Picciani que, se eu saísse da presidência, seu partido teria candidato próprio – impedindo que apoiasse outro nome e encerrando a conversa. Quando acabou de me relatar a conversa, Bernardo ligou para Waldemar. Este me confirmou todos os detalhes. Mandou que eu abrisse os olhos, porque estavam armando em cima de mim.

Bernardo era um companheiro de primeira hora, assim como Waldemar. Eu sabia que eles queriam o meu bem. Confiava neles. Definitivamente, a visita de Picciani pai a Brasília não era para festejar o aniversário do filho. Recebi ainda relatos de participantes do almoço na casa de Fábio Ramalho. Os boatos sobre a articulação da candidatura de Leonardo Picciani eram enormes. Meus aliados começaram a se irritar com isso.

Como já fui líder e ajudei a impedir várias tramitações no Conselho de Ética, sabia do perigo que havia se Leonardo não estivesse engajado em me ajudar. Por isso decidi agir com cautela.

A conclusão clara era de que Dilma estava realmente por trás de uma eventual articulação para colocar Leonardo Picciani em meu lugar. Isso teria de ser debatido com meus aliados, visto que essa ameaça não tinha parado, mesmo depois de termos tirado os partidos do bloco do PMDB.

Picciani pai e filho estiveram em audiência com Dilma antes do almoço. Segundo o que chegou aos meus ouvidos, a razão da audiência era efetivamente o apoio a Leonardo para a minha sucessão. Não dava para, desta vez, alegarem de novo o pedido de nomeação do desembargador Antonio Saldanha Palheiro para a vaga de ministro do STJ.

Essa nomeação, por sinal, acabou acontecendo somente em fevereiro de 2016, no auge do poder de Leonardo como líder, já dentro do furacão do processo de impeachment. Isso foi logo depois que ele venceu a nova eleição para a liderança do PMDB. Certamente essa posição foi fundamental para que a nomeação fosse consolidada.

Com medo de não conseguir aprovar o projeto de repatriação de ativos no exterior, o governo pediu adiamento da votação para a terça-feira da semana seguinte. Concordei, evitando a derrota do governo nesse dia. À noite estive com Temer no Palácio do Jaburu. Relatei as movimentações de Picciani. Optamos por começar um movimento para tirar dele a liderança do PMDB – Temer encarregou-se de construir maioria para isso.

A tese era de que, se ele estava preocupado em disputar outro cargo, não estava mais interessado na liderança do PMDB. Dessa forma, precisaríamos encontrar outro deputado para a liderança.

Michel Temer, a essa altura, sabia que a presença de Leonardo Picciani como líder iria atrapalhar o processo de impeachment. Ele não estava preocupado comigo, mas sim com o andamento do impeachment.

Nesse dia, no salão verde, ao mesmo tempo que o PT armava um barraco, com militantes presentes para me atirar notas falsas de dólares com a minha cara estampada, a oposição colocava um painel do impeachment, gerando uma briga generalizada. Eu tive de mandar retirar o painel.

O governo entregou uma defesa prévia da rejeição das contas de Dilma em 2014, pelo TCU, em prazo menor ao dado por Renan. Isso sinalizava uma estratégia para tentar aprovar as contas no Congresso, a fim de reverter a situação.

Às vezes a estratégia política era errada e contraditória. O governo não conseguia aprovar nem requerimento de retirada de pauta por maioria simples, não queria enfrentar um recurso em plenário contra a rejeição de um pedido de impeachment, mas achava que podia aprovar as contas no Congresso.

Essa antecipação da defesa – não combinada com Renan previamente – gerou descontentamento no Senado. Achavam que deram um prazo para ajudar Dilma a empurrar o assunto com a barriga. No entanto, ela jogava fora essa possibilidade, adiantando a resposta sem a menor necessidade.

Na quinta, dia 5, a coluna "Painel", da *Folha de S. Paulo*, denunciou uma estratégia que estaria sendo adotada, com o apoio do PMDB, para não se votar a mudança da meta fiscal de 2015, deixando essa aprovação para o início de 2016. Com tal artimanha, Dilma ficaria ainda mais em situação irregular, sendo obrigada a suspender todos os pagamentos, inclusive salários, no último mês do ano, para não cometer mais crimes de responsabilidade. O plano era combinado com o PSDB. Para isso, era necessário obstruir as sessões do Congresso, o que pelo quadro do governo era bastante fácil. Tratava-se de boa estratégia. Eu não estava participando, mas tive conhecimento.

Ela partia da premissa de que era preciso caracterizar o crime de responsabilidade pelo ocorrido durante o ano – e não por movimentos durante o exercício. Dessa forma, no início de 2016, seria apresentado um novo pedido de abertura de processo de impeachment, que seria realmente muito forte para ser rejeitado.

Para o meu entendimento, isso não seria necessário, pois o crime de responsabilidade já teria sido praticado quando da edição dos decretos sem respaldo na lei orçamentária. Tanto eu tinha razão que foi essa a decisão do Congresso que aprovou o impeachment de Dilma.

O presidente do Conselho de Ética, José Carlos Araújo, escolheu Fausto Pinato, conforme combinado comigo, para a relatoria do meu processo. A imprensa divulgava também que o líder do PRB, Celso Russomanno, garantia que o processo não seria arquivado por Pinato.

Estranhamente começou um movimento do relator contra mim. Alguns atribuíram a uma interferência de um empresário forte, patrocinador das suas campanhas, proprietário da cervejaria Itaipava, Walter Faria. Ele era muito ligado a Jorge Picciani – eram até sócios em um empreendimento no Rio de Janeiro. Aos meus ouvidos chegou a informação de que essa interferência seria pelo interesse na minha sucessão.

Até hoje não tenho condições de afirmar se houve tal tratativa. Também não posso afirmar que, se realmente aconteceu, tenha sido por influência de Picciani. Seria uma acusação pesada demais para se sustentar sem prova.

Pinato supostamente me pediu dinheiro, segundo transmitido por André Moura, não foi atendido e teria ficado contra mim. Se ele recebeu dinheiro de outros para ficar contra mim, a lógica é: quem se vende para um lado pode se vender para o outro lado. É tudo questão de preço e oportunidade.

Anunciei um rígido controle de entrada na Câmara, para evitar as confusões ocorridas durante aquela semana, em razão da segurança na casa. Determinei que todos que não fossem parlamentares teriam de passar pelo raio-x e se identificarem, acabando com a bagunça que estava reinando na Casa. Nenhum parlamento no mundo tem as facilidades de acesso que o nosso tinha. Isso ainda iria acabar em tragédia por algum atentado. E em nenhum outro poder, Executivo ou Judiciário, havia tanta facilidade para se transitar sem se identificar. Retiro também os algemados que estavam no salão verde.

Iniciei as entrevistas combinadas com os órgãos de imprensa, que durariam de quinta a sexta-feira. *Veja*, *O Globo*, TV Globo, *Folha de S. Paulo* e *O Estado de S. Paulo* haviam concordado com o compromisso: divulgariam somente a partir da meia-noite de sexta-feira.

Nessa sexta, dia 6, saíram matérias sobre a minha explicação das contas, mostrando uma quebra parcial do acordo que eu tinha feito. Não veicularam as entrevistas, mas colocaram os fatos para que a minha entrevista respondesse a eles depois.

Isso tornava irreversível eu falar. Embora alguns tenham respeitado o combinado, a atitude de *O Globo* foi absolutamente antiética na veiculação completa dos dados da minha defesa. Eles deixaram somente o conteúdo da minha entrevista para o dia seguinte.

Embora eu tenha me arrependido de ter feito esse movimento, os deputados mais alinhados comigo gostaram. Isso dava discurso para eles me defenderem. Eu também teria que fazer a defesa no Conselho de Ética – o que, na prática, iria provocar o mesmo desgaste, pois não daria para ignorar o fato.

As matérias sobre a minha defesa começaram a sair na sexta-feira, no *Jornal da Globo*. Continuaram depois pelos jornais on-line – e, no sábado, com a reprodução das entrevistas. Relatei toda a origem do dinheiro, que remontava a muitos anos, além de mostrar que as contas do *trust* foram para a Suíça em 2007, mas existiam bem antes disso.

Informei a origem das exportações que realizava na década de 1980, comprovando as viagens que fazia com apresentação de passaportes antigos. Declarei que constituí um *trust* para administração do patrimônio e da sucessão, deixando a partir daí de ser o dono do patrimônio.

Comprovei pelos extratos das contas que a transferência enviada, por intermédio do filho do ex-deputado Fernando Diniz, estava na conta sem qualquer movimentação – porque eu nem tinha sido avisado quando ela ocorreu. A conta não era minha, não era eu quem a movimentava e nem poderia. Logo, para saber o que ocorria, dependeria do *trust* me informar, o que não tinha ocorrido sobre esse depósito.

Imagine você, leitor, sendo detentor de uma conta bancária, poder ir à agência do banco e retirar o seu dinheiro, solicitar extrato, pedir talão de cheques, fazer transferências etc. Como eu não era o titular da conta, se chegasse ao banco não seria nem atendido. Eu não tinha autorização para movimentar a conta.

Já a situação da minha mulher era outra. Eu tinha aberto para ela uma conta para cartão de crédito, na qual se deposita em garantia o valor de limite do cartão, resgatando-se esse valor somente com o cancelamento do cartão. A conta dela não precisava ser declarada ao Banco Central do Brasil, pois não possuía saldo superior a US$ 100 mil, mínimo obrigatório para se declarar. Hoje esse valor mínimo é de US$ 1 milhão. A responsabilidade não era dela, era toda minha. As despesas de cartão de crédito feitas em nome dela eram também minhas, pois possuía cartão de crédito como dependente dela.

Minha filha também possuía cartão de crédito como dependente dela. Em resumo, as despesas de cartão da minha mulher eram despesas de todos nós e eram valores referentes a gastos de mais de dez anos – e não de apenas um mês.

Aquilo que se chamou de academia de tênis, fato bastante explorado, era uma escola nos Estados Unidos onde meu filho estudou no ano de 2008. As despesas existentes na conta dela ou eram de viagens, ou eram de escolas. Todos os meus filhos, em algum momento, estudaram fora do país.

A pergunta que poderia vir era: por que eu abri a conta de cartão de crédito em nome da minha mulher e não no meu? Por eu ser pessoa politicamente exposta, nenhum banco abriria conta de cartão de crédito para mim no exterior.

Enumerei todos os bancos anteriores, expliquei a transferência para a Suíça em 2008. Expliquei também a acusação de que foram fechadas duas contas. Na realidade, as contas fechadas eram de dois *trusts* constituídos e administrados pelo banco de investimentos Merrill Lynch, nos Estados Unidos.

Depois, em 2008, o Merrill Lynch transferiu os dois *trusts*, que foram criados por eles mesmos, para o Merrill Lynch Banque Suisse, o MLBS. Após a crise de 2008, o Merrill Lynch foi vendido para o Bank of America – que, por sua vez, vendeu o MLBS para o banco Julius Baer da Suíça.

Quando o Julius Baer assumiu o MLBS, as contas dos *trusts* originadas do Merrill Lynch teriam de ser encerradas, o que foi feito mediante a transferência dos ativos para um terceiro *trust* constituído, sem a participação do antigo banco de investimentos.

Nenhuma conta tinha sido encerrada em 2014 por causa da Operação Lava Jato. Isso era uma extrema bobagem, já que todos os movimentos sempre são passíveis de rastreamento, de nada adiantando se encerrar contas para encobrir qualquer coisa. Todos os ativos existentes nessas contas foram transferidos para o terceiro *trust*, no mesmo banco. Além disso, em 2014, quando do encerramento das contas desses *trusts*, não havia sinal algum de que a Lava Jato seria direcionada para os agentes políticos – como acabaria fazendo Sergio Moro.

Com essas explicações, quis mostrar que o dinheiro tinha origem lícita, somente não declarada à época à Receita Federal – fato precluso pelo tempo. Quis mostrar que não tinha mantido depósitos no exterior, pois as contas não eram minhas e, sim, do *trust*. Na verdade, não estava falando de contas, mas apenas de uma conta. As outras tinham sido encerradas, sendo transferido o patrimônio para essa terceira conta. Além disso, a conta da minha mulher não precisava ser declarada. E minha mulher não era deputada para ter que se explicar ao Conselho de Ética.

Comprovei também que não existiu a movimentação alardeada. Além das aplicações e resgates e dos pagamentos do cartão de crédito, a conta não teve nenhuma outra movimentação. Enfim, eu tinha errado no passado, mas não tinha mentido à CPI. E a conta nem era minha, pois não tinha a propriedade dos recursos.

Tanto no sábado como no domingo, foram muitas as repercussões das minhas entrevistas. As matérias foram bastante fortes. Na entrevista, usei um termo que foi bastante ridicularizado na imprensa. Disse que era usufrutuário da conta, e não o seu proprietário. Essa frase talvez tenha sido a de maior repercussão. Muitos memes e declarações contra mim eram baseados nessa condição.

A Globo, no sábado, mostrou no *Jornal Nacional* todos os críticos me contestando. O PT organizava manifestações contra mim. Também mandaram um grupo para a porta do meu condomínio, no Rio de Janeiro, em protesto convocado pela internet. As manifestações do PT eram feitas pela CUT, pelo MTST, além de outros grupos ligados a eles. O objetivo era muito claro: transformar as ruas contra mim, para substituir as ruas contra Dilma.

Eles achavam que partir para cima de mim desviaria o foco popular, neutralizando os movimentos a favor do impeachment. Paralelamente a isso, desembarcaram no domingo com vários militantes no gramado do Congresso Nacional. Queriam provocar uma briga de grandes proporções com os grupos pró-impeachment ali acampados. O objetivo era expulsá-los de lá. Isso só não ocorreu pela intervenção da Polícia Militar do Distrito Federal.

Um plantão de imprensa se formou na porta do meu condomínio durante todo o fim de semana. Na segunda, dia 9, voltei a Brasília. Na chegada, recebi Carlos Sampaio, Bruno Araújo e Rodrigo Maia para discutir a situação.

Sampaio e Bruno criticaram as entrevistas, dizendo que eu tinha errado ao concedê-las. Avaliaram que minha explicação não estava caindo bem – era o que eles sentiam junto a seus aliados. Argumentaram ainda que o PSDB deveria pedir minha saída, e que eu deveria, para o bem da minha imagem, aceitar o impeachment. Esta seria a única forma de eu ter alguma salvação perante a opinião pública. Segundo eles, se eu não aceitasse o pedido de impeachment, seria trucidado – e ainda ficaria como alguém que tentou negociar a salvação sem sucesso, pois o PT iria me cassar.

Atentaram para o fato de que o PSDB não votaria comigo no Conselho de Ética, porque minhas entrevistas os deixaram sem opção. Esse comportamento dúbio e inconstante deles já me parecia natural nesse processo. Nunca confiei em qualquer acordo com eles; jamais cumpriam.

Em gesto aparentemente amigável, me falaram que, se eu quisesse fazer acordo com o governo, evitando o impeachment, eles entenderiam. Só me alertaram que, depois disso, eu não iria conseguir andar nas ruas, já que ensejaria uma revolta da população, que acabaria me enterrando de vez.

Em resumo, eram os bonzinhos que queriam o meu bem, não queriam ajudar e ainda diziam que eu não teria saída.

Muito tempo depois, quando estava escrevendo este livro, já na condição de cassado do mandato e preso pelo então chefe da Operação Lava Jato, Sergio Moro – condenado por ele, condenação esta confirmada em segunda instância e estando na fase de apresentação do recurso especial ao STJ e extraordinário ao STF –, aconteceu uma situação inesperada.

Com os recursos da conta do *trust* bloqueados, inicialmente pela decisão de Teori Zavascki, depois mantida pelo chefe da Operação Lava Jato, resolvi peticionar para autorizar a repatriação do dinheiro para colocação em conta judicial no Brasil. Na sentença de Moro, ele tinha me condenado a devolver um valor que corresponderia a US$ 1,5 milhão, convertidos em reais ao câmbio da data de maio de 2011, corrigidos até a data do pagamento. Embora não estivesse obrigado a fazê-lo, pois ainda teria condições de reverter a condenação absurda da qual fui vítima, concordei.

Para isso, o Ministério Público Federal me encaminhou os documentos de petição às autoridades suíças, para que procedesse a repatriação. Depois de assiná-los, enviei para que o MPF procedesse aos trâmites.

No dia 26 de outubro de 2020, recebi um comunicado de um dos meus advogados, o doutor Rafael Guedes, de Curitiba. Ele me enviava uma petição do Ministério Público Federal. O documento trazia, pasme, a seguinte informação: "Como se extrai do contido no ofício número 4135/2020/ALJ/SCI/PGR, que ora segue anexo, não foi possível executar as diligências rogadas a respeito da repatriação, considerando que o ora executado Eduardo Cosentino da Cunha não consta como titular da conta bancária em questão, mas apenas como usufrutuário. A petição continuava: "Neste sentido responderam as autoridades helvéticas: de acordo com a documentação contábil elaborada pelo Julius Baer & Co. Ltd., que já foi encaminhada ao Brasil, o usufrutuário não tem autoridade para representar a Netherton Investments Pte. Ltd. para a referida conta". Continuava o texto, agora em parte grifada pelo Ministério Público Federal na sua petição: "Portanto esses documentos não são suficientes para efetuar a liquidação e transferência dos recursos. Pelos motivos acima, pedimos gentilmente que nos forneça declarações de consentimento para liquidar todo o ativo e transferir todos os fundos detidos na conta bancária do cliente para o Brasil, bem como uma ordem de pagamento instruindo o banco Julius Baer & Co. Ltd. a transferir todos os fundos detidos na conta para uma conta das autoridades judiciárias do Brasil, validamente assinada por pessoa(s) autorizada(s) a atuar em nome da correntista Netherton Investments pte. Pelo que sabemos os senhores Jorge Haiek Reggiardo (Argentina) e Luís Maria Pyneirua Pittaluga".

O MPF, então, requeria ao juiz da 12ª Vara Federal de Curitiba, responsável pela execução: "Seja a defesa intimada providenciar os documentos acima indicados, a fim de que a repatriação em tela seja efetivada, em prazo a ser estipulado por este juízo (sugere-se 30 dias)".

Em seguida, o juízo da 12ª Vara Federal de Curitiba me intimou para que eu providenciasse o solicitado pelo Ministério Público Federal, o que eu ainda não consegui fazer, pois não tenho acesso a essas pessoas. Fui obrigado a constituir um novo advogado na Suíça, para tentar, por vias administrativas ou judiciais, obter o solicitado. Minha condição de usufrutuário, reconhecida por todos, não me dá a prerrogativa de ordenar a transferência dos recursos.

Isso era a prova cabal de que eu falava a verdade. Era usufrutuário da conta, e não seu titular. Na ação penal perante o chefe da Operação Lava Jato, havia requerido os depoimentos dos titulares das contas. Moro me negou esse instrumento de defesa.

A Suíça emitiu outro documento conflitante em 4 de março de 2016, pelo qual autorizava Janot a me processar, inclusive por aquilo que não era considerado crime na Suíça, que era evasão de divisas e sonegação fiscal. Ora, a mesma Suíça, em outubro de 2020, negou que eu era o titular da conta e não aceitou o meu comando para repatriar o dinheiro. Não podia chegar ao banco e sacar qualquer dinheiro – não era meu.

Só que fui cassado do mandato de deputado federal por mentir à CPI, dizendo exatamente o que as autoridades suíças confirmaram somente em outubro de 2020, quatro anos depois da minha cassação e quatro anos depois de ter sido preso em função dessa conta.

Como fica isso agora? Não menti à CPI, mas fui cassado, preso e condenado por uma conta da qual, agora se comprovava, eu era mero usufrutuário. Tudo que eu falei era verdadeiro. Quem irá reparar a minha situação?

25 A aceitação do pedido de impeachment

Eram 7 horas da manhã de terça-feira, dia 10 de novembro. Eu me preparava para tomar o café da manhã, quando a segurança me avisou que o filho de um deputado me aguardava do lado de fora, querendo falar comigo urgentemente.

Abri a porta e me surpreendi: era Felipe, filho do ex-deputado Fernando Diniz, envolvido em meu assunto das contas, objeto das recentes entrevistas. Ele parecia nervoso, agitado, até mesmo aparentando estar fora do seu normal. Disse que ele não havia sido convidado por mim, sua visita era estranha e, se ele tivesse algo a me comunicar, que o fizesse por intermédio dos advogados.

Soube depois que Felipe estava com um microfone com transmissão direta a uma equipe móvel da TV Globo. Seu objetivo era obter de mim alguma palavra que me comprometesse, para que ele saísse do furacão em que a minha entrevista o teria colocado.

Felipe chegou a pronunciar algumas palavras, algo sobre como explicaria a situação do seu pai, que isso iria prejudicá-lo. Rebati perguntando: como ele estaria resolvendo a casa deixada pelo pai dele, em nome de uma *offshore*? Indaguei também: como ele estava gerindo a situação do processo no exterior para reaver os recursos do pai dele aplicados no fundo Madoff?

Como essas perguntas não foram respondidas, pedi que ele saísse da residência – e, se quisesse falar alguma coisa comigo, que procurasse os meus advogados. Tinha certeza de que estava sendo gravado. Ele não iria responder algo que o incriminasse se estivesse gravando, daí o seu silêncio. Logo em seguida a TV Globo noticiou a visita dele, sem a divulgação do conteúdo da conversa.

Ele já tinha deposto na PGR, negando participação no assunto, desmentindo que soubesse de qualquer negócio de seu pai comigo – coisa absolutamente inverossímil, já que tínhamos discutido isso várias vezes. O problema era que ele não tinha o caráter do pai, preferindo atender à PGR para se livrar de uma possível denúncia que nunca ocorreu. Ao não confirmar a minha versão, ganhou a imunidade como prêmio.

Na terça, recebi os líderes alinhados a mim para um almoço. Sem avisar, com o encontro já iniciado, chegaram os líderes Carlos Sampaio, Bruno Araújo, Rubens Bueno, Mendonça Filho, além de Rodrigo Maia e Paulinho da Força. Eles queriam uma conversa à parte, por um instante.

Levantei-me da mesa, para irritação dos líderes que lá estavam, e me dirigi à sala anexa à varanda da casa. Eles tinham uma proposta: que eu aceitasse o pedido de abertura do processo de impeachment imediatamente. Em contrapartida, me livrariam no Conselho de Ética. Mas essa era minha última chance.

Ouvi a proposta, não os informei que já havia assinado a aceitação do pedido, guardado no cofre da secretaria-geral da mesa desde o dia 29 de outubro. Pedi a eles um prazo de 48 horas para responder. Antes, teria de conversar com o líderes que me apoiavam – de nada adiantaria ter o apoio deles e perder o dos outros. Além disso, a inconstância do PSDB me assustava. Na véspera, já tinham me comunicado que ficariam contra mim. Como mudariam a posição assim de novo?

De qualquer forma, me comprometi a dar a resposta definitiva até o meio-dia de quinta-feira, dia 12 de novembro. Eles concordaram.

Voltando ao almoço, relatei superficialmente a proposta deles e o prazo. Mas não expliquei a contrapartida – preferi fazê-lo separadamente com cada um, para ter controle maior da reação. Também apresentei as minhas explicações sobre as entrevistas, chegando a exibir a prova dos meus passaportes antigos, com dezenas de registros de viagens à África na década de 1980.

Resolvi apresentar uma defesa prévia ao Conselho de Ética, antes da apreciação da admissibilidade. Meu objetivo era dar elementos para que se encerrasse o processo de cara – eu já não acreditava mais, diante das tentativas de extorsão que estavam chegando a mim.

Naquele mesmo dia, fui surpreendido pela declaração de rompimento do PSDB comigo. Parecia que não tinha havido a combinação de dar a resposta ao pedido deles até quinta. O partido era realmente assim: sem nenhum compromisso com a palavra dada e com acordos feitos.

O pior é que eles fizeram o gesto sem combinar com os outros partidos de oposição, tendo o DEM e o Solidariedade se revoltado com esse anúncio. Você até pode romper um compromisso assumido, mas também para isso é preciso ética. Deveriam primeiro me procurar e relatar suas dificuldades. Saber disso pela imprensa era inadmissível. O PSDB deixou vazar que acreditava que eu tinha feito acordo com o governo contra o impeachment – fato não verdadeiro.

Toda essa situação foi descrita na coluna "Panorama Político", publicada pelo jornal *O Globo* de sexta-feira, 13 de novembro – certamente repassada nos mínimos detalhes por quem participou da reunião e não concordou com o que o PSDB fazia.

Aécio Neves também deu declarações, como presidente do PSDB, cobrando o meu afastamento e a cassação do meu mandato. Muito tempo depois, após várias delações virem à tona, Aécio acabou em uma situação política pior do que a minha. Ele não só foi gravado e denunciado por Joesley Batista, quando pedia dinheiro, como também teve episódios de recebimentos em contas no exterior de terceiros. Também teve contas no exterior da sua própria família.

Certamente, quando defendia a minha cassação, ele não esperava que fosse apanhado no contrapé mais à frente, se desmoralizando e perdendo todo o capital político acumulado nas eleições de 2014. Afinal, ele quase tinha sido eleito presidente da República.

Com o anúncio do PSDB na quarta-feira, dia 11, os líderes aliados a mim prepararam um documento de apoio que foi assinado por 13 partidos: PMDB, PR, PSC, PP, PTB, PHS, Solidariedade, PEN, PMN, PTN, PTdoB, PSD e PRP. A nota foi lida em plenário pelo líder do PSC, André Moura.

No momento da leitura, o líder do PSC disse que esses partidos representavam 230 deputados. Foi interrompido no plenário pelo deputado Rodrigo Maia – que disse que seriam 231, pois ele também estava me prestando apoio.

Os líderes quase colocam o líder do PT para também assinar. Mas eu pedi que não fizessem isso, pois comprometeria definitivamente a possibilidade do impeachment. Rodrigo Maia me pediu para presidir a comissão especial da proposta de emenda constitucional da prorrogação da DRU, que tinha tido a sua admissibilidade aprovada pela CCJ. Apesar dos protestos dos líderes aliados, pelo excesso de posições de destaque que estava dando a Maia, argumentei que ele estava confrontando dentro da oposição a meu favor. Eu tinha de atendê-lo. Os líderes acabaram concordando.

Para evitar que Leonardo Picciani tomasse conta do relatório, escolhi um deputado do PMDB ligado a mim, Laudivio Carvalho, para ser relator. Combinei com Rodrigo Maia, já que caberia ao presidente indicar o relator. Com isso o governo ficou dependente de mim na PEC da DRU.

Nesse dia acabou sendo aprovado, com minha ajuda, o projeto de repatriação de ativos no exterior. O governo venceu por apenas 17 votos, 230 a 213. Cumpri a minha palavra dada a Dilma em 1º de setembro.

Durante a tramitação do projeto, o PSDB fez uma gracinha tentando me atingir, colocando uma emenda inconstitucional proibindo que agentes públicos, inclusive com mandato, ou os seus parentes, pudessem participar do benefício. A emenda foi feita para que passasse a impressão de que eu ficaria impedido de me beneficiar. Eu poderia ter impedido, mas optei por deixar aprová-la, para que não parecesse interesse pessoal. Era público, já nessa altura, que os recursos do *trust* estavam bloqueados e eu não poderia de nenhuma forma usar esse programa.

Durante a tramitação, cheguei a ser questionado de maneira grosseira por um outro deputado do PSDB, Domingos Sávio, como se eu estivesse querendo trazer o dinheiro da Suíça. Lá na frente, ele acabaria se vendendo ao governo, em troca de emendas parlamentares, para votar a mudança da meta fiscal de Dilma. O PSDB estava fazendo jogo político para me agredir.

Jantei com os deputados peemedebistas favoráveis ao impeachment, liderados por Darcísio Perondi. Eram mais de 20 parlamentares. Queriam avaliar a chance de aceitação de um pedido àquela altura.

Um movimento de caminhoneiros paralisou estradas, reivindicando o impeachment de Dilma. A bancada ruralista me cobrou a decisão da abertura do processo.

Na quinta, dia 12, como era de hábito, Janot vazou mais documentos do inquérito das contas, passando a impressão de contradição com o que eu havia falado à imprensa, pelas versões deles.

As ameaças de agressão entre os grupos pró-impeachment e os apoiadores do PT me levaram a aumentar a segurança do local dos acampamentos. Aquilo teria de ter um fim, pois iria acabar em brigas com vítimas.

Os deputados petistas que assinaram apoiando a representação contra mim no Conselho de Ética continuavam dando declarações defendendo minha cassação. Eles eram dos grupos mais radicais do partido. Alguns foram tirados de suas posições por minha causa. Era o caso de Henrique Fontana.

Na sexta, dia 13, solicitei ao jornal *O Globo* o direito de resposta, baseado na nova lei aprovada por mim. Fui o primeiro a fazer uso dessa legislação. O que me motivou foi a manchete do jornal, em que tentou-se desclassificar a argumentação, feita por mim, de que não era o detentor das contas. A reportagem mencionou uma procuração, passando a informação de que eu havia mentido.

Essa procuração, contudo, era da conta que foi encerrada em 2014, o *trust* anterior. Em segundo lugar, o documento tinha um dispositivo que o jornal omitiu na sua tradução: excluía dos poderes "o direito de dispor ou retirar quaisquer ativos da conta". A má-fé de *O Globo* era visível. Era só o início da larga campanha promovida pelas Organizações contra mim, até minha cassação. A procuração era apenas de poderes limitados para determinado tipo de aplicação financeira, sendo vedada qualquer movimentação na conta, incluindo pagamentos, saques ou transferência de recursos. Além disso, se referia ao *trust* de uma das duas contas encerradas em 2014, portanto no mandato anterior.

No domingo, dia 15, ocorreram vários atos a favor do impeachment de Dilma, neutralizando um pouco a tentativa do PT de me colocar como o centro das manifestações. Como as manifestações contra mim estavam focadas no projeto de minha autoria, antiaborto, resolvi esclarecer essa situação para recolocar a verdade dos fatos: apresentado no passado, era um projeto feito em coautoria com 12 deputados, incluindo um petista. Originalmente, não tratava de alterar regras de aborto previstas na legislação. Ocorre que, quando votado na Comissão de Constituição e Justiça da casa, acabou totalmente alterado pelo relator, o então deputado Evandro Gussi. Era um verdadeiro absurdo me responsabilizar pelo texto que não era de minha autoria e, ainda, simplesmente ignorar os outros signatários do projeto. Assim, preparei um artigo detalhado e pedi à *Folha de S. Paulo* que o publicasse. Fui atendido. A partir de então, cessaram as manifestações sobre esse tema, que estavam ocorrendo de forma absurda.

Na segunda, o relator do meu processo no Conselho de Ética apresentou antecipadamente seu parecer pela continuidade do mesmo. Na prática, caso aprovado, significava que eu seria julgado de qualquer forma no plenário. Para evitar isso, era necessária a não admissão do processo e o consequente arquivamento da representação inicial. Exatamente o que eu desejava.

O processo objeto de representação, uma vez admitido, segue para instrução e votação no Conselho de Ética. O parecer, seja pela condenação, seja pela absolvição, tem de ser submetido ao plenário. Bastariam 257 votos, metade mais um do total, para que, em votação aberta, eu pudesse ser cassado. Poderia ser absolvido pelo conselho, mas cassado pelo plenário de qualquer forma.

Considerando que fui eleito com 267 votos, em votação secreta, incluindo entre eles alguns do PT, do PSDB e do PSB, minha situação ficaria muito difícil, no plenário, de qualquer forma, em uma votação aberta. Eu sabia que, a partir desse momento, minha posição estava em risco. Se o PT votasse inteiro contra mim – com o PSDB também inteiramente contrário, estaria cassado sem sombra de dúvida. O relator nem esperou minha defesa prévia para fazer o parecer, mostrando que eu não teria mais sucesso em encerrar o processo logo de cara, mandando-o ao arquivo.

Quando cheguei a Brasília, André Moura já estava me esperando na base aérea. Tinha recados de Jaques Wagner: ele queria também se justificar pela apresentação antecipada do relatório pelo relator, que tinha pedido dinheiro a mim por meio dele, André. Disse que Pinato estava fora de controle por não termos concordado em pagá-lo, mas que tínhamos ainda como reverter adiante, quando da apreciação do parecer final.

Disse a ele que isso seria um desastre, que não podia esperar. E que precisávamos derrotar o parecer de Pinato. Também me trouxe o recado, de Wagner, que estava difícil controlar o Araújo – não dei nenhuma credibilidade. Era uma tentativa dele, de vender dificuldade para obter facilidade. Mandei André voltar a Wagner, orientando para que o PT não desse quórum na sessão do conselho, se ele colocasse o parecer antes da hora. Caso atingisse o quórum, alguém pediria vista regimental para não permitir a votação.

Mais tarde, André retornou à residência oficial relatando suas conversas com Wagner. Ele iria tentar impedir Araújo de votar naquela semana. Caso não tivesse sucesso, comprometeu-se que o PT não faria parte desse quórum.

Como contrapartida, pediu-me que ajudasse a manter os vetos de Dilma na sessão do Congresso no dia seguinte. Esse pedido não me incomodou, pois eu era favorável à manutenção dos dois vetos mais importantes que seriam apreciados.

Essa passou a ser a tônica daí em diante. Toda hora, André Moura ia ou era chamado por Wagner ao palácio. Começou um jogo de chantagens do governo em relação ao processo do Conselho de Ética, com manobras deles, sempre me pedindo algo em contrapartida. Eu já tinha percebido que essa história não estava indo bem.

Rejeitei mais quatro pedidos de abertura de processo de impeachment contra Dilma, deixando ainda pendente o de Hélio Bicudo e de Miguel Reale Júnior. Ele só seria apreciado em dezembro, embora já estivesse assinado por mim e devidamente guardado.

Na terça, dia 17, aconteceu o congresso do PMDB, transformado no lançamento do programa Uma Ponte para o Futuro, de autoria da Fundação Ulysses Guimarães. O encontro foi boicotado pelas bases governistas do partido. Do Rio de Janeiro, somente eu estive presente, ficando de fora o líder Leonardo Picciani, o governador Pezão e o prefeito Paes. No congresso, realizado no Hotel Nacional de Brasília, Temer fez um discurso de candidato, lançando o programa. Não houve discussão sobre uma eventual saída do governo. Os jornais diziam que minha presença ali não seria bem-vinda. Havia receio de vaias da militância – grupos pró-impeachment do partido fizeram manifestações. Acabei cobrado por eles pela decisão de abertura do processo, mas a receptividade da minha presença foi boa, apesar de tudo o que estava ocorrendo.

Na mesma terça, foi realizada a sessão do Congresso para apreciação dos vetos de Dilma, sendo o do reajuste do Poder Judiciário mantido por apenas seis votos. Ele obteve 251 votos para ser derrubado contra apenas 132 para ser mantido. Como o quórum mínimo para derrubada de um veto precisa ser de 257 votos, acabou mantido. A sessão continuaria no dia seguinte, quando o governo conseguiria também a manutenção do veto para o reajuste das aposentadorias pela correção do salário mínimo.

Nesse caso, o governo se saiu um pouco melhor, perdendo por menos – teve 211 votos pela derrubada contra 160 pela manutenção. Apesar de ter evitado esses vetos, o governo viu outros dois derrubados: o veto à liberação de 70% dos depósitos judiciais de estados e municípios, além do veto ao voto impresso nas eleições. Mais de cem deputados, que supostamente estavam na base do governo, preferiram não aparecer para votar, mostrando que a base governista era muito fraca.

Um fato que chamava a atenção era que o voto impresso nas eleições, que tinha sido aprovado na PEC da reforma política, também tinha sido aprovado na legislação infraconstitucional. Dilma havia vetado. Porém, agora, o Congresso derrubava o veto. A polêmica em torno desse tema não é de hoje – nem é restrita a Bolsonaro. O Congresso demonstrou que quer o voto impresso.

A Câmara aprovou em primeiro turno a proposta de emenda constitucional de alteração no pagamento dos precatórios judiciais, fruto das demandas de Haddad e Alckmin.

Na quarta, uma marcha de mulheres negras foi à porta do Congresso, gerando reação dos grupos pró-impeachment. Uma confusão foi gerada, havendo até disparos de armas de fogo. Em função dessa situação, Renan, que não havia autorizado o acampamento dos movimentos, me questionou para a retirada dos grupos. Fui obrigado a ceder. Havia riscos. Ademais, não poderia, sem a autorização também do Senado, ficar com a responsabilidade por eventual consequência disso. A confusão já estava ficando fora de controle. O governador de Brasília, Rodrigo Rollemberg, esteve no meu gabinete comunicando que não teria como garantir a segurança dos acampados.

Além disso, o número de policiais que estavam sendo mobilizados atrapalhava a segurança da cidade. Diante de tais argumentos, pedi a retirada dos movimentos.

O PT e a CUT também tinham trazido para Brasília um grupo enorme de militantes profissionais de briga, com o intuito de promover um massacre no acampamento. Eles estavam em número bastante elevado, acampados nas periferias de Brasília.

O ex-presidente da Câmara e meu adversário na eleição, Arlindo Chinaglia, havia também me procurado, alertando que os movimentos do PT iriam, no fim de semana, invadir o gramado. E iriam expulsar os acampados do movimento pró-impeachment.

Chamei ao gabinete os líderes do acampamento, comuniquei a situação, pedi a compreensão, tendo sido atendido no prazo que dei para que se desmobilizassem. Se o governador de Brasília fez isso atendendo ao governo, eu não posso afirmar. Mas, naquele momento, não tinha como bancar sozinho uma confusão – que tinha tudo para acabar com alguma morte.

Na quinta, dia 19, reuni-me com Renan e Rollemberg para anunciarmos em conjunto à imprensa a decisão da retirada dos movimentos do gramado. Participou também o líder do governo no Senado, Delcídio do Amaral. Arlindo Chinaglia levou com ele dirigentes da CUT. Apesar do meu desconforto em ver que era uma articulação de Renan com o governo, não tive alternativa.

Aécio Neves teceu duras declarações ao lançamento do programa do PMDB. Contestou a legitimidade e conclamou o partido a renunciar aos seus sete ministérios no governo Dilma. Na prática, Aécio sentiu o golpe – não era o PSDB que fazia o contraponto à política econômica do PT. Ele temeu perder o protagonismo. Deve ter se preocupado, nesse momento, com a possibilidade de o impeachment vir a alavancar outras alternativas que não fossem ele.

Esse dilema iria permanecer durante todo o tempo. Aécio não queria o impeachment, passou a querer. Mas, ao mesmo tempo, começou a temer suas consequências. No fundo, achava que a minha permanência em acordo com o governo o ajudaria. Sua posição era sempre inconstante e contraditória. Acabaria atropelado pelos fatos.

Estava marcada para quinta-feira, pelo presidente do Conselho de Ética, José Carlos Araújo, a reunião para a leitura do relatório de Fausto Pinato, apesar de a minha defesa prévia ter sido entregue somente na véspera. Isso era um cerceamento da minha defesa. Mas, na noite de quarta, fui comunicado pela secretaria-geral da mesa que não haveria plenário disponível para a sessão, pois o pedido havia chegado somente depois que todos os plenários das comissões tinham sido alocados.

Com receio de que isso fosse explorado contra mim, telefonei ao presidente da CPI dos maus-tratos a animais, o deputado Ricardo Izar. Pedi a ele para ceder o plenário para o Conselho de Ética, a fim de evitar qualquer polêmica. Mas José Carlos Araújo declarou, de forma mentirosa, que não tinha sala para realizar a reunião, me acusando por isso. Ele estava criando o falso ambiente de que eu estaria obstruindo a sessão.

Quando fui depor no Conselho de Ética, em 19 de maio de 2016, solicitei ao deputado Ricardo Izar que testemunhasse sobre isso. Ele confirmou minha versão, desmoralizando José Carlos Araújo. Mas isso de nada adiantou. A má-fé de Araújo era evidente.

Como a sessão não deu quórum com a ausência do PT, Araújo usou essa mentira para se justificar na mídia. Ao mesmo tempo, queria jogar a casa contra mim. Mas ele tinha usado uma irregularidade. O regimento da Câmara prevê que uma sessão qualquer de comissão, após 30 minutos da hora marcada, tem de ser encerrada caso não atinja o quórum mínimo. Ele tinha declarado aberta a sessão quando atingiu o quórum, depois de passados mais de 30 minutos da hora. E, quando questionado sobre isso, ignorou e deu prosseguimento.

De qualquer forma, as sessões na Câmara às quintas-feiras ocorriam pela manhã. Com o quórum obtido em plenário, o normal é iniciar a ordem do dia, que obrigatoriamente encerra todas as comissões. Mesmo sem atingir o quórum em plenário, é normal iniciar a ordem do dia para começar a discussão da matéria, só se votando após atingir o quórum.

Essa, inclusive, é uma das estratégias para evitar requerimento de retirada de pauta e de adiamento de discussão. Sempre que é necessário enfrentar uma obstrução, se utiliza desse mecanismo. Eu mesmo utilizei várias vezes essa estratégia para evitar obstrução das matérias. Só que dali em diante não poderia mais realizar sessões na Câmara, porque seria acusado de manobrar para evitar o Conselho de Ética.

Quando iniciei a ordem do dia, Araújo suspendeu a sessão do conselho, que além de não poder ter sido iniciada, também não poderia ser suspensa. Ela deveria ter sido encerrada. O deputado André Moura levantou uma questão de ordem em plenário sobre isso, me obrigando a sair da presidência para que outro membro da mesa decidisse essa questão.

O então deputado Felipe Bornier assumiu a presidência e decidiu de acordo com o regimento. A reunião do conselho não poderia continuar, pois teria sido encerrada quando não atingiu o quórum, após 30 minutos.

Sua decisão provocou um barulho dos meus adversários naquele momento, levando a uma confusão e um desgaste enormes para mim. O problema nem era ganhar ou não tempo, mas não permitir que ilegalidades praticadas pelo presidente do Conselho de Ética não pudessem ser contestadas. Se no início do processo eu fosse atropelado por manobras antirregimentais, imaginem o que ocorreria quando eu tivesse de ser julgado depois.

Também nesse dia o relator Fausto Pinato declarou que teria sido ameaçado por telefonema anônimo, coisa absurda e fantasiosa. Isso mostrou o erro de tê-lo escolhido para a relatoria. Ele era, acima de tudo, inescrupuloso e chantagista.

Pinato viu que não iria obter vantagens de mim e preferiu partir para virar herói na mídia, a essa altura toda engajada em minha cassação. Com sua denúncia, oficiei ao ministro da Justiça pedindo abertura de inquérito pela Polícia Federal, para apurar a suposta ameaça que nunca foi comprovada.

Aliás, a ficha pregressa do deputado Fausto Pinato não era nada animadora. Ninguém conhecia isso. Ele já era réu no STF por falso testemunho. Como acreditar em suas versões?

Essa atitude falsa de José Carlos Araújo fez com que o PSDB usasse um expediente dos mais baixos que já tive conhecimento na história do parlamento. Para me contestar, colocaram a deputada Mara Gabrilli para me interpelar em intervenção no plenário, sabendo que jamais eu iria responder a ela, qualquer que fosse a colocação.

A falta de coragem dos líderes do PSDB em fazer o enfrentamento direto comigo, com relação a uma mentira espalhada pelo presidente do Conselho de Ética, levou a se utilizarem da deficiência física da deputada Mara Gabrilli, bastante respeitada, por quem eu nutria bastante carinho. Fui obrigado a ouvir calado sua interpelação e enfrentar a repercussão, com Araújo transformando a mentira em uma grave acusação contra mim.

A repercussão disso tudo tinha um objetivo: colocar para a opinião pública que eu estava obstruindo a apreciação do meu caso. E, com isso, justificar um pedido de afastamento do cargo por Janot ao STF.

Rejeitei mais três pedidos de abertura de processo de impeachment naquela quinta. Era claro que eu estava tendo um enorme desgaste, além de não poder confiar em nenhum acordo com o governo e o PT.

Sabedor de toda a origem do presidente do Conselho de Ética, José Carlos Araújo, eu tinha a convicção de que ele não agiria assim sem combinação com Jaques Wagner. Ou seja, Wagner o colocava para criar os problemas, que só ele, Wagner, poderia resolver, se assim o quisesse.

Só que a forma como Wagner estava conduzindo era para me colocar no centro do desgaste, para continuar a ocupar o lugar de Dilma, na contestação da opinião pública, transformando aos poucos Dilma em um problema menor.

O problema passaria a ser eu. Aos poucos, eles queriam transformar a minha saída na única forma de o país se reerguer. Eu iria cair feio.

A impressão que me dava era de que a armação era de tal ordem que Wagner estava apenas ganhando tempo, para que se configurasse uma situação extrema que levasse Janot a pedir meu afastamento.

Eu também não estava confortável com a situação de que me livraria, com apoio de Dilma, para evitar seu impeachment. Era um abraço de afogados, que iriam transformar em um afogado, que seria eu, e uma sobrevivente, que seria a Dilma. Eu estava, com a divulgação desse suposto acordo, no meu pior momento de rua naquele instante. Não queria continuar assim.

Se o governo e o PT quisessem realmente evitar minha cassação e fazer um acordo, seria uma coisa bem simples. Bastava eles anunciarem que votariam para encerrar meu processo no nascedouro e tocar a vida adiante. Mas não era isso que estavam dispostos a fazer. Estavam apenas tentando me cozinhar em fogo alto. O PT não tinha escrúpulos. Eles tanto poderiam fazer esse tipo de acordo como poderiam tentar me destruir sem eu saber.

Com total conhecimento do que estavam tentando me fazer, sabendo que o PT não iria nunca votar comigo, eu não teria outra escolha a não ser tocar o processo de impeachment antes do que esperavam.

Na sexta-feira, dia 20, já no Rio de Janeiro, procurei o meu amigo empresário Álvaro Otero, que tinha sido o responsável pela minha reaproximação de João Roberto Marinho, em 2014. A situação com a Globo tinha voltado para uma tensão ainda maior do que a existente àquela época. O massacre, com a situação do Conselho de Ética, estava insuportável. E poucos aguentariam aquela pancadaria por muito tempo.

Meu objetivo não era nem tentar diminuir a tensão ou reverter a situação. Mas verificar qual seria o comportamento deles quando eu divulgasse a aceitação da abertura do processo de impeachment.

Não quis procurar João Roberto diretamente, nem falar por intermédio de Paulo Tonet. Optei pelo caminho indireto, com aquele que era seu melhor amigo e poderia dar a posição de maneira correta.

Relatei a Álvaro minha intenção, que iria ocorrer até o fim do mês. Disse ainda que estava preocupado, porque tinha o boato do acordo da Globo com o governo, em função do engavetamento da cooperação internacional do caso Fifa. Isso estaria supostamente sendo realizado por José Eduardo Cardozo no DRCI, controlado pelo Ministério da Justiça.

Para muitos, a Globo estava na mão do governo, e logo que eu aceitasse o pedido de impeachment, o *Jornal Nacional* iria virar o Jornal do Cunha. Álvaro disse que conversaria no fim de semana e me avisaria sobre isso.

No domingo, Álvaro Otero me telefonou, chamando-me para uma conversa. Ele já havia tratado com João Roberto. No encontro, Álvaro contou-me que João Roberto negou acordo com o governo. Negou também os boatos sobre a cooperação internacional com a Fifa. Disse que, caso existisse algo, seria nos

Estados Unidos e não no Brasil. Só que não disse que isso só poderia ocorrer via cooperação internacional, ou seja, por meio do DRCI.

Com relação ao impeachment, ele afirmou que se eu fizesse de forma correta, com fundamentos, haveria apoio para a iniciativa. Ele falou, entretanto, que essa sondagem teria de ficar em sigilo absoluto. Concordei, obviamente. Saí com a conclusão de que eles queriam se ver livres de Dilma, mas sem parecer que estavam atuando para isso.

A razão poderia ser eles estarem se sentindo chantageados pela situação de serem obrigados a ceder ao governo para que não andassem com a cooperação internacional. Não tenho condições de afirmar isso, me restringindo a dar curso aos boatos da época, mas tudo aquilo era realmente muito estranho.

Na segunda, dia 23, retornei a Brasília e pedi a Gustavo Rocha que atualizasse o parecer da aceitação do pedido de abertura do processo de impeachment de Dilma. Pedi para incluir os esclarecimentos sobre o PLN número 5 do Congresso Nacional, que alterava a meta fiscal. A ideia era já rebater que sua aprovação não retiraria o crime de responsabilidade dela.

Meu objetivo era evitar que a aprovação desse PLN, que deveria ocorrer, inviabilizasse a aceitação do impeachment. Com ele aprovado e sancionado, iriam argumentar que Dilma poderia não ter mais descumprido a lei orçamentária.

Eu iria começar o processo de consultas para, na última semana do mês, que seria a seguinte, finalmente divulgar a aceitação do pedido contra Dilma. Não queria mais me envolver nesse suposto acordo, que não iria se materializar e cujo desgaste me derrubaria da mesma forma. A decisão estava tomada. Sem retorno.

Lembrando que o parecer assinado, sem os acréscimos que tinha pedido para Gustavo fazer, estava e continuaria no cofre da secretaria-geral – com a mesma orientação, se algo me acontecesse.

Jantei com Temer no Palácio do Jaburu para discutir essa situação. Fizemos avaliação sobre a possibilidade de se divulgar a aceitação do processo de impeachment. Temer até colocou que entenderia se eu fizesse algum tipo de acordo com o governo para me salvar – mas alertava que eles não iriam cumprir.

Na terça, dia 24, haveria a sessão do Conselho de Ética para que o relator Fausto Pinato lesse o parecer. Para evitar mais desgaste, optei por deixar ocorrer a leitura sem nenhum questionamento e pedir vista, o que adiava em uma semana a votação desse parecer.

Reuni os líderes aliados, além de Rodrigo Maia. Combinamos isso para que pudesse retomar o controle da sessão plenária. Eu tinha de evitar situações que gerassem contestação no plenário, para não perder a governabilidade da Casa.

Durante a sessão, já à noite, o deputado Heráclito Fortes foi à mesa da presidência e alertou que estava acontecendo um movimento estranho. Havia sido marcada uma reunião extraordinária da Segunda Turma do STF para a quarta de manhã, com pauta desconhecida.

Heráclito achava que podia ser alguma coisa contra mim. Eu o alertei que a competência sobre mim era do plenário, e não da turma – o que o tranquilizou. Ele estava me apoiando, mesmo dentro da oposição. Heráclito e Rodrigo Maia eram meus maiores apoiadores nos partidos de oposição.

O Conselho de Ética fez a reunião e leu o parecer do Fausto Pinato. Um pedido de vista múltiplo foi feito, conforme o previsto. Acabou marcada a sessão, para votação desse parecer, para 1º de dezembro.

Na quarta, dia 25, pouco depois das 6 horas da manhã, recebi um telefonema urgente, me acordando. Era Renan Calheiros. Ele me comunicou que o senador Delcídio do Amaral havia sido preso, por ordem do STF. Essa situação foi decisiva para todo o desfecho que resultaria no impeachment de Dilma. A prisão de Delcídio, em um suposto estado de flagrância, que até hoje eu ainda não consegui entender, tinha a ver com uma suposta obstrução de justiça.

Delcídio teria sido gravado pelo filho do ex-diretor internacional da Petrobras, Nestor Cerveró, o ator Bernardo Cerveró. Cerveró vinha tentando fazer delação, ainda sem sucesso. Seu filho teria forjado uma situação, em acordo com a PGR. Gravou-o para que, dependendo do resultado obtido, Janot acabasse aceitando a delação de Cerveró.

Embora Janot em seu livro tenha descartado qualquer atuação prévia dele no evento, ele demonstra contradições. Disse o procurador que Bernardo teria procurado o seu então chefe de gabinete, Eduardo Pelella, para avisar sobre o que estava ocorrendo.

Janot narrou em seu livro uma história mirabolante, de que Pelella o teria surpreendido com um pendrive, afirmando: "Acho que vamos ter de prender um senador..." Tudo jogo de cena de Janot para descrever sua participação nesse assunto.

O fato é que o filho de Cerveró, cumprindo combinados prévios, arrastou Delcídio para uma armadilha – queria que ele confessasse atos ou fizesse propostas indecorosas. Delcídio, supostamente, estaria acertando ajuda financeira a Cerveró e até o ajudando em uma suposta fuga meio estapafúrdia.

Delcídio, de forma leviana e boquirrota, diz estar em suposta tentativa de influenciar ministros do STF, falando inclusive que tinha conversado com o relator da Lava Jato, ministro Teori Zavascki, e com o ministro Dias Toffoli. A mera citação do nome dos ministros na gravação os deixava em situação bastante delicada.

Janot, de posse dessa gravação, solicitou a prisão de Delcídio ao STF, diretamente a Teori Zavascki – que concedeu estranhamente uma prisão que jamais poderia ser dada, pois não era uma prisão em flagrante. Segundo relata o livro *Os onze*, dos jornalistas Felipe Recondo e Luiz Weber, a decisão de Teori teria sido combinada de véspera, em uma reunião entre os cinco ministros que compunham a Segunda Turma naquele momento.

Essa decisão monocrática, de acordo com a reunião dos ministros, seria confirmada na tal reunião extraordinária da Segunda Turma, que ocorreria na manhã dessa quarta-feira. Era a reunião relatada a mim por Heráclito Fortes na noite anterior.

Eu tinha estado com Delcídio em quase todas as semanas nos últimos três meses, debatendo as situações e ajustando acordos para votações no Congresso. Ele fazia bem o meio de campo e tinha ajudado bastante na tentativa de diminuir as arestas.

Iria estar com ele ainda naquela semana, talvez na própria quarta-feira. Delcídio era benquisto e se dava bem com todos os segmentos do Congresso. Renan havia marcado sessão do Congresso, que certamente seria cancelada.

Fiquei bastante chocado com a notícia, levantei-me para rapidamente me colocar em posição de tomar ciência de tudo e me preparar para ir para a Câmara, a fim de administrar as consequências da repercussão.

Além de Delcídio, com a prisão em flagrante, na operação acabaram presos o advogado de Cerveró, Edson Ribeiro, de forma preventiva, o chefe de gabinete de Delcídio, Diogo Ferreira, e o banqueiro André Esteves, do banco BTG. Este foi envolvido em uma ilação absurda, de que estaria supostamente financiando a operação de Delcídio. A referência a Esteves teria sido feita pelo próprio Delcídio, da mesma forma que citou os nomes dos ministros do STF.

Diogo Ferreira e André Esteves inicialmente foram presos de forma provisória, por cinco dias. Em seguida tiveram a prisão convertida em preventiva, por Teori Zavascki. A acusação contra Esteves era de que o advogado de Cerveró seria pago por ele. Não havia qualquer outro indício contra ele que merecesse uma reprimenda tão grave.

André Esteves viria a ser solto pouco tempo depois. Acabou totalmente inocentado, mas a operação levou a uma crise nos mercados. Seu banco teve de se desfazer rapidamente de diversos ativos, com grandes perdas, para manter a liquidez. Isso só mostrava o quanto a irresponsabilidade de Janot trouxe de prejuízo à economia do país.

Aliás, prejuízos, quebradeiras de empresas, perda de postos de trabalho, perda de espaço de empresas brasileiras, queda de crescimento econômico e redução do PIB são algumas das consequências da chamada Operação Lava Jato. Devemos isso ao chefe dela, Sergio Moro, e a Janot.

É óbvio que as gravações eram constrangedoras para Delcídio. O fato de citar que tinha falado com ministros para ajudar Cerveró era grave. Esse fato parecia não ser verdadeiro. E, mesmo que fosse, jamais seria admitido por ninguém. Parecia realmente que ele queria passar uma tranquilidade ao filho de Cerveró para que ele não delatasse.

Como Delcídio tinha sido preso em flagrante, o Senado deveria, em 24 horas, confirmar ou não a prisão. Começaram as articulações para essa deliberação, que Renan teria de colocar para votar no mesmo dia.

Teori enviou os autos para o Senado, com o pendrive da gravação, para que os senadores ouvissem e formassem sua convicção. Por outro lado, seria um precedente que poria fim à inviolabilidade do mandato parlamentar – e precisava ser tratado como tal.

A confusão se instalou no país, com a suspensão de todas as atividades no Congresso, passando esse a ser o tema único do dia. Seu desfecho era importante para todos, inclusive para mim. Delcídio era também líder do governo, o que arrastava o governo para o centro da crise.

Havia sessão do Congresso marcada para as 11 horas de quarta-feira, que tinha o objetivo de avançar na pauta, incluindo a tentativa do governo de votar o PLN número 5, que tratava da mudança da meta fiscal. Antes, porém, deveria ser votada a Lei de Diretrizes Orçamentárias. Não haveria sessão na Câmara nesse dia, para que o Congresso pudesse deliberar.

Com a confusão, a sessão do Congresso foi aberta. Mas não haveria votação, e a sessão foi encerrada logo depois, para que o Senado pudesse deliberar sobre a prisão de Delcídio.

Se Janot estava a serviço do governo e havia me escolhido para alvo, qual a razão de o governo permitir que seu líder fosse atingido? A resposta é simples. Em primeiro lugar, Janot não estava com o compromisso de blindar tudo que o governo quisesse, mas sim blindar Dilma. O outro compromisso de Janot era contra mim.

Delcídio não era lá dos mais queridos no PT, sendo adversário de José Eduardo Cardozo, de quem pedia a cabeça, fazendo coro a Lula dentro do governo. Delcídio tinha sido o responsável pela nomeação de Cerveró, que estava bastante atingido pelas delações, incluindo a de Fernando Baiano.

Cerveró buscava delação, mas, como não tinha nada a acrescentar, não estava tendo receptividade. Se ele tivesse falado de mim, mesmo mentiras, talvez tivesse feito rapidamente a delação. Mas, como delator, atrapalhava a acusação contra mim, pois ele mesmo depôs mais tarde relatando atos de corrupção que envolveram outros do PMDB, que não eu.

Cerveró delatou, na mesma operação sobre as sondas em que eu fui denunciado, ter pago propina para os senadores Renan Calheiros e Jader Barbalho – que nunca foram responsabilizados por isso até hoje. Não estou fazendo juízo de valor se as acusações são ou não verdadeiras, mas somente registrando a diferença de tratamento com relação a mim.

O filho de Cerveró resolveu fazer um ato solo, procurando pessoas, gravando as conversas, por orientação da PGR, visando encontrar algo que pudesse ser um trunfo a favor da delação de seu pai. Outros, também orientados pela PGR, fizeram o mesmo, como o ex-senador e ex-presidente da Transpetro Sérgio Machado – que gravou inclusive Renan Calheiros depois.

O mesmo método seria usado depois por Joesley Batista, quando, também por orientação da PGR, gravou Michel Temer e Aécio Neves, obtendo com isso sua delação. Em comum, sempre os mesmos personagens: Janot, Marcelo Miller e advogados ligados a eles.

Depois que eu fui afastado da presidência da Câmara, com Michel Temer já na Presidência da República, a PGR, por meio de um dos advogados que trabalhavam para mim na época, me propôs que gravasse Temer, para que parassem com as acusações contra mim. Eu recusei, porque tenho caráter e jamais me submeteria a isso.

No momento em que a gravação era feita, Janot, além de ter um indício de possível crime, tinha também a oportunidade de passar para a opinião pública que a sua atuação era contra todos, desmoralizando meu discurso de perseguição. Essa foi a razão que levou Janot a agir nesse caso de Delcídio, por mero oportunismo político.

Cheguei à Câmara e, durante o dia, contatei vários senadores para saber como estava a situação. Falei com Renan, que também estava tentando ajudar Delcídio de forma sincera, atuando para que o Senado rejeitasse a autorização para mantê-lo preso.

Aí aconteceu o inusitado: o presidente do PT, Rui Falcão, soltou uma nota condenando Delcídio pela situação. Ele defendia a manutenção da prisão dele. Isso acabou colocando todo o Senado em posição difícil. Se o partido dele defendia a prisão, o governo não se metia, a oposição, por meio de Aécio, defendia a manutenção da prisão – como reverter essa situação?

Aécio, de forma oportunista, defendeu e fez o PSDB votar pela manutenção da prisão de Delcídio. Só que, dois anos depois, precisou desse mesmo Senado para se manter no mandato de senador e retirar suas medidas cautelares, decorrentes da delação de Joesley Batista. Se eu fosse senador, teria dado a Aécio o mesmo tratamento que ele deu a Delcídio – até porque a situação de Aécio foi mais grave do que a de Delcídio.

Além da posição do PT, senadores ingressaram no STF pedindo que a votação fosse aberta – e não secreta, como previa o regimento do Senado. Renan optou por fazer duas votações: a primeira, para definir se seria aberta ou secreta, quando se saberia quantos votos Delcídio teria – pois todos com voto a seu favor votariam para que a decisão fosse secreta.

O ministro Fachin já havia dado uma liminar no STF para que a votação fosse aberta, mas Renan se utilizou desse argumento para submeter a votos a decisão, se seria ou não secreta. Todos sabiam que, em votação aberta, seria mais difícil reverter a situação de Delcídio.

Já se sabia que os que fossem contrários à soltura de Delcídio votariam para que a decisão fosse por voto aberto. E venceu o voto aberto, que sinalizou que Delcídio teria a manutenção da prisão autorizada.

Em seguida, votou-se se seria ou não autorizada a manutenção da prisão de Delcídio, tendo por larga maioria a decisão contra ele. Renan fez um desabafo duro, acusando a direção do PT pela posição assumida, mostrando do que o PT seria capaz a qualquer custo para tentar se fingir de defensor da moralidade.

Esse episódio, além de abrir a porteira para que os mandatos fossem violados, deixou Janot e o STF com um poder absurdo nas mãos. A independência dos poderes havia sido rompida. Por consequência, na hora em que o STF tomou uma decisão dessas, o Senado entubou a decisão de forma acovardada – era óbvio que algo em seguida viria contra mim. Isso era questão de tempo.

O que fez Janot contra mim em seguida? Sem que ninguém soubesse, na sexta, dia 27 de novembro, ele ingressou com uma ação cautelar, a AC 4044, visando efetuar busca e apreensão nos meus endereços, incluindo também pessoas ligadas a mim, além dos então ministros Henrique Alves e Celso Pansera. Este último, por causa da suposta atuação a meu favor na CPI da Petrobras. Pansera teria sido arrolado somente por ter colocado na CPI requerimento de quebra de sigilo da família do bandido confesso Alberto Youssef, delator que fazia o jogo de depor em tudo que a PGR necessitasse.

Janot esperava que Teori Zavascki despachasse autorizando isso, para realizar na semana seguinte, na data de votação do parecer do relator do Conselho de Ética, Fausto Pinato, prevista para 1º de dezembro. Ou logo em seguida a essa votação, para criar o clima necessário para me prejudicar ainda mais.

Eu vinha sendo cobrado diariamente sobre a decisão do processo de impeachment de Dilma, com relação ao pedido de Hélio Bicudo e Miguel Reale Júnior. Havia transferido a decisão, que era inicialmente no dia 15, para a segunda-feira, dia 30 de novembro. Combinei com a assessoria para que os pareceres fossem atualizados, após Gustavo Rocha aprontar a nova versão. Eles me passariam o texto por e-mail durante o fim de semana.

Nesse momento, André Moura continuava os contatos com Jaques Wagner, tentando ver qual seria a solução do PT na votação do dia 1º. O governo teve de adiar para a semana seguinte a sessão do Congresso, pois, com a prisão de Delcídio, não havia clima para nada.

A situação era muito clara: o PT teria de decidir se votaria ou não a meu favor. Depois do que fizeram com Delcídio, não tinha a menor dúvida de que fariam igual contra mim. Na minha cabeça, iria abrir o processo de impeachment antes da decisão do Conselho de Ética, até para deixar claro que o partido estava me retaliando.

Já tinha feito a opção para justificar a retaliação, em vez de justificar a aliança. Com isso, fui para o Rio de Janeiro depois de confirmar, para a imprensa, que na segunda-feira daria a decisão do impeachment.

Eu sabia que o processo no Conselho de Ética seria aberto. Teria um longo caminho pela frente. Era melhor que fosse com menos cobranças das ruas, do que enfrentar um processo em que o discurso passaria a ser: "Temos de tirá-lo para que o impeachment possa avançar".

Entendia também que a aceitação do pedido de impeachment levaria a um acirramento do PT e do governo contra mim, incluindo Janot. Eu não tinha conhecimento, naquele momento, da medida cautelar protocolada por ele no STF.

Recebi por e-mail, no sábado, o texto final do parecer de Gustavo sobre a aceitação do processo de impeachment. Li imediatamente, aprovei e enviei para o secretário-geral da mesa, Silvio Avelino, para que fosse preparado o novo despacho para segunda-feira.

Mas Janot não tinha parado somente com a ação cautelar. De repente, no domingo ele vazou um documento bem suspeito de Diogo Ferreira, então chefe de gabinete de Delcídio. Na busca e apreensão realizada na casa dele, teria sido encontrada uma anotação feita à mão, não se sabe por quem, no verso de um documento sobre o imaginário roteiro de fuga que Delcídio estaria preparando para Cerveró. A anotação era sobre um suposto favorecimento ao banco de André Esteves, na Medida Provisória 608, que tinha sido votada em 2013, quando eu não era o presidente da Câmara.

Segundo o divulgado por Janot, a transcrição da anotação seria a seguinte: "Em troca de uma emenda a Medida Provisória 608, o BTG Pactual, proprietário da massa falida do Bamerindus, o qual estava interessado em usar os créditos fiscais de tal massa, pagou ao deputado Eduardo Cunha". Dizia ainda: "também possuía como destinatário outros parlamentares do PMDB".

A história era muito estranha, tanto por sua origem quanto por seu conteúdo. Na referida medida provisória, eu havia feito duas emendas. A primeira, para acabar com o exame da ordem da OAB. A segunda era justamente para impedir o aproveitamento de créditos de bancos em liquidação nos efeitos dessa medida, feita para enquadrar o sistema bancário brasileiro no chamado Acordo de Basileia, que regula os bancos no mundo.

O relator da medida tinha sido o então senador do PSDB Cássio Cunha Lima, que acatou parcialmente a minha emenda, deixando claro que os bancos em liquidação não poderiam ser beneficiados.

Como posso ter beneficiado o banco se o que propus era exatamente o contrário da anotação? Qual a razão de aparecer essa anotação manual no verso de um papel apreendido? Qual a razão da divulgação disso no domingo, quando anunciava a decisão do impeachment para segunda-feira?

A situação era óbvia demais para mim. O impeachment não poderia mais ser divulgado naquele dia, além de não poder mais divulgar quando eu efetivamente o faria. Na segunda eu voltei para Brasília, para dar uma entrevista coletiva para esclarecer esse ponto.

Não haveria clima para anunciar uma decisão de impeachment. Iriam dizer que eu tinha feito isso para me esconder de uma nova acusação. Registre-se que essa acusação jamais virou qualquer tipo de ação contra mim ou contra qualquer pessoa. Era uma acusação falsa de um fato que não tinha ocorrido. Logo terminou em vazio.

Após a entrevista coletiva, peguei o parecer da aceitação do processo de impeachment e fui para o Palácio do Jaburu. Cheguei ao fim de um almoço do qual Temer estava participando. Terminado o almoço, despedidos os convidados, fomos conversar sobre o impeachment.

Temer, como sempre, achava que eu deveria anunciar logo a abertura do processo. Ele não acreditava que o PT faria algo a meu favor, ainda mais depois da situação de Delcídio. Mostrei a ele o texto do parecer do Gustavo Rocha. Ele concordou e o aprovou com entusiasmo. E me perguntou o que eu faria.

Eu respondi que tinha a ideia de anunciar naquele dia, mas com essa nova acusação e Janot contra mim, não poderia fazê-lo. Disse que a nova ideia era fazer sexta ou segunda próxima. Tinha a intenção de dar para a revista *Veja*, com exclusividade, a decisão na edição do fim de semana, com o parecer já protocolado na sexta-feira.

Temer concordou comigo, qualquer que fosse a estratégia. Ele falou que eu teria de fazer isso até para tentar me salvar. Caso ele assumisse a Presidência, a votação do Conselho de Ética seria diferente, pois o governo atuaria a meu favor. Segundo ele, eu não tinha outra saída.

Falei a Temer que antes precisava que ele tentasse reunir o PMDB no tema. Achava que se eu decidisse a abertura do impeachment, tendo o PMDB em sua maioria contra mim, incluindo todo o Senado, fora o líder Leonardo Picciani, isso poderia levar a tramitação ao fracasso.

Temer disse que iria, durante a semana, aparar as arestas com o PMDB, para que eu pudesse aceitar o pedido, sem críticas partidárias. Temer viu isso de forma positiva, pois também não queria que o processo tramitasse com a maioria do PMDB contrária.

O problema era que ele não queria fazer esse movimento para que depois eu não abrisse o processo e ele se desgastasse à toa. Ele temia passar por conspirador. Com a certeza de que eu daria curso ao processo, ele faria o movimento durante a semana, para que na sexta-feira eu pudesse decidir. Foi o momento em que acertamos a aliança pela deposição de Dilma, por volta das 15 horas dessa segunda-feira, dia 30 de novembro.

A sessão do Congresso estava marcada para terça, dia 1º de dezembro, para se tentar votar o PLN número 5 de 2015, que tratava da mudança da meta fiscal. Combinei com os líderes aliados a obstrução da sessão por dois motivos: primeiro, para deixar o governo na ilegalidade, com os decretos editados sem autorização legislativa.

O segundo motivo era tentar adiar a sessão do Conselho de Ética, pela realização da sessão do Congresso. A sessão do Conselho de Ética se iniciava com a discussão do parecer, na qual a gente tentaria empurrar a discussão ao máximo, para que não ocorresse a votação do parecer – tentando jogar para outro dia.

A sessão do conselho desse dia foi encerrada pelo início da ordem do dia, depois de seis horas de discussão. Em seguida, a bancada do PT se reuniu para discutir minha situação. Ao fim da reunião, Rui Falcão soltou uma nota em que anunciou a decisão do partido de votar contra mim no Conselho de Ética.

André Moura estava com Jaques Wagner. Telefonou-me avisando que não haveria mais a sessão do Conselho de Ética naquela semana. Ela deveria ocorrer na quarta-feira, mas, segundo ele, havia conseguido que o presidente do conselho, José Carlos Araújo, adiasse para a terça-feira seguinte, dia 8, com a desculpa da votação do Congresso.

A atitude de Wagner, longe de ser para me ajudar, fazia parte do plano diabólico do governo. Primeiro, queriam ver aprovada a mudança da meta fiscal, para que Dilma saísse da ilegalidade, precisando do meu apoio para isso. Se houvesse votação no conselho, o governo corria o risco de uma retaliação dos meus aliados.

Depois, a medida cautelar que Janot havia ingressado no STF ainda não tinha decisão de Teori Zavascki. A estratégia deles era realizar a sessão do Conselho de Ética sob a operação de busca e apreensão contra mim, para me liquidar de vez. Não havia sinceridade em nada que viesse do governo. Eu sabia exatamente disso.

Consegui, por meio dos líderes aliados, obstruir na terça a votação da sessão do Congresso. O governo, no desespero, partiu para cima dos deputados, tentando fazer qualquer acordo para que essa votação ocorresse.

Temer chamou Renan e Eunício para jantar. O objetivo era discutir o impeachment, conforme combinado comigo. Ao mesmo tempo, os líderes foram a Jaques Wagner dizendo que só dariam quórum para a votação do Congresso se houvesse garantias de que eu teria os votos necessários no Conselho de Ética. Wagner tentava cozinhá-los, dizendo que iria trabalhar e que já havia adiado a votação para a semana seguinte.

A quarta-feira, dia 2, começou bem agitada. Cheguei cedo à Câmara, reuni os líderes, inclusive Leonardo Picciani. A essa altura, ele estava tentando me ajudar a evitar a continuidade do meu processo no Conselho de Ética – ou, ao menos, tentava passar essa imagem.

Eles foram ao palácio se encontrar novamente com Wagner, para discutir a obstrução da sessão do Congresso. De novo, colocaram a minha situação no Conselho de Ética. Eles retornaram meio desanimados, com a sensação de que Wagner não estava preocupado nem com a obstrução, nem com a minha situação.

Descobriu-se que ele tinha conseguido fechar um acordo com os integrantes do PSDB na Comissão de Orçamento. Mediante uma generosa liberação de emendas parlamentares para os redutos eleitorais desses deputados, eles não fariam obstrução na sessão do Congresso. Votariam contra, mas sem obstruir – o que faz toda a diferença no processo legislativo. A articulação no PSDB ficou a cargo do deputado Domingos Sávio, de Minas Gerais, aliado próximo de Aécio.

Por outro lado, o governo avisou aos deputados que empenharia todas as emendas pendentes deles logo após a aprovação dos projetos de créditos orçamentários. Mas esses projetos só poderiam ser votados no Congresso após a votação do PLN 5.

Sem votar o PLN 5, que estava trancando a pauta do Congresso, não poderiam votar esses créditos, sem o que o governo não poderia liberar as emendas parlamentares. Também sem votar o PLN 5, os créditos orçamentários não poderiam ser abertos, pois contrariavam a meta fiscal. Ou seja, o governo tinha comprado o fim da obstrução e marcado prazo para pagar a conta, após as votações dos créditos orçamentários, que, por sua vez, só poderiam ser votados depois do PLN 5.

Existia, como já abordamos aqui, uma estratégia: que o PLN 5 não fosse aprovado até o fim do exercício. Se isso acontecesse, o governo poderia parar – ou, para não parar, iria praticar mais atos ilegais, tornando o impeachment irreversível. Sendo assim, soava estranho esse acordo, que teria sido coordenado por Domingos Sávio.

O PSDB, dentro das suas contradições, tinha assumido mais uma: querer ser oposição e governo ao mesmo tempo, colocando toda a estratégia em risco. Os líderes me falaram que continuariam orientando a obstrução, mas se atingisse o quórum seria difícil segurar os deputados. Eles necessitavam do empenho das suas emendas, que não ocorreriam caso o PLN 5 não fosse votado.

Procurei o líder do PSDB, Carlos Sampaio, e reclamei desse acordo que tinha chegado aos meus ouvidos. Acontece que parecia que ele não tinha muito controle sobre isso, não conseguindo impedir esse acordo incompatível com a oposição.

Temer me telefonou, narrando o jantar com Renan e Eunício, dizendo que estava avançando bem. Eles deveriam voltar a se falar à noite. O plano estava dando certo, segundo Temer. Ele também me avisou que receberia para o almoço um grupo de senadores da oposição para discutir o impeachment.

Integraram essa mesa os senadores José Serra, Tasso Jereissati, Aloysio Nunes Ferreira, Fernando Coelho Filho, Ricardo Ferraço, Waldemir Moka e José Agripino Maia. Levaram a Temer os termos de um abaixo-assinado em que cobravam que eu decidisse os pedidos de impeachment. Mal sabiam que seriam atendidos poucas horas depois.

A confusão estava armada, pois não esperava que o PT anunciasse de público uma posição partidária contra mim. Esperava o voto contrário, mas jamais uma agressão dessa natureza. Isso me deixava em uma zona de desconforto, pois a decisão aceitando o impeachment poderia ser considerada uma retaliação.

A *Folha de S. Paulo* trouxe um artigo assinado pelo relator do meu processo no Conselho de Ética, Fausto Pinato, em que defendia seu parecer, sem me dar direito a defesa prévia. Ele também me criticava por estar tentando tirá-lo da relatoria. Os precedentes existentes no conselho eram de que, se o relator antecipasse seu voto, ele estaria impedido de continuar na relatoria.

Meu advogado no conselho, Marcelo Nobre, havia ingressado no STF questionando isso. Ocorre que a relatoria caiu com o ministro Luís Roberto Barroso, que, conforme descrito no livro *Os onze*, nutria verdadeiro ódio por mim. Essa decisão e todas as outras que ele iria proferir acerca do meu processo seriam no sentido de que caberia à Câmara, por meio da mesa diretora, decidir qualquer questão.

André Moura teve uma conversa a sós com Wagner. Segundo me narrou depois, Wagner o teria levado a Dilma. Ela teria supostamente dito que, para ajudar a me salvar, precisava de compromissos claros, incluindo a garantia do meu apoio à recriação da CPMF, coisa que sabia ser impossível.

Ele voltou me contando a conversa. Depois disso, passei a chamar um a um os líderes, para a conversa pessoal sobre o que eu deveria fazer. Durante toda a manhã e o início da tarde, foi um entra e sai entre o líder do PMDB, Leonardo Picciani, o líder do PTB, Jovair Arantes, o líder do PR, Maurício Quintela, o líder do PP, Dudu da Fonte, o líder do PHS, Marcelo Aro, o líder do PSD, Rogério Rosso, Paulinho da Força, Rodrigo Maia e André Moura, que era também o líder do PSC.

Após várias reuniões, percebi que estava havendo algo por trás da postura de Wagner nas conversas com os líderes. Percebi também que não iriam impedir a votação do PLN 5, da mudança da meta fiscal. Isso ficou claro quando Picciani me avisou que não conseguiria mais segurar a bancada, pois todos estavam querendo receber as emendas parlamentares.

Além de tudo, Wagner alimentava os líderes, dizendo que essa posição do PT expressa na nota de Rui Falcão poderia ser revertida. Ele dizia que iria trabalhar por isso. E ninguém acreditava.

A posição de Picciani sempre me causava desconfiança, pois não sabia se o jogo dele tentando naquele momento me ajudar era sincero ou não. Os demais líderes tinham certeza de que não era sincera sua posição. Eles achavam que Picciani estava fazendo jogo de cena, fingindo estar na pressão em cima do governo, mas em atuação combinada com Wagner.

No momento em que eu percebi que a sessão do Congresso iria apreciar o PLN 5, cujo resultado poderia inviabilizar a tramitação do impeachment, resolvi mudar a estratégia. Parti para decidir abrir o processo de impeachment naquele dia mesmo, sem esperar para sexta-feira como tinha combinado com Temer.

Além disso, tinha os argumentos de que também deveria abrir o processo de impeachment antes de eventual decisão do Conselho de Ética, que porventura decidisse abrir o processo contra mim. Rodrigo Maia, por exemplo, era da opinião de que abrir depois da votação no Conselho de Ética poderia ser considerado retaliação à posição do PT. Dessa forma, poderia ter um fato concreto que comprometesse o impeachment e ser mais um dos argumentos de um possível pedido de afastamento.

Chamei um a um os líderes para voltar a conversar. Jovair chegou para mim e falou de forma muito emblemática: "Tenho certeza de que estão aprontando algo para você. Ou abre esse impeachment agora ou não abrirá nunca mais. Eu sou espírita e estou com o sentimento ruim que irá acontecer com você. Não duvide, faça logo o que tem de fazer. Nós vamos apoiá-lo de qualquer forma".

Com essa posição de Jovair, nas conversas seguintes eu não estava perguntando, estava comunicando a eles que iria abrir o processo de impeachment. Todos me apoiaram, sem exceção. O único que mostrou alguma relutância foi justamente Picciani – que disse que eu poderia estar me enterrando de vez, mas que respeitava minha decisão.

A unanimidade dos líderes, incluindo Picciani, tinha a convicção de que Wagner estava participando da armação de um circo. Ele sabia de uma provável ação de Janot e contava com o meu afastamento depois da votação do PLN 5.

Era um jogo do PT, em que eu ficaria sem condições de despachar o impeachment. Eu ainda ficaria como quem tentou negociar, sem sucesso, a abertura do processo de impeachment. Certamente cairia e não teria o impeachment.

Nisso, à medida que se espalhava a conversa, mais gente aparecia no gabinete. Chegou o já falecido deputado José Mentor, para tentar me segurar. Ele era meu aliado, tinha votado em mim para a presidência. Eu o admirava e era grato a ele.

Mentor me fez um apelo, quase chorando, para que eu não fizesse isso, pois sabia que Dilma não resistiria após essa abertura e cairia. Ele chegou a colocar Wagner na linha, que me pediu de novo para que não fizesse aquilo. Disse a ele que a minha decisão já estava tomada. Wagner, inclusive, tentou se comprometer comigo a mudar a decisão do PT contra mim – o que eu dispensei.

Mentor, que era bastante sério e sincero, disse logo que mudar a posição do PT seria impossível e que Wagner não conseguiria mais. Ele pediu que o atendesse e também ao grupo que votou em mim no PT. Respondi que gostaria de atendê-lo, mas que a situação tinha se tornado irreversível. Ele pediu para que eu, ao menos, não o fizesse naquele dia. Eu respondi que não poderia esperar a aprovação do PLN 5 ocorrer primeiro.

Nesse momento, a sessão do Congresso avança para a apreciação do PLN 5, com o início da sua discussão. A suposição de que iriam votar o PLN 5 passa a ser uma certeza absoluta. Não iria ter mais volta, mesmo que a sessão levasse até a madrugada, o Congresso iria concluir essa votação.

Fiz vários telefonemas para comunicar minha decisão, ao mesmo tempo que pedi a Silvio Avelino que trouxesse o despacho de aceitação do pedido de abertura do processo de impeachment para eu assinar.

Com Mentor à minha frente, liguei primeiro para Temer – que não entendeu nada, pois estava em plena articulação dentro do prazo que tínhamos combinado. Ele escutou minha decisão, explicando que não poderia esperar a aprovação do PLN 5 para comunicar a aceitação do impeachment.

Então liguei para Renan, que estava presidindo a sessão do Congresso. Comuniquei a decisão a ele, que ficou aparentemente sem reação. O próximo a ser comunicado foi o líder do PSDB, Carlos Sampaio.

Mandei chamar Rodrigo Maia, que esteve nesse dia o tempo inteiro participando das discussões. Ele defendia radicalmente que eu deveria decidir de imediato. Estava em contato constante com os líderes da oposição, fazendo o meio de campo. Comuniquei a minha decisão e pedi que chamasse o líder do seu partido, Mendonça Filho. Depois, a Paulinho da Força, disse que ele havia vencido, pois haveria impeachment.

Paulinho e Rodrigo Maia foram os que mais me pressionaram ao longo desse processo. Nesses momentos finais, ambos fizeram marcação cerrada para que eu acabasse aceitando o impeachment.

Feitos todos os comunicados aos líderes com quem pude falar, assinei o despacho e chamei a assessoria de imprensa. Eu iria falar no salão verde. Era preciso convocar a imprensa.

Silvio Avelino, que viveu todo esse processo comigo, disse que eu já deveria ter anunciado há muito tempo. Fui obrigado a dar razão a ele. Em seguida, pedi a todos que me deixassem a sós no gabinete. Tranquei a porta. Queria fazer uma reflexão final. Eu precisava tomar fôlego para o enfrentamento que viria. Fiz uma oração para entregar nas mãos de Deus a decisão que eu estava tomando.

Nesse momento me vieram à mente as palavras de uma missionária do Amazonas, que quando ia a Brasília costumava orar comigo em muitos momentos. Uma vez perguntei a ela: por que será que Deus estava me provando no cargo que ele havia me colocado? Sua resposta era que Deus sabia que eu era ousado e corajoso para tomar as decisões necessárias nos momentos importantes. Não havia decisão mais ousada e corajosa do que aceitar o impeachment.

Abri a porta. Fui informado de que tudo estava pronto para que a imprensa me escutasse. Levantei-me para sair. Mentor, chorando, tentou me interromper. Isso me tocou bastante, pois o respeito e a gratidão que nutria por ele realmente me sensibilizavam. Mas não dava mais para voltar atrás.

Eu sabia também que abrir um processo de impeachment no início de dezembro, em um momento em que o governo tinha conseguido melhorar a sua base e iria liberar muitas emendas para os deputados, era um processo de risco. Também tinha ficado claro para mim que a atuação de Temer, achando que iria unir o PMDB a favor do impeachment, não daria resultado.

Renan estava fortemente empenhado em concluir a aprovação do PLN 5, combinado com o governo. Ele estava fazendo jogo de cena para Temer. Jamais apoiaria o impeachment. Por todo esse conjunto, eu estava optando pela minha consciência e pela conveniência da oportunidade. Se deixasse para depois, a base jurídica do impeachment seria bastante fragilizada.

Apesar disso tudo, com o risco de o governo vencer em plenário, a decisão estava tomada, mantendo a coerência de só aceitar o pedido pelos decretos de 2015, desprezando todos os demais pontos do pedido de Hélio Bicudo e Miguel Reale Júnior. Já quase na porta de saída, André Moura entra na sala com o telefone na mão, dizendo que Jaques Wagner queria conversar comigo. Recusei voltar a falar com ele. Saí para o salão verde.

Era o dia 2 de dezembro, aniversário da minha segunda filha, Camilla, e exatamente um ano depois do lançamento da minha candidatura à presidência da Câmara, em 2014. Nesse dia, aceitei o pedido de abertura do processo de impeachment de Dilma, que resultou na cassação do seu mandato.

Era o início do seu fim.

26 Anulada a primeira eleição da Comissão Especial: mais uma interferência do STF

A divulgação da aceitação do pedido de abertura do processo de impeachment caiu como uma bomba no país.

Na coletiva à imprensa, anunciei que leria minha decisão sobre o impeachment no plenário da Câmara, na sessão de quinta, dia 3. Regimentalmente, essa era a condição para a instalação do processo.

Quando fui contestado pela imprensa sobre um possível alinhamento com o PT, que teria mudado em função da posição divulgada pelo partido no Conselho de Ética, reagi duramente. Disse que sempre havia sido adversário do PT. E que o PT só defende seus presos, não seus adversários. Deputados petistas foram ao salão verde e deram declarações à imprensa. Afirmaram que o meu ato era um revanchismo contra o PT.

A sessão do Congresso continuava e acabou aprovando o PLN 5. Ficou sacramentada a mudança da meta fiscal de Dilma, com um déficit de quase R$ 120 bilhões, muito acima da proposta original enviada pelo próprio governo – que continha receitas que todos sabiam serem inexistentes. Isso dava ainda mais razão ao processo de impeachment, pois no momento da edição dos decretos, em 2015, o buraco conhecido era muito maior do que foi exposto pelo governo quando do envio do PLN 5 ao Congresso.

Dilma convocou seus ministros e preparou um pronunciamento. Atacou-me duramente, dizendo que não tinha contas no exterior e que não era acusada de nada. Outros deputados petistas anunciaram que iam ingressar no STF, pois eu não tinha o direito de fazer o que fiz.

Dilma também anunciou que tinha aprovado o PLN 5, denotando que estava correta com a obediência à lei orçamentária, exatamente como eu previra que aconteceria. Se não abrisse o processo de impeachment antes da sanção da lei, eu seria questionado pela possível perda de objeto. Entretanto, para a grande maioria, o crime de responsabilidade já estava consumado, não cabendo ser perdoado pela sanção da lei.

Outros aliados de Dilma foram questionar minha legitimidade para conduzir um processo desses, com acusações que pesavam sobre minhas costas. Foi um verdadeiro massacre, mas o impeachment estava lá e ninguém iria tirar.

A tônica das reações de Dilma e a do seu entorno eram idênticas. Elas persistiram durante todo o processo de impeachment. Alegavam minha falta de credibilidade, abuso de poder, revanchismo, tudo, menos conseguir explicar as reais motivações do impeachment.

Enquanto isso, os movimentos pró-impeachment foram às ruas comemorar em várias capitais. Estava reacesa a luz do impeachment, que Dilma e o PT tentaram apagar, acendendo a luz da minha cassação.

Depois dessa decisão e da entrevista coletiva, voltei ao gabinete. Os líderes chegaram assustados – acho que não estavam acreditando na coragem do ato. A decisão agradou a todos, mesmo os que porventura não concordassem com o impeachment. A partir daquele momento iria se iniciar uma guerra por voto na Câmara, e mesmo os que queriam impedir o impeachment sabiam que teriam uma grande mercadoria para negociar com o governo.

Falei de novo com Temer por telefone. Disse que evitaria ir ao Jaburu para não parecer conspiração – e que era melhor que conversássemos por telefone por um tempo. Quando cheguei à residência, veio uma romaria de deputados me visitar. Alguns acamparam na sala de televisão para acompanhar os noticiários. Outros queriam debater os próximos passos. A oposição, que estava sumida pelo rompimento comigo, reapareceu como se nada tivesse acontecido.

O movimento de deputados varou a madrugada. Temer também recebeu, no Jaburu, outra romaria, talvez em revezamento comigo. Os grupos de contagem de votos, que tinham paralisado seus trabalhos, iriam recomeçar.

Na quinta-feira, dia 3 de dezembro, os jornais traziam manchetes dizendo que eu estava retaliando Dilma pela posição do PT. Causava estranheza que *O Globo* estivesse forte nessa direção, depois do sinal enviado por João Roberto Marinho por meio de Álvaro Otero.

Muitos deputados deram declarações e relataram os momentos finais da minha decisão. Houve muita especulação sobre se a oposição estaria mudando a sua posição no Conselho de Ética, o que foi negado por todos.

Rodrigo Maia, embora fosse da oposição, sempre atuou em minha defesa junto aos partidos de oposição. Ele declarou: "Todo mundo disse a ele que deveria fazer hoje, que ele teria de mudar de pauta; não dá para negociar mudança de voto nesse momento".

Foi publicada uma entrevista com o ministro da Justiça, José Eduardo Cardozo. Ele mostrava toda a estratégia jurídica que seria utilizada por Dilma, sem sucesso, ao longo do processo de impeachment. Cardozo falava em desvio de poder que eu teria praticado, segundo a sua parca avaliação jurídica. Dizia também que iria questionar o rito do impeachment e, ainda, seu mérito. A estratégia consistia também em preparar diversas ações populares, via militantes do PT e do PC do B, questionando o impeachment em primeira instância. Foram dezenas de ações, talvez centenas, algumas pendentes até hoje. Eram peças idênticas, só alterando o signatário. Nenhuma delas logrou um único êxito, mesmo que provisoriamente.

Cardozo errou bastante em todo o processo, sendo ele um dos principais responsáveis pelo impeachment. No curso do processo, ele acabaria tendo de sair do Ministério da Justiça, afastado pelo PT, indo parar na Advocacia Geral da União – até o afastamento de Dilma da Presidência.

Chegando à Câmara na quinta-feira, concedi imediatamente uma entrevista coletiva, dizendo que a presidente havia mentido no seu pronunciamento na TV quando afirmou que não aceitava barganha comigo e, por isso, teve o impeachment aceito. Eu falei que Dilma barganhou, sim, os votos no Conselho de Ética, em oferta recusada por mim. Falei que houve negociação de Jaques Wagner com André Moura, à minha revelia. Wagner teria inclusive levado Moura a Dilma, que, além do arquivamento do pedido de impeachment, teria exigido a aprovação da CPMF para me salvar.

Wagner respondeu, dizendo que não houve negociação nenhuma comigo. Ele questionou por que eu não tinha dito isso no momento de aceitação do impeachment. Respondi que era porque ainda não havia tido autorização de André Moura, que depois acabou me autorizando. Ele confirma para a imprensa todas as minhas palavras.

Os mercados financeiros abriram com a Bolsa de Valores disparando e o dólar caindo, sinalizando que a medida estava bem digerida. Os mercados queriam ver Dilma pelas costas.

Para se preservar, Temer resolve antecipar sua ida para São Paulo, a fim de sair do meio do fogo do processo. Quando estava para embarcar na base aérea de Brasília, Dilma telefonou para ele, pedindo que fosse ao Palácio do Planalto.

Sem saída, Temer compareceu. Após o encontro, o governo divulgou que o vice-presidente havia criticado minha atitude e apoiaria Dilma. Wagner declarou que, segundo Temer, não havia lastro para a deposição de Dilma.

Imediatamente ele me telefonou para desmentir. Relatou que disse a ela para evitar embates comigo. Isso não iria resolver a situação. Terminada a conversa com Dilma, ele voltou à base para embarcar para São Paulo. Temer ainda desmentiria para a imprensa as declarações sobre a sua posição, divulgadas pelo governo.

Três ações deram entrada no STF por deputados do PT e do PC do B, além de uma de autoria do próprio PC do B. Uma delas, dos deputados Paulo Teixeira, Paulo Pimenta e Wadih Damous, caiu na relatoria do ministro Gilmar Mendes. Os petistas, então, pediram a desistência da ação, que foi negada por Gilmar Mendes.

Gilmar ainda deu uma reprimenda pública no PT, negando a liminar. Ele disse que queriam escolher o relator. Outra ação, de autoria do deputado Rubens Pereira Jr., caiu com o ministro Celso de Mello, que também negou a liminar.

A terceira ação era uma arguição de descumprimento de preceito fundamental, que virou a ADPF 378, proposta pelo PC do B, caindo a relatoria nas mãos do ministro Edson Fachin. Isso acabou causando preocupação, pois todos sabiam de sua origem como advogado da CUT e de movimentos sociais, além de ter apoiado Dilma abertamente na eleição presidencial. Era o último ministro nomeado por ela – fazendo parte daquela cota, segundo Dilma, de ministros dela no STF.

Convoquei e fiz logo pela manhã uma reunião com os líderes para definição dos ritos da eleição da Comissão Especial que iria analisar o pedido de impeachment. Marquei outra reunião para a segunda, dia 7, convocando já sessão extraordinária para esse dia, a fim de eleger a Comissão Especial. Marquei também o prazo de registro da chapa, para ser eleita pelo plenário, admitindo chapa avulsa. Isso poderia acontecer, desde que tivesse metade mais um do número de membros da Comissão Especial. Também era preciso respeitar as vagas que caberiam a cada partido. A reunião foi tensa, mas, como eu tinha a maioria folgada de líderes me apoiando, venci a resistência com facilidade.

A previsão regimental na Câmara é de que cabe aos líderes partidários a indicação dos representantes dos seus partidos para qualquer comissão da Casa. Geralmente as comissões não são eleitas, e sim instaladas automaticamente com os membros indicados pelos partidos. As eleições se dão somente para a direção das comissões.

No caso da Comissão Especial do Impeachment, todos os seus membros teriam de ser eleitos pelo plenário da Casa. Sendo assim, do mesmo modo que na mesa das comissões e nos cargos da mesa diretora, os deputados poderiam se candidatar de maneira avulsa às vagas que cabem aos seus partidos. Isso é a forma que o regimento trata. Também é praxe na Casa.

A eleição dessa comissão poderia ser feita no plenário, submetendo cada deputado a votação, ou ter uma chapa completa, com a indicação dos líderes, submetida simultaneamente ao plenário. A forma de eleição que fosse a escolhida teria de ter a possibilidade da candidatura avulsa, seja de deputado, seja de uma chapa inteira avulsa.

Imediatamente começaria a guerra dentro do PMDB. A bancada tinha uma divisão entre ser favorável ou contra o impeachment. Temer fez um acordo com Picciani, para que ele indicasse, como representantes do PMDB, um número igual de deputados favoráveis e contrários ao impeachment. Poderia também adotar como critério o número proporcional à posição da bancada.

O número de membros da Comissão Especial seria de 65. Caberia ao PMDB o direito de indicar 8 membros desses 65. O acordo seria de indicar quatro para cada lado ou, ao menos, cinco a três – mas jamais que Picciani exercesse o poder indicando os oito contrários ao impeachment. Só que Picciani, por pressão do governo ou por oportunismo do momento, resolveu assumir a posição e escolher oito peemedebistas contrários ao impeachment. Isso gerou uma revolta sem precedentes na bancada.

Com a decisão de Picciani, resolvi compor uma chapa avulsa e partir para o enfrentamento no plenário. Combinei com os partidos de oposição que não indicassem membros para a chapa oficial da comissão; que se inscrevessem na chapa avulsa que estávamos montando.

Inicialmente, não era a intenção efetuar esforços para eleger uma chapa avulsa, pois se houvesse um consenso internamente dos partidos, seria desnecessário esse confronto antecipado.

Combinei com os líderes dos partidos que estavam apoiando o governo para que selecionassem membros para disputar na chapa avulsa. Eles teriam o controle desses votos. Com isso, somando os oito deputados do PMDB que concorreriam avulsos, eu constituí uma chapa – que não era somente maior do que a chapa oficial, como também tinha mais substância política para vencer em plenário com certa facilidade.

Tudo isso foi feito com o conhecimento e a participação de Michel Temer. Nós trocávamos telefonemas constantemente, combinando as ações. Essa confusão teria como consequência abrir a guerra pela liderança do PMDB.

Iniciei a sessão ordinária da Câmara às 14 horas desse dia, determinando a leitura da decisão de aceitação do pedido de abertura do processo de impeachment. Designei o primeiro-secretário, deputado Beto Mansur, para realizar a leitura – duraria cerca de três horas.

Em gesto teatral, que surpreendeu até a mim, Beto interrompeu a leitura com soluços de choro emocionado. Foi uma cena patética. Enquanto era lido o texto, os deputados do PT quiseram formular várias questões de ordem – sendo todas ignoradas por mim, antevendo a confusão.

Questão de ordem é um instrumento legítimo e que pode ser formulado a qualquer tempo, desde que sob o amparo de dispositivos regimentais. Mas cabe à presidência a resposta no tempo que lhe convier. Dessa forma, minha decisão era recepcionar no processo todas as questões de ordem, recolhê-las e não decidir. Para toda decisão de questão de ordem cabe recurso à CCJ, podendo ser pedido efeito suspensivo em plenário, mediante o apoiamento regimental de um terço dos votos.

O regimento prevê que durante a ordem do dia só cabe questão de ordem sobre as matérias constantes da pauta. Apenas nesse momento poderia pedir efeito suspensivo. Antes da abertura da ordem do dia é possível receber questões de ordem diversas – mas que sobre elas não incidiriam o efeito suspensivo, pois a ordem do dia ainda não havia se iniciado.

Por causa disso, jamais decidia na hora uma questão de ordem. Eu só respondia sobre elas em início de sessão, durante o expediente. Não caberia nesse momento qualquer pedido de efeito suspensivo, porque não se teria dado início à ordem do dia, não havendo quórum para deliberar.

Dessa forma, a primeira estratégia deles, de tentar suspender o processo por via de votação de apoiamento de um terço do plenário, estava enterrada. Tinham de procurar alternativas.

Meu conhecimento do processo legislativo e do regimento da casa me davam uma enorme vantagem sobre o governo. Todas as armadilhas regimentais que eles poderiam utilizar já estavam previstas por mim e seriam facilmente derrotadas.

Como saída para ganhar tempo no meu processo do Conselho de Ética, resolvi recorrer na forma de questão de ordem, feita pelo deputado integrante do conselho, Manoel Junior, contra a presença de Fausto Pinato, relatando meu processo. Ele era membro do bloco partidário que participou de minha eleição. Não poderia nem ter participado do sorteio que escolheria o relator. A decisão sobre essa questão de ordem não poderia ser minha, mas sim do primeiro vice-presidente da Câmara, Waldir Maranhão. Como parte interessada, eu não poderia decidir.

Conversei com Maranhão sobre a decisão. Ele concordou em acolher o parecer da secretaria-geral da mesa, favorável ao recurso. Com sua decisão, deixamos para divulgá-la no momento de votar o parecer dele no Conselho de Ética.

A manchete da *Folha de S. Paulo* trouxe uma frase de Temer, dizendo que esperava que o país saísse unificado do processo de impeachment.

Na sexta-feira, dia 4, a coluna da jornalista petista Mônica Bergamo, na *Folha de S. Paulo,* publicou que o objetivo de Dilma era ter me enrolado até a aprovação da alteração da meta fiscal de 2015, no dia 2 de dezembro, justamente o meu argumento para aceitar o pedido naquele dia. A jornalista ainda diz que eu pretendia anunciar a decisão sobre o impeachment na segunda, dia 7, porque havia negociado dar a uma revista com exclusividade no fim de semana. A ideia era assinar na sexta, dar a decisão para que a *Veja* publicasse na edição do fim de semana, determinar a publicação para o *Diário da Câmara* de segunda – que, por si só, responderia às dúvidas. E eu poderia, até mesmo no sábado, anunciar em entrevista coletiva.

Pelos motivos já descritos, eu desisti de esperar até o fim de semana. Também ponderei que um assunto tão grave merecia uma divulgação simultânea para todos os órgãos de imprensa – e não apenas para um deles.

Saiu também na imprensa uma declaração de Lula me atacando, dizendo que eu tinha agido com loucura e insanidade ao aceitar o pedido de abertura do processo de impeachment.

Na sexta-feira, Eliseu Padilha, que estava como ministro-chefe da Secretaria da Aviação Civil, deixou na Casa Civil uma carta de demissão. Padilha era o ministro mais ligado a Temer. Sua saída sinalizava que Temer estava apoiando o impeachment. Ele se aproveitou de uma desculpa, de que o governo havia retirado uma indicação dele para a diretoria da Agência Nacional de Aviação Civil (Anac), usando isso como prova de seu desprestígio. A saída foi combinada com Temer e avisada a mim.

Tal demissão causou uma enorme preocupação no governo, que temia que seu exemplo fosse seguido pelos demais ministros do PMDB. Tinha também o simbolismo de que ele, por ser o ministro mais ligado a Temer, estava embarcando no impeachment.

No fim de semana, as manifestações pró-impeachment de Dilma pipocaram em todo o país, antevendo a briga que viria. Manifestantes foram até a porta da casa do líder Leonardo Picciani, no Rio de Janeiro, para pressionar pela sua posição contrária ao impeachment.

Por outro lado, eu articulava por telefone a pressão para que Picciani não alterasse o acordo que tinha feito, de compartilhar as indicações do partido entre os favoráveis e contrários ao impeachment.

Também estava em contato direto com os líderes, para compormos as indicações da comissão. Eles articulavam as indicações para as duas chapas, se fosse necessário – iriam fazer as indicações para a chapa oficial, mas também fariam para a chapa avulsa.

Na prática, a chapa avulsa só existiria em função da posição de Picciani. Se ele cumprisse o acordo, só teríamos a chapa oficial. Se ele melasse o acordo, teria a chapa avulsa. Esse foi um dos muitos erros de Dilma e seu entorno. Acharam que bastaria ter maioria na Comissão Especial, à custa de muita luta. Achavam que, se vencesse na comissão, acabava o impeachment – mas não era bem assim.

Mesmo que Dilma vencesse na Comissão Especial, o caso seria submetido ao plenário de qualquer forma. Ela precisaria ter um terço da Casa para evitar a abertura do seu processo de impeachment.

Escolheram brigar na comissão, forçando os líderes a indicarem deputados fiéis a ela, o que gerou uma enorme contestação nos partidos que, em solidariedade, queriam derrotar o governo.

No sábado, dia 5, Dilma, em viagem a Pernambuco, falou que confiava integralmente em Temer. No domingo, dia 6, Temer respondeu dizendo que Dilma nunca confiou nele.

Na segunda, dia 7, recebi a informação de que as indicações do PMDB seriam mesmo de oito deputados contrários ao impeachment. Com essa confirmação, resolvi adiar a eleição para terça, para ter segurança da composição da chapa avulsa.

Dessa forma, na reunião de líderes, dei prazo para que as indicações fossem até as 12 horas da terça, marcando a votação para a tarde dessa terça. Terminei a reunião, fechei a chapa avulsa composta dos deputados de oposição, de oito deputados do PMDB favoráveis ao impeachment e de deputados escolhidos como alternativa dos líderes às suas próprias indicações à chapa oficial. Deixei as vagas do PT e do PC do B para serem preenchidas depois. Eu já tinha uma chapa com muito mais deputados do que a metade mais um dos membros, totalizando 39 integrantes.

Determinei a instalação das cabines de votação para cumprir o regimento, em eleição que deveria ser secreta, conforme disposição expressa. O PT chia e ameaça recorrer ao STF – como já havia feito.

As indicações da chapa oficial vieram com os nomes do PT, do PC do B, de Picciani, e as dos líderes aliados de Dilma em combinação comigo. A oposição ficaria de fora, atingindo também um número de deputados superior à metade mais um dos membros, mas inferior à chapa avulsa.

Temer enviou uma carta a Dilma no Palácio do Planalto. Depois, ela seria vazada à imprensa por Moreira Franco – com ou sem o consentimento de Temer.

A carta demonstrava revolta contra a presidente. Temer afirmava que sempre teve "ciência da absoluta desconfiança da senhora e de seu entorno em relação a mim e ao PMDB". Dizia ainda que passou os primeiros quatro anos como "vice decorativo". Ele começava a carta dizendo que a palavra voa, mas o escrito fica – por isso preferiu escrever. Avisou, então, que estava fazendo um "desabafo" que deveria ter feito "há muito tempo". Declarou ainda: "desde logo lhe digo que não é preciso alardear publicamente a necessidade da minha lealdade". Em seguida relatou: "tenho-a revelado ao longo desses cinco anos". Enfatizava o esforço pessoal dele para manter o apoio pessoal e partidário ao governo.

Citou a dificuldade para obter apoio à chapa da eleição presidencial, na convenção do PMDB. Também relatou que tinha usado o seu prestígio pessoal para manter o partido no governo. Apesar disso tudo, só houve desconfiança e menosprezo a ele. Ressaltou que conhecia o papel de vice, que está descrito na Constituição, citando o artigo 79, pelo qual deve lealdade institucional. Temer elencou ainda 11 fatos que, segundo ele, demonstraram o desprezo por ele e pelo PMDB, ressaltando que perdera todo o seu protagonismo político. Frisou que o partido nunca fora chamado para participar de formulações econômicas ou políticas.

Entre os fatos que Temer levantou havia alguns de pequena monta, como a demissão de Moreira Franco do ministério, sua não participação em uma reunião de Dilma com o então vice-presidente americano Joe Biden, além dos compromissos não honrados pelo governo no tempo em que ficou como articulador político. Reclamou também que Dilma chamou Picciani e seu pai para fazer um acordo à revelia dele, nomeando ministros.

Com o vazamento da carta, que Temer atribuiu ao Planalto, ele concedeu uma entrevista naquela noite, dizendo que escreveu uma carta pessoal e que não contava com a publicação. Disse nessa entrevista: "Eu já tinha me decepcionado quando os ministros Edinho Silva e Jaques Wagner divulgaram versões equivocadas do meu último encontro com a presidente [...]. Eu havia sido comunicado pelo Eduardo Cunha que ele acolheria o pedido de impeachment. Reconheci o seu direito de fazê-lo, e depois o ministro Jaques Wagner colocou na minha boca a afirmação de que a decisão não tinha lastro jurídico. Constrangido, tive que desmenti-lo. O acolhimento tem, sim, lastro jurídico".

A carta e a sua divulgação caíram como uma bomba no Planalto. Todos viram que era uma tentativa de rompimento para alçar Temer a líder do impeachment. Embora houvesse críticas de temas pequenos no texto, mostrando com isso que determinadas mágoas eram fruto de descontentamento por cargos, a correspondência sinalizou para a oposição que o governo não iria contar nem mesmo com a discrição de Temer.

Com a saída de Padilha e a divulgação mentirosa de Wagner sobre a conversa do dia 3 de dezembro com Dilma, o vice havia deixado de se preocupar com as aparências. Afinal, como ele poderia dizer que o impeachment não teria lastro jurídico se o parecer foi preparado pelo advogado do partido e revisado por ele? Teria sido muita cara de pau se tivesse dito isso. E se tivesse dito para agradar Dilma na hora, teria de desmentir.

A Câmara foi instada a se manifestar sobre a ADPF 378, do PC do B. Incumbi o advogado Renato Ramos, também do PMDB, sócio do escritório de Gustavo Rocha, de preparar a resposta.

A Procuradoria-Geral da República apresentou denúncia contra o então senador Delcídio do Amaral ao STF. Delcídio, com prisão preventiva mantida pelo Senado e representação pedindo sua cassação, trocou de advogado – escolheu o mesmo dos delatores Youssef e Júlio Camargo. Era um indicativo de que ele também optaria por uma delação.

A *Folha de S. Paulo* publicou na terça um artigo do meu advogado no Conselho de Ética, Marcelo Nobre, respondendo ao relator do processo, Fausto Pinato, sobre meu direito de defesa.

No mesmo dia, um grupo composto de 15 governadores foi ao Palácio do Planalto para dar apoio a Dilma. Entre eles, Pezão, governador do meu estado. Era um apoio inócuo. Governadores não têm e nunca tiveram votos no Congresso.

Foram inscritas as duas chapas para a eleição da comissão especial. A oficial, pela indicação dos líderes, e a avulsa, que tinha a quase totalidade de apoiadores do impeachment. Dentro da chapa avulsa estava, por exemplo, o então deputado Jair Bolsonaro – na vaga do PP.

A sessão para a votação começou sob muita confusão e briga em plenário. Os deputados do PT partiram para tentar quebrar as urnas. Foi preciso uma forte intervenção da segurança da Casa. A briga quase se tornou generalizada, com agressão física entre os deputados. Picciani protagonizou uma cena chocante, que virou capa da *Folha de S. Paulo* do dia 9 de dezembro. Comandou uma agressão ao deputado Paulinho da Força, por meio de seu assessor, que depois acabaria virando ministro de Temer. Tal cena impulsionaria o movimento contra ele.

O PT pressionou os deputados para não votarem, evitando que o quórum fosse atingido. Sem quórum, a sessão cairia. Mas tão logo o quórum foi atingido, mudou a estratégia e foi votar. Quando encerrei a votação, a apuração registrou vitória acachapante da chapa avulsa – 272 a 199 votos, para desespero dos petistas.

A chapa avulsa foi eleita com 39 membros, restando 26 vagas a serem preenchidas, que seriam levadas a uma eleição complementar no dia seguinte, restritas aos partidos detentores dessas vagas, que eram contra o impeachment.

O placar da comissão especial já estaria previamente definido em 39 a 26, a favor do impeachment.

O resultado trazia alguns recados. O governo teve 199 votos, apenas 28 a mais que o necessário para impedir a aprovação da abertura de processo de impeachment – mas isso em uma votação secreta, sem pressão da opinião pública; em votação aberta, esses votos iriam diminuir. O segundo recado era para os que queriam o impeachment: ainda faltavam 70 votos, número grande. Mas também era preciso atentar para o número grande dos que não votaram: 42 deputados, que precisavam ser mapeados.

O risco era grande para os dois lados. Ainda assim, eu me arriscaria a dizer que, se o governo seguisse com o processo, poderia vencer. Mesmo dando a comissão especial como perdida, tinha com certeza muito mais chances de vitória do que teve no dia em que foi feita a votação na Câmara, em 17 de abril de 2016.

O governo, no abafa, diminuiria o tempo de pressão. E exploraria a minha fragilidade – não na Justiça, mas sim no plenário. Eu não tenho dúvidas de que eles conseguiriam os 171 votos. Mas os estrategistas de Dilma eram amadores, assim como ela mesma. Prefeririam tentar a Justiça.

A oposição, por sua vez, ao ver o teste feito com 272 votos, número que batia com os acompanhamentos que nós fazíamos antes do rompimento deles comigo, se assustou. Verificou-se que, apesar da vitória humilhante, era necessário tempo para desgastar mais a Dilma e poder vencer. Para isso, queriam que o processo fosse para o ano seguinte, na volta do recesso de fim de ano, com o que eu também concordava. Dessa forma, a estratégia errada de Dilma, Cardozo e companhia acabou nos ajudando – porque poderia atrasar, e muito, o processo.

Governo ou tem os votos, ou não tem. Para isso, é melhor testar e ir no abafa. Naquele momento, a gente achava que o governo poderia ter os votos necessários para impedir o impeachment.

Com o resultado da votação e a atuação de Picciani, derrotado em plenário, começou a articulação de Temer para tirá-lo da liderança. Ele passou a chamar os deputados para que assinassem uma lista para nomear um substituto imediatamente.

Terminada a votação, o PC do B tinha feito outra petição na ADPF 378, questionando a eleição da comissão especial, a votação secreta e também a indicação dos componentes da comissão pelos líderes. Esses novos questionamentos não faziam parte da ação original. Eles pediram também para suspender a decisão daquela eleição.

No início da noite, o ministro Edson Fachin determinou a suspensão do impeachment. Ele pediu informações em 24 horas para a Câmara e marcou de levar ao plenário no dia 16 de dezembro. Só que a decisão de Fachin teve antecedentes, conforme conta o livro *Os onze*. Ali está relatado que, na madrugada dessa terça-feira, dia 8, o ministro da Justiça, José Eduardo Cardozo, teria ido a Curitiba em avião da FAB, em viagem secreta, para ter uma reunião na casa de Fachin. Cardozo teria viajado com a cúpula da Polícia Federal, para disfarçar uma atividade da sua pasta. Seu embarque ocorrera aos 50 minutos da madrugada. Ele desembarcaria às 2h25. Os compromissos que tinha em Curitiba seriam de fachada. Cardozo teria ido direto à casa de Fachin, onde se reuniram por uma hora e meia. Cardozo teria sondado o voto de Fachin acerca da ADPF 378 – que questionava o impeachment e seu rito.

O governo, vendo a minha decisão na segunda-feira, chegou à conclusão de que precisava fazer de tudo para deter o processo de impeachment na Justiça. Pesava também a divulgação da carta entregue por Temer a Dilma, que mostrava um rompimento dele. Dilma sabia que Temer estava sinalizando para a política que era candidato ao seu posto.

Apavorados, Dilma e Cardozo teriam decidido ir diretamente a Fachin. Fachin era, segundo ela achava, um dos seus cinco ministros do STF. Mesmo com toda a intimidade, é muito difícil alguém fazer uma reunião às 3 horas da madrugada, sendo um ministro de Estado e o outro ministro do STF, relator de um processo de interesse direto da presidente da República. Se não é ilegal, no mínimo é estranho – para não dizer imoral.

O livro ainda diz que "a principal preocupação de Fachin era convencer os colegas de tribunal a seguirem o seu voto. Para tanto, queria engendrar uma tese que persuadisse os demais e não o empurrasse para o lado dos vencidos. No encontro, o ministro do Supremo mais ouviu que falou. Cardozo despediu-se confiante. Mesmo que o anfitrião não tivesse dito com todas as letras, ele dera indicativos, segundo assessores do Planalto que ouviram os relatos de Cardozo, de que Dilma não precisava se preocupar. Seu voto seria um breque na estratégia política de Eduardo Cunha, que da cadeira da presidência da Câmara comandava o impeachment. De volta a Brasília, Cardozo foi à presidente e lhe transmitiu a notícia: o voto de Fachin estava garantido".

Na ADPF havia um pedido de suspensão em liminar, até decisão final da ação. Dilma e Cardozo esperavam que essa decisão saísse antes da votação da comissão especial pelo plenário da Câmara, que começou às 17h15. Fachin, no entanto, ainda não tinha decidido nada até o final daquela sessão, para apreensão dos petistas.

Fachin, encerrada a votação, acabou concedendo a liminar, dando um respiro para Dilma, em repercussão de mídia. Mas essa liminar pode ter sido o fator que permitiu jogar a decisão do impeachment para 2016. Fachin, marcando para levar ao plenário do STF no dia 16, véspera do recesso, impedia politicamente que o Congresso suspendesse o recesso para continuar o processo – seria necessária uma decisão de Renan e minha, em conjunto, ou uma votação de requerimento em cada Casa, apresentado por um terço dos membros de cada Casa.

O problema era que as cabeças de Dilma e de Cardozo só pensavam em praticar maldades para tentar resolver a situação. Depois da suspensão do processo de impeachment por Fachin, eles iriam orquestrar um conjunto de ações contra mim junto de Janot.

Eu estava jantando com diversos deputados quando chegou a notícia da liminar de Fachin. Alguns ficaram preocupados, com receio da isenção dele – outros comemoraram, porque sabiam que isso jogaria a decisão do impeachment para 2016, dando mais chances de vitória contra Dilma.

A sessão do Conselho de Ética se encerrou na terça, sem que se conseguisse levar à apreciação o relatório de Fausto Pinato. O número de deputados discursando extrapolou o tempo da sessão, que teve fim com o início da ordem do dia no plenário.

Na quarta, dia 9, os jornais refletiram a confusão na Câmara e a decisão de Fachin de suspender o processo. Eu estava com receio da atuação de Fachin. Dávamos por perdido o voto dele – tanto por sua decisão de suspensão do processo de impeachment como pela influência do governo sobre ele.

A imprensa repercutia a carta de Temer a Dilma. O próprio governo divulgava que era uma tentativa de rompimento. A presidente iria convidar o vice para uma conversa.

Acatando recurso do deputado Manoel Junior, o primeiro vice-presidente da Câmara, Waldir Maranhão, destituiu Pinato da relatoria do meu processo no Conselho de Ética. O motivo, como já tinha explicado, era que ele fazia parte do bloco do meu partido na eleição da mesa da Câmara. Esse fato, pelo regulamento do conselho, o impedia de ser o relator desde o início. No momento da escolha, não havia dado conta disso, mas, depois que ele se virou contra mim, após a suposta tentativa de extorsão, não me restava alternativa a não ser fazer aplicar o regulamento. Como eu estava impedido de despachar qualquer coisa nesse processo, por interesse direto, a obrigação passou a ser do primeiro vice-presidente.

Com a destituição do relator, começou outra grande briga sobre isso. O presidente do Conselho de Ética foi obrigado a fazer novo "sorteio" para escolher o relator – dessa vez sem combinação comigo, como tinha sido da primeira vez. Ele, na mesma hora em que recebeu a notícia da destituição de Pinato, declarou que iria até o papa, se preciso fosse, para me tirar da Câmara. Assumia sem disfarces sua posição contra mim, que, por si só, o tornava suspeito para decidir sobre o caso. Designou o deputado Zé Geraldo, do PT, usando a desculpa de que era do mesmo sorteio feito com Pinato. Com a gritaria dos favoráveis a mim, acabou fabricando novo sorteio.

Sorteou dentro do mesmo princípio anterior, colocando os três nomes, sendo um do PT, para ser descartado. Ele já havia escolhido previamente o então deputado Marcos Rogério, que tinha reivindicado a mim no início do ano a presidência do conselho, mas acabou preterido por mim, em favor do próprio José Carlos Araújo.

Depois do sorteio forjado, Araújo definiu Marcos Rogério como relator. Isso de qualquer forma devolveria todos os prazos para apresentação do parecer, inclusive com a minha defesa prévia. De imediato, Marcos Rogério anunciou que iria adotar o parecer já feito por Pinato e queria levar à votação imediatamente, fato que levou a uma grande contestação dos que me defendiam. Ele tinha assumido com a encomenda de continuar o trabalho que o governo e o PT estavam patrocinando.

Ao mesmo tempo que o Conselho de Ética estava na ebulição da troca da relatoria, Janot conseguiu o despacho do então ministro do STF Teori Zavascki para as operações de busca e apreensão solicitadas na ação cautelar que tinha ingressado no dia 27 de novembro. Teori concedeu todas as violências solicitadas por Janot. Ao se olhar o texto dessa ação cautelar e seus anexos, vê-se uma montagem diabólica, lastreada por publicações de blogs petistas.

O pedido era muito amplo. Ele pedia buscas em endereços dos então ministros Celso Pansera, pela sua atuação como deputado na CPI da Petrobras querendo investigar Youssef e sua família, além de Henrique Alves e outros deputados e ex-deputados, somente por vinculação a mim.

Dilma demitiu o vice-presidente da Caixa, Fábio Cleto, por ter sido indicado pelo PMDB e ser supostamente ligado a mim. Como ele aparecia nas delações de Ricardo Pernambuco, pai e filho, pois era na sua conta no exterior que a Carioca Engenharia havia pago propina, sua demissão deve também ter sido provocada por Janot.

Em seguida à sua demissão, Janot protocolaria uma extensão no pedido da ação cautelar contra mim, para que Teori autorizasse as operações de busca e apreensão também com relação a ele. O que, protocolado na sexta, dia 11, foi autorizado na segunda, dia 14.

Paralelamente a isso, um grupo liderado por Carla Zambelli anunciou o protocolo de um novo pedido de impeachment de Dilma por "pedaladas mentais", usando a argumentação prevista na Lei nº 1.079/50, no seu artigo 9º, inciso 7: "Proceder de modo incompatível com a dignidade e o decoro do cargo". A razão seria o discurso dela na ONU sobre a inexistência de tecnologia para "estocar vento", além da saudação à mandioca, a fala a Obama de que a pasta de dente não retorna ao dentifrício depois de apertado, a referência a "mulheres *sapiens*" e a frase "sempre que você olha uma criança, há sempre uma figura oculta, que é um cachorro atrás". Era risível e, obviamente, jamais seria aceito – mas demonstrava o nível de esculhambação da figura da presidente da República.

Durante o dia, a confusão na bancada do PMDB aumentava. Grande parte dos deputados, atendendo ao movimento de Michel Temer, chegou à conclusão de que deveria substituir Leonardo Picciani pelo deputado Leonardo Quintão, da bancada de Minas Gerais do partido. A escolha de um nome mineiro servia para neutralizar o apoio desse estado a Picciani na sua eleição de líder.

Temer conduzia pessoalmente a coleta de assinaturas da lista, para a derrubada de Picciani. Ao fim do dia, faltava apenas uma para que Picciani caísse. Temer me ligou e fez um apelo: que eu assinasse, pois também era deputado da bancada e tinha esse direito. Eu não queria, pois como não havia votado na eleição de líder, achava que colocar a minha assinatura diretamente me envolveria em uma segunda briga, em seguida à do impeachment. Temer argumentou que se tratava da mesma briga, pois, sem os nomes do PMDB na comissão especial, o impeachment ficaria mais difícil.

Depois de toda a pressão de Temer e dos deputados que já tinham assinado, alguns por minha própria influência, não tive escolha: acabei assinando a lista. Dessa forma foi atingido o número e coube à secretaria-geral da mesa providenciar a substituição da liderança da bancada do PMDB.

O assunto virou uma guerra. E tinha ficado claro para todos que Temer estava assumindo publicamente a campanha a favor do impeachment. Mesmo com essa posição coordenando a derrubada de Picciani, ele aceitou o convite de Dilma e foi encontrá-la depois da divulgação de sua carta. Tanto ele como ela deram, após o encontro, declarações frias de que iriam manter uma relação profícua e fértil. Dilma propôs a manutenção de uma relação institucional. Ou seja, estavam rompendo sem falar isso de público.

Temer também disse que alertou Dilma para que não se intrometesse na disputa da bancada do PMDB. O governo havia ficado bastante apreensivo com a derrubada de Picciani.

Por sua vez, Picciani buscava reverter a situação tentando uma nova lista para destituir o novo líder, Leonardo Quintão. Para isso, começaria uma vergonhosa movimentação, trazendo deputados que estavam fora da Câmara, além de filiar deputados de outros partidos ao PMDB.

Também iria começar a colocar deputados de outros partidos, do Rio de Janeiro, que fizeram parte da coligação do PMDB na eleição em 2014 do Rio de Janeiro, como secretários do governo estadual ou da prefeitura do Rio. Com isso, poderiam assumir suplentes do PMDB, que assinariam para Picciani, ou suplentes de outros partidos para que assumissem o compromisso de se filiarem ao PMDB, já que todos pertenceram a uma mesma coligação nas eleições.

Renan foi a um jantar de senadores na casa do líder do PMDB no Senado, Eunício Oliveira. Acabou se deixando ouvir pela imprensa, falando ao telefone com alguém não identificado, dizendo: "que assim o Cunha vai acabar prendendo o Janot". Seria uma provocação, mas com a decisão de Teori autorizando busca e apreensão nos meus endereços e de pessoas supostamente ligadas a mim, tornou-se público que Janot também teria pedido buscas em endereços de Renan, não autorizadas por Teori.

O que pode ter acontecido? Ou Janot colocou o pedido para Renan a fim de disfarçar o direcionamento contra mim, mas o fez sem a fundamentação que permitisse a aceitação por Teori, ou fez de forma combinada com o governo de que Teori iria negar.

De qualquer forma, eram dois pesos e duas medidas entre mim e Renan, que não tinha qualquer cautelar nos seus inquéritos, além de ter uma denúncia da PGR do passado, que estava havia três anos para ser apreciada pelo STF, para torná-lo réu ou não.

Janot, para disfarçar sua atuação contra mim, planejou uma grande operação envolvendo outros nomes, por coincidência todos ligados ao PMDB. Estavam entre eles o senador Edison Lobão, o deputado Aníbal Gomes, o ex-presidente da Transpetro Sérgio Machado, além do senador Fernando Coelho. Também pessoas ligadas a Renan, incluindo o diretório do PMDB de Alagoas, foram vítimas da operação, mas Renan foi totalmente poupado na decisão de Teori.

Nessa quinta, dia 10, o presidente do Conselho de Ética tentou forçar a leitura do parecer do novo relator Marcos Rogério, mas os deputados ligados a mim conseguiram evitar a leitura, com vários questionamentos e discursos, ocupando todo o tempo da sessão.

Na mesma sessão, o então deputado Chico Alencar, um dos autores da representação contra mim, denunciado no Conselho de Ética pelo Solidariedade, do deputado Paulinho da Força, conseguiu enterrar seu processo, aprovando o arquivamento da representação contra ele.

Ele havia feito uma campanha sórdida, atribuindo sua representação a uma vingança minha. Só que ele tinha sido, no passado, autor de representação contra o próprio Paulinho, que já tinha motivos pessoais contra ele.

A hipocrisia, aliada à defesa de parte da imprensa esquerdista que o enaltecia, acabou levando-o a se livrar de um processo que tinha uma história bem complicada e obscura de financiamento ilegal de campanha, se utilizando da verba parlamentar.

O PSDB, com o apoio de Fernando Henrique Cardoso, posicionou-se de forma oficial a favor da abertura do processo de impeachment de Dilma, provocando a ira e uma resposta da presidente. A essa altura, o já ex-relator do Conselho de Ética concedeu uma entrevista à *Folha de S. Paulo* relatando suposta oferta de propina. O ridículo da denúncia era de tal ordem que ele disse ter sido abordado por uma pessoa que fazia sinal de dinheiro com as mãos, falando: "Olha, pense bem, pode mudar a sua vida". Disse também que recebeu propostas por telefone, sem identificar o número de quem o abordou. Como se atendesse a qualquer ligação, sem saber de quem era. Frisou ainda: "Mas eu não sei se era para arquivar ou para condenar. Sempre tentei me esquivar".

Imediatamente oficiei ao ministro da Justiça para que solicitasse a abertura de inquérito policial para averiguar a denúncia contida na matéria jornalística – assim como possível falsa comunicação de crime por parte do ex-relator. Óbvio que Cardozo nada faria. Se quisesse, um inquérito policial confirmaria se tivesse recebido alguma ligação telefônica e quem seria o autor. Bastaria quebrar o sigilo do telefone que supostamente tivesse recebido as chamadas denunciadas.

Levy ameaçou sair do Ministério da Fazenda se não obtivesse uma meta de superávit primário de 0,7% do PIB para o ano de 2016.

Os partidos políticos favoráveis ao impeachment ingressaram no STF para se habilitarem como *amis curies*, a fim de participarem do julgamento da ADPF 378, que ocorreria na quarta, dia 16.

A Câmara e o Senado enviaram respostas ao pedido de informações solicitado pelo ministro Edson Fachin. Enquanto a Câmara mostrou que cabia ao Senado julgar a representação, depois de admitida pela Câmara, o Senado se posicionou de forma diferente.

Renan se aliava às respostas enviadas pelo governo e por Janot, defendendo que o Senado poderia, em votação por maioria simples, aceitar ou não a decisão da Câmara, tomada com um quórum de dois terços. Ou seja, Dilma, Renan e Janot defenderam que o Senado, comandado pelo aliado Renan, poderia tornar sem efeito tudo que a Câmara tivesse feito, por uma votação de maioria simples – o que seria muito mais fácil para o governo obter com o apoio de Renan.

Esse era o golpe que estavam armando: brecar o impeachment no Senado com a confirmação dessa posição. Ela colocaria os deputados como meros coadjuvantes, ofendendo a Constituição, que diz no seu artigo 86 o seguinte: "Admitida a acusação contra o presidente da República, por dois terços da Câmara dos Deputados, será ele submetido a julgamento perante o Supremo Tribunal Federal, nas infrações penais comuns, ou perante o Senado Federal, nos crimes de responsabilidade". O artigo é muito claro, usando a desculpa na argumentação do parágrafo 1º do mesmo artigo, que diz: "O presidente ficará suspenso de suas funções: inciso I- nas infrações penais comuns, se recebida a denúncia ou queixa-crime pelo Supremo Tribunal Federal; inciso II - nos crimes de responsabilidade, após a instauração do processo pelo Senado Federal".

Essa definição de instauração é um ato meramente administrativo, que não demandaria qualquer deliberação, já que a autorização já teria sido dada pela Câmara. É o momento de decisão do afastamento do presidente da República das suas funções – e não o momento para rejulgar a aceitação da denúncia dada pela Câmara.

No caso das infrações penais comuns é diferente. A Câmara autoriza e cabe ao STF decidir se aceita ou não a denúncia para transformar o acusado em réu de ação penal. Na mais absurda das interpretações, poderia até se discutir a deliberação para o afastamento do cargo, mas jamais para tornar sem efeito a instauração do processo autorizada pela Câmara.

Dilma, Janot e Renan também se aliaram em todas as outras tese, em suas respostas ao STF, incluindo a defesa de voto aberto.

No domingo, dia 13, a *Folha de S. Paulo* publicou um duro editorial de primeira página defendendo a minha saída da Câmara e contestando o meu direito de defesa. Respondi com uma dura nota contestando a *Folha*, que o jornal publicou na quarta, com a manchete sobre a busca e apreensão que seria realizada na terça. Esse dia também seria o mesmo do julgamento do STF sobre o rito do impeachment.

Novas manifestações de rua estavam programadas a favor do impeachment. Convocadas em cima da hora, não foram tão fortes como as anteriores. Isso deu ânimo ao governo, como se o pior já tivesse passado.

Na segunda, estive com Temer em seu gabinete. Combinamos que ele reuniria a executiva do PMDB para deliberar que qualquer nova filiação de deputado ao partido teria que ser referendada pela executiva. Enquanto Picciani tentava trazer deputados para o partido, em uma estratégia para tornar a ser o líder, Temer convocou a executiva para quarta.

Dilma recebeu o apoio de 14 prefeitos de capitais. Apenas expressão política. A exemplo dos governadores, esses prefeitos também não tinham votos no Congresso. Resolvi delegar ao então deputado Miro Teixeira, que também é advogado, a defesa em plenário da posição da Câmara, na sessão do STF que iria analisar a ADPF 378, sobre o rito do impeachment. O advogado Renato Ramos, do escritório de Gustavo Rocha, iria funcionar como assessor para orientar os argumentos.

Impedi a posse de um suplente de deputado, o vereador da cidade do Rio de Janeiro Átila Nunes, que estava assumindo o mandato em função de nomeação de um deputado como secretário de Estado do Rio de Janeiro – parte da estratégia de Picciani. O motivo era que ele não poderia acumular dois mandatos, o de vereador e o de deputado, devendo comprovar antes a desvinculação do outro mandato. O vereador acabou ingressando com mandado de segurança no STF, conseguindo uma decisão favorável para que assumisse o mandato, o que ocorreu no início de 2016.

Nessa segunda, eu recebi diversos parlamentares para combinar a atuação na reunião do Conselho de Ética, marcada para a manhã seguinte. Combinamos que haveria um pedido de vista sobre o novo relatório. A reunião acabou por volta das 2 horas da madrugada.

Eu já estava de pé às 6 horas do dia seguinte quando recebi os agentes da Polícia Federal e da PGR, que vieram cumprir o mandado de busca e apreensão na residência oficial. Era um show para a televisão. A Globo cobria ao vivo, em tempo integral. A Polícia Federal mandou uma equipe para uma operação de guerra – agentes com uniformes camuflados, fortemente armados, como se fossem encontrar uma resistência armada para os impedir.

Fazia dias, desde o dia do protocolo de Janot no STF pedindo a busca e apreensão, que um carro da TV Globo aparecia religiosamente antes das 6 horas da manhã na porta da residência oficial, para flagrar algo que eles sabiam que ia acontecer. Esse fato me foi informado pelos seguranças da Câmara. Esse foi um dos motivos da minha decisão de aceitação do impeachment no dia 2. Certamente a Globo estava avisada por Janot. Uma operação era questão de tempo.

Recebi a equipe e dei acesso a tudo que pediram. Na sequência, liguei aos meus advogados pedindo que comparecessem para me auxiliar. Ao mesmo tempo, fui informado de que estavam em outro show de mídia, na minha residência no Rio. Liguei pedindo para que um advogado fosse à minha casa, para dar amparo à minha filha mais nova, que estava sozinha lá. O delegado que chefiava a equipe da Polícia Federal me avisou que não tinha ninguém no meu escritório do Rio, também alvo da operação, para abrir a porta – o que era óbvio, dada a hora. Ele me pediu ajuda para não ter de arrombar a porta. Telefonei a um assessor, pedindo que fosse até lá com a chave. A essa altura, um helicóptero da Globo sobrevoava a residência oficial. Outro filmava minha casa, no Rio. A GloboNews dividia a imagem entre as duas casas.

A reunião do Conselho de Ética começou, enquanto a busca continuava. A reunião rendia mais uma imagem a ser veiculada pela TV. Foi um massacre midiático que poucos suportariam. Apesar das humilhações, os agentes me trataram com cortesia – mas duramente vigiado por um promotor de Brasília, assessor de Janot na PGR.

O presidente do Conselho de Ética, aproveitando a situação, resolveu atropelar e não aceitar o pedido de vista regimental do relatório. Submeteu à votação, sabendo que a sessão seria depois anulada pela sua ilegalidade. Ainda assim perdi por 11 votos a 9, com a admissão da representação contra mim.

É óbvio que a sessão seria anulada depois, com a imprensa caracterizando como mais uma manobra minha para procrastinar meu processo. Ficava a pergunta: por que não foi respeitado o regimento e o meu direito? Nunca na história da Câmara houve impedimento do direito ao pedido de vista regimental.

Os agentes, depois de recolherem todos os documentos, fizeram vistoria nos meus pertences, apreendendo telefones, computadores da residência oficial, além de tablets – não tocando nos pertences da minha família. A operação acabou por volta das 11 horas. Fiquei sem telefone para contatar a todos sobre a situação. Renan ligou no meio da busca, para demonstrar solidariedade e reclamar que havia pessoas ligadas a ele sofrendo com isso também. Janot tentou transformar a operação como algo centralizado contra alvos do PMDB – mas o alvo era eu.

Terminada a busca, chamei os líderes dos partidos aliados para irem almoçar na residência oficial. Foram preocupados e revoltados. Pedi para votarmos toda a pauta do dia, para que mostrássemos que nada seria alterado. Não poderíamos dar qualquer demonstração de perda de governabilidade da Casa. Isso seria a vitória de Dilma e do PT. Cheguei à Câmara e dei uma entrevista coletiva. Questionado pela imprensa, afastei qualquer possibilidade de renúncia.

Acusei o governo de revanchista, dizendo que eles queriam jogar no colo do PMDB a roubalheira do PT na Petrobras.

Cobrei o rompimento do PMDB com o governo. Disse que era muito estranho que no dia da reunião do Conselho de Ética, às vésperas da decisão do STF sobre o processo de impeachment, acontecesse uma operação contra o PMDB – quando todo mundo sabia que a roubalheira na Petrobras havia sido feita pelo PT. Cobro a estranha viagem de Cardozo a Curitiba de madrugada.

Era muito estranho também que tivessem dado o nome da operação de Catilinárias, em alusão a um discurso, na Roma Antiga, de Marco Túlio Cícero denunciando o senador Catilina de tentar um golpe para derrubar a república da época. Isso mostrava que a visão oficial da PGR estava a serviço de evitar "o golpe do impeachment", segundo eles, para proteger a Dilma. O jornalista Reinaldo Azevedo escreveria depois, em seu blog, que: "Quando o maior partido do país é associado por investigadores a uma conspiração contra a República, é forçoso reconhecer que essa frente investigativa está fazendo uma escolha política".

Ao envolver uma parte somente do PMDB na operação, Janot tinha o objetivo de passar para a sociedade que o partido que iria suceder o PT no caso da aprovação do impeachment era o responsável pela Lava Jato. Renan, no mesmo dia, aprovou no Senado o projeto de repatriação de ativos do exterior, sem alterações no texto que eu tinha aprovado na Câmara. O projeto iria para a sanção presidencial.

Meus aliados entraram com recurso contra a decisão do presidente do Conselho de Ética, de negar vista regimental do relatório do novo relator, pela admissibilidade do meu processo. A decisão iria caber ao primeiro vice-presidente da Câmara, Waldir Maranhão – mas iríamos deixá-la para que fosse dada no último dia antes do recesso do Congresso.

O jogo de cena do presidente do conselho iria servir para que eu ganhasse mais tempo no processo. Esse erro não podia ter sido por acaso. Era porque achavam que precisavam do clima para o meu afastamento. Durante a sessão, após a negativa do pedido de vista, meus aliados apresentaram diversos requerimentos para evitar a votação, sem sucesso.

Quando eu vi pela televisão o que estava ocorrendo, telefonei e orientei que deixassem votar o parecer, pois acabaria sendo beneficiado pela anulação certa da sessão pela negativa do pedido de vista.

A operação de Janot, coordenada pelo governo, acabou atrapalhando mais o governo do que o próprio PMDB. Todos se uniram para criticar sua concentração no PMDB.

Ao mesmo tempo que saía a operação contra mim e contra o PMDB, o pecuarista José Carlos Bumlai depôs e confirmou que pegou dinheiro emprestado, em seu nome, para cobrir dívidas de campanha do PT em caixa 2. Bumlai havia sido preso na semana anterior, em operação conduzida pelo chefe da Operação Lava Jato, Moro. A revelação de Bumlai, que estava já buscando delação premiada, cairia como uma bomba caso o noticiário não estivesse voltado para a operação que Janot conduzia contra mim.

Uma nova pesquisa do Ibope, feita para a Confederação Nacional da Indústria, mostrava a reprovação de Dilma em 70% – e a aprovação em 9%. A pesquisa mostrava ainda que o impeachment de Dilma era a notícia mais lembrada pela população, com 51%, enquanto o meu processo no Conselho de Ética era o 10º assunto lembrado, com apenas 4%.

No mesmo dia da busca e apreensão contra mim e contra o PMDB, aprovamos o segundo turno da proposta de emenda constitucional de mudança da regra dos precatórios judiciais, atendendo ao pedido do prefeito de São Paulo, Fernando Haddad, e do governador Geraldo Alckmin. Isso mostra como eu sabia separar bem as coisas.

Na quarta-feira, dia 16, teve início no STF o julgamento da ADPF 378. Após as sustentações orais, o ministro Edson Fachin proferiu um longo voto de duas horas. Para surpresa de todos, contrariava o governo. Fachin concordava, em seu voto, com tudo que eu tinha feito na Câmara, reconhecendo a eleição da comissão especial na forma definida pelo regimento da Casa. Ele reconhecia também que o Senado não poderia alterar a decisão da Câmara, após a sua votação por dois terços dos seus membros.

O livro *Os onze* trouxe as razões atribuídas ao voto de Fachin: "Na cabeça de Fachin, seu voto construiria uma saída com potencial de mudar a história do processo de impeachment no país, deixando escondida uma porta para que Dilma e o PT a acessassem. O ministro não negava suas origens e sua ideologia, mas não queria escancarar seus planos. Camuflou-os tão bem que poucos o viram. E quem os viu não acreditou nos próprios olhos".

Segue o livro: "Alguns dos assessores do relator, seus ex-alunos na UFPR, conheciam o seu estilo: dono de um raciocínio sinuoso, ele o combinava com um encadeamento de argumentos que cimentava qualquer fenda na fundamentação de seus votos. Nem sempre – ou quase nunca – os argumentos eram de fácil compreensão. Os assessores lembram que, nas aulas de Direito Civil, sair da sala, mesmo que por um momento, poderia comprometer a compreensão do todo. Fachin, por conta da decisão que tomaria dias depois, iria se sentir um incompreendido".

Continua: "No dia 15 de dezembro de 2015, véspera do julgamento em plenário, o relator levou ao tribunal envelopes fechados com a íntegra de seu voto. Antes de iniciadas as sessões das turmas, ele os entregou a todos os colegas, com exceção do ministro Marco Aurélio – que não aceitava receber votos com antecipação, pois preferia iniciar um julgamento de mente aberta, sem se deixar influenciar pela posição de outro juiz".

O livro ainda aponta que: "Horas depois, as notícias começam a chegar ao governo. Não existe segredo entre mais de duas pessoas. Muito menos no Supremo. Fachin estava votando no sentido diametralmente oposto às pretensões do governo. Um ministro enviou informações para a defesa de Dilma Rousseff, um segundo reforçou a revelação. Depois do terceiro recado, Cardozo decidiu ir ao STF para um último esforço. O mesmo fez Beto Vasconcelos, que fora secretário executivo da Casa Civil e na ocasião era secretário nacional de Justiça. Ele foi ao ministro Barroso para as últimas ponderações contra os argumentos que Fachin traria ao plenário".

Continua ainda: "A direção de seu voto já era conhecida pelos partidos da base de Dilma e pelos colegas. E alguns detalhes, vazados de dentro do tribunal, já figuravam na imprensa..." E prossegue: "Fachin proferiu seu voto, e com ele escancarou o caminho para a sequência do impeachment nos moldes talhados por Eduardo Cunha: rejeitou o pedido adicional para anular a eleição da Comissão Especial votada na Câmara, o que faria o processo retroceder várias jardas; não aceitou a alegação de que Eduardo Cunha não tinha imparcialidade para tocar o barco; rechaçou o argumento de que a presidente Dilma Rousseff tinha direito a defesa prévia antes de iniciado o processo; finalmente julgou que o Senado devia necessariamente instaurar o processo se a Câmara, em votação no plenário, aceitasse a denúncia contra a presidente por crime de responsabilidade. Os defensores de Dilma, derrotada na Câmara, ainda nutriam esperanças de que a denúncia pudesse ser barrada no Senado".

Os onze também diz: "Fachin teve o processo de impeachment de Dilma como o seu primeiro grande desafio. Ele, que na campanha eleitoral havia pedido voto para a petista, e por ela foi nomeado, sinalizou a Cardozo que sua decisão seria favorável à presidente. Mas o ministro escolhera um caminho sinuoso para isso". E segue: "Seu voto no impeachment, explicavam os seus auxiliares, deixava uma porta aberta para que o Supremo adentrasse o mérito da acusação e julgasse se Dilma havia ou não praticado crime de responsabilidade".

Diz o livro: "Quando começou a ler o seu voto, Fachin afirmou que o impeachment tem natureza jurídica-política – nessa ordem. E acrescentou: o conteúdo do juízo exclusivamente político no procedimento de impeachment é imune a intervenção do Poder Judiciário, não sendo passível de ser reformado, sindicado ou tisnado pelo Supremo Tribunal Federal, que não deve adentrar no mérito da deliberação parlamentar. Entretanto, ressaltava que o tribunal poderia analisar – e eventualmente derrubar – a justificativa jurídica para a abertura do processo. Ou seja, deixou aberta a possibilidade de o STF julgar o conteúdo jurídico da investigação. No caso de Dilma, o Supremo poderia decidir que as pedaladas fiscais não configuravam crime de responsabilidade".

E ainda afirma: "Fachin considerava um erro deixar nas mãos do Congresso a definição do que era crime ou não. Isso permitiria que presidentes fossem processados por condutas de gravidade menor ou pouco evidentes, e fossem punidos simplesmente por não gozarem mais de apoio político. O que importa é ter um precedente forte, dizia um dos seus assessores. Impeachment não pode ser um processo de conveniência, explicava o ministro. Se isso ajudaria ou não Dilma, eram outros quinhentos".

Se Fachin pensava dessa forma ou se foi uma desculpa arranjada para o seu voto, que foi considerado uma traição pelos petistas, nós não podemos saber. Se realmente essa era a sua intenção, parecia de um primarismo político digno de registro. Afinal, alguém achava que, depois de aprovado pelo Congresso, o Judiciário iria reverter a decisão por entendimento jurídico diferente da acusação aceita pelo Legislativo? Se fosse assim, Collor jamais poderia ter sido submetido ao impeachment.

O voto de Fachin foi comemorado pelos favoráveis ao impeachment. Havia um grupo em frente ao STF que o criticava antecipadamente por achar que ele honraria a sua vinculação aos petistas.

Também me surpreendi com o voto, assim como os deputados da oposição. Na minha opinião, Fachin quis se mostrar independente de Dilma, pois sabia da sua queda e não queria ficar posando de fantoche do PT.

Ele quis construir sua biografia no cargo, o grande defeito quando as escolhas de ministros do STF se dão por pessoas que ainda não têm uma biografia relevante. Essa explicação contida no livro me parece mais uma "história da carochinha", à qual não se deve dar crédito.

No intervalo do julgamento, Janot, depois que Fachin começou a ler o seu voto, levantou-se e foi dar entrada em uma medida cautelar, pedindo meu afastamento do mandato de deputado e, por consequência, da presidência da Câmara.

Ou seja, o voto de Fachin contrário a Dilma já era do conhecimento dos ministros do STF e do governo, de véspera. Como já sabia, Janot tinha se preparado para uma contraofensiva, em acordo com o governo. Após a busca e apreensão, ele tentou ver se continha algo grave para melhorar seus argumentos em um pedido que já estava pronto, com conteúdo praticamente idêntico ao pedido da medida cautelar de busca e apreensão. Ele chegou a juntar, a essa nova medida, as cópias dos extratos da conta suíça do *trust* que "escandalosamente" teriam sido encontrados no meu escritório do Rio de Janeiro. Só que eram as cópias juntadas, a pedido dele no inquérito 4146, aberto também a seu pedido. Como parte, era óbvio que eu tinha direito às cópias. Só que, para Janot, usar isso em seu novo pedido era um escândalo.

Aliás, as cópias dos extratos foram também divulgadas pelo site da *Veja*, quando Janot havia vazado essa informação, publicada pela jornalista Vera Magalhães.

Cardozo e Janot viram que poderiam perder no STF e tentaram uma última cartada. Eles queriam ter tempo, antes do recesso do STF, para que ou o ministro Teori Zavascki decidisse pelo meu afastamento de forma liminar, ou fosse levado, na última sessão do ano, para decisão do plenário. Essa última reunião ocorreria na sexta-feira.

No mínimo, Janot ocuparia o espaço da mídia desviando o foco da decisão do STF no caso do impeachment, me tornando o centro do processo. Telefonei para o então deputado Miro, que estava no plenário do STF acompanhando a discussão, depois de ter defendido a Câmara em sustentação oral por minha delegação.

Miro me avisou que Janot estava fazendo o protocolo do pedido de afastamento naquele momento, e que o assunto era o burburinho do plenário do STF. Ele alertava para eu me preparar para enfrentar o tema.

Janot anotou no seu pedido 11 "fatos" – alguns risíveis, sem nexo com a realidade. Um deles, por exemplo, tratava de um não de lei do então deputado Heráclito Fortes, que buscava alterar a lei de delação premiada. Janot acusava que eu era o interessado na lei. E, por isso, deveria ser afastado.

Ele argumentava que Heráclito havia feito o projeto para impedir a alteração da delação do lobista Júlio Camargo. Só que, além de eu não ter conhecimento do projeto dele, ele tinha sido apresentado em data posterior à denúncia de Janot contra mim, em 20 de agosto. Também era posterior ao próprio depoimento do lobista. Os argumentos de Janot eram fraudulentos.

Tratava também das acusações dos delatores, incluindo os últimos, os empresários Ricardo Pernambuco, pai e filho. Os delatores anteriores já faziam parte de sua denúncia ofertada. Janot me acusava mais uma vez de receber propina, baseado nessas novas delações. Ele falava do Conselho de Ética e do ex-relator Fausto Pinato, inclusive da sua entrevista dizendo que tinha recebido oferta de propina. Ele nem tinha me acusado por isso. Falou também da advogada Beatriz Catta Preta, convocada na CPI da Petrobras, das anotações do chefe de gabinete do Delcídio do Amaral etc.

Em resumo, escreveu um arrazoado de besteiras, revestidas de termos acusatórios sem sustentação, visando ocupar o noticiário e, se possível, me afastar para acabar com o impeachment. Janot seguia seu compromisso de tentar ajudar Dilma.

Reagi no mesmo tom virulento contra Janot. Falei que era muito estranho que ele se levantasse da cadeira e fosse protocolar o pedido do meu afastamento no mesmo dia em que o STF estava julgando o rito do impeachment, no momento em que o governo tinha um voto contrário. Como previsto por Janot e pelo governo, o ato de pedir o meu afastamento ocupou todas as manchetes dos jornais, deixando o julgamento do rito do impeachment pelo STF em segundo plano. Isso diminuía o impacto do voto de Fachin contra o governo nesse momento.

Os petistas fizeram também nesse dia um movimento de rua com os seus aliados, visando tentar demonstrar que tinham apoio popular para se contrapor ao impeachment. Isso buscava constranger o STF na sua decisão sobre o impeachment. Os movimentos levaram às ruas pouco mais de 50 mil pessoas, apesar de todo o esforço feito de mobilização por eles. Delcídio do Amaral, já nesse momento em negociação de delação premiada, depois da contratação de Antônio Figueiredo Basto, o advogado das delações, peticionou no STF isentando André Esteves, do banco BTG, de qualquer ato do qual estava sendo acusado.

Delcídio havia sido transferido para um quartel, para facilitar sua delação. Com sua manifestação, alegando que havia usado indevidamente e de forma falsa o nome de André Esteves, este acabou sendo solto pelo ministro Teori Zavascki. Em seguida, Esteves seria inocentado dessa acusação.

A executiva do PMDB se reuniu e atendeu à minha solicitação de necessitar de aprovação prévia para a filiação de qualquer novo deputado ao partido. Picciani promoveu o retorno ao mandato de deputados que estavam como secretários no Rio de Janeiro. Renan Calheiros e os senadores Eunício Oliveira e Jader Barbalho entraram na disputa para reverter a decisão de retirar Picciani da liderança. Renan também começou um processo de enfrentamento contra Temer, a fim de tentar tomar a presidência do PMDB na eleição que estava programada para março do ano seguinte.

A agência de risco Fitch também anunciou a retirada do Brasil do grau de investimento e a perda do selo de bom pagador. Isso provocaria enormes reflexos na economia. O fato marcaria definitivamente o fim de Levy no Ministério da Fazenda. O Congresso aprovou a Lei de Diretrizes Orçamentárias e o próprio orçamento. Isso colocaria fim à obrigatoriedade das votações que permitiriam ao Congresso entrar em recesso. Renan, em seguida, iria declarar encerrado o ano legislativo do Congresso.

O orçamento aprovado previa um superávit de 0,5% do PIB, meta impossível de ser alcançada. Foi considerada uma receita com a volta da CPMF, que todos já sabiam que não aconteceria. Foi mais uma irresponsabilidade fiscal do governo Dilma.

Na quinta-feira prosseguiu o julgamento da ADPF 378, que definiria o rito do impeachment. A sessão se reiniciaria com o voto do ministro Barroso, que estava atuando a favor de Dilma.

Como veremos daqui em diante, o dia 17 marcará as principais decisões sobre o impeachment. Essa seria a primeira em um dia 17, mas outras importantes decisões viriam pela frente, inclusive a do dia 17 de abril de 2016, dia da aprovação da abertura do processo de impeachment.

Antes do reinício da sessão, Renan almoçou com Dilma no Palácio da Alvorada. No mesmo dia, ele aprovou no Senado um pedido de auditoria ao TCU, de sete decretos assinados pelo vice-presidente Michel Temer, como presidente em exercício, de execução orçamentária. Eles seriam supostamente semelhantes aos decretos assinados por Dilma, objeto do pedido de impeachment.

Renan se associava a Dilma – não só para enfrentar o impeachment, mas para tentar inviabilizar Temer como sucessor dela. Ele atuava, inclusive, para enfrentá-lo no PMDB e na Câmara dos Deputados. Renan atacava Temer dizendo que o partido não é de caciques.

O vice respondeu por meio de dura nota, dizendo que o partido não tem caciques nem coronéis, numa referência ao coronelismo presente na política do Nordeste no passado. Renan, por sua vez, voltaria a atacar Temer depois disso.

Esses ataques visavam não só marcar posição, mas também preparar o enfrentamento pela disputa do PMDB, que seria em março. O objetivo também era passar a impressão de que, se Temer não conseguia unir seu próprio partido, como conseguiria unir o país?

Dilma aplaudia e estimulava Renan. Temer, ao perceber isso tudo, mudaria a estratégia, visando se recompor internamente no PMDB durante o período que antecedia a batalha do impeachment. Essa batalha iria ficar para o próximo ano.

Renan, combinado com Dilma e já sabendo que o resultado da sessão do STF seria favorável a ela, anunciou que não haveria convocação extraordinária do Congresso no recesso. Eu também não queria essa convocação, pois sabia que se a votação do pedido de abertura do processo de impeachment fosse em janeiro, Dilma teria número para barrar o processo.

Ela errou bastante nesse processo todo, mas esse adiamento teria sido o seu maior erro. Por outro lado, mesmo se houvesse a convocação extraordinária de Renan, eu não iria dar curso ao pedido na Câmara nesse período, pois já havia combinado com todos que levaríamos esse debate para depois do recesso.

Os movimentos favoráveis ao impeachment de Dilma tinham convocado uma grande manifestação para o dia 13 de março, com bastante antecedência, para evitar a fraqueza demonstrada no domingo anterior. Sem a rua forte não haveria impeachment. Nós iríamos esperar esse movimento para dar continuidade ao processo, interrompido pela liminar de Fachin a pedido do governo.

Se a liminar não tivesse sido dada, talvez eu não tivesse escolha e teria de continuar durante o recesso, querendo ou não. Dilma, assim, poderia vencer. Ela ainda tinha os votos para isso. Da mesma forma que ocorreu em outubro, a busca de resolver a situação política pela Justiça acabaria atrapalhando mais do que ajudando com as vitórias judiciais obtidas.

O ministro Teori Zavascki teria dito que não iria apreciar o pedido de Janot pelo meu afastamento antes do recesso do Judiciário. Na prática, levaria isso para a época de apreciação do pedido de impeachment de Dilma. Eu sabia que não iriam tomar uma decisão dessas naquele momento, para não caracterizar que o STF estaria me retaliando pelo processo de impeachment. A estratégia de Teori era primeiro levar ao plenário a denúncia de Janot contra mim, pelas delações dos lobistas Júlio Camargo e Fernando Baiano. Só depois de aceita essa denúncia ele criaria o clima para decidir sobre o pedido de meu afastamento.

Diante de tudo isso, disse que "PGR deixou de ser acrônimo de Procurador-Geral da República. Passou a ser sigla de Procurador-Geral de Rousseff". Saiu na coluna "Painel", da *Folha*.

Picciani conseguiu retomar a liderança do PMDB, em uma nova lista, com 36 assinaturas, inclusive o retorno provisório de dois deputados que estavam como secretários no Rio de Janeiro. Seus suplentes eram de outro partido. Ele também obteve a nomeação de três deputados de outros partidos, como secretários no Rio de Janeiro, com os suplentes que eram do PMDB assumindo e assinando a lista. O movimento contou com a participação vergonhosa de Eduardo Paes e Pezão, que submeteram seus governos a um entra e sai de secretários para que essa estratégia tivesse êxito. A nova lista contou também com o trabalho do governo. Jader Barbalho trocou a posição da sua mulher e da ex-mulher, que passaram a assinar a lista de Picciani. Além disso, Eunício Oliveira trocou a assinatura de um deputado do Ceará e o senador Valdir Raupp substituiu a assinatura de um deputado de Rondônia.

Verificamos, contudo, que poderíamos trocar de novo o líder imediatamente, pois os deputados que eram secretários iriam retornar a seus cargos, e os secretários nomeados também retomariam os mandatos. Dessa forma, Picciani perderia a maioria. Conversei com Temer, que preferia deixar que Picciani continuasse líder e que a liderança só fosse retomada na volta do recesso. A gente poderia protocolar outra lista na semana seguinte, mas Picciani faria o mesmo movimento de nomeação de secretários e retorno de deputados, o que o tornaria novamente com maioria. Seria um jogo de gato e rato constante.

Picciani chegou a dar declarações de que não mais repetiria o erro que teria cometido, de só indicar para a comissão especial deputados contrários ao impeachment. Ele sinalizava que faria um equilíbrio disso na próxima vez – mas a desconfiança já estava instaurada.

Em seguida, faríamos um acordo de marcar uma data para a eleição de líder em fevereiro, a fim de resolver no voto da bancada quem seria o novo ocupante da função. Aceitei, para não continuar a guerra de listas, que tanto mal já tinha feito ao partido no passado.

A sessão no STF foi reiniciada e Barroso fez voto divergente de Fachin, praticamente engessando o impeachment. Ele anulou a eleição da comissão especial. Determinou também que o voto teria de ser aberto e que só poderiam concorrer os indicados dos líderes partidários, em uma intervenção jamais vista do Judiciário no Legislativo.

Pelo decidido por Barroso, não mais poderia haver candidatura avulsa na Câmara para nenhum cargo. Além disso, ele desrespeitava o regimento da Câmara. Ele foi bastante criticado por isso. Tentou mostrar que a decisão era o que determinava o regimento da Casa quando, ao fazer a leitura do artigo do regimento que disciplinava isso, omitiu a parte final do texto do artigo 188 do regimento, que dizia: "as demais eleições". Isso incluiria a eleição da Comissão Especial do Impeachment.

O tempo mostraria que Barroso nutria um ódio pessoal por mim. Ele disse o seguinte no seu voto: "O voto secreto foi instituído por uma decisão unipessoal do presidente da Câmara. Sem autorização legal, sem autorização constitucional, sem autorização regimental. Por vontade própria. Aqui vai ser secreto porque eu quero. A vida na democracia não funciona assim".

Essa frase mostrava a falsidade intelectual dos seus argumentos, já que ele omitiu, na sua leitura, a parte do regimento que determinava o voto secreto. Barroso até poderia ter sustentado a tese de que tudo deveria ser em voto aberto pela gravidade do evento e pela transparência etc., mas jamais falsear os argumentos.

Ressalte-se que, na eleição da Comissão Especial do Impeachment de Collor, ela foi feita por aclamação – já que não havia disputa. Era um impeachment cumprindo um calendário célere, sem qualquer contestação, salvo a da defesa do próprio Collor. No entanto, no Senado, a eleição da comissão especial tinha sido feita por voto secreto.

Barroso também interpretou que bastaria o Senado por maioria simples rejeitar a decisão da Câmara por dois terços que o processo não seria aberto nem Dilma afastada. Essa parte da decisão era a mais controversa. Ela teria sido a maior vitória de Dilma na votação, pois poderia impedir, no Senado, a abertura do processo determinada pela Câmara.

Existiam muitas dúvidas sobre essa parte, como já falamos, mas no rito utilizado no impeachment de Collor o Senado deliberou por maioria simples. A situação política era bem diferente, pois no caso de Collor o rito era mero detalhe – a decisão do seu impeachment já estava tomada. Naquele momento, essa votação ocorreu imediatamente após a chegada, depois da votação na Câmara.

Na época, a Câmara nem se importou com a quebra do poder. Ao próprio Collor não interessava esse questionamento que, em tese, lhe seria favorável, pois colocaria mais uma etapa para consumar seu afastamento. De qualquer forma, a decisão de submeter ao Senado, em votação por maioria simples, a admissão do processo de impeachment é absurda e desrespeita o texto constitucional. Os mais conservadores na interpretação do texto constitucional poderiam até dizer que, para o afastamento da presidente por 180 dias do cargo, seria necessária a votação do Senado. Mas, para manter a decisão da Câmara de abrir o processo, a votação do Senado é uma afronta ao texto constitucional – e significava a subordinação da Câmara ao Senado.

O papel do Senado é julgar os crimes de responsabilidade, após a admissão da Câmara, assim como seria do STF, caso a acusação fosse de crime comum – após a mesma admissão feita pela Câmara. O resto virou jogo político de quem queria impedir o impeachment.

Barroso obteve a vitória da sua tese por 8 votos a 3, ficando vencidos Edson Fachin, Gilmar Mendes e Dias Toffoli. Gilmar declarou em seu voto o seguinte: "Estamos manipulando esse processo com eficácia próximo de zero, se não zero. Não se salva quem precisa de força política com esse balão de oxigênio dado por corte constitucional". Também disse: "Estamos ladeira abaixo, sem governo". Ele ainda acrescentou: "Se fosse assim, seriam inconstitucionais todas as eleições secretas de presidente do STF". Sobre Dilma, afirmou: "Seu mandato não será mantido por liminar". O tempo mostraria que Gilmar estava coberto de razão. Nem o balão de oxigênio, dado pelo STF, conseguiu dar a Dilma a capacidade de respirar.

No entanto, dois pontos principais do pedido da ADPF (Arguição de Descumprimento de Preceito Fundamental) foram derrotados. Questionava-se a minha parcialidade para conduzir o processo de impeachment e o meu direito a acatar o pedido. Questionava-se também se o processo teria de ser anulado, pois Dilma teria direito a defesa prévia, antes da minha decisão.

O STF fez apuração de votos de maneira parcial em cada ponto. No caso da votação secreta da comissão especial, o placar foi de seis a cinco. No caso da chapa avulsa, o placar foi de sete votos a quatro. Havia bastante divergência sobre cada tema.

Com isso ficou claro: ou o governo me afastava do cargo, ou nada poderia impedir minha atuação a favor do impeachment de Dilma.

Durante a continuidade do julgamento, Fachin tentou se reabilitar em parte com o seu segmento ideológico, apoiando um cavalo de pau no processo. Novamente a tentativa de manobra está descrita no livro *Os onze*. Diz a obra: "Ao longo do julgamento em dezembro, os advogados do PC do B trocavam mensagens pelo WhatsApp para arquitetar uma última cartada. Levantariam a hipótese de que seriam necessários os votos de dois terços dos senadores para que a denúncia contra a presidente fosse recebida e, consequentemente, a ação fosse aberta. O governo sabia que não tinha condições políticas de barrar o processo na Câmara, mas confiava que no Senado haveria mais margem de negociação. Se o Supremo elevasse a exigência de quórum, passando a votação de maioria simples para maioria absoluta, as chances subiriam exponencialmente".

O livro continua: "O ministro Marco Aurélio já havia apontado o que considerava incongruente no rito de impeachment de Collor. Ele, que não participou das discussões em 1992 por ser primo do presidente, agora pontificava sobre as regras para os próximos processos de impedimento. Se na Câmara eram necessários os votos de dois terços para dar continuidade, a medida drástica de afastamento da presidente do cargo, consequência da abertura do processo pelo Senado, não poderia ser aprovada pelo voto apenas da maioria simples de seus membros. Seriam necessários também os dois terços dos votos, ou seja, o apoio de 54 senadores".

O ministro Marco Aurélio, que notabilizou sua atuação no STF por proferir votos divergentes em diversas matérias, raramente compondo maiorias em suas participações, estava defendendo uma alteração em relação ao ocorrido com Collor. Mas deixava claro que era em relação ao afastamento da presidente – e não para barrar o processo aberto na Câmara.

Depois do posicionamento de Marco Aurélio, segundo o livro: "Fachin, que no dia anterior havia decepcionado os petistas, pegou carona argumentativa no voto de Marco Aurélio. Ao início da sessão de julgamento ontem, antes de apresentar o voto, disse que era uma proposta de voto e que acompanharia os debates para nutrir-me das questões a serem suscitadas e ao final ajustar, se necessário, alguma conclusão. Falou Fachin. E reajustou seu voto. Concordando que o afastamento só poderia ser aprovado pelo voto de dois terços dos senadores. Mas os dois ministros foram voto vencido. Prevaleceu a corrente que defendia a repetição do rito do caso Collor". Fachin, ainda segundo o livro, disse: "Fico vencido naquilo que vencido estou, embora totalmente não convencido, pontuou Fachin. Indicado pela presidente Dilma Rousseff, o ministro se divorciou do PT naquele momento. Ele se dizendo incompreendido, o partido se dizendo traído".

A pergunta que se faz é: como no dia anterior ele defendeu que o Senado não deveria deliberar sobre o processo aprovado na Câmara e no dia seguinte defendeu não só a deliberação pelo Senado como o quórum de dois terços? Nem Barroso teve coragem de bancar isso.

O julgamento teve fim com a vitória de Dilma e uma grande derrota minha, por ter atos do impeachment anulados pela decisão. Após isso, como estratégia, optei por dar declarações respeitosas ao STF, mas ressalvando que era necessário o esclarecimento de pontos, porque essa decisão teria influência nas demais eleições internas na Câmara, inclusive nas comissões permanentes, que são eleitas no início de cada ano.

Declarei que iria entrar com embargos de declaração para esclarecer esses pontos. Convoquei reunião de líderes para a segunda, dia 21. Com essa decisão, eu realmente precisava ganhar tempo e reencontrar o caminho para seguir com o impeachment. Estava claro também que Dilma, apesar da traição de Fachin, mantinha, como ela dizia, controle de alguns ministros no STF. Isso ainda poderia render outras decisões, pois eu não acreditava que eles fossem desistir de apelar para a Justiça. Essa tinha sido a opção dela, por saber que não tinha a garantia de uma base confiável para resolver de forma política seu processo de impeachment.

A manutenção da discussão sobre essa decisão, enquanto se reorganizavam as forças favoráveis ao impeachment, era uma questão de estratégia política. Isso faria manter o esquadrão jurídico do governo, focado na manutenção dessa decisão – e não para tentar novas decisões.

Essa batalha, que foi perdida pelos favoráveis ao impeachment, foi a segunda interferência do STF no processo, sendo a primeira de forma colegiada. Dilma teve uma vitória, real nessa – ao contrário da primeira, de outubro, quando achou que teve uma vitória, mas que, na prática, tinha sido a grande derrota dela.

Contudo, não soube aproveitar a vitória, pela incapacidade política de conseguir utilizar a política para resolver os problemas políticos. Ou seja, caracterizaria, ao fim, uma derrota da mesma forma.

Dilma, se não tivesse interrompido o processo com a liminar de Fachin, talvez não fosse deposta. O mesmo teria ocorrido se tivesse também, após essa decisão favorável do STF, dado imediata continuidade ao processo.

Mas política não era o forte do grupo dela, que só crescia com a contenda, com as baixarias, com a utilização das manobras de Janot para atacar os adversários, achando que dessa forma resolveria os seus problemas.

Ao fim, quem estava certo era o ministro Gilmar Mendes, quando atacou o governo em seu voto. Não se mantém um presidente por liminar. Dilma, liminarmente, se manteve no cargo, paralisou momentaneamente o processo de impeachment, mas estava longe de conseguir acabar com ele. Os fatos e o tempo mostraram o fracasso da sua estratégia e o preço que pagou por isso.

27 A briga e a nova eleição para a liderança do PMDB

Michel Temer havia praticamente me obrigado a entrar na luta para destituir o líder Leonardo Picciani, depois da tumultuada atuação dele no dia da eleição da Comissão Especial do Processo de Impeachment – depois anulada pela decisão do STF, na ADPF 378.

O governo atuou fortemente para Picciani retomar a liderança. Embora ele se comprometesse a indicar os membros da futura comissão especial, que teria de ser eleita dividindo entre as duas correntes da bancada, ninguém acreditava mais nisso.

Como o jogo era muito equilibrado entre as lideranças dos outros partidos, se Picciani não cumprisse isso, Dilma venceria na futura comissão especial caso os nomes do PMDB fossem somente de contrários ao impeachment. Essa era a leitura feita por todos. A foto de Renan abraçado a Picciani, comemorando sua retomada da liderança, havia me irritado bastante e a todos os que eram favoráveis ao impeachment.

Ninguém esperaria que depois desse movimento Picciani iria cumprir a palavra que lhe faltou na indicação anterior e que gerou toda a confusão. Nós achávamos que, na hora da verdade, ele indicaria quem quisesse para a comissão e iria desrespeitar a parte da bancada favorável ao impeachment.

Com esse quadro na mão, passei a ser cobrado pelos outros líderes, para que me movimentasse com mais força junto de Temer, para destituir novamente Picciani da liderança. Eu achei, entretanto, que ficar na guerra de listas não era a maneira mais eficiente. Se tivesse que fazer isso, o faria em cima da hora da indicação, jamais no período de recesso. Nesse momento eu preferia articular uma eleição interna na bancada.

Ocorre que Temer, que sempre agia de acordo com seus interesses, jamais tendo algum tipo de solidariedade com ninguém, percebeu que estava correndo sérios riscos dentro do PMDB. Renan, embora nunca tivesse tido votos para enfrentar Temer na disputa pelo partido, dessa vez, se aproveitando da briga de Picciani com ele, trouxe a quase totalidade dos votos do Rio de Janeiro na convenção do PMDB para o seu lado. Eles eram controlados pelo pai de Picciani, por Pezão, Cabral e Paes. A minha influência era reduzida a uma pequena parte, que não impediria que a maioria seguisse Renan.

Renan tinha realmente uma janela de oportunidades à sua frente. Preferia mandar em Dilma fraca, dependente dele para se manter no cargo, do que ter Temer com força política e o seu poder reduzido. Ele tinha também uma oportunidade única de tomar o partido de Temer, impondo-lhe uma dupla derrota.

A decisão do STF tinha jogado um balde de água fria em Temer. Ele sabia que Dilma teria condições de impedir no Senado o avanço do processo de impeachment – por maioria simples, tudo que tivesse sido feito na Câmara seria revertido no Senado. Com Temer vendo que o impeachment tinha passado a ser um sonho mais distante, resolveu tentar estabilizar a situação de conflitos dentro do PMDB. Ele quis retirar de Renan a margem de manobra que lhe estava sendo dada para tomar o controle do partido.

A conta era bem simples. A convenção estava marcada para 12 de março, e o impeachment não seria votado antes disso. Se Temer perdesse a votação dentro do PMDB, não teria condições de ganhar a votação do impeachment na Câmara. Fiel ao seu estilo dissimulado, Temer iria abandonar a luta para tirar Leonardo Picciani visando reverter os votos do Rio na convenção do PMDB. Ele passava a deixar que essa disputa pela liderança fosse uma luta solitária minha pelo impeachment.

O temperamento de Temer e a sua vaidade sempre o levaram a querer ser unanimidade. Ele gostava de se sentir o centro da harmonia e não era do seu feitio entrar em polêmica. Achava que o impeachment seria um passeio, sem que ele precisasse ficar na ponta do confronto – ao menos de forma pública.

Acontece que as coisas saíram do controle, pois a carta que ele escreveu a Dilma e sua divulgação o levaram a um rompimento precoce, mesmo que dissimulado. Quando ele derrubou Picciani da liderança, o rompimento ficou mais explícito – e Dilma passou a colocar Renan para contestá-lo.

Temer estava saindo da unanimidade, do cara que iria reunificar o país, para virar o golpista, o cara que queria tomar o lugar de Dilma. Com isso, sua vaidade não aguentou. Ele resolveu mudar a forma, ao menos momentaneamente, para retomar o controle da situação do PMDB.

Mas eu também não iria tocar o impeachment antes da convenção do PMDB e das manifestações de rua marcadas para o dia 13 de março, dia seguinte à convenção do partido.

Só que Temer iria me largar na mão com relação à eleição da liderança do PMDB. Teria sido muito mais fácil para mim ter feito um acordo com Leonardo Picciani, garantir a metade das vagas na comissão especial e deixar que ele seguisse na liderança. Esse foi um dos meus erros.

No entanto, para manter o controle sobre a parte da bancada que era favorável ao impeachment, eu segui na briga sozinho – para enfrentá-lo em uma eleição desnecessária, que só me produziria mais desgastes.

A culpa tinha sido única e exclusivamente de Temer. Eu não queria ter assinado a lista para a deposição de Picciani. Fiz isso de forma constrangida para atender Temer. Assim seria a minha luta até a nova eleição da liderança, que ocorreria só em fevereiro de 2016, depois do Carnaval.

Na sexta, dia 18, Dilma anunciou a saída de Joaquim Levy do Ministério da Fazenda e a nomeação de Nelson Barbosa, que estava como ministro do Planejamento, para o seu lugar. Barbosa era até mais maleável que Levy, de diálogo fácil, mas a sua vinculação ideológica com o PT fez com que os mercados reagissem muito mal à sua nomeação.

Janot, atuando para inviabilizar o impeachment, divulgou um trecho de mensagens do empreiteiro da OAS, Léo Pinheiro, fazendo menção a doações para o PMDB nas eleições. Essa divulgação ganhou destaque na mídia, envolvendo um suposto diálogo comigo, no qual a menção era a um repasse de R$ 5 milhões feito por Léo Pinheiro a Temer no PMDB.

O STF suspendeu uma parte da lei do direito de resposta, aprovada pelo Congresso, tornando sem efeito um dos seus principais artigos.

No mesmo dia, minha defesa protocolou no STF um pedido para interromper o inquérito contra mim. As motivações eram muitas, baseadas primeiro na interpretação de que eu estava na linha sucessória, no parágrafo 4º do artigo 86 da Constituição, e que, por isso, os fatos anteriores ao atual mandato teriam de aguardar até o fim do mandato de presidente da Câmara. Janot tinha usado, no seu pedido de afastamento, justamente o argumento de que eu estava na linha sucessória. Se o argumento serviria para me afastar, por que não serviria para que eu tivesse a imunidade provisória durante o período?

Outros argumentos também foram por mim apresentados, como a nulidade das buscas e apreensão, por terem sido feitas durante meu prazo de resposta à acusação, já que havia denúncia apresentada contra mim. Como apresentar denúncia e prosseguir em investigação usando medidas cautelares?

Discuti também a validade da mudança dos depoimentos de Júlio Camargo, pois ele tinha sua delação homologada pelo juiz de primeiro grau; no entanto, passou a tratar de detentor de foro, prerrogativa do STF. Eu pedia também uma acareação dele com o ex-diretor da Petrobras Paulo Roberto Costa.

Essa peça era estratégica, não só pelos argumentos consistentes, mas por fazer frente ao pedido de afastamento de Janot contra mim. Dessa forma, haveria dois polos de disputa com Janot totalmente antagônicos, o que dificultaria ao STF tomar qualquer decisão contra mim, sem antes levar a plenário esse meu pedido.

No domingo, dia 20, o Datafolha divulgou uma nova pesquisa. Dilma aparecia com leve melhora, aumentando o seu índice positivo de 8% para 12%, e o negativo, reduzido de 71% para 65%. A presidente terminava a semana com um quadro extremamente positivo. As manifestações a favor do impeachment foram fracas, tinham sido realizadas as buscas no PMDB, havia obtido a vitória no STF, o pedido do meu afastamento por Janot, as manifestações dos movimentos do PT favoráveis a ela, além da retomada da liderança por parte de Picciani. Tudo isso dava sinais de um alento, como se o impeachment fosse página virada.

Como nem tudo são flores, o STF determinou a quebra dos sigilos bancário e fiscal de Renan Calheiros, no bojo dos seus seis inquéritos que existiam naquele momento. Como Renan era mercurial, sua reação era imprevisível, mas não ocorreria pois ele estava dentro de uma operação que só podia lhe trazer benefícios no processo político.

Na noite de domingo, Temer recebeu em sua casa em São Paulo, para jantar, Pezão, Eduardo Paes e Sérgio Cabral. Em encontro articulado por Moreira Franco, a fim de tentar reverter a situação de apoio do PMDB do Rio de Janeiro a Renan para o comando do PMDB, na convenção de março.

Eu não tinha sido avisado do jantar. Eles firmaram um acordo em que continuariam apoiando Temer na eleição desde que não houvesse mais interferência na liderança da bancada da Câmara. Temer precisaria ajudar na manutenção de Picciani como líder e colocar um ponto final na disputa.

Na segunda, dia 21, o Datafolha divulgou mais uma pesquisa, feita agora entre os deputados. Supostamente, o instituto ouviu 315 parlamentares. O resultado estava dando 42% favoráveis ao impeachment de Dilma e 32% contrários. Os números seriam ligeiramente mais desfavoráveis a Dilma do que pesquisa semelhante feita em agosto. A pesquisa divulgou também que 60% seriam favoráveis à minha renúncia. Esse tipo de sondagem nunca é confiável, pois o universo ouvido não é equânime, mas sinalizava, de qualquer forma, que ainda não havia número para impedir o impeachment nem para aprová-lo.

Também nessa segunda, Aécio deu uma dura entrevista à *Folha de S. Paulo*. Atacou Temer, dizendo que ele foi parceiro na gestão que fez o país voltar 20 anos. Falou ainda que o PSDB não deveria nem cogitar ocupar qualquer cargo em eventual governo dele.

Nelson Barbosa assumiu o Ministério da Fazenda debaixo da desconfiança do mercado, mas com aplausos do PT. A impressão que ficou era de que Dilma estava tomando as rédeas da economia, causando preocupação em todos os segmentos.

O governo resolveu pagar as chamadas pedaladas fiscais. Ou seja, os bancos públicos estavam pagando as despesas do governo na forma de empréstimos disfarçados. Esse era um dos principais pontos de crítica à política econômica de Dilma, objeto de pedidos de impeachment.

Embora isso fosse relevante, as chamadas pedaladas fiscais não fizeram parte do pedido de impeachment que foi aceito por mim. As que seriam pagas eram referentes a anos anteriores ao corrente mandato.

Eu me reuni com os líderes da oposição e os mais alinhados antes da reunião dos líderes, para combinar uma pauta. Acertamos que eu anunciaria o ingresso dos embargos de declaração e que pediria uma audiência ao presidente do STF, Ricardo Lewandowski, para cobrar celeridade nesse julgamento dos embargos.

A oposição, por sua vez, disse que faria obstrução total na Câmara até o julgamento desses embargos. Enquanto isso, afirmei que não instalaria as comissões permanentes do ano seguinte sem a solução desses embargos. O cerne da questão estava na eleição avulsa e na obrigatoriedade de os líderes partidários indicarem os membros para uma eleição. Se o plenário rejeitasse a indicação dos líderes, como a Câmara procederia?

Como eu faria as eleições das comissões permanentes? Seria em voto secreto ou aberto? Poderia ou não ter candidatura avulsa? Eram questões corriqueiras da Câmara e estavam sendo afetadas. A interferência do STF, com a absurda decisão do rito do impeachment, havia invadido a competência do Poder Legislativo.

Fiz a reunião e comuniquei que não iria submeter a votação da nova Comissão Especial do Impeachment até a solução dos embargos de declaração pelo STF. Informei que havia pedido audiência ao presidente do STF e convidei quem quisesse me acompanhar.

Depois do jantar com Temer, no domingo, nessa segunda foi a vez de Moreira Franco referendar diretamente com Jorge Picciani, pai de Leonardo, o acordo que previa a manutenção do filho na liderança da bancada.

Temer tinha feito a opção momentânea de priorizar a disputa pelo PMDB em vez da disputa do impeachment, que parecia bem longe, depois da decisão do STF. Ao tomar conhecimento desse jantar, por vazamento da imprensa, procurei Temer para confrontar o suposto acordo. Ele negou que tivesse tratado para apoiar Picciani – disse que ficaria neutro na disputa. Pediu que eu continuasse a comandar a tentativa de tirar Picciani da liderança, que ele ficaria ajudando, de forma discreta, a obter alguns votos na eleição.

Ou seja, Temer tinha me colocado na fogueira, havia abandonado o processo, largado o problema na minha mão e ainda sinalizava fazer jogo duplo, ora pedindo para Picciani, ora pedindo contra ele.

Não valia a pena lutar para nada que o beneficiasse. O problema era que eu não teria mais retorno em nenhum dos processos, fosse lutar contra Picciani, fosse lutar pelo impeachment. Mas a causa tinha deixado de ser boa.

Nesses anos todos de PMDB convivendo com Temer, chegava-se à conclusão de que as coisas só eram boas quando se apresentavam favoráveis a ele. Nunca vi nenhum sacrifício dele a favor de qualquer causa ou a favor de quem quer que fosse que não ele próprio.

Além disso, Temer era e sempre foi comandado por Moreira Franco. Não havia movimento político nenhum que não fosse combinado com ele. Moreira era o cérebro de Temer, sendo que, no seu governo, foi quem efetivamente mandou. As relações entre eles extrapolaram, e muito, as relações políticas.

Na terça, dia 22, iniciou-se o recesso do Legislativo, sem quórum para qualquer deliberação. O presidente do STF marcou a audiência pedida por mim apenas para a quarta, dia 23, quando não teria mais em Brasília quase nenhum líder para me acompanhar.

Arquivei um primeiro pedido de impeachment feito contra Michel Temer, pelo então deputado Cabo Daciolo, que contestava os decretos assinados pelo vice, semelhantes aos de Dilma, com violação à lei orçamentária. Não sabemos se Dilma deixou de "casca de banana" para que Temer, na interinidade, assinasse decreto semelhante ao dela para desmoralizá-lo – mas, de qualquer forma, as situações eram distintas. Temer não comandava o país nem a economia, não tinha como saber o que estava ocorrendo nem ser responsabilizado por isso. Seria uma aberração.

Além disso, os decretos assinados por Temer, além de terem sido na interinidade de Dilma, foram assinados antes da mudança da proposta de meta fiscal pelo PLN 5. Os assinados por Dilma, que faziam parte do pedido de impeachment, foram assinados depois da proposta de mudança da meta fiscal. Eram situações completamente diferentes.

Jaques Wagner concedeu diversas entrevistas, considerando o impeachment morto pela decisão do STF. Ele mostraria uma ofensiva que seria utilizada a partir de então, tentando passar a impressão de fato consumado. Wagner chamou Michel Temer de traidor, dizendo que quem trai uma vez trai dez vezes.

Na quarta, compareci à audiência no STF acompanhado apenas do advogado Renato Ramos – do escritório de Gustavo Rocha –, do líder Jovair Arantes, do PTB, e do deputado Sóstenes Cavalcante. Este, na realidade, estava me acompanhando pela carona do avião da FAB para o Rio, assim como Rodrigo Maia, que só não compareceu por ter ido direto para a base aérea.

Também compareceu à audiência, para aumentar meu constrangimento, meu principal desafeto, o deputado Alessandro Molon, que estava como líder de partido. Não podia impedir, pois abri o evento para todos os líderes que quisessem comparecer.

O presidente do STF concedeu a audiência de portas abertas para a imprensa – ou seja, virou debate público. Isso talvez tivesse o objetivo de constranger, mas ignorei o fato. Sabia que ele apoiava Dilma, sendo inclusive um dos patrocinadores da nomeação de Edson Fachin.

Tinha conhecimento também de que ele não tinha gostado da minha solicitação na reclamação que eu tinha ingressado em julho, quando questionei o chefe da Operação Lava Jato, Moro, no STF, por ter atuado em primeiro grau me investigando. Fiquei com a impressão de que ele passou a herdar a antipatia do governo contra mim. Apesar disso tudo, eu o respeitava e o achava um bom juiz. Os votos dele no episódio do Mensalão eram mais condizentes com o direito do que os votos que acabaram condenando muitos petistas. Apesar de os petistas serem meus adversários, nunca achei que o caminho da injustiça seria a solução para satisfazer conflitos políticos.

Independentemente da razão que o levou a optar por me receber daquela forma, para mim não houve nenhum problema – apesar de ter sido deselegante, salvo pelos registros da imprensa de que ele estava tentando me constranger.

Na audiência, eu pedi a ele celeridade na publicação do acórdão, para que pudéssemos retirar as dúvidas sobre ele por meio dos embargos de declaração. Ele me respondeu que iria acelerar, mas que dependia do envio dos votos pelos ministros, que teriam até o dia 19 de fevereiro para fazê-lo. Ponderei que entraria de qualquer forma com os embargos no dia 1º de fevereiro, mesmo que não houvesse a publicação do acórdão. Usaria a tese, já consagrada no STF, de que é possível entrar com os embargos antes da publicação do acórdão, desde que ratificados após a publicação. Ele argumentou que essa jurisprudência não era tão pacificada assim. Lembrou também que o voto de Barroso era claro. Rebateu ainda afirmando que a decisão era apenas sobre a comissão do impeachment, não se aplicando às demais comissões.

Mesmo assim reafirmei a minha posição, de que nada decidiria antes do julgamento desses embargos.

Antes de me dirigir a essa audiência, o primeiro vice-presidente da Câmara, Waldir Maranhão, decidiu o recurso do deputado Carlos Marun sobre a anulação da votação do Conselho de Ética, em função da negativa do presidente do conselho em conceder o pedido de vista regimental em sessão anterior.

Havia também recurso idêntico na CCJ, que não conseguiu deliberar por falta de quórum na terça-feira, sessão boicotada pelo governo. Com essa falta de quórum, o vice-presidente foi obrigado a decidir, porque haveria impacto na continuidade irregular de um processo que tinha prazo de defesa.

A concessão do recurso foi guardada pela secretaria-geral da mesa, para ser publicada no primeiro dia após o recesso, a fim de que não chamasse atenção antes da hora. Até porque, com o recesso iniciado, não havia publicação oficial nesse período.

O relator, na Comissão de Orçamento do Congresso, das contas de Dilma do ano de 2014, o então senador Acir Gurgacz, divulgou parecer favorável à aprovação das contas. Ele foi duramente criticado por todos.

Não satisfeito com as denúncias contra mim, além da devassa feita pela Receita Federal em toda a minha família, Janot solicitou ao Banco Central que apurasse se as contas do *trust* haviam sido declaradas.

Com isso, a área da procuradoria do Banco Central, comandada por Isaac Ferreira, atuando em favor do governo, produziu um parecer para suportar a denúncia de Janot. Ele ainda abriu processo administrativo, efetivando multas vultosas contra mim. O governo e Janot não paravam sua ofensiva para me destruir, usando para isso, de forma desavergonhada, todas as estruturas de Estado.

Passei o Natal no Rio de Janeiro com minha família. A perseguição da mídia era de tal ordem que até uma viagem a Cuba inventaram para mim no sábado, dia 26. Reagi pelas redes sociais, reclamando que estavam me tratando como o vilão do país e como chefe do governo que assaltou a Petrobras.

O governo era do PT, a presidente era do PT, a Petrobras era do governo. Além disso, em toda a época da roubalheira na Petrobras, Dilma era a presidente do seu conselho de administração. Quem deveria ser o vilão? Eu ou ela?

A Globo batia toda hora, de forma avassaladora, levando toda a mídia a acompanhar o massacre. A *Folha de S. Paulo* vinha sempre com um conteúdo muito crítico, refletido em posições editoriais – o jornal demonstrava ser contra o impeachment. O *Estado de S. Paulo*, embora fosse favorável ao impeachment, também vinha com o mesmo tom bastante crítico. A minha situação era extremamente delicada. Nenhum órgão de peso dava qualquer refresco.

A sensação que dava era de que o fim do impeachment estava precificado e restava a minha cabeça na fila para ser decapitada pela imprensa. Seria difícil eu resistir assim, mas continuaria na luta, tanto para sobreviver como para dar curso ao impeachment de Dilma. Tinha de ganhar tempo até março, para que o processo tivesse alguma chance de sucesso.

Na segunda, dia 28, retornei a Brasília para continuar com as articulações políticas. Preparei um balanço do ano legislativo para divulgar. Concedi uma entrevista à TV Câmara e fui criticado pelas Organizações Globo, como se eu estivesse usando a máquina pública para tratar dos meus interesses.

Desde quando dar entrevista para me defender é utilização de máquina pública? O fato de a Globo não me dar um espaço para a defesa das suas próprias acusações não me impedia de buscar espaço em outros veículos. A Globo não queria só me atacar, queria cercear o meu direito de defesa. Era um verdadeiro acinte.

Na terça-feira recebi a imprensa para um café da manhã, a fim de fazer um balanço do ano legislativo, embora a vontade deles não fosse de balanço algum, mas somente de me bater pelo que eu não fiz.

Sempre voltavam à tona com os desarquivamentos de projetos de legislaturas anteriores, de cunho conservador. Só se esqueciam de que todos os projetos vão a arquivo ao fim da legislatura e todos os deputados reeleitos pedem o desarquivamento de todos os seus projetos, cabendo ao presidente da Câmara o ato burocrático de despachar. Não cabe a ele censurar nenhum projeto de qualquer deputado.

Nunca houve na história da Câmara algum presidente questionado por isso. Mas, como a má vontade comigo era evidente, qualquer ato meu era passível de questionamento, principalmente os incensados por má-fé pela esquerda, em relação aos projetos que eram a favor da família e contra o aborto.

O balanço do ano legislativo de 2015 era bastante relevante. Os números foram dos mais produtivos da história da Câmara, batendo recordes. E igualmente importantes foram os conteúdos das votações, algumas históricas, como a redução da maioridade penal e as terceirizações da mão de obra.

Foram 401 sessões na casa, com 1.114 matérias apreciadas. Além de 28 medidas provisórias votadas, nove propostas de emendas constitucionais viraram texto da Constituição e duas estavam pendentes no Senado, a da reforma política e a da redução da maioridade penal. Foram aprovados dez projetos de lei complementar e 70 de lei ordinária. Também foram instaladas nove CPIs.

Mas a imprensa só queria saber de impeachment e do meu pedido de afastamento. Comuniquei que entraria com embargos de declaração no dia 1º de fevereiro e que votaria a Comissão Especial do Impeachment no dia seguinte à votação dos embargos pelo STF.

Dessa forma, quis atrelar o andamento do processo de impeachment ao STF, que havia feito a intervenção indevida. Eles, agora, que resolvessem o assunto para que a gente continuasse. Também consegui, com isso, assegurar que nada aconteceria antes das manifestações marcadas para o dia 13 de março. Sabia que o sucesso do impeachment estaria dependente do sucesso dessas manifestações.

Quanto ao meu pedido de afastamento, rebati que tinha lido as 190 páginas teatrais de Janot e que estava preparando a defesa factual delas, para que Antonio Fernando de Souza preparasse a defesa técnica que entregaria a Teori, quando do retorno do recesso.

Classifiquei como teatral porque a peça não tinha fatos, mas sim atos – como atos de uma peça teatral. Questionado se eu tinha o boletim de ocorrência policial do ex-relator Fausto Pinato, respondi que sim. Havia recebido de várias pessoas, inclusive do então secretário de Segurança de São Paulo, Alexandre de Moraes, hoje ministro do STF.

Quando Pinato relatou as ameaças que supostamente teria sofrido, eu não só havia pedido investigação como pedi por ofício que se desse segurança a ele. Ocorre que o histórico desse deputado era tão ruim, com mentiras contumazes, que o próprio secretário de Segurança me alertou sobre as ocorrências policiais dele, me remetendo aos chamados boletins de ocorrência. Esses boletins estavam comigo quando da busca e apreensão. A imprensa, em vez de se preocupar em investigar o conteúdo desses boletins, para confrontar o perfil do ex-relator e suas mentiras, preferiu me atacar por ter a prova da sua mentira.

Também na entrevista fiz previsões ruins sobre a economia. Falei que não haveria crescimento, e sim queda na economia. A entrada de Nelson Barbosa sinalizava para o mercado que era a presidente quem estava no comando da economia.

Declarei que o governo resolver pagar as chamadas pedaladas fiscais só mostrava que eles estavam reconhecendo os erros, buscando corrigi-los – mas isso não afetava o pedido de impeachment. A divulgação dos pagamentos dessas pedaladas davam conta de que o déficit no ano chegaria a R$ 120 bilhões.

Na entrevista, também critiquei Picciani dizendo que, dessa vez, participaria e votaria na eleição de líder, porque um líder não tem que ser contra ou a favor do impeachment. Ele tem de ser o que é, ou seja, o porta-voz da bancada.

Eu reclamei também que Renan era poupado por Janot. Citei como exemplo: "Na ação cautelar minha que motivou a busca e apreensão, tem um relatório de ligações de Léo Pinheiro (OAS) com 632 páginas, dizendo que são apenas 10% das chamadas feitas por ele até agora. Dessas 632, tem 60 páginas que tratam do presidente do Senado. Ninguém publicou uma linha. Então, é preciso olhar com cautela, porque está se selecionando sobre quem divulgar".

No dia 30, a *Folha de S. Paulo* publicou matéria sobre um delator, suposto entregador do doleiro Alberto Youssef. Ele falava de uma suposta entrega de R$ 300 mil em dinheiro para Aécio Neves. Delatores falando mentiras nos olhos dos outros é refresco, falando da gente vira coisa séria. Aécio negou e atacou o delator.

Depois da pressão dos governadores, Dilma publicou um decreto para regulamentar a renegociação das dívidas de estados e municípios com a União, com a mudança do indexador da dívida. Essa matéria tinha gerado um confronto meu com Joaquim Levy, provocando uma alteração da lei complementar que previa essa mudança do indexador, feita por mim para torná-la compulsória. Em 2013, eu tinha sido o relator dessa matéria na Câmara.

Temer programou uma série de viagens pelos estados, para fazer campanha pelo controle do PMDB, já que teria eleição na convenção em março, com Renan tentando disputar com ele. Ele usou a desculpa de mostrar o programa Uma Ponte para o Futuro. Mas o fato é que seu objetivo passou a se concentrar em manter o PMDB. Isso só comprova que ele abandonava temporariamente o impeachment.

Eu me reuni com alguns deputados peemedebistas para prepararmos a candidatura que iria enfrentar Picciani na disputa da liderança. A preocupação era a seguinte: se a bancada de Minas Gerais não fechasse com Leonardo Quintão, o nome dele não seria viável na disputa.

No dia 31 de dezembro, a *Folha de S. Paulo* publicou a delação do mesmo delator, entregador de Youssef envolvido com Aécio. Com base no depoimento, supostamente havia sido entregue R$ 1 milhão em dinheiro para Renan Calheiros. Não pretendo dar razão aos delatores dos outros e contestar meus delatores. Acho até que a delação pode ser falsa. O problema está nas consequências que Janot dava. Com relação a mim, tudo era escândalo e motivo de denúncia. Com relação a Renan, nada era levado em conta ou tinha seguimento. Isso fica mais claro ainda quando comparamos as declarações do mesmo delator. Fernando Baiano falou de mim e obteve uma denúncia da PGR a me complicar. Ele falou de Renan e nada aconteceu com ele, ao menos até 2020.

No depoimento citado pela *Folha*, o delator cita também outras entregas a Renan no passado, no valor de R$ 2 milhões, em função da CPI da Petrobras no Congresso Nacional, assim como R$ 200 mil para o senador Randolfe

Rodrigues pela mesma finalidade. Onde estão as apurações dessas denúncias? Ambos os senadores negaram qualquer recebimento, sendo que Randolfe disse que "iria até as últimas consequências para esclarecer". Parece que não chegamos até hoje à última delas.

No dia 1º de janeiro de 2016, no primeiro dia do ano em que ela seria deposta pelo processo de impeachment, Dilma publicou um artigo na *Folha de S. Paulo* tentando colocar o governo em movimento e declarando não guardar mágoa do processo de impeachment – como se ele já tivesse sido encerrado.

No dia 3 de janeiro, *O Globo* transforma em escândalo uma suposta interferência minha na TV Câmara, na qual parte de falas contra mim teria sido editada em um programa de resumo. Respondi que não tenho qualquer ingerência sobre o que é editado na TV Câmara – e nem me preocuparia, pois a audiência é irrelevante. Estranho é as Organizações Globo quererem discutir edições de matérias, pois sempre editavam minhas respostas às suas acusações.

Aliás, a Globo tinha passado a adotar uma maneira de desmoralizar ainda mais os acusados em suas matérias, em um formato que começou por mim e depois se tornou padrão. Primeiro, veiculam a matéria com a denúncia. Depois, pedem uma nota com resposta em segundos. Deixou-se de tratar com igualdade a acusação e a defesa. A resposta passou a ser apenas uma nota protocolar. Um verdadeiro jornalismo de terror, sem paridade de armas entre acusação e defesa. Dessa forma, reputações são assassinadas, parafraseando o título do livro do delegado Romeu Tuma Jr., publicado pela mesma editora que lançou este livro.

O chefe da Casa Civil começou uma série de entrevistas e manifestações, considerando o impeachment morto e me acusando de ter feito manobras no processo. Wagner também acabou atacando o próprio PT, dizendo que o partido se lambuzou no governo. José Eduardo Cardozo fez o mesmo, com ataques a mim e tentando mostrar o impeachment morto, buscando mudar a agenda.

A desfaçatez de Wagner falando em segurar o impeachment, com cargos e emendas parlamentares, mereceu muitas críticas da oposição. Houve até quem comparasse a situação dele com a minha, pois Janot havia pedido meu afastamento por eu supostamente manobrar a favor dos meus interesses. Wagner estava publicamente manobrando para defender os interesses de Dilma – não merecia um pedido igual de afastamento?

Na terça, dia 5, em reunião com Temer, analisamos os ataques de Wagner. Temer me falou que ele tinha lhe pedido uma conversa e seria recebido no gabinete da vice-presidência. Como o relatório das conversas do empreiteiro Léo Pinheiro, da OAS, tinha sido anexado na ação cautelar da busca e apreensão contra mim, e dentro desse relatório havia forte participação de Jaques Wagner, como governador da Bahia, em diálogos com Léo Pinheiro, combinei com Temer que vazaria esse documento. Era meu plano para constranger a ofensiva de Wagner.

Discuti também com Temer os embargos de declaração que apresentaria no STF. Ele concordou com o conteúdo. A discussão mais dura era sobre a disputa da liderança do PMDB. Temer pediu que eu conduzisse sem a participação direta dele. Também disse que os dois deputados de São Paulo ficariam comigo na disputa: Baleia Rossi e Edinho Araújo.

Minha situação ficou bastante delicada, pois não teria mais como recuar da disputa da liderança. Por outro lado, sem Temer atuando de frente, seria mais difícil vencer. Também via dificuldades no nome de Quintão. A bancada mineira não estava dividida. Eles queriam um ministério e essa era a luta deles.

Chamei um jornalista na Câmara e dei o exato caminho para obter a íntegra do relatório sobre Wagner, já que não poderia dar o meu – que tinha a marca d´água do advogado. Como alguns jornalistas tinham o hábito de receber da PGR relatórios vazados, sabia que eles conseguiriam com facilidade, indicando a página exata da ação cautelar. Em tese, era o relatório contra mim. Janot soltaria com facilidade – e morderia a isca.

Depois recebi outro pedido de impeachment contra Temer, pelos mesmos motivos do pedido do deputado Cabo Daciolo. Também indeferi imediatamente e comuniquei a Temer.

Teori Zavascki despachou no pedido do meu afastamento protocolado por Janot. Eu teria de me posicionar em dez dias, prazo que se iniciaria somente com a volta do recesso, em 1º de fevereiro. Isso desanimou os petistas, que achavam que eu seria afastado logo na volta do recesso.

Wagner se reuniu com Temer, tentando uma espécie de armistício entre o governo e ele. Temer, a essa altura, quis desviar o foco do governo da eleição do PMDB, fingindo aceitar a trégua, para que não fosse atrapalhado na sua recondução ao comando do partido.

Na quarta, dia 6 de janeiro, dei posse ao vereador do Rio de Janeiro Átila Nunes, como suplente de deputado, cumprindo decisão do STF. Reuni-me com os deputados do PMDB contrários a Picciani para combinar a estratégia.

Quando da eleição de Picciani, em 2015, a bancada havia aprovado um regimento que só permitiria a reeleição de um líder se houvesse apoio de dois terços da bancada. Se Picciani respeitasse essa decisão, não teria chance de reeleição. Mas ele alegou que, como tinha sido destituído, não valia mais qualquer acordo. Como para a Câmara o líder é quem apresentar, a qualquer tempo, uma lista com a maioria absoluta da bancada, de nada adiantava esse compromisso. Do outro lado, a bancada do partido de Minas Gerais não se entendia. Leonardo Quintão e Newton Cardoso Jr. disputavam a indicação, sem chegar a consenso. Não estava ainda combinada a data da eleição nem as regras. Marcou-se para a semana seguinte uma reunião entre Picciani e representantes contrários a ele, para combinarem a disputa.

Enquanto isso, Temer posava como quem tentava unir a bancada, como se fosse um pacificador.

A imprensa conseguiu com facilidade na PGR o relatório das conversas entre Léo Pinheiro e Jaques Wagner, publicando várias mensagens trocadas entre eles. Isso serviu para diminuir o ímpeto dele nas declarações públicas, já que teve de atuar na própria defesa. Cardozo determinou abertura de inquérito para verificar a origem desses vazamentos contra Jaques Wagner. Aproveitei para cobrar publicamente que ele nunca havia determinado qualquer apuração dos vazamentos contra mim. Era o PT se defendendo e atacando os adversários.

Na quinta, dia 7, Dilma resolveu promover um café da manhã com jornalistas. Falou sobre a CPMF e criticou as pautas aprovadas pelo Congresso no ano anterior – que gerariam despesas. Respondi dizendo que a CPMF não passaria na Câmara e que as pautas aprovadas eram fruto da falta de uma base sólida no Congresso. Ela também demonstrou insatisfação com os vazamentos seletivos que atingiram os ministros Jaques Wagner e Edinho Silva, reclamando da espetacularização da Lava Jato. Parecia piada Dilma falar isso enquanto o governo dela organizava os vazamentos contra mim.

A Procuradoria-Geral da República vazou dados da fiscalização da Receita Federal feita em cima da minha família. Colocaram todos os recursos do *trust* como patrimônio a descoberto. Como deveriam ser sigilosos os dados fiscais, preferi não contestar, até porque não tinha sido citado de nada. Era mais uma pancada que Janot patrocinava para tentar me constranger, contrabalançando o vazamento contra Wagner.

De qualquer forma, como eu tinha meus dados, soltei uma nota na sexta mostrando que, ao contrário do publicado pelo vazamento, eu havia tido uma redução de patrimônio no período mencionado. Cobro de Cardozo que fosse aberta investigação acerca do vazamento contra mim, à semelhança do feito com Wagner. Ressaltei também que o relatório das ligações telefônicas do empreiteiro Léo Pinheiro estava em poder da PGR desde 19 de agosto de 2015, mas nenhuma atitude tinha sido tomada contra os citados do PT e do governo. Nenhuma abertura de inquérito havia sido pedida. Estranhamente, essa data era a véspera da denúncia feita por Janot contra mim, em seguida à visita secreta de Cardozo a ele.

Afirmei também que Janot usava, no pedido de meu afastamento, a tentativa de deputados na CPI da Petrobras para obterem a quebra de sigilo do criminoso réu confesso Youssef e da sua família. Só que Janot havia pedido a quebra dos meus sigilos e da minha família, sendo que eu não era nem réu, nem criminoso confesso. Eram dois pesos e duas medidas.

Saiu a notícia de que Dilma desconfiava que eu havia sido responsável pelo vazamento das conversas de Léo Pinheiro com seus ministros. Eu posso ter dado a dica aos repórteres, mas quem vazou foi a própria PGR – imaginando estarem passando mais coisas contra mim. À imprensa, declarei que eu era a maior vítima dos vazamentos que vinham ocorrendo.

Janot, entretanto, não pararia. Ele divulgou novas suspeitas contra mim, baseadas nas mesmas conversas do empreiteiro da OAS. Tentou me misturar com as operações que envolveriam o PT. O jogo consistia em colocar tudo em cima de mim. À *Folha*, o procurador divulgou que o STF tinha quebrado meus sigilos bancário e fiscal, além dos da minha família. O fato era antigo, vinculado ao inquérito sobre o *trust*, mas Janot dava como se fosse um escândalo novo. Por isso, ele teria o relatório da Receita Federal – que ele tinha repassado nos dias anteriores.

Janot atacava de todos os lados. Ao mesmo tempo que dava uma suspeita para a *Folha,* dava outra para *O Estado de S. Paulo* – fazendo com que saíssem manchetes nos dois jornais, cada qual me acusando de um assunto diferente. Era muito difícil enfrentar essa covardia.

O governo havia editado uma medida provisória no fim do ano anterior, facilitando o acordo de leniência das empreiteiras envolvidas na Operação Lava Jato. Com a edição dessa MP, o TCU reagiu fortemente, avisando que não cumpriria essas regras, continuando nos seus procedimentos. A polêmica iria continuar rendendo e no futuro essa MP cairia sem ser votada.

No sábado, dia 9, saiu na *Folha de S. Paulo* mais um vazamento de relatório da PGR de Janot sobre mim, agora referente a fatos de 2004. Era sobre a Comissão de Valores Mobiliários, outro órgão do governo. O massacre era constante.

Mas, no mesmo dia, foi publicado o constrangimento do governo com o vazamento do relatório das conversas de Jaques Wagner com o empreiteiro Léo Pinheiro. O principal ministro de Dilma naquele momento entrava em modo suspeição. Isso atrapalharia a agenda positiva que ela queria implementar para enterrar o impeachment. Exatamente como eu e Temer prevíamos quando arquitetamos essa divulgação.

Picciani foi à fazenda do deputado Newton Cardoso Jr., em Minas Gerais, para tentar negociar o apoio da bancada. Ele ofereceu o Ministério da Aviação Civil, que era de Eliseu Padilha, em troca do apoio.

O objetivo era que a bancada mineira colocasse um deputado como ministro, fechando assim o cerco na disputa. Se eles fechassem com Picciani, dificilmente teríamos chance de retomar a liderança – eram sete deputados.

Esse movimento não passava despercebido. Tínhamos de buscar alternativas. A bancada de Minas havia pedido uma semana para definirem um nome para a disputa. Eu iria aguardar, mas trocar o nome de Minas Gerais por um de outro estado já era a hipótese mais provável.

Na segunda, dia 11, a *Folha* publicou na primeira página mais uma acusação de Janot. Desta vez, requentando como novos alguns fatos já veiculados. A perseguição era tão escancarada que o colunista Vinicius Mota começou seu artigo nesse mesmo dia da seguinte forma: "O fato político deste início de ano são as saraivadas diárias contra o presidente da Câmara. Com elas a procuradoria promove ostensivamente o caso pela suspensão do mandato de Eduardo Cunha, a ser decidido no Supremo Tribunal Federal já em fevereiro.

A acusação faz o seu jogo, mas aos ministros do STF não cabe assistir à partida com ingenuidade nem aderir ao maniqueísmo. Afastar o chefe do Legislativo sem condenação terá sido, caso ocorra, a ordem da corte mais desafiadora do equilíbrio entre os poderes em 30 anos de democracia".

Nesse mesmo dia, a imprensa já falava que Dilma estava pagando a Renan a fatura do seu apoio. Decretos do dia 29 de dezembro teriam liberado verbas milionárias para o governo de Alagoas, comandado por seu filho. Picciani afirmou que daria todo o apoio – e garantia 100% do apoio do Rio – a Renan se ele se lançasse na disputa pelo comando do partido na convenção de março. Essa declaração irritou Temer.

Jaques Wagner deu entrevista a uma rádio do interior da Bahia, de propriedade de José Carlos Araújo. Além de elogiá-lo sobre a sua atuação no conselho contra mim, me atacou. Isso confirmava que ele sempre esteve por trás da atuação de Araújo. A máscara dele caiu.

Na terça, Picciani se reuniu com seus opositores, marcando a eleição da liderança para o dia 17 de fevereiro, apesar dos protestos dos deputados que queriam que a escolha ocorresse logo no dia 3 ou 4. Picciani precisava de mais tempo para se consolidar. Ele usou o Carnaval como desculpa. Ele também não aceitava o quórum de dois terços para sua continuidade. Ou seja, teria de ser do jeito e na data que lhe conviesse.

Dia 17. Mais uma vez a data do mês em que ocorreram os acontecimentos mais relevantes do impeachment. Em 17 de fevereiro haveria a eleição da liderança do PMDB. Dia 17 de março, a eleição e instalação da Comissão Especial do Impeachment. E 17 de abril, o dia da votação do pedido de abertura do processo de impeachment, no plenário da Câmara.

Picciani estava oferecendo a primeira vice-liderança, segundo vazado, com o compromisso de o ocupante se tornar o líder assim que eu caísse – quando ele se candidataria ao meu lugar. Isso só me obrigava a me empenhar ainda mais contra a recondução dele.

Nestor Cerveró, ex-diretor da área internacional da Petrobras, cujo filho tinha sido responsável pela gravação que resultou na prisão de Delcídio do Amaral, concluiu seu acordo de delação premiada, razão da gravação do filho. O acordo, que tinha sido fechado no fim do ano anterior, teve partes dos depoimentos vazados nesse dia. Cerveró delatou Lula, além de também delatar Renan Calheiros e o governo do ex-presidente Fernando Henrique Cardoso.

Almocei com Temer no Jaburu. Ele me relatou suas articulações para a eleição do PMDB. Mostrou raiva pelas declarações de Picciani, ao mesmo tempo frisou que as palavras dele eram para o público externo – mas que não teria problemas em ter a maioria do Rio de Janeiro na convenção, sua única fixação no momento.

Temer lançou, então, sua caravana de viagens para tentar se reeleger no PMDB – batizada de caravana da unidade. Recebeu o deputado Mauro

Lopes, de Minas Gerais, secretário-geral do partido, que pleiteava o cargo de ministro da Aviação Civil. Na saída do encontro, Mauro Lopes declarou que tinha o aval de Temer para assumir a pasta. E que também estava referendando o apoio para a recondução de Temer. Logo em seguida, Temer confirmou o apoio a Mauro Lopes.

A imprensa mostrava, e o gesto de Temer de certa forma confirmava isso, que havia um arrefecimento do impeachment. Temer estava priorizando sua recondução no PMDB. Como já havia falado antes, esse era o fato real. Temer, descrente do impeachment, estava momentaneamente priorizando seus interesses.

O que mais me irritava nesse processo era o vazamento de imprensa de que Temer havia se fragilizado no comando do PMDB, por ter me apoiado na disputa para retirar Picciani da liderança do partido. Foi exatamente o contrário. Eu, a contragosto, atendi à pressão de Temer para assinar a lista de deposição de Picciani.

Na quarta, dei um ultimato à bancada de Minas Gerais do PMDB para que apresentasse, até a segunda, um nome de consenso para a disputa da liderança – ou iria buscar um nome em outro estado. Havia sido deliberado um prazo para a inscrição dos candidatos até 25 de janeiro. E não haveria muito tempo mais para nova articulação.

Na quinta, dia 14, saiu na *Folha de S. Paulo* uma nova denúncia envolvendo Jaques Wagner. Agora era por favorecimento à OAS em uma licitação de R$ 584 milhões, do tempo em que ele era governador da Bahia. A denúncia não tinha sido vazamento da PGR, mas sim apuração jornalística da *Folha*. Isso, aliado às conversas de Wagner com Léo Pinheiro, descritas em relatório da PGR, colocou uma enorme pressão sobre ele, diminuindo seu poder de influenciar o processo. A oposição já preparava sua convocação para depor na CPI dos fundos de pensão na Câmara.

Dilma sancionou a lei da repatriação de ativos no exterior, com vetos pontuais. O veto mais importante retirava dinheiro de estados e municípios – ao não concordar com a distribuição das multas na forma do Fundo de Participação dos Estados e do Fundo de Participação dos Municípios. Anunciei que iria lutar para derrubar o veto, para que estados e municípios tivessem mais recursos.

Na sexta, um grupo de mais de cem advogados criminalistas publicou duro manifesto com críticas à Operação Lava Jato e ao seu chefe, o então juiz Sergio Moro. Eles criticavam as arbitrariedades de Moro, como algo nunca antes visto no Brasil, nem na época da ditadura. Chamam de neoinquisição, em que a prisão preventiva era usada para coagir os investigados a fazerem delação, além de criticarem a distribuição dos processos para um único juiz. Disseram ainda que as decisões já estavam tomadas antes do início do processo.

A posição desses advogados, que representavam os principais escritórios do país, teve grande repercussão – mas foi contestada pelos procuradores de Curitiba. O cerne dessa questão passava pela complacência da mídia aos abusos que estavam sendo praticados. A imprensa se tornou dependente dos vazamentos da operação, muito bem articulados por uma estrutura. Ela também criticava fortemente cada ato que pudesse se contrapor às decisões de Curitiba. Essa associação, da mídia com as arbitrariedades e ilegalidades cometidas pelo chefe da operação e seus subordinados, foi o que levou ao estágio a que se tinha chegado. Com isso, havia continuidade e até aumento das arbitrariedades.

Dilma promoveu novo café da manhã com jornalistas, dessa vez com sites, agências e revistas. De novo atacou o impeachment, chamando de golpe. Ela elogiou Temer e falou que não estava se metendo no PMDB – como se não tivesse oferecido o Ministério da Aviação Civil para resolver a situação de Picciani.

Concedi longa entrevista para a *Folha de S. Paulo* sobre a minha situação. A *Folha*, apesar da campanha contra mim e também por ser contra o impeachment, sempre dava espaço para o entrevistado se defender, nem que fosse via artigos. Sem sombra de dúvida, a *Folha* ainda era o órgão que agia ao menos com mais democracia. Em função disso, concordei em falar com eles. Na entrevista, sem adjetivar, busquei desmontar o pedido de afastamento de Janot e o acusei de agir com o governo contra mim. Também acusei Cardozo, novamente, de só determinar a apuração dos vazamentos contra eles. Nenhum dos vazamentos contra mim tinha merecido reação dele. A entrevista teve boa repercussão e, mesmo que de forma tímida, demonstrava uma reação.

José Eduardo Cardozo me respondeu, me atacando e cobrando que, em vez de inventar conluios, eu devia dar explicações sobre as acusações que recaíam sobre mim. Na segunda, o jornalista Reinaldo Azevedo escreveu no site da *Veja* que Cardozo e Dilma deveriam fazer o mesmo.

No fim de semana, a *Veja* veio com grave denúncia, trazendo já a situação do marqueteiro de Dilma, João Santana, sobre o recebimento do caixa 2 de campanha em contas no exterior. Era o caso da Odebrecht, que depois levaria o marqueteiro e a sua mulher a serem presos, a virarem delatores e entregarem Dilma. A revista *Época*, por sua vez, publicou denúncia de que o ex-marido de Dilma, Carlos Araújo, teria atuado como lobista para defender os interesses de uma empreiteira envolvida na Lava Jato, a Engevix.

Temer deu entrevista a *O Globo* de domingo. Afirmou que o PMDB não era hotel de cochilo para permitir filiações de deputados só para participarem de uma eleição de líder. Era uma resposta a Picciani, que tinha defendido a candidatura de Renan à presidência do PMDB. Renan, por sua vez, já começava a recuar dessa ideia, pois a divulgação de delações sobre ele o obrigavam a manter a defensiva. Temer já havia sinalizado aos senadores que ofereceria a primeira vice-presidência do partido para o senador Romero Jucá e se licenciaria depois da eleição.

Estava já se abrindo o caminho do acordo que levaria Temer à recondução. Por causa disso, ele se sentia à vontade para cutucar Picciani, mas sem entrar na disputa da liderança abertamente.

Na segunda, a bancada de Minas Gerais se reuniu. Não se chegou a um consenso sobre ter um nome para disputar a liderança. Picciani me pediu uma conversa, usando os então deputados Washington Reis e Fernando Jordão, do Rio de Janeiro, como intermediários. Aceitei.

Eu o recebi no dia seguinte, na companhia dos dois deputados. Picciani queria um acordo. A conversa, embora cordial, foi dura. Enumerei todas as tentativas dele de me derrubar e buscar o meu lugar, incluindo o pai dele pedir apoio a Valdemar Costa Neto para a eleição dele ao meu cargo. Não concordei com o que ele propôs porque não teria garantias de que cumpriria – afinal, seu histórico era de não respeitar tratos da própria bancada. Além disso, se firmasse acordo com ele, perderia imediatamente uma grande parte da bancada e também o respeito dos outros líderes. Era melhor enfrentar, mesmo que perdendo, do que fazer acordo e parecer capitulação.

Mas eu não queria ter entrado nessa contenda. Fui levado a ela por Temer. Contudo, sabia também que sem um líder disposto a comprar a minha briga dificilmente eu reverteria a situação adversa no Conselho de Ética. A disputa teria ainda a grande virtude de expor o governo, tendo de fazer tudo pela vitória dele para sobreviver, acumulando desgaste e gerando tensão. O acordo daria tranquilidade ao governo, o que os deixaria mais livres para me atacar.

Em resumo, era mais importante brigar do que vencer, embora vencer fosse importante. A data de 17 de fevereiro seria até positiva, pois, quanto mais tempo levasse, mais o governo se desgastava. A data também era mais próxima das manifestações de 13 de março, tempo que eu precisava ganhar.

Cheguei a propor um nome de consenso – sugeri que fosse um dos dois deputados que o acompanhavam. Picciani não aceitou. Seria a única forma de ninguém sair derrotado – um novo nome, mesmo que apoiasse Dilma, mas que fosse capaz de cumprir os acordos.

Sem o acordo, reuni os principais oponentes de Picciani e discutimos uma candidatura alternativa à de Minas. Depois de muita discussão, chegamos ao nome do deputado Hugo Motta, que tinha presidido a CPI da Petrobras.

Motta era governista, se dava bem com a oposição e era bastante ligado ao filho de Renan, o governador Renan Filho. Era um bom quadro. Cumpridor de compromissos. Bastava combinar as regras. Além disso, o seu estado, a Paraíba, tinha três deputados. Antes, cheguei a tentar que o indicado fosse do Paraná. Mas a dificuldade era que o deputado Sergio Souza estava apoiando Picciani. Ele tinha a promessa de presidir a Comissão de Orçamento.

Não foi unanimidade, mas os deputados que queriam tirar Picciani acabaram aceitando a sugestão do nome de Hugo Motta. Leonardo Quintão manteve a candidatura, mesmo sem ter o apoio dos que o nomearam em substituição a Picciani. Isso até não seria ruim, pois haveria um segundo turno na eleição, se ele mantivesse algum apoio.

A candidatura de Motta foi lançada na quinta, dia 21. Antes do evento, ele procurou ministros de Dilma para avisar sobre a iniciativa. O gesto era para inibir a atuação em favor de Picciani. Diante do quadro, o governo decidiu esperar para nomear o deputado Mauro Lopes para o Ministério da Aviação Civil.

Como Hugo Motta não era adversário do governo, ficou a sensação de que não seria tanto problema para eles se Picciani perdesse. Na verdade, se o governo jogasse pesado contra Motta, iria acabar perdendo seu apoio e de outros deputados que o apoiavam.

Saiu na *Folha de S. Paulo* mais uma denúncia envolvendo Renan Calheiros, dessa vez com relação ao fundo de pensão dos Correios, o Postalis. Era resultado de uma apuração jornalística, sem que houvesse vazamento da PGR.

Temer encontrou-se com Dilma pela primeira vez em 2016 – foi uma hora e meia de reunião, mas eles só ficaram a sós por 15 minutos.

Na sexta, *O Globo* publicou uma entrevista comparativa dos três candidatos a líder do PMDB. No mesmo dia, Picciani fechou acordo com Quintão – que desistiu da candidatura em favor dele.

Esse movimento irritou os deputados que apoiavam Quintão. Eles passaram, então, a ser favoráveis a Motta. Picciani ficou apenas com o voto dele – e ele, com a fama de traidor. Quintão declarou que tinha tomado essa decisão a pedido de Temer, que negou interferência.

O Comitê de Política Monetária (Copom) do governo federal tinha mantido, na sua reunião daquela semana, a taxa básica de juros em 14,25% ao ano – que estava já bastante alta. Como a inflação também estava alta, o mercado esperava um aumento. Dilma, no sábado, concedeu entrevista à *Folha de S. Paulo*. Foi questionada sobre a manutenção da taxa. Negou interferência, mas admitiu que esteve com o presidente do Banco Central antes da reunião do Copom. O mercado não acreditou em sua isenção – e isso era considerado ruim para a economia.

No domingo, Hugo Motta foi a Minas Gerais e praticamente fechou apoio de Newton Cardoso Jr. No dia seguinte, contudo, ele mudou de posição, declarando estar com Picciani – e em seguida passou a cobrar o Ministério da Aviação Civil. Ele era o primeiro vice-líder e iria perder essa posição para Quintão.

Dessa forma, Picciani teria conseguido cinco dos sete votos da bancada de Minas Gerais, incluindo o então deputado Rodrigo Pacheco. Restaram a Motta dois votos: de Laudivio Carvalho e Saraiva Felipe.

No mesmo dia, a imprensa publicou que o governo apostava no meu afastamento da presidência da Câmara pelo STF – que ocorreria, segundo eles, quase ao mesmo tempo da eleição de Picciani.

Hugo Motta saiu em viagens de campanha pela liderança nos estados. O então ministro Marcelo Castro começou a ser bombardeado pelo PT em função de suas frases polêmicas sobre a crise da dengue, que estava assolando o país naquele momento.

Saí em defesa pública de Marcelo Castro, dizendo que ele estava ministro durante apenas três meses. Enfatizei que o PT comandava a Saúde havia muito tempo, nada fazendo para evitar essa crise nem combater as consequências. Não se podia culpar Marcelo Castro por isso.

A minha dura fala para cutucar o PT acabou salvando Marcelo Castro de uma demissão já anunciada. Se o demitissem daquele jeito, seria mais um apoiador do impeachment.

Na quarta, dia 27, a *Folha de S. Paulo* publicou sobre o aviso dado pelo presidente do STF, Ricardo Lewandowski, ao governo: de que não teria elementos para que eu fosse afastado pelo pedido de Janot. A matéria começava a fazer a conta dos votos que o governo achava que teria para que eu fosse afastado, dizendo contar com o apoio de Barroso, Teori Zavascki e Marco Aurélio Mello. Faltariam três votos, que poderiam ser de Edson Fachin, Rosa Weber e Cármen Lúcia. Isso mostrava quanto o governo estava por trás da iniciativa. Se o fato era verdadeiro, a pergunta é: por que estavam conversando com o presidente do STF sobre isso? No dia seguinte, no "Painel do Leitor" da mesma *Folha*, sairia uma nota do presidente do STF desmentindo a matéria. Nesse caso, não dava para afirmar nada – se o fato era verdadeiro, mas o desmentido necessário, ou se o fato era realmente mentiroso.

Apesar de Picciani estar em ofensiva, o governo começou a verificar a possibilidade de vitória de Hugo Motta. Ele resolveu atuar sem confronto, para evitar que outra derrota caísse em seu colo.

A imprensa divulgou o despacho de Teori Zavascki concedendo minha busca e apreensão, porém negando a de Renan. Ele era investigado pelo caso envolvendo o ex-presidente da Transpetro Sérgio Machado, indicado por ele.

No mesmo dia, Moro determinou uma operação visando investigar o imóvel tríplex do Guarujá, na história que envolvia Lula e sua mulher. Seria o embrião daquilo que viria a ser a condenação de Lula, que o impediu de disputar as eleições de 2018. Também era o início da confusão que levaria Dilma a nomear Lula para a chefia da Casa Civil, estratagema impedido pela Justiça. Isso desencadearia uma das maiores polêmicas, em março, pela divulgação de diálogos telefônicos entre Dilma e Lula – cujo conteúdo acabaria ajudando a turbinar o processo de impeachment.

Anunciei o protocolo dos embargos de declaração na ADPF 378 no STF, que tratava do rito do impeachment, para o dia 2 de fevereiro. O STF retornaria do recesso no dia 1º de fevereiro. A peça já estava pronta e assinada.

Na sexta, dia 29, a *Folha de S. Paulo* publicou matéria vinculando a Odebrecht à reforma de um sítio utilizado por Lula – esta se tornaria a segunda condenação de Lula na Operação Lava Jato. A matéria não era decorrente de vazamentos, mas sim de apuração jornalística. A *Folha* ouviu fornecedores e o engenheiro da Odebrecht que ajudou na obra. Tal denúncia, aliada à operação do dia anterior, provocou bastante impacto, voltando a acirrar o debate político às vésperas do fim do recesso do Legislativo.

A repercussão estava tão grande que a *Folha* traria no dia seguinte, sábado, mais uma manchete relacionada: agora sobre a compra de um barco por parte da mulher de Lula para o sítio usado por ele.

Janot vazou também para a *Folha*, que publicou com chamada de primeira página no domingo, a delação dos empresários Ricardo Pernambuco, pai e filho, com supostas transferências para mim no exterior.

Essas supostas transferências já tinham sido publicadas quando do pedido do meu afastamento, mas estavam sendo requentadas por Janot. Era uma das táticas utilizadas – denunciar o mesmo fato algum tempo depois para gerar repercussão, como se fosse um novo caso. Isso, óbvio, visando desviar o foco de novo para mim.

Ele não tinha qualquer prova de que essas contas pertenciam a mim – mais tarde, elas tiveram seus reais beneficiários identificados, alvos de ação penal da Operação Sépsis, tendo transitado em julgado a decisão sobre a real titularidade dessas contas no exterior. A sentença da 10ª Vara Federal de Brasília atribuiu as contas a Fábio Cleto, sem que houvesse qualquer recurso sobre essa decisão, nem do Ministério Público Federal, nem dele, Cleto.

Esse novo vazamento foi uma tentativa de Janot, no último dia antes do fim do recesso, de contrabalançar as denúncias que tinham saído contra Lula. O ambiente para Dilma havia piorado muito e era necessário voltar ao curso: bater no inimigo principal, no caso, eu.

Temer, em viagem de campanha no Nordeste, dava entrevistas dizendo que o impeachment tinha perdido força. Ele realmente pensava e atuava dessa forma, por isso priorizava seu espaço do PMDB.

Chegou o dia 1º de fevereiro, fim do prazo do recesso do Judiciário e do Legislativo. O saldo desse período acabou sendo negativo para Dilma. No início, ela achava que a ofensiva acabaria de vez com o impeachment, inclusive com a saraivada de vazamentos em cima de mim.

Depois, os vazamentos contra Jaques Wagner, as denúncias contra Lula e os problemas da dengue e da economia foram tirando a vantagem inicial dela. Dilma terminou o período de recesso em posição delicada. Ao menos eu havia conseguido atravessar o momento e, apesar dos ataques de Janot, retornava ainda em condições de luta.

A revista *Piauí* de fevereiro trouxe uma matéria da jornalista Julia Duailibi relatando as reuniões do ministro do STF Luís Roberto Barroso com o ministro José Eduardo Cardozo, da Justiça, e o advogado-geral da União, Luís Adams, às vésperas do voto a favor de Dilma no rito do impeachment.

Barroso admitiu a reunião depois, dizendo que só ouviu – diferentemente do descrito no livro *Os onze*.

O livro diz que Barroso era um dos que teriam avisado o governo do voto de Fachin, distribuído na véspera. Também informa que Barroso teria se encontrado com outros integrantes do governo, como Beto Vasconcelos. Enfim, Barroso teria sido efetivamente o ponta de lança da decisão pró-Dilma do STF.

O jornal *O Globo* publicou, pela primeira vez, um editorial em defesa do impeachment, argumentando que não se tratava de golpe e que tinha sido o instrumento usado contra Collor. Apesar de tímida, era uma mudança de rumo das organizações. Eles sempre me pareceram favoráveis ao impeachment, porém estavam acuados por alguma razão, que eu acreditava ser a situação da cooperação internacional das investigações do caso Fifa.

Compareci à reunião de abertura do ano do Poder Judiciário, onde me impuseram o constrangimento de sentar ao lado de Rodrigo Janot. No ano anterior, a composição da mesa havia sido diferente, com Janot ao lado de Renan. Minha assessoria tentou efetuar a troca, sem sucesso. Se não ficasse ao lado de Janot, teria de estar ao lado de Cardozo, que estava representando Dilma. Em seu discurso, Janot fez questão de me ignorar, inclusive na saudação protocolar às autoridades presentes. Isso, além de repercutir bastante, mostrou que eu estava lidando com um desafeto de forma pública – e ajudava no meu discurso de vítima de perseguição dele. O presidente do STF, Ricardo Lewandowski, chegou a me oferecer a fala, mas eu preferi respeitar o rito do STF e não me pronunciar.

Renan se reuniu com Dilma e avisou que pautaria dois projetos que desagradavam a ela. Um era o fim da obrigatoriedade de a Petrobras participar do pré-sal. O outro era a independência do Banco Central. Era o aliado inconveniente, mas Dilma estava em suas mãos. Aliás, só recentemente, com Bolsonaro, se aprovou a autonomia do Banco Central.

A nova direção da OAB se associava a Janot contra mim. Eu respondi que a minha desavença com a ordem era antiga. Falei ainda que eles não eram um poder e sim um conselho de classe.

No mesmo dia, à noite, antes do que eu havia anunciado à imprensa, a Câmara protocolou os embargos de declaração contra o rito do impeachment, aprovado pelo STF. O texto estava tão duro, acusando o intervencionismo do Judiciário na Câmara, que realmente Barroso deve ter ficado irado com ele.

Era um material muito contundente em desmoralizar o voto de Barroso, de maneira a mostrar todas as suas falhas e a falsidade intelectual desse voto – existiam graves omissões na sua decisão. Eu sabia da dificuldade de mudar a decisão, mas era importante desmoralizá-la.

Certamente paguei um preço muito alto por isso. Barroso, como veremos mais à frente, foi o responsável pelo meu afastamento da Câmara em maio desse ano. Não me arrependo de tê-lo contestado. Admito as divergências, o lado de cada um, entendo isso perfeitamente. O que não entendo e não posso aceitar são as falsidades e as mentiras – tudo que Barroso, a exemplo de Cardozo e Janot, simbolizava naquele momento com sua atuação.

Na terça, dia 2, ocorreria a sessão de abertura do ano legislativo, que tem a leitura da mensagem presidencial. Dilma resolveu comparecer pessoalmente, para levar e a ler sua mensagem. A cena era constrangedora, pois ela teria que ficar na mesa da sessão, na qual eu estaria presente.

Ciente da situação, tratei-a com toda a educação, inclusive a recebendo na entrada e a acompanhando junto de Renan até a sua saída do Congresso. A presidente foi vaiada por parlamentares da oposição e também da situação. Ela passou por constrangimentos quando, durante sua leitura, foi interrompida por contestações à sua fala. Dilma teve de interromper e responder às contestações. Eu condenei as vaias, por achar que ela merecia o respeito institucional.

A secretaria-geral da mesa divulgou o acolhimento do recurso do deputado Carlos Marun contra a farsa da reunião do Conselho de Ética, realizada por José Carlos Araújo. Aquela reunião, ocorrida no dia da busca e apreensão contra mim, que teve o presidente do conselho negando o pedido de vista regimental. Essa decisão era esperada por todos. Araújo convocou nova reunião para o dia seguinte.

O ministro do STF Teori Zavascki, relator da Lava Jato, disse que antes de apreciar o pedido de afastamento de Janot contra mim iria submeter ao plenário a denúncia proposta por ele. Isso sinalizava que o impeachment andaria antes do pedido de Janot.

O PSOL entrou com aditamento na representação contra mim no Conselho de Ética, colocando as denúncias de novos delatores. Isso provocou o adiamento da apreciação na sessão, que seria realizada no dia 3, obrigando a reabrir o prazo para nova defesa prévia.

Longe de quererem me acusar de algo a mais, na verdade eles queriam provocar um novo adiamento – para que eu me desgastasse na mídia, como se fosse manobra minha. Era a tática deles que, junto do PT, não queriam o meu julgamento antes da decisão do processo de impeachment.

Dilma e os estrategistas do governo passaram a achar que, tendo a mim como contraponto ao impeachment, seria mais fácil sua tarefa de impedir a aprovação. Eles queriam me cassar – mas em seguida à votação, que pelo cálculo deles rejeitaria a abertura do processo. Menosprezaram, mais uma vez, minha capacidade de derrotá-los.

Na quarta, uma bancada suprapartidária, que englobava as bancadas ruralista, evangélica e da segurança, divulgou um duro manifesto contra o ministro Luís Roberto Barroso pelo seu voto no rito do impeachment no STF. O redator do texto e principal coordenador foi o peemedebista Osmar Serraglio. O grupo pedia também o impeachment de Barroso – cujo processamento era de competência exclusiva do Senado.

Na primeira votação do ano na Câmara, com relação aos aumentos das alíquotas de imposto de renda sobre ganho de capital, Dilma sofreu sua primeira derrota. Era o dia seguinte à sua ida ao Congresso. A Câmara aprovou alíquotas menores, de forma escalonada, para os ganhos de capital, sendo essa derrota uma sinalização de que o governo não teria os votos ainda para impedir o impeachment. Com medo de novas derrotas, o governo preferiu não retaliar nenhum dos aliados que votaram contrariamente.

Retirei de Quintão a relatoria do código de mineração, que estava na pauta da Câmara, na fila para ser votado. Repassei-a para outro deputado de Minas, Laudivio de Carvalho. Meu gesto irritou Quintão, que, a pretexto de defender a candidatura de Picciani à liderança, acabou me atacando. Era um tiro no coração dele retirar essa relatoria, já que seus interesses eram conhecidos. Ele estava "sentado em cima" do relatório há bastante tempo, sem explicações.

Dilma, sob novo panelaço, voltou a fazer pronunciamento na TV, por causa da situação envolvendo a crise de saúde no país, com o aumento dos casos de dengue e zika – e, consequentemente, de microcefalia. Ela anunciou uma grande mobilização contra o mosquito para sábado, dia 13 de fevereiro. Dilma tentava sair do imobilismo.

Na quinta, dia 4, Barroso intimou o autor e os interessados para falarem sobre os embargos de declaração na ADPF 378, no prazo de cinco dias, que começaria a contar a partir do dia 15 de fevereiro. Ele determinou ainda que, depois, por mais cinco dias, a PGR e a AGU falassem também. A atitude mostrava que o recurso, mesmo criticado, seria debatido na corte.

Foi divulgado o depoimento de um delator a Moro, no qual ele acusou Aécio de estar por trás da corrupção que envolveria Furnas. Essa denúncia já havia sido feita pelo doleiro e delator Alberto Youssef, mas Janot tinha arquivado o procedimento em março de 2015.

O governo mudou a estratégia e passou a jogar pesado para ajudar a recondução de Picciani à liderança do PMDB. A ofensiva implicaria, inclusive, a liberação da execução orçamentária para comprometimento a favor de emendas de deputados que apoiassem o candidato. Essa correção de rumo foi precipitada, pelo fato de que vários partidos que tinham deixado o bloco peemedebista na crise com Picciani haviam afirmado que retornariam ao grupo em caso de vitória de Hugo Motta. Isso deixou o governo receoso de perder o controle de todos esses partidos, que voltariam a se alinhar debaixo do PMDB, comandado por um aliado meu. Além disso, a derrota na primeira votação na Câmara no ano tinha acendido a luz amarela: o governo não tinha os votos necessários para aprovar suas medidas, tampouco para barrar o processo de impeachment.

A estratégia seria implementada principalmente pelo ministro da Saúde, Marcelo Castro, que estava chamando deputados e prometendo verbas vultosas para os redutos deles, fora dos limites das emendas parlamentares.

Picciani também estava fazendo seu processo de filiação de deputados ao partido, além de nomeações de secretários, para que os suplentes assumissem. Isso desequilibrava o jogo, pois era impossível saber naquele momento qual seria o tamanho da bancada. Estive com Temer várias vezes na semana. Ele dizia que não poderia impedir as filiações, desde que fossem definitivas. Impediria aquelas provisórias somente para a eleição. Como ninguém poderia saber de antemão o que era provisório e o que era definitivo, restava o óbvio: Temer estava querendo fugir do problema para não atrapalhar sua reeleição no PMDB.

Temer fechou o acordo para que Romero Jucá fosse o primeiro vice-presidente da sua chapa, o que inviabilizava qualquer montagem de chapa adversária. Ele havia conseguido reverter a dissidência de Renan e não queria dar motivos para que essa situação fosse abalada.

Apesar de torcer pela derrota de Picciani, pedir a alguns deputados de mais confiança que ficassem com Hugo Motta, o vice-presidente não quis se envolver mais com a disputa, me deixando sozinho na briga pública.

Era a primeira semana depois do recesso e a semana anterior ao Carnaval. Haveria, portanto, um novo hiato até o dia 15 de fevereiro, quando seria a antevéspera da eleição da liderança. Eu me recolhi no Rio de Janeiro nesse período. Fiquei atento ao telefone durante todo o tempo, contatando deputados da bancada, tentando apoio para a candidatura de Hugo Motta. Concentrei-me especialmente nos eleitores diretos de Picciani.

Motta passaria o Carnaval no Rio de Janeiro, viajando a partir da Quarta-feira de Cinzas, dia 10, para encontrar alguns deputados em seus estados, em campanha obviamente prejudicada pelos festejos da época.

No sábado de Carnaval, dia 6, foi divulgado que dois ex-executivos da empreiteira Andrade Gutierrez, que estavam presos, tinham fechado acordo de delação premiada e deixariam a prisão. Eles teriam falado de Dilma e da campanha de 2014 para sua reeleição. E mencionado casos de corrupção em obras de estádios da Copa do Mundo, com favorecimento ao principal assessor de Dilma, Anderson Dorneles – com a concessão de um bar no estádio do Beira Rio, em Porto Alegre. Na iminência dessa delação, Dorneles acabou deixando o governo.

Dilma alterou o seu decreto anterior para a renegociação de estados e municípios com a União. A alteração visava incluir a posição do STF no tema.

No domingo de Carnaval, dia 7, a imprensa mostrava que estávamos na pior recessão da nossa história. O país teria pela primeira vez, desde 1901, três anos seguidos de recessão – que se estenderia, pela previsão, até 2017. Era um péssimo sinal para quem estava sob um processo de impeachment.

Na segunda, a *Folha de S. Paulo* publicou mais uma face da crise do governo Dilma. Depois da intervenção errada para diminuir as tarifas das contas de luz realizada em 2012, com pompa e circunstância, a presidente tinha sido obrigada a realizar um tarifaço nas contas de luz em todo o país, com aumento médio de 51%. Além disso, aumentar os custos de produção e impactar fortemente a alta da inflação, levando a uma inadimplência recorde. Como consequência, houve o disparo de aumento de cortes de luz em todo o país.

Na quarta, Moro autorizou a abertura de um inquérito específico sobre o sítio usado por Lula em Atibaia, atendendo a um pedido da Polícia Federal. Esse fato seria a gota d'água para Lula, que acreditava que Cardozo estava por trás de muitas coisas que aconteciam. Atacar Lula, assim, não era propriamente um ato contra o governo – era contra Lula mesmo. Dilma sempre, no seu primeiro mandato, separava a situação do governo dela do de Lula – apesar de ter sido dependente do apoio dele.

Eram sabidas as desavenças de Lula com Cardozo. Remontavam à época do Mensalão. Lula jamais perdoaria Cardozo pela atuação da Polícia Federal. Ele entendia como se Cardozo estivesse atuando contra ele – da mesma forma que sabia o quanto ele atuava contra mim. Tal situação contra Lula era um tiro no pé do governo. Para a população, era tudo obra do PT. Tanto Lula quanto Dilma eram a mesma coisa.

Cardozo acabaria perdendo o Ministério da Justiça no dia 28 de fevereiro, por causa de Lula. Ele seria deslocado para a AGU, porque Dilma não queria deixar seu pupilo na chuva.

Na quinta, dia 11, saiu a decisão de Sergio Moro de validar as documentações obtidas na Suíça acerca da Odebrecht. A justiça suíça havia considerado irregular o trâmite do envio desses documentos ao Brasil, mas Moro preferiu descartar tal decisão. Isso teria grande impacto para, no futuro, a Odebrecht decidir pela delação dos seus executivos. Na sexta, graças a vazamento da Lava Jato, a *Folha* manchetou a informação da investigação do repasse da Odebrecht ao marqueteiro João Santana no exterior, por meio de pagamentos na Suíça. O marqueteiro, segundo a reportagem, teria recebido oficialmente da campanha de Dilma, em 2014, R$ 88,9 milhões. Esses pagamentos representavam caixa 2. Ou, como delataram depois os executivos da Odebrecht, pagamento de propina ao PT por meio de repasses ao marqueteiro.

Essa investigação era a mais temida por Dilma, desde que avisou a esposa de João Santana, Mônica Moura – conforme a delação de Mônica, feita depois de sua prisão. O fato, quando passou a ser divulgado, compreendia um agravamento da situação de Dilma em relação ao impeachment. Um pouco mais à frente isso ficaria mais claro.

Dilma, nessa sexta, fez um gesto de solidariedade por notícias das investigações contra Lula sobre o apartamento tríplex do Guarujá e do sítio de Atibaia. Aliados de Dilma, leia-se Cardozo, divulgaram sua preocupação – de que apoiar Lula seria levar para o Palácio do Planalto a crise que ele enfrentava.

Dilma chegou a dar declarações públicas de que Lula era vítima de grande injustiça. Seus aliados advertiam: as acusações contra Lula iriam piorar seus índices de aprovação popular. Era uma falta de bom senso total. Dilma, na realidade, nunca teve apoio popular que não fosse o derivado do próprio Lula.

No sábado, Cardozo ganhou manchetes nos jornais, desmentindo que tivesse havido caixa 2 na campanha de Dilma. Ele dizia ter convicção disso – como se sua falsa convicção fosse a razão e a prova da inocência. Mais adiante seria comprovado que houve, sim, caixa 2 na campanha de Dilma. A Odebrecht havia pago na Suíça o marqueteiro da disputa eleitoral.

Cardozo comunicou que iria pedir investigação sobre o vazamento, já que o inquérito estava sob sigilo. Mais uma atuação dele exclusivamente a favor do PT.

No domingo, dia 14, me reuni com o ex-governador Sérgio Cabral, antes de retornar a Brasília. O objetivo era explanar os motivos dessa disputa com Picciani e, ao mesmo tempo, tentar trazer parte dos votos do Rio, já que a votação seria secreta.

Cabral me ouviu e me ofereceu um acordo: eu poderia indicar Hugo Motta para a Comissão de Constituição e Justiça. Não aceitei. A dependência que Cabral, Paes e Pezão tinham do pai de Picciani impedia uma análise mais sensata da situação.

Depois, o ex-governador, em conversa comigo, se disse arrependido de ter ajudado a patrocinar aquela disputa. Os argumentos que usei eram de que ele tinha verificado depois que eu estava certo – mas todos no Rio ficaram sem saída, pela posição de controle que Jorge Picciani tinha da situação local.

Voltei para Brasília e me reuni na residência oficial com um grupo de deputados que iam votar em Hugo Motta. Nós combinamos uma ação de última hora para cooptar mais votos. Naquela altura, já era sabido que a bancada iria aumentar em dois novos filiados por Picciani, além do retorno de secretários e até de deputados ministros de Dilma, para votarem nele.

Antes de deixar o ministério, Marcelo Castro liberou milhões de emendas – um deputado que era eleitor de Motta recebeu R$ 5 milhões. Houve notícias de que havia proposta de dinheiro para cooptar alguns votos, mas não tenho condições de acusar ninguém.

A situação estava fechando o cerco e o jogo parecia realmente assim: que a eleição de Picciani evitaria o impeachment. Combinei a divisão de tarefas. A mim caberia chamar individualmente cada um que achasse que poderia mudar o voto – o que eu faria na segunda e na terça.

Na segunda, dia 15, as atividades eram retomadas. O líder do PTB, deputado Jovair Arantes, conseguiu a renúncia do deputado Arnaldo Faria de Sá do Conselho de Ética, mediante a promessa de indicá-lo para a presidência da comissão que iria caber ao PTB. Com isso, ele indicou Nilton Capixaba para seu lugar no conselho.

A imprensa tratava a eleição da liderança como uma etapa de vida ou morte para os dois lados. O resultado era visto como uma prova de força ou não, minha e de Dilma. A minha derrota, para a imprensa, significaria o enterro do impeachment e a minha cassação. A derrota de Dilma era a aprovação do impeachment e, talvez, minha salvação.

Era uma enorme pressão. E o governo jogava pesado. Além disso, tinha o gosto de vingança do governo contra mim, a derrota. Eu entendi que a derrota seria muito ruim para mim – e talvez realmente atrapalhasse o impeachment. Mas também havia deputados que eram governistas e iriam votar em Motta. Eles estavam irritados com a forma de interferência do governo nessa eleição – e passariam a apoiar o impeachment a partir disso.

Quando escolhi Hugo Motta para disputar, foi em razão de ele ser governista naquele momento, ter relações com Renan e ainda o seu estado ter três deputados na bancada que o apoiavam. Depois dessa eleição, esses deputados passariam a ser favoráveis ao impeachment. Configurou-se, portanto, um tiro no pé do governo.

Temer mandou para a Câmara um documento aceitando a filiação ao PMDB do suplente que tinha assumido, Átila Nunes. Quando o questionei, disse que não tinha mais o que fazer. Com mais essa filiação, eu sabia que a derrota era iminente.

A deputada Dulce Miranda, que era eleitora de Hugo Motta e esposa do governador Marcelo Miranda, do Tocantins, me procurou. Ela queria se desculpar comigo, mas teria de mudar o voto para Picciani. Alegou que tanto ela quanto a outra deputada peemedebista do estado, Josi Nunes, precisariam agir assim para evitar a cassação do governador.

Perguntei o motivo. Ela respondeu que, como tramitava um processo de cassação no TSE, caso elas não optassem por Picciani, os votos que o governo dizia ter no tribunal iriam ser pela cassação. Lá na frente, o governador acabaria cassado do mesmo jeito.

Respondi que a eleição seria secreta – ela poderia prometer os votos para Picciani, mas votar em Hugo. Respondeu-me que até pensou em fazer isso, mas que eles estavam combinando que todos os votantes de Picciani fariam uma marcação na cédula para identificarem o voto. Se ela não votasse, seria descoberta. Ou seja, eu acabava de perder dois votos, que sempre foram alinhados comigo. Isso pela atuação escusa do governo e pela malandragem do concorrente em marcar os votos. Depois descobri que todos estavam sendo instados a marcar seus votos. Isso realmente tornava difícil a situação.

Na terça, saiu na imprensa uma manifestação do chefe da Operação Lava Jato, Sergio Moro, dirigida ao TSE. Ele disse que estava provado que propinas da Petrobras teriam abastecido as campanhas eleitorais do PT. Sua ousadia era tamanha que ele enfatizou que, se novos elementos de irregularidades surgissem, ele avisaria ao TSE. Ainda sugeriu ao tribunal eleitoral que ouvisse os delatores da Lava Jato. Era surreal o autoritarismo dele no comando da operação.

Temer, em viagem da sua campanha à recondução no PMDB, afirmou que o governo ignorava as ideias do partido, causando outro mal-estar no governo. Ele dava sinais ora de estar em paz, ora de continuar na guerra.

No dia 17 foi iniciada a eleição da liderança do PMDB. A votação tinha sido realizada no plenário da CCJ, debaixo de muito tumulto e briga entre os deputados dos dois lados.

Compareci e participei de toda a sessão, fazendo questão de me sentar fora da mesa. Como deputado comum, passei a ter de discutir pontos da votação. O principal deles era o pedido de que só fossem aceitas as cédulas que não tivessem outra marcação que não fosse um x no nome escolhido.

Também foi contestado o fato de a eleição ser conduzida pelo primeiro vice-líder, Newton Cardoso Jr., apoiador de Picciani. No grito, os apoiadores de Picciani impediram que fossem impugnadas as marcações no voto e a condução pelo vice-líder. Teve início então a votação com a chamada individual, entrega de cédula e colocação do voto em uma urna pelo deputado votante.

Ao fim, votaram os 69 deputados que estavam naquele momento na bancada. Ela estava inflada com duas novas filiações, que a deixariam em seguida. A bancada também estava com os secretários que reassumiram os seus mandatos, além do ministro da Saúde, Marcelo Castro.

Apurados os votos, Picciani teve 37 e Hugo Motta, 30 – dois ficaram em branco. Alguns dos votos de Picciani tinham marcações diferentes. Foi atribuído a cada voto, em que eles tinham dúvidas, um código de identificação. Sem isso, Picciani teria perdido.

Essa eleição jamais deveria ter sido confirmada. A marcação do voto a manchou. Mas, de qualquer forma, Picciani venceu – e, por óbvio, a vitória dele era caracterizada como vitória de Dilma sobre mim. Essa, talvez, tenha sido a única derrota que Dilma me impôs. Foi bem melhor ter perdido essa do que perder a aprovação do impeachment, ou até a minha eleição para a presidência da Câmara.

Eu sabia que, a partir daquele momento, a pressão sobre mim iria aumentar. Era uma guerra em que eu não precisava ter entrado. Só o fiz pela pressão de Temer. E fiquei nela sozinho, por omissão e covardia dele. Essa guerra era dele, e não minha, mas acabou virando minha. Eu não corria de nenhuma disputa – o que era um erro da minha parte.

Como dizia um amigo meu, não dava para colocar o cinturão do UFC em jogo todo dia. Os campeões levam no mínimo uns seis meses em cada disputa. Colocando-o sempre à prova, em algum momento eu ia acabar perdendo. Foi o que aconteceu nesse dia. Na hora, a derrota parecia ser o fim do mundo – mas em muito pouco tempo ela acabaria se transformando em vitória. Era o dia 17 de fevereiro.

A vitória acabaria vindo logo depois. Em 17 de março foi criada a Comissão Especial do Impeachment. Em 17 de abril, o plenário da Câmara aprovaria a abertura do processo de impeachment. Nada como um dia após o outro.

28 A prisão do marqueteiro de Dilma e a queda de Cardozo do Ministério da Justiça

Tudo parecia perdido. Mas, muito pouco tempo depois, o PMDB estaria rompido com o governo, os ministros saindo dos cargos, Temer seria reeleito presidente do partido e até o pai de Picciani passaria a defender o impeachment. Veremos como isso se deu.

A repercussão pela vitória de Picciani foi bastante favorável para Dilma. A divulgação sinalizava quase como se o impeachment tivesse acabado, embora a situação não fosse bem assim.

Na realidade, a vitória de Picciani tinha sido de quatro votos e não de sete, pois se quatro estivessem do lado de Motta, o placar seria de 34 a 33 para ele. Se contarmos de outra forma, tirando as duas filiações, o ministro, os secretários, Picciani teria perdido. Se formos além, a derrota de Hugo Motta se deu pelos dois votos de Tocantins obtidos por uma chantagem em cima do ex-governador Marcelo Miranda e de dois votos que traíram por emendas vultosas. Foram eles, Aníbal Gomes e Hermes Parcianello. Se não tivesse havido a chantagem e a traição desses dois, Motta teria ganhado.

Logo, a vitória de Picciani era tão frágil que seria muito fácil impor derrotas a ele na bancada. A primeira e mais fácil seria lançar candidaturas avulsas nas comissões que coubessem ao PMDB, para que, com ajuda de outros partidos, derrotássemos os candidatos de Picciani e do governo nas comissões. Isso seria feito com uma vitória fácil.

No mesmo dia da eleição de Picciani, o STF tomaria uma importante decisão, que seria uma mudança enorme nos seus procedimentos e impactaria nas delações premiadas. Essa decisão até acabaria sendo a responsável pela retirada da candidatura de Lula das eleições de 2018. Ninguém esperava nem estava preocupado com isso.

Teori Zavascki levou ao plenário, durante o julgamento de um *habeas corpus* de sua relatoria, uma proposta de modificação do entendimento vigente de que a sentença condenatória só começaria a ser cumprida após o seu trânsito em julgado.

Teori defendeu a proposta de que o cumprimento da sentença condenatória deveria se dar após a condenação em segunda instância. A medida foi aprovada por sete votos a quatro, surpreendendo a todos. Isso acabou legitimando um ato inconstitucional, que é a violação da presunção de inocência.

Essa decisão teria o efeito de fazer com que os executivos das empreiteiras, presos pelo chefe da Operação Lava Jato, acabassem praticando delações premiadas. No âmbito dessa operação, a segunda instância era mera passagem da condenação, já que estava totalmente comprometida com os abusos cometidos por Sergio Moro.

A Odebrecht e a OAS só fizeram suas delações por causa dessa decisão do STF. Muitos outros optaram pela delação, pois também viam que não haveria mais forma de sair de uma prisão preventiva. Eles sabiam que, depois de presos, em menos de quatro meses tinham uma sentença condenatória em primeira instância e em outros quatro meses seriam condenados em segunda instância.

Um *habeas corpus* de soltura para chegar ao STF, em condições de julgamento, sem pular instâncias, levava seis meses. Depois de condenado em primeira instância, era difícil a soltura, pois havia a jurisprudência de que quem respondia ao processo preso permaneceria preso após a condenação.

A decisão do STF deu uma força extraordinária às decisões arbitrárias do chefe da Operação Lava Jato, além de coagir investigados a serem delatores. A máxima passou a ser: ou delata ou não sai da cadeia. Isso sem contar que até os que ainda não tinham sido presos, por medo de serem presos, também passaram a delatar.

Lula acabaria condenado pelo chefe da operação em 2017 e, no início de 2018, teria a condenação confirmada em segunda instância, sendo preso em abril de 2018 – impedido de disputar a eleição por causa dessa decisão do STF. Ele só deixou a cadeia depois que o STF, em 2019, mudou novamente o entendimento, voltando a ser necessário o trânsito em julgado, mas admitindo a manutenção de prisão preventiva, que não era o caso de Lula.

Algumas das mais importantes decisões que afetam a nossa história são tomadas sem que as pessoas percebam. Depois, o estrago está feito. Essa foi uma das mais graves decisões que afetaram o devido processo legal, a presunção de inocência e que estimularam os maiores abusos e as falsas delações. Os acusados ficaram à mercê do autoritarismo e dos interesses políticos de pessoas como Sergio Moro.

Na quinta, a *Folha de S. Paulo* trouxe uma denúncia feita pela ex-namorada de Fernando Henrique Cardoso, a jornalista Mirian Dutra. A relação dela com o ex-presidente era comentada desde a eleição de FHC, com um filho dessa relação. Ela fazia sérias acusações, atribuindo a ele contas no exterior, pagamento por meio dessas contas de um apartamento para o seu filho, além de ter tido um contrato fictício para receber durante quatro anos um salário de 3 mil dólares de uma empresa, dona de *free shops* no Brasil.

Ela também falava dos interesses que impediam a sua volta ao país e a mantiveram na TV Globo em Portugal, no período do governo de seu amante.

Ela também fala que Fernando Henrique queria que ela abortasse o filho, com o que ela não concordou.

Fernando Henrique desmente os fatos, que não tiveram qualquer consequência. Nos dias de hoje, dificilmente alguém com esse perfil sobreviveria na política. Ele teve o seu governo bastante protegido por uma mídia à época subserviente aos seus interesses. Atacar a moralidade de outros governos ou pessoas não poderia ser a marca de quem tinha satisfações a dar à sociedade e posou de vestal no país.

Temer ofereceu um almoço ao chanceler de Portugal, Paulo Portas. Convidou, além de mim, o líder Picciani e seu adversário Hugo Motta. Nós nos sentamos à mesa principal, com ele e o chanceler. A imprensa iria registrar como se reinasse a paz na bancada.

O Senado havia desmembrado e aprovado parte da proposta de emenda constitucional da reforma política. O aprovado permitia uma janela de troca de partidos por 30 dias depois da sua promulgação. Os demais pontos da proposta seguiam até hoje sem deliberação pelo Senado, incluindo o fim da reeleição e o voto impresso.

Renan havia me procurado para combinar a data da promulgação da emenda. Eu pedi que fosse no dia seguinte à eleição da liderança do PMDB, para evitar que isso fosse motivo de novas filiações ao partido, com o que ele concordou.

Assim, nessa quinta, Renan fez uma sessão rápida no Congresso e promulgou a emenda constitucional – que dava 30 dias de prazo para que deputados mudassem de partido, sem violar a regra de fidelidade partidária. Com isso, teria até 18 de março para que as trocas fossem efetuadas na composição partidária da Câmara.

Isso também seria um motivo para adiar a instalação das comissões permanentes, já que, se a troca fosse de grande monta, como acabou sendo, iria alterar a composição dos partidos na distribuição das comissões. Alteraria, inclusive, o próprio número de membros nas comissões de cada bancada.

Na sexta, em uma decisão estranha, o ministro Teori Zavascki determinou a soltura do senador Delcídio do Amaral. Ele passaria à prisão domiciliar, mas seria autorizado a retomar o mandato de senador. Delcídio já havia feito delação premiada e foi solto por isso. Reassumiu seu posto sob desconfiança de senadores, que estavam com receio de que ele estivesse voltando para gravá-los.

Atendendo a pedido de Janot, Teori também arquivou uma investigação sobre a delação de um repasse de R$ 300 mil de uma empreiteira para Aécio Neves. Janot disse que não via consistência na afirmação. Era sempre assim: dois pesos e duas medidas.

Eu já havia ingressado anteriormente com medidas judiciais contra atos do Conselho de Ética, questionando o cerceamento da minha defesa. Ocorre que o relator, designado no STF, acabou sendo o ministro Luís Roberto Barroso, que nunca decidia a meu favor qualquer solicitação minha. Com isso, as chances de obter por via judicial alguma decisão favorável eram muito pequenas – mas eu tinha que tentar.

Entrei com novo mandado de segurança no STF, questionando também a impossibilidade de responder ao processo no Conselho de Ética. A tese era que eu, enquanto fosse presidente da Câmara, por estar na linha sucessória, não poderia responder ao processo no Conselho de Ética. Eu tinha também questionado isso em minha defesa, na denúncia de Janot, junto ao ministro Teori. Também havia uma questão de ordem, feita no Conselho de Ética, sobre a suspeição do presidente do conselho. A razão eram as demonstrações públicas, dadas por ele, de que iria votar contra mim.

A questão de ordem tinha que ser feita primeiro a ele. Só que ele não decidia, para que eu não recorresse ao plenário. Dessa forma, também tive que entrar com outro mandado de segurança no STF para obrigá-lo a decidir – ou declará-lo suspeito.

O presidente do Conselho de Ética também resolveu judicializar contra suas derrotas nos recursos por decisões do primeiro vice-presidente da Câmara. Era uma guerra de demandas judiciais. A ministra Rosa Weber seria a relatora – acabou negando todos os pedidos dele.

O fato de o presidente do conselho ter também judicializado deixava o ministro Barroso com mais conforto para decidir contra mim. Ele alegava que tudo que eu estava pedindo era *interna corporis* – não cabendo intervenção judicial, muito diferente do voto dele no rito do impeachment.

O ex-relator no conselho, Fausto Pinato, também havia ingressado no STF para reassumir a relatoria no estágio em que se encontrasse. Instado a dar parecer pela PGR, Janot se declarou favorável à pretensão de Pinato, que acabou, porém, não acolhida pelo STF. As partes intimadas por Barroso no rito do impeachment apresentaram suas contrarrazões aos embargos de declaração opostos pela Câmara. Já o DEM avisou que entraria no STF também, para opor recurso contra a decisão do rito do impeachment.

Eu havia recebido a visita, na residência oficial da Câmara, do diretor de relações institucionais das empresas de Joesley Batista, Ricardo Saud. Ele tinha acabado de sair da casa de Renan.

Recebi-o de boa vontade. Ele me relatou que o objetivo de sua visita a Renan era tentar adiar a apreciação da sua denúncia, liberada para ser votada em plenário pelo ministro Edson Fachin. Renan havia pedido a Ricardo Saud que fizesse gestão junto de Fachin, para criar um argumento para voltar atrás na liberação do seu voto, pois Renan sabia que dificilmente conseguiria evitar a aceitação da denúncia.

Ricardo Saud havia acertado com Renan para que ele peticionasse a Fachin, a fim de arguir alguma situação processual, para que ele pudesse atender. Foi o que aconteceu. Mediante uma petição de Renan, Fachin resolveu reabrir para que a defesa do senador falasse sobre algum motivo – o que implicava a retirada do assunto da pauta do plenário.

Saud era o interlocutor de Joesley Batista com Fachin. Era público, tanto que, durante o período em que Fachin lutava para a aprovação do seu nome pelo Senado, Saud o acompanhou em muitos gabinetes. Era ele quem abria as portas de Joesley, para que Fachin pudesse ser aceito. Saud e Fachin tinham, inclusive, viajado juntos em jatinho de Joesley.

A revista *Veja* trouxe, no fim de semana, uma matéria com denúncia envolvendo mais uma vez a história das obras em benefício de Lula. A notícia vinha com supostas trocas de mensagens do empreiteiro Léo Pinheiro com seus subordinados sobre detalhes das obras que estariam sendo feitas. Essa denúncia era um prosseguimento do que já tinha saído, mas dava mais combustível contra Lula.

Na segunda, saiu matéria dizendo que Delcídio do Amaral estaria supostamente ameaçando levar com ele a metade do Senado caso fosse cassado. Se houve a ameaça ou era um blefe, pois Delcídio já era delator, ele acabou cassado mesmo assim. Também em sua delação não levou as acusações para a metade do Senado, como afirmava. Ele desmentiria essa matéria – assim como desmentia que estava fazendo delação, dizendo que iria lutar para preservar o seu mandato. Isso sairia na imprensa imediatamente.

Mas nesse dia aconteceu o fato mais importante que iria repercutir na situação de Dilma. Seu marqueteiro, João Santana, e a mulher dele, Mônica Moura, seriam presos por Sergio Moro. A prisão inicialmente era de caráter provisório, e depois seria transformada em preventiva.

A notícia caiu como uma bomba no país. João Santana e a mulher estavam fora do Brasil, trabalhando em campanha eleitoral na República Dominicana, e iriam regressar ao país para cumprir o mandado de prisão. A prisão se dava pela comprovação de que João Santana tinha recebido, em uma conta dele no exterior, não declarada, US$ 7,5 milhões. Esses recursos seriam oriundos de caixa 2 da Odebrecht e de um lobista, acusado de intermediar negócios na Petrobras para o PT.

A prisão teria sido informada a Mônica Moura por Dilma, pela forma de comunicação estabelecida entre elas – deixar mensagens na pasta de rascunhos de um e-mail fictício, que somente Dilma e Mônica Moura acessavam. A presidente teria sido avisada por Cardozo, que teria tomado conhecimento prévio da operação. Nessa operação também foi presa uma secretária da Odebrecht, Maria Lúcia Tavares, que trabalhava na liquidação de pagamentos de caixa 2 da empresa.

Na semana anterior, um executivo da Odebrecht, Fernando Migliaccio, já havia sido preso na Suíça, a pedido do Ministério Público de lá. Ele seria titular de diversas empresas *offshore* utilizadas pela empreiteira. O saldo dessa operação foi destruidor para Dilma e o PT. João Santana e a mulher virariam delatores, entregando todo o esquema de caixa 2 das campanhas. A delação da secretária da Odebrecht, feita rapidamente após a sua prisão, levou a empresa a optar pelo caminho da delação de todos os seus executivos, além de um acordo de leniência que seria feito por eles.

O processo de cassação de Dilma pelo TSE iria ganhar força com essa prisão. Todas as provas de caixa 2 da campanha petista seriam incluídas naquela ação. Entretanto, como o impeachment era muito mais rápido do que o TSE, isso daria um novo gás em todo o processo. Moro estava engajado em tirar o mandato de Dilma e ainda faria novos movimentos que impactariam o desfecho dessa história.

A pergunta que vocês fazem agora é: se critico e acuso tanto Moro pela sua atuação como chefe da Operação Lava Jato, como enaltecer os fatos que contribuíram para o impeachment?

A resposta é simples. É preciso entender qual era a intenção real de Moro. Ele era chefe de um movimento que tinha como objetivo a destruição da política. O combate à corrupção era só a cortina da atuação dele e de seu grupo, jamais o real objetivo. Moro não tinha um adversário escolhido. Tinha todos como adversários. Queria tirar o PT do poder, mas também atingir todos que fizessem oposição ao PT.

Por isso ele me escolheu para punir depois que eu perdi o mandato de deputado. Ele me usava como contraponto, para se desculpar do que fazia contra o PT, dizendo que tanto atingia o PT como o seu maior adversário, que era eu.

Moro não tinha líder. Ele era o seu próprio líder.

Ele não tinha ideologia. A sua era simplesmente Moro.

Ele não tinha predileção política. Para ele, bastava ele.

Moro era e será candidato a presidente.

Sua escolha para ministro da Justiça foi mais pelo desconhecimento de Bolsonaro sobre quem era Moro do que por qualquer objetivo do presidente. Quando Bolsonaro percebeu quem era Moro, tratou de se ver livre dele, para deixar de ser refém dele. Bolsonaro estava sequestrado por Moro – e custou descobrir isso.

Moro, naquele momento, vendo que estava arrefecendo o impeachment, tratou de idealizar operações para colocar novamente Dilma e o PT na berlinda. Se não servissem para o impeachment, serviriam para a cassação dela pelo TSE, para onde ele já estava municiando a ação com as suas informações.

A prisão de João Santana, aliada ao que iriam fazer com Lula, daria o combustível necessário para turbinar a discussão política de saída de Dilma da Presidência. Não há dúvida de que, mesmo eu sendo antagônico a Moro, os atos dele acabariam me dando o fôlego necessário para continuar a luta pelo impeachment.

O impeachment é como uma queda de avião. Não ocorre por um só motivo. Assim, seria por um conjunto de fatores que se chegaria ao resultado. É óbvio que essas ações de Moro eram uma parte do processo. Muitas outras, que ainda abordaremos neste livro, entre elas, por óbvio, a mobilização das ruas, que iria ocorrer em 13 de março.

Na terça, dia 23 de fevereiro, almocei com os líderes sob o impacto da situação envolvendo o marqueteiro de Dilma. O clima não estava bom para o governo, que tinha votações importantes de medidas provisórias. A essa altura, a vitória de Picciani estava totalmente diluída por esses fatos.

João Santana e a mulher tinham regressado ao país para se entregarem, em cumprimento da prisão decretada pelo chefe da Operação Lava Jato. As notícias davam conta de que eles iriam admitir o caixa 2 no exterior, mas que o atribuiriam a outras campanhas feitas por eles, em locais onde a Odebrecht teria interesse – por isso os pagamentos haviam sido feitos pela empreiteira.

Com a sanção da lei de repatriação de ativos no exterior, Dilma quis dar a oportunidade de eles resolverem seu problema. Só que a vinculação do dinheiro deles a atos de corrupção e de lavagem de dinheiro iria impedir que eles se beneficiassem disso. A demora para que a proposta virasse lei impediu a operação de salvamento de Dilma para si mesma e para o seu marqueteiro.

Combinei que iríamos segurar a instalação das comissões permanentes, não só pela situação do julgamento do STF, mas também para aguardar o fim do prazo de janela das filiações partidárias. Acertei também que disputaríamos as presidências das comissões permanentes que caberiam ao PMDB, com dissidentes da liderança de Picciani, que seriam apoiados pelos outros partidos para enfraquecer sua influência.

Além disso, combinei a votação de uma proposta de emenda constitucional que aumentava os recursos para a Saúde, para constranger Picciani e o governo. Não teria como, nesse momento, eles ficarem contra a proposta.

O Conselho de Ética fez reunião, mas não conseguiu votar o relatório contra mim. Houve bastante discussão, consumindo o tempo, além do início da ordem do dia. Como eles começavam a reunião muito tarde, era impossível concluir antes de o plenário começar a votar. Essa era a estratégia do presidente do conselho, que queria continuar na mídia, passando a impressão de manobra minha, com o intuito de me desgastar ainda mais.

A oposição criou nesse dia o comitê do impeachment, na esteira das novas denúncias que envolviam o PT. Esse comitê começaria a se reunir com vários agentes da sociedade, começando pelos empresários.

O PSDB pediu a inclusão de novas provas envolvendo o marqueteiro João Santana no processo do TSE. A possibilidade de se discutir o pagamento dos serviços por caixa 2 dava mais substância à ação, que poderia levar à cassação da chapa da eleição presidencial.

Havia na pauta um projeto de regulamentação do teto salarial, com urgência constitucional, que trancava a pauta de votações. O relator da proposta era o deputado Nelson Marchezan Júnior, do PSDB, na comissão de finanças e tributação. Ele era membro do Conselho de Ética, contrário a mim.

Devido às pressões, principalmente do Ministério Público e do Judiciário, Dilma retirou a urgência constitucional desse projeto, que visava regulamentar que ninguém poderia ganhar mais do que o teto salarial, condição estipulada na Constituição. Esses dois órgãos eram os que mais descumpriam o teto.

O PSDB, partido de Marchezan, pede sua retirada da relatoria por ele estar inviabilizando o acordo pelo projeto. Retirei dele a relatoria, nomeando para o lugar o deputado Ricardo Barros. Recebi críticas. Marchezan dizia que sua retirada havia ocorrido por vingança, pela posição dele no conselho.

A real possibilidade de cassação da chapa pelo TSE fez Temer se movimentar. Ele já havia colocado uma defesa própria no processo do TSE, independente de Dilma. Queria se desvincular dela em eventual cassação, para que ele não fosse cassado junto.

Com essa posição, Temer voltava a se movimentar, mesmo que discretamente, para estimular de novo o impeachment. O discurso no PMDB era de que Dilma poderia ser cassada, levando Temer junto. No entanto, caso houvesse o impeachment, era o PMDB que governaria. Era o discurso pragmático que iria entrar em cena.

Como Temer já estava a essa altura com a recondução garantida no comando do PMDB, depois do acordo com Romero Jucá e com a reeleição de Picciani na liderança, não existiria briga a ser resolvida. Ele estava à vontade para começar a voltar à cena do impeachment, reanimado pela operação em cima do marqueteiro de Dilma.

Na quarta, dia 24, debaixo da crise do marqueteiro, Dilma recebeu a notícia de que o Brasil havia perdido seu último selo de bom pagador, depois do rebaixamento feito pela agência Moody's. Era a terceira agência de risco a efetuar o rebaixamento, acabando com o grau de investimento do país.

Fernando Henrique Cardoso divulgou um vídeo em sua defesa, depois que o PT e o PC do B protocolaram uma representação pedindo a investigação das denúncias da ex-amante. Ele fala que os operadores do esquema lulopetista tentam confundir a opinião pública.

A mulher de João Santana, Mônica Moura, depôs na Polícia Federal, admitindo que recebeu dinheiro da Odebrecht no exterior. Ela atribuía ao recebimento de dívidas das campanhas de Angola, Venezuela e Panamá. O problema era que a conta não tinha só recebido dinheiro da Odebrecht, mas também de um lobista envolvido nas delações da Lava Jato.

Mônica disse, no depoimento policial, que estava esperando a lei de repatriação de ativos no exterior para legalizar esse dinheiro. Ela confirmava de forma indireta a razão de Dilma ter se empenhado para aprovar essa lei.

Não se tratava da repatriação o seu interesse, mas, sim, de salvar a pele do seu marqueteiro – e a sua própria.

O interessante é que nunca houve qualquer investigação sobre a atuação de Dilma na lei de repatriação. Em tudo ela foi poupada por Janot, mesmo depois da delação dos seus marqueteiros. O pagamento em caixa 2 da sua campanha, a obstrução de justiça dela, que avisava os marqueteiros das ações da Lava Jato, assim como a tentativa de regularizar a situação por meio da proposição da lei de repatriação são alguns dos exemplos da desídia de Janot com relação a Dilma.

João Santana, depois de ter feito delação premiada em conjunto com sua mulher, muito tempo depois do impeachment participou do programa *Roda Viva*, da TV Cultura, em 26 de outubro de 2020. Entre muitas coisas ditas nessa entrevista, ele falou: "A Lava Jato foi o melhor esquema de marketing já montado no Brasil. Se tivesse um prêmio de marketing eleitoral, a Lava Jato teria levado o tricampeonato: 2015, 2016 e 2017". E disse mais: "A Lava Jato, querendo ou não, alimentou a rede de ódio. Tinha matéria-prima, mas não interessa a matéria-prima, estou falando do processo em si. A máquina de ódio foi alimentada". Ainda afirmou que "caixa 2 foi sempre a alma do sistema eleitoral brasileiro".

João Santana também reclamou da atuação do presidente do PT, Rui Falcão. Ele teria declarado depois da sua prisão que "o PT não tem marqueteiro", negando solidariedade a ele. Santana atribuía a essa falta de apoio de Dilma, Lula e do PT grande parte da sua decisão de partir para a delação premiada.

É bem verdade que Santana só foi para a delação após o julgamento do impeachment de Dilma pelo Senado, não sendo ele a causa de nenhum problema nesse episódio. É verdade também que sua delação não causou qualquer problema penal para Dilma, nem para Lula.

Mas o fato era que o presidente do PT teve importância em atrapalhar o governo de Dilma e seu partido em três episódios: no caso de Delcídio, quando sua nota impediu a soltura pelo Senado da sua prisão e, consequentemente, teve sua delação; no meu caso, quando colocou o PT para votar contra mim no Conselho de Ética; e também no caso de João Santana, que acabou levando-o à delação. Quais os motivos dessas atitudes dele, que realmente foram capazes de levar ao impeachment de Dilma, além de arranhar mais a imagem do PT do que já estava? Só ele, Lula e Dilma podem explicar.

A Operação Lava Jato colhia assinaturas de apoio para apresentar um projeto de lei de iniciativa popular – que eles intitulavam como "as 10 medidas contra a corrupção". As propostas, que seriam apresentadas ao Congresso, continham verdadeiros abusos. Muitas delas eram, na realidade, uma legalização dos atos que eles vinham praticando, sem amparo legal.

O ministro Teori Zavascki liberou seu voto sobre a denúncia contra mim, feita por Rodrigo Janot ao STF. O presidente do STF, Ricardo Lewandowski, marcou imediatamente a apreciação em plenário para a sessão seguinte, na quarta, dia 2 de março.

Como o STF não teria sua composição completa na semana seguinte, pela ausência do ministro Luiz Fux que iria estar em viagem oficial, pedi o adiamento por uma semana, para que fosse apreciada pela composição completa, utilizada em questões delicadas. Estranhamente, minha solicitação foi rejeitada. Fica no ar uma pergunta: qual denúncia teve, no STF, uma apreciação tão célere como a minha? Resposta: nenhuma.

O Conselho de Ética voltou a se reunir na quarta, mas a sessão não conseguiu ser concluída antes do início das votações em plenário.

Renan aprovou no Senado, sob protestos do PT, que votou contrariamente, o projeto de lei que desobrigava a participação compulsória da Petrobras com ao menos 30% do pré-sal. Era um dos temas que Renan havia abraçado e que era caro ao PT e a Dilma. O projeto viria para a Câmara. Dilma havia aceitado um acordo, à revelia do PT, para um texto alternativo, tentando evitar uma derrota maior.

Eu declarei que achava muito ruim o projeto aprovado pelo Senado. Na Câmara existiam projetos até melhores, com alterações mais radicais. Havia, por exemplo, o retorno das concessões, em vez do regime de partilha – que estava em vigor. Eu iria tentar aprovar alterações na proposta que vinha do Senado.

Na quinta, dia 25 de fevereiro, Janot pediu autorização à Suíça para que eu fosse processado por evasão de divisas e sonegação fiscal – que não são crimes naquele país. Ao contrário de todos os investigados, ele queria extrapolar seu poder e pedir essa autorização.

Mesmo que a autorização fosse dada, isso não resolveria o fato de que eu não poderia ser processado no Brasil por transferência de processo de outro país, por aquilo que não era crime no país oriundo da transferência. Isso é um procedimento comum nesse tipo de situação, mas Janot queria e iria descumprir isso, pela sua sanha de me perseguir.

Na quinta, foi ao ar o programa partidário do PMDB. O tom era de um programa de oposição. Eu participei, junto de todos que ocupavam posições no partido. O discurso foi feito com autorização e participação de Temer. Para mim, foi reservada uma fala interessante, que terminava assim: "O que vale para um, vale para todos". Era um recado.

O Senado, sem saber da delação de Delcídio, resolveu protelar a decisão sobre o processo de cassação de seu mandato, para esperar a apreciação da sua denúncia pelo STF. Isso levaria essa votação para o segundo semestre. Na semana seguinte isso iria mudar depois que vazasse sua delação.

Leonardo Picciani nomeou como vice-líderes deputados que estavam comprometidos em votar em Hugo Motta. Com isso ele expôs os traidores, colocando em alerta o restante da bancada.

A oposição pediu audiência ao presidente do STF, Ricardo Lewandowski, para fazer o mesmo que eu em 23 de dezembro. O objetivo era pedir celeridade na publicação do acórdão do rito de impeachment e do julgamento dos embargos de declaração. Isso foi 60 dias depois que eu estive lá, naquela audiência, que virou pública. A imprensa registrava que a oposição também estava procurando o PMDB para viabilizar o impeachment.

A Polícia Federal, na chamada Operação Zelotes, fez busca e apreensão no grupo Gerdau, em função de suspeitas de compra de decisões do Conselho Administrativo de Recursos Fiscais (Carf), em seu benefício. A operação era simbólica, porque envolvia o grupo de um empresário que era colaborador de Dilma e do governo.

Na sexta, dia 26, a Polícia Federal divulgou em relatório que tinha sido encontrada, na casa de uma funcionária da Odebrecht, uma planilha com os pagamentos de caixa 2 feitos pela empreiteira ao marqueteiro João Santana no Brasil. A partir desse momento, portanto, não era somente o caixa 2 em contas no exterior. Tratava-se de repasses em espécie no país, feitos com recursos de caixa 2 vindos de doleiros, como pagamento de supostas propinas ao PT, admitidas depois pela própria Odebrecht. Esses pagamentos teriam sido feitos na campanha de 2014, com ao menos R$ 4 milhões, apenas entre 24 de outubro e 7 de novembro de 2014. Era mais um tiro em Dilma e no PT. O total de pagamentos em caixa 2 na campanha pela Odebrecht ao marqueteiro, segundo a planilha apreendida, chegaria a R$ 24,2 milhões.

O *Diário Oficial* dessa sexta trazia duas indicações de Dilma para ministro do STJ. Uma delas era a do desembargador do Tribunal de Justiça do Rio de Janeiro Antonio Saldanha Palheiro, que havia sido indicado por Picciani no ano anterior.

Dilma custou a atender, mas depois da recondução dele para a liderança do PMDB e da dependência dele no processo de impeachment, não tinha como negar mais. A outra indicação foi a do desembargador do Tribunal Regional Federal da 4ª Região, Joel Paciornik, indicado pelo PT.

Dilma estaria cometendo um erro praticado por vários presidentes anteriores. Uma coisa é você atender com nomeações dentro da sua composição política, que você pode exonerar a hora que quiser. Outra coisa é dar mandato vitalício em uma composição política que acabaria poucos dias depois. Bolsonaro, hoje, tem agido com mais sabedoria nesse tema. Com o avanço da Lava Jato, após a prisão do seu marqueteiro João Santana, seria importante para Dilma não ter delegado seu poder de nomear ministros das cortes superiores, que nada ficariam devendo a ela.

A semana terminou com um enorme desgaste de Dilma, diferentemente da semana anterior, quando a vitória de Picciani contra mim havia lhe dado um gás. O impeachment, que parecia morto, ressuscitava com muita força – sem contar o risco real de as investigações chegarem perto de Dilma.

No sábado, Barroso proferiu palestra em evento na Bahia. Desancou o parlamento e disse que o rito do impeachment adotado era "um golpe". Afirmou ainda que os deputados não seguiram o regimento da Câmara. Presente ao evento, o deputado do PMDB Darcísio Perondi acabou batendo boca com o ministro, dizendo: "O senhor não está sendo correto e nem decente. Não leu corretamente o regimento da Câmara e fez de bobos os seus colegas".

Barroso revidou, dizendo: "Não há bobos no Supremo". Perondi completa: "O senhor fez de bobos os seus colegas, o parlamento brasileiro e a nação". Com essa resposta, Perondi vira as costas e sai.

No fim de semana, uma nova pesquisa do Datafolha foi publicada. Segundo ela, 62% da população acreditava que Lula tinha sido beneficiado pelas empreiteiras enquadradas pela Operação Lava Jato. Isso era muito ruim, porque contaminava o principal polo do PT e sustentáculo do governo. Essa mesma pesquisa apontava que 76% defendiam minha saída da Câmara – na pesquisa anterior, esse número era de 82%. Mesmo caindo um pouco, ainda era bastante elevado, o que mostrava que o governo havia conseguido seu intento de me colocar como o vilão do país.

O mês estaria terminando na segunda, dia 29, quando, no início da madrugada, estourou a informação da demissão de José Eduardo Cardozo do Ministério da Justiça.

Dilma estaria transferindo-o para a AGU, em substituição a Luís Adams, que estava saindo do governo para ir para a iniciativa privada. Cardozo não trocou de posto. Ele havia sido demitido por Lula e pelo PT do cargo mais importante que ele poderia ter ocupado.

Desde que começou esse segundo mandato de Dilma, a desconfiança sobre ele e sua atuação era evidente dentro do PT. Lula era o adversário de sua presença no governo. Atribuía a Cardozo toda a movimentação prejudicial ao governo e ao partido. Cardozo era o responsável pela deterioração da situação política ao patrocinar a estratégia do enfrentamento comigo, além da guerra travada por meio de Janot.

Ele era o responsável também pela própria presença de Janot na PGR. Lula havia sido envolvido por operações da Polícia Federal, inclusive contra sua família. E não se conformava com isso.

Lula havia ficado furioso com as divulgações dos relatórios das conversas de Léo Pinheiro, contendo tratativas de obras do apartamento tríplex do Guarujá. Depois, quando a Polícia Federal pediu a abertura do inquérito do sítio de Atibaia, atendendo ao então juiz Sergio Moro, o destino de Cardozo já estava traçado.

Antes, Lula já tinha tentado tirá-lo do ministério quando houve a reforma ministerial em outubro – sem sucesso. Dilma não admitia abrir mão do seu mais importante auxiliar e cúmplice em estratégias baixas de enfrentamento da crise.

Agora, depois das denúncias contra Lula e de toda a situação envolvendo seu marqueteiro, João Santana, Dilma ficaria sem opção. Após a divulgação do relatório da Polícia Federal com os dados da planilha de uma funcionária da Odebrecht contendo os valores pagos em caixa 2 ao marqueteiro, a situação de Cardozo ficaria insustentável.

A divulgação da pesquisa do Datafolha, mostrando o quanto Lula tinha sido atingido pela atuação da Lava Jato, fez com que a substituição de Cardozo se desse de forma imediata. Lula não aceitava por mais um segundo a permanência dele no ministério, o mesmo que comandava a Polícia Federal. O ex-presidente sabia que tinha adversários no PT e no governo. Sabia que não controlava o governo. O que ele não admitia, contudo, era a sabotagem explícita feita por Cardozo contra ele.

Dilma, por sua vez, era municiada por Cardozo acerca de tudo que precisava da Lava Jato. Um exemplo é que ela soube com antecedência da prisão de João Santana. E avisou Mônica Moura – em ato caracterizador de obstrução de justiça.

Dilma era cúmplice de Cardozo em parte dos atos escusos dele. Ela não poderia deixá-lo na chuva, pois sabia também do perigo de largar quem agia de forma inescrupulosa como ele – e poderia também agir contra ela. Dilma optou, então, por fingir que Cardozo não havia caído, mas sim trocado de posição. Ele continuaria a ser o coordenador da sua estratégia jurídica de enfrentamento, mas havia sido derrubado por Lula e pelo PT. Pena que tenha sido tardiamente, pois muita coisa poderia ter sido evitada.

29 A abertura de processo no Conselho de Ética, a aceitação pelo STF da denúncia, a delação de Delcídio e a condução coercitiva de Lula

Dilma estava se desgastando muito com o PT. A presença de Cardozo no governo era um dos motivos. Os petistas também não escondiam o descontentamento com a situação econômica e o ajuste fiscal.

Eles não aceitavam o novo discurso de Dilma, de tentar, além da aprovação da CPMF – inviável politicamente –, propor uma reforma da Previdência, que não seria aceita pelo PT. Eles também não concordaram com a posição de Dilma cedendo a Renan a alteração das regras da Petrobras no pré-sal.

A troca de Joaquim Levy por Nelson Barbosa não resolveu os problemas que os petistas tinham com Levy. Eles esperavam mais de Barbosa, que tentava superar a desconfiança do mercado defendendo as agendas que o mercado entendia como corretas.

Tudo isso, somado à perda do grau de investimento e à colocação de Lula no centro da polêmica das investigações, levava o PT a temer seu futuro. Dilma não era mais expectativa de futuro para eles. Era apenas um pesadelo presente.

Lula, por sua vez, estava cansado de tentar colocar o governo nos eixos – ter de ficar tentando convencer Dilma do que ela deveria fazer. Ele estava preferindo partir para salvar a si mesmo e não se preocupar mais em salvá-la.

Dilma começava a se ver isolada, inclusive no próprio PT. Daí a sua decisão de ceder ao partido e a Lula a demissão de Cardozo. Essa demissão, divulgada como exigência do PT, trouxe uma briga pelo seu cargo. Jaques Wagner indicou a Dilma o substituto, um membro do Ministério Público da Bahia, Wellington César Lima e Silva.

No evento do PT realizado no fim de semana anterior, Dilma tinha sofrido muitas hostilidades dos integrantes do partido. A sensação era de que até o PT estava já desejando sua queda.

A saída de Cardozo fez Janot provocar novo ataque contra mim. Na mesma semana que haveria a votação no Conselho de Ética e da denúncia no plenário do STF, ele pediu abertura de novo inquérito contra mim, pelas delações dos empresários Ricardo Pernambuco, pai e filho.

Janot buscava, nesse momento, constranger a votação do STF para aceitação da denúncia, além da votação do Conselho de Ética. Era óbvio que isso me prejudicava ainda mais, depois da divulgação da pesquisa do Datafolha com os meus índices de rejeição elevados.

Essa ação de Janot era combinada com Cardozo, pois tinha o objetivo de tentar tirar as denúncias contra Dilma do noticiário, substituindo pelas contra mim. Tudo indicava que eu teria uma semana bastante difícil. A estratégia deles poderia dar certo.

Evidentemente, toda notícia envolvendo a minha situação rendia manchetes no noticiário da Globo. Cada fase da minha situação jurídica e do Conselho de Ética ocupava longos minutos das matérias de todos os telejornais. Era uma cobertura desproposital, desleal e massacrante.

O meu advogado havia protocolado a resposta ao pedido de afastamento de Janot no STF. Embora a resposta fosse contundente no rebate aos delírios de Janot, havia a preocupação de que isso também acabasse sendo apreciado, caso a denúncia fosse aceita.

Antonio Fernando de Souza me dizia que seria um absurdo o STF aceitar essa denúncia se a análise fosse técnica. Só com viés político poderia se abrir uma ação penal com provas tão frágeis, que dirá concederem meu afastamento, cujos argumentos eram baseados em matérias de jornais e fatos delirantes. Ele havia colocado na resposta que só a condenação final sobre qualquer dos fatos poderia ter o condão de me afastar. Jamais ilações e reportagens poderiam dar curso a tão grave medida.

A maior parte do alegado por Janot não havia sido nem palco de investigação. Ele também rebatia um a um os tais 11 atos de Janot. Antonio Fernando, ex-ocupante do cargo de Janot, alfinetava dizendo que não cabe ao procurador-geral da República atuar para evitar instabilidade política.

Eu abri a comissão para analisar a proposta de mudança do regime de partilha do pré-sal e da participação da Petrobras. Também abri uma comissão especial para discutir a reforma da Previdência.

Antonio Fernando peticionou a Teori Zavascki para que, antes de apreciar minha denúncia, o plenário apreciasse dois recursos meus pendentes. Isso não poderia se dar em uma mesma sessão. Ele citou, inclusive, o que tinha ocorrido na denúncia contra Renan – que, quando pautada, foi retirada de pauta por situação processual semelhante.

Só que eu não tinha a mesma condição de proteção de Renan. A denúncia dele estava havia três anos para ser apreciada. A minha, pautaram imediatamente na semana seguinte à manifestação da PGR, depois da minha defesa prévia. Passou-se exatamente uma semana até que o relator pedisse a pauta, marcada em seguida pelo presidente do STF.

A verdade era que a aceitação da denúncia contra mim já estava decidida. Ela, na imaginação do governo e de Janot, seria uma resposta para as denúncias contra a campanha de Dilma. E também um importante contraponto para as manifestações do dia 13 de março. O governo precisava que seu algoz fosse o maior vilão nesse dia.

Ao mesmo tempo, Barroso, ao indeferir mais um dos mandados de segurança que eu havia impetrado, deu uma decisão que marcaria o que ocorreria dali para a frente. Ele falava que "o procedimento destinado a apurar a ocorrência ou não de quebra de decoro parlamentar, para fins de cassação de mandato, também tinha natureza eminentemente política, não podendo ser equiparado a um processo judicial ou administrativo comum, pelo que não se mostra aplicável o regime legal de suspeições e impedimentos".

Barroso disse, em outras palavras, que valia tudo. Em resumo, só me restavam os recursos internos na Câmara, onde tudo que eu obtinha era considerado manobra espúria. Não sabia até quando o primeiro vice-presidente aguentaria a pressão de me conceder toda hora um recurso, mesmo que legítimo.

No caso do impeachment, Barroso interveio no rito, com verdadeiros absurdos. No meu caso no conselho ele dizia que as coisas precisavam ser resolvidas internamente. Eram realmente dois pesos e duas medidas.

Na terça-feira, dia 1º de março, o presidente do Conselho de Ética, José Carlos Araújo, desferiu mais um dos seus golpes e novamente conseguiu aprovar a abertura do processo contra mim. Seu golpe dessa vez consistiu em, aberta a sessão, continuar a discussão e, novamente, o tempo não ter sido suficiente para que se concluísse a votação pelo início das atividades em plenário.

Então ele avisou que naquele dia não haveria mais reunião do conselho, desmobilizando todos os deputados favoráveis a mim, incluindo os que se ausentaram da Câmara. Ao fim da sessão do plenário, reuniu o grupo contrário a mim e deu continuidade à reunião que deveria ter sido encerrada. O regimento da Câmara é muito claro. As comissões têm de ser encerradas quando do início da ordem do dia. Não há previsão regimental para suspensão de sessão e reinício a hora que quiser.

Ao tomarmos conhecimento, mobilizei rapidamente os deputados. Alguns precisaram ser retirados de casa ou de restaurantes. Tivemos inclusive que providenciar a substituição do deputado Vinícius Gurgel, que já estava fora de Brasília. Para isso, ele mandou um documento da sua renúncia à vaga no conselho. Com isso, seu líder, o deputado Maurício Quintella, se autoindicou em seu lugar, substituindo-o.

Maurício Quintella, líder do PR, depois se transformaria em um dos mais importantes condutores do impeachment de Dilma. Ele teve atuação decisiva para mudar a orientação do seu partido, inicialmente contrário ao impeachment. Chego a dizer que, sem a atuação dele, talvez não tivéssemos atingido o número necessário para abrir o processo contra a Dilma.

Com esse golpe de Araújo, lá pelas 23 horas ele conseguiu iniciar a votação do parecer do relator, pedindo a abertura do processo. A votação, ocorrida já de madrugada, acabou empatada em dez votos a dez. Dessa forma, autorizado pelo voto de Barroso no mandado de segurança de minha iniciativa, recusado por ele, o presidente do conselho, José Carlos Araújo, deu o voto de minerva contra mim – a favor da abertura do processo.

O parecer aprovado retirava parte das acusações. Não teria sido aceita a denúncia de que eu teria recebido vantagens indevidas, ficando restrita ao depoimento na CPI da Petrobras. Isso de nada adiantaria, pois durante toda a tramitação do processo, e no parecer final, o relator se utilizou dessa acusação para, de forma ilegal, tratar do tema que estava no STF.

A retirada se deu por causa da interferência do deputado do DEM Paulo Azi, que questionou que o conselho não poderia debater denúncias contra deputados que nem tinham sido aceitas pelo STF. Também não poderia tratar de fatos de mandatos anteriores. O relator, com medo de perder a votação, teve de ceder e alterar o relatório.

Na prática, essa alteração mudaria a sanção que eu poderia sofrer. Ela deveria, ao fim, se restringir de uma pena mínima de censura até a máxima – da suspensão de mandato pelo prazo de até 180 dias –, mas jamais ser objeto de pena de cassação de mandato, adotada ao fim pelo relator.

Esse e outros absurdos fizeram parte do recurso feito por mim, ao fim, à Comissão de Constituição e Justiça, onde o processo deveria ter sido anulado naquele estágio. Mas como já estava fora do mandato, não tive forças para derrotar a pressão da Globo e do PT. O meu recurso acabou rejeitado.

Qual a razão de Araújo ter forçado a barra mais uma vez? Haveria o julgamento do plenário do STF no dia seguinte, para apreciar a denúncia contra mim. Essa decisão, nesse momento, era fundamental para ter impacto no STF. Além disso, o governo precisava me colocar nas manchetes para diminuir seu impacto negativo.

Araújo calibrou o dia exato para abrir o processo contra mim. Por isso, ele não tinha se esforçado tanto nas duas semanas anteriores, preferindo me desgastar na mídia, me acusando de manobras protelatórias. Na realidade, ele é que havia protelado para que fosse votado às vésperas do julgamento da minha denúncia ao STF.

Apesar de tudo, para mim, com a iminência da apreciação de meu pedido de afastamento, não era ruim que o processo já estivesse aberto. Um dos argumentos do pedido de Janot era a suposta interferência minha para evitar o processo. Isso sem contar que, com a alteração do parecer, eu entendia que não poderia mais sofrer a pena de cassação de mandato.

Com isso, preferi deixar os trâmites correrem e ter o fato como um elemento de nulidade, para lá na frente tentar derrubar todo o processo em função desse novo abuso. Araújo era uma marionete de Jaques Wagner.

Na quarta, dia 2, saiu na *Folha de S. Paulo* parte do teor do depoimento de delação de um ex-executivo da Andrade Gutierrez. Ele afirmou que houve doação de R$ 6 milhões à campanha eleitoral de Dilma em 2010 – feita com o pagamento direto de dívidas de Dilma junto a uma agência de publicidade. Era mais um depoimento de caixa 2 para impactar o Congresso.

Além dessa doação, teria havido supostamente o pagamento de propina em função de obras públicas, o que foi feito de diversas formas, incluindo doações eleitorais legais. O PT estaria entre os beneficiados com esses pagamentos.

Os partidos de oposição começaram a veicular, em suas inserções partidárias, chamadas para as manifestações do dia 13 de março. O objetivo era inflar as ruas quanto pudessem. O momento estava começando a ficar favorável para o prosseguimento do processo de impeachment.

O STF começava o julgamento da denúncia contra mim. Eu estava no gabinete assistindo, na companhia dos deputados Rodrigo Maia, Carlos Marun, Jovair Arantes, Hugo Motta e Lúcio Vieira Lima. Eles ficaram o tempo inteiro ao meu lado.

Teori primeiro teria de apreciar dois recursos pendentes, antes da denúncia propriamente dita. Ele não tinha atendido ao pedido da minha defesa, para julgá-los antes, em outra sessão. O ministro Marco Aurélio votou pelo acolhimento do meu recurso – rejeitado pela maioria.

Após Teori ler o seu voto, Janot e Antonio Fernando de Souza debateram a denúncia, um acusando e o outro defendendo. Janot, dentro da sua maldade, usou um argumento para contestar a defesa de Antonio Fernando – lançando mão de sua posição adotada, como procurador-geral, no processo do Mensalão para rebatê-lo.

O argumento de Antonio Fernando dizia respeito à ação cautelar de busca e apreensão, feita após a apresentação da denúncia, contestada por ser ilegal. Janot rebatia usando o Mensalão como exemplo, dizendo que era similar – embora fosse diferente.

Esse fato teria sido, depois, o motivo de Antonio Fernando ter deixado minha defesa nessa ação penal. Ele argumentou comigo que, para me defender corretamente, teria de usar argumentos contrários aos utilizados por ele quando era procurador-geral. Ele seria, dessa forma, sempre contestado por Janot. Tratava-se de embate pessoal não só comigo, mas também de Janot contra um antecessor. Na sequência, portanto, coloquei outra banca de advogados para a defesa dessa ação penal. Encarreguei Ticiano Figueiredo e Pedro Ivo Velloso.

Após as sustentações orais, Teori leu seu voto, em que aceitava parcialmente a denúncia, excluindo grande parte da acusação de Janot. Teori limitou o campo da acusação somente a partir dos requerimentos da ex-deputada Solange Almeida. Dessa forma, votou pela aceitação parcial da denúncia, entendendo que, para abrir a ação penal, bastariam os indícios expostos pelo procurador – sendo que, para a condenação, ela não poderia se dar apenas pelas palavras de delatores. Mais tarde, esse entendimento seria modificado pelo próprio STF, que passou a rejeitar denúncias baseadas apenas em palavras e documentos de delatores. Se essa denúncia tivesse sido julgada depois, ela não teria sido aceita.

Naquela quarta, o julgamento foi interrompido com o voto de Teori tendo já sido acompanhado por cinco ministros. Ou seja, a denúncia já estava aceita; faltava saber o placar final.

Ressalta-se uma situação importante, que acabou não sendo respeitada quando a ação desceu para ser apreciada por Sergio Moro. O ministro Marco Aurélio questionou Teori se a ação cautelar de busca e apreensão faria ou não parte da acusação. Marco Aurélio dizia que, se ela fizesse parte da acusação, eu teria de ter novo prazo de resposta à denúncia, e o STF só poderia julgar depois disso. Teori respondeu que não fazia parte da acusação, pois foi feita depois, em cautelar apartada, e não era referente a essa denúncia.

Infelizmente, depois Moro incorporou toda a cautelar à ação, ignorando o voto do STF da aceitação da denúncia. E se utilizou dela na instrução probatória. Foi mais um dos escândalos e abusos do chefe da operação.

Até um dos meus maiores desafetos na imprensa, o colunista da *Folha de S. Paulo* Jânio de Freitas, escreveu sobre a inconsistência das supostas provas usadas por Janot para me acusar. Ele relatou ao menos dois fatos relevantes. Janot teria, com ênfase, citado como prova a reunião em que eu teria participado, junto dos lobistas Júlio Camargo e Fernando Baiano. Longe de apresentar qualquer evidência de minha presença, Janot usa como prova o comprovante de estacionamento do carro de Fernando Baiano, alegando que supostamente eu estaria de carona. Citou também, como outra prova, o plano de voo do avião de Júlio Camargo.

Isso, por óbvio, só provava a presença na reunião dos delatores – e não a minha presença. Outra situação levantada pelo colunista dizia respeito à divergência da transcrição e do vídeo da delação de Fernando Baiano – ele mesmo teria contestado a versão escrita do depoimento. Janot teria omitido isso na acusação e nem tinha se dado ao trabalho de responder a Antonio Fernando sobre tal ponto.

Como o colunista destacou, era preciso saber lidar com essas delações e suas provas. O debate vigora até hoje, já que a grande maioria das delações não tem qualquer prova, exceto a produzida pelos próprios delatores.

Após a aceitação da minha denúncia, o governo comemorou o resultado, achando que meu afastamento viria logo em seguida. Deputados do PT, do PSOL e da oposição pediram minha renúncia, em discursos na sessão da Câmara.

Na quinta-feira, dia 3, saiu uma edição extraordinária, antecipada, da revista *IstoÉ*. Trazia um furo de reportagem que iria repercutir de forma violenta no país e teria influência no processo de impeachment. Era a delação do ainda senador Delcídio do Amaral. Além do conteúdo, que acusava Dilma, a matéria chamava a atenção por ter sido assinada por uma jornalista, Débora Bergamasco, que tinha sido assessora de José Eduardo Cardozo. Ela também assinava como se fosse de Curitiba. Só que a delação tinha sido feita em Brasília, com a PGR – e não em Curitiba.

A matéria colocava Delcídio como o Pedro Collor da Dilma, numa referência às denúncias do irmão do ex-presidente Fernando Collor, cuja entrevista à revista *Veja* em 1992 teria sido uma das principais razões do impeachment.

A repórter tinha feito questão de assinar de Curitiba, o que era estranho. A impressão de todos – para não dizer a convicção – era de que o vazamento tinha sido feito por Cardozo, como vingança da sua demissão do Ministério da Justiça.

Ele havia dado uma entrevista no dia anterior, na qual relatou pressões e críticas do PT pela sua condução da Polícia Federal na Operação Lava Jato. O presidente do PT havia respondido, negando qualquer pressão pela saída dele.

Cardozo era vingativo e malicioso. Ele realmente era desprovido de caráter. Era bem possível que fosse o responsável pelo vazamento.

A delação de Delcídio tem impacto imediato no Congresso. A informação publicada era a menção direta da participação de Dilma e Lula no conhecimento do suposto esquema da Petrobras e obstrução à Lava Jato.

Delcídio acusava Dilma de ter interferido três vezes na operação, com a ajuda de José Eduardo Cardozo. Em uma delas, ela teria nomeado um ministro do STJ, Marcelo Ribeiro Dantas, com a missão de evitar punição aos empreiteiros.

Ele acusava Dilma de saber do superfaturamento na compra da refinaria de Pasadena pela Petrobras. Também disse que intermediou, a pedido de Lula, propina ao ex-diretor da Petrobras, Nestor Cerveró, para tentar evitar sua delação, para que não prejudicasse o seu amigo José Carlos Bumlai. A tentativa de compra do silêncio de Cerveró era, inclusive, uma das razões da sua prisão.

Ele também disse que Lula teria pago pelo silêncio de Marcos Valério, o pivô do escândalo do Mensalão, entre outras acusações graves contra Lula e Dilma. Essas denúncias levavam a oposição a querer propor um novo pedido de impeachment contra Dilma. Eles passaram a cobrar a renúncia da presidente.

Como isso iria atrapalhar o processo e nem teria minha concordância, decidiram fazer um aditamento à peça do impeachment já aceita – o que também não era correto. Não havia necessidade de mais nada, somente que o STF decidisse os embargos de declaração e a gente tocasse o processo.

O PT atacou violentamente a delação de Delcídio. Instado pela imprensa, disse: "Delação nos olhos dos outros é pimenta, nos do PT é refresco". Ataquei porque estavam usando como argumento de defesa para eles, o contrário do que usavam de argumento para me atacarem. O PT só era coerente para se defender; para atacar os outros, aquilo que eles usavam para se defenderem não valia.

José Eduardo Cardozo, já como advogado-geral da União, foi escalado pelo governo para responder à matéria – cujo teor ele mesmo provavelmente tinha vazado. Como a própria imprensa destacou, pelo nível de detalhes da resposta, na qual ele classificava tudo como um conjunto de mentiras, Cardozo parecia já ter conhecimento do conteúdo integral da delação. Isso sem contar a facilidade que ele teria de obter a confirmação com sua ex-assessora.

O vazamento da delação havia gerado constrangimento entre o relator no STF Teori Zavascki e o procurador-geral Rodrigo Janot, pois ela ainda não havia sido homologada. Delcídio tinha sido solto por Teori pela delação. Ele pediu uma sindicância sobre o vazamento dos seus termos.

A pergunta que você pode fazer é: se Janot defendia Dilma, por que teria feito a delação de Delcídio? E também: por que Teori, se estava afinado com Dilma, aceitaria essa delação? A resposta: era que Janot não tinha como controlar mais o andamento de um processo como esse.

Ele poderia proteger Dilma nas suas ações, como protegeu. Mas não conseguia impedir uma delação, ainda mais decorrente de uma ação iniciada por ele, quando da prisão de Delcídio. Certamente ele avisou Cardozo de tudo que estava ocorrendo, daí a razão de Cardozo estar preparado para rebater em detalhes a delação – que nem confirmada ainda estava. Quanto a Teori, ele não podia evitar a homologação de uma delação proposta por Janot. Isso porque, no sistema que se montou com essas delações, caberia ao juiz verificar se a delação atendia aos pressupostos legais e se era espontânea – não cabia fazer qualquer tipo de verificação do mérito.

Também na quinta, saiu a informação de que o empreiteiro da OAS, Léo Pinheiro, teria decidido fazer delação premiada. Ele citaria Lula, no bojo das denúncias veiculadas sobre o tríplex do Guarujá e do sítio de Atibaia. Depois da decisão do STF autorizando a prisão após a condenação em segunda instância, o novo normal seria uma delação atrás da outra, para evitar a prisão.

O STF concluiu o julgamento do recebimento da denúncia contra mim. O mais incrível: minha denúncia foi julgada pelo plenário do STF antes dos embargos de declaração, da ADPF 378, que tratava do rito do impeachment. A celeridade dos atos contra mim não combinava com a falta de celeridade dos atos contra outros, incluindo Dilma e Renan.

A denúncia foi aceita por unanimidade. Nos votos ficou claro que o recebimento era pelo princípio de: em dúvida, pró-sociedade.

O ministro Dias Toffoli, que depois seria o responsável pelo voto condutor que mudou a jurisprudência no STF quando da aceitação das denúncias, falou que não havia provas para que eu fosse condenado, mas que se poderia abrir a ação penal.

Tanto Toffoli quanto Gilmar Mendes defenderam a exclusão da ex-deputada Solange Almeida da denúncia – mas acabaram vencidos. O voto mais duro foi o do decano Celso de Mello, que tinha essa característica.

Parece ironia, mas Celso de Mello só estava votando porque eu não tinha aceitado a proposta indecorosa de José Eduardo Cardozo – de não votar o segundo turno da chamada PEC da Bengala, que prorrogou a aposentadoria dele em mais cinco anos. Se não fosse por mim, ele já estaria aposentado nesse dia.

Teori Zavascki declarou depois que não haveria prazo para discutir o pedido do meu afastamento protocolado por Janot. Ele afirmou ainda que se tratava de dois processos distintos e que o pedido não estava vinculado à denúncia apreciada naquele dia.

Ao mesmo tempo que comemorava a aceitação da denúncia contra mim, a primeira referente à Lava Jato no STF, Janot vazava que a Suíça não teria colocado restrições à transferência sobre mim. Ou seja, ele poderia, assim, me denunciar também por evasão de divisas ou por sonegação fiscal – que não são crimes na Suíça.

A decisão das autoridades suíças com relação às supostas contas no exterior foi depois desmentida por elas mesmas quando, em outubro de 2020, declararam ao Ministério Público Federal do Brasil que eu era apenas o usufrutuário da conta.

É sabido que o procurador-geral da Suíça à época, Michael Lauber, que trabalhava irregularmente com Janot, havia tido problemas pela sua atuação naquela instituição. Ele acabou respondendo por isso. Vários processos conduzidos por ele, inclusive com relação à Petrobras, estavam sendo investigados. Outro procurador suíço, Stefan Lenz, também teve a sua atuação flagrada na Vaza Jato.

Os documentos suíços, produzidos a pedido de Janot, desmentidos por eles mesmo depois de quatro anos, quando me consideraram mero usufrutuário das contas, eram uma afronta à realidade dos fatos e, provavelmente, irregulares. Só que eu já tinha pago um alto preço por esse conluio, admitido pelo próprio Janot em seu livro.

Saiu o resultado do levantamento do PIB do ano de 2015. A queda no Brasil teria sido de 3,8%. Esse número, bastante alto, era uma constatação do fiasco da política econômica de Dilma – e explicava a grande queda de arrecadação de impostos no país. Para se ter uma ideia, é um número quase igual ao ocorrido em 2020 devido à pandemia da covid-19. A reeleição tinha sido, portanto, o equivalente a uma outra pandemia anterior, talvez a covid-14.

O novo ministro da Justiça de Dilma tomou posse, mas sofreu contestação judicial, pois como membro da ativa do Ministério Público não poderia ocupar cargo no executivo por licença. Ele teria de se demitir do MP ou se aposentar.

Temer continuava com suas viagens de campanha para recondução no PMDB, na convenção que seria em 12 de março. Nesse momento ele estava em Alagoas, onde fazia campanha com a presença de Renan, sinalizando o acordo que já estava feito para a eleição no partido.

Debaixo de uma semana difícil, quando tudo parecia que já estava muito ruim, estourou aquilo que seria o pior de tudo para Dilma e o PT. Na sexta, dia 4 de março, foi deflagrada uma operação, determinada pelo chefe da Lava Jato, Sergio Moro, contra Lula: busca e apreensão, além de condução coercitiva para tomada de depoimento. Era a 24ª fase da Lava Jato.

As conduções coercitivas eram possíveis naquele momento. Elas significavam que o conduzido era obrigado a depor imediatamente. Depois do caso de Lula, o STF, mediante uma ação do PT aprovada no plenário, passou a considerar ilegal o instituto da condução coercitiva.

Se a divulgação da delação de Delcídio no dia anterior já tinha sido uma bomba no colo de Dilma e do governo, a operação contra Lula seria outra bomba, dessa vez atômica contra eles.

O país parou para acompanhar. Lula foi compulsoriamente levado para o Aeroporto de Congonhas, para depor em uma estrutura montada às pressas, na área de embarque das autoridades. A operação, vazada para a imprensa antes de deflagrada, tinha já repórteres e fotógrafos na porta da casa do ex-presidente. Um jornalista chegou a anunciar pelo Twitter que uma ação importante aconteceria em poucas horas.

A condução coercitiva motivou o deslocamento de militantes, tanto do PT como de favoráveis ao impeachment, para Congonhas e para a sede do PT – para onde Lula se dirigiu depois. Houve confusão, confrontos e atos de violência. Após liberado da condução coercitiva, o petista fez pronunciamento à imprensa e lançou o seu nome para disputar a Presidência em 2018. Dilma também convocou a imprensa e divulgou pronunciamento em defesa de Lula, mas usou a maior parte do tempo para se defender das acusações feitas a ela pela delação de Delcídio.

Evidentemente, a condução coercitiva era desnecessária. Foi apenas um palco do show da Lava Jato de Curitiba. A atuação do chefe da operação não se subordinava a ninguém, salvo aos seus interesses políticos.

Moro já havia causado um estrago no governo com a prisão de João Santana. Agora ele partia para cima do mito do PT. Lula era capaz de arrastar a militância, coisa impossível para Dilma. O segundo ato de Moro colocava mais combustível para a deterioração de Dilma e do governo.

Ainda teria mais uma contribuição do então juiz, talvez a maior, para apressar o derretimento de Dilma e precipitar seu impeachment. Não tenho dúvida de que o gesto era premeditado. Moro inclusive controlava o próprio advogado de Delcídio, que pode ter sido o responsável pelo vazamento da sua delação – caso não tenha sido o Cardozo.

O último ato de Sergio Moro talvez tenha sido por impulso – e sem a previsibilidade dos dois primeiros. De qualquer forma, era decorrente deles. Moro havia quebrado os sigilos e ainda determinado a interceptação telefônica de Lula. Era óbvio que iria arranjar mais barulho político.

Ele só não tinha determinado a prisão de Lula porque teve medo da reação. Ele preferia testar, primeiro, com a condução. O seu objetivo era decretar a prisão de Lula – só não sabia ainda quando. Lula também sabia disso. E, por isso, partia para o enfrentamento.

Moro tinha ampla vantagem nessa situação. Contava com o apoio integral da mídia. Ele também se sentia legitimado pela voz das ruas. Isso ficaria claro com as manifestações que aconteceriam no dia 13. A partir daí, ele partiu para o seu derradeiro ato para nocautear o PT.

30 A segunda denúncia da PGR contra mim, a convenção do PMDB em 12 de março e a maior manifestação de rua do país contra Dilma

A situação realmente estava se agravando. O Brasil todo sentiu a operação. Houve manifestações em vários pontos do país. Lula era agora o alvo a ser perseguido pelos opositores do PT. Ele se transformava em vítima de sua própria criação.

Houve quem falasse que José Eduardo Cardozo sabia com antecedência dessa operação, e não queria estar no cargo de ministro da Justiça no momento em que ela ocorresse. Naquele instante, tudo era possível.

O ambiente favorável para Dilma, conquistado à custa dos ataques a mim e da eleição de Picciani para a liderança do PMDB, estava totalmente derretido. A oposição anunciava pela imprensa que iria obstruir todas as votações na Câmara enquanto eu não desse seguimento ao processo de impeachment. Eles queriam que eu esquecesse os embargos. O clima estava esquentando.

A reação do governo veio na mesma hora, por meio de Janot. Ele protocolou uma segunda denúncia contra mim, pelas contas do *trust*, incluindo evasão de divisas, que ele entendia liberada pela Suíça. Janot incluiria também na denúncia um crime eleitoral por falsidade ideológica – o fato de eu ter omitido na declaração à Justiça Eleitoral a existência das contas. Essa denúncia acabaria aceita pelo STF em junho, com a inclusão do crime eleitoral – se transformando na segunda ação penal que eu responderia no STF. Mais tarde, quando perdi o mandato de deputado, o ministro Teori Zavascki enviou essa ação penal para a vara do chefe da Operação Lava Jato em Curitiba.

O que faz Moro? Recebe a ação e envia ao Ministério Público para ratificar ou não a denúncia, que tinha sido apresentada pela PGR e que já tinha sido aceita pelo plenário do STF. O que faz a força-tarefa da Lava Jato em Curitiba? Ela simplesmente ratifica a denúncia, exceto pelo crime eleitoral. Por que isso? Para fraudar a competência da Justiça Eleitoral, em processar ações que envolvam crimes eleitorais, independentemente de ter outros crimes associados.

Moro então recebe de novo uma denúncia já recebida pelo plenário do STF, e em seguida decreta a minha prisão preventiva, que perdura até hoje. Moro comete uma fraude, entre outras já cometidas na Operação Lava Jato, para manter a competência sobre mim.

É nessa ação que Moro me condena a 15 anos e 4 meses de prisão e mantém a prisão preventiva. Depois a segunda instância mantém a condenação, reduzindo a pena em míseros dez meses. Nesse momento a ação encontra-se em fase de recursos aos tribunais superiores.

Também está pendente de julgamento uma reclamação ao STF por Moro ter burlado a competência do STF ao retirar o crime eleitoral para manter a sua competência. O STF consolidou a jurisprudência de que cabe à Justiça Eleitoral julgar esses feitos. Vários casos foram enviados à Justiça Eleitoral depois do meu. Mas, infelizmente, isso não aconteceu comigo ainda.

Certamente essa sentença de Moro será anulada. Com isso, deverá se iniciar um novo processo na Justiça Eleitoral para julgar a denúncia, feita originalmente por Janot e fraudada por Moro. Ao menos se houver igualdade na aplicação das leis no país e se esquecerem que o nome da capa do processo é Eduardo Cunha.

Janot tinha feito mais. Ele pediu o desmembramento da denúncia – no que tangia à minha esposa e minha filha – para que fossem remetidas a Curitiba. O jogo estava ficando mais pesado, pois o que ele queria, na verdade, era que Moro fizesse com a minha família o que estava fazendo com Lula para contrabalançar.

Quando o procurador-geral pediu para que a Suíça aventasse a possibilidade de acusar a mim e a minha família de evasão de divisas, ele tinha um objetivo em mente. A preocupação dele não era ter mais um crime para me acusar. E, sim, caracterizar o estado de flagrância pelas contas, para poder ter um motivo de pedir minha prisão em flagrante.

Também queria ele que Moro fizesse o mesmo com minha mulher – o que seria até mais fácil. No meu caso, teria de, após a prisão, submetê-la ao plenário da Câmara em 24 horas. Acontece que as contas já estavam bloqueadas por decisão do próprio STF, tornando mais difícil emplacar essa tese de flagrante.

Com relação à minha mulher, ele não precisaria de nada disso se o inquérito fosse desmembrado. Aí, bastaria a decisão arbitrária de Moro para criar um barulho político contra mim. O problema era que Janot não sabia que minha mulher estava declarando a conta dela. Logo, não estaria em nenhuma irregularidade nem sujeita a qualquer flagrante.

De qualquer forma, o advogado da minha mulher, Pierpaolo Bottini, decidiu fazer uma petição no juízo do chefe da operação, comunicando a regularidade da conta atribuída a ela, além de espontaneamente acautelar seu passaporte e se colocar à disposição para esclarecimentos. Isso estancou a maldade de Dilma e Janot contra a minha mulher e contra mim.

Minha mulher, que antes tinha até ficado simpática a Dilma, com quem chegou a desenvolver uma relação amistosa, a partir desse momento, com essa maldade, passou a ser a maior defensora do impeachment. Ela não admitia a falsidade e a baixaria que Dilma estava patrocinando contra nossa família.

Tanto ela quanto minha filha recorreram dessa decisão de Teori. No entanto, ele só foi levar a decisão ao plenário no fim de junho, mostrando que havia uma atuação e decisões coordenadas em relação a mim.

Uma juíza federal de Brasília acolheu a ação do deputado Mendonça Filho, do DEM, anulando a nomeação do novo ministro da Justiça, Wellington César Lima e Silva – por não ser permitido o acúmulo de cargos. Ele não iria conseguir ficar mais no comando da pasta, e Dilma teria de nomear outro para o lugar. O governo não atendeu à decisão da juíza, mas o PPS ingressou no STF com uma ação com a mesma finalidade, que seria julgada depois.

No sábado, Dilma saiu de Brasília e foi visitar Lula em seu apartamento, em São Bernardo do Campo, para prestar solidariedade. Sua visita foi bastante criticada, por ela usar a estrutura da FAB para essa finalidade.

O exagero da operação contra Lula provocou uma avalanche de críticas contra o chefe da Operação Lava Jato. Ele soltou uma nota para se defender das críticas, frisando a violência que o ato gerou. Embora o ambiente político tenha se degradado, havia o medo de que uma ação arbitrária, como a feita contra Lula, pudesse ao final vitimá-lo, prejudicando o processo de impeachment.

Até mesmo Dilma, quando foi visitar Lula e se deixou fotografar junto dele, quis pegar carona nessa vitimização que o exagero de Moro poderia ter criado. O fato era grave, mas as consequências naquele momento eram ainda imprevisíveis. Só um pouco mais à frente a situação ficaria mais clara.

No domingo, Temer participou de um evento em São Paulo e defendeu novamente a reunificação e a harmonia entre os poderes. Sua mensagem foi interpretada como a retomada para o caminho do impeachment, agora que tinha resolvido a sua situação no PMDB.

Grupos de radicais do PT fizeram manifestação em frente à TV Globo no Rio de Janeiro, para protestar contra a cobertura da emissora com relação a Lula. Era verdade que, apesar de poupar Dilma, a Globo não deixava de bater impiedosamente em Lula durante todo esse tempo. O ex-presidente só não apanhava mais do que eu da Globo. Enquanto isso, Dilma e seu governo eram bastante poupados. Restava saber como ficaria a situação depois da saída de Cardozo do Ministério da Justiça.

No programa *Fantástico*, a Globo exibiu reportagem em que mostrava as prateleiras da Operação Lava Jato, em Curitiba. As imagens mostravam que a 31ª fase já estava programada. Isso comprovava a programação dos atos políticos da operação, que era feita, em média, uma vez por mês – mas já tinha ação programada até para outubro. Se existiam os elementos para deflagrar uma operação, por que esperar sete meses? Como justificar a excepcionalidade e urgência de uma medida cautelar feita sete meses depois? Tudo fazia parte da programação política do chefe da operação.

O ministro do STF Marco Aurélio Mello, apesar de suas posições tão controvertidas no STF, criticou a condução coercitiva de Lula. Ele disse que até no regime de exceção só se fazia condução coercitiva caso o intimado não comparecesse para depor. Esse não era o caso do petista. Marco Aurélio também criticou o ministro Edson Fachin por ter retirado da pauta a denúncia contra Renan, que estava tramitando fazia muito tempo. Em resumo, ele dizia que a pior ditadura era a do Judiciário.

Na segunda, ficou conhecido o acórdão do julgamento do rito do impeachment, que seria publicado na terça. Com isso, o STF teria de julgar rapidamente os embargos. O tempo estava perfeito para o que eu desejava. Mesmo assim, era um absurdo que um julgamento ocorrido em 17 de dezembro tivesse somente nessa data o acórdão sendo publicado.

Saiu a notícia de que a força-tarefa da Lava Jato cogitava alguma ação que visasse impedir a candidatura de Lula à Presidência em 2018. Era a declaração pública da politização do processo, que tinha mesmo esse objetivo: destruir a política do país. Apesar de ser radicalmente contrário ao PT e concordar que houve um esquema de corrupção no Brasil durante o governo petista, não concordava com esses métodos. Até porque sabia que esse tipo de ação acabava sendo contra todos. É o chamado "efeito Orloff", em homenagem a um famoso anúncio de vodca do passado: "Eu sou você amanhã".

A oposição conseguiu marcar audiência com o presidente do STF, Ricardo Lewandowski, para pressionar pelo rápido julgamento dos embargos. Ele não poderia acontecer naquela semana, pois teria de respeitar o prazo, que seria aberto para que outros embargassem. A Câmara iria ratificar seus embargos no dia da publicação. Isso evitaria prejuízo aos embargos que já havíamos apresentado.

Eu me encontrei com Temer em Brasília. Novamente a articulação do impeachment estava em sua pauta. Avisei que iria reiterar os embargos tão logo ocorresse a publicação. E que o julgamento poderia ocorrer na semana seguinte. A expectativa de Temer consistia em dar um contorno na discussão da saída do PMDB do governo na convenção. Ele queria aprovar uma decisão que proibisse que integrantes do partido ocupassem novos cargos. Também pretendia marcar um prazo para deliberar essa saída do governo. O principal objetivo dessa medida era evitar que o deputado Mauro Lopes assumisse como ministro da Aviação Civil. Esse cargo tinha sido acordado pelo líder Leonardo Picciani, quando da disputa da sua reeleição.

Temer achava, com razão, que o sinal de nomear um novo ministro nesse momento seria muito ruim para o processo de impeachment. Além disso, queria também enfraquecer Picciani no processo interno.

Ele acreditava que, dessa forma, conseguiria atravessar a convenção sem grandes confrontos. Como ela seria na véspera das manifestações do dia 13, o mais prudente, para ele, era agir dessa forma. Concordei, mas achava que era irrelevante. Eu iria publicamente continuar a defender a saída do partido do governo. Sabia que estávamos dependendo das manifestações para termos ideia do tamanho do apoio.

Por outro lado, o julgamento dos embargos também poderia ser influenciado por essas manifestações. Dificilmente o STF marcaria esse julgamento antes do dia dos protestos. Eles não iam querer deixar as ruas contra eles.

Teori Zavascki autorizou, então, a abertura do terceiro inquérito pedido por Janot contra mim. O caso era o das delações dos empresários Ricardo Pernambuco, pai e filho.

O Conselho de Ética me notificou do início do processo. Eu teria o prazo de dez dias de defesa. Ao mesmo tempo, entrei com recurso na CCJ em relação às irregularidades praticadas no processo.

Na terça, saiu a publicação do acórdão do julgamento do rito do impeachment. Imediatamente protocolei a reiteração dos embargos com o mesmo teor, para evitar qualquer nulidade pela tempestividade do recurso apresentado. Com isso, acabavam as discussões e era exatamente a estratégia que eu tinha combinado com os advogados.

Saiu na *Folha* a informação de que a secretária da Odebrecht Maria Lúcia Tavares, presa na mesma operação de João Santana, estava firmando o acordo de delação premiada, já relatado anteriormente. Ela não teve a prisão provisória convertida em preventiva. A delação dela foi a principal causa da mudança da Odebrecht nesse processo. As provas obtidas com ela eram contundentes em relação à prática de pagamentos irregulares da empresa. Sem controlar a secretária, a empresa passaria a negociar um acordo de delação.

A oposição se reuniu com o presidente do STF, Ricardo Lewandowski, que comunicou que o julgamento dos embargos ocorreria na sessão de 16 de março. O anúncio antecipado indicava receio de transformar as manifestações de rua do dia 13 em uma cobrança ao STF. Com a data do julgamento já divulgada, ele evitaria essa pressão. De qualquer forma, para a gente, era mesmo o ideal: sabíamos que as ruas poderiam influenciar o julgamento e contávamos com isso.

A oposição tomou a decisão de obstruir as votações na casa até a deliberação do STF em relação aos embargos do impeachment. Aceitei a decisão de bom grado, deixando que o governo se virasse para obter número para vencer a obstrução, caso quisesse votar alguma coisa.

Numa demonstração do funcionamento do pêndulo de Renan, o Senado deixou vencer a medida provisória que aumentava o imposto de renda de ganho de capital. A medida do governo, que já tinha sido alterada na Câmara, agora era, na prática, derrubada pelo Senado. Isso teria implicações no caixa das contas públicas no ano. Depois era eu quem dificultava a vida do governo, impedindo a solução da crise econômica...

Renan cancelou também uma sessão do Congresso, em função da obstrução declarada da oposição, por causa do impeachment de Dilma. Ele não quis se desgastar e preferiu sair de cena.

Moro soltou a primeira sentença que condenaria o empreiteiro Marcelo Odebrecht a uma pena de 19 anos e 4 meses. Sua condenação, aliada à mudança do entendimento para o cumprimento da pena em segunda instância, também iria influenciar a decisão da empresa de partir para uma delação.

Renan criou no Senado uma comissão para analisar alternativas ao presidencialismo. A discussão de adoção do parlamentarismo, ou o semipresidencialismo, como chamavam, era inevitável em função da deterioração política. Isso sinalizava que o desgaste do governo estava chegando a níveis que nem o Senado seria capaz de segurar.

O governo, também com medo de o desgaste aumentar ainda mais devido às novas delações, divulgou que queria enfrentar, o mais rápido possível, a votação da abertura do processo de impeachment. Agora estavam caindo na realidade: não ter enfrentado o processo em dezembro, quando a situação era bem melhor, tinha sido um erro. A estratégia burra de buscar judicializar para evitar a apreciação do impeachment estava prestes a cobrar o seu preço.

A liminar de Fachin, paralisando o processo, mesmo que ele não tenha votado a favor do governo depois, obrigou ao adiamento. Eles queriam me derrubar primeiro, achando que, com isso, acabariam com o impeachment. Só não contavam com o imponderável: as delações e a atuação de Sergio Moro.

No cenário havia a preocupação de Dilma com a possível delação premiada do marqueteiro João Santana e de sua mulher, Mônica Moura. Também era aguardada a homologação da delação de Delcídio do Amaral. Em suma, a chance de piorar era enorme. Até o líder do PMDB, reeleito com o apoio de Dilma e visto como essencial para a manutenção do apoio a ela na comissão especial, já dava sinais de dificuldades. Ele, em palestra ao mercado financeiro, elencava dificuldades para Dilma manter o mandato. Isso a menos de três semanas depois da sua reeleição.

Em 9 de março foi publicada a notícia que causaria a próxima confusão no país: Dilma estaria disposta a dar um ministério para Lula para que ele evitasse uma prisão por parte do chefe da Operação Lava Jato. Caso Lula fosse ministro, seu foro passaria a ser o do STF, e não mais o do primeiro grau. Isso evitaria ações que não eram controladas pelo governo. A expectativa, então, era transferir toda a sua investigação para Teori Zavascki. Lula, a princípio, não estaria concordando – mas tentavam convencê-lo a aceitar.

O ex-presidente estava em Brasília. Na noite anterior havia jantado com Dilma e ministros para debater esse assunto. Nessa quarta, tomaria o café da manhã com Renan na residência oficial do Senado, tentando também tomar o pulso da situação do PMDB quanto à saída do governo. Lula, que andava priorizando sua defesa em detrimento da defesa do governo, agora achava que a morte do governo Dilma poderia ser sua morte também. Resolveu agir. Começava a considerar a possibilidade de assumir um ministério.

Disse que responderia ao convite de Dilma até segunda, dia 14 de março. Lula queria fazer isso como uma resposta do governo às manifestações que iriam acontecer – e não se tornar a causa delas, aceitando um ministério antes que elas ocorressem.

Na prática, a entrada de Lula significaria não só sua tábua de salvação contra uma eventual prisão pelo chefe da Operação Lava Jato, mas também sinalizaria, politicamente, uma intervenção no governo Dilma. Lula assumiria o comando do governo e, com isso, o impeachment de Dilma passaria a ser o impeachment dele, Lula.

O Senado voltou atrás no seu Conselho de Ética e resolveu admitir a acusação contra o então senador Delcídio. As notícias da sua delação deixaram a sua situação insustentável. Se ele era delator admitindo crimes, como o Senado poderia evitar sua cassação?

O STF julgou ação do PPS para impedir que o novo ministro da Justiça, Wellington César Lima e Silva, continuasse no cargo. O STF concluiu que havia incompatibilidade para que ele ocupasse os dois cargos ao mesmo tempo. Acabou concedendo o prazo de 20 dias para que ele deixasse o Ministério Público ou o governo.

O Ministério Público de São Paulo apresentou uma denúncia contra Lula sobre o apartamento tríplex do Guarujá. Havia um conflito de atuação entre o Ministério Público de São Paulo e o Ministério Público Federal de Curitiba. Essa denúncia acabaria sendo transferida para Curitiba, sendo que a defesa de Lula errou ao permitir isso. Foi o que desencadearia a condenação que impediu a candidatura de Lula em 2018.

Os movimentos ligados ao PT começam a convocar para atos no mesmo dia das manifestações. O receio passou a ser de que houvesse confrontos nas ruas entre os dois grupos.

Sergio Moro, em sua cruzada de mídia, gesto que seria comum daí em diante, participou de um evento da Lide, grupo empresarial de João Doria Jr. Ali, defendeu a Lava Jato. Construiu argumentos para dizer que a operação não era a culpada da crise econômica vigente. Ilustrou com o fato de haver movimentos favoráveis do mercado financeiro quando ocorriam operações da Polícia Federal. Para ele, isso era um indicativo de que a Lava Jato não era exatamente um problema. Chegou ao ponto de dizer que esperava que as manifestações de domingo fossem pacíficas.

Essa posição dele seria a sua postura de sempre. Ele tentava se desvincular do óbvio. O seu projeto político pessoal estava impondo recessão e instabilidade política ao país, responsáveis pela crise. Ninguém tinha dúvidas disso. A desfaçatez de ainda pedir pacificidade aos movimentos, cuja tensão era causada por ele mesmo, mostrava sua enorme cara de pau. Moro é um exemplo de político que precisa ser combatido.

No mesmo dia em que recebia Lula para um café da manhã, Renan participou de um jantar da cúpula do PMDB e do PSDB no Senado. A discussão era a saída para a crise e o impeachment de Dilma. Naquele momento, Renan já sabia que, se passasse o impeachment na Câmara, seria difícil segurar o processo no Senado. O cenário muda como uma nuvem.

Na quinta, divulgou-se a peça da denúncia do Ministério Público de São Paulo contra Lula. Havia também um pedido de prisão preventiva contra ele. Embora o pedido fosse meio absurdo, colocava mais pressão na decisão de Lula de aceitar o ministério, ao mesmo tempo que colocava pressão nas ruas para as manifestações.

Uma nota publicada na coluna da jornalista petista Mônica Bergamo, na *Folha de S. Paulo*, incomodou Dilma. Dizia que ela estava resignada com a situação de que o governo poderia não chegar ao final. A presidente chamou uma coletiva para desmentir. Ela falou que não estava resignada e que não iria renunciar.

Temer promoveu um encontro com todos os caciques do partido para acertar definitivamente o que seria votado na convenção. Prevaleceu o que ele tinha combinado comigo: um prazo de 30 dias para se decidir a continuidade ou não do apoio ao governo.

Na sexta, véspera da convenção do PMDB, a *Folha de S. Paulo* publicou trechos da delação de Delcídio. Ele atribuía a Michel Temer a nomeação do ex-diretor internacional da Petrobras Jorge Zelada, que estava preso por Moro. Temer desmentiu. Disse que foi a bancada de Minas Gerais do partido que havia feito essa nomeação. Na segunda denúncia apresentada por Janot contra mim, em função das contas do *trust*, o procurador me atribuía a nomeação desse diretor. Ele se baseava na delação de um ex-gerente da Petrobras, Eduardo Musa, que havia afirmado ter "ouvido dizer" de terceiros que Zelada tinha sido nomeado pela bancada mineira do PMDB – mas que a última palavra teria sido minha.

Depois, durante a instrução probatória, após a perda do meu mandato, eu fui, pasmem, condenado por corrupção por ter supostamente recebido benefícios em troca da nomeação de Zelada. Esse foi um dos absurdos de Moro, confirmado pelo TRF-4 – que estou tentando reverter nos tribunais superiores.

Eu fiquei preso preventivamente mais do que o tempo que teria de cumprir de pena. Pelo tempo da condenação imposta, teria direito a liberdade condicional, pois estava preso por mais de um terço da pena. Também haveria de ser-me concedido, obviamente, o direito à progressão de regime para o regime aberto. No entanto, apesar disso tudo, enquanto finalizo este livro, ainda persiste a minha preventiva. Eles querem que eu tenha prisão perpétua. Felizmente, ainda não existe pena de morte no país.

Tais absurdos precisam ser combatidos. Moro transformou o processo penal brasileiro, encurralando os tribunais superiores para não alterarem as prisões que ele decretava. Além disso, tinha o alinhamento automático da segunda instância do Paraná. Isso não tem parâmetros no país. Essa era a forma utilizada por ele para construir seu projeto político.

Permaneci em Brasília para a convenção do PMDB. Na noite de sexta, um jantar foi realizado para todo o partido. Tudo parecia de acordo, inclusive para a decisão que se tomaria por meio de moção, de proibir que membros da legenda ocupassem novos cargos governistas. Também se deliberaria o prazo de 30 dias para que o partido decidisse se continuaria ou não no governo. Era o chamado aviso prévio.

Havia consenso de que em um mês já se teria uma ideia do destino do processo de impeachment. Ou seja, o partido iria se posicionar quando já estivesse selado o destino de Dilma. Em outras palavras, iria abandonar o barco quando ele já estivesse afundado.

Aviso pela imprensa que o processo de impeachment deveria ser concluído no prazo de 45 dias após a decisão do STF dos embargos de declaração sobre o rito. Na verdade, acabaríamos levando exatos 31 dias para o fim do processo, desde a votação do STF.

Na sexta, o presidente do PRB, Marcos Pereira, publicou artigo na *Folha de S. Paulo* criticando o governo e fazendo a defesa do processo de impeachment. Pereira foi o primeiro que discutiu comigo, em outubro de 2015, as pretensões dele para apoiar o afastamento de Dilma. O artigo sinalizava que o PRB iria, de verdade, para o impeachment.

Sábado, 12 de março, foi o dia da convenção. Tudo estava acertado para o acordo em que Temer seria reconduzido, com a primeira vice-presidência ocupada por Romero Jucá. Temer iria se licenciar depois e Jucá assumiria o comando do partido.

Foi combinado que todos iríamos juntos para o evento, saindo do Palácio do Jaburu. Dessa forma, Temer, Renan, eu, os líderes, ministros do partido, Sarney e figuras proeminentes do partido nos encontramos mais cedo e, na hora acertada, saímos em comboio para o local da convenção. Lá chegando, votamos, houve os discursos mínimos, acertou-se a votação das moções e falou-se à imprensa sobre as decisões do PMDB. Ao fim, restava uma disputa pelo cargo de secretário-geral entre Eliseu Padilha e o então ocupante Mauro Lopes. A disputa iria a votação, mas acabou se resolvendo com Mauro se reelegendo secretário-geral e Eliseu ficando com a segunda vice-presidência.

Durante a convenção, gritos como "fora Dilma" e "fora PT" incomodavam os que defendiam a continuidade da aliança – em menor número a essa altura.

Voltamos para o Jaburu. Temer ofereceu almoço para todos. Surgiu ali um conflito envolvendo o senador Raimundo Lira, que pleiteava uma vaga na executiva nacional do partido. Temer, já de olho na votação do impeachment no Senado, cedeu. Naquele momento, as conversas eram sobre o tempo que levaria para a deflagração do processo. Com a marcação do julgamento do STF para a quarta-feira, dia 16, o impeachment ia seguir adiante.

A discussão funcionava como termômetro do que as ruas iriam dizer no domingo. A deterioração da situação era flagrante. O líder do partido no

Senado, Eunício Oliveira, disse a mim e a Temer, reservadamente: "Se a Câmara aprovar o impeachment, o Senado não terá como segurar". Era o que Temer queria ouvir. E eu também.

A repercussão da convenção do PMDB foi enorme, pois era praticamente uma saída programada do governo – que coincidiria com o avanço do processo de impeachment. Após o fim da convenção, eu fui para o Rio de Janeiro.

Logo na chegada, apesar da forte chuva, notei que havia um clima de revolta nas pessoas, talvez prenúncio dos protestos de domingo. À noite, fui jantar no Gero, da Barra da Tijuca. Quando me preparava para ir embora, fui até a mesa de um casal de amigos. Enquanto conversávamos, fui surpreendido com uma enérgica salva de palmas para mim.

Eu me assustei bastante com isso. Cheguei a achar que pudesse ser ironia pelo desgaste que estava sofrendo. Embora eu não receasse sair às ruas nem estivesse sofrendo ataques, achava improvável um aplauso unânime em um restaurante grande e lotado.

No domingo, dia 13 de março, saí para fazer uma caminhada pelo meu condomínio e confirmei o clima. Quando passava por algumas casas, assistia a famílias inteiras se preparando para irem às manifestações, com camisas do Brasil, bandeiras etc. Em nenhuma outra ocasião vi algo assim tão forte ali. Parecia final de Copa do Mundo. Em várias janelas havia bandeiras do Brasil. E até cachorros passeavam enrolados de verde e amarelo.

Atônito com o movimento, voltei para casa e resolvi acompanhar a movimentação no país de todas as maneiras possíveis. De Brasília, a segurança da Câmara me informava. Para saber dos demais locais, eu usei rádios, TVs e até contatos com jornalistas que falavam constantemente comigo.

Na cidade do Rio, meus colaboradores políticos que estavam nas ruas me avisavam do tamanho da manifestação. Logo vi que os aplausos da véspera não eram ironia, como eu pensava, mas sim expressão de revolta com a situação – e uma esperança depositada em mim, de dar curso ao processo de impeachment.

Naquele momento, não importavam os meus problemas. O problema maior de todos eram Dilma e o PT. Para ficar livre deles, até se esqueciam de mim. Naquele momento, tirar Dilma era o principal.

As manifestações foram recordes no país. Era o maior ato público da história do Brasil, superando inclusive os atos das Diretas Já. Em São Paulo, a população tomou as ruas de uma forma nunca vista.

Bonecos de Lula vestido de presidiário, além de Dilma usando uma faixa presidencial com a palavra "impeachment", pipocavam pelo país todo. Os bonecos, apelidados de pixulecos, foram até vendidos por camelôs nas manifestações.

A oposição compareceu em peso em vários pontos do país – Aécio Neves e Geraldo Alckmin acabaram vaiados por manifestantes. O ato era uma espécie de prévia do que seriam as eleições de 2018. A classe política passou a sofrer rejeição. Apesar disso, naquele momento ninguém estava ligando para nada. O motivo era o impeachment. Dos políticos presentes nas manifestações, Bolsonaro foi uma exceção: muito bem recebido e aplaudido – o que denotava quem iria herdar o apoio, em função da derrocada do PT, nas eleições de 2018.

Muito se discutiu o tamanho real do público pelo país. Em São Paulo, o número calculado pelo Instituto Datafolha não parecia estimar o que aparentava ser das imagens e das fotos. O cálculo era de um público de mais de 1,4 milhão de pessoas. Houve protestos em 326 cidades do país.

Só no Rio de Janeiro, os cálculos dos organizadores falavam em 1,5 milhão de pessoas na praia de Copacabana. Para outros, variavam de 500 mil a 1 milhão. Parecia a festa de Réveillon. As famílias foram às ruas, não somente os militantes políticos.

Petistas foram em pequeno número para as ruas, em locais diferentes para não causar confrontos. Aquela era uma festa de libertação de Dilma e do PT. Os defensores do governo acabaram adiando a manifestação para o dia 18.

Enquanto Dilma e Lula eram muito criticados nos protestos, Moro, por outro lado, era reverenciado. Sua estratégia estava dando certo. Nas manifestações ele obteve apoio para os seus desmandos, e isso iria influenciar o que resolveria fazer na semana seguinte – iria turbinar ainda mais a revolta no país.

Moro divulgou uma nota dizendo-se tocado pelo apoio e atribuindo as referências ao seu nome à "bondade do povo brasileiro" e ao êxito de um "trabalho institucional robusto". Pediu ainda que os políticos ouvissem as vozes das ruas e cortassem "na carne" para acabar com a corrupção. Como um juiz, que deve falar apenas nos autos dos processos, podia soltar uma nota dessas, em meio às manifestações públicas? Era um acinte.

Ao contrário do que Dilma e o PT desejavam, eu não fui alvo de protestos. Estes estavam restritos ao desejo do povo de se ver livre de Dilma e do PT – foi um verdadeiro massacre, sem precedentes. As manifestações eram o que o processo de impeachment necessitava. Sem elas, certamente ele não ocorreria. Enfrentar uma militância profissional, paga e aguerrida, como a vinculada ao PT, sem ter o apoio do lado que desejava o impeachment, seria muito difícil.

O impeachment de Dilma era diferente do de Collor. Ele não tinha qualquer militância e as ruas eram ocupadas solitariamente pelos defensores do seu afastamento. Não tinha competição. Não tinha ninguém o defendendo, apesar dos motivos do seu impedimento terem sido absolutamente políticos.

A expectativa das manifestações fez atrasar a tramitação do processo de impeachment. As ruas chegaram com muito mais força no pior momento que Dilma estava atravessando. Era uma avalanche em cima da cabeça dela. Continuava parecendo que o segundo mandato de Dilma nem sequer havia começado. Seu partido estava contra o governo, contestando suas propostas. A base no Congresso era frágil, infiel e descrente. Seu padrinho estava enfraquecido de tal forma que ele mesmo, apesar de todo o carisma, era alvo das ruas.

A Lava Jato que Dilma e seu governo, por meio de Cardozo e Janot, tentavam colocar no meu colo tinha finalmente chegado a ela, a Lula e à sua campanha. Estava bem mais fácil levar o impeachment adiante. E era o que eu faria.

31 A nomeação de Lula para a Casa Civil e a divulgação das gravações com Dilma

As manifestações que ganharam as ruas incomodaram bastante o governo, que se via obrigado a reconhecer sua força. As imagens dos movimentos repercutiram em todo o mundo. A foto da *Folha de S. Paulo* daquela segunda, dia 14, foi a mais forte entre todas as publicadas.

Causou estranheza que na noite de domingo, dia em que o assunto predominante eram as manifestações, a TV Globo, no *Fantástico*, tenha dedicado a maior reportagem do dia para detalhar gastos meus e da minha família em cartões de crédito no exterior. A reportagem ia ao absurdo de levantar os locais, com imagens, onde teria sido utilizado o cartão.

Talvez eles estivessem esperando que eu também fosse atingido pelas manifestações – e tenham preparado a matéria como sequência ao relato do meu suposto infortúnio do dia. Mas apenas Dilma teve infortúnio.

Na segunda, o noticiário repercutiu as manifestações. A colunista petista Mônica Bergamo publicou na *Folha de S. Paulo* a seguinte nota: "E Lula foi avisado na sexta (11) de que Renan Calheiros, ainda que negue, já pulou fora do barco do governo. Ficou surpreso". Eu, pelo menos, não fiquei surpreso.

Um artigo publicado no jornal *Valor Econômico*, assinado pelo professor Marcos Nobre, fez análise bastante apropriada para a situação do impeachment, sob a ótica da Operação Lava Jato. Dizia ele: "Se a Lava Jato seguir na mesma trilha após um eventual impeachment, deve fazer de tudo para que o xeque-mate persista. Para os objetivos da força-tarefa, Dilma Rousseff é a presidente perfeita. Não tem poder para governar, muito menos para bloquear a operação. Mais paradoxal ainda, depende da continuidade da Lava Jato para tentar manter o seu mandato. A desorganização do sistema político que a impede de governar é, ao mesmo tempo, a condição para que se mantenha no poder, ainda que nessa versão mambembe que se conhece há já 15 meses". Continuava ele: "Submeter Dilma Rousseff ao impeachment não significará fazer um pacto como o que eleições costumam celebrar. Muito menos é garantia automática de estabilização. Pelo contrário, se a Lava Jato continuar na mesma trilha, o fato do processo de impeachment ser dirigido por figuras diretamente atingidas pela operação tem boas chances de aumentar ainda mais a desorganização do sistema político".

E prosseguiu: "Quando Lula partiu para tomar de vez o governo, nas duas últimas semanas, a Lava Jato reagiu imediatamente, colocando-o sob fogo cerrado, neutralizando a investida. O que está em jogo no impeachment é saber se o mesmo vai acontecer com Michel Temer caso o processo prospere. A questão é saber se Michel Temer passará ou não a condição de alvo privilegiado da Lava Jato, se será visto pela força-tarefa como ameaça existencial à operação caso venha a assumir a Presidência". Ele continuava examinando a razão das restrições de Renan ao impeachment. O principal fator de ele estar resistente seria o receio de que iria se tirar os anteparos a ele, que seriam Dilma, Lula e eu, da sua frente. Logo, ficaria exposto. Essa seria a razão de ele estar flertando com o parlamentarismo. O autor usou uma frase muito boa: "Tanto em política quanto em economia, fundo de poço só se conhece depois que já se saiu dele". Ele não deixava de ter razão.

Nessa segunda, me reuni com os líderes favoráveis ao impeachment e comuniquei a eles o cronograma que adotaria, a partir da decisão do STF na quarta-feira. Combinei também que teríamos de manter uma tropa, para dar quórum todos os dias da semana.

A contagem dos prazos se dava por meio de sessões da Câmara que, para serem abertas, necessitavam da presença de 52 deputados, 10% da composição da casa. Isso teria de ser atingido às segundas e sextas, para que tivéssemos cinco sessões por semana e, com isso, antecipássemos o calendário. Anunciei que, na quarta, não faria sessão na hora do julgamento do STF. Logo em seguida, convocaria uma reunião de líderes. Avisei também aos deputados que deveriam ficar até sexta-feira, pois iria concluir de qualquer forma naquela semana a eleição e a instalação da comissão especial.

Declarei, que mesmo que não tivesse existido qualquer manifestação, daria prosseguimento ao processo depois da decisão do STF. Relatei que, desde que aceitei o pedido de abertura do processo de impeachment, outros dez pedidos novos já tinham sido protocolados.

Depois das manifestações, Jaques Wagner, assustado com o tamanho dos eventos e já temendo as dificuldades do governo, criticou minha celeridade. Mas cantou vitória de que teria o apoio de um terço da Câmara.

Dilma foi obrigada a escolher um outro ministro da Justiça, já que Wellington César Lima e Silva optou por não deixar o Ministério Público. Ela acabou anunciando para o cargo o subprocurador-geral da República, substituto de Rodrigo Janot na PGR, Eugênio Aragão. Ele estava para se aposentar da instituição e, dessa forma, poderia assumir a pasta. A indicação do segundo de Janot mostrava que a estratégia continuaria a mesma – agora inclusive prescindindo da necessidade de intermediários.

A juíza responsável por analisar o pedido de prisão preventiva de Lula, feito pelo Ministério Público de São Paulo, resolveu enviar a ação para Sergio Moro, declinando em favor dele sua competência. Tal fato, cuja decisão não teve recurso da defesa de Lula, foi o que levou à condenação do ex-presidente por parte de Moro e impediu sua candidatura em 2018. A decisão da transferência obrigaria Lula a aceitar o cargo de ministro para tentar deslocar a competência para o STF, evitando uma eventual prisão por parte do chefe da Lava Jato.

O governo anunciou a regulamentação da lei de repatriação de ativos no exterior. Com ela, esperava arrecadar mais de R$ 20 bilhões. Com a prisão do marqueteiro João Santana e o bloqueio das suas contas, Dilma não conseguiria seu intento original – que era salvar a situação dele e, por consequência, a sua.

Dilma reuniu os seis ministros do PMDB. O objetivo era que eles sinalizassem apoio a ela contra o impeachment, depois da convenção do partido. Todos eles, obviamente, se manifestaram contrários ao impeachment, garantindo que não haveria rompimento do PMDB – fato absolutamente fora do controle deles.

Lula aceitou o convite de Dilma para assumir um ministério. Ele iria a Brasília para discutir qual seria a pasta e quais as condições, no dia seguinte. Além da necessidade de Lula, Dilma também via a artimanha como sua última chance de tentar reconstruir o governo e evitar o impeachment.

Jantei com Temer e combinei como conduziria a instalação da comissão do impeachment. Temer se encarregou de fazer com que Picciani cumprisse o acordo para dividir os membros do PMDB na Comissão Especial do Impeachment entre as duas correntes do partido.

Na terça, dia 15, o site da *Veja* publicou outro escândalo envolvendo o governo, dessa vez com Aloizio Mercadante, então ministro da Educação. Na delação de Delcídio, ele acusava Dilma de usar Mercadante para tentar interferir na Lava Jato. Ele apresentava como prova diálogos gravados entre o ministro e um assessor de Delcídio, Eduardo Marzagão, ocorridos depois que Delcídio havia sido preso.

Nos registros, havia oferta de ajuda financeira e de *lobby* pela soltura de Delcídio. Mercadante estaria como emissário de Dilma, dizendo que era preciso encontrar uma "saída viável" para o fim da prisão. Falava, inclusive, em interferir junto ao presidente do STF, Ricardo Lewandowski, e junto a Renan Calheiros. O assessor perguntou, então, se isso seria possível. Mercadante respondeu: "Em política, tudo é possível". A divulgação das gravações gerou uma crise, com Dilma ameaçando Mercadante de demissão – mas não o fez. Ela divulgou nota repudiando com veemência e indignação o envolvimento de seu nome. Mercadante eximiu Dilma de culpa e falou que as gravações estavam sendo deturpadas.

Quando todos esperavam que Janot fosse pedir a prisão de Mercadante, como havia feito com Delcídio em situação bem semelhante, ele nada fez, enterrando o assunto – ninguém tomou conhecimento de qualquer providência. Janot abafou, então, um escândalo de proporções catastróficas, que poderia influenciar o processo de impeachment.

Lula se reuniu com Dilma para chegar a um acordo da participação dele no ministério. Depois de quatro horas no Palácio da Alvorada, o ex-presidente adiou a decisão para a manhã seguinte.

Na quarta, 16 de março, dia do julgamento no STF do rito do impeachment, a imprensa trouxe detalhes da delação de Delcídio, com envolvimento de Dilma, Lula e até de Aécio Neves.

Depois de muita especulação, finalmente era anunciado o desfecho da novela Lula. Ficou definido que ele seria o novo ministro-chefe da Casa Civil, substituindo Jaques Wagner. Este passaria para um novo ministério, criado por medida provisória, da chefia de gabinete pessoal de Dilma – só para mantê-lo como ministro. Ele também necessitava de foro privilegiado.

Dilma anunciou ainda que o deputado Mauro Lopes, do PMDB, iria para o Ministério da Aviação Civil, fato que causou revolta no PMDB. A atitude do governo em convidá-lo, logo em seguida à convenção do partido em que se decidiu que ninguém ocuparia um novo cargo, era uma afronta.

O governo, em vez de conquistar mais apoio dentro do PMDB, acabou gerando uma união ao contrário. O atendimento ao compromisso da campanha de reeleição do líder Leonardo Picciani iria causar um estrago – que ajudou, e muito, o impeachment.

Quando tudo parecia ser uma vitória do governo, com a entrada de Lula, habilidoso e carismático, para reconquistar o apoio necessário para evitar o impeachment, aconteceu o principal fato que balançou as ruas e ajudou a criar um clima anti-Dilma ainda maior do que já existia.

É muito difícil medir a real influência do fato em si. Se não tivesse acontecido, o impeachment teria sido evitado? Tendo a acreditar que o impeachment aconteceria de qualquer forma. Mas a verdade é que a confusão aumentou, e muito.

Sergio Moro havia decretado a interceptação telefônica de Lula na investigação que estava sendo conduzida por ele. Com o anúncio da nomeação de Lula para o ministério, o então juiz determinou a interrupção das gravações da interceptação telefônica às 11 horas e 12 minutos. Só que as conversas continuaram sendo gravadas, mesmo depois disso. Às 13 horas e 32 minutos, Dilma ligaria para Lula.

O que fez Moro? Recebendo em tempo real as gravações, ouviu um diálogo, realizado em um telefonema de Dilma, mesmo após o fim do período do grampo. Era um grampo ilegal. Em seguida, Moro levantou o sigilo da investigação, tornando públicas todas as conversas de Lula grampeadas, com autorização dele, incluindo a realizada após o encerramento da autorização judicial.

O resultado disso foi que diversas conversas de Lula foram divulgadas, entre elas a mais polêmica. Dilma, que tinha marcado a posse de Lula na Casa Civil para terça, dia 22 de março, havia telefonado a ele para que, antes de ele retornar a São Paulo, assinasse o termo de posse – que poderia ser usado em caso de alguma necessidade.

O diálogo gravado era exatamente assim: "Seguinte, eu tô mandando o Messias (subchefe de assuntos jurídicos da Casa Civil) junto com o papel... Pra gente ter ele. E só usa em caso de necessidade, que é o termo de posse, tá?". A divulgação da conversa incendiou o país. Dilma foi obrigada a alterar a posse para a quinta-feira de manhã, publicando em edição extraordinária do *Diário Oficial da União* a nomeação de Lula para o cargo.

A percepção pública foi de um ato de obstrução de Justiça. Dilma estaria nomeando e fraudando um termo de posse para evitar a prisão de Lula, que poderia ser decretada a qualquer momento. Ela reagiu indignada contra Moro, classificando a divulgação como "flagrante violação da lei e da Constituição, cometida pelo juiz autor do vazamento". Sua reação, embora estivesse com razão, não teria a aprovação da população.

Moro resolveu reagir. Disse que "Governados devem saber o que fazem os governantes". Para ele, "levantar sigilo permite saudável escrutínio público". O chefe da operação havia dado o derradeiro golpe em Lula.

O então juiz agiu de forma ilegal, divulgando uma gravação naquele momento também ilegal, mostrando bem sua motivação política em todo o episódio. Era a terceira e maior pancada que ele dava no PT, depois da prisão de João Santana e da condução coercitiva de Lula. Para Moro, os fins justificavam os meios. O problema era que tanto os meios quanto os fins eram absolutamente imorais. Ele era um político trajado de juiz.

Eram muitas e polêmicas as conversas grampeadas. À medida que elas eram tornadas públicas, manifestantes se dirigiam espontaneamente às ruas, em protestos por todo o país. Atos em panelaços ocorriam por todos os lados. Havia, inclusive, uma conversa de Lula com o ex-deputado Sigmaringa Seixas. Lula criticava Janot, chamando-o de ingrato. Parecia não saber que o procurador atuava em parceria com José Eduardo Cardozo, e não com o PT. Essa divulgação teve um preço para o ex-presidente, pois Janot passou a agir contra ele. Em outra conversa, Lula atacava o Judiciário, dizendo que o STF estava acovardado. Essa fala também provocou muitas reações entre os ministros, incluindo o próprio presidente, Ricardo Lewandowski. Lula também atacava a minha situação e a de Renan.

Quando começaram a pipocar as gravações, a porta do Palácio do Planalto começou a receber uma aglomeração – parecia campo de guerra. Aumentava gradualmente. Parecia que as pessoas saíam do trabalho e se dirigiam para lá. Pediam a renúncia da presidente. O clima foi esquentando cada vez mais e o Congresso começou a pegar fogo. Não tinha convocado pauta para aquela tarde, em função do julgamento do STF. A sessão estava aberta para debates. Começa uma briga em plenário entre os contra e os favoráveis ao impeachment.

O caos imperava. Era preciso intervir logo, para evitar uma quebradeira na Câmara. Não me lembro de ter assistido a cenas tão lamentáveis na Câmara em todo o tempo em que lá estive.

A sequência do diálogo gravado por Moro deu a dimensão do que aconteceria, além de mostrar a despedida que viraria o mote no país, inclusive o título deste livro:
Lula: Uhum. Tá bom. Tá bom.
Dilma: Só isso. Você espera aí, que ele tá indo aí.
Lula: Tá bom. Eu tô aqui, fico aguardando.
Dilma: Tchau.
Lula: Tchau, querida.
Todo mundo depois disso queria dizer tchau a Dilma. Embora nem todos, como Lula, a achassem querida. Por educação, a gente aderiu a essa despedida, que ficaria bem mais perto depois da divulgação dos grampos: "Tchau, querida".

A decisão final do STF, a articulação, eleição e instalação da Comissão Especial do Impeachment

Ao mesmo tempo que o Congresso e o país pegavam fogo em razão da divulgação das gravações de Lula e Dilma, o STF dava curso à decisão do rito de impeachment. Eles seguiram, por maioria, o voto do ministro Luís Roberto Barroso, relator do acórdão, de que os embargos de declaração não teriam poderes para modificar a decisão do tribunal.

Foram nove votos a dois – dos ministros Gilmar Mendes e Dias Toffoli, que foram favoráveis aos embargos de declaração, para modificarem trechos da decisão, notadamente a proibição de chapa avulsa. Gilmar, um dos mais exaltados no julgamento, afirmou que os líderes não podem agir em nome de todos os deputados, porque esses muitas vezes são nomeados em troca de favores do governo. Ele citou o exemplo do líder do PMDB, que teria levado dois ministérios em troca do apoio a Dilma na formação da comissão. Para Gilmar, a apresentação de candidaturas avulsas tornaria a escolha mais democrática. Continuava o ministro: "A gente sempre busca uma teoria mais confortável quando se quer fugir da realidade, mas temos inúmeros exemplos de aceitação dos embargos de declaração (para modificar o resultado de julgamentos). Os embargos nos dão a oportunidade de fazermos uma reavaliação do caso e procedermos mudanças. Nesse caso não há integridade da decisão, pelo contrário, a decisão é uma colcha de retalhos". Ele também atacou a nomeação de Lula para a Casa Civil, dizendo se tratar de barbárie e bizarrice. Disse: "Ele vem para fugir da investigação que se faz em Curitiba (Lava Jato), deixando esse tribunal muito mal no contexto geral. É preciso muita desfaçatez para obrar dessa forma com as instituições".

Essa parte do pronunciamento do ministro Gilmar Mendes teria bastante relevância no processo. Em seguida à posse de Lula, caberia a ele a decisão liminar que viria a suspender seu posto, tornando inócua a manobra de Dilma para tentar evitar o impeachment. Dilma perderia seu principal reforço na luta.

Por sua vez, Dias Toffoli disse: "É da cultura das casas legislativas permitirem as candidaturas avulsas. Estamos transformando 513 deputados em figurantes". Ressaltou ainda: "Onde na Constituição está escrito que os membros da comissão são escolhidos pelos líderes? Isso quem votou a favor não me mostrou". Ele acrescentou que era uma contradição o Supremo não permitir a chapa avulsa e reconhecer que a comissão é eleita, se não pode haver disputa entre chapas. De nada adiantaram os votos corretos desses ministros, pois a decisão já estava tomada e, nesse momento, pouco ou nada importaria.

As condições haviam mudado totalmente desde o dia 17 de dezembro, data em que o STF tinha concluído o julgamento. O país tinha mudado também desde a minha derrota na eleição do líder do PMDB. Parecia que isso em nada os incomodava.

Terminado o julgamento, convoquei uma reunião de líderes. Antes, recebi alguns deputados para debater. Rodrigo Maia chegou com o líder do DEM – já naquele momento Pauderney Avelino. Ele chegou dizendo que não me preocupasse com qualquer comissão que fosse instalada – ninguém segurava mais o processo. Fora da sala, no corredor do salão verde havia um movimento anormal. Ele também dizia que o Senado não teria coragem para mudar a decisão da Câmara. Ele estava certo.

O PRB, conduzido por Marcos Pereira, levou toda a bancada ao salão verde e comunicou à imprensa o rompimento com o governo. Ele explicitou a adesão ao impeachment e pediu que o ministro dos Esportes, indicado pelo partido, pedisse demissão. Sua posição foi quase simultânea com a divulgação dos grampos de Lula.

Combinei que marcaria o prazo para que os líderes entregassem os nomes até as 12 horas da quinta. E que realizaria a eleição na sessão da tarde. Iria também, ao fim da sessão de eleição no plenário, instalar a comissão especial. Não havia decidido ainda como faria a eleição da comissão especial. Não sabia se faria em chapa única ou se submeteria os nomes de cada partido ou até mesmo nome a nome de cada deputado. Isso permitiria poder rejeitar os que não quiséssemos. Eu tinha ainda muita margem de manobra.

Chamei os líderes da oposição e alguns deputados favoráveis ao impeachment, além dos líderes do PSD, PRB, PR, PSC, PP, PTB, PSB, PHS, PROS e PEN, sem o líder do PMDB, para uma reunião na residência oficial. O objetivo era montar uma chapa que saísse da comissão especial com a aprovação do impeachment. Escolheríamos também o presidente e o relator. Se a articulação desse certo, teríamos um prato feito, que venceria a eleição na comissão especial e, com isso, o governo ficaria em situação de derrota iminente.

Fiz a reunião de líderes muito rapidamente. Apenas comuniquei o prazo para que eles entregassem os indicados até as 12 horas do dia seguinte. Avisei que decidiria, na hora da abertura da sessão, como submeteria à votação – se chapa única, partido a partido ou deputado a deputado.

Os líderes do governo queriam chapa única de qualquer forma. Mas disse que faria um estudo jurídico com a assessoria para decidir esse ponto. Na verdade, queria ganhar tempo. Se tivesse uma chapa, em que majoritariamente tivéssemos os favoráveis ao impeachment, eu realizaria a eleição em chapa única. Caso contrário, iria usar uma das alternativas em que pudéssemos rejeitar alguns nomes ou partidos.

O cenário ideal era que fosse em chapa única, pois evitaria confusão ou até uma possível nova ação ao STF. Eu queria evitar isso, pois, ao contrário de dezembro de 2015, o momento era bastante favorável.

Eu determinei que se encerrasse a sessão da Câmara para evitar mais confusão na casa. As ruas estavam em ebulição. O PT, acuado, vendo o cerco aumentar. A própria sala de reuniões de líderes andava quase em conflito. Meu objetivo era sair para formar a comissão na residência.

Quando lá cheguei, já encontrei deputados. Em pouco tempo, a casa estava lotada. Ficou até difícil conversar. Tive de fazer reuniões apartadas para tentar chegar a um consenso. Apresentei uma ideia minha para viabilizar um acordo na comissão. Sugeri o líder Jovair Arantes, do PTB, para presidir a comissão, com o líder do PSD, Rogério Rosso, para a relatoria.

Começou o primeiro impasse. Rosso não aceitava ser relator, só presidente. Jovair tinha receio de ser relator, pois não era o foco de trabalho dele. Ele não se sentia um especialista para a matéria. Antes de resolver a questão, tive de enfrentar o maior problema, que quase jogou o impeachment por terra. Rodrigo Maia, com apoio do líder do DEM, queria ser o relator e não abria mão disso. O seu líder Pauderney Avelino brigava e dizia que iria disputar – e não participaria do acordo.

Eu disse que queria o impeachment e não uma disputa de vaidades. Se colocasse um deputado de oposição forte para ser o relator, isso levaria a uma disputa pelo cargo em que não venceria. Logo, a comissão não aprovaria o impeachment.

A vaidade e a ambição de Rodrigo Maia levavam a um impasse que colocaria o impeachment em risco. Nesse momento tive de tomar uma atitude que me levou a um distanciamento político com ele. O problema foi que, além de vaidoso e ambicioso, ele era também vingativo. Acabou se vingando depois de mim por isso. Devo a ele minha cassação, pela traição que cometeu, ao não cumprir o acordo na sessão que cassou o meu mandato quando ele era o presidente da Câmara.

Rodrigo cassou o meu mandato de forma covarde. Fez a sessão de julgamento pouco antes das eleições municipais de 2016, diferentemente do combinado. Também não cumpriu o acordo de só abrir a sessão com 400 deputados em plenário – ele abriu os trabalhos com 380 na Casa, o que é bem diferente. Muitos entram na Casa, mas não dão presença em plenário. E o mais grave: afrontando o regimento, ele prejudicou um destaque feito pelo deputado Carlos Marun, para que eu fosse julgado em uma punição alternativa de suspensão do mandato por 180 dias. Ele não podia ter prejudicado o destaque. Tinha de submeter à votação do plenário. Mas ele queria me cassar.

Além de desleal, ele foi extremamente covarde comigo. Ao fim da sessão, não teve a coragem de olhar nos meus olhos. Baixou a cabeça quando o encarei. Era bem diferente do deputado que fez questão de se associar aos que fizeram um manifesto de apoio a mim, apesar do seu partido não ter feito parte. É o mesmo deputado ao qual cedi as melhores e mais importantes posições na Câmara, sob reclamação de todos os outros companheiros. Teve até um deputado, Danilo Forte, que virou meu inimigo por ter sido preterido em uma das reivindicações de Rodrigo, atendidas por mim. Essa história completa ficará para um próximo livro, pois ocorreu em 12 de setembro de 2016, depois do período objeto desta obra.

Voltando às articulações, respondi que se o DEM insistisse em disputar a relatoria, iria compor a chapa sem as oposições, fechando os nomes com a bancada do governo para dividir a comissão. Não dava para perder. Além disso, os líderes dos partidos aliados a mim, para entrarem em acordo, não aceitavam que o DEM ficasse com a relatoria.

Houve um ultimato para que o DEM se resolvesse. Fui me reunir com Jovair e Rosso em separado, para chegar a um acordo entre eles. Rosso estava irredutível e não aceitaria a relatoria, somente a presidência. Em seguida, chamei o líder do PSDB, Antônio Imbassahy, Paulinho da Força e Pauderney Avelino, para que debatessem a situação. Não tivemos qualquer definição.

Então, pedi para ficar sozinho com Jovair e o convenci a aceitar a relatoria. Eu colocaria, com ele, o nosso advogado, Renato Ramos, que representou a Câmara no rito do impeachment – ele se ocuparia de tudo. Bastava que Jovair contratasse, via liderança do PTB, o Renato – que ficaria integralmente, até o fim dos trabalhos da comissão. Ele faria o relatório. Assim, Jovair acabou aceitando meu apelo, topando ser o relator.

Comuniquei o acerto aos líderes de oposição. Teríamos uma chapa: Rosso de presidente e Jovair de relator. Se quisessem o impeachment, que participassem da eleição apoiando essa chapa. Se quisessem insistir na disputa com Rodrigo Maia, iríamos ter de vencer de qualquer forma, fazendo o acordo necessário para isso.

Só não iria antecipar a disputa do impeachment, pela relatoria da comissão estar sendo entregue a um adversário ferrenho do PT e do governo. Isso seria burrice. Seria correr o risco de jogar fora o impeachment.

Por isso, apesar de reconhecer a importância e a tenacidade de Rodrigo Maia quanto ao impeachment, desde o início, eu não poderia permitir que se estragasse tudo por uma vaidade. E estava pegando mal perante meus aliados a preferência nítida que estava dando a ele em várias matérias importantes.

Todos os partidos aceitaram – menos o DEM, que ainda insistia na solução de Rodrigo Maia, que estava bastante nervoso na sala, gesticulando muito e resistindo à solução na companhia de outro deputado do DEM, Elmar Nascimento. Eles me pediram até a manhã do dia seguinte para decidirem. Saíram da residência em companhia dos demais líderes da oposição.

A partir daí, já restritos aos líderes aliados e dissidentes de outros partidos, partimos para montar as chapas de cada partido. Do PMDB eu tinha a informação, por meio de Temer, de que Picciani iria indicar cinco contrários ao impeachment e três favoráveis, nas oito vagas que nos eram destinadas. Dessa forma, já se reduzia a desvantagem de oito para apenas dois votos.

Reclamei com Temer. Disse que ele deveria forçar Picciani para ser metade para cada lado. O vice-presidente partiu para cima de Picciani, mas não conseguiu que ele cedesse, embora ele achasse que mudaria os votos daqueles que eram contrários. Para Temer, bastava o início dos trabalhos e o PMDB acabaria votando inteiramente a favor do impeachment.

Nós combinamos com os demais partidos para que indicassem em uma proporção favorável ao impeachment, de preferência com deputados que fossem mais da minha relação. Essa composição praticamente determinaria a vitória na comissão. Mapeamos os votos e concluímos que ganharíamos a eleição da presidência e relatoria da comissão, mesmo sem a oposição. O Solidariedade não acompanharia a oposição e viria com a gente.

Havia alguns problemas pontuais. A janela de filiações tinha feito com que alguns deputados tivessem mudado de legenda. O prazo terminaria naquela sexta-feira. No PHS havia se filiado o deputado governista Givaldo Carimbão, que iria tomar a liderança do deputado Marcelo Aro, meu aliado, caso ele não o indicasse para a comissão especial.

Combinei com Marcelo Aro para que ele se autoindicasse no último minuto, a fim de não dar tempo de trocarem a liderança. Também combinei que não despacharia a mudança da liderança antes das 12 horas, caso eles tentassem tirá-lo antes. Com isso, tornaria a indicação dele, como titular, e do deputado pastor Eurico, como suplente, irreversíveis. Dessa forma alteramos um voto contrário ao impeachment para favorável. Assim fomos montando a maioria dos membros dos partidos aliados favoráveis. Eu sabia que a vantagem não seria tirada por nenhuma articulação do governo. No momento em que entreguei a dois líderes da base do governo o comando da comissão, o governo ficava em uma sinuca de bico.

Se ficasse contrário, obrigaria esses líderes a romperem de imediato com o governo, se declarando a favor do impeachment. Se ficasse favorável, esses líderes não tinham qualquer compromisso com o governo.

A lógica da decisão era a dos blocos, onde o maior bloco escolheria a relatoria. Essa escolha seria para o PTB. O segundo bloco ficaria com a presidência, que caberia ao PSD. Dessa forma, PMDB e PT ficariam de fora, mas seus blocos estavam sendo contemplados.

Aí sobressaiu a atuação do líder do PR, Maurício Quintella. Ele era favorável ao impeachment, mas Valdemar Costa Neto, comandante do seu partido, era contrário. Isso tornava o trabalho muito difícil em sua legenda. Ele se indicou para a comissão e colocou os deputados mais afinados com ele como representantes. Esse gesto era decisivo para se ter a maioria segura.

Madrugada adentro, a comissão estava majoritariamente formada. O presidente e o relator tinham a maioria para se elegerem. O processo estava controlado. Faltava a oposição se decidir – e eu iria partir para enfrentar o PT e Picciani.

De manhã cedo, os líderes da oposição apareceram para o café da manhã, sem saber que eu já tinha o ambiente controlado. Pauderney Avelino entregou os pontos e disse que desistiriam da disputa com Rodrigo Maia, que não compareceu junto dele, sinalizando que não tinha sido pessoalmente convencido.

O que aconteceu é que a razão falou mais alto e eles resolveram se juntar à minha chapa para viabilizar o impeachment. Pauderney não tinha conseguido obter a unidade da oposição para continuar com a disputa.

Esse gesto era decisivo, pois, para mim, se eles insistissem na disputa, a conclusão óbvia era de que não queriam o impeachment, e, sim, jogar para a plateia. Por isso fui ao extremo na disputa. Eu sabia que se fosse com Rodrigo Maia para a relatoria, iria perder a eleição e o impeachment.

Eles me pediram apenas uma conversa a sós com Jovair, para que ele assumisse o compromisso de fazer o parecer pela aprovação da abertura do processo de impeachment. Se Jovair assumisse o compromisso, apoiariam. Liguei para Jovair e pedi que ele recebesse os líderes. Quanto ao conteúdo da conversa, não precisava me preocupar. Jovair era favorável ao impeachment e jamais seria o relator – teria por trás o advogado Renato Ramos para fazer o parecer contra o impeachment.

Eu nunca pedi ao Jovair e também ao Rosso que fossem favoráveis ao impeachment. Não era necessário. Eles sabiam que o governo já tinha acabado.

Eles, então, saíram da residência e foram direto para a liderança do PTB, onde se encontraram com Jovair e, em seguida, comigo – já no gabinete na Câmara. Comunicaram-me que tinham se acertado. Podíamos contar com os votos da oposição.

Depois desse dia, minha relação com Rodrigo Maia nunca mais foi a mesma. Tivemos ainda outro entrevero, quando ele quis ser o líder do governo de Michel Temer. Mas os líderes dos partidos aliados a mim não o aceitavam – queriam o deputado André Moura no cargo. Como Temer queria atender ao maior número de partidos na escolha do seu líder de governo, optou por não nomear Rodrigo, preferindo André. Rodrigo Maia me culpou por essa decisão.

Esse outro fato, aliado à relatoria do impeachment, fez dele meu inimigo. Isso implicaria que ele acabasse se decidindo pela cassação do meu mandato. Aqueles que não compactuam com suas ambições e vaidades se tornam ou adversários, ou inimigos. No fundo, ele era um menino mimado, que não sabia aceitar um não. Basta ver os exemplos das brigas em que ele se envolveu como presidente da Câmara.

Dilma, obrigada a antecipar o ato pela divulgação dos grampos por Moro, deu posse a Lula no Palácio do Planalto, com um cerco de manifestantes e proteção ostensiva da polícia. O ambiente estava muito pesado. Em várias capitais houve protestos contra a nomeação de Lula e pedido de renúncia da presidente. No mesmo ato foram empossados Mauro Lopes no Ministério da Aviação Civil e Eugênio Aragão no da Justiça. Lula não discursou. Mas divulgou uma carta atacando Sergio Moro pelos grampos ilegais divulgados. O deputado Carlos Marun, do PMDB, definiu a posse de Lula de forma bem original: "Dilma entendeu que tinha de renunciar, mas entendeu a Constituição de forma errada: entregou o cargo para o ex e não para o vice".

Michel Temer, aliás, não compareceu à posse, indicando o lado em que estava. Dilma, em dificuldades, defendeu no discurso que o ato de posse teria sido enviado anteriormente a Lula porque talvez ele não pudesse estar presencialmente na sua própria posse.

Em seguida, dois juízes federais, um de Brasília e outro do Rio, concederam liminares para impedir a posse do ex-presidente. A de Brasília foi revogada. A do Rio, mantida. Partidos de oposição também entraram com ação no STF para impedir a posse de Lula, cabendo a relatoria ao ministro Gilmar Mendes – que decidiu pela suspensão do ato. Essa decisão seria levada a julgamento em plenário no STF após o recebimento das informações solicitadas.

Tais movimentos inviabilizavam, na prática, a atuação de Lula como articulador político para evitar o impeachment. Acabou transformado em ministro sem ministério – quase fantasma. Certamente, essa situação tirou Lula da linha de frente e facilitou o trabalho de quem queria tirar a presidente. Todas as análises publicadas pela imprensa davam conta do enfraquecimento de Dilma e de Lula. Todos afirmavam que, diante do cenário, seria muito difícil evitar o impeachment.

Jovair foi para meu gabinete, juntamente com Rosso. Fechamos definitivamente a chapa. Faltava distribuir os demais cargos da mesa da comissão, que seriam as três vice-presidências. Acertei que as daria ao PSDB, PR e PSB. Com isso, PT e PMDB ficavam de fora, e eu tinha a maioria absoluta para a disputa.

Escolhemos o ex-líder do PSDB Carlos Sampaio como primeiro vice-presidente, o líder do PR Maurício Quintella como segundo vice e o líder do PSB Fernando Coelho como terceiro vice. Toda a mesa da comissão era favorável ao impeachment.

Quando todos os partidos entregaram, finalmente, seus indicados, após conferir os nomes e me certificar de que teríamos maioria na comissão, resolvi submeter a eleição a chapa única, evitando confrontos desnecessários. A pressa agora era minha, não mais deles.

Pelos meus cálculos, a comissão especial teria 39 votos favoráveis ao impeachment contra 26. Não tinha como perder. Era só tocar o barco.

Eis a composição da comissão especial indicada pelos líderes:
Bloco PMDB/PP/DEM/PTB/PRB/SD/PSC/PHS/PTN/PMN/PEN/PSDC/PRTB – 28 vagas de titulares e 28 vagas de suplentes:

PMDB: Leonardo Picciani, João Marcelo, Leonardo Quintão, Lúcio Vieira Lima, Mauro Mariani, Osmar Terra, Valtenir Pereira e Washington Reis como titulares; Lelo Coimbra, Vitor Valim, Carlos Marun, Alberto Filho, Elcione Barbalho, Hildo Rocha, Marx Beltrão e Manoel Junior como suplentes.

PP: Aguinaldo Ribeiro, Jerônimo Goergen, Paulo Maluf, Júlio Lopes e Roberto Britto como titulares; Luis Carlos Heinze, Fernando Monteiro, André Fufuca, Macedo e Odelmo Leão como suplentes.

DEM: Rodrigo Maia, Elmar Nascimento e Mendonça Filho como titulares; Mandetta, Moroni Torgan e Francisco Floriano como suplentes.

PRB: Jhonatan de Jesus e Marcelo Squassoni como titulares; Ronaldo Martins e Cléber Verde como suplentes.

PTB: Jovair Arantes, Benito Gama e Luiz Carlos Busato como titulares; Arnaldo Faria de Sá, Paes Landim e Pedro Fernandes como suplentes.

PSC: Eduardo Bolsonaro e pastor Marco Feliciano como titulares; Irmão Lázaro e Victório Galli como suplentes.

SD: Paulinho da Força e Francischini como titulares; Genecias Noronha e Laudívio Carvalho como suplentes.

PHS: Marcelo Aro como titular e pastor Eurico como suplente.

PTN: Bacelar como titular e Aluisio Mendes como suplente.

PEN: Júnior Marreca como titular e Erivelton Santana como suplente.

Bloco PT/PR/PSD/PC do B/PROS – 19 vagas de titulares e 19 vagas de suplentes:
PT: Arlindo Chinaglia, Henrique Fontana, José Mentor, Paulo Teixeira, Pepe Vargas, Vicente Cândido, Wadih Damous e Zé Geraldo como titulares; Assis Carvalho, Luiz Sérgio, Padre João, Valmir Assunção, Bohn Gass, Benedita da Silva, Carlos Zarattini e Paulo Pimenta como suplentes.

PR: Édio Lopes, José Rocha, Maurício Quintela e Zenaide Maia como titulares; Wellington Roberto, Aelton Freitas, Gorete Pereira e João Carlos Bacelar como suplentes.

PSD: Júlio César, Marcos Montes, Rogério Rosso e Paulo Magalhães como titulares; Goulart, Evandro Roman, Fernando Torres e Irajá Abreu como suplentes.

PC do B: Jandira Feghali como titular e Orlando Silva como suplente.

PROS: Eros Biondini e Ronaldo Fonseca como titulares; Odorico Monteiro e Toninho Wandscheer como suplentes.

Bloco PSDB/PSB/PPS/PV– 12 vagas de titulares e 12 vagas de suplentes:
PSDB: Bruno Covas, Carlos Sampaio, Jutahy Júnior, Nilson Leitão, Paulo Abi-Ackel e Shéridan como titulares; Bruno Araújo, Izalci, Rocha, Rogério Marinho, Fábio Sousa e Mariana Carvalho como suplentes.

PSB: Bebeto, Danilo Forte, Fernando Coelho e Tadeu Alencar como titulares; JHC, João Fernando, José Stédile e Paulo Foletto como suplentes.
PPS: Alex Manente como titular e Sandro Alex como suplente.
PV: Evair de Melo como titular e Leandre como suplente.
PDT: 2 vagas: Flávio Nogueira e Weverton Rocha como titulares; Roberto Góes e Flávia Morais como suplentes.
PMB – 1 vaga: Weliton Prado como titular e Fábio Ramalho como suplente.
PSOL – 1 vaga: Chico Alencar como titular e Glauber Braga como suplente.
PT do B – 1 vaga: Silvio Costa como titular e Franklin Lima como suplente.
Rede – 1 vaga: Aliel Machado como titular e Alessandro Molon como suplente.

Fiz uma reunião com a assessoria da mesa, comandada pelo secretário-geral, Silvio Avelino, para definirmos todos os pontos e o roteiro do processo a fim de evitar surpresas. Avisei Temer do acordo que tinha feito para a instalação da comissão. Ele ficou satisfeito pelo drible que eu tinha dado no PT e em Picciani, sinalizando que iríamos atuar em conjunto para obter os votos favoráveis.

Temer me comunicou, então, que estava prestes a convocar a reunião do diretório nacional do PMDB para o dia 29 de março. Seria o momento para deliberar sobre a saída do partido do governo. O objetivo era sair antes da votação do parecer da comissão especial, para que não houvesse dúvida. Temer mandaria publicar no *Diário Oficial da União* a convocação para a reunião.

A partir desse instante, ele iria começar uma sequência de conversas com partidos e, individualmente, com cada deputado que aceitasse dialogar para acertar o voto. Temer faria essa articulação por sua conta, mas me informaria dos passos. Também combinamos que eu faria o mesmo, chamando um a um para conversas – e o manteria informado. Um comitê informal estava sendo criado, e Eliseu Padilha seria o coordenador.

Do meu lado coloquei André Moura, que se encarregaria de engajar os outros líderes e colocar deputados de vários partidos para participar. Com o tempo, esse comitê incluiria os líderes da oposição e o líder Fernando Coelho, do PSB. Essa, inclusive, foi a razão para que André Moura acabasse sendo o líder do governo Michel Temer, e não Rodrigo Maia.

André Moura e Padilha fariam o mapa com a posição de cada um e trariam a mim e a Temer, definindo o que seria necessário para cooptar esse voto. Era um trabalho de equipe, em que Temer ficaria com a última instância para conversar com os "eleitores".

Parti para a sessão de eleição da comissão especial, submetendo a chapa única à votação. Marquei a instalação da comissão especial em seguida à eleição. Comuniquei que a eleição da comissão especial se daria da mesma forma, com uma chapa única em votação aberta.

Antes de iniciar a votação, ainda na minha sala, Picciani e o líder do governo José Guimarães vieram discutir a composição da mesa da comissão. Avisei que já tinha uma chapa fechada com Rogério Rosso como presidente e Jovair

Arantes como relator. Eles reclamaram bastante, dizendo que não tinham sido ouvidos nessa composição e que não aceitariam. Picciani queria a presidência para o PMDB. Ele já tinha convidado o deputado José Priante. O líder do governo queria a relatoria para o PT. Parecia até piada.

Disse a eles que faria da mesma forma como estava sendo obrigado, por decisão do STF. A chapa indicada pelos líderes que representassem a maioria dos deputados seria submetida a voto. Se eles quisessem, que derrotassem a chapa. Atentei que eles iriam derrotar se conseguissem os aliados do governo. Mas, vendo que não teriam chance, se retiraram – foram tentar articular para retirar os nomes já escolhidos.

Com minha decisão, na hora da votação, o deputado José Priante renunciou à indicação do PMDB, pois ele só aceitaria participar para presidir a comissão. Picciani solicitou autorização para substituir o nome. Consultei o plenário, que não se opôs. Picciani, então, indicou Altineu Côrtes.

Não aceitei porque Altineu não fazia parte do PMDB, mas sim do PR. Picciani argumentou que ele era recém-filiado ao PMDB. Respondi que, oficialmente, a filiação só ocorreria após a autorização enviada pelo partido.

Picciani apelou mais uma vez. Frisou que haveria uma autorização assinada pelo secretário-geral do partido, o deputado Mauro Lopes. Rejeitei, com o argumento de que teria de ser assinada pelo presidente do partido, e não pelo secretário-geral. Além disso, Mauro Lopes havia acabado de assumir o cargo de ministro, se afastando automaticamente do cargo partidário, conforme estatuto do PMDB.

Sem alternativa, Picciani desistiu de Altineu. Quase sem opção, acabou indicando Leonardo Quintão, que era favorável ao impeachment. Dessa forma, conseguimos equilibrar o PMDB, ficando quatro votos para cada lado. Claro que esse gesto teve sequelas. Altineu Côrtes se transformou em mais um inimigo meu na Câmara. Não se faz omelete sem quebrar os ovos.

A eleição foi realizada, aprovando a chapa com 433 votos favoráveis. Estava cumprida mais uma etapa. Faltava instalar a comissão especial. Terminada a eleição, os líderes foram para o meu gabinete. Picciani e o líder do governo queriam tentar acertar alguma composição.

Informei que todos os cargos estavam escolhidos. Comuniquei a divisão estabelecida, explicando que nem o PT, nem o PMDB fariam parte da mesa. Depois de muita chiadeira, sem sucesso, acabaram concordando e assinando em conjunto a indicação da chapa que seria submetida a voto.

O secretário-geral acompanhou a instalação da comissão. Deputado com o maior número de mandatos, Jutahy Júnior, do PSDB, assumiu a presidência para promover a eleição da mesa, conforme previsto no regimento. Os partidos contrários ao impeachment começaram uma série de questões de ordem para tentar evitar a eleição da mesa. Eles não se conformavam em ficar de fora. Com as questões rejeitadas por Jutahy, ele logo pôs em votação a chapa única.

O argumento dele para rejeitar as questões de ordem era a minha decisão comunicada em plenário de submeter uma chapa única para a eleição. O critério na comissão não poderia ser diferente do adotado no plenário, sob pena de nulidade.

Procedida a eleição, a chapa foi eleita com 62 votos dos 65 possíveis, elegendo Rogério Rosso presidente e Jovair Arantes relator, com Carlos Sampaio, Maurício Quintella e Fernando Coelho como vices.

Estava dado o primeiro passo para levar adiante o processo de impeachment de Dilma. A totalidade da mesa da comissão era favorável ao impeachment. Era o dia 17 de março, exatamente três meses após decisão do STF, um mês depois da eleição de Picciani como líder do PMDB.

Nesse processo, o tempo andava conforme as circunstâncias das ruas e os fatos alteravam todo o processo. Não havia o que fazer: o fato era senhor do processo. E agora o cenário era extremamente desfavorável para Dilma e o PT.

Levaria ainda um mês para liquidar todo o trâmite, em 17 de abril. O 17 preponderou, não sei por que razão. Quis o destino que, mais à frente, Bolsonaro fosse eleito presidente em 2018 – com o número 17.

33 Articulação para quórum e diminuir o tempo da Comissão Especial e encontro com Lula planejado por Joesley

A Câmara promoveu nova citação de Dilma para apresentação da defesa no prazo de dez sessões da Casa. Com o aditamento da delação de Delcídio feito pela oposição, encaminhei também esse documento junto do pedido original aceito por mim e lido na Câmara.

Na realidade, não havia aceitado a delação como aditamento, mas sim como acréscimo de documentos – que precisariam ter o conhecimento da denunciada para que exercesse o contraditório.

Dilma já havia sido citada na denúncia em 3 de dezembro. De qualquer forma, com ou sem a nova citação, o prazo só começaria a contar a partir da instalação da comissão especial.

Esse prazo seria de dez sessões, contado a partir do dia seguinte, sexta-feira. Para isso, seria preciso ter um quórum inédito para esse dia da semana, ou a sessão não seria aberta. Eu iria me encarregar de obter essa participação – não só nessa sexta, como em todos os demais dias.

Sergio Moro divulgou ainda mais documentos sobre a investigação de Lula. Foram tornados públicos os materiais resultantes da busca e apreensão realizadas na casa do ex-presidente; entre eles, um suposto contrato de gaveta de transferência do sítio de Atibaia. Além disso, foram divulgados novos diálogos comprometedores de Lula.

Essa divulgação incendiava ainda mais o ambiente, aumentando a corrosão política do governo de Dilma e até de Lula. Era um bombardeio a cada instante. Manifestações ecoavam em todo o país. A Avenida Paulista permanecia fechada o dia todo, e confrontos entre petistas e defensores do impeachment começavam a acontecer.

As confusões pelo país chegaram ao absurdo de o próprio coordenador da força-tarefa da Lava Jato em Curitiba, Deltan Dallagnol, fazer discurso em minicomício de apoio a Moro, em frente à Justiça Federal da capital paranaense. Era a própria inversão de valores.

Após a instalação da comissão especial, fui para a residência oficial e lá recebi dezenas de deputados. Os líderes da oposição e os líderes aliados compareceram. O objetivo era garantir que na sexta-feira fosse obtido o quórum de 52 deputados até as 9 horas e 30 minutos, prazo regimental necessário. Como cerca de 40 deputados passaram pela residência oficial, com todos comprometidos em comparecer para dar quórum, o objetivo era apenas conferir de onde sairiam os demais.

André Moura estava encarregado de centralizar as informações de cada partido. Foi estabelecida uma quota, para que cada líder se comprometesse a cumprir, para as sessões que fossem necessárias.

Para a segunda, dia 21, eu iria chamar sessão extraordinária com pauta e efeitos administrativos, que por si só garantiria a presença. Dessa forma, mesmo que não fosse dada presença na primeira sessão, eu convocaria outra em seguida, garantindo o quórum – que teria o mesmo efeito para a contagem dos prazos.

Nós tínhamos de garantir as dez sessões do prazo da resposta de Dilma, além de mais cinco para a comissão especial concluir os trabalhos. Como teríamos a Semana Santa em seguida, o cálculo previsto seria, caso déssemos quórum em todos os dias, 4 de abril para a defesa de Dilma e 11 de abril para concluir a votação na comissão.

Esse era o objetivo. Mas, para isso, teria de dar quórum em quatro segundas e três sextas. Era difícil, mas viável – até porque eu mesmo estaria comandando as sessões e participando do quórum.

Na sexta, dia 18, a *Folha de S. Paulo* publicou um duro, porém correto editorial contra Moro. O jornal dizia, entre outras coisas: "Moro despiu-se da toga e fez o povo brasileiro saber que sentia tocado pelo apoio às investigações. Ocorre que as investigações não são conduzidas pelo magistrado. A este compete julgar os fatos que lhe forem apresentados, manifestando-se nos autos com a imparcialidade que o cargo exige. Demonstrando temerária incursão pelo cálculo político, resolveu assumir de vez o protagonismo na crise ao levantar o sigilo de conversas telefônicas de Lula, bem no momento em que o ex-presidente se preparava para assumir a Casa Civil".

A opinião da *Folha* estaria correta, desde que realmente Moro fosse um magistrado. Mas ele não era. Simplesmente era o mentor e chefe da Operação Lava Jato. Dessa forma, jamais poderia atuar com imparcialidade. Ele tinha de exercer o papel político, que concebeu para si mesmo no planejamento da operação.

Saiu a divulgação de diálogos gravados envolvendo o presidente do PT, Rui Falcão, e Jaques Wagner. Essa conversa mostrava a preocupação com a eventual prisão de Lula e a antecipação da possível nomeação dele. Eram áudios comprometedores, mas totalmente ilegais – nenhum dos dois era alvo da investigação.

O novo ministro da Justiça, Eugênio Aragão, falou em intervir na Polícia Federal, em função dos vazamentos ocorridos. Aragão disse que bastaria a suspeita para que ele afastasse todos os envolvidos. Sua declaração mereceu muitas críticas. Oriundo do Ministério Público, ele estava, segundo essas críticas, procurando motivo para afastar os investigadores da Lava Jato. Diversas reações aconteceram, inibindo sua atitude.

Até o jornal *The New York Times* fez editorial contra Dilma, dizendo: "Se suas últimas manobras impulsionarem o impeachment, Dilma só poderá culpar a si mesma". Ainda foram publicados mais vazamentos da busca e apreensão de Lula, com um laudo supostamente pago pela Odebrecht sobre o sítio de Atibaia.

Cheguei às 8 horas à Câmara. As sessões de sexta-feira são sempre às 9 horas, sendo que o limite para atingir o quórum era de 30 minutos. Na minha mesa da presidência eu tinha o controle da presença – nas sessões sem pauta, isso se dava pelo simples ingresso nas dependências da Câmara. Somente nas sessões com ordem do dia era necessária a marcação de presença no plenário.

Junto da assessoria, eu controlava os que estavam dando presença e comparava com a lista que cada partido havia me enviado. Dessa forma, rapidamente saberia as ausências e mobilizaria ao telefone, se necessário fosse.

No primeiro dia, não foi nem preciso muito esforço. Às 9h10 o quórum já estava alcançado. Eu saí da sala e fui ao plenário. Era a primeira vez que um presidente da Câmara presidia uma sessão de debates de sexta-feira.

Quando abri os trabalhos, já eram 62 deputados, dez a mais do que o necessário. Declarei que, como estava para chegar a Semana Santa, teríamos sessões com pauta de segunda a quarta-feira. Os líderes da oposição estavam presentes no plenário e discursaram defendendo o impeachment. Rapidamente virou uma sessão de debates.

Os apoiadores do PT tinham marcado suas manifestações para essa sexta-feira. Elas ocorreram sem violência, com o Instituto Datafolha registrando a presença de 95 mil participantes na Avenida Paulista, em São Paulo – bem inferior ao obtido no domingo anterior, nas manifestações contra o governo.

Apesar de menor, era ainda um bom movimento. Outros pontos do país também registraram atos, embora em número mais reduzido. Lula discursou na Paulista em tom moderado, mas dizendo que não ia ter golpe.

Manifestantes seguiam em frente ao Palácio do Planalto, criticando Dilma e pedindo sua saída. Era um movimento anormal, desorganizado, sem lideranças – mas com forte densidade.

O ministro Gilmar Mendes soltou sua decisão de suspender a posse de Lula. Ele divulgou também que a investigação do ex-presidente deveria retornar para a vara de Sergio Moro. A preocupação, agora, era se Moro prenderia Lula em função disso.

Óbvio que o então juiz estava sendo bastante criticado pelo vazamento dos grampos de Lula, em ato ilegal. Ele estava vendo a reação de parte da mídia, pela ilegalidade dos seus atos, além de manifestações de rua em favor do petista. Não era hora de se expor mais, prendendo Lula e provocando mais confusão.

Ele sabia que já tinha atravessado o sinal. Também contribuiu para isso uma fala do ministro Teori Zavascki que, ao receber uma homenagem em Ribeirão Preto, no interior paulista, criticou Moro, dizendo que os juízes tinham de resolver conflitos, e não criá-los.

Terminou o prazo da janela partidária. Deputados poderiam trocar de legenda sem sofrer qualquer sanção. Pelos dados, 13% dos parlamentares da casa mudariam de legenda. O ex-relator do meu processo no Conselho de Ética, Fausto Pinato, saiu do PRB e foi para o PP. Já o novo relator, Marcos Rogério, saiu do PDT e foi para o DEM. Isso teria influência no meu processo.

O ministro dos Esportes, George Hilton, que pertencia ao PRB, deixou seu partido e se filiou ao PROS. Ele tinha resolvido descumprir a decisão do antigo partido, continuando ministro. Esse era um dos diversos erros do governo.

"Lula comandava o esquema" estampou a capa da Veja naquele fim de semana. A matéria vinha com uma entrevista de Delcídio, em que ele acusava José Eduardo Cardozo de vazar as operações da Lava Jato para Dilma – e para quem fosse necessário. Ele afirmava, inclusive, que Cardozo sabia da condução coercitiva de Lula e teria avisado os principais interessados.

Delcídio falou ainda que, quando Cardozo ficava sabendo das operações, avisava que "ventos frios sopram de Curitiba". E quando queria tratar com ele de assuntos delicados, mandava avisar que precisava tratar de "questão indígena", tema latente em seu estado, Mato Grosso do Sul.

Falou ainda de obstrução à Justiça de Dilma e Lula, ressaltando, contudo, que nem sempre era assim. Ele dizia: "O Lula tinha a certeza de que a Dilma e o José Eduardo Cardozo tinham um acordo, cujo objetivo era blindá-la contra as investigações". Esse acordo não incluiria Lula e, segundo Delcídio, "uma eventual condenação dele [Lula] seria a redenção dela, que poderia, então, posar de defensora do combate à corrupção".

Delcídio estava certo. E se essa era a impressão de Lula, ele também estava certo. Eu cansei de ouvir isso de petistas, que viam em Cardozo o objetivo de preservar Dilma e colocar Lula no centro do furacão. Essa posição de Delcídio vinha ao encontro de tudo que já expus neste livro – e também faz parte das minhas opiniões.

O Datafolha soltou uma pesquisa nesse fim de semana mostrando que o apoio ao impeachment de Dilma crescia 8%, saindo de 60% para 68%. O seu índice de rejeição também aumentava, voltando ao pior nível de agosto de 2015. A novidade era o aumento da rejeição a Lula, que atingia o número recorde de 57%.

Também foi divulgado um levantamento sobre as manifestações de apoio ao PT, realizadas na sexta. Dos manifestantes, 15% eram funcionários públicos e 28% não eram do município de São Paulo. Ou seja, havia um número considerável de militantes, de funcionários de prefeituras petistas do estado de São Paulo, incluindo a da capital. Faltava espontaneidade e sobrava mobilização compulsória.

No domingo, dia 20, o ex-presidente Fernando Henrique, depois de idas e vindas, declarou ser favorável ao impeachment, abandonando sua tese de renúncia de Dilma. E o presidente do PMDB de São Paulo, o deputado Baleia

Rossi, totalmente vinculado a Michel Temer, divulgou um vídeo defendendo o impeachment, dizendo que o diretório do partido de São Paulo votaria pelo rompimento com o governo. Todos entendiam essa posição como sendo a de Temer se declarando a favor do impeachment e defendendo o rompimento com o governo. Era o sinal para que setores do partido que ainda estivessem em cima do muro saíssem dele.

Na segunda, dia 21, consegui que o quórum fosse atingido rapidamente, com a segunda sessão para contagem do prazo para a defesa de Dilma.

Independentemente dos recursos ingressados na Comissão de Constituição e Justiça, apresentei no prazo minha defesa ao Conselho de Ética. O objetivo era não passar nenhuma impressão de protelação, para evitar qualquer tipo de manobra que pudesse tumultuar o impeachment.

O governo iria, dentro do processo do Conselho de Ética, usar seu presidente, subordinado a Jaques Wagner, para tentar tumultuar minha condução no impeachment, mas não teria sucesso.

Eu teria a possibilidade de pedir novamente a troca do relator do meu processo, pois Marcos Rogério havia se filiado ao DEM, deixando o PDT. Era o mesmo princípio que levou à retirada de Fausto Pinato. O DEM fazia parte do meu bloco da eleição. Optei por não contestar isso naquele momento, deixando para depois de aprovar o impeachment de Dilma. Eu não queria marola para atrapalhar o impeachment.

É feita a primeira reunião da Comissão Especial do Impeachment, com a apresentação do plano de trabalho por parte do relator, Jovair Arantes. Também houve contestação do PT ao aditamento feito, da delação de Delcídio do Amaral ao pedido de impeachment, já aceito por mim. Dilma já havia sido notificada desse aditamento.

O presidente da comissão, Rogério Rosso, se reuniu comigo para combinar de acolher essa questão de ordem do PT e retirar o aditamento. Como isso levaria a um recurso em plenário, ele queria que eu mantivesse sua decisão. Concordei com ele, até porque eu entendia que não cabia aditamento ao pedido já aceito – por isso, quando acolhi, considerei como acréscimo de documentos. Retirar isso do processo de impeachment não afetaria em nada, na minha opinião. Ao contrário, fecharia a porta para um eventual questionamento ao STF, que poderia tumultuar o processo.

Dessa forma, combinamos que Rosso acolheria a questão de ordem imediatamente. Mas havia um outro problema que tinha de ser evitado. Era um possível golpe do governo em plenário. Eles poderiam escalar um deputado para questionar em plenário a decisão de Rosso – e, caso eu indeferisse, eles recorreriam à CCJ, pedindo efeito suspensivo.

Se fizessem isso, poderiam pedir votação nominal e, caso houvesse na hora um terço dos presentes, o recurso teria efeito suspensivo, o que levaria a comissão especial a ter de continuar com esse aditamento. Isso daria brecha para que ingressassem no STF, obtendo uma liminar para paralisar o processo até o julgamento do recurso na CCJ, o que faria a briga se transferir para essa comissão. Eu tinha que prever todo o desenlace.

Assim, combinei com Rosso e Jovair para que escalassem um deputado, que foi Arnaldo Faria de Sá. E ele ficaria incumbido com a questão de ordem em plenário, antes de outro deputado alinhado com o governo. Com isso eu indeferiria a questão e ele recorreria para a CCJ, mas sem pedir efeito suspensivo. Além de ficar com essa carta na manga, preparamos uma ação ao STF do próprio Arnaldo Faria de Sá questionando minha decisão. Com isso ficamos com o controle do processo.

Era Semana Santa. Curta, mas cheia de fatos que iriam implicar no processo de impeachment. O governo anunciava que deveria questionar o processo com medidas judiciais contra o objeto da aceitação do impeachment.

O objetivo era criar medo nos aliados, que poderiam embarcar em um processo que não andaria, por uma nova intervenção do STF. Dilma e Cardozo até fizeram isso, sendo a principal medida um mandado de segurança contra a minha decisão de aceitar o impeachment.

Apenas se esqueceram de um ponto, talvez o fundamental, para que um mandado de segurança fosse acolhido: ele deve ser proposto até 120 dias do ato coator que estaria sendo atacado, no caso meu despacho do dia 2 de dezembro. Ocorre que esse prazo venceria em 2 de abril, e só o haviam proposto depois disso.

Essa foi a principal ação que Dilma ingressou. A relatoria coube ao ministro Teori Zavascki. Como foi ingressada de forma intempestiva, ou seja, fora do prazo, não haveria condições de ser acolhida, como não o foi. Isso, independentemente das razões de mérito. Além de errático, Cardozo era incompetente como advogado.

As manifestações agora eram diárias. Ao fim daquele dia, mais de 6 mil pessoas estavam agrupadas em frente ao Palácio do Planalto, segundo estimativas da Polícia Militar. Eles pediam a renúncia de Dilma e a prisão do ex-presidente Lula. Projeções a laser eram mostradas nas paredes do edifício com os dizeres "fora Dilma" e "impeachment".

Temer jantou com Aécio Neves em São Paulo, levando Armínio Fraga para esse jantar. O objetivo era que ele fosse o ministro da Fazenda do governo de Temer. O tucano queria colocar nos trilhos a mesma política econômica que teria ocorrido caso ele tivesse vencido as eleições – mas com um detalhe político que teria passado despercebido a Temer, se eu não o alertasse. Se a atuação de Armínio desse certo, o vitorioso seria Aécio. Se desse errado, a culpa seria de Temer. De qualquer forma, Aécio poderia se aproveitar disso numa eventual campanha em 2018.

Era a história do técnico de futebol malandro, que usava a máxima do "eu venci, nós empatamos e vocês perderam". Aécio queria ganhar de qualquer forma.

Temer soltou uma nota pública contestando uma entrevista do senador José Serra, que dizia que tucanos e Temer já estavam articulando uma equipe de governo em caso de impeachment. Serra era candidato a ministro da Fazenda de Temer, para tentar repetir a mesma história de Fernando Henrique Cardoso, no governo Itamar Franco, quando saiu do ministério para disputar e vencer a presidência. Temer não queria Serra na Fazenda – além do que, haveria um veto explícito de Aécio Neves.

Para evitar que Serra ocupasse a Fazenda, Geraldo Alckmin também se associaria a Aécio, já que tinha o mesmo objetivo. Todos queriam brecar uma ascensão de Serra no processo eleitoral.

Lula voltava a Brasília, sem assumir de fato a Casa Civil. Ele jantou com Dilma no Palácio da Alvorada. Tinha sido aconselhado a não pisar no Palácio do Planalto, para não provocar o STF. Dilma pediu que ele atuasse, mesmo que de forma informal.

Teori Zavascki autorizou a abertura de mais três inquéritos contra Renan Calheiros, frutos de pedidos da PGR, em função das delações premiadas que o citavam. Renan já reunia nove inquéritos contra ele. Sua situação, em condições normais, deveria preocupar.

Só que ele passaria a depender ainda mais de Dilma, para conter eventuais denúncias. Também precisava conter o STF contra ele. Apesar disso, continuava sendo uma diferença absurda em relação a mim. Eu já tinha duas denúncias, sendo uma já aceita. Renan não teve qualquer denúncia desses nove inquéritos.

Na terça, o governo reconhecia que sua base estava se esfarelando. Lula, mesmo tendo sido impedido de assumir a Casa Civil, começava suas articulações. Ele tentava marcar uma conversa com Temer, ainda sem sucesso.

Moro autorizou nova fase da operação, denominada de Xepa, para dar o golpe mortal na Odebrecht. A operação se baseava na rápida delação da ex-secretária da empreiteira, Maria Lúcia Tavares. Com a prisão decretada de 12 executivos, a Odebrecht soltou uma nota pública em que reconheceu práticas de corrupção. Ela também disse que estaria negociando leniência e acordo de delação premiada para executivos da empresa. Como todos sabiam das relações da Odebrecht com o governo do PT, passou-se a apostar no agravamento da situação em relação à Lava Jato.

Na terça, diversas ações tramitavam no STF acerca da decisão do ministro Gilmar Mendes de impedir a posse de Lula na Casa Civil, e sobre os grampos de Lula divulgados por Moro.

Foi rejeitado pela ministra Rosa Weber um *habeas corpus* de Lula contra Gilmar Mendes, pelo envio das investigações a Sergio Moro. Também um mandado de segurança contra a decisão de Gilmar, que impedia a posse de Lula, foi rejeitado pelo ministro Luiz Fux. Ambos entenderam que não era o instrumento viável para contestar as decisões do ministro.

Teori Zavascki, atendendo à petição de Dilma, que argumentava que Moro havia colocado em risco a soberania nacional, decidiu requerer que ele devolvesse para o STF todas as investigações do ex-presidente. Também decretou o sigilo de todas as interceptações telefônicas dele.

A decisão de Teori, atendendo Dilma, era bastante importante. Reformava a decisão de Gilmar do envio dessas investigações para Curitiba. Havia a apreensão de que Moro pudesse decretar, a qualquer momento, a prisão de Lula.

Lula agora estava, mesmo que provisoriamente, sob a competência de Teori. Dilma acabou conseguindo obter o mesmo efeito que buscava quando nomeou o ex-presidente. Era como se Lula tivesse assinado aquele termo de posse que ela enviou "para ele usar em caso de necessidade". Ele teria, mesmo que de forma indireta, o foro privilegiado de ministro, que se buscava alcançar com a nomeação impedida.

Na qualidade de ministro informal, ele se encontrou com Renan Calheiros para tentar reverter a situação da deliberação do PMDB na semana seguinte. Renan havia dado declarações públicas de que impeachment sem crime era golpe. Ele não conseguiu, entretanto, impedir a convocação do PMDB para o dia 29. Sarney estava também presente ao encontro, mas o líder no Senado, Eunício Oliveira, preferiu não participar.

Picciani foi a Temer com um grupo de deputados do partido, para tentar adiar a convocação do PMDB por duas semanas. Temer não aceitou. E reclamou com Picciani por ele ter descumprido o acordo feito na convenção do dia 12.

Temer disse a Picciani que, se quisessem manter seus cargos no governo, que tratassem de vencer na reunião do diretório nacional, no voto. De outra forma não haveria solução. Nesse momento, Temer jogou na mesa o peso de comando partidário, pois já havia tido a eleição e não precisava disfarçar mais.

A composição do diretório nacional que decidiria a matéria era mais favorável a Temer do que a própria convenção para romper com o governo. O peso dos estados que defendiam a manutenção da aliança era bem menor. Se houvesse votação, a vitória seria fácil.

Foi feita a terceira sessão da Comissão Especial do Impeachment. Também contou o prazo da terceira sessão para a defesa de Dilma, das dez a que ela teria direito. O governo já reclamava que eu estava correndo com o processo. Sentiam a dificuldade para a obtenção dos votos necessários – que estavam sumindo.

A confusão política era tão grande que ninguém estava prestando mais atenção ao que acontecia na economia. Parece que estavam só esperando a saída de Dilma para que tudo fosse mudado.

O então ministro da Fazenda, Nelson Barbosa, anunciou aumento de contingenciamento no orçamento anual da União. O volume passaria para R$ 44 bilhões. Ele também anunciava que o governo iria enviar um projeto para alterar a meta fiscal. Ou seja, continuava tudo igual.

Barbosa leva ao Congresso um acordo feito com os governadores a respeito de alterações na renegociação das dívidas, palco de polêmica. Ele e um grupo de governadores foram à Câmara para me pedir a votação desse projeto com celeridade. As condições negociadas implicavam um alongamento de 20 anos no prazo de pagamento. Também teria, durante dois anos, uma redução de 40% nas parcelas mensais a serem pagas à União.

Concordei em votar na terça seguinte em plenário, me responsabilizando por aprová-lo. Eles também levaram o projeto a Renan, que teria de votá-lo em seguida à aprovação na Câmara.

Combinei a instalação das comissões permanentes da casa. Com o fim da janela para a mudança partidária e a decisão do rito de impeachment, não haveria mais motivos para adiar. Marquei para a semana seguinte, depois da Semana Santa.

Meu desafeto Alessandro Molon, já na Rede, fez um discurso que seria o mote dos ataques que eu receberia do PT e seu assemelhados a partir de então. Segundo ele, com o impeachment eu seria alçado, na prática, a vice-presidente da República – e iria usar esse poder para abafar a Lava Jato.

Ele era o pior de todos os meus desafetos. Além de falso, era um petista. Embora tenha mudado de partido, nunca deixou de ser petista. Para um petista, contrário ao impeachment, falar em preocupação com a Lava Jato era hipocrisia. Mas isso seria usado contra mim.

O Conselho de Ética, desprezando sua decisão quando da aceitação da minha denúncia, solicitou à PGR e ao STF o compartilhamento das investigações sobre mim, para instruir meu processo.

Minha denúncia tinha sido aceita apenas quanto ao depoimento na CPI da Petrobras. A discussão era se eu havia mentido ou não no depoimento. Não era para o Conselho de Ética substituir o Poder Judiciário e julgar a denúncia contra mim. Era mais uma ilegalidade e usurpação de competências.

Dilma reuniu um grupo de juristas para contestar o impeachment e lançar uma campanha da legalidade, nos moldes de Brizola em 1961. Só que eram outros tempos e outros motivos. Dilma também passava longe de ser um Brizola.

Na quarta, dia 23, eu me encontrei com o presidente do PRB. Ele reafirmou o pedido do Ministério da Agricultura para fechar a favor do impeachment – a totalidade da bancada. Eu disse que acertaria isso com Temer ainda naquela semana.

A Câmara, dentro do planejado, cumpriu a quarta sessão de prazo da defesa de Dilma no processo.

O grupo pró-impeachment já estava instalado e atuando de forma conjunta. Era então coordenado por André Moura e composto por Paulinho da Força, Arthur Maia, Rodrigo Maia, Mendonça Filho, Lúcio Vieira Lima, Darcísio Perondi, Carlos Marun, Carlos Sampaio, Bruno Araújo, Maurício Quintella, Marcelo Squassoni e Fernando Coelho. A partir daquele momento mantivemos

Rogério Rosso e Jovair Arantes afastados, para não contaminar a atuação deles na comissão especial.

No entorno de Temer, além de Eliseu Padilha, Sandro Mabel se juntava ao grupo. Em seguida se juntaria o senador Romero Jucá, que iria assumir a presidência do partido. Temer, inclusive, não iria participar da reunião do diretório nacional do dia 29, encarregando Jucá de conduzir a decisão de rompimento com o governo.

A Polícia Federal vazou uma planilha encontrada na casa de um ex-executivo da Odebrecht, na mesma operação que havia prendido o marqueteiro João Santana. Nela estavam citados 316 políticos de todos os partidos, supostamente beneficiados. Não ficou claro se eram de doações oficiais de campanha ou de caixa 2.

O vazamento foi muito estranho, no momento em que Dilma sofria com acusações de caixa 2 de campanha. Isso depois que o novo ministro da Justiça havia ameaçado trocar toda a equipe de investigação caso houvesse vazamento. Eugênio Aragão tinha declarado que "tomaria providências se a Polícia Federal não tivesse tido um comportamento profissional". Não se teve conhecimento de nenhuma providência ou punição.

Essa divulgação incomodou até Sergio Moro. Ele imediatamente determinou o sigilo da operação. Ele sabia que esse vazamento era bom para o PT. Oito dos citados eram membros da Comissão Especial do Impeachment. Também havia o fato de o ministro Teori Zavascki ter dado um verdadeiro pito em Moro pela divulgação das gravações de Lula. Moro não ia querer um novo entrevero por essa divulgação, que aparentemente não era sua culpa.

Quando pensei que a semana estava acabando, recebi um telefonema de Joesley Batista. Ele estava em sua casa de Brasília e me perguntava se eu poderia passar lá para uma conversa rápida. Como já estava sem compromissos, eu falei que iria por volta das 19 horas.

Quando cheguei, entrando com o carro pela garagem, ele me recebeu e falou que tinha uma surpresa para mim: uma pessoa que queria falar comigo. Disse que tinha avisado essa pessoa, que ela provavelmente seria alvo de meus xingamentos – mas a pessoa tinha aceitado mesmo assim.

Fiquei entre surpreso e apreensivo, pois acabei entrando em uma situação que não esperava. Quem era a tal pessoa? Joesley deveria ter me consultado antes, para eu ter a possibilidade de concordar ou não. Se ele tivesse me falado ao telefone que o objetivo de pedir minha presença seria para esse encontro, eu não teria ido. Pensei em dar a volta e ir embora. Não tinha na garagem nenhuma indicação de quem seria. Não avistei carro diferente com alguma placa que o identificasse.

Joesley me pediu calma e me levou para um cômodo na parte de cima da casa. Quando vi, estava de cara com Jaques Wagner. Fiquei muito puto. Como ele previa, eu ia xingar muito.

Não querendo testemunhar a confusão, Joesley saiu do ambiente, fechou a porta e me deixou sozinho com ele. Foi um constrangimento só. Wagner começou tentando ser agradável, mas logo eu estaria batendo muito, sem ser agressivo, mas bastante contundente. Não iria sair na porrada física com ele, mas não estava certo de que aquilo acabaria bem.

Ele me abordou dizendo que queria tentar restabelecer um diálogo comigo. Perguntei se ele não se sentia como quem tivesse traído esse diálogo. Ele tentou se desculpar dos erros que teria cometido.

Respondi que aquilo não tinha mais nenhuma importância, pois o impeachment seria aprovado com facilidade. Ele se surpreendeu e falou que ia voltar para a terra dele. Eu recomendei que ele assumisse uma secretaria de estado na Bahia, para ter alguma proteção de foro, pois nunca se sabe o que pode acontecer.

Discutimos sobre o dia em que eu aceitei o pedido de impeachment. Eu o acusei de deslealdade. Ele me rebateu dizendo que André Moura mentiu, pois esteve com ele, Wagner, mas não o levou a Dilma. Essa parte era mentira, segundo ele.

Ele me falou que pretendia reverter a posição do PT contrária a mim, mas eu não acreditei nele nem tive paciência. Eu respondi que sabia o que o José Eduardo Cardozo estava aprontando contra mim, pelo pedido de busca e apreensão já protocolado por Janot naquele dia.

Wagner rebateu dizendo que Cardozo agia de carreira solo. Isso não era posição dele, tanto que Cardozo acabou demitido do ministério.

Ele criticou bastante Cardozo. Queria parecer meu aliado.

Respondi que não acreditava que Cardozo fizesse algo à revelia de Dilma. Também disse que o comportamento dele naquele dia estava estranho, sendo que todos os líderes estavam desconfiados dele. Disse que acreditei em Lula quando o colocou como interlocutor, mas acabei me decepcionando.

Ele me propôs conversar com Lula. Disse que não tinha problema em conversar com quem quer que fosse, mas não o faria em Brasília. Se Lula quisesse conversar, que fosse em um campo neutro, longe de onde estávamos – porque eu não ia querer vazamento.

Wagner, então, me perguntou como eu queria fazer. Respondi: marque em São Paulo. Pode ser na casa de Joesley, porque aí tenho certeza de que não vazará. Vocês não seriam loucos de vazar um encontro desses na casa de um empresário. Seria um escândalo.

Ele me respondeu que tudo bem, iria acertar com o ex-presidente e me perguntou quando poderia. Respondi que podia ser sábado, que eu sairia do Rio e iria a São Paulo, sem usar avião da FAB para não deixar rastro.

Wagner disse que avisaria Joesley, mas que, em princípio, estava confirmado. Depois disso ele saiu e eu fiquei conversando com o empresário. Avisei a ele que tinha aceitado conversar com Lula na casa dele. Ele disse que tudo bem.

Na quinta, dia 24, Joesley me confirmou, por mensagem de WhatsApp, que estava combinado para sábado, às 10 horas, na casa dele, o encontro com Lula. Para não dar pista, liguei para Temer, avisei que estaria em São Paulo no sábado e que gostaria de me encontrar com ele.

Temer respondeu que iria ao interior de manhã, mas retornaria logo após o almoço. E me esperaria na sua casa a partir das 16 horas, mas me ligaria na hora em que chegasse a São Paulo.

Marquei para segunda, dia 28, uma sessão com pauta para garantir o quórum da quinta sessão para o prazo da defesa de Dilma.

Dilma demitiu um dos indicados de Temer ao governo, muito próximo dele. A medida foi divulgada como retaliação. A opção de Dilma seria, então, demitir todos os indicados do PMDB, cujos padrinhos tivessem optado pelo rompimento com o governo.

O diretório estadual do PMDB do Rio de Janeiro, comandado por Jorge Picciani, pai do líder Leonardo Picciani, resolveu apoiar a saída do partido do governo. A decisão surpreendeu o governo – e a mim também. Confesso que não esperava essa guinada a favor do rompimento, 37 dias depois da recondução do líder Picciani, com forte apoio governista. Era uma situação inusitada, pois a seção do Rio tinha 12 votos no diretório nacional.

Eu era um deles – mas os aliados de Picciani eram os demais. Com essa decisão, praticamente apenas Leonardo Picciani votaria pela continuidade da aliança. Na minha avaliação, isso tirava qualquer dúvida sobre a decisão que seria tomada.

Na sexta, dia 25, Jorge Picciani concedeu entrevista dizendo que dos 12 membros do PMDB do Rio, nove votariam pela saída do governo. Ele apontou que a situação de Dilma havia piorado depois da delação de Delcídio e que a presidente não era capaz de construir consensos.

No sábado, aluguei um pequeno avião e fui para São Paulo. Tive apenas um segurança como companhia. Lá chegando, fui para a casa de Joesley, na Rua França, nos Jardins, bairro da zona oeste de São Paulo. Entrei pela garagem de sua mansão, sem ser visto por qualquer pessoa. Cheguei por volta das 9h30, tomei um café com o empresário e conversamos sobre o encontro.

Às 10 horas em ponto Lula chegou, entrando também pela garagem. Ele subiu e se reuniu com a gente. Dessa vez, diferentemente da conversa com Wagner, Joesley participou de toda a reunião – e ainda fez as vezes de garçom para atender a um serviço básico.

Lula, sempre bem afável, sentou-se brincando e logo começou a abordagem. Foram três horas de conversa sobre a situação do impeachment e da política de forma geral. Ele tentou me atrair para segurar o impeachment.

Comentou que tinha marcado com Michel Temer um encontro no domingo, na base aérea de São Paulo, no mesmo local onde ele tinha sido levado na condução coercitiva feita por Moro. Respondi que, quando nos encontramos em setembro, eu havia lhe sugerido que fosse para o governo – mas ele tinha preferido colocar Jaques Wagner. Enfatizei que se ele tivesse ido naquele momento, teria consertado a situação e dificilmente haveria o processo de impeachment.

Debatemos toda a situação, com as covardias que José Eduardo Cardozo havia patrocinado contra mim, juntamente com Janot. Ele concordou que Cardozo era aquilo mesmo. Falou com todas as letras que Cardozo tinha sido demitido do Ministério da Justiça por atuações dessa natureza. Tentou eximir Dilma da conduta de Cardozo, mas eu não concordei com a inocência da presidente.

Ele lamentou terem feito a covardia de mandarem a investigação da minha mulher e da minha filha para Curitiba. Afirmei que havia sido com o objetivo de me constranger e que só me estimulou a correr ainda mais com o processo. Ele culpou Cardozo por isso também.

Lula esculhambou a atuação de Sergio Moro na condução coercitiva e na divulgação das gravações. Concordei com ele. Mas adverti que tudo era consequência do poder que ele havia obtido pela falta de reação do governo a algumas situações.

Falei inclusive da recondução de Rodrigo Janot, quando Dilma atribuiu a ele, Lula, o fato de adotar o critério de primeiro lugar na lista. Ele concordou que isso foi um erro e que, realmente, Janot era um sindicalista inescrupuloso. Frisou que, se voltasse a ser presidente, não adotaria mais esse critério.

Ele me ofereceu os votos do PT no Conselho de Ética. Respondo que isso nunca deveria estar em discussão. Se você é aliado, não pode vir com chantagem. Se o PT tratasse de forma correta esse assunto desde o início, ficando a meu lado e me apoiando sem qualquer tipo de barganha, eu teria ficado em uma situação política na qual perderia toda e qualquer condição de aceitar o pedido de abertura do processo de impeachment. Simplesmente pela minha forma de ser. Não seria desleal com quem tivesse um comportamento de lealdade.

Só que Wagner quis fazer disso um instrumento de chantagem. E era óbvio que não daria certo. Primeiro, porque não controlavam meus desafetos no PT. E ainda a mídia iria bater tanto que tornaria um acordo nesses termos difícil de sustentar.

O PT deveria, no primeiro minuto, ter anunciado o apoio a mim no conselho, independentemente de qualquer coisa, mesmo que necessitasse trocar algum dos seus deputados. Se fosse dessa forma, não teria sido barganha, mas, sim, aliança. Como Lula fez com Renan em 2007, salvando-o da cassação do mandato. Prossegui dizendo que, naquele momento, ele nem conseguiria entregar os votos do PT. Usei como exemplo Rui Falcão, o presidente do partido. Ele havia causado a situação de Delcídio ter virado o que virou contra o governo, além de ter atuado para me agredir em meu processo.

Lula concordou comigo. Admitiu que tinha sido desastrada a atuação dele. Mas argumentou que não podia fazer nada, já era página virada. Então ele apelou para que encontrássemos uma saída para a questão, dizendo que o impeachment seria muito ruim para o país. Respondi que isso seria impossível.

O processo não dependia mais só de mim. Já era irreversível. O que dependia de mim era o tempo e as condições. Mas também alertei que postergar o trâmite seria ruim para todos, pois a cada dia que passava o desgaste de Dilma aumentava. Naquele momento, eles ainda tinham alguma chance. Mas essa chance diminuía a cada dia.

Lula sabia que, ainda que eu dissesse que as coisas eram irreversíveis, o impeachment ainda estava em minhas mãos. Ele sabia que eu podia acelerar ou diminuir o ritmo. E que podia influenciar muitos votos, se eu quisesse. Lula conhecia o funcionamento das coisas. Ele sabia que minha condução, a maneira como eu iria levar a votação, isso seria capaz de mudar tudo. Ele não era bobo, sabia que eu tinha absoluto controle da situação de plenário. E, por isso, sabia que dificilmente o PT teria chances se eu estivesse empenhado em aprovar o impeachment.

Ele tinha razão em parte. Realmente eu poderia, se quisesse, criar condições para que eles pudessem vencer – e esse não era o meu intento. Assim, o máximo que Lula poderia obter dessa conversa seria combinarmos o tempo e a minha isenção, o que também seria muito difícil.

Lula tinha uma grande virtude, e isso o diferenciava do PT. Ele era pragmático. Não se importava com o que o adversário já tivesse – achava que sempre poderia evitar um mal maior, se fizesse um acordo para conter os danos. Ele não agia por raiva ou por impulso. Media o benefício que podia auferir, independentemente do prejuízo já obtido.

Mesmo diante de minha posição irredutível, ele disse que, de qualquer maneira, iria tentar interferir para me ajudar. Comprometeu-se a tratar com Dilma a situação da minha mulher e da minha filha, a fim de tentar reverter no STF o envio das investigações para Curitiba. Sinceramente, eu não acreditava nisso. E, acho, nem ele.

Ele talvez tenha feito isso para tentar me seduzir. Se realmente tivesse influência no STF, não estaria dependendo de uma decisão de plenário para reverter a situação da posse dele na Casa Civil.

Na conversa, Lula chegou a comentar os erros do governo e da economia. Para a alegria de Joesley, disse que tentaria colocar Henrique Meirelles como ministro da Fazenda – o executivo estava trabalhando nas empresas de Joesley.

Avisei Lula de que estaria com Temer ainda nesse dia. Perguntei se poderia comentar com Temer sobre nossa conversa. Ele me pediu que não. E eu respeitei.

Foram três horas em que Lula falou bastante e de forma sincera. Senti realmente o desespero dele com a real situação em que se encontrava o impeachment. Ele esperava reverter o processo. Sobre a reunião do PMDB, disse a ele que não via a menor chance de o partido decidir não sair do governo. Só se Temer recuasse isso poderia mudar. Ele respondeu que esse era um dos objetivos da conversa.

Lembrei, então, que eu sugeri que eles pusessem Temer no Ministério da Justiça, mas fui mal entendido. Lula afirmou que eu estava certo. Então, o ex-presidente fez um desabafo surpreendente.

Contendo o choro, Lula disse que o maior erro que ele havia cometido na vida foi ter permitido que Dilma se candidatasse à reeleição. Ele deveria ter sido o candidato em 2014. Concordei. O país estaria em outra situação se ele tivesse sido eleito. Não estaríamos ali discutindo impeachment, estaríamos discutindo o Brasil. Provavelmente em 2018 Lula poderia até ter sido reeleito e ocuparia o seu quarto mandato. Dilma, com sua ambição, além de se enterrar, foi a coveira do PT.

A conversa foi cheia de bons momentos, com Lula sempre bem-humorado, bebendo e beliscando os salgadinhos que Joesley buscava. Ele, pessoalmente, é bastante agradável. É muito difícil você brigar ou discutir com Lula. A política faz parte de sua vida. As conversas têm início, meio e fim. Muito diferente de tratar com Dilma.

Lamentei bastante que ele não tivesse sido o presidente. Além de mais legítimo, pois Dilma não existia politicamente, ele era mais eficaz. Lula era um líder. Dilma nasceu com perfil diferente. Nunca liderou. Simplesmente mandava pelos cargos que ocupava – ou ocupou. Liderar é muito diferente de mandar. Um país precisa ser liderado.

Em entrevista ao portal UOL em 18 de fevereiro de 2021, Lula proferiu uma frase que poderia sintetizar a atuação da presidente: "Dilma nasceu para cumprir ordens e não para dar ordens".

Terminada a conversa, Lula ficou de tentar voltar a falar comigo, se as condições permitissem. Eu disse a ele que uma coisa eu poderia fazer: se Dilma conseguisse evitar o impeachment na votação, eu me sentaria com ele e aceitaria ajudar a dar uma governabilidade para ela terminar o mandato.

Salientei que havia ainda outros pedidos de impeachment, incluindo um da OAB que seria proposto na semana seguinte, por motivos diversos. Certamente, se Dilma vencesse a primeira batalha, haveria pressão para que eu aceitasse um dos outros pedidos. Dilma não iria aguentar uma segunda guerra, se vencesse a primeira. Depois de mapeados, seria fácil reverter os votos da primeira denúncia. Mas, de minha parte, me comprometia: não daria curso a nenhum outro pedido se ela vencesse o primeiro.

Lula ficou grato por essa posição, se despediu, enfatizou que iria reportar a Dilma a conversa e me agradeceu por ter vindo a São Paulo para encontrá-lo. Joesley e eu o acompanhamos até a garagem.

Lula seguia sua peregrinação obstinada para tentar evitar aquilo que parecia inevitável: o impeachment de um governo que foi gerado por ele, do partido dele.

Ele tinha consciência do risco. O impeachment poderia significar a perda do seu legado.

34 Minha conversa decisiva com Temer, a saída do PMDB do governo e a apresentação da defesa de Dilma na Comissão Especial

Joesley tinha tirado a família de casa para evitar testemunhos do encontro. Então ele propôs que fôssemos almoçar na casa do irmão dele, Wesley Batista.

Lá almoçamos só nós três. Joesley, sabendo que eu ia encontrar Temer, pediu para que eu sondasse quem seria o ministro da Fazenda de um eventual governo dele. O empresário falou que, pelo que tinha compreendido da conversa com Lula, Temer estava na minha mão. Só haveria o impeachment se eu quisesse. Ou seja, não seria justo eu fazer o impeachment e não influenciar no futuro governo Temer.

Concordei que era óbvio que iria influenciar. Mas eu não faria nenhuma barganha com Temer sobre cargos. Joesley lembrou que Lula estava disposto a fazer Meirelles ministro da Fazenda de Dilma, caso ela se safasse do impeachment. Ponderou comigo que eu tinha de ter influência na nomeação da Fazenda, para evitar que o poder real fosse tomado pelo PSDB ou pelos grupos que eram também ligados a Temer. E me propôs que eu indicasse Meirelles. Temer já estava pensando no nome dele, mas ainda não havia decidido. Também argumentou que eu deveria interferir na escolha do Ministério da Justiça. Com razão, ele queria evitar que houvesse um novo Cardozo. Disse que sondaria Temer – e aproveitaria a conversa para delimitar certas situações, pois tinha já as demandas por cargos de alguns dos deputados.

Wesley disse ser contrário ao impeachment. Ele tinha medo de mudanças bruscas, que poderiam prejudicar o ambiente de negócios. Reagia com muita cautela. Eram posições diferentes. Joesley, mais malandro, estava mais preocupado em emplacar Meirelles – naquele momento trabalhando para ele, do que com o impeachment propriamente dito.

Temer ligou para avisar que estava retornando a São Paulo. Pediu para mudarmos o local da conversa. Havia plantão da imprensa na porta da casa dele. Ele achava que uma visita minha em meio ao processo de impeachment, em um sábado à tarde, em São Paulo, traria repercussão muito grande. Pediu que eu fosse, então, ao seu escritório.

Quando saí da casa de Wesley, Joesley perguntou se poderia me encontrar depois da reunião com o vice-presidente. Combinamos que ele me esperaria no hangar de onde eu embarcaria.

Cheguei ao prédio do escritório de Temer ao mesmo tempo que ele. Subimos para seu andar. Ele abriu o escritório e conversamos por cerca de três horas. Comecei elencando os problemas. Falei que temia por covardias em cima de minha mulher, no âmbito das investigações. Relatei as providências que estava tomando. Temer demonstrou preocupação. Não queria um problema comigo, nada que afetasse o processo de impeachment. Um fato contra a minha família teria consequências imprevisíveis.

Conversamos sobre a reunião do diretório do PMDB, marcada para terça. Temer disse que tudo seria resolvido por aclamação e nem seria necessária qualquer votação. Ele estava particularmente irritado com a demissão, feita por Dilma, do presidente da Fundação Nacional de Saúde (Funasa), Henrique Pires, seu indicado. Temer achava que Dilma se apequenava com esses gestos.

Ele me falou que tinha aceitado se encontrar com Lula no domingo, na base aérea, antes do embarque para Brasília. Não mencionei minha conversa com o ex-presidente, mas perguntei qual seria o tom do encontro que eles teriam. Temer disse que iria tentar mostrar a Lula que não haveria mais condições para Dilma. Ingenuamente, ele acreditava que poderia selar um acordo com Lula para manter determinadas situações. No fundo, Temer acreditava que poderia convencer Lula a aceitar o impeachment com naturalidade. Isso era utópico. Preferi nem comentar. Fazia parte da personalidade de Temer sempre buscar a unanimidade.

Parti então para a conversa mais concreta que tive com Temer durante todo o processo de impeachment. Falei para ele que estava indo para um ponto de não retorno – e gostaria de saber o que ele pretendia fazer.

Temer debateu a economia, reafirmando que não retrocederia nesse assunto. Ele estava convencido de que não teríamos outra saída. Reconhecia que eu estava pagando um preço muito alto por isso.

Mas eu queria saber o que aconteceria depois, pois ainda estava na minha mão acelerar ou diminuir o ímpeto do impeachment. Ele me pedia para acelerar o processo e se comprometeu a me preservar para evitar um processo de cassação. Afirmou que faria tudo que estivesse a seu alcance para me salvar.

Alertei que estavam armando algo para mim antes da votação. Era preciso ficar alerta. Eles podiam tentar levar meu afastamento ao plenário do STF. Temer disse que não acreditava, mas que iria monitorar.

Então falei para ele que gostaria de falar sobre o futuro governo, pois o nosso futuro dependeria do sucesso dele. Eu queria ser ouvido em alguns pontos. Temer perguntou o que eu queria, se pretendia indicar algum cargo. Disse então que não era meu objetivo indicar cargos, mas gostaria de ser ouvido na montagem do governo, podendo ter o direito a vetar alguma coisa que entendesse não ser o melhor. Afirmei que gostaria de participar da decisão da economia: qual era a ideia dele para o Ministério da Fazenda e para o Banco Central? Ele respondeu que estava pensando em Armínio Fraga para a Fazenda e Henrique Meirelles para o Banco Central.

Ponderei que a decisão não me parecia a mais correta. Dividir o comando da economia em dois polos diferentes equivaleria a ter um conflito permanente no governo. Era importante ter uma equipe só na economia, e não dois grupos em disputa. Além disso, nomear Armínio Fraga, que era o ministro anunciado pelo então candidato Aécio Neves, equivaleria a entregar a economia para o PSDB. Se desse certo, o vitorioso seria o PSDB. Se desse errado, seria única e exclusivamente por causa dele, Temer.

Além disso, a presença de Armínio iria acirrar a discussão para que os derrotados da eleição assumissem o poder, enquanto Henrique Meirelles era o presidente do Banco Central de Lula – e o candidato dele para assumir o Ministério da Fazenda. Enfraqueceria muito o discurso de contestação dos petistas. Ou seja, minha sugestão era Henrique Meirelles como ministro, com a liberdade de indicar toda a equipe. Temer concordou na hora, apertou minha mão e disse: "Está fechado. O ministro será o Meirelles".

Falei que o outro ponto que eu queria discutir era o Ministério da Justiça. Eu não podia suportar um novo Cardozo. Ele disse que, nesse caso, gostaria de trazer um grande amigo dele, o advogado criminalista Antônio Mariz de Oliveira. Embora não o conhecesse pessoalmente, concordei na hora. Mariz acabaria não participando do governo, mas Temer, antes de escolher seu ministro, me consultou. O escolhido tinha sido meu advogado, por indicação dele – o atual ministro do STF, Alexandre de Moraes. Óbvio que eu aprovei de imediato.

Disse depois que, da minha ótica pessoal, eu estava satisfeito com essas decisões e não tinha nenhum pleito pessoal. Apenas trataria das demandas dos deputados para votarem o impeachment. Comecei, então, a discutir a previsão dos passos que adotaria. Disse que, se não houvesse contratempo, iria levar a votação no domingo, dia 17 de abril. Minha escolha era decorrente do cronograma possível.

Calculei as sessões, que levariam a que votássemos na comissão especial no dia 11. Em seguida, teria de ler na sessão do dia seguinte em plenário. Depois, seria preciso esperar 48 horas para iniciar a sessão de deliberação do processo de impeachment.

Na comissão especial, achava que já tínhamos a maioria consolidada. Comuniquei a ele que tanto Rogério Rosso quanto Jovair Arantes estavam bem alinhados. Depois da votação na comissão especial, seria necessário que Temer os chamasse para consolidar o apoio deles, já que eram os líderes dos respectivos partidos.

Descrevi que, na sessão de votação em plenário do processo de impeachment, eu teria a obrigação de ter a apresentação de acusação e defesa, além de ser também obrigado a dar uma hora a cada partido. Como eu tinha limitação de tempo de sessão, que poderia ser de, no máximo, cinco horas por sessão extraordinária, já sabia que teria de fazer sessões extraordinárias contínuas por mais de 24 horas.

Além disso, teria em cada sessão o direito de palavra dos líderes, que eu não poderia impedir regimentalmente. Logo, as cinco horas de sessão poderiam ser diminuídas. Iria deixar para decidir na hora, mas preferia fazer em um domingo – o que facilitaria o encerramento mais rápido.

Temer disse que confiava na minha decisão, qualquer que fosse, porque sabia que eu tinha o pulso do plenário. O importante para ele era saber o tempo que teria para as articulações – e adiantar a montagem do governo.

Conversamos então sobre essa montagem do governo, e as demandas dos partidos e dos deputados por cargos. Citei o primeiro compromisso, que precisaria confirmar com o PRB – pleiteava o Ministério da Agricultura. Ele me autorizou a responder favoravelmente. Citei também algumas demandas individuais de deputados. Ele concordou de pronto. Combinamos como faríamos dali em diante em relação aos pedidos de cargos. Ele disse que colocaria o senador Romero Jucá para estabelecer as conversas partidárias formais.

Jucá, na condição de presidente em exercício do PMDB, iria, junto de Padilha, montar a base do futuro governo.

Temer tentaria se preservar, evitando tratar diretamente dos cargos, mas daria a palavra final em todos os acordos. Pediu cuidado para que não houvesse promessas iguais, o que iria nos levar à desmoralização. Autorizou que eu continuasse negociando os cargos, desde que fosse razoável – só pedindo que eu o informasse imediatamente para evitar problemas.

Se necessário, ele entraria diretamente nas negociações para poder fechar os acordos. De qualquer forma, pediu que tentasse reduzi-las. Disse a ele que PP e PR eram fundamentais. Teríamos de combinar a entrega de espaços importantes para eles, ou não teríamos os números necessários para aprovar o impeachment. Ele me deu sinal verde.

Falei também sobre o PSD. Temer me disse que estava conversando com Gilberto Kassab, presidente do partido e ministro das Cidades de Dilma. Ele achava que ali já estava bem encaminhado, para que ele permanecesse no ministério em troca de apoiar o impeachment. Disse também que o ex-deputado Sandro Mabel estava tentando negociar apoios, mas às vezes atropelava. Nada contra a participação dele, mas temia uma atuação descoordenada, que levasse a um aumento do custo da operação. Temer combinou que me informaria acerca de tudo que fosse tratado com Sandro.

Lembrei a ele a máxima de Ciro Nogueira, de que não se tira presidente, mas se coloca presidente. Dessa forma, era uma eleição indireta. Dilma iria oferecer tudo que pudesse para não perder. Só teríamos chances se fôssemos opção a eles. Em vez de participar de um governo em decomposição, todos iriam preferir participar de um governo de salvação.

Àquela altura, Temer já estava conversando individualmente com vários deputados e diretamente assumindo compromissos. Isso iria aumentar nos próximos dias.

Terminamos a conversa com os ponteiros acertados. Não precisaríamos mais debater o impeachment. Estava dado o passo definitivo de Temer para que o impeachment não tivesse mais retorno. Ele já havia feito sua escolha.

Descemos juntos no elevador. Dentro dele, em um monitor de TV, notícias da investigação da minha mulher ter sido enviada para o chefe da Operação Lava Jato. Eu o alerto sobre a notícia. Ele franze a testa sem falar nada, em razão da presença dos seguranças.

Saí do escritório de Temer e fui ao hangar, onde já estava Joesley – no estacionamento, dentro do seu carro. Fui até ele e relatei rapidamente o que tinha ocorrido. Informei o acerto de Henrique Meirelles. Joesley, radiante, agradeceu. Antecipei também o nome para a Justiça, bem diferente de um Cardozo. O empresário ficou satisfeito. Ele se comprometeu a ajudar para que os votos de sua influência fossem favoráveis ao impeachment. Isso tudo no mesmo dia em que ele havia sido anfitrião de Lula...

Joesley fez jogo duplo até o fim do processo. Ele queria a nomeação de Meirelles para a Fazenda. A partir daí, tentaria surfar no processo, fazendo o que lhe conviesse a cada dia. Simplesmente administrar a situação.

À noite cheguei ao Rio, ainda a tempo de assistir a uma entrevista de Jorge Picciani no *Jornal Nacional* defendendo o rompimento do PMDB com o governo. Esse dia tinha sido um dos mais importantes do impeachment, e ainda definiu o comando da Economia do governo de Michel Temer.

No domingo de Páscoa, 27 de março, manifestantes favoráveis ao impeachment colocaram um boneco de Zavascki na Avenida Paulista, com a estrela do PT no peito. Eles protestavam contra as decisões do ministro, favoráveis a Dilma.

Temer encontrou Lula na base aérea de São Paulo. A conversa não teve nenhuma novidade. Temer não estava mais disposto a retroceder e teria dito isso a Lula de forma educada.

Na segunda, assegurei o quórum para a quinta sessão de prazo de defesa de Dilma. Feito isso, estivemos com Temer para preparar a reunião do diretório, que seria na terça.

Janot seguiu na mesma linha de sempre, conduzindo vazamentos, visando me desgastar. Depois de ter vazado no fim de semana que tinha pedido ao ministro Teori Zavascki para realizar outras cooperações internacionais, visando descobrir outras contas minhas no exterior, ele repassou mais documentos para *O Globo*.

Agora, ele tentava me envolver com ex-diretores da Petrobras, com a narrativa de que o escritório de advocacia que tinha aberto a empresa, contratada pelo *trust*, era o mesmo que tinha atuado para eles.

Só que, diferentemente do falado por Janot à época, essa empresa não era minha. No caso dos ex-diretores da Petrobras, as empresas supostamente eram deles. Logo, eu não tinha nenhuma relação com essa situação. Isso ficou provado pela própria manifestação do Ministério Público Federal de 26 de outubro de 2020, que reconheceu que eu era apenas usufrutuário da conta e não o proprietário.

Janot queria passar a falsa mensagem de que teria uma atividade comum minha e dos ex-diretores, de montagem de empresas no exterior. Mas eu não tinha nenhuma relação com eles e muito menos com as atividades deles. Eis o método Janot de tentar ajudar Dilma. Reagi com dura nota, rebatendo as mentiras publicadas pelo jornal.

Depois da divulgação da decisão de que a aprovação da saída do governo pelo PMDB se daria por aclamação, sem votação, Henrique Alves entregou carta de demissão do Ministério do Turismo. Seu gesto deveria ser seguido por todos os ocupantes de cargos no governo até a data estipulada, 2 de abril.

Apavorada com a saída do PMDB, Dilma verificou que teria dificuldades de manter os demais partidos. Ela divulgou que iria partir para a negociação individual, deputado a deputado, para tentar obter os votos necessários para impedir o impeachment. Iria oferecer os cargos do PMDB para atrair quem estivesse disposto.

Chegamos ao ponto de achar que poderíamos ter errado em anunciar o rompimento. Afinal, estávamos liberando os cargos para que Dilma os negociasse. Mas ficar em uma posição de dubiedade também seria muito ruim, pois a credibilidade do impeachment poderia ser abalada.

A partir de então, não iríamos pedir que deputados de outros partidos deixassem os cargos. Era melhor que ficassem, e depois pudessem continuar no governo Temer.

Dilma chegaria ao ponto de tentar negociar ministério com pequenos grupos, oferecendo o que tivesse, sem critério. Ao fim, muitos, para votar a favor do impeachment, pediriam os mesmos cargos oferecidos por Dilma, então recusando a oferta dela. Houve uma verdadeira inflação das demandas.

Eu alertava aos deputados que Dilma não iria manter esses cargos depois que se safasse do impeachment. Ela teria, afinal, de atender ao Senado, além de tentar construir maioria para governar, caso sobrevivesse ao processo. Era um verdadeiro conto do vigário, mas alguns estavam propensos a isso. Deputados de partidos pequenos, ocupantes do baixo clero, começariam a ser assediados com propostas mirabolantes. Uns me reportavam as ofertas, outros as levavam ao grupo pró-impeachment, e alguns, diretamente a Temer.

Foi preciso um grande trabalho de convencimento e combate a essa prática. O meu papel consistia em desmoralizar a oferta e propor de volta uma compensação séria e certa. Eu dizia que era melhor ter um pássaro na mão do que dois voando.

À noite, jantamos no Jaburu com Temer – e Henrique já como ex-ministro. Outros ministros anunciavam a data em que se demitiriam. Temer avisou que não iria à reunião do diretório, que seria no plenário da CCJ da Câmara, cedido por mim – eu também iria colocar transmissão ao vivo pela TV Câmara. Caberia a Jucá conduzir a reunião e ler um manifesto com a decisão – foi aclamado por todos. Era jogo combinado. O PMDB estava fora do governo Dilma.

Na terça, a imprensa já registrava a saída do PMDB do governo. A coluna de Mônica Bergamo noticiou a movimentação de Temer pela decisão de escolha de Henrique Meirelles para o Ministério da Fazenda. Todos os meus argumentos para convencê-lo estavam lá descritos. Ou seja, teria sido Temer, ou o próprio Joesley, o responsável pelo vazamento. De qualquer forma, era a sinalização de que Temer cumpriria o acordo. A coluna trazia também uma fórmula para a salvação do meu mandato – algo que não havia sido discutido comigo. Interpretei que era um gesto para me tranquilizar.

Realmente a aprovação do impeachment poderia também desencadear qualquer efeito com relação a mim: aumentar a pressão pela minha saída ou apresentar alguma porta de saída para evitar o processo de cassação. Era um risco que eu estava correndo – mas não teria alternativa.

A reunião do diretório nacional do PMDB sacramentou a saída do governo, comunicada em apenas três minutos – aos gritos de "Fora PT" e "Brasil pra frente, Temer presidente". A reunião coroava minha luta pela saída do governo, que eu vinha empreendendo desde julho de 2015.

O ministro Barroso, autor do voto vencedor do rito do impeachment, fez comentários extremamente críticos sobre a foto da reunião do diretório. Isso denotava seu partidarismo no processo – e as razões da sua atuação contra mim. Feitos a estudantes, seus comentários foram captados sem que ele soubesse. Ele dizia: "Quando anteontem o jornal exibia que o PMDB desembarcou do governo e mostrava as pessoas que erguiam as mãos, eu olhei e, meu Deus do céu! Essa é a nossa alternativa de poder. Eu não vou fulanizar, mas quem viu a foto sabe do que eu estou falando". Essa foto mostrava, além de mim, Romero Jucá, Eliseu Padilha e Valdir Raupp. Com certeza absoluta, eu estava no princípio das suas observações.

A reação do PT e do governo veio em seguida, com ataques a Temer e a mim. O vice passou a ser chamado de golpista por ministros e parlamentares. Deputados petistas foram para a sessão da Câmara com faixas contra mim e contra o impeachment. Era o início da guerra. Era também a sexta sessão de contagem do prazo de defesa de Dilma no processo de impeachment.

O governo resolveu oferecer os ministérios do PMDB para o PP, PR e PSD, para amarrá-los contra o impeachment. Eles planejavam ainda um ministério novo até o fim da semana. O PP recebeu a oferta do Ministério da Saúde, o PR, a do Ministério das Minas e Energia, e o PSD, a do Turismo.

Renan sinalizava não concordar com a decisão do PMDB de sair do governo. Ele organizou uma resistência para que ministros do partido ligados ao Senado continuassem nos cargos.

Na quarta, a *Folha de S. Paulo* publicou denúncia de uma tentativa de manobra: um projeto de resolução da mesa da Câmara que alterava a composição dos partidos nas comissões da Casa, para respeitar a janela de troca partidária. Com o número final das trocas, contabilizavam-se 90 mudanças, ou cerca de 18% da composição da Casa. Era absolutamente necessário que as comissões refletissem essa nova realidade. Se tal mudança não fosse feita, deputados iriam ficar sem vagas nas comissões. Para resolver isso, atendendo a pedido dos partidos, preparamos uma alteração em forma de projeto de resolução da mesa, que seria votada em plenário. A proposta colocava, como período para distribuição das posições nas comissões da Câmara, a composição após o fim da janela. As suplências dos deputados dos blocos que existiam no início da legislatura também precisavam ser alteradas. Elas seriam exercidas pelos deputados do próprio partido. Ou seja, o suplente do deputado de um partido seria o deputado do mesmo partido – e não de outro partido do bloco.

Isso passou a ser motivo de confusão, criada por meus desafetos. Eles diziam que eu pretendia alterar o Conselho de Ética. Mas o conselho era eleito, tinha mandato de dois anos – ou seja, não tinha a composição afetada naquele momento. Qualquer alteração só valeria para a nova formação, que se elegeria em 2017.

Não contentes com isso, falavam que alterar a suplência do bloco para a do partido implicaria em manobra a meu favor. Isso era um absurdo. Desde quando a suplência de um deputado do PMDB deveria ser exercida pelo DEM? Desde quando a suplência do PT deveria ser exercida pelo PR? Isso é que era errado.

Esse barulho me obrigou a aceitar uma emenda ao projeto de resolução, para excluir o Conselho de Ética desse critério. Fiz apenas para não tumultuar o processo de impeachment.

O absurdo era tanto que, no Conselho de Ética, os suplentes do PT ficavam na fila para dar presença antes – e, assim, assumirem como primeiros suplentes do bloco deles, que era PT, PR e PSD. Da mesma forma, os deputados do DEM, para serem suplentes do bloco do PMDB. O critério era que quem desse a presença primeiro no conselho tinha a preferência da suplência.

Na quarta, ocorria a sétima sessão de contagem de prazo para a defesa de Dilma no processo de impeachment. A comissão especial fez audiência com os autores do pedido, que acabou em tumulto, xingamentos e agressões.

Recebi na Câmara o projeto denominado "As dez medidas contra a corrupção", com as assinaturas. Era o projeto concebido pela Operação Lava Jato, que buscava, inclusive, legalizar parte das arbitrariedades praticadas por eles. Eu iria dar a tramitação ordinária, criando uma comissão para isso. Eu ficaria neutro, mas sabia que a chance de isso prosperar era próxima de zero.

As reuniões de avaliação continuavam sendo feitas todas as noites, após a sessão, ao final dos trabalhos. Elas aconteciam na residência oficial, onde se debatiam a evolução e a contagem dos votos.

Na quinta, foi realizada a oitava sessão de contagem de prazo para a defesa de Dilma no processo de impeachment. Enquanto isso, movimentos sociais organizavam protestos contra o impeachment.

A comissão especial seguia com as audiências. Para a defesa de Dilma, compareceram o ministro da Fazenda, Nelson Barbosa, e um professor da Universidade do Estado do Rio de Janeiro (UERJ), Ricardo Lodi Ribeiro. O relator estava seguindo um plano de trabalho que contemplava a acusação e a defesa – para mostrar isenção. O então deputado Júlio Lopes contestou a presença do professor, pelo fato de ele ter sido sócio do ministro Barroso, além de seu escritório ter contrato com a estatal Eletronorte.

Dilma promoveu demissões de vários cargos, que seriam ligados ao PMDB e a Michel Temer. Eram dois os seus objetivos: o primeiro, retaliar Temer; o segundo, ter os cargos livres para oferecer a quem quisesse ajudar a salvar seu mandato. Com essas ofertas descaradas de Dilma, dei entrevistas chamando a ofensiva de "feirão do Petrolão". Na realidade, era isso mesmo: uma xepa de feira para vender os cargos em troca de votos.

Renan deu declarações à imprensa afirmando que tinha sido pouco inteligente a saída do PMDB do governo. Respondi: "Então são poucos os inteligentes, a unanimidade que aclamou", me referindo à aprovação unânime por aclamação.

Os protestos pró-Dilma reuniram cerca de 40 mil pessoas em São Paulo. Também aconteceram em outros pontos do país. Lula não compareceu, mas gravou vídeo que foi divulgado. Os manifestantes se concentraram em criticar a mim, a Sergio Moro e, principalmente, Michel Temer. O vice viraria o principal alvo, não só dos manifestantes, mas também de Lula – que dizia que só o voto legitimaria. Ele passou a ser tratado como golpista e traidor.

Como havia a necessidade de ter quórum na sexta-feira, organizei um jantar para comemorar o aniversário do líder do PR, Maurício Quintella. Com esse ato na residência oficial na noite anterior, teria a garantia do quórum do outro dia. A presença de mais de 50 deputados no jantar deu a garantia desse quórum.

Na sexta, dia 1º de abril, com o quórum garantido, abri a sessão que seria a nona e penúltima para a contagem do prazo de defesa de Dilma no processo de impeachment. Convoquei para a segunda-feira uma sessão com pauta e efeitos administrativos, deixando já garantido o quórum daquela que seria a última sessão necessária da comissão especial.

Uma nova fase da Operação Lava Jato atingiu o PT, com a prisão de Sílvio Pereira, ex-secretário-geral do partido. Isso trouxe de volta o fantasma do assassinato do ex-prefeito de Santo André, Celso Daniel. Moro estava dando mais uma estocada forte no partido de Lula.

Também acabou preso um empresário local de Santo André. Houve várias buscas e apreensões e a condução coercitiva do ex-tesoureiro do partido, Delúbio Soares. A decisão da medida cautelar de Moro fazia menção expressa à possível vinculação do assunto com o assassinato de Celso Daniel.

Moro queria trazer de volta um tema que já havia desgastado o PT nos anos anteriores – e que não era da competência do juízo dele. O gesto foi mais um golpe para Dilma. À opinião pública, restava a imagem de um período do PT sendo desconstruída. Era como dizer que tirar o PT era a única saída para tudo.

Conforme havia combinado com Rogério Rosso e Jovair Arantes, o advogado Renato Ramos preparou um mandado de segurança para ser ingressado por Arnaldo Faria de Sá – o mandado era contra o meu indeferimento, em questão de ordem, de recurso contra a decisão de Rogério Rosso, que tirou a delação de Delcídio do Amaral do processo de impeachment. Ele caiu com a ministra Rosa Weber, que iria negar monocraticamente, mas caberia recurso. A estratégia era ter algo judicializado para poder discutir depois.

Houve recurso ao STF contra decisão minha, que tinha indeferido um pedido de impeachment do então vice-presidente Michel Temer. Caiu com o ministro Marco Aurélio, que teve a minuta da sua decisão vazada, acolhendo o recurso.

O recurso era para me obrigar a dar andamento ao pedido de impeachment, criando a comissão especial para apreciar a denúncia. A decisão que o ministro Marco Aurélio daria teria efeito em todo o processo, se tivesse sido seguida. Ele determinava que fosse criada a comissão especial para analisar o pedido. A decisão do ministro ia em direção contrária até mesmo ao decidido no rito do impeachment, na polêmica votação liderada pelo ministro Barroso. Ela contrariava o próprio pedido do autor do recurso.

Se o entendimento de Marco Aurélio prevalecesse, não haveria mais a possibilidade de decisão do presidente da Câmara pela aceitação ou rejeição de abertura do processo de impeachment. O papel do presidente seria meramente praticar um ato administrativo, criando a comissão especial.

Isso significaria que todos os pedidos de impeachment que ingressassem na Câmara teriam que, obrigatoriamente, ter a comissão especial instalada. Considerando que o número de pedidos semelhantes que eu havia rejeitado era elevado, eu teria de criar também uma comissão especial para cada um desses pedidos rejeitados e dos ainda pendentes. Isso significaria que teríamos mais de 70 comissões especiais de impeachment funcionando simultaneamente na Casa. Era inviável essa decisão. Isso sem contar que estimularia o ingresso de milhares de novos pedidos só para tumultuar o processo. A decisão não era só equivocada. Ela era tumultuadora.

Em respeito ao ministro Marco Aurélio, depois da divulgação, tomei a decisão de recorrer ao plenário do STF, além de submeter a decisão à CCJ da Casa. Entretanto, eu iria obedecer à decisão, determinando a criação da comissão especial desse pedido – mas combinando antes com os partidos que não houvesse a indicação dos seus membros, para não ter o número mínimo que permitisse sua instalação.

O PT e seus assemelhados indicaram os seus membros, mas não atingiram a metade necessária. Essa decisão, na realidade, não precisou ser cumprida. Se não fosse esse acordo político para resolver a situação criada pela decisão, certamente isso iria tumultuar o impeachment de Dilma, pois teríamos de paralisar tudo até que o plenário do STF restabelecesse a decisão do rito do impeachment.

No sábado, dia 2 de abril, quando eu estava no Rio de Janeiro, recebi uma ligação do deputado Maurício Quintella. Ele tinha saído junto com o senador Ciro Nogueira, de um encontro com Michel Temer em São Paulo, e me pediu uma conversa urgente na segunda-feira. Eu respondi que estava às ordens.

Na conversa, Quintella me relatou que Temer havia delegado que eu negociasse a participação do PR e PP no governo. Além disso, eles teriam fechado um acordo, que incluiria o PSD, para não aceitarem qualquer novo ministério de Dilma antes da votação do impeachment. Não queriam se desmoralizar com a barganha dela.

Essa posição estava acordada também com Gilberto Kassab, presidente do PSD. Em termos políticos, essa combinação praticamente sepultaria a pretensão de Dilma de recompor o ministério antes da votação do impeachment, para obter votos. Foi talvez uma das posições mais importantes que conseguimos que fosse tomada. Temer foi habilidoso nessa construção. A partir daí, eu iria negociar com eles a participação que teriam no futuro governo Temer.

Lula, em viagens pelo país, aumentou o tom das críticas a Michel Temer. Ele participaria de eventos no Nordeste no fim de semana. Temer preferiu não responder a ele. Um painel com a posição dos deputados sobre o impeachment era inaugurado na Avenida Paulista.

A *Folha de S. Paulo* publicou um longo editorial de primeira página intitulado: "Nem Dilma nem Temer", onde reconhece que Dilma tinha acabado, embora não visse razão no pedido de impeachment. Falava que Dilma não teria mais condições de governar, mesmo que se salvasse na votação da Câmara. Acusou a existência de barganha de cargos e pedia a renúncia da presidente. Também pedia a renúncia de Michel Temer, querendo que a solução viesse com novas eleições. Embora com análise parcialmente correta, era um golpe dentro do que o PT chamava de golpe. A *Folha*, que sempre tinha sido contra o impeachment, reconhecia a incapacidade de Dilma para continuar governando. Tratava-se de um avanço no processo.

Na segunda, dia 4, a semana começou com a ofensiva de Dilma para nomear novos ministros. Mas ela esbarraria no acordo do PR, PP e PSD de não aceitarem cargos naquele momento.

Com a divulgação da minha previsão de que o impeachment deveria ser votado no domingo, dia 17, deputados que estavam licenciados para ocupar cargos nos estados começaram a ser mobilizados para retornar à Câmara, para participar da votação. Montamos um grupo para fazer o rastreamento das nomeações no *Diário Oficial da União*, para que soubéssemos quem poderia ter sido cooptado devido a essas nomeações. Além de monitorar, poderíamos usar isso para denunciar cooptação.

Cancelei todas as missões oficiais e não autorizei nenhuma licença para saída do país entre os dias 15 e 25 de abril, período provável de votação do pedido de impeachment. O objetivo era evitar a ausência de deputados cooptados pelo governo – atrás de uma desculpa para essa ausência, que seria benéfica para Dilma.

Na segunda, com o quórum sendo atingido com facilidade, foi realizada a décima e última sessão de prazo para a defesa de Dilma no processo de impeachment. A comissão especial realizaria audiência para ouvir José Eduardo Cardozo, que apresentaria a defesa – cujo prazo se esgotaria às 19 horas desse dia.

A defesa foi anunciada com as mesmas coisas de antes: eu teria praticado desvio de poder e chantageado para aceitar o pedido de impeachment. Essa tese já havia sido debatida e não aceita quando da decisão do STF do rito do impeachment, na ADPF 378.

Cardozo manifestava a intenção de contestar no STF o pedido de impeachment. Ele acabou entrando depois com um mandado de segurança, fora do prazo dos 120 dias após a minha decisão de aceitação do pedido de impeachment. Esse prazo teria vencido na sexta-feira, mas a incompetência deles permitiu que houvesse a chamada preclusão do direito de contestar.

Respondi, em entrevista coletiva, as linhas de defesa deles, no mesmo tom da apresentação de Cardozo. Ele ficaria o tempo todo do processo batendo nessa mesma tecla. Para ele, essa discussão política era mais importante do que a própria defesa de Dilma. Ele não tinha outro argumento. Isso só me dava mais vontade e liberdade para agir cada vez mais a favor do impeachment.

Eles faziam questão de transformar o impeachment em uma disputa pessoal comigo, como, aliás, foi o tempo todo. Era uma coisa doentia. Embora falassem como se fosse uma estratégia para explorar o meu desgaste, isso não passava mesmo de ódio.

A partir desse momento, com o cumprimento da principal etapa necessária para a condução do processo de impeachment, a situação estava bem clara.

Dilma não tinha conseguido evitar seu andamento, seja pela falta de condições políticas, seja pela ausência de condições para contestá-lo judicialmente.

O rito do impeachment estava sendo religiosamente observado por todos. Não havia qualquer coisa que Dilma pudesse fazer para evitar o desenlace, a não ser conseguir os votos mínimos para isso. O problema é que faltavam votos e sobrava vontade política de acabar logo com isso. Era apenas uma questão de tempo.

35 A decisão da Comissão Especial do Impeachment

Com a apresentação da defesa de Dilma, a comissão iria seguir seus trabalhos para ter um parecer votado no tempo hábil necessário. Ela iria seguir o roteiro. Mas as disputas também iriam continuar.

O deputado Alex Manente questionou, na comissão especial, o fato de Dilma se utilizar da Advocacia Geral da União para fazer sua defesa. Rogério Rosso indeferiu e Manente recorreu. Decidi o recurso da questão de ordem dizendo que não cabia no rito o questionamento, embora realmente não fosse comum a utilização da advocacia pública para fins privados – como fazia Dilma. O argumento principal da minha recusa era que o julgamento se daria no Senado – à Câmara cabia apenas o juízo de admissibilidade, em uma fase pré-processual.

Após a apresentação da defesa, o relator na comissão especial teria até cinco sessões para apresentar o parecer. Combinamos que ele apresentaria antes, para que pudéssemos votar na segunda, dia 11. Nós tínhamos de prever o pedido de vista com duas sessões. Para isso, ele deveria apresentar seu relatório até quarta-feira.

As confusões no PMDB continuavam. Temer rebateria a posição de Renan, crítica à saída do governo. Ele rebateria também o senador Valdir Raupp, que falava que Temer estava cogitando não assumir. Também o deputado Mauro Lopes foi pressionado a deixar o ministério.

Outros senadores concederam entrevistas, defendendo a antecipação das eleições presidenciais, que certamente não ocorreriam, por absoluta inviabilidade constitucional. Rebati dizendo que era uma proposta utópica, pois, além de não haver emenda constitucional em discussão, esta, se houvesse, não poderia atingir direitos adquiridos. Isso, naquele momento, seria só para tumultuar.

Estive com Temer nesse dia e em praticamente todos os dias em que permanecemos em Brasília. Além de passar a evolução das estratégias para a votação do impeachment, eu mesmo levaria muitos deputados para conversar com ele, a fim de que estabelecessem relações e confirmassem o acordo que eu fazia com cada um.

Levei Marcos Pereira, presidente do PRB, para jantar com o vice, e lá ele confirmou o acordo que tinha me autorizado a fazer – de ceder o Ministério da Agricultura, para que ele mesmo fosse o ministro. Esse acerto depois foi alterado, com a concordância das partes, e o peerrebista acabou se tornando ministro da Indústria e Comércio de Temer. Pereira também pediu que a área da pesca, que estava no Ministério da Agricultura, não fosse dada a nenhum outro partido. Temer disse sim.

Maurício Quintella, depois de me relatar a conversa com Temer, também me contou a proposta do governo de dar um segundo ministério para o PR, o de Minas e Energia ou o da Agricultura. Eu disse a ele que iria montar a estratégia para que o PR tivesse mais espaço com Temer do que teria com Dilma.

Chamei o ex-líder do PR, Bernardo Santana, que tinha sido secretário de segurança do governador de Minas Gerais, Fernando Pimentel. Ele era um articulador importante, tinha muito trânsito na bancada e era ligado a Valdemar Costa Neto.

A equação era fácil de resolver, pois teríamos todo o espaço ocupado pelo próprio PT para compartilhar. Cargo não seria problema. Bastava redistribuir o que o PT tinha, que seria suficiente para que todos fossem contemplados.

Bernardo me falou que tinha o convite para assumir a Agricultura, além da manutenção do ministério dos Transportes – mas preferia ficar comigo, se eu igualasse a proposta. Disse a ele que não iria fechar o mesmo cargo para dois partidos. Eu já tinha garantido ao PRB a Agricultura, e qualquer alteração só seria feita mediante negociação.

Ofereci a ele a Aviação Civil ou Portos. Ele me pediu que confirmasse com Temer, para ele trabalhar dentro do PR. Consultei Temer, que concordou em ceder qualquer uma das duas pastas. Ele não queria dar a de Minas e Energia, pois queria mantê-la com o PMDB do Senado. Ele iria fazer uma diminuição dos ministérios, incorporando algumas pastas. Sendo assim, como o PR tinha a manutenção do Ministério dos Transportes, a ideia era incorporar essas áreas a esse ministério, ficando também a legenda, se quisesse, incumbida de indicar o secretário de uma delas.

O PP tinha já um novo líder, Aguinaldo Ribeiro. Havia ainda divisões na bancada. O ex-líder Dudu da Fonte alimentava parte delas, além dos contrários a tudo. O presidente do partido, Ciro Nogueira, queria unificar uma ala – e a redistribuição dos cargos passava por isso.

Recebi a informação da proposta de Dilma para o PP: ela daria a eles o Ministério da Saúde, manteria o Ministério da Integração e o passaria para o deputado Cacá Leão, que tinha sido derrotado na disputa da liderança. Além disso, o ministro que estava no comando da Saúde, Gilberto Occhi, iria para a presidência da Caixa Econômica Federal. A questão era bem simples: eu tinha que igualar a proposta, para que eles pudessem vir unidos a favor do impeachment. Mesmo assim, ainda teríamos uma negociação para convencê-los de que poderíamos ganhar.

Consultei Temer, que autorizou o movimento. Ele designaria Romero Jucá para também conversar com Ciro.

Havia ainda a rotina de acompanhamento do mapa de votações, com os coordenadores do impeachment. Nessas reuniões, eu sempre ficava com alguma missão, com algum deputado específico, que chamava para uma conversa à parte. Muitas vezes, durante os encontros, eu consultava Temer por telefone sobre alguma demanda específica ou atitude que deveria tomar. Embora alguns deputados procurassem Temer diretamente, outros preferiam fazer os acordos por meu intermédio, porque eu tinha a fama de cumpridor de acordos.

Eu promovia todos os dias almoços e jantares abertos a todos. Com isso, atraía muitos que queriam saber como estavam as coisas. Eu usava essas situações para angariar novos apoios. Era uma correria a cada momento. Algumas reuniões eram na própria sala da presidência da Câmara.

Esses encontros não serviam só para conquistar votos, mas também para mantê-los. Dilma não estava jogando parada, e muitos deputados que eram favoráveis ao impeachment recebiam propostas para terem vantagens, mudando a sua posição. Alguns deles queriam simplesmente escolher o lado que achassem que venceria – para não perder a negociação.

Se a gente não mostrasse a confiança da vitória, perderia muitos votos certos – o que dificultaria a aprovação do impeachment. Era uma guerra de versões, que importava tanto quanto a guerra dos votos.

Eu despachei negando vários outros pedidos de abertura de processo de impeachment contra Dilma, mas deixei quatro ainda pendentes, sendo um da OAB. A razão era que, caso a Câmara aprovasse o pedido que estava na comissão especial e o Senado barrasse, já teríamos outro para abrir.

Havia me comprometido, na conversa com Lula, a não abrir um novo processo de impeachment, caso eles conseguissem o número para evitar a aprovação na Câmara. Mas isso seria diferente caso houvesse uma alteração no Senado. A Câmara não se conformava com a decisão do STF, liderada pelo voto do ministro Barroso, de que o Senado poderia, em maioria simples, não aceitar o processo de impeachment, aprovado por dois terços da Câmara.

Uma coisa era o Senado julgar e não condenar Dilma no processo de impeachment, ou até mesmo não atingir os dois terços dos votos dos senadores necessários para isso. Outra coisa era o golpe que poderiam dar, enterrando de maneira anticonstitucional a vontade dos deputados. O Senado poderia também demorar para apreciar a decisão da Câmara, em uma manobra que Renan teria como fazer para ajudar Dilma, esfriando os ânimos.

A decisão que eu havia tomado era que, caso o Senado demorasse a apreciar a decisão da Câmara ou viesse a rejeitar a decisão acerca da abertura do processo de impeachment, eu iria abrir um segundo impeachment. Era a forma de pressionar o Senado.

Se o Senado rejeitasse a decisão da Câmara e não julgasse o crime de responsabilidade do processo de impeachment, certamente iríamos para uma grande crise institucional. A Câmara não teria condições de respeitar uma presidente, sendo que dois terços dos seus membros tinham aceitado que ela fosse processada – tendo o Senado simplesmente ignorado essa decisão.

Seria praticamente inviável obter algum tipo de harmonia e convivência entre as casas do Congresso e entre a Câmara e o governo. Nenhuma matéria do governo seria mais votada e dificilmente se conseguiria ter alguma votação conjunta entre Câmara e Senado. Seria uma ruptura com consequências imprevisíveis.

Talvez, até pela sabedoria da maioria dos senadores, a decisão da Câmara acabasse confirmada. Eles sabiam que a decisão do STF era politicamente inviável. Nenhum governo sobreviveria tendo menos de um terço da Câmara e uma maioria simples no Senado.

A gente apostava nessa constatação política, de que era inviável politicamente o Senado rejeitar. Quem bolou essa tábua de salvação para um governo que estava moribundo não tinha a noção do que era a política real. Barroso, quando se dispôs a essa solução, talvez não soubesse que, longe de resolver algo, estaria criando justamente um instrumento de crise maior do que a que já existia. Essa era a realidade.

A comparação com o impeachment de Collor é inapropriada nesse caso. Collor já estava derrubado, independentemente do rito. E ninguém estava ligando para isso. Tanto que a comissão no Senado foi eleita em voto secreto, coisa que Barroso tinha proibido, alegando estar seguindo o rito de Collor. Eram dois pesos e duas medidas.

Sabendo disso, e que Renan iria fazer tal enfrentamento, por mais que quisesse salvar Dilma, fomos em frente para criar o fato consumado.

O governo Dilma já tinha acabado. Agora era questão de dias. Era necessário tocar o impeachment o mais rápido que pudéssemos. Era isso que estávamos fazendo, mas sem descuidar das alternativas, caso o Senado tentasse salvar a presidente.

Aproveitei e neguei também outro pedido de impeachment contra Temer, dessa vez feito pelo ex-ministro da Educação de Dilma, Cid Gomes.

Na noite daquela segunda-feira, tanto Lula quanto os movimentos favoráveis ao impeachment fizeram atos para defender suas posições. Lula voltou a atacar Temer. Petistas também voltaram a me atacar.

Na terça, o governador do Distrito Federal, Rodrigo Rollemberg, me visitou na Câmara para debater a situação da votação do impeachment. Discutimos a segurança para a votação. Ele ponderou que seria mais fácil manter a ordem se a votação ocorresse no domingo.

Diante de tal posição, tomei a decisão definitiva de confirmar a data de 17 de abril, domingo, para a votação. Mas, para isso, era necessário ser rigoroso no cumprimento do calendário – observar as cinco sessões na comissão especial –, sob pena de pôr todo o trabalho a perder.

Combinei com Rollemberg o bloqueio das vias que levavam ao Congresso e a divisão de espaços, para que os dois lados tivessem a oportunidade de se manifestar, evitando violência. Essa também era a vontade do governador, e, dessa forma, ele iria fazer o planejamento da segurança na data.

Muitos disseram que marcar uma votação dessas em um domingo seria um risco, por conta dos atos populares que ocorreriam de ambos os lados. A realidade era que, para o governo do Distrito Federal, era mais fácil organizar a segurança em um domingo do que em dia útil. Eu também preferi o domingo, para que todos tivessem a oportunidade de assistir. E acreditava que a data desfavorecia tentativas de obstrução e até mesmo manobras de petistas.

Combinei com Rogério Rosso e Jovair Arantes para que o relatório fosse apresentado na quarta na comissão especial. Não abriria nenhuma ordem do dia, para que a leitura fosse concluída no mesmo dia – teria de acabar até a meia-noite. Assim, o pedido de vista poderia ser concedido nas sessões de quinta e sexta.

Após a sessão de sexta, a Comissão Especial do Impeachment poderia iniciar a discussão e votação do parecer de Jovair. Iríamos ter a comissão durante todo o fim de semana, se houvesse obstrução, para que a votação ocorresse até segunda, de qualquer forma.

Se houvesse algum acordo de procedimento, poderíamos até não ter a comissão no fim de semana, mas isso seria administrado por Rogério Rosso. Meu compromisso era garantir o quórum para as sessões de sexta e de segunda.

O calendário, portanto, seria: votar na segunda, dia 11; ler na sessão do plenário na terça, dia 12; publicar no *Diário Oficial* de quarta, dia 13. Dessa forma, após 48 horas, poderíamos iniciar a sessão de apreciação do pedido de abertura do processo de impeachment.

Assim, teríamos de sexta, dia 15, até domingo, 17, para administrar o tempo e votar no domingo. O calendário era apertado, mas bem plausível. Faltavam alguns detalhes que teriam de ser ajustados.

A necessidade de apresentar imediatamente o parecer de Jovair atendia não só ao cronograma de votação do impeachment. Serviria também como resposta à decisão liminar do ministro Marco Aurélio, de determinar a abertura do impeachment contra Temer.

Na reunião de líderes de terça, fui muito pressionado pelos líderes aliados de Dilma para a instalação dessa comissão especial. Como já havia combinado com os demais líderes que não indicassem membros, fiz jogo de cena e pedi aos partidos que indicassem seus membros. Até mesmo Leonardo Picciani se recusou a indicá-los.

O senador Romero Jucá assumiu formalmente a presidência do PMDB e a linha de frente do partido na defesa do processo de impeachment – além da discussão do futuro governo Temer. Era uma forma de poupar Temer dos confrontos.

O deputado Paulinho da Força denunciou publicamente a oferta de dinheiro para compra de votos contrários ao impeachment. Outras suspeitas seriam divulgadas mais tarde.

O presidente do Conselho de Ética e o relator do meu processo foram a Curitiba. Encontraram o então juiz Sergio Moro, na tentativa de combinar os depoimentos dos delatores como testemunhas perante o conselho. Um absurdo em dois aspectos: primeiro, por continuarem a querer investigar algo que ia contra a própria decisão do conselho, que limitou minha acusação ao depoimento na CPI da Petrobras; segundo, o chefe da operação também conduzir a autorização, ou não, dos depoimentos de testemunhas no conselho. Era surreal esse encontro.

Moro autorizou o depoimento de delatores, mas determinou que fosse em Curitiba. Era realmente impressionante. Isso sem contar que o Conselho de Ética não tinha poder de convocar ninguém. Era meramente um convite, para quem quisesse ir. O conselho não tinha os poderes de CPI, que podia convocar, desde que aprovado pelo plenário da CPI.

Na quarta, dia 6, foi divulgada mais uma parte da delação de ex-executivos da construtora Andrade Gutierrez, dessa vez associando as doações da campanha de 2014 de Dilma ao pagamento de propinas sobre contratos da Petrobras e do setor elétrico.

Na sessão da Comissão Especial do Impeachment, conforme combinado, o relator Jovair Arantes apresentou seu parecer pela aceitação de abertura do processo de impeachment. Deixei a sessão correr, sem abrir a ordem do dia, para permitir a leitura integral do parecer. Com isso, cumpriríamos uma importante etapa do processo. O parecer era do meu conhecimento, pois o arcabouço jurídico estava a cargo do advogado Renato Ramos, a essa altura trabalhando na liderança do PTB.

Jovair conferiu retoque político e teve a habilidade de não atravessar a competência da Câmara. Quem iria julgar se os fatos eram ou não verdadeiros seria o Senado. À Câmara caberia, tão somente, decidir pelos motivos que levassem à abertura do processo.

Ele abordou todos os pontos, mas acolheu o pedido pelos decretos de suplementação orçamentária, sem autorização legislativa. Agora era partir para aprovar na comissão o mais rápido possível.

O PMDB estava discutindo o fechamento de questão para expulsar do partido todos aqueles que votassem contra a abertura do processo de impeachment. Depois que eu rejeitei um outro pedido de impeachment de Michel Temer, o autor da proposta, Cabo Daciolo, entrou no STF. Coube ao ministro Celso de Mello indeferir seu pedido, ao contrário do que tinha decidido o ministro Marco Aurélio, em situação idêntica.

Na quinta, dia 7, o Conselho de Ética começou a ouvir as testemunhas escolhidas pelo relator para tentar me constranger. Levou um intermediário do doleiro Alberto Youssef, o também doleiro Leonardo Meirelles, para dizer que recebeu dinheiro de Youssef, que fez câmbio com Youssef, que teria dito de forma informal que eu era o beneficiário. Era o conselho investigando uma acusação não aceita e ainda usando a velha tática de colocar delator para acusar de "ouvir dizer". Isso o STF já considerou que não era prova válida. Esse seria o tom – e foi feito pelo presidente do conselho, para rebater a divulgação do parecer de Jovair Arantes a favor da abertura do processo de impeachment. Ele continuava atuando em conjunto com Wagner.

A *Folha de S. Paulo* havia publicado no dia anterior que esse doleiro, que tinha virado delator, teria provas contra mim. A única prova apresentada era que ele tinha "ouvido dizer". Até hoje não apareceu nenhuma prova vinda desse delator.

Eu havia ingressado com mandado de segurança no STF contra o arrolamento de testemunhas de delatores por parte do relator. A ação caiu com a ministra Cármen Lúcia, que negou liminar, solicitando mais informações.

O Datafolha soltou uma pesquisa indicando que 60% dos deputados eram favoráveis ao impeachment. Havia, segundo a pesquisa, 18% de indecisos. A mesma pesquisa dizia que 55% do Senado também confirmaria a aceitação da abertura do processo.

Embora o número ainda fosse 7% inferior ao suficiente para a abertura do processo, o número de indecisos era superior ao admissível. A boa notícia era que o Senado já tinha número para confirmar a decisão, o que pressionaria os deputados indecisos. Ainda mais porque sabíamos que indeciso era o equivalente a "estamos ainda em negociação".

Na quinta, foi divulgado o parecer da PGR sobre a posse de Lula como ministro da Casa Civil. Janot defendeu que a nomeação de Lula era um ato de obstrução de justiça, para lhe dar o foro do STF para a sua investigação. Ele estava particularmente irritado com Lula pela divulgação das gravações – nas quais o ex-presidente o trata como ingrato. Janot era, além de tudo, mercurial. Não admitia ser contestado de nenhuma forma.

Lula compareceu para depor na PGR sobre a delação de Delcídio do Amaral. Ele teria de responder sobre a suposta tentativa de compra do silêncio do ex-diretor da Petrobras, Nestor Cerveró, para que ele não virasse delator. Lula negaria qualquer participação.

Da mesma forma, na semana anterior eu resolvi oferecer um jantar para comemorar o aniversário do deputado Lucas Vergílio, do Solidariedade, para garantir o quórum necessário para a sessão de sexta-feira. Se não desse quórum, não haveria impeachment votado dia 17.

No jantar, eu consegui mais de 50 deputados presentes, garantindo o quórum da sexta, para encerrar o primeiro ciclo do processo. Por via das dúvidas, todos que foram ao jantar seriam contatados de manhã cedo, para não perderem a hora da presença. Seria a terceira sexta em que daríamos quórum para o impeachment.

Algumas das presenças eram dos deputados que já estavam escalados para essa finalidade pelas lideranças. Havia também os deputados que estavam sempre querendo participar na linha de frente da contagem, como André Moura e Rodrigo Maia.

Nesse jantar, dois deputados, Marcelo Squassoni, do PRB, e Ricardo Izar, do PSD, me comunicaram a ameaça de demissão de dois diretores da companhia Docas de Santos, nomeados por indicação deles, feita pelo ministro Hélder Barbalho, do PMDB, caso não se declarassem contra o impeachment.

Informei a eles que tinham meu compromisso de manutenção desses cargos com Temer. Comuniquei a Temer esse compromisso, como fazia com todos os que assumia em seu nome, para o futuro governo.

Nesse caso, o fato relevante não era dar os cargos, mas, sim, um ministro do PMDB estar nesse jogo. Isso era o que me preocupava, pois haveria impacto no Senado, já que Hélder era filho de Jader Barbalho, uma raposa astuta, que sempre surfou nos cargos de governo e não jogava para perder.

Sabíamos que estávamos por 20 votos para atingir os dois terços necessários, pela mediana das contagens. Uma votação forte na comissão especial facilitaria o nosso trabalho – mas não seria ainda suficiente. A pesquisa do Datafolha estava correta.

Por outro lado, a pesquisa do Senado também deveria estar correta, nos dando um argumento muito forte para o convencimento dos deputados. O governo sabia que estava nas mãos do PP e do PR. Se esses dois partidos votassem contra o impeachment, não iríamos conseguir o número, apesar das dissidências internas que haveria.

O governo comemorava a decisão deles de só aceitar novos cargos depois da votação do impeachment. Nós também comemorávamos, pois essa decisão era oriunda de um arranjo conduzido com Michel Temer.

Nesses dois partidos, haveria um terço de cada bancada em uma determinada posição, contra ou a favor do impeachment. Restava, então, um terço de cada partido, que decidiria em função dos acordos que fossem feitos ou pelo posicionamento da cúpula partidária. Era nisso que iríamos investir.

A minha longa experiência em votações na Câmara me mostrava que essa decisão só se daria na hora. Jamais chegaríamos ao número fechado para partir para a votação. Era preciso correr o risco, até porque em política o fato consumado funciona bastante. Ninguém quer perder uma votação dessas. Isso significaria um resto de mandato capenga para quem errasse a mão.

Eu sabia que esses votos viriam do PP e do PR, bastando para isso o fechamento do acordo com eles. Por sua vez, eles estavam esperando o último momento. Já haviam definido as posições que teriam no governo, mas precisavam acertar o vencedor. De nada adiantava uma boa negociação sem a vitória. Era essa a conta que estavam fazendo.

Na sexta, dia 8, foi aberta a última sessão necessária para a continuidade do processo de impeachment. O quórum foi atingido com facilidade. O presidente da comissão especial marcou a sessão da comissão para as 15 horas.

Sem acordo, ainda com os membros da comissão, ele resolveu dar continuidade à sessão, até ao menos o encerramento da discussão. Ele marcou também para segunda, dia 11, três sessões – às 9, às 12 e às 15 horas, com o objetivo de evitar qualquer esvaziamento que impedisse o quórum.

A Globo anunciou que transmitiria ao vivo na sua programação a sessão de votação do impeachment, a exemplo do que fez quando da votação do processo de Collor. A decisão ajudava o impeachment, pois aumentava a pressão sobre os deputados que quisessem votar contrariamente.

Por que a Globo tinha decidido dessa forma? Talvez para evitar as críticas, se adotasse procedimento diferente do adotado no caso Collor. Talvez também pelo interesse que o assunto despertava. E ainda pela constatação de que Dilma perderia a votação.

A Globo queria o impeachment, mas não queria passar essa impressão. Atuou para ajudar Dilma em certo momento. Então percebeu que o melhor a fazer era se livrar desse compromisso.

O Banco Central (BC) enviou ao Conselho de Ética da Câmara um parecer que falava que eu deveria ter declarado as contas do *trust*. A intervenção de um órgão do governo mostrava que estavam atuando fortemente para meu processo no conselho. O BC vazaria esse material para a imprensa, visando criar mais uma manchete contra mim, pensando que isso iria prejudicar a articulação do processo de impeachment.

Além de um parecer cheio de adjetivos, a procuradoria do banco, comandada por Isaac Ferreira, hoje presidente da Federação Brasileira de Bancos (Febraban), me aplicaria uma multa de R$ 1 milhão. Ele atuava em acordo com o então advogado-geral da União, José Eduardo Cardozo. Não entendo a razão de a Febraban colocar como presidente um serviçal do PT.

Como estava concentrado em encerrar o processo de impeachment, respondi acusando o procurador de estar a serviço do governo, pelas redes sociais. Segui ainda com mais força na mesma toada que estava. Cada vez que o governo de Dilma soltava alguma coisa contra mim, eu tinha mais motivos para arranjar ainda mais votos. A questão era muito simples.

Informei à imprensa que decidiria somente na hora da votação qual seria a forma de chamada dos deputados. Descartei utilizar a ordem alfabética, usada no impeachment de Collor, por absoluta falta de previsão regimental. Aquela decisão havia sido política, porém não contestada. Além disso, o regimento havia sido alterado depois da votação do impeachment de Collor, dando um critério de votação alternada de deputados, entre estados do Norte e do Sul do país. O problema seria interpretar isso com o já adotado na casa. Dizia o regimento: "Quando o sistema eletrônico não estiver em condições de funcionamento, e nas hipóteses de que tratam os artigos 217 IV e 218, parágrafo 8º, a votação nominal será feita pela chamada dos deputados, alternadamente do Norte ao Sul e vice-versa". Os artigos 217 IV e 218, parágrafo 8º, eram exatamente os que tratavam de autorização para instauração de processo por crime comum e crime de responsabilidade contra o presidente da República.

Embora a interpretação fria do escrito desse a impressão de alternância entre os estados na mesma votação, a Câmara, nas votações anteriores, tinha adotado interpretação diferente: que em cada votação se começava de uma parte do país e, na seguinte, se alternava. Havia toda uma teoria de que os estados do Sul eram mais favoráveis ao impeachment, enquanto os do Nordeste eram contrários. Dependendo de onde começasse a chamada, o resultado iria correr de forma diferente.

Pelo levantamento que fizemos, a última votação por esse sistema teria ocorrido em 2005, e a chamada tinha sido do Norte para o Sul. Se adotasse o critério vigente, deveria agora fazer do Sul para o Norte. Deputados do PT já estavam fazendo questões de ordem em plenário para que eu decidisse isso.

Outra decisão polêmica era o meu direito de votar como deputado. Sempre questionei a minha impossibilidade de votar. O regimento me atribuía o poder de desempatar votações, o que não poderia ocorrer em votações que dependeriam de atingir um quórum mínimo.

Era o caso de votação de propostas de emendas constitucionais e, nesse caso, de admissibilidade de processo de impeachment. Eu estava disposto a ingressar no STF para questionar essa possibilidade. Ocorre que, na votação do impeachment de Collor, o então presidente da Câmara exerceu seu direito de voto. Resolvi seguir sua atitude. Isso estava sendo interpretado como quebra de imparcialidade, mas não era.

O país elegeu 513 deputados, e eu era um deles. Impedir-me de votar significaria alterar a representação da Casa. Eu tinha esse direito e iria exercê-lo. Além disso, havia também a demonstração, para todos, do meu empenho em aprovar o impeachment. Isso ajudava a conquistar mais votos.

O mercado financeiro havia fechado a semana com índices otimistas pela possibilidade de aprovação do impeachment de Dilma. A Bolsa subia bastante e a cotação do dólar caía bem. Era um argumento para quem defendia o impeachment: sinalizava que a economia melhoraria sem Dilma no comando. O mercado apostava no impeachment.

No sábado, dia 9, a *Folha de S. Paulo* publicou mais um de seus longos editoriais. O jornal me acusava de manobras por não informar como se daria o processo de votação. Além de dar suas estocadas nas razões do impeachment, ao qual era contrária, a publicação cobrava tal definição – para que pudesse ser contestada antes da votação.

Era para que o assunto fosse também judicializado. Em função disso, eu conversei com os líderes que apoiavam o impeachment e com Temer. Decidi, então, divulgar, logo após a decisão da comissão especial, como se daria a votação. Eu iria determinar o processo, em resposta a uma das questões de ordem existentes, adotando o mesmo critério que a Câmara vinha praticando até então.

A capa da revista *Veja* era bastante sugestiva: "Dilma em liquidação", "Superqueima de cargos", "Corra! Últimos ministérios". A mesma capa continha um aviso: "Atenção, deputados! Só os senhores, com o seu voto e sua consciência, podem acabar com essa farra". Era uma matéria devastadora.

A discussão da Comissão Especial do Impeachment havia avançado por toda a madrugada, encerrando-se formalmente no sábado. Com isso, seria possível deixar a votação para a segunda, dia 11. Ali só caberia a palavra do relator, da defesa, o encaminhamento de votação, a palavra dos líderes e a votação. Isso levaria, mais ou menos, umas três horas de sessão.

Rogério Rosso me relatava, por telefone, todos os passos da comissão especial, até seu fim, no sábado.

Ciro Nogueira voltou a se encontrar, no mesmo dia, com Michel Temer, em São Paulo. Ele avisou que o partido decidiria sua posição na terça, dia 12. Temer conseguiu fechar com Gilberto Kassab o apoio do PSD. Eles combinaram que Kassab não deixaria o ministério antes da votação – para não dar mais um espaço para Dilma negociar votos.

No domingo, os deputados Paulinho da Força e Rodrigo Maia foram a uma reunião na casa de Jorge Picciani, meu vizinho no Rio de Janeiro, para tratar de aliança para a eleição da prefeitura do Rio de Janeiro.

Quando saíram de lá, passaram em minha casa para relatar a conversa. Falaram que Picciani prometia todos os votos do Rio de Janeiro para o impeachment, exceto o do filho dele, Leonardo Picciani, e de Celso Pansera, que estava como ministro de Dilma.

Nesse domingo, a *Folha de S. Paulo* divulgou uma pesquisa do instituto Datafolha que parecia trazer um resultado sob encomenda para justificar sua posição editorial, externada na semana anterior – pregando a renúncia de todos. A pesquisa trazia a aprovação do impeachment de Dilma com 61%, mas também colocava uma novidade: a aprovação de um eventual impeachment de Temer, que nem estava em discussão, com 58%. Trazia também uma pergunta sobre o apoio à renúncia deles, Dilma e Temer – ideia aprovada pela maioria, com idênticos 60%. E, para não perderem o hábito, uma pergunta sobre o apoio à minha cassação. Apesar de o índice ter diminuído em cinco pontos, ainda era alto: 77% defendiam a tese. A pesquisa e a forma de divulgação tinham a intenção clara de referendar as teses editoriais.

Alguns diretórios estaduais do PP estavam já decidindo sua opção, independentemente da posição nacional. O diretório do Paraná, comandado pelo deputado Ricardo Barros, que viria a ser, depois, ministro da Saúde de Temer, tomou a frente, se decidindo a favor do impeachment.

Na segunda, dia 11 de abril, estava de volta a Brasília: era a semana decisiva do impeachment. Havia marcado sessão extraordinária do plenário para depois da comissão especial.

O presidente do Conselho de Ética, José Carlos Araújo, deu uma entrevista ao jornal *A Tarde*, da Bahia, na qual reconheceu e detalhou todas as manobras que estava fazendo contra mim. Era uma verdadeira delação. Demonstrou também sua subordinação a Jaques Wagner, revelando toda a sua dependência.

Havia um receio de se tentar a judicialização da comissão especial. Para isso, era necessário que a votação não acabasse nesse dia. A previsão era de que a comissão votasse em cinco sessões o parecer. Caso não fosse concluída na segunda, estaria superado o tempo e a comissão seria extinta.

Dessa forma, eu teria de levar o parecer diretamente ao plenário para votação – o que acarretaria uma judicialização da parte dos defensores de Dilma, e não saberíamos o desfecho. Para evitar isso, resolvi cancelar a abertura da sessão de segunda, para não ter de suspender a continuidade da sessão da comissão especial, a fim de deixar todo o tempo necessário para que a comissão deliberasse.

Durante a sessão da comissão especial, o líder Leonardo Picciani ingressou com um mandado de segurança no STF visando impedir que a suplência na comissão fosse exercida por integrante do bloco e, sim, pelo próprio partido. Como o deputado Washington Reis, do PMDB, estava doente e não votaria, ele queria outro suplente afinado com ele.

Ocorre que o deputado do PMDB que era suplente, Laudívio de Carvalho, havia trocado de partido, na janela, para o Solidariedade. O critério era de que o primeiro suplente do bloco a dar presença ficaria com o direito a voto. Ele tinha também sido o primeiro suplente a dar presença. Dessa forma, o mandado de segurança dele estava sem sentido – de qualquer maneira, ele não obteve a decisão a tempo. Depois, pelo resultado da votação, verificou-se que o mandado era inócuo.

Dessa forma, a comissão iniciou o processo de votação. O deputado Maurício Quintella renunciou à liderança do PR, anunciando seu apoio ao impeachment. Como o placar já estava garantido a favor da aprovação do parecer do relator, ele não votou na comissão especial – assim um suplente do PC do B votaria contrário ao parecer.

Da mesma forma, o deputado Júlio César, do PSD, também favorável ao impeachment, não votou para que um suplente do PT exercesse o seu voto na comissão especial. Mesmo assim, com todo esse cenário, o placar final seria de 38 votos favoráveis ao impeachment contra 27, uma diferença de 11 votos.

Também o deputado Bebeto, do PSB, que iria votar contra o impeachment, não exerceu o seu voto – pois o PSB, seu partido, havia decidido votar favoravelmente ao impeachment. Com isso, exerce o voto o deputado Bruno

Araújo, do PSDB. Com as movimentações dos dois lados, a diferença real na comissão deveria ter sido de 12 votos, dentro do previsto.

A sessão começaria com o relator Jovair Arantes. Em seguida, o então advogado-geral da União, José Eduardo Cardozo, fez mais uma defesa de Dilma, centrando de novo os ataques a mim. Em seguida, falaram os líderes, no tempo destinado à liderança. Logo após houve o encaminhamento para, em seguida, se iniciar a votação. Debaixo de muito tumulto e gritos de ordem de ambos os lados, o presidente da comissão, Rogério Rosso, proclamou o resultado de aprovação do parecer pelos exatos 38 votos – conforme ao longo do dia havíamos previsto, em função das trocas dos dois lados.

O resultado teve um voto de diferença em relação à previsão feita no dia da instalação da comissão, justamente em razão da movimentação dos votos de Maurício Quintella, Júlio César e Bebeto, que, por estratégia, preferiram não votar. Os votos a favor do impeachment foram dados pelos seguintes deputados: Elmar Nascimento, Mendonça Filho e Rodrigo Maia (DEM); Marcelo Aro (PHS); Weliton Prado (PMB); Lúcio Vieira Lima, Leonardo Quintão, Osmar Terra e Mauro Mariani (PMDB); Júlio Lopes, Jerônimo Goergen e Paulo Maluf (PP); Alex Manente (PPS); Jhonatan de Jesus e Marcelo Squassoni (PRB); Ronaldo Fonseca e Eros Biondini (PROS); Danilo Forte, Fernando Coelho e Tadeu Alencar (PSB); Eduardo Bolsonaro e Marco Feliciano (PSC); Marcos Montes e Rogério Rosso (PSD); Jutahy Júnior, Paulo Abi-Ackel, Nilson Leitão, Shéridan, Bruno Covas, Carlos Sampaio, Bruno Araújo (PSDB); Benito Gama, Jovair Arantes e Luiz Carlos Busato (PTB); Evair de Melo (PV); Fernando Francischini, Paulinho da Força e Laudívio de Carvalho (SD).

Contra o impeachment, votaram: Jandira Feghali e Orlando Silva (PC do B); Júnior Marreca (PEN); Weverton Rocha e Flávio Nogueira (PDT); Leonardo Picciani, João Marcelo e Valtenir Pereira (PMDB); Aguinaldo Ribeiro e Roberto Britto (PP); José Rocha, Vicentinho Júnior e Édio Lopes (PR); Paulo Magalhães (PSD); Chico Alencar (PSOL); Zé Geraldo, Wadih Damous, Henrique Fontana, Pepe Vargas, Arlindo Chinaglia, José Mentor, Paulo Teixeira, Vicente Cândido e Benedita da Silva (PT); Silvio Costa (PT do B); Bacelar (PTN); Aliel Machado (Rede).

Ao fim da sessão, o deputado Eduardo Bolsonaro exibia um cartaz com a inscrição: "Tchau, querida".

36 As sessões para o julgamento, articulações para a garantia da aprovação e a primeira definição da ordem de votação

Ao fim da sessão da comissão especial começa uma euforia pela eminência de aprovação do impeachment. Muitos faziam as contas que, se a votação na comissão se repetisse na mesma proporção no plenário, o impeachment não passaria. Essa conta não era correta, pois os partidos escalavam, na comissão, os deputados com posições já definidas.

O deputado Weverton Rocha, do PDT, havia ingressado com um mandado de segurança preventivo em função da decisão que eu iria tomar sobre a ordem de votação dos deputados na sessão do impeachment.

Ele buscava que fosse adotada a mesma regra do impeachment de Collor, de votação em ordem alfabética dos deputados, ou que fossem usados os estados de forma alternada. A ação caiu com o ministro Edson Fachin, que negou a liminar, por entender que era assunto interno da Câmara.

Michel Temer foi, na segunda, ao Rio de Janeiro para encontrar Jorge Picciani, a fim de obter o apoio para o fechamento de questão pelo partido na votação. Picciani não concordou em fechar questão, mas prometeu dar todos os votos do Rio, exceto os de Leonardo Picciani e Celso Pansera. Temer concordou.

Um áudio de Temer postado em um grupo de WhatsApp, em que ele falava já como se o impeachment estivesse aprovado, causou grande mal-estar. Temer, ingenuamente, ensaiava um discurso de posse e compartilhava esse discurso com vários deputados. Era impossível que não vazasse.

Dilma e o governo reagiram a esse vazamento, acusando Temer de conspiração. Até na comissão especial, na hora da votação do parecer do relator, deputados do PT usavam esse áudio para contestar o impeachment, chamando-o de golpe.

A presidente chegou a dizer que Temer teria vazado de propósito, mas isso não era verdadeiro. Conhecendo o primarismo de alguns que o cercavam, não tenho dúvidas de que isso tinha sido um vacilo. De qualquer forma, foi muito ruim.

Lula, em evento público no Rio, reagiu à derrota de Dilma na comissão especial, falando que o que importava era a votação de domingo, no plenário.

Ele estava certo. O que valeria mesmo seria a de domingo. Mas, se eles tivessem ganhado, iam dizer que era a constatação da vitória deles.

Estava em curso uma outra estratégia de José Eduardo Cardozo, criada em conjunto com o governador do Maranhão, Flávio Dino, do PC do B. Consistia em distribuir dezenas de ações contra o impeachment, em diferentes regiões do país, na primeira instância.

Essas ações visavam a obtenção de alguma liminar que parasse o processo, mesmo que provisoriamente, para única e simplesmente tumultuá-lo. Elas tinham igual teor, o texto era padrão e os autores eram sempre militantes do PC do B.

Eu respondo até hoje a algumas dessas ações. Elas eram contra mim e contra o meu ato de abrir o processo de impeachment. Naquela segunda, já tinha recebido algumas delas. Era uma atrás da outra, todas elas malsucedidas. Nenhum juiz deu liminar para essas ações – mas o fato me preocupava.

Em todas elas, após a rejeição da liminar, haveria recurso. Ninguém saberia onde esse recurso cairia nem o que poderia ser decidido de forma tresloucada. Em função disso, montei uma estrutura com os advogados Gustavo Rocha e Renato Ramos, para acompanhamento.

Foi colocada essa estrutura para verificar os protocolos de todos os tribunais federais pelo país e o ingresso de novas ações, além de mapear as distribuições e os recursos que, porventura, tivessem sido efetuados.

De qualquer forma, o assunto me preocupava bastante, já que Cardozo e Dino tinham uma estrutura enorme, capilarizada nos estados. Nossa estrutura era bastante limitada e, ainda por cima, concentrada em Brasília.

Após a sessão da comissão, ofereci um jantar de comemoração na residência oficial, visando levantar o clima de vitória. O comparecimento foi maciço, inclusive dos deputados ditos indecisos.

A expectativa estava no dia seguinte, quando o PP e, provavelmente, o PR iriam anunciar suas decisões. Tínhamos um problema com Valdemar Costa Neto – ele era muito fiel a seus compromissos. Precisávamos dobrá-lo nesse meio-tempo.

Os que queriam apoiar o impeachment começaram a temer a influência de Moreira Franco no futuro governo de Temer. Ele estava dando muitas entrevistas, passando a impressão de que mandaria – como de fato acabou acontecendo. Eu, que conhecia bem a realidade do entorno de Temer, não tinha nenhuma dúvida de que Moreira Franco teria muito poder. Ele era o mentor de Temer, o seu mais próximo amigo e, muitas vezes, guardião de segredos que só eles sabiam.

Eu tinha muitas restrições a Moreira Franco. Meu relacionamento com ele sempre foi conturbado. Ele não tinha palavra, era interesseiro, ambicioso e fazia a interlocução de Temer com empreiteiros e grupos empresariais. Sempre quis isso. Eu sabia que se algo de errado acontecesse no governo de Temer, seria por causa de Moreira Franco. Aliás, em Brasília, todos sabiam disso.

Moreira era sogro de Rodrigo Maia – casado com a mãe da esposa de Rodrigo. Moreira era um problema a ser enfrentado. Mas, naquele momento, não podia permitir que ele atrapalhasse o processo de impeachment. Ele não dispunha de votos, mas podia nos fazer perder alguns que tínhamos.

O mercado da política temia que Temer desse poder demais a seus amigos mais próximos, que, a exemplo de Moreira, acabariam tomando conta do governo. Aí o saldo seria apenas o de trocar a mosca.

Dessa forma, após ouvir todas as reclamações no jantar de comemoração da vitória da comissão especial, liguei para Temer e marquei um café para o dia 12, no Palácio do Jaburu – esse dia seria um dos mais decisivos do impeachment.

Chegando lá, tive a felicidade de encontrar Moreira Franco. Sem qualquer cerimônia, expliquei a Temer, na frente de Moreira, o desconforto que o nome dele estava causando entre os deputados. Quando terminei, fiz apenas uma pergunta a Moreira: se ele queria o impeachment. Ele respondeu que sim. Então, pedi que ficasse calado até a aprovação do processo. E que só falasse com a imprensa quando e se achássemos que fosse o momento.

Temer, vendo que era sério o assunto, pediu a Moreira que fizesse isso mesmo. Ele não queria perder. Eu, com a sinceridade ao falar as coisas, disse que a impressão que os deputados estavam tendo era de que o governo que se montaria seria o dos amigos do Temer. Os deputados não aguentavam mais isso. Eles não queriam trocar Mercadante, Cardozo ou Berzoini por Moreira Franco. Depois que se aprovasse o impeachment, Temer poderia fazer o que quisesse, contanto que cumprisse os acordos que estávamos tratando. Se não cumprisse, o impeachment dele mesmo, Temer, seria mais rápido do que o de Dilma. Era o cenário que os deputados desenhavam.

Eu tinha ainda uma reunião com Ciro Nogueira no meu gabinete na Câmara dos Deputados. Saí do Palácio do Jaburu e fui direto para lá. Precisava resolver o principal problema que faltava. Ele tinha convocado uma reunião do PP para as 12 horas, a fim de anunciar a posição com relação ao impeachment.

Com a renúncia de Maurício Quintella da liderança do PR, o ex-deputado Bernardo Santana articulou a escolha do deputado Aelton Freitas, com o próprio Quintella como líder. Dessa forma, ficamos com um aliado na liderança.

A decisão do PP implicava a decisão do PR e do PSD, pelo acordo que tinham de agir em conjunto. A leitura era de que essa decisão definiria o impeachment. Quando cheguei à Câmara, recebi um telefonema de Joesley Batista, que já tinha me avisado de que passaria a semana em Brasília para ajudar no que pudesse. Joesley perguntou se eu aceitava trocar o encontro com Ciro da Câmara para a residência dele. Achei até melhor, para evitar o assédio da imprensa. Fui para lá.

Cheguei antes de Ciro Nogueira. Joesley me antecipou que estava já fechado o apoio dele ao impeachment – já haviam tido uma conversa prévia.

A relação entre Ciro e Joesley era de forte amizade. E o empresário também queria mostrar serviço, pela possibilidade de ter Henrique Meirelles como ministro da Fazenda.

Ciro realmente chegou já decidido. Não quis nem esperar para anunciar no último momento. Certificou-se apenas das posições que garantiríamos. Eu pedi a ele que confirmasse o que queria. A resposta foi que eu igualasse a proposta de Dilma, mas, se eu não conseguisse, ele fecharia do mesmo jeito.

Eu disse que iríamos igualar, sim. Detalhamos a proposta, que era o Ministério da Saúde – para o posto, ele queria indicar um grande médico, o cirurgião Raul Cutait, também meu médico. Depois, me pediu a manutenção do Ministério da Integração, trocando o ministro para um deputado ou senador, e a transferência do ministro Gilberto Occhi para a presidência da Caixa Econômica Federal. No futuro, em comum acordo com Temer, ele acabaria aceitando trocar a pasta da Integração pela da Agricultura, onde colocou o senador Blairo Maggi.

Imediatamente liguei para Temer, relatando que estava fechando com ele o acordo. Informei que Ciro iria anunciar imediatamente o apoio ao impeachment. Expliquei os termos e pedi que ele me confirmasse a aceitação. Temer concordou na íntegra. Combinei que levaria Ciro para o café da manhã de quarta-feira no Palácio do Jaburu.

Antes de sairmos, Joesley pediu um favor para mim e para Ciro. Ele estava particularmente preocupado com as suas posições do mercado de dólar futuro. Ele tinha sempre uma grande alavancagem em dólar – suas empresas eram exportadoras e tinham dívidas em moeda estrangeira. Com a certeza de que o impeachment estava em vias de aprovação, isso se refletia nos índices da Bolsa, em ascensão, e do dólar, caindo.

Com receio de ter de se desfazer rapidamente de posições em dólar, com prejuízo, ele preferia segurar para realizar as transações mais à frente. Entretanto, para evitar o aumento do prejuízo, ele gostaria de uma sinalização de Temer ao mercado – de que a política cambial não iria sofrer nenhuma mudança em eventual governo dele. O objetivo era passar a imagem de que ele era favorável à manutenção de uma política de estímulo à exportação.

Eu combinei que levaria o pleito a Temer, junto de Ciro, no café da manhã. Joesley agradeceu e disse que iria ficar em Brasília. Ele falou que iria ainda agendar outros encontros e que, se fosse necessário, me chamaria para participar. Respondi que estava à disposição.

Ciro me pediu que eu fechasse com o PR imediatamente, para não deixar brecha para nada. Eu respondi a ele que chamaria imediatamente Maurício Quintella, Bernardo Santana e o novo líder, Aelton de Freitas, para resolver ainda antes do almoço.

Chegando à Câmara, chamei os três. Ao mesmo tempo, Ciro já estava iniciando a reunião do PP. Acertei com eles que daríamos a Aviação Civil, além dos Transportes, podendo ter ainda alguns cargos isolados em outros locais.

A Aviação Civil iria ser incorporada ao Ministério dos Transportes, cabendo a eles a nomeação de todos os cargos de lá, incluindo a Infraero. Bernardo Santana ficaria com essa parte. Pedi que o ministro fosse Maurício Quintella, se eles concordassem.

Avisei que a área de portos também poderia ir para o Ministério dos Transportes, mas que não caberia ao partido deles a indicação desses cargos. A princípio estava fechado. Faltava a palavra final de Valdemar Costa Neto.

A resposta veio em seguida. Valdemar tinha tomado uma decisão que o preservaria um pouco nessa história. Ele iria dar os dois terços de votos do PR necessários ao impeachment, mas daria um terço dos votos para Dilma. Dessa forma, passaria uma imagem de equilíbrio e ninguém poderia falar nada dele.

Sou obrigado a reconhecer que ele é um gênio, pois arranjou uma forma de atender a todos. Dilma não poderia reclamar dele, pois de sua bancada houve o terço necessário à manutenção dela. Eu também não poderia reclamar, pois ele teria dado os dois terços necessários ao impeachment. Em resumo, ele teria feito a parte dele, os outros é que não teriam feito.

Aceitei o acordo, mas coloquei que o ministro seria da ala que apoiava o impeachment, preferencialmente Maurício Quintella. Eu sabia também que até o dia da votação ainda poderia ganhar alguns votos a mais do que ele estava cedendo. De qualquer forma, havia dentro do PR uma reverência a Valdemar. Com ele fazendo um acordo, por mais que fosse parcial, eu sabia que estava resolvido.

Eu também sabia que fechando o PP inteiro, ou quase todo, além de dois terços do PR, o número de que precisávamos estava garantido. Já teríamos os 342 votos favoráveis. O objetivo agora era ter uma frente que ajudasse a evitar alguma traição – que ocorreria, com certeza, em seguida.

Por sua vez, o PSD já estava fechado com Temer, não necessitando da minha intervenção. Não haveria muito espaço para Dilma reverter. O PDT iria fechar questão contra o impeachment, mas tinha dissidências. Para efetivar essas dissidências, coloquei o deputado Mário Heringer para atuar na coordenação dos votos. Tínhamos a chance de levar a metade da bancada.

Depois desses acertos, Ciro Nogueira anunciou o apoio do PP ao impeachment. O anúncio caiu como uma bomba para o conjunto dos deputados. Era a confirmação da inviabilidade de Dilma vencer a votação. Eu sabia que, a partir daí, iria aparecer muito deputado mudando de posição, pedindo alguma vantagem.

Chamei os líderes aliados para almoçar no gabinete e combinarmos o anúncio, na reunião de líderes, da sessão do impeachment. Na sequência, fiz a reunião com os líderes. Ficou combinado que eu leria naquela tarde a decisão da comissão especial e mandaria publicá-la. Faria a primeira sessão extraordinária de avaliação do parecer da comissão especial às 8h55 de sexta, antes da hora da sessão ordinária.

Eu iria dar a palavra à acusação e à defesa por 25 minutos cada. Depois, daria o tempo de uma hora para cada partido, com até cinco oradores. Cada sessão duraria no máximo cinco horas, e todos os partidos teriam direito ao tempo de liderança. Isso reduziria em duas horas, o tempo útil de cada sessão.

Também haveria a relação dos inscritos para discursarem. Combinei que permitiria que o tempo de liderança em cada sessão pudesse ser cedido para um ou mais deputados de cada partido. Com isso, a expectativa era de que todos que quisessem discursar conseguiriam fazê-lo.

Eu iria realizar sessões seguidas até a votação final. Fiz os cálculos, chegando à conclusão de que era viável votar no domingo a partir das 14 horas. Avisei que, caso não se tivesse encerrado a discussão, iria então ter de aprovar um requerimento de encerramento de discussão para iniciar a votação. De qualquer forma, a discussão iria terminar no domingo. Foi esse roteiro definido que comuniquei aos líderes.

Eu também definiria um tempo para uma simples manifestação de voto de cada deputado. Como eram 513 deputados, qualquer coisa faria diferença. Depois de muita discussão, arbitramos em dez segundos.

Jovair Arantes reclamou que era pouco tempo. Ele soltou uma frase que fez todos caírem na gargalhada: em dez segundos, o deputado que fosse gago nem conseguiria abrir a boca. Garanti que para os gagos eu concederia uma prorrogação. Era óbvio que ninguém iria cumprir esse tempo – nem eu iria impedir. Fazia parte do show.

A sessão ordinária daquele dia havia começado às 14 horas, presidida pelo suplente da mesa, o deputado Carlos Manato, com a leitura do parecer da comissão especial, que dava parecer à denúncia de crime de responsabilidade contra Dilma. O parecer, de 146 páginas, estava sendo lido pelo primeiro-secretário, deputado Beto Mansur. Isso tomaria grande parte da sessão. Em seguida, iria à publicação no *Diário do Congresso*.

Romero Jucá tinha também interferido na negociação do PR e fechado o voto pessoal do deputado Alfredo Nascimento, que era o presidente do partido. Tanto Jucá quanto Valdemar Costa Neto me telefonaram pedindo que eu concordasse em dar a ele um minuto de tempo na votação, em vez dos dez segundos. Evidente que eu concordei – daria a ele o tempo que fosse necessário.

O PRB também reuniu sua bancada e decidiu pela posição favorável ao impeachment de Dilma. Com essa decisão, logo após a do PP, o governo sentiu o baque. Dilma, em um evento, fez duro discurso acusando Temer de ser o chefe do golpe. Ela falou que o vazamento do áudio havia desmascarado a conspiração. Óbvio que também me atacava, chamando-me de vice-chefe do golpe.

Temer colocou Jucá para responder em nome do PMDB. De minha parte, afirmei que, se existisse conspiração, só podia ser do povo pedindo sua saída. Independentemente do conteúdo, o desespero do discurso mostrava que Dilma tinha perdido as condições de vencer a votação. Ia agora partir para o tudo ou nada.

Lula estava chamando, individualmente, deputado a deputado, para tentar reverter os votos de alguns deles. Era uma situação esdrúxula. O "feirão" funcionava de forma individual.

Ex-líder do PP, o deputado Dudu da Fonte me procurou querendo firmar um acordo à parte do realizado por Ciro Nogueira. Ele dizia falar em nome de 12 deputados e queria a minha garantia da nomeação da Companhia de Desenvolvimento dos Vales do São Francisco e do Parnaíba (Codevasf), estatal vinculada ao Ministério da Integração.

Respondi que a Codevasf estava incluída no pacote do PP, que continuaria com esse ministério – não precisava fechar nada comigo. Ele insistiu, porque estava se atritando internamente com Ciro Nogueira, de quem era o melhor amigo até pouco tempo atrás. Eu pedi 24 horas para ver o que iria fazer.

Procurei Ciro, que respondeu que aquilo era problema para ele resolver. Ele me pediu que não fizesse acordo em paralelo com Dudu por cargos que já estivessem acertados com ele. Se eu quisesse, que fechasse outra coisa. Resolvi levar a Temer a situação, que me pediu que mantivesse a decisão de Ciro. Ou a gente tinha uma interlocução confiável ou não tinha.

Eu assumi a presidência da sessão e a leitura do parecer da comissão especial foi terminada no plenário, com minha decisão de mandar publicar no *Diário do Congresso*. Após a sessão, fui para a residência oficial, para continuar o levantamento com os deputados que estavam ocupados disso.

No meio da reunião, com vários deputados, chegou o primeiro vice-presidente da Câmara, o deputado Waldir Maranhão, que era companheiro de Dudu da Fonte no PP. Ele também era ligado ao governador do estado dele, Flávio Dino, que estava na linha de frente contra o impeachment.

Maranhão me pediu um tempo a sós. Imediatamente, deixei os deputados que lá estavam – André Moura, Rodrigo Maia, Júlio Lopes, Fernando Filho, Lúcio Vieira Lima, Maurício Quintella, Marcelo Aro e Aguinaldo Ribeiro, entre outros que entravam e saíam –, para falar com ele.

Ele me explicou a situação com relação à pressão do governador do seu estado, Flávio Dino. Falou que se votasse a favor do impeachment, seria inviabilizado por ele. Gostaria de seguir o partido e a mim, mas não teria condições.

Perguntei se haveria algo que pudesse fazer para mudar isso. Ele respondeu que somente se eu transferisse para o governo federal a Companhia Docas do Maranhão e lhe desse a presidência ele teria condições de vir comigo. Apesar de ser um pleito mais pesado, por envolver a transferência de uma empresa, eu aceitei na hora e dei o acordo fechado a ele. Iria depois comunicar a Temer, que também não opôs resistência.

Voltei à reunião e comuniquei que havíamos fechado um acordo e poderiam colocar o nome de Maranhão na lista. Todos se surpreenderam, inclusive os dois deputados do partido dele que ali estavam. Mas acreditaram, pois ele, como vice-presidente da Câmara, vinha agindo com extrema lealdade a mim.

Na quarta, dia 13, fui para o café da manhã com Michel Temer e Ciro Nogueira no Palácio do Jaburu. Moreira Franco, que não saía de lá um só instante, também estava presente.

Para se ter uma ideia de como estava o clima, a coluna "Painel", da *Folha de S. Paulo*, trazia uma nota reveladora da real situação do governo: "Às 19h10, havia 31 parlamentares no Palácio do Jaburu, residência oficial do vice. Na mesma hora, no 4º andar do Palácio do Planalto, onde fica a articulação política, 13 aguardavam a sua vez".

No café, Temer confirmou a Ciro os cargos que caberiam ao PP, garantindo-lhe a Saúde e a Caixa Econômica Federal. Ele falou que também iria manter o Ministério da Integração, mas deixava a porta aberta para uma renegociação, caso fosse necessário, em função dos problemas que poderia ter no Senado.

Temer sabia que teria de dispor de ministérios para garantir também a votação do Senado Federal – mas falou que, se houvesse algum problema da parte de Ciro, ele os manteria com o PP, de qualquer forma. Temer também acertou que a Codevasf era do PP. Se Ciro quisesse dá-la a Dudu da Fonte, seria um problema dele.

Ciro me pediu que informasse isso a Dudu, para que Dudu o procurasse. Se fosse dessa forma, Ciro concordava em dar o cargo para Dudu, mas desde que fosse através do próprio Ciro. Eu falei que faria isso. Conforme tínhamos combinado com Joesley no dia anterior, Ciro pediu a Temer que sinalizasse ao mercado sobre a política cambial. Expliquei, em seguida, que Ciro estava atendendo a Joesley Batista, que também era da relação de Temer. E Joesley havia desempenhado um papel decisivo para Ciro fechar com o impeachment. Informei que se tratava de apoio costurado na casa do empresário.

Temer não sabia desse detalhe, mas não se importou em tornar pública sua intenção sobre a política cambial. Ele disse a Ciro que ia acertar comigo como fazer isso, ainda naquele dia. Ciro depois saiu. Eu me reuni com Temer e Moreira.

Expliquei detalhadamente a situação de Joesley e o risco de um prejuízo milionário, por causa de suas posições em mercado de dólar, causado pela expectativa positiva do impeachment. Temer me perguntou como fazer. Respondi que agora, sim, Moreira poderia abrir a boca e falar sobre isso. Temer então pediu a Moreira que desse uma entrevista sobre isso. Ele o fez de bom grado e ainda ressaltando de forma irônica que, no dia anterior, eu pedia para ele calar a boca e, no outro, para falar.

Temer, já acostumado com os meus entreveros com Moreira, riu também e pediu a Moreira que agisse rápido. Ele aproveitou para trocar algumas informações comigo sobre as negociações. Eu informei a respeito de Waldir Maranhão e outros apoios. Tudo foi devidamente registrado por ele.

Saí do Jaburu e liguei para Joesley. Ele me pediu que passasse na casa dele, que teria outra surpresa para mim. Fui direto. Chegando, encontrei Gilberto Kassab com ele. Kassab me relatou que já estava fechado com o impeachment e, se não estivesse, depois da pressão de Joesley fecharia. Eu perguntei por que ele não pedia demissão do ministério logo.

Ele respondeu que tinha combinado assim com Temer, para evitar ter mais um cargo à disposição das negociações de Dilma – mas deveria fazer isso pouco antes da votação. Eu agradeci. Ele falou que a bancada de deputados iria se reunir à tarde e que ele compareceria. A expectativa era decidir pelo apoio ao impeachment.

Depois que Kassab saiu, relatei a Joesley que Moreira Franco iria dar uma entrevista sobre a política cambial do futuro governo Temer. Disse também que não sabia se o mercado iria reagir a uma fala de Moreira – mas, de qualquer forma, em minha opinião, o mercado já estava com o impeachment precificado. Isso queria dizer que não haveria mais movimentações bruscas pela votação.

Joesley então me fez uma revelação. A de que estava sendo pressionado pelo governo a arranjar dinheiro vivo para doar a eles, para que pagassem a deputados a fim de evitar o impeachment. Ele me disse que, como já tinha escolhido o lado favorável ao impeachment, iria enrolar os interlocutores para não dar nada para eles.

Esse relato de Joesley era o mais forte de todos os que eu tinha recebido sobre o início de ofertas em dinheiro para que se votasse contra o impeachment. Em seguida, eu receberia outros relatos, mas nenhum com a credibilidade que Joesley tinha naquele momento – credibilidade essa que viria a tombar depois, pelos episódios de sua delação premiada e pelas covardes gravações que viria a fazer de conversa com Michel Temer.

Cheguei à Câmara e recebi Dudu da Fonte. Comuniquei a ele que, se quisesse a Codevasf, ele precisaria se acertar com Ciro Nogueira. Se preferisse outro cargo, eu poderia interceder sem precisar de Ciro. Dudu não gostou muito da decisão, mas disse que conversaria com Ciro.

Em função da minha resposta, Dudu foi ao governo e fechou o apoio dele contra o impeachment, vendendo a ideia de que levaria os tais votos que dizia ter. Ele nomeou imediatamente o presidente da Codevasf. Eu falei a Ciro que ele precisava ter uma atitude. Ciro disse que iria obter todos os votos que Dudu dizia ter, deixando-o sozinho, caso ele não recuasse. Resolvi deixar nas mãos dele, pois era, naquele momento, o maior interessado em dar os votos do PP.

A deputada Renata Abreu, presidente do então PTN, fechou apoio comigo para o impeachment. Acertei o cargo da Funasa para o partido. Ela me falou que o governo também estava dando a Funasa e agora estava oferecendo um ministério para eles. Respondi que dar um ministério para um partido com poucos deputados era um ato de desespero, de quem já havia perdido a votação. Isso também não se sustentaria depois – pois como governar distribuindo ministérios dessa forma? Como Renata era favorável ao impeachment, ela aceitou. Mas alertou que o governo iria tentar mudar individualmente os votos da bancada.

O partido dela já tinha dois deputados declaradamente contrários ao impeachment. Eu combinei com ela que, dependendo da situação, mais adiante veríamos a possibilidade de atender algo a mais numa composição. Nós tínhamos ainda de verificar como seriam contemplados os partidos médios que estavam conosco. Nisso estavam incluídos o PTB, o PSC, o Solidariedade, o PROS e o PHS. Era uma composição que ainda teria de ser feita.

O *Diário Oficial do Congresso* publicava o parecer da Comissão Especial do Impeachment. Era a última etapa antes do início da sessão de julgamento, que teria de ser 48 horas depois. Não tinha mais jeito, a data era inevitável.

A partir desse momento, começou o jogo mais baixo que o governo poderia fazer. Eles não tinham mais opção, tinham de dar tudo o que pedissem para obter cada voto. O pior era que o que eles ofereciam para mudar o voto, os deputados vinham imediatamente me contar. Eu os orientava para que, se quisessem, aceitassem os cargos ofertados pelo governo, votassem conosco e, depois, manteríamos a mesma posição. Isso poderia até facilitar nossa vida em alguns casos, quando houvesse disputa por cargos. Manter alguém já nomeado é sempre mais fácil do que trocar. Essa era a lógica.

A bancada do PSD se reuniu e fechou a posição de apoio ao impeachment, conforme Kassab tinha me relatado. O líder Rogério Rosso, que presidiu a comissão especial, teve papel importante. Ele já tinha conversado com Temer e acertado sua posição.

Também nesse dia o PTB, liderado pelo relator Jovair Arantes, decidiu pelo apoio ao processo de impeachment. Jovair já havia estado com Temer e acertado esse apoio. Nesse caso, houve um componente a mais no processo. Eu já sabia que, de qualquer forma, eu precisaria ter um candidato à minha sucessão na presidência da Câmara. E, desde o início, quando me candidatei, havia prometido que o PMDB não ocuparia o cargo no mandato seguinte.

Eu estava atropelado pelos fatos, que incluíam o meu processo de cassação e a ofensiva de Leonardo Picciani – que queria ter ocupado o meu lugar, com apoio de Dilma. Mas, mesmo assim, eu iria ter candidato. Dentre todos os líderes aliados a mim, Jovair era o principal. Ele era o nome certo para me suceder.

Acertei com Temer que Jovair seria meu candidato à sucessão. Naquele momento, ele apoiou. Depois, o meu afastamento e o trabalho de Moreira Franco fizeram com que Temer acabasse apoiando Rodrigo Maia – até porque Jovair não se candidatou ao mandato tampão por entender que não teria direito a se reeleger.

Rodrigo Maia acabaria, depois, em um golpe contra a Constituição, se candidatando ao mandato subsequente. Essa situação foi contestada no STF, que acabou não decidindo, após Celso de Mello ter negado liminar.

As manifestações do Senado davam conta da irreversibilidade da decisão da Câmara. A pressão estava agora sobre Renan Calheiros, a quem urgia definir qual seria o rito a ser adotado pelo Senado. Ele estava se esquivando a tratar do tema, mas sabia que isso seria inevitável. Naquele momento, não havia mais nenhuma dúvida – nem do governo – de que, se passasse na Câmara, o Senado daria continuidade ao processo de impeachment. A pressão seria avassaladora.

Gilberto Kassab, depois da reunião da bancada do PSD – na qual, dos 38 deputados, 30 se manifestaram a favor do impeachment –, foi comunicar a Dilma o resultado. E decidiu colocar o cargo de ministro à disposição. Com a divulgação do resultado do PSD, somado às decisões do PP, PRB e PTB, a contabilidade estava nesse momento em 349 votos favoráveis, sete votos a mais que o necessário. A oposição comemorava.

Embora em nenhum momento eu tivesse dúvidas acerca da vitória, não gostava de soltar fogos. Preferia continuar trabalhando. Eu concordava com a contagem naquele instante, pois participava dela. Entretanto, ainda achava o número muito apertado. Governo sempre é governo. Nunca se pode brincar, mesmo com um governo completamente caído.

Dilma resolveu conceder entrevista para falar que iria propor um pacto, caso escapasse do impeachment. Além de atacar novamente a Temer e a mim, falou em aumento de impostos para debelar a crise fiscal. Era bem apropriado: uma presidente às vésperas de sua queda propondo pacto com quem não a queria e ainda dizendo que iria aumentar impostos. Isso só ajudou ainda mais a consolidar a votação.

Com a divulgação de que já havia número para aprovar o impeachment, deputados começam a me procurar ainda mais para negociar posições. Alguns queriam a garantia da manutenção dos cargos regionais de que dispunham. Outros vinham pedir mais – ou declaravam possuir cargos que não tinham – para se garantir.

Minha posição foi clara. Todos que votassem a favor do impeachment, se dispusessem de cargos, não iriam perder nada. Os eventuais novos parceiros, principalmente os da oposição daquele momento, iriam ficar com os cargos que estavam com o PT. Temer concordava com esse princípio. Isso dava tranquilidade a todos que fossem largar a base.

O ministro Helder Barbalho, do PMDB, cumpriu a promessa e demitiu os diretores da Companhia Docas de Santos, ligados aos deputados Ricardo Izar e Marcelo Squassoni. Ele nomeou outros em seu lugar, atendendo a alguma composição contra o impeachment. Eu tranquilizei os deputados, dizendo que aquilo seria revertido imediatamente após a posse de Temer.

Aqueles que coordenavam a contagem de votos para a votação do impeachment passaram a adotar um cumprimento entre todos. Sempre que se despediam, diziam: "Feliz impeachment".

Anunciei em plenário a decisão da presidência sobre a forma da chamada dos deputados para a votação do processo. Expliquei que seguiria o entendimento da Casa, de que deveria ser um rodízio de estados do Norte e do Sul – com uma votação se iniciando pelo Norte, e a seguinte, pelo Sul. Como a última havia sido iniciada pelo Norte, essa deveria ser do Sul.

Por óbvio, houve enormes protestos dos petistas com relação a isso. O medo deles era de que ocorresse o chamado efeito manada; iniciando pelo Sul, o placar já estaria resolvido quando chegasse aos estados do Nordeste.

No caso do impeachment de Collor, isso aconteceu de outra forma. Como era chamada em ordem alfabética, o primeiro deputado que traiu na letra desencadeou uma série de traições. Eu sabia disso, pois tinha vivido aquele processo.

Na verdade, eu não ia querer o contrário – jamais. Começar pelos estados onde Dilma poderia ter mais votos poderia inverter o resultado. Mas isso só valeria se o placar estivesse apertado. Se houvesse uma folga maior, isso seria evitado.

Naquele momento, achei mais prudente definir esse rito para a votação. Eu não iria dar chances a nenhuma surpresa que pudesse pôr em risco a vitória do impeachment. Era a primeira definição, mas não seria a derradeira.

Batizamos a sessão de domingo. Seria a sessão "Tchau, querida".

37 A decisão final da ordem de votação e a confirmação pelo STF do rito do impeachment

Depois da minha decisão da ordem de votação, o deputado Paulo Teixeira, do PT, entrou com uma questão de ordem defendendo que se iniciasse essa votação pelos estados do Norte. Sua alegação era de que eu estava contando com a sessão que elegeu Severino Cavalcanti presidente da Câmara em 2005. Tal questão de ordem poderia gerar dúvidas.

Ele tinha sido bastante inteligente, pois não questionou minha decisão, mas sim o cálculo. Embora estivesse convicto de que, uma vez atendida a condição da decisão, o cálculo estava certo, resolvi começar a estudar a situação.

O PP, ao qual se havia filiado na janela partidária meu ex-relator do processo do Conselho de Ética, Fausto Pinato, conseguiu dele sua renúncia à vaga que ainda ocupava no conselho. Com isso, me dava a chance de sobreviver ao julgamento.

Como a vaga pertencia ao PRB, caberia a eles a escolha do deputado que iria preenchê-la. Conversei com Marcos Pereira, presidente do partido, que me delegou a escolha do nome que eu quisesse, sugerindo o deputado Vinicius Carvalho, de São Paulo.

Eu não podia errar na escolha, pois só dessa forma teria votos para vencer no conselho. Chamei Vinicius para conversar e levantei a hipótese para ele. Ele se mostrou simpático, mas disse que iria estudar o processo primeiro. Não havia tempo para muito estudo.

Eu tinha uma deputada aliada, Tia Eron, da Bahia, que sempre esteve ao meu lado. Sempre preferi as deputadas para fazer acordo, pois elas não mudavam a palavra – o grau de fidelidade aos compromissos das mulheres era muito maior do que o dos homens. Chamei Tia Eron, perguntei se ela aceitava ir para o conselho e se topava me ajudar. Ela na mesma hora disse que o faria, sim, sem pestanejar ou perguntar qualquer coisa. Com a segurança que ela me deu, indiquei-a ao partido dela, para que ocupasse o lugar do ex-relator Fausto Pinato. Era o voto que decidiria a votação do conselho. Eu ficaria com 11 votos a 9.

Essa minha decisão foi, sem dúvida alguma, um dos grandes erros que levaram à minha cassação. Eu me enganei com o caráter dela e com sua palavra. Uma pessoa que tinha o histórico de vida dela não era alguém que descumpriria um compromisso. A cassação do meu mandato se deve, em grande parte, a esse erro.

Não houve nesse caso nenhum pedido de vantagem nem chantagem – e muito menos extorsão, como aconteceu em outros casos já relatados. Era simplesmente uma pessoa que não havia cumprido um compromisso assumido. O fato de ter tido pressão não é em política o fato relevante. Ela poderia simplesmente não ter aceitado a vaga do conselho – ou ter renunciado para não descumprir a palavra.

Ela simplesmente optou por ceder à pressão da mídia, notadamente a TV Globo, que passou a cobrar sua posição sistematicamente. Ela cedeu para ter alguns segundos de glória na emissora. Depois voltou ao seu natural. Sendo evangélica, ainda da Igreja Universal, sempre atacada pela Globo, ela jamais deveria ter cedido a essa pressão. Ao fim, acabou não reeleita. De que adiantou isso?

O deputado João Carlos Bacelar, do PR da Bahia, era muito ligado a mim. Eu devia bastante a ele pelo fato de ter se licenciado do seu mandato por quatro meses, em 2013, para que o suplente da sua coligação na eleição do PMDB assumisse o mandato para votar em mim na disputa da liderança do PMDB.

Além disso, ele também era membro do Conselho de Ética e votava a meu favor. Ele já tinha sido vítima, no passado, de representação no conselho, e sabia que essas coisas a gente tem de resolver no voto. Cassar mandato de deputado por quebra de decoro é sofisma para mudar a vontade do povo. Se o deputado for culpado aos olhos do povo, ele não se reelegerá. Não estamos tratando de crime de responsabilidade, que não é aplicável a deputados.

Também não estamos tratando de crime comum. Um deputado, depois de condenado com trânsito em julgado, perde o mandato. Isso está na Constituição. De qualquer forma, por ser um deputado ligado a mim, queria seu voto a favor do impeachment, mas não podia pressioná-lo. Chamei-o para conversar. Ele me falou das dificuldades com relação ao seu estado, comandado com mão de ferro por Jaques Wagner. Ele tinha o receio de que isso prejudicasse sua reeleição.

Eu perguntei se tinha algo que eu pudesse fazer para que ele mudasse de ideia. Era óbvio que ele preferia ficar do nosso lado, onde tinha muito mais trânsito. Ele me respondeu que havia um cargo com que eu poderia atendê-lo, que resolveria, mas que eu não conseguiria.

Perguntei qual seria o cargo. Ele respondeu que era uma vice-presidência dos Correios, mas que naquele momento estava com um grande amigo de Temer, que eu nem conhecia. Respondi que não era problema. Temer poderia pôr seu amigo até na presidência dos Correios, se quisesse, mas a vaga para resolver esse voto ele cederia.

Ele pediu que eu consultasse Temer. À noite, fui ao Palácio do Jaburu para debater as diversas situações com o vice-presidente. Como havia muita gente por lá, decidi abordá-lo sobre isso chamando Temer de lado.

Temer respondeu que daria o cargo se eu quisesse. Ele me disse que, se fosse o caso, faria de seu amigo presidente dos Correios. Saí de lá, chamei Bacelar e informei-o que estava fechado. Infelizmente, ele não teve condições pessoais de enfrentar a ira do PT da Bahia e, com medo, acabou votando contra o impeachment.

Estavam já anunciadas várias ações no STF contra o impeachment. A AGU entrou com um mandado de segurança contra a decisão da comissão especial, pleiteando sua anulação.

Outros mandados foram ingressados, de autoria do deputado do PC do B, Rubens Pereira Jr., ligado ao governador Flávio Dino, e do deputado Paulo Teixeira, do PT. Também houve uma ação direta de inconstitucionalidade, de autoria do PC do B. Todas as ações questionavam o impeachment, a decisão sobre a ordem de votação, entre outras coisas.

Na quinta, dia 14, fui tomar café da manhã com Michel Temer. Lá estava, além de Moreira Franco, o ministro das Minas e Energia Eduardo Braga. Ele era importante, pois além de tudo era senador do partido. Ficou claro que Temer já tinha alinhado sua posição a favor do impeachment. Discuti com o vice-presidente os diversos pedidos que tinha para resolver. Relatei também a judicialização da ordem de votação. Embora eu estivesse convencido de que não haveria razão para o STF mudar, debati uma alteração com Temer.

Eu havia feito as contas da ordem de chamada com a assessoria e com os líderes aliados. Ao contrário do que todos pensavam, o problema não eram os deputados do Norte. O problema eram os estados do Nordeste, com o foco de resistência em estados como Bahia, Ceará, Maranhão, Piauí, Sergipe e Alagoas. Rio Grande do Norte, Paraíba e Pernambuco estavam mais favoráveis ao impeachment.

Se eu adotasse qualquer fórmula que deixasse o Nordeste para o fim, nada alteraria entre começar pelo Sul ou pelo Norte. Com isso, comecei a desenhar a interpretação de que chamaria em ordem alternada os estados do Norte e do Sul. Eu chamaria primeiro um estado do Norte, depois um estado do Sul, repetiria um estado do Sul em terceiro, para depois o quarto estado ser do Norte. Depois continuaria nessa mesma forma. Aí você me pergunta: e os demais estados?

A resposta já estava dada, em eventos anteriores. A posse dos deputados é feita da mesma forma, com chamadas alternadas do Norte para o Sul e vice-versa. Você desce de um lado do Norte e sobe do outro do Sul. Dessa forma os deputados são chamados em ordem alfabética dentro dos seus estados, começando por Roraima, depois Rio Grande do Sul, depois Santa Catarina, voltando para o Amapá. Depois viria Pará, Paraná, Mato Grosso do Sul e Amazonas. Em seguida, Rondônia, Goiás, Distrito Federal e Acre. Então Tocantins, Mato Grosso, São Paulo e Maranhão. Na próxima rodada, Ceará, Rio de Janeiro, Espírito Santo e Piauí. Depois, Rio Grande do Norte, Minas Gerais, Paraíba e Pernambuco. A chamada terminaria com Bahia, Sergipe e Alagoas.

Esse critério respeita a latitude do estado. Como o critério é usado no principal evento da Casa, que é a instalação da legislatura, ninguém teria condição de contestar. Com a vantagem de que os estados do Nordeste acabariam sendo os últimos.

Conversei com Temer sobre acatar a questão de ordem do deputado do PT, para alterar a minha decisão – mas o faria de forma diferente do que ele havia proposto. A solução que eu daria seria bem pior para eles do que se mantivesse a minha decisão original. Nela, os estados do Norte é que seriam os últimos, e não os do Nordeste, favoráveis ao PT.

Temer achou a solução ótima. Ele também estava preocupado com uma eventual decisão do STF. Sabia que Dilma tinha alguma chance lá. O que nos ajudava era que a situação política já estava bem definida, sendo diferente daquela de dezembro de 2015. O STF teria muito mais dificuldades para intervir agora.

Com Temer, recebemos a bancada do PROS. O deputado Toninho Wandscheer, que tinha saído do PT na janela partidária e se filiado ao PROS, me chamou de lado. Ele me pediu que resolvesse a manutenção do ex-deputado Gastão Vieira, que tinha acabado de assumir o Fundo Nacional de Desenvolvimento da Educação (FNDE). Gastão era nosso amigo, tinha sido ministro do PMDB no primeiro mandato de Dilma. Temer aceitou e comunicou a eles que os cargos que já tinham seriam mantidos. Isso valeria também para o cargo que o líder da bancada, Ronaldo Fonseca, tinha no Arquivo Nacional. Com isso, o PROS fechou sua posição a favor do impeachment.

A entrevista que Joesley havia pedido para Temer já estava publicada no *Valor Econômico*. Temer encarregou Moreira Franco da missão de visitar as redações de jornais para preparar o ambiente após a votação. Moreira iria então para São Paulo, para visitar a *Folha de S. Paulo* e *O Estado de S. Paulo*. No Rio, visitaria também as Organizações Globo.

Temer me falou que sua ideia era ir para São Paulo na sexta, para sair do ambiente da votação. Mas combinou comigo que eu levasse a ele, imediatamente, todas as demandas de que necessitasse. Depois da viagem, ele ficaria tratando por telefone. Como eu achava que estava tudo sob controle, não me preocupei naquele momento com a sua saída de Brasília.

Da casa de Temer fui para a de Joesley. Ele havia me pedido que passasse lá, porque estaria com uma outra pessoa que ele queria que eu encontrasse. Chegando lá, encontro o ministro dos Transportes, Antonio Carlos Rodrigues, do PR. Ele era o principal responsável pela resistência de parte dos deputados de seu partido.

Segundo Joesley, o ministro estava disposto a cessar toda a atuação contrária ao impeachment. Ele mesmo me confirmou que pararia com a pressão que estava fazendo, deixando que cada um tomasse a decisão que achasse melhor. Eu agradeci e perguntei o motivo de ele não apoiar logo o impeachment.

Falei que bastava ele conseguir o apoio de todos para poder continuar como ministro. Nós daríamos outro ministério a Maurício Quintella e tudo se resolveria. Ele me falou que não ficaria como ministro de Temer. Uma coisa era ele cruzar os braços. Outra coisa seria, como ministro, ser considerado traidor. Ele preferia não continuar na pasta, mas ter a imagem de lealdade vinculada a ele.

Achei o gesto muito bom. Sempre prezei as lealdades políticas. Eu não queria forçar ninguém. Só o fato de ele cruzar os braços já estava nos ajudando, e eu agradeci. Terminada a conversa, Joesley anunciou que a missão dele em Brasília já estava cumprida. Ele retornaria a São Paulo. Disse ainda que preferia ficar longe, para resistir à pressão por dinheiro que setores do governo continuavam a lhe fazer. Reafirmou que não daria um centavo para ajudar a evitar o impeachment. Eu me despedi dele, agradeci e falei que continuaríamos falando por WhatsApp, como já era habitual.

Fui para a Câmara e mandei o secretário-geral, Silvio Avelino, preparar a decisão, alterando meu entendimento sobre a ordem de votação da sessão do impeachment. Eu mandaria ler no plenário, logo na abertura da sessão ordinária, às 14 horas.

Dilma promovia um café da manhã com os líderes partidários que estavam do seu lado. A novidade foi a ausência de Leonardo Picciani, que iria reunir a bancada do PMDB para definir a posição do partido.

Nesse momento, já tinham dado entrada na ação de declaração de inconstitucionalidade, pelo PC do B, a ADI 5.498, distribuída ao ministro Marco Aurélio. Também já tinham dado entrada nos mandados de segurança MS 34.127, do deputado Weverton Rocha, e MS 34.128, do deputado Rubens Pereira Jr., distribuídos ao ministro Luís Roberto Barroso. Em seguida, o MS 34.130, de Dilma, e o MS 34.131, do deputado Paulo Teixeira, distribuídos ao ministro Edson Fachin.

Com essa enxurrada de ações, o presidente do STF, ministro Ricardo Lewandowski, decidiu marcar uma sessão extraordinária para a própria quinta, às 17h30, para decidir todas elas. Dei declarações à imprensa dizendo que: "Há uma tentativa de judicializar que é mais um *juris esperniandi* na falta de votos, para postergar e tentar anular o processo". Rebati também os argumentos que estavam usando, de que eu iria me tornar o vice-presidente da República com a queda de Dilma. Falei que isso "é uma história da carochinha" para provocar debate político.

Os advogados Gustavo Rocha e Renato Ramos estavam acompanhando todos os protocolos e logo me passaram o teor das ações. Pedi que preparassem a resposta no que fosse possível, além de oficiar ao STF a nova decisão sobre a ordem de votação. Isso por si só tornaria inócua parte das demandas judiciais.

Silvio Avelino aprontou a decisão, eu assinei e mandei ler no plenário. A confusão estava grande por causa do burburinho acerca do que o STF poderia fazer. De repente, um assessor entrou e me falou que havia ali um emissário do presidente do STF, Ricardo Lewandowski.

Pedi que o fizesse entrar. Era um juiz auxiliar, que trabalhava na presidência. Ele me trazia o questionamento do presidente, se haveria alguma alteração da decisão sobre a votação, para que ele pudesse tomar conhecimento logo. Respondi que sim. Já havia pedido aos advogados que protocolassem no STF a nova decisão, sobre a ordem de votação. Pedi que lhe dessem uma cópia dessa decisão, para que ele levasse para o presidente tomar conhecimento.

Ele pegou a cópia, leu e pareceu satisfeito. Nada falou, apenas que levaria o documento imediatamente para o presidente. Agradeceu-me por tê-lo recebido e passado essa informação. Fiz o que tinha de fazer, de forma discreta, diferentemente de como tinham feito comigo naquela audiência pública com a imprensa.

Eu também fiquei mais tranquilo porque verifiquei que, nesse momento, os ministros estavam buscando brechas para rejeitar as ações. A minha nova decisão ajudava nisso, pois realmente era incontestável e, por incrível que pareça, favorecia o impeachment.

O líder Leonardo Picciani reuniu a bancada do PMDB para decidir a posição em relação ao impeachment. Ele obteve como resultado o número de 90% da bancada favorável. Comunicou que encaminharia o voto favorável em plenário, ressalvando que ele votaria pessoalmente contrário ao impeachment. Ele estimava que teria de sete a dez votos dos 67 acompanhando essa posição.

Picciani saiu da reunião e foi comunicar a Michel Temer a decisão. Essa tinha sido a saída costurada por Temer com o pai dele, Jorge Picciani, na visita ao Rio feita na última segunda-feira. Ainda faltava diminuirmos esse número de sete a dez, ao menos um pouco.

Nós sabíamos que Picciani, Marcelo Castro e Celso Pansera, que deixariam o ministério, eram votos certos para Dilma – mas os demais ainda dava para mudar. Os ministros Celso Pansera e Marcelo Castro foram exonerados para que retornassem à Câmara, a fim de votarem contra o impeachment.

Com a dissidência do deputado Dudu da Fonte, que já havia conseguido a nomeação da presidência da Codevasf, o senador Ciro Nogueira resolveu reunir a executiva do PP, marcando para a sexta, dia 15. Ele buscava a decisão de fechar questão no partido para a votação favorável ao impeachment – assim, quem votasse contrário poderia ser expulso da legenda.

O ministro da Integração, Gilberto Occhi, entregou o cargo, e Dudu da Fonte estava também querendo indicar o substituto interino. Ciro, então, partiu com tudo para cima de Dudu. Eu tentei evitar isso, mas Ciro não permitiu, dizendo que administraria. Não havia solução. Eu tinha que seguir Ciro, mesmo que perdesse Dudu e seu grupo, que basicamente era composto de deputados que já votariam com Dilma por razões locais. Depois do fechamento do PTN, com a deputada Renata Abreu, que ficou com a Funasa, e do PROS, a quem coube o FNDE, o grupo de partidos pequenos anunciou o apoio ao impeachment. Além dessas duas legendas, faziam parte ainda o PEN, o PHS e o PSL.

A deputada Tia Eron participou da sua primeira reunião no Conselho de Ética, que tratava do meu processo de cassação. Ela declarou que eu tinha seu respeito e admiração. Meus opositores criticaram, dizendo que estava havendo manipulação a meu favor.

O STF iniciou a sessão, que estava marcada para as 17h30, para julgar todas as pendências com relação ao impeachment. A sessão iria durar sete horas e só terminaria durante a madrugada. Um grupo foi para o meu gabinete para acompanhar a sessão comigo.

Eu estava nos últimos preparativos para a sessão de julgamento, que se iniciaria às 8h55 de sexta-feira. A sessão do STF teria muitas sustentações orais e a votação só começaria depois das 20 horas, no mínimo. Eu saí da Câmara e fui para a residência oficial. O grupo que controlava os votos já estava lá com os mapas de votação. Iríamos fazer a checagem dos votos, para que não houvesse nenhum erro.

Com a tendência verificada pela discussão no STF, dei entrevista coletiva à saída da Câmara, onde ressaltei que a discussão que estava sendo travada no STF era por uma coisa menor. Eu havia seguido o critério da posse dos deputados, da ordem geográfica dos estados, com a alternância de estados do Norte e do Sul.

O procurador-geral da República, Rodrigo Janot, em sua defesa na sessão do STF, chegou ao ridículo de querer calcular a exata latitude das capitais dos estados, para redefinir a ordem dos estados na votação. Um verdadeiro acinte. Já o ministro Luís Roberto Barroso defendia a chamada de um deputado de cada região de forma alternada, em vez do meu critério de chamar todos os deputados de cada estado. Essa proposta, além de ridícula, tornaria a sessão de votação ainda mais longa.

Cheguei à residência com os deputados já me aguardando. A contagem naquele momento já era superior ao necessário, próxima dos 360 votos. Eu mandei servir um jantar e coloquei uma TV no ambiente para acompanhar a sessão do STF, transmitida pela TV Justiça. Estavam lá André Moura, Rodrigo Maia, Fernando Coelho, Aguinaldo Ribeiro, Maurício Quintella, Jovair Arantes, Rogério Rosso, Lúcio Vieira Lima, Manoel Junior, Carlos Marun, Marcelo Aro, Mendonça Filho, Júlio Lopes, Elmar Nascimento, Bruno Araújo e Paulinho da Força.

Alguns se dividiram em comparecer, também, a um jantar que o então deputado Heráclito Fortes fazia para Michel Temer, com a presença de cerca de 90 deputados – uma demonstração da força do processo. Mesmo esses iam e voltavam para a residência oficial, para ter o termômetro da contagem, trazendo inclusive alguma nova informação.

Com o mapa descrito em várias opções, tínhamos os votos certos e os prováveis a nosso favor, os votos certos e os prováveis a favor de Dilma e, principalmente, os votos que poderiam trocar de posição, fossem do nosso lado, fossem de Dilma.

Havia algumas preocupações. A primeira era o estado ao Amapá. Dilma estava atendendo a uma reivindicação do governador de lá para transferir uma porção de terras da União para o estado. Era uma reivindicação histórica do estado, desde que tinha sido criado. Com essa transferência, o governador Waldez Góes prometeu levar toda a bancada para votar contrariamente ao impeachment. Nós contávamos com grande parte desses votos, mas iríamos perder no mínimo três. O placar no estado acabou com a nossa derrota por cinco votos a três, em função disso.

Havia também outras negociações em andamento. Não só cargos estavam em jogo, mas o apoio do PT em chapas estaduais. O deputado José Reinaldo Tavares, do Maranhão, recebeu a promessa de que Lula iria apoiá-lo na disputa ao Senado em 2018. Ele recusou. Continuou a favor do impeachment.

Essas ofertas mirabolantes e desesperadas dos petistas é que estavam nos incomodando. Havia também os boatos de oferta de dinheiro vivo para troca de votos. Essa hipótese me preocupava, mas como Joesley havia me dito que não ajudaria, eu achava difícil eles terem tempo de articular ou terem conseguido dinheiro em espécie para concretizar isso. Mas tudo era possível.

O deputado Wladimir Costa, ferrenho apoiador do impeachment, havia me procurado dizendo que tinha recebido oferta de dinheiro pelo seu voto. Eu tinha de ter cuidado com ele, pois era membro do Conselho de Ética e, até então, meu apoiador. Ele me pediu que conseguisse R$ 2 milhões para ele. Respondi que, se ele tinha essa oferta, ou que denunciasse ou então pegasse o dinheiro e votasse a favor do impeachment, porque ladrão que rouba ladrão tem cem anos de perdão. Ele saiu sem me responder o que faria. Ao que parece, ou a oferta não existia e era um blefe para tentar nos extorquir, ou ele não aceitou a oferta. No caso dele, até acho que era blefe.

A primeira decisão do STF era sobre o mandado de segurança de Dilma, o MS 34.130, julgado em conjunto com o mandado de segurança do deputado Paulo Teixeira, o MS 34.131. Eles visavam anular o processo realizado na comissão especial por cerceamento de defesa e por supostamente estar levando em consideração a delação do senador Delcídio do Amaral.

Ele tinha sido proposto pela AGU, sendo que a delação de Delcídio havia sido retirada pelo presidente da comissão especial. Houve o recurso contra essa decisão, negado por mim. O relator dessa ação no STF era o ministro Edson Fachin, que falou em seu voto: "Não constato os vícios alegados e não há que se falar em nulidade do parecer". Disse mais: "Reitero que a autorização advinda da comissão especial é para prosseguimento da denúncia original, escoimando-se o que for estranho ao teor próprio da denúncia".

O mandado foi rejeitado por oito votos a dois. Dias Toffoli estava ausente, por estar em missão fora do país. Os dois ministros que votaram com Dilma foram o presidente Ricardo Lewandowski e Marco Aurélio Mello.

Em seguida, foi julgada a Ação de Declaração de Inconstitucionalidade nº 5.498, de autoria do PC do B e relatada pelo ministro Marco Aurélio, que visava declarar inconstitucional parte do regimento da Câmara. Marco Aurélio aceitou a ação, mas foi derrotado por seis votos a quatro, tendo sido acompanhado por Ricardo Lewandowski, Edson Fachin e, de forma parcial, Luís Roberto Barroso.

Logo depois foram julgados os Mandados de Segurança nº 34.127 e 34.128, de autoria dos deputados Weverton Rocha, do PDT, e Rubens Pereira Jr., do PC do B, que visavam alterar a ordem estabelecida na votação para um deputado do Norte e um do Sul, alternadamente.

Nessa votação deu empate, com cinco ministros votando para manter a minha decisão e cinco contrários. Votaram para manter de forma integral a minha decisão Gilmar Mendes, Celso de Mello, Luiz Fux, Teori Zavascki e Cármen Lúcia. Votaram para acatar o mandado de segurança, na íntegra, Marco Aurélio, Ricardo Lewandowski e Edson Fachin. Dois ministros votaram para alterar a minha regra, de forma parcial, Luís Roberto Barroso e Rosa Weber.

Com o empate, foi adotada a regra para mandados de segurança, ou seja, prevaleceu a decisão acatada. O julgamento terminou já na madrugada do dia 15, com uma derrota estrondosa do governo.

O governo errou feio dessa vez, ao investir em ingressar no STF às vésperas da votação do impeachment. Seu resultado já era previsto. Os argumentos levados à deliberação eram fracos, e uma decisão favorável do STF iria provocar uma reação muito forte. E uma decisão desfavorável ao governo – como ocorreu – iria passar a impressão de derrota para o governo.

Quando a sessão terminou, os deputados que estavam na residência comemoraram. Daí em diante, nenhum deles teve mais nenhuma dúvida quanto ao resultado de domingo. Era só administrar a vitória, esperando o fim do jogo.

38 O início do julgamento, sessões com debates contínuos e a minha decisão que definiu o impeachment

Na sexta, dia do início do julgamento no plenário da Câmara, acordei com uma matéria divulgada pela Agência Estado com novos vazamentos da PGR contra mim. Era esperado que, na véspera da decisão do impeachment, com a derrota anunciada, Janot atuasse para tentar salvar Dilma.

A notícia tratava dos mesmos fatos da delação dos donos da Carioca Engenharia, já vazados anteriormente. Eles, supostamente, teriam transferido dinheiro para o ex-vice-presidente da Caixa, Fábio Cleto, no exterior. Só que as contas para as quais eles transferiram o dinheiro eram novamente colocadas como sendo minhas – algo absolutamente falso. E história repetida. Janot, quando não tinha fato novo, reciclava os antigos.

Na sentença da ação penal da operação Sépsis, da 10ª Vara Federal de Brasília, as contas foram atribuídas ao seu verdadeiro proprietário, Fábio Cleto. Essa parte da sentença está transitada em julgado, sem apelação do titular das contas. Ou seja, está provado que essas contas não eram minhas. Mas o maior absurdo era como um órgão de imprensa dava curso a uma denúncia já publicada, com os mesmos detalhes. Na véspera da votação do impeachment, isso era bem estranho.

Nessa sexta-feira, antes de partir para o início da sessão de julgamento, recebi na residência oficial, para um café da manhã, um deputado que votaria a favor de Dilma. Quando eu estava tentando argumentar para mudar o seu voto, ele acabou me revelando aquilo que seria a estratégia do governo. Disse-me que poderia votar com a gente, mas somente na segunda chamada. Porque ele tinha assumido o compromisso com o governo de que faltaria à primeira chamada, para que não se completasse o número. Na segunda chamada, o governo estaria liberando os votos – desde que já tivesse atingido o número de 342 votos.

Aí eu pergunto: se na segunda chamada ainda não tivessem sido atingidos os 342 votos favoráveis, como ele faria? Ele me respondeu que poderia dessa forma votar com a gente. Era óbvio que essa abordagem poderia ser uma estratégia do governo.

Àquela altura, os deputados favoráveis a Dilma estavam temendo muito a reação popular, especialmente pelo fato de que a sessão seria transmitida ao vivo pela TV Globo, em um domingo. Isso poderia ser mortal para o futuro político de cada um.

Eu assimilei a informação e iria checar se isso era um caso isolado ou se poderia mesmo ser uma estratégia do governo. Como não estávamos com uma maioria tão avassaladora assim e ainda havia pequena margem para obter mais votos, caso o governo convencesse uns 20 deputados a agir dessa forma, estaríamos em risco.

Saí para a Câmara para dar início à primeira das sessões do julgamento da admissibilidade do pedido de impeachment de Dilma. A primeira sessão se iniciou às 8h55.

Esse horário tinha dois objetivos. O primeiro era que se iniciasse antes da sessão de debates das sextas-feiras, que era às 9 horas, conforme regimento da Câmara. O segundo e mais importante objetivo era que, calculando o tempo máximo, já com a prorrogação da sessão, de cinco horas, teríamos garantido no quórum do dia sessões às 13h55, às 18h55 e às 23h55. Isso garantiria sessões até as 4h55 do dia seguinte.

Antes de rumar para o plenário, para o início da sessão, cheguei se tudo estava conforme o combinado e previsto. Só então assumi a presidência e dei início aos trabalhos. Era preciso ainda todo um esquema de infraestrutura, para dar seguimento sem nenhum atropelo a todo o planejamento. Era lógico que eu tinha de dividir as sessões com outros membros da mesa, porque seria humanamente impossível ficar todo o tempo presidindo.

Dentre os membros da mesa, selecionei o primeiro-secretário Beto Mansur, o segundo-secretário Felipe Bornier e o suplente Gilberto Nascimento. Esses três eram os principais para assumirem em rodízio comigo, por serem favoráveis ao impeachment e leais ao regimento. O meu medo era que uma questão de ordem extemporânea tumultuasse a sessão.

Para isso, o importante era saber se portar nos conflitos e saber evitar os tumultos que certamente o PT poderia fazer. Uma questão de ordem deveria ser recolhida sem resposta. Essa era a orientação.

Também era fundamental a presença constante nas sessões do secretário-geral da mesa, Silvio Avelino. Ele se mudou temporariamente para a secretaria-geral da mesa; ali ficaria até o fim da sessão de votação de domingo. Com a presença dele em tempo integral, eu ficava mais tranquilo. Isso seria decisivo para o sucesso de todo o processo.

Finalmente, às 8h55, iniciei a primeira sessão para dar o parecer da Comissão Especial do Impeachment de Dilma. Em primeiro lugar, chamei os autores do pedido, para que falassem. O jurista Miguel Reale Júnior se pronunciou em nome do grupo.

Sua fala pode ser resumida pelas seguintes frases: "Os deputados são os libertadores da população da prisão de mentiras e de corrupção que se tornou o país" e "vir a esta Casa solicitar que se afaste a presidente por sua gravíssima irresponsabilidade em jogar o país na lona é golpe?".

Em seguida dei a palavra ao então advogado-geral da União, José Eduardo Cardozo, que representava Dilma. Esse ponto é importante, pois realmente era um absurdo o advogado-geral da União exercer a advocacia pessoal da presidente da República. Cardozo, mesmo já tendo sido derrotado duas vezes pelo STF, tanto na ADPF 378, quanto no seu Mandado de Segurança nº 34.130, julgado na véspera, insistia na sua tese esdrúxula de que havia um desvio de poder meu na abertura do processo de impeachment, e que, por isso, todo o processo era nulo. Além da defesa dessa tese, sobraram ataques a mim, que ouvi calado da mesa da presidência, para não dar mais palanque para ele. Aliás, essa seria a tônica dos dias de debates e da sessão de votação no domingo.

Os petistas e seus assemelhados optaram, em sua grande maioria, por ataques e ofensas a mim, para provocarem uma reação que gerasse o tumulto necessário para inviabilizar a votação.

Já prevendo tudo isso, me preparei psicologicamente para receber os ataques, sem esboçar reação, virando apenas a cadeira ou a cabeça de lado, para ignorar as baixarias das quais era vítima. Eu sabia que, no domingo, com transmissão ao vivo pela TV Globo, essa postura deles só iria piorar. Não significa que eu não sentisse as ofensas – muito pelo contrário. Apenas adotei a estratégia correta para chegar ao resultado final desejado, que era o impeachment. Se eu caísse nas armadilhas dos petistas, ninguém controlaria a situação.

Terminada a fala de Cardozo, comecei a chamar os partidos, que, de acordo com a Lei do Impeachment, nº 1.079/1.950, teriam, cada um, direito a discussão por uma hora, com até cinco deputados falando. O primeiro foi o PMDB. O líder Leonardo Picciani, embora defendesse pessoalmente Dilma, encaminhou a vontade da maioria da bancada, favorável ao impeachment.

Havia, conforme combinado, colocado a lista de inscrição para os oradores, para falarem a favor ou contra o parecer da Comissão Especial. Embora tivesse marcado um horário para o encerramento das inscrições, o número de inscritos era bastante elevado.

Comecei a fazer os cálculos do tempo necessário das sessões, pelo número de inscritos. Verifiquei a inviabilidade de se concluir a tempo de iniciar a sessão de votação domingo às 14 horas. Com isso, seria necessário tomar algumas atitudes para resolver o problema.

A primeira era seguir direto, sem interrupção, até domingo. A ideia inicial era parar após a última sessão da sexta e retornar no sábado às 11 horas. Descartei essa ideia e avisei que iria seguir direto. Eram 25 partidos com direito a discursar por uma hora. Como cada sessão durava até cinco horas e tinha duas horas para tempo de líder, eram somente três partidos por sessão. Ou seja, seriam necessárias nove sessões, ou 45 horas, para que se completassem todos os partidos, sem contar os deputados inscritos. Se nós seguíssemos direto, essas nove sessões acabariam às 4 horas da manhã de domingo. Ainda faltaria o tempo dos inscritos.

Era preciso fazer algo. Primeiro confirmei com os líderes favoráveis ao impeachment que começaria a sessão de votação de qualquer forma no domingo, às 14 horas. Se não tivesse se encerrado a discussão, eu iria aprovar um requerimento de encerramento de discussão, que poderia tomar cerca de duas horas de discussão e votação nessa sessão.

Depois também combinei que os deputados que exercessem o horário da liderança ou do partido para discursar abririam mão da inscrição avulsa. Com isso, durante as nove sessões necessárias, eu conseguiria eliminar diversas inscrições avulsas.

Ainda fiz um apelo aos líderes para que cancelassem algumas inscrições, a fim de evitar que se estourasse o tempo – isso era mais difícil, pois todos queriam falar e ninguém abriria mão disso. Eu contava também com a ausência de alguns na hora da chamada de madrugada, o que acabaria resolvendo parte do problema.

Para que as sessões corressem direto, era necessário que, na virada de sexta para sábado e de sábado para domingo, houvesse o quórum mínimo de 52 deputados, 10% da Casa. Qualquer sessão que se iniciasse no sábado ou no domingo teria de ter o quórum novo aferido, para que não fosse derrubada. Esse era o maior desafio.

Para resolver isso, convoquei os líderes para escalarem uma cota de deputados que comparecesse entre 0h01 e 1 da madrugada, a fim de dar nova presença na Casa. Sem isso, o assunto não se resolveria. Eu mesmo iria ficar na Câmara, controlando essa presença. Caso fracassasse o quórum, eu iria imediatamente convocar nova sessão de madrugada e mobilizar novo quórum. Era estratégia de guerra, que não podia falhar. Eu contava também com a redução do tempo dos partidos menores, que acabariam não usando toda a hora a que tinham direito.

Depois da fala do PMDB, passei a presidência, saí e fui ao gabinete, para não só combinar a organização, mas também para continuar no trabalho de ofensiva em busca de votos.

Acertei a colocação dos telões para a votação. Em primeiro lugar, os dois placares eletrônicos existentes seriam usados para chamar o deputado com a sua foto, registrar o seu voto ou ausência, além de ter a contagem dos votos até aquele momento. O objetivo era constranger, expondo os ausentes de forma acintosa, para o registro da transmissão de TV ao vivo.

Já os telões que ficam no fundo do plenário seriam utilizados para alternarem a possibilidade de exibição das imagens externas da Câmara. Estavam inclusive programados para a própria TV Câmara. Eles poderiam também ter a imagem de cada parlamentar na hora do voto.

Nós tínhamos também de acertar a ocupação das galerias para evitar tumulto, além de limitar a presença no plenário. Havia dois problemas: o primeiro eram os excessivos pedidos de credenciamento da imprensa, para o acompanhamento das sessões. O segundo era o fato de que os deputados, como estavam obrigados a ficar o fim de semana inteiro em Brasília, levariam suas famílias – o que, evidentemente, nos obrigava a permitir que elas assistissem às sessões.

Por conta disso, não permiti acesso algum da população às galerias. Limitei o número de jornalistas no plenário, mas credenciei todos nas galerias, para que pudessem acompanhar. Com relação às famílias dos deputados, montei uma área um pouco mais afastada do plenário, exclusiva para elas, com telão e serviços para que pudessem estar no ambiente de votação, inclusive na companhia dos deputados. As famílias não teriam acesso ao plenário, salvo se fosse na companhia dos deputados, que poderiam ultrapassar a linha de bloqueio. Por isso, era melhor deixá-las próximo do que forçá-los a sair durante a sessão para ficar com elas. Era uma forma inclusive de preservar o quórum de votação.

Com a oferta de serviços, incluindo comida, evitava-se que os deputados saíssem para se alimentar. Tudo tinha de ser previsto. Os líderes também estavam providenciando serviços de bufê para preservar os deputados que estivessem na Casa. Eu também, durante todas as sessões, colocaria na presidência um bufê para alimentar os que necessitassem.

A Esplanada dos Ministérios estaria fechada no domingo para circulação, ficando as áreas restritas para as manifestações – que ocorreriam divididas entre os dois lados, para evitar possíveis confrontos.

Eu continuava recebendo as informações de deputados, sendo instados a se ausentarem ou só votarem na segunda chamada. O governo praticamente já havia desistido de ter os votos necessários contra a abertura do processo de impeachment. Agora os esforços consistiam em tentar impedir que o impeachment alcançasse o número mínimo necessário, de 342 votos. Era a mesma coisa, para efeitos de resultado. Se os 342 votos não fossem alcançados, Dilma sobreviveria.

Ela, já no desespero, estava até ligando pessoalmente para vários deputados pedindo ajuda. Ligava também para governadores, para tentar reverter votos. Lula estava em grande ofensiva para também reverter alguns votos. Ele recebeu o primeiro vice-presidente da Câmara, Waldir Maranhão, que, em seguida, foi a Dilma e anunciou seu voto contrário ao impeachment, mudando a posição que havia acertado comigo.

Ciro Nogueira fez a reunião da executiva nacional do PP e anunciou que expulsaria do partido aqueles que votassem contrários ao impeachment. Isso tinha recado certo: Waldir Maranhão e Dudu da Fonte, além dos deputados baianos, suscetíveis à pressão de Jaques Wagner. O PDT também realizou sua reunião e fechou questão contrário ao impeachment, anunciando a expulsão daqueles que votassem a favor. Eram os últimos tiros da guerra do impeachment.

Gilberto Kassab antecipou sua saída do Ministério das Cidades, prevista para depois da votação, sinalizando aos membros de seu partido que votassem favoravelmente ao impeachment. O governo estava zonzo e agonizando no derradeiro momento.

Eu estava falando a toda hora com Temer por telefone. Encaminhava deputados, que pediam para ser atendidos, assim como recebia dele posições de situações indefinidas de deputados. Ele me avisou que, após o almoço, iria para São Paulo, acompanhar de lá a situação.

Temer queria passar a falsa impressão de que estava distante da decisão do impeachment, na hora principal, tentando antecipar o discurso que pretendia usar – de que nada tinha feito para que o impeachment ocorresse. Até hoje não sei a quem ele queria enganar, depois de todo o engajamento que estava fazendo. Mas não opus nenhuma resistência à sua estratégia, ao menos até o caldo começar a entornar, no fim do dia.

O deputado Júlio Delgado estava em articulação com alguns deputados do seu partido, para ter uma desculpa para se ausentar da sessão. Essa articulação estava em marcha juntamente com outro desafeto meu, Cid Gomes, visando sinalizar que eles não queriam nem Dilma, nem Cunha.

Esse mote, aparentemente de natureza política, era, na verdade, a desculpa para eles fugirem da votação e ajudar Dilma a evitar o impeachment. Chamei o líder do PSB, Fernando Coelho, que me confirmou a articulação. Ele via reais possibilidades de perdermos cinco votos no cômputo geral. Acendi o sinal de alerta e já passei a contar com os cinco votos a menos.

Júlio Delgado não era só meu desafeto. Ele tinha interesses e alianças com o governo, protegido pelo seu acordo, na minha eleição da presidência da Câmara, com Arlindo Chinaglia. Ele era contrário ao impeachment, mas não podia bater de frente com o fechamento de questão do seu partido. Precisava buscar a desculpa política. Queria unir o útil ao agradável ao fugir da votação e, ao mesmo tempo, me atacar em público.

Eu estava preocupado que alguma liminar nas ações populares fosse concedida. Comecei a receber diversas decisões, de diversos juízes, que tinham negado a liminar para suspender o impeachment. Eu me assustava com a quantidade das ações que vinham do Nordeste.

Dessa forma, preocupado com um possível recurso ao TRF de Pernambuco na 5ª Região, chamei Bruno Araújo, que advogava lá. Fizemos um levantamento do que poderia ocorrer. Resolvi enviar um advogado para Recife, a fim de que ele ficasse de plantão e contestasse eventual decisão favorável aos contrários ao impeachment. Felizmente, a atuação não foi necessária, pois não houve uma só decisão favorável a eles.

Empreendi um esforço final em cima de deputados ligados a mim, mas que estavam contrários ao impeachment. O primeiro que chamei novamente foi João Carlos Bacelar. Ele apresentou muitas dificuldades. Na prática, o real problema dele continuava sendo o mesmo: o domínio de Jaques Wagner na Bahia. Os deputados aliados de Wagner na eleição temiam a situação eleitoral deles, caso votassem contra Dilma.

O problema não atingia somente Bacelar, mas também os deputados do PP, PSD e PR da Bahia. Todos eles eram dependentes do governo do estado para as respectivas eleições. No caso do PP, o deputado Cacá Leão era filho do vice-governador do estado, João Leão. A situação era particularmente difícil para mim, pois eles eram votos a meu favor no Conselho de Ética.

No fundo, sabiam que não seriam desamparados no futuro governo Michel Temer, em função da minha intervenção, independentemente do voto deles. Tentei convencê-los a mudar o voto, mas não estava obtendo sucesso. O mesmo se aplicava ao deputado Wellington Roberto, que era da Paraíba e também integrava o Conselho de Ética.

Havia também os deputados Vinícius Gurgel e Jozi Araújo, que eram do Amapá. Eles estavam no Conselho de Ética e eram votos favoráveis a mim. Mas eu não estava conseguindo levá-los para votar no impeachment, notadamente depois da cessão de terras que Dilma havia feito para o governo do estado.

Todos eles vinham com essa história da segunda chamada. Isso estava me assustando, porque durante o dia o número de deputados que me falou isso já passava de 20. Chamei os responsáveis pela contagem. André Moura tinha o mapa mais atualizado e checamos esses possíveis indecisos de segunda chamada. Apesar de termos número para vencer de qualquer forma, comecei a me preocupar.

A deputada Clarissa Garotinho, então no PR, entrou com pedido de licença-maternidade de um filho que acabaria nascendo somente em 21 de maio, por cesariana, ou seja, 35 dias depois da licença. O seu pedido de licença era por 120 dias, para não permitir que o suplente assumisse o mandato. Eram necessários 121 dias, um a mais do que ela pediu, para caracterizar o direito do suplente. O deputado Maurício Quintella, ex-líder do partido dela e um dos coordenadores da votação, ainda pressionou Clarissa para que aumentasse a licença em um dia, mas seu pai não permitiu – pois tinha compromisso com o governo.

Ela é filha do ex-governador Anthony Garotinho, do Rio de Janeiro, e da então prefeita de Campos, Rosinha Garotinho. O motivo da licença foi uma negociação de seu pai, contrapartida de um empréstimo do Banco do Brasil para a prefeitura de Campos, a fim de cobrir os rombos financeiros da prefeitura.

Avisei a Maurício Quintella que a chamaria de qualquer forma para a votação, colocaria seu nome e retrato no painel – e ela que arcasse com o ônus da sua atitude. O deputado, mesmo licenciado, não perde o direito a voto. Ela poderia comparecer e votar, mesmo com essa licença malandra.

É óbvio que a licença era desnecessária, até mesmo pela real data de nascimento do filho. Foi um ato de covardia – fingir que queria votar pelo impeachment e alegar falta de condições. O melhor seria ter tido a coragem de assumir sua posição. Mas, ali, o hábito familiar não era dado a atos de coragem. Garotinho sempre foi um covarde e malandro. A filha não poderia ser diferente.

Não foi à toa que ela acabou expulsa do PR e, na eleição seguinte, teve a sua votação reduzida a 10% do que tivera em 2014. Além disso, só se elegeu pela cassação do registro do deputado do PT, Washington Quaquá – eleito, mas impugnado. A votação dele, tendo sido considerada nula, propiciou que o novo partido dessa deputada, o PROS, conseguisse a cadeira, mesmo com votação bastante inferior. O eleitor sabe julgar os atos dos seus escolhidos.

Dilma gravou um pronunciamento agressivo, que iria veicular em cadeia de rádio e televisão. Ela acusava Temer de querer acabar com os programas sociais, como o Bolsa Família, mantra do PT contra todos os seus adversários nas campanhas eleitorais. Contudo, ela acabou desistindo de veicular em rede, com receio de que houvesse um panelaço pelo país – o que só facilitaria a aprovação do impeachment. A oposição também conseguiu liminar, na Justiça Federal de Brasília, para impedir a veiculação. Com isso, Dilma divulgou o pronunciamento apenas nas redes sociais.

O advogado-geral da União, José Eduardo Cardozo, solicitou o direito de também falar na sessão de domingo, antes do início da votação. Eu neguei, baseado no rito do impeachment de Collor, adotado pelo STF. O rito era que a sessão se iniciava com a acusação e em seguida se apresentava a defesa. Depois vinham as discussões dos deputados. Encerrada a discussão, apenas ao relator era dada a palavra, antes do início da votação, para que ele pudesse alterar ou não o seu parecer, já aprovado na comissão especial. Dentro da sistemática da Câmara, não cabia essa nova defesa. Ela já havia tido o seu direito no momento adequado.

Cardozo queria politizar e aproveitar a transmissão ao vivo pela TV para atacar a nós todos. Ocorre que, ao seguirmos o rito de Collor, não se deixava margem para essa nova posição. Além disso, na Câmara, a fase era pré-processual, não se limitando à máxima do processo, de que a defesa fala por último. Para nós, a defesa tinha que falar depois da acusação.

Com minha decisão, Cardozo ingressou no STF com novo mandado de segurança, visando ter o direito de falar na sessão de votação. Outros dois mandados de segurança também foram impetrados, sendo um para suspender a sessão e outro, do deputado Paulo Teixeira, do PT, para impedir que eu pudesse votar no impeachment.

Temer foi a São Paulo. Os apoiadores de Dilma aproveitaram sua ausência de Brasília e iniciaram uma ofensiva sem precedentes em cima de votos já fechados conosco. Eu comecei a receber pedidos de deputados para serem tratados com Temer, que já não estava na cidade. Isso começou a me sobrecarregar, porque tinha de desfazer as intrigas e perder muito tempo para contornar contraofertas do governo a deputados. Estava aberto um verdadeiro leilão, sendo que o governo só pedia que não comparecessem à primeira votação e deixassem para votar na segunda chamada.

Começou uma tentativa de invasão à minha casa no Rio de Janeiro, por parte de grupo de petistas. Fui avisado pela minha filha. Também houve telefonemas com ameaças e outros indícios de movimentação em torno do condomínio em que moro na cidade.

Acionei o governador, que mandou o então secretário de Segurança, José Mariano Beltrame, me procurar e oferecer toda a proteção necessária à minha casa – o que efetivamente ocorreu a tempo de se evitar uma tragédia. Isso era para me intimidar em Brasília. Nesse momento, tomei também as precauções com relação à segurança de toda a minha família, trazendo meus filhos para Brasília, para ficarem mais protegidos.

Estávamos já na terceira sessão do dia quando o PT colocou um grupo enorme em plenário. Esse grupo começou a fazer bastante barulho. Estava iniciando o *Jornal Nacional*, da TV Globo, e o objetivo era mostrar uma imagem, ao vivo, de forte apoio a Dilma. Do nosso lado, não havia praticamente ninguém no plenário.

Aquela cena e a imagem que saiu na TV mostraram que havia um jogo em movimento. O objetivo de passar a imagem era peça do jogo. Alguns deputados iam ao plenário e falavam comigo sobre boatos de mudança de votos. Havia dois casos explícitos de oferta de dinheiro para mudarem de lado. Eu, com isso, por volta das 21 horas, me preocupei bastante.

Nesse exato momento, resolvi reagir com bastante força. Primeiro, liguei para Temer e perguntei a ele se queria realmente o impeachment. Se quisesse mesmo, que então viesse para Brasília, porque se ficasse em São Paulo, poderia dar adeus ao impeachment. Ele me respondeu que estava com essa impressão e, por isso, já estava retornando para Brasília.

Em seguida, convoquei uma reunião no meu gabinete com alguns líderes. Era preciso colocar mobilização em plenário, principalmente na hora das entradas ao vivo dos telejornais. Todos ficaram de mobilizar seus deputados. Eu estava sentindo o clima ficar mais favorável ao outro lado.

Eu entrava e saía da sessão, alternando a presidência com os outros membros da mesa escalados para isso. Tinha, nesse momento, a preocupação da virada da meia-noite, visando garantir o quórum necessário para a primeira sessão que começasse já no sábado.

No nosso mapa de controle dos votos, contabilizávamos entre 365 e 370 votos favoráveis naquele momento. Mas havia a possível perda de cinco votos do PSB, na articulação de Júlio Delgado, de dois votos do Amapá, além do número que poderia ficar para uma segunda chamada. Eu começava a vislumbrar uma possibilidade, ainda que remota, de não serem atingidos os 342 votos em uma primeira chamada. Isso não seria bom e poderia estimular os que jogavam dos dois lados. Eu não iria permitir isso.

Com a alternância de deputados em visita ao meu gabinete, fui ficando até próximo da meia-noite. Eu iria encerrar a sessão às 23h55, iniciar a nova sessão e, com isso, o quórum só seria verificado às 4h55. Havia bastante tempo para buscar em casa os que não comparecessem.

Eu tinha uma lista dos deputados escalados pelos líderes para garantir a presença a partir da meia-noite. Eu estaria dando quórum, além dos membros da mesa. Havia também os que estavam inscritos na nova sessão, que, para falar, teriam de estar presentes. Logo, não seria difícil atingir o quórum, mas eu só sairia para descansar depois de ter alcançado o número.

Fui então para o plenário. Encerrei aquela sessão, convoquei a última de sexta-feira às 23h55, abri a nova sessão e dei início aos trabalhos. À meia-noite, zerei o painel de presença. Logo a seguir, deputados que estavam jantando com as famílias nos restaurantes ou mesmo já em casa chegaram para dar presença. Muito rapidamente se atingiu o quórum. Os líderes ficavam ligando a toda hora, perguntando se precisavam chamar mais deputados, o que já não era mais necessário. A mobilização tinha dado certo.

Eu saí da Câmara por volta de 1 hora da madrugada, para descansar um pouco. Já estávamos no sábado, dia 16 de abril. Deixei a noite ser comandada pelos deputados Felipe Bornier e Gilberto Nascimento, em rodízio.

Quando cheguei à residência oficial, encontrei deputados me esperando para falar sobre a votação. Atendi a todos, até as 2 horas. Depois, recolhi-me para descansar um pouco. Eu já tinha marcado um café da manhã para as 7h30.

Dormi por quatro horas. De manhã, recebi o deputado Hissa Abrahão. Ele era do PDT do Amazonas, candidato à prefeitura de Manaus, e tinha receio da expulsão do PDT por causa do voto que gostaria de dar. Caso ele fosse expulso, perderia o direito de se candidatar, pois já não haveria tempo hábil para se filiar a um novo partido, observado o prazo da lei eleitoral. Respondi a ele que havia, sim, esse risco – mas que eu tudo faria para que isso fosse evitado. Argumentei que, com a vitória de Temer, haveria um novo comando político no país e teríamos condições de alterar essa decisão do partido.

Eu frisei a ele que não seria o único pedetista a desrespeitar a decisão da executiva – e achava muito difícil expulsarem um terço da bancada. Ele me pediu então um compromisso de atuar para evitar essa expulsão. Concordei. Pedi que ele se juntasse ao deputado Mário Heringer, que era o coordenador do grupo favorável ao impeachment dentro da legenda dele. Hissa me pediu que falasse com Temer, para que ele reafirmasse esse compromisso, além de garantir a ele um espaço no governo.

Telefonei a Temer, relatei a conversa e pedi que ele recebesse o deputado imediatamente. Ele orientou que fosse logo ao Palácio do Jaburu. Ele já tinha retornado de São Paulo e estava a postos. Disse-me, inclusive, que eu poderia enviar os deputados independentemente de avisar – ele atenderia a todos. Eu nem precisava telefonar para consultar. Em cima da hora, Temer finalmente estava a pleno vapor. Isso era importante para manter a confiança na vitória.

A sessão corria normalmente na Câmara. Às 4h55, já tinha sido encerrada a última de sexta-feira e aberta a primeira de sábado, que seria encerrada às 9h55. Eu faria esse encerramento e abriria a nova sessão, que iria até as 14h55.

A *Folha de S.Paulo* trazia um artigo de Dilma, em que ela atacava todos que eram favoráveis ao impeachment. Ao mesmo tempo, propunha um pacto com todos, caso saísse desse processo. O artigo era a maneira Dilma de ser. Ela batia e, ao mesmo tempo, pedia diálogo. Por isso deu no que deu.

Todos os jornais publicavam expectativas da votação, com projeções dos votos dos deputados. Havia um consenso de que havia número para se aprovar o impeachment – mas esse número era ainda muito justo. Muitos se declaravam indecisos. Mas sabíamos que não havia indeciso algum àquela altura.

Os jornais também traziam uma denúncia vinda de ex-executivos da Andrade Gutierrez, que tinham deposto na última sexta. Eles falaram que o PT tinha cobrado propina para a liberação de financiamento do BNDES de obras na Venezuela. Era mais uma denúncia, às vésperas da votação final.

Temer havia respondido ao pronunciamento de Dilma, chamando-a de mentirosa e ressaltando que não iria acabar com nenhum programa social.

Fui à Câmara para encerrar a sessão, abrir uma nova e preparar a mobilização do plenário para os telejornais do almoço e da noite. Chamei os líderes que estavam por lá para avaliarmos a situação.

Continuava a mesma preocupação de todos. O número de abordagens de deputados quanto à segunda chamada era enorme. Os líderes demonstravam preocupação com isso. Pedi a eles que verificassem a presença em Brasília da totalidade da bancada de cada um.

Estabeleci um controle sobre todos que marcaram presença na sexta. Dividi esse controle em duas formas. A primeira era verificar se aqueles que tinham comparecido na sexta também estavam marcando presença no sábado. A presença na sexta chegou a 460 deputados na Casa. Era importante buscar cada um dentre os que estavam na sexta e ainda não tinham marcado presença no sábado.

A segunda forma era apurar os que não estavam presentes nem sexta, nem sábado. O objetivo era ter a certeza absoluta da presença no domingo. Havia a tática de tirar o deputado de Brasília, para fugir de eventual pressão. Dilma não precisava do voto, bastava a ausência. Nunca me esqueci do deputado que, no impeachment de Collor, foi com a família para a Disney.

O objetivo era controlar a presença, principalmente dos favoráveis ao impeachment, além de chamar a atenção daqueles suscetíveis às abordagens do governo. A cada ausência se acionava o respectivo líder para que se incumbisse da informação precisa sobre sua situação.

Enquanto isso, os debates corriam em plenário de forma acalorada. Eventuais discussões mais acirradas eram apaziguadas, para evitar que chegassem às vias de fato. Os deputados favoráveis ao impeachment estavam sempre com adornos verde-amarelos.

Uns usavam fitas verde-amarelas, outros usavam bandeiras do Brasil enroladas ao corpo. Era um verdadeiro festival de verde-amarelo dentro da Câmara. Só que ninguém queria arredar pé de falar o máximo de tempo possível. Faixas e cartazes eram a tônica da participação dos deputados desde o início.

As faixas dominantes eram as de "tchau, querida", "impeachment já" e "acabou a boquinha" de um lado. Do outro: "não vai ter golpe" e "impeachment sem crime é golpe". O deputado Paulinho da Força e o DEM distribuíam fitas verde-amarelas para serem usadas como cachecóis pelos deputados.

Eu, mais uma vez, pedia aos líderes que dessem o tempo de liderança para os inscritos na lista avulsa, a fim de diminuir os oradores. Naquele momento, já parecia quase impossível terminar a tempo das 14 horas de domingo.

Fui de novo para o plenário, assumi a presidência e coordenei a mobilização da entrada ao vivo no *Jornal Hoje*, da TV Globo. A nova sessão seria instalada às 14h55. Voltei e chamei alguns deputados para almoçar no gabinete.

Mendonça Filho e Rodrigo Maia chegaram com a mesma preocupação de todos que estavam na contagem dos votos. O medo era a tal da segunda chamada. A abordagem estava ficando cada vez mais ostensiva – e os petistas já estavam espalhando que não se atingiria o número de 342 votos na primeira chamada.

Eu buscava uma solução para o assunto. Também estava preocupado e sabia que, se não fizesse nada, o impeachment realmente correria risco. A memória do ocorrido no impeachment de Collor, quando vários deputados apareceram para votar em uma segunda chamada, estava na minha mente.

Resolvi, naquele momento, tomar a decisão que eu reputo como a mais importante depois da própria aceitação do pedido de impeachment. Eu iria impedir essa segunda chamada, nos moldes ocorridos no impeachment de Collor. Disse a Mendonça Filho e a Rodrigo Maia que não se preocupassem, que minha decisão já estava tomada. Não iria haver segunda chamada dos deputados. Eu só iria comunicar isso na hora, para desmontar a estratégia deles, como também para evitar a judicialização dessa decisão em um plantão no STF. Eu não poderia correr o risco.

Nem para eles eu revelei a real decisão que havia tomado. Eu iria comunicar que a segunda chamada se daria ao fim da votação de cada estado. O deputado daquele estado que não tivesse votado seria chamado de novo. Uma vez ausente, perderia o direito ao voto.

Avisei a eles que espalhassem à boca pequena que não haveria segunda chamada. Se houvesse alguma questão de ordem sobre isso, ela seria recepcionada sem decisão pelo presidente da sessão. Eu só iria comunicar isso no exato momento do início da votação de domingo.

Mendonça Filho e Rodrigo Maia ficaram felizes com a solução que encontrei. Eles falaram que esse seria o verdadeiro nocaute que se daria no processo de impeachment.

Eles tinham razão: seria mesmo o nocaute, antes de a luta começar.

Eles se desmontariam, e os deputados que tinham assumido esse compromisso de segunda chamada ficariam perdidos e sem rumo.

Se nós tivéssemos de definir o grau de importância dessa decisão, eu diria que, sem ela, talvez não tivéssemos conseguido aprovar o impeachment.

39 A votação final na Câmara na sessão de 17 de abril de 2016

O dia corria normal, com tudo que havíamos previsto acontecendo. Eu deixava a sessão rolar, comandada pelos deputados. Ficava apenas observando para intervir caso algo mais sério acontecesse.

A parte da discussão destinada aos partidos terminou antes do tempo previsto. Todos os 25 partidos tiveram o direito garantido na Lei do Impeachment. Como nem todos usaram o tempo máximo permitido, houve um ganho no avanço do processo. Esse ganho possibilitaria antecipar a chamada da lista avulsa de inscrições dos deputados.

Assim mesmo comecei a pressionar para que os líderes retirassem alguns nomes inscritos. Isso seria possível, se houvesse boa vontade. De qualquer forma, havia uma posição mais otimista de terminar na madrugada de domingo, sem a necessidade de levar à votação um requerimento de encerramento de discussão na sessão de domingo.

Eu continuava a receber deputados, alternando ligações com Michel Temer e com outros parlamentares. Mesmo àqueles deputados que tinham o voto confirmado, era necessário dar uma atenção, para que o descaso não fosse a desculpa para mudança de lado. Deputado, acima de tudo, gosta de atenção e carinho. E isso eu fazia bem.

A verificação das ausências do dia continuava. Nós descobrimos um deputado de Minas Gerais, o pastor Franklin Lima, que tinha viajado de surpresa para Belo Horizonte. Ele era ligado à Igreja Mundial do Poder de Deus, do apóstolo Valdemiro Santiago. Eu imediatamente tentei falar com ele por telefone, sem sucesso.

Chamei outro deputado ligado à igreja, Francisco Floriano. Este conseguiu acionar Valdomiro, que descobriu Franklin em Minas e o obrigou a voltar a tempo da votação.

O primeiro vice-presidente da Câmara, Waldir Maranhão, agora matriculado do lado de Dilma, ofereceu uma feijoada para os apoiadores dela. Enviamos três espiões. E, com base nas informações, depois desse almoço conseguimos atacar alguns desses apoiadores ou interromper alguma mudança de nossos votos.

Diversos outros almoços e jantares foram realizados nesse dia. O advogado Marcos Joaquim Gonçalves Alves organizou o maior deles, com a maior presença de deputados. Quando precisávamos checar a presença de alguém, primeiro procurávamos nesse tipo de evento.

A situação de Dilma havia começado o dia melhor do que nos dias anteriores. A saída de Temer de Brasília tinha deixado um vácuo de ansiedade que abriu a possibilidade de que alguns deputados mudassem os votos ou se ausentassem do plenário para a segunda chamada. Com a volta dele para Brasília e com a identificação dos problemas ocorridos, nós íamos revertendo a situação.

Resolvi continuar presidindo a sessão até que o quórum de domingo estivesse garantido. Para ter mais segurança, resolvi usar um artifício, antecipando o encerramento da sessão que ocorreria aos 55 minutos de domingo, sem prorrogá-la, com término às 23h55. Com isso, iniciei nesse momento a última sessão do sábado, que poderia durar até as 4h55, e comecei a pressão para reduzir o número de inscritos. À meia-noite, zerei o placar de presença, começando o movimento de dar novo quórum, idêntico ao que havíamos feito na sexta-feira.

Em menos de 30 minutos o quórum estava atendido. Eu tinha garantido a possibilidade de uma nova sessão, que duraria de 4h55 até 9h55.

Eu havia decidido tomar algumas providências para a sessão de votação de domingo, necessárias em virtude do acirramento dos debates. Eu iria retirar todos os microfones de apartes, deixando somente um microfone para a declaração de voto. Determinei também a construção de um tablado, com um púlpito, onde ficaria o único microfone para separar os votantes dos demais deputados. Para isso, seria necessário parar as sessões até as 10 horas, a fim de permitir tal montagem até as 14 horas.

Segui presidindo até 1h30 de domingo. Com minha presença, consegui adiantar bastante a lista de inscritos e tinha chance de atingir toda ela até as 4 da manhã, o que resolveria o problema – sem nem precisar de nova sessão.

Saí da Câmara e fui para a residência oficial, onde ainda havia deputado me aguardando para as últimas movimentações. Eu estava já bastante cansado, mas tinha de receber as últimas informações.

Naquele momento, a contagem estava em 365 votos, sem nenhuma chance de erro caso eu evitasse a segunda chamada, como eu já havia decidido. Por volta de 3 horas, me ligou Ciro Nogueira, informando que tinha resolvido a questão do deputado Dudu da Fonte. Ele achava que, fora Waldir Maranhão e os deputados da Bahia que iriam se abster, o PP estaria todo com o impeachment. Era uma grande notícia.

Despedi todos os que estavam na residência. Precisava tentar descansar. Liguei a TV Câmara para acompanhar o fim da sessão. Tomei um banho e, antes que eu me deitasse, Silvio Avelino me telefonou avisando que a sessão iria ser encerrada naquele momento. Eram 3h42 de domingo, 17 de abril. Ele iria imediatamente iniciar a montagem do tablado. Estava encerrada a discussão do impeachment, naquela que havia se tornado a mais longa sessão da história do parlamento brasileiro. Foram nada mais, nada menos do que 45 horas de sessões ininterruptas.

Acordei às 9 horas, com uma enorme dor de cabeça e a pressão bastante elevada. Eu tomei meus remédios de controle da pressão, já que sou hipertenso. Fiquei preocupado com o aneurisma cerebral – que pode se romper, com a pressão elevada. Vivo permanentemente sob risco.

Dei uma olhada nos jornais e sites e deparei-me com os prognósticos de aprovação do impeachment. Li todos os editoriais sobre o tema. A *Folha* insistia na tese de que Dilma e Temer tinham de renunciar, para que houvesse nova eleição. A essa altura do campeonato, era bastante lírica tal posição.

Às 9h30, Silvio me telefonou, informando que o tablado já estava instalado – tudo pronto para a sessão histórica do impeachment.

Coloquei uma música *gospel*, de autoria do pastor Kleber Lucas, "Deus cuida de mim", fiz minhas orações e entreguei às mãos de Deus tudo o que ocorreria naquele dia. Eu me conheço: toda vez que levanto com pressão alta, a tendência é ela permanecer todo o dia dessa forma. Era um acúmulo de estresse, ansiedade e razões clínicas. Aumentar a dose dos remédios para baixá-la demais significaria me colocar em estado de letargia, impossível para aquele dia. Eu teria de me controlar, sem aumentar a dosagem.

Sabia que seria muito agredido pelos petistas durante a sessão. Eu teria de aguentar a pancadaria com cara de paisagem e seguir em frente. Isso parece fácil de fazer, mas, por óbvio, tem consequências na saúde. Receber a agressão e não reagir significa reter tudo o que deveria ser exteriorizado para alívio. Meu estado naquele momento era consequência de tudo que eu estava passando e que ainda iria passar. Não seria fácil enfrentar, mas eu não tinha como deixar de cumprir meu papel. Pior: naquele momento, eu não tinha substituto. Eu não tinha o direito de passar mal.

Telefonei a Temer para avaliar o fim do processo. Ele me pediu que evitasse ir ao Palácio do Jaburu depois da votação, para não dar aos petistas o discurso de comemoração de golpe.

Concordei. Em seguida, liguei para alguns deputados, para tomar conhecimento da situação mais recente. Leonardo Picciani me telefonou, avisando que o deputado Washington Reis estava passando mal. Pediu-me que ele fosse o primeiro a votar, pois não aguentaria esperar a vez dele. Ele já estava na enfermaria da Câmara. Acatei na hora o pedido – não ia querer perder um voto certo favorável ao impeachment.

Às 13h30, após uma refeição leve com a minha família, já estava sendo escoltado por um batalhão de carros de imprensa, além do helicóptero da Globo, que transmitia ao vivo o deslocamento. O mesmo helicóptero que a Globo havia colocado para acompanhar a busca e apreensão feita por Janot, em 15 de dezembro de 2015, estava lá, agora acompanhando as consequências de atitudes como aquela. Dilma, Janot e Cardozo podiam assistir ao vivo o epílogo de suas baixarias.

Em diversos pontos do país ocorriam manifestações – em sua maioria, favoráveis ao impeachment. São Paulo havia dividido o espaço entre os dois lados. Bares e restaurantes transmitiam ao vivo para os seus clientes. Famílias se juntavam para assistir. Os jogos de futebol haviam sido adiados, para não serem afetados. Era uma festa da democracia, e o país parava para assistir ao desfecho de uma situação política insustentável.

O maior público estava em São Paulo. A avenida Paulista concentrou os movimentos favoráveis ao impeachment, que estavam em grande número. Segundo os organizadores, mais de 1 milhão de pessoas. O Instituto Datafolha calculou 250 mil. Os contrários ao impeachment, seis vezes menos, estavam no Vale do Anhangabaú – 42 mil pessoas, segundo o Datafolha. Em Brasília, a Esplanada dos Ministérios estava bastante cheia, com um público maior do que o esperado. As estimativas passavam de 200 mil pessoas.

A decisão de fazer a sessão em um domingo havia se mostrado acertada. Não era só para ter mais participação popular, mas para que fosse o evento que traria profundas transformações no país. A vida de todos os brasileiros seria afetada pela decisão. Por isso era importante que todos estivessem a postos para assistir.

Os possíveis distúrbios que poderiam acontecer ocorreriam qualquer que fosse o dia. O fato de ser domingo facilitava o controle pelas autoridades policiais. Durante a semana seria imprevisível o desfecho, caso a decisão da votação não fosse durante a madrugada.

Quando cheguei à Câmara, dirigi-me rapidamente ao gabinete, para ver como estavam as coisas. Lá me deparei com diversos deputados. Eu estava ainda com a pressão elevada e, devido aos remédios, necessitava ir ao banheiro frequentemente. Fui antes de me dirigir para a sessão, até porque não sabia quando poderia fazer isso de novo. Esse, aliás, era um dos grandes problemas que teria: sair para o banheiro significava passar a presidência para alguém – aí morava o perigo de tumulto.

Não queria atrasar nem um minuto o início da sessão. A caminho do plenário, dei uma rápida entrevista coletiva para o batalhão de repórteres que ali estavam.

O plenário parecia uma arena de guerra prestes a explodir. Eu nunca tinha visto um ambiente desses. Havia gente de verde e amarelo por todo lado. Os petistas em pé de guerra. Iniciei a sessão, li as regras e expliquei como se daria o rito.

O STF apreciou os três mandados de segurança que haviam sido ingressados pelo governo e por deputados. Nenhum teve curso. A sessão estava mantida. O advogado-geral da União não conseguiu o direito de falar após o relator na sessão e tampouco eu fui impedido de votar. Eram as últimas derrotas do fraco esquema jurídico de Dilma.

Por incrível que possa parecer, a estratégia das ações populares também não havia dado certo. Não houve um único juiz no país que, provocado, tivesse tido a ousadia de dar uma liminar sobre isso, visando interromper o impeachment.

A sessão se iniciaria com a palavra do relator, ao fim da discussão encerrada na madrugada. Depois da palavra do relator, os líderes teriam a palavra pelo tempo regimental, em função do tamanho de cada bancada. Em seguida se iniciaria o processo de votação, com a chamada nominal dos deputados dos estados do Norte e Sul e Sul e Norte, de forma alternada, começando por Roraima.

Os deputados seriam chamados pela ordem alfabética em cada estado. Eu terminei a leitura e se iniciaram as questões de ordem. Logo apareceu a questão de ordem sobre a segunda chamada, feita pelo PT.

Respondi, tranquilamente, que após a chamada dos deputados de cada estado, se por ventura algum deputado não tivesse votado, eu faria a segunda chamada antes de passar ao estado seguinte. Se o deputado não respondesse, teria perdido a chance de votar, pois não haveria segunda chamada ao fim da votação.

Após essa minha decisão, instalou-se um tumulto no plenário. Os deputados Arlindo Chinaglia e Orlando Silva foram ao microfone para contestar. O deputado Paulo Teixeira quis escalar a parede da plataforma, que separa a mesa da presidência do plenário, com o intuito de me agredir e melar a sessão. Acabou contido pela segurança. Eu desliguei os microfones e chamei, imediatamente, o relator – para que desse, então, início à palavra.

O tumulto era de tal ordem que temi uma briga generalizada. Essa decisão anunciada acabava de derrotar Dilma. Além disso, os deputados que estavam nessa combinação com o governo ficaram zonzos. Eu percebia, com a visão de cima, os movimentos de alguns deputados em direção aos deputados do PT. Era visível a gesticulação de alguns, de que agora não teria mais jeito. Eu sabia que tinha dado o tiro de misericórdia.

O relator assumiu a tribuna e iniciou sua fala, que duraria até 25 minutos. Com esse início, os ânimos se acalmaram. Avisei que não seriam admitidas mais questões de ordem, pois todos os pontos estavam esclarecidos. Só mantive ligado o microfone do relator.

Em seguida, liberaria o microfone para os líderes que fossem tendo a palavra e, ao final, iria deixar somente o microfone do púlpito montado, para que cada deputado pudesse subir para exercer o seu voto – sem interferência.

Enquanto os líderes falavam, ausentei-me da presidência duas vezes para ir ao banheiro, a segunda por volta das 17 horas. Depois disso, fiquei até o fim da sessão. Foi difícil, mas tive de me conter, para manter o controle da sessão.

Exatamente às 17h46, 57 horas depois do início da sessão inicial de sexta-feira, eu declarei iniciada a chamada da votação. Quem fosse favorável ao impeachment iria votar sim, quem fosse contrário votaria não. O líder Leonardo Picciani solicitou a votação, antes de todos, do deputado Washington Reis. Como já havia combinado, concordei que ele fosse o primeiro, dado seu visível estado de saúde debilitado. Ele votou sim ao parecer da comissão especial. Ele votou sim ao impeachment. Era o primeiro voto contra Dilma, do peemedebista Washington Reis.

Eu precisava decidir em que momento iria votar. Havia três possibilidades. Poderia ser o primeiro a votar, mas isso geraria tumulto. A segunda ideia seria que eu fosse o último a votar, conforme ocorreu no impeachment de Collor. A outra opção era votar na minha vez, na ordem de chamada.

Resolvi decidir no decorrer da votação se faria na ordem ou no fim. Isso dependeria do andar da votação, conforme os votos fossem sendo apurados. Eu sabia que o voto de número 342 seria o festejado e não iria querer algum deputado desafeto com essa honra.

Chamei o estado de Roraima. Os deputados de cada estado iriam formar uma fila indiana, de acordo com a ordem alfabética de cada estado, de modo que se facilitasse o andamento da votação. Isso foi muito importante.

Havia a aglomeração dos deputados ao lado do tablado que eu tinha montado. Eles queriam ficar próximo do microfone, para garantir sua presença o tempo inteiro nas transmissões das televisões. Alguns só sairiam na hora de formar a fila de votação dos respectivos estados. Eram os "papagaios de pirata".

Votaram assim os deputados: Abel Mesquita (DEM): sim; Carlos Andrade (PRB): sim; Edio Lopes (PR): não; Hiran Gonçalves (PP): sim; Jhonatan de Jesus (PRB): sim; Maria Helena (PSB): sim; Remídio Monai (PR): sim; e Shéridan (PSDB): sim. A surpresa tinha sido Edio Lopes. Em Roraima, o placar foi, portanto, de sete a um.

Vale o registro da posição do PR, hoje PL. A bancada desse partido tinha um total de 40 deputados, mas Valdemar não considerava a deputada Clarissa como membro dessa bancada. Ela seria expulsa do partido em seguida. Dessa forma, dos 39 deputados, Valdemar daria 26 votos para o impeachment e 13 contra, cumprindo rigorosamente a sua palavra.

Em seguida, chamei o estado do Rio Grande do Sul. Afonso Hamm (PP): sim; Afonso Motta (PDT): não; Alceu Moreira (PMDB): sim; Bohn Gass (PT): não; Carlos Gomes (PRB): sim; Covatti Filho (PP): sim; Danrlei de Deus (PSD): sim; Darcísio Perondi (PMDB): sim; Giovani Cherini (PDT): sim; Heitor Schuch (PSB): sim; Henrique Fontana (PT): não; Jerônimo Goergen (PP): sim; João Derly (Rede): sim; José Fogaça (PMDB): sim; José Otávio Germano (PP): sim; José Stédile (PSB): sim; Luis Carlos Heinze (PP): sim; Luiz Carlos Busato (PTB): sim; Marco Maia (PT): não; Marcon (PT): não; Maria do Rosário (PT): não; Mauro Pereira (PMDB): sim; Nelson Marchezan Jr. (PSDB): sim; Onyx Lorenzoni (DEM): sim; Osmar Terra (PMDB): sim; Paulo Pimenta (PT): não; Pepe Vargas (PT): não; Pompeo de Mattos (PDT): abstenção; Renato Molling (PP): sim; Ronaldo Nogueira (PTB): sim; e Sérgio Moraes (PTB): sim. No Rio Grande do Sul, foram 22 votos favoráveis ao impeachment, contra 8 contrários e 1 abstenção.

Nesse instante eram 75% os favoráveis ao impeachment – com 8% dos votos realizados. Em pouco tempo, eu teria uma projeção do resultado final. Havia um mapa com o prognóstico de cada voto comigo, na mesa. E a minha projeção era de que seriam 367 votos favoráveis. Ao fim, eu acertaria na mosca. Havia um bolão feito pelos deputados com o prognóstico da votação. Eu preferi não apostar, para não dar margem ao discurso dos petistas.

Em seguida foi a vez de Santa Catarina: Carmen Zanotto (PPS): sim; Celso Maldaner (PMDB): sim; Cesar Souza (PSD): sim; Décio Lima (PT): não; Esperidião Amin (PP): sim; Geovania de Sá (PSDB): sim; JP Kleinübing (PSD): sim; João Rodrigues (PSD): sim; Jorge Boeira (PP): sim; Jorginho Mello (PR): sim; Marco Tebaldi (PSDB): sim; Mauro Mariani (PMDB): sim; Pedro Uczai (PT): não; Rogério Mendonça (PMDB): sim; Ronaldo Benedet (PMDB): sim; Valdir Colatto (PMDB): sim. No estado catarinense, o placar foi de 14 a 2.

Amapá foi assim: André Abdon (PP): sim; Cabuçu Borges (PMDB): sim; Janete Capiberibe (PSB): não; Jozi Araújo (PTN): não; Marcos Reátegui (PSD): sim; Professora Marcivânia (PT): não; Roberto Góes (PDT): não; e Vinicius Gurgel (PR): abstenção.

Até esse momento, já tinham votado 64 deputados, com 47 favoráveis. Eram 73,4% dos votos favoráveis ao impeachment. As surpresas já estavam contabilizadas. Dentro do PMDB, a bancada de Minas anunciou que votaria unida a favor do impeachment, incluindo Mauro Lopes, que tinha deixado o Ministério da Aviação Civil para votar. O placar estava desenhado.

Chamei mais uma rodada do Norte para o Sul. Em primeiro, o Pará, que votou da seguinte forma: Arnaldo Jordy (PPS): sim; Beto Faro (PT): não; Beto Salame (PP): abstenção; delegado Éder Mauro (PSD): sim; Edmilson Rodrigues (PSOL): não; Elcione Barbalho (PMDB): não; Francisco Chapadinha (PTN): sim; Hélio Leite (DEM): sim; Joaquim Passarinho (PSD): sim; José Priante (PMDB): sim; Josué Bengtson (PTB): sim; Júlia Marinho (PSC): sim; Lúcio Vale (PR): não; Nilson Pinto (PSDB): sim; Simone Morgado (PMDB): não; Wladimir Costa (SD): sim; e Zé Geraldo (PT): não. A surpresa tinha sido a abstenção de Beto Salame. Foram dez votos sim, seis não e uma abstenção.

Então foi a vez do Paraná: Alex Canziani (PTB): sim; Alfredo Kaefer (PSL): sim; Aliel Machado (Rede): não; Assis do Couto (PDT): não; Christiane Yared (PR): sim; Diego Garcia (PHS): sim; Dilceu Sperafico (PP): sim; Enio Verri (PT): não; Evandro Roman (PSD): sim; Fernando Francischini (SD): sim; Giacobo (PR): sim; Hermes Parcianello (PMDB): sim; João Arruda (PMDB): sim; Leandre (PV): sim; Leopoldo Meyer (PSB): sim; Luciano Ducci (PSB): sim; Luiz Carlos Hauly (PSDB): sim; Luiz Nishimori (PR): sim; Marcelo Belinati (PP): sim; Nelson Meurer (PP): sim; Nelson Padovani (PSDB): sim; Osmar Serraglio (PMDB): sim; Paulo Martins (PSDB): sim; Ricardo Barros (PP): sim; Rubens Bueno (PPS): sim; Sandro Alex (PPS): sim; Sergio Souza (PMDB): sim;

Takayama (PSC): sim; Toninho Wandscheer (PROS): sim; e Zeca Dirceu (PT): não. Foram 26 votos sim e 4 não.

O resultado parcial apontava 74,7% pelo sim. Estava indo tudo dentro do programado. O Pará foi mais apertado, mas o Paraná compensou – e muito.

Eu estava me sentindo bem mal. Com tontura, tinha dificuldades para conduzir a sessão. Ainda teria de suportar a pressão por muito tempo. Mas eu não tinha o direito de abandonar o barco. Se fosse em outra circunstância, teria deixado a presidência por um tempo, para tentar me recuperar um pouco. Optei por tomar dois comprimidos de Capotril de 25 mg, que carregava comigo para emergências.

Seguindo a ordem, eu iria chamar a rodada inversa, começando por Mato Grosso do Sul, com os seguintes votos: Carlos Marun (PMDB): sim; Dagoberto (PDT): não; Elizeu Dionizio (PSDB): sim; Geraldo Resende (PSDB): sim; Mandetta (DEM): sim; Tereza Cristina (PSB): sim; Vander Loubet (PT): não; e Zeca do PT: não. Cinco votos a três.

Depois veio o Amazonas, onde votaram: Alfredo Nascimento (PR): sim; Arthur Virgílio Bisneto (PSDB): sim; Átila Lins (PSD): sim; Conceição Sampaio (PP): sim; Hissa Abrahão (PDT): sim; Marcos Rotta (PMDB): sim; Pauderney Avelino (DEM): sim; e Silas Câmara (PRB): sim. Oito votos a zero.

Com 127 deputados já tendo votado, contávamos 96 favoráveis, 28 contrários e 3 abstenções. O percentual estava em 75,6% – como necessitávamos de dois terços, ou 66,7%, seguíamos acima do necessário.

Mas as coisas caminhavam de forma muito lenta. Como previsto, quase ninguém respeitou o tempo combinado de dez segundos para a justificativa de voto. Eu também não quis ser rigoroso no cumprimento, para não melindrar os deputados favoráveis. A transmissão, ao vivo pela TV Globo, estimulava a busca dos segundos de fama. Eram muitas as bobagens ditas nos votos – além, é claro, das agressões a mim pela condução do processo de impeachment. Nada que não tivesse sido previsto.

No dia seguinte os jornais reproduziriam algumas das pérolas ditas pelos deputados nas suas votações. Frases como: "Pelos moradores de rua, que dormem na rua, nascem na rua e morrem na rua, sem programa social de governo, eu voto sim", "para que a nossa ex-presidente Dilma tenha férias eternas, eu voto sim", "com todo o coração, sim", "e viva o Brasil", "por você, mamãe, o meu voto é sim", "esse povo escolheu a bandeira vermelha mas viu que errou, esse povo aí não veio da Venezuela e da Coreia do Norte". Não foi só isso. Houve também: "Pela paz em Jerusalém, eu voto sim", "pelo empoderamento das mulheres, eu voto não", "observando a intolerância, o ódio e às vezes até a falta de respeito que eu vi nessa Casa, eu voto sim", "Dilma, você é uma vergonha, vergonha, vergonha, sim", "quero pedir desculpas ao Lula e ao ex-governador Cid Gomes, mas eu não posso deixar de atender aos pedidos através das redes sociais, meu voto é sim", "trocar seis por meia dúzia não resolve", "pelo meu neto Pedro, que nasceu há dez dias, sim", "pela minha esposa Paula, voto sim". Mais algumas frases: "Uma eleição não dá o direito de saquear o Brasil; fora, PT; fora, roubalheira", "pelos fundamentos do cristianismo, eu voto sim", "pelo direito à certeza de poder olhar no espelho, voto não", "para quebrar a espinha dorsal dessa quadrilha, voto sim". Dentre muitas outras, a famosa: "Tchau, querida".

Em seguida, vieram os estados de Rondônia e Goiás. Por Rondônia, votaram: Expedito Netto (PSD): sim; Lindomar Garçon (PRB): sim; Lucio Mosquini (PMDB): sim; Luiz Cláudio (PR): sim; Marcos Rogério (DEM): sim; Mariana Carvalho (PSDB): sim; Marinha Raupp (PMDB): sim; e Nilton Capixaba (PTB): sim. Mais uma vez, oito a zero.

Em Goiás, votaram: Alexandre Baldy (PTN): sim; Célio Silveira (PSDB): sim; Daniel Vilela (PMDB): sim; delegado Waldir (PR): sim; Fábio Sousa (PSDB): sim; Flávia Morais (PDT): sim; Giuseppe Vecci (PSDB): sim; Heuler Cruvinel (PSD): sim; João Campos (PRB): sim; Jovair Arantes (PTB): sim; Lucas Vergílio (SD): sim; Magda Mofatto (PR): sim; Marcos Abrão (PPS): sim; Pedro Chaves (PMDB): sim; Roberto Balestra (PP): sim; Rubens Otoni (PT): não; e Thiago Peixoto (PSD): sim. Foram 16 votos sim contra apenas 1.

A contagem somava agora 78,9% dos votos como favoráveis. Nesse momento, o resultado já estava praticamente definido – só faltava saber o placar final. O plenário estava uma festa. Os deputados faziam muita balbúrdia. Cada voto favorável desencadeava uma explosão de aplausos e comemoração. Vaias eram dirigidas aos votos contrários. Os petistas também reagiam, gritando contra aqueles que achavam que estavam se comportando como traidores. Os deputados estavam envoltos em bandeiras do Brasil e fitas verde-amarelas. Muitos empunhavam faixas e cartazes. O mais comum trazia os dizeres "tchau, querida".

Continuando a chamada, veio o Distrito Federal: Alberto Fraga (DEM): sim; Augusto Carvalho (SD): sim; Erika Kokay (PT): não; Izalci (PSDB): sim; Laerte Bessa (PR): sim; Rogério Rosso (PSD): sim; Ronaldo Fonseca (PROS): sim; e Rôney Nemer (PP): sim. Foram sete votos a um.

Depois, do Acre, votaram: Alan Rick (PRB): sim; Angelim (PT): não; César Messias (PSB): não; Flaviano Melo (PMDB): sim; Jéssica Sales (PMDB): sim; Leo de Brito (PT): não; Rocha (PSDB): sim; e Sibá Machado (PT): não. Um estado naquele momento dominado pelo PT registrou empate de quatro a quatro.

Em seguida foi a hora de Tocantins votar: Carlos Gaguim (PTN): sim; César Halum (PRB): sim; Dulce Miranda (PMDB): sim; Irajá Abreu (PSD): não; Josi Nunes (PMDB): sim; Lázaro Botelho (PP): sim; professora Dorinha Seabra (DEM): sim; e Vicentinho Júnior (PR): não. Seis votos a dois.

Seguindo com Mato Grosso: Adilton Sachetti (PSB): sim; Carlos Bezerra (PMDB): sim; Fábio Garcia (PSB): sim; Nilson Leitão (PSDB): sim; professor

Victório Galli (PSC): sim; Ságuas Moraes (PT): não; Tampinha José Curvo (PSD): sim; e Valtenir Pereira (PMDB): não. Novamente seis a dois.

Considerando esse placar, com o percentual naquele momento de 77,1%, já dava para prever que o número de 342 seria atingido na Bahia, na Paraíba ou em Pernambuco. Um desses três. Eu estava calculando errado os votos – cheguei a achar por bastante tempo que seria na Bahia. Mas tudo estava saindo conforme o previsto.

A etapa seguinte seria decisiva, pois incluiria o maior estado – que é São Paulo – e o Maranhão, que era comandado pelo grande aliado de Dilma, Flávio Dino. Ao fim desses votos, dificilmente algo mudaria, pois, além de tudo, se alcançaria mais da metade do total.

Assim votaram os 70 de São Paulo: Alex Manente (PPS): sim; Alexandre Leite (DEM): sim; Ana Perugini (PT): não; Andrés Sanchez (PT): não; Antonio Bulhões (PRB): sim; Arlindo Chinaglia (PT): não; Arnaldo Faria de Sá (PTB): sim; Arnaldo Jardim (PPS): sim; Baleia Rossi (PMDB): sim; Beto Mansur (PRB): sim; Bruna Furlan (PSDB): sim; Bruno Covas (PSDB): sim; capitão Augusto (PR): sim; Carlos Sampaio (PSDB): sim; Carlos Zarattini (PT): não; Celso Russomano (PRB): sim; Sinval Malheiros (PTN): sim; Duarte Nogueira (PSDB): sim; Edinho Araújo (PMDB): sim; Eduardo Bolsonaro (PSC): sim; Eduardo Cury (PSDB): sim; Eli Corrêa Filho (DEM): sim; Evandro Gussi (PV): sim; Fausto Pinato (PP): sim; Flavinho (PSB): sim; Floriano Pesaro (PSDB): sim; Gilberto Nascimento (PSC): sim; Goulart (PSD): sim; Guilherme Mussi (PP): sim; Herculano Passos (PSD): sim; Ivan Valente (PSOL): não; Jefferson Campos (PSD): sim; João Paulo Papa (PSDB): sim; Jorge Tadeu Mudalen (DEM): sim; José Mentor (PT): não; Keiko Ota (PSB): sim; Luiz Lauro Filho (PSB): sim; Luiza Erundina (PSOL): não; Major Olímpio (PDT): sim; Mara Gabrilli (PSDB): sim; Marcelo Squassoni (PRB): sim; Márcio Alvino (PR): sim; Miguel Haddad (PSDB): sim; Miguel Lombardi (PR): sim; Milton Monti (PR): sim; missionário José Olímpio (PP): sim; Nelson Marquezelli (PTB): sim; Nilton Tatto (PT): não; Orlando Silva (PC do B): não; Marco Feliciano (PSC): sim; Paulo Freire (PR): sim; Paulo Maluf (PP): sim; Paulinho da Força (SD): sim; Paulo Teixeira (PT): não; Renata Abreu (PTN): sim; Ricardo Izar (PSD): sim; Ricardo Tripoli (PSDB): sim; Roberto Alves (PRB): sim; Roberto de Lucena (PV): sim; Rodrigo Garcia (DEM): sim; Samuel Moreira (PSDB): sim; Sérgio Reis (PRB): sim; Sílvio Torres (PSDB): sim; Tiririca (PR): sim; Valmir Prascidelli (PT): não; Vanderlei Macris (PSDB): sim; Vicente Cândido (PT): não; Vicentinho (PT): não; Vinicius Carvalho (PRB): sim; e Vítor Lippi (PSDB): sim.

Portanto, no maior estado da federação, com a maior representação na Câmara, foram 57 votos sim e 13 votos não. A fatura seria liquidada.

Do Maranhão, então: Alberto Filho (PMDB): sim; Aluísio Mendes (PTN): não; André Fufuca (PP): sim; Cléber Verde (PRB): sim; Eliziane Gama (PPS): sim; Hildo Rocha (PMDB): sim; João Castelo (PSDB): sim; João Marcelo Souza

(PMDB): não; José Reinaldo (PSB): sim; Júnior Marreca (PEN): não; Juscelino Filho (DEM): sim; Pedro Fernandes (PTB): não; Rubens Pereira Jr. (PC do B): não; Sarney Filho (PV): sim; Victor Mendes (PSD): sim; Waldir Maranhão (PP): não; Weverton Rocha (PDT): não; e Zé Carlos (PT): não. Ou seja, dez votos sim contra oito não.

Com 272 votos apurados, o percentual de favoráveis estava em 77,2%. Era quase impossível uma reversão.

Pensei até em não votar, para evitar o discurso contra mim. Depois refleti que seria besteira – pois o PT até havia ingressado no STF para impedir meu direito ao voto. E no impeachment de Collor o presidente da Câmara tinha votado. Decidi que votaria de qualquer forma, até para passar para a história meu papel e meu voto.

A partir desse instante, os estados do Nordeste entrariam com mais força e a diferença seria diminuída. Chamei na sequência o Ceará e o Rio de Janeiro. Eu teria de decidir se votaria na chamada do meu estado ou no fim. Queria esperar a votação do Ceará, para calcular em quem poderia cair o voto de número 342.

Do Ceará, houve a primeira ausência, logo do PMDB. Aníbal Gomes tinha optado por fazer uma cirurgia de coluna antes da votação, apenas para ter uma desculpa para fugir do voto. Ele havia negociado algum benefício e preferiu cumprir dessa forma. Não perdoei. Expus sua ausência por bastante tempo.

A votação, na terra de Ciro e Cid Gomes, que tudo fizeram contra o impeachment, se deu da seguinte forma: Adail Carneiro (PP): sim; Aníbal Gomes (PMDB): ausente; Ariosto Holanda (PDT): não; Arnon Bezerra (PTB): não; cabo Sabino (PR): sim; Chico Lopes (PC do B): não; Danilo Forte (PSB): sim; Domingos Neto (PSD): não; Genecias Noronha (SD): sim; Gorete Pereira (PR): abstenção; José Airton Cirilo (PT): não; José Guimarães (PT): não; Leônidas Cristino (PDT): não; Luizianne Lins (PT): não; Macedo (PP): não; Moroni Torgan (DEM): sim; Moses Rodrigues (PMDB): sim; Odorico Monteiro (PROS): não; Raimundo Gomes de Matos (PSDB): sim; Ronaldo Martins (PRB): sim; Vicente Arruda (PDT): não; e Vitor Valim (PMDB): sim.

Ali foi a nossa primeira derrota – dentro do previsto: 9 votos sim, 11 contrários, 1 abstenção e 1 ausência.

Assim, começamos o Rio de Janeiro convictos de que seria de Pernambuco o voto de número 342 – deveria ficar entre Betinho Gomes, Bruno Araújo e Daniel Coelho. Dentre eles, eu preferia Bruno Araújo. Betinho Gomes, apesar da sua situação de investigado no STF, me batia sem trégua. Eu não o queria de jeito nenhum. Ele era membro do Conselho de Ética e votava contra mim – ele acabou não se reelegendo. Daniel Coelho era estridente, se achava o dono do mundo. Eu preferia Bruno, até porque seria mais justo, pelo papel que ele desempenhou a favor do impeachment.

Com base na minha avaliação, achei que se votasse no momento em que meu estado seria chamado, o 342 cairia em Bruno Araújo. Eu iria passar a presidência para poder votar.

Votaram, então: Alessandro Molon (Rede): não; Alexandre Serfiotis (PMDB): sim; Alexandre Valle (PR): sim; Altineu Côrtes (PMDB): sim; Arolde de Oliveira (PSD): sim; Aureo (SD): sim; Benedita da Silva (PT): não; Cabo Daciolo (PTB): sim; Celso Pansera (PMDB): não; Chico Alencar (PSOL): não; Chico D'Angelo (PT): não. Era a vez de Clarissa Garotinho. Eu a chamei e o líder do PR fez uma intervenção para justificar a ausência, pela licença. Respondi que o deputado, mesmo em licença, tem o direito de exercer seu voto e, por isso, eu cumpriria o rito estabelecido, inclusive com a segunda chamada, como eu havia feito com o deputado Aníbal Gomes, do Ceará.

Só então passei a presidência para o deputado Beto Mansur, para que eu pudesse votar na minha vez. A votação continuou: Cristiane Brasil (PTB): sim; Deley (PTB): sim; e dr. João (PR): sim. Era chegada a minha vez. Ao lado da cadeira da presidência, em pé, com o microfone da mesa, fiz uma simples declaração de voto, dizendo: "Que Deus tenha misericórdia dessa nação". Em seguida declarei meu voto. Ficou registrado: Eduardo Cunha (PMDB): sim.

Reassumi a presidência e dei continuidade à chamada. Eu até deveria ter aproveitado e descansado um pouco. Poderia também ter ido ao banheiro. Mas preferi reassumir. Era o meu estado e queria presidir os votos desses deputados de qualquer forma. Eu sabia que essas imagens seriam utilizadas no futuro, nas campanhas eleitorais – e não poderia deixar passar a oportunidade.

De certa forma, essa era a maneira de eu dar o meu "tchau, querida".

40 Fim da sessão. Tchau, querida

Eu continuava mal. Às vezes tinha a sensação de que ia desmaiar. Fiquei com medo de não conseguir acabar a sessão. Talvez tenha sido, essa votação, a que durou mais tempo em minha vida. Foi Deus que me sustentou para conseguir continuar, sem nenhuma condição, naquela sessão.

Prossegui a chamada: Ezequiel Teixeira (PTN): sim; Felipe Bornier (PROS): sim; Fernando Jordão (PMDB): sim; Francisco Floriano (DEM): sim; Glauber Braga (PSOL): não; Hugo Leal (PSB): sim; Índio da Costa (PSD): sim; e Jair Bolsonaro (PSC): sim. O voto de Bolsonaro provocou muita polêmica, pois sua declaração acabou gerando um conflito dele com Jean Wyllys, que votaria em seguida. O deputado do PSOL cometeu um ato de agressão, cuspindo em direção a Bolsonaro. A segurança teve de intervir, antes que isso virasse um conflito generalizado.

Concordássemos ou não com o conteúdo da declaração de Bolsonaro, era direito dele falar o que quisesse. Quem estava errado era Wyllys, que partiu para um comportamento de baixo nível, como se o plenário da Câmara fosse lugar para baixarias do submundo. O deputado Eduardo Bolsonaro, filho de Jair Bolsonaro, tentou reagir, mas a segurança evitou maiores conflitos.

Bolsonaro acabou se beneficiando da confusão. Certamente isso o ajudou em sua eleição à Presidência. O confronto com a esquerda, por esse motivo, era bom para ele.

Votaram então: Jandira Fegali (PC do B): não; Jean Wyllys (PSOL): não; Júlio Lopes (PP): sim; Leonardo Picciani (PMDB): não; Luiz Carlos Ramos (PTN): sim; Luiz Sérgio (PT): não; Marcelo Matos (PHS): sim; Marco Antônio Cabral (PMDB): sim; Marcos Soares (DEM): sim; Miro Teixeira (Rede): sim; Otavio Leite (PSDB): sim; Paulo Feijó (PR): sim; Pedro Paulo (PMDB): sim; Roberto Sales (PRB): sim; Rodrigo Maia (DEM): sim; Rosângela Gomes (PRB): sim; Sergio Zveiter (PMDB): sim; Simão Sessim (PP): sim; Soraya Santos (PMDB): sim; Sóstenes Cavalcante (DEM): sim; e Wadih Damous (PT): não. No Rio, foram 34 votos favoráveis – contando com o de Washington Reis, antecipado – , 11 contrários e uma ausência.

Dos 339 deputados que já tinham votado, 252 haviam dito sim, 74,3%.

Era a vez do Espírito Santo e depois do Piauí. No Espírito Santo, os deputados votaram da seguinte forma: Carlos Manato (SD): sim; dr. Jorge Silva (PHS): sim; Evair de Melo (PV): sim; Givaldo Vieira (PT): não; Helder Salomão

(PT): não; Lelo Coimbra (PMDB): sim; Marcos Vicente (PTB): sim; Max Filho (PSDB): sim; Paulo Foletto (PSB): sim; e Sérgio Vidigal (PDT): sim. Oito a dois.

No Piauí, ficou assim: Assis Carvalho (PT): não; Átila Lira (PSB): sim; capitão Fábio Abreu (PTB): não; Heráclito Fortes (PSB): sim; Iracema Portella (PP): sim; Júlio César (PSD): sim; Marcelo Castro (PMDB): não; Paes Landim (PTB): não; Rejane Dias (PT): não; e Rodrigo Martins (PSB): sim. Empate: cinco a cinco.

Chamei o Rio Grande do Norte: Antônio Jácome (PTN): sim; Beto Rosado (PP): sim; Fábio Faria (PSD): sim; Felipe Maia (DEM): sim; Rafael Motta (PSB): sim; Rogério Marinho (PSDB): sim; Walter Alves (PMDB): sim; e Zenaide Maia (PR): não. Sete favoráveis, um contrário.

Era chegada a vez do segundo maior estado em representação, Minas Gerais: Adelmo Leão (PT): não; Aelton Freitas (PR): não; Bilac Pinto (PR): sim; Bonifácio de Andrada (PSDB): sim; Brunny (PR): não; Caio Narcio (PSDB): sim; Carlos Melles (DEM): sim; Dâmina Pereira (PSL): sim; Delegado Edson Moreira (PR): sim; Diego Andrade (PSD): sim; Dimas Fabiano (PP): sim; Domingos Sávio (PSDB): sim; Eduardo Barbosa (PSDB): sim; Eros Biondini (PROS): sim; Fábio Ramalho (PMDB): sim; Franklin Lima (PP): sim; Gabriel Guimarães (PT): não; George Hilton (PROS): não; Jaime Martins (PSD): sim; Jô Moraes (PC do B): não; Júlio Delgado (PSB): sim; Laudívio Carvalho (SD): sim; Leonardo Monteiro (PT): não; Leonardo Quintão (PMDB): sim; Lincoln Portela (PRB): sim; Luis Tibé (PT do B): sim; Luiz Fernando Faria (PP): sim; Marcelo Álvaro Antônio (PR): sim; Marcelo Aro (PHS): sim; Marcos Montes (PSD): sim; Marcos Pestana (PSDB): sim; Margarida Salomão (PT): não; Mário Heringer (PDT): sim; Mauro Lopes (PMDB): sim; Miguel Corrêa (PT): não; Misael Varella (DEM): sim; Newton Cardoso Jr. (PMDB): sim; Odelmo Leão (PP): sim; Padre João (PT): não; Patrus Ananias (PT): não; Paulo Abi-Ackel (PSDB): sim; Raquel Muniz (PSD): sim; Reginaldo Lopes (PT): não; Renzo Braz (PP): sim; Rodrigo de Castro (PSDB): sim; Rodrigo Pacheco (PMDB): sim; Saraiva Felipe (PMDB): sim; Stefano Aguiar (PSD): sim; Subtenente Gonzaga (PDT): sim; Tenente Lúcio (PSB): sim; Toninho Pinheiro (PP): sim; Weliton Prado (PMB): sim; e Zé Silva (SD): sim.

No total, foram 41 votos sim e 12 não. Com 420 deputados votantes, já se somavam 313 a favor do impeachment, 74,5%. Faltavam apenas 29. A comemoração já era presente no plenário.

Os telões da Câmara reproduziam as imagens das ruas. Na sala do cafezinho, parlamentares acompanhando as transmissões ao vivo. Alguns deputados, depois de votarem, se juntavam às famílias no espaço especial dedicado a elas. Outros iam para os gabinetes das suas lideranças e voltavam a todo momento.

Em cima, na mesa da presidência, alternavam-se os deputados responsáveis pelas contagens, me levando os prognósticos e comparando os votos com os mapas. Eu tinha meu controle e sabia exatamente o número de votos que se teria.

Pedi para avisarem a Bruno Araújo que se preparasse, porque seria dele o voto decisivo. Eu não via nenhuma possibilidade de mudar algum voto a mais que o projetado. Uma traição, a essa altura, nem resultaria em efeito prático. A partir daquele momento, quem tivesse posição iria assumir. Quem não tivesse, não iria se expor à toa.

Então chamei a Bahia, estado onde o PT era muito forte. A influência de Jaques Wagner era enorme. De lá era o presidente do Conselho de Ética, José Carlos Araújo – que iria ser desmascarado, porque votaria a favor de Dilma. Ali Dilma venceria, sem qualquer sombra de dúvida.

Votaram assim: Afonso Florence (PT): não; Alice Portugal (PC do B): não; Antonio Brito (PSD): não; Antônio Imbassahy (PSDB): sim; Arthur Maia (PPS): sim; Bacelar (PTN): não; Bebeto (PSB): não; Benito Gama (PTB): sim; Cacá Leão (PP): abstenção; Caetano (PT): não; Cláudio Cajado (DEM): sim; Daniel Almeida (PC do B): não; Davidson Magalhães (PC do B): não; Elmar Nascimento (DEM): sim; Erivelton Santana (PEN): sim; Félix Mendonça Jr. (PDT): não; Fernando Torres (PSD): não; Irmão Lázaro (PSC): sim; João Carlos Bacelar (PR): não; João Gualberto (PSDB): sim; Jorge Solla (PT): não; José Carlos Aleluia (DEM): sim; José Carlos Araújo (PR): não; José Nunes (PSD): não; José Rocha (PR): não; Jutahy Júnior (PSDB): sim; Lúcio Vieira Lima (PMDB): sim; Márcio Marinho (PRB): sim; Mário Negromonte Jr. (PP): abstenção; Moema Gramacho (PT): não; Paulo Azi (DEM): sim; Paulo Magalhães (PSD): não; Roberto Britto (PP): não; Ronaldo Carletto (PP): não; Sérgio Brito (PSD): não; Tia Eron (PRB): sim; Uldurico Júnior (PV): sim; Valmir Assunção (PT): não; e Waldenor Pereira (PT): não.

O resultado na Bahia foi o pior para o impeachment: 15 votos sim, 22 votos não e duas abstenções. Mas faltavam apenas 14 votos para se atingir os 342 votos.

Chamei a Paraíba: Aguinaldo Ribeiro (PP): sim; Benjamin Maranhão (SD): sim; Damião Feliciano (PDT): não; Efraim Filho (DEM): sim; Hugo Motta (PMDB): sim; Luiz Couto (PT): não; Manoel Junior (PMDB): sim; Pedro Cunha Lima (PSDB): sim; Rômulo Gouveia (PR): sim; Veneziano Vital do Rêgo (PMDB): sim; Wellington Roberto (PR): não; e Wilson Filho (PTB): sim. Nove a três a favor do impeachment.

Faltavam apenas cinco votos.

A festa já tomava conta do plenário. Músicas eram cantadas e havia muita expectativa pelo voto decisivo. Deputados que haviam saído após terem votado retornaram para assistir ao desfecho. Muitos levaram esposa e filhos para o plenário. Era difícil conter o ímpeto dos parlamentares.

Optei por flexibilizar e deixar que entrassem com parte das famílias. Os telões registravam a explosão de alegria de cada voto que se aproximava da contagem final. Todos aguardavam o voto definitivo. Ninguém tinha mais dúvidas a respeito de quem seria o voto 342. Estava perto de acabar.

Sob o clima de contagem regressiva, iniciei a chamada de Pernambuco: o primeiro foi um deputado do PT, Adalberto Cavalcante (PT): votou não. O segundo foi Anderson Ferreira (PR), evangélico, cujo voto sabíamos com certeza absoluta: sim. Faltavam apenas quatro. Chamei André de Paula (PSD), que, como esperado, disse sim. Faltavam três. Augusto Coutinho (SD) cumpriu o previsto e também foi de sim. Betinho Gomes (PSDB) foi o seguinte: também sim.

Faltava apenas um voto.

O plenário explodiu, em êxtase. Era o momento decisivo.

Anunciei, então, Bruno Araújo (PSDB). Ele havia tido um papel importante nas articulações, grande defensor do impeachment. Acompanhava a contagem dos votos e até da estratégia jurídica tinha participado. Dentre as opções para ser o voto decisivo, ele realmente era a melhor, independentemente da minha preferência pessoal.

Assim, às 23h07, depois de 11 horas da sessão final, Bruno Araújo iria proferir o voto. Ele silenciou o plenário, fez a declaração de maneira calma e longa, sem interrupção. Sim. O plenário e o país explodiram. Era o voto 342 – que definia a admissibilidade do pedido de impeachment por crime de responsabilidade de Dilma Rousseff. Ele declarou: "Quanta honra o destino me reservou de poder, com a minha voz, sair o grito de esperança de milhões de brasileiros. Senhoras e senhores, sim para o futuro".

Após as manifestações de explosão, cantoria, gritos, aplausos, comemorações, dei seguimento à chamada. Afinal, ainda faltavam votar 37 deputados de três estados.

Continuei por Pernambuco: Daniel Coelho (PSDB): sim; Danilo Cabral (PSB): sim. Então houve quase um incidente. Chamei Dudu da Fonte (PP), envolvido na negociação com Dilma – mas de quem Ciro Nogueira dizia ter resolvido o voto. Eu achava que ele votaria sim se o placar já estivesse acima dos 342 – o que era o caso. Acontece que ele tentou causar uma situação embaraçosa, que poderia acabar anulando a sessão posteriormente. Dudu subiu no tablado com o filho, dizendo que o garoto iria votar no lugar dele. Imediatamente desliguei o microfone dele e pedi que as regras fossem respeitadas – que o filho fosse retirado e que ele exercesse o voto corretamente, sob pena de eu impugná-lo. Houve uma enorme tensão no ar. Mas muitos nem perceberam, pois estavam ainda comemorando a vitória contra Dilma.

Assustado com minha reação, Dudu da Fonte retirou o filho da frente do microfone. Religuei o som. E ele acabou votando sim. Tinha dúvidas se, caso a votação ainda não estivesse ganha, ele iria votar sim – mas isso é da vida.

A chamada prosseguiu: Fernando Coelho Filho (PSB): sim; Gonzaga Patriota (PSD): sim; Jarbas Vasconcelos (PMDB): sim; João Coutinho (PSB): sim; Jorge Côrte Real (PTB): sim; Kaio Maniçoba (PMDB): sim; Luciana Santos (PC do B): não; Marinaldo Rosendo (PSB): sim; Mendonça Filho (DEM): sim; Pastor Eurico (PHS): sim; Ricardo Teobaldo (PTN): não; Sebastião Oliveira

(PR): abstenção; Silvio Costa (PT do B): não; Tadeu Alencar (PSB): sim; Wolney Queiroz (PDT): não; e Zeca Cavalcanti (PTB): não. Em Pernambuco, deu 18 votos a 6, com uma abstenção.

Faltavam somente Sergipe e Alagoas. Iniciei a chamada de Sergipe: Adelson Barreto (PR): sim; André Moura (PSC): sim; Fábio Mitidieri (PSD): não; Fábio Reis (PMDB): sim; João Daniel (PT): não; Jony Marcos (PRB): sim; Laercio Oliveira (SD): sim; e Valadares Filho (PSB): sim. Seis a dois.

O derradeiro estado foi Alagoas, terra natal de Renan Calheiros, governado pelo filho dele. O resultado ali teria um simbolismo importante. Votaram assim: Arthur Lira (PP): sim; Cícero Almeida (PMDB): sim; Givaldo Carimbão (PHS): não; JHC (PSB): sim; Marx Beltrão (PMDB): sim; Maurício Quintella (PR): sim; Paulão (PT): não; Pedro Vilela (PSDB): sim; e Ronaldo Lessa (PDT): não. Seis a três.

Com isso chegamos ao placar final da votação. Dos 513 deputados, 367 votaram sim, 71,8%, 137 disseram não. Ainda houve sete abstenções e duas ausências. Na prática, quem se absteve ou se ausentou votou contra o impeachment. O resultado real foram 367 votos a 146.

Considerando a composição partidária, o PMDB garantiu 59 votos pró-impeachment, seguido pelo PSDB, com 52, e pelo PP, com 38. Na sequência, vieram PSD (29 votos), PSB (29), DEM (28), PR (26), PRB (22), PTB (14), Solidariedade (14), PSC (10), PTN (8), PPS (8), PDT (6), PHS (6), PV (6), PROS (4), PT do B (2), PSL (2), Rede (2), PEN (1) e PMB (1).

Entre os contrários ao impeachment, abstenções e ausências, a maioria era do PT, com 60 deputados. PR garantiu 14 votos, PDT, 13, PC do B, 10, e PMDB e PSD, 8 cada. Então vieram PP (7 votos), PTB (6), PSOL (6), PTN (4) e PSB (3). PROS e Rede garantiram dois votos cada. E ainda houve um voto do PHS, um do PT do B e um do PEN.

Mais uma vez o dia 17 teria sido importante para o afastamento de Dilma Rousseff. Antes, em 17 de dezembro de 2015, houve o fim do julgamento do rito do impeachment pelo STF. Depois, em 17 de fevereiro de 2016, houve a eleição da liderança do PMDB, que levou à vitória de Leonardo Picciani. Em seguida, em 17 de março, a Comissão Especial do Impeachment foi instalada. E agora, 30 dias depois, em 17 de abril, estava ocorrendo a votação que definiria o futuro do processo. Em 2018, 17 também seria o número do partido que levou à eleição de Bolsonaro. Não creio nesse tipo de coisa, mas é bastante curioso observar tais coincidências.

O que explica bem o resultado dessa votação é a falta de base política com que Dilma entrou em seu segundo mandato. Sua votação foi quase idêntica à que teve seu candidato contra mim na presidência da Câmara, Arlindo Chinaglia. Ela teve 137 votos. Chinaglia havia tido 136 votos.

E se 367 deputados votaram pela abertura do impeachment, esse número é exatamente igual à soma dos votos que eu e o terceiro colocado, apoiado pelo

PSDB, Júlio Delgado, tivemos na eleição à presidência da Câmara contra o petista Chinaglia. Obviamente que não foram os mesmíssimos votos, porque algumas mudanças aconteceram dos dois lados.

Essa análise é importante pois nos mostra que, longe de aprender com a derrota para mim, Dilma manteve seu governo do mesmo tamanho que tinha quando iniciou o segundo mandato. A busca desesperada por votos individuais, com cargos e verbas, não funcionou.

Quando a votação terminou, proclamei o resultado, declarando que o processo seria encaminhado ao Senado Federal. O plenário foi tomado por uma grande balbúrdia em comemoração, com faixas e cartazes e aos gritos de "fora PT" e de "tchau, querida".

41 A entrega do processo ao Senado e o desespero de Dilma

Liberei as votações de toda a semana seguinte, que seria a do feriado de 21 de abril, como compensação pelo fato de ter deixado a Câmara funcionar direto por causa do impeachment. Encerrei a sessão sem ter forças para levantar. Era uma festa que terminava. Depois de muito custo, me levantei e fui direto ao salão verde para a esperada entrevista coletiva.

Estava claro que a imprensa tripudiaria em cima de Dilma e colocaria a vitória como mais um triunfo meu nessa insana briga, desenvolvida com ela e o PT. Em seguida, dirigi-me ao meu gabinete e finalmente, depois de quase sete horas, fui ao banheiro para aliviar a pressão.

Quando saí, abracei minha esposa, que lá estava acompanhando toda a sessão. Nesse momento, o gabinete se encheu de deputados que entravam para comemorar a vitória. Pelos cantos da Câmara, muita gente chorava. Uma famosa jornalista petista foi vista pelos cantos chorando – e logo vieram me avisar. Essa eu nunca mais atendi.

Ofereci um lanche para todos, sentei com a sensação do dever cumprido, relaxei um pouco. O telefone não parava de tocar. Falei com Temer – que telefonou, eufórico, agradecendo pela vitória. Não fui visitá-lo para não dar ao resultado ares de conspiração.

Segundo mensagens da chamada Vaza Jato, os procuradores da força-tarefa se cumprimentavam pelo impeachment. Em uma conversa no grupo de aplicativo deles às 23h38 houve a seguinte fala: "Enfim, independente da posição partidária, o impeachment *eh* um resultado de um trabalho bem-feito da Lava Jato". Em outra mensagem, continua: "Parabéns a todos pelo trabalho bem-feito nesses dois anos. Independente da posição partidária".

Fui para a residência oficial, na companhia de muitos deputados, alguns com as esposas, que estavam acompanhando a votação. Outros foram para o Palácio do Jaburu, cumprimentar Temer. Alguns fizeram os dois, em rodízio. Era realmente uma noite de comemoração.

Ofereci jantar para quem quisesse, ficando todos em comentários sobre a sessão. O último a sair da residência oficial foi Rodrigo Maia, acompanhado da esposa. Naquele momento parecia superada sua divergência comigo, por não tê-lo colocado na relatoria do impeachment – mas logo teríamos a grande divergência sobre a liderança do governo de Temer na Câmara.

O meu trabalho ainda não tinha terminado. Ao fim da sessão, antes de sair da Câmara, eu havia instruído o secretário-geral da mesa, Silvio Avelino, para que preparasse toda a documentação para o envio ao Senado. Ele deve ter virado ainda a noite, para acabar isso. Isso porque estava na Câmara desde a sexta de manhã – foi um leão nesse trabalho.

Eu teria de entregar todo o processo para Renan Calheiros antes da abertura da sessão do Senado de segunda, para que ele pudesse fazer a leitura no próprio dia, se essa fosse sua vontade. Na verdade, essa não era a vontade dele. Renan estava disposto a enrolar o máximo que pudesse. Cada dia que ele atrasasse significaria um dia a mais de Dilma no cargo. Iria ser uma luta.

No Senado, eu nada mais podia fazer – a prerrogativa era de Renan. Havia também o jogo de interesses que Temer teria de contemplar aos senadores, para que ocorresse a votação. O Senado estava com a bola na mão e não iria entregá-la sem ter o seu naco de poder resolvido. Temer sabia disso. Não foi à toa que ele reservou espaços para os senadores no seu ministério, pois de nada adiantava resolver a Câmara e deixar o Senado de lado. Nós todos sabíamos disso. Romero Jucá já estava trabalhando nisso.

Depois que todos saíram da residência oficial, fui descansar um pouco, até as 9 horas de segunda-feira, dia 18. Levantei-me e comecei a me preparar. Às 10 horas, telefonei a Renan para marcar um horário, para que eu lhe entregasse todo o processo. Ficou combinado ao meio-dia.

Fui para a Câmara para preparar tudo para levar a ele. Chamei Silvio Avelino, pedi todo o encaminhamento para assinar e preparar. Então Renan me ligou, adiando para as 15 horas.

Tal gesto já era um sinal da procrastinação que ele iria adotar acerca do andamento. Ele ganhou um dia para a leitura. Romero Jucá me ligou pedindo que fosse discreto nesse movimento – para não irritar Renan. Ele disse que estava tentando antecipar o andamento.

Por mais que eu quisesse, não tinha como ser discreto. Vários deputados chegaram ao meu gabinete e queriam acompanhar a entrega. Pedi que não fossem, mas de nada adiantava. Eles iriam de qualquer forma. O mais difícil é convencer um deputado a abrir mão de um evento político do qual ele se acha parte.

Às 15 horas, saí do meu gabinete em direção ao de Renan. Diversos deputados tentaram acompanhar o cortejo. Eu sempre entrava por uma porta lateral, aberta pela segurança, de modo que poderia evitar a presença deles.

Dois funcionários da Câmara levavam dois carrinhos, com 36 volumes das peças do processo. Isso era a burocracia e eu não tinha como evitar. Pedi que eles se dirigissem diretamente ao protocolo do Senado e entregassem lá a documentação e o meu ofício de encaminhamento. Eu daria uma cópia a Renan.

O gesto de entregar a Renan era muito mais do que um gesto político. Era um gesto de respeito ao Senado. Eu poderia simplesmente ter mandado protocolar e ponto-final. Mas preferi agir dessa forma com dois objetivos. O primeiro era reconhecer a importância do Senado. O segundo era fazer disso um fato político, para mostrar que o assunto teria, ao menos da minha parte, uma rápida continuidade.

Ingressei pela porta lateral, sem os deputados. O primeiro-secretário da Câmara, Beto Mansur, forçou a entrada e conseguiu acesso pela prerrogativa do seu cargo, para desespero de Renan. Com a entrada dele, eu me vi na posição de defender que todos os que quisessem também poderiam entrar, pois não seria justo deixar somente Beto presente – apesar de ele ser contumaz no papel de "papagaio de pirata". Isso provocou mais irritação em Renan.

Em privado, conversei um pouco com Renan e relatei os fatos da sessão. Ele demonstrou preocupação em estabelecer o exato momento em que o presidente do STF, Ricardo Lewandowski, assumiria a presidência do processo. Pelo rito, o presidente do STF assume a presidência do Senado Federal para presidir o julgamento. Como essa fase seria posterior ao afastamento de Dilma, fica claro que não havia a possibilidade de que o Senado, por maioria simples, discordasse da decisão da Câmara.

Renan me falou, então, que estava indo a uma reunião com o presidente do STF para pedir esclarecimentos sobre esse rito. Eu logo percebo que no Senado o processo iria demorar mais do que se esperava. Renan seria um beque no processo, a favor de Dilma. Saímos do reservado e nos sentamos na sala de audiências do Senado, que ele abriu para o registro da imprensa. Em seguida, ele daria declarações de que a previsão de votação no Senado sobre a admissibilidade ou não deveria ocorrer em torno de 11 de maio, quase um mês depois.

Na verdade, Renan queria que o presidente do STF assumisse só após a chamada pronúncia de Dilma, que só ocorreria quase ao fim da tramitação do julgamento do impeachment – no caso, acabou sendo em 9 de agosto. Seu objetivo era manter o máximo do poder do rito em suas mãos. Ele não conseguiu. Logo após a admissibilidade, todo o processo acabou sendo conduzido pelo presidente do STF, ministro Ricardo Lewandowski. Foi uma derrota para Renan.

Michel Temer, passada a votação, retornou para São Paulo. Dali manteria sua base de contatos, fora do centro da confusão. Ele jantaria na segunda com Aécio Neves e Armínio Fraga, e dessa vez já estava decidido a cumprir o acordo comigo, de nomear Henrique Meirelles para o Ministério da Fazenda. Aécio vazou o encontro, irritando Temer, que divulgou o jantar como se Armínio tivesse comunicado que não aceitaria trabalhar no governo. A mim, me pareceu uma saída honrosa, para não parecer que ele poderia ser preterido.

Dilma, no desespero pela derrota, deu declarações depois do resultado da votação. Ela atacou duramente a Temer, chamando-o de conspirador. Também me atacou. O desespero e a certeza do afastamento fizeram com que ela e seus assessores partissem para um confronto aberto. Ela anunciou que reconduziria os dois ministros, deputados do PMDB, Marcelo Castro e Celso Pansera, que votaram a favor. Ao mesmo tempo, disse que não reconduziria Mauro Lopes, por ter votado contra ela – classificou o gesto como traição.

Renan foi a Dilma para discutir o processo no Senado. Dilma então passou a declarar que no Senado o caso não andaria como na Câmara, sinalizando algum tipo de aliança com Renan. Se contarmos todo o tempo decorrido, desde a minha decisão de aceitar o pedido de impeachment, em 2 de dezembro de 2015, até a votação final, em 17 de abril de 2016, o processo teria levado 137 dias.

O senador Eduardo Braga e o filho do senador Jader Barbalho, Helder Barbalho, entregaram seus cargos de ministros para a presidente, que não quis aceitar. Eles disseram que não havia mais como ficar contra o PMDB. Jader continuava seu jogo, depois de ter colocado sua então mulher e sua ex-mulher para votarem a favor de Dilma na Câmara. Agora, ele iria se recompor com Temer no Senado. Era o jogo de sempre.

Paulinho da Força foi ao meu gabinete para comemorar. Ele me sugeriu que talvez fosse a hora de eu sair por cima, depois da aprovação do impeachment: renunciando à presidência. Talvez ele até estivesse certo. Só que isso não poderia ser um gesto sem sentido e sem algum tipo de combinação.

Se houvesse um momento ideal para renunciar, realmente teria sido esse, mas eu precisava eleger um sucessor. Isso não se faria sem acordo com os líderes. Em função disso, descartei a possibilidade. Hoje, refletindo bem, talvez tivesse sido a solução correta – desde que feita com planejamento.

Na terça, dia 19, Renan reuniu os líderes do Senado e combinou o roteiro para apreciação do impeachment. Esse roteiro marcaria para 17 de maio a votação no plenário da admissibilidade do impeachment. Ele estaria ganhando para Dilma mais um mês.

Os protestos contra essa decisão de Renan foram enormes. Temer ficou ensandecido. Declarei à imprensa que a Câmara estaria parada aguardando o Senado. Não havia clima para se votar nada na Casa.

A Câmara havia destituído o governo por 367 votos, logo não tinha mesmo nenhum sentido votar qualquer coisa. Isso acabou causando um estresse com Renan, que respondeu que eu estava atrapalhando o processo.

Fui obrigado a soltar uma nota em que falei que não seria eu que paralisaria a Casa, mas sim que a Câmara não iria querer votar mais nenhuma medida de um governo que ela resolveu que deveria ser afastado. Falei ainda que o processo no Senado era de responsabilidade do Senado e que eu não daria opinião.

Os jornais iniciavam a pressão, agora, pela minha saída imediata. A perspectiva de posse de Temer, que me colocaria como o primeiro na linha de sucessão, era o argumento para pedirem meu afastamento. Eu já esperava isso, depois da saída de Dilma. Era o preço que eu sabia que poderia ter de pagar pelo enfrentamento.

O ministro do STF Gilmar Mendes havia participado do programa *Roda-Viva*, na noite de segunda-feira. Confrontado pelos jornalistas, falou sobre a possibilidade do meu afastamento, por estar na linha de sucessão. Era o retorno da guerra de Janot, agora fortalecida pelo falso argumento de eu poder assumir a Presidência da República.

A argumentação de querer aplicar aos presidentes da Câmara e do Senado as restrições do cargo de presidente da República, por estarem na sua linha de sucessão, implicaria então ter de reconhecer que eles teriam também o direito ao mesmo dispositivo constitucional, de que não poderiam responder durante os seus mandatos por atos estranhos ao exercício das suas funções (parágrafo 4º do art. 86 da Constituição).

Além disso, outra incoerência. Se um réu em processo penal, ainda não condenado por órgão colegiado, consegue se candidatar ao cargo de presidente da República e depois de empossado, por esse mesmo parágrafo 4º do art. 86, tem o processo suspenso até o fim do seu mandato de presidente da República, como restringir os presidentes da Câmara e do Senado por essa mesma razão? Por que então não dar aos presidentes da Câmara e do Senado o direito de suspender os processos deles até o fim dos respectivos mandatos? Esses são os casuísmos de que trataremos um pouco mais à frente.

Além disso, os substitutos eventuais na linha de sucessão são, respectivamente, o presidente da Câmara e do Senado, e não o deputado ou o senador que ocupam provisoriamente o cargo. Se o deputado ou senador não têm esse impedimento para assumir seu cargo, também não poderiam ter o impedimento para cumprir suas funções, entre elas a de eventualmente substituir provisoriamente o presidente da República.

Em função do andamento do meu processo no Conselho de Ética, em que o relator insistia em fazer uma instrução probatória ilegal, investigando fatos que não foram admitidos na acusação, o deputado Carlos Marun entrou com questão de ordem, para que isso fosse retirado do meu processo.

O primeiro-vice-presidente Waldir Maranhão aceitou a questão de ordem e determinou que o conselho se restringisse à acusação admitida contra mim. Caso fosse aditada nova acusação, esta deveria ser alvo de nova representação ao conselho. Ele decidiu a questão de ordem, na esteira da minha própria decisão, com relação ao processo de impeachment de Dilma, em que a delação de Delcídio do Amaral acabou retirada pelo mesmo argumento.

A decisão provocou verdadeiro rebuliço. As televisões e os jornais deram destaque ao assunto. O presidente do Conselho de Ética aproveitou para reagir. Ele mesmo, depois de deixar cair sua máscara, como representante de Jaques Wagner, queria tirar proveito da situação.

O relator também reclamou e falou que não iria obedecer. Estava criada uma verdadeira confusão no processo. Minha estratégia era levar o caso, no limite da acusação, para vencer no conselho, depois da entrada da deputada Tia Eron – que me dava, em tese, a maioria dos votos.

Dilma entrou com um recurso, por intermédio de José Eduardo Cardozo, contra a decisão do plenário da Câmara pela admissão do processo de impeachment. O recurso era despropositado, mas Cardozo queria ter a minha negativa para gerar novo ato coator que justificasse um novo mandado de segurança no STF. Ele já não tinha mais tempo para ingressar contra o mérito do impeachment sem descumprir o prazo de 120 dias da minha aceitação do processo de impeachment. Fora do prazo, precisaria gerar um novo ato meu.

Como sabia da sua estratégia, optei por mandar preparar a resposta, mas só divulgar depois da admissibilidade dada pelo Senado – dessa forma, ele teria chances reduzidas de criar algum tipo de artifício para essa contestação.

Renan fez a leitura da mensagem da Câmara, no plenário do Senado. Marcou a instalação da Comissão Especial, de 21 membros, para a segunda, dia 25 de abril, divulgando o calendário que tinha acertado com os líderes no Senado. Ele também concedeu prazo até a meia-noite de sexta, dia 22, para que os partidos indicassem seus membros na comissão.

Dilma concedeu entrevista à imprensa estrangeira, visando desqualificar o processo de impeachment, com uma série de ataques a mim e a Temer. Como resposta, os partidos que votaram pelo seu impeachment emitiram uma nota com críticas à sua tentativa de inverter o papel, querendo se passar por vítima. Também a nota mostrava que ela tentava afrontar a decisão soberana da Câmara.

O então chefe de gabinete de Delcídio do Amaral, Diogo Ferreira, também fez delação e teve seus termos divulgados. Ele repetiu as acusações de Delcídio contra Dilma.

A declaração de voto de Bolsonaro no impeachment causou grande repercussão. O então presidente da OAB do Rio de Janeiro, Felipe Santa Cruz, que depois viraria o presidente nacional da Ordem, anunciou que entraria com pedido de cassação do mandato de deputado no STF, fato que acabaria não indo adiante, mas que explica uma parte dos conflitos existentes entre eles.

Começou uma discussão, patrocinada por Renan Calheiros, com apoio do PT, para que fosse apreciada uma emenda constitucional para convocação de eleições para presidente em outubro. Isso era inviável política e juridicamente. Seria uma emenda inconstitucional.

O problema era que buscavam criar corpo, para constranger o futuro governo de Michel Temer, dentro de um discurso de falta de legitimidade dele, por não ter sido eleito. A preocupação não era o fato, mas as consequências desse debate. Mesmo que o Senado viesse a aprovar uma emenda dessas, a Câmara jamais a apoiaria.

Dilma anunciou que iria para Nova York, a fim de participar da cerimônia de assinatura do Acordo de Paris, na sede da ONU. Ela também estava pretendendo questionar, fora do país, o processo do seu impeachment.

Na quarta, resolvi enviar dois deputados como observadores para fazer o enfrentamento na ONU. Eles deveriam embarcar naquele mesmo dia. Depois de muitas consultas sobre quem estava disponível para viagem imediata, escolhi os deputados José Carlos Aleluia, do DEM, e Luiz Lauro Filho, do PSB.

Temer reagiu e começou a dar entrevistas para órgãos de imprensa estrangeira. O decano do STF, ministro Celso de Mello, também reagiu às declarações de Dilma, dizendo que não houve golpe e que tudo ocorreu dentro de um processo legítimo. Ele disse: "É um gravíssimo equívoco falar de golpe. É um grande equívoco reduzir-se o procedimento constitucional do impeachment à figura do golpe de estado". A sua posição é acompanhada pelos ministros Gilmar Mendes e Dias Toffoli.

Dilma reagiu às manifestações dos ministros do STF, dizendo que eram três ministros e não a corte. O problema era que ela já havia perdido na corte, na semana anterior ao impeachment. O discurso de golpe era uma retórica política que buscava constranger o país no exterior.

Na quinta, 21 de abril, feriado de Tiradentes, Dilma viajou para Nova York, com ameaças de discursar na ONU, combatendo aquilo que chamava de golpe. Michel Temer assumia a Presidência da República com a viagem dela.

Os petistas montaram um cerco à casa de Temer em São Paulo, obrigando-o a voltar para Brasília, evitando o aumento das confusões e a perturbação à vizinhança. Com isso, ele transferiu para Brasília o *bunker* de negociações que estava fazendo para compor o ministério em São Paulo.

Nessa semana, estava falando diariamente por telefone com ele, acompanhando os movimentos e trocando informações sobre tudo. Havia uma pressão enorme do governo para que se votasse uma nova mudança da meta fiscal, antes de 22 de maio, para evitar uma paralisação do governo. Eu preferia não votar, para que isso pressionasse uma solução mais rápida do Senado. Não se poderia ter uma situação de normalidade, como se o impeachment não tivesse acontecido.

Nessa quinta, aproveitando a condição de presidente interino, Temer concedeu várias entrevistas a jornais estrangeiros, mostrando que sua própria presença como interino denotava o regular funcionamento das instituições. Ele dizia que, em vez de atribuir a um golpe seu impeachment, Dilma deveria se defender com argumentos sólidos, para que o Senado não a afastasse.

Os deputados enviados por mim já estavam em Nova York. Lá, o embaixador do Brasil na ONU, o ex-chanceler Antonio Patriota, estava criando todas as dificuldades para lhes fornecer um credenciamento para participarem do evento.

Eu sabia que isso poderia acontecer, mas também sabia que se eles forçassem a barra acabariam conseguindo. Seria muito ruim para a imagem da diplomacia ignorar a representação do parlamento. Também sabia que o barulho que se poderia fazer pela sabotagem do acesso daria mais destaque à presença deles do que sua própria participação.

Dilma havia marcado entrevista coletiva à porta da residência do embaixador, onde se hospedaria. Bastaria mandar os deputados acompanharem essa entrevista, para falarem em seguida, que o contraponto estaria feito. Um grupo do MBL também foi para Nova York, para protestar contra Dilma. Ela não teria vida fácil.

A imprensa trazia duas novas delações, que teriam sido vazadas. A primeira era importante, pois era a de Mônica Moura, mulher de João Santana, marqueteiro do PT. Era a delação de quem compartilhava o e-mail com Dilma, para que fosse informada das operações da Lava Jato.

Várias histórias já foram parcialmente contadas aqui, mas, além dos desvios de caixa 2 de campanha, Mônica tinha o histórico de obstrução de justiça de Dilma. Às vésperas da divulgação da sua prisão, Mônica recebeu um aviso no e-mail que compartilhava com Dilma sobre a situação dela e de seu marido.

Mônica então procurou Dilma desesperadamente e conseguiu, por meio de seus assessores, marcar um telefonema com a presidente, e lhe relatou que o mandado de prisão deles estava na rua. Dilma sabia, porque quem iria cumprir o mandado era a Polícia Federal, controlada naquele momento por José Eduardo Cardozo, então ministro da Justiça.

Cardozo não tinha somente a Polícia Federal. Tinha ainda Janot, a quem controlava e que lhe era fiel. Quando Cardozo não sabia dos movimentos pela polícia, Janot não lhe faltava com a lealdade dos comparsas.

Isso não sou eu quem está dizendo, mas sim a delatora Mônica Moura, que apresentou as provas sobre isso. Engraçado que nem Dilma, nem Cardozo tiveram qualquer constrangimento a respeito do assunto.

A segunda delação era a do executivo da empresa Engevix, José Antunes Sobrinho, que acusava Michel Temer e o coronel João Batista Lima, apontado como operador financeiro de Temer, sobre obra e suposta vantagem, em assunto da Eletronuclear. Temer viria a ser preso, depois da sua saída da Presidência da República, junto de Moreira Franco, em função dessa delação. Apesar disso, ele conseguiu ser rapidamente solto e teve um *habeas corpus* julgado em tempo recorde pelo STJ.

Na sexta, seguia a campanha frenética da imprensa pelo meu afastamento. Ela se dava com editoriais, matérias e até mesmo uma reportagem da *Veja*, comigo na capa, dizendo que eu era o político mais odiado. O *Globo* trouxe na capa a cobrança pela decisão do meu pedido de afastamento feito por Janot ao Supremo. Ao mesmo tempo, relatava que ministros ouvidos diziam que não viam motivos no pedido de Janot.

O objetivo parecia ser consolidar uma visão de irreversibilidade, para que os ministros fossem autorizados, ao arrepio da Constituição, a fazer um ato político de qualquer forma, pois a sociedade aplaudiria. Eu não tinha como me defender.

Nesse dia, Janot, em viagem aos Estados Unidos, declarou que iria apresentar mais duas denúncias contra mim ao STF, sem dizer do que se tratava. Ele continuava na sua guerra – agora mais motivado, pois eu tinha aprovado o impeachment.

A *Folha de S. Paulo*, contrária ao impeachment mas vencida pelos fatos, trouxe editorial já atacando Michel Temer pela delação do executivo da Engevix, visando defender sua proposta de que todos renunciassem e fossem convocadas novas eleições.

Dilma foi ao evento na ONU. Lá fez um discurso sem mencionar a palavra golpe, mas abordando os problemas do país. Nas entrevistas realizadas na sequência, ela partiria para cima, tentando colocar o assunto da queda dela – como se precisasse de intervenção internacional. Houve protestos à porta da ONU a favor do impeachment de Dilma. Os deputados enviados conseguiram acompanhar seu pronunciamento e também fizeram o contraponto. A presença deles era um fator inibidor para a atuação de Dilma.

Soltei uma nota pela Câmara respondendo à presidente, em português e inglês, rebatendo a tese de golpe. Nós estávamos preparados para a formulação e minha aceitação de um novo pedido de impeachment, caso, da tribuna da ONU, Dilma acusasse um golpe. Isso configuraria que ela, representando o país em um evento internacional, usando a estrutura pública, estaria atentando contra o livre exercício dos poderes Legislativo e Judiciário. Um novo pedido seria apresentado pelos deputados que representaram a Câmara ou pelo PSDB.

Nas entrevistas, Dilma ameaçou infantilmente acionar o Mercosul e a Unasul, pela cláusula democrática, alegando o suposto golpe que ela apregoava. Ela queria a reação de suspensão do Brasil, como se isso fosse o problema do país. Suspender o Brasil do Mercosul significaria acabar com o Mercosul – sem o Brasil, o bloco pouco adiantaria para os demais países. Nenhum desses países teria coragem para isso.

Os partidos fizeram suas indicações para a comissão especial do Senado, para análise do impeachment. Dos 21 membros, Dilma tinha apenas 5. O PMDB, por ter o maior bloco, deveria presidir a comissão, por meio do senador Raimundo Lira, da Paraíba. A relatoria caberia ao segundo maior bloco, o PSDB, que indicou o senador Antonio Anastasia, de Minas Gerais.

Renan também havia pedido um roteiro ao presidente do STF, ministro Ricardo Lewandowski – que o providenciou. Isso daria segurança jurídica, ou boas desculpas para atrasar bastante o processo. Só o tempo responderia.

No sábado, Temer se encontrou com Henrique Meirelles no Palácio do Jaburu. Meirelles estava no exterior e havia desembarcado no país naquele dia. Foi acompanhado de Gilberto Kassab, presidente do PSD, partido ao qual estava filiado naquele momento.

Temer fez uma reunião com ele, junto de Romero Jucá, em que debateram a economia. Ali ele seria convidado ao Ministério da Fazenda, com carta branca para a escolha de toda a equipe econômica, incluindo o presidente do Banco Central. A exceção seria o Ministério do Planejamento, que a princípio deveria ficar com o próprio Jucá. O encontro vazaria em seguida, pois a imprensa estava fazendo plantão na porta do palácio, com câmeras instaladas 24 horas por dia, prontas para gravar todos que entrassem e saíssem. Meirelles chegou a dar entrevistas negando o convite, por orientação do próprio Temer – que não queria atropelar o Senado com um anúncio explícito de ministros.

Joesley Batista, após o encontro de Meirelles com Temer, me telefonou falando que viria ao Rio para conversar comigo, no domingo de manhã, de helicóptero. Ele me pediu um encontro e marcamos na sala do hangar onde ele desceria.

Ele chegou ao encontro acompanhado de Henrique Meirelles. Queriam me agradecer. Meirelles aproveitou para debater os problemas que teríamos de enfrentar no país. Joesley recomendou que ele falasse comigo sobre tudo o que necessitasse. Eles sabiam que iriam depender de uma pauta legislativa. Meirelles me fez um apelo: que o ajudasse a evitar que eventual composição política colocasse dentro da equipe econômica alguém que atrapalhasse o trabalho. O medo dele tinha nome e sobrenome: José Serra.

Disse a ele que ficasse tranquilo. Serra não ocuparia cargo algum na equipe econômica. Ele poderia ser ministro, mas caberia a Temer encontrar um lugar longe dos problemas que ele certamente criaria, caso fosse para a equipe econômica.

Após a conversa, Joesley, demonstrando total autoridade sobre Meirelles, pediu a ele que o deixasse a sós comigo. Meirelles era, ainda naquele momento, o presidente do conselho da *holding* da família Batista, a J&F. Para que ele deixasse o posto, Joesley ainda teria de pagar uma multa milionária pela rescisão contratual, condição imposta por Meirelles a ele para assumir o Ministério da Fazenda.

Para Joesley, esse pagamento, embora alto, era irrelevante. Ele passaria a ter um ex-funcionário no comando da economia do país. Sabia que essa despesa iria se tornar lucro rapidamente.

Joesley me agradeceu bastante a nomeação de Meirelles. Falou que não teríamos nome melhor e mais leal do que o dele. Disse ainda que, se houvesse qualquer problema com ele, era só procurá-lo. Declarou-se muito feliz pela minha condução do processo, pelo impeachment, pela ajuda que poderia dar. Falou que não esperava, menos de uma semana após o impeachment, que Temer fosse cumprir o combinado. Ele chegou a pensar que Temer não cumpriria, pois o considerava meio fraco de palavra.

Reiterei que em nenhum momento duvidei de que Temer cumpriria o combinado. Ele sabia que a minha atuação tinha sido responsável por levá-lo a ser o presidente da República. Depois, mais à frente, contudo, Joesley estaria certo com relação a Temer: ele não cumpriu o combinado comigo no meu processo de cassação.

No domingo, o jornal *O Globo* trazia uma grande matéria de capa, assinada pelo repórter Jailton de Carvalho, coautor do livro de Janot. Era quase um resumo da acusação contra Michel Temer na Lava Jato. O jornal detalhava o assunto por tópicos, incluindo a delação do lobista Júlio Camargo, que também havia me acusado. Trazia a delação de Delcídio do Amaral, que responsabilizava Temer pela nomeação do ex-diretor internacional da Petrobras, Jorge Zelada. Trazia também uma planilha da empreiteira Camargo Corrêa, com valores atribuídos a Temer, além de supostos pagamentos a ele, oriundos de doações eleitorais da OAS.

É bom lembrar que eu estou pagando por ao menos três desses fatos, que têm Temer como acusado. Na delação do lobista Júlio Camargo, sou alvo de uma ação penal. Na delação de Delcídio, acabei responsabilizado e condenado pela nomeação de Jorge Zelada, atribuída a Temer. Também respondo em ação penal no Rio Grande do Norte pelas doações da OAS ao PMDB.

Temer até hoje não foi responsabilizado em absolutamente nenhum desses fatos. No caso de doações da OAS, ao menos as do ano de 2010, Temer teve a pretensão punitiva extinta por ter mais de 70 anos – com a prescrição caindo pela metade. Essa prescrição foi requerida pela PGR em 2020.

O fato era que a leitura política disso consistia em que a matéria do jornal era oriunda de Janot, até pela ligação que tinha com o jornalista. Isso seria a forma de Janot fazer com que Temer passasse pelo que eu estava passando.

Janot, atuando para atender a Dilma e Cardozo, estava preparando as condições políticas para haver novas eleições. Isso era um risco enorme, por conta de uma eventual denúncia contra Temer, somada à minha situação de responder já a uma ação penal e às circunstâncias do desgaste do impeachment, sem contar a falta de popularidade de Temer. Eu percebi o jogo imediatamente, porque já era vítima do mesmo método. Janot, depois, com Temer já como presidente da República, chegou a apresentar duas denúncias de ações penais contra ele, demandando a autorização da Câmara dos Deputados, que acabou não consentindo. Esses fatos comprovavam que Janot agia no seu trabalho de inviabilizar a todos que se opuseram a Dilma. Nesse momento, ele mesmo estava mordido pela "mosca azul", achando que poderia ser presidente.

Ao sair do encontro com Joesley e Meirelles, telefonei para Temer, marcando uma conversa para aquela noite mesmo. Eu iria antecipar a minha volta para Brasília. Estava preocupado com a situação que vinha visualizando. Era preciso antecipar o processo do Senado. Tínhamos de enfrentar isso – com Temer na cadeira, e não brigando para entrar.

No fim da tarde, segui para Brasília. Da base aérea, fui em carro descaracterizado, para não ser identificado, direto para o Palácio do Jaburu. Lá, entrei pela garagem, evitando as câmeras que estavam instaladas, dirigidas para a porta de entrada da residência.

Ao subir pela garagem, encontrei Temer com Moreira Franco. Ele me avisou que José Serra iria chegar em poucos minutos, pois tinha lhe pedido uma conversa. Aproveitei para repassar os compromissos que tinha assumido na votação.

Temer me falou que Meirelles já havia sido convidado por ele e que Antônio Claudio Mariz seria o ministro da Justiça, também já acertado. Mariz era indicação dele, Temer, mas dentro do perfil que eu gostaria. Eu nem o conhecia pessoalmente.

Abordei a matéria de *O Globo* e explanei o risco que estávamos correndo. Janot poderia determinar alguma abertura de inquérito contra ele e era preciso antecipar a situação do Senado. Temer me falou que iria procurar Renan, para tentar apressar a situação. Sua ansiedade era grande. Moreira, mais ansioso ainda, concordava com todas as minhas aflições. Foram raros os momentos de convergência entre mim e Moreira.

Serra chegou e se sentou conosco. Começou pedindo que votássemos na terça a mudança da meta fiscal do governo. Eu me opus de forma dura. Avisei que isso era um suicídio. Eu não iria dar uma sensação de normalidade e governabilidade a um governo que tinha acabado. A data limite para essa votação era 22 de maio, e não haveria razão para antecipar tanto.

Voltei a repetir o que já tinha falado: que isso iria fazer com que o processo no Senado atrasasse. Serra rebateu que era bom ter atraso no Senado, já que Temer teria mais tempo para montar o governo. Essa fala deixou Temer e Moreira estarrecidos, pois tudo que não queriam era atrasar a posse de Temer.

De qualquer forma, avisei que isso não estaria em discussão, pois, independentemente da opinião de quem quer que fosse, eu não iria concordar com a votação. Se o Senado quisesse mudar a meta, que o fizesse depois da admissibilidade do impeachment de Dilma. Não havia sentido abrir o processo de impeachment, por edição de decretos orçamentários em desrespeito à meta, e, na semana seguinte, votar mais uma alteração da meta.

Serra então solicitou uma conversa a sós com Temer, que resolveu atender, me pedindo que aguardasse um pouco. Terminada a conversa, despediu-se e saiu. Ele comunicou a Temer que queria um ministério da área econômica e que não aceitaria nem a Educação, nem a Saúde.

Isso era tudo que Temer não queria, Meirelles não aceitaria, o PSDB não concordaria e dividiria o apoio político de Temer. Seria um desastre, e Temer já estava decidido a não atender. Eu pergunto: qual a obrigação que Temer tinha de dar algum ministério a Serra? Temer disse que ele tinha expectativa e que, se não lhe desse algum ministério, teria nele um inimigo, que atrapalharia bastante a transição no país. Argumentava também que isso faria contraponto dentro do PSDB, além de atrair mais Renan para o governo.

Então eu perguntei a Temer o que ele faria. Ele respondeu que estava pensando em uma solução – que, se Serra aceitasse, estaria resolvido. Se não aceitasse, poderia ficar fora do ministério. E qual a solução? Temer respondeu que seria o Ministério das Relações Exteriores. Respondi que seria ótimo, até porque ele ficaria boa parte do tempo fora do país e atrapalharia menos o governo. Todos riram bastante.

Eu comuniquei a Temer que iria criar um bloco dos partidos de centro, que votaram pelo impeachment. Escolheria Maurício Quintella para liderá-lo, com vista a já representar o embrião da base dele na Câmara. Com isso, só votaríamos aquilo que quiséssemos, além de isolar a liderança do governo, que estava virtualmente deposto. Isso seria o embrião da liderança da maioria, que, para eu criar, precisava votar um projeto de resolução da mesa da Câmara em plenário.

Temer concordou com a decisão. Imediatamente escalou Jucá para ser o interlocutor, junto de Eliseu Padilha, que seria o chefe da Casa Civil dele, além de Geddel Vieira Lima. A reunião terminou com Temer marcando algumas agendas que eu tinha pedido. Ele avisou que iria tentar estar com Renan o mais rápido possível.

Na segunda, dia 25 de abril, se reiniciava a agenda legislativa, depois do breve período de recesso do feriado de 21 de abril. Minha ideia era, enfim, instalar as comissões permanentes, paralisadas pelo processo de impeachment.

Eu teria de fazer duas coisas: a primeira era compor um grande acordo sobre a distribuição das comissões. A outra era resolver as disputas que existiam no PMDB. Chamei Leonardo Picciani e pedi a ele que cedesse a Comissão de Constituição e Justiça para o grupo derrotado na eleição da liderança, visando recompor a bancada.

Ele concordou comigo, até porque estava fragilizado pela sua participação no processo de impeachment. Mas fez a ressalva: tinha firmado compromisso com o deputado Rodrigo Pacheco, de Minas Gerais. Ele precisava resolver isso, pois não iria descumprir tratos, no que eu também concordava.

Chamei Rodrigo Pacheco e fiz um apelo e compromisso com ele. Eu falei que o ano estava perdido, em termos de comissão. Estávamos já entrando em maio, de um ano de eleições municipais. Ele teria pouco tempo de presidência real na CCJ. Eu já havia sido presidente da CCJ em ano eleitoral e sabia o que iria ocorrer. Propus a ele um grande acordo, em que ele seria, com apoio de todos, o presidente da CCJ no ano seguinte.

Ele, depois de refletir, voltou e aceitou a minha oferta. Assim, fechei um acordo com todos e indiquei o deputado Osmar Serraglio para presidir a CCJ. Eu seria traído depois por ele. Foi um erro essa escolha, que teve reflexos no meu processo de cassação. Serraglio não é bem-visto na Casa justamente por descumprir palavra. Eu, no passado, já havia tido problemas com ele.

Acabei escolhendo-o porque ele tinha apoiado a candidatura de Hugo Motta para a liderança, atendendo a meu pedido. Ele já tinha o compromisso de ser o presidente da CCJ, caso Motta vencesse. Eu achei que a sua indicação faria com que eu retomasse o controle da bancada, pois teria feito o gesto de conciliação.

Embora a bancada tenha sido conciliada e Leonardo Picciani se fortalecido, na realidade eu fui o único perdedor. A exemplo de Tia Eron, Osmar Serraglio talvez tenha sido o outro grande erro que eu cometi nesse processo do Conselho de Ética. Caberia à CCJ, ao fim, analisar meus recursos sobre o processo. Eu jamais podia esperar dele o que acabaria fazendo.

Nessa segunda, foi divulgada a decisão do então ministro do STF, Teori Zavascki, de abertura de dois novos inquéritos contra mim, a pedido de Rodrigo Janot, com tramitação sigilosa. Janot já havia anunciado duas novas denúncias contra mim, na sexta-feira anterior, ou seja, a abertura de inquérito era mera formalidade. Eles não iam investigar nada – iriam me denunciar de novo. Era assim que a banda tocava contra mim, pela PGR e por Dilma.

Renan finalmente submeteu à votação no plenário do Senado a aprovação dos 21 membros titulares e dos 21 membros suplentes da comissão especial para analisar o pedido de impeachment de Dilma, autorizado pela Câmara dos Deputados.

Uma semana depois de eu entregar o processo ao Senado, Renan Calheiros, mesmo a contragosto, dava enfim o primeiro passo concreto para aprovar o afastamento de Dilma do cargo. Ela, a essa altura, já estava desesperada diante da irreversibilidade do fato.

42 A vingança: o meu afastamento da presidência da Câmara

Na segunda, os jornais discutiam se o PSDB deveria ou não participar do futuro governo Michel Temer. Era óbvio que, tendo ajudado no impeachment, o PSDB não poderia deixar de apoiar o governo no Congresso. Já ocupar cargos de ministérios dependia de uma composição política que haveria de ser feita.

A discussão era provocada pelos que queriam cargos e pelos que ainda apostavam no julgamento da chapa no TSE. Temer, por sua vez, queria muito o PSDB, para que o assunto do julgamento da chapa pelo TSE morresse. Havia ainda dúvidas se esse julgamento poderia separar a chapa entre Dilma e ele ou mesmo se, àquela altura, o PSDB poderia desistir da ação.

Isso era uma espada que continuaria na cabeça de Temer e poderia servir para derrubá-lo do cargo. Ele tinha realmente de tentar superar o outro risco, além de se engajar na votação definitiva no Senado – que deveria ocorrer uns três meses depois da primeira votação, que selaria o afastamento de Dilma.

Na terça, dia 26, o Conselho de Ética promoveu um espetáculo, levando o lobista e delator Fernando Baiano para depor contra mim, mesmo depois da restrição do processo, em decisão dada pelo vice-presidente da Câmara. O delator falaria sobre o conteúdo daquilo que era a ação penal, que já estava aberta no STF. Tais fatos nada tinham a ver com a acusação que eu sofria no Conselho de Ética, de ter mentido na CPI da Petrobras sobre as supostas contas no exterior.

Isso era parte do show do presidente do conselho, José Carlos Araújo, que era subordinado político de Jaques Wagner na Bahia. Isso serviria para a exposição da imagem, com óbvia cobertura da TV Globo, explorando as acusações como se fossem provas contra mim. Se nem no processo penal, pela lei das delações, a palavra do delator pode ser prova de condenação, que dirá no processo político, em que esses fatos nem faziam parte da acusação.

Pela manhã, participei da reunião pedida pelo deputado Paulinho da Força a Michel Temer, no Palácio do Jaburu, com os líderes sindicais vinculados à Força Sindical. A conversa foi boa e fez um contraponto à atuação da CUT a favor de Dilma. Em seguida, acertei com Temer a pauta que combinaria com os líderes, de interesse do futuro governo. Meu acordo incluiria aprovar as medidas que já estavam colocadas por Dilma, na Câmara, facilitando a sua vida. Também iria acelerar a tramitação da PEC da Desvinculação das Receitas da União, estados e municípios.

Iríamos também iniciar a discussão de uma reforma da Previdência. Meu objetivo era ter novas regras para os novos trabalhadores. Isso resolveria o déficit da Previdência a longo prazo.

Não era minha intenção, nem de Temer, aprovar medida que repercutisse nos trabalhadores que já tivessem seus direitos. O que acabou aprovado em 2019 prejudicou – e muito – a classe média do país, pois, em vez do cálculo da aposentadoria pela média dos últimos 36 meses de contribuição, passou a valer o cálculo pela média de todo o tempo de contribuição.

Essa mudança acabou transformando, na prática, os futuros aposentados em aposentados de salário mínimo. Enquanto isso, os trabalhadores do setor público continuaram com todas as suas vantagens. Eu não queria acabar com nenhuma vantagem já obtida, fosse ela do setor público ou privado.

Eu queria que só alterassem as regras daquele momento em diante. O tempo vai mostrar o mal que foi feito por essa parte da reforma, tão comemorada pelos seus autores – certamente sem necessitarem da Previdência para se aposentar, pois já são e continuarão a ser privilegiados.

O advogado Antônio Claudio Mariz concedeu entrevista à *Folha de S. Paulo*, bastante criticada. Ele assumiu o convite ao Ministério da Justiça e expressou posições que foram consideradas ruins no contexto. Acabou sendo o primeiro ministro de Temer a ser demitido, sem nem ter tomado posse. Temer, depois, chegaria a convidá-lo para o Ministério da Defesa, mas o convite não foi aceito por ele.

Em almoço na residência oficial, resolvi a formação do bloco de maioria na Câmara, com a indicação de Maurício Quintella como líder. Isso seria a liderança do governo Temer em ação. Combinei também com os líderes a instalação das comissões permanentes. Entabulei um acordo para as escolhas, faltando apenas combinar com o PT, o que seria mais difícil. Mesmo assim, eles não tinham grandes opções. Ou participavam do acordo, ou seriam jantados mais uma vez.

Para instalar as comissões, era necessária a votação de projetos de resolução da mesa no plenário, o que eu faria na quarta. Depois disso, bastava marcar a data da eleição das comissões, o que eu pretendia fazer na semana seguinte.

A Comissão Especial do Impeachment no Senado foi instalada, confirmando os senadores Raimundo Lira como presidente e Antonio Anastasia como relator. A partir daí, o processo começaria a andar. A ideia era antecipar o afastamento de Dilma, anunciado para 17 de maio, ao menos para o dia 11.

Em jantar à noite no Palácio do Jaburu, fui consultado e concordei com a intenção de Temer de fazer o líder do PMDB, Leonardo Picciani, ministro dos Esportes. Temer achava que eu vetaria – ao contrário, achei a solução ótima, pois o retiraria da liderança e do incômodo de ter de defender o impeachment.

Temer, a princípio, disse que queria nomear o jovem deputado Marco Antônio Cabral, filho do ex-governador Sérgio Cabral, naquele momento secretário do governo de Pezão. No entanto, estava receoso, por ele ser muito jovem para o cargo, preferindo dessa forma Picciani. Eu não me opunha a nenhuma das soluções e deixei a critério de Temer. Ele, na verdade, tinha outras intenções, que não me revelou naquele momento.

Temer não estava preocupado em atender ao PMDB do Rio de Janeiro. Sua maior preocupação era abrir o espaço para que seu principal aliado, o deputado Baleia Rossi, fosse feito líder da bancada. Temer iria fazê-lo ministro, mas Baleia não quis correr o risco, devido a denúncias contra ele no caso da merenda escolar de São Paulo que estavam sendo investigadas.

Na quarta, dia 27, Temer conseguiu marcar um almoço com Renan Calheiros. Aécio Neves também participou. Temer fez um apelo a Renan para acelerar o processo, pois era necessária a votação da mudança da meta fiscal até 22 de maio, para não parar o país. Esse era o meu argumento, e, por isso, não concordei com essa votação antes de Dilma ser afastada. Se Temer tivesse seguido Serra, talvez a história tivesse sido outra.

Dilma, em seus devaneios pré-saída, voltou a me atacar, dizendo que o pecado original do impeachment era eu. Ela errou apenas na classificação, pois eu era, sim, o responsável original, só que o pecado era dela mesma. Ela proibiu qualquer transição com o grupo de Michel Temer, admitindo que seu afastamento era irreversível. Ela iniciaria medidas populistas, visando inviabilizar o futuro governo. Começaria com um aumento do Bolsa Família, que obrigaria Temer a mantê-lo para não gerar mais desgastes.

A bancada do PT se reuniu com o então ministro Ricardo Berzoini e divulgou manifesto cobrando do STF o julgamento do pedido de meu afastamento feito por Janot. Isso era parte da estratégia do governo, de tentar desviar o foco deles. Eles achavam que a minha queda iria dar o mote para tentar reverter o processo de impeachment, além da vingança contra mim.

O presidente do STF, Ricardo Lewandowski, pressionou pela votação do projeto de aumento de salários do Poder Judiciário. Consultei Temer, que autorizou. Mas primeiro votei a urgência do projeto em plenário, tentando evitar votar o mérito do projeto de aumento antes da posse de Temer.

A divulgação de que Geddel Vieira Lima iria ser o coordenador político do governo causou muita insatisfação entre os líderes dos partidos, que me procuraram tentando reverter isso, com ameaça de rebelião. A razão era que Geddel era mais afeito ao trato com as cúpulas do que com os deputados considerados do baixo clero.

Nesse momento, tive de usar todo o meu prestígio com os líderes para resolver a situação. Disse a eles que não podia intervir nisso, pois Geddel sempre tinha sido meu aliado nas brigas internas do PMDB. Eu não teria esse direito.

Assumi o compromisso de ser o interlocutor e o responsável pelo cumprimento dos compromissos. Eles também me pediram uma coisa que acabaria sendo o motivo do meu afastamento total de Rodrigo Maia: queriam escolher, entre eles, quem seria o líder do governo na Câmara.

O problema era que Rodrigo Maia queria de qualquer forma essa liderança. Ele, com a ajuda de Moreira Franco, contava com o respaldo de Temer. Geddel não se opunha, mas soube que eu não concordaria com a escolha, salvo se fosse com o beneplácito dos líderes. O candidato deles era Maurício Quintella, mas eu sabia que Maurício seria o ministro dos Transportes.

A Rede, liderada pelo meu desafeto Alessandro Molon, anunciou que estava pedindo uma audiência ao presidente do STF, ministro Ricardo Lewandowski, para solicitar o julgamento do pedido de meu afastamento, solicitado por Rodrigo Janot.

Os líderes meus aliados fizeram o mesmo e também me pediram uma audiência, solicitando que fosse no mesmo dia da realizada pela Rede, para que a divulgação de pressões fosse equilibrada. O presidente do STF marcou, então, ambas para a terça seguinte, dia 4.

Na quarta, ao levar ao plenário o projeto de resolução, que alterava a composição das comissões, incluindo a Comissão das Mulheres, as deputadas do PT, PC do B e PSOL organizaram protestos contra mim. Elas não queriam perder a hegemonia da voz das mulheres no parlamento. Era também a guerra política pelo impeachment de Dilma. Interrompi a sessão, chamei a reunião de líderes, voltei ao plenário e aprovei as modificações – por 220 votos a 167.

Na quinta, sofri o constrangimento de ter a força-tarefa da Lava Jato intimado minha mulher e minha filha para deporem em Curitiba. Eles estavam com a investigação, desmembrada a pedido de Janot, visando deixá-las nas mãos de Sergio Moro.

Eu tinha muita preocupação com isso e sabia que essa tentativa de responsabilizá-las seria um desgaste que eu não queria passar. Todos sabem que esse é o ponto fraco de toda pessoa de bem: quando sua família é atingida por motivações políticas.

Minha mulher estava comigo em Brasília e foi de lá para Curitiba. Minha filha saiu do Rio. Ambas foram com os advogados que constituí para elas. Acabaram sendo ouvidas pelo procurador Diogo Castor de Mattos – que depois foi afastado da operação por medidas absurdas, entre elas a tal história de instalação do *outdoor* homenageando a si mesmo.

Mais tarde, quando estive preso no Paraná, acabei descobrindo que o irmão dele advogava na Lava Jato. Ele havia, inclusive, participado da delação de João Santana e Mônica Moura. O conflito de interesses era gritante. Depois, quando examinamos as conversas da Vaza Jato, verificamos a atuação ilegal e política dele e dos demais procuradores.

Minha mulher e minha filha depuseram e retornaram direto para o Rio de Janeiro. Eu fiquei aguardando o vazamento, que certamente ocorreria.

Rodrigo Maia, orientado por Geddel, me procurou para pedir apoio para ser o líder do governo. Eu respondi que isso não seria eu quem tinha de apoiar ou não, mas sim os líderes dos partidos. Se eles concordassem, eu não me oporia.

Teori Zavascki declarou que era preciso julgar se eu poderia ou não ocupar a Presidência da República, por estar na situação de réu em processo penal. Essa declaração dele teve bastante repercussão – iria ser a capa dos jornais do dia seguinte. O único instrumento que ele tinha era o pedido do meu afastamento, feito por Rodrigo Janot. Na verdade, eu nem poderia ser considerado réu, já que havia recorrido da aceitação das denúncias, por meio de embargos ainda não julgados.

No fim do dia, eu embarcaria para o Rio de Janeiro; Temer, para São Paulo. Marcamos então uma conversa na base aérea, junto de Geddel, para debater as dificuldades da montagem do governo. Havia se iniciado uma pressão contra a nomeação do presidente do PRB, Marcos Pereira, para o Ministério da Agricultura. Além disso, havia a pressão do PMDB do Senado, que não abria mão do Ministério da Integração. Ainda havia a disputa pelo Ministério das Cidades, fora a liderança do governo na Câmara.

Geddel dizia que Rodrigo Maia não parava de pressionar. Ele não estava mais suportando. Enquanto falava comigo, Rodrigo tentava lhe telefonar – ele me mostrou a chamada. Temer me pediu que tentasse arranjar outra solução para Marcos Pereira. Ele iria preferir dar a Agricultura ao PP, trocando a Integração, para agradar aos senadores do PMDB. A repercussão do nome de Pereira era muito ruim e ele não queria ter esse ônus. Também havia o problema do PSB, que reivindicava Integração e não seria atendido.

Respondi que iria tentar, mas precisávamos encontrar uma solução negociada. Também falei do PTB, PSC e Solidariedade. Temer garantiu que atenderia ao PTB no Ministério do Trabalho e veria uma solução para o Solidariedade e o PSC. O Solidariedade queria os assuntos fundiários, e o PSC, a Previdência.

Conversamos sobre a insistência de Rodrigo Maia em ser o líder do governo. Temer disse que não teria problemas para nomeá-lo, mas não o faria sem o consenso dos líderes.

Nesse momento, chegou José Serra, já tendo aceito ser o ministro das Relações Exteriores, e pediu uma nova conversa a sós. Aquilo irritava bastante Temer, mas ele se via obrigado a atender. Serra estava pressionando agora para que a Indústria e Comércio fosse para as Relações Exteriores – o que era uma forma de ele continuar tentando intervir na área econômica. Temer disse que não iria aceitar. Eu resolvi que não esperaria. Despedi-me e embarquei, deixando Temer com Serra.

Na sexta, dia 29, Janot soltou mais vazamentos contra mim na imprensa. Ele divulgou o conteúdo dos inquéritos que estariam em sigilo, assim como a nova delação, que ele estaria fechando, para me acusar – envolvendo o ex-vice-presidente da Caixa, Fábio Cleto, que já teria sido delatado pelos empresários da Carioca Engenharia.

Esse assunto já teria sido vazado antes. Esse novo delator havia recebido diretamente em contas de sua titularidade depósitos no exterior. Agora, passaria a me acusar de ter orientado o pagamento para ele. As contas lhe pertenciam – a propriedade foi reconhecida em sentença da 10ª Vara Federal de Brasília, da qual ele não recorreu.

Era mais uma acusação sem provas de quem tinha recebido dinheiro em conta no exterior e seria perdoado só por me acusar. Com Janot era assim: bastava me vincular que os crimes eram perdoados.

Junto com esses vazamentos, Janot também divulgou que isso significaria mais elementos ao meu pedido de afastamento. O objetivo era colocar pressão no STF para que julgassem o pedido dele contra mim.

Temer concedeu uma entrevista ao SBT, em que falou que iria apoiar o fim da reeleição de presidente da República e que não desejava um novo mandato. Ele também encontrou Aécio em São Paulo, que lhe comunicou que o PSDB aceitaria fazer parte do governo.

No sábado, graças a articulações diversas que estavam ocorrendo, Geddel me pediu que buscasse uma posição com Marcos Pereira. Eu o procurei e relatei a situação. Marcos Pereira não se incomodava em trocar o ministério, desde que fosse uma pasta com força. Eu perguntei qual, e ele me respondeu que gostaria da de Comunicações, mas sabia que a Globo não o deixaria assumir esse posto.

Eu concordei com ele, que seria inviável Temer comprar uma briga direta com a Globo. Ele então me propôs o Ministério da Ciência e Tecnologia. Consultei Geddel, que conversou com Temer. A proposta foi acatada. Comuniquei a Marcos Pereira, e tudo ficou bem naquele momento. Mas a confusão não iria acabar naquele dia. Eu combinei com ele de jantarmos com Temer na segunda, para fecharmos as condições.

Geddel precisava dessa definição, pois iria fechar a Agricultura com o PP em troca da Integração. O senador Blairo Maggi seria o ministro da Agricultura, e o filho do senador Jader Barbalho, Helder Barbalho, seria o ministro da Integração.

O domingo, 1º de maio, Dia do Trabalhador, foi marcado pela presença de Dilma – e ausência de Lula – no evento da CUT em São Paulo. Ela fez um discurso acusando a mim e à oposição, dizendo que éramos os culpados pela crise econômica, por não aprovarmos suas pautas no Congresso. Contesto essa acusação fortemente em todo o roteiro escrito neste livro. Nenhuma proposta de Dilma deixou de ser votada por mim. Nenhuma medida provisória foi deixada a caducar, como aconteceu, por exemplo, com a sabotagem feita no governo Bolsonaro pelo então presidente da Câmara, Rodrigo Maia.

Dilma sofreu derrotas na Câmara muito mais pela sua base do que pela própria oposição. A sua tentativa de recriar a CPMF foi frustrada porque não tinha apoio na sociedade. O discurso dela de votações de pautas-bomba não tinha amparo na realidade. Qual, afinal, foi a pauta-bomba votada na Câmara por minha iniciativa? Nenhuma.

Ela falava que eu não teria aprovado nenhum dos necessários aumentos de receita. Qual proposta não foi aprovada? Dilma enviou dois projetos de aumento de receita, ambos aprovados. O da repatriação de ativos no exterior e a medida provisória de aumento de ganho de capital.

Aumento de receita quer dizer ou aumento de alíquotas de impostos ou a criação de novos. Se ela quisesse fazer isso, bastava ter mandado a proposta a ser votada. A CPMF estava ainda na CCJ, sem conseguir andar. Se estivesse pronta para o plenário, eu a submeteria, mesmo sendo contrário.

Joaquim Levy, seu ex-ministro da Fazenda, assinou um artigo na *Folha de S. Paulo*, no dia 28 de dezembro de 2020, para defender a gestão dela. O seu texto é totalmente contraditório em relação a ele mesmo e ao discurso de Dilma. Ao mesmo tempo que reverbera o discurso petista de pautas-bomba, ele enumera os feitos da sua política, com o apoio do Congresso Nacional.

Ele escreve: "A necessidade de reorientar a economia brasileira depois dos anos da largueza culminados em 2014 surpreendeu grande parte da população. Para ela, outro Brasil, maravilhoso, havia sido apresentado na campanha eleitoral. A realidade dessas circunstâncias é mais amarga". Nesse ponto ele bate na mosca nas razões da deterioração da credibilidade de Dilma, no seu segundo mandato. Mas ele continua: "Apesar disso, a área econômica conseguiu apoio no Congresso para reverter parcialmente as desonerações da folha de pagamento – mecanismo custoso e ineficiente para tentar preservar empregos – e reformar o seguro-desemprego, as pensões do INSS e mesmo o abono salarial, que passou a ser proporcional aos meses que o beneficiário trabalhou ao longo do ano".

Mas ele não para aí. Em seguida, fala: "[…] conseguimos, contudo, mudanças tributárias de caráter progressivo, e lançaram-se as bases para a reforma previdenciária. Além da tributação diferenciada dos ganhos de capital em grandes transações, foi votada uma lei exemplar de regularização do patrimônio no exterior. Com alíquota de 30%, ela valeu como um imposto sobre grandes fortunas, onde essas estavam […]". Continuando: "Essa lei trouxe uma enorme receita e alívio aos governos estaduais em 2016 e liberou recursos que um dia voltarão ao Brasil". Ele conclui: "[…] em suma, nessa marcha conseguimos sair de uma situação insustentável, para outra, ainda não confortável, mas com oportunidades a serem construídas".

A pergunta que eu faço é a seguinte: se Joaquim Levy diz que saiu de uma situação insustentável para outra ainda não confortável, graças a medidas legislativas de corte de despesas e geração de receitas, qual o meu papel nisso tudo? Quem colocou para votar e aprovou essas medidas? Ele teria aprovado contra a minha vontade e contra a minha atuação?

O seu artigo só corrobora quanto eu o ajudei. O papel de Dilma e do próprio Levy, além de injusto, é absolutamente mentiroso e desmentido pelos fatos descritos.

Nessa mesma série de artigos foram expostas as divergências entre os ex-ministros de Dilma. Guido Mantega, ministro até 31 de dezembro de 2014, escreveu em 27 de dezembro de 2020: "Logo depois da reeleição de Dilma Rousseff o país mergulhou numa forte crise política que deixou o governo acuado. A Operação Lava Jato paralisou a Petrobras e a cadeia produtiva de gás e petróleo, e as grandes construtoras, responsáveis por boa parte do investimento. Essa crise foi amplificada pelo abandono da estratégia desenvolvimentista praticada até 2014. Com a nomeação de Joaquim Levy para o ministério da Fazenda em 2015 foi inaugurada uma nova fase neoliberal que vigora até hoje".

Já o ex-ministro Nélson Barbosa, que sucedeu Joaquim Levy até a saída de Dilma, escreveu em 29 de dezembro de 2020: "Na economia, a eleição de 2014 adiou ajustes fiscais e monetários inevitáveis, que acabaram sendo feitos em excesso ao longo de 2015 [outra autocrítica]. Quando o governo procurou corrigir a situação, em 2016, o clima político atrasou novamente os ajustes".

Existem muitas contradições entre as posições de Mantega, Levy e Barbosa. Mas a única conclusão que se tira é que eles mesmos se afundaram, tentaram corrigir a situação de formas diferentes e não conseguiram. Até aí, que culpa teve o presidente da Câmara? Eu não fui o responsável pelas políticas econômicas equivocadas e contraditórias de Dilma nem pelo seu estelionato eleitoral.

No mesmo discurso, Dilma anunciou "bondades" para marcar sua saída e jogar "pautas-bomba" no colo de Michel Temer. Divulgou um aumento de 9% no Bolsa Família e uma correção de 5% na tabela do imposto de renda. As medidas, embora fossem justas, não poderiam jamais ser feitas naquele momento, com sua saída prevista para os próximos dias.

Em artigo publicado na *Folha de S. Paulo*, o jornalista Valdo Cruz definiu muito bem a situação, já no título: "Bondades no fim da ruindade". Dizia o texto: "Dilma foi no Dia do Trabalhador propor bondades, onde havia aumentado em seu período de governo de forma assustadora o número de desempregados do país a um nível recorde. Estava fazendo na sua saída o que negou durante a sua estada, mas ela não comandaria mais o cofre. Michel Temer que se virasse".

No mesmo dia, a Força Sindical realizou evento semelhante em comemoração ao Dia do Trabalhador, comandado pelo deputado Paulinho da Força, com número superior de participantes. Os discursos contrários a Dilma foram o foco. Em reação ao pacote de "bondades", realçou-se o desespero com as medidas propostas.

À noite, Rodrigo Maia me pediu uma conversa. Combinamos em minha casa. Seu objetivo era me convencer a apoiá-lo para a liderança do governo, de qualquer forma. Frisei que ele teria de obter o apoio dos líderes, porque se ele fosse líder sem esse apoio, eu seria obrigado a criar formalmente a liderança da maioria – para que o líder dessa maioria fosse o interlocutor com o governo. E ele acabaria sendo a rainha da Inglaterra.

Essa talvez tenha sido a conversa definitiva com ele. Eu não podia concordar com apoio pessoal e desestabilizar a base que fez o impeachment de Dilma. Havia uma mágoa dos partidos, quando ele tentou se impor como relator do impeachment. Todos o consideravam muito expansionista, vaidoso, ambicioso e sem limites. Eles não queriam Rodrigo de jeito nenhum.

O que viria a acontecer em seguida era que Rodrigo Maia tentou e não conseguiu o apoio dos líderes. Como Maurício Quintella já estava convidado para o ministério dos Transportes, ele achou que o cargo seria dele de qualquer forma.

Com a articulação de Moreira Franco, Temer iria nomear Rodrigo Maia e chegou a avisá-lo. Por pressão dos líderes, eu fui a Temer, já depois de estar afastado da presidência da Câmara e com ele já na Presidência da República – e reverti essa nomeação.

Temer não teve saída, por causa da situação criada. Ou ficava com Rodrigo Maia e sem os líderes que o apoiaram, ou ficava com os líderes que haviam indicado o então deputado André Moura, líder do PSC. Temer acabou cedendo e desconvidando Rodrigo em uma madrugada, por intermédio de Geddel.

Esse episódio marcou o rompimento de Rodrigo Maia comigo. Depois, devido a outras circunstâncias, ele acabaria chegando à presidência da Câmara e, nessa função, se vingou de mim, levando a cabo, fora do combinado com os líderes, a votação da minha cassação, a poucos dias das eleições municipais. E rejeitando, sem levar a voto, destaques para que minha punição fosse abrandada.

Naquele dia, ao término da votação que cassou meu mandato, Rodrigo Maia não teve a coragem de me olhar nos olhos. O seu caráter, ou a falta dele, o levou a ser uma pessoa vingativa, além de ambiciosa. O tempo vai mostrar ao país a verdadeira face de Rodrigo Maia, hoje ainda pouco relevada pela imprensa, pela oposição que faz a Bolsonaro – odiado pela mídia.

Essa oposição é oportunista e tendenciosa, porque visa se aproveitar do combate da mídia ao governo Bolsonaro. Enquanto ele tinha benesses no governo de Bolsonaro, como o forte cargo de presidente do Fundo Nacional de Desenvolvimento da Educação, ele defendia o governo. Depois que teve o apadrinhado demitido, iniciou a oposição.

Na segunda, dia 2 de maio, Janot enviou ao STF uma leva de novos pedidos de instauração de inquéritos, baseados na delação do então senador Delcídio do Amaral. Apesar de Dilma estar no topo da delação, Janot a poupou nesse momento.

Entre os pedidos de abertura de inquérito, constavam Aécio Neves, o líder do PSDB Carlos Sampaio, Renan Calheiros, Romero Jucá, Valdir Raupp, Jader Barbalho, Marco Maia, Vital do Rêgo, Edinho Silva e, claro, eu. Era impossível que Janot pedisse algo ao STF que não me incluísse. O problema é que não se conhece nenhuma consequência contra qualquer outro – somente contra mim.

Soltei uma nota em resposta a Janot dizendo: "O procurador-geral da República é despudoradamente seletivo. Porque ainda não abriu inquérito contra a presidente Dilma, citada pelo senador por práticas de obstrução à justiça".

Já de volta a Brasília, articulei a distribuição das comissões permanentes, com trocas de escolhas entre partidos, conseguindo compor o quadro que atendesse a todos de forma positiva. Ao mesmo tempo, participei de reuniões com o objetivo de ajudar a desatar o nó da montagem do governo.

Várias dessas reuniões ocorriam no Palácio do Jaburu. Primeiro, fui jantar com Marcos Pereira e Michel Temer, para definir a troca do cargo acertado com ele. Ficou definido, naquele momento, que Pereira aceitaria abrir mão da Agricultura pelo Ministério da Ciência e Tecnologia, pedindo que o partido mantivesse a Secretaria da Pesca – Temer concordava.

Depois, em uma reunião mais ampla, participei de discussões sobre a montagem geral do governo. Nesse momento, Temer informou que iria desistir de levar a Indústria e Comércio para as Relações Exteriores, mas que poderia dar o ministério a outro quadro do PSDB, sugerindo o nome do senador Tasso Jereissati.

Eu ponderei que seria uma forma idêntica de se contrapor à equipe econômica, algo que não deveria ser feito. Falei isso na frente de Henrique Meirelles, presente na reunião, que, obviamente, concordou comigo.

Havia ainda uma discussão sobre o espaço do PSDB. Temer, visto que poria José Serra no governo, queria contemplar Aécio Neves e Geraldo Alckmin – para não ter problemas com as divisões do partido.

Moreira Franco defendia dar o Ministério das Cidades para Aécio indicar. Ocorre que Sandro Mabel estava aliado a Kassab, que queria manter o ministério. Era uma luta forte de bastidores. Temer também, a essa altura, iria se decidir por Alexandre de Moraes para a Justiça, para sinalizar a nomeação de um secretário de Alckmin.

O outro problema era o Ministério da Saúde. Ciro Nogueira havia indicado o médico Raul Cutait para o cargo. Cutait, no entanto, relutava em aceitar. Ele estava fora do país e não iria retornar rápido. Ciro, então, passou a discutir a iniciativa de nomear um deputado.

Temer tinha aceitado bem a indicação de Cutait e queria ter nomes fortes no ministério, como o dele. A relutância de Cutait levou Temer a pedir a Ciro outro nome. Como Ciro estava sem alternativa, acabou indicando o deputado Ricardo Barros. Temer resistia ao nome, mas acabou cedendo, contrariado. Ricardo Barros acabou se tornando um bom ministro.

Chegou até mim uma história sobre o presidente do Conselho de Ética, José Carlos Araújo. Quem trouxe a história, com comprovações, foi o deputado Elmar Nascimento. Araújo teria sido, na adolescência, ladrão de toca-fitas de carros. Isso mesmo, esse deputado que queria crescer à minha custa havia sido literalmente um ladrãozinho no passado.

É óbvio que espalhei a história, bastante conhecida na Bahia. Ele reagiu, dizendo que eu estava querendo colocar defeitos em meus inimigos. Perto do que ele se tornou depois, ladrão de toca-fitas na adolescência era até elogio.

Na terça, fiz a reunião de escolha das comissões permanentes, marcando a instalação para o dia seguinte. Nesse mesmo dia, ocorreram as audiências marcadas, na semana anterior, pelo presidente do STF, ministro Ricardo Lewandowski. Nessas audiências, a Rede foi pedir meu afastamento – e os líderes aliados meus, o contrário.

Nesse momento, um golpe estava sendo orquestrado dentro do STF. A Rede entrou com uma Ação de Descumprimento de Preceito Fundamental visando pedir o meu afastamento e, alternativamente, que eu não pudesse ocupar a Presidência da República.

A ADPF era a de número 402 – que continha, em seus pedidos, que se obtivesse liminarmente o meu afastamento da presidência da Câmara até o julgamento definitivo dela. Tinha também como alternativa declarar que: "A pendência de ação penal já recebida pelo STF é incompatível com o exercício dos cargos em cujas atribuições constitucionais figure a substituição do presidente da República".

Era a velha tese de que um réu não poderia exercer a Presidência da República, tese inclusive já abordada na minha defesa, quando do recebimento da denúncia contra mim. O STF considerou que eu não teria os benefícios elencados ao presidente da República, por força do parágrafo 4º do art. 86, simplesmente porque isso era somente para o presidente da República, não para o seu substituto eventual. Logo, por analogia, também não poderia me colocar com as obrigações de assunção do titular do cargo, pela mesma ginástica de argumentação feita pelos autores do pedido.

Aí cabe um parênteses e para explicar quem são os autores do pedido. Era simplesmente o ex-escritório do ministro do STF Luís Roberto Barroso, o escritório Barroso Fontelles, Barcellos, Mendonça & Associados, junto com Daniel Sarmento Advogados, ambos ligados ao meu desafeto Alessandro Molon, ex-PT – então, naquele momento, na liderança da Rede.

A ação era assinada pelos advogados Rafael Barroso Fontelles (sobrinho do ministro Luís Roberto Barroso), Daniel Sarmento, Eduardo Mendonça, Camilla Gomes, Felipe Monnerat e Thiago Magalhães Pires.

Antonio Fernando de Souza tinha compromisso comigo, de ficar na minha defesa até a apreciação da primeira denúncia sobre as delações dos lobistas Júlio Camargo e Fernando Baiano. Ele não iria trabalhar na ação penal. Para continuar essa defesa, coloquei os advogados Ticiano Figueiredo e Pedro Ivo Velloso.

Com relação à denúncia das contas no exterior, objeto da segunda denúncia de Janot contra mim, coloquei para fazer a defesa a advogada Fernanda Tórtima.

Ela tinha uma relação próxima com o ministro Luís Roberto Barroso, pois a mãe dela havia se casado com o pai do ministro.

Ela estava, antes, assistindo a minha filha na investigação. Em determinado momento, levou o advogado Eduardo Mendonça ao gabinete da presidência da Câmara. Sim, um dos autores da ADPF – por ele ser próximo a Barroso.

A proposta era ele fazer um parecer a meu favor, para ser usado na defesa da primeira denúncia contra mim, visando ter a simpatia de Barroso. Ela me colocou a ideia de que Eduardo Mendonça gozava de grande credibilidade com Barroso, sendo o parecer dele importante para que Barroso votasse comigo.

O problema era que ele era absolutamente desconhecido do meio jurídico e não tinha nenhuma relevância para que se justificasse juntar um parecer dele. Isso sem contar que me cobrou R$ 150 mil reais por esse parecer. Eu simplesmente descartei, não contratei e agora era ele o cabeça dessa ação. Isso me pareceu um pouco antiético.

Evidentemente, não estou insinuando ou acusando que Barroso tivesse interesse em que eu o contratasse, para que pudesse ter uma posição favorável a mim. Isso realmente me pareceu mais um oportunismo do advogado do que interesse de Barroso. Queriam tentar ganhar dinheiro fácil nas minhas costas.

Mas, com relação a essa ADPF, a história parece ser outra. Havia, sim, o interesse de patrocínio de Luís Roberto Barroso contra mim. Eu tentarei demonstrar de forma prática como esse interesse se deu através das notícias divulgadas pelo livro *Os onze*.

Essa ADPF 402 foi distribuída à relatoria do ministro Marco Aurélio. Após as audiências, o líder Jovair Arantes me informou o teor da conversa com o presidente Ricardo Lewandowski. Para ele teria ficado claro que não haveria um gesto brusco.

Rodrigo Janot divulgou novas acusações contra mim, com a instauração de mais um inquérito, derivado da delação de Delcídio do Amaral. Só que, dessa vez, ele não teve escapatória. Precisou pedir abertura de inquérito contra Dilma, por suposta obstrução de justiça.

Se ele considerava a delação de Delcídio do Amaral suficiente para abrir os inquéritos contra todos, não podia ter deixado Dilma, delatada por Delcídio, de fora. Ainda mais depois da minha cobrança pública sobre sua seletividade.

Janot apresentaria denúncia contra Lula no STF, acusando-o de ter participado da suposta compra do silêncio do ex-diretor da Petrobras, Nestor Cerveró, objeto da delação de Delcídio. Janot também incluiu Lula na investigação de organização criminosa e obstrução de justiça, com sua nomeação para a Casa Civil. Janot também disse, nas suas peças, que Lula sabia e era participante do esquema de corrupção do Petrolão.

Janot estava bem incomodado com Lula, pelo vazamento das conversas grampeadas por Sergio Moro. Lula o acusava de ingratidão e insinuava que, sem o apoio dele, não teria sido nomeado procurador-geral. Com a vaidade abalada, Janot queria agora, no momento em que o PT estava desmoronando, mostrar a sua "isenção".

Ele também vazou parte da delação do ex-diretor da Petrobras, Nestor Cerveró, na qual ele acusava Renan Calheiros e Jader Barbalho de se beneficiarem de US$ 6 milhões em propinas. O curioso era que o motivo dessa delação era o mesmo assunto pelo qual eu estava sendo acusado na denúncia já aceita pelo STF. Ou seja, Renan e Jader teriam supostamente recebido propina – e era eu quem estava sendo processado por isso.

Nessa terça, depois da sessão na Câmara, fui para o Palácio do Jaburu continuar as discussões da formação do governo. Havia muita ansiedade dos partidos, assim como muitas reclamações de que acordos estavam sendo descumpridos. O DEM queria dois ministérios, o que era desproporcional para o tamanho da sua bancada.

Entre esses ministérios, estava o da Educação. Temer não queria dar a Educação para eles, para evitar a guerra política. Ele tinha receio de uma enxurrada de greves de professores pelo país. Ao fim, acabaria cedendo, mas sem dar um segundo ministério para eles.

O processo estava se afunilando, faltando decidir a situação do Ministério das Cidades, os cortes de pastas que Temer faria e a situação do PSB. Nossa vontade era que o líder Fernando Filho fosse nomeado ministro. Havia também a situação do PSC e do Solidariedade. Temer iria dar o comando dos assuntos fundiários ao Solidariedade, mas sem *status* de ministério, e Paulinho da Força não estava concordando.

O PSC queria um ministério, mas aceitava a Previdência subordinada a Henrique Meirelles – o que Temer iria aceitar. Nesse momento se cristalizava o fato de que o deputado Bruno Araújo representaria Aécio no ministério.

Conversei com Temer à parte sobre essa ADPF a que deram entrada no STF. Ele me falou que iria sondar o que estava acontecendo. Ficou preocupado – mas, pelo estilo dele, se preocupava mais com o que o afligia do que com o que afligia a terceiros.

Na quarta, dia 4, tomei café da manhã na residência do líder Jovair Arantes e os demais líderes para acertarmos a pauta e para que eu pudesse ouvir as reclamações sobre a montagem do governo por Temer. Também combinamos a estratégia desse movimento no STF sobre a ADPF.

De repente, à tarde, sem que o relator, ministro Marco Aurélio, tivesse pedido, o presidente do STF, Ricardo Lewandowski, pautou o julgamento da ADPF 402 no plenário do STF para o dia seguinte, dia 5 de maio. Essa informação era uma sinalização de que algo estava em andamento.

Durante a sessão de quarta, recebi no plenário o advogado Gustavo Rocha, já oficializado como subchefe de assuntos jurídicos da Casa Civil. Ele me informou, a mando de Temer, que a intenção do julgamento de quinta seria decidir que eu não poderia assumir a Presidência da República em caso de eventual viagem de Michel Temer.

Gustavo Rocha me sugeriu que eu protocolasse uma petição comunicando ao STF que não pretenderia assumir a Presidência da República. Segundo ele, isso poderia até evitar o julgamento. Mas ele me falou isso no meio da votação de plenário. Naquele momento, achei que, caso eu peticionasse, isso poderia chamar mais a atenção da mídia.

Provavelmente, ele estava correto. Talvez, se eu peticionasse, isso acabaria com a discussão se eu poderia ou não assumir a Presidência, fato que jamais tinha sido objeto do meu interesse. Como eu estava no meio da turbulência, achei estranho fazer isso.

Meu sentimento se agravou pelos discursos dos petistas em plenário. O líder do PT, Afonso Florence, anunciou que eu seria afastado no dia seguinte e que aquela seria a última sessão que eu presidiria na Câmara. Sua convicção, ao falar, me impressionou bastante.

O nível da intervenção dele, depois corroborada por outros petistas, conforme as notas taquigráficas daquela sessão do dia 4 de maio de 2016, levava qualquer um a se impressionar. Ele chegou a descrever, em detalhes, o que aconteceria. Depois disse que gostaria que a sessão de julgamento do meu mandato ocorresse da mesma forma que a de Dilma, em um domingo – com o país parando para assistir pela televisão, ao vivo.

Aquela não era mais uma manifestação de ataque, como as que eu costumava receber dos petistas todos os dias, agravadas depois do impeachment. Era uma demonstração de ódio, com precisão de detalhes. Depois do que ocorreu, eu tive a certeza de que eles tinham a informação do que aconteceria. Eles estavam por trás de tudo, isso era certo.

Os trabalhos da comissão especial do Senado avançavam bem. A previsão era de que, na sexta, dia 6, se votasse na comissão e, no dia 11, ocorresse a votação final no plenário do Senado – que definiria o afastamento de Dilma da Presidência.

Após a sessão da Câmara, fui para o Palácio do Jaburu. Na entrada, me deparei com Gilberto Kassab e um grupo de deputados do PSD saindo. Kassab me explicou, rapidamente, que Temer havia oferecido o Ministério das Comunicações e que ele preferia continuar nas Cidades. Ele me pedia ajuda. Respondi que iria falar com Temer e, depois, o chamaria para conversar.

No Jaburu, estavam Eliseu Padilha, Moreira Franco, Geddel Vieira Lima, Henrique Alves e Sandro Mabel. Na conversa, Mabel atravessou o samba e forçou o descumprimento de alguns compromissos. Discuti fortemente, saí do grupo e resolvi me dirigir para a saída do palácio, quase indicando um rompimento.

Temer foi atrás de mim, impediu minha saída e me levou para o seu escritório, onde conversamos a sós. Ele contornou a confusão, mas havia ali claramente uma tentativa daquele grupo de passar por cima dos acordos para a votação do impeachment, o que eu não aceitaria. A alegação era que o Senado estava exigindo "as calças dele", pois senão, não haveria impeachment.

Por óbvio eu sabia que isso era verdadeiro – mas existiam formas de atender sem quebrar os acordos. Com minha insurgência, consegui restabelecer esses acordos que estavam para ser quebrados, embora ainda faltasse administrar pequenos conflitos. Isso seria mais fácil se o objetivo fosse o de atender. Recompor situações sempre é melhor do que descumprir acordos.

Nós esbarramos em dois pontos, sobre o Solidariedade e o PSC – que, embora estivessem atendidos, não o estavam da forma combinada. Eu iria ajudar a convencê-los a aceitar. Relatei a Temer o que Kassab me dissera na saída. Temer me pediu que ajudasse com ele, para contornar o problema.

Ali havia uma divisão clara. Geddel e Moreira Franco estavam decididos a dar o Ministério das Cidades para o PSDB. Sandro Mabel dizia que resolveria com o PSDB e que se deveria manter Kassab nas Cidades. Estimulava-o a lutar pelo cargo.

Nesse momento, depois que eu já havia me juntado de novo ao grupo para a discussão do assunto, Temer estava decidido. Ele chegou a dar um soco na mesa, falando que se Kassab não aceitasse a proposta dele, que ficasse de fora do governo. Foi um dos raros momentos em que eu vi Temer perder a estribeira. Eu disse que falaria com Kassab sobre isso.

Terminada essa discussão, relatei minha preocupação com a estranha marcação da sessão do STF para julgamento da liminar da ADPF. Minha preocupação caía no vazio. Parecia, e era o fato, que todos estavam mais preocupados em dividir o governo do que com as consequências disso. Hoje eu tenho a convicção de que Temer não só sabia como concordava com o que o STF iria fazer.

O que Temer fez foi lavar as mãos, como Pilatos. Para ele, meu papel necessário já havia sido cumprido. Agora, o que ele mais queria era poder ficar livre de mim. Ele não deixaria de me atender, mas queria se livrar da minha presença no centro do poder. Essa era a visão de Moreira Franco, a quem Temer seguia com fidelidade canina. Para quem conhecia os meandros da convivência direta com Temer, eu sabia que o verdadeiro presidente não seria Temer, e, sim, Moreira.

Saí do Jaburu e fui para a residência oficial quase à 1h30 da madrugada do dia 5. Chegando lá, uns dez deputados estavam me aguardando para saber das conversas com Temer. Além disso, chegou Kassab com o deputado Fábio Faria.

Kassab me explicou os motivos de a bancada ter apoiado o impeachment. E agora perderia a posição para quem estava de fora. Ele achava injusto. Além disso, ao mesmo tempo que Kassab falava comigo, Mabel telefonava estimulando o confronto pelo cargo. Mabel chegou a ir à residência oficial para falar com Kassab em separado.

Era uma verdadeira maluquice o que estava ocorrendo. Mabel estava forçando a barra, mesmo depois do soco de Temer na mesa. Disse a Kassab que, apesar de achar que ele tinha razão, não seria possível atender. Minha proposta, autorizada por Temer, era de que eles fossem compensados com outros cargos que não tinham antes. Era só enumerar os pedidos que deveriam ser atendidos. Kassab, então, saiu com essa perspectiva de solução.

Após a saída dele, pedi um jantar para todos que estavam ainda lá e relatei as conversas. Já eram 3h30 quando eles saíram. Fui tomar um banho e dormir um pouco. Eu estava com uma sensação ruim, sobressaltado, como na véspera da busca e apreensão, ocorrida em 15 de dezembro de 2015.

O que estava acontecendo nesse momento? Eu prefiro reproduzir os trechos do livro Os *onze* – relato, reafirmo, que não foi contestado por nenhuma pessoa até hoje. Eu inclusive ingressei no STF com um pedido de explicações ao ministro Luís Roberto Barroso, indeferido pelo relator, ministro Gilmar Mendes, objeto de recurso ainda não julgado.

O livro, a partir da página 61, relata em vários trechos tudo que ocorreu. O trecho nessa página começa com: "Na Lava Jato ainda não era momento de autocontenção. Na tarde de quarta-feira, 4 de maio de 2016, mais encontros secretos se desenrolaram no STF, com algumas exclusões cirúrgicas do quórum, como Gilmar Mendes e Dias Toffoli. Horas antes, no plenário, o presidente, Ricardo Lewandowski, avisou que a sessão do dia seguinte começaria com o julgamento da liminar na arguição de descumprimento de preceito fundamental (ADPF) 402 da Rede. O partido pretendia que o Supremo fizesse o entendimento de que réus perante o STF não poderiam ocupar cargos que estão na linha de substituição da Presidência da República, por incompatibilidade com a Constituição Federal".

Continua: "Apesar de ser uma ação abstrata, que trata de um tema e não de uma pessoa específica, era um míssil teleguiado para atingir um alvo concreto: Eduardo Cunha. Como presidente da Câmara, ele tinha a prerrogativa de iniciar o processo de impeachment do presidente da República". E segue: "Cunha era réu no Supremo, a Câmara não dava sequência aos processos contra ele, o impeachment contra Dilma seguia sua toada e, com a provável deposição da presidente, o deputado seria o primeiro substituto de Temer quando este viajasse para o exterior. Quanto mais o tempo passava, mais o fator Cunha provocava reações populares e mais o Supremo se sentia legitimado a intervir".

O livro diz: "A política tradicional não havia percebido a onda de punição aos costumes antigos que o Supremo estava provocando. Zavascki segurou o processo. Sua percepção era de que não teria apoio do colegiado para outra decisão inédita, com interferência direta no Congresso Nacional e no processo de impeachment de Dilma". E, em seguida: "Quando Lewandowski anunciou em plenário que levaria a julgamento a ADPF 402, as reações foram rápidas. Barroso enviou uma mensagem para Zavascki pelo Spark, sistema de comunicação interna dos ministros. Aconselhou o colega a apresentar em conjunto com a ADPF o pedido de afastamento de Cunha feito pela PGR. Terminada a sessão, já fora do plenário, Barroso foi ter uma conversa *tête-à-tête* com o relator da Lava Jato. Fachin se aproximou e se juntou à dupla. Zavascki reconheceu que, se não levasse o processo até o dia seguinte, ia parecer que sentara em cima e que fora *bypassed* por Marco Aurélio Mello, relator da ADPF da Rede. O efeito seria o mesmo. Marco Aurélio afastaria Cunha da linha sucessória".

Continua: "Mas para os apoiadores da Lava Jato no Supremo, aquele grupo que pretendia agir coordenadamente, que se via imbuído de uma missão – uns mais, outros menos – de fortalecimento dos poderes do Supremo e reinvenção institucional da corte, a solução seria desastrosa. Uma liminar de Marco Aurélio não viria imantada pelo prestígio do núcleo duro pró-Lava Jato e poderia ser derrubada em plenário. O trio sentia que era preciso agir muito rápido". Conta ainda: "Esse senso de urgência começara no dia anterior, 3 de maio, terça-feira, durante a sessão da Primeira Turma. Barroso foi avisado pela chefe de gabinete que a ação da Rede que pedia o afastamento de Cunha da presidência da Câmara por ser réu e estar na linha sucessória havia sido distribuída por sorteio para o ministro Marco Aurélio Mello".

Nesse momento, fica bastante clara a interferência e o interesse de Barroso em toda a ação, quiçá a sua mentoria ou coautoria. O próximo trecho é esclarecedor: "A ação era assinada por seis advogados: Eduardo Mendonça, ex-sócio e ex-assessor de Barroso em seu gabinete; Rafael Barroso Fontelles, seu sobrinho e ex-sócio; Felipe Monnerat, também seu ex-sócio; Daniel Sarmento; Camila Gomes e Thiago Pires. Barroso sempre se declarou suspeito de participar do julgamento de processos que têm como advogados seus ex-sócios de escritório. Mas isso não o impediu de atuar nas articulações internas que deram destino ao processo – e a Cunha".

Ocorre que Barroso não se declararia suspeito para julgar essa ADPF. Ele, inclusive, na sessão de quinta que definiu meu afastamento pelo julgamento da ação cautelar nº 4.070, oriunda do pedido da PGR para o meu afastamento, julgada antes da ADPF, fez um apelo para que os advogados, seus ex-sócios, fizessem a sustentação oral, porque "já haviam viajado para Brasília para essa finalidade".

Barroso só se declararia impedido quando essa ADPF foi finalmente julgada, em dezembro. Aconteceu que Renan Calheiros, depois da minha queda, acabou se tornando réu no STF. Ele teve a denúncia do caso da pensão da sua filha fora do casamento, paga por uma empreiteira, julgada e aceita pelo plenário do STF.

Nesse momento, depois de uma petição protocolada ao relator Marco Aurélio Mello, ele concedeu uma liminar e afastou Renan da presidência do Senado. Renan não cumpriu a liminar, fugindo do oficial de justiça. Ele recorreu e a matéria foi imediatamente ao plenário. A decisão foi de que Renan poderia continuar presidente do Senado, mas não poderia exercer a Presidência da República, em eventuais viagens do presidente.

Foi nesse momento de julgamento do recurso de Renan que Barroso se declarou impedido. Eram dois pesos e duas medidas – em tudo que dizia respeito a mim perante as decisões do STF. Hoje, depois desse livro *Os onze*, a gente começa a entender as razões dessas decisões.

O relato do livro continuava na página 64: "Após a sessão, Barroso procurou o colega. Marco Aurélio gostara do resultado do sorteio. Na conversa, Barroso fez uma sugestão: se for conceder a liminar, avise ao ministro Zavascki. Será ruim para ele, para o tribunal, se parecer que o ministro que está com o pedido da PGR for atropelado, vai parecer que ele estava segurando, conforme relatou Marco Aurélio a um integrante do seu gabinete dias depois".

Continuava: "Do encontro com Marco Aurélio, Barroso saiu com uma convicção, que transmitiu ao grupo: ele vai dar a liminar. Zavascki então disse que, se era para julgar o afastamento de Cunha, daria ele, monocrática e rapidamente, a liminar pedida meses antes pela PGR. Barroso e Fachin acordaram e os três decidiram falar com Lewandowski, então presidente do Supremo. Já no gabinete da presidência, os quatro ministros se sentaram nos sofás, posicionados numa geometria em forma de L. De acordo com a PGR, o deputado estaria utilizando do cargo para evitar que as investigações contra si tenham curso e cheguem a bom termo, bem como reiterar as práticas delitivas, com o intuito de obter vantagens indevidas. E pedia seu duplo afastamento – da presidência e do mandato".

E prosseguia: "Mesmo para quem já decretara a prisão de um senador do alto escalão, a decisão ultrapassava o limite do prudente na relação entre os poderes, conforme definiu um dos participantes da conversa. Zavascki ensaiou uma solução alternativa: daria a liminar para afastar Cunha apenas da presidência da Câmara, mas não do mandato. E foi imediatamente interpelado por Barroso. Isso não é suficiente. É preciso afastá-lo do mandato de parlamentar também. Mestre em direito por Yale, uma das universidades da Ivy League dos Estados Unidos, grupo de excelência acadêmica, Barroso costuma usar expressões em inglês. E Cunha era *the evil* – o mal".

Podemos observar o ódio que Barroso sentia por mim e o quanto ele queria me destruir. Ele não só articulou a ação, como também o meu afastamento. Eu não sabia de nada disso. Até hoje eu não sabia as razões desse ódio, até ler esse livro. Em seguida, vem a parte que mostra um delírio de Barroso, sem qualquer fundamento que não fosse fofoca de alguém, provavelmente de José Eduardo Cardozo ou de Rodrigo Janot, ou quem sabe dos dois. Eu já citei essa parte antes, mas é necessário repetir, pois está na sequência do livro.

Diz o trecho seguinte da obra: "Meses antes do julgamento de Cunha, amigos comuns informaram Barroso que o advogado Antônio Carlos Almeida Castro, o Kakay, celebridade jurídica brasiliense, assumiria a defesa do presidente da

Câmara. O ministro não hesitou. Passou a mão no telefone e ligou para Kakay, de quem era amigo havia mais de década, chamando-o para jantar".

Mais à frente, relata que Barroso já tinha se declarado suspeito em todos os processos de Kakay, devido à proximidade entre eles. Eles haviam combinado um jantar, no qual o ministro relatou que eu havia "espionado sua vida, a de sua mulher e de seus filhos". E então Barroso havia pedido a Kakay que não advogasse para mim.

Eu nunca havia investigado ou mandado seguir Barroso. Isso era piada. Eu também nunca sondei Kakay para advogar para mim, apesar de gostar dele. Além de já ter advogados, não teria nunca condições de pagar os honorários do escritório dele.

O livro diz: "Fachin e Lewandowski também concordaram com Barroso: era preciso o duplo afastamento. Zavascki queria unanimidade. A solução Delcídio do Amaral deveria ser replicada, em maior escala, agora em plenário. Uma derrota ou divisões internas teriam impactos na marcha de transformação do tribunal, iniciada no Mensalão".

Segundo a obra, Zavascki sempre recorria ao decano nas horas de necessidade. E, por isso, ele foi até a sala de Celso de Mello, confiando na precisão de suas discussões. Quando chegou lá, surpreendeu-o com Luiz Fux. Aproveitou então para revelar seu plano: me afastar do mandato e da presidência da Câmara.

Prossegue o livro: "Foi apoiado. Então avisou que daria a cautelar na primeira hora do dia seguinte, levando-a para ratificação à tarde. Seis dos onze ministros já estavam de acordo. Havia maioria. Por envolver o presidente da Câmara, o caso deveria ser julgado em plenário. O grupo não consultou Marco Aurélio Mello, pois sabia que o colega não conversava sobre processos antes do julgamento. Também não falaram com Rosa Weber. Quando eu e o Teori divergimos no plenário, Weber vota com um de nós dois; quando os dois concordam, Rosa nos segue, apostou Barroso. Cármen Lúcia não foi consultada, e três dos ministros envolvidos originalmente na coordenação dos votos não sabem explicar por que não foram consultados".

Conforme o relato, Mendes e Toffoli foram convocados à sala de Zavascki para tratar do assunto. E fizeram um combinado: seriam 11 a 0 contra mim. Conclui o livro: "Não era momento para dissensões no STF, de debilidade institucional. O colegiado precisava mandar seu recado. E essa instituição que oscilava entre maioria simples ou acachapante voltaria a ser decisiva nos anos vindouros".

Meu celular tocou às 6 horas da manhã de quinta, dia 5. Era o advogado Gustavo Rocha me falando que tinha sido acionado por um oficial de justiça do STF, que estava na porta da residência oficial. Gustavo me disse que perguntou ao oficial do que se tratava. Ele teria apenas dito que tinha uma citação conjunta para mim, para o primeiro e para o segundo vice-presidente da Câmara. Eu levantei, tomei um banho para acordar, me vesti e mandei chamar o oficial na portaria.

Nesse momento, o oficial me entregou uma citação da decisão do ministro Teori Zavascki, me afastando do mandato de deputado e, por conseguinte, da presidência da Câmara. Foi uma decisão estapafúrdia, que surpreendeu a todos.

Aqueles que me denominavam de *the evil* ou "o mal" haviam triunfado. Nesse momento Dilma se vingava e conseguia aquilo que nem ela ainda havia sofrido: o afastamento do cargo.

43 As consequências do meu afastamento e a tentativa de anular o impeachment

No momento em que eu recebia o oficial de justiça, os sites e as TVs já davam a notícia com grande estardalhaço. A imprensa se movia para a porta da residência oficial. A decisão era tão absurda que eu estava proibido de ir à Câmara dos Deputados.

Deputados, então, começaram a chegar. A decisão da minha saída, tomada por Teori Zavascki, seria apreciada pelo plenário do STF na sessão das 14 horas. Eu chamei Antonio Fernando de Souza, entreguei a citação para ele e pedi que fizesse um memorial de defesa para o julgamento – já que, com a liminar, nem sustentação oral caberia no julgamento.

Antonio Fernando me disse que o faria, iria à sessão, mas não tinha a menor esperança de reversão. Ele sabia que uma decisão dessas só sairia com uma garantia de que não seria derrubada no plenário. Sabia também que a liminar teria sido dada para evitar um eventual pedido de vista na sessão.

A decisão de Teori Zavascki dava validade a todos os argumentos absurdos de Janot. Desprezava até mesmo minha contestação. Não rebatia nenhum dos pontos colocados pela minha defesa. Ou seja, ele validava absurdos, como eu ter sido responsável pelo projeto de lei do deputado Heráclito Fortes, que propunha alterar a lei das delações.

O voto era mera repetição da hipótese acusatória. A página 71 chegava ao requinte de dizer: "Nada, absolutamente nada se pode extrair da Constituição que possa, minimamente, justificar a sua permanência nessas elevadas funções públicas". O que prevê a Constituição sobre a eleição dos representantes do povo, dos direitos fundamentais, das garantias individuais, do direito ao devido processo legal etc., etc.? Era um delírio de linguagem, que na verdade desautorizava a própria decisão de afastamento.

Mais à frente, na página 72, declarou, no voto: "Decide-se aqui uma situação extraordinária, excepcional e, por isso, pontual e individualizada". Nesse ponto, ele deixava claro que o problema era comigo e, por isso, era uma decisão absolutamente fora de qualquer previsão legal, de natureza única e excepcional. Não haveria nunca mais nenhuma outra decisão igual.

Ele alegou também no voto ser fato superveniente ao abordar que eu não poderia assumir a Presidência da República por ser réu em ação penal no STF. Ele chegou a citar os pontos que eu tinha colocado na minha defesa, quando do recebimento da denúncia na ação penal, em que pedi a suspensão do processo até o fim do meu mandato de presidente da Câmara.

O que se passou foi que, depois que "o grupo" decidiu o meu afastamento, Teori foi para seu gabinete fazer um voto. Ele trabalhou até a madrugada, concluindo esse voto. Não haveria tempo para fazer um voto decente, que contivesse teses que pudessem ao menos tentar justificar a decisão inconstitucional que se estava tomando.

Não era uma decisão jurídica. Era uma decisão política. Para isso, bastava repetir os esdrúxulos argumentos de Janot, que já seriam suficientes para reverberar em uma mídia seca para me derrubar. O que aconteceria era que o plenário do STF, que estava para apreciar a liminar da ADPF 402, agora iria apreciar uma liminar dada de urgência, em ação cautelar, a nº 4.070, oriunda do pedido do meu afastamento, feita por Janot.

Era bastante estranho dar uma liminar de urgência, na madrugada, quase cinco meses depois do pedido. Se tinha urgência, por que não foi apreciada antes? Ao que parece, Teori se sentiu atropelado pela ADPF – e queria mesmo não parecer que estava sentando em cima da decisão. Mas, para isso, teve de escrever absurdos e se acertar com a maioria dos ministros para ter a aprovação.

Como Teori estava se sentindo atropelado pela decisão de Lewandowski, de pautar a ADPF 402, resolveu atropelar o colegiado, tomando uma decisão liminar que, na prática, impediria qualquer insurgência. Mesmo os ministros que não concordassem com ele iriam recuar para não estabelecer um confronto – ou para serem solidários a ele pelo atropelamento da pauta da ADPF.

E o papel de Barroso? Ele participou da formulação da ação? Ele articulou o preparo dessa ação? Quem pagou os honorários dos advogados? Eles trabalharam de graça a pedido de Barroso? Quanto à articulação dentro do STF, não se tem mais nenhuma dúvida da atuação de Barroso.

A atuação de Barroso contrária a mim foi admitida até mesmo por ele, em seu livro *Sem data venia*. Está na página 214, em um capítulo que fala das 15 decisões históricas do Supremo Tribunal Federal, na visão dele. É claro que ele selecionou as decisões que contaram com sua participação relevante, como o fim do financiamento privado das eleições.

Ele não cita no livro a decisão do meu afastamento, mas, sim, a decisão sobre o rito do procedimento de impeachment da presidente Dilma Rousseff, da qual ele acabou sendo o relator do acórdão. Ele fala o seguinte: "Um dos principais papéis da Constituição e do STF é a proteção dos direitos fundamentais da minoria. No segundo semestre de 2015, a presidente Dilma Rousseff havia perdido a sustentação política no Congresso e a maioria esmagadora da população desejava sua saída do cargo. Nesse contexto, a presidência da Câmara conduzia o seu processo de impeachment com regras erráticas, que iam sendo criadas de acordo com a conveniência do momento. O tribunal interveio para invalidar os atos praticados até então, determinando que fosse seguido o mesmo rito adotado em 1992, quando do impeachment do presidente Collor, que havia sido delineado pelo próprio STF e aprovado pelo Senado. A maioria considerou que a destituição de um presidente da República por crime de responsabilidade era um procedimento extremamente grave, que deveria ter regras predefinidas, sem estar sujeito a manipulações".

Barroso quis se autoelogiar, evitando até mesmo citar meu nome – mas colocou de forma errática o acontecido. Ele conseguiu, com aquela decisão, invalidar somente a primeira eleição da comissão especial. E também colocou regras para a frente, omitindo de maneira oportunista, na sua leitura na sessão de julgamento, o trecho do regimento interno da Câmara que ele considerou descumprido.

Vale ressaltar que considerar minha conduta como errática equivaleria a chamar os ministros do STF Edson Fachin, Dias Toffoli e Gilmar Mendes de erráticos, pois eles acompanharam a minha posição.

A única coisa que ainda não havia falado sobre Barroso foi a posição decisiva que o ex-governador Sérgio Cabral teve para a sua nomeação por Dilma. Ele mesmo me relatou essa posição quando dividimos o mesmo espaço carcerário, depois que eu fui transferido de Curitiba para o Rio de Janeiro.

Cabral me relatou todos os detalhes. Certamente Barroso, que além de advogado era procurador do estado do Rio de Janeiro, não teria sido nomeado sem a interferência dele. Isso, apesar de todo o seu crédito perante os petistas, pela advocacia feita ao terrorista italiano Cesare Battisti. No momento anterior à nomeação de Barroso, já estava definido um outro nome por parte de Lula, aceito por Dilma. Foi a forte intervenção de Cabral, que gozava de grande prestígio com o ex-presidente, que reverteu a favor de Barroso a nomeação. Esse era o fato real.

Voltando ao meu afastamento, pelo que depois foi publicado na imprensa, existiam três tipos de posições. A primeira era que eu tinha sido avisado por Gustavo Rocha de que iriam me impedir de assumir a Presidência da República. A segunda era que eu deveria ser afastado da presidência, e não do mandato. A terceira, defendida por Barroso, que acabou prevalecendo, era que eu deveria ser afastado da presidência e do mandato.

Tínhamos os petistas e os contrários ao impeachment que buscavam sua vingança contra mim. Eles se somavam a meus adversários tradicionais. Era certo que o STF seria aplaudido pelo meu afastamento. Os articulistas iriam escrever que essa situação extraordinária era a única decisão a ser tomada. Ia ser um massacre.

Michel Temer me telefonou, simulando espanto e indignação. Vários parlamentares chegaram e ficaram bastante tempo. Na Câmara, deputados fizeram uma reunião de avaliação. Muitos criticaram a interferência do Judiciário em outro poder. O vice-presidente da Câmara, Waldir Maranhão, assumiu o posto.

Rapidamente chegou a hora da sessão no STF, marcada para as 14 horas. Eu assisti pela TV Justiça, da residência, na companhia de alguns deputados. Ao terminar a sessão, com o resultado que todos já sabiam, saí e concedi uma entrevista coletiva.

À porta da residência oficial, falei que estava sofrendo perseguição por ter levado adiante o processo de impeachment. Reclamei: como poderia haver uma liminar de madrugada, de forma urgente, sobre um assunto que estava há cinco meses pendente no gabinete de Teori? Qual era a urgência, então, que havia sido criada?

Fiz uma comparação com o caso Delcídio do Amaral, no qual houve uma decretação da prisão dele sem o afastamento do mandato. Como se pode explicar essa diferença? Eu declarei: "É claro que estou sofrendo uma retaliação política pelo processo de impeachment. Em vários momentos eu enfrento a contestação do PT, que gosta de companhia no banco dos réus".

Dilma soltou uma declaração sobre o meu afastamento: "Antes tarde do que nunca". Eu respondi: "Com a ajuda de Deus, vamos afastar a presidente e, consequentemente, terá o julgamento definitivo, para que o Brasil possa se livrar da era do PT". Também falei: "Na quarta (em referência ao dia 11, quando iria ocorrer a sessão do Senado que a afastaria) também vamos dizer 'antes tarde do que nunca'".

Anunciei também que não iria renunciar à presidência e que iria recorrer de todas as formas possíveis. Era realmente muito estranho o que tinha acontecido. Sofro até hoje com o comportamento de alguns ministros que, quando apreciam meus recursos, mudam sua posição ou nem comparecem aos meus julgamentos, para não terem de decidir nada a meu favor sem precisar se contradizer.

Eu também sofro até hoje uma verdadeira perseguição judicial, mesmo depois de ter sido o responsável pela pauta e aprovação da chamada PEC da Bengala. Não esperava, e jamais pleiteei algum benefício em função disso. Eu apenas gostaria de ter o direito à prestação jurisdicional e julgamentos justos, sem nenhum privilégio. Eu tenho a convicção de estar com o direito a meu favor.

Em artigo publicado depois pelo jornal *O Estado de S. Paulo*, Fernão Lara Mesquita diz o seguinte: "Ao atropelar Teori Zavascki, que há quase seis meses guardava queixa da PGR contra Cunha à espera que findasse a contenda no legislativo em que o judiciário não devia nem legalmente podia se meter, na noite de 4/5 Lewandowski forçou-o a atribuir à ação uma súbita 'urgência'. O resto 'o tempo da política e da mídia fizeram, como Lewandowski sinalizou ao negá-lo antes que se lhe perguntasse, gerando liminar vazada exclusivamente em adjetivos, sem base técnica que a sustente ou qualquer lei ou esboço de tratamento às consequências que vai produzir [...]".

No livro *Catimba constitucional*, de Rubens Glezer, na página 25, ele escreve: "Um outro exemplo de catimba constitucional foi a criação inusitada da figura da suspensão do mandato parlamentar em maio de 2016. As convenções de Direito Constitucional estabeleciam que parlamentar somente deixaria de exercer o mandato por interferência do Judiciário, por prisão em flagrante de crime inafiançável ou por decisão condenatória transitada em julgado. O ministro Teori Zavascki suspende o mandato parlamentar do ex-deputado Eduardo Cunha, então Presidente da Câmara dos Deputados, sob o argumento de que tal prerrogativa está inserida nos poderes gerais de cautela dos ministros do Supremo. Nesse caso, também foi gerado debate profundo na comunidade jurídica sobre a licitude e a legitimidade da decisão do Supremo. A medida, tomada após a condução do processo de impeachment na Câmara dos Deputados, viabilizou a cassação do deputado pela Comissão de Ética da Câmara alguns meses depois. Nenhum outro parlamentar teve o mandato suspenso sem a oportunidade de controle pela respectiva casa legislativa depois desse episódio".

Enquanto isso, o alvoroço tomava conta da Câmara, pois alguns achavam que seria automática a minha substituição. Afastamento é de caráter temporário, e não definitivo. Não havia vacância do cargo, a menos que eu renunciasse. Eu não pretendia fazer isso.

Eu acabei depois renunciando, em 7 de julho, por causa de um golpe sofrido por aquele que eu escolhi para a presidência da CCJ, Osmar Serraglio, em conjunto com o líder de então no PMDB, Baleia Rossi. Eu fui ludibriado com um acordo não cumprido. Não tive muito tempo para decidir.

O que aconteceu será bem descrito no próximo livro – mas Osmar Serraglio antecipou, atendendo à pressão do PSOL e da mídia, o julgamento do meu recurso na CCJ. Com esse julgamento encerrado, o vice-presidente da Câmara, Waldir Maranhão, já naquele momento rompido comigo, colocaria em plenário minha cassação antes do recesso de julho.

Serraglio propôs que eu renunciasse à presidência e entrasse com uma petição no meu recurso, escrita por ele mesmo, para adiar a sessão. Ele se comprometeu a acolher o documento e devolver todo o processo ao Conselho de Ética. Esse acordo foi feito por ele com Baleia Rossi, no gabinete de Michel Temer, que avalizou o trato. Baleia foi à residência oficial, junto do deputado Hugo Motta, obter minha renúncia pelo acordo. Sem alternativa, fui obrigado a aceitar e renunciar no dia seguinte. Assinei a petição enviada por Serraglio. Ele, então, retirou a apreciação de pauta do meu recurso e o enviou para o relator, que havia sido escolhido em comum acordo comigo, o deputado Ronaldo Fonseca.

Só que, depois, ele marcou imediatamente a votação na CCJ, não acolheu o novo recurso e deu curso à votação na CCJ do mesmo jeito. O único benefício que obtive foi que meu processo de cassação não iria mais para o plenário da Câmara antes do recesso, pois não daria mais tempo. Só que eu já tinha renunciado e a Casa tinha elegido um novo presidente, Rodrigo Maia – naquele momento, meu desafeto pela disputa da liderança do governo, perdida para mim.

Eu fui traído por Osmar Serraglio, Baleia Rossi e provavelmente Michel Temer, que participou do acordo e não evitou que ele fosse descumprido. Além disso, eu mesmo questionava que essa petição, que Serraglio pedia que eu assinasse, era intempestiva e fora do padrão regimental. Mas ele alegava que entenderia como cabível e assumiria o ônus. Eu acabaria caindo no "conto do vigário".

Michel Temer, naquele momento, talvez tivesse como prioridade se livrar do vice-presidente Waldir Maranhão – o que só ocorreria com a minha renúncia. Realmente estava insustentável a situação com ele naquele momento. Mas também Temer queria se livrar do meu fantasma. Ele foi desleal e descumpriu seu compromisso comigo para a aprovação do impeachment.

Naquele dia 5 de maio, eu estanquei a gritaria por novas eleições, acertando com os líderes a manutenção de um apoio à permanência interina de Waldir Maranhão, apesar da sua incompetência para um posto de comando e liderança. Era o que tínhamos para aquela hora. Havia um grande temor, pela dependência que ele tinha do governador Flávio Dino, do Maranhão, defensor de Dilma e do PT.

Os partidos que me apoiavam soltaram uma nota de solidariedade a mim, contestando a decisão do STF, de interferência do Poder Judiciário no Legislativo. Mesmo na imprensa, que apoiava a decisão, sempre havia uma crítica à interferência do STF. Na verdade, todos reconheciam essa interferência, mas alguns a perdoavam por ser dirigida a mim.

Sem qualquer sombra de dúvida, essa decisão do meu afastamento mudou minha história. Ao me afastar do mandato e me proibir inclusive de entrar nas dependências da Câmara, foram retiradas todas as minhas possibilidades de defesa. A partir disso, seria apenas uma questão de tempo para a cassação do meu mandato. Era difícil, longe da Câmara, eu manter toda a rede de apoio de que dispunha. Eu havia sido afastado por Janot, a mando do governo, e por Teori, sabe-se lá por quais motivos.

No mesmo instante da repercussão da minha saída, a agência de *rating* Fitch rebaixou a nota do Brasil, provocando o aumento do desgaste da situação econômica. Era mais uma notícia ruim que, somada ao meu afastamento, levava os mercados a reagirem bastante mal.

Nesse dia em que eu seria afastado da presidência da Câmara, um curioso artigo sobre o impeachment, publicado pelo ex-presidente e senador Fernando Collor, chamou bastante a atenção. O texto trazia algumas importantes reflexões sobre aquilo que debatemos aqui neste livro. Collor realçava a sua condição única, descrita desta forma: "Minha situação é ímpar. Sou o único ex-presidente da República que enfrentou igual processo até o fim e o único em exercício em mandato eletivo, portanto sujeito a votar o impeachment. Terei ainda que optar pelo destino de um governo cujo partido e seus atores protagonizaram a ruptura do meu mandato presidencial". Essa fala dele vem ao encontro de nossa abordagem: quem com golpe fere, com golpe será ferido.

Outra constatação de Collor: "Temo que, com base no processo em curso, o instrumento do impeachment se torne em remédio revulsivo e corriqueiro para governo incompetente, sem programa ou base parlamentar. Em tese não se deve afastar um presidente com mandato fixo pelo conjunto da sua inepta obra". Dizia mais: "No presidencialismo a irresponsabilidade tem prazo certo. Melhor seria a responsabilidade com prazo certo, como no parlamentarismo. Depois copiamos a medida provisória e o governo de coalizão sujeito a maioria parlamentar. Nossos chefes da Casa Civil agem como primeiros-ministros, e os parlamentares compõem o ministério como num gabinete de governo".

Ele terminava o artigo assim: "Na prática já vivemos sob um simulacro de semipresidencialismo, porém sem os princípios e ferramentas que o modelo parlamentar exige no sistema político. Caso o impeachment se torne voto de desconfiança, melhor adotar de vez o parlamentarismo. Só assim a reforma política se imporá".

Após a entrevista coletiva, voltei a acompanhar a continuidade da sessão do STF. Eles resolvem adiar a apreciação da ADPF 402, apesar das tentativas de Barroso para que ao menos fossem feitas as sustentações orais, em homenagem à viagem de seus ex-sócios. A ideia acabou descartada e a sessão terminou. A desfaçatez do ministro Barroso era assustadora.

Em seguida, chegaram à residência oficial vários líderes e deputados. Debatemos a situação. Mendonça Filho, àquela altura já praticamente definido como ministro da Educação, chegou em companhia de Rodrigo Maia. Ainda não havia a decisão sobre a liderança do governo. Esse martelo só foi batido em 16 de maio, quando eu jantei com Temer e ficou decidido que André Moura seria o líder.

Rodrigo, nesse momento, ainda com a perspectiva de assumir a liderança do governo, defendia a tese de que meu processo no Conselho de Ética deveria ser sobrestado, porque eu não mais estava no exercício do mandato. A tese era correta, só que depois o seu partido, o DEM, não a acatou. No momento da apreciação do meu recurso na CCJ, eu já estava rompido com Rodrigo Maia.

Alguns deputados ficaram até tarde. Vários entravam e saíam. Jantei com eles e fui administrando as reações, para que não perdesse de todo o controle da situação.

Na sexta, dia 6 de maio, eu resolvi permanecer em Brasília. Não estava certa a minha situação, se podia voar em avião da FAB e quais os direitos que mantinha. O vice-presidente estava com as minhas prerrogativas. Eu iria esperar e ver o que aconteceria. Às sextas, os deputados não costumam permanecer em Brasília, de modo que eu teria um fim de semana tranquilo, na medida do possível. Apesar disso, alguns parlamentares que estavam por ali foram me procurar durante o dia.

Temer me telefonou. Pediu que marcássemos uma conversa no domingo à noite. A ligação dele foi enquanto eu estava com o líder do PSD, Rogério

Rosso, almoçando. Ele era de Brasília e não tinha se ausentado. Eu respondi positivamente ao convite.

Naquele momento, a comissão do Senado estava votando e aprovando o parecer do relator, senador Antonio Anastasia, pelo afastamento de Dilma. O placar foi de 15 votos a 5, sendo que o presidente da comissão não votou. Concluída essa fase, era preciso que fosse lido o parecer aprovado em plenário e, 48 horas depois, ele poderia ser votado no plenário do Senado. Estava programada a leitura para segunda-feira, dia 9 – e a votação ocorreria na sessão da quarta-feira, dia 11.

No meio da tarde, chegou de supetão na residência oficial o vice-presidente Waldir Maranhão, para ter uma conversa comigo e combinar as coisas. Ele entrou pela garagem, para não ser visto pela imprensa de plantão na porta. Veio acompanhado do ex-deputado Marcio Junqueira, que era o seu principal "conselheiro".

Maranhão me falou que iria colaborar com Temer. E me pediu uma conversa com ele. O objetivo era acertar a manutenção dos cargos dele, obtidos com Dilma. O seu pedido principal era a manutenção do cargo nomeado da Codevasf, por Dudu da Fonte. Temer não teria alternativa, precisaria ceder ao menos enquanto durasse a interinidade dele.

Ele me pediu apoio para que seguisse na interinidade. Ele queria que os líderes o apoiassem e, para isso, necessitava de mim. Respondi que o apoiaria. Nós estávamos interdependentes. Eu precisava dele. E ele, de mim.

Maranhão não tinha começado bem. As fotos dos jornais, em que ele aparecia sentado à minha mesa, com as fotos em porta-retratos atrás – da minha família –, realmente não foram corretas. Isso só mostrava o despreparo dele para enfrentar uma situação desse tipo. Além disso, o açodamento em tentar fazer uma reunião de líderes também havia irritado os deputados, acostumados com o meu estilo de condução. O problema era que nós precisávamos um do outro.

Ele sabia que bastava que eu renunciasse e seria obrigatória uma nova eleição em cinco dias. Se ele errasse, eu não teria outra opção que não renunciar. Do outro lado, ele sabia que eu dependia da atuação dele, para não ser obrigado a renunciar. Falei a ele que, se as coisas andassem de forma correta, ele poderia ficar nessa interinidade todo o tempo restante do mandato. Nós não tínhamos opção. Teríamos que fazer algum tipo de acordo.

Na frente dele, eu telefonei a Temer, relatando a presença de Maranhão e seu pedido. Temer me autorizou a levá-lo domingo à noite ao Jaburu. Maranhão, já com direito ao uso do avião da FAB, resolveu ir ao seu estado e voltar no domingo, na hora da conversa.

Antes, ele combinou comigo que não demitiria ninguém vinculado a mim e que também manteria o que fosse necessário para mim. Ele disse que aprovaria, na mesa diretora, os direitos que eu teria na interinidade dele. Ele se despediu e saiu – para voar de FAB pela primeira vez, na companhia de Marcio Junqueira. Este havia sido escalado por Dudu da Fonte para controlar cada passo dele.

Eu, ao mesmo tempo que permanecia em Brasília e atendia a todos, também precisava organizar uma defesa jurídica para aquela situação. Como recorrer de uma decisão do plenário do STF? Era uma situação difícil.

Chamei o advogado Marcos Joaquim Gonçalves Alves, que coordenava minha defesa. Após discutirmos, achamos que deveríamos acionar um constitucionalista para entrarmos com alguma medida de desrespeito à Constituição. Ele sugeriu o advogado Lenio Streck. Marcamos uma conversa na residência oficial. Gustavo Rocha e Renato Ramos também iriam dar opiniões sobre o assunto.

Independentemente da situação que poderia ser contestada diretamente, eu, escutando a opinião de Marcos Joaquim, resolvi pedir o preparo de uma ação direta de inconstitucionalidade, uma ADI, visando dar uma interpretação, conforme a Constituição, do artigo 319 do Código de Processo Penal, usado por Teori como argumento na decisão do meu afastamento.

O objetivo era igualar o entendimento de que, se um parlamentar é preso em flagrante, a sua casa legislativa, Câmara ou Senado, tem de autorizar em 24 horas o ato. Da mesma forma, eles não poderiam aplicar um afastamento sem submetê-lo ao plenário da Câmara em 24 horas. Era uma excelente tese, que acabou sendo construída pelo advogado Carlos Horbach, assinada por Renato Ramos – acabou virando a ADI 5526 no STF.

Eu precisava propor a ação por meio de partido político. Consultei o PMDB, mas sua decisão iria demorar muito. Temer não ia me ajudar em nada, para não colocar a sua digital. Dessa forma, pedi aos presidentes dos partidos PP, PSC e Solidariedade que assinassem a ação. Eles concordaram.

Ocorre que a ação caiu sob a relatoria do ministro Edson Fachin, responsável pelos mais duros comentários no seu voto contra mim, na sessão do meu afastamento. Eu sabia que o problema era o tempo para que Fachin resolvesse levar a ação ao plenário. Ele iria segurar a ação.

Em seguida, em fatos posteriores ao período que este livro abrange (até a posse de Temer), pedi a Joesley Batista que conseguisse, junto a Fachin, que a ação fosse levada a voto, independentemente de sua posição pessoal ser favorável ou não. Eu queria uma chance. Joesley combinaria com Fachin que ele julgaria em agosto a ação em plenário.

Acontece que, com a minha renúncia à presidência, ocorrida em 7 de julho, a ação perdeu naquele momento o interesse. Depois, em 2017, quando Aécio Neves sofreu medidas cautelares de afastamento do mandato de senador, o STF se aproveitou da existência dessa ação e resolveu julgá-la para atender a Aécio, acolhendo todos os argumentos que eu utilizei.

Aécio, com isso, teve suas medidas cautelares revogadas, após deliberação do plenário do Senado Federal, permanecendo no exercício do seu mandato de senador. Ele tinha tido uma decisão semelhante à minha – de afastamento do mandato, devido justamente à delação de Joesley Batista, que tanta confusão gerou no país.

A pergunta que eu faço é a seguinte: eu teria sido mantido afastado se, 24 horas após a decisão do plenário do STF, que me afastou do mandato, essa decisão precisasse ser mantida pela maioria absoluta dos deputados? Com certeza eu afirmo que, naquele momento, eu não seria afastado.

Se eu não tivesse renunciado e a ação tivesse sido julgada em agosto, como Fachin acertara com Joesley, talvez em função do meu desgaste acumulado, eu não conseguisse voltar. Mas, no momento do afastamento, eu voltaria, com certeza, ou seja, eu ganharia no plenário. Em agosto, eu só teria chances pela vontade da grande maioria de se ver livre de Waldir Maranhão da presidência.

De qualquer forma, a decisão que me afastou foi uma violência reconhecida pelo próprio STF, quando do julgamento da ADI 5526. Esse julgamento só foi feito para que Aécio ficasse livre do constrangimento que foi obrigado a passar. Era, como eu dizia, o "efeito Orloff", de que "eu sou você amanhã". Uma vez que em nome de uma causa política se quebra o direito para um, no outro dia esse direito será quebrado para todos. Felizmente Aécio teve mais sorte do que eu, ou mais força para conseguir esse julgamento.

Mesmo assim, esse instrumento de afastamento de deputados e senadores se tornou tão alargado em função da decisão contra mim, referendada pelo plenário do STF, que o Congresso resolveu, mesmo que tardiamente, reagir, propondo alterações na Constituição para vedar expressamente essa possibilidade.

No sábado, dia 7, estando eu em Brasília, saí para almoçar na casa do advogado Marcos Joaquim Gonçalves Alves. Gustavo Rocha foi me encontrar lá, para discutir a posição que ele deveria assumir no governo. Ele queria tentar ser advogado-geral da União, sabendo que Alexandre de Moraes não era mais cotado para esse cargo – seria o ministro da Justiça.

Eu o aconselhei a não fazer isso, pois além de virar um alvo mais forte, pela sua ligação comigo, eu também achava o cargo de subchefe de assuntos jurídicos da Casa Civil mais importante. Esse cargo é o que despacha tudo com o presidente – e nada vai para o *Diário Oficial* sem passar por ele. Ele acabou cedendo e concordando comigo.

Após o almoço, já de volta à residência oficial, recebi um telefonema estranho do vice-presidente Waldir Maranhão. Meio alcoolizado, ele me confirmou que estaria chegando a Brasília às 20 horas de domingo. Pedi a ele que fosse direto para o Palácio do Jaburu – eu já estaria lá.

Esse telefonema me causou muita preocupação. Ele parecia estar em um dilema, que em seguida nós conheceríamos qual seria.

No domingo, dia 8, vazaram na *Folha de S. Paulo* trechos do relato da delação da Odebrecht. Marcelo Odebrecht acusava o BNDES de forçar doações eleitorais para a campanha de Dilma. O relato implicava o ex-ministro Guido

Mantega e o então presidente do BNDES, Luciano Coutinho, que teriam agido para que o PT se beneficiasse de propinas sobre o financiamento de obras no exterior. Às vésperas da saída de Dilma, era mais uma pedra em seu caixão.

No domingo à noite, nada de Maranhão ligar. Fui para o Palácio do Jaburu, confiando no último telefonema – mas duvidando que ele, bêbado, teria guardado a informação de que deveria ir direto ao encontro.

Chegando ao palácio, encontrei Henrique Meirelles, Eliseu Padilha, Moreira Franco, Geddel Vieira Lima e vários assessores de Temer. Era uma reunião para definir as últimas posições do futuro governo e superar alguns entraves. A primeira confusão era que Aécio não reconhecia a nomeação de Serra como um atendimento ao PSDB. Moreira Franco ligou para Fernando Henrique Cardoso e pediu ajuda para contornar a situação. Em seguida, ele saiu para encontrar Aécio pessoalmente e tentar resolver o problema.

Continuava o desconforto de Temer em dar a Educação para o DEM. Ele queria o senador Antonio Anastasia. Eu afirmei, de novo, que não dava para tirar Anastasia da relatoria do impeachment. Ele deveria deixar essa possibilidade para depois. Ele concordou e, mesmo a contragosto, bateu o martelo para Mendonça Filho.

Ao mesmo tempo que Serra era contestado por Aécio, ele queria, de qualquer forma, o ministério de Indústria e Comércio junto das Relações Exteriores. Temer bateu o martelo de que não incorporaria o ministério a nenhum outro, por pressão da Fiesp, representada pelo seu aliado Paulo Skaf.

Ele resolveu, contudo, juntar Ciência e Tecnologia com o Ministério das Comunicações. Isso serviria para compensar Kassab pela perda do Ministério das Cidades. Também serviria para estancar as críticas de que Marcos Pereira fosse ocupar esse ministério – isso iria abrir outra frente de batalha com o partido dele.

Temer tentou que Henrique Alves trocasse o Turismo por Indústria e Comércio, aí daria o Turismo em troca ao PRB. Henrique, que estava presente, não aceitou, de jeito nenhum. Nesse caso, só restariam duas opções para Temer: ou dava Esportes, que Marcos Pereira não aceitaria e ainda haveria o problema com o já convidado Leonardo Picciani, ou deixava para Marcos Pereira a pasta da Indústria e Comércio.

Eu ponderei com Temer que iriam arranjar defeito qualquer que fosse o cargo dado a Marcos Pereira. O problema era preconceito mesmo, por ele ser ligado à Igreja Universal. Dessa forma, o caso era muito simples: escolher o cargo, anunciar só na hora e deixar rolar a gritaria. Não haveria opção sem gritaria. Temer acabaria decidindo assim mesmo: reservando a ele Indústria e Comércio.

Bruno Araújo iria para o Ministério das Cidades, Maurício Quintella para os Transportes, acrescido de Portos e Aeroportos. Mas a parte de Portos ficaria com o PMDB. Havia uma confusão no Ministério da Defesa, para o qual

Temer tinha convidado Nelson Jobim – que recusou. Chamado em seguida, Mariz também não aceitou.

Temer chegou a chamar o deputado Newton Cardoso Júnior, de Minas Gerais. Acabou recuando diante da repercussão ruim, por ele ser muito jovem. Por fim acabou convidando o vereador de Recife e suplente de deputado federal Raul Jungmann – indicado por Jobim. Foi por exclusão mesmo. A escolha não agradava, mas, como ele era filiado ao PPS, ficou como a cota partidária desse partido.

Ele já tinha garantido o Desenvolvimento Social para o deputado Osmar Terra, do PMDB. Faltava definir Integração e Minas e Energia. Acabou confirmando Helder Barbalho na Integração. E colocaria o deputado Fernando Filho nas Minas e Energia. Ricardo Barros estava definido na Saúde, Blairo Maggi na Agricultura e Ronaldo Nogueira, do PTB, no Trabalho. Meus acordos, feitos por conta da votação na Câmara, acabariam todos cumpridos. Quanto ao resto, eu não me preocupava.

O tempo ia avançando e nada de Waldir Maranhão chegar. O telefone dele não respondia. O deputado Heráclito Fortes – aquele que Janot me acusou de usar como laranja de um projeto que alterava as delações, o qual eu nem conhecia – chegou ao palácio. Ele tinha bastante intimidade com Temer e também estava tentando interferir junto a Maranhão. Heráclito tinha sido vice-presidente da Câmara quando Temer foi presidente, anteriormente.

Ele falou que Maranhão havia sumido. Resolvi acionar a segurança da Câmara, para saber qual o paradeiro dele. Fui informado de que ele estava em Brasília e pertinho da gente, no palácio – só que no Alvorada, não no Jaburu. Nesse momento, Temer se preocupou.

Chamei Temer a um canto e falei que Maranhão poderia fazer duas coisas bem sérias que afetariam todo o processo. A primeira era despachar o recurso contra a votação do impeachment, pedindo sua anulação. Eu havia deixado pronto para rejeitá-lo, mas estava esperando a decisão do Senado primeiro. Se ele aceitasse esse recurso, iria paralisar o processo do Senado – seria um caos.

A segunda coisa que ele poderia fazer era ler em plenário a decisão de Marco Aurélio Mello sobre o pedido de impeachment de Temer, rejeitado por mim. E marcar a instalação da comissão especial para analisar esse pedido.

As duas decisões poderiam ser bastante danosas. Qual a razão de ele estar no Palácio da Alvorada naquela noite, esquivando-se de encontrar o presidente que iria assumir? Só havia uma resposta. Ele ainda estava trabalhando para que a presidente Dilma continuasse no poder.

Temer chamou Padilha e conversamos separadamente dos demais. Ele se preocupou com ambas as possibilidades. Mas o que fazer nesse momento? O que poderíamos fazer para evitar uma loucura de Maranhão? Depois, ele me perguntou o que eu estava fazendo para tentar reverter minha situação. Expliquei a estratégia jurídica, da ação direta de inconstitucionalidade – ele aprovou, embora não tivesse colocado o PMDB para assinar a ação em que eu daria entrada em seguida.

Voltei para a residência oficial, certo de que algo iria acontecer na segunda-feira. Maranhão, até a meia-noite, não respondeu a nenhuma ligação. Isso era estratégia dele. Ele estava jogando uma roleta-russa – podia morrer ou virar herói de salvação de Dilma. Eu não tinha opção. Era só aguardar, mas, caso ele tomasse alguma decisão, talvez eu fosse obrigado a renunciar, para ter de tirá-lo da presidência para outro consertar a besteira que ele fizesse.

O que tinha feito Maranhão que nós não sabíamos? Ele, na mesma sexta em que havia estado comigo, na residência oficial, esteve com o advogado-geral da União, José Eduardo Cardozo, em encontro articulado pelo governador Flávio Dino.

Cardozo queria que ele desse a decisão favorável ao recurso que tinha ingressado contra a sessão do impeachment – por argumentos tão pífios que não havia a menor possibilidade de sucesso. Ele questionava, por exemplo, que tinha havido orientação dos líderes na votação. Na realidade, o que houve foi o respeito ao tempo das lideranças na sessão, por expresso comando regimental.

Não era possível censurar a fala dos líderes. Alguns defenderam Dilma e também não foram censurados. O recurso questionava também o fato de não ter sido dada fala a Cardozo na sessão, fato contestado por eles em mandado de segurança ao STF, sem sucesso, antes da votação na Câmara.

Era um recurso sem qualquer chance de prosperar, que não havia sido ainda indeferido por mim única e exclusivamente por estratégia. Cardozo então entregaria a Waldir Maranhão a proposta dele de decisão do recurso.

Mas, em São Luís, Maranhão reuniu-se com Flávio Dino. Combinaram, inclusive, que este pegaria carona no avião da FAB no domingo. Resolveriam o assunto no domingo à noite, em Brasília, com Cardozo.

Maranhão, ainda indeciso, me telefonou sábado. Bêbado. Ele queria checar as opções que teria na sua decisão de um lado e do outro. No domingo, contudo, embarcou com Flávio Dino e Marcio Junqueira para Brasília. Chegando à capital federal, foram direto encontrar Cardozo na casa do deputado Silvio Costa.

Da reunião, Cardozo conduziu Maranhão, já alcoolizado, Dino e Junqueira para o Palácio da Alvorada. Seria um encontro com Dilma, para fechar os interesses de Maranhão, que seriam contemplados. Quem defendia esses interesses era Junqueira. Nesse meio-tempo, Maranhão desligou o telefone. Após o encontro com Dilma, em que assinou o teor da decisão, preparada por Cardozo, de acolhimento do recurso, encarregou Junqueira de entregá-la na Câmara, na segunda-feira bem cedo.

Como eu soube todo o roteiro de Maranhão? Simples: com o relato do segurança que o levou, aliado ao testemunho dos fatos dado por Junqueira, em conversa posterior. Márcio Junqueira inclusive me relatou que dormiu no apartamento de Waldir Maranhão, que, sem conseguir pegar no sono devido à tensão da decisão esdrúxula que havia tomado, perguntaria depois de vários copos de bebida: "Junqueira, isso não vai dar merda, não?". Era óbvio que daria.

Na segunda, dia 9, os jornais amanheceram com um comunicado da Andrade Gutierrez de que tinha feito acordo de leniência com a Lava Jato – e seus executivos haviam firmado termo de delação. Eles reconheciam os seus erros e pediam desculpas.

A *Folha de S. Paulo* publicou uma matéria falando que meus aliados iriam entrar com representação no Conselho de Ética contra o deputado Júlio Delgado, derrotado por mim na eleição da presidência da Câmara, por mentir na CPI da Petrobras, em acusação idêntica a que era feita contra mim.

Delgado teria mentido durante o depoimento do dono da UTC Engenharia, Ricardo Pessoa, quando o interpelou sobre sua delação de doações feitas a ele na campanha eleitoral. Ele negou ter recebido doações de Pessoa, que depois se mostraram comprovadas pela declaração da sua campanha à Justiça Eleitoral. Era o mesmo caso em que eu era acusado e dentro do mesmo colegiado da CPI. Havia também investigação no STF contra ele – mas Janot iria arquivar para fortalecer sua luta contra mim.

Na segunda, conforme o acordo de Maranhão com Cardozo, Dino e Dilma, Márcio Junqueira, às 9 horas da manhã, adentrou a secretaria-geral da mesa com a decisão pronta e assinada por Waldir Maranhão de anulação da sessão do impeachment. Além disso, um ofício estava pronto, dirigido ao presidente do Senado, pedindo a devolução para a Câmara do processo de impeachment. A decisão era fora dos padrões da Câmara, tendo sido preparada externamente, ou seja, por Cardozo. Um verdadeiro caos político se instalaria no país a partir desse momento.

44 O fim da tentativa de golpe, a votação no Senado do afastamento de Dilma e a posse de Michel Temer

A divulgação dessa decisão de Waldir Maranhão foi imediata. Desencadeou uma verdadeira avalanche. Michel Temer me telefonou, mandando para a residência oficial o ex-secretário-geral da Câmara, Mozart Vianna, que estava trabalhando na equipe dele, acompanhado do deputado Arthur Maia. O objetivo era verificar os caminhos para orientar a reação.

As notícias começavam a pipocar. Houve até alguns idiotas que atribuíram a decisão de Maranhão a uma interferência minha, pela visita que ele tinha feito a mim na sexta-feira anterior. Qual seria meu interesse? Iria jogar fora todo o meu esforço para tirar Dilma, para beneficiá-la? Parecia piada. Além disso, eu sabia que iria aumentar a pressão pela minha renúncia. A situação de Maranhão ficaria insustentável.

Orientei, então, para que logo que se abrisse a ordem do dia, de uma sessão da semana, que deveria ser na terça, se questionasse essa decisão, por meio de uma questão de ordem. Com isso, Maranhão negaria a questão de ordem, podendo-se recorrer e pedir o efeito suspensivo. Isso suspenderia o trâmite dado por Maranhão. Ainda poderia ocorrer que Maranhão recebesse a questão de ordem e não decidisse, o que levaria ao caos.

Mas, de qualquer forma, só esse fato serviria para adiar a votação de quarta-feira no Senado. A outra saída seria eu renunciar, o que eu não queria, para provocar uma nova eleição para a presidência da Câmara em cinco dias – e o novo presidente revogar a decisão de Maranhão. Isso atrasaria ainda mais a decisão do Senado.

As outras possibilidades seriam ingressar com um mandado de segurança no STF para anular a decisão de Maranhão, mas isso poderia cair com ministros contrários ao impeachment, como Barroso. Eles, então, poderiam decidir que seria caso *interna corporis*, e não se meteriam.

Ainda haveria a possibilidade de o PP, partido de Waldir Maranhão, expulsá-lo da legenda – isso o faria perder o cargo de vice-presidente, o que levaria a Câmara a ter de eleger um novo vice-presidente em cinco dias, dentro dos quadros do PP. O novo vice assumiria interinamente a presidência da Casa.

A outra possibilidade era simplesmente o Senado ignorar a decisão, pois era extemporânea – já que o Senado, por sua comissão especial, já havia votado a admissibilidade da denúncia. A matéria não pertencia mais à Câmara e, sim, ao Senado. Mas isso iria depender de Renan. Mozart e Arthur Maia saíram, para levar a Temer as minhas propostas de solução. Eles iriam preparar os instrumentos de questionamento.

A essa altura, a confusão estava instalada no país. Maranhão não podia mais andar na Câmara. Dilma, em um gesto de cinismo, em uma solenidade no Palácio do Planalto, fingiu surpresa com a decisão de Maranhão – e estimulou a plateia a gritar o nome dele. A foto dela, publicada nos jornais, retratava bem o deboche protagonizado por seu desgoverno. Era um achincalhe a todos.

A imprensa começava a vazar os detalhes do que tinha ocorrido na noite anterior. A participação de Cardozo e de Flávio Dino era escancarada, incluindo a reunião no Palácio da Alvorada. Até o estado de Waldir Maranhão, alcoolizado, veio a público.

Divulguei uma nota classificando a decisão de Maranhão como "absurda, irresponsável, antirregimental e feita à revelia do corpo técnico da Casa". Afirmei ainda que "a participação do advogado-geral da União e do governador do Maranhão na confecção da decisão mostra interferência indevida, na tentativa desesperada de evitar a consumação, pelo Senado Federal, da instauração de processo de impeachment da presidente da República".

Em protesto contra a decisão, manifestações de rua começaram a ocorrer no país. Em menor número, também houve manifestações de apoiadores do PT. Era o reinício da batalha das ruas. O ministro do STF Gilmar Mendes soltou um comentário ridicularizando a forma da decisão, mencionando as bebidas alcoólicas envolvidas. A situação era inusitada.

No momento do anúncio, Renan Calheiros estava voando de Maceió para Brasília. Quando desembarcou, reagiu enfurecido e chamou os líderes do Senado para uma reunião. Michel Temer, Romero Jucá e Eunício Oliveira o procuraram. A essa altura, Temer sabia que dependia de Renan para que não se alterasse o curso do processo, depois da orientação que eu havia passado. Renan era a solução mais fácil e mais rápida para resolver o problema.

Então, fosse pela sua convicção pessoal, fosse atendendo a Temer, o presidente do Senado comunicou aos líderes que iria ignorar a decisão de Waldir Maranhão, por considerá-la intempestiva. O líder do PT saiu do encontro e ligou para Lula e Dilma, pedindo a eles que intercedessem junto a Renan.

Lula, com senso de realidade, se recusou a fazê-lo. Dilma telefonou a Renan para interferir – mas não foi atendida. Renan vislumbrou, nesse momento, a oportunidade de mergulhar no impeachment, tendo uma razão objetiva para fazê-lo, sem parecer que teria cedido a alguma influência.

Com a confusão instalada, deputados foram à sessão da segunda-feira prontos para confrontar Maranhão. Ele atendeu à imprensa, cercado por deputados do PT. Tentou defender sua decisão, mas não conseguiu explicá-la.

O líder do PSD, Rogério Rosso, entrou em nome do partido com uma representação para a cassação do mandato de Waldir Maranhão no Conselho de Ética. Esse seria um processo rápido e de decisão já conhecida. Ele seria facilmente cassado. O gesto dele era indefensável. Maranhão estava violentando, de forma ilegal, a vontade de 367 deputados que haviam votado favoravelmente ao impeachment.

Alguns parlamentares preparavam uma ação ao STF para afastá-lo da presidência da Câmara. Outros entraram com um questionamento para se decretar a vacância do cargo de presidente, pelo meu afastamento. Iam fazer uma questão de ordem, recorrendo à CCJ, para obter uma decisão que confirmasse a vacância da presidência.

Certos deputados do PP anunciavam o pedido de expulsão de Maranhão do partido e a consequente perda do cargo de vice-presidente da Câmara. Essa solução resolveria o problema – mas poderia levar, ao menos, uma semana.

A coisa ia crescendo. Renan assumiu a presidência da sessão do Senado e comunicou que não iria acatar a decisão de Maranhão. Sob protestos dos petistas, ele declarou que "aceitar essa brincadeira com a democracia seria ficar pessoalmente comprometido com o atraso do processo". Renan procedeu à leitura do parecer da comissão e manteve a sessão de votação para quarta, dia 11.

Maranhão chegou a rebater que não estava brincando com a democracia, mas obedecendo às leis. Mas seguia sem explicar seus motivos. Era como se Maranhão houvesse sido "capturado" pelo PT.

Dilma, por meio da AGU, anunciou que iria entrar no STF para que Renan fosse obrigado a acatar a decisão de Maranhão. Isso seria um novo imbróglio. A área técnica da Câmara se manifestou, alegando que o ato de Maranhão foi feito à revelia dela.

Um presidente da Câmara até pode decidir contra a opinião da área técnica da Casa – mas jamais decidir à revelia. Eventuais divergências precisam ser resolvidas com fundamentação correta, e não com desprezo à tecnicidade. Nesse caso, inclusive, o parecer da área técnica estava contra o recurso da AGU, e eu seguiria esse entendimento.

Como o expediente assinado por Maranhão havia sido preparado por Cardozo, e não dentro da Câmara, alguns deputados estavam propondo que se periciasse o documento, para comprovar isso. Como tinha sido preparado fora da Câmara, não estaria dentro do sistema. Isso poderia ser objeto de cassação de mandato.

Em seguida, Renan daria um chilique pelo fato de a Comissão de Constituição e Justiça do Senado ter adiado a apreciação do processo de cassação do então senador Delcídio do Amaral. Renan declarou que só votaria o afastamento de Dilma após ter votado a cassação de Delcídio. Com isso, o plenário do Senado aprovou urgência para essa votação, que acabou marcada para a terça, dia 10.

No fim da noite, depois do andamento dado por Renan, eu estava na residência oficial, reunido com diversos deputados e líderes, quando o secretário-geral da mesa, Silvio Avelino, me telefonou informando que Maranhão havia revogado o polêmico despacho. Dudu da Fonte também telefonou, informando o desfecho e me pedindo que eu recebesse Marcio Junqueira. Concordei. Ele chegou sob revolta de alguns deputados. Precisei conter. Eu o levei para o escritório da residência para conversarmos a sós.

Junqueira me relatou todo o roteiro da decisão de Maranhão no domingo e disse que ele havia caído no conto do governo, que havia lhe assegurado que Renan manteria a sua decisão e que o STF não interferiria. Quando Renan atacou a decisão, a ficha dele finalmente caiu. Ele me pediu ajuda para distensionar a situação. Quando ele saiu, voltei para a reunião com os deputados. Como diria Garrincha, tinha faltado combinar com os russos.

Eu pedi que considerássemos o episódio encerrado, mas os deputados não aceitaram. Eles queriam, de qualquer forma, uma solução para que Maranhão fosse retirado da presidência. Ponderei que o melhor seria aguardar a votação do afastamento de Dilma, para que só então decidíssemos o que fazer – alertando que eu não renunciaria.

O problema era que a irritação contra ele estava muito grande. Não seria fácil reverter aquela situação. O seu pedido de expulsão já estava protocolado no PP. As coisas não seriam tão simples assim. O fato de Waldir Maranhão ser expulso do partido não significaria necessariamente a perda do cargo. Se ele se filiasse a uma legenda que fizesse parte do mesmo bloco em que o PP estava, ele se manteria no posto.

Foi essa solução que eu encontrei quando o deputado Felipe Bornier trocou de partido, do PSD para o PROS, na janela partidária. Ele continuou como segundo-secretário da Câmara porque entendemos que havia se filiado a um partido que integrava o mesmo bloco do anterior. No caso, Bornier era meu aliado, por isso construí uma solução que o mantivesse no cargo.

Na terça, as repercussões da trapalhada feita por Waldir Maranhão eram grandes, apesar da sua revogação. Sua volta atrás escancarou sua fragilidade. Não havia nenhum respeito por ele, em todas as opiniões publicadas. A estratégia frustrada de Dilma era denominada "operação tabajara", em referência ao programa humorístico do Casseta & Planeta.

Desesperado com a pressão em cima dele, Waldir Maranhão me telefonou. Ele me pediu desculpas. Eu o critiquei bastante, inclusive pelo fato de ter me deixado plantado no Palácio do Jaburu, aguardando, enquanto ele estava no Alvorada com Dilma. Ele insistiu no pedido de desculpas e disse que estava precisando de ajuda – e sua pergunta era se eu iria ou não ajudar. Eu tinha um dever de gratidão com ele. Em todas as vezes que precisei, ele despachou a meu favor no meu processo de cassação no Conselho de Ética. Não poderia deixá-lo na mão.

Assim, chamei os líderes para uma conversa na residência oficial. Expliquei que não seria correto da minha parte deixar que ele acabasse cassado por isso, depois de ter me ajudado. Era preciso fazer algo.

Pedi a Rogério Rosso que retirasse a representação no Conselho de Ética. Ele resistiu bastante, mas acabou me atendendo. Pedi também que os líderes criassem uma situação a fim de que Waldir Maranhão não presidisse as sessões, deixando que elas fossem tocadas pelo primeiro-secretário, Beto Mansur. Depois o tempo resolveria.

Mesmo com todas as dificuldades, acabei diminuindo a pressão em cima de Maranhão. Eu o salvei, em retribuição ao que ele já havia feito. Sabia que ele era dependente de Flávio Dino, mas nunca tinha faltado comigo naquilo que fosse de natureza pessoal. Eu só não podia esperar que ele iria se juntar ao PT depois – e tentaria abreviar a minha cassação, me forçando a renunciar à presidência para que houvesse novas eleições e ele saísse da presidência interina.

Para mim, naquele momento, era interessante contemporizar, por dois motivos: o primeiro, para que sentissem minha falta. O segundo, para diminuir a pressão para que eu renunciasse ao cargo, forçando uma nova eleição.

A confusão armada por Maranhão acabou ajudando Temer. Renan, que estava como guardião de Dilma, acabou mudando de lado. Temer se reuniu com ele, na residência oficial do Senado, e fez um acordo. Renan acabaria inclusive influenciando a escolha de ministros e colocaria um assessor dele, Fabiano Silveira, para ser o ministro da Transparência, que herdaria a estrutura da Controladoria-Geral da União.

Dilma iria entrar no STF contra Renan por não ter acolhido a decisão de Waldir Maranhão, mas perdeu essa condição em função da nova decisão dele, que revogou o despacho. O objeto da sua contestação havia deixado de existir. Ela então resolveu, orientada por José Eduardo Cardozo, entrar na mesma toada contra mim. Cardozo ingressou com um novo mandado de segurança, que levou o número 34.193, para anular toda a etapa do impeachment, desde o dia em que eu me tornei réu pelo STF, 3 de março, usando a mesma e derrotada argumentação de que houve desvio de poder.

Cardozo novamente entrava com um instrumento que, ele sabia de antemão, seria derrotado, pois já haviam se passado 150 dias da aceitação do impeachment. O mandado de segurança só é válido até 120 dias do ato atacado.

O mandado caiu com a relatoria do ministro Teori Zavascki, que rebateu todos os argumentos usados por Cardozo de mérito, inclusive explicando de forma didática que o juiz do impeachment é o Senado Federal, e não o Supremo Tribunal Federal. Ele fala também que não houve desvio de poder da minha parte.

Agora, o mais importante da decisão dele estava descrito no item 4, na página 14, em que disse: "O ato que, na verdade, constitui a essência e a base fundamental da impetração, e do qual derivariam todos os demais, segundo a própria impetração, é o ato de recebimento parcial da denúncia, que estaria motivado por vício insanável de desvio de finalidade, já que motivado por espírito de vingança pessoal do presidente da Câmara dos Deputados. Relativamente a ele, seu exame nesta via mandamental encontra diversos óbices importantes. O primeiro é o da tempestividade da impetração. Trata-se, com efeito, de ato praticado em 2 de dezembro de 2015, portanto, há mais de cento e vinte dias, o que, em princípio, atrai o decurso do prazo estabelecido no art. 23 da lei do mandado de segurança (Lei nº 12.016/09)".

Ou seja, na decisão, Teori explicitou que havia o óbice de ter entrado com o mandado fora do prazo previsto na lei. Como pode uma presidente da República, em vias de perder o seu mandato, ter uma assistência jurídica dessa qualidade?

Cardozo não era somente fraco em política, era fraco de caráter e fraco em estratégia. Era também um péssimo advogado. Ele insistia na tese, já vencida, de desvio de poder, e dessa forma acumulava derrotas. Por isso eu dava razão aos comentários desabonadores que Lula e outros petistas faziam sobre ele para mim.

Esse mandado de segurança teve a relatoria herdada pelo ministro Alexandre de Moraes, depois da morte de Teori Zavascki. Moraes julgou o mérito do mandado em 7 de dezembro de 2018. Ele transitou em julgado em 27 de fevereiro de 2019, sem nenhum recurso de agravo por parte de Dilma.

Alexandre de Moraes negou a segurança e rebateu os argumentos usados na inicial. Ele atacou inclusive a tão falada motivação, arguida por Cardozo na decisão que preparou para Waldir Maranhão acolher o seu recurso, de que houve orientação de bancada para os votos.

Moraes disse que isso não aconteceu, até porque não caberia a mim censurar a palavra dos deputados. Segundo ele, houve expressa observação minha de que não poderia haver a orientação nem registro no painel de orientação. Ele ressaltou inclusive que, na petição inicial de Cardozo, isso foi confirmado. O que ocorreu era que eu era obrigado, regimentalmente, a dar a palavra aos líderes para pronunciamento – e que eu não podia censurar.

E por que será que não recorreram da decisão monocrática de Alexandre de Moraes? Será que era para evitar o vexame de que a decisão fosse confirmada por unanimidade no plenário e acabasse com o discurso da retórica de golpe?

Na terça, Renan levou à votação em plenário a cassação de Delcídio do Amaral. Por 74 votos a zero, ele teve o mandato de senador cassado. Renan satisfez sua exigência para colocar em votação o afastamento de Dilma.

Enquanto isso, Temer foi fechando o formato final do ministério, que seria anunciado na sua posse. Depois de idas e vindas, ele decidiu fazer uma redução do número de pastas, marcando um contraponto com Dilma e seus 32 ministérios. Ele também decidiu nomes e renegociou algumas posições.

Temer acertou o deputado Sarney Filho, do PV, para o Ministério do Meio Ambiente e confirmou o deputado Fernando Filho para Minas e Energia. Ele comunicou a junção de Ciência e Tecnologia com Comunicações, que ficaria com Kassab. Também acertou a nova troca de Marcos Pereira para Indústria e Comércio, confirmou a Integração com Helder Barbalho e a Transparência com o assessor de Renan, Fabiano Silveira.

Nesse dia houve idas e vindas da situação do Ministério da Defesa, que ficou mesmo com Raul Jungmann, do PPS. Também foi confirmado o deputado Ronaldo Nogueira, do PTB, no Trabalho e feito um acordo com o deputado Paulinho da Força, para que os Assuntos Fundiários ficassem com o Solidariedade, mas subordinados ao Desenvolvimento Social. Temer prometeu que, no futuro, retornaria a pasta ao *status* de ministério.

Os demais já eram conhecidos. Ele confirmou Ricardo Barros, do PP, na Saúde, o senador Blairo Maggi na Agricultura e a presidência da Caixa para o ex-ministro Gilberto Occhi, do PP, cumprindo integralmente o acordo com o partido. PSC, PTN e PROS também foram atendidos na forma combinada. DEM e PSDB estavam contemplados diretamente por Temer.

Do mesmo modo, Maurício Quintella ficou com os Transportes, acrescido de Portos e Aeroportos, além dos já conhecidos nomes divulgados da Economia e do PMDB. Os acordos individuais, feitos por ocasião da votação do impeachment, foram encaminhados de forma positiva. Faltava somente a definição da liderança do governo na Câmara, que seria definida em um jantar meu com Temer na segunda, dia 16.

Apesar de todos os contratempos, o processo estava terminando bem. Todos os compromissos feitos por meu intermédio tinham sido cumpridos ou renegociados em comum acordo. Eu também havia sido atendido, tanto pela nomeação de Henrique Meirelles quanto pela escolha do perfil do ministro da Justiça, Alexandre de Moraes, que tinha sido meu advogado. Não tinha do que reclamar até aquele momento.

A única coisa preocupante era o poder de Moreira Franco no processo. Temer havia dado uma secretaria extraordinária para ele comandar as privatizações. O poder nele concentrado era tão grande que Temer cedeu para ele o gabinete da vice-presidência da República. Ao comandar as privatizações, Moreira também sinalizava que estaria por trás dos grandes negócios que aconteceriam no país. Ele iria ainda, junto de seu genro Rodrigo Maia, nomear como presidente do BNDES Maria Silvia Bastos – a ex-secretária da Fazenda na gestão do pai de Rodrigo, Cesar Maia, na prefeitura do Rio de Janeiro.

Moreira Franco viria a ser alvo de denúncias de delatores da Odebrecht por ter cobrado e recebido propina de R$ 4 milhões na privatização do Aeroporto do Galeão – feita no governo Dilma por ele, como secretário da Aviação Civil. Ele também chegaria a ser preso em 2019, juntamente com Temer, com base em outra delação, dessa vez do dono da empreiteira Engevix, José Antunes Sobrinho.

Temer, com essa composição do ministério, havia assegurado uma base parlamentar forte e não teria problemas de governabilidade, ao contrário de Dilma.

Mas uma promessa feita a mim, justamente a mais importante, ele não cumpriria. Temer havia dito que faria de tudo para evitar a minha cassação. E, como se viu, ele acabou ajudando nesse processo, com o apoio que deu depois para que Rodrigo Maia ocupasse meu lugar. Temer participou do acordo que me levou a renunciar à presidência sem que cumprissem o combinado comigo. Depois, não atuou a meu favor no fim do processo de cassação. Esse tema ficará bastante claro no meu próximo livro.

Temer, definitivamente, foi um dos grandes responsáveis pela minha cassação.

A residência oficial da Câmara era o ponto de encontro dos deputados que queriam ter notícias da situação e ainda tentavam interferir nas últimas negociações. Eu também recebi as testemunhas que tinha indicado para depor no processo do Conselho de Ética na quarta-feira. Um deles seria o advogado da Suíça, que eu havia colocado para acompanhar o caso.

Na quarta, dia 11 de maio, ocorreu a sessão de votação do parecer da Comissão Especial do Impeachment do Senado, que defendia a admissibilidade da acusação e o consequente afastamento de Dilma. A sessão seria longa e a previsão era que avançasse pela madrugada.

O ministro Edson Fachin liberou para votação a denúncia que iria tornar Renan réu por supostamente ter efetuado o pagamento de pensão alimentícia a uma filha fora do casamento por meio de uma empreiteira. Essa denúncia estava liberada em fevereiro, mas foi retirada após pedido de Ricardo Saud, executivo de Joesley Batista, ao ministro Fachin – conforme relatado pelo próprio Saud a mim na época. De qualquer forma, era estranha essa liberação no momento em que o Senado, conduzido por Renan, afastaria Dilma.

Foi após a decisão de aceitação dessa denúncia pelo plenário do STF que acabou sendo julgada a ADPF 402, feita pelo antigo escritório de Barroso. Ela acaba definindo que Renan poderia continuar presidente do Senado, mas não poderia assumir eventualmente a Presidência da República. Dessa vez Barroso se declararia impedido e não participaria do julgamento.

O cronograma para o afastamento de Dilma previa que, após a decisão do plenário do Senado, ela seria intimada às 10 horas do dia 12. E Temer seria convocado logo depois, pelo primeiro-secretário do Senado, senador Vicentinho Alves. Em seguida, Temer tomaria posse, ainda como presidente interino, e nomearia o seu ministério.

Dilma passaria à condição de presidente afastada, ou seja, poderia retornar – ou pela não aprovação por dois terços dos senadores do seu impeachment, ou decorrido o prazo de 180 dias sem que se encerrasse o julgamento pelo Senado. Somente depois da votação definitiva do impeachment Temer assumiria de forma permanente a Presidência da República – o que ocorreria no fim de agosto.

Com o dia avançando e o cenário totalmente definido, o assunto virou uma espécie de comemoração. Em torno de 50 deputados, incluindo líderes, estavam na residência. Alguns ministros que seriam anunciados também passaram por lá. Era um interminável vaivém, com conversas isoladas em algum momento.

O advogado Marcos Joaquim Gonçalves Alves, que me auxiliava coordenando os trabalhos de meus advogados e que tinha bastante acesso a mim, me sondou se eu não combinaria para que Michel Temer tivesse uma conversa reservada com o presidente do STF, Ricardo Lewandowski, antes da posse.

A proposta era para que tomassem um vinho juntos, na residência do advogado Marcos Vinícius de Carvalho, ex-presidente da OAB, na noite de quarta, logo após a sessão do STF. Liguei para Temer, que topou a conversa. Combinei local e hora. Temer iria sozinho, e só os dois, além do anfitrião, participariam.

Eram dois os objetivos da conversa. O primeiro, neutralizar os movimentos de Lewandowski, adversário declarado do impeachment – mas que iria presidir o resto do processo no Senado. O segundo era distensionar minha situação, para que eu pudesse ter algum instrumento de retorno à presidência da Câmara.

Temer compareceu e, depois do encontro, que durou quase duas horas, regado a vinho da adega de Marcos Vinícius, me telefonou para agradecer. Ele também me convidou para sua posse no dia seguinte. Ponderei que não deveria comparecer, pois como presidente afastado iria gerar uma foto que não ajudaria em nada nossa situação. Temer fingiu lamentar, renovou o convite e me deixou à vontade.

Depois, Marcos Joaquim chegou à residência oficial, me relatando a conversa repassada por Marcos Vinícius. A constatação era de que Temer tratou dele, do impeachment, mas não tocou no meu tema. Era como Temer sempre fazia: se aproveitava das situações e tratava somente da vida dele. Foi uma decepção a mais para mim.

Nesse meio-tempo, eu estava tratando da ação a que daríamos entrada no STF, que virou a ADI 5.526. Eu precisava ser rápido, mas dependia da burocracia dos partidos. Na quinta, acabaria entrando com essa ação.

A sessão corria no Senado e havia um movimento de rua bastante grande. Um enorme grupo se aglomerava em frente ao Congresso, com pessoas enroladas na bandeira brasileira, acompanhando a sessão. Alguns tumultos ocorreram, mas foram contidos pelas forças de segurança, embora o movimento fosse em menor número do que no dia da votação na Câmara.

O fato de ter ocorrido no meio da semana, e durante a noite, contribuía para que houvesse um menor público do que quando da votação da Câmara. Mas, de qualquer forma, havia bastante gente acompanhando. Os favoráveis ao impeachment de Dilma estavam em maior número.

Mendonça Filho e Rodrigo Maia foram os primeiros a passar na residência oficial, antes de irem para o Palácio do Jaburu. Mendonça, já como o ministro da Educação, propôs ajuda para tentar sobrestar o meu processo no Conselho de Ética, devido ao meu afastamento, com o apoio de Rodrigo Maia.

Rodrigo ainda estava lutando pela liderança do governo, que seria definida na semana seguinte. Como eu já disse, depois dessa definição, tanto Rodrigo Maia quanto o DEM passaram a ser meus adversários. Rodrigo, aliás, passou a ser meu inimigo.

Os deputados ficavam se alternando entre a residência oficial e o Palácio do Jaburu. Só que Temer não estava no Jaburu, pois tinha ido se encontrar com Lewandowski. Os deputados vinham à residência e perguntavam pelo sumiço de Temer. Eles se preocupavam com as definições, ainda não anunciadas, da equipe de governo.

Chegou à residência um grupo de deputados do PMDB para obter de mim o apoio na escolha da liderança da bancada, já que ela ficaria vaga no dia seguinte, pela nomeação de Leonardo Picciani para o Ministério dos Esportes.

No grupo estavam Lúcio Vieira Lima, Hugo Motta e Baleia Rossi. Eles falavam em pedir apoio para Baleia Rossi se tornar o líder. Eu, como sabia da forte dependência de Baleia para com Temer, a princípio não gostei da ideia. A bancada ficaria sob comando direto de Temer.

Baleia Rossi é filho do ex-ministro da Agricultura de Dilma, Wagner Rossi, nomeado por Temer e demitido na fase faxina de Dilma. Rossi antes havia sido presidente da Companhia Docas de Santos, também nomeado por Temer, cuja influência gerou diversas investigações. Ele chegaria a ser preso em 2018, mas acabou solto em seguida. Em resumo, eu sabia que Baleia Rossi era quase um preposto de Temer. Certamente isso tiraria a capacidade de influência da bancada. Por outro lado, também não poderia ficar contra ele – pois sempre havia me apoiado.

Eu falo que havia uma fila a ser respeitada. Dizia que Lúcio Vieira Lima estava na frente, por ter sido derrotado por Picciani, por um voto, na disputa de 2015. Lúcio, no entanto, descartou ocupar a liderança, porque seu irmão, Geddel Vieira Lima, seria secretário de governo de Temer.

Indaguei: por que não Hugo Motta? Hugo respondeu que já tinha feito um acordo e iria apoiar Baleia Rossi. Falei que se eles estavam trazendo uma decisão, não precisavam nem ter vindo – bastava que a efetivassem. Saíram e foram efetivar a liderança de Baleia Rossi. Lúcio Vieira Lima nunca mais falou comigo depois desse dia.

Nesse momento descobri que tinha sido vítima de mais uma armadilha de Temer. Ele havia me pedido que apoiasse a indicação de Leonardo Picciani para o ministério. Naquele momento a intenção de Temer era fazer de Baleia Rossi o líder da bancada, só que não tinha me revelado isso.

Temer, na verdade, queria ter feito Baleia ministro, para desagravar a demissão do pai por Dilma. Só que eu não sabia disso; Baleia não queria ser ministro porque estava no meio de uma investigação polêmica, de fraude na compra de merenda escolar de São Paulo. Ele não queria correr o risco, ocupando um ministério, de dar maior *status* àquela investigação.

Baleia Rossi virou líder e, na liderança, protagonizou o tal acordo que me fez renunciar à presidência da Câmara, em 7 de julho. Como já disse antes, Waldir Maranhão iria pautar, em plenário, antes do recesso de julho, meu processo de cassação. Osmar Serraglio, presidente da CCJ, colocado por mim, havia antecipado a votação do meu recurso na comissão, cedendo às pressões do PSOL e da mídia.

Baleia, então, em consonância com Osmar Serraglio e Michel Temer, negociou minha renúncia e o encaminhamento, por mim, de uma petição escrita pelo próprio Serraglio. Ele teria o compromisso de adiar a votação na CCJ, adiando, por consequência, a apreciação de minha cassação em plenário. Iria acatar a petição e devolver o processo ao Conselho de Ética, que seria obrigado a votar novamente minha cassação.

Sem alternativas, fui obrigado a renunciar, apesar de achar a petição intempestiva e antirregimental. Serraglio tinha assumido a responsabilidade. Todo o acordo que havia sido feito entre Baleia, Serraglio e Temer, no gabinete de Temer, foi testemunhado pelo deputado Hugo Motta.

Baleia não cumpriu o acordo que havia me proposto. Eu tenho dúvidas, até hoje, se fui vítima de um golpe orquestrado ou se fui vítima da traição de Serraglio. Qualquer das duas hipóteses merece de mim a mais profunda repulsa, devido ao resultado obtido.

É possível que Baleia Rossi não tenha me perdoado por não tê-lo apoiado de imediato para a liderança. Mas é possível também que ele, em comum acordo com Temer, não tenha participado de uma solução para que se livrassem de mim. Só eles podem responder. Mas que eu fui traído e enganado, não restava a menor dúvida.

Claro que sempre existe a hipótese de que Serraglio tenha descumprido o acordo, por fraqueza, mau-caratismo ou até pelo interesse em ocupar meu lugar. Ocorre que um líder de bancada não permitiria que seu representante na comissão desobedecesse a um acordo. Se permitiu, é porque consentiu com a solução. Na prática, o único ganho que obtive com a renúncia foi o de adiar a votação do plenário, pela confusão da nova eleição de presidente, que acabou elegendo Rodrigo Maia, já a essa altura meu inimigo. Ele se vingaria de mim, ajudando na minha cassação.

O problema era que, na negociação da minha renúncia, também foi colocado que o nome que me sucederia seria o escolhido por mim, em acordo com os líderes. Com a renúncia, a eleição era obrigatoriamente marcada de forma imediata em cinco dias.

Antes de anunciar a renúncia, me reuni com os líderes, incluindo o próprio Baleia Rossi. Discutimos o nome para me suceder. Cheguei até a oferecer a candidatura ao próprio Baleia, que recusou, pois estava receoso de que isso também levasse ao acirramento da investigação que sofria pelas fraudes na compra de merenda escolar em São Paulo.

Após longa discussão, chegou-se à conclusão de que Rogério Rosso seria nosso candidato para o meu período suplementar. Depois, Jovair Arantes seria o candidato no biênio seguinte, já que não poderia haver a reeleição no mandato subsequente.

Só que Rodrigo Maia saiu candidato, com o apoio do próprio Michel Temer, de forma velada. Eles usaram o sogro de Maia, Moreira Franco, para negociar a eleição dele. Moreira conseguiu atrair o PR, retirando-o da candidatura de Rosso, assim como grande parte do próprio PMDB, incluindo Baleia.

Fui traído por Michel Temer e Baleia Rossi. Duas vezes. Acabei renunciando à presidência da Câmara sem que cumprissem nada do que fora acordado.

Rodrigo Maia, inclusive, negociou apoios, incluindo o de meu desafeto Alessandro Molon e petistas, com o compromisso de colocar minha cassação em votação o mais rápido possível. Maia se juntaria aos que queriam se vingar pelo impeachment com sua própria vingança. Ele se comprometeu a colocar minha cassação para votação logo em seguida ao julgamento definitivo de Dilma pelo Senado, mas antes das eleições municipais.

Ao terminar de escrever este livro, já na fase de revisão para a impressão, ocorreu a eleição para as presidências da Câmara e do Senado, sendo eleitos respectivamente o deputado Arthur Lira e o senador Rodrigo Pacheco.

Rodrigo Maia, depois que se elegeu para o complemento do meu mandato, ajudado por Michel Temer, conseguiu por meio de um golpe concorrer à reeleição no mandato seguinte, em 2017. Houve uma decisão monocrática do ministro Celso de Mello, não submetida ao plenário da Corte, com o frágil argumento de que Maia não teria uma reeleição, pois não havia cumprido um mandato de dois anos.

Em 2019, dessa vez com direito efetivo de disputar a reeleição, Rodrigo Maia acaba se reelegendo mais uma vez, com o apoio de Bolsonaro, recém-empossado na Presidência da República. Esse talvez tenha sido um dos grandes erros de Bolsonaro, no início do seu governo.

Maia então se coloca como o grande defensor das reformas e vira o patrocinador da Reforma da Previdência. Mas essa aprovação demandou um enorme volume de liberação de emendas parlamentares para os congressistas, debaixo da sua coordenação.

Além das emendas, Maia coordenou em nome do governo uma série de nomeações de cargos, visando conseguir o controle de uma base parlamentar. Ele próprio nomeou um dos principais cargos do país, a presidência do Fundo Nacional de Desenvolvimento da Educação (FNDE).

Mesmo com todo esse controle de cargos e emendas, Maia atuava para sabotar as pautas do governo, impedindo a votação das propostas enviadas por

Bolsonaro. Em seguida, Maia teve a demissão do seu apadrinhado no FNDE, passando a relação dele com o governo a desandar de vez.

Com o advento da pandemia da covid-19, Maia passou a atuar em confronto aberto com o governo, machucado por aquela demissão. Com isso, não só impediu a votação de importantes medidas, como, a título de combate à pandemia, colocou em votação pautas que causaram aumento de bilhões de reais em despesas públicas. O estrago só não foi maior porque o Senado brecou algumas medidas aprovadas pela Câmara.

Nesse momento, com o aumento da tensão e dos gastos públicos, Bolsonaro resolveu montar uma base parlamentar à revelia dos acordos preexistentes por meio de Maia. Com isso, Bolsonaro conseguiu impedir uma avalanche de derrotas na Câmara, provocando a ira de Maia, que passou a atuar como se fosse o chefe de oposição ao governo.

Entre as medidas que foram impedidas por Rodrigo Maia de serem votadas na Câmara estava, por exemplo, o fim da cobrança da carteira estudantil cujo monopólio pertence a um consórcio da União Nacional dos Estudantes (UNE) e do PC do B. Também estava uma proposta que beneficiava os clubes de futebol na negociação dos seus direitos de televisão, mas que prejudicava a TV Globo. Esses são apenas alguns exemplos da sabotagem que Rodrigo Maia praticava cotidianamente contra Bolsonaro.

Em seguida, Rodrigo Maia tentou mais um golpe, buscando um quarto mandato seguido, ao arrepio da Constituição. Dessa vez, entretanto, a sua ambição acabou barrada pela decisão do plenário do STF. Sem saída, Maia resolveu lançar a candidatura de Baleia Rossi.

Já em franca colisão com Bolsonaro, Maia conseguiu juntar, ao menos na definição de cúpula, os partidos de esquerda com essa candidatura, mas acabou largado pelo seu próprio partido, o DEM, que iria em sua maioria apoiar Arthur Lira.

Foi bastante engraçado assistir ao PT se associando com quem esteve no protagonismo do processo de impeachment de Dilma. Mais contraditório ainda foi o PT ter introduzido o pedido de impeachment de Bolsonaro no bojo desse acordo.

Além da evidente contradição de Rodrigo Maia e Baleia Rossi atuarem em sintonia com o PT, em um impeachment, temos de realçar que o PT na verdade legitimava com isso o impeachment de Dilma. Da mesma forma que o PT tinha sido protagonista do impeachment de Collor, defendeu o impeachment de Itamar Franco e de Fernando Henrique Cardoso, agora passa a defender um novo impeachment. Com os outros é legítimo. Contra eles é golpe. Esse é o PT.

Vendo a sua iminente derrota, o desespero tomou conta do comportamento de Maia. Ele passou a atacar e denunciar que o governo patrocinava emendas parlamentares contra o seu candidato. Ele deve conhecer bem o assunto, pois foi por meio desse método que conseguiu obter os votos para a aprovação da

Reforma da Previdência. Ele chegou inclusive a ameaçar em seu último dia abrir, por vingança, um processo de impeachment contra Bolsonaro.

Ocorre que mesmo que tivesse essa coragem, que sabemos que não possui, ele já não podia praticar mais tal ato, pois o seu mandato já estava terminado. O desespero o levou, em sua atuação derradeira, em dar uma canetada ilegal, para autorizar um bloco de apoio ao seu candidato, protocolado de forma intempestiva. Lira, logo ao assumir, revogaria em seguida essa decisão.

O resultado foi catastrófico para Maia, pois Arthur Lira venceu a eleição com 302 votos, contra 145 votos de Baleia Rossi, em derrota vergonhosa para quem pretendia um quarto mandato. Essa votação de Baleia foi muito próxima da votação que Chinaglia teve contra mim, na minha eleição, e que Dilma teve na autorização do seu processo de impeachment.

Maia terminou de forma melancólica o seu terceiro mandato seguido, comparado a Donald Trump, debaixo de um choro que parecia mais um choro de quem estava perdendo o avião da FAB e as regalias do cargo. O poder é efêmero e acaba. Triste de quem pensa que é eterno. Maia terminou com o mesmo tamanho na Câmara do que a esquerda. Eu não sei o que foi maior até agora: a vitória de Lira ou a derrota de Maia.

Voltando à descrição dos fatos do livro, logo em seguida à saída de Baleia Rossi, Lúcio Vieira Lima e Hugo Motta, chegou à residência o primeiro-secretário da Câmara, Beto Mansur. Eu já estava irritado com a situação da liderança do PMDB e tive uma discussão ríspida com ele, ouvida por muitos. Estava bastante chateado com a tentativa dele de atrelar os meus direitos, como presidente da Câmara afastado, aos direitos que Dilma teria como presidente da República afastada.

Essa situação havia me deixado paralisado. Não podia viajar ao meu estado. Tinha receio até das despesas de deslocamento e diárias da equipe de segurança, pois poderia depois ser responsabilizado por elas. Mansur havia, inclusive, dado declarações de que eu devia deixar a residência oficial.

Eu o interpelei. Falei que iria decidir com os demais integrantes da mesa os meus direitos e levar isso à votação caso ele não resolvesse imediatamente. Não iria deixar a residência oficial, tampouco perder os direitos mínimos, de ter acesso a segurança e transporte. Com o bate-boca, Beto deixou a residência e foi para o plenário do Senado, acompanhar a votação, posando de "papagaio de pirata" de Renan. Nunca mais voltei a falar com ele.

Era óbvio que meu estado emocional estava bastante abalado com tudo que eu estava sofrendo. Em circunstâncias normais, eu teria contornado esses atritos – que me custariam caro mais à frente. Eu não precisava ter tido aquelas reações. Foi um dos meus erros no processo.

Nesse momento chegou Marcio Junqueira, com recados de Waldir Maranhão. Logo na chegada, foi hostilizado pelo deputado Júlio Lopes, que era um dos signatários do pedido de expulsão de Maranhão do PP. Tive de intervir, para que não acabasse em briga corporal. Levei Junqueira para o escritório da residência, ouvi os recados e pedi que se retirasse, a fim de não azedar mais o ambiente. Depois, tentei apaziguar a situação com Júlio Lopes – que, assim como muitos deputados, não estava aceitando nenhum diálogo para superar o ocorrido com Maranhão.

A sessão do Senado ocorria de forma mais lenta do que se esperava. A previsão era de que se encerrasse apenas ao fim da madrugada. Aos poucos, os deputados desistiram de esperar o resultado, preferindo ir embora. Também me recolhi, mas deixei a TV Senado ligada, para ver o desfecho. Dormi acompanhando a sessão.

Às 6h30 do dia 12 de maio escutei intenso foguetório. Era a comemoração do resultado da votação. Despertei e assisti ao resultado. Estavam presentes 78 senadores na votação – as ausências foram de Eduardo Braga, que havia deixado o ministério de Dilma havia pouco tempo; Jader Barbalho, que dizia estar doente, em tratamento; e o suplente de Delcídio do Amaral, Pedro Chaves, que ainda não havia tomado posse.

A votação acabou com 55 votos favoráveis à admissibilidade da acusação e, por consequência, ao afastamento de Dilma – contra 22 votos e uma abstenção. Para que a presidente fosse afastada, era necessário apenas a metade dos senadores presentes mais um voto. Depois, para que se consumasse o impeachment, seriam necessários dois terços dos votos dos senadores, que equivaleriam a 54 votos. Se, de cara, na votação da simples admissibilidade, já estavam 55 senadores favoráveis, número maior do que o necessário para a aprovação definitiva do impeachment, a mensagem era clara. Era o fim do reinado de Dilma e do PT.

Peguei meu celular e postei no Twitter uma mensagem, comemorando a votação. Escrevi a mesma frase que, uma semana antes, Dilma usaria para comemorar meu afastamento: "Antes tarde do que nunca".

Nas ruas, o clima era de comemoração. Às 10 horas, o senador Vicentinho Alves notificou Dilma, no Palácio do Planalto. Em seguida, foi notificar Temer, no Jaburu. Dilma, então, fez um duro discurso e desceu para a frente do Palácio do Planalto, acompanhada de militantes, ministros do seu governo e de Lula, que soluçava, sem condições de falar.

Não sei se Lula chorava pelo momento ou se, a exemplo do ocorrido na casa de Joesley, suas lágrimas eram de arrependimento, por ter permitido que Dilma fosse candidata à reeleição. Ele estava vendo as consequências do erro – de não só ter escolhido tão mal a sucessora como ainda ter insistido no erro, permitindo que ela disputasse a reeleição. Aquela eleição de 2014 seria, com certeza, uma nova eleição dele, Lula. Se Lula tivesse sido presidente de novo, não teria havido impeachment.

Dilma seguiria em comboio para o Palácio da Alvorada, onde se recolheria até o afastamento definitivo, após a votação do impeachment pelo Senado

Federal. Ela manteria parte dos assessores para, segundo a própria declarou, resistir à situação – criada por ela mesma.

O ministro Gilmar Mendes, que assumia a presidência do TSE naquele momento, concedeu entrevista, publicada na *Folha de S. Paulo*. Questionado sobre como ele avaliava o meu julgamento uma semana depois, respondeu: "Eu participei da decisão e sufraguei o voto do ministro Teori Zavascki. O dado que me parece evidente é que o tribunal é uma instituição complexa e há muito relevo nas suas decisões. Esse caso não estava na pauta e acabou sendo colocado a partir da provocação de uma ação e do pedido formulado pelo relator [Marco Aurélio Mello]. Acho que foi equivocado o atropelamento que se fez do relator da matéria [Lava Jato], que é o ministro Teori. O tribunal tem de ser um dique de contenção e não elemento de projeção de crise".

Perguntado ainda se o STF deveria ter esperado o julgamento do impeachment no Senado, ele responde: "O *time* teria que ser dado pelo Teori, que tem todos os ônus, recebe todos os processos, conhece todos os inquéritos, a matéria. Acabou sendo um juízo de desvalor em relação ao trabalho complexo [de Teori]. Aí, numa decisão quase de caráter panfletário, atropela-se a pauta, sem consultá-lo; não me parece correto".

O ministro Gilmar confirmava que a decisão foi uma reação ao atropelamento que o ministro Teori tinha sofrido com a pauta da ADPF 402. Isso confirma o casuísmo da decisão e o papel do ministro Barroso, descrito no livro *Os onze*.

Barroso preparou a ação, acompanhou a distribuição, foi interceder junto ao relator da ação e depois articulou para que o relator da ação do meu afastamento decidisse antes da sua própria ação. Ele criou o caos e apareceu para resolvê-lo, sempre em meu desfavor.

À tarde, Michel Temer tomou posse no Palácio do Planalto e nomeou seu ministério. Também fez um pronunciamento ao país, pregando um governo de salvação nacional, defendendo reformas e gastos sociais.

Em seguida à posse, Temer recebeu a todos no Palácio do Jaburu, para comemorar. Ele me telefonou e me convidou a comparecer. Preferi não ir. Se não compareci ao ato público, não iria ao privado.

Alguns deputados e líderes foram para a residência oficial, para comemorar comigo e me prestar solidariedade. Eles sabiam que nada disso teria acontecido se eu não tivesse sido determinado ao longo de todo o processo. Alguns novos ministros, como Henrique Alves, Maurício Quintella e Fernando Filho, também compareceram.

O clima era como se todos nós tivéssemos livrado o país de um trauma, que havia provocado muitas fissuras e enfrentamentos. Podíamos virar a página. Havia a sensação de dever cumprido.

Eu havia recebido a jornalista Natuza Nery, então na *Folha de S. Paulo*, para a primeira entrevista depois do meu afastamento e do afastamento de Dilma – seria publicada no domingo, dia 15. Esclareci muitas das posições do impeachment e outros fatos relatados neste livro, tais como o oferecimento de Dilma para me ajudar com cinco ministros do STF, tema da manchete da entrevista. A jornalista me perguntou: "Se estivesse diante de Dilma agora, o que diria?". Minha resposta foi: "Tchau, querida".

PARTE IV
CONSIDERAÇÕES FINAIS

45 Propostas para soluções dos conflitos políticos

Os conflitos políticos poderiam ter sido evitados, tanto os decorrentes de legislações diferentes como os resultantes de definições políticas equivocadas. Nosso processo da Constituinte de 1988 nos levou a uma Constituição parlamentarista com sistema presidencialista, resultado da disputa ocorrida naquele momento.

Além de apresentar uma discussão sobre nosso sistema de governo, trago uma série de propostas que melhorariam o nosso sistema político, independentemente de uma mudança do sistema presidencialista para o parlamentarista.

Já explanei os fatos históricos que nos levaram a muitas situações políticas equivocadas, incluindo os dois processos de impeachment, ocorridos com Fernando Collor e Dilma Rousseff. A mãe de todas as propostas é realmente a discussão da implantação do parlamentarismo. Isso não poderia se dar sem uma proposta bastante discutida pela sociedade. É preciso mostrar que não é mais possível a convivência conflitante entre quem vence as eleições e um Congresso que não reflete essa maioria. O sistema presidencialista reflete o conflito entre a maioria eleitoral e a maioria parlamentar.

É muito difícil convencer a população de que o parlamento é que vai mandar. A sociedade, em sua maioria, desaprova o parlamento, composto por uma maioria difusa, com interesses variados, muito questionados pela mídia. Seria preciso construir um modelo de parlamentarismo em que não se deixasse de eleger um presidente da República, com poderes de chefe de Estado. Teríamos um primeiro-ministro como chefe de governo, composto pela maioria do parlamento. Isso, certamente, faria com que um governo ruim ou que praticasse qualquer irregularidade, inclusive crimes de responsabilidade, não necessitasse de um processo de impeachment. Bastaria um voto de desconfiança no parlamento para derrubar o governo.

A solução do parlamentarismo poderia mudar algo a que sempre fui contrário dentro do modelo atual: o voto em lista definida pelos partidos, com o eleitor podendo votar para alterar a ordem da lista, evitando assim o caciquismo político.

Para que o país adotasse o parlamentarismo, seria necessário um plebiscito para consultar a população. A Constituição de 1988 determinou aquele ocorrido em 1993. A implantação de um modelo diferente não poderia se dar somente por emenda constitucional. Deveria ser precedida por nova consulta popular – sob pena de falta de legitimidade política, além de duvidosa constitucionalidade.

Esse é o modelo que eu entendo ser a melhor solução para que o país acabe com as crises políticas e de governabilidade. As maiores democracias do mundo são parlamentaristas. Muitos podem argumentar que os Estados Unidos são presidencialistas – mas têm um modelo muito diferente do nosso.

Eles têm somente dois partidos. O modelo da sua eleição é por um colégio eleitoral, em que o peso dos votos é ponderado. O Congresso americano tem um sistema distrital, em que dois deputados disputam em dois partidos uma vaga. Da mesma forma, os senadores em seus estados. Um presidente norte-americano não consegue ser eleito se não tiver uma votação vencedora em diferentes colégios eleitorais, que vão combinar com a vitória dos candidatos do seu partido no parlamento. Quando um candidato a presidente sai vitorioso em um colégio, ele também já tem a maioria daquele colégio para a Câmara dos Deputados e para o Senado.

Ainda assim, o sistema deles provoca algumas crises. O presidente governa às vezes com a Câmara dos Deputados ou o Senado em oposição, escancarando disputas políticas. Isso ocorre até porque lá há a renovação da Câmara e de parte do Senado a cada dois anos, metade do mandato do presidente. A razão da crise política deles é a falta de coincidência do período dos mandatos do presidente e do Congresso.

O parlamentarismo seria a mãe das reformas políticas necessárias, mas ainda muito difícil de ser realizada, embora o apoio a esse sistema cresça a cada dia. De qualquer forma, a sua implantação não seria rápida, salvo se para solucionar uma nova grave crise política. É necessário ter em mente que só implantar o parlamentarismo, sem uma ampla reforma do modelo de eleições, não seria suficiente.

Entretanto, algumas importantes e mais simples modificações poderiam ser feitas e muito ajudariam em nosso sistema. A primeira delas, e talvez a mais importante, seria dar curso ao fim do instrumento da reeleição.

A implantação da reeleição, para atender ao casuísmo da ambição de Fernando Henrique Cardoso, que queria ter mais um mandato, causou grandes males ao país. Ele próprio, recentemente, reconheceu o erro.

Na verdade, o malefício da reeleição no nosso sistema político tem um efeito muito maior do que a simples possibilidade de se reeleger um presidente da República. Ela afetou a renovação política, quando se estendeu aos pequenos municípios brasileiros.

Criou-se uma cultura de que o primeiro mandato serve para preparar a reeleição e o segundo mandato para governar, visando fazer seu sucessor. Isso fez muito mal ao país.

O pior de tudo é que eu avancei para que a reeleição acabasse, quando da votação da proposta de emenda constitucional da reforma política, a PEC

182/2007. Naquele momento, em junho de 2015, a Câmara aprovou o fim da reeleição, junto com um conjunto de medidas das regras das eleições. Até mesmo o voto impresso, bandeira discutida por Bolsonaro, tinha sido aprovado.

Naquele momento, também nessa PEC, foi aprovada a vedação de qualquer reeleição, mesmo em legislaturas diferentes, dos presidentes da Câmara e do Senado. Recentemente, em 2020, os presidentes em exercício da Câmara e do Senado, Rodrigo Maia e David Alcolumbre, tentaram dar um golpe para, ao arrepio da Constituição, conseguir o direito à reeleição, mesmo dentro da mesma legislatura. Essa tentativa, felizmente, foi barrada pela maioria do STF.

O golpe, no caso do presidente da Câmara, como já abordamos no capítulo anterior, era ainda mais gritante. Ele buscava ter um quarto mandato consecutivo, como se a Câmara tivesse se tornado sua propriedade.

No texto dessa PEC 182/2007, fazia-se uma ressalva expressa de que a vedação da reeleição para os cargos do Poder Executivo não valeria para os que tivessem o direito a se reeleger em 2018. Esse princípio terá sempre de ser respeitado, pois quem foi eleito dentro das regras que permitem a reeleição não pode perder esse direito.

Quando essa proposta de emenda constitucional seguiu para o Senado, ela foi, a princípio, engavetada por Renan Calheiros. Depois, ele desmembrou a PEC, para aprovar um único dispositivo dos que existiam naquela PEC, que era a possibilidade de abertura, por 30 dias, de uma janela de filiações partidárias sem perda de mandato para os deputados.

Renan não quis pôr para votar o fim da reeleição, pois tinha receio de que afetasse a reeleição de seu filho, Renan Filho, no governo de Alagoas. Não era o caso, pois havia a previsão expressa desse direito. Renan também não concordava com a vedação da reeleição do presidente do Senado.

A PEC está ainda no Senado Federal, com o número 113/2015. Pode ser desmembrada e votada apenas a parte que trata do fim das reeleições ao Poder Executivo. Também se pode tramitar uma nova PEC, já que mesmo que o Senado vote aquele texto, ele terá de ser alterado, pois fazia referências à eleição de 2018.

Na Câmara, a aprovação à época foi muito fácil – e creio que não seria diferente hoje. O fim da reeleição tem também a vantagem de que obriga o eleito a governar pela sua biografia, e não visando a reeleição. Essa é uma das medidas mais necessárias de alteração no nosso sistema político.

Poderíamos avançar também e ter uma limitação do número de mandatos de deputados federais e estaduais, para não termos os deputados profissionais e possibilitar a renovação. Talvez, permitir uma reeleição e depois ter de ficar fora ao menos por uma legislatura. Isso iria, além de possibilitar a renovação, dar condições de uma disputa mais justa, pois um deputado no exercício do mandato tem uma reeleição muito mais fácil do que um novo candidato.

É claro que essas regras do fim de reeleição são necessárias apenas caso não adotemos o sistema parlamentarista. Do contrário, a própria configuração dos partidos resolveria isso – não seria necessário impedir reeleição de deputados nem do chefe do Poder Executivo, que teria um poder bem menor do que no sistema presidencialista.

A próxima proposta a ser debatida é o papel do vice-presidente da República. É sabido que um dos fatores que prejudicaram o processo de impeachment de Dilma foi o fato de Temer não ter sido votado. Embora se falasse que Temer havia sido eleito com Dilma, importa o regulamentado pelo parágrafo 1º do artigo 77 da Constituição, que diz: "A eleição do presidente da República importará a do vice-presidente com ele registrado".

Na prática, só o candidato a presidente aparece na disputa eleitoral. O vice só é ressaltado quando pode ser usado para tirar votos da sua chapa – jamais para influenciar a disputa. Ninguém vota em candidato a vice, e, sim, em candidato a presidente. Isso certamente acaba causando uma falta de legitimidade – no caso de o vice vir a suceder o presidente.

Já mostrei que, em períodos anteriores à ditadura de 1964, o vice-presidente era eleito independentemente do presidente. Tenho dúvidas se o melhor modelo seria o de ter a eleição separada de presidente e vice. Para ser mais sincero, acho até mesmo que não deveríamos ter um vice – e, sim, somente o presidente.

E para isso eu defendo alterações que, na prática, tornariam o vice uma mera figura decorativa, que somente substituiria o presidente em eventuais impedimentos temporários – e não o sucederia jamais. Para isso, seria necessário alterar a norma prevista na Constituição, do artigo 79, que diz: "Substituirá o presidente, no caso de impedimento, e suceder-lhe-á, no caso de vaga, o vice-presidente". Eu simplesmente suprimiria a expressão "suceder-lhe-á no caso de vaga", constante do artigo.

Para compatibilizar isso, alteraria também o artigo 81 da Constituição, que diz: "Vagando os cargos de presidente e vice-presidente da República, far-se-á eleição noventa dias depois de aberta a última vaga". Minha proposta era ter a seguinte redação para esse artigo: "Vagando os cargos de presidente da República ou do vice-presidente da República, far-se-á eleição noventa dias depois de aberta a vaga". Isso teria uma outra vantagem, de ter a vacância do presidente e do vice individualmente, restabelecendo a necessidade de termos os dois cargos independentes.

Também seria de muita importância a supressão do parágrafo 1º do artigo 81 da Constituição, que diz: "Ocorrendo a vacância nos últimos dois anos do período presidencial, a eleição para ambos os cargos será feita trinta dias depois da última vaga, pelo Congresso Nacional, na forma da lei". A simples supressão desse artigo obriga que a eleição seja feita pelo voto popular e não pelo Congresso Nacional.

Além disso, seria importante definir o que é impedimento. Uma viagem do presidente da República ao exterior poderia ser considerada impedimento?

Por acaso o presidente dos Estados Unidos deixa de ser presidente quando está fora do seu país?

Isso, aliás, cria uma situação curiosa. O presidente do Brasil é substituído quando viaja ao exterior. Só que, lá estando, assina compromissos como presidente da República. Então ele não poderia assinar, pois em tese está momentaneamente fora do cargo. Com a tecnologia que temos hoje, o presidente em qualquer lugar exerce suas funções. Os ministros do STF proferem decisões estando muitas vezes fora do país, e nunca houve nenhum questionamento sobre isso.

Impedimento é quando o presidente está realmente impedido de exercer suas funções. Por exemplo, nos Estados Unidos, isso se dá, a título de ilustração, quando o presidente se submete a uma cirurgia e precisa ser anestesiado. Ou quando está fora da sua capacidade mental ou física para exercer seus poderes.

Se alterarmos isso, não precisamos ter as cenas de vice-presidente da República, ou presidente da Câmara, ou presidente do Senado, ou presidente do STF, ter de assumir a Presidência da República. O mesmo vale para os presidentes da Câmara, do Senado ou do STF – que não precisariam ser substituídos nas suas viagens.

Se a opção for acabar com o cargo de vice-presidente, pode-se prever que a designação de um ministro escolhido pelo presidente seja o substituto eventual. Dessa forma, também seria evitado que outros chefes de poderes tivessem de ser o substituto eventual.

A polêmica criada para justificar o meu afastamento da presidência da Câmara era que eu estava me tornando o vice-presidente da República. Era uma bobagem, transformada em mote do discurso para que eu fosse apeado do cargo. Uma vingança pela aprovação do impeachment.

Como proposta de alteração do sistema eleitoral, defendo que se tente novamente a eleição majoritária para os cargos de deputado federal e estadual. É o chamado sistema distritão, em que os candidatos mais votados são os eleitos. O Rio de Janeiro tem 46 deputados, logo os 46 mais bem votados são os eleitos.

Isso simplifica a situação. O eleitor entende melhor e a eleição fica mais barata – pois hoje os partidos são obrigados a arranjar candidatos para disputar apenas para alcançar os votos para a legenda. Isso custa trabalho e dinheiro. Se apenas os mais votados fossem os eleitos, independentemente do partido a que estivessem filiados, teríamos ao fim menos partidos, menos candidatos e eleições mais baratas.

Muitos argumentavam, na época, que isso fragilizaria os partidos. Eu acho o contrário, que isso fortalece os partidos. Eu estarei no partido que eu quero, pois não dependeria de ter uma legenda que me ajudasse a obter a vaga. Para ser eleito, precisaria só do óbvio – os votos.

Uma medida que foi aprovada pelo Congresso em 2017, que repercutiu nas eleições a partir de 2020, foi o fim das coligações proporcionais. A própria adoção do sistema distritão, do voto majoritário nas eleições proporcionais, já poria fim às coligações proporcionais, com menos consequências nefastas do que sua simples revogação.

Muitos analistas e cientistas políticos fazem a apologia de que o fim das coligações proporcionais diminuiria a fragmentação partidária. Só que o resultado das eleições de 2020 mostrou exatamente o contrário. A fragmentação partidária aumentou, e bastante. Uma vez que as coligações são proibidas, os partidos são obrigados a montar uma chapa maior de candidatos.

Com isso, além de encarecer as eleições e aumentar substancialmente o número de candidatos, acaba sendo eleito, por legendas menores, um maior número de candidatos. Quem milita em política sabe que é muito difícil preencher uma chapa em grandes partidos, pois as chances de eleição de um candidato mais fraco são bem menores. Já em partidos menores, que montam chapas de iguais, os novos candidatos se sentem com mais chance.

Além disso, para montar uma chapa completa é preciso que o partido financie as campanhas desses candidatos, com poucas chances de eleição. O resultado é um aumento do número de candidatos, do custo das campanhas e, ao final, candidatos eleitos por um número maior de partidos.

Não resta a menor dúvida de que o fim das coligações proporcionais não atingirá o objetivo idealizado por quem o defende. Nesse caso, a cláusula de barreira é que se mostra mais eficaz para impedir a manutenção de um número grande de partidos que não alcancem uma representatividade mínima na sociedade.

Porém, o mais importante é: se continuar tudo como está, um presidente da República se elegerá com no máximo 15% da Câmara ou do Senado. Como governar assim? Sempre será um processo delicado e uma constante ameaça de impeachment, por qualquer coisa. Ou, ainda pior, a cada votação, uma negociação. Nesse sentido, quero apresentar uma proposta para atenuar essa situação – ou ao menos tentar resolvê-la. Essa proposta seria que as eleições para o Congresso Nacional e para as Assembleias Legislativas fossem feitas concomitantemente à eleição de segundo turno de presidente e de governadores. Ou seja, nós faríamos o primeiro turno apenas com a eleição de presidente e governadores.

Dessa forma, o segundo turno seria a eleição principal, juntando o segundo turno das eleições do Executivo com a eleição do Legislativo, obrigando os partidos a realizarem novas convenções e decidirem qual candidato a presidente ou a governador irão apoiar – ou até se não vão apoiar ninguém.

Com isso, os vencedores do segundo turno para presidente e governador sairão com a maioria no Congresso e nas Assembleias Legislativas. Se mesmo assim a população entender que deve eleger a maioria do parlamento, em oposição a quem vier a ser escolhido para o Executivo, será uma legítima posição – que certamente causará tantos transtornos políticos que dificilmente acontecerá em outra eleição.

Aí você pergunta: e se a eleição de presidente ou de governador for resolvida no primeiro turno, como faremos? Podemos ter duas respostas: ou tornamos obrigatório o segundo turno de qualquer forma para presidente e governador, ou as eleições de Congresso ou de Assembleias Legislativas ocorrerão entre os que vão apoiar o governo eleito e os que querem ser oposição a ele. Isso certamente fará com que a maioria eleita no Congresso ou nas Assembleias seja apoiadora dos governos eleitos em primeiro turno.

Podemos, inclusive, alterar a maioria para declarar o candidato vencedor em primeiro turno. Hoje esse cálculo é feito pela maioria dos votos válidos na eleição. Seria mais coerente se adotássemos a maioria absoluta do eleitorado, independentemente das abstenções, votos brancos e nulos. Um presidente que é eleito pela maioria absoluta do eleitorado terá muito mais legitimidade.

O que não se pode mais tolerar é conviver com governos que, embora eleitos pela maioria da população, não têm a necessária maioria parlamentar para governar, ficando sujeitos a chantagens, extorsões, manipulações de ambições e interesses pessoais, além da queda de braço entre Executivo e Legislativo. Precisamos eleger governantes com a respectiva maioria parlamentar para governar.

O maior exemplo disso tudo é a relação do governo Bolsonaro com um então presidente da Câmara que manipulou os interesses a seu favor e sabotou um governo fragorosamente eleito, não lhe dando direito a discutir seus projetos e políticas públicas. Houve sabotagem de votação de medidas provisórias e projetos de lei do Executivo. Você pode não concordar com a pauta e até trabalhar contra ela, mas jamais sabotar o direito ao debate e votação.

O jornal *O Globo*, em 26 de dezembro de 2020, trouxe uma detalhada pesquisa que mostrou que somente 45% das medidas provisórias editadas pelo governo Bolsonaro em 2019 e 2020 foram a votação.

Rodrigo Maia se esqueceu de que o presidente da Câmara é o coordenador dos trabalhos – e não o dono da Câmara. Esse conceito frágil, de achar que tinha uma legitimidade institucional para impor a pauta que quisesse e fizesse votar somente a sua vontade, não encontra parâmetros em nenhum outro momento na história.

Mesmo com todas as minhas desavenças com Dilma, qual foi a medida provisória que eu deixei de votar? Qual o projeto de lei do governo cuja votação eu impedi? Não irão encontrar um. Ainda bem que o STF barrou a absurda, inconstitucional e antidemocrática tentativa de Maia de se perpetuar no comando da Câmara, como se o Brasil tivesse se transformado em uma republiqueta. O cemitério está cheio de insubstituíveis.

Finalmente, defendo uma simples reforma do regimento interno da Câmara, para retirar o poder imperial e monocrático de aceitar ou rejeitar um pedido de abertura de processo de impeachment, sem possibilidade de recurso ao plenário da Casa. A prática adotada, antes do impeachment de Dilma, era de que o presidente da Câmara poderia aceitar o pedido de impeachment sem nenhum recurso ao plenário – mas, caso rejeitasse o pedido, caberia recurso de qualquer deputado, que, levado a plenário, poderia ter a decisão revertida por maioria simples.

Depois, em julgamento de ADPF ao STF, por ocasião de decisão da minha parte na questão de ordem número 105, o STF decidiu, de forma provisória, que não caberia recurso da decisão do presidente da Câmara que indefere pedido de impeachment.

Essa decisão e o poder do presidente da Câmara precisam ser revistos, com alteração do regimento da Câmara. Contra todo tipo de decisão do presidente da Câmara cabe recurso, ao plenário ou à CCJ, que emite, nesse caso, parecer para ser submetido ao plenário.

O plenário da Câmara sempre foi soberano – e não poderia ser diferente. Seu presidente é apenas o representante da Casa e coordenador dos trabalhos. Ele não pode ter um poder que lhe permita proferir uma decisão sobre qualquer coisa contra a qual não caiba recurso. Nesse caso, entendo que deveria caber recurso de qualquer decisão sobre o impeachment ao plenário – seja o de aceitação, seja o de rejeição. Isso daria mais estabilidade ao processo e evitaria pressões pela atuação solitária de um deputado.

Como alternativa, poderíamos até retirar o poder do presidente da Câmara em caso de abertura de processo de impeachment – e transferir a decisão diretamente para o plenário, estabelecendo se por maioria simples ou até mesmo por maioria absoluta.

Isso em nada desqualificaria a atuação do presidente da Câmara, porque, ao ter sua decisão respaldada ou transferida ao plenário, politicamente a solução ganha mais musculatura política. Se um presidente não tiver maioria simples ou até mesmo a maioria absoluta para evitar a abertura do seu processo de impeachment, não evitará o impeachment e seu governo já terá acabado. Por outro lado, quem desejar o impeachment, se não tiver a maioria simples ou até mesmo absoluta para conseguir aprovar a aceitação desse processo, não conseguirá jamais o número de dois terços necessários à aprovação da autorização para a abertura do processo de impeachment.

Além disso, deveríamos colocar um prazo obrigatório para que o presidente da Câmara decida os pedidos, para evitar as chantagens da possível utilização desse poder absoluto. Eu decidi todos os pedidos que chegaram a mim. O mesmo não ocorreu com outros presidentes, que optaram por colocar os pedidos na gaveta.

Também é necessária uma revisão da Lei do Impeachment, a Lei nº 1.079, de 1950. Essa lei, bastante antiga, teve de ser recepcionada em parte pelo STF, após o advento da Constituição de 1988. É de uma grande irresponsabilidade termos passado por dois processos de impeachment sob uma lei totalmente desatualizada. Qual a razão de não discutirmos as alterações necessárias para tornar o processo de impeachment mais transparente e atual para a sociedade?

Todas essas propostas visam dar estabilidade política aos governos, que são eleitos por maioria absoluta, mas não conseguem constituir ou manter maioria parlamentar e ainda são sujeitos às deformações do sistema.

A população precisa entender que não basta eleger um presidente e achar que seus problemas estarão resolvidos. É preciso que se eleja um conjunto que vai atuar de forma combinada, com os mesmos objetivos, buscando os mesmos resultados e assumindo os mesmos riscos e consequências de governar. Sem isso, viveremos constantemente sob uma crise política a cada novo governante eleito.

Conclusão

Procurei trazer um relato preciso e detalhado. Algo pode ter fugido, mas tudo que foi colocado reflete a realidade dos fatos, dos diálogos e da cronologia ocorrida. Isso foi possível porque eu tinha muitas anotações guardadas e pude consultá-las para escrever este livro.

Tive também de relembrar muitos fatos. Grande parte estava na minha memória, parte documentada ou manuscrita por mim no devido tempo e parte eu pesquisei nos noticiários da época. Foi um trabalho hercúleo. Pela minha situação jurídica, eu não podia conversar com outras pessoas ou entrevistar alguns personagens para buscar mais detalhes. Felizmente possuo boa memória.

Durante esse período de escrita, estava em prisão domiciliar, vivendo ao mesmo tempo as agruras de me defender e tentar reverter a injusta punição – sem condenação definitiva – que estava passando.

Mesmo assim, tenho a convicção de que fui bastante preciso. Grande parte desse material estava manuscrita logo depois da aprovação do impeachment pelo Senado Federal, em agosto de 2016. Esse trabalho, contudo, acabou interrompido quando fui preso, em outubro de 2016, pelo chefe da Operação Lava Jato, o então juiz Sergio Moro.

A Operação Lava Jato, comandada por Moro, atuou nos moldes de uma organização criminosa, com consequências nefastas para o país. Uma parte da economia brasileira foi bastante afetada pelos abusos dessa operação.

Hoje, devido aos vazamentos referentes às atuações nessa operação, sabemos as motivações políticas dos seus integrantes e, notadamente, do seu chefe, que viria depois a virar ministro da Justiça. Moro, com seus abusos e apoiado pela mídia, contribuiu e muito para a deterioração do ambiente político e econômico do país. Isso sem contar as injustiças que cometeu, destruindo vidas e empresas para galgar seus objetivos políticos.

O livro traz um relato histórico do processo político do país. Ele nos mostra as razões do impeachment de Dilma, que começou a ser construído nas manifestações de junho de 2013. Ele traz o paralelo com o impeachment de Collor e nos mostra que a reeleição permitida no país a partir de 1998 foi um dos grandes fatores para que isso ocorresse.

Dilma, depois de decidir tentar a sua reeleição, preterindo Lula, criou condições artificiais na economia visando a sua vitória, condições essas que teriam de ser corrigidas. Ela acabou praticando crimes de responsabilidade no seu segundo mandato, da mesma forma que já havia praticado no primeiro. Se não houvesse reeleição, Dilma terminaria melhor a sua biografia, sem a necessidade de ter feito tudo o que fez. Ela construiu o seu futuro, achando que estava fazendo história.

Um dos principais fatores da derrocada de Dilma foi o ódio pessoal que ela cultivava por mim. Ela não aprendeu a lição de que, em política, a gente só briga para cima. Ela brigava em qualquer direção. Esse ódio a levou a confrontar minha eleição à presidência da Câmara, quando ela foi derrotada pelo mesmo placar do impeachment. Isso sinalizava que seu impeachment estava já escrito naquela minha eleição.

Embora eu não tivesse o intuito original de buscar a aprovação de um processo de impeachment, também não me sentia tolhido a não fazê-lo. Se não houvesse vivenciado a disputa com o candidato dela à presidência da Câmara e tivesse sido apoiado pelo PT na ocasião, em hipótese alguma teria havido o impeachment.

Sempre fui uma pessoa de cumprir os acordos. Era lógico que, se fosse apoiado pelo PT e pelo governo, eu não poderia ter aberto um processo de impeachment. O apoio do PT e do governo sinalizaria uma concordância com determinados pontos, entre eles o de evitar um processo desse tipo.

O ódio de Dilma não terminou com a derrota na eleição da Câmara. Houve uma clara perseguição implacável a mim, com a manipulação dos mecanismos de Estado, como Receita Federal, Polícia Federal e a Procuradoria-Geral da República. Eles conseguiram inviabilizar minha vida – mas acabaram morrendo abraçados comigo.

Nessa situação, dois eram os personagens usados por Dilma, que passaram a me atacar. Um era o seu ministro da Justiça, José Eduardo Cardozo, depois demitido desse cargo e transferido para a Advocacia-Geral da União, a AGU. O outro era o procurador-geral da República, Rodrigo Janot, definido como um sindicalista alcoólatra pelo ministro do STF Gilmar Mendes. Ele que fez o papel de me inviabilizar, atendendo a instruções de Dilma e Cardozo.

Janot é autor de um livro no qual confessa que iria matar um ministro do STF a tiros, dentro do tribunal – no caso, Gilmar Mendes. Ele ganhou sua recondução por Dilma em troca, entre outros compromissos, dos sucessivos ataques e manipulações feitas contra mim.

Todo esse conjunto de fatores foi levando a uma situação insustentável para mim. Não tive opção a não ser abrir o processo de impeachment. Muitos espalharam que eu abri o processo por causa da negativa de apoio no Conselho de Ética, por parte do PT. Isso não é verdadeiro. Aconteceu justamente o contrário: eu é que fui chantageado pelo governo para receber o apoio do PT.

Era óbvio que, se tivesse havido o apoio do PT de forma incondicional, sem chantagem, desde o início do processo, eu perderia as condições políticas de abrir o processo de impeachment – pela minha natureza de lealdade e gratidão aos que me ajudavam.

Mas me submeter às chantagens do PT, protagonizadas por Jaques Wagner, eu não poderia aceitar. Até porque eu havia construído maioria para vencer aquele processo, sem precisar dos votos do PT. O que me cassou o mandato foi meu afastamento, feito ao arrepio da Constituição, pelo STF. Se eu não tivesse sido afastado, não perderia aquela votação do Conselho de Ética em hipótese alguma.

Naquele momento, afastado, sem perspectiva de retorno, com a pressão da mídia de forma violenta, ainda assim eu quase venci no Conselho de Ética. Perdi pela traição de uma deputada, colocada lá por mim – além do não atendimento de uma extorsão, por parte de outro deputado. Isso tudo eu detalharei no próximo livro.

Sempre usei a expressão de que o PT não gostava de aliados. Eles gostavam de servos. Eu também falava que eles não tinham adversários. Eles faziam dos adversários inimigos. Não quis ser servo. Logo, virei inimigo.

Eu não me arrependo de nada do que fiz, embora tenha cometido vários erros já relatados aqui. Entre eles, o de ter rompido com o governo de forma pública. Eu também me arrependo de ter demorado a abrir o processo de impeachment, além da forma como combati, com ataques públicos a todos. Por óbvio, também me arrependo da escolha de alguns deputados que me trairiam, além de outros fatos que influenciariam o contexto, já relatados no livro.

É muito difícil dizer que se eu não tivesse cometido os erros minha situação teria ocorrido de forma diferente. É difícil saber se, caso eu tivesse atendido às chantagens do governo, eu teria me salvado.

É muito difícil prever as alternativas e refazer o jogo depois que ele acaba. Mas algumas razões macro a gente pode resumir antes do desfecho. A Constituinte, sua briga, o sistema de governo escolhido, o modelo político, agravado pela reeleição, tiveram um grande peso – não só no impeachment de Dilma, como também no impeachment de Collor.

Realmente não é saudável para um país um impeachment ser tratado como voto de desconfiança de um governo inepto, como foi o de Dilma – apesar de ela ter cometido crime de responsabilidade, disso eu não tenho a menor dúvida.

Mas o que fazer quando um governo chega às condições a que chegou o governo Dilma, sob acusações não só de crime de responsabilidade, mas também varrida pelo processo de corrupção da Petrobras, inaugurado pelo chefe da Operação Lava Jato?

Mesmo que parecesse um motivo menor, o crime de responsabilidade, além de ter acontecido e ter sido grave, era o instrumento jurídico e político para acabar com um desgoverno que estava destruindo o país. Imagine o que aconteceria se tivéssemos Dilma governando até 31 de dezembro de 2018? Seria um caos.

Procurei mostrar com riqueza de detalhes a participação de Temer em todo o processo de impeachment. Longe da postura que ele tentou passar, de que não participou da decisão, ele teve, sim, papel fundamental. Temer fez parte de uma disputa de eleição indireta. Os eleitores estavam lhe dando o cargo de presidente da República e ele tudo fez para alcançar esses votos.

Não adianta querer se agarrar à minha briga com Dilma para querer se livrar da pecha de quem conspirou pelo impeachment. Embora a palavra "conspirar" não seja o termo apropriado para definir o papel de Temer – seria o equivalente a aceitar que houve um golpe, o que de fato não ocorreu. Dilma cometeu e pagou pelo seu crime de responsabilidade.

Não é possível concordar com o papel que Temer quer reservar para si na história, o de alguém que não contribuiu para isso. Sem a efetiva participação dele como candidato, jamais nós teríamos alcançado os 367 votos favoráveis à abertura do processo de impeachment na Câmara. Lembrando o que dizia Ciro Nogueira, não se tira presidente, se coloca presidente. Temer foi colocado presidente no lugar de Dilma.

Ao escrever este pequeno resumo, espero ter dado a minha contribuição para a história do Brasil. Você pode ou não concordar comigo, mas não existirá a menor dúvida de que a trajetória de Dilma e do PT destruindo o nosso país só foi interrompida pela minha atitude, determinação e esforço em abrir o processo – e aprovar o impeachment.

Eu entendo a revolta do PT e daqueles que viviam tirando vantagens daquilo que quase destruiu nosso país. Nenhum deles iria me elogiar pelos meus atos e eu sabia que a vingança viria a jato – como, de fato, veio. Eu fui afastado do cargo exatos 18 dias depois de ter aprovado a abertura do processo de impeachment.

Carrego comigo os ônus e os bônus de ter agido como eu agi. No impeachment de Collor, havia um isolamento claro dele. Ele não tinha nenhum movimento que o defendesse. Fazer o seu impeachment seria um ato de pouca contestação, mesmo debaixo dos absurdos daquela decisão. Collor foi cassado por política e vingança do PT. Ele não respondia por nenhum crime de responsabilidade. Aquele processo foi um arremedo de fragmentos legais, interpretados de forma ilegal. Foi uma mera decisão política. O impeachment de Dilma também foi uma decisão política, apesar do crime de responsabilidade que ela cometeu. A diferença é que Dilma tinha uma estrutura por trás – do PT e dos movimentos sociais – que fazia a resistência. Eles tinham também parte do aparelho de Estado a seu serviço. Ao contrário de Collor, Dilma tinha como resistir e se vingar.

Mas ela caiu como Collor – com um pouco mais de barulho, com mais choradeira, mas também com mais prejuízos causados ao país. O PT vai custar a voltar. Isso até pode acontecer, porque a alternância de poder tem e deve ser uma marca na democracia – mas Dilma não se levantará mais.

Ela, na aprovação do seu impeachment, em agosto de 2016, pelo Senado, conseguiu uma manobra patrocinada por Renan Calheiros e aceita pelo então presidente do STF, ministro Ricardo Lewandowski, que presidia o julgamento. Ele permitiu a separação da punição do impeachment e da inelegibilidade por oito anos. Com isso em votação, essa punição não foi aprovada e Dilma se candidatou nas eleições de 2018 ao Senado por Minas Gerais.

Perdeu de forma vergonhosa e, mesmo que tivesse vencido, deveria ter sua diplomação impugnada, porque tal divisão de punição era flagrantemente inconstitucional.

Dilma foi realmente um furacão que passou pelo país causando muitos estragos – mais por culpa de Lula, que a ungiu para uma função para a qual não estava preparada, do que pelos seus próprios deméritos. Se nós não fizermos as mudanças que são necessárias em nosso sistema político, outras Dilmas poderão surgir. Quanto a ela, apenas uma expressão: "Tchau, querida".

Relato das acusações e ações penais contra mim, considerações sobre a minha defesa e sobre as fraudes da Operação Lava Jato

Este capítulo visa contestar as acusações que pesam sobre mim e mostrar alguns absurdos processuais. O objetivo é tentar me contrapor à imagem que me colocaram, como criminoso, a partir da atuação de Rodrigo Janot. Também contribui para isso o espírito de vingança contra mim, pela condução do processo de impeachment, e até a necessidade de me usarem como contraponto ao PT.

Os discursos, principalmente de Sergio Moro, tentavam justificar sua suposta isenção. Dizem que ele tanto condenou Lula quanto o maior opositor do PT na história, que seria eu. Minha prisão e condenação, assim, se tornaram instrumentos para dar credibilidade aos absurdos jurídicos cometidos de alguma maneira sobre parte do próprio PT, incluindo Lula.

Eu tive a oportunidade de, preso, conviver com figuras do PT e ter acesso aos processos dos quais eram acusados. Sem sombra de dúvida alguns não resistiriam ao menor escrutínio do devido processo legal. Os delatores foram a fonte das condenações, ao arrepio da lei, corroborados por suas próprias anotações, sem nenhuma outra comprovação.

Esses argumentos têm sido rechaçados pelo STF, em recentes decisões. Denúncias já não são mais nem aceitas se baseadas nas palavras de delatores e em planilhas e anotações feitas por eles mesmos. O que fazer com quem já foi condenado dessa forma?

Eu, no curso deste livro, já pincelei alguns pontos que abordarei neste capítulo, entre eles justamente essa situação: o nosso sistema recursal das ações penais é bastante deficiente, sendo que muitas situações são resolvidas na base de *habeas corpus* – que, com alguma sorte, acabam mudando decisões de julgamentos. Isso é uma verdadeira loteria. Nesse jogo eu não fui premiado.

A decisão de executar a pena após o julgamento de segunda instância, revista pelo STF em 2019, trouxe consigo uma injustiça que não está sendo abordada da devida forma. É óbvio que se utilizar de estatísticas matemáticas para justificar aquela decisão carrega no bojo o conjunto de injustiças que a matemática não pode explicar. Imagine a roleta-russa: estatisticamente, a maior parte sobreviverá a um teste dela, mas nem por isso deixará de matar alguém.

O problema é que as condenações de primeira instância, sendo confirmadas em segunda instância, quando recorridas aos tribunais superiores, seja o STJ, para efeito do recurso especial, seja o STF, pelo recurso extraordinário, não irão revisar as injustiças praticadas contra quem foi condenado nas premissas das palavras dos delatores e de planilhas ou documentos preparados por eles mesmos. Isso devido à situação de que, no âmbito do STJ, simplesmente os ministros falam que, para comprovar essa alegação, eles precisariam rever provas – o que é vedado pela súmula número 7 do STJ.

O que pode ser feito? O que resta a um condenado em primeira e segunda instâncias com base nessas premissas, de palavras de delatores e planilhas e documentos preparados por eles? Só lhes resta sentar, chorar, cumprir a pena ou simplesmente também virar delator para diminuir sua pena.

Essa é a realidade fria que alguns conseguem reverter, via *habeas corpus* ou reclamações, que em pequeno número acabam tendo sucesso, depois de longa batalha. Isso não tem sido meu caso.

O que nós devemos fazer não é alterar a Constituição para considerar a segunda instância como trânsito em julgado das ações. Isso só vai aumentar as injustiças no país, além de quebrar União, estados e municípios com precatórios e acabar inviabilizando os contribuintes em execuções fiscais.

O que nós precisamos é justamente o contrário: permitir o reexame de provas, ao menos na terceira instância, para corroborar a violação à lei praticada pela primeira e segunda instâncias, como a violação à lei das delações. De que adianta você poder arguir violação à lei em recurso especial e o tribunal não poder verificar se houve ou não a respectiva violação?

Como preliminar dos meus argumentos de defesa específicos, é importante rememorar as fraudes processuais praticadas pelo chefe da Operação Lava Jato. Moro quis ter a condição de ser o juiz universal de combate à corrupção e, assim, dar curso a seu projeto político – que hoje todos já conhecem.

Quem não se lembra do artigo dele na *Folha de S. Paulo*, em que ele demarcou as condições para se fazer no Brasil uma operação semelhante à Mãos Limpas italiana? Moro é um exemplo do que temos de combater. O Brasil não precisa de falsos heróis ou falsos salvadores da pátria. O Brasil não precisa de quem interprete as leis segundo a vontade da mídia ou a vontade popular. O Brasil precisa de quem respeite as leis e faça com que todos as respeitem.

Logo que fui preso, depois de depor perante Sergio Moro, publiquei um artigo na *Folha de S. Paulo,* em 9 de fevereiro de 2017, intitulado "O Juiz Popular", que muito irritou Moro. Ele chegou a escrever críticas ao artigo, em decisão do meu processo. Ele não admitia ser contestado. Mas a síntese do texto era que Pilatos, o juiz popular, absolveu o assassino Barrabás e condenou Jesus Cristo com a morte na cruz.

O problema começou quando Moro planejou toda essa operação se baseando numa falsa competência do seu juízo, devido a um suposto caso de lavagem envolvendo uma empresa em Londrina chamada Dunel. Moro já havia tentado, no caso do Banestado, fazer uma versão brasileira da Operação Mãos Limpas. Naquele momento não teve sucesso, porque não contava com a estrutura organizada do Ministério Público Federal e da Polícia Federal, para atuarem sob seu comando – embora alguns dos atores daquela operação também estivessem na Lava Jato.

Moro, no caso Banestado, contou com parte dos procuradores que depois atuariam na Lava Jato, dentro de uma força-tarefa chamada de CC5, em referência à circular do Banco Central que permitia a transferência de moedas para os não residentes no país. Ali Moro lançou as bases do que viria a ser sua Lava Jato, aprendendo com os erros daquela operação e montando uma equipe subordinada a ele, de forma integral.

Na época do caso Banestado ainda não existia a lei das organizações criminosas, Lei nº 12.850/2013, que prevê as situações de crime organizado e delações para essa finalidade. Mesmo sem essa lei, a então força-tarefa da CC5 se utilizou das delações premiadas para o trabalho daquela operação, introduzindo, sob o amparo das leis anteriores, esse sistema, mantido e aperfeiçoado pela Lei nº 12.850/2013.

É estranho que cláusulas daqueles acordos de delação tenham sido repetidas nos acordos feitos sob a Lava Jato. Inclusive foi inventado um regime de cumprimento de pena não previsto na legislação penal – o regime aberto ou semiaberto diferenciado. Diferenciado do quê? Parece-nos que é diferenciado da lei. Esse ponto não foi discutido pelo STF, apesar de parte das delações terem sido homologadas por decisões monocráticas da corte.

Além disso, duas discussões precisam ser travadas urgentemente: a primeira é a delação ser feita por quem está preso. Na realidade, boa parte das prisões preventivas decretadas pelo chefe da Lava Jato foram feitas objetivando obter delações premiadas, seja dos presos, seja de outros que, receosos de virem a ser presos, se antecipavam fazendo delações.

A segunda é o poder do Ministério Público Federal dizer qual o benefício da pena e o valor de reparação, em critérios totalmente subjetivos e sem controle de ninguém. A Lei nº 12.850/2013 não concede esse poder ao Ministério Público, devendo o juiz estabelecer a pena pelo efetivo benefício obtido por meio da delação. Esse ponto ainda não foi debatido no STF e, se o fizer, poderá jogar por terra a quase totalidade das delações feitas pela operação – ou ao menos as condições desses acordos.

Ainda temos outro ponto relevante. A Lei nº 12.850/2013 foi feita visando combater as organizações criminosas voltadas ao tráfico de drogas e outras atividades do tipo, por meio de violência. A própria justificativa da lei se apoia nisso. Qual a razão de tentar enquadrar outras atividades sob os efeitos dessa lei? A resposta é: para dar curso legal às arbitrariedades efetuadas. Esse ponto também não foi discutido ainda no STF.

Para começar, o que fez Moro na Lava Jato? Usou uma falsa competência por prevenção, envolvendo um doleiro ligado a um posto de gasolina de Brasília. A partir daí, nasceu a Lava Jato, trazendo inicialmente uma ligação com a Petrobras. Moro, então, buscou o seu velho freguês do Banestado, o doleiro Alberto Youssef, delator daquela operação.

O livro *Lava Jato – aprendizado institucional e ação estratégica na justiça*, da juíza Fabiana Alves Rodrigues, contém um excelente estudo sobre a operação e as suas manipulações. Nele, a juíza descreve a estratégia de primeiro colocar a competência da Justiça Federal, focando o conceito de que tudo era parte de uma organização criminosa, com o crime mais grave de lavagem de dinheiro predominando sobre os crimes de competência estadual. Isso sem contar a utilização da existência de depósitos no exterior para atrair essa competência.

Ela aborda o seguinte: "Em resumo, pode-se dizer que a Justiça Federal do Paraná decidiu e os tribunais ratificaram, inclusive pelo Supremo Tribunal Federal, que os casos envolvendo a Petrobras apresentam uma ligação que exige apenas um juiz responsável pelo julgamento de todos eles. Apesar de o tema estar envolto em muitas controvérsias, pressupõe-se aqui que existe a alegada conexão e a necessidade de julgamento conjunto. Mas ressalta-se que essa solução jurídica está amparada no uso estratégico do crime de organização criminosa".

Continua ela, grifando o trecho: "A ação indicada por Sergio Moro como fundamento inicial para a necessidade de conexão foi julgada em 6 de maio de 2015. O encerramento da ação, que tem por objeto fatos que justificaram a fixação da competência em Curitiba". E segue: "O enfrentamento desse tema tem relevância porque há previsão legal de que a força atrativa da primeira ação criminal se encerre com o seu julgamento (art. 82 do Código de Processo Penal). Basta constatar que Sergio Moro se exonerou do cargo de juiz, e ninguém afirma que isso impede a análise dos casos remanescentes pelo juiz que assumiu. Ou seja, as provas de um processo que são úteis para outro caso podem ser transferidas/copiadas sem a necessidade de violar a regra geral que prevê que a competência deve ser determinada pelo local de consumação dos crimes".

Diz ainda a autora: "As sentenças das ações criminais de Curitiba não esclarecem por que os julgamentos dependeram do conteúdo das provas produzidas nessa ação inicial. Ou seja, não há indicação de que realmente existia a alegada conexão probatória. A ação originária tem como crime mais grave a lavagem de dinheiro, que na denúncia não indica nenhuma ligação com a Petrobras ou seus diretores, pois consiste em investimentos feitos numa empresa situada na cidade de Londrina, PR. A denúncia menciona que a lavagem de dinheiro tem como crime antecedente o de corrupção praticado pelo ex-deputado José Janene, apurado no Mensalão. No julgamento final afirma-se, inclusive, que se trata de recursos do fundo Visanet administrados pelo Banco do Brasil e recursos da Câmara dos Deputados, além de empréstimos fraudulentos do Banco Rural (item 160 da sentença). Se as provas produzidas nesse caso não têm nenhuma relevância para as investigações que se seguiram, não havia justificativa para a manutenção de todos os processos da Petrobras em Curitiba". A juíza pondera ainda: "Na construção do argumento de conexão probatória, o crime de organização criminosa exerceu o papel de curinga para azeitar a narrativa de que todos os crimes praticados em prejuízo da estatal devem ser tratados em bloco... Partiu-se então para o passo seguinte, em que os rastros de ação estratégica são mais fáceis de identificar, pois a Justiça Federal do Paraná ocultou informações relevantes nas decisões judiciais, o que impediu o controle efetivo, pelos tribunais, da aplicação das regras que definem o juiz natural dos casos".

Segundo ela: "A determinação da unidade da Justiça Federal que deve ser responsável pelas investigações e pelos julgamentos de casos conexos segue regras que aparecem sintonizadas de modo muito didático no julgamento do Supremo Tribunal Federal que resultou no desmembramento da Lava Jato de Curitiba, ocorrido em 25 de setembro de 2015. No voto do relator, ministro Dias Toffoli, que definiu o envio do caso envolvendo a então senadora Gleisi Hoffman (PT-PR) para a Justiça Federal de São Paulo, são relacionados todos os fatos investigados e identificados os locais onde cada crime teria sido consumado, concluindo que a maior parte dos crimes de lavagem de dinheiro e de falsidade ideológica se consumaram em São Paulo". E prossegue: "O detalhamento feito pelo ministro se explica porque, algumas linhas antes, ele explicitou de modo muito claro que a lista das regras para definir o juiz competente nos casos de conexão segue uma ordem hierárquica. Em síntese, no caso de vários crimes cometidos em diversas cidades, o primeiro critério para a definição do juiz é o local onde foi cometido o crime mais grave. No caso de vários crimes de mesma gravidade, a definição deve se pautar pelo lugar onde foi praticado o maior número de crimes. Apenas no caso, ou seja, se existir a mesma quantidade de crimes igualmente graves praticados em cada cidade, o juiz competente será aquele que primeiro realizar algum ato no processo".

No livro, a juíza Fabiana afirma ainda que "não se trata de mera formalidade, pois a garantia da aplicação de critérios objetivos para determinar qual juiz será responsável por um caso concreto faz toda a diferença num país onde não há uniformidade na estrutura dos tribunais, que ainda gozam de autonomia administrativa no que diz respeito a temas decisivos para os resultados de uma grande operação de combate à corrupção". Segundo ela, "a leitura das decisões judiciais oriundas da Justiça Federal de Curitiba sugere que foi adotada uma ação estratégica para assegurar que os casos da Lava Jato fossem mantidos nessa cidade. O juiz Sergio Moro não incluiu nelas a relação de todos os fatos criminosos acompanhados dos respectivos locais de consumação, limitando-se a citar apenas os poucos fatos que faziam referência a alguma cidade do Paraná".

Ela defende que "diversas decisões que reconheceram a competência de Curitiba limitaram-se a mencionar o caso que teria definido essa competência: um caso de lavagem de dinheiro praticado por meio de investimentos feitos em Londrina. Crime que, de acordo com a denúncia, teria como antecedente a corrupção praticada pelo ex-deputado José Janene, apurada no Mensalão... A empresa sediada em Londrina (Dunel Indústria e Comércio Ltda.) não aparece novamente nas outras denúncias da força-tarefa da Lava Jato. As decisões judiciais também se mostram omissas em relação às provas desse crime de lavagem de dinheiro que poderiam influenciar as provas dos demais crimes apurados pela operação".

A juíza grifa que "a investigação que levou à identificação dos investimentos da Dunel teve como alvo inicial Carlos Chater, a primeira pessoa investigada pela operação que teve quebra de sigilo bancário autorizada em 8 de fevereiro de 2009. No relatório da Polícia Federal, afirma-se que surgiram indícios da atuação de Alberto Youssef nessa investigação. Carlos Chater também foi a primeira pessoa a ter as comunicações interceptadas, de 17 de julho a 18 de dezembro de 2013. A denúncia que descreve os investimentos da Dunel faz menção ao uso de contas bancárias em nome da empresa Posto da Torre Ltda., sediada num posto de gasolina em Brasília, e que deu origem ao nome Lava Jato. Não foi possível o acesso ao conteúdo dos autos indicados como início dessas investigações, nem obter explicações sobre a ausência de movimentação processual de 2011 a 2014, período em que o procedimento permaneceu arquivado. Esse longo tempo de arquivamento que precedeu o pedido de interceptação telefônica deferido por Sergio Moro sustenta a hipótese de que houve manipulação das regras de competência".

Em seguida, a juíza faz a pergunta que todos deveriam estar fazendo – justamente a pergunta que a Lava Jato deixou sem resposta: "Qual a relevância das evidências sobre os investimentos feitos por Janene na Dunel para os processos com acusações de corrupção e desvios da Petrobras?". Ela mesma responde: "Aparentemente nenhuma. Isso sugere, inclusive, que nem sequer havia conexão entre os fatos apurados naquela investigação e as demais denúncias da operação, pois a influência da prova é o pressuposto para a manutenção de todos os casos com o mesmo juiz".

Na profunda análise das manipulações de Moro para manter a sua competência, a juíza continua dizendo que "a hipótese de que não havia conexão é incompatível com o comportamento do Ministério Público Federal, que de início se manifestou pela incompetência da Justiça Federal de Curitiba no caso envolvendo a Dunel, o que produziria dois resultados possíveis: a remessa a outra unidade da Justiça Federal apenas desse caso, por não ter conexão com os demais; ou a remessa de toda a investigação para outra unidade, caso houvesse conexão entre os casos. Como parece pouco provável que algum membro do MPF em Curitiba pretendesse abrir mão da operação, a alegação de incompetência talvez tenha sido motivada pela convicção de que não existia conexão com os outros processos. E o indeferimento do pedido, pelo juiz Sergio Moro, possivelmente decorreu da convicção de que era essencial manter em Curitiba algum caso que viabilizasse a referência a alguma cidade do Paraná".

Para ela, "determinadas decisões judiciais que negaram pedidos de reconhecimento da incompetência da Justiça Federal de Curitiba feitos pelas defesas tornam essa estratégia ainda mais clara. O juiz Sergio Moro ressaltou, em várias decisões, que as apurações da Lava Jato incluíram crime de corrupção em obras da refinaria Presidente Getúlio Vargas (Repar), apenas para deixar registrada a sede da refinaria na cidade de Araucária, PR. Nessas decisões não aparecem especificados os lugares onde ocorreram os atos de corrupção, que não foram necessariamente consumados no local de realização das obras, e, o mais importante, nelas não são mencionados os crimes de lavagem de dinheiro que também constam nas denúncias". E segue: "A lavagem de dinheiro é o crime mais grave que consta nas acusações da Lava Jato, mas, para determinar qual unidade da Justiça Federal assumiria os casos iniciais da operação, o juiz deveria fazer uma relação de todos os crimes dos inquéritos/processos conexos, para identificar onde houve a consumação do maior número deles. Todos os fatos criminosos apontados nas investigações que tramitaram durante os primeiros meses da operação, ou ao menos nas primeiras decisões de prisão preventiva, deveriam ser considerados, na sua totalidade, para a identificação do local da concentração do maior número de crimes. A própria divisão das acusações em várias ações criminais facilitou o uso dessa estratégia de ocultação, pois permitiu que em cada uma das ações fossem completamente ignorados os locais de consumação dos crimes apurados nos demais".

No entendimento da juíza, "a referência às obras da Repar traz outro elemento que sugere a estratégia de omissão dos fatos com a finalidade de inviabilizar o controle, pelos tribunais, sobre a competência, pois a acusação que envolve obras na Repar (Paraná) também inclui obras na refinaria de Paulínia (Replan), em São Paulo, no gasoduto Pilar-Ipojuca (Pernambuco) e no gasoduto Urucu-Coroari-Manaus (Amazonas). Ou seja, quando o juiz utiliza essa ação penal para defender a competência de Curitiba, intencionalmente deixa de mencionar que há crimes envolvendo obras em outras localidades".

Diz ela: "A pena do crime de corrupção é mais elevada que a do crime de lavagem de dinheiro, mas as denúncias e sentenças o associam à existência de organização criminosa, o que agrava a pena da lavagem de dinheiro. O próprio juiz Sergio Moro afirma a maior gravidade da lavagem de dinheiro [...]". Continua: "Quando foram julgados os cinco questionamentos sobre a competência na ação que contém a alegada lavagem de dinheiro envolvendo a empresa situada em Londrina, em 15 de agosto de 2014, já havia catorze ações criminais na Justiça Federal do Paraná, mas os fatos criminosos supostamente conexos não foram relacionados para identificar em qual cidade se concentraram. Também foram ignorados os principais fatos sobre a Petrobras investigados na época, relacionados às grandes empreiteiras que foram objeto de buscas e apreensões em 14 de novembro de 2014, data em que a força-tarefa já apontava a existência individualizada dos crimes apurados".

Para a juíza Fabiana, "pode-se supor que o comportamento estratégico dos atores da Lava Jato do Paraná, em especial do juiz Sergio Moro, decorreu da percepção de que, se as decisões contivessem todas as informações necessárias para análise da competência, os tribunais teriam de reconhecer que a maioria dos crimes, notadamente os de lavagem de dinheiro, tinha sido praticada na cidade de São Paulo, sede de quase todas as grandes empreiteiras investigadas e onde funcionava o escritório de lavagem comandado por Alberto Youssef, expressão usada pelo juiz no recebimento de diversas denúncias, obviamente sem mencionar que ficava nessa cidade".

Afirma ela: "O próprio Sergio Moro afirma que, em decisões datadas de 24 de fevereiro e 10 de novembro de 2014, foi reconhecido que as empresas CSA Project Finance Consultoria, GFD Investimentos, MO Consultoria, Empreiteira Rigidez e RCI Software foram utilizadas em esquema criminoso de desvio de recursos públicos, através de depósitos nas suas contas, com simulação da prestação de serviços por elas aos depositantes, a fim de ocultar a natureza criminosa das transações, em realidade de lavagem de dinheiro ou pagamento de propina. Essas empresas que se afirma serem ligadas ao escritório de lavagem de Alberto Youssef são mencionadas em várias decisões e sentenças, mas nunca se informa que todas estão sediadas na cidade de São Paulo, assim como o escritório de contabilidade Arbor Consultoria e Assessoria Contábil, que auxiliaria Youssef".

O livro ainda registra: "Destaque-se a decisão que autorizou a deflagração da fase juízo final, relativa à primeira prisão dos executivos de grandes empreiteiras, na qual são relacionados diversos depósitos feitos nas contas da MO Consultoria e GFD Investimentos, utilizadas para o alegado pagamento de propinas. A decisão também menciona que os contratos apreendidos no escritório de Alberto Youssef usualmente preveem a prestação de serviços de consultoria especializada a empreiteiras contratadas, MO Consultoria, GFD Investimentos, empreiteira Rigidez ou RCI Software, inclusive por serviços na área petrolífera. Nela há a discriminação de vários contratos com essas empresas, mas em nenhum trecho consta a informação de que todas têm sede em São Paulo. A decisão relaciona pelo menos 23 empresas envolvidas com os crimes investigados, mas apenas em uma há menção à sede (da filial), não por acaso na cidade de Curitiba, omitindo-se que dezesseis estão sediadas no estado de São Paulo".

Então, a juíza publica a relação de todas as empresas, com CNPJ e endereços, comprovando a fraude realizada por Sergio Moro. Mais à frente, ela continua: "Relato semelhante consta na decisão de 24 de março de 2014, que autorizou a prisão preventiva de Paulo Roberto Costa, primeiro executivo da Petrobras identificado nas investigações da Lava Jato. Na decisão são mencionados dois momentos em que Paulo Roberto apareceu como suspeito da prática de crimes: no faturamento de um veículo Land Rover Evoque pago por Alberto Youssef no recebimento de comissões em obras públicas entre 2011 e 2012, identificado na interceptação de comunicação mantida entre Youssef e o gestor da empresa Sanko Sider (sediada em São Paulo), além de um e-mail de uma gerente financeira dessa empresa no qual haveria uma relação de comissões pagas por meio das empresas MO Consultoria e GFD Investimentos".

Conforme escreve a autora, "Sergio Moro afirma que as empresas são controladas por Alberto Youssef, mas omite a informação de que estão sediadas em São Paulo. O comportamento estratégico de ocultação de informações relevantes para identificar onde a operação deveria tramitar agrega-se a um emparedamento imposto aos tribunais, que decorre da opção de dividir as acusações em várias ações criminais e da agilização dos primeiros casos. A divisão das acusações dificulta – quase impossibilita – que os tribunais possam mensurar a quantidade de crimes conexos praticados em cada cidade". Ela segue: "A ação estratégica para abraçar toda a Lava Jato revela-se em mais duas ocasiões, ambas voltadas a contornar as regras do foro privilegiado. A primeira ocorreu quando Paulo Roberto Costa direcionou um pedido diretamente ao Supremo Tribunal Federal, sob a alegação de que a operação havia investigado o então deputado André Vargas. Esse pode ser considerado um dos pontos de tensão mais relevantes da operação, pois as informações que chegaram ao gabinete do ministro Teori Zavascki tinham potencial para transferir a Lava Jato para o STF, com resultados imprevisíveis para os rumos da operação".

A juíza contextualiza: "A primeira decisão do STF sobre a Lava Jato, que tornou o ministro Teori Zavascki responsável por todos os questionamentos que se seguiram, foi a suspensão de toda a operação, em 18 de maio de 2014, com revogação de prisões até então existentes. Zavascki mencionou um relatório policial sobre comunicações interceptadas em que foram relacionadas inúmeras trocas de mensagens entre Alberto Youssef e André Vargas por longo período de tempo. O ministro relatou ainda que outros congressistas foram apontados como suspeitos e que os policiais solicitaram diligências complementares focadas especificamente no então deputado Cândido Vaccarezza. Por fim deu destaque ao afrontoso ato praticado pelo juiz Sergio Moro, que manteve as investigações na primeira instância e desmembrou por conta própria a parte que envolvia o parlamentar para enviá-la ao STF, quando a corte já havia decidido, mais de uma vez, que a decisão relativa ao desmembramento é exclusivamente dela".

Ela detalha a artimanha empregada pelo então juiz de Curitiba: "Agilidade e estratégia de emparedamento compuseram a receita adotada por Sergio Moro para esquivar-se da interferência do STF. No mesmo dia da decisão ele pediu informações a Zavascki sobre o seu alcance, ressaltando que os casos originados da Lava Jato incluíam o mandante de tráfico de 608 quilos de cocaína, com indícios da existência de um grupo organizado transnacional com diversas conexões no exterior, além de três ações criminais sobre crimes financeiros e lavagem de dinheiro envolvendo três grupos de doleiros, dois deles com risco de fuga, pela existência de saldos milionários em contas no exterior. O abacaxi recebido por Zavascki foi prontamente embalado, com a reconsideração parcial da liminar e a manutenção de todas as prisões não relacionadas a Paulo Roberto Costa. A manutenção das prisões exigiu que a decisão final fosse tomada rapidamente, o que permitiu o prosseguimento dos casos na Justiça Federal de Curitiba a partir de 10 de junho de 2014". Ou seja, "O que num primeiro momento aparentava ser o primeiro controle efetivo da Lava Jato pelos tribunais superiores acabou se tornando uma carta branca para o núcleo de Curitiba, que recebeu o carimbo do STF, atestando que o caso poderia ser conduzido pelo juiz Sergio Moro. Os questionamentos sobre as prisões até então existentes possivelmente encontrariam maior resistência no Tribunal Regional Federal e no Superior Tribunal de Justiça, pois a prévia passagem dos casos pelo gabinete de um ministro do STF de alguma forma valida a análise de que as prisões envolvem crimes graves".

Segundo análise da juíza: "O segundo comportamento estratégico que permite contornar as regras relativas a foro privilegiado decorre da natureza sigilosa das interceptações telefônicas e da discricionariedade dos investigadores em relação à análise do conteúdo das comunicações. Os atores do sistema de justiça precisam apresentar justificativas para que uma pessoa tenha suas conversas captadas, mas é grande a discricionariedade na definição de quais pessoas são consideradas suspeitas e deverão constar nos relatórios de interceptação. A natureza sigilosa dessas medidas torna praticamente impossível o controle por algum ator externo, mas houve ao menos um episódio em que a ação estratégica aparece visível na Lava Jato de Curitiba".

Cita ela: "A revista *Época* divulgou, no dia 26 de abril de 2014, trecho de conversa mantida entre Alberto Youssef (interceptado) e o então deputado Luiz Argôlo, que teria ocorrido no dia 28 de fevereiro do mesmo ano. A divulgação da informação sigilosa exigiu que o juiz Sergio Moro determinasse que a Polícia Federal produzisse um relatório sobre a interceptação, e nele foi informado que os investigadores não sabiam quem era o interlocutor de Youssef, até então identificado como L.A. Depois disso, os policiais obtiveram a informação, com a empresa de telefonia, de que o aparelho estava em nome da Câmara dos Deputados, o que não traria dificuldades em identificar L.A., que enviou a Youssef uma mensagem com seu endereço residencial em Brasília (segundo relato de Sergio Moro)". E prossegue: "O vazamento para a imprensa, que não teve dificuldades em descobrir quem era o interlocutor de Alberto Youssef, sugere que os policiais também sabiam que o usuário do telefone era Luiz Argôlo, mas não buscaram confirmar a informação com a empresa de telefonia, e a interceptação estendeu-se de 14 de setembro de 2013 a 17 de março de 2014. A confirmação exigiria documentação informando que Argôlo era investigado, e isso tornaria obrigatório o envio da investigação ao Supremo Tribunal Federal".

Esse relatório da interceptação, datado de 15 de maio de 2014 e disponível na ação penal, traz a informação de que o pedido para identificar o titular do telefone foi enviado à empresa de telefonia no dia 5 de maio daquele ano, depois da reportagem da revista – e depois que encerraram a interceptação.

A juíza Fabiana diz mais sobre Argôlo: "Essa hipótese é reforçada ao se analisar o conteúdo da acusação contra Argôlo pela força-tarefa de Curitiba quando ele não era mais deputado. As evidências da prática de cinco atos de corrupção e lavagem de dinheiro relacionadas na denúncia incluem conversas interceptadas entre 20 de setembro de 2013 e 2 de janeiro de 2014, período em que Argôlo ainda era deputado".

Mais adiante, ela relata a conivência do TRF4, em que: "A edição de sucessivos atos normativos pelo TRF4, com efeitos a partir de 19 de dezembro de 2014, permitiu que o juiz responsável pela Lava Jato em Curitiba só recebesse processos que tivessem relação com a operação. Foi suspensa a distribuição de outros casos, o que foi previsto para durar pelo menos até 5 de fevereiro de 2020".

Ela diz ainda: "Como já foi observado, além desse apoio seletivo decorrente da discricionariedade administrativa dos tribunais, o próprio juiz de Curitiba fez uso de critérios bastante discutíveis ao priorizar o andamento de determinados casos, o que permite produzir resultados orientados para os investigados que serão mais incentivados a delatar e, em consequência, os atores do alto escalão da política que serão mais atingidos".

Em suas reflexões finais do livro, a autora aponta: "Pode-se dizer, parodiando o ministro Marco Aurélio Mello, do Supremo Tribunal Federal, que no núcleo curitibano da Lava Jato os processos tinham capa e ela influenciou a gestão temporal dos casos". E segue: "A Operação Lava Jato mostra que os problemas decorrentes da discricionariedade foram agravados diante da estratégia adotada pelo núcleo paranaense para manter os casos da Petrobras em Curitiba. Isso impediu que os tribunais realizassem um controle efetivo sobre as regras de competência, o que abre uma porta para a atuação concertada entre os atores da primeira instância, que pode ou não ser replicada em outras unidades do judiciário".

Avalio como brilhante o trabalho feito por essa juíza. Ela ainda fala que: "O desenho das democracias em geral inclui o judiciário numa posição de equidistância entre o estado que acusa e o indivíduo que responda a uma acusação, modelo expressamente previsto no desenho institucional brasileiro. Esse modelo se fragiliza quando o judiciário passa do papel de árbitro de conflitos para o de combatente que usa da sua privilegiada posição no processo penal para buscar resultados incluídos nas missões institucionais dos órgãos de acusação".

A análise da autora só reforça o papel desempenhado por Sergio Moro como chefe da Operação Lava Jato. Ele era isso mesmo: o mentor, coordenador e verdadeiro chefe de todo o processo – o que incluía deixar sob sua hierarquia o Ministério Público Federal e a Polícia Federal. Moro nunca foi imparcial, em nada do que fez na sua atividade.

A Segunda Turma do STF publicou um acórdão, no dia 30 de dezembro de 2020, de decisão tomada em agosto do mesmo ano, declarando Sergio Moro parcial. Acabou anulada a condenação do doleiro Paulo Krug, no caso Banestado.

No momento em que terminava de escrever este livro, a imprensa começava a divulgar, a partir de 1º de fevereiro de 2021, novos trechos da Vaza Jato, liberados por decisão do ministro do STF, Ricardo Lewandowski, atendendo a pedido da defesa de Lula. A minha defesa também tentou obter esses diálogos, mas até este momento sem sucesso.

Os trechos vazados são ainda mais vergonhosos do que os que se conheciam antes desse vazamento. A perseguição é clara e atinge Lula e eu. Foram vazados não só diálogos entre Moro e os procuradores, mas também entre os próprios procuradores. Em um determinado momento, no dia 10 de junho de 2016, eles falam: "Fizemos nossa lição de casa. Atendemos a PGR e mostramos isenção. Agora é hora de bater no Cunha. A vez do Lula vai chegar". Um verdadeiro escândalo cujos atores não podem ficar impunes.

Os diálogos entre os procuradores mostraram a verdadeira armação quando entraram com a denúncia contra a minha mulher e com a ação de improbidade contra mim. Eles tinham um objetivo, que era interferir na votação do Conselho de Ética da Câmara. Os diálogos são estarrecedores. Eles inclusive combinam com Moro a aceitação da denúncia da minha mulher e comemoram que Moro nessa decisão iria rebater os meus argumentos de defesa do Conselho.

No caso da ação de improbidade, eles se utilizam de compartilhamento ilegal de supostas provas e chegam a falar no grupo: "Não tem problema de suspender [a ação], pois já teríamos provocado o desgaste". O objetivo era tão somente provocar impacto no momento da votação do meu processo de cassação. Isso tudo, agregado ao fato de que eles estavam me investigando em primeiro grau, mesmo sendo eu ainda detentor de foro.

Em 27 de julho de 2015, eu ainda presidente da Câmara, 60 dias antes de chegar oficialmente a transferência do Ministério Público da Suíça, os procuradores comentam: "Não comenta com ninguém do email do Stefan [Stefan Lenz]. Se vazar algo não mandam"/ "do EC, conta do EC"/ "vc se lembra de LUC ter se referido a esta cc antes, acho, de EC ser eleito presidente? Ele não tinha relevância para nós; agora PGR doido". Como explicar que a força-tarefa da Lava Jato tinha um e-mail da Suíça com as informações sobre a conta? Isso era ou não irregular? Eles podiam me investigar? Essa cooperação foi legal?

Em outro momento, em diálogo entre Moro e o coordenador da força-tarefa, Moro pergunta em 17 de março sobre Eugênio Aragão, escolhido para substituir José Eduardo Cardozo no Ministério da Justiça: "O Aragão era o candidato de Janot ao STF?". A resposta de Deltan é: "Não sei, mas é provável. Foi Janot quem o escolheu para a PGE [Procuradoria-Geral Eleitoral] e Janot também tem a inclinação para o mesmo partido". Ou seja, ambos tinham simpatia pelo PT, tanto Aragão quanto Janot.

Em 10 de agosto de 2016, o coordenador da força-tarefa Deltan Dallagnol comunica no grupo dos procuradores: "Russo [Moro] vai sair fim do ano, contanto que já tenhamos processado o 9 [forma desrespeitosa para se referir a Lula, relativa a um dos dedos que perdeu] e o Cunha. Pode reavaliar conforme venha o Renan ou a depender da ode [...]".

São tantos os diálogos já vazados que se comprova a atuação parcial de Moro contra mim e também contra Lula. A simples transcrição de todos eles daria um novo livro, o que não é o caso neste momento. Ainda existem muitos outros diálogos não conhecidos que se tornarão públicos. À medida que vierem ao conhecimento público, a máscara de Moro cairá definitivamente.

No dia 9 de fevereiro de 2021, a Segunda Turma do STF julgou a legalidade do acesso a esses diálogos da Vaza Jato, por 4 votos a 1, ficando vencido o ministro Edson Fachin.

O ministro Gilmar Mendes, por sua vez, concedeu uma entrevista ao portal UOL, no dia 12 de fevereiro, na qual fez duras afirmações. Ele disse, entre outras coisas: "Porque o que se instalou em Curitiba era um grupo de esquadrão da morte, totalmente fora dos parâmetros legais".

Também falou o que estou afirmando em toda esta obra: "Eles [os procuradores] se situavam numa estratosfera que não tinha supervisão da Procuradoria, não estava submetida ao procurador-geral, não tinham um subprocurador e contatavam diretamente o juiz. Nesse caso de Curitiba, a impressão era de que Moro seria o verdadeiro chefe da Operação Lava Jato".

Um parêntese importante. Em 8 de março de 2021, quando este livro já se encaminhava para a gráfica, o ministro Edson Fachin tomou uma decisão impactante em todo o processo da Lava Jato, ao anular de forma monocrática todas as condenações de Lula, enviando os processos do ex-presidente para a Justiça Federal de Brasília, considerando incompetente a ex-vara de Moro.

Fachin tomou essa decisão em um dos muitos *habeas corpus* de Lula pendentes, julgando embargos de declaração, reformando uma decisão que ele havia dado, a de remeter ao plenário o julgamento daquele *habeas corpus*. Isso mesmo: depois de, por oito vezes em diferentes recursos de Lula, ele ter se posicionado contrário ao que decidira.

A decisão de Fachin foi tão estranha que ele se utiliza de precedentes do STF de 2015 e 2018, em relação aos quais ele sempre se posicionou de forma contrária em outras decisões. A repentina atitude de Fachin se deve ao fato de que o julgamento da suspeição de Moro estava prestes a ser concluído. Fachin queria, com isso, evitar que Moro fosse declarado parcial, tentando tornar sem objeto esse recurso.

No dia seguinte, o ministro Gilmar Mendes trouxe ao plenário da Segunda Turma o julgamento da suspeição de Moro, e esse colegiado contrariou Fachin e continuou esse julgamento. Mendes votou pela suspeição, seguido do ministro Ricardo Lewandowski, com novo pedido de vista, agora do ministro Nunes Marques. Esse julgamento foi concluído em 23 de março de 2021, com a ministra Cármen Lúcia dando o voto vencedor para considerar o imoral Sergio Moro suspeito nas ações de Lula na Lava Jato.

Tal decisão terá ainda mais desdobramentos, inclusive com relação a mim, que ocorrerão em momento posterior ao lançamento desta obra e que serão abordados em edições futuras.

Como verificamos no livro da juíza Fabiana Alves Rodrigues, em relação a Alberto Youssef, Moro fez um *link* com Paulo Roberto Costa, ex-diretor da Petrobras – prendendo-o. Moro se utilizou dos grampos de Youssef, que envolviam os dois parlamentares, os ex-deputados André Vargas e Luiz Argôlo. Esse processo teria de ir para o STF de qualquer forma.

Com isso, o então ministro Teori Zavascki chegou a determinar a soltura de Paulo Roberto Costa e todos os presos, além de requisitar o processo para Brasília. Como a decisão de Teori acabava com a Lava Jato, Moro fez uma carta a Teori, tornada pública, afirmando que ele estava soltando perigosos criminosos. Teori recuou em relação aos demais presos.

Agora vem a parte que não foi abordada no livro da juíza. Mesmo tendo sido solto por Teori, em decisão de 18 de maio de 2014, logo em seguida, em 11 de junho de 2014, Moro arranjou outra desculpa para tornar a prender Paulo Roberto Costa. Com a nova prisão, colocaram Paulo Roberto em condições humilhantes de encarceramento, segundo eu mesmo tomei conhecimento quando estive preso no Paraná.

Paulo Roberto correu e fez uma rápida delação, que teria de ser homologada pelo STF, devido ao fato de acusar detentores de foro privilegiado. Ele não aguentava a pressão feita no sistema carcerário – além de ver que sua família estava sendo ameaçada de prisão também.

A estratégia de decretar várias prisões preventivas era usada por Moro para dificultar a saída de qualquer preso. Quando um *habeas corpus* estava prestes a ser julgado no STF, novo decreto de prisão preventiva era feito – o que obrigava a novo trâmite, desde o início, desse novo *habeas corpus*. Com isso, era impossível obter a soltura.

Somente no julgamento do *habeas corpus* de José Dirceu no STF, em 2 de maio de 2017, esse quadro começou a mudar. A força-tarefa havia apresentado uma nova denúncia nesse dia para pressionar o STF, pedindo nova prisão, causando uma enorme repercussão. A Segunda Turma não só concedeu a ordem de *habeas corpus* como a estendeu a outra prisão mais recente.

Moro, então, sobrestou a nova denúncia e não teve mais coragem para enfrentar o STF com múltiplas prisões preventivas. Moro na Lava Jato controlava tudo, das audiências e pedidos do MPF até as condições carcerárias de cada preso. Ele controlava até os advogados e as visitas que os presos recebiam. Era uma verdadeira Gestapo.

Com a delação de Paulo Roberto, seguida da nova delação de Alberto Youssef, Moro teve o material necessário para deflagrar uma série de operações que levariam a que se entupisse de denúncias a sua vara.

Youssef havia tido como rompido um acordo de delação feito no caso Banestado. Moro já havia se declarado impedido de atuar em casos dele, mas voltou atrás.

Antes de fazer a sua nova delação, Youssef teve que conviver com a pressão de que, com o rompimento da delação anterior, estava sendo condenado em uma das ações pregressas. Outras viriam em cascata, tanto dos casos anteriores quanto da Lava Jato.

Isso sem contar que ele tinha como advogado Antônio Figueiredo Bastos, já citado por mim, como o advogado das delações. Ele foi recentemente denunciado no Rio de Janeiro por supostamente extorquir doleiros, vendendo a eles proteção em relação aos procuradores de Curitiba, sem a comprovação da participação dos procuradores, em delação do doleiro Dario Messer.

Com essa falsa prevenção do caso da empresa Dunel, Moro atraiu também a prevenção da segunda instância – e seu amigo, o desembargador João Gebran Neto, virou o relator prevento de toda a Lava Jato. Não havia nenhuma possibilidade de reverter alguma decisão de Moro ali. Ao contrário, haveria uma combinação de agravamento das penas de alguns casos, passando a imagem de que Moro era um juiz menos rigoroso do que a segunda instância.

No STJ, a prevenção primeiro começou com um desembargador interino, na vacância do cargo não preenchido do STJ. Depois foi substituída pelo ministro nomeado por Dilma, Marcelo Ribeiro Dantas, denunciado na delação de Delcídio do Amaral.

Ribeiro Dantas logo perderia a relatoria para o ministro Felix Fischer – oriundo, pelo quinto constitucional, do Ministério Público do Paraná. Ele atuou em verdadeira sintonia com as decisões de Moro, também não revertendo nada. Chegou, inclusive, quando estava sendo derrotado o julgamento do recurso especial de Lula, a pedir vista e retornar com o voto igual ao voto divergente do ministro Jorge Mussi, para manter a relatoria.

Por sua vez, no STF, depois da morte de Teori Zavascki, com a vaga aberta da relatoria da Lava Jato, o ministro Edson Fachin se mudou da Primeira Turma para a Segunda, para ocupar o lugar de Teori. Ele, com isso, se candidatou à relatoria. A então presidente do STF, ministra Cármen Lúcia, já havia determinado a realização do sorteio entre os integrantes da Segunda Turma – para definir o novo relator.

Foi feito um sorteio eletrônico. O critério usado no STF é o de equilibrar os processos entre os integrantes da turma. Como Fachin estava se mudando para a turma, logo era o favorito e seria o sorteado, dentro desses critérios. Isso aconteceu em seguida, sendo Fachin designado o novo relator da Lava Jato. Também advogado oriundo do Paraná, ele jamais iria se contrapor àquilo que ficou conhecido como a República de Curitiba – cujo "presidente" era Moro.

Com o fim do mandato dos então deputados André Vargas e Luiz Argôlo, acabou-se a discussão da competência do STF – embora o que tenha sido investigado por Moro tenha sido feito por um juiz incompetente. Isso de nada adiantaria. Moro prenderia André Vargas e Luiz Argôlo.

Em seguida, Moro tentou avançar sobre outras áreas do país, como o setor elétrico. Nesse caso, o STF, por meio de voto do ministro Dias Toffoli, acabou retirando sua competência, inaugurando assim a fase do Rio de Janeiro – para onde esse caso do setor elétrico foi transferido.

Houve ainda inúmeras tentativas da Lava Jato de colocar sob a sua jurisdição diversos outros temas. Alguns foram barrados. Outros seguiram. No caso do ex-deputado André Vargas, por exemplo, ele respondeu por fatos ocorridos na Caixa Econômica Federal – o que nada tinha a ver com a Petrobras.

O ex-deputado Argôlo respondeu com base nas interceptações telefônicas de Alberto Youssef, quando ainda era deputado e não podia ter sido investigado pelo chefe da Lava Jato.

Depois, o ex-senador Gim Argello também foi preso por Moro e respondeu por um processo de atuação em uma CPI no Congresso Nacional para investigar a Petrobras. Isso nada tinha a ver com os fatos da Petrobras. Era apenas uma investigação sobre atuação parlamentar no Congresso Nacional.

Mesmo em processos posteriores, a retirada da competência de Moro aconteceu depois de operações barulhentas, com prisões e denúncias, e que acabaram transferidos para outros juízos. Mesmo assim, Moro conseguia o seu objetivo, que era ter a opinião pública mobilizada e atenta para a sua atuação de suposto combate à corrupção.

Ele conseguia o seu intento e também acabava influindo para que outros juízes, salvo algumas exceções, seguissem seus métodos, buscando estar em sintonia com a liderança de Moro no processo. Passou a ser uma concorrência por holofotes e abusos processuais.

Houve um momento, em 2017, em que fui transferido para Brasília para participar de audiências na Justiça Federal de Brasília, onde o juiz da 10ª Vara Federal havia decretado uma prisão preventiva contra mim. Ele tinha por isso jurisdição sobre mim. Solicitei a permanência em Brasília para sair do circo de Moro, mas Moro não permitiu que eu continuasse em Brasília para que não perdesse seu maior troféu em Curitiba naquele momento – que era eu. Ele queria todos os seus troféus juntos, no Complexo Médico Penal de Pinhais.

A razão era que lá ele controlava todos. A situação era tão esdrúxula que havia programa de visitação turística ao complexo – e roteiro de viagens. Quase toda semana éramos expostos a visitações de curiosidade, de grupos locais de estudantes e diversas organizações. Era um verdadeiro circo criado por Moro, em que eu era parte do picadeiro.

O STF não deveria ter concordado com a fraude de Moro na manutenção da sua competência na Operação Lava Jato. Mas a repercussão midiática obtida pelo juiz os levou a se acuarem e concordarem com seus absurdos. Felizmente, em outros casos, interromperam o poder de Moro, que queria se transformar no juízo universal do país. A competência da Lava Jato em Curitiba foi uma fraude perdoada pelo STF para dar uma satisfação à mídia. Mais um pouco, tanto o STJ quanto o próprio STF iriam ter de se mudar para uma salinha em Curitiba, ao lado de Moro.

Recentemente, em dezembro de 2020, a mulher de Moro, Rosangela Moro, lançou um livro denominado: *Os dias mais intensos: uma história pessoal de Sergio Moro*. O livro, para um bom leitor, tenta do início ao fim praticar o culto à personalidade do juiz, com episódios que pretendem mostrar que ele só atuava em busca da justiça. É quase uma peça de ficção, cheia de omissões e com fracas informações.

Rosangela Moro chegou ao cúmulo de escrever o seguinte: "O papel aceita tudo, inclusive situações desumanas. Ainda bem que bate um doce coração naquele sujeito, que ficou conhecido como sisudo e sério, mas que sempre se dispunha a ver que existia vida atrás daquela papelada de fórum. Eu sinto orgulho dele por isso".

A autora, também criadora da página "Eu moro com ele", em rede social em que provocou muita polêmica pelas manifestações políticas –, escreveu algo que não reflete a realidade. A pergunta que eu faço é: as famílias dos desempregados pelas empresas destruídas pela operação chefiada por seu marido pensam que bate um coração doce em Moro? Será que as famílias prejudicadas ou até mesmo esfaceladas pela atuação ilegal de prisões preventivas feitas por ele também pensam que bate um coração doce em Moro? Ela está certa somente quando diz que o papel aceita tudo – até os absurdos que seu marido escreveu, as fraudes de competência, as prisões preventivas ilegais, as sentenças ao arrepio da lei, entre outras barbaridades.

Sem querer me meter na vida privada de ninguém, tampouco da família de Moro, ela faz parte da organização política que Moro montou, com o papel político claro de divulgação e defesa dos seus atos. O livro poderia retratar suas atividades de advogada e qual atuação poderia ter tido em defesa dos seus clientes, tanto junto a governos quanto em legislações propostas ou aprovadas.

Não estou nem insinuando irregularidades, só gostaria de ver o chefe da Operação Lava Jato tendo que atuar como juiz, em atuação provavelmente legítima e técnica da sua mulher. Mas, para ele, essas atividades apenas seriam suspeitas se fossem com os políticos, os quais ele usou como trampolim para sua carreira política.

Também não podemos deixar de abordar, entre os absurdos praticados pelos procuradores da força-tarefa, que atuavam em subordinação a Moro, a tentativa de manipular recursos bilionários, oriundos dos acordos da operação.

A tentativa de gerir recursos por meio de uma fundação controlada por eles pegou tão mal que acabou barrada pelo STF, depois de iniciativa da própria procuradora-geral da República à época, Raquel Dodge. Talvez esse episódio tenha sido o início da real derrocada da operação, consumada depois com a chamada Vaza Jato.

Feita essa exposição sobre a fraudulenta competência e atuação de Sergio Moro, vou explanar minha situação jurídica própria. No momento da perda do mandato, em 12 de setembro de 2016, eu tinha já duas ações penais aceitas pelo STF e uma terceira denúncia feita ao STF, ainda não apreciada. Além disso, havia outros cinco inquéritos abertos no STF, a pedido de Janot.

As duas denúncias já aceitas pelo STF eram: a primeira, ocorrida em 3 de março de 2016, do caso dos lobistas delatores Júlio Camargo e Fernando Baiano, oriundas do inquérito 3.983 do STF; a segunda, que foi aceita depois do meu afastamento da presidência da Câmara, em junho de 2016, referia-se à situação das supostas contas no exterior, em função do inquérito 4.146 do STF.

A denúncia ainda não apreciada tratava das delações do empresário Ricardo Pernambuco Jr. e do ex-vice-presidente da Caixa Econômica Federal, Fábio Cleto, sobre supostas operações envolvendo o fundo FI-FGTS da Caixa Econômica Federal, oriundas dos inquéritos 4.207 e 4.266 do STF.

Já os demais cinco inquéritos eram os de números 4.231, 4.232, 4.242 e 4.245, além do chamado inquérito "mãe de suposta organização criminosa". Os inquéritos 4.231 e 4.232 continuaram a tramitar no STF, pois havia outros parlamentares envolvidos.

Assim que perdi meu mandato, o ministro Teori Zavascki mandou para o chefe da Operação Lava Jato a denúncia sobre as supostas contas do inquérito 4.146. Ele remeteu para o TRF da 2ª Região a denúncia dos lobistas delatores do inquérito 3.983, pois tinha uma prefeita no exercício do cargo, Solange Almeida, como corré, com direito a foro privilegiado.

A denúncia sobre o fundo FI-FGTS, oriunda dos inquéritos 4.207 e 4.266, Teori enviou para a Justiça Federal de Brasília, depois que havíamos questionado sua relatoria nesses inquéritos – por não ter nenhum vínculo com a Lava Jato. Com isso, foi para a 10ª Vara Federal de Brasília.

O inquérito 4.242, que estava naquele momento já sob a relatoria do ministro Ricardo Lewandowski, recém-saído da presidência do STF, foi enviado para a Justiça Federal do Rio Grande do Norte, pois tratava de doações para a campanha de Henrique Alves ao governo do Rio Grande do Norte em 2014.

O inquérito da chamada organização criminosa foi desmembrado mais de uma vez e, ao fim, já quando Edson Fachin herdou a relatoria da Lava Jato, ficou determinada a sua transferência para a vara de Sergio Moro. Ocorre que um recurso manejado pela minha defesa e pela defesa de outros investigados acabou levado à votação em plenário do STF, culminando com o envio para Brasília, primeiro para a 10ª Vara Federal de Brasília, depois, por nova decisão do STF, levado à livre distribuição, caindo com a 12ª Vara Federal de Brasília.

A partir também da perda do meu mandato, diversos outros inquéritos foram abertos pelo Ministério Público Federal, em diferentes estados, com motivos diversos, todos baseados em delações, incluindo as de Joesley Batista e as da Odebrecht. Desses inquéritos, nenhum ainda virou uma nova denúncia ou ação penal, salvo os que tiveram continuidade da denúncia do FI-FGTS – que resultaram na chamada Operação Cui Bono.

É certo que se continuarem a adotar o mesmo princípio, de que a palavra dos delatores e planilhas e documentos produzidos por eles mesmos são elementos de prova, aptos a servir a condenação, outras denúncias e condenações virão. Se adotarem o princípio, hoje consolidado no STF, de que não basta apenas a palavra dos delatores ou documentos produzidos por eles mesmos, não existe prova para abrir qualquer nova ação – nem mesmo para manterem as atuais ações penais.

No momento em que escrevo este livro, me encontro com dez ações penais. Além das três oriundas do STF, sofri mais quatro ações penais na chamada Operação Cui Bono – o Ministério Público dividiu, propositalmente, uma ação para cada uma das quatro empresas sobre o mesmo fato, virando quatro novas ações.

Elas não são nada mais, nada menos que a mesma ação que veio do STF sobre o FI-FGTS, no que ficou denominado Operação Sépsis. Chega a ser ridículo que, em duas dessas quatro novas ações, o texto seja idêntico à ação da Sépsis, inclusive promovendo novas denúncias sobre fatos já sentenciados. Ou seja, querem me processar duas vezes pelo mesmo fato.

Além dessas, sofri duas denúncias na Justiça Federal do Rio Grande do Norte, sobre as doações eleitorais da campanha de Henrique Alves, oriundas do inquérito 4242 do STF. Não há nessas denúncias nenhum centavo atribuído a mim. E são todas de cunho eleitoral – deveriam tramitar na Justiça Eleitoral.

Ocorre que, mesmo depois da decisão do STF, no inquérito 4.435, sobre a predominância da Justiça Eleitoral, estranhamente essas ações estão mantidas na 14ª Vara Federal do Rio Grande do Norte. Minha defesa impetrou uma série de recursos e *habeas corpus*, mas todos estão parados na gaveta do ministro do STJ Antonio Saldanha Palheiro – aquele mesmo que foi nomeado por Dilma a pedido do então líder do PMDB, Leonardo Picciani, e seu pai, o ex-deputado Jorge Picciani. Ele contou também com o meu apoio.

Qual a razão dessa negativa de prestação jurisdicional? Se o ministro tem algum problema, em função do apoio recebido por mim, deveria se declarar impedido. Se não tem, que julgue, mesmo que seja para me derrotar, pois assim consigo levar a situação ao STF. Em 23 de dezembro de 2020, tive uma ordem de *habeas corpus* concedida pelo ministro Alexandre de Moraes, do STF, para que ao menos em um dos casos o ministro Saldanha Palheiro levasse a votação em até quatro sessões do STJ.

O STF consolidou a jurisprudência de que a Justiça Eleitoral prevalece sobre a Justiça Federal quando existe discussão de suposto crime eleitoral (caso paradigma do inquérito 4.435, envolvendo o prefeito do Rio de Janeiro, Eduardo Paes). Essa jurisprudência tem sido aplicada a todos – mas a mim, infelizmente, é negada sua aplicação.

A décima ação, decorrente do desmembramento do STF, que tramita na 12ª Vara Federal de Brasília desde 2018, trata da suposta organização criminosa do PMDB. Existem, além de mim, vários denunciados, incluindo Michel Temer. No caso semelhante, envolvendo a suposta organização criminosa do PT, o mesmo juiz absolveu sumariamente todos os denunciados – incluindo Lula e Dilma. Nesse caso, estou aguardando a decisão de pedido, para que a mesma decisão dada à denúncia do PT seja concedida à minha.

Com a remessa da ação sobre as supostas contas no exterior, oriunda do inquérito 4.146, aconteceu que Moro, logo que a recebeu, a enviou ao Ministério Público Federal para ratificação. Qual a razão para pedir ratificação da denúncia que já havia sido aceita pelo plenário? Ele poderia fazer isso? O MPF poderia alterar a denúncia, proposta por Janot, alterando os termos aceitos pela Suprema Corte? É claro que não podia.

Quais foram, então, as razões para que Moro fizesse isso? A resposta é muito simples. Moro, agindo da mesma forma como agiu em toda a Lava Jato, quis fraudar a competência da Justiça Eleitoral. Ele não recebeu do STF uma denúncia. Ele recebeu uma denúncia aceita pelo plenário, que estava transformada em ação penal. Só que essa denúncia aceita pelo STF continha uma denúncia de falsidade eleitoral, artigo 350 do Código Eleitoral.

Moro sabia que não teria competência na ação se fosse mantida essa denúncia eleitoral conjuntamente. O que ele fez? Pediu a ratificação da denúncia à força-tarefa da Lava Jato em Curitiba, que, em comum acordo com Moro, ou até mesmo sob sua orientação, simplesmente ratificou a denúncia – exceto quanto ao crime eleitoral.

É, sem dúvida nenhuma, a mais grave violação do juiz natural para comigo, pois Moro manipulou a competência para me prender e me condenar. Ele escancaradamente descumpriu uma decisão do STF com a finalidade de manter a competência na Justiça Federal, debaixo dele.

Moro então homologou a proposta do Ministério Público Federal, aceitando de novo a denúncia, excluindo o crime eleitoral. Ou seja, Moro fraudou a competência – me absolveu sumariamente de um crime, sendo que ele não tinha competência para fazê-lo. Ele seguiu como juiz para me julgar. Como Moro poderia aceitar uma denúncia já aceita?

Contra isso, ingressei com uma reclamação no STF, de número 34.796, sobre o descumprimento da decisão da corte quando da aceitação da denúncia contra mim pelo plenário do STF. Essa reclamação está pendente de julgamento na Segunda Turma até hoje – depois de negada monocraticamente por Edson Fachin e agravada pela minha defesa.

Tal fraude praticada por Moro também está sendo arguida nos recursos especial e extraordinário, impetrados em 17 de novembro de 2020, já acolhidos e pendentes de apreciação. Esses recursos foram manejados depois do término do julgamento dos embargos infringentes pelo TRF4.

Após essa decisão de Moro, ele determinou à força-tarefa que apresentasse em medida cautelar apartada o pedido de minha prisão preventiva. Ele pediu, inclusive, que não se determinasse nenhuma busca de meus telefones celulares, com medo de que fosse encontrado algo que pudesse alterar a competência dele – um fato inédito. Eu fui o primeiro, e talvez o único, preso por ele que não teve o celular apreendido.

Isso inclusive fez parte dos diálogos do aplicativo Telegram, vazados pelo Intercept Brasil na chamada "Vaza Jato" – os diálogos mostraram Moro atuando diretamente para que não se apreendesse nenhum telefone celular meu.

Em capítulo de O livro das suspeições, escrito pelos advogados Ticiano Figueiredo, Pedro Ivo Velloso e Célio Rabelo, há a reprodução de matéria que saiu inicialmente no site Buzzfeed, em 12 de agosto de 2019:

"Diálogos indicam que Moro instruiu força-tarefa a não apreender celulares de Eduardo Cunha:

11:45:25 Deltan: um assunto mais urgente é sobre a prisão.

11:45:45 Deltan: falaremos disso amanhã tarde.

11:46:44 Deltan: mas amanhã não é a prisão?

11:46:51 Deltan: creio que a PF está programando.

11:46:59 Deltan: queríamos falar sobre a apreensão dos celulares.

11:47:03 Moro: parece que sim.

11:47:07 Deltan: consideramos importante.

11:47:13 Deltan: teríamos que pedir hoje.

11:47:15 Moro: acho que não é uma boa.

11:47:27 Deltan: mas gostaríamos de explicar razões.

11:47:56 Deltan: há alguns outros assuntos, mas este é o mais urgente.

11:48:02 Moro: bem eu fico aqui até 12:30, depois volto às 14:00.

11:48:49 Deltan: ok. Tentarei ir antes de 12:30, mas confirmo em seguida se consigo sair até 12 h para chegar 12:15.

12:05:02 Deltan: indo.

14:16:39 Deltan: conversamos aqui e entendemos que não é caso de pedir os celulares, pelos riscos, com base em suas ponderações.

14:21:29 Moro: ok tb."

Os advogados escreveram: "Nessa reportagem, as mensagens indicam que Sergio Moro instruiu o procurador da república Deltan Dallagnol e os seus subordinados para que não fosse feita a apreensão do celular do acusado, em verdadeira postura de inquisidor, pois existia o risco de deslocamento de competência para o STF. Agindo como parte interessada, o juiz usou claramente uma estratégia persecutória, uma gestão de riscos: era melhor não apreender o celular, para não correr o risco de perder a competência. Perder um dos seus 'presos ilustres'. Tudo às escuras, informalmente, de maneira velada e sub-reptícia".

Continuaram: "Note-se que as mensagens da reportagem foram trocadas em 18/10/2016, um dia antes da prisão preventiva do acusado, em 19/10/2016. A despeito de os procuradores integrantes da força-tarefa e o então magistrado federal se defenderem publicamente dizendo que já havia sido apreendido outro celular de Eduardo Cunha, tal argumento é inócuo, pois, no momento da prisão, buscava-se apreender outro celular e não o mesmo outrora apreendido na ação cautelar 4044, à época em trâmite no STF. Revelou-se, portanto, uma relação de ascendência do magistrado sobre os procuradores, em franca violação ao artigo 254, IV, do Código de Processo Penal".

Com isso, em denúncia já aceita pelo plenário do STF, em que não havia nenhuma medida cautelar anterior, Moro resolveu decretar minha prisão preventiva, que ocorreu em 19 de outubro de 2016. Essa prisão perdurava até o dia em que terminei de escrever este livro, apenas com a transferência para a prisão domiciliar, devido à pandemia da covid-19.

A prisão, absolutamente ilegal, tratava-se de fatos de 2011, não contemporâneos, fazendo inclusive menção às contas que estavam bloqueadas. Essa prisão, sem nenhum fundamento legal válido, foi mantida em diversos *habeas corpus,* tanto no TRF4, quanto no STJ. No STF, só foi julgada em 28 de novembro de 2017, após a decisão de julgamento de segunda instância, e, mesmo assim, mantida por dois votos a um – dois ministros se ausentaram no dia.

Só que, bem antes desse julgamento, a Segunda Turma do STF iria julgar uma reclamação feita pela minha defesa – em 13 de dezembro de 2016, menos de dois meses após minha prisão. A respeito desse julgamento, o site Intercept Brasil publicou, em 29 de agosto de 2019, uma matéria sob o título: "Lava Jato vazou informações para a imprensa".

A reportagem está descrita da seguinte forma em *O livro das suspeições*:

"Conforme a própria reportagem demonstrou, o objetivo principal dos vazamentos de delações e informações sensíveis era a intimidação dos investigados a fim de que realizassem acordos com o MPF. De acordo com o site, o então juiz Sergio Moro (apelidado de 'russo' pela força-tarefa) informou aos procuradores da Lava Jato a possível soltura do acusado pelo STF. Taticamente, de posse dessa informação, os acusadores orquestraram um 'vazamento seletivo' de informações, numa clara manobra que partiu do próprio juiz então responsável pelo julgamento do processo do acusado".

12 de dezembro de 2016 – grupo filhos do Januário
– Carlos Fernando dos Santos Lima – 18:45:31 – recebi do russo: off recebi uma notícia que não sei se é verdadeira que haveria uma articulação no STF para soltura do Cunha amanhã.
– Roberto Pozzobon – 18:51:49 – essa info está circulando aqui na PGR tb.
– Paulo Roberto Galvão – 18:57:24 – o STF seria depredado. Não acredito.
– Athayde Ribeiro Costa – 18:57:40 – Toffi, Lewa e GM. Não duvido.
– Santos Lima – 18:58:37– é preciso ver quem vai fazer a sessão.
– Jerusa Viecilli – 18:58:39– PQP.
– Santos Lima – 19:00:58 – alguma chance de soltarmos a notícia da Gol?
– Costa – 19:01:35 – vazamento seletivo...

"Conforme se verifica na reportagem citada, a mencionada conversa ocorreu na noite de 12 de dezembro de 2016. Coincidentemente, se assim se pode dizer, no dia seguinte o saudoso ministro Teori Zavascki retirou de pauta a reclamação nº 25.509/PR, com pedido de liberdade do acusado, que seria julgada pela 2ª turma do STF. Em suma, as mensagens evidenciaram ainda mais a nítida parcialidade do então magistrado federal e endossaram a premissa de que atos da instrução processual foram conduzidos por um juiz evidentemente suspeito."

Na sequência, os juristas autores do livro escreveram que "houve, com a devida vênia, a utilização da prisão e da condenação de Eduardo Cunha como um 'troféu' que demonstraria a imparcialidade do magistrado – que, em todas as suas manifestações na mídia, sempre quis registrar que não 'prendia' nem condenava apenas pessoas oriundas de um determinado partido político. A tentativa de afetação da imparcialidade, pois, demonstrando o seu inverso". Prossegue o livro:

"É sintomático que, à época do auge da cognominada Operação Lava Jato, o senso das proporções tenha sumido do imaginário social: quem supostamente desviou uma verba, corrompendo um órgão público local, foi tido como muito mais criminoso do que um juiz que usurpou a função policial do estado e corrompeu todo o sistema. A destruição da moral pública a pretexto de punir – e de não perder – 'presos ilustres'. É certo, ainda, que as mensagens vazadas revelaram, a não mais poder, um notável amoralismo – não sem uma ponta de orgulho maquiavélico".

Em seguida, o TRF4 determinou a transformação da prisão preventiva em execução provisória, pela condenação em segunda instância, fato que teria de ser revogado pela decisão do STF, de novembro de 2019 – que inclusive soltou Lula. Mesmo assim, sem que tenha sido revogada e após ser transformada provisoriamente em prisão domiciliar, ingressei com novo *habeas corpus*, mantido pelo TRF4 e pelo STJ, pendente de apreciação pelo STF. Diferentemente de mim, outros, na mesma situação, tiveram a prisão preventiva revogada. Parece que a justiça não é para todos – só para os escolhidos.

Ressalta-se que fui condenado em primeira instância por Moro a 15 anos e 4 meses, sendo reduzida em segunda instância para 14 anos e 6 meses. O tempo da minha prisão preventiva supera o total de quase seis anos, pois, além dos mais de quatro anos preso, tenho tempo de remissão por estudo e trabalho – que chega a quase dois anos. Com esse tempo, eu teria direito à progressão de regime e até ao livramento condicional. Entretanto, desde que fui para a prisão domiciliar, o juiz da Vara de Execuções Penais simplesmente declara que não tem mais competência sobre minha execução, o que também me faz brigar por um *habeas corpus*. Eles não querem que eu seja liberado de jeito nenhum.

Para deixar claro: essa denúncia tratava de acusação de corrupção, lavagem de dinheiro, evasão de divisas e falsidade eleitoral. Moro me absolveu sumariamente por falsidade eleitoral e me prendeu sob um escândalo de mídia. Fui levado para a superintendência da Polícia Federal de Curitiba, com um aparato sem precedentes, incluindo helicóptero acompanhando o percurso, agentes encapuzados, carro de escolta etc.

Também tive direito às hostilidades do grupo de recepção dos apoiadores do então juiz da Lava Jato. Era o circo do Moro. Dentro da carceragem da Polícia Federal estavam delatores e candidatos a delatores, com quem tive de conviver. Fui obrigado a ficar largado em um colchonete no corredor. Em seguida, Moro me transferiria para o Complexo Médico Penal, destino daqueles que não seriam delatores.

O circo lá era ainda maior, com a diferença de que se estava em um presídio que tinha de tudo. Mas isso será história para outro livro. Aqui quero me restringir, no momento, aos argumentos de minha defesa.

A acusação padece de vícios que estão sendo contestados pela minha defesa. O primeiro deles é que a cooperação internacional foi feita de forma informal, conforme Janot declara em seu livro. Dentro dessa cooperação, eu só poderia ser processado por aquilo que é crime na Suíça. Evasão de divisas não é crime na Suíça. Diversos casos semelhantes não tiveram denúncia de evasão de divisas. O meu teve.

Os próprios responsáveis do Ministério Público da Suíça estão com investigação em curso sobre as suas atividades irregulares. O procurador Michael Lauber foi afastado das suas funções. O ex-procurador Stefan Lenz foi flagrado nas mensagens da Vaza Jato tentando cobrar vantagens da Petrobras mediante sua contratação para ajudar a encontrar recursos. Foi ele o responsável por tratar do meu caso na Suíça. Ele teria vazado mensagens aos procuradores da força-tarefa, muito antes da cooperação internacional, conforme trechos já transcritos neste livro.

O Ministério Público Federal chegou, inclusive, a apresentar uma tradução falsa de um documento da Suíça, em que supostamente estariam autorizando o processo no Brasil por qualquer crime. Fizemos a tradução juramentada de forma correta para demonstrar a falsidade do Ministério Público – isso está atualmente juntado nos recursos especial e extraordinário. Na tradução deles, trocaram a expressão "infrações imputadas a mim na Suíça" por "fatos cometidos por mim na Suíça". Existe uma grande diferença, considerando que lá evasão de divisas não tem nenhuma imputação.

Os dados bancários utilizados na minha denúncia não tiveram a quebra de sigilo autorizada judicialmente. Eu também, da mesma forma que Lula, estou arguindo a suspeição do chefe da operação, Sergio Moro. Minha situação é muito semelhante à do ex-presidente. Moro manipulou os processos para que nós dois fôssemos condenados por ele.

Pessoas externas tinham conhecimento da cooperação internacional, como Dilma Rousseff, José Eduardo Cardozo e Mônica Moura, mulher de João Santana, marqueteiro de Dilma, muito antes de ela ocorrer.

Moro usou delatores, não réus desse processo, como testemunhas. Ele baseou sua sentença, que me condenou, na simples palavra do delator Eduardo Musa. O delator dizia que ele tinha "ouvido dizer" que Jorge Zelada havia sido nomeado diretor internacional da Petrobras pela bancada mineira do PMDB – mas que a última palavra teria sido minha. O delator, supostamente, teria ouvido isso de João Augusto Rezende.

Rezende não foi ouvido na minha ação e, em ação conexa, negou o fato. As testemunhas de defesa colocadas por mim, entre elas Lula, Michel Temer e deputados do PMDB de Minas Gerais, não confirmaram que eu tivesse tido alguma participação na nomeação de Jorge Zelada. Isso de nada adiantou. Moro me condenou por corrupção, única e exclusivamente baseado no depoimento desse delator, de "ouvir dizer", fato que contraria a lei das delações – a Lei nº 12.850/2013 fala que ninguém pode ser condenado com base somente na palavra de delator.

O chefe da operação impediu que eu produzisse provas, com a oitiva de testemunhas e obtenção de documentos. Todos os requerimentos nesse sentido, sobretudo no momento previsto no art. 402 do CPP, foram indeferidos com o cerceamento da minha defesa. Eu queria provar a origem do dinheiro, que estava no *trust*, assim como todo o meu argumento sobre a movimentação de recursos nas contas do *trust*. Eu fui impedido por Moro de fazer essa prova.

Além disso, Moro usou indícios – e não provas – para fundamentar a sentença. Isso sem contar a violação da minha prerrogativa de função de deputado, já que fui investigado por Moro antes mesmo da perda do meu mandato. Ele também fez nova investigação sobre os fatos narrados na denúncia, com a ação penal em andamento.

Faltou também justa causa para ação penal. Também não houve fundamentação da sentença. A minha defesa entregou as alegações finais à meia-noite de uma segunda-feira, dia 27 de março de 2017, com 188 páginas. Em pouco mais de 48 horas, Moro já tinha proferido a sentença, me condenando no dia 30 de março de 2017. Ele divulgou a sentença às 11h29, em um dia em que iria prestar um depoimento na Câmara dos Deputados sobre o projeto de lei 8.045/2010, cuja audiência se iniciou às 13h44, com a sua presença. Ou seja, soltou a sentença quando estava chegando a Brasília para dar repercussão à sua participação na Câmara.

Moro fez tudo de forma premeditada. Como em 64 horas – incluindo o período de duas noites, além do tempo de deslocamento de Curitiba até Brasília – ele conseguiu redigir uma sentença de 109 páginas? Seu objetivo era o simbolismo: enquanto o país conhecia a sentença dele sobre mim, ele estava justamente na casa legislativa que eu havia presidido, em um ato patológico de ostentação.

Em *O livro das suspeições*, os advogados que me assistem nessa defesa, Ticiano Figueiredo, Pedro Ivo Velloso e Célio Rabelo, escreveram o capítulo "A suspeição de Moro no caso Eduardo Cunha". No texto, eles abordam a forma parcial do então juiz na condução dos meus processos. Eu inclusive ingressei com a exceção de suspeição contra ele, indeferida por ele e confirmada depois nas instâncias superiores. Atualmente, depois da divulgação da Vaza Jato, estamos questionando de novo essa suspeição.

No livro, os advogados relataram: "Em 14/09/2016, o saudoso ministro Teori Zavascki determinou a remessa dos autos à 13ª Vara Federal de Curitiba. Em 10/10/2016, os autos aportaram naquele juízo, que em 11/10/2016, determinou a remessa do feito ao parquet para se manifestar sobre a ratificação ou não da denúncia anteriormente recebida pelo egrégio Supremo Tribunal Federal". Isso tudo para efeito da fraude que Moro iria praticar para usurpar a competência da Justiça Eleitoral.

O texto prossegue dizendo que: "Para surpresa da defesa, em 13/10/2016, ou seja, em apenas dois dias, o órgão ministerial apresentou pedido de prisão preventiva, valendo-se, para tanto, de fatos estranhos àquele processo, com expressa menção aos fatos que nem sequer possuíam conexão com a cognominada Operação Lava Jato. Após o exíguo prazo de quatro dias, o magistrado Sergio Fernando Moro determinou a prisão preventiva de Eduardo Cunha, fundamentando seu ato em circunstâncias, imputações e processos que não guardavam qualquer relação com a ação penal que estava sob sua jurisdição".

Continua ainda: "Chama bastante atenção que um anterior pedido de prisão preventiva formulado pela Procuradoria-Geral da República (ocorrido em período não abrangido por este livro, depois da posse de Michel Temer) perante o Supremo Tribunal Federal tenha ficado aproximadamente três meses concluso para análise do saudoso ministro Teori Zavascki, sem que sua excelência tenha deferido o pleito cautelar. Perante Sergio Moro, bastaram apenas quatro dias – inclusive para decidir com base em processos desconhecidos do juízo. Ali já se desenhava um indevido prejulgamento e antecipação de juízo de valor sobre os fatos apurados. A espetacularização da prisão preventiva de Eduardo Cunha também foi assaz relevante".

E na mesma página: "Para além de ser indevida, do ponto de vista técnico, a midiatização excessiva do ocorrido conferiu ares de cruzada maniqueísta em desfavor do ex-parlamentar, tudo sob o signo do punho inquisitivo do então magistrado. No fatídico dia da prisão, pois, a Polícia Federal já havia disponibilizado avião para transporte imediato do detido até Curitiba, o que foi amplamente noticiado pelos veículos de informação. Os horários dos voos, sua chegada em Curitiba e ida à superintendência da Polícia Federal de Curitiba foram amplamente explorados pela mídia, transformando o cumprimento da medida cautelar em um reality show".

Na sequência, pontua o livro que: "Tamanha foi a exploração midiática do fato que até mesmo o agente policial que estava no cumprimento do mandado ganhou notoriedade, obrigando a Polícia Federal a adotar procedimento diverso nas demais medidas que envolviam Eduardo Cunha. Ainda, a questionável divulgação e cobertura em tempo real do cumprimento da prisão preventiva indevidamente decretada acabaram por inflamar populares em Curitiba, que hostilizaram os advogados do ex-parlamentar, o que foi noticiado inclusive, e por favorecer o estereótipo de justiceiro do juiz, haja vista que passou a ser visto como quem tomou a decisão que o Supremo Tribunal não havia tomado".

E não para aí. Os advogados ainda ressaltam: "Mas esse foi só o primeiro ato. Dali em diante, a defesa percebeu um sem-número de oportunidades probatórias frustradas de maneira, no mínimo, incomum. Fundamentação para indeferimento de oitiva de testemunha essencial para a tese da defesa: 'a oitiva de testemunha residente no exterior é custosa e demorada'. A própria prisão preventiva recém-decretada – 'há acusado preso'– foi utilizada para o indeferimento de prova. A defesa percebeu, na mesma ocasião, em exercício de futurologia: o magistrado previu teses de defesa e assentou, categoricamente, na fase de apreciação da resposta à acusação, que o parlamentar seria beneficiário econômico e controlador de contas no exterior – o que em tese deveria ser provado com a persecução penal. Via-se, claramente, que o exercício do contraditório pela defesa era tratado como um desagradável empecilho pelo magistrado. O 'preso ilustre' precisava ser logo condenado para que se tivesse uma 'prova' apta a afastar as críticas de eventual preferência política do magistrado. Posteriormente, esse intento de provar sua isenção político-partidária se confirmou".

Afirmam eles, em seguida: "Como exemplo utilizado na tentativa de afastar as críticas que lhe foram feitas em razão de seu possível interesse político no julgamento do ex-presidente Luiz Inácio Lula da Silva, o referido magistrado aduziu que condenara diversos políticos de vários partidos. Nisso, fez questão de citar, justamente, Eduardo Cunha, também opositor ao governo do Partido dos Trabalhadores. A utilização do pronome na 1ª pessoa do plural foi notável. O emprego do verbo 'ter' foi, também, revelador. Veja-se o seguinte trecho da conversa: 'A Operação Lava Jato... políticos. Não só... Do partido dos trabalhadores, mas políticos de outros partidos, que também receberam valores nesse esquema criminoso que representou uma verdadeira captura da Petrobras. Os prejuízos estimados, apenas com custo direto de propina, são da ordem de R$ 6 bilhões. Políticos de vários espectros partidários foram condenados, do partido progressista, do PMDB. Nós temos aqui, condenado e preso já há dois anos o ex-presidente da Câmara, que era considerado um adversário político do partido dos trabalhadores'".

Também diz o livro que: "Esta foi a tônica da condução do processo: a demonstração de isenção do magistrado passava pela necessidade de rápida condenação de Eduardo Cunha. Seguindo em outro momento, o então magistrado interferiu no direito à prova da defesa, dessa vez com o indeferimento de perguntas formuladas ao ex-presidente da República Michel Temer, ocasião em que sugeriu que a defesa queria transmitir ameaças, recados ou chantagens a autoridades ou testemunhas fora do processo". E segue: "Outro fato relevantíssimo é que, buscando o clamor público – com base em fato(re)s externos ao processo –, para projetar sua imagem positiva perante a sociedade, o então magistrado decidiu mencionar, no corpo de decisão que manteve a prisão preventiva de Eduardo Cunha, aspectos extrajurídicos – respondeu a críticas por réu em artigo publicado no jornal Folha de S. Paulo. Isso mesmo: nos autos do processo. Em seguida, o então magistrado, como que em sua primeira exibição de 'troféu', publicou artigo na revista Veja, justificando as até então 79 prisões preventivas que decretara na condição de juiz – e não na condição de articulista, queremos crer – visando a garantir o apoio de grande parte da população às suas decisões, expondo réu de processo sob a sua jurisdição. Referiu-se a alguns 'presos ilustres', fazendo expressa menção a 'um ex-presidente da Câmara dos Deputados'. Na mesma época, aliás, o então magistrado veiculou no Facebook de sua esposa vídeo em que agradece à fanpage o apoio da população na condução de seus processos. Ilustrativamente, vale observar o seguinte trecho '(...) E ajudou em um momento muito tenso, que nós realizássemos essa travessia, sabendo que nós contávamos aí com o apoio da grande maioria, talvez a totalidade da população para esses trabalhos que vêm sendo realizados na assim chamada Operação Lava Jato".

Os advogados ainda enfatizaram: "Outro indicador de parcialidade foi a juntada, aos autos da ação penal, de ofício, de sentenças condenatórias que havia proferido no âmbito da Operação Lava Jato, sem explicação alguma e justamente na fase que precedia a prolação da decisão final da ação penal. Basicamente foi um aviso do que ia ser decidido".

Como não poderia ser diferente do pregado pelo chefe da Operação Lava Jato, ele então me condenou a 15 anos e 4 meses, sendo seis anos por corrupção, tendo como fundamento que eu fui a "última palavra na nomeação de Jorge Zelada na diretoria internacional da Petrobras". Esse fato está baseado, única e exclusivamente, na palavra de um delator que "ouviu dizer". Moro também me condenou a cinco anos e oito meses por dois crimes de lavagem, além de três anos e seis meses por dois crimes de evasão de divisas.

A sentença era padrão de Moro. No texto, ele repetiu os mesmos parágrafos de todas as sentenças, tentando justificar a sua competência em Curitiba, fato já bastante comentado anteriormente. Além disso, ele em nada rebatia os argumentos de defesa, que eram apenas resumidos em poucos parágrafos, em uma sentença que já estava pronta, aguardando apenas minhas alegações finais. Ele aguardava por mera formalidade.

Entrei com embargos de declaração. Moro, rebatendo meus argumentos, não conseguiu explicar por que meus sigilos não foram quebrados por ordem judicial, mas sim usados na condenação. Além disso, ele sugeriu que eu buscasse, na Suíça, reverter a decisão sobre evasão de divisas.

Em seguida, apresentei recurso de apelação ao TRF4. Antes do julgamento da apelação, minha defesa descobriu a fraude na tradução do documento suíço sobre a cooperação internacional. Foi realizada petição alertando sobre isso, ignorada pelo relator no TRF4, o desembargador João Pedro Gebran Neto. A apelação, então, acabou julgada rapidamente, em 21 de novembro de 2017. O relator apresentou um voto aumentando a minha condenação.

O resultado foi que, em voto divergente, do qual saiu vencedor, o desembargador Leandro Paulsen manteve a condenação, retirando um crime de lavagem e um de evasão de divisas, reduzindo a pena para 14 anos e 6 meses. Contra esse acórdão, ingressei com embargos de declaração e, depois, entrei com embargos infringentes, buscando fazer prevalecer uma pena menor, para evasão de divisas, pela divergência dos votos.

O desembargador Leandro Paulsen rejeitou o recebimento dos embargos infringentes, em decisão monocrática, agravada pela minha defesa. O recurso acabou julgado. Perdi por quatro votos a três. Em seguida, eu ingressei com recurso especial e extraordinário, mas também com *habeas corpus*, por não terem julgado o mérito dos meus embargos infringentes.

O STJ concedeu a ordem no *habeas corpus* e determinou que o TRF4 julgasse meus embargos infringentes, o que foi feito em 2020. Apesar de eu ter vencido o mérito dos infringentes, resultou apenas em redução da multa, prevalecendo uma pena mais rigorosa para evasão de divisas – e mantendo a mesma pena para um crime, da condenação anterior por dois crimes. Essa decisão foi mais um dos absurdos jurídicos contra mim.

Após o julgamento dos embargos infringentes e dos embargos de declaração nos embargos infringentes, minha defesa entrou com novos recursos especial e extraordinário, em 17 de novembro de 2020, já aceitos e pendentes de apreciação.

É preciso ressaltar que solicitei a progressão de regime para que pudesse ir para o semiaberto e aberto, pois já tenho tempo para isso, inclusive para livramento condicional. Mas o juiz da Vara de Execuções Penais se recusa a apreciar, o que motivou um manejo ao STJ, que determinou que ele assim o fizesse – mas isso não havia ocorrido até a finalização deste livro.

Em 2019 solicitei transferência para o Rio de Janeiro, alegando direito de estar mais perto da minha família. Como o chefe da Lava Jato já havia deixado seu cargo de juiz para assumir a carreira política, consegui a autorização. Em 31 de maio de 2019, fui para o Rio de Janeiro. Para isso, houve a concordância do juiz da Vara de Execuções Penais – que, após minha transferência para a prisão domiciliar, se negou a ter competência sobre minha execução.

Nesse mesmo caso das supostas contas no exterior, o Ministério Público Federal denunciou minha esposa por lavagem e evasão de divisas. Isso foi em ação à parte, antes que eu perdesse o mandato de deputado federal, depois que o então ministro Teori Zavascki atendeu à solicitação de Janot para desmembrar sua parte para a vara do chefe da Lava Jato.

A denúncia, feita no momento do meu julgamento do processo de cassação, recebida por Moro em combinação com a força-tarefa, acabou sendo sentenciada por ele depois da minha condenação. Em função de prova irrefutável, documental, de que ela não teve nenhum benefício dos recursos, contestados nas contas do meu *trust*, Moro se viu obrigado a absolvê-la. O Ministério Público, então, recorreu da absolvição ao TRF4, que acabou confirmando a absolvição de lavagem – mas condenando-a por evasão de divisas.

Como o princípio que rege meu processo é idêntico ao caso da minha mulher, ela não poderia nem ter sido processada por evasão de divisas, visto que isso não é crime na Suíça. A fraude da tradução do documento da Suíça pela PGR se aplica também a ela. Além disso, ela declarou, antes da proposição da denúncia, sua conta à autoridade competente, conforme manda a lei. Neste momento, aguarda o julgamento dos recursos especial e extraordinário, que deverá reverter essa condenação provisória de pena restritiva de direitos e de multa. Ela deverá ser absolvida.

Com relação à denúncia não apreciada pelo STF sobre o fundo FI-FGTS da Caixa Econômica Federal, naquilo que se chamou de Operação Sépsis, com relação ao ex-vice-presidente da Caixa, Fábio Cleto, a denúncia falava de supostos crimes de corrupção, lavagem de dinheiro, violação de sigilo profissional e falsidade eleitoral. Ela teve início com a delação do empresário Ricardo Pernambuco Jr.

Nessa denúncia, estão incluídos Henrique Alves, Fábio Cleto, além do doleiro Lúcio Funaro e de Alexandre Margotto, ligado ao doleiro. Durante a instrução, Alexandre Margotto e o doleiro Lúcio Funaro se tornaram também delatores, restando apenas eu e Henrique Alves para sermos acusados.

Nessa ação aconteceu a mesma coisa ocorrida em Curitiba. A denúncia da PGR, feita ao STF, objeto do inquérito 4.266, antes da perda do meu mandato, tinha de forma explícita a acusação de falsidade eleitoral, constante do artigo 350 do Código Eleitoral.

O juiz da 10ª Vara Federal, Vallisney de Souza, atendendo a pedido do Ministério Público Federal, simplesmente cindiu a ação, remetendo para a Justiça Eleitoral do Rio Grande do Norte a acusação de falsidade eleitoral. O problema era que ele não tinha competência para isso. Ou seja, ele fraudou a competência da Justiça Eleitoral em apreciar todo o processo, em função da decisão do STF.

A denúncia era, de saída, de cunho pouco sério, porque, além de conter ato de falsidade ideológica eleitoral, me acusava de 13 atos de corrupção passiva, 18 de violação de sigilo profissional, além de 320 de lavagem, tudo em concurso material, em que as penas por cada crime se somam. Era um pedido para que eu passasse umas trinta vidas na prisão.

A denúncia, que foi aceita imediatamente após minha prisão, decretada por Moro no processo de Curitiba, estava em instrução probatória quando, de maneira abrupta, em medida cautelar, durante a referida instrução, o juiz decretou minha prisão preventiva, em 6 de junho de 2017, oito meses depois da aceitação da denúncia.

Tal prisão, absolutamente ilegal, referente a fatos ocorridos supostamente em 2011, fatos não contemporâneos – feita em momento processual inadequado e estando eu já preso em Curitiba – teve a influência da divulgação da delação de Joesley Batista e o escândalo que isso gerou.

Houve uma divulgação de conversas gravadas entre Joesley e Michel Temer, com menção a uma suposta vantagem paga a mim, para que eu não fizesse delação, fato totalmente inverídico e desmentido depois. Na verdade, houve um diálogo, em que Joesley dizia que estava de bem comigo e Temer teria respondido "tem de manter isso, viu". Esse diálogo gerou uma especulação de que eu supostamente recebia alguma vantagem de Joesley, quando o que constava da delação de Joesley era sobre pagamentos ao doleiro Lúcio Funaro, que nada tinha a ver comigo.

No processo de delação de Joesley, foi realizada uma ação controlada em que a irmã de Funaro foi pilhada recebendo dinheiro proveniente de Joesley – dinheiro esse que foi apreendido em busca e apreensão na casa dela. Em nenhum momento houve alguma menção ou prova de que esse dinheiro teria a mim como destinatário, tanto que acabou recuperado na operação policial.

Acontece que, com a divulgação da delação de Joesley, houve uma grande operação. De forma concertada, o Ministério Público Federal fez uma ofensiva simultânea sobre mim. Com isso, foram decretadas, quase simultaneamente, três novas prisões preventivas, sendo uma da Sépsis, uma do Rio Grande do Norte, na denúncia envolvendo Henrique Alves, e mais uma, direto do ministro Edson Fachin, envolvendo a Operação Patmos, decorrente de investigação de obstrução de justiça, contra Michel Temer e outros, fruto da delação de Joesley Batista.

Com isso, nessa mesma data, em 2017, eu passei de uma prisão preventiva, oriunda de Curitiba, para quatro prisões preventivas ao mesmo tempo, sendo uma do próprio STF. Era muito difícil combater isso tudo.

A Patmos não gerou nenhuma denúncia contra mim e acabou descendo do STF para a Justiça Federal de Brasília. Depois de um ano e meio preso, sem nenhuma denúncia, ela acabou revogada pelo TRF1, em maio de 2019.

A prisão do Rio Grande do Norte, feita também de forma ilegal, foi palco de uma liminar do ministro Marco Aurélio Mello, em junho de 2018. Essa liminar foi perdida no mérito, na Primeira Turma do STF, em 2019, por supressão de instância, mas acabou revogada pelo TRF5 em novembro de 2019, apreciando novo *habeas corpus* meu.

A prisão decorrente da Sépsis levou quase dois anos para ter um julgamento de *habeas corpus* pelo TRF1. Isso acabou ocorrendo na mesma sessão que revogou a prisão da Patmos. Nesse caso a prisão foi mantida. Depois houve recurso ao STJ, que em novembro de 2019, por três votos a dois, a manteve.

Em seguida, quando apelei ao STF, fiz um aditamento à apelação, pelas novas regras do chamado pacote anticrime. Houve uma revogação da prisão preventiva pelo TRF1, aplicando a mim medidas cautelares de prisão domiciliar. Essa decisão está ainda sendo contestada no STJ, visando a liberação dessa domiciliar.

Também fiz outro aditamento à apelação, em função da decisão do STF, no inquérito 4.435, sobre a competência da Justiça Eleitoral. Essa decisão do STF era posterior à minha apelação e o meu caso é uma violação a esse veredito do STF, pois deveria tramitar na Justiça Eleitoral e não na Vara Federal de Brasília.

Nos aditamentos à apelação, também passei a arguir a aplicação da nova jurisprudência do STF, de que réus delatores têm de apresentar suas alegações finais antes dos réus não delatores, fato que não ocorreu nessa ação. Isso, obrigatoriamente, terá de retroagir a ação para novas alegações finais dos réus.

A ação da Sépsis restou julgada em primeira instância, pelo juiz Vallisney de Souza, em junho de 2018. Ele me condenou, de forma absurda, a uma pena de 24 anos e 10 meses, por sete atos de corrupção ativa, sendo 14 anos por corrupção, além de 10 anos e 10 meses por 14 atos de lavagem.

As ilegalidades da sentença, que começam com a fraude da competência da Justiça Eleitoral, têm sua continuidade em todo o processo. O Ministério Público Federal, na falta de provas para pedir minha condenação pelos crimes denunciados, resolve, pasme, mudar a acusação nas alegações finais, após um ano e meio de instrução probatória. Eles transformam a acusação de corrupção passiva em corrupção ativa, em uma mudança que deveria obrigatoriamente retornar a nova acusação ao início da instrução probatória, pois tratava-se de um *mutato libelis*.

Para entender a teratologia da mudança: eu era acusado de solicitar ou receber propina e passei a ser acusado de pagar propina ao delator, o ex-vice-presidente da Caixa, Fábio Cleto. Isso, com base, única e exclusivamente, nas planilhas preparadas por ele mesmo. Ou seja, eu passei a ser o pagador de vantagens indevidas. Mas a que título? De quem havia recebido? Cadê os empresários que supostamente teriam pago?

O problema é que o juiz aceitou essa mudança da acusação como normal, ou "definição correta dos fatos da denúncia". Mas os absurdos não ficaram por aí. O juiz considerou como prova aceita as planilhas também preparadas pelo delator e doleiro Lúcio Funaro, além de reconhecer como prova um suposto diálogo por mensagens de alguém com um codinome, do qual não foi feita nenhuma prova de que seria eu. Ou seja, os delatores declararam que era eu, o juiz aceitou e pronto: eu sou condenado.

Todos os absurdos da sentença estão nas razões de apelação ao TRF1, a qual, mais de dois anos e meio após a sentença, ainda não tinha previsão de julgamento. Na peça, acrescida de dois aditamentos já relatados acima, minha defesa alega, entre outras coisas: a falta de justa causa de parte das denúncias, inépcia de outras, uso de provas inadmissíveis, como supostas mensagens telefônicas não periciadas e com relação a codinome que não se provou ser eu, e o cerceamento de defesa na apreciação do artigo 402 do Código de Processo Penal, sem fundamentação. O juiz indeferiu todos os pedidos de oitivas, diligências e requisições de documentos para comprovar a minha inocência, sem nenhuma fundamentação.

Além da mudança da acusação feita, no mérito, minha defesa argumenta a impossibilidade de se condenar apenas baseado nas delações premiadas e elementos de corroboração unilaterais. Ela contesta também a impossibilidade do esquema descrito, já que o delator Fábio Cleto não tinha poder para decidir em um colegiado de 12 membros. Aliás, até o doleiro Lúcio Funaro declarou que havia "venda de fumaça".

A defesa rebateu todos os pontos abordados como prova pelo juiz. Tratava-se única e exclusivamente de planilhas dos delatores, fato já descartado pelo STF como prova de condenação. Além disso, argumentou aquilo que estava provado na instrução probatória, não aceita pelo juiz, de como foi a nomeação de Fábio Cleto para a Caixa e as tais reuniões que o juiz alega na condenação – sendo que apenas uma reunião foi provada.

Em um dos casos de supostos atos de corrupção ativa, o empresário responsável pela suposta atuação de Fábio Cleto, também delator da operação, o ex-executivo da Odebrecht ambiental, Fernando Reis, negou ter pago ou prometido alguma vantagem na referida operação. Mas o juiz não considerou o delator para inocentar, preferindo a palavra de Lúcio Funaro e Fábio Cleto para condenar.

A defesa mostrou também que deveria haver consunção entre os crimes ou, ao menos, concurso formal entre corrupção e lavagem, além de rebater a absurda pena – o juiz concedeu uma pena maior do que a máxima de cada crime. Ele ainda considerou o fato de eu já ter condenação em primeira instância do Paraná, para reconhecer que não sou mais primário. Um verdadeiro absurdo. Inclusive foram aplicados majorantes diferentes entre mim e os delatores, sobre a mesma quantidade de supostos crimes.

Essa situação nos mostra que é preciso uma reforma do Código Penal e do processo penal para corrigir esse poder absoluto que o juiz de primeiro grau tem sobre o processo penal – e até da dosimetria da pena. Ao me colocar uma pena dessa natureza, em um processo que sabe que será anulado, além de saber que essa pena jamais seria mantida, em razão de sua ilegalidade, o juiz só tinha um objetivo: o de me manter preso e impedir inclusive uma progressão de regime, factível se a pena estivesse dentro da lei.

A pergunta que se faz é: qual a punição que um juiz tem quando profere decisões absolutamente ilegais, em um processo penal que afeta a liberdade das pessoas? E qual a punição quando um juiz frauda a competência deliberadamente?

Além disso, mais uma grave nulidade, solicitada no aditamento da apelação: as alegações finais dos delatores têm de ser feitas antes dos réus não delatores, conforme o STF decidiu no caso do ex-presidente da Petrobras, Aldemir Bendine. Na ação em questão, os réus delatores, Lúcio Funaro, Fábio Cleto e Alexandre Margotto, tiveram o mesmo prazo dos outros réus não delatores. Isso, por si só, anulará a sentença, como aconteceu com Bendine naquele momento.

Assim como a de Curitiba, essa ação deverá ser anulada e remetida à Justiça Eleitoral para ser refeita. A da Sépsis ainda será anulada também, pelas alegações finais dos delatores e pela mudança da acusação do Ministério Público Federal. O engraçado é meu tempo de prisão preventiva – de duas ações que, todos sabem, serão anuladas.

Em seguida, cinco meses depois da sentença do juiz sobre a Sépsis, o Ministério Público Federal ajuizou mais quatro ações penais, na chamada Operação Cui Bono, que vem a ser a mesma ação relativa à Sépsis em continuidade. O objetivo do Ministério Público, em dividir em quatro aquilo que seria uma única ação, em continuidade da Sépsis, mostra a má-fé em buscar múltiplas condenações para se ter uma pena estratosférica daquele que virou o alvo principal da instituição, desde Janot.

O absurdo dessas quatro novas ações começou por duas delas, as da BR Vias e da J&F, já terem sido objeto da condenação da Sépsis, entre os sete atos de corrupção ativa. Eles chegavam ao máximo do absurdo de quererem me condenar duas vezes mais, por dois atos aos quais eu já tinha sido condenado.

O pior – pelo mesmo juiz da 10ª Vara Federal de Brasília, Vallisney de Souza. O Ministério Público Federal buscava me condenar por corrupção ativa e passiva ao mesmo tempo sobre o mesmo fato.

Essas quatro ações estão com o trâmite bastante tumultuado. O juiz até hoje não julga a litispendência arguida. Minha defesa entrou com vários *habeas corpus*, em tramitação. Algumas vitórias foram conseguidas, colocando as ações no seu devido lugar. Com isso, ela está ainda na fase inicial, apesar de mais de dois anos de tramitação.

No julgamento de um dos *habeas corpus*, o TRF1 concordou que há continuidade delitiva com a Sépsis, mas que isso só poderia ser reconhecido após o julgamento da apelação da operação, o que ainda não ocorreu. Além disso, da mesma forma que a Sépsis deveria estar na Justiça Eleitoral, essas quatro ações também deverão ter o mesmo destino.

Com o afastamento recente do juiz da vara, para se tornar auxiliar do STJ, é possível que as ações tenham um novo curso, mais próximo da legalidade do que ocorreu até agora. De qualquer forma, o resumo que se pode dar seria o seguinte: são quatro ações em continuidade aos sete atos já sentenciados na Sépsis, sendo dois mera repetição da mesma denúncia.

Ao se reconhecer a continuidade, isso poderia acarretar um aumento de pena da Sépsis. Mas o juiz já aplicou o aumento máximo de dois terços, deixando as quatro ações da Cui Bono, na prática, sem nenhum efeito, caso se reconheça a continuidade. Isso sem contar a necessária remessa à Justiça Eleitoral.

Quanto ao mérito dessas quatro novas ações da chamada Operação Cui Bono, é exatamente igual ao da Sépsis. Estão baseadas nas delações de Lúcio Funaro e Fábio Cleto e em suas planilhas feitas de forma unilateral. A novidade é que os empresários também são, em alguns casos, denunciados – embora em uma das quatro ações o empresário Marcos Molina, dono da Marfrig, houvesse tido a ação trancada em *habeas corpus*, decisão não estendida a mim.

A primeira denúncia recebida no STF, oriunda do inquérito 3.983, referente aos lobistas delatores Júlio Camargo e Fernando Baiano, depois de quatro anos e meio, foi sentenciada na 13ª Vara Federal de Curitiba, pelo juiz Luiz Antônio Bonat, que veio a substituir Sergio Moro depois que ele renunciou para ser ministro da Justiça.

A ação saiu de Brasília, foi para o TRF2 e lá ficou parada, esperando o fim do mandato de prefeita da ex-deputada Solange Almeida, corré. Em seguida, o TRF2 enviou para a 13ª Vara Federal de Curitiba, apesar das contestações da minha defesa de que essa ação não teria nada a ver com Curitiba. Depois do julgamento dos meus recursos, ela acabou então enviada para a vara do chefe da Lava Jato.

Dessa vez, como não havia na denúncia crime eleitoral, embora a narrativa fosse de benefícios incluindo doações eleitorais, Moro não pediu, como na outra denúncia, que o Ministério Público ratificasse a denúncia. Ele simplesmente deu curso à ação penal, procedimento que deveria ter adotado na ação anterior. Naquele caso, ele precisava fraudar sua competência. Nessa ação, entendeu que isso não era necessário.

Essa ação era sobre as denúncias feitas pelos lobistas delatores Júlio Camargo e Fernando Baiano – de que eu teria supostamente pressionado Júlio Camargo a pagar a propina devida a Fernando Baiano, com a utilização de requerimentos na Câmara, por intermédio da então deputada Solange Almeida.

A acusação era baseada nas palavras dos delatores e sobre os supostos requerimentos que foram feitos por Solange Almeida. Eles supostamente teriam sido feitos com a utilização de minha senha de acesso à Câmara – dando a entender que eu teria preparado os requerimentos para Solange assinar.

A instrução probatória foi toda feita por Moro, sendo meu interrogatório a última atuação do então juiz na vara, em 31 de outubro de 2018, na véspera de ele aceitar assumir o cargo de ministro de Bolsonaro. A partir de então, ele foi obrigado a deixar a condução dos processos em Curitiba. Em seguida, Moro seria substituído por Luiz Antônio Bonat, por meio de concurso interno, que o favoreceu – por ser o mais antigo juiz a pleitear o cargo.

Nesse processo, como no outro, Moro atuou da mesma forma parcial. Sobre isso, *O livro das suspeições* narra: "De todo modo é público e notório que o juiz virou ministro de estado. Um de seus derradeiros atos, em outra ação penal em desfavor de Eduardo Cunha, merece registro".

Prossegue o livro: "No caso, um interrogatório de Eduardo Cunha havia sido adiado por duas vezes, por decisão do próprio magistrado, para que a defesa pudesse exercer, antes do referido ato, o contraditório diferido sobre um elemento de prova erigido pela acusação, que tratava de supostas mensagens de um aparelho celular da marca Blackberry – de maneira extemporânea, aliás, pelo que a defesa requereu seu desentranhamento. É que houve a constatação, pelo perito oficial, de fundada dúvida sobre a autenticidade e a integridade do material fornecido à defesa. Aliás, digno de registro que outro fundamento para o pedido de adiamento – que foi deferido pelo magistrado – foi que o interrogatório do acusado pode ser utilizado para prejudicar a campanha de sua filha, Danielle Cunha, para o cargo de deputada federal pelo partido Movimento Democrático Brasileiro".

Diz ainda: "Foi então que, de maneira inexplicável, o magistrado, ferindo a lógica que estabeleceu, atropelou a marcha procedimental e, basicamente, asseverou em português claro: obrigue-se o réu a decidir, no próprio ato de seu interrogatório, se se manifestará ou não acerca de mensagens a que não teve o devido acesso e cuja integridade/autenticidade sua defesa técnica não pode averiguar. À época, aliás, e diferentemente do que já havia sido deferido pelo juízo da 14ª Vara Federal do Rio Grande do Norte, o magistrado também indeferiu o pleito da defesa para que Eduardo Cunha não fosse transportado no 'camburão' da viatura da Polícia Federal – na medida em que possui labirintite e a parte de trás do camburão balança muito. Com isso, agindo de modo diferente de outro juiz federal, obrigava Eduardo Cunha às audiências, atordoado pela labirintite".

Continua a obra: "No decorrer das perguntas formuladas ao interrogado, o juiz começou a aludir justamente às mensagens constantes no aparelho telefônico Blackberry, supostamente de uso de Eduardo Cunha. As intervenções da defesa eram reputadas todas inoportunas – apesar de fundamentadas, em alguma medida, no que o próprio magistrado tinha decidido. Num dado momento, quando a defesa se manifestou – de maneira escorreita e cortês – a impugnar a forma indutiva com que determinada pergunta havia sido feita ao interrogado, o destinatário da prova, num ato de impaciência, parou de fazer perguntas: 'Ah, eu não tenho mais perguntas. É inviável interrogar o seu cliente'. Em suma, Eduardo Cunha precisava logo ser condenado – ou ao menos ser interrogado por Sergio Moro. Nem mesmo o constrangimento em decidir contrariamente ao que já tinha decidido – o adiamento, por duas vezes, do interrogatório para o exercício da ampla defesa – foi empecilho. O que era essencial antes do interrogatório se transformou, rapidamente, em mero aborrecimento da defesa. Afinal, sua exoneração estava próxima e o cargo de ministro de estado lhe aguardava".

Mais adiante, dizem os autores: "A ação penal seguiu seu curso ordinário (e tormentoso), tendo o magistrado atuado em todos os atos da instrução probatória, chegando até o interrogatório de Eduardo Cunha, antes de assumir a pasta do Ministério da Justiça, junto ao governo do presidente Jair Messias Bolsonaro. No dia 1º/11/2018, Sergio Fernando Moro aceitou oficialmente o convite para ocupar o cargo de ministro da Justiça e da segurança pública do governo Bolsonaro. O interrogatório de Eduardo Cunha, coincidentemente, estava designado para o dia 31/10/2018, um dia antes de o ex-magistrado aceitar o cargo no novo governo. Ou seja, antes de aceitar publicamente o referido convite, o então magistrado tinha por objetivo presidir, em 31/10/2018, a audiência de interrogatório de Eduardo Cunha. Assim, foi no dia seguinte ao interrogatório que o magistrado aceitou o referido convite e disse, conforme noticiado por todos os veículos de comunicação, que deixaria de presidir novas audiências na Operação Lava Jato, para evitar controvérsias desnecessárias".

Depois da saída de Moro da vara da Justiça Federal, o processo foi para as alegações finais, sem que os pedidos de minha defesa tivessem sido atendidos, inclusive para novo interrogatório. O novo juiz só veio a dar a sentença em 9 de setembro de 2020.

É evidente que a atuação parcial de Moro no processo comprometeu a sua integridade. Uma vez considerado suspeito em relação a mim, essa ação deverá retornar ao estágio anterior a sua atuação, anulando-se todos os atos, inclusive a sentença.

Apesar de o novo juiz atuar de forma bem diferente, não chefiando a Lava Jato, não procurando holofotes e não demonstrando objetivos políticos, sua sentença pecou pelos mesmos erros de Moro, tendo inclusive copiado trechos padrão, usados pelo então juiz em suas sentenças. O novo juiz da vara apenas fez a sentença. Todos as demais decisões foram dadas por Moro, enquanto lá estava.

Ele me condenou à pena de 15 anos, 11 meses e 5 dias, sendo 7 anos, 6 meses e 20 dias por um ato de corrupção e 8 anos, 4 meses e 15 dias por seis atos de lavagem. Mas vou contestar os pontos da acusação e da sentença.

Em primeiro lugar, a acusação e a condenação por corrupção foram lastreadas na palavra dos delatores, alegando minha suposta presença em uma reunião com os lobistas Júlio Camargo e Fernando Baiano, em uma também suposta chamada telefônica do ex-ministro Edison Lobão para mim, em um igualmente suposto encontro dele com Júlio Camargo, e na minha consequentemente suposta reunião com Edison Lobão cinco dias mais tarde. E na suposta autoria dos requerimentos feitos pela ex-deputada Solange Almeida na Câmara dos Deputados.

Embora Solange tenha sido absolvida de toda a acusação na sentença, nem sua absolvição, nem sua palavra valeram para evitar minha condenação pelo juiz.

Até então, funcionava assim: os deputados recebiam uma senha para acesso ao sistema interno da Câmara e a grande maioria, assim como eu, delegava aos assessores do gabinete a utilização da senha para os trabalhos legislativos. Depois que estourou essa situação, eu, como presidente da Câmara, alterei a norma, via resolução da mesa diretora, determinando regras claras para a delegação da utilização da senha.

No meu caso, havia uma assessora que ficava lotada nas comissões, que eram presididas por deputados do PMDB do Rio de Janeiro. Ou seja, trabalhava tanto para mim quanto para os demais deputados do partido. Ela utilizava minha senha porque realizava trabalhos para mim. No momento da preparação desse requerimento, essa assessora, de nome Cláudia Medeiros, estava lotada na Comissão de Viação e Transportes, então presidida pelo então deputado Edson Ezequiel.

Ela depôs como testemunha, assumiu que trabalhava para os deputados da bancada do PMDB do Rio, confirmou que usava minha senha – além de declarar que eu nem sequer sabia minha senha. Ela sempre foi excelente funcionária, tanto que depois eu a levei para a liderança do PMDB, quando eu era líder, e para a presidência, quando fui presidente.

Cláudia também assumiu que realizou trabalhos para a então deputada Solange Almeida e que poderia ter sido ela, sim, quem preparou os tais requerimentos. Como o registro do sistema estava com acesso da minha senha, Cláudia afirmou que sua utilização, a partir da Comissão de Viação e Transportes, só poderia ter sido feita por ela.

O juiz desprezou seu depoimento. Por qual razão eu usaria o computador de uma comissão da qual jamais fiz parte? Por que não teria sido no meu gabinete, então? Mas não foi só essa a falha do juiz.

Juntei provas documentais e testemunhais, de diversos deputados, que delegavam suas senhas a funcionários de confiança para realizarem trabalhos do gabinete. Embora os servidores tenham também as suas senhas, elas permitem um acesso menor, que não lhes permite realizar tarefas específicas, como a prestação de contas do gabinete.

Existe uma maneira fácil de comprovar que o deputado delegou a terceiros a utilização da sua senha. É só verificar o horário em que o deputado chegou à Câmara e confrontá-lo com o horário em que o sistema foi acionado. Juntei na ação penal diversas comprovações de deputados, de diversos partidos, indicando que a hora de utilização da sua senha era anterior ao ingresso na Câmara.

Como toda vez que cada deputado entra na Câmara é feito um registro – e o sistema da Câmara só pode ser acionado de dentro da Câmara–, o simples acionamento do sistema sem o deputado estar na Casa significa que foi feito por um terceiro. Juntei inclusive a comprovação de acesso ao sistema de deputado que estava fora do país, em missão oficial.

Apesar de todas essas provas, o juiz usou apenas um deputado – que declarou que, no caso dele, não cedia a sua senha. A despeito de ser ou não verdade o depoimento desse deputado, o fato de ele não ter cedido a senha não retira a prova dos que afirmaram que cediam. Além disso, desse próprio deputado que negou, foi juntada a prova.

Foram desprezados os pedidos de perícia feitos pela minha defesa, sendo um deles por sugestão da testemunha de acusação. A sugestão da perícia, inclusive, era para saber onde o documento foi gerado. O juiz desprezou também a presença da informação do requerimento, que teria sido gerado sob a sigla Covit – que significa Comissão de Viação e Transportes, e não no meu gabinete.

Em resumo, de nada adiantou a instrução probatória. Pudemos identificar o responsável pela formulação do documento, confirmado em depoimento ao juízo, o local de criação do documento, comprovar a prática de vários deputados delegarem o uso das suas senhas, sem contar o depoimento da autora real do requerimento, absolvida pelo juízo, que me inocentou de qualquer coisa.

Quanto à minha suposta presença em uma reunião com os lobistas Júlio Camargo e Fernando Baiano, a instrução probatória, além da palavra dos delatores, trouxe a prova da existência da reunião e da presença dos lobistas nela, mas não indicou nenhuma prova da minha presença.

Foi juntado um comprovante de estacionamento do carro do delator lobista Fernando Baiano, que disse que me pegou em casa e me levou à tal reunião, sem apresentar nenhuma prova disso. Por outro lado, sendo eu uma pessoa conhecida, não fui visto por ninguém no estacionamento de um shopping center, em um domingo no Leblon.

Além disso, quebrei o sigilo dos meus telefones celulares, juntei na ação e não houve uma única chamada gerada ou recebida pelas antenas do local da suposta reunião, da qual eu teria participado. Só havia chamadas no local da minha residência, que é na Barra da Tijuca – bem longe, portanto.

O juiz rebateu, na sentença, que eu não tive chamadas na hora da suposta reunião, das 19 às 21 horas. Só que ele esqueceu que havia uma distância de cerca de uma hora, em cada trajeto de ida e volta da minha casa, até aquele local. Ele teria de considerar, então, entre 18 e 22 horas. Além disso, eu é que tenho de provar que o delator mente ou o delator tem de provar que fala a verdade? Não é uma inversão de valores?

Como mais um argumento, todos sabiam que eu já sofri assaltos – e nunca saía à noite sem segurança. Eu jamais entrava em carros de terceiros. Como então sairia sem segurança, no carro do lobista? Qual a prova de que ele me pegou em casa? Cadê o registro da entrada dele no meu condomínio?

Além disso, pedi a oitiva dos seguranças que estavam me servindo nesse dia para comprovarem que, na verdade, eu não tinha saído de casa naquela noite. O juiz rejeitou a oitiva, dentro do artigo 402 do Código de Processo Penal.

Também não foi provada a suposta ligação telefônica do ex-ministro Edison Lobão. Na fantasia acusatória, Júlio Camargo teria ido reclamar com Lobão sobre os requerimentos feitos por Solange. E ele teria imediatamente identificado minha autoria e me telefonado, na frente do lobista, para me cobrar. O ex-ministro negou, em depoimento, ter feito qualquer chamada para mim. Ele negou inclusive o encontro da forma relatada e o principal: o juiz não atendeu ao meu pedido de quebra do sigilo telefônico de Lobão para comprovar que não houve tal chamada. Como o juiz pode ter comprovado? Baseou-se simplesmente no depoimento do delator lobista.

Com relação a meu suposto encontro com o então ministro, a instrução probatória não comprovou absolutamente nada. Mesmo que eu estivesse em audiência no ministério, fato normal e corriqueiro na atividade parlamentar, nenhum assunto desse lobista seria tratado por mim. Primeiro, porque todas as audiências no ministério tinham acompanhamento obrigatório de outros servidores. Segundo, porque o próprio Lobão negou que tenha havido encontro, em depoimento no juízo, para o qual foi por mim arrolado como testemunha.

Também refuto a condenação dos crimes de lavagem, que o juiz define como seis e que seriam compostos de duas doações a uma igreja de São Paulo, três supostos voos de avião, fretados supostamente pelo delator lobista Júlio Camargo e recebimento de recursos em espécie.

Quanto ao recebimento em espécie, que o juiz atribuiu provada a importância de R$ 1.132.250,00, bem diferente dos US$ 5 milhões constantes da denúncia, também não há nenhuma prova que não seja a palavra dos delatores. Não existe nenhum depoimento, de quem não seja delator, a respeito de repasse de algum valor a mim ou a terceiros indicados.

O juiz cita na sentença, inclusive, o nome de um terceiro que teria recebido por mim – mas ele nem foi ouvido na instrução probatória. Eu solicitei a oitiva do tal transportador dos doleiros, Jaime Careca – o pedido foi indeferido, mas sua planilha, chamada Transcareca, do doleiro delator Alberto Youssef, foi usada para fundamentar a condenação. Só Careca poderia esclarecer isso, mas o juiz optou por não ouvi-lo.

Quanto às duas doações efetivadas à igreja, no montante de R$ 250 mil, não há nenhuma comprovação de que tenham sido a meu pedido nem que eu tenha me beneficiado delas. O juiz desprezou o depoimento de Samuel Ferreira, presidente da igreja, que negou participação minha nos dois repasses. Também não houve quebra de sigilo das contas da igreja para que se comprovasse o destino do dinheiro. Qual a comprovação de que foi feita a meu pedido – ou de que eu me beneficiei dessas doações?

Além disso, há um erro de grande materialidade do juiz. Ele colocou as doações à igreja como acerto de suposta diferença de câmbio dos pagamentos feitos pelo delator lobista Júlio Camargo. Só que essas supostas diferenças teriam ocorrido em 2014 – mas as doações à igreja ocorreram em 2012, dois anos antes.

Quanto aos três voos de avião, supostamente fretados pelo delator lobista Júlio Camargo, a instrução probatória não efetivou comprovar que eu teria voado ou cedido para terceiros esses voos, salvo a palavra de delatores.

Durante a instrução probatória, após a oitiva do responsável pela Global Aviação, que inclusive juntou documentos que foram depois trocados, minha defesa solicitou que se oficiasse ao controle dos aeroportos para que se confirmasse meu embarque nesses voos. Segundo a testemunha, a identificação dos viajantes seria obrigatória. Minha solicitação foi negada pelo juiz, que me cerceou o direito de fazer prova favorável a mim. Além disso, um dos três voos teria sido feito pelo delator doleiro Lúcio Funaro, cliente da Global, às suas expensas e não às expensas de outros.

Fora os aspectos de mérito, a dosimetria da pena aplicada pelo juiz é absurda, sem contar que jamais caberia qualquer condenação por lavagem, de recebimento em espécie ou por consumo de serviços de voos fretados. A jurisprudência não abarca essas condutas como lavagem, e sim como exaurimento do crime antecedente.

Isso sem contar que jamais seria possível subdividir em seis atos de lavagem o mesmo ato de corrupção, além de não ser o caso de concurso material, e, sim, de consunção ou mero concurso formal. Além de eu ser inocente, estou sendo condenado por palavras de delatores, que não foram corroboradas a não ser pela decisão política do juiz de seguir a acusação.

O próprio Ministério Público Federal, nas suas alegações finais, quando pediu a condenação, usou a teoria dos indícios para compensar a absoluta falta de provas para condenação. O juiz, mais realista que o próprio Ministério Público, considerou os indícios como provas, só não explicando quais eram elas.

A decisão do juiz era esperada. Não seria um substituto do chefe da Operação Lava Jato, dentro da "República de Curitiba", que iria pôr fim à história, absolvendo o mais ilustre preso da operação. A questão é meramente política.

Nesse caso, estou interpondo recurso de apelação – que vai parar na mesma turma da Lava Jato, que costuma seguir as decisões do juízo mesmo sem provas. Depois virá o tormento de sempre, do STJ ter de discutir se irá ou não revisitar matéria de prova, vedado pela sua súmula número 7.

Quanto às duas ações da Justiça Federal do Rio Grande do Norte, além da contestação de que devem tramitar na Justiça Eleitoral, elas também não poderiam estar tramitando de nenhuma forma naquele estado por discutir temas legislativos, o que atrairia de qualquer maneira a competência de Brasília.

A primeira delas foi a da chamada Operação Manus, na qual eu fui denunciado por doações eleitorais para a campanha de Henrique Alves ao governo do Rio Grande do Norte, em 2014. Foram doações da OAS, Andrade Gutierrez, Carioca Engenharia e Odebrecht em 2014. Além disso, havia doações da OAS, do ano de 2012, para a campanha à prefeitura de Natal.

A denúncia atribuiu as doações da OAS e da Odebrecht à contrapartida de situações que teriam ocorrido em 2013, sobre suposta ajuda à OAS na privatização dos Aeroportos do Galeão e de Confins, suposta ajuda para liberação do financiamento do BNDES para a Arena das Dunas e aprovação da rolagem da dívida da prefeitura de São Paulo, por meio do projeto de lei complementar 238/2013. A suposta doação da Carioca Engenharia, por sua vez, seria para atuação futura em benefício da construtora. Já a doação da Andrade Gutierrez teria sido para favorecimento da empresa na tramitação da Medida Provisória 627. A denúncia atribuiu também uma segunda doação de uma empresa do grupo Odebrecht – a Odebrecht Ambiental – à contrapartida da privatização da Companhia de Águas e Esgotos do Rio Grande do Norte (Caern), que seria feita por Henrique Alves, caso ele vencesse a eleição.

Após essa denúncia, foi decretada minha prisão preventiva, também ao mesmo tempo das operações Sépsis e Patmos, em 6 de junho de 2017, numa ação coordenada. Essa prisão acabou sendo revogada pelo TRF5 em novembro de 2019.

A instrução probatória foi feita no ano de 2018. Em seus depoimentos, os delatores arrolados como testemunhas de acusação negaram as acusações da denúncia. Várias outras testemunhas comprovaram a falsidade das acusações.

O delator Otávio Azevedo, ex-executivo da Andrade Gutierrez, declarou que fez a doação a Henrique Alves sem nenhuma contrapartida, por iniciativa dele. Ele também afirmou que foi prejudicado pela MP 627 – não teria nenhuma razão para pagar nada por isso. O delator Ricardo Pernambuco Jr., da Carioca Engenharia, negou qualquer contrapartida nessa doação. Os delatores Fernando Reis e Benedito Jr., da Odebrecht, também negaram contrapartida às respectivas doações.

Todas as testemunhas detalharam nossa defesa, mostrando que toda a atuação foi institucional. Meu interrogatório da ação penal ocorreu em 13 de julho de 2018. Léo Pinheiro, da OAS, corréu nessa ação, optou por não falar no seu interrogatório. Depois disso, o juiz paralisou a ação, esperando a delação dele. O processo foi retomado dois anos mais tarde, quando finalmente Léo Pinheiro teve a delação homologada.

Em função disso, o juiz resolveu interrogar novamente Léo Pinheiro e todos os que quisessem fazê-lo novamente. No dia 10 de dezembro de 2020, ele foi interrogado e mudou toda a acusação, dizendo que eu não havia recebido nada pela situação dos aeroportos nem pela prefeitura de São Paulo.

Ele colocou então a Medida Provisória nº 627, citando combinação com os delatores Otávio Azevedo e Benedito Júnior, que já haviam negado esse fato em seus depoimentos. O Ministério Público resolveu fazer um aditamento à acusação, o que foi feito em seguida, reiniciando toda a instrução probatória.

A segunda denúncia do Rio Grande do Norte, no mesmo juízo, tratou da chamada operação Lavat. Nela, fui acusado de lavagem de dinheiro para doação de caixa 2 à campanha de Henrique Alves ao governo do Rio Grande do Norte, por meio do delator doleiro Lúcio Funaro, de valores em espécie, supostamente provenientes de desvios da Caixa Econômica Federal, no âmbito da Operação Sépsis.

Em primeiro lugar, como já falado, essa ação deveria estar tramitando na Justiça Eleitoral – isso estamos discutindo em *habeas corpus*. Além disso, mesmo que não tramitasse na Justiça Eleitoral, por se tratar de lavagem de dinheiro de um suposto crime antecedente da Sépsis de Brasília, deveria estar na mesma vara de Brasília.

Isso sem contar que na própria Operação Sépsis já houve sentença me condenando a 14 crimes de lavagem, sendo que essa seria uma continuidade delitiva da Sépsis, na qual a pena seria a mesma, caso houvesse condenação. Foi uma verdadeira violação ao princípio do *non bis in idem*.

Além disso, a denúncia teve como crime antecedente a corrupção passiva. Ocorre que o Ministério Público Federal mudou a acusação, nas alegações finais, de corrupção passiva para corrupção ativa, passando a inexistir o crime antecedente. Como eu posso ser processado por lavagem de dinheiro, que supostamente recebi, se fui condenado por ter pago e não por ter recebido valores?

Para completar, a própria denúncia nem merecia ter sido recebida, pois, mesmo se os fatos descritos fossem verdadeiros, o mero recebimento de vantagens indevidas em espécie não caracteriza lavagem de dinheiro – e, sim, exaurimento do crime antecedente, conforme o entendimento do STF.

A ação encontra-se em alegações finais pendentes de decisão de vários *habeas corpus*, em que muitos pontos são questionados. Meu advogado nessa ação, Aury Lopes Jr., relata o seguinte sobre ela, em breve memorial:

"No caso Lavat, em trâmite na 14ª Vara Federal de Natal/RN, Eduardo Cunha é acusado de lavagem de dinheiro em suposto esquema no qual Funaro teria disponibilizado valores fruto da propina de suposto esquema relacionada à CEF (casos de Brasília/DF), para compra de apoio político e pagamento de gastos da campanha de Henrique Alves para o governo do RN em 2014. O processo tramita desde 2017e agora está pendente de alegações finais.

Violações ao devido processo legal:

Violação ao princípio do juiz natural: o caso deveria tramitar na Justiça Eleitoral, porque a suposta lavagem de dinheiro teria ocorrido no interesse da campanha eleitoral. Se tramitar na Justiça Federal, deveria ser em Brasília/DF, na 10ª Vara Federal, por prevenção.

Violação ao princípio da imparcialidade: o juiz federal dr. Francisco Eduardo Guimarães Farias, da 14ª Vara Federal de Natal/RN, deu três broncas em Eduardo Cunha e sua defesa, em três audiências de instrução diversas, agindo com manifesta parcialidade.

Violação ao princípio do *non bis in idem* (litispendência): os fatos narrados já estão contidos no crime continuado identificado na Operação Sépsis, de forma que se trata de tentativa de dupla condenação pelos mesmos fatos.

Cerceamento de defesa: diversas provas requeridas foram indeferidas na fase do art. 402 do CPP (diligências complementares).

Cerceamento de defesa 2: delator Lúcio Funaro foi interrogado no fim da instrução, o que impediu que a defesa fizesse contraprova com as suas testemunhas.

Mais do que violações ao devido processo legal, os supostos crimes de lavagem de dinheiro não ocorreram, e, ainda que tivessem ocorrido, não foram por ordem de Eduardo Cunha.

Acusação com base exclusivamente em delação premiada: não se avança nem se rompe com a delação premiada de Lúcio Funaro, sua planilha e seu depoimento. Esses elementos são imprestáveis para acusar, como o STF já afirmou diversas vezes.

Não há 'nexo econômico': lavagem de dinheiro significa tornar dinheiro sujo em limpo, inserindo-o na economia formal. No caso Lavat não existe essa demonstração, quer seja porque o esquema da CEF não existe (venda de fumaça de Fábio Cleto) e tampouco há demonstração – para além da delação de Funaro – de que o dinheiro da CEF foi usado na campanha de Henrique Alves em 2014.

Também se deve ressaltar que em nenhuma das duas acusações do Rio Grande do Norte foi mencionado qualquer tipo de vantagem que tenha a mim como beneficiário. Trata-se de doações para a campanha de Henrique Alves ao governo do Rio Grande do Norte em 2014."

Nas alegações finais do MPF, chega a ser risível o argumento de que não se deve considerar o depoimento dos delatores que negam os fatos para me absolver. Ele diz que da mesma forma que somente os depoimentos dos delatores não serviriam para condenar, também não deveriam servir para absolver. Para eles, tudo vale para condenar e nada vale para absolver.

Na última ação, de organização criminosa, aguardo a mesma decisão dada aos integrantes do PT, pela 12ª Vara Federal de Brasília/DF, que restaram sumariamente absolvidos. A Segunda Turma do STF inclusive decidiu pela rejeição de denúncia idêntica contra o PP no dia 2 de março de 2021. Quanto aos inquéritos, também aguardo o desfecho deles.

Houve ainda uma prisão temporária, pela Terceira Turma do TRF1, em que tramita a chamada Operação Capitu, decorrente da delação de Joesley Batista. Essa prisão foi revogada pelo STJ, em seguida, a pedido de outro preso e estendida a todos pelo ministro Nefi Cordeiro. Essa operação não teve, até hoje, nenhum desdobramento. Eu nunca fui chamado a depor.

Além disso, para cada ação penal proposta pelo Ministério Público Federal, foi proposta também a respectiva ação de improbidade, pelos mesmos fatos, com pedido de bloqueio de bens – alguns deferidos, inclusive contra a minha esposa, cuja ação penal a absolveu do crime de lavagem. Aliás, qual a razão de a minha esposa ser vítima de ação de improbidade? O que conseguiram foi bloquear todos os bens dela, oriundos, na sua integralidade, de recursos recebidos do seu trabalho na TV Globo, incluindo a vultosa indenização recebida em vitória de ação trabalhista contra a emissora.

Isso sem contar que essa ação que envolve a minha mulher foi promovida para interferir na votação do meu processo de cassação.

No dia 3 de fevereiro de 2021, eu e minha mulher sofremos uma estranha busca e apreensão em nossa casa. A busca tinha sido requerida pelo Ministério Público do Distrito Federal e autorizada pelo juiz de uma vara estadual de Brasília, absolutamente incompetente para o feito.

O objetivo era o mesmo contido na condenação da Operação Sépsis, da 10ª Vara Federal de Brasília, caracterizando, além de tudo, um *bis in idem*. A razão de envolverem a minha mulher é pela desculpa ridícula de ela deter 5% de sociedade de uma empresa minha. A operação, além de muito estranha, tem ainda o fato de tratar de eventos de 2012. Eu já sofri buscas em 2015. Qual a razão de uma busca nove anos depois dos supostos fatos?

Durante o mês de janeiro de 2021, trechos deste livro apareceram na imprensa, provocando muito debate. Também sofri agressões de Rodrigo Maia, desesperado com a parte do conteúdo revelado sobre ele. Eu não tenho a menor dúvida de que essa operação de busca e apreensão foi uma retaliação contra mim. Se assim não fosse, ela seria desnecessária, pois o que procuravam agora que não foi encontrado em 2015, se os fatos objeto dessa busca remontam a 2012?

Certamente um dos objetivos foi obter a íntegra deste livro, cujo conteúdo estava efetivamente no computador apreendido. Eu e a Matrix Editora imediatamente ingressamos com medidas judiciais, visando preservar os meus direitos sobre o livro.

Ainda antes do fim da revisão desta obra, em 23 de fevereiro de 2021, a PGR apresentou uma denúncia no STF contra o deputado Arlindo Chinaglia, me colocando também como denunciado por ter supostamente intermediado recursos para ele junto da Odebrecht.

A denúncia é estapafúrdia, pois qual a razão para eu favorecer um opositor político do PT, que foi o meu adversário na eleição para a presidência da Câmara? Além disso, ela trata tão somente de supostas vantagens recebidas por Chinaglia, não me atribuindo nenhum ato ou recebimento. É mais um absurdo a que terei de responder.

Com esse resumo, eu quis mostrar a minha situação jurídica e tentar me defender das acusações em série que me são feitas desde 2015, sem que eu tenha o benefício de um julgamento justo até o momento. Eu efetivamente sou inocente dessas acusações e irei continuar me defendendo delas e das que ainda irão surgir, fruto das delações que já ocorreram e das que ainda virão a ocorrer.

Na verdade, o princípio adotado por Rodrigo Janot parece ter contaminado todo o Ministério Público: uma delação que não me cita não pode ser delação. O ex-presidente Lula também passou a ser vítima do mesmo tipo de conduta. Todos precisam falar dele.

Isso é uma forma de mostrar equilíbrio entre as vítimas das acusações – os dois lados da luta política precisam estar na mesma lama. Senão, o que seria da operação política e fraudulenta montada pelo então juiz Sergio Moro?

Agradecimentos

São muitos os agradecimentos por este livro. Em primeiro lugar, a Deus, por ter me permitido realizar este trabalho. Se não fosse pela vontade Dele, nada aconteceria.

Quero agradecer a colaboração da minha esposa, a jornalista Cláudia Cruz, que muito me ajudou a escrever esta obra, colocando os pontos necessários em cada capítulo – além de relembrar vários fatos, dos quais foi testemunha ocular. Ela teve uma participação fundamental. Foram mais de seis meses de trabalho em conjunto, sem interrupção. Foi opção dela não ser também coautora desta obra.

Agradeço à minha filha Danielle Cunha, que se tornou coautora do livro, pelo seu importante trabalho. Coube a ela o trabalho de pesquisa e de conversas com participantes do processo de impeachment – para confirmar detalhes dos acontecimentos. Ela realizou entrevistas, fez os contatos, exerceu o papel que eu estou proibido de realizar, devido à condição de prisão domiciliar. Sem a participação dela, eu não teria conseguido a descrição tão minuciosa dos fatos mostrados.

A toda a minha família, que vem sofrendo as consequências de todas as maldades que praticaram contra mim. Além da Cláudia e da Danielle, meus filhos Camilla, Felipe, Bárbara e Ghabriela tiveram sua trajetória prejudicada pela avalanche de perseguições realizadas contra mim.

Todos foram perseguidos nas atividades de trabalho, tiveram contas bancárias fechadas, crédito impedido e emprego negado por causa da minha condição, além das perseguições diversas em ambientes sociais. Isso sem contar as humilhações sofridas para obterem alguma migalha de convivência comigo, nas visitas possíveis aos ambientes carcerários, principalmente no Paraná. Não desejo isso nem para o meu pior inimigo.

Agradeço a Deus pela família que me deu. Eles resistiram a tudo o que passaram, sob todas as adversidades, incluindo problemas de saúde meus e os de minha mulher. Aqueles que buscaram a destruição da minha família certamente foram derrotados.

Eu quero que minha família saiba o grande amor que tenho por todos e espero ser perdoado por ter permitido que a minha vida política causasse os prejuízos que causaram em sua vida.

Danielle, além de tudo, se candidatou nas eleições de 2018 para defender meu legado, em condições totalmente adversas, sem recursos para manter uma campanha. Estava também sob a maldade do Ministério Público Federal, que, no período eleitoral, obteve sentença condenatória contra mim, na Operação Sépsis. E, na antevéspera da eleição, divulgou quatro novas denúncias contra mim, na Operação Cui Bono, por pura maldade. Elas foram noticiadas com todo o estardalhaço no *Jornal Nacional*, da TV Globo, na sexta-feira anterior ao domingo da eleição. Nenhuma campanha resiste a isso.

Como já tive a oportunidade de explanar neste livro, a sentença da Sépsis será anulada e as quatro ações penais da Cui Bono são mera repetição da Sépsis. Danielle, dentro das condições e das maldades que buscavam evitar sua eleição, fez até uma bonita votação. Certamente, em 2022, ela voltará.

Um dos grandes problemas da política é que você acaba prejudicando toda a sua família pelas suas disputas. As maldades dos adversários e dos oportunistas políticos não se restringem a você. Elas atingem diretamente sua família.

Agradeço demais a Deus por permitir que toda a minha família seja capaz de suportar essa avalanche que provocaram em minha cabeça. Podem ter certeza: sua família fica mais prisioneira do que quem é efetivamente preso. Eles também estão em prisão preventiva, ordenada pelo "doce coração" que bate no chefe da Operação Lava Jato, o então juiz Sergio Moro – segundo as palavras de sua mulher.

Peço a Deus que jamais permita que as famílias, tanto de Moro, quanto de outros que me prejudicaram deliberadamente, sofram o que a minha família ainda está sofrendo.

Quero agradecer também aos advogados que atuam em minha defesa. É bem verdade que a maioria deles foi contra eu escrever este livro. Eles acham, com razão, que eu serei ainda mais perseguido nos processos judiciais. Infelizmente, para eles, esse argumento não me demoveu do meu intento. Mas eu sei que o nome da capa nos processos faz toda a diferença neste país. Como já falei, a justiça não é para todos e, sim, para os escolhidos.

Mais do que agradecer o trabalho, eu quero agradecer a entrega de todos eles pela causa, mesmo em situações adversas. Todos sabem que, estando com os meus bens bloqueados, eu não consigo cumprir os pagamentos devidos de honorários. Nem por isso nenhum deles deixou de me defender com a mesma disposição.

O primeiro agradecimento vai para o advogado Marcos Joaquim Gonçalves Alves, responsável pela coordenação inicial do trabalho de todos eles. Depois, aos escritórios que atuam na defesa das minhas ações, que são o Figueiredo & Velloso, dos advogados Ticiano Figueiredo e Pedro Ivo Velloso, contando ainda com os advogados Célio Rabelo, Marcelo Neves e Francisco Agosti.

Além deles, o escritório do advogado Délio Lins e Silva Jr., presidente da OAB-DF, do Aury Lopes Jr., do Rafael Guedes. Os advogados que participam desses escritórios e que muito me ajudam são: Délio Lins e Silva, Délio Lins e Silva Jr., Caroline Machado, da equipe do Délio; Aury Lopes Jr., Vitor

Paczek, Virginia Lessa, Antônio Brossard, do escritório do Aury; Rafael Guedes de Castro, Caio Marcelo Cordeiro Antonietto e Douglas Rodrigues da Silva, do Rafael.

Além deles, registro a atuação do advogado Thiago Minagé e dos advogados do escritório de Pierpaolo Bottini, que defende a minha esposa, além do escritório de Alberto Malta, nas ações cíveis, e Leonardo Bueno, nas ações tributárias. São os seguintes advogados: Pierpaolo Bottini, Tiago Souza Rocha, Igor Sant'Anna Tamasauskas, Thiago Wender Silva Ferreira, do escritório do Pier; Alberto Malta e Ana Vogado, da equipe do Alberto; Leonardo Pimentel Bueno, Guilherme Cardoso Leite e Rafael Freitas Machado, do Leonardo. Agradeço ainda aos outros advogados que trabalharam comigo em algum momento, seja diretamente, seja por estarem vinculados a esses escritórios anteriormente. A todos, o meu muito obrigado.

Todos eles ajudam não só na minha defesa e da minha mulher, mas contribuíram em vários pontos abordados no livro.

Devo também agradecer aos amigos que, a despeito de tudo, não deixaram de ajudar a mim e a minha família. Não vou nominar aqueles que me deram apoio, porque isso certamente lhes trará problemas. Mas saibam que minha gratidão será eterna.

Gostaria muito de ter podido entrevistar muitas pessoas para este livro, mas a impossibilidade jurídica fez com que eu tivesse de optar por outras formas para tentar ser o mais preciso possível nos detalhes relatados, além de expressar melhor minhas posições.

É claro que o texto contém muitas opiniões e adjetivações minhas, com que os leitores podem não concordar. Isso não retira a veracidade do conteúdo. Se você não concordar com minhas opiniões, aproveite o conhecimento dos fatos – e tire suas próprias conclusões.

Ninguém é dono da verdade.

Referências

As referências para produção deste livro foram muitas. Eu vou tentar resumi-las para não cansar você mais ainda, que já consumiu boa parte do seu precioso tempo conhecendo a minha versão dos fatos.

A primeira fonte de informações foram os meus próprios registros, anotados a cada dia, no período em que exerci a presidência da Câmara. Esses registros foram agrupados em 1.255 itens, transcritos antes da minha prisão, em 19 de outubro de 2016. Muitos foram corroborados em conversas e entrevistas realizadas pela minha filha, no período em que eu não tinha permissão legal para isso.

A segunda fonte de informações foram todos os pedidos de abertura de processo de impeachment contra Dilma, as minhas decisões e todos os recursos apresentados.

A terceira fonte de informações foi a íntegra do processo de impeachment, aceito por mim, com toda a sua tramitação, a comissão especial e no plenário da Câmara dos Deputados.

A quarta fonte de informações foi a íntegra de todas as ações judiciais ingressadas em função do impeachment, as suas decisões e respectivos acórdãos de julgamento.

A quinta fonte de informações foi a minha agenda pessoal da presidência da Câmara, que continha os registros de todos os compromissos, reuniões, agendas, almoços, jantares, viagens etc.

A sexta fonte de informações foram as pautas de votações da Câmara dos Deputados, no período em que fui presidente, bem como a tramitação dos mais importantes projetos votados.

A sétima fonte de informações foi a pesquisa de todos os meus *clippings* de assessoria de imprensa, armazenados por mim desde o ano de 2008, que serviram para comprovar muitas passagens referentes à minha atuação.

A oitava fonte de informações foi a pesquisa dos arquivos das edições dos jornais *Folha de S. Paulo, O Estado de S. Paulo, O Globo, Valor Econômico, Correio Braziliense, Zero Hora*, além das revistas *Veja, Piauí* e *Época* e do portal UOL, até a data recente, mas principalmente em todo o período em que exerci a presidência da Câmara. Não há fatos que não tenham algum tipo de corroboração, em matérias ou notas publicadas, salvo os fatos que pertenciam somente a mim, até a publicação deste livro.

A nona fonte de informações foram os livros publicados em 2019 e 2020, que são:
- *Os onze*, dos jornalistas Felipe Recondo e Luiz Weber.
- *Nada menos que tudo*, de Rodrigo Janot e Jaílton de Carvalho.
- *Eleições no Brasil*, de Jairo Nicolau.
- *Diários da presidência*, de Fernando Henrique Cardoso.
- *A escolha*, de Michel Temer e Denis Rosenfield.
- *Sem data venia*, de Luís Roberto Barroso.
- *Lava Jato, aprendizado institucional e ação estratégica na Justiça*, de Fabiana Alves Rodrigues.
- *O livro das suspeições*, do Grupo Prerrogativas, coordenado por Lenio Strek e Marco Aurélio Carvalho.
- *A organização*, de Malu Gaspar.
- *Os dias mais intensos*, de Rosangela Moro.
- *Catimba constitucional*, de Rubens Glezer.

Finalmente, a décima e a mais importante fonte de informações é a minha memória e o meu testemunho dos fatos, que só eu vivi e que por isso vão tornar este livro uma fonte de estudos, de polêmicas, de raiva de alguns, de alegria para outros, indiferença de tantos outros. De qualquer forma, o ineditismo está presente, doa a quem doer.

A consequência de tudo o que foi transcrito neste livro está refletida em seu título.

IMAGENS E DOCUMENTOS

FOLHA DE S.PAULO

Desde 1921 ★★★ UM JORNAL A SERVIÇO DO BRASIL folha.com.br

DIRETOR DE REDAÇÃO: OTAVIO FRIAS FILHO ANO 94 • SEGUNDA-FEIRA, 2 DE FEVEREIRO DE 2015 • Nº 31.351 EDIÇÃO SP/DF • CONCLUÍDA ÀS 1H37 • R$ 3,50

Câmara elege Cunha e derrota Dilma

Deputado do PMDB-RJ vence disputa pela presidência da Casa no primeiro turno; Renan (PMDB-AL) comandará Senado

IGOR GIELOW

Humilhação não poderia ser pior para o governo

Derrota em primeiro turno com o terceiro colocado nos calcanhares de Arlindo Chinaglia, traição aberta de aliados e, cereja do bolo, ausência do PT na composição da Mesa da Casa. Rejeição além da esperada pelo mais pessimistas dos governistas.
Não é o caso de subestimar as armas do governo para conter cenários mais trágicos. Emendas parlamentares, cargos, todo o arsenal fisiológico está aí. Só ficou mais caro – e arriscado. **Poder A5**

poder

Sem deputado na Mesa Diretora, PT cogita manobra
Poder A6

Planalto terá de usar mais cargos para garantir apoio
Painel A4

O deputado pelo PMDB-RJ Eduardo Cunha (centro) comemora vitória no primeiro turno para a presidência da Câmara

O governo da presidente Dilma Rousseff (PT) sofreu uma dura derrota na noite deste domingo (1º), quando os deputados escolheram Eduardo Cunha (PMDB-RJ) para comandar a Câmara pelos próximos dois anos.
Apesar da intensa mobilização do Planalto contra o peemedebista, Cunha obteve 267 votos e superou com facilidade o candidato do PT, Arlindo Chinaglia (SP), que terminou com 136 votos.
Júlio Delgado (PSB-MG), nome que tinha o aval do PSDB, chegou a 100 votos, enquanto Chico Alencar (PSOL-RJ) ficou com 8.
Como presidente da Câmara, Cunha tem poderes para dar seguimento a CPIs incômodas para o governo e até a eventual processo de impeachment contra Dilma, por exemplo. Ele já declarou que apoiará investigações sobre o escândalo de corrupção da Petrobras.
No Senado, Renan Calheiros (PMDB-AL), apoiado pelo governo, foi reeleito por margem menor que a esperada. Ele bateu Luiz Henrique da Silveira (PMDB-SC) por 49 a 31 e presidirá a Casa pela quarta vez. **Poder**

Na manchete da *Folha de S.Paulo* (acima), Eduardo Cunha, ao lado de deputados aliados, comemora sua eleição à presidência da Câmara (reprodução). Ao lado, reprodução de capa da revista *Veja*, com reportagem especial sobre a força política adquirida por Cunha em apenas 45 dias após ter sido eleito.

Danielle Cunha na Câmara dos Deputados, coordenando a eleição de seu pai como presidente da Casa. Foto: Natuza Nery.

MINISTÉRIO PÚBLICO FEDERAL
PROCURADORIA DA REPÚBLICA - PARANA
FORÇA-TAREFA LAVA JATO

EXCELENTÍSSIMO SENHOR JUIZ FEDERAL DA 12ª VARA FEDERAL DA SUBSEÇÃO JUDICIÁRIA DE CURITIBA - PARANÁ.

Autos nº: 50207097520174047000.
Classificação no EPROC: Sem sigilo.
Classificação no ÚNICO: Reservado.
Classe: Execução Provisória.

O **MINISTÉRIO PÚBLICO FEDERAL**, por seus Procuradores da República signatários, no exercício de suas atribuições constitucionais e legais, comparece perante Vossa Excelência para expor e requerer o que segue.

Como se extrai do contido no Ofício nº 4135/2020/ALJ/SCI/PGR, que ora segue anexo, não foi possível executar as diligências rogadas a respeito da repatriação, considerando que o ora executado **EDUARDO COSENTINO DA CUNHA** não consta como titular da conta bancária em questão, mas apenas como usufrutuário. Neste sentido, responderam as autoridades helvéticas:

> "De acordo com a documentação contábil elaborada pela Julius Baer & Co Ltd, que já foi encaminhada ao Brasil, o usufrutuário não tem autoridade para representar a NETHERTON INVESTMENTS PTE para a referida conta. Portanto, esses documentos não são suficientes para efetuar a liquidação e transferência do s recursos. Pelos motivos acima, pedimos gentilmente que nos forneça declarações de consentimento para liquidar todo o ativo e transferir todos os fundos detidos na conta bancária do cliente para o Brasil, bem como uma ordem de pagamento instruindo o banco Julius Baer & Co Ltda transferir todos fundos detidos na conta para uma conta das autoridades judiciárias do Brasil validamente assinada por pessoa (s) autorizada (s) a atuar em nome da correntista NETHERTON INVESTMENTS PTE. Pelo que sabemos, os senhores Jorge Haiek Reggiardo (Argentina) e Luis Maria Pineyrua Pittaluga

PROCURADORIA DA REPÚBLICA - PARANA
www.lavajato.mpf.mp.br

Rua Marechal Deodoro, Nº 933, Centro - Cep 80060010 - Curitiba-PR
Telefone: (41)32198700
Email: secretariajuridicaftlj@mpf.mp.br

MINISTÉRIO PÚBLICO FEDERAL
PROCURADORIA DA REPÚBLICA - PARANA
FORÇA-TAREFA LAVA JATO

(Uruguai) foram autorizados a atuar em nome da NETHERTON INVESTMENTS PTE LTD no momento da abertura da referida conta."

Desse modo, o **MPF** requer seja a defesa intimada providenciar os documentos acima indicados, a fim de que a repatriação em tela seja efetivada, em prazo a ser estipulado por este Juízo (sugere-se 30 dias).

Com a juntada das declarações de consentimento, pugna-se por nova vista para retomada dos trâmites cabíveis.

Curitiba, 26 de outubro de 2020.

ALESSANDRO JOSE FERNANDES DE OLIVEIRA		
Procurador da República		
ANTONIO AUGUSTO TEIXEIRA DINIZ	**ALEXANDRE JABUR**
Procurador da República	Procurador da República

PROCURADORIA DA REPÚBLICA - PARANA
www.lavajato.mpf.mp.br

Rua Marechal Deodoro, N° 933, Centro - Cep 80060010 - Curitiba-PR
Telefone: (41)32198700
Email: secretariajuridicaftlj@mpf.mp.br

Documento do Ministério Público Federal do Paraná, com base no que é relatado pelas autoridades suíças, diz o "óbvio", segundo Cunha: que ele não era o titular de uma conta bancária na Suíça – e, sim, mero usufrutuário –, informação que foi usada para persegui-lo e condená-lo.

Eduardo Cunha, junto com Dilma, cumprimenta o primeiro-ministro da China, Li Keqiang. Foto: Pedro Ladeira/Folhapress.

Em Portugal, com o primeiro-ministro, Pedro Passos Coelho, em encontro no qual as críticas a Dilma foram o assunto da conversa. Foto: arquivo pessoal.

Em Israel, com Benjamin Netanyahu. Foto: arquivo pessoal.

Em encontro com ministros do STF e com Rodrigo Janot, Cunha comparece à abertura do ano do Poder Judiciário, pouco depois de empossado na Câmara (acima). Foto: Pedro Ladeira/Folhapress.
Na foto do meio, Eduardo Cunha no estádio Mané Garrincha, acompanhado do advogado Marcos Joaquim e dos deputados Hugo Motta, André Moura e André Fufuca (arquivo pessoal). O então vice-presidente Michel Temer visita Cunha na Câmara (embaixo). Foto: Fábio Rodrigues Pozzebom/Agência Brasil.

Em cima, em abril de 2015, Dilma condecora Eduardo Cunha. Foto: Roberto Stuckert Filho (Presidência da República).
Embaixo, Eduardo Cunha recebe o pedido de impeachment dos movimentos populares, com a presença do então deputado Jair Bolsonaro (reprodução Facebook).

Na reprodução da capa da *Folha de S.Paulo*, a Avenida Paulista recebe a maior manifestação popular da história do país, em março de 2015. A pressão popular foi fundamental para a queda de Dilma.

A capa da *Folha* traz o momento da comemoração do voto decisivo de Bruno Araújo para a aprovação do impeachment, enquanto na outra foto dessa mesma capa Michel Temer não disfarça o sorriso pela queda de Dilma, tendo ao fundo Gustavo Rocha, autor do parecer do impeachment.
Na imagem abaixo, na mesma sessão, o voto do então deputado Jair Bolsonaro (reprodução TV Câmara).

Acima, foto da votação do impeachment na sessão de 17 de abril, sob o comando de Cunha. Foto: Alan Marques/Folhapress.
Abaixo, Eduardo Cunha recebe Dilma, juntamente com Renan Calheiros, na abertura do ano legislativo de 2016, depois da autorização de abertura do processo de impeachment. Foto: Jorge William/Agência *O Globo*.

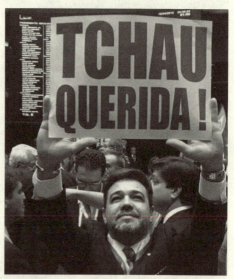

Acima, à esquerda, reprodução de capa da revista *Veja*, retratando a tomada de poder pelo PMDB, no momento em que Temer era alçado a coordenador político de Dilma.
Acima, à direita, o deputado Marco Feliciano, ícone anti-PT, na sessão do impeachment (reprodução Facebook).
Abaixo, Cunha cercado de cartazes "Tchau querida", na sessão de impeachment (Foto: Ueslei Marcelino/Reuters).